TESTUNIVERSITARI

TEORITEST **4**

edizioni
Alpha Test

Via Mercalli, 14 – 20122 – Milano (Italy)
Tel. 02 5845981 – fax 02 58459896
servizi@alphatest.it
www.alphatest.it

ISBN: 978-88-483-1384-1

Decima edizione: gennaio 2012
Prima edizione: maggio 1994

Impostazione grafica della copertina di Andrea Morando
Rielaborazione grafica della copertina e illustrazioni interne a cura dell'Ufficio Grafico Alpha Test

Stampato da L.E.G.O. S.p.a. Lavis (TN)
per conto di Alpha Test S.r.l.
nel gennaio 2012

INDICE

PREFAZIONE

Per molti giovani l'iscrizione all'università è da diversi anni subordinata al superamento di una selezione preliminare che ha lo scopo di valutare la potenzialità dei singoli studenti nel frequentare con profitto il corso di laurea prescelto.

Attualmente, molti corsi di alcune importanti università private, alcuni corsi di laurea magistrale a ciclo unico a livello nazionale (Medicina e Chirurgia, Odontoiatria e Protesi dentaria, Medicina Veterinaria, Scienze della Formazione primaria e Architettura) e molti corsi di laurea triennali sono caratterizzati dalla presenza del **numero programmato**: il numero di matricole di questi corsi non può superare il numero di posti programmati annualmente in ogni ateneo.

In generale, la selezione dei candidati che desiderano accedere a un corso universitario a numero programmato viene effettuata sulla base di una prova a test, composta da domande a risposta multipla tese a valutare determinate attitudini e conoscenze. Il risultato di tale prova – predisposta in alcuni casi dal ministero dell'Università e della Ricerca (come, per esempio, le prove di accesso ai corsi di Medicina, Odontoiatria e Veterinaria) e in altri casi dalle singole università – determina un **punteggio** in base al quale viene stabilita la **graduatoria dei candidati.** In alcuni casi, alla formazione della graduatoria finale contribuiscono anche i risultati conseguiti dai singoli candidati negli ultimi anni della scuola superiore: ma il risultato del test è generalmente il fattore di gran lunga più importante ai fini dell'ammissione.

Oltre alle prove selettive, sono ormai in uso in molte sedi universitarie le **prove valutative** per i corsi ad accesso libero il cui scopo è misurare il possesso di conoscenze e attitudini necessarie per frequentare con profitto il corso prescelto; tali prove attribuiscono – in caso di valutazione negativa – un "debito" formativo che lo studente dovrà "saldare" entro il primo anno di corso dimostrando di aver colmato le lacune rilevate. Anche chi sceglie di frequentare un corso universitario ad accesso libero deve quindi spesso dimostrare di possedere alcuni prerequisiti di base inerenti all'area del corso prescelto.

La presenza dei test di pre-immatricolazione, selettivi o "orientativi", impone quindi agli studenti seriamente motivati di prepararsi in modo mirato al test che dovranno sostenere.

Alpha Test è la prima e la più importante organizzazione in Italia che offre agli studenti tutti gli strumenti necessari per affrontare con successo i test selettivi. Opera a livello nazionale con sedi nelle principali città universitarie e si avvale della collaborazione di decine di esperti. Per la preparazione alle diverse prove di ammissione, Alpha Test organizza da venticinque anni specifici **corsi intensivi** e pubblica la collana *TestUniversitari* composta da oltre sessanta tra manuali ed eserciziari, specifici per ogni facoltà o area di studi (www.alphatest.it/libri).

In particolare, questo volume è rivolto alla preparazione ai test di pre-immatricolazione ad *Ingegneria* e per i corsi universitari delle aree *Informatica* e *Scienza dei materiali*.

Il parere dei lettori è importante

Per continuare a migliorare la qualità delle proprie pubblicazioni, Alpha Test considera estremamente prezioso il parere dei propri lettori ai quali chiede la cortesia di esprimere un giudizio su questo libro nell'apposita sezione "Valuta un libro" del sito alphatest.it. Per ogni valutazione ricevuta Alpha Test devolverà 1 euro a **Medici Senza Frontiere** o ad altra organizzazione non governativa con finalità umanitarie; in alternativa si può scegliere un **buono sconto** per l'acquisto di libri direttamente dal sito alphatest.it.

Per informazioni aggiornate sui libri di Alpha Test i lettori possono visitare il sito internet www.alphatest.it o richiedere il catalogo gratuito a:

Alpha Test S.r.l.
via Mercalli, 14 – 20122 Milano
tel. 02 58 45 981 – fax 02 58 45 98 96
servizi@alphatest.it

Ringraziamenti

Alpha Test ringrazia i numerosi lettori, i partecipanti ai corsi e i collaboratori che, con i loro interventi, suggerimenti e in particolare con i giudizi ogni anno forniti al termine dei corsi, hanno contribuito a migliorare nel tempo la qualità dei volumi e dei servizi offerti.

Simboli utilizzati nel volume

- Definizioni
- Osservazioni e concetti importanti
- Esempi e applicazioni
- Approfondimenti
- Esercizi svolti

parte prima

INTRODUZIONE

1 SUGGERIMENTI PER PREPARARSI AL TEST

La **prima cosa** da fare è procurarsi le informazioni sul test che si dovrà affrontare: le fonti più autorevoli aggiornate sono il Ministero dell'Istruzione, dell'Università e della Ricerca e le singole università. Sul primo è riportata la normativa di interesse per gli studenti; le pagine delle università, invece, pubblicano a fianco del decreto ministeriale (emanato generalmente in primavera) i bandi di concorso che integrano le indicazioni del ministero con le specifiche proprie di ciascuna sede universitaria.

In **aggiunta**, all'indirizzo www.alphatest.it/testammissione sono pubblicate tutte le principali leggi e normative sulle prove di ammissione, i test ufficiali degli ultimi anni risolti e commentati e gli aggiornamenti e approfondimenti per i diversi corsi di studio.

Per il conseguimento di una preparazione completa, a questo volume si affiancano il corrispondente eserciziario commentato ESERCITEST 4, la raccolta di prove simulate VERITEST 4 e il volume 3500 QUIZ. Ai fini dello studio, ciascuno dei quattro volumi è autosufficiente ma, allo stesso tempo, complementare rispetto agli altri. Le loro caratteristiche sono così sintetizzabili:

- TEORITEST 4 – MANUALE DI PREPARAZIONE: è il principale strumento di preparazione alle prove di ammissione. Consente infatti lo **studio e il ripasso** mirato delle materie su cui vertono le domande dei test; la spiegazione degli argomenti è completata da schemi, tabelle, glossari e da centinaia di esercizi risolti e commentati;
- ESERCITEST 4 – ESERCIZIARIO COMMENTATO: è un eserciziario contenente centinaia di quesiti suddivisi in base alle materie oggetto d'esame. Di ciascun quesito viene fornita la soluzione e il commento che illustra i metodi risolutivi più efficaci;
- VERITEST 4 – PROVE DI VERIFICA: contiene 10 prove d'esame composte con le domande dei concorsi degli ultimi anni sotto forma di **test simulati**. Le prove sono accompagnate da indicazioni pratiche (tempo a disposizione, criteri di valutazione ecc.) che consentono al lettore di svolgerle secondo le modalità dell'esame ufficiale;
- 3500 QUIZ – I QUESITI DELLE PROVE DI AMMISSIONE: è la raccolta completa dei quesiti delle prove ufficiali e contiene numerose domande rese disponibili dal Ministero o dalle università. Gli esercizi sono suddivisi per materia (1500 di logica e cultura generale, 800 di matematica, 400 di fisica, 400 di chimica e 400 di inglese); alla fine di ogni sezione sono riportate le soluzioni di ciascun quesito.

L'acquisto di ogni libro della collana *TestUniversitari* dà anche diritto a svolgere gratuitamente 3 simulazioni del test ufficiale sul sito www.testonline.it con il commento di tutti i quesiti. Per le istruzioni si rimanda alle indicazioni riportate nell'apposita pagina in fondo al volume.

IN OMAGGIO SU TESTONLINE.IT
3 SIMULAZIONI D'ESAME
Solo con i libri Alpha Test

Per la preparazione alle prove di ammissione, oltre ai volumi della collana *TestUniversitari*, Alpha Test organizza per gli studenti più motivati numerosi corsi di durata differenziata (da pochi giorni di corso ad alcuni mesi). Frequentare un corso Alpha Test consente di completare, perfezionare e consolidare la propria preparazione grazie ai seguenti punti di forza:

1. **la didattica interattiva.** Ciascun corso prevede cicli di lezioni e di esercitazioni dedicate al ripasso di tutti gli argomenti oggetto d'esame. Gli studenti possono beneficiare della professionalità di docenti con un'esperienza d'insegnamento unica in Italia, maturata in 25 anni di attività di Alpha Test nel campo specifico della preparazione ai test universitari;

2. **il materiale supplementare consegnato ai corsi.** Durante i corsi, a ciascun partecipante viene fornito materiale di studio e di esercitazione aggiuntivo rispetto ai volumi consegnati al momento dell'iscrizione. Si tratta di materiale estremamente aggiornato e specifico per la struttura e i contenuti del test che si deve affrontare;
3. **l'esperienza "sul campo".** In ciascun corso, vengono svolte più simulazioni d'esame per mettersi alla prova e per confrontare la propria preparazione con quella di altri candidati. I docenti Alpha Test sono in grado inoltre di indicare a ogni candidato il punteggio orientativo che occorre conseguire per accedere al corso universitario prescelto.

Infine, chi desidera prepararsi al test di ammissione senza rinunciare a sport e divertimento può partecipare a una delle **vacanze-studio Alpha Test** (per informazioni: www.alphatest.it/corsi).

Test di autovalutazione online

Su alphatest.it/testammissione/autovalutazione è possibile misurare il proprio livello di preparazione; il test gratuito prevede 20 domande tratte dai test ufficiali degli ultimi anni da risolvere in 20 minuti ed è finalizzato ad aiutare il candidato a impostare al meglio il percorso di studio.

Test ufficiali commentati e ultimi aggiornamenti disponibili su alphatest.it

Sul sito alphatest.it si possono scaricare gratuitamente i test ufficiali degli ultimi anni con tutte le soluzioni e i **commenti esplicativi dei singoli quesiti**.

Sulla stessa pagina vengono costantemente pubblicati gli aggiornamenti normativi sui test con le eventuali integrazioni agli argomenti e ai programmi d'esame.

App per iPhone e iPad

Per coloro che possiedono i dispositivi mobili iPhone e iPad sono disponibili le App di esercitazione del test d'ammissione per tutti i corsi a numero programmato. Ciascuna App contiene oltre 580 quesiti tratti dalle prove ufficiali, con soluzioni commentate dagli esperti Alpha Test. È possibile comporre un numero illimitato di prove simulate e analizzare i risultati anche in forma grafica.

Segui Alpha Test anche su Facebook e Twitter

Informazioni, quiz, novità e tutto quello che c'è da sapere sui test di ammissione all'università.

2 INDICAZIONI PER I PARTECIPANTI AI CORSI ALPHA TEST

Come premesso, si ricorda che Alpha Test:

- è **la prima** società in Italia specializzata nel preparare gli studenti ai test di ammissione all'università;
- è **l'unica** organizzazione che può vantare un'esperienza di 25 anni e oltre 2000 corsi già organizzati su tutto il **territorio nazionale**;
- dal 1987 a oggi ha **preparato con successo** ai test universitari **decine di migliaia di studenti** che si sono trovati in vantaggio rispetto alle altre aspiranti matricole;
- propone **corsi** con durata, programmi e costi differenziati a seconda della prova di selezione e delle esigenze dei singoli studenti, comprese **vacanze-studio** e **corsi residenziali**;
- vanta un corpo docente composto da oltre 100 esperti rigorosamente selezionati e costantemente formati: docenti universitari, ricercatori e professionisti con un'**esperienza didattica unica** e **specifica** nel campo della preparazione ai test universitari;
- ha sviluppato, per prima in Italia, una **metodologia didattica innovativa** e specifica per affrontare le prove a test;
- effettua l'analisi e la discussione in aula delle **prove ufficiali** utilizzate dalle università negli anni passati;
- sottopone ai partecipanti ai corsi numerose **prove simulate** che vengono corrette individualmente mediante l'uso di **lettori ottici** del tipo di quelli utilizzati dalle università; ciò consente ai partecipanti di verificare in tempo reale il proprio livello di preparazione e di apprendimento;
- ha sviluppato una collana di volumi specifici per i diversi test di ammissione, già scelti da oltre due milioni di studenti e **forniti ai partecipanti ai corsi** all'atto dell'iscrizione;
- mette a disposizione degli studenti un servizio di esercitazione *on line* – all'indirizzo **www.testonline.it** – dove è possibile simulare i test di ammissione ai singoli corsi di studio.

Quanto premesso, unitamente ai risultati conseguiti dai partecipanti alle passate edizioni, ci consente di affermare che prepararsi a un test di ammissione frequentando lo specifico corso Alpha Test rappresenta la scelta migliore per chi è veramente motivato ad accedere al corso universitario desiderato. Alpha Test e il suo corpo docente mettono a disposizione l'esperienza maturata e forniscono tutto l'aiuto necessario affinché i propri studenti possano prepararsi nel modo più completo ed efficace alla prova di selezione.

Per accrescere ulteriormente la probabilità di successo **è essenziale anche l'impegno** degli studenti sotto forma di studio e di esercitazione **prima** e **durante** lo svolgimento del corso. Per facilitare la preparazione preliminare, Alpha Test consegna, già all'atto dell'iscrizione, i volumi TEORITEST 4, ESERCITEST 4, VERITEST 4. Consigliamo di leggere questi libri prima dell'inizio del corso con l'obiettivo di acquisire almeno una conoscenza di base degli argomenti trattati.

Questa raccomandazione vale in particolar modo per chi sceglie di frequentare uno dei corsi Alpha Test di durata minore.

Durante il corso l'attenzione viene focalizzata in modo specifico sulle tipologie di quesiti previsti nella prova di ammissione di interesse. Viene inoltre esaminato e discusso con i docenti un consistente numero di esercizi diversi da quelli presenti nei libri e contenuti in apposite dispense aggiornate ogni anno e distribuite durante il corso esclusivamente ai partecipanti.

Informazioni e modalità di iscrizione ai corsi Alpha Test

Le iscrizioni ai corsi Alpha Test per la preparazione ai test di ammissione universitari si aprono ogni anno in settembre (in febbraio quelle per i soli corsi estivi) e terminano all'esaurimento dei posti disponibili (i corsi sono riservati a un numero limitato di partecipanti per garantire le migliori condizioni di apprendimento); a partire dallo stesso periodo sono disponibili le informazioni relative al calendario e alla quota di partecipazione di ciascun corso.

Per chi ha già acquistato **presso un centro Alpha Test** l'ultima edizione dei libri in dotazione al corso, è prevista una riduzione della quota di iscrizione al corso pari al 100% del prezzo di copertina dei libri; se i libri sono stati acquistati **in libreria** tale riduzione è invece pari al 50% del prezzo di copertina.

L'iscrizione ai corsi e l'acquisto dei libri Alpha Test possono essere effettuati:

- presso uno dei **centri Alpha Test** (per conoscere il più vicino visitare il sito www.alphatest.it/corsi o chiamare il numero verde 800 017 326);
- **su internet** all'indirizzo **www.alphatest.it/corsi** (dove è disponibile l'apposito modulo di iscrizione);
- **telefonicamente**, chiamando il numero **02 58 45 981** (per chi chiama da fuori Milano è attivo anche il numero verde 800 017 326);
- **compilando l'apposito modulo** di iscrizione contenuto nella **brochure** di presentazione dei corsi, che è possibile ricevere gratuitamente anche a casa, chiamando il numero verde 800 017 326 o scrivendo a servizi@alphatest.it.

I libri Alpha Test si possono acquistare anche presso le **migliori librerie** di tutta Italia.

Chi desidera ricevere, gratuitamente e senza impegno, materiale informativo relativo ai corsi e/o ai libri Alpha Test, può visitare il sito internet www.alphatest.it o richiedere il catalogo gratuito a:

Alpha Test S.r.l.
via Mercalli, 14 – 20122 Milano
tel. 02 58 45 981 – fax 02 58 45 98 96
servizi@alphatest.it

---

3 NATURA DEL TEST E CARATTERISTICHE DI QUESTO LIBRO

Il volume contiene la spiegazione e l'analisi degli argomenti e delle tipologie di esercizi previsti nei test di pre-immatricolazione a cui è rivolto. È dedicato a corsi di studio diversi, in quanto i test utilizzati da tali corsi sono della stessa natura e presentano molti aspetti in comune. Non vi è dunque, all'interno del volume, una parte dedicata a Ingegneria, un'altra dedicata a Informatica e così via, ma pressoché tutte le tipologie di esercizi esaminate sono di interesse per i candidati a tutti i test a cui l'opera si rivolge.

La **prima parte** del volume spiega il significato, le caratteristiche e le implicazioni del numero chiuso e dei test di pre-immatricolazione alle università italiane e propone alcuni suggerimenti utili su come prepararsi a tali prove.

La **seconda parte** del volume è invece dedicata ai quesiti di natura attitudinale, che possono essere raggruppati in due categorie:

- *comprensione verbale* dove figurano gli esercizi di comprensione di brani, nei quali è richiesto di leggere uno o più brani di diversa natura e di rispondere a domande sul loro contenuto e sul loro significato;
- *attitudine logica* che comprende diverse tipologie di esercizi, quali problemi di ragionamento logico e matematico, successioni di figure, numeri e lettere, esercizi di insiemistica, sillogismi, interpretazione di tabelle e grafici statistici.

Nella **terza, quarta e quinta parte** vengono analizzate le diverse discipline oggetto delle prove a test, rispettivamente **matematica**, **fisica** e **chimica**. Ciascuna disciplina è presentata attraverso la **spiegazione e il ripasso** dei diversi argomenti, seguiti da un consistente numero di esercizi del tutto simili e, in alcuni casi, uguali a quelli presenti nei test ufficiali degli anni passati.

Gli **esercizi**, **commentati** e accompagnati dall'esposizione dei metodi risolutivi più efficaci, servono allo studente per approfondire la propria preparazione e per verificare e applicare le nozioni apprese. In alcuni casi essi riguardano argomenti non trattati nella parte teorica e rappresentano dunque un'ulteriore fonte di apprendimento.

Come nelle prove ufficiali, gli esercizi presenti in questo volume sono quesiti a risposta multipla corredati da più soluzioni delle quali una sola è corretta. Nelle pagine dedicate all'esposizione delle nozioni teoriche, i concetti che sono stati più frequentemente oggetto di domande nei test di ammissione degli anni passati sono evidenziati graficamente.

Le sezioni dedicate a **matematica** e **fisica** interessano i candidati a tutti i corsi di laurea a cui il volume si rivolge, mentre la sezione dedicata a **chimica** interessa solo i candidati ai corsi di laurea in Scienza dei Materiali e Ingegneria, nella maggior parte delle sedi universitarie.

Tuttavia, dal momento che ogni anno i test di pre-immatricolazione ai singoli corsi di laurea possono presentare alcune novità rispetto a quelli degli anni precedenti, si consiglia di studiare e di esercitarsi su tutte le tipologie di esercizi analizzate nel libro, **concentrandosi maggiormente su quelle che trovano corrispondenza con la natura della prova così come descritta nel bando di concorso al quale si rimanda quale fonte ufficiale di informazioni**. Si potrà in questo modo ottimizzare la propria preparazione minimizzando eventuali sorprese al momento della prova.

Per avere maggiori informazioni circa il programma e le modalità di svolgimento del test di pre-immatricolazione per uno specifico corso universitario, in una particolare sede universitaria, si suggerisce di partecipare al **corso Alpha Test**: durante le lezioni vengono infatti descritte in modo dettagliato le **caratteristiche peculiari** della prova a test esaminata e vengono fornite **indicazioni precise** circa le tipologie di esercizi più frequenti e le modalità di svolgimento della prova stessa.

4 IL NUMERO CHIUSO E I SISTEMI DI SELEZIONE NELLE UNIVERSITÀ ITALIANE

Con l'espressione **numero chiuso** o **numero programmato**, in relazione ai corsi universitari, si intende un sistema articolato di regolamentazione delle immatricolazioni degli studenti che tiene conto di diversi fattori quali:

- il rapporto fra il numero degli studenti e la qualità del servizio offerto dall'università;
- la necessità di investire sugli studenti più capaci e meritevoli;
- l'opportunità di adeguare il numero dei laureati alle effettive esigenze del mondo del lavoro nei diversi settori professionali;
- la necessità di ridurre il tasso di abbandono negli studi universitari e, conseguentemente, di aumentare la produttività del sistema formativo universitario;
- l'opportunità di introdurre maggiore competizione fra gli atenei;
- la necessità di adeguare il sistema formativo italiano alle direttive dell'Unione europea.

Nonostante il fenomeno coinvolga ogni anno centinaia di migliaia di studenti, il significato, le motivazioni e le implicazioni del numero chiuso, unitamente alle modalità di selezione adottate dai singoli atenei, sono ancora poco conosciuti da molti studenti al termine delle scuole superiori.

4.1 NUMERO CHIUSO: AMICO O NEMICO DEGLI STUDENTI?

In Italia ci si interroga periodicamente sulla legittimità, sull'opportunità e sulle modalità di regolamentazione per l'accesso ai corsi universitari. Di seguito si fornisce un contributo all'argomento, attraverso l'esposizione sintetica di alcuni elementi oggettivi e alcune considerazioni sul numero chiuso.

4.1.1 IL NUMERO CHIUSO È COSTITUZIONALE?

Tra le argomentazioni di chi è contrario e ne chiede l'abolizione vi è quella della presunta incostituzionalità del numero chiuso. Chi sostiene questa posizione afferma che il numero chiuso viola il diritto allo studio e, in particolare, gli articoli 2, 3, 33 e 34 della Costituzione. A questo proposito si osserva che nell'articolo 34 il Costituente, nel disporre che «la scuola è aperta a tutti» (comma 1), aggiunge significativamente che hanno diritto ad accedere ai **gradi più alti degli studi «i capaci e meritevoli**, anche se privi di mezzi» (comma 3). Una regolamentazione dell'accesso agli studi universitari (cioè ai gradi alti degli studi e non alla scuola dell'obbligo) che valorizzi le capacità e il merito degli aspiranti studenti, risulta pertanto legittima anche sul piano costituzionale.

Invece di ostacolare il percorso verso un sistema meritocratico che regolamenti gli accessi ai gradi più alti degli studi, per rispettare il dettato costituzionale bisognerebbe semmai potenziare il sistema di borse di studio da assegnare ai capaci e meritevoli privi di mezzi economici.

Nel novembre del 1998 la Corte Costituzionale ha comunque già chiarito la legittimità costituzionale del numero programmato, evidenziando anche la necessità di garantire agli studenti una qualità dell'insegnamento conforme agli standard imposti dall'Unione europea. Nella stessa sentenza la Corte Costituzionale sollecitava «un'organica sistemazione legislativa», giunta l'anno successivo con la legge n. 264 del 1999, attualmente in vigore.

Stabilita la liceità del numero chiuso sul piano costituzionale, è opportuno valutarne l'efficacia e l'utilità per gli studenti, per il sistema formativo universitario e per la collettività nel suo complesso.

Per esprimere una valutazione complessiva occorre conoscere le ragioni e i principi che hanno portato anche in Italia alla regolamentazione degli accessi in università, misurare i vantaggi che tale scelta comporta e, soprattutto, i risultati a cui ha dato luogo in quei corsi universitari che già da molti anni operano una regolamentazione delle immatricolazioni sulla base di criteri meritocratici

4.1.2 A COSA SERVE IL NUMERO CHIUSO

Oltre a rispondere alla necessità di adeguare il sistema formativo italiano alle direttive dell'Unione europea relative ad alcuni corsi di laurea, in generale la regolamentazione delle immatricolazioni operata attraverso una selezione su basi meritocratiche si dimostra funzionale sotto diversi aspetti.

Alzare la qualità della formazione

Le università possono offrire un servizio qualitativamente adeguato soltanto commisurando il numero di studenti alle effettive capacità delle strutture didattiche e del corpo docente. Le università devono infatti garantire alle proprie matricole un'adeguata accoglienza e reali opportunità formative. Questo aspetto è particolarmente rilevante per i corsi che prevedono attività di tirocinio, come quelli sanitari, o di laboratorio, come quelli scientifici, dove il numero di studenti è strettamente correlato alla qualità della loro formazione. La programmazione del numero di frequentati è quindi necessaria per assicurare una formazione di qualità elevata, nell'interesse non solo degli studenti ma anche della collettività.

Ridurre gli abbandoni e il numero di studenti inattivi

Le ultime statistiche sugli studi universitari in Italia indicano che il tasso di successo negli studi[1] è pari al 48% e solo il 13% degli studenti iscritti ai corsi di laurea magistrali si laurea nei tempi previsti; inoltre, il tasso di abbandono medio tra il primo e il secondo anno è pari al 16,7%.

Le **matricole inattive** (immatricolati che per 12 mesi non sostengono alcun esame o non conseguono alcun credito) sono invece il **13,3% del totale** delle matricole. Nell'*Undicesimo Rapporto sullo Stato del Sistema Universitario* pubblicato nel gennaio 2011 dal Comitato nazionale per la valutazione del sistema universitario (CNVSU) tali indicatori di processo vengono presentati tra i fattori più critici del sistema formativo universitario italiano. Trattandosi di dati medi, ci sono facoltà dove le cose vanno meglio e altre dove il problema è più grave. Come si nota dal grafico seguente, il tasso di abbandono delle matricole tra il primo e il secondo anno risulta più basso proprio nei corsi di laurea che, già da diversi anni, prevedono corsi a numero chiuso a livello nazionale.

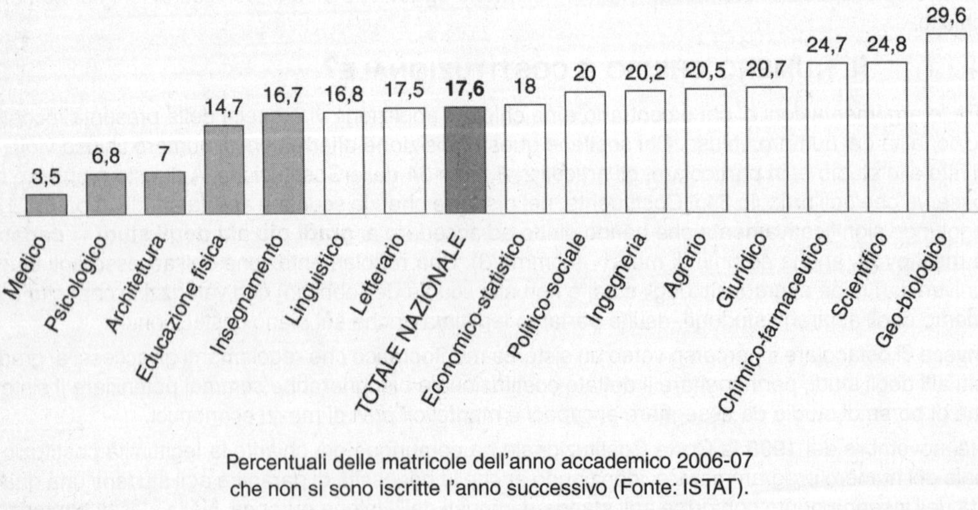

Percentuali delle matricole dell'anno accademico 2006-07 che non si sono iscritte l'anno successivo (Fonte: ISTAT).

1. Numero di laureati dopo 3 anni (corsi brevi) o 5 anni (laurea specialistica) rispetto all'anno di immatricolazione.

Tutti i dati confermano questa correlazione virtuosa tra corsi di laurea a numero programmato e miglioramento degli indicatori di processo. In particolare, il tasso di iscritti regolari alla facoltà di medicina risulta del 77,3% contro il 59,9% medio; il tasso di abbandono al secondo anno del -2,2% contro il 16,7% di media nazionale; le percentuali di matricole e di studenti inattivi sono rispettivamente del 6,4% e 9,3% (contro il 13,3% e 19,8%[1]) medi nazionali

Aumentare il tasso di successo negli studi

Dai dati ISTAT (*Università e lavoro: orientarsi con la statistica*, 2009) emerge che **i corsi di laurea che da diversi anni hanno istituito a livello nazionale il numero chiuso sono quelli con la più alta probabilità per gli studenti di conseguire la laurea**. Nei corsi dell'area medica per esempio gli studenti che nel 2007 si sono laureati nei tempi previsti dal corso di laurea sono l'81,5% contro un dato medio nazionale pari a circa il 37,2%. Di conseguenza nel 2007, mentre complessivamente il 62,8% degli studenti si è laureato fuori corso, nel caso dell'area medica solo il 18,5% degli studenti si è laureato fuori corso.

Migliorare l'efficienza delle università e ridurre i costi sociali

Circa la metà degli iscritti dei corsi universitari ad accesso libero non si laurea o eccede di molto i tempio previsti. Questo significa che **nei corsi senza numero chiuso la selezione è comunque presente**, non all'ingresso, ma nella forma dell'abbandono negli anni successivi.

Tutto questo determina costi economici e disagi psicologici e sociali molto alti, non solo per gli studenti direttamente interessati e le loro famiglie, ma per l'intero Paese. Una **selezione "naturale"** al secondo o al terzo anno di studi, come avviene ora in Italia con tassi di abbandono molto alti specie nei corsi di laurea ad accesso libero, rappresenta un costo inutile per i contribuenti e un problema serio per gli studenti che abbandonano e che avrebbero invece dovuto essere indirizzati fin da subito verso un percorso formativo o professionale differente.

Per investire, come è giusto e doveroso fare, sui giovani potenzialmente in grado di laurearsi e di restituire così valore al Paese, è necessario, al contempo, minimizzare lo spreco di risorse per chi non porta a termine gli studi. Le ripercussioni negative di un sistema che non seleziona all'ingresso gli studenti sui quali investire non si limitano infatti ai maggiori costi economici complessivi e al disagio di coloro che abbandonano e che ritardano di alcuni anni il loro ingresso nel mondo del lavoro, ma toccano molto da vicino anche gli studenti capaci e seriamente motivati, che devono fare i conti con una situazione di sovraffollamento che abbassa inevitabilmente la qualità della loro formazione.

Migliorare le prospettive occupazionali

Ogni passo nel percorso formativo e professionale di un individuo, dal termine della scuola dell'obbligo fino all'inserimento nel mondo del lavoro e oltre, è caratterizzato da una certa selettività; se i primi passi del percorso scelto sono poco selettivi lo saranno di più i successivi e viceversa. Per questo motivo gli studenti che si laureano in un corso universitario ad accesso libero incontrano spesso grossi problemi al momento dell'ingresso nel mondo del lavoro. Un esempio è offerto dalla maggioranza dei laureati in Giurisprudenza (corso di laurea quasi ovunque in Italia ad accesso libero) che non hanno la possibilità di diventare notai, avvocati o uditori giudiziari, per l'elevata selezione degli esami per l'accesso a tali professioni. La differenza con l'inserimento professionale di un laureato in Odontoiatria (esempio di un corso di laurea che da oltre 20 anni prevede una seria selezione in ingresso) è eloquente.

Programmare gli accessi all'università significa quindi poter assicurare migliori prospettive occupazionali ai laureati, adeguando il loro numero ai bisogni effettivi che si registrano nei diversi settori professionali. Aumenta in questo modo la probabilità di intraprendere fin da subito una carriera universitaria in un campo che offra buone possibilità di impiego e si riduce il rischio di ritrovarsi, una volta laureati, con possibilità occupazionali scarse e/o poco coerenti con il proprio percorso di studi.

Favorire la mobilità sociale

In Italia, più che in altri Paesi, il ricambio generazionale per alcune professioni sembra non avvenire solo su basi meritocratiche ma anche per via "ereditaria". I "figli di nessuno" difficilmente riescono ad avere le stesse opportunità dei figli dei professionisti del settore. Questo si verifica in par-

1. Fonte: Rapporto 2011 CNSVU.

ticolare nelle professioni dove i filtri di accesso sono collocati al termine e non all'inizio del percorso di formazione universitaria. Avvocati, notai e commercialisti sono forse i casi più noti. Questo fenomeno, che non favorisce la mobilità sociale, risulterebbe certamente ostacolato da una programmazione nazionale degli accessi all'università correlata alla domanda del mercato del lavoro. La diffusione di una selezione meritocratica all'inizio degli studi universitari renderebbe infatti più semplice ai laureati l'inserimento nel mondo del lavoro, contribuendo così a creare anche in Italia le condizioni di pari opportunità ora non sempre garantite.

Aumentare la competitività delle università

Per alcune università, come per esempio la Bocconi di Milano e la LUISS di Roma, l'adozione del numero chiuso è stato un fattore che ha contribuito a determinare il successo e il prestigio dell'ateneo nel mondo accademico e nel mondo del lavoro. La prova di ammissione obbligatoria ha infatti permesso fin dall'inizio di individuare gli studenti più preparati, con capacità logiche e di apprendimento più adeguate al tipo di studi proposti, e quindi con maggiori possibilità di successo. Le università italiane sono infatti inserite in un sistema competitivo che da tempo ha superato i confini del nostro Paese. In questo contesto il numero chiuso è uno degli strumenti che permettono ai migliori atenei di affrontare la sfida internazionale. Gli studenti delle migliori università del mondo hanno dovuto infatti superare delle selezioni molto dure per potervi intraprendere gli studi ed è con loro che gli studenti italiani devono competere oggi nelle aule universitarie e competeranno domani sul mercato del lavoro.

In definitiva, più che garantire un generico diritto a frequentare le lezioni, anche l'università italiana deve cercare di offrire ai propri studenti la possibilità concreta di laurearsi conseguendo una formazione di qualità elevata che rappresenti un valore nel mercato professionale nazionale e internazionale. E siccome in Italia, come negli altri Paesi, le risorse destinate all'università non sono e non potranno mai essere infinite, così come non sono infiniti gli sbocchi professionali che si aprono ai laureati, è necessario orientare e selezionare gli studenti prima degli studi universitari in base alle capacità e alle inclinazioni individuali e in base alle esigenze del mondo del lavoro. In questo modo ogni università potrà certamente investire meglio le risorse disponibili.

4.1.3 VALIDITÀ DEL TEST COME STRUMENTO DI SELEZIONE

La prova di valutazione a test non è il solo strumento disponibile per individuare i candidati più motivati e potenzialmente più portati per un certo corso di studi. Altri criteri di valutazione sono per esempio l'esame dei *curricula* degli studenti (voti dell'Esame di Stato e degli ultimi anni delle scuole superiori) oppure l'esito di colloqui che potrebbero essere organizzati appositamente dalle università.

Il test a risposta multipla è tuttavia lo strumento di valutazione più utilizzato al mondo non solo in ambito universitario ma anche nei processi di selezione sul lavoro che coinvolgono un elevato numero di candidati. Anche in Italia l'esperienza ha dimostrato che, dove il test di ammissione/valutazione è stato progettato e gestito con serietà e professionalità, esiste una forte correlazione fra il punteggio conseguito nel test e i risultati ottenuti nel corso degli studi universitari. In particolare, ricerche autorevoli condotte dalle università o dal CNVSU hanno mostrato che:

- il tempo di conseguimento della laurea è inferiore per gli studenti che ottengono un punteggio elevato nella prova a test;
- gli studenti che ottengono un buon punteggio nella prova di ammissione superano gli esami con votazioni più alte e si laureano con una votazione mediamente più elevata rispetto ai candidati posizionatisi nelle fasce inferiori della graduatoria;
- il numero di esami superati in corso è tanto più elevato quanto maggiore è il punteggio conseguito nella prova a test;
- regolamentare l'accesso in università attraverso adeguate prove a test ha consentito di indirizzare gli studenti verso i corsi di laurea che risultano maggiormente idonei alle attitudini dei singoli.

Il CNVSU nel suo *Undicesimo rapporto sullo Stato del Sistema Universitario* riassume nel modo seguente quanto appena detto: «Le facoltà con la più alta percentuale di studenti più regolari sono quelle dove vi sono prove di selezione all'ingresso e accessi programmati».

Le stesse ricerche sopra citate hanno mostrato che il voto di maturità e i risultati scolastici degli ultimi anni, se utilizzati come elemento di valutazione unico o prevalente, possiedono capacità predittive sull'esito degli studi universitari generalmente inferiori a quelle offerte dalle prove a test. Il motivo è prevalentemente legato al fatto che i voti scolastici non sono in grado di discriminare tra i diversi tipi di scuola superiore (liceo, istituto tecnico ecc.) e tra i diversi livelli di qualità e criteri di valutazione dei singoli istituti o commissioni esaminatrici.

La presenza di una prova selettiva di tipo meritocratico all'ingresso, oltre a svolgere una preziosa funzione di supporto **all'orientamento agli studi universitari**, rappresenta per gli studenti più motivati un forte stimolo a intraprendere **un percorso di formazione specifico** che si è rivelato poi utile anche nel percorso di studi universitari. È sempre più condivisa infatti l'opinione che la scuola spesso non riesca ad assolvere al compito di preparare adeguatamente gli studenti per gli studi universitari. L'incentivo offerto dalla presenza degli esami di ammissione a intraprendere una preparazione pre-universitaria deve quindi essere visto in termini certamente positivi.

In conclusione le prove a test, lontane dal discriminare gli studenti in base all'ambiente sociale di provenienza, se ben progettate e gestite, garantiscono criteri di valutazione unicamente meritocratici, concorrendo così al raggiungimento di un sistema competitivo, del quale beneficiano gli studenti stessi. Il prestigio di un ateneo è infatti determinato anche dalle opportunità di lavoro dei suoi laureati: condurre fino alla laurea un numero limitato e scelto di studenti, nei tempi previsti e con buoni *curricula* di studi, consente di attivare canali di collegamento privilegiati tra le università stesse e il mondo produttivo e professionale.

Quanto detto consente di capire il motivo per il quale gran parte degli studenti che frequenta o si è laureato in un corso con accesso programmato, avendone sperimentato personalmente i vantaggi, si dichiara favorevole alla selezione delle aspiranti matricole tramite prove a test.

Come migliorare il sistema attuale

La maggioranza dei corsi universitari delle università statali italiane è ancora ad accesso libero. Per le considerazioni sopra esposte il sistema universitario, gli studenti e la collettività nel suo complesso avrebbero bisogno di una **rapida diffusione** della regolamentazione degli accessi all'università attraverso selezioni di tipo meritocratico. Il sistema di selezione attualmente in uso potrebbe essere migliorato nella direzione di **una maggiore uniformità e trasparenza**. In particolare sarebbe auspicabile definire alcuni modelli di test standard da utilizzare a livello nazionale, uno per ogni area di studio o per raggruppamenti di aree di studio, così come già è stato fatto per alcuni corsi di laurea (medicina, architettura e scienze della formazione primaria).

Da alcuni mesi è allo studio l'introduzione di una **prova nazionale a test** nell'Esame di Stato gestita dall'INVALSI così come è stato fatto per l'esame di terza media. Se tale progetto dovesse realizzarsi, l'esito di tale prova potrebbe concorrere a fare media con il risultato del test universitario. A differenza dei voti di maturità e degli ultimi anni di scuola, si tratterebbe infatti di una prova oggettiva e uguale per tutti.

Il **colloquio** come strumento aggiuntivo di valutazione introdurrebbe una componente discrezionale nel percorso di selezione, terreno fertile per favoritismi e raccomandazioni, e non sarebbe comunque praticabile per via dei costi e dei tempi necessari.

Come è noto, negli ultimi anni si sono verificati casi di prove d'ammissione contenenti alcune domande errate. È singolare che parte dell'opinione pubblica e della stampa abbia reagito a questi casi criticando *in toto* la scelta di regolamentare l'accesso ai corsi e lo strumento dei test. Facendo un parallelo con l'esame di maturità, è come se la presenza di un errore nella traccia di una prova scritta dovesse mettere in discussione l'utilità e l'esistenza dell'esame stesso. È evidente invece che i test devono semplicemente essere fatti bene: devono essere **accuratamente progettati, calibrati e formulati** in funzione delle caratteristiche e delle potenzialità degli studenti che si vogliono individuare e devono essere perfezionati nel tempo attraverso apposite analisi statistiche, in modo da massimizzare la correlazione tra esito del test e performance degli studenti negli studi universitari. In questa direzione si è per esempio mosso il MIUR, riducendo negli ultimi anni nei test dell'area medica e di architettura il peso dei quesiti nozionistici e di cultura generale a favore dei quesiti logico-attitudinali e di ragionamento.

Il sistema di selezione in uso per l'accesso al corso di laurea in Medicina viene periodicamente criticato da alcuni medici. Questa critica si fonda sul seguente ragionamento: «Sono un bravo medico che esercita con successo la professione da decenni; se partecipassi ora alla selezione non riuscirei a entrare al corso di Medicina; quindi la selezione è sbagliata». Tale ragionamento si basa su un presupposto errato che rende la critica priva di fondamento: le prove di selezione non possono e non devono infatti misurare le capacità professionali di medico, che gli studenti neodiplomati naturalmente non possiedono, ma si devono limitare a verificare la preparazione dei candidati acquisita negli studi precedenti e le loro attitudini e potenzialità di apprendimento verso le discipline medico-scientifiche.

A differenza di quanto avviene ora, sarebbe opportuno ricorrere a **graduatorie uniche nazionali** per ogni corso di laurea, dando così la possibilità agli studenti più capaci di scegliere l'università presso la quale frequentare e laurearsi. In questo modo la selezione sarebbe più equa e si favorirebbe contestualmente l'instaurarsi di un sistema universitario fondato sul merito e sulla concorrenza, ingredienti essenziali per una formazione di qualità e per una maggiore mobilità sociale. A questo proposito si osserva che il problema della mancanza di una graduatoria unica nazionale per corso di laurea non è, come spesso denunciato, il fatto che si sono registrati punteggi soglia differenti per accedere ai diversi Atenei. Questa infatti è una normale conseguenza della sana competizione che dovrebbe esserci anche in Italia tra i diversi Atenei. Ciò che invece si deve evitare è che uno studente con un punteggio al test insufficiente per accedere all'Ateneo A non possa iscriversi all'Ateneo B per il quale lo stesso punteggio risulta invece sufficiente. Come già detto, queste modifiche andrebbero tuttavia accompagnate da un graduale aumento dei fondi dedicati alle **borse di studio** da assegnare agli studenti migliori in modo che possano scegliere liberamente l'università anche se lontana dalla propria residenza.

Le **informazioni sui test nazionali** e sul sistema in uso dovrebbero infine essere quanto più precise e dettagliate possibili e dovrebbero essere diffuse con grande anticipo in modo da consentire agli studenti di intraprendere le proprie scelte in modo consapevole già nel corso degli ultimi anni delle scuole superiori, in occasione dei percorsi di orientamento alla scelta degli studi post diploma.

5 SUGGERIMENTI PER AFFRONTARE LA PROVA A TEST

Per affrontare al meglio un test a risposta multipla è importante conoscere preventivamente le modalità di svolgimento e la natura delle diverse tipologie di esercizi, nonché le opportune "strategie" per valorizzare al massimo le proprie conoscenze e potenzialità.

Si tenga presente che i criteri adottati dalle università italiane per selezionare i candidati ai corsi universitari sono di tipo **comparativo**. Cioè per superare la selezione, **lo studente deve figurare tra i migliori** nella graduatoria dei candidati. In altre parole, per superare la selezione occorre svolgere il test di ammissione meglio di un certo numero di altri candidati. Tuttavia, come già detto, dal 2011 i test di ammissione a base nazionale prevedono anche una soglia minima qualificante di 20 punti.

Prima di addentrarsi nell'analisi dei contenuti dei test e degli esercizi che li compongono, è quindi opportuno considerare alcuni suggerimenti apparentemente banali, ma utili al fine di ottimizzare il risultato nella prova di ammissione.

5.1 BANDO DI CONCORSO E INFORMAZIONI SULLA SELEZIONE

Il primo suggerimento di carattere generale è quello di **prestare grande attenzione a tutte le informazioni fornite dall'università e contenute nel bando di concorso**: esse sono infatti, insieme alle disposizioni del Ministero, le uniche informazioni **ufficiali** relative alle norme, alle modalità di selezione, alla struttura e ai contenuti della prova che regola l'ammissione al corso di studi scelto.

5.2 REGOLAMENTO E ISTRUZIONI PER LO SVOLGIMENTO DELLA PROVA

In sede d'esame, prima ancora dell'inizio della prova, vengono sottoposte all'attenzione dei candidati le **norme alle quali attenersi durante l'intero svolgimento del test**. Tali norme riguardano, per esempio, il tempo a disposizione per lo svolgimento della prova, le modalità con cui indicare le risposte sull'apposita scheda e altre indicazioni su come comportarsi in sede d'esame e al termine del test. È necessario attenersi a tali informazioni per evitare di commettere errori banali (quale, per esempio, la compilazione errata della scheda per le risposte), che potrebbero compromettere l'esito della prova e quindi l'ammissione all'università.

In alcuni casi, all'interno del test gli esercizi sono preceduti da **istruzioni circa le modalità di risoluzione** dei quesiti e a volte anche da un esempio risolto. È importante in questi casi non aver fretta di cominciare a risolvere i quesiti, ma dedicare la massima attenzione alla lettura di queste istruzioni, indispensabili per capire la logica degli esercizi e per rispondere correttamente alle domande.

5.3 DOMANDE A RISPOSTA MULTIPLA

I test che vengono utilizzati per l'ammissione all'università sono costituiti da domande **chiuse**, le cui risposte sono cioè predefinite: il candidato deve individuare la sola risposta esatta tra le alternative proposte. Per rispondere a una domanda *aperta* (non corredata da risposte prefissate) come per esempio "Qual è la capitale della Colombia?", occorre conoscere le informazioni necessarie alla formulazione della risposta. Nel caso di *domande a scelta multipla* è invece possibile procedere anche in maniera diversa.
Si ipotizzi, per esempio, di dover rispondere al medesimo quesito, però a risposta multipla.

1 **Qual è la capitale della Colombia?**

A Delhi
B Buenos Aires
C Bogotá
D Brasilia
E Santiago

In questo caso è possibile determinare la risposta corretta procedendo in due modi distinti:

1. ragionando come se si trattasse di una domanda aperta: sapendo che la capitale della Colombia è Bogotá, si individua direttamente la risposta corretta (C) senza valutare le altre proposte;
2. se, al contrario, non si conosce la risposta alla domanda, ma si ricordano gli altri accoppiamenti Paese/capitale, è possibile individuare la risposta corretta seguendo un procedimento di eliminazione: sapendo che Delhi è la capitale dell'India, Buenos Aires dell'Argentina, Santiago del Cile e Brasilia del Brasile, per esclusione si può concludere che la risposta esatta è la C.

In altre parole, per rispondere correttamente a una domanda a scelta multipla non è strettamente necessario conoscere la risposta esatta: a volte la soluzione può essere individuata indirettamente, eliminando le alternative errate.
Nel caso in cui, procedendo per esclusione, il candidato non riesca a eliminare tutte le alternative errate, il metodo di risposta per eliminazione permette comunque di aumentare le probabilità di individuare la risposta corretta: l'esclusione di una o più risposte riduce il numero delle alternative tra cui si rimane incerti e quindi incrementa la probabilità di individuare l'alternativa corretta anche rispondendo in modo casuale.
Un altro aspetto che caratterizza le prove di ammissione è il fatto che l'assegnazione dei punteggi si basa solo ed esclusivamente sulle risposte indicate sull'apposita scheda: non hanno quindi alcuna rilevanza eventuali spiegazioni o giustificazioni alle risposte date. Ciò rappresenta un'ulteriore differenza importante rispetto ad altri tipi di valutazione: per esempio, nei colloqui o nelle verifiche scritte viene giudicata non solo la correttezza della risposta ma anche il modo in cui essa viene giustificata e presentata dallo studente.
A ciò si aggiunga che nei test di ammissione il tempo a disposizione risulta spesso appena sufficiente per rispondere a tutti i quesiti. È dunque molto importante gestirlo nel modo più conveniente.

5.4 VALORE DEI QUESITI E GESTIONE DEL TEMPO A DISPOSIZIONE

Nei test universitari ai quali questo libro si rivolge **tutti gli esercizi hanno lo stesso valore**: è dunque necessario evitare di dedicare eccessivi sforzi e tempo per risolvere un quesito particolarmente complesso. Poiché ogni risposta giusta fa guadagnare lo stesso punteggio, a parità di tempo impiegato conviene risolvere due esercizi semplici piuttosto che uno complesso.
Come i partecipanti ai corsi Alpha Test hanno modo di sperimentare durante lo svolgimento delle prove simulate dei test, il tempo rappresenta uno dei fattori critici per affrontare con successo un test di ammissione. Infatti, le prove sono spesso progettate e formulate in modo tale da permettere solo ai più preparati di terminare nel tempo concesso la totalità dei quesiti.

È dunque fondamentale impiegarlo razionalmente, calcolando rapidamente, prima di iniziare la prova, il tempo medio a disposizione per ogni quesito (dato ovviamente dal tempo complessivo diviso per il numero di esercizi), ed evitando di dedicare ai singoli quesiti un tempo eccessivamente superiore a quello medio. Il suggerimento generale è di non superare il tempo medio nello svolgimento di un singolo esercizio, per più del 20%. Questa maggiorazione di tempo dedicato ai quesiti complessi viene infatti facilmente compensata dalla presenza di numerosi quesiti di natura nozionistica di veloce risoluzione.

Se dunque il tempo complessivo per il test è di 2 ore e il numero di esercizi da risolvere è pari a 80, il tempo medio per quesito è pari a 1,5 minuti (90 secondi). Bisogna quindi cercare di non dedicare più di due minuti allo svolgimento del singolo quesito. Allo scadere di tale tempo limite, se non si è prossimi alla soluzione del quesito, è opportuno passare a quello successivo.

L'obiettivo da raggiungere è rispondere correttamente al maggior numero possibile di esercizi; si consiglia quindi, compatibilmente con i vincoli imposti dalle modalità di svolgimento della prova, affrontare prima gli esercizi che si ritiene di saper risolvere più facilmente e velocemente, per passare poi a quelli più complessi che richiedono un dispendio di tempo maggiore.

Il consiglio, ove possibile, è di evidenziare con un opportuno segno di riconoscimento tali quesiti sul fascicolo contenente il test: sarà così possibile ritrovarli velocemente in un secondo tempo.

Lo stesso consiglio vale per le domande a cui si è data una risposta che, compatibilmente con il tempo a disposizione, si vorrebbe verificare prima del termine della prova.

5.5 Scelta casuale della risposta nei quesiti che non si sanno risolvere

La valutazione dei test avviene mediante l'attribuzione di un punteggio positivo per le risposte corrette (generalmente un punto per ogni risposta esatta) e, in molti casi, l'attribuzione di un punteggio negativo per ogni risposta errata (generalmente quantificato in una frazione di punto). Ai quesiti omessi, a cui cioè non si è risposto, viene di solito attribuito un punteggio nullo.

I test ai quali questo volume si rivolge prevedono tipicamente quesiti con 5 alternative e la seguente attribuzione di punteggi:

- Risposta esatta: + 1
- Risposta errata: – 1/4
- Risposta omessa: 0

La penalità sulle risposte errate è introdotta per ridurre il punteggio positivo che, statisticamente, il candidato potrebbe conseguire rispondendo a caso in assenza di tale penalità. Ma è allora conveniente o no rispondere a caso ai quesiti che non si sanno risolvere?

Si supponga di non conoscere assolutamente le risposte di 20 quesiti (con 5 risposte alternative ciascuno) della prova. Scegliendo a caso, si risponderebbe statisticamente in modo corretto a 4 esercizi (20/5) e si sbaglierebbero i restanti 16 quesiti. Il punteggio totalizzato sarebbe dunque:

- Risposte esatte: $4 \times (+1) = +4$
- Risposte errate: $16 \times (-1/4) = -4$
- Risposte nulle: $0 \times 0 = 0$
- Punteggio totale: $4 - 4 = 0$

Si otterrebbe quindi un punteggio nullo, esattamente identico a quello che si totalizzerebbe scegliendo di non rispondere ai 20 quesiti.

È evidente che il punteggio totalizzato rispondendo casualmente potrà essere tanto maggiore quanto minore sarà il numero di alternative tra cui si è indecisi e quanto minore è la penalità attribuita alle risposte errate. Il numero delle alternative tra cui si è indecisi non coincide necessariamente con quello delle alternative esistenti. Se, per esempio, le alternative proposte sono 5, ma si riesce a scartarne 2 perché si sa che sono errate, il numero da considerare per il confronto con la penalizzazione è 3 (cioè 5 – 2).

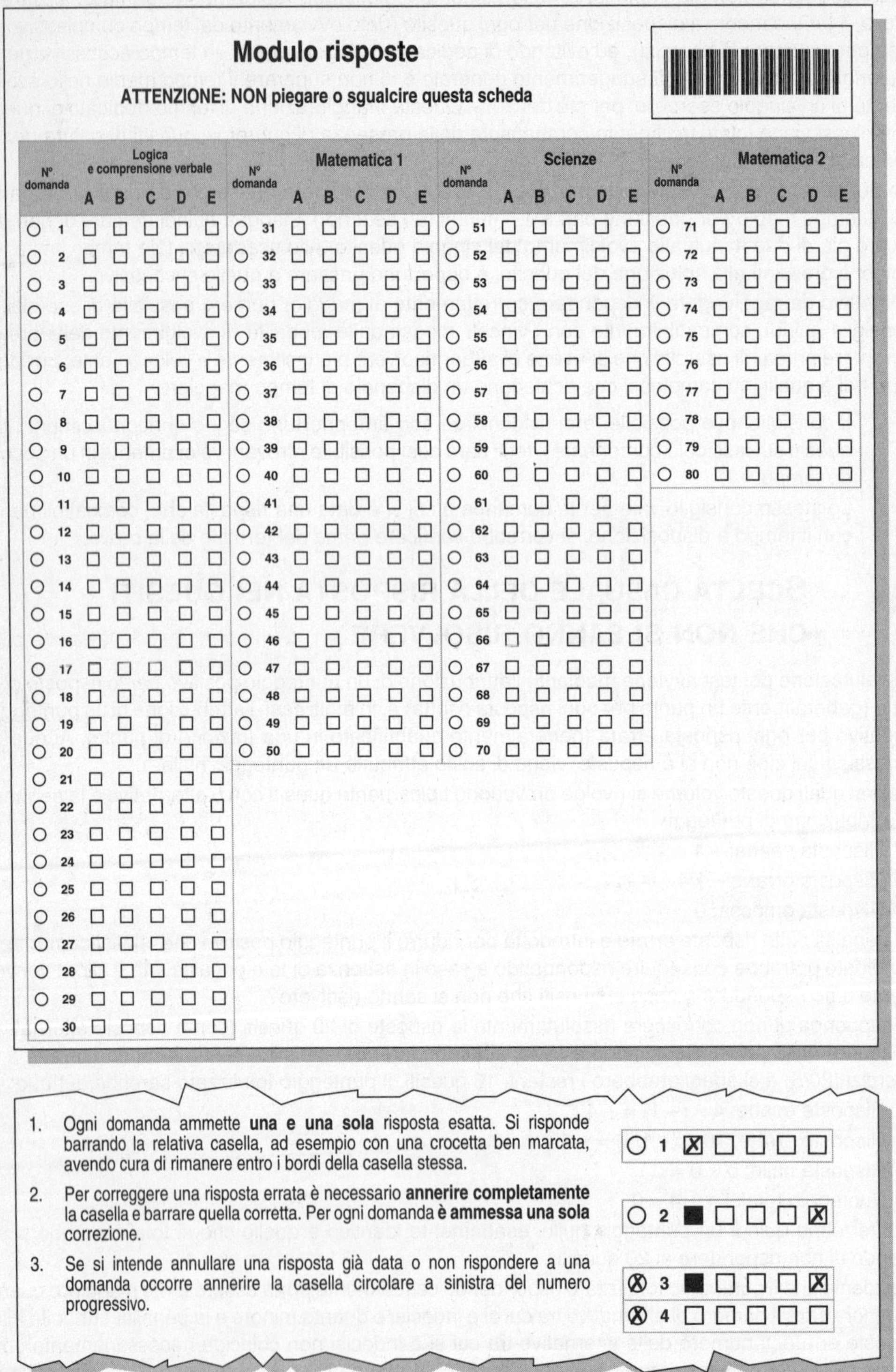

Fig. 1. Esempio di scheda delle risposte con possibilità di correzione ed estratto di istruzioni per la corretta compilazione della scheda.

Più in generale, è possibile enunciare una regola utile che indica come comportarsi nel caso in cui non si riesca a identificare, tra le diverse risposte alternative, quella corretta:

conviene rispondere casualmente ogni volta che il numero di alternative tra cui si è indecisi è pari o inferiore al reciproco[1] del punteggio negativo attribuito alle risposte errate.

1. Due numeri sono reciproci quando il loro prodotto è uguale a 1.

Quindi, considerando queste le regole, è sufficiente scartare una (o più) alternative per rendere conveniente rispondere a caso al quesito.

5.6 SCHEDA PER LE RISPOSTE E CORREZIONI

Una volta individuata la risposta corretta a un quesito, il candidato deve generalmente segnarla su un'apposita *scheda per le risposte* (si veda la figura 1), distinta dal fascicolo contenente gli esercizi. Si tratta cioè di segnare la risposta esatta in corrispondenza del numero dell'esercizio appena risolto.

Per la correzione delle schede vengono utilizzati *elaboratori elettronici* dotati di *lettori ottici*, il candidato deve quindi rispondere contrassegnando in modo opportuno il "cerchietto" o il "quadratino" corrispondente all'alternativa ritenuta esatta.

Dal momento che spesso non esiste la possibilità di effettuare correzioni sulla scheda per le risposte, si consiglia di riportare la soluzione su quest'ultima solo nel momento in cui si è certi di non volerla più modificare.

Nei casi in cui è invece consentito effettuare correzioni (come nell'esempio riportato nella figura 1), è comunque consigliabile **limitarle al minimo**.

Si ricorda che negli anni passati non sempre è stato possibile effettuare correzioni: in questi casi **è espressamente segnalato** nelle procedure di svolgimento della prova.

Sulle schede per le risposte sono solitamente presenti aree (con cerchi neri, codici a barre o altro) indispensabili al corretto funzionamento del sistema ottico di lettura e correzione. All'interno di tali aree è importante non apporre alcun segno di scrittura che potrebbe pregiudicare il corretto funzionamento del lettore.

Si raccomanda quindi di non apporre alcun segno al di fuori delle caselle previste e di non sgualcire o piegare la scheda.

parte seconda

COMPRENSIONE DI TESTI E ATTITUDINE LOGICA

INDICE

1 COMPRENSIONE DI TESTI

Negli esercizi di comprensione di testi viene sottoposto al candidato un brano di varia natura (scientifico, tecnico, letterario, storico, giornalistico ecc.), di lunghezza generalmente compresa tra una e tre pagine e seguito da alcuni quesiti (di norma quattro o cinque).

La finalità degli esercizi di comprensione di testi è quella di valutare le capacità del candidato, da un lato, di **assimilare i concetti principali**, i dati e le nozioni riportate in un testo ed eventualmente di dedurne delle conclusioni; dall'altro, di **inserire il testo in un contesto**, alla cui definizione concorrono vari fattori, quali l'identità e la nazionalità dell'autore, lo stile e l'argomento del brano, l'epoca storica e la zona geografica in cui gli avvenimenti sono collocati, l'intento dell'autore e così via.

Nei test di ammissione degli ultimi anni i quesiti relativi a brani si sono concentrati in modo particolare sull'**assimilazione di concetti esplicitamente o implicitamente presenti nel brano**.

1.1 PRINCIPI UTILI PER UNA LETTURA CRITICA DEI BRANI

Il lavoro da svolgere su un brano non può consistere esclusivamente in una rapida lettura. L'errore tipico del candidato è quello di "buttarsi" a leggere il testo, senza cercare di differenziare le informazioni che riceve e senza analizzarle criticamente.

Innanzitutto, si tengano presenti alcuni principi.

- **Ogni brano è basato su un'idea o concetto centrale**: è necessario mettere a fuoco tale idea, prestando minore attenzione a tutte le frasi e i vocaboli superflui e concentrandosi invece sulle tesi e sulle argomentazioni dell'autore.
- **La prima parte del brano è solitamente quella più importante** poiché contiene informazioni chiave circa la finalità dell'autore, ciò che egli intende dimostrare, il suo punto di vista e il tono utilizzato: occorre dunque leggere attentamente i primi paragrafi, se necessario rileggerli e comunque dedicarvi un tempo superiore rispetto al resto del brano.
- **I dettagli servono solo a chiarire i concetti più generali**: si consiglia di leggere tali dettagli velocemente e di tornarvi unicamente nel caso in cui i quesiti lo rendano necessario, evitando di memorizzarli nel corso della lettura.
- **Ogni paragrafo è volto a chiarire un elemento utile all'espressione dell'idea centrale del brano**: occorre dunque, per ogni paragrafo, cercare di estrapolare il concetto o l'idea che l'autore ha cercato di comunicare, se necessario parafrasando mentalmente il testo.

1.2 COME SVOLGERE UN LAVORO BEN STRUTTURATO

Gli esercizi di comprensione di testi presentano spesso problemi maggiori rispetto alle altre tipologie, sia per la loro intrinseca complessità sia per il tempo che richiedono. Diviene, dunque, importante per il candidato impostare un efficace metodo di lavoro, che consenta di ottimizzare il tempo dedicato alla lettura e di velocizzare la risoluzione dei quesiti.

- È indispensabile una **veloce lettura delle domande prima** di leggere il brano. Ciò consente di:
  - intuire l'argomento oggetto del brano prima di iniziare a leggere;
  - concentrare maggiormente l'attenzione su quelle parti del brano che saranno poi oggetto dei quesiti.
- È utile **sottolineare quelle frasi su cui si basano eventuali quesiti** relativi a specifici concetti o dettagli riportati dal brano (luoghi, date, affermazioni, personaggi, date, quantità, prezzi ecc.).
- È opportuno **analizzare tutte le alternative** proposte da una domanda prima di scegliere quella corretta. Infatti, le domande di comprensione di testi sono spesso caratterizzate dalla presenza di diverse alternative "verosimili". Il candidato deve dunque individuare quella che risponde al quesito in esame **nel modo più preciso e completo** (ossia la risposta più coerente con il contenuto del brano).
- Al fine di poter rispondere agevolmente ai quesiti relativi alle implicazioni e alle conseguenze logiche di quanto affermato nel brano, è opportuno concentrarsi **non solo sul significato esplicito** del testo, **ma anche sul significato implicito**. Si può ottenere ciò domandandosi quale siano le premesse o le conseguenze di una determinata affermazione o di una certa opinione espressa dall'autore.
- Rispondere unicamente sulla base di quanto affermato nel testo e non sulla base di eventuali conoscenze personali sull'argomento trattato. Meglio ancora: **tutto ciò che serve per rispondere alle domande di comprensione testuale si trova nel brano stesso**. Le domande, infatti, vertono esclusivamente su quanto sostenuto nel testo o su quanto da esso è possibile dedurre in modo logico. Pertanto, anche se si è esperti della materia oggetto del brano, occorre prescindere dalle proprie conoscenze e concentrarsi sul contenuto. Viceversa, se il tema risulta sconosciuto, non è il caso di allarmarsi.

1.3 Tipologie di quesiti

Nei paragrafi che seguono vengono evidenziate le quattro principali tipologie di domande utilizzate in questo genere di esercizi.

1.3.1 Quesiti relativi a specifici concetti o idee espresse nel brano

Si tratta della tipologia di domande più frequenti e costituita essenzialmente da frasi da completare. Per esempio, in un brano sulla crisi economica del '29, come quello comparso in un test somministrato in una facoltà di Ingegneria, le domande potrebbero essere del tipo:

- Quali sono state le cause della crisi?
- Quali erano le condizioni economiche alla fine della Prima Guerra Mondiale?
- Quale fu la reazione dei Governi di fronte alla crisi economica?

Sono evidentemente domande la cui lettura preliminare guida in modo prezioso nella sottolineature delle parti del testo utili per rispondere.

1.3.2 Quesiti relativi al pensiero centrale del brano

Si tratta di domande che sono generalmente poste in una delle seguenti forme:

- Il titolo che meglio esprime le idee del brano è ...
- L'idea principale espressa dal brano è ...
- L'affermazione che meglio sintetizza il tema centrale del brano è ...
- Il brano illustra ...
- Lo scopo dell'autore del brano è di ...

Si tratta dunque di quesiti che intendono valutare la comprensione da parte del candidato del tema centrale del brano e della finalità perseguita dall'autore nello scriverlo. Generalmente il tema centrale può essere sintetizzato in una singola frase, che potrebbe fungere da titolo del passo.

Per rispondere a questa tipologia di quesiti, è per lo più sufficiente leggere attentamente la parte iniziale del brano.

1.3.3 Quesiti che richiedono di identificare le implicazioni e le conseguenze logiche di quanto affermato nel brano

Queste domande sono il più delle volte espresse in una delle seguenti forme:

- Dal brano è possibile dedurre che .../ non è possibile dedurre che ...
- Il paragrafo che precede il brano riportato probabilmente afferma che ...
- Quale delle seguenti sarebbe una logica continuazione del brano?
- Quale delle seguenti conclusioni non può essere dedotta dal brano?

Si tratta di quesiti più complessi dei precedenti, giacché non si limitano a indagare la comprensione di quanto esplicitamente affermato nel passo, ma mirano a valutare anche la comprensione di ciò che può essere logicamente dedotto dal testo.

Sono soprattutto questi quesiti a richiedere una lettura critica del brano.

LOGICA

Esempi

Brano 1 **In base alle informazioni contenute nel brano seguente, rispondere alle successive domande.**

Il metodo morelliano

Tra il 1874 e il 1876 apparvero sulla «Zeitschrift für bildende Kunst» una serie di articoli sulla pittura italiana. Essi erano firmati da un ignoto studioso russo, Ivan Lermolieff; a tradurli in tedesco era stato un altrettanto ignoto Johannes Schwarze. Gli articoli proponevano un nuovo metodo per l'attribuzione dei quadri antichi, che suscitò tra gli storici dell'arte reazioni contrastanti e vivaci discussioni. Solo alcuni anni dopo l'autore gettò la duplice maschera dietro a cui si era nascosto. Si trattava infatti dell'italiano Giovanni Morelli (cognome di cui Schwarze è il calco e Lermolieff l'anagramma, o quasi). E di «metodo morelliano» gli storici dell'arte parlano correntemente ancora oggi. Vediamo brevemente in che cosa consisteva questo metodo. I musei, diceva Morelli, sono pieni di quadri attribuiti in maniera inesatta. Ma restituire ogni quadro al suo vero autore è difficile: molto spesso ci si trova di fronte a opere non firmate, magari ridipinte o in cattivo stato di conservazione. In questa situazione è indispensabile poter distinguere gli originali dalle copie. Per far questo, però (diceva Morelli) non bisogna basarsi, come si fa di solito, sui caratteri più appariscenti, e perciò più facilmente imitabili, dei quadri: gli occhi alzati al cielo dei personaggi di Perugino, il sorriso di quelli di Leonardo, e così via. Bisogna invece esaminare i particolari più trascurabili, e meno influenzati dalle caratteristiche della scuola a cui il pittore apparteneva: i lobi delle orecchie, le unghie, la forma delle dita delle mani e dei piedi. In tal modo Morelli scoperse, e scrupolosamente catalogò, la forma di orecchio propria di Botticelli, quella di Cosmé Tura e così via: tratti presenti negli originali ma non nelle copie. Con questo metodo propose decine e decine di nuove attribuzioni in alcuni dei principali musei d'Europa. Spesso si trattava di attribuzioni sensazionali: in una Venere sdraiata conservata nella galleria di Dresda, che passava per una copia di mano del Sassoferrato di un dipinto perduto di Tiziano, Morelli identificò una delle pochissime opere sicuramente autografe di Giorgione. Nonostante questi risultati, il metodo di Morelli fu molto criticato, forse anche per la sicurezza quasi arrogante con cui veniva proposto. Successivamente fu giudicato meccanico, grossolanamente positivistico, e cadde in discredito. (È possibile, d'altra parte, che molti studiosi che ne parlavano con sufficienza continuassero a servirsene tacitamente per le loro attribuzioni). Il rinnovato interesse per i lavori di Morelli è merito del Wind, che ha visto in essi un esempio tipico dell'atteggiamento moderno nei confronti dell'opera d'arte – atteggiamento che porta a gustare i particolari anziché l'opera complessiva. In Morelli ci sarebbe, secondo Wind, un'esasperazione del culto per l'immediatezza del genio, da lui assimilato in gioventù, a contatto con i circoli romantici berlinesi. È un'interpretazione poco convincente, dato che Morelli non si poneva problemi di ordine estetico (ciò che gli venne poi rimproverato) ma problemi preliminari, di ordine filologico. In realtà, le implicazioni del metodo proposto da Morelli erano diverse, e molto più ricche. «I libri di Morelli, – scrive Wind, – hanno un aspetto piuttosto insolito se paragonati a quelli degli altri storici dell'arte. Essi sono cosparsi di illustrazioni di dita e di orecchie, accurati registri di quelle caratteristiche minuzie che tradiscono la presenza di un dato artista, come un criminale viene tradito dalle sue impronte digitali..., qualsiasi museo d'arte studiato da Morelli acquista subito l'aspetto di un museo criminale...». Questo paragone è stato brillantemente sviluppato da Castelnuovo, che ha accostato il metodo indiziario di Morelli a quello che quasi negli stessi anni veniva attribuito a Sherlock Holmes dal suo creatore, Arthur Conan Doyle. Il conoscitore d'arte è paragonabile al detective che scopre l'autore del delitto (del quadro) sulla base di indizi impercettibili ai più. Gli esempi della sagacia di Holmes nell'interpretare orme nella fanghiglia, ceneri di sigaretta e così via sono, com'è noto, innumerevoli. Vedremo tra poco le implicazioni di questo parallelismo. Prima però sarà bene riprendere un'altra preziosa intuizione di Wind: «Ad alcuni tra i critici di Morelli sembrava strano il dettame che "la personalità va cercata là dove lo sforzo personale è meno intenso". Ma su questo punto la psicologia moderna sarebbe certamente dalla parte di Morelli: i nostri piccoli gesti inconsapevoli rivelano il nostro carattere più di qualunque atteggiamento formale, da noi accuratamente preparato». "I nostri piccoli gesti inconsapevoli...": alla generica espressione "psicologia moderna" possiamo sostituire senz'altro il nome di Freud. Le pagine di Wind su Morelli hanno infatti attirato l'attenzione degli studiosi su un passo, rimasto a lungo trascurato, del famoso saggio di Freud *Il Mosè di Michelangelo* (1914). Ridurre quest'influsso, come è stato fatto, al solo saggio sul *Mosè* di Michelangelo, o in genere ai saggi su argomenti legati alla storia dell'arte significa limitare indebitamente la portata delle parole di Freud: «Io credo che il suo metodo [di Morelli] sia strettamente apparentato con la tecnica della psicoanalisi medica». Ma che cosa poté rappresentare per Freud – per il giovane Freud, ancora lontanissimo dalla psicoanalisi – la lettura dei saggi di Morelli? È Freud stesso a indicarlo; la proposta di un metodo interpretativo imperniato sugli scarti, sui dati marginali, considerati come rivelatori. In tal modo, particolari considerati di solito senza importanza, o addirittura triviali, «bassi», fornivano la chiave per accedere ai prodotti più elevati dello spirito umano; «i miei avversari» scriveva ironicamente Morelli (un'ironia fatta apposta per piacere a Freud) «si compiacciono di qualificarmi per uno il quale non sa vedere il senso spirituale di un'opera d'arte e per questo dà una particolare importanza a mezzi esteriori, quali le forme della mano, dell'orecchio, e persino, *horribile dictu*, di così antipatico oggetto qual è quello delle unghie». Inoltre, questi dati marginali erano, per Morelli, rivelatori, perché costituivano i momenti in cui il controllo dell'artista, legato alla tradizione culturale, si allentava per cedere il posto a tratti puramente individuali, «che gli sfuggono senza che egli se ne accorga». Ancor più dell'accenno, in quel periodo non eccezionale, a un'attività inconscia, colpisce l'identificazione del nucleo intimo dell'individualità artistica con gli elementi sottratti al controllo della coscienza.

---

1 Perché, secondo Morelli, i mezzi esteriori sono i più importanti per l'attribuzione delle opere?

- A Perché sono quelli che dimostrano maggiormente i tratti più individuali di un artista
- B Perché sono quelli a cui un artista dà meno importanza
- C Perché sono quelli a cui nessuno guarda con attenzione
- D Perché sono quelli più facilmente imitabili
- E Perché sono quelli su cui agiscono di più i tratti tipici della scuola di appartenenza

La domanda verte sull'idea centrale del brano, ovverossia il motivo per cui il brano è stato scritto, qual è il tema centrale che percorre tutto il testo. Sono i piccoli indizi, "i particolari più trascurabili", gli elementi minori di un'opera d'arte che, secondo Morelli, ne permettono la corretta attribuzione e lasciano perfino intravedere una parte della personalità dell'artista. Alla luce di ciò, la risposta corretta risulta indubitamente la A. Si noti come, perquanto riportata esplicitamente nel testo, l'alternativa B non risponda alla domanda posta e non possa quindi essere considerata la risposta cercata.

2 **Il metodo morelliano:**

A fu accettato dagli storici dell'arte, perché permetteva di risolvere tutti i problemi di attribuzione

B fu accettato da tutti gli storici dell'arte, solo dopo aspre violente critiche

C fu considerato troppo meccanicistico e positivistico

D non fu mai criticato in maniera convincente

E fu rifiutato perché troppo psicoanalitico, ma fu rivalutato dopo i libri di Freud

A proposito del metodo proposto da Morelli per l'attribuzione delle opere d'arte, a metà del brano si legge che *successivamente fu giudicato meccanico, grossolanamente positivistico, e cadde in discredito* (risposta corretta C).

3 **Il metodo morelliano per l'attribuzione delle opere d'arte si basa:**

A sul riscontro della presenza degli elementi più imitati di un artista

B sul riscontro della presenza degli elementi noti di un artista

C sul riscontro degli elementi più trascurabili, che sono quelli più influenzati dagli stilemi di scuola

D sul riscontro dei dettagli secondari, meno influenzati dagli stilemi di una scuola o di un artista

E sul riscontro degli elementi dove maggiore è l'attenzione dell'artista e che meglio dimostrano il suo stile

Anche a questa domanda è facile rispondere correttamente a partire dall'esplicito contenuto del brano, laddove si legge che *bisogna invece esaminare i particolari più trascurabili, e meno influenzati dalle caratteristiche della scuola a cui il pittore apparteneva* (risposta D).

4 **Il metodo morelliano dimostra un atteggiamento davanti all'opera d'arte:**

A di tipo romantico

B coerente con le moderne sensibilità

C basato solo sulla psicologia dell'artista

D di tipo estetico

E considerata come entità autonoma che non ha relazioni con le restanti opere di un'artista

Morelli, secondo quanto riportato da Wind, adotta, nella disanima di un'opera d'arte, un atteggiamento coerente con la moderna psicologia secondo la quale i piccoli gesti quotidiani sono profondamente rilevatori della reale personalità dell'individuo. Ed è questa concezione così attuale, così moderna che guida alla risposta B.

5 **Qual è la caratteristica più evidente dei libri di Morelli?**

A Sono cataloghi dei particolari più facilmente imitabili di un artista

B Sono cataloghi dei particolari più appariscenti dello stile di un artista

C Sono cataloghi di particolari utili agli scrittori di romanzi gialli

D Sono libri di psicanalisi medica più che di storia dell'arte

E Sono cataloghi dei particolari più trascurabili di un artista

Wind scrive che *I libri di Morelli* [...] *hanno un aspetto piuttosto insolito se paragonati a quelli degli altri storici dell'arte. Essi sono cosparsi di illustrazioni di dita e di orecchie, accurati registri di quelle caratteristiche minuzie che tradiscono la presenza di un dato artista.* In altre parole i libri di Morelli sono, così come sostenuto dall'alternativa E, dei cataloghi dei particolari minori di un artista.

Brano 2 **In base alle informazioni contenute nel brano seguente, rispondere alle successive domande.**

«La critica storica ha ormai confutato l'opinione un tempo comune secondo la quale non vi sarebbe stato alcun reale progresso scientifico e tecnologico nell'età medievale. Il periodo successivo al secolo XII fu infatti caratterizzato da uno sviluppo rapido e pressoché ininterrotto che non si esaurì neppure con il sopraggiungere della grande crisi economica e demografica dovuta alla peste nera. Sul piano culturale, con il sorgere delle università si crearono dei centri per lo studio delle scienze naturali, studio che si basava in gran parte (ma non esclusivamente) sulle opere degli antichi greci. La tecnologia ricevette un forte impulso dallo sfruttamento di forze naturali quali l'acqua e il vento, dall'adozione di macchinari tessili e di una metallurgia più efficiente, nonché dal diffondersi di invenzioni più recenti come l'orologio meccanico, la bussola e la polvere da sparo, che aprirono una nuova era nella produzione, nel commercio e nella strategia militare.

Naturalmente, si può obiettare che era ancora necessario smantellare buona parte delle dottrine elaborate nell'Alto Medioevo perché le nuove idee e i nuovi metodi si potessero affermare nel campo della scienza e della medicina, e inoltre, che bisognava rivoluzionare le pratiche dell'artigianato medievale perché si potesse sviluppare una società moderna. Ciononostante, le conquiste raggiunte in ciascun campo verso la fine del secolo XV costituirono un salto di qualità rispetto agli standard prevalenti all'epoca di Carlo Magno, paragonabile soltanto a quello provocato dall'avvento della scienza e della tecnologia nel secolo XIX. Senza questo stadio intermedio, non avremmo avuto né la rivoluzione scientifica del secolo XVII, né la rivoluzione industriale del secolo XVIII.

Il riconoscimento di questi progressi è determinante per l'impostazione iniziale del nostro lavoro, in quanto sarebbe un errore attribuire tutti i mutamenti fondamentali della scienza e della tecnologia sia all'originalità senza precedenti del pensiero moderno, sia esclusivamente al gioco deterministico dei fattori economici. Nessuno di questi campi conobbe mai un momento di profonda e violenta transizione; al contrario, i cambiamenti si verificarono gradualmente man mano che nuovi metodi e nuove idee mostrarono la loro validità; alcuni orientamenti dell'età medievale ebbero applicazione concreta, mentre altri vennero abbandonati.

Contrariamente a quel che si può credere, neppure il fenomeno delle nuove invenzioni, che pure fu un attributo fondamentale della scienza e della tecnologia dell'Europa occidentale durante la prima fase dell'età moderna, produsse, se non raramente, dei mutamenti repentini nella vita economica o scientifica. Un aspetto basilare della progressiva differenziazione tra il mondo medievale e quello moderno forma il tema centrale di questo capitolo. Si tratta del rapporto tra il filosofo e l'artigiano, o, in termini moderni, tra lo scienziato e il tecnico.

Troppo spesso si è ritenuto, in maniera alquanto sbrigativa, che la frattura esistente nella società medievale tra le due rispettive funzioni fosse essa stessa, in gran parte, la causa sia della sterilità della scienza che del livello rudimentale della tecnica. Si è finito in tal modo con il concludere che un duplice progresso ha avuto origine in tempi moderni dalla consapevolezza dei forti legami e della comunanza di interessi tra queste due funzioni: la scienza ha smesso di essere speculativa e la tecnologia è divenuta oggetto di analisi più serie. Di qui, il luogo comune che lo sviluppo tecnologico richieda un parallelo incoraggiamento della scienza "pura" e costituisca il requisito essenziale di una produzione efficiente.

Il pericolo implicito in questa concezione è l'idea che la tecnologia si sviluppi sempre e soltanto se "guidata" dalla scienza, e, per converso, che la scienza avanzi soltanto se stimolata dai bisogni tecnici. Ma, nel passato, le cose andarono ben diversamente. Nel Medioevo e nel Rinascimento, tale relazione tra lo studio e il controllo della Natura a scopi umani venne riconosciuta solo in alcuni casi, tra cui quello dell'utilità di appurare le proprietà delle erbe nella cura delle malattie. Tuttavia questa connessione non venne ignorata per mera ottusità mentale, ma perché le condizioni oggettive le toglievano ogni reale valore. In effetti, le forme di ricerca scientifica allora in voga e i confusi processi di un artigiano tradizionale avevano così poco in comune che certamente nessun vantaggio sarebbe risultato da una più stretta collaborazione. Solo in alcuni casi molto limitati, la ricerca scientifica si rivelava utile a scopi pratici, come ad esempio nell'applicazione dell'astronomia alla navigazione oceanica nel secolo XV, oppure determinati bisogni pratici suggerivano ai filosofi "naturali" concreti problemi da risolvere.

Benché la descrizione sistematica dei procedimenti commerciali sia cominciata soltanto nel corso del secolo XVII, buona parte delle nostre conoscenze in fatto di tecnologia dell'età medievale e della prima fase dell'età moderna risale ai resoconti dei mestieri dell'epoca redatti da uomini di cultura. Che tali scrittori, malgrado l'interesse che portavano per questo argomento, non siano stati in grado di fornire un'analisi esauriente delle tecniche degli artigiani, ci dà la misura della frattura esistente tra la teoria e la pratica.

Era dunque necessaria una lunga serie di mutamenti indipendenti e interi stadi di sviluppo sia nella scienza che nella tecnologia perché queste due discipline potessero completarsi a vicenda. Lo scienziato doveva ancora imparare l'importanza di un esame rigoroso dei fatti, del metodo sperimentale e della prudenza nella formulazione di teorie generali.
Soltanto dopo aver acquisito una rigorosa base sperimentale, meccanica, fisica e chimica egli poté chiarire i relativi procedimenti tecnici. D'altra parte, perché la scienza trovasse pratica applicazione era pur sempre necessario un certo livello di organizzazione tecnica ed economica.

Lo sviluppo di una produzione su larga scala, la ricerca di nuove fonti energetiche, di macchinari più elaborati, e di procedimenti chimici più complessi, gli effetti della competizione e la ricerca di un'autosufficienza nazionale, tutte queste cose messe insieme contribuirono a suscitare l'esigenza dell'analisi scientifica e di tecniche più sistematiche.

Durante il periodo in questione la scienza si sviluppò in modo del tutto indipendente dalla tecnologia; solo negli ultimi anni la figura dello scienziato sperimentale fu finalmente in grado, in alcuni casi, di assumersi l'iniziativa di nuove invenzioni. Verso la fine del secolo XVIII questa grave frattura tra scienza e tecnologia cominciò a colmarsi, e tra le due discipline ebbe inizio una fase reale di collaborazione; ma fino a quel momento i loro rispettivi problemi e il loro autonomo sviluppo erano stati più importanti di qualsiasi occasionale interconnessione.»

---

6 Qual è il titolo che meglio esprime le idee del brano?

- A Il progresso scientifico nel Medioevo
- B Il rapporto tra scienza e tecnologia nell'età moderna
- C Scienza e tecnologia dall'epoca medievale all'epoca moderna
- D Le scoperte scientifiche dal Medioevo all'età moderna
- E Il rapporto tra filosofia e artigianato nel Medioevo

La risposta esatta è la C. Infatti il brano descrive il problema dei rapporti tra sviluppo scientifico e progresso tecnologico nel periodo che va dal Medioevo all'età moderna. Verso la metà del brano si fa esplicito riferimento al *tema centrale*, rappresentato dal rapporto tra filosofo e artigiano (o, in termini moderni, tra scienziato e tecnico), come elemento di differenziazione tra mondo medievale e mondo moderno. L'alternativa A è da scartare, in quanto il brano non analizza unicamente il progresso scientifico, ma anche quello tecnologico e più precisamente il rapporto tra i due; inoltre il periodo in esame non è solo quello medievale, ma piuttosto la transizione da quest'ultimo al periodo moderno. Analogamente, le alternative B, D ed E sono da scartare, in quanto prendono in considerazione rispettivamente solo il periodo moderno, solo le scoperte scientifiche e solo il periodo medievale.

7 **Nel brano sono presenti tutte le seguenti affermazioni tranne una. Quale?**

- A Sono rari i casi in cui, nel Medioevo e nel Rinascimento, la ricerca scientifica si è rivelata utile a scopi pratici
- B La connessione tra scienza e tecnica nel periodo medievale e rinascimentale venne ignorata a causa della scarsa comunanza dei processi utilizzati nei due rami
- C Le nostre conoscenze relative alla tecnologia medievale derivano da scritti di intellettuali dell'epoca
- D L'utilizzo delle erbe nella cura delle malattie è un esempio efficace delle frequenti applicazioni concrete della ricerca scientifica medievale
- E La descrizione sistematica dei procedimenti commerciali delle età medievale e rinascimentale è iniziata nel secolo XVII

La risposta corretta è la D. L'autore del brano afferma infatti ripetutamente che i contatti tra scienza e tecnologia nel periodo medievale erano particolarmente rari. Le rimanenti alternative rispondono invece pienamente a quanto riportato nel passo.

8 **Il carattere del brano è:**

- A colloquiale
- B polemico
- C economico
- D descrittivo
- E tecnico-scientifico

La risposta esatta è la D. Si tratta di un quesito relativamente semplice che non necessita di particolari spiegazioni: l'analisi storica effettuata dall'autore nel corso del brano è infatti caratterizzata da un tono tipicamente descrittivo/divulgativo.

9 **L'autore ritiene che:**

- A le nuove invenzioni della prima fase dell'età moderna contribuirono a migliorare rapidamente la vita economica e scientifica dell'Europa Occidentale
- B il progresso scientifico e tecnologico avanza rapidamente in corrispondenza delle scoperte più rilevanti, per poi attenuare il proprio sviluppo e attraversare fasi statiche durante le quali i progressi vengono assimilati e pienamente utilizzati
- C il periodo dal Medioevo all'epoca moderna rappresenta uno stadio intermedio, in termini di sviluppo scientifico e tecnologico, che ha favorito la rivoluzione scientifica del secolo XVII e quella industriale del secolo XVIII
- D la frattura tra scienza e tecnica nel Medioevo rappresenta la causa dell'astrattezza della ricerca scientifica e della rudimentalità dei processi tecnologici del periodo
- E una collaborazione più intensa tra scienza e tecnica nel periodo medievale avrebbe sensibilmente beneficiato entrambe

La risposta esatta è la C. Infatti, alla fine del terzo paragrafo, l'autore afferma esplicitamente che il Medioevo rappresenta uno stadio intermedio senza il quale non sarebbero state possibili "né la rivoluzione scientifica del secolo XVII, né la rivoluzione industriale del secolo XVIII". L'alternativa A è errata in quanto all'inizio del quinto paragrafo lo scrittore sostiene che "il fenomeno delle nuove invenzioni della prima fase dell'età moderna non produsse, se non raramente, dei mutamenti repentini nella vita economica o scientifica". L'alternativa B è errata: infatti l'autore afferma, all'inizio del quarto paragrafo, che i progressi della scienza e della tecnica non avvengono a salti, cioè seguendo violente e profonde transizioni, ma piuttosto si verificano "gradualmente man mano che nuovi metodi e nuove idee mostrano la loro validità". L'alternativa D è errata: all'inizio del sesto paragrafo, infatti, lo scrittore asserisce il contrario, dicendo che troppo "spesso si è ritenuto, in ma-

PARTE SECONDA

niera alquanto sbrigativa, che la frattura esistente...". L'alternativa E, infine, è errata in quanto l'autore afferma, a metà del settimo paragrafo, che "le forme di ricerca scientifica allora in voga e i confusi processi di un artigiano tradizionale avevano così poco in comune che certamente nessun vantaggio sarebbe risultato da una più stretta collaborazione".

10 Secondo quanto riportato dal brano, la frattura tra scienza e tecnologia:

- A cominciò a colmarsi soltanto verso la fine del 1800
- B necessitava di organizzazione tecnica ed economica per essere superata
- C era caratteristica del secolo XIX
- D era imputabile alle scarse relazioni tra scienziati e tecnici
- E era stata evidenziata dai resoconti degli uomini di cultura dell'epoca

La risposta esatta è la B. Infatti a metà dell'ultimo paragrafo si afferma esplicitamente che perché la scienza trovasse pratica applicazione, era pur sempre necessario un certo livello di organizzazione tecnica ed economica. L'alternativa A è errata in quanto l'autore del brano afferma che tale frattura cominciò a colmarsi verso la fine del secolo XVIII, ossia verso la fine del '700 e non dell'800. L'alternativa C è palesemente sbagliata, in quanto il brano descrive ripetutamente tale frattura come caratteristica del periodo medievale. L'alternativa D è errata in quanto l'autore afferma più volte che la menzionata frattura non era dovuta a scarse collaborazioni o relazioni tra scienziati e tecnici, ma piuttosto a divergenze relative ai campi d'indagine e ai procedimenti seguiti. Infine l'alternativa E è errata in quanto, con riferimento ai resoconti menzionati, l'autore afferma unicamente, alla fine del penultimo paragrafo, che essi non erano stati in grado di fornire un'analisi esauriente delle tecniche degli artigiani.

Brano 3 In base alle informazioni contenute nel brano seguente, rispondere alle successive domande.

«Questa fonte, le cui origini si possono far risalire all'epoca di Agrippa (19 a.C.) rischiò di essere soppressa quando papa Innocenzo fece deviare l'Acqua Vergine nella nuova fontana dei Fiumi di Piazza Navona.

Essa aveva costituito per secoli, comunque, la "mostra" terminale dell'Acqua che le aveva dato anche il nome, provenendo da Trebium, località a 13 chilometri da Roma. Nel Quattrocento era stata restaurata dall'Alberti e dal Rossellino, in forma di semplice fonte a tre sorgenti, con una liscia e breve facciata. Molti progetti si erano poi fatti per mutarne aspetto e posizione nella piazza, fino a che il Bernini, sotto Urbano VIII, cominciò a demolirla per riedificarla a fianco, ma fu interrotto per sopravvenute difficoltà economiche. Furono fatti allora vari progetti e uno di questi, certamente ispirato dal Bernini, mostra una monumentale facciata a cinque fornici, in bugnato, con fastigio decorato di statue. La fontana vera e propria è costituita da gruppi scultorei addossati alla facciata, con una vasca antistante: l'idea dell'attuale fontana era quindi già nata.

A questo primo progetto, ne seguì un altro sotto Innocenzo X, nel 1647 (documentato da un disegno recentemente ritrovato), in cui si vede come il Bernini avesse inserito l'idea della fontana entro la monumentale facciata del palazzo, che era stato proprio allora acquistato dalla potentissima donna Olimpia Pamphili. Le sculture si venivano raggruppando, dietro la grande vasca, su una specie di montagnola rocciosa, assai simile a quella che sosteneva i Fiumi in Piazza Navona. Il suo antecedente sembra vada cercato nel Parnaso di una fontana di Villa Aldobrandini a Frascati, del Della Porta. Neppure questo secondo progetto del Bernini trovò esecuzione e il problema della fontana di Trevi si trascinò in tentativi falliti e concorsi inutili fino a papa Clemente XII, che nel primo Settecento riprese l'opera. Scartato un progetto del Vanvitelli, l'incarico di edificare la nuova fontana passò a un architetto romano, Nicola Salvi, nel 1732. Ed ecco che costui, evidentemente conoscendo il secondo progetto berniniano, lo rielaborò abbastanza fedelmente, sostituendo al Parnaso l'Oceano e mantenendo la quinta architettonica. Morendo nel 1751, il Salvi fu sostituito da Giuseppe Pannini che, nel 1762, terminò l'opera, riavvicinandosi ancor più al modello berniniano, nella sostituzione delle due statue nelle nicchie laterali (un Agrippa e una Vergine) con le due figure profane della Abbondanza e Salubrità, scolpite dal Della Valle. L'Oceano al centro è invece opera del Bracci.»

11 Quale potrebbe essere il titolo del brano?

A Il progetto di Bernini della fontana di Trevi
B Storia della fontana di Trevi dal XVIII secolo a oggi
C Le statue della fontana di Trevi
D La fontana di Trevi
E Bernini, Vanvitelli e papa Clemente XII

La risposta B è sbagliata dal momento che, per oltre metà del brano, l'autore parla della fontana nel periodo precedente al Settecento. Le alternative A, C ed E individuano argomenti che, pur essendo citati dall'autore, non rappresentano il tema intorno al quale ruota l'intero brano, come accade invece per la risposta D che è dunque la soluzione esatta del quesito.

PARTE SECONDA

12 Il carattere del brano è:

A didascalico
B poetico
C polemico
D comico
E ironico

Il brano è di carattere didascalico (risposta A), nel senso che insegna la storia della fontana. D'altro canto, le alternative B, C, D ed E si possono scartare facilmente perché decisamente non corrispondenti al tono con cui l'autore svolge la trattazione dell'argomento.

13 Sotto Innocenzo X:

A Bernini realizzò il primo progetto della fontana di Trevi
B Bernini cominciò a demolire la fontana precedente
C Della Porta progettò una fontana di Villa Aldobrandini
D nasceva l'idea dell'attuale fontana di Trevi
E fu realizzato da Bernini un secondo progetto della fontana di Trevi

Nel brano si afferma (terzo paragrafo) che, sotto Innocenzo X, il Bernini realizzò un altro progetto, successivo al primo. Le risposte A e B sono dunque errate, mentre la D è corretta.

Inoltre, essendo la Villa Aldobrandini antecedente (come si afferma nelle ultime righe del terzo paragrafo) al primo progetto del Bernini, anche la risposta C non può essere vera.

Infine, nelle ultime righe del secondo paragrafo, l'autore afferma che "l'idea dell'attuale fontana era già nata" e si riferisce al periodo di Urbano VIII e non a quello di Innocenzo X (risposta D errata).

14 Nel raccontare la storia della fontana di Trevi, l'autore sottolinea in particolare:

A la spesa economica per la realizzazione della fontana
B l'alternarsi di numerosi progetti
C l'influenza della figura del Papa sui progetti architettonici
D le sorgenti d'acqua della fontana
E l'intervento di Olimpia Pamphili

Sebbene nel brano si dica (secondo paragrafo) che il progetto del Bernini fu interrotto per sopravvenute difficoltà economiche, quest'ultimo aspetto non è certo ricorrente nel brano e dunque la risposta A è errata.

Nel brano compaiono invece diverse frasi ("Molti progetti si erano poi fatti..."; "Furono fatti allora vari progetti..."; "A questo primo progetto ne seguì un altro..."; "Neppure questo secondo progetto trovò esecuzione..."; "Il problema della fontana di Trevi si trascinò in tentativi falliti e concorsi inutili fino a..."; "Scartato un progetto del Vanvitelli, l'incarico passò a...") che fanno ritenere esatta la risposta B. Le risposte C, D ed E, infine, indicano argomenti soltanto citati e non sottolineati nel brano.

---

15 Quale tra i seguenti artisti non ha mai realizzato alcun intervento sulla fontana di Trevi?

A Pannini
B Alberti
C Rossellino
D Vanvitelli
E Tutti i precedenti artisti restauratono in momenti diversi la fontana di Trevi

Secondo quanto affermato nella prima parte del brano, Alberti e Rossellino restaurarono la fontana nel '400 e dunque le risposte B e C sono errate. Le ultime righe del brano consentono poi di scartare la risposta A e di individuare nella D la soluzione esatta del quesito.

[illegible]

15 **Quale tra i seguenti artisti non ha mai realizzato alcun intervento sulla fontana di Trevi?**

A) Pacetti
B) Alberti
C) [illegible]
D) [illegible]
E) Tutti i precedenti artisti hanno lavorato in momenti diversi sulla fontana di Trevi

Secondo quanto [illegible] Alberti [illegible] [illegible] la soluzione esatta del quesito.

2 PROBLEMI DI RAGIONAMENTO

I problemi di ragionamento sono volti a **misurare le capacità logico-deduttive di un individuo.** Più in particolare, essi intendono valutarne l'attitudine a comprendere relazioni di causa ed effetto, a riconoscere categorie concettuali, a seguire accuratamente una sequenza complessa di affermazioni tra loro interdipendenti, comprendendone le implicazioni, a distinguere i ragionamenti coerenti da quelli privi di fondamento.

Si tratta di capacità che un individuo generalmente utilizza nella vita di tutti i giorni, indipendentemente dal proprio campo di studi o dal proprio tipo di attività. Non è dunque richiesta alcuna conoscenza di logica formale né una preparazione su specifiche discipline.

Per prepararsi a una prova logico-attitudinale bisogna studiare le tipologie di domande solitamente utilizzate e acquisire familiarità con i procedimenti di risoluzione attraverso l'esercizio.

2.1 ESERCIZI DI RAGIONAMENTO LOGICO

In questa tipologia di esercizi vengono presentati alcuni enunciati tra loro strettamente interdipendenti. Tali relazioni sono, però, prive di contenuto informativo, o quantomeno incomplete, se considerate isolatamente. Per rispondere alle relative domande è necessario quindi collegare tra loro le informazioni presentate, valutarne le relazioni e dedurre i dati non esplicitati.

Il problema è, dunque, quello di comprendere la struttura delle relazioni presentate e di dedurre da esse nuove informazioni, ossia le relazioni mancanti. Le tipologie di relazioni più frequenti sono:

- **vero/falso** (esempio: solo una persona dice il vero, tutte le altre dicono il falso);
- **causa ed effetto** (esempio: l'avvenimento X causa sempre l'avvenimento Y);
- **successione temporale** (esempio: X arriva prima di Y ma dopo di Z);
- **collocazione spaziale** (esempio: X è a ovest di Y e a est di Z);
- **posizione gerarchica** (esempio: X è superiore a Y ma subordinato a Z).

ESEMPI

Leggere il testo del seguente problema e rispondere alle domande successive.

I membri degli equipaggi di due aerei sperimentali devono essere scelti tra gli unici sei piloti esperti che vi sono a disposizione: Giugni, Holborn, Iannarone, Johnson, Katey e Lawrence. Ogni equipaggio deve avere esattamente tre membri. Si sa inoltre che:

- **se Katey viene selezionato per un equipaggio, anche Lawrence deve essere selezionato per lo stesso equipaggio;**
- **per motivi di comunicazione, i due equipaggi devono avere almeno un membro in comune;**
- **Katey e Giugni si rifiutano di lavorare nel medesimo equipaggio.**

È subito evidente che, sulla base delle informazioni fornite, non è possibile individuare i membri dei due equipaggi. Esse possono comunque essere riprodotte schematicamente per essere successivamente utilizzate in modo più veloce nel corso dell'analisi dei diversi quesiti. Per semplificare lo schema, si ricorre alle iniziali dei nomi dei possibili membri degli equipaggi.

$$K \rightarrow L;\ \text{Membro comune} \geq 1;\ K \neq G$$

1 **Quali dei seguenti possono essere i membri degli equipaggi?**

A Giugni, Johnson e Katey in un equipaggio, Iannarone, Giugni e Holborn nell'altro

B Lawrence, Giugni e Johnson in un equipaggio, Holborn, Iannarone e Katey nell'altro

C Giugni, Lawrence e Katey in un equipaggio, Johnson, Iannarone e Lawrence nell'altro

D Iannarone, Katey e Lawrence in un equipaggio, Lawrence, Giugni e Johnson nell'altro

E Giugni, Holborn e Iannarone in un equipaggio, Lawrence, Johnson e Katey nell'altro

Per rispondere a questa domanda occorre controllare una a una le diverse alternative e vedere se effettivamente rispettano le tre condizioni schematicamente riprodotte sopra. Le alternative A e B possono essere scartate in quanto non rispettano la prima condizione: in entrambe le alternative vi è infatti un equipaggio con Katey ma senza Lawrence (inoltre l'alternativa A non rispetta neppure la terza condizione). L'alternativa E è errata, in quanto non rispetta la seconda condizione: i due equipaggi proposti non hanno infatti alcun membro in comune. Infine, l'alternativa C può essere scartata, in quanto non rispetta la terza condizione, essendovi insieme nel medesimo equipaggio sia Giugni che Katey. La risposta esatta è dunque la D.

2 **Se Giugni, Holborn e Iannarone formano un equipaggio e Johnson, Lawrence e Holborn formano l'altro, quale membro di uno dei due equipaggi potrebbe essere sostituito da Katey senza violare le regole?**

A Johnson B Lawrence C Holborn D Iannarone E Giugni

Anche in questo caso, per rispondere occorre "andare per tentativi", provando cioè a sostituire Katey a ognuno dei membri delle risposte alternative e controllando se vengono violate le condizioni riportate nello schema. La risposta corretta è la A. Infatti, sostituendo Katey a Johnson, non viene violata alcuna regola. Viceversa, se Katey viene sostituito a Lawrence, viene violata la prima regola, essendo presente Katey ma non Lawrence nel medesimo equipaggio (il che esclude la B). Sostituendo Katey a Holborn viene violata la seconda regola, venendo di fatto a mancare il membro comune ai due equipaggi (il che esclude la C). Sostituendo Katey a Iannarone vengono violate la prima e la seconda regola, essendo presente Katey ma non Lawrence nel medesimo equipaggio ed essendo presenti Katey e Giugni nel medesimo equipaggio (il che esclude la D).

Infine, sostituendo Katey a Giugni (alternativa E) viene ancora una volta violata la prima regola, essendo presente Katey ma non Lawrence nel medesimo equipaggio.

3 **Se Katey e Iannarone sono due dei membri di un equipaggio e Holborn è un membro dell'altro equipaggio, quali dei seguenti potrebbero essere i restanti due membri dell'equipaggio di Holborn?**

A Giugni e Johnson

B Katey e Iannarone

C Katey e Giugni

D Lawrence e Giugni

E Katey e Johnson

Le risposte B, C ed E possono essere scartate, in quanto esse violano la prima e la terza condizione: tutte e tre le alternative prevedono infatti un equipaggio con Katey ma senza Lawrence; la C prevede inoltre un equipaggio con Katey e Giugni insieme. L'alternativa A deve invece essere scartata in quanto, per rispettare la prima condizione, il terzo membro del primo equipaggio dovrebbe necessariamente essere Lawrence, perché c'è già Katey. Verrebbe così violata la seconda condizione, in quanto non vi sarebbe alcun membro comune nei due equipaggi. L'unica alternativa possibile è dunque la D.

Leggere il testo del seguente problema e rispondere alle domande successive.

Al torneo di tennis femminile del circolo F&C si sono iscritte cinque ragazze: Alessandra, Anna, Lara, Manuela e Raffaella. Il regolamento del torneo prevede che tutte le giocatrici si incontrino tra di loro due volte. Per ogni vittoria viene assegnato un punteggio pari a 2, mentre in caso di sconfitta il punteggio è pari a 0 (nel tennis non è prevista la possibilità di pareggio dell'incontro). Quando ogni giocatrice si è incontrata una volta con tutte le altre si ha che:

- **Manuela è a punteggio pieno;**
- **la seconda in classifica ha sei punti;**
- **Alessandra è quarta in classifica da sola;**
- **tutte le partecipanti al torneo hanno vinto almeno una partita tranne Lara;**
- **Raffaella ha battuto Anna.**

4 A quanti punti è Raffaella?

A 4
B 2
C 6
D 8
E 0

Per rispondere al quesito è necessario costruire una tabella a due colonne in cui riassumere le informazioni fornite dall'esercizio:

Atleta	Punteggio

Se Manuela è a punteggio pieno e ha disputato quattro partite (ha infatti incontrato una volta sola ognuna delle quattro avversarie) ha un punteggio di 8 punti. Lara, non avendo mai vinto una partita, ha un punteggio pari a 0. È inoltre noto che la seconda in classifica ha 6 punti e che Alessandra occupa da sola il 4° posto (quindi Lara è quinta da sola con i suoi 0 punti).

Atleta	Punteggio
Manuela	8
	6
Alessandra	
Lara	0

Per completare la tabella è necessario fare ora un altro ragionamento. Manuela è la prima in classifica avendo vinto tutte le partite; la seconda classificata ha 6 punti, quindi ha vinto tutte le partite tranne quella contro Manuela.

Poiché si è indecisi se la seconda in classifica sia Raffaella o Anna, basta considerare l'ultima affermazione secondo la quale Raffaella ha battuto Anna. Raffaella è quindi la seconda in classifica e Anna la terza.

Atleta	Punteggio
Manuela	8
Raffaella	6
Anna	
Alessandra	
Lara	0

A questo punto resta solo da ricavare il punteggio conseguito da Anna e da Alessandra. Anna ha perso con Manuela e con Raffaella, ma ha vinto con Lara e, dal momento che la precede in classifica, ha vinto anche con Alessandra e ha quindi accumulato 4 punti. Ne segue che Alessandra ha vinto solo contro Lara e ha dunque un punteggio pari a 2 punti. La tabella può quindi essere così completata:

Atleta	Punteggio
Manuela	8
Raffaella	6
Anna	4
Alessandra	2
Lara	0

La soluzione al quesito posto è quindi la C.

5 Chi è la terza in classifica?

A Anna
B Lara
C Raffaella
D Manuela
E Alessandra

Sulla base della tabella sopra riportata appare evidente che Anna è la terza in classifica, quindi la risposta corretta è la A.

6 Quante partite ha vinto Anna?

A 0
B 2
C 3
D 1
E 4

Dalla tabella risulta che Anna occupa il terzo posto in classifica e ha un punteggio pari a 4. Ciò significa che Anna ha vinto due partite e dunque la soluzione al quesito è fornita dall'alternativa B.

PARTE SECONDA

Suggerimenti

- Leggendo le relazioni, è importante **non fare ulteriori infondate supposizioni**. Se, per esempio, è stabilita una relazione di peso e di altezza tra i componenti di una squadra, non bisogna supporre che chi è più pesante di un altro debba, per questo, essere più alto. Analogamente, non bisogna basarsi sulle proprie conoscenze per rispondere alle domande, ma attenersi unicamente al testo dell'esercizio.
- **Le domande di una serie sono indipendenti tra loro**. La risposta a una domanda non è condizione per rispondere a un'altra domanda della stessa serie.
- È fondamentale tracciare uno **schema che riproduca graficamente le informazioni fornite** dalle relazioni date e che consenta di dedurre le relazioni mancanti. Il tipo di schema dipende naturalmente dal tipo di relazioni presentate. Il ricorso a un *diagramma* (schema, tabella ecc.) è tuttavia il metodo più efficace per la risoluzione di questi esercizi. Tale schema, una volta compilato, consente infatti di rispondere a tutte le domande senza dover tornare a esaminare le relazioni.
- È spesso conveniente **limitarsi a trascrivere unicamente le iniziali** e non interamente i nomi di persone, animali, luoghi ecc., risparmiando così del tempo utile per la risoluzione. Per questo scopo, molto spesso gli esercizi riportano nomi con iniziali differenti.
- Gli enunciati che definiscono le relazioni **non devono essere necessariamente analizzati nell'ordine presentato.** A volte può essere utile saltare da uno all'altro, a seconda delle informazioni che si riescono progressivamente a raccogliere.
- Occorre prestare **molta attenzione alla fase di lettura** degli enunciati che definiscono le relazioni. La maggior parte del tempo, infatti, deve essere dedicata a un'analisi delle relazioni presentate, finalizzata a tracciare lo schema o il diagramma che consente poi di rispondere in modo sufficientemente rapido ai quesiti. Per questo motivo, il tempo concesso per rispondere alle domande risulta generalmente appena sufficiente.
- Occorre prestare attenzione alle **espressioni che descrivono o limitano le relazioni**, come *soltanto*, *esattamente*, *mai*, *sempre*, *deve essere* e così via.

2.2 Deduzioni logiche

Si tratta di esercizi che intendono valutare le capacità deduttive e di ragionamento del candidato. È necessario analizzare attentamente il testo delle istruzioni e della domanda per poter individuare correttamente le conclusioni da esso deducibili in modo logico (cioè necessario) e identificare così le risposte. Innanzitutto, dunque, occorre individuare con rigore le relazioni logiche esistenti fra le varie parti dell'argomentazione proposta.

2.2.1 Condizione necessaria e condizione sufficiente

Si tratta di quesiti in cui il candidato deve saper distinguere una condizione necessaria da una condizione sufficiente e, di conseguenza, trarre l'unica conclusione che risponde correttamente al quesito. Un semplice esempio chiarirà quanto appena esposto.

Esempi

---

1 **"Se lasciassi cadere il vaso di porcellana, questo si romperebbe".**
Se l'argomentazione precedente è corretta, quale delle seguenti è certamente vera?

A) Se il vaso di porcellana è intatto, ciò vuol dire che non l'ho lasciato cadere
B) Se non lascerò cadere il vaso di porcellana, questo non si romperà
C) Se il vaso di porcellana è rotto, questo indica che l'ho lasciato cadere
D) Se il vaso di porcellana è intatto, non vuol dire che non l'ho fatto cadere

Nel caso in esame, l'atto di far cadere il vaso risulta essere una condizione *sufficiente* affinché il vaso di porcellana si rompa, ma non *necessaria*. Infatti il vaso di porcellana potrebbe anche rompersi per altre cause. Ma se è intatto, sicuramente non l'ho fatto cadere; infatti, se lo facessi cadere, come indicato nel testo dell'esercizio, "questo si romperebbe". La risposta esatta è pertanto la **A**. Le risposte **B**, **C** e **D** sarebbero corrette se l'affermazione iniziale fosse: "il vaso di porcellana potrebbe rompersi solo se lo lasciassi cadere"; in questo caso, infatti, il rapporto tra i due eventi sarebbe di *necessità* e non più di *sufficienza*.

Gli esercizi di deduzione e i sillogismi vertono prevalentemente sull'interpretazione di meccanismi logici come quello descritto. Occorre dunque **dedicare assoluta attenzione al significato di ogni singola affermazione, evitando di effettuare infondate supposizioni tratte dal senso comune o di giungere a conclusioni erronee e affrettate.**

---

2 **Soltanto se la mia automobile ha benzina può funzionare.**
Se quanto affermato sopra è vero, allora quale delle seguenti affermazioni è vera?
a) Se la mia automobile ha la benzina, allora funziona
b) Se la mia automobile non funziona, allora non ha benzina
c) Se la mia automobile funziona, allora ha benzina

A a **B** b **C** c **D** a e b **E** b e c

La risposta corretta è la **C**. Infatti, questo esercizio presenta il tipico caso della *condizione necessaria ma non sufficiente*. In altre parole, il fatto di avere benzina è condizione necessaria, ma non sufficiente, per il funzionamento dell'automobile. Dunque, la a) e la b) sono entrambe errate: la a) in quanto, essendo la presenza di benzina unicamente condizione necessaria, l'automobile potrebbe non funzionare per altri motivi; la b) in quanto l'automobile potrebbe non funzionare per motivi diversi dall'assenza di benzina. È possibile osservare che l'affermazione alla base di questo esercizio è del tipo: *soltanto se è vera X, allora è vera Y* (cioè: soltanto se l'automobile ha benzina, allora può funzionare). Ne segue anche che è valida: *se è vera Y, allora è vera X* (cioè: se l'automobile funziona, allora ha benzina). Non è invece valida in questo caso: *se non è vera Y, allora non è vera X* (se l'automobile non funziona, allora non ha benzina), così come non è valida: *se è vera X, allora è vera Y* (se ha benzina, allora funziona).

2.2.2 PROBLEMI CON RELAZIONI LOGICHE

Una variante dei problemi di deduzione logica è costituita da esercizi che, nella loro formulazione, richiamano i sillogismi. Si tratta di esercizi in cui vengono presentate alcune premesse (generalmente tre) esplicitanti relazioni tra soggetti diversi, dalle quali si possono trarre o non trarre determinate conclusioni. L'esercizio richiede di identificare, tra le alternative proposte, quella in cui compare un'affermazione deducibile logicamente da quelle iniziali.

ESEMPI

---

1 **Tutti gli avvocati sono prolissi; Giorgio ama la montagna; tutte le persone che amano la montagna sono prolisse.**
Se le affermazioni sopra riportate sono vere, quale delle seguenti è necessariamente vera?

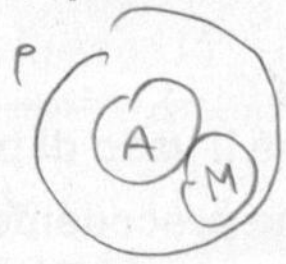

A Giorgio è un avvocato
B Tutte le persone prolisse sono avvocati
C Tutti gli avvocati amano la montagna
D Giorgio è prolisso
E Giorgio avrebbe voluto essere un avvocato

La risposta esatta è la **D**. Infatti se Giorgio ama la montagna e tutti coloro i quali amano la montagna sono prolissi, anche Giorgio è prolisso.

L'alternativa A è errata in quanto Giorgio, amando la montagna, è necessariamente prolisso, ma ciò non implica che sia avvocato. Il fatto che tutti gli avvocati siano prolissi non implica necessariamente che tutte le persone prolisse siano avvocati. Per lo stesso motivo è dunque errata anche l'alternativa B.

L'alternativa C è errata in quanto l'unica informazione certa sugli avvocati è che essi sono prolissi e il fatto che anche le persone che amano la montagna siano prolisse non consente di dedurre che tutti gli avvocati amino la montagna. La E è palesemente errata e non necessita di spiegazione. Alla soluzione si sarebbe potuti giungere anche schematizzando le relazioni logiche, metodo che risulta spesso particolarmente utile ed efficace. Le tre affermazioni iniziali possono infatti essere graficamente riportate come segue:

avvocati → persone prolisse
↑
Giorgio → persone che amano la montagna

Seguendo le frecce che riproducono le tre affermazioni è possibile giungere dall'insieme *Giorgio* all'insieme *persone prolisse*. Non è invece possibile giungere dall'insieme *Giorgio* all'insieme *avvocati*. Per far ciò sarebbe stata necessaria una freccia dall'insieme *persone prolisse* all'insieme *avvocati*. In altre parole, sarebbe stato necessario sapere che tutte le persone prolisse sono avvocati. Mancando tale informazione, ne segue che le alternative A e B sono errate.

Analogamente, per poter collegare l'insieme *avvocati* con l'insieme *persone che amano la montagna*, ossia per poter affermare che tutti gli avvocati amano la montagna, sarebbe stato necessario avere una freccia dall'insieme *persone prolisse* all'insieme *persone che amano la montagna*. In altre parole, sarebbe stato necessario sapere che tutte le persone prolisse amano la montagna. Mancando tale informazione, ne segue che l'alternativa C è errata.

Leggere le seguenti affermazioni e rispondere alle relative domande.

- **Maria Teresa è laureata in Ingegneria**
- **Tutti coloro che vogliono avere successo professionale sono laureati in Ingegneria**
- **Chi si laurea in Ingegneria trova impiego entro due anni dalla laurea**

---

2 Se le tre affermazioni sopra riportate sono vere, quale delle seguenti è vera?

A Maria Teresa certamente lavora
B Maria Teresa vuole avere successo professionale
C Tutti i laureati in Ingegneria vogliono avere successo professionale
D Chi ha trovato lavoro entro due anni dalla laurea è laureato in ingegneria
E Se Maria Teresa non lavora allora troverà lavoro entro due anni

L'esercizio si risolve esplicitando le relazioni logiche tra le tre affermazioni date.

- Maria Teresa → laureata in Ingegneria.
- chi vuole avere successo professionale → lureati in Ingegneria.
- laureati in Ingegneria → trovano un impiego entro due anni dalal laurea.

Avendo presente queste relazioni non si può affermare che Maria Teresa lavora, in quanto potrebbe essere laureata da meno di due anni (alternativa A errata), né che Maria Teresa vuole certamente avere successo professionale (non è detto che si sia laureata in Ingegneria per via del successo professionale), né tanto meno (per lo stesso motivo) che tutti coloro che desiderano il successo professionale siano laureati in ingegneria (alternative B e C errate). Allo stesso modo non si può affermare che solo chi trovato lavoro entro due anni dalla laurea è laureato in ingegneria (anche la alternativa D è dunque errata) La risposta corretta è dunque la E: se Maria Teresa, che è laureata in ingegneria non lavora è perchè ancora non ha trovato occupazione, ma ciò accadrà entro due anni dalla Laurea..

Leggere le seguenti affermazioni e rispondere alle relative domande.

3 Se è vero che

- **tutti i filosofi sono saggi**
- **alcuni filosofi sono anche matematici**
- **Aristotele fu un importante filosofo greco se ne deduce necessariamente che:**

A i saggi greci furono filosofi
B tutte le persone sagge sono anche matematici
C alcuni matematici sono saggi
D Aristotele fu anche un matematico
E esistono matematici che non sono saggi

L'affermazione "alcuni filosofi sono anche matematici" significa che tra i matematici alcuni sono anche filosofi. Poiché tutti i filosofi sono saggi se ne deduce che alcuni matematici (essendo filosofi) sono saggi (risposta corretta C).
Si osservi che l'affermazione "Aristotele fu un importante filosofo greco" è del tutto irrilevante per determinare la soluzione del quesito.

4 Per passare l'esame è necessario ma non sufficiente avere o fortuna o una solida preparazione. Determinare quale delle seguenti situazioni è NON compatibile con questa affermazione.

A Riccardo ha fortuna, ma non ha passato l'esame
B Riccardo non ha fortuna, ma ha passato l'esame
C Riccardo ha passato l'esame ma non ha una solida preparazione
D Riccardo ha una solida preparazione e fortuna, ma non ha passato l'esame
E Riccardo ha passato l'esame, ma non ha né fortuna né solida preparazione

Se per passare l'esame è necessario avere o una solida preparazione o fortuna significa che se non si dispone di solida preparazione o di fortuna non è possibile passare l'esame e se si ha passato l'esame certamente si ha una una solida preparazione o fortuna (la condizione è infatti necessaria).
Non è pertanto possibile quanto indicato dall'alternativa E che è dunque la risposta cercata.

5 Aldo è titolare di una officina meccanica, e può aggiustare l'auto del sindaco se e solo se ha a disposizione sia gli attrezzi che i ricambi. Determinare quale delle seguenti deduzioni è corretta.

A Aldo oggi possiede gli attrezzi, quindi può aggiustare l'auto del sindaco
B Aldo oggi non può aggiustare l'auto del sindaco, quindi non possiede i ricambi
C Aldo oggi possiede gli attrezzi ma non può aggiustare l'auto del sindaco, quindi non possiede i ricambi
D Aldo oggi non può aggiustare l'auto del sindaco, quindi non possiede né i ricambi ricambi né gli attrezzi
E Aldo oggi non può aggiustare l'auto del sindaco, quindi non possiede gli attrezzi

Il testo dell'esercizio afferma che condizione necessaria e sufficiente (*se e solo se*) per poter aggiustare l'auto del sindaco è avere a disposizione sia gli attrezzi sia i ricambi (tutte e due); ciò significa che se non si possiedono gli attrezzi oppure i ricambi (basta non averne uno) non sarà possibile aggiustare l'auto del sindaco.
Risulta pertanto corretta l'alternativa C: se Aldo possiede gli attrezzi ma non può aggiustare l'auto del sindaco significa che non ha i ricambi.

6 **Quando il mio capo fa le parole crociate vuol dire che è rilassato. Sulla base di questa sola affermazione, quale delle seguenti deduzioni è corretta?**

A Il mio capo non è rilassato, quindi non fa le parole crociate
B Il mio capo non sta facendo le parole crociate, quindi non è rilassato
C Il mio capo non sta facendo le parole crociate, quindi è rilassato
D Il mio capo è rilassato, quindi sta facendo le parole crociate
E Il mio capo non è rilassato, quindi sta facendo le parole crociate

Il testo dell'esercizio afferma che se il capo fa le parole crociate allora il capo è rilassato; ciò significa che per il capo fare le parole crociate è condizione sufficiente per essere rilassato. Si può dunque dedurre che se il capo non è rilassato certamente non fa le parole crociate (se facesse le parole crociate, infatti, dovrebbe essere rilassato). La risposta corretta è dunque la A.

7 **Non tutti quelli che vanno bene in italiano vanno bene in matematica. Quindi si è certi che:**

A tutti gli studenti vanno bene in italiano
B tutti gli studenti vanno bene in matematica
C almeno uno studente va bene in italiano e matematica
D almeno uno studente va bene in italiano e non va bene in matematica
E almeno uno studente va bene in matematica e non va bene in italiano

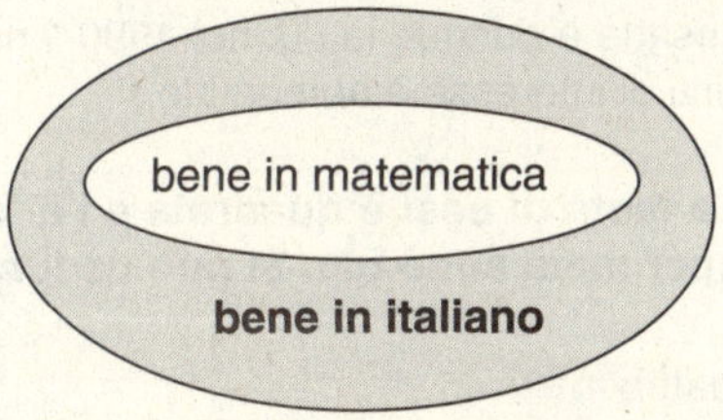

Per poter affermare che non tutti quelli che vanno bene in italiano vanno bene in matematica è necessario che ci sia almeno uno di coloro che vanno bene in italiano che non va bene in matematica come correttamente proposto dall'alternativa D. Si presti attenzione all'alternativa C, errata in quanto è solo un caso possibile, ma non necessariamente vero (i due insiemi – coloro che vanno bene in italiano e coloro che vanno bene in matematica – possono anche non aver alcun elemento in comune rispettando comunque l'enunciato del quesito). Errata risulta anche l'alternativa E: se infatti l'insieme di chi va bene in matematica è incluso nell'insieme più ampio di chi va bene in italiano, posso affermare che tutti coloro che vanno bene in matematica vanno anche bene in italiano, non contraddicendo comunque l'enunciato per cui non tutti quelli che vanno bene in italiano vanno anche bene in matematica, come mostrato graficamente di seguito:

2.2.3 PROBLEMI DI DEDUZIONE

Sono esercizi che presentano al candidato una situazione, un problema, chiedendo la soluzione dello stesso. Molto più simili a giochi di logica che possono essere fatti anche tra amici, solitamente, più che attraverso l'utilizzo di schemi o di tabelle, questi esercizi, qualora prevedono un ragionamento complesso, possono essere risolti attraverso l'analisi delle alternative.

1 **Il venusiano Vrxff afferma: *"Su Venere nessuno può avere più di una mgl"* Il suo amico marziano Mrkzz lo informa che su Marte questa norma non è in vigore. Dunque, necessariamente:**

A i Marziani possono avere più di una mgl
B ogni Marziano ha più di una mgl
C almeno un Marziano ha più di una mgl
D tutti i Venusiani hanno una e una sola mgl
E se un Venusiano abita su Marte allora ha più di una mgl

Affermare che "su Venere nessuno può avere più di una mgl", significa che ogni venusiano non possiede alcuna mgl o al ma ssimo ne ha una; l'alternativa D è pertanto errata. Poiché tale regola non è valida per Marte, si deve concludere che per gli abitanti di Marte non esistono vincoli; dunque anche le alternative B, C ed E sono errate. L'unica alternativa corretta è pertanto la A, ossia i marziani possono avere più di una mgl.

---

2 Per quanto riguarda i luoghi artistici in Italia, l'Associazione Amici dell'Arte (AAA) ha censito nel 1990 circa 8.400 punti di interesse e poco meno di 400 musei, e nel 2000 circa 8.600 punti di interesse e poco più di 200 musei. Quale delle seguenti affermazioni è possibile dedurre da questa frase?

A Tra il 1990 e il 2000 i punti di interesse sono diminuiti
B Il turismo verso le città d'arte in Italia tra il 1990 e il 2000 è diminuito
C Il numero di punti di interesse censiti dall'AAA ha registrato una contrazione tra il 1990 e il 2000
D Nei dieci anni considerati, al contrario dei punti di interesse, il numero di musei è diminuito
E Il numero dei musei si è ridotto a un terzo tra il 1990 e il 2000

Tra il 1990 e il 2000 il numero di punti di interesse è passato da circa 8.400 a 8.600, con un incremento di circa 200 unità; quindi le alternative A e C sono evidentemente errate. Nello stesso intervallo di tempo il numero di musei è passato da circa 400 a circa 200, con un decremento di circa 200 unità, ossia circa della metà e non di un terzo; pertanto anche l'alternativa E è errata. Infine anche l'alternativa B non è corretta in quanto dal testo dell'esercizio non è possibile dedurre alcunché riguardo il turismo verso le città d'arte. La risposta esatta è dunque la D: nel 1990 il numero di musei, come visto è diminuito, mentre quello dei punti di interesse è aumentato.

---

3 C'è una scatola contenente gettoni da gioco. La metà di essi è quadrata e l'altra metà è rotonda. I gettoni per metà sono verdi e per metà sono blu. Si può dedurre necessariamente che:

A il numero di gettoni deve essere un multiplo di quattro
B il numero di gettoni rotondi verdi è uguale al numero di gettoni quadrati blu
C i quattro tipi di gettoni (quadrati blu, quadrati verdi, rotondi blu, rotondi verdi) sono in numero uguale
D il numero dei gettoni quadrati blu è uguale al numero dei gettoni rotondi blu
E il numero dei gettoni quadrati blu è uguale al numero dei gettoni quadrati verdi

Per semplificare il ragionamento si supponga che la scatola contenga 10 gettoni. In base al testo si può facilmente dedurre che 5 sono quadrati e 5 rotondi; quanto al colore, 5 sono verdi e 5 blu. Tra i 5 gettoni quadrati X saranno di colore verde e i rimanenti 5–X di colore blu.

Se si esaminano i 5 gettoni rotondi, quelli verdi devono essere 5–X: infatti il numero totale di gettoni verdi è 5, di forma quadrata ve ne sono X e dunque ne rimangono 5–X che devono dunque avere forma rotonda.

Analogamente, i gettoni blu in totale sono 5; quelli di forma quadrata sono 5–X e dunque i rimanenti (ossia 5–5+X = X) sono quelli di forma rotonda.

In conclusione, si è trovato che:

- gettoni quadrati verdi = X
- gettoni quadrati blu = 5 – X
- gettoni rotondi verdi = 5 – X
- gettoni rotondi blu = X

Pertanto, qualunque sia il valore di X, il numero di gettoni rotondi verdi è uguale al numero di gettoni quadrati blu; la risposta corretta è quindi la B.

4 Ci sono N persone (con N > 1) disposte in circolo, che sono o Menzogneri (dicono sempre il falso) o Veritieri (dicono sempre il vero). Ciascuno accusa la persona alla sua destra di essere un Menzognero. Ciò è possibile SOLO SE:

A N è un numero pari

B N è un numero primo

C N = 3

D N è un numero dispari

E N = 2

Affinché ognuno possa accusare il vicino di essere Menzognero, senza cadere in contraddizione con ciò che è lui stesso (Veritiero o Menzognero), ci deve essere un'alternanza perfetta tra i due gruppi di persone, accanto a ogni Menzognero ci deve essere un Veritiero e viceversa. Se infatti capitano vicine due persone dello stesso gruppo, quella che accusa il vicino di destra di essere Menzognero cadrà sicuramente in contraddizione con ciò che è lei stesso (un Veritiero non può dire a un altro Veritiero di essere Menzognero e un Menzognero, dando del Menzognero a uno del suo gruppo, dice la verità e non il falso come dovrebbe). Affinché ciò sia possibile è necessario che N sia un numero pari (non per forza solo uguale a 2 come erroneamente riportato dall'alternativa E), come correttamente espresso dall'alternativa A, soluzione del quesito.

5 Ad una gara podistica partecipano 100 persone. Fra di esse almeno una è donna. Se prendo a caso due persone, tra di esse vi sarà sempre almeno un uomo. Quanti sono gli uomini?

A 50

B 77

C 90

D 88

E 99

Per risolvere il quesito è necessario prestare attenzione all'affermazione "se prendo due persone, tra di esse vi sarà sempre almeno uomo". Questo significa, infatti, che qualunque coppia io prenda non avrò mai due donne e che quindi alla gara podistica è presente una sola donna (se fossero anche solo due, almeno una volta prendendo due persone a caso dovrei avere due donne, fatto escluso dal testo del quesito). Gli uomini presenti alla gara saranno, allora, 99 e la soluzione quella fornita dall'alternativa E.

6 Quale delle seguenti affermazioni equivale a dire: "Non tutti i laureati in Ingegneria fanno l'ingegnere"?

A Nessun laureato in Ingegneria fa l'ingegnere

B Tutti i laureati in Ingegneria fanno l'ingegnere

C Non esiste un laureato in Ingegneria che non faccia l'ingegnere

D Vi è almeno un laureato in Ingegneria che non fa l'ingegnere

E Tutti i laureati in Ingegneria fanno un lavoro diverso dall'ingegnere

L'affermazione equivalente a quella del testo dell'esercizio è: "Vi è almeno un laureato in Ingegneria che non fa l'ingegnere", che è quella riportata correttamente dall'alternativa D.

7 **Ho 40 conigli bianchi e 31 conigli neri suddivisi in 10 gabbie. Quale delle seguenti affermazioni è sicuramente vera?**

- **A** Esiste almeno una gabbia in cui ci sono almeno 5 conigli bianchi
- **B** Esiste almeno una gabbia in cui ci sono almeno 8 conigli
- **C** Esiste almeno una gabbia in cui ci sono esattamente 4 conigli neri
- **D** In ogni gabbia ci sono almeno 7 conigli
- **E** In tutte le gabbie, il numero dei conigli bianchi è maggiore o uguale a quello dei conigli neri

Il testo non fornisce alcuna regola di distribuzione dei conigli nelle gabbie: si potrebbero mettere 71 conigli nella prima gabbia e lasciare vuote le altre, così come si potrebbero distribuire in modo uniforme. Ciò che certamente è vero è che almeno una gabbia contiene almeno 8 conigli (risposta esatta **B**). Le alternative **A**, **C**, **D** ed **E** propongono configurazioni possibili ma non *certamente* vere.

PARTE SECONDA

Suggerimenti

- Per rispondere alle domande occorre basarsi **unicamente sulle informazioni** fornite dagli esercizi e non sulle proprie eventuali conoscenze relative all'argomento trattato.
- Occorre prestare particolare attenzione al **tipo di relazione** esistente tra due eventi, senza confondere una semplice **affinità di significato** con una **consequenzialità logica**. Così, per esempio, se si afferma che *una percentuale elevata di persone che contraggono tumori ai polmoni sono fumatori*, ciò non implica necessariamente che tutti i fumatori contraggano tumori ai polmoni, né che i tumori ai polmoni vengano solo ai fumatori.
- Allo stesso modo occorre non confondere la **necessità** di una condizione con la sua **sufficienza**. Se si afferma che *solo i fumatori contraggono tumori ai polmoni*, ciò non implica che tutti i fumatori contraggono tumori ai polmoni. Il fatto di essere fumatore sarebbe cioè condizione necessaria ma non sufficiente per contrarre un tumore ai polmoni.
- Per rispondere alle domande è importante analizzare l'argomentazione di base, facendo attenzione non solo alle **conseguenze** che da essa si possono **dedurre rigorosamente**, ma anche alle **ipotesi implicite** sulle quali essa si basa. Spesso infatti, a un esame attento, l'argomentazione manca di un anello che viene volutamente taciuto o dato per scontato. Le domande proposte possono chiedere di identificare proprio questo anello mancante (*qual è l'ipotesi alla base dell'argomentazione?*). Per esempio, se si afferma che *Giorgio dovrebbe nuotare più spesso perché la sua forma fisica è piuttosto scadente*, è implicitamente assunto che il nuoto contribuisce a migliorare la forma fisica.
- È utile, una volta individuata la risposta esatta, controllarla tornando al testo dell'esercizio e verificando che l'alternativa scelta rispetti tutte le condizioni poste dal quesito.

2.3 Problemi di lavoro

Si tratta di quesiti caratterizzati dal fatto di coinvolgere per la loro risoluzione capacità sia logiche sia matematiche (non richiedono conoscenze matematiche di tipo nozionistico, ma una certa attitudine al ragionamento con quantità e numeri). Più precisamente, con l'espressione "problemi di lavoro" si intende una categoria di esercizi nei quali vengono descritte le modalità e i tempi di svolgimento di un generico lavoro da parte di più soggetti. Nel termine "lavoro" rientrano vari tipi di attività, fisica e non: mangiare qualcosa, costruire una casa, fumare sigarette ecc.

Le variabili in gioco in questo tipo di problemi sono essenzialmente tre: i ritmi di lavoro dei singoli soggetti, la quantità di lavoro da svolgere e il tempo impiegato. Alcuni di questi elementi sono noti, altri sono da ricavare. Generalmente ai candidati viene richiesto di individuare il tempo che il singolo individuo o le persone coinvolte impiegano per portare a termine il lavoro.

I problemi di lavoro possono essere distinti in due grandi categorie, a seconda del ritmo con cui il lavoro viene svolto dai differenti soggetti:

- problemi in cui i soggetti lavorano allo stesso ritmo;
- problemi in cui i soggetti lavorano a ritmi diversi.

2.3.1 Soggetti che lavorano allo stesso ritmo

In questo tipo di problemi si assume che tutti i lavoratori realizzino la stessa quantità di lavoro nell'unità di tempo.

Il ragionamento per risolvere questi esercizi è il seguente: se un lavoro richiede k lavoratori per 1 ora di tempo, significa che ogni soggetto realizza in 1 ora una quantità di lavoro pari a $1/k$. Se un lavoro richiede m lavoratori per h ore, allora ogni soggetto realizza $1/m$ del lavoro in h ore e pertanto compie, In un'ora, una frazione (del lavoro complessivo) pari a:

$$\frac{1}{h} \cdot \frac{1}{m}$$

Attraverso alcuni esempi, si vedrà concretamente come tali principi trovino applicazione negli esercizi.

LOGICA

Esempi

1 **Sei artigiani, lavorando allo stesso ritmo, impiegano 24 giorni per realizzare un mosaico. Quanto impiegherebbe un solo artigiano a compiere lo stesso lavoro?**

- A 36 giorni
- B 6 giorni
- C 124 giorni
- D 144 giorni
- E 48 giorni

Dal momento che i sei artigiani lavorano allo stesso ritmo, un operaio in un giorno svolge un lavoro pari a:

$$\frac{1}{6} \cdot \frac{1}{24} = \frac{1}{144}$$

del lavoro totale. Quindi per compiere l'intero lavoro un solo operaio impiega 144 giorni. Alternativamente si può calcolare che un solo operaio impiega sei volte il tempo impiegato dal gruppo per realizzare il mosaico (perché la forza lavoro è composta da 1 anziché da 6 operai): 24 giorni · 6 = 144 giorni (risposta D). Si osservi che l'alternativa B è facilmente scartabile poiché propone un valore inferiore a 24 (se 6 persone impiegano 24 giorni è impossibile che una persona sola impieghi un tempo minore).

È utile precisare che *l'applicazione delle proporzioni può facilmente condurre a una soluzione errata* di tali esercizi. Infatti, si potrebbe intuitivamente esprimere il testo dell'esempio considerato attraverso la proporzione 6 : 24 = 1 : x. Così facendo si avrebbe: $x = 26/6 = 4{,}3$. La soluzione è evidentemente errata dal momento che il valore di x (tempo impiegato da un solo artigiano per fare il mosaico) non può essere inferiore a 24 (tempo impiegato da sei artigiani per realizzare il mosaico).

2 **Se 5 persone, lavorando allo stesso ritmo, impiegano 1 ora a dipingere un appartamento, quanto impiegano 12 persone a effettuare lo stesso lavoro?**

- A 25 min
- B 2/5 h
- C 12/5 h
- D 1/5 h
- E 20 min

Se i 5 soggetti impiegano 1 ora per realizzare il lavoro, ogni lavoratore realizza in 1 ora 1/5 del lavoro complessivo. Pertanto 12 persone in 1 ora realizzano 12/5 del lavoro totale.

Se *t* è l'elemento richiesto dal problema, cioè il tempo impiegato dai 12 soggetti per dipingere l'appartamento, si ha:

$$\frac{12}{5} \cdot t = \text{lavoro completato} = 1 \text{ ora} \rightarrow t = \frac{5}{12} \cdot 1 \text{ ora} = 25 \text{ min (risposta A)}$$

A volte i dati del problema vengono forniti in maniera implicita, ossia tramite relazioni tra le diverse variabili in gioco, piuttosto che tramite valori numerici; si consideri a questo proposito l'esempio seguente.

PARTE SECONDA

---

3 Il direttore di un progetto informatico sa che, per realizzare il lavoro di cui è responsabile, sono necessari 8 giorni utilizzando tutti i programmatori che ha attualmente a disposizione. Se potesse avere altri due programmatori, il lavoro verrebbe compiuto in 7 giorni. Tuttavia, la sua software house, anziché fornire altri due programmatori, sottrae tutte le risorse dal progetto, lasciando un solo programmatore. Quanti giorni impiegherà il programmatore rimasto a realizzare il progetto, nell'ipotesi che tutti abbiano lo stesso ritmo di lavoro?

A 72 B 112 C 56 D 87 E 135

Sia *x* il numero di programmatori inizialmente a disposizione del responsabile del progetto; se *x* persone impiegano 8 giorni per completare il lavoro, nell'unità di tempo (ossia in un giorno) le *x* persone realizzano 1/8 del lavoro totale. Allo stesso modo, se (x+2) persone impiegano 7 giorni a completare il lavoro, in un giorno le (x+2) persone realizzano 1/7 del lavoro totale. A questo punto si può ricavare la differenza tra il lavoro effettuato da (x+2) persone e quello realizzato da *x* persone nell'unità di tempo: (1/7–1/8) = 1/56. Tale valore corrisponde alla quantità di lavoro che può essere portata a termine da due programmatori nell'unità di tempo; pertanto un solo programmatore può svolgere, in un giorno, 1/112 del lavoro complessivo e quindi impiegherà 112 giorni a realizzare l'intero progetto (risposta B).

2.3.2 Soggetti che lavorano a ritmi diversi

In questo tipo di problemi i soggetti realizzano quantità di lavoro diverse nell'unità di tempo. Per risolvere questi esercizi, bisogna innanzitutto ricavare la quantità di lavoro svolta dai singoli soggetti nell'unità di tempo. In questo caso, come è facile intuire, rispetto alla tipologia precedente la quantità di lavoro svolto dai singoli nello stesso tempo sarà diversa a seconda del soggetto.

Esempi

---

1 Stefania, Piera e Maria lavorano in una biblioteca in cui, periodicamente, occorre spostare tutti i libri da una scaffalatura a un'altra. Per compiere questo lavoro Stefania da sola impiega 8 ore, Piera da sola impiega 24 ore e Maria da sola impiega 12 ore. Quanto tempo impiegherebbero le tre bibliotecarie a spostare i libri se lavorassero insieme?

A 4 ore B 2 ore C 3 ore D 6 ore E 8 ore

Come prima cosa, occorre ricavare la parte di lavoro che ciascuna persona svolge nell'unità di tempo: se Stefania impiega 8 ore per effettuare il lavoro, in 1 ora (unità di tempo) compie 1/8 del lavoro. Lo stesso ragionamento vale per Piera che in 1 ora compie 1/24 del lavoro e per Maria che in 1 ora compie 1/12 del lavoro.

Conoscendo il lavoro svolto dai singoli soggetti nell'unità di tempo, è possibile individuare (sommando le tre frazioni) la parte di lavoro svolta dalle tre bibliotecarie insieme, sempre nell'unità di tempo:

$$1/8 + 1/24 + 1/12 = 1/4 = \text{lavoro svolto in 1 ora dai tre insieme}$$

Dato che i tre soggetti insieme in 1 ora svolgono un quarto del lavoro, per compiere l'intero lavoro hanno bisogno di 4 ore (risposta A).

Nell'esempio considerato sono noti i tempi impiegati dai singoli soggetti per compiere il lavoro e viene richiesto il tempo impiegato dai tre insieme. È possibile invece che quest'ultimo dato sia noto e che l'incognita del problema sia il tempo impiegato da una singola persona per terminare il lavoro. Come si nota nell'esempio seguente, il ragionamento di fondo per giungere alla soluzione non cambia.

---

2 **Lavorando insieme, Aldo, Giovanni e Giacomo fabbricano 10 tubi in 2 ore; Aldo da solo impiegherebbe 5 ore e Giovanni da solo ne impiegherebbe 10. Quanto impiegherebbe Giacomo da solo a fabbricare i 10 tubi?**

A 10 ore B 5 ore C 30 minuti D 3 ore E 15 ore

Inizialmente si procede come nell'esempio precedente: si individua la quantità di lavoro svolta, nell'unità di tempo (1 ora), dai diversi soggetti:

- Aldo fabbrica 10/5 = 2 tubi in 1 ora;
- Giovanni fabbrica 10/10 = 1 tubo in 1 ora;
- i tre insieme fabbricano 10/2 = 5 tubi in 1 ora.

Per ottenere il numero di tubi che Giacomo è in grado di fabbricare da solo nell'unità di tempo, bisogna sottrarre il numero di tubi che Aldo e Giovanni fabbricano insieme (2 + 1 = 3), al numero di tubi che tutti e tre insieme fabbricano in un'ora (5):

$$5 - 3 = 2 = \text{numero di tubi fabbricati da Giacomo nell'unità di tempo}$$

Ancora una volta, il ragionamento conclusivo è il seguente: se Giacomo in 1 ora fabbrica 2 tubi, per fabbricarne 10 impiegherebbe 5 ore (risposta B).

Talvolta, come nell'esempio che segue, i dati del problema possono essere forniti in forma non del tutto esplicita.

---

3 **Matteo e Paolo sono in grado di timbrare 12 fogli in 20 secondi. Matteo ne timbra il triplo di Paolo che, a sua volta, ne timbra la metà di Sergio. Quanti fogli riuscirebbero a timbrare i tre lavorando insieme per 1 minuto?**

A 15 B 36 C 54 D 45 E 24

In questi casi è consigliabile individuare la persona che lavora al ritmo più lento e rappresentare schematicamente, rispetto a questo, il ritmo di lavoro delle altre persone.

Nell'esempio in esame, chi lavora più lentamente è Paolo. Dunque, per ogni foglio timbrato da Paolo, Sergio ne timbra 2 e Matteo 3.

Schematicamente si ha:

Soggetto	N. fogli timbrati nello stesso tempo
Paolo	1
Sergio	2
Matteo	3

Si considerino ora Paolo e Matteo insieme: poiché in 20 secondi timbrano 12 fogli, in un minuto ne timbrano 36, di cui 9 sono timbrati da Paolo e 27 da Matteo. Inoltre, dato che Sergio lavora il doppio di Paolo, in un minuto timbra 18 fogli. Dunque si hanno i seguenti dati:

Soggetto	N. fogli timbrati in 1 minuto
Paolo	9
Sergio	9 x 2 = 18
Matteo	9 x 3 = 27

In totale, in un minuto i tre timbrano 9 + 18 + 27 = 54 fogli (risposta C).

SUGGERIMENTI

- **Evitare l'utilizzo di proporzioni**: non sono lo strumento matematico per risolvere questo tipo di problemi.
- **Ricavare la quantità di lavoro** svolta dai diversi soggetti **nell'unità di tempo.**
- Se i ritmi di lavoro dei diversi soggetti vengono forniti sotto forma di relazioni tra loro, **individuare il soggetto che lavora al ritmo più lento** e rappresentare schematicamente, rispetto a questo, il ritmo di lavoro degli altri soggetti.

3 LOGICA FIGURALE

Gli esercizi di logica figurale (comparsi di rado nei test degli ultimi anni) intendono valutare nei candidati l'**attitudine logico-spaziale,** intesa come capacità di cogliere ed elaborare i rapporti quantitativi, qualitativi e spaziali esistenti tra più oggetti o figure astratte.

Le tipologie più utilizzate nei test di ammissione sono le seguenti:

- figura da scartare;
- sequenze di figure;
- analogie tra figure;
- matrici di figure;
- ricomposizione di facce di cubi.

3.1 FIGURA DA SCARTARE

In questo tipo di esercizi viene presentata una successione di figure (generalmente quattro o cinque) tra le quali il candidato deve indicare quella da scartare perché estranea rispetto alle altre. Occorre quindi individuare la logica che accomuna tutte le figure date a eccezione di una.

Si considerino i seguenti esempi.

---

1 **Individuare la figura da scartare.**

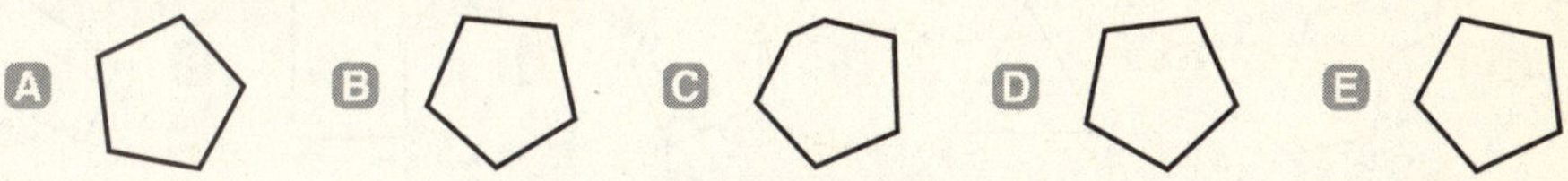

Si noti che tutte le figure rappresentano un pentagono (poligono con cinque lati), a eccezione della terza in cui il poligono ne ha sei; la figura da scartare è dunque la C.

---

2 **Individuare la figura da scartare.**

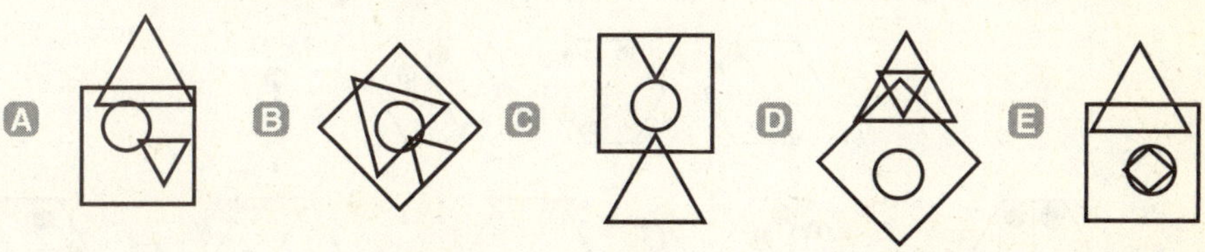

Le prime quattro rappresentazioni grafiche sono composte dalle stesse figure geometriche: due triangoli, un quadrato e un cerchio. La figura da scartare è quindi quella individuata dall'alternativa E, nella quale, al posto del triangolo piccolo, compare un quadrato.

3.2 SEQUENZE DI FIGURE

Questi esercizi richiedono di scoprire con rapidità il criterio in base al quale le figure sono disposte all'interno di una sequenza data. In questi esercizi viene fornita una serie incompleta di figure nella quale compare un'incognita. Il candidato deve sostituirla scegliendo, tra le alternative proposte, la figura che soddisfa il criterio logico che governa l'intera sequenza.

Vengono analizzati di seguito alcuni esempi, dai più semplici ai più complessi, che mostrano i criteri logici alla base di questa tipologia di esercizi.

1 Individuare la figura che completa correttamente la seguente serie.

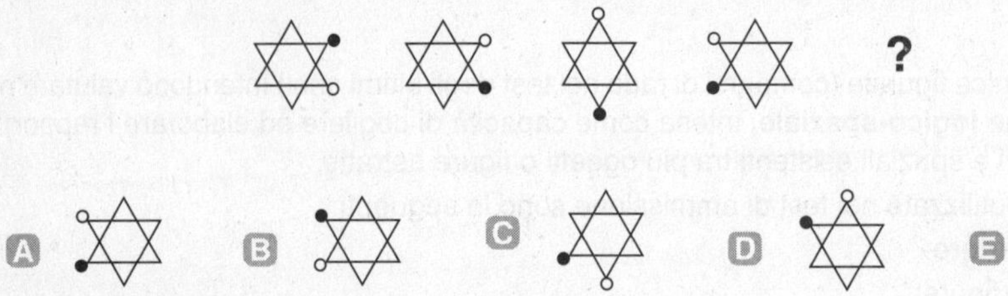

Analizzando le figure della sequenza, si osserva che, passando da una figura alla successiva, il cerchio bianco si sposta sui vertici della stella in senso antiorario mentre il cerchio nero si muove in senso opposto. La risposta corretta è dunque la B.

2 Individuare la figura che completa correttamente la seguente serie.

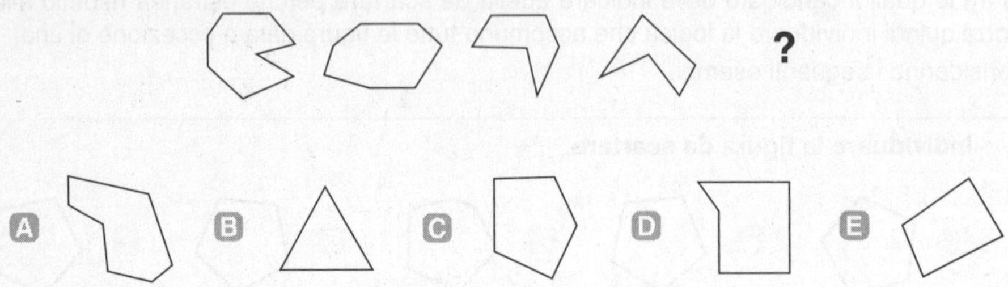

La serie data è costituita da poligoni irregolari aventi un numero di lati decrescente: il primo poligono ha 8 lati, il successivo ne ha 7 e così via. La figura mancante deve dunque essere un poligono con 4 lati, come quello proposto dall'alternativa E.

3 Individuare la figura che completa correttamente la seguente serie.

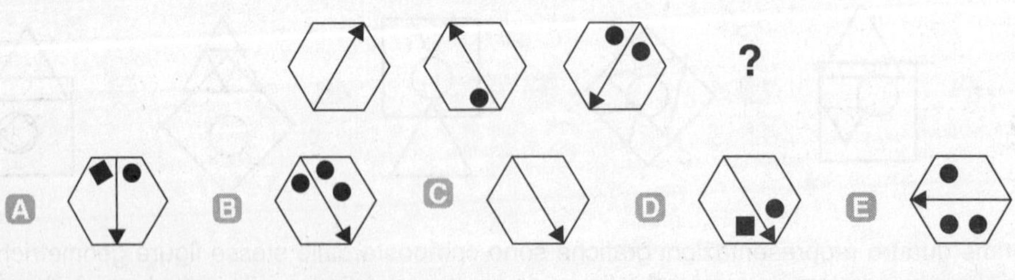

In questo esempio, ogni figura è costituita da un esagono contenente una freccia. Analizzando le prime due figure della sequenza, si osserva che passando dalla prima alla seconda compare un cerchio nero alla base della freccia e la freccia si sposta sul secondo vertice del lato superiore dell'esagono. Nel passaggio dalla seconda alla terza figura i cerchi neri aumentano di un'unità mentre la freccia conserva la stessa direzione della prima figura, ma ha il verso opposto. La quarta figura, di conseguenza, dovrà vedere il numero di cerchi neri aumentare di un'ulteriore unità, mentre la freccia dovrà avere stessa direzione ma verso opposto rispetto alla seconda figura. L'unica alternativa che, sostituita al punto di domanda, consente di rispettare tale logica è la B.

SUGGERIMENTI

- È consigliabile osservare con attenzione le figure e analizzare la **relazione esistente tra gli elementi adiacenti**. È dunque opportuno riconoscere la relazione che lega le figure adiacenti, verificando ciò che avviene passando da una figura alla successiva.

3.3 ANALOGIE TRA FIGURE

Si tratta di esercizi costituiti da una proporzione i cui termini sono rappresentati da figure. Uno dei quattro termini è incognito e va individuato scegliendo l'alternativa corretta tra quelle proposte. Trattandosi di una proporzione, la condizione da rispettare è l'equivalenza della relazione esistente tra le due figure costituenti la prima coppia con quella esistente tra le due figure della seconda.

---

1 Individuare la figura mancante.

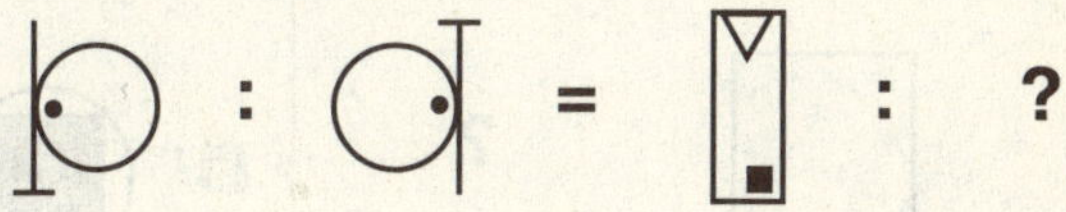

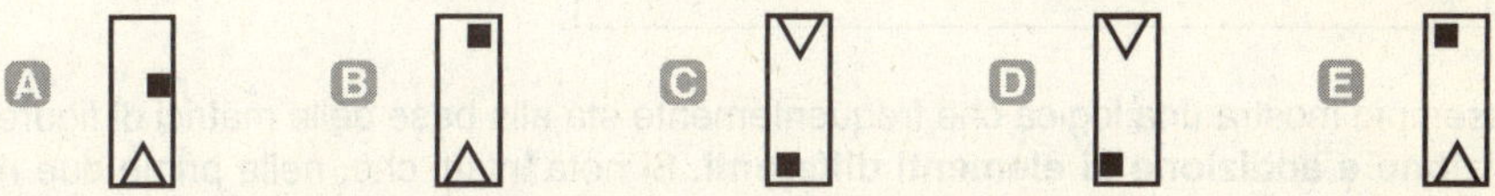

Si osservi la relazione tra le figure del *primo membro*: la seconda è uguale alla prima ma è stata rovesciata sia verticalmente che orizzontalmente. Affinché la stessa relazione venga mantenuta anche nel *secondo membro*, è necessario ripetere le stesse operazioni sul rettangolo che contiene il quadratino nero e il triangolo. La risposta corretta è dunque la E.

---

2 Individuare la figura mancante.

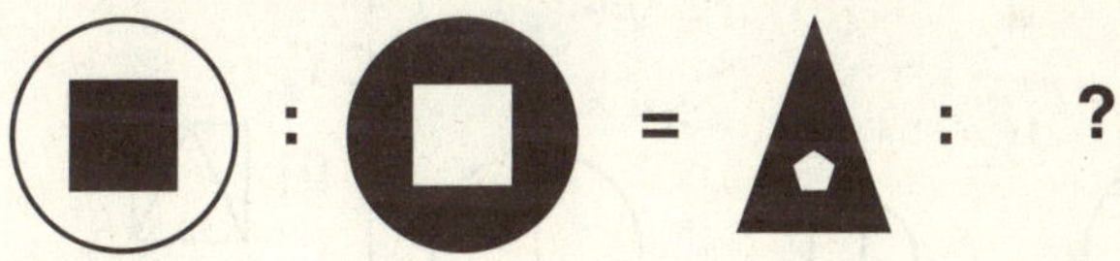

Il primo membro della proporzione è composto da due figure di cui la seconda corrisponde "al negativo" della prima. Applicando la stessa logica al secondo membro della proporzione si ottiene la soluzione dell'esercizio (risposta C).

3.4 MATRICI DI FIGURE

Questo tipo di esercizio si presenta come una serie di figure (rappresentate da motivi astratti, geometrici o soggetti stilizzati), generalmente disposte su più righe, in cui un elemento è incognito e va individuato tra le alternative proposte.

1 Individuare la figura mancante.

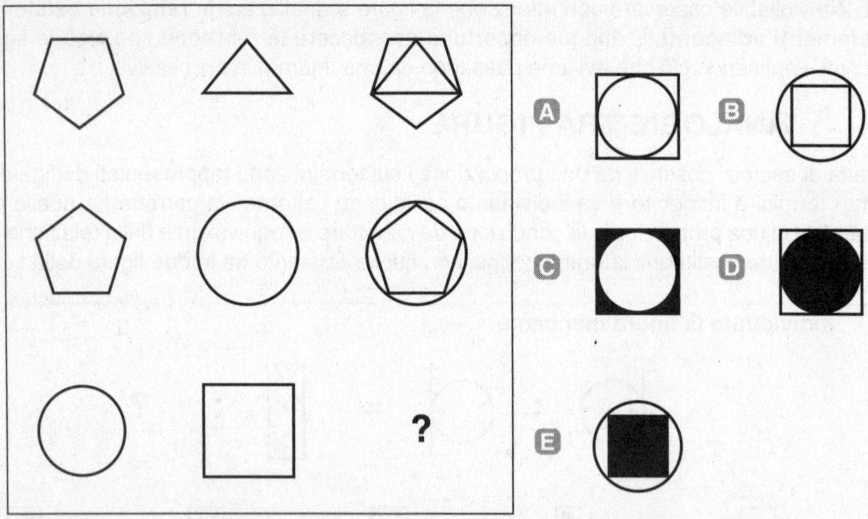

Questo esempio mostra una logica che frequentemente sta alla base delle matrici di figure: la **sovrapposizione e addizione di elementi differenti.** Si nota infatti che, nelle prime due righe, la terza figura a destra è ottenuta mediante la sovrapposizione delle due figure che la precedono. Lo stesso criterio deve essere rispettato nella terza riga, quindi l'alternativa corretta è la A.

2 Individuare la figura mancante.

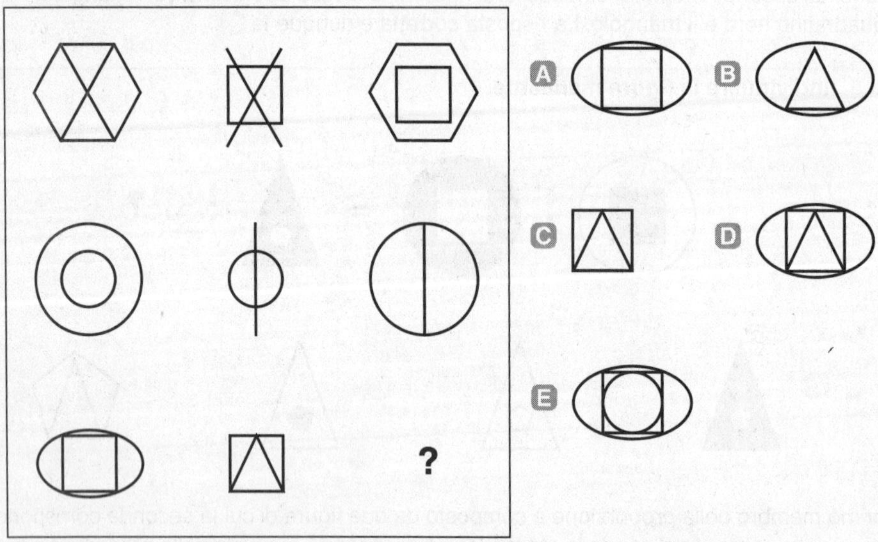

Questo esempio prevede, come criterio logico, **la sovrapposizione con eliminazione degli elementi comuni.** Nelle prime due righe, infatti, la figura più a destra è ottenuta sovrapponendo le due figure che la precedono e, contemporaneamente, eliminando gli elementi grafici che esse hanno in comune. La figura da sostituire al punto di domanda si ottiene, dunque, sovrapponendo l'ellisse al triangolo ed eliminando il quadrato che le due figure hanno in comune.
La risposta corretta è quindi la B.

3.5 RICOMPOSIZIONE DI FACCE DI CUBI

1 Quale dei cinque cubi (A, B, C, D ed E) corrisponde alla composizione volumetrica della figura piana sotto riportata?

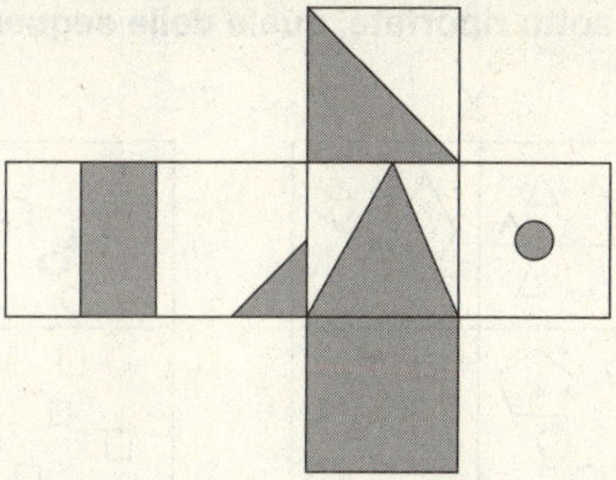

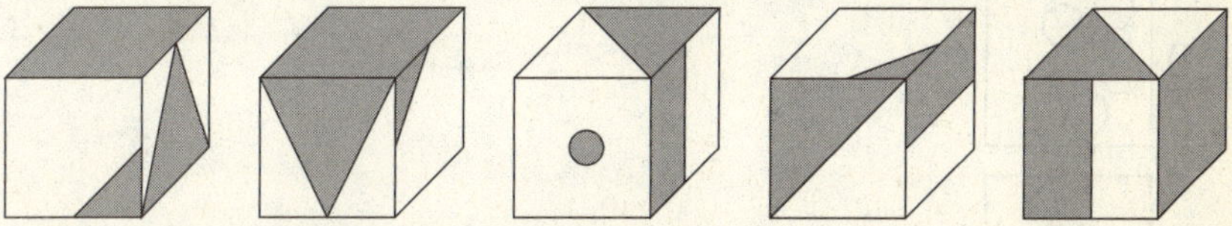

A B C D E

Nel test sono comparse domande sulla posizione di determinate facce nella composizione di un cubo. Si tratta di esercizi che, come quello sopra riportato, valutano la capacità del candidato di "vedere" figure tridimensionali variamente disposte nello spazio. La tecnica più semplice per giungere alla soluzione è considerare la disposizione di due facce contigue per volta. Procedendo in questo modo nell'esercizio sopra riportato, si giunge a individuare la soluzione nell'alternativa B..

2 Quale dei cinque cubi (A, B, C, D ed E) corrisponde alla composizione volumetrica della figura piana sotto riportata?

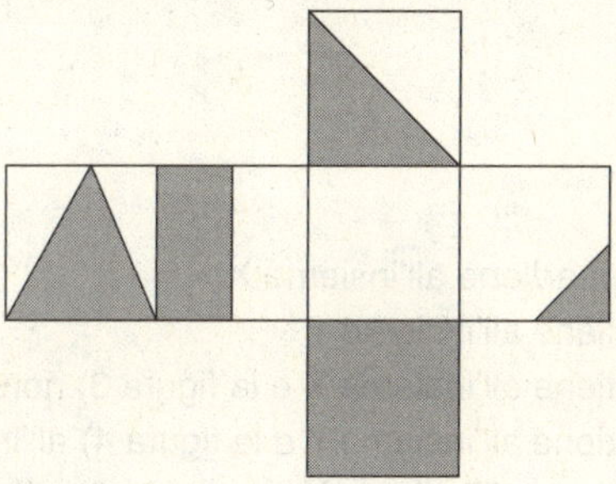

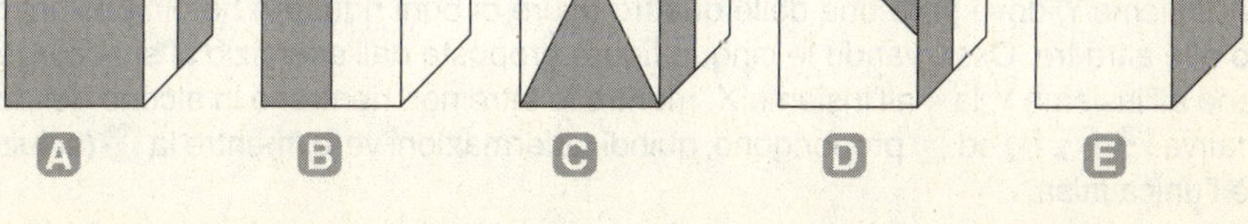

A B C D E

Nella figura **B** la barra della faccia anteriore dovrebbe essere leggermente più in basso; nella **C** la barra della faccia laterale dovrebbe essere completamente in alto; nella **D** le barre delle facce superiore e laterale non possono coincidere (e sono nella posizione sbagliata); nella **E** una delle tre facce dovrebbe contenere la banda grossa centrale. La risposta esatta è quindi la **A**..

---

3 Osservando le figure sotto riportate, quale delle seguenti affermazioni è falsa?

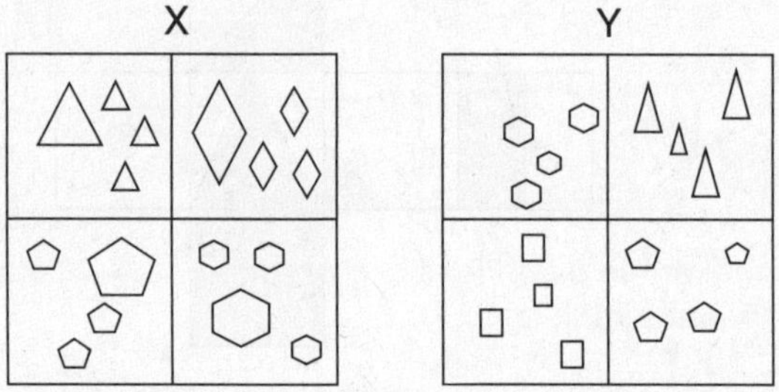

1) 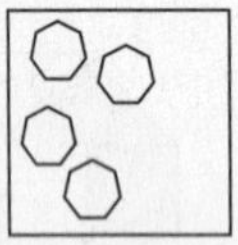

2) 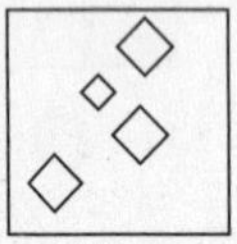

3) 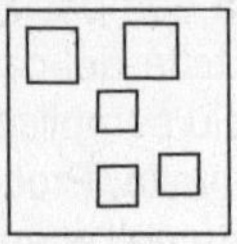

4) 

5) 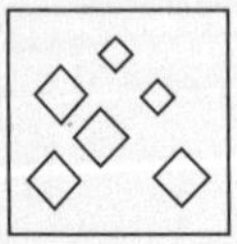

A La figura 1) non appartiene all'insieme X
B La figura 2) appartiene all'insieme Y
C La figura 4) appartiene all'insieme X e la figura 3) non appartiene all'insieme Y
D La figura 5) appartiene all'insieme Y e la figura 4) all'insieme X
E La figura 4) appartiene all'insieme X e la figura 2) all'insieme Y

Per risolvere l'esercizio è necessario capire qual è il criterio logico che lega le figure all'interno dei due gruppi X e Y. Osservando il gruppo X ci si accorge che in ogni riquadro si trovano quattro figure geometriche uguali ma con una di dimensioni maggiori rispetto alle altre tre. La stessa cosa accade nell'insieme Y, dove però una delle quattro figure di ogni riquadro ha dimensioni più piccole rispetto alle altre tre. Osservando le cinque figure proposte dall'esercizio ci si accorge che la 2 appartiene all'insieme Y, la 4 all'insieme X, mentre le altre non rientrano in alcuno dei due insiemi. Le alternative **A**, **B**, **C** ed **E** propongono, quindi, affermazioni vere, mentre la **D** (soluzione del quesito) è l'unica falsa.

4 **Fra le seguenti quattro figure:**

indicare quali sono le due figure che permettono di ricomporre la seguente figura formata da 13 quadratini.

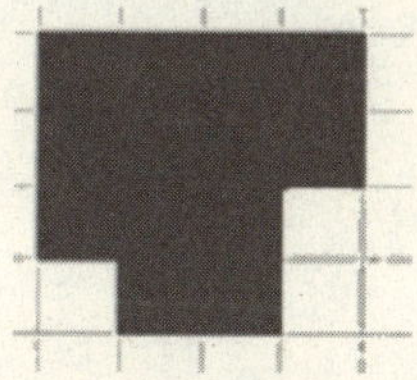

- A Le figure 1 e 2
- B Non è possibile
- C Le figure 3 e 4
- D Le figure 2 e 3
- E Le figure 1 e 4

Le uniche due figure che consentono di ricomporre la figura composta da 13 quadratini sono la 1 e la 2 (soluzione A). Per arrivare più rapidamente alla soluzione si parta dalla considerazione che la figura finale ha un lato da 4 quadratini e un altro da 3.

4 SUCCESSIONI DI NUMERI E DI LETTERE

LOGICA

Le successioni di numeri e lettere rappresentano un tipo di esercizi da tempo diffuso nell'ambito dei test attitudinali. Si tratta di quesiti che intendono **valutare la capacità del candidato di scoprire con rapidità il criterio in base al quale numeri e lettere sono disposti all'interno di una successione data.** Anche in questo caso, non è richiesta alcuna nozione matematica né linguistica, se non la capacità di effettuare elementari operazioni aritmetiche.

Data una successione incompleta di numeri o lettere, il candidato deve completarla scegliendo, tra le alternative proposte, il numero o la lettera che soddisfa la logica della successione.

4.1 SUCCESSIONI DI NUMERI

Si tratta di successioni nelle quali compare un'incognita che il candidato deve sostituire scegliendo, tra le alternative proposte, un numero che soddisfi il criterio logico che governa l'intera successione. Vengono analizzati di seguito alcuni esempi che mostrano i principali criteri logici alla base delle successioni di numeri.

ESEMPI

1 **11, 17, 23, 29, 35, ...?**

A 45 B 41 C 48 D 49 E 52

Si tratta di una *successione aritmetica additiva*, in cui ogni numero è ottenuto sommando un valore costante al numero precedente. Nell'esercizio proposto la costante è pari a 6 e quindi l'incognita è uguale al numero che si ottiene sommando 6 a 35, cioè 41 (alternativa B).

Esistono anche esercizi in cui un valore costante viene sottratto passando da un numero al seguente della successione.

2 **5, 20, 80, ...?**

A 160 B 240 C 320 D 100 E 140

Questo esercizio mostra una *successione geometrica*, in cui cioè ciascun elemento è uguale al precedente moltiplicato per un numero costante (nell'esempio pari a 4). Il numero mancante è quindi 320, che si ottiene moltiplicando 80 x 4 (alternativa C). In altri casi, i numeri della successione possono essere divisi, anziché moltiplicati, per un numero costante.

3 **3, 9, 81, ...?**

A 729 B 2187 C 90 D 272 E 6561

In questo esercizio ogni numero è dato dal precedente *elevato a un esponente costante*: nell'esempio l'esponente è pari a 2 e il numero mancante è $81^2 = 6561$ (risposta E).

4 **3, 4, 7, 11, 18, 29, ...?**

A 47 **B** 51 **C** 33 **D** 75 **E** 38

In questa tipologia non è utilizzato alcun numero costante da sommare, sottrarre o moltiplicare, ma *ogni elemento della successione è ottenuto sommando i due numeri che lo precedono*: 3 + 4 = 7; 4 + 7 = 11; 7 + 11= 18; 11 + 18 = 29; 18 + 29 = 47. Il numero mancante è dunque 47 (alternativa **A**).

5 **5, 10, 8, 12, 11, 14, 14, ...?**

A 24 **B** 11 **C** 14 **D** 12 **E** 16

In questo caso, *si alternano due serie di numeri,* che occupano una le posizioni dispari e l'altra quelle pari della successione data e che presentano due logiche indipendenti tra loro. Nell'esempio si hanno due serie di tipo additivo: la prima è composta dai numeri 5, 8, 11, 14 (si aggiunge 3 passando da un elemento al successivo); la seconda è 10, 12, 14... (si aggiunge 2 passando da un elemento al successivo). L'elemento incognito occupa una posizione pari e quindi appartiene alla seconda delle due serie che si alternano. Il suo valore è perciò dato da: 14 + 2 = 16 (risposta **E**).

6 **2, 4, 7, 6, 12, 15, 14, 28, 31, ...?**

A 29 **B** 30 **C** 27 **D** 62 **E** 34

In questa successione compaiono più *operazioni aritmetiche che si ripetono ciclicamente*; l'ordine delle operazioni è il seguente: moltiplicare per due (x 2), aggiungere tre (+ 3), sottrarre uno (– 1). Osservando la successione data, si nota il seguente andamento: 2 × 2 = 4; 4 + 3 = 7; 7 – 1 = 6; 6 × 2 = 12; 12 + 3 = 15; 15 – 1 = 14; 14 × 2 = 28; 28 + 3 = 31; 31 – 1 = 30.
Il numero mancante è perciò 30 (alternativa **B**).

7 **Individuare il numero mancante.**

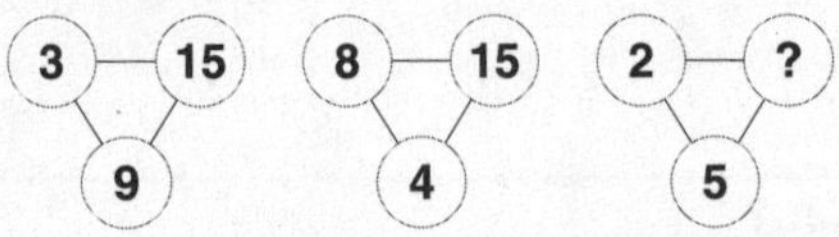

A 15 **B** 10 **C** 13 **D** 8 **E** 15

In questo caso vi sono *tre successioni di numeri* (ciascuna delle quali è disposta a *triangolo*) che rispondono allo stesso criterio logico. Per comprendere tale criterio e individuare il numero mancante occorre analizzare le due terne di numeri interamente note.
Nell'esempio, all'interno di ciascuna successione, il numero in alto a destra è ottenuto aggiungendo 3 alla somma degli altri due: nelle prime due successioni si ha infatti:

3 + 9 **+ 3** = 15 e 8 + 4 **+ 3** = 15.

Allo stesso modo, nella terza successione il numero mancante deve essere uguale a:

2 + 5 **+ 3** = 10 (alternativa **B**).

8 **Individuare il numero mancante.**

10	**18**	**22**
20	**40**	**?**
6	**10**	**13**

A 72 **B** 22 **C** 24 **D** 32 **E** 45

In questo esempio vi sono ancora tre terne, ciascuna delle quali è però disposta in senso verticale e racchiusa all'interno di un rettangolo. La logica che lega i tre numeri di ogni successione è la seguente: il numero al centro di ciascun rettangolo è dato dalla differenza tra il numero in alto e il numero in basso, moltiplicata per 5. Cioè: (10 – 6) x 5 = 20; (18 – 10) x 5 = 40; (22 – 13) x 5 = 45.
La soluzione esatta è dunque la **E**.

4.2 SUCCESSIONI DI LETTERE

Per poter risolvere questo tipo di esercizi è indispensabile avere sempre ben presente la successione ordinata e completa delle lettere dell'alfabeto utilizzato, scrivendola nell'ordine corretto.

ESEMPI

1 **C, F, I, N, Q, ...?**

A T
B O
C R
D Z
E S

Si tratta di una sequenza alfabetica il cui ordine va dalla A alla Z, ma in cui, tra un elemento e il successivo, manca un gruppo di due lettere. In sostanza, è una successione del tutto simile a quella numerica additiva (aggiunge 3 passando da un elemento all'altro). La lettera incognita è dunque T (risposta A) che è situata a 3 posizioni dalla Q.

SUGGERIMENTI

- Per quanto riguarda le *successioni numeriche*, è conveniente analizzare la sequenza dapprima nel suo insieme per cercare di capire l'andamento che questa presenta (crescente, decrescente o composto). Successivamente è opportuno **cercare tra gli elementi adiacenti l'operazione aritmetica più semplice** (addizione, sottrazione, moltiplicazione ecc.) che li lega. Nel caso non si riesca a individuare un criterio logico che governi l'intera successione, occorre provare a **scindere la stessa in due sequenze alternate** e ripetere il procedimento per ciascuna di esse.
- Per le *successioni di lettere* valgono gli stessi suggerimenti relativi alle sequenze numeriche. È inoltre utile **scrivere l'intero alfabeto ordinato,** in modo da averlo sempre sott'occhio per capire velocemente la relazione tra le lettere adiacenti della successione. Tale suggerimento risulta tanto più utile quanto più numerosi sono gli esercizi di successioni di lettere presenti nel test.

4.3 SUCCESSIONI COMBINATE DI NUMERI E LETTERE

In questi esercizi, la sequenza di numeri e quella di lettere si trovano combinate in un'unica successione, ma ciascuna segue una propria logica.

ESEMPI

1 **Z, 2, U, 4, S, 16, Q, 256 ..., ...?**

A O, 65536 B Q, 272 C 23, O D S, 4096 E V, 128

Per risolvere l'esercizio, la successione va sdoppiata in una *successione di lettere* (Z, U, S, Q), in cui ogni elemento è ottenuto procedendo a ritroso di due posizioni rispetto al precedente, e in una *successione di numeri* (2, 4, 16, 256), in cui ogni elemento è ottenuto elevando al quadrato il precedente; la risposta esatta è quindi la A. Si noti che la soluzione esatta deve presentare nell'ordine corretto i due elementi (in questo caso prima la lettera e poi il numero). Per questa ragione, l'alternativa C è immediatamente riconoscibile come errata.

Anche nel caso delle successioni combinate di numeri e lettere, la disposizione spaziale può assumere una configurazione particolare, come illustrano gli esempi seguenti.

2 Individuare l'elemento mancante.

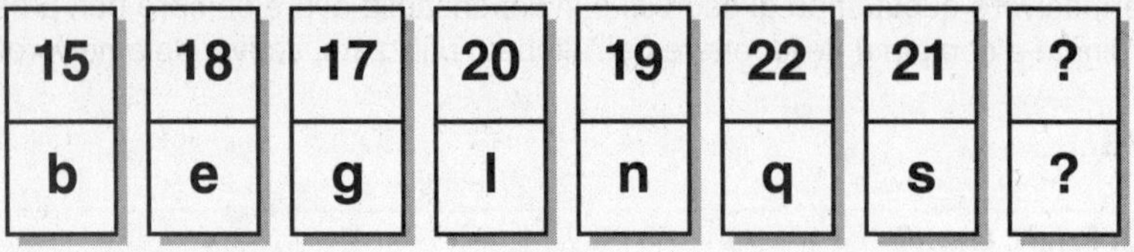

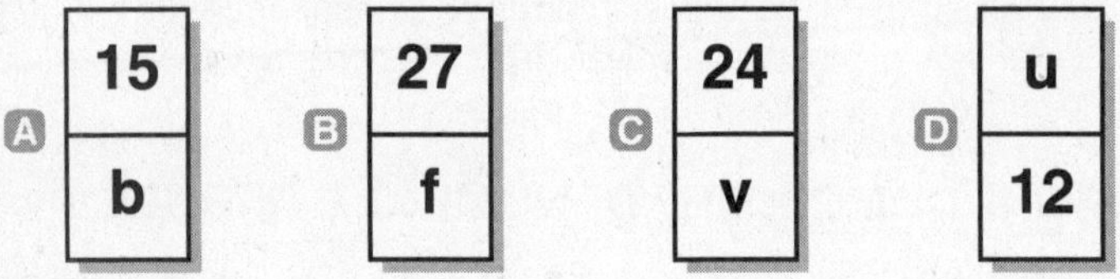

I numeri e le lettere sono contenute in figure rettangolari, ma, anche in questo caso, *la sequenza dei numeri e quella delle lettere sono indipendenti*, nel senso che seguono ciascuna una logica differente.

Per quanto riguarda la *sequenza dei numeri*, si passa dal primo al secondo aggiungendo 3, dal secondo al terzo sottraendo 1, dal terzo al quarto aggiungendo 3, dal quarto al quinto sottraendo 1, e così via (la sequenza di operazioni è quindi: + 3; – 1; +3; – 1 e così via).

Il numero mancante è perciò 24.

Per quanto riguarda la *sequenza di lettere*, bisogna innanzitutto considerare che, non comparendo nessuna lettera che appartiene esclusivamente all'alfabeto inglese, è probabile che l'alfabeto a cui l'esercizio fa riferimento sia quello italiano. In effetti, secondo quest'ultimo, le lettere dell'esercizio sono determinate in base alla regola seguente: si passa dalla prima lettera alla seconda avanzando di tre posizioni nell'alfabeto, dalla seconda alla terza avanzando di altre due e così via. Procedendo quindi con intervalli +3, +2, +3, +2 si scopre che la lettera mancante è la *v*.

La soluzione dell'esercizio è pertanto l'alternativa C. Si noti che l'alternativa D è palesemente sbagliata in quanto le posizioni del numero e della lettera risultano tra loro invertite.

3 Individuare l'elemento mancante.

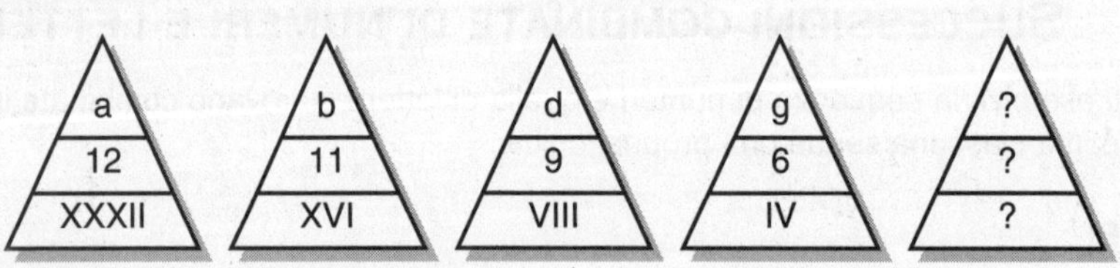

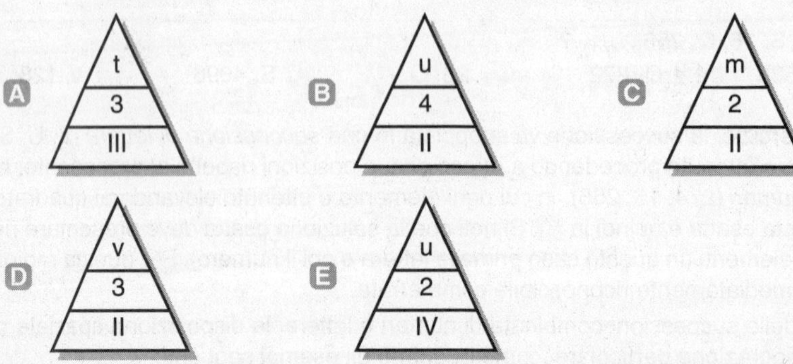

In questo esercizio sono presenti tre successioni differenti: una di lettere, una di numeri arabi e una di numeri romani. Per quanto riguarda la prima, poiché non compare alcuna lettera dell'alfabeto inglese, è opportuno ragionare utilizzando l'alfabeto italiano.

La logica alla base della successione è la seguente: per passare dalla prima lettera (*a*) alla seconda (*b*) si avanza di una posizione; dalla seconda alla terza di due; dalla terza alla quarta di tre. La logica è quindi: + 1, + 2, + 3; la lettera mancante è dunque *g* + 4, ossia *m*. Per quanto riguarda i numeri arabi, la logica è – 1, – 2, – 3 e quindi il numero mancante è dato da 6 – 4 = 2. Infine, nella successione dei numeri romani ogni elemento è ottenuto dividendo per due il numero precedente; quindi la cifra mancante è IV diviso 2 = II. La risposta corretta è dunque la C. Si noti che, come spesso accade in questi esercizi, per giungere alla soluzione esatta non era necessario individuare i criteri logici di tutte e tre le successioni.

4.4 SUCCESSIONI COMBINATE DI NUMERI E PAROLE

LOGICA

Nelle prove di ammissione degli ultimi anni sono state utilizzate anche serie un po' particolari, che prevedevano successioni di parole di senso compiuto (e non di semplici lettere), affiancate a numeri. La difficoltà nella risoluzione dei quesiti consisteva nel comprendere la logica che collegava tali parole ai numeri ad esse connessi.

ESEMPI

1 Individuare l'alternativa che completa correttamente la serie.
Tela = 20 Quadro = 30 Pittore = ?

A 40 B 600 C 35 D 50 E 500

La logica che sottostà alla successione si basa su un'operazione di moltiplicazione, che si ripete con costanza per le tre parole proposte. Gli elementi numerici, infatti, sono ottenuti dal prodotto fra il numero di lettere che compongono ciascuna parola e il numero 5:

- 4 (t-e-l-a) x 5 = 20;
- 6 (q-u-a-d-r-o) x 5 = 30;
- 7 (p-i-t-t-o-r-e) x 5 = 35.

L'alternativa corretta, dunque, è la C.

SUGGERIMENTI

- Per quanto riguarda le *successioni numeriche*, è conveniente analizzare la sequenza dapprima nel suo insieme per cercare di capire l'andamento che questa presenta (crescente, decrescente o composto). Successivamente è opportuno **cercare tra gli elementi adiacenti l'operazione aritmetica più semplice** (addizione, sottrazione, moltiplicazione ecc.) che li lega. Nel caso non si riesca a individuare un criterio logico che governi l'intera successione, occorre provare a **scindere la stessa in due sequenze alternate** e ripetere il procedimento per ciascuna di esse.
- Per le *successioni di lettere* valgono gli stessi suggerimenti relativi alle sequenze numeriche. È inoltre molto utile **scrivere l'intero alfabeto ordinato,** in modo da averlo sempre sott'occhio per capire velocemente la relazione tra le lettere adiacenti della successione. Tale suggerimento risulta tanto più utile quanto più numerosi sono gli esercizi di successioni di lettere presenti nel test. Per capire, inoltre, qualora non sia stato specificato, qual è l'alfabeto a cui gli esercizi fanno riferimento, è sufficiente osservare che, **se nelle successioni compalono le lettere J, K, W, X o Y, si è sicuramente in presenza dell'alfabeto inglese**;
- Infine, relativamente alle *successioni di parole e numeri*, è bene tenere presente che spesso, come nell'esempio sopra riportato, la difficoltà di risoluzione è accresciuta dal fatto che le parole utilizzate appartengono allo stesso ambito (nell'esempio, la pittura), ma questo legame concettuale non ha alcuna relazione con la logica che conduce alla soluzione del quesito.

5 LOGICA VERBALE

Gli esercizi di logica verbale sono presenti da molti anni nei test di ammissione ai corsi dell'area di Ingegneria. Le capacità sottoposte a verifica sono principalmente quelle relative alla **proprietà di linguaggio** e all'individuazione delle **relazioni logiche tra più vocaboli**. Si tratta dunque di esercizi che valutano non solo la conoscenza della lingua italiana, ma anche capacità e attitudini..

5.1 ANALOGIE CONCETTUALI

Gli esercizi di analogia concettuale stimolano la capacità di analizzare il rapporto che lega tra loro più coppie di parole. In alcuni casi gli esercizi richiedono di individuare il rapporto anomalo tra più coppie di termini, in altri casi si presentano come *proporzioni* – per utilizzare un termine mutuato dalla matematica – tra parole, incomplete di uno o due termini. In questa seconda eventualità, si tratta di individuare, tra le alternative proposte, quella che completa correttamente la proporzione, cioè quella che rende la relazione tra i primi due termini uguale a quella che lega il terzo con il quarto termine, il quinto con il sesto e così via.

ESEMPI

Individuare, negli esercizi che seguono, la coppia di termini che completa correttamente la proporzione.

1 **Goniometro : angolo = X : Y**

A X = cronometro, Y = metro
B X = termometro, Y = gradi
C X = pantografo, Y = colore
D X = barometro, Y = pressione
E X = odometro, Y = velocità

La relazione logica che lega i due termini del primo membro (*goniometro* e *angolo*) è in questo caso di *misurazione*: il goniometro misura infatti l'angolo. L'alternativa che rispetta tale relazione è la D: *il barometro misura la pressione.* Si osservi che l'alternativa B è errata in quanto i *gradi* rappresentano l'unità di misura della grandezza da misurare e non la grandezza stessa. Affinché l'alternativa B fosse corretta, al posto di *gradi* avrebbe dovuto riportare il termine *temperatura*.

2 **X : nave = decollare : Y**

A X = navigare, Y = aeroplano
B X = capitano, Y = pilota
C X = aeroplano, Y = approdare
D X = ormeggiare, Y = aeroplano
E X = salpare, Y = aeroplano

LOGICA

L'alternativa B può essere facilmente scartata in quanto, pur essendo il *capitano* di una *nave* l'equivalente del *pilota* di un *aeroplano*, non compare nella proporzione il termine *aeroplano*. Le alternative A, C e D sono errate in quanto i verbi *navigare*, *approdare* e *ormeggiare* non hanno un significato equivalente a quello di *decollare*. La risposta esatta è quindi la E. Infatti il verbo che indica la partenza di una nave è *salpare* così come il verbo che indica la partenza di un aeroplano è *decollare*.

---

3 Tiepido sta a caldo come X sta a Y

A X = estasi, Y = gioia
B X = bello, Y = stupendo
C X = bollente, Y = freddo
D X = estate, Y = sole
E X = gelido, Y = freddo

In questo caso, il quesito si presenta in forma leggermente differente, anche se la logica dell'esercizio rimane inalterata: la proporzione non viene proposta in forma simbolica ma espressa in una frase per mezzo del linguaggio comune. La relazione tra i due termini dati (*tiepido* e *caldo*) è di un *grado di intensità differente*: tiepido e caldo sono due aggettivi che esprimono il concetto di temperatura elevata, ma con un diverso grado di intensità (caldo è più intenso di tiepido).

Si osservi che, tra le alternative proposte, ne esistono tre che rispettano la relazione di *diverso grado di intensità*: la A, la B e la E. La A e la E, tuttavia, presentano i due termini in ordine inverso, ossia prima il più intenso e poi quello meno intenso. L'alternativa corretta è dunque la B.

Tipologie di relazioni

Di seguito viene riportata una lista delle tipologie di relazioni di analogia concettuale più frequentemente utilizzate nei test di ammissione. Tale lista non ha dunque la pretesa di essere completa (si potrebbero infatti agevolmente individuare altre possibili relazioni).

Relazioni	Esempi
Lavoratore e frutto del lavoro	scrittore : libro; compositore : sinfonia
Lavoratore e strumento utilizzato	scultore : scalpello; pittore : pennello
Strumento e oggetto su cui lavora	martello : chiodo; pialla : legno
Sequenza temporale	presto : tardi; alba : tramonto
Causa ed effetto	germe : malattia; esplosione : macerie
Grado di intensità	tiepido : caldo; gioia : estasi
Classe e specie	insetto : formica; mammiferi : delfino
Relazioni grammaticali	io : mio; ha : ebbe
Sinonimi	gentile : benevolo; bugia : menzogna
Contrari	mai : sempre; amore : odio
Parte del tutto	soldato : esercito; stella : costellazione
Sesso	mucca : toro; gallina : gallo

Suggerimenti

- Prima di analizzare le alternative possibili, occorre cercare di **individuare il tipo di relazione** esistente tra i due termini dati della proporzione. Quindi analizzare le varie alternative, per vedere quale di esse rispetta tale relazione.
- Prima di passare all'esercizio successivo, è importante **controllare tutte le alternative**, verificando che quelle scartate siano effettivamente errate.
- È importante prestare **attenzione all'ordine con cui sono presentati i due termini** della relazione. A volte infatti, sono presenti alternative che rispettano la relazione di partenza, ma con l'ordine delle incognite invertito.
- Nel caso in cui **le incognite di una proporzione siano relative a due membri** diversi della stessa, occorre andare per tentativi, ossia provare a sostituire i vocaboli delle diverse alternative e controllare se la proporzione acquista significato.

5.2 Serie di parole

Si presentano come sequenze di vocaboli, tra i quali il candidato deve individuare quello da scartare perché non coerente (per una ragione da individuare) rispetto alla serie data. In questa tipologia di esercizi, in altre parole, si tratta di identificare il legame logico o etimologico esistente tra le parole della sequenza e, sulla base di tale legame, individuare il termine che non lo rispetta. Esistono due diverse tipologie di esercizi, a seconda del tipo di legame esistente tra i vocaboli. La prima, più frequente, è quella in cui il nesso logico è riferito al *significato* delle parole; la seconda, molto meno frequente, è quella in cui il nesso logico è riferito al *significante*, ossia al modo in cui i vocaboli sono scritti.

5.2.1 Nesso logico del significato

All'interno di questa prima tipologia è possibile identificare diverse categorie di legami logici fra le parole della serie. Si considerino, a titolo di esempio, i seguenti esercizi.

Esempi

---

1 Indicare la parola da scartare.

- A Balena
- B Serpente
- C Pipistrello
- D Gnu
- E Coniglio

Nesso di *classe* o *genere*. La risposta esatta è la B: si tratta infatti di mammiferi, a eccezione del *serpente*, che è un rettile.

---

2 Indicare la parola da scartare.

- A Mozzarella
- B Yogurt
- C Olio
- D Panna
- E Ricotta

Nesso di *derivazione*. La risposta esatta è la C: l'*olio* è l'unico alimento, fra quelli elencati, non derivato dal latte.

3 **Indicare la parola da scartare.**

A Gli
B Le
C Voi
D Lui
E I

Nesso *grammaticale.* La risposta esatta è la E: i termini dati sono (o possono essere) tutti pronomi a eccezione di *i*, che è solo articolo.

4 **Indicare la parola da scartare.**

A Avvalorare
B Confermare
C Ratificare
D Giustificare
E Convalidare

A eccezione di *giustificare*, tutti gli altri verbi sono sinonimi. La risposta esatta è quindi la D.

5.2.2 Nesso logico del significante

Gli esercizi di questa seconda tipologia, molto meno frequenti, somigliano ad alcuni rompicapo di tipo enigmistico. Pochi esempi risulteranno sufficienti a comprendere la loro natura. Occorre ricordare che in questo caso il nesso logico fa riferimento al *significante* dei vocaboli, ossia a come i vocaboli sono scritti e non al loro senso.

Esempi

1 **Indicare la parola da scartare.**

A Nerone B Sindaco C Grosso D Viola E Regime

La risposta esatta è la E. Infatti tutti i vocaboli contengono, al loro interno, il nome di un colore (*nero, indaco, rosso, viola*), a eccezione di *regime*.

2 **Indicare la parola da scartare.**

A Mosso
B Rossore
C Addosso
D Cipresso
E Fosso

La soluzione è la D, poiché tutti i vocaboli a esclusione di *cipresso* contengono la parola *osso.*

Suggerimenti

- **Esaminare i vocaboli a due a due**, cercando di identificare il nesso che li lega. Successivamente, controllare se lo stesso nesso logico viene rispettato dagli altri vocaboli.
- **Ricordare almeno alcuni dei nessi logici** più comuni esaminati sopra e provare a vedere se i vocaboli presenti negli esercizi sono riconducibili a uno di essi.
- **Concentrarsi dapprima sulla ricerca di un nesso logico riferito al significato** e non al significante. Esercizi basati su quest'ultimo sono infatti molto più rari. Solo se non si riesce a individuare una logica legata al significato, è opportuno ragionare sul significante dei termini proposti.

5.2.3 SINONIMI E CONTRARI

In questo tipo di esercizio il candidato deve individuare, tra una serie di alternative, il sinonimo o il contrario del termine proposto. Occorre prestare attenzione all'alternanza tra le domande che richiedono il contrario e quelle che richiedono il sinonimo. Inoltre, in alcuni esercizi che richiedono il contrario il candidato può trovare tra le alternative anche il sinonimo del termine proposto e viceversa.

ESEMPI

---

1 Qual è un sinonimo di *glabro*?

A Insufficiente
B Estremo
C Sottile
D Villoso
E Liscio

La risposta corretta è la E: infatti *glabro* significa *liscio*, *rasato*. ***Villoso*** (risposta D) è invece il suo contrario.

---

2 Qual è un sinonimo di *flebile*?

A Febbricitante
B Fioco
C Flessibile
D Forte
E Allegro

Flebile significa *fievole*, *fioco*, *sommesso*. La risposta esatta è quindi la B. ***Forte*** e ***allegro*** sono due termini con significato contrario a quello di ***flebile*** e quindi le risposte D ed E sono sbagliate.

---

3 Un sinonimo di *ipotesi* è:

A presunzione
B pregiudizio
C congettura
D falsità
E esempio

L'*ipotesi* è una *supposizione*, una *congettura* che tende a spiegare fatti di cui non si ha una perfetta conoscenza. Anche nel linguaggio matematico, all'interno di un teorema, l'ipotesi è un'affermazione, una congettura che si suppone essere vera per spiegare una tesi. La soluzione al quesito è, dunque la C.

---

4 Qual è il contrario di *requisizione*?

A Inquisizione
B Perquisizione
C Concessione
D Liberalità
E Non esiste un contrario

La requisizione è un provvedimento amministrativo con il quale si impone autoritativamente la prestazione di cose o di servizi. Un provvedimento contrario a questo non esiste, per quanto a livello intuitivo si sarebbe portati a pensare che una concessione o una liberalità realizzano un risultato opposto a questo. La risposta esatta è dunque la E.

6 DIAGRAMMI INSIEMISTICI

Gli esercizi di natura insiemistica mirano a **valutare le capacità logiche** del candidato. Generalmente questo tipo di esercizi propone tre termini e richiede di individuare, tra una serie di diagrammi, quello che rappresenta correttamente la relazione insiemistica esistente tra di essi.

Per una migliore comprensione di questa tipologia occorre innanzitutto definire la nozione di insieme. Un **insieme** è *un gruppo di uno o più elementi aventi caratteristiche comuni*: per esempio, si può avere l'insieme *automobili* o l'insieme *studenti universitari*, oppure ancora l'insieme *Lombardia* (in quest'ultimo caso la parola non definisce effettivamente un gruppo di elementi ma *un insieme costituito da un solo elemento*). In pratica, un insieme risulta definito quando esiste una "regola" che permette di stabilire se un qualunque elemento appartiene o meno all'insieme. Le pagine seguenti chiariranno ulteriormente questo concetto.

6.1 RELAZIONI TRA INSIEMI

Le relazioni esistenti tra due classi di oggetti o insiemi possono essere di tre tipi.

1) Estraneità: le due classi di oggetti costituiscono due insiemi distinti e sono quindi rappresentate da due linee chiuse staccate tra loro. Si considerino, per esempio, i termini *uomini* e *madri*: tali termini vengono correttamente rappresentati da due insiemi tra loro completamente separati e distinti, come illustrato nella figura. Non esistono, infatti, *uomini* che siano anche *madri* e viceversa.

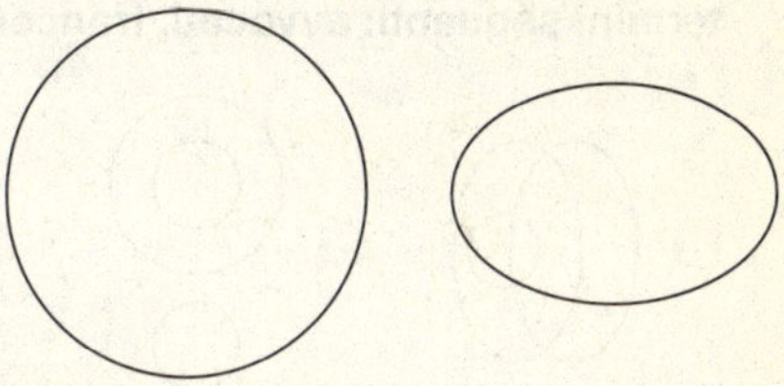

2) Intersezione: le due categorie di oggetti costituiscono due insiemi che condividono alcuni elementi e sono quindi rappresentati da due linee chiuse che si intersecano, avendo in comune una porzione di piano. Si pensi, per esempio, ai due termini *madri* e *sorelle*: nel diagramma qui raffigurato il cerchio potrebbe rappresentare l'insieme *madri* e l'ellisse l'insieme *sorelle*; l'area comune alle due figure rappresenta l'*area di intersezione* dei due insiemi. Il diagramma soddisfa la relazione tra i due termini dati, dal momento che esistono *madri* che sono anche *sorelle* e *sorelle* che sono anche *madri* (area comune). Vi sono però anche *madri* che non sono *sorelle* così come *sorelle* che non appartengono all'insieme *madri* (aree non comuni del cerchio e dell'ellisse).

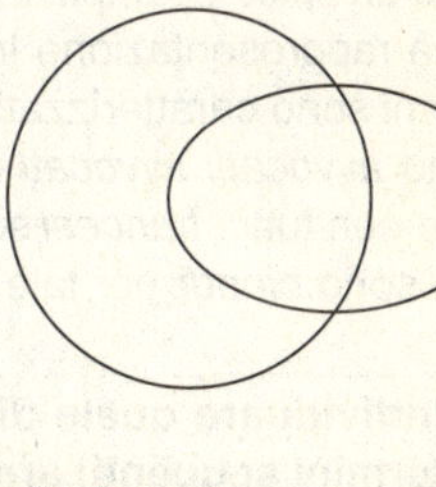

3) Subordinazione (o inclusione): tutti gli elementi di uno dei due insiemi fanno parte dell'altro, ma non viceversa. Si pensi, per esempio, ai termini donne e madri: tutte le madri (insieme più piccolo) sono comprese nell'insieme più grande delle donne; non esistono infatti madri che non siano donne, mentre esistono donne che non sono madri.

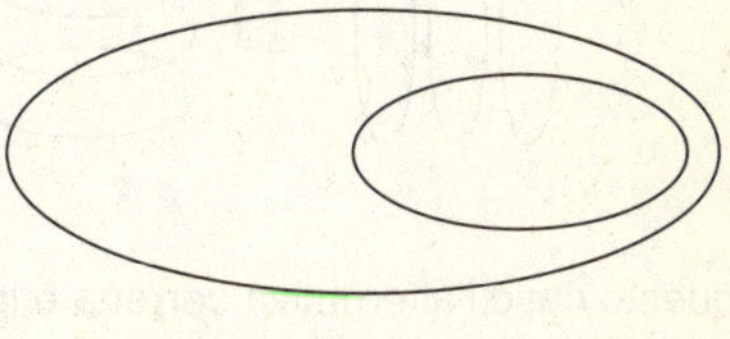

Di seguito, vengono analizzati alcuni esempi di esercizi nella forma in cui si presentano nei test di ammissione universitari.

ESEMPI

1 Individuare quale diagramma soddisfa la relazione insiemistica esistente fra i tre termini seguenti: chitarre, musicisti, strumenti musicali.

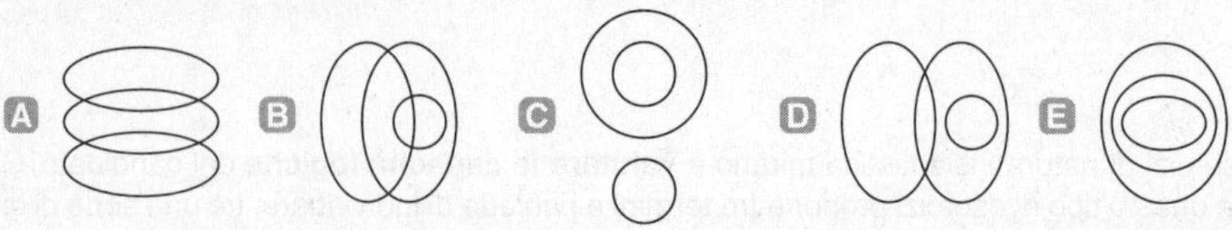

La categoria *chitarre* è sicuramente inclusa in quella degli *strumenti musicali* (tutte le chitarre sono strumenti musicali); i due insiemi sono pertanto caratterizzati da un rapporto di **subordinazione**. La soluzione dell'esercizio deve dunque raffigurare un insieme interamente contenuto in un altro insieme. L'insieme *musicisti*, rispetto ai precedenti, rimane invece a sé stante: non è infatti lecito pensare che, siccome i musicisti utilizzano strumenti musicali, gli uni rappresentino un sottoinsieme degli altri! Il collegamento, infatti, non è di natura insiemistica: un musicista non è uno strumento musicale e uno strumento musicale non è un musicista. Si deve dunque affermare che i due insiemi sono caratterizzati da un rapporto di **estraneità**.

L'alternativa corretta, di conseguenza, è la C.

2 Individuare quale diagramma soddisfa la relazione insiemistica esistente fra i tre termini seguenti: avvocati, francesi, biondi.

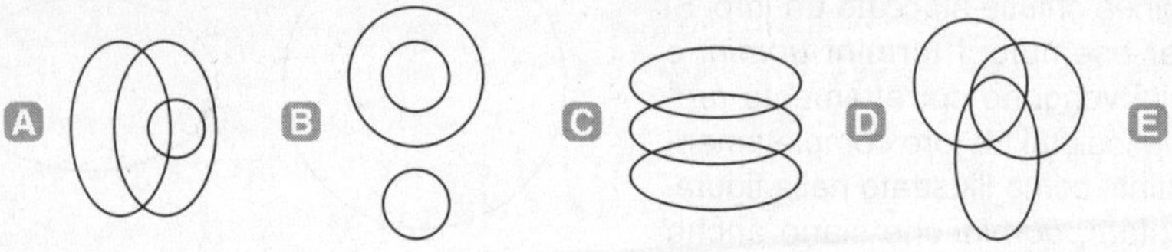

È questo un tipico esempio in cui le tre categorie di oggetti si intersecano parzialmente dando luogo a una rappresentazione insiemistica come quella descritta dall'alternativa D. Nell'esercizio, i tre insiemi sono caratterizzati da un rapporto di **intersezione**, dal momento che esistono *francesi* che sono *avvocati*, *avvocati* che sono *biondi* e *francesi* che sono *biondi*. Nel contempo è anche vero che non tutti i *francesi* sono *avvocati*, così come non tutti gli *avvocati* sono *biondi* e non tutti i *francesi* sono *biondi*: per tale ragione la sovrapposizione tra i diversi insiemi è solo parziale.

3 Individuare quale diagramma soddisfa la relazione insiemistica esistente fra i tre termini seguenti: armi, armi da fuoco, pistole.

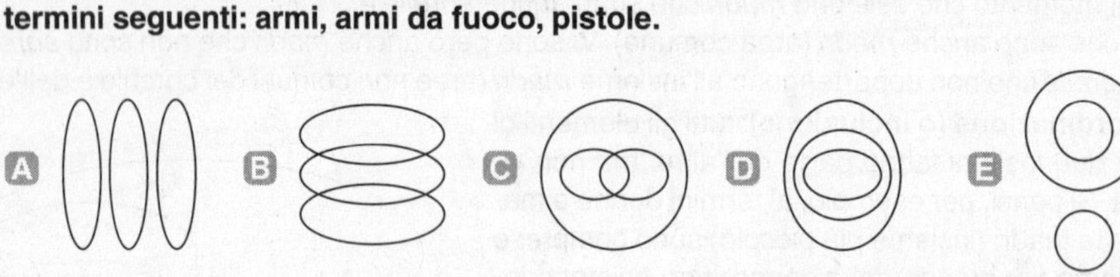

In questo caso l'alternativa corretta è la D, in cui l'ellisse più grande rappresenta le *armi*, l'ellisse intermedia le *armi da fuoco* (tutte le *armi da fuoco* sono necessariamente anche *armi*) e l'ellisse più piccola corrisponde alle *pistole* (che sono infatti un sottoinsieme sia dell'insieme *armi* sia dell'insieme *armi da fuoco*). Il rapporto esistente fra i tre insiemi è dunque di **subordinazione**.

4 Individuare quale diagramma soddisfa la relazione insiemistica esistente fra i tre termini seguenti: cani, mastini, allevatori.

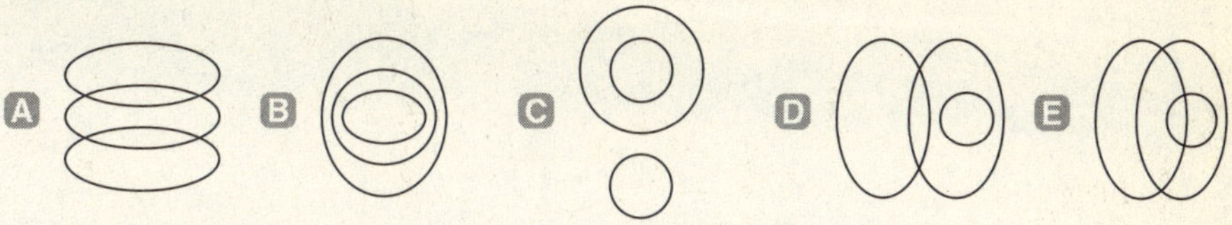

La categoria *mastini* è sicuramente inclusa in quella dei *cani* (tutti i mastini sono cani). La soluzione dell'esercizio deve dunque raffigurare un insieme interamente contenuto in un altro insieme. L'insieme *allevatori*, rispetto al precedenti, rimane invece a sé stante: non è infatti lecito pensare che, siccome gli allevatori allevano (anche) i cani, ci possa essere un'intersezione tra i due insiemi. L'alternativa corretta è dunque la C.

SUGGERIMENTI

- Non conviene procedere per esclusione, esaminando tutte le alternative proposte per individuare quella esatta. Risulta invece più veloce **stabilire la relazione esistente tra i termini dati (considerandoli a due a due)** per poi ricercare, tra le alternative proposte, l'unica soluzione che soddisfa, da un punto di vista insiemistico, tale relazione.
- Non è necessario che vi sia corrispondenza tra l'ordine con cui vengono presentate le tre categorie di oggetti e l'ordine con cui si succedono i relativi insiemi all'interno di ciascuna alternativa.
- **Il tipo di figure** (cerchi, ellissi, rettangoli ecc.) utilizzato per rappresentare gli insiemi, i rapporti di grandezza tra le figure e l'ampiezza della loro eventuale area di intersezione **non ha alcuna importanza ai fini della soluzione**.
- **Non bisogna considerare legami tra i termini dati che, seppure esistenti, vadano al di là della relazione insiemistica dei termini stessi.** Ciò potrebbe portare come a un'erronea soluzione dell'esercizio.

7 INTERPRETAZIONE DI GRAFICI E TABELLE

Anche attraverso grafici e tabelle viene valutata la capacità del candidato di interpretare, riformulare e connettere le informazioni fornite. Si tratta ancora una volta, infatti, di esercizi su casi o problemi, anche di natura astratta, la cui soluzione richiede l'adozione di forme diverse di ragionamento logico.

7.1 PRINCIPALI TIPOLOGIE DI GRAFICI

Dal momento che le prove di ammissione possono proporre grafici di diversa natura, vengono illustrate di seguito le principali tipologie, accompagnate da alcune indicazioni in merito alla loro lettura e interpretazione.

Grafico lineare

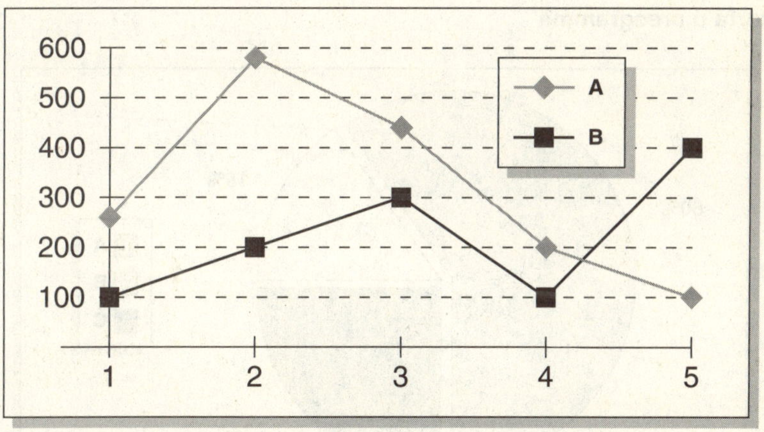

Quello **lineare** è forse il tipo di grafico più diffuso, soprattutto perché rappresenta nel modo migliore *quantità che mutano nel tempo*. Generalmente, infatti, si può leggere sull'asse delle ascisse una scala temporale (annuale, mensile, settimanale, oraria ecc.), mentre sull'asse delle ordinate è rappresentato il valore delle variabili di cui si studia l'andamento (queste variabili potrebbero essere espresse anche in forma di percentuale). Naturalmente le varie linee rappresentate sul grafico non sono altro che l'unione dei punti definiti dalle coppie *tempo-valore* e quindi evidenziano l'andamento temporale delle variabili in esame.

Per esempio, il grafico sopra riportato potrebbe essere utilizzato per rappresentare l'andamento del prezzo di due titoli azionari (A e B) nei primi cinque mesi dell'anno (1, 2, 3, 4, 5).

Grafico a barre verticali o istogramma

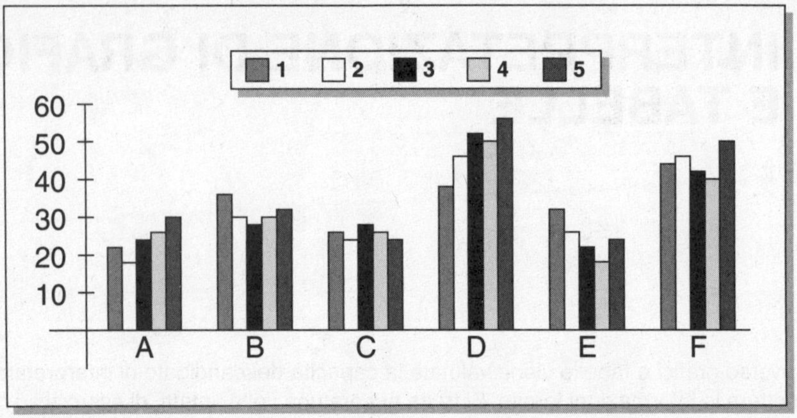

Anche l'*istogramma* è alquanto comune ed è utilizzato prevalentemente per il *confronto di variabili diverse in tempi o luoghi diversi.*

Nel caso riportato nella figura, ogni variabile indicata con un numero da 1 a 5 potrebbe indicare le vendite di cinque differenti prodotti, mentre le variabili indicate dalle lettere potrebbero indicare diversi Paesi. Il grafico rappresenterebbe dunque il volume delle vendite di ogni prodotto in ciascun Paese. Si noti che attraverso questo tipo di grafico si rende possibile un confronto sia tra i valori assunti dalle vendite di un singolo prodotto in Paesi diversi, sia tra le vendite dei vari prodotti in un singolo Paese.

Occorre ricordare, infine, che le stesse informazioni possono essere rappresentate da istogrammi in cui le barre sono orientate in senso orizzontale anziché verticale.

Grafico a torta o areogramma

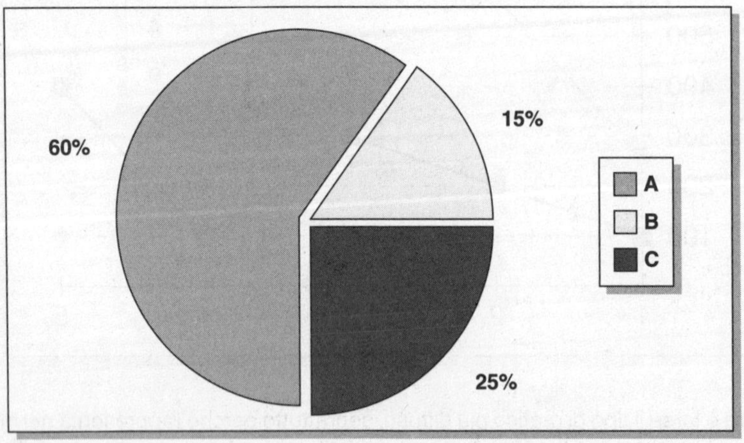

Il grafico *a torta* viene utilizzato per *mostrare la suddivisione di una variabile nelle sue componenti.* Nel caso sopra riportato, per esempio, la componente B rappresenta il 15% del fenomeno considerato nel suo insieme.

Grafico a barre cumulative o sovrapposte

In questi grafici, che potrebbero presentarsi anche in forma verticale, per ogni variabile viene disegnato un istogramma la cui *lunghezza totale è data dalla somma delle varie componenti* (le singole porzioni colorate in modo diverso) *della variabile stessa.*

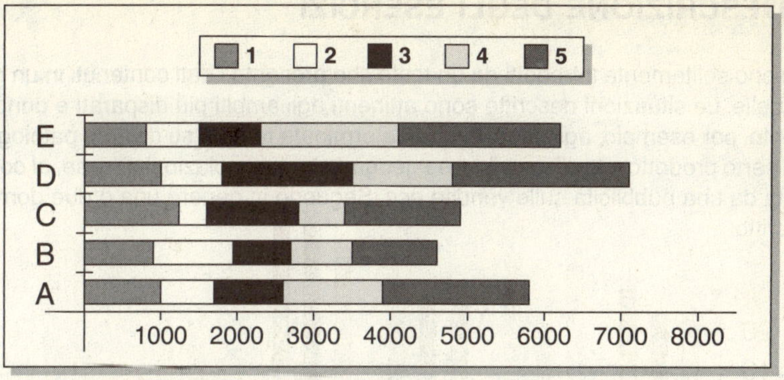

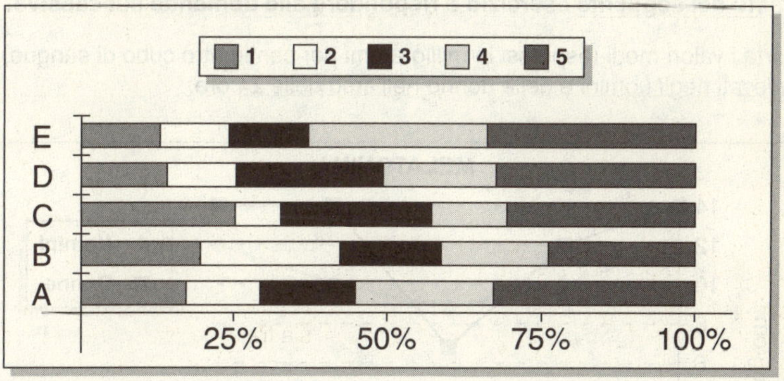

Nei due esempi sopra riportati, i dati sono gli stessi ma, mentre nel primo caso vengono indicati in forma assoluta, nel secondo sono stati percentualizzati. In quest'ultimo caso è evidente che tutti gli istogrammi devono avere la stessa lunghezza (100%), mentre ciò che varia è la composizione percentuale, cioè la lunghezza delle singole componenti.

Grafico ad aree

Anche questa tipologia è utilizzata frequentemente. L'informazione che offre è assai *simile* a quella dei *grafici cumulativi*, dal momento che, per ogni variabile (A, B, C ecc.), vengono sommate le varie componenti (1, 2, 3 ecc.). Vengono quindi uniti i punti che definiscono le componenti e colorate le aree comprese tra le linee così definite, con il risultato di *mettere in maggior risalto le componenti anziché le singole variabili*.

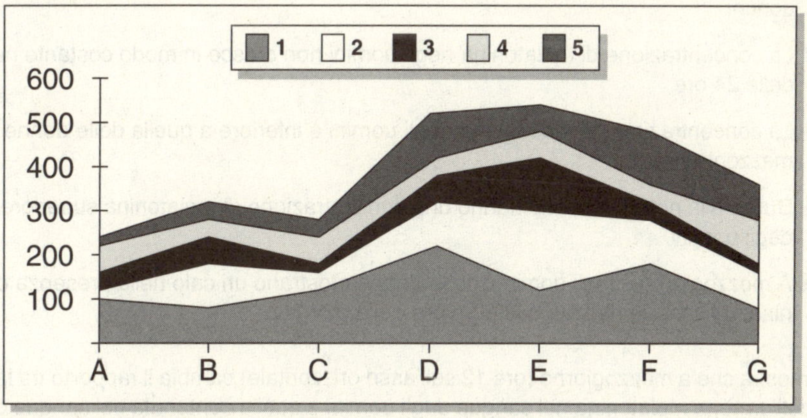

Dal grafico in esame si deduce, semplicemente osservando la grandezza delle aree, qual è la componente che ha maggior peso nel complesso di tutte le variabili.

LOGICA

7.2 Descrizione degli esercizi

Gli esercizi sono solitamente introdotti da un testo che presenta i dati contenuti in un grafico e/o in una o più tabelle. Le situazioni descritte sono attinenti agli ambiti più disparati e dunque possono fare riferimento, per esempio, agli effetti di una determinata terapia su diverse patologie, alla diffusione di una certo prodotto o tendenza in aree geografiche o popolazioni diverse, al confronto degli effetti prodotti da una pubblicità sulle vendite ecc. Seguono in genere una o due domande riferite al caso descritto.

Esempi

Leggere il testo del seguente esercizio e rispondere alle domande successive.

Il grafico riporta i valori medi (espressi in milligrammi per centimetro cubo di sangue) dell'ormone melatonina rilevati negli uomini e nelle donne nell'arco delle 24 ore.

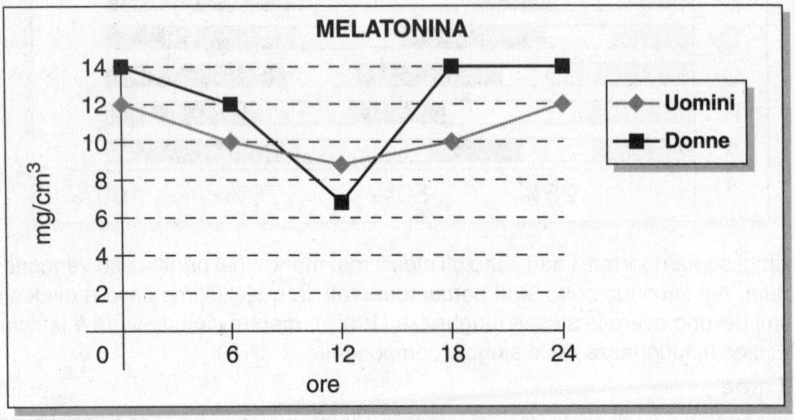

1 Quale delle seguenti affermazioni è falsa sulla base dei dati riportati nel grafico?

- **A** Alla sera le donne hanno una concentrazione di melatonina superiore a quella degli uomini
- **B** La concentrazione di melatonina negli uomini non cresce in modo costante nel corso delle 24 ore
- **C** La concentrazione di melatonina negli uomini è inferiore a quella delle donne solo a mezzogiorno
- **D** Durante la notte, le donne hanno una concentrazione di melatonina superiore a quella degli uomini
- **E** A mezzogiorno sia gli uomini che le donne mostrano un calo nella presenza di melatonina nel sangue rispetto alle altre ore della giornata

Il grafico mostra che a mezzogiorno (ore 12 sull'asse orizzontale) cambia il rapporto tra la concentrazione dell'ormone melatonina nel sangue degli uomini e quella contenuta nel sangue delle donne, nel senso che la prima diviene maggiore della seconda e non viceversa come invece sostiene l'alternativa **C**. Da tale osservazione si deduce che l'alternativa **C** è falsa.

2 **Esiste una pillola che innalza il valore di ormone melatonina di un milligrammo e tale effetto dura per tutte le ore della giornata. Qual è il numero minimo di pillole che dovrebbe assumere una donna, con valori ormonali pari alla media femminile, per registrare valori di melatonina superiori alla media maschile in ogni ora della giornata?**

A 2 B 3 C 4 D 8 E 1

L'unico momento della giornata in cui una donna ha una concentrazione di ormone melatonina inferiore a quella degli uomini è a mezzogiorno. In particolare, dal grafico si osserva che in corrispondenza delle ore 12 il valore ormonale delle donne è pari a circa 7 milligrammi, contro un valore, negli uomini, pari a circa 9 milligrammi. Si deduce, quindi, che per raggiungere un valore superiore a quello della media maschile in ogni ora della giornata una donna con valori ormonali pari alla media femminile dovrebbe assumere almeno tre pillole al giorno (risposta B).

Leggere il testo del seguente esercizio e rispondere alle domande successive.

Nel biennio 2010-2011 è stato lanciato sul mercato mondiale un nuovo tipo di macchina fotografica digitale, chiamata Visor. Al termine del 2005 la casa produttrice ha deciso di verificare l'andamento delle vendite in alcuni dei principali Paesi. I risultati dello studio sono espressi nel grafico seguente.

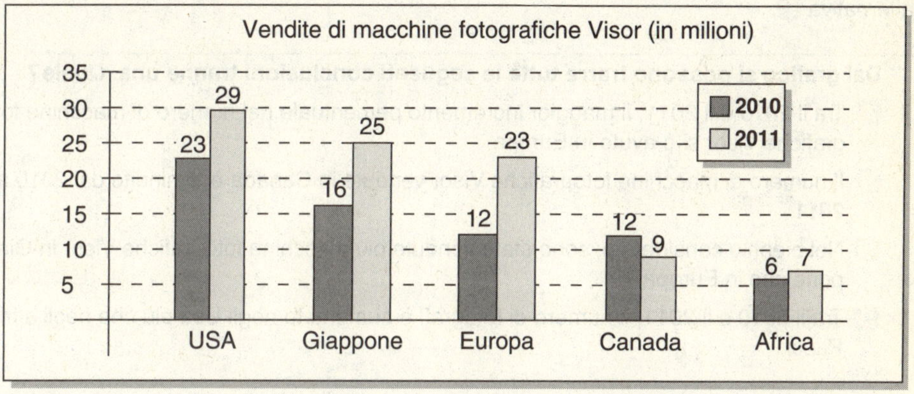

3 **Nel biennio considerato, quante Visor sono state vendute in Canada?**

A 21 B 2100 C 21 000 D 2 100 000 E 21 000 000

Dal grafico si osserva che, in corrispondenza del Canada, la barra relativa al 2010 rappresenta il valore 12 mentre quella relativa al 2011 rappresenta il valore 9. La somma di questi valori è dunque pari a 21. Dal momento che i valori raffigurati nel grafico sono espressi in milioni, il numero di macchine fotografiche Visor vendute in Canada nel biennio considerato è pari a 21 milioni. La risposta corretta è dunque la E.

4 **Nel 2011, qual è stata la percentuale di Visor vendute negli USA, rispetto al totale dell'anno?**

A Circa il 20%
B Circa il 25%
C Circa il 30%
D Circa il 40%
E Circa il 45%

Il numero complessivo di macchine fotografiche Visor vendute nei Paesi considerati nel 2011 è pari a 93 milioni mentre il numero di Visor vendute negli Usa nello stesso anno è pari a 29 milioni. Pertanto la percentuale richiesta è pari a 29/93 (cioè poco meno di un terzo), pari a circa il 31% (risposta C).

---

5 A quanto ammonta la variazione percentuale delle macchine fotografiche Visor vendute nel 2011 rispetto a quelle vendute nel 2010 considerando tutti i Paesi sopra esaminati?

- A A circa il 20% in più
- B A circa il 26% in più
- C A circa il 35% in più
- D A circa il 2% in meno
- E A circa il 50% in più

Il numero totale di macchine fotografiche Visor vendute nel 2004 è pari a 69 milioni, mentre nel 2005 tale valore è stato pari a 93 milioni. La variazione percentuale si calcola quindi risolvendo la seguente espressione: $\frac{93-69}{69} = 0,347 \cdot 100 = 34,7$. La soluzione dell'esercizio è quindi fornita dall'alternativa C.

---

6 Dal grafico si possono trarre tutte le seguenti conclusioni tranne una. Quale?

- A Tra il 2010 e il 2011, il maggior incremento percentuale nel numero di macchine fotografiche Visor si è avuto in Europa
- B Il numero di macchine fotografiche Visor vendute in Canada è diminuito dal 2010 al 2011
- C Nel biennio considerato, sono state vendute più macchine fotografiche Visor in Giappone che in Europa
- D Tra il 2010 e il 2011, il numero di fotografi è aumentato negli Usa più che negli altri Paesi

Tutte le informazioni proposte dalle diverse alternative sono ricavabili dai dati contenuti nel grafico a eccezione della D che è dunque la risposta corretta. Il fatto che negli USA, nel 2011, il numero di macchine fotografiche Visor vendute risulti superiore a quello relativo agli altri Paesi non significa infatti che negli USA il numero di fotografi sia aumentato più che altrove.

SUGGERIMENTI

- Leggere attentamente i **titoli delle colonne** nelle tabelle, come pure le variabili rappresentate sugli **assi dei grafici** o le eventuali note.
- Fare attenzione a quali **unità di misura** sono usate per esprimere le quantità rappresentate nelle tabelle e nei grafici (percentuali, anni, euro, metri ecc.).
- **Non confondere decimali con percentuali.** Se per esempio una colonna rappresenta cifre in forma percentuale, un numero come 0,2 significa 0,2% e quindi è uguale a 0,002.
- Quando il grafico è costituito da più serie di dati (per esempio più linee o più barre), è conveniente **"etichettare" ogni serie in accordo con la legenda del grafico**, in modo da distinguere velocemente le diverse serie di dati quando si risponde alle domande.
- Se in un esercizio vengono presentati più grafici, occorre **individuare con attenzione il grafico al quale fa riferimento la domanda in esame.**

7.3 CAPACITÀ DI INDIVIDUARE INFORMAZIONI RILEVANTI

Un'altra tipologia di esercizi di questa sezione richiede di individuare informazioni rilevanti all'interno di una consistente mole di dati, forniti da numerosi grafici e tabelle. Per rispondere correttamente alle domande è necessario dapprima individuare, tra quelli proposti, il grafico o la tabella che contiene i dati a cui il quesito fa riferimento. Si veda il seguente esempio.

Tabella 1: andamento delle esportazioni e delle importazioni della società *Forza e Coraggio*.

Anno	Esportazioni (in milioni di Euro)	Importazioni (in milioni di Euro)
2008	1	0,6
2009	1,2	0,6
2010	1,5	0,4
2011	1	0,6

Grafico 1: ripartizione della produzione di grano nel 2011 tra Francia, Germania e Italia

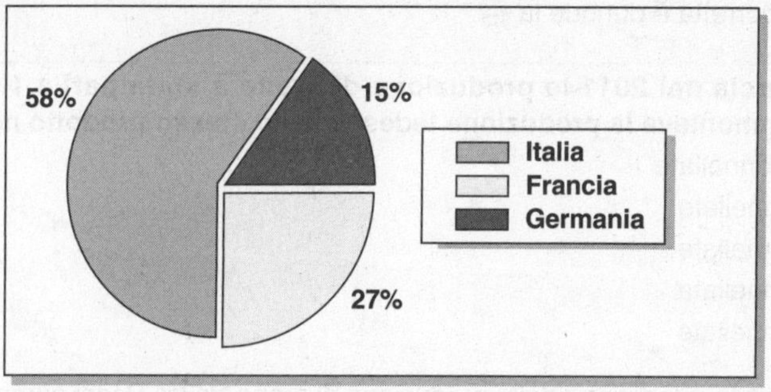

Tabella 2: laureati impiegati per tipologia di impiego

Tipologia di impiego: Lavoro indipendente	% di laureati impiegati
Imprenditore Libero professionista	28,9%
Lavoratore in proprio	1,2%
Altro	5,7%
Totale	35,9%

Tipologia di impiego: Lavoro dipendente	% di laureati impiegati
Dirigente	1,4%
Insegnante	14,0%
Funzionario	9,2%
Impiegato pubblico	31,1%
Altro	8,4%
Totale	64,1%

Tabella 3: aziende a confronto: *Pala* e *Manca*

Azienda	Fatturato (milioni di Euro)	n° impiegati	% esportazioni su fatturato 2011	% importazioni su fatturato 2011
Pala	6,5	24	10%	12%
Manca	10	52	15%	2%

Sulla base delle tabelle e dei grafici sopra riportati si risponda alle seguenti domande.

PARTE SECONDA

1 **Il numero degli impiegati nel settore pubblico è:**

A 31.000 circa
B 1.500 circa
C 14.000 circa
D 25.237
E nulla si può dire riguardo al numero assoluto di impiegati nel settore pubblico

Tra le tabelle e il grafico forniti, l'unica fonte di informazione sull'impiego nel settore pubblico è costituita dalla **tabella 2**, nella quale però sono riportati solo valori percentuali. Senza conoscere il numero totale di impiegati non è dunque possibile calcolare il numero di impiegati nel settore pubblico. La risposta corretta è dunque la E.

2 **Se in Francia nel 2011 la produzione di grano è stata pari a 1.350 tonnellate, a quanto ammontava la produzione tedesca dello stesso prodotto nello stesso anno?**

A 1.000 tonnellate
B 750 tonnellate
C 500 tonnellate
D 600 tonnellate
E 650 tonnellate

Il **grafico 1** fornisce la ripartizione della produzione di grano tra tre Paesi europei nel 2011. Da esso si ricava che la produzione tedesca è stata di poco superiore alla metà di quella francese. Poiché la Francia ha prodotto 1.350 tonnellate, la produzione tedesca deve essere di poco superiore a 675 tonnellate. La risposta corretta è dunque la B.

3 **In termini assoluti, nel 2011, le esportazioni della società *Forza e Coraggio* sono state:**

A superiori a quella della società *Pala* e inferiori a quelle della società *Manca*
B superiori a quella della società *Manca* e inferiori a quelle della società *Pala*
C inferiori sia a quelle della società *Manca* che a quelle della società *Pala*
D superiori sia a quelle della società *Manca* che a quelle della società *Pala*
E non esistono elementi sufficienti per rispondere

In questo caso è necessario confrontare le informazioni contenute nella **tabella 1** (esportazioni della società *Forza e Coraggio* nel 2011 pari a 1 milione di Euro) con quelle della **tabella 3** (esportazioni nel 2011 delle aziende *Pala* e *Manca*). Innanzitutto bisogna calcolare il valore in milioni di Euro delle esportazioni di *Pala* e *Manca* nel 2011: sapendo che l'azienda *Pala* ha effettuato esportazioni pari al 10% del fatturato si può ricavare il valore 0,65 milioni; analogamente, le esportazioni del 2011 dell'azienda *Manca* corrispondono a 1,5 milioni. La risposta corretta è quindi la A.

ESEMPI

Leggere il testo del seguente esercizio e rispondere alle domande seguenti.

Per capire il mutamento delle abitudini degli italiani, la società Conses ha studiato l'andamento delle vendite di alcuni tra i più comuni mezzi di trasporto in Italia. I risultati dello studio sono rappresentati nella tabella seguente che riporta, espressi in migliaia, i dati delle vendite divise per tipologia di mezzo e per anno:

	Biciclette	Motorini	Motociclette	Automobili
2008	10	15	12	50
2009	8	20	16	60
2010	6	25	11	50
2011	8	50	18	90

4 La vendita di quale mezzo di trasporto ha rivelato la maggiore variazione percentuale tra il 2008 e il 2011?

- A Biciclette
- B Motorini
- C Motociclette
- D Automobili
- E Motociclette e automobili a pari variazione percentuale

Per rispondere al quesito è necessario calcolare la variazione percentuale delle vendite dei diversi mezzi di trasporto considerati prendendo i dati del 2008 e quelli del 2011. Si potrebbe essere tentati di scartare a priori le *biciclette* in quanto queste presentano un decremento tra il 2008 e il 2011. In realtà l'esercizio parla di variazione percentuale senza specificare se debba essere positiva o negativa. Comunque, da una semplice osservazione dei dati riportati, senza dover fare calcoli complicati, ci si accorge immediatamente che i motorini hanno avuto un incremento superiore al 200% (cioè sono più che triplicati), percentuale che nessuno degli altri mezzi di trasporto ha raggiunto. La soluzione dell'esercizio è quindi la B.

5 Nel 2010 si è verificata una flessione generalizzata delle vendite dei diversi mezzi di trasporto che non ha però riguardato i motorini. Qual è stata la variazione percentuale delle vendite di questi ultimi in quell'anno rispetto al precedente?

A 20% B 25% C 30% D 50% E 40%

Tra il 2009 e il 2010 la vendita di motorini è passata da 20000 a 25000 unità. L'incremento percentuale è quindi stato pari a:

$$\frac{25000 - 20000}{20000} = 0,25 \cdot 100 = 25\% \text{ (alternativa B)}$$

6 Tra il 2008 e il 2009 quale mezzo di trasporto tra motorini e motociclette ha realizzato la maggiore variazione percentuale nelle vendite?

- A Motorini
- B Entrambe hanno realizzato un incremento delle vendite pari a circa il 25%
- C Entrambe hanno realizzato un incremento delle vendite pari a circa il 33%
- D Motociclette
- E Entrambe hanno realizzato un incremento delle vendite pari a circa 5.000 unità

Applicando le formule già viste più volte in questo capitolo ci si accorge come la variazione percentuale sia dei motorini sia delle motociclette tra il 2008 e il 2009 è stato pari al 33,3%. La soluzione all'esercizio è quindi fornita dall'alternativa **C**.

---

7 Tra il 2009 e il 2010 quale mezzo di trasporto tra motociclette e automobili ha realizzato la maggiore variazione percentuale negativa nelle vendite?

- **A** Automobili
- **B** Motociclette
- **C** Entrambe hanno realizzato un decremento delle vendite pari al 10%
- **D** Entrambe hanno realizzato un decremento
- **E** Entrambe hanno realizzato un incremento delle vendite pari al 30%

Il decremento nella vendita di motociclette tra il 2009 e il 2010 è stato pari a circa il 30%, mentre per le automobili questo dato è stato pari al 20%. La risposta corretta è quindi la **B**.

---

8 Per il 2012 si prevede che verranno vendute 80000 automobili, 30000 motorini, 7000 biciclette e 20000 motociclette. Qual è la variazione percentuale delle vendite degli automezzi considerati tra il 2012 e il 2010?

- **A** Circa il 43%
- **B** Circa il 25%
- **C** Circa il 17%
- **D** Circa il 49%
- **E** Circa il 38%

Nel 2012, secondo le previsioni, saranno venduti in totale 137000 automezzi tra biciclette, motorini, motociclette e automobili. Nel 2010 questo dato era pari a 92000 unità. La variazione percentuale tra i due anni è quindi pari a:

$$\frac{137000 - 92000}{92000} = 0,489 \cdot 100 = 48,9\%$$

L'alternativa **D** è quindi quella che fornisce la soluzione al problema.

Leggere il testo del seguente esercizio e rispondere alle domande seguenti

Nel 2011 nella città di New York si sono verificati incidenti stradali in misura maggiore rispetto all'anno precedente; il Comune di New York ha deciso di svolgere uno studio statistico per capire le ragioni del fenomeno in questione. I risultati dello studio sono espressi nel grafico seguente.

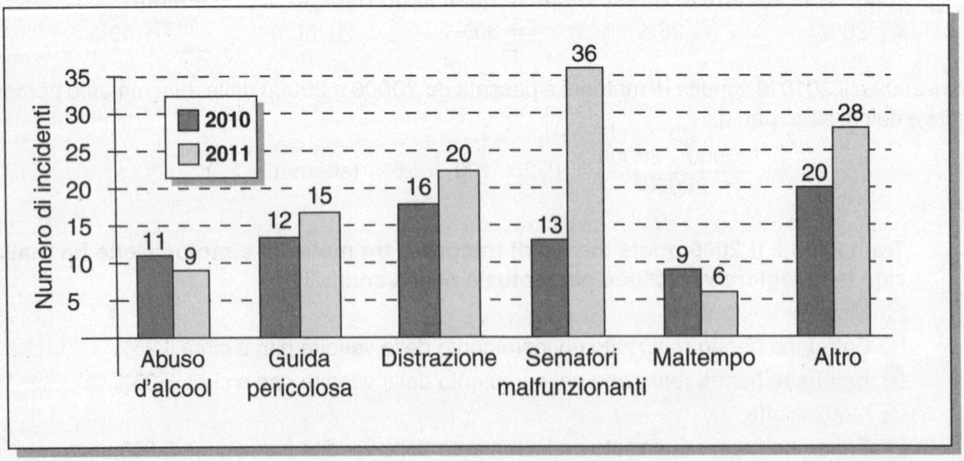

9 **Quale percentuale di incidenti può essere imputata alle cause rientranti nella categoria *Altro*, nel 2011?**

A Circa il 60%

B Circa il 45%

C Circa il 25%

D Il 39%

E Circa il 90%

Si nota dal grafico che gli incidenti nel 2011 sono stati complessivamente 114, di cui 28 (colonna *Altro*) rappresenta circa il 25% (risposta C).

LOGICA

10 **Dal 2010 al 2011 sono aumentati in percentuale maggiore gli incidenti per *Guida pericolosa* o per *Distrazione*?**

A Si sono verificati aumenti percentuali identici

B Sono aumentati entrambi del 25% circa

C Per guida pericolosa

D Per distrazione

E Non è possibile rispondere

Nel grafico si legge che l'aumento in valore assoluto è stato di 3 unità per *Guida pericolosa* e di 4 unità per *Distrazione*, ma, in termini percentuali, tale aumento risulta uguale. Infatti:

- aumento casi per guida pericolosa: $\frac{15-12}{12} = \frac{3}{12} = \frac{1}{4} = 25\%$
- aumento casi per distrazione: $\frac{20-16}{16} = \frac{4}{16} = \frac{1}{4} = 25\%$

L'alternativa esatta è dunque la B.

11 **Dal grafico si possono trarre tutte le seguenti conclusioni tranne una. Quale?**

A L'incremento percentuale di incidenti più elevato è stato quello causato dai semafori mal funzionanti

B Il numero di incidenti causati da abuso d'alcool è diminuito dal 2010 al 2011

C Sia nel 2010 che nel 2011, la distrazione e il maltempo hanno causato complessivamente un numero di incidenti maggiore rispetto all'abuso d'alcool e alla guida pericolosa insieme

D L'aumento generale di incidenti può essere attribuito soprattutto a un peggiore funzionamento dei semafori

E Se il numero di incidenti causati dal maltempo è un buon indicatore delle condizioni meteorologiche, nel 2011 si è avuto tempo peggiore che nel 2010.

L'alternativa esatta è la E, in quanto il grafico mostra, per il 2011, un calo del numero di incidenti causati dal maltempo. Si può dunque dedurre che a New York nel 2011 si è avuto un tempo migliore, e non peggiore, rispetto al 2010.

8 INFORMATICA

Nei paragrafi seguenti si riportano alcuni elementi di teoria (e i relativi esercizi) utili in particolare per prepararsi ai test di ammissione ai corsi universitari dell'area informatica.

8.1 GLI ALGORITMI

In generale per **algoritmo** si intende una sequenza finita di istruzioni, che permettono a un "esecutore" di portare a termine uno specifico compito. Per esempio, una ricetta di cucina è un algoritmo, ossia una sequenza di istruzioni che conduce il cuoco (l'esecutore) alla realizzazione di un piatto. I programmi per calcolatori si basano su algoritmi: il programmatore, per mezzo di un linguaggio di programmazione, codifica l'algoritmo per risolvere un determinato problema, descrivendo passo dopo passo le operazioni che il computer deve fare per arrivare alla soluzione.

Gli algoritmi devono soddisfare le seguenti tre proprietà:

- devono essere costituiti da un insieme di regole ben precise;
- devono poter essere applicati a dati variabili;
- devono portare a un risultato, ottenibile quando i dati sono stati scelti correttamente.

Questa definizione di *algoritmo* può essere assimilata ai concetti di *metodo* e *procedimento.* A chiarimento del concetto di algoritmo, si consideri l'esempio seguente.

ESEMPI

Descrivere quali azioni bisogna compiere per effettuare una telefonata (supponendo di utilizzare un telefono non a gettoni o a scheda magnetica).

Algoritmo:

- alza il ricevitore;
- ascolta il segnale acustico;
- se ricevi il segnale di occupato allora esegui il punto n);
- componi una cifra;
- ascolta il segnale acustico;
- se ricevi il segnale di occupato allora esegui il punto n);
- se non sono state composte tutte le cifre esegui il punto d);
- ascolta il segnale acustico;
- se ricevi il segnale di occupato allora esegui il punto n);
- se nessuno risponde, attendi fino a 10 squilli, poi esegui il punto n);
- conversa;
- abbassa il ricevitore.

Nell'ambito specifico dell'informatica, occorre specificare meglio la precedente definizione di algoritmo, integrandola con alcuni elementi di carattere operativo. La definizione di algoritmo attualmente utilizzata in campo informatico è stata data da Knuth (nel libro *The art of computer programming*) il quale afferma che: "Un algoritmo è un insieme di regole aventi le seguenti caratteristiche:

- deve essere finito;
- deve essere definito e preciso, cioè ogni istruzione deve essere definita in forma non ambigua;
- se ci sono dati in ingresso, occorre specificare il loro campo di applicazione (numeri interi, numeri reali ecc.);
- deve fornire almeno un risultato in uscita;
- deve essere eseguibile, cioè tutte le operazioni devono poter essere eseguite in un tempo finito da un uomo che utilizzi mezzi manuali."

8.2 DIAGRAMMI DI FLUSSO

Qualora un algoritmo sia particolarmente complesso, è conveniente utilizzare un *metodo di rappresentazione* adatto a schematizzarne i passaggi logici. Il metodo di rappresentazione maggiormente utilizzato è quello dei *diagrammi di flusso*, che permette di associare determinati simboli grafici ad alcune specifiche operazioni.

Di seguito vengono proposti i simboli che si utilizzano per tradurre in forma grafica i passaggi dell'algoritmo, unitamente a un esempio di visualizzazione di un algoritmo completo.

Simbologia nei diagrammi di flusso	Significato
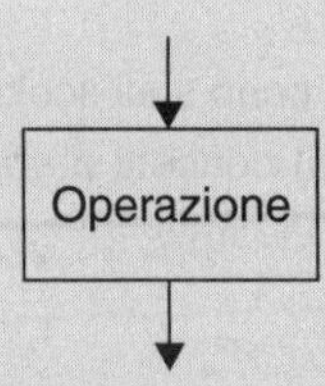	Esegui l'operazione … Esempio: Confronta i due numeri A e B
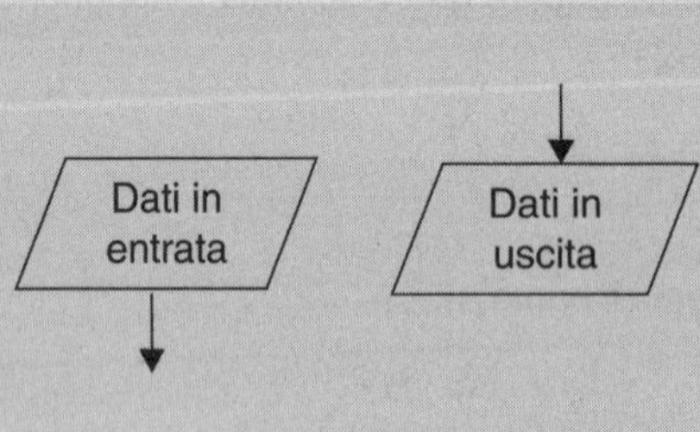	Ricevi... Comunica … Esempio: Considera i due numeri A e B
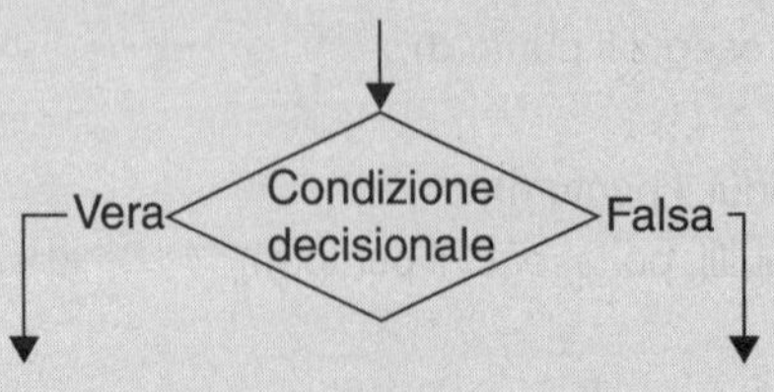	Se … allora … altrimenti … Esempio: Se il primo numero è minore del secondo, scambiare i due numeri, altrimenti …

ESEMPI

Si considerino 4 celle (individuate dalle lettere A, B, C, D) che possono contenere un numero intero ciascuna:

A	B	C	D

e la seguente sequenza di istruzioni:

1) se il contenuto di B è dispari, incrementalo di 1;
2) se D è pari passa alla 4);
3) poni in D il doppio del contenuto di B, poi passa alla 2);
4) scambia fra loro i contenuti di A e di D;
5) se la somma di A e C è pari termina, altrimenti torna alla 1).

Il diagramma di flusso può essere disegnato così:

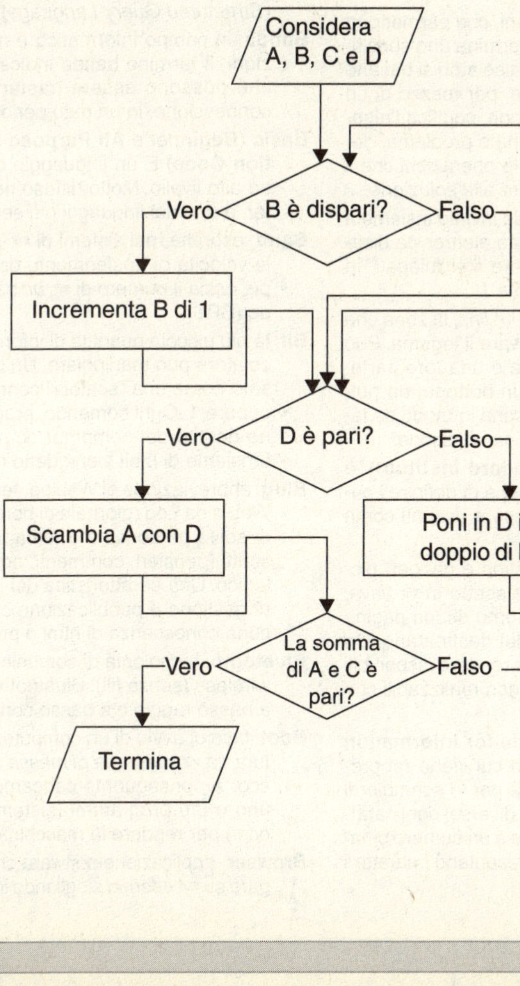

8.3 GLOSSARIO DEI TERMINI DI INFORMATICA

Il glossario seguente vuole essere un'utile base di riferimento per i quesiti relativi alle conoscenze informatiche previsti in alcune prove. Tale elenco, pur non avendo la pretesa di essere completo ed esaustivo, include i termini di uso più frequente.

@: in italiano è nota come "chiocciola", mentre in inglese si pronuncia "et" e significa "presso". È il segno distintivo di ogni indirizzo di posta elettronica: separa il nome che si è scelto per l'indirizzo dal nome di dominio. È uno dei primi simboli di ☞ *internet*: risale infatti al 1972.

Access point (punti di accesso): in una rete ☞ *wireless* hanno il compito di comunicare con i dispositivi mobili. Sono access point anche gli ☞ *hot-spot* Wi-Fi.

Account: accredito che si possiede per poter accedere a un computer, una rete o una serie di servizi messi a disposizione da un provider.

ADSL (Asymmetric Digital Subscriber Line): identifica la più diffusa tecnologia che consente di collegarsi a Internet ad alta velocità sfruttando il normale doppino telefonico. È una tecnologia "asimmetrica" perché la larghezza di banda che consente di ricevere i dati è più ampia di quella per trasmetterli.

Algoritmo: sequenza finita di azioni, che permettono a un "esecutore" di portare a termine uno specifico compito. I programmi per calcolatori si basano su algoritmi: il programmatore, per mezzo di un ☞ *linguaggio* di programmazione, codifica l'algoritmo per risolvere un determinato problema, descrivendo passo dopo passo le operazioni che il computer deve fare per arrivare alla soluzione.

Allegato: in inglese *attachment*, file inviato insieme a una email. Molti sistemi di posta elettronica disabilitano la possibilità di ricevere file "allegati" in quanto potenziali veicoli di virus.

Ancora: il punto di partenza di un ☞ *link*, la zona che deve essere "cliccata" per attivare il legame. Può essere un testo, un'immagine o una loro parte. Può anche identificarsi con un bottone, un pulsante rappresentato da una icona in modo da facilitare la comprensione della sua funzione.

ANSI (American National Standard Institute): è l'istituto americano che si occupa di definire i parametri tecnici che devono essere assunti come standard, in molti settori.

Applet: (combinazione di application e gadget) piccolo programma, solitamente scritto in ☞ *Java*, che può essere inserito all'interno di una pagina html ed eseguito sul client del destinatario. Un applet è solitamente usato per rendere disponibili agli utenti funzioni interattive non realizzabili con altre tecnologie per il web.

ASCII (American Standard Code for Information Interchange): è il codice con cui viene rappresentato il testo nel calcolatore per lo scambio di informazioni tra ☞ *periferiche* diverse: ogni carattere è associato univocamente a un numero binario; i numeri da 0 a 127 rappresentano i caratteri di testo.

Background: nei sistemi operativi ☞ *multitasking* è la capacità di elaborare una certa attività mentre il computer esegue un altro compito. Un esempio classico è quello della *stampa in background*: mentre si usa l'elaboratore per un determinato lavoro, il sistema operativo provvede (in maniera autonoma e trasparente per l'utente) a gestire il processo di stampa di un documento.

Backup: copia di un insieme di ☞ *file* o di un intero disco. "Fare un backup" significa fare una copia di riserva di dati e/o programmi.

Banca dati: organizzazione pubblica o privata dotata di grandi archivi di dati tra loro correlati e registrati su supporto magnetico (dischi, nastri). Le informazioni sono contenute nelle memorie di elaboratori elettronici a cui è possibile accedere mediante computer, via telefono o via cavo. La consultazione delle informazioni avviene per mezzo di linguaggi di interrogazione appositamente formulati come per esempio ☞ l'*SQL* (*Structured Query Language*).

Banda: in campo informatico e nelle telecomunicazioni, il termine banda indica la quantità di dati che possono essere trasferiti, attraverso una connessione, in un dato periodo di tempo.

Basic (**Beginner's All Purpose Symbolic Instruction Code**) È un linguaggio di programmazione ad alto livello. Molto diffuso nei personal computer, è uno dei linguaggi più semplici da imparare.

Baud: esprime, nei sistemi di ☞ *telecomunicazione*, la velocità di trasferimento dati nell'unità di tempo, ossia il numero di ☞ *bit* trasmessi per secondo (BPS).

Bit: la più piccola quantità di informazioni che un calcolatore può manipolare. Un bit può essere pensato come una "scatola" contenente il numero 0 oppure 1. Ogni comando, programma o dato viene gestito dal computer come sequenza di bit. L'insieme di 8 bit viene detto ☞ *byte*.

Blog: abbreviazione di Weblog, termine composto da Web e da Log (giornale di bordo, diario). Sono siti di solito personali e a tema, dove sono riportati scritti (pensieri, commenti, note) in ordine cronologico. Una caratteristica dei blog è la semplicità di gestione e pubblicazione che non richiede alcuna conoscenza di html o programmazione.

Bluetooth: tecnologia di comunicazine tra dispositivi wireless (senza fili). Bluetooth utilizza onde radio a basso raggio e a basso consumo.

Boot: fase di avvio di un computer; consiste nella lettura da ☞ *memoria di massa* (per esempio un disco) e conseguente caricamento in memoria di uno o più programmi (sistema operativo, utility ecc.) per rendere la macchina operativa.

Browser: applicazione software che permette di navigare su ☞ *internet* sfogliando le pagine dei vari siti.

Buffer: area di memoria temporanea in cui vengono scritti da un dispositivo (o programma) alcune informazioni, poi lette, a velocità differente, da un altro dispositivo (o programma). Un esempio classico è il *buffer di stampa*.

Bug: indica un errore di programmazione che causa un comportamento anomalo del programma stesso. Letteralmente il termine significa *cimice* e viene utilizzato in ambito informatico poiché uno dei primi computer fu messo fuori uso proprio da una cimice che si era inserita in uno dei tanti connettori, provocando un cortocircuito.

Bus: percorso sulla piastra dei circuiti principali, al quale sono collegate tutte le parti del computer che hanno funzioni di controllo come per esempio il processore, la ☞ *RAM*, schede di espansione ecc. Quando un nuovo componente viene inserito in un alloggiamento, detto anche ☞ *slot di espansione*, viene di fatto inserito direttamente nel bus, condividendo così l'attività di tutte le unità.

Byte: insieme di 8 ☞ *bit*. Un byte può rappresentare un numero, una lettera, un segno di punteggiatura o un altro carattere. La dimensione dei ☞ *file*, dei dischi e della memoria viene sempre misurata in byte o multipli di byte (☞ *kilobyte*, ☞ *megabyte*, ☞ *gigabyte*). Poiché un byte è l'insieme di 8 bit (ognuno dei quali può assumere solo il valore 0 oppure 1), le diverse configurazioni di un byte possono essere 256 (00000000, 00000010, 00000011 ..., fino a 11111111).

C: linguaggio di programmazione ad alto livello. Un programma scritto in C è facilmente "trasportabile" da una piattaforma ☞ *hardware* a un'altra.

Cache: porzione di memoria molto veloce, utilizzata per contenere le parti più utilizzate di un programma, mentre il programma stesso è in esecuzione. Viene utilizzata per aumentare la velocità di esecuzione di alcune applicazioni.

CAD (Computer Aided Design): rappresenta l'uso del calcolatore per il disegno industriale. Sviluppato originariamente per la progettazione dei circuiti integrati, identifica oggi anche applicazioni di supporto alla progettazione architettonica.

CAE (Computer Aided Engeneering): si tratta di applicazioni di supporto all'attività ingegneristica.

CAM (Computer Aided Manufacturing): complesso di tecniche e strumenti per il controllo dei cicli produttivi per mezzo del computer, come per esempio il comando di macchine utensili e l'automazione di catene di montaggio.

Campo: ogni informazione contenuta nel record di un ☞ *database*. Per esempio l'autore, l'editore oppure l'anno di pubblicazione possono essere i campi di un archivio di libri.

Capacità di un disco: quantità massima di dati che può essere contenuta in un disco. Viene solitamente misurata in ☞ *gigabyte*.

CASE (Computer Aided Software Engeneering): strumenti e metodologie finalizzati alla produzione e revisione di ☞ *software*.

CD-ROM: disco ad alta capacità (640-800 megabyte) basato su tecnologia ottica. La sigla sta per *Compact Disk Read Only Memory* (ossia memoria di sola lettura). La fase di scrittura iniziale del CD-ROM è detta ☞ *masterizzazione*; in seguito l'utente non può più modificare le informazioni contenute sul supporto, ma tutti i dati possono essere consultati, copiati e stampati.

Chat: letteralmente "chiacchierata", indica le conversazioni con altri utenti, tutti collegati contemporaneamente a ☞ *internet*, tramite appositi programmi.

Chip: piastrina di materiale semiconduttore, solitamente silicio, appositamente trattato per svolgere le funzioni di un intero ☞ *circuito elettronico*.

Cibernetica: disciplina che si occupa dei legami e delle similitudini esistenti tra macchine, sistemi e organismi viventi. Gli elementi base sono la teoria dell'informazione, la teoria degli algoritmi e la teoria degli automi.

Circuito elettronico: insieme di resistenze, condensatori, diodi e transistor opportunamente collegati.

Clip Art: immagini già pronte (disegni e fotografie) in formato digitale, ossia su ☞ *file*, che possono essere utilizzate dall'utente così come sono.

CMYK: termine composto dalle iniziali di *Cyan*, *Magenta*, *Yellow* e *Black*, i quattro colori utilizzati per la stampa in quadricromia.

Cookies: letteralmente "biscottini", sono piccoli file di testo che i siti web utilizzano per salvare alcune informazioni (per esempio, le preferenze) nel computer dell'utente.

Compilatore: programma che traduce in linguaggio macchina, in maniera definitiva, un programma scritto in un linguaggio ad alto livello.

Coprocessore: ☞ *chip* che lavora in coppia con il ☞ *microprocessore* e si occupa di effettuare calcoli in virgola mobile a velocità molto elevata e con un grado di precisione superiore rispetto a quello ottenuto dalla ☞ *CPU*. Risulta estremamente utile quando si utilizzano applicazioni scientifiche o di modellazione grafica.

CPU (Central Processing Unit): unità centrale del computer, il cervello della macchina. Ogni ☞ *bit* che entra o esce dal computer passa attraverso la CPU per essere elaborato o reindirizzato. Controlla l'attività basilare del computer inviando e ricevendo segnali di controllo, indirizzi di memoria e dati da una parte all'altra del computer attraverso il ☞ *bus*.

Database: archivio elettronico ossia una raccolta organizzata di dati, che possono essere facilmente manipolati e selezionati. Ogni database è costituito da un insieme di ☞ *record* ognuno dei quali contiene dati all'interno di ☞ *campi* predefiniti. Per esempio, una rubrica elettronica è un database; ogni nominativo contenuto nella rubrica costituisce un record; ogni record è costituito da più campi (il nome, il cognome, l'indirizzo, la città, il telefono ecc.).

Default: valori che vengono assegnati ai parametri di un programma o di una ☞ *periferica*, al suo avvio.

Dischetto: dispositivo di ☞ *memoria di massa* con capacità di immagazzinare da poche centinaia di ☞ *kilobyte* ad alcuni ☞ *megabyte* (a seconda del tipo di disco).

Disco inizializzato: disco che è pronto per memorizzare dati. Un disco inizializzato ha subito la fase di ☞ *formattazione*, cioè è stato organizzato in *tracce* e *settori* dal computer.

Disco rigido: disco di metallo sigillato in un apposito involucro (viene anche detto *disco fisso*). Può essere interno al computer oppure esterno. Ha una capacità di immagazzinamento dati variabile da qualche decina ad alcune centinaia di ☞ *gigabytes*.

DOS: *Disk Operating System*; è stato per anni il sistema operativo più diffuso su personal computer. È stato creato dalla Microsoft.

Download: trasferire un ☞ *file* da un computer al proprio tramite una ☞ *rete locale* o ☞ *internet*.

Dpi (Dots per inch): ☞ *punti per pollice*.

DTP (DeskTop Publishing): è l'insieme di attività editoriali che vengono realizzate con un personal computer, utilizzando programmi di grafica e di impaginazione. I programmi di DTP si basano sulla filosofia ☞ *WYSIWYG*: ciò che si vede a video corrisponde esattamente a ciò che viene stampato.

E-mail: sta per *electronic mail*, ☞ *posta elettronica*.

EDP (Electronic Data Processing): indica comunemente il trattamento dati con un calcolatore.

EPROM (Erasable Programmable Read Only Memory): è dunque una memoria elettronica a sola lettura cancellabile e programmabile. Le memorie elettroniche hanno una grande rapidità di accesso e sono realizzate sotto forma di circuiti integrati (utilizzano il silicio come materia prima); altri tipi di memoria elettronica sono la ☞ RAM (*Random Access Memory*) e la ☞ ROM (*Read Only Memory*). Esistono poi le memorie magnetiche (hard disk, floppy disk o di un nastro) e le memorie ottiche (per esempio i CD-ROM).

Ethernet: tipo di ☞ *rete locale* ad alta velocità molto utilizzata nelle comunicazioni tra computer.

Feed: è un file ☞ *XML* contenente il ☞ *link* una fonte di informazioni web.

File: struttura di dati di lunghezza variabile, posta nella ☞ *memoria centrale* o nella ☞ *memoria di massa*; può contenere dati, numeri, testi, programmi ecc.

Firewall: sistema di sicurezza che crea una barriera elettronica per la protezione di una rete di PC dall'accesso di estranei tramite ☞ *internet*.

Flash: software sviluppato inizialmente dalla Macromedia e ora di proprietà della Adobe che permette la creazione di siti particolarmente interattivi e con propensione all'animazione e alla grafica.

Floppy Disk: ☞ *dischetto*.

Formattazione: operazione di inizializzazione di un disco che viene suddiviso in tracce e settori e preparato all'input/output dei dati. Quindi, per rendere un disco leggibile e scrivibile da un computer, è necessario effettuare un'operazione preliminare di "preparazione" del disco: tale operazione viene detta formattazione e può essere effettuata da qualsiasi computer.

Fortran: linguaggio di programmazione ad alto livello utilizzato per il calcolo scientifico. Il nome deriva dall'abbreviazione delle parole *Formula Translator*.

Forum: su internet indica uno spazio on line dove più utenti possono discutere su un particolare argomento.

Frame: un fotogramma di un filmato o di una sequenza di animazione su calcolatore.

Freeware: ☞ *software* di dominio pubblico (free software), ossia i programmi per computer distribuiti dai programmatori gratuitamente.

FTP (File Transfer Protocol): indica il protocollo di trasferimento dati utilizzato in reti telematiche come per esempio ☞ Internet.

Gigabyte (abbreviato Gb): multiplo di ☞ *byte*. Corrisponde a un miliardo di byte, o anche a 1.024 ☞ *megabyte*.

Gigahertz: multiplo di ☞ *hertz*. Corrisponde a un miliardo di hertz, o anche a 1.000 ☞ *megahertz*.

Grafica: la visualizzazione delle immagini sullo schermo di un computer o sulla stampante viene fatta attraverso un'insieme di punti detti ☞ *pixel*. La rappresentazione interna delle immagini al computer può però avvenire secondo due modalità diverse chiamate rispettivamente ☞ *vettoriale* e ☞ *bitmap* (o *raster*).

Grafica vettoriale: tutti gli elementi che compongono il disegno (linee, cerchi, quadrati ecc.) vengono trattati come entità matematiche di cui il computer conosce le dimensioni e la posizione: per esempio una linea è rappresentata dalle coordinate dei suoi due estremi e il computer provvede poi a disegnare tutti i ☞ pixel che la compongono. Le immagini in modalità vettoriale occupano poco spazio sul disco poiché non contengono l'immagine, ma solamente le istruzioni su come costruire il disegno.

Grafica bitmap (o raster): l'immagine è costituita da un'insieme di punti: per esempio, una linea in grafica bitmap è rappresentata da un insieme finito di punti che congiungono i due punti estremi della linea. A ogni punto è associato un colore che può essere rappresentato da 8 o 24 ☞ bit, ossia 256 o 16.777.216 colori rispettivamente. Con l'aumentare del numero di colori migliora la qualità dell'immagine, ma anche la quantità di memoria richiesta.

Hackers: pirati informatici, in grado di eliminare le protezioni dei programmi e capaci di individuare i codici di accesso a reti telematiche pubbliche e private.

Hard disk: ☞ *disco rigido*.

Hardware: letteralmente *ferraglia*. È l'insieme dei componenti meccanici ed elettronici che costituiscono il computer (video, tastiera, unità centrale ecc.).

Hertz: unità di misura delle frequenze dei fenomeni periodici. Indica la rapidità con cui opera un microprocessore per eseguire un'istruzione macchina. La velocità dei processori è dell'ordine di alcuni ☞ *gigahertz*.

Hex: indica il sistema di numerazione in base 16 (sistema esadecimale). Le cifre sono 16: 0, 1, 2, 3, 4, 5, 6, 7, 8, 9, A, B, C, D, E, F.

Host: computer che controlla una rete, ricevendo e trasmettendo informazioni attraverso le linee di telecomunicazione. Può essere un personal computer, un minicomputer o un ☞ *mainframe*.

Hot spot: punto di accesso pubblico a ☞ *internet* tramite la tecnologia di rete ☞ *wireless* (senza fili) Wi-Fi.

Html (HyperText Markup Language): è il linguaggio utilizzato per pubblicare pagine ipertestuali su ☞ *Internet*.

Http (HyperText Transport Protocol): è il protocollo di trasferimento degli ☞ *ipertesti* utilizzato su ☞ *Internet*. Questa sigla viene indicata prima dell'indirizzo Internet e serve per far capire al ☞ *browser* quale protocollo utilizzare per interpretare i dati che riceve.

Indirizzo: nome Internet di un utente su un sistema, per esempio nella posta elettronica, o di un sito su Internet. È indispensabile per l'invio di messaggi o il trasferimento di file.

Informatica: scienza che si occupa dello studio dell'informazione, della sua elaborazione automatica e delle problematiche legate alla trasmissione.

Inizializzazione: ☞ *formattazione* di un disco.

Interfaccia: elemento che permette il collegamento tra componenti differenti. In particolare si parla di interfaccia ☞ *hardware* con riferimento a strumenti in grado di convertire i segnali provenienti da un dispositivo fisico in modo che siano comprensibili da un'altra unità fisica. Con interfaccia ☞ *software* si intende invece un programma (o file di dati) che consente a due processi software di colloquiare tra loro.

Interfaccia grafica: è ciò che permette all'utente di "dialogare" in modo semplice con il sistema informatico grazie all'utilizzo del ☞ *mouse*, di icone, di finestre e di altri elementi grafici.

Internet: la più famosa rete di computer. È anche nota come "la rete delle reti" ed è costituita da milioni di computer collegati fra loro. I servizi offerti da Internet sono innumerevoli: ☞ *posta elettronica*, ☞ *shareware*, possibilità di acquisti telematici, collegamenti a musei, giornali, aziende pubbliche e private, università.

Ipertesto: l'organizzazione non sequenziale delle informazioni digitalizzate, gestite da uno specifico ☞ *software* che permette percorsi di lettura liberi o guidati.

ISP (Internet Service Provider): società che fornisce l'accesso a Internet e i servizi connessi (hosting, housing ecc).

Java: è un linguaggio di programmazione orientato agli oggetti, derivato dal C++.

Java Script: linguaggio di scripting simile a Java.

Kilobyte (abbreviato Kb): multiplo di ☞ *byte*. Corrisponde a 1.024 *byte*.

LAN (Local Area Network): ☞ *rete locale* in cui i computer e i vari dispositivi (stampanti, ☞ *plotter*, dischi ecc.) sono collegati tra loro per permettere agli utenti la condivisione delle risorse .

LCD (Liquid Crystal Display): schermo a cristalli liquidi. Hanno praticamente sostituito i monitor a tubo catodico (CRT). La maggior parte dei monitor a cristalli liquidi sono a matrice attiva: in essi ogni pixel è formato da tre transistor e può essere acceso o spento individualmente.

Linguaggio: Insieme di comandi e regole che permette all'utente di programmare un computer (istruire la macchina per svolgere una funzione precisa).

Link: detto anche ☞ *legame* o *connessione*, è ciò che unisce due ☞ *nodi*. Costituisce la struttura dell'ipertesto ed è segnalato attraverso la sua ☞ *ancora*. Il punto di arrivo di un legame può essere un testo, un'immagine o una loro parte oppure un suono o un'animazione.

Linux: si tratta di una versione particolare di ☞ *Unix*. Il suo codice sorgente, a differenza di quello di ☞ Windows e di altri sistemi operativi, è disponibile e migliaia di programmatori contribuiscono al suo sviluppo: è di libero dominio, quindi può essere utilizzato gratuitamente.

Macintosh: nome commerciale dei computer prodotti da Apple, i primi ad usare un sistema operativo grafico (con cartelle, cestino, icone…). Sono usati soprattutto in settori come editoria, grafica e così via.

MacOs: sistema operativo dei computer Macintosh prodotti da Apple.

Mainframe: computer di grandi capacità e dimensioni, utilizzati per la gestione dell'informatica aziendale.

Masterizzazione: processo di scrittura dei ☞ *CD-ROM/DVD-ROM*.

Megabyte (abbreviato Mb): multiplo di ☞ *byte*. Corrisponde a un milione di byte, o anche a 1024 ☞ *kilobyte* .

Memoria centrale: memoria principale del calcolatore, anche detta ☞ *RAM*. Estremamente veloce nelle operazioni di immagazzinamento e recupero dati, la memoria centrale è a breve termine: quando il computer viene spento, essa viene liberata e i dati in essa contenuti vengono persi; viene quindi utilizzata come memoria di lavoro.

Memoria di massa: costituita da supporti di memorizzazione come ☞ *floppy disk*, ☞ *dischi rigidi*, cartucce magneto-ottiche, nastri e così via. È molto più lenta rispetto alla ☞ *memoria centrale*, ma ha una capacità di immagazzinamento molto più elevata e i dati non vengono persi fra uno spegnimento e il successivo riavvio.

Memoria virtuale: permette a un computer di comportarsi come se avesse molta più memoria di quanta ne ha fisicamente. Ciò è possibile grazie a un elaborato sistema di *indirizzamento* della memoria, basato sulla registrazione di alcune informazioni su disco e di altre nella ☞ *memoria centrale*.

Microprocessore: sinonimo di ☞ *CPU*.

MIDI (Musical Instrument Digital Interface): protocollo standard di comunicazione hardware e software per il collegamento di strumenti musicali a personal computer.

Modem: contrazione di modulatore/demodulatore. È un'apparecchiatura che permette di collegare due computer tra loro per mezzo di una linea telefonica. La velocità di trasmissione di un modem viene misurata in ☞ *baud*.

Mouse: dispositivo di "puntamento" utilizzato per controllare i movimenti del cursore sullo schermo. Viene usato per selezionare del testo, per disegnare, per muovere dati.

MP3: formato audio digitale compresso (MPEG-4 Audio Layer III).

MPEG (Motion Picture Experts Group): standard di compressione e decompressione video e audio.

Multimediale: aggettivo che indica la compresenza, all'interno di uno stesso prodotto, di informazioni di natura differente: testi, immagini, animazioni, suoni ecc. Il termine implica anche una possibile interattività tra le informazioni e l'utente.

Multitasking: capacità di un sistema operativo di svolgere diversi compiti contemporaneamente, come per esempio stampare un documento e parallelamente ricalcolare un foglio elettronico. Un computer che lavora in multitasking alterna le sue azioni tra i vari compiti assegnati.

Multiutente: sistema che permette a due o più utenti di operare contemporaneamente sullo stesso programma o documento.

Navigazione: è il movimento attraverso la rete di connessioni che costituiscono ☞ *Internet* (o altre reti telematiche).

Network: sinonimo di rete, insieme di computer e periferiche (stampanti, ☞ *plotter*, ☞ *scanner* ecc.) collegati tra loro (☞ *LAN*).

Nodo: indica la pagina di un ipertesto, cioè un documento di qualsiasi natura (testo, immagine, animazione ecc.) da cui hanno origine vari ☞ *link*.

OCR (Optical Character Recognition): si tratta di programmi che eseguono il riconoscimento ottico del carattere. Vengono utilizzati dagli ☞ *scanner* per tradurre in forma digitale un testo contenuto su supporto cartaceo.

On-line (in linea): quando due computer sono collegati per mezzo di un ☞ *modem*.

Pascal: linguaggio di programmazione ad alto livello caratterizzato da una forte strutturazione.

Password: parola segreta (parola chiave) utilizzata per impedire l'accesso, a utenti non autorizzati, a determinate risorse informatiche (dati, programmi, reti ecc.).

PDF (Portable Document Format): diffuso formato per la gestione di documenti elettronici, sviluppato dalla Adobe. Il vantaggio del formato PDF è che permette di mantenere una impaginazione professionale e costante indipendente dal sistema operativo con cui si visualizza il documento.

Periferica: qualsiasi dispositivo ☞ *hardware* a eccezione del computer. Si distinguono periferiche di input (tastiera, ☞ *mouse*, penna ottica ecc.) e periferiche di output (video, stampanti, ☞ *plotter* ecc.). Alcune periferiche possono essere sia di input che di output.

Pixel: contrazione della locuzione inglese *picture element* (elemento di immagine). L'unità minima (punto) di un'immagine visualizzata sullo schermo: la qualità di un'immagine dipende dal numero totale di pixel che formano l'immagine stessa.

Plotter: periferica di stampa che utilizza pennini scorrevoli (i cui movimenti sono controllati dal computer) e che viene utilizzata per disegni grafici e diagrammi.

Posta elettronica: sistema di comunicazione e scambio di messaggi tra computer diversi collegati in rete.

Postscript: linguaggio di descrizione della pagina di stampa di testi e immagini, realizzato dalla società Adobe System e adottato da tutte le principali società produttrici di stampanti e fotounità.

Provider: ☞ *ISP*.

Punto tipografico: unità di misura tipografica che equivale a 0,353 millimetri (1/72 di pollice).

RAM (Random Access Memory): è la ☞ *memoria centrale* del computer.

Record: struttura di base di un archivio elettronico (☞ *database*).

Refresh: ridisegno dello schermo dopo l'esecuzione di un determinato comando. Si dice *refresh screen* il tempo necessario per portare a termine una modifica in un disegno in alcuni programmi ☞ *CAD*.

Rete Locale: un gruppo di computer e apparecchiature periferiche controllati individualmente e connessi tra di loro, insieme con l' ☞ *hardware* e il ☞ *software* necessari per il collegamento. Una rete locale è anche detta ☞ *LAN*.

RGB: termine composto dalle iniziali di *Red*, *Green* e *Blue*, che costituiscono l'insieme dei colori base nei sistemi di visualizzazione delle immagini a video.

Risoluzione: capacità grafica dei dispositivi di output (video, stampanti ecc.). Si misura in ☞ *dpi*.

ROM (Read Only Memory): rappresenta la memoria che contiene le informazioni necessarie per l'avvio del computer. Non può essere modificata dall'utente e viene quindi detta "di sola lettura".

Router: dispositivo che riceve e smista pacchetti di dati all'interno di una reta. Basandosi su una mappa della rete (*tabella di routing*) i router possono fare in modo che i pacchetti raggiungano le loro destinazioni attraverso i percorsi più idonei.

Scanner: apparecchiature che "leggono" tramite un raggio laser un'immagine stampata (fotografie, disegni, illustrazioni o testo) e la convertono in forma digitale, in modo che sia manipolabile tramite computer.

Server: computer o ☞ *software* che permette ad altri computer di utilizzare risorse di rete.

Shareware: deriva dai termini *shared* e *software* e identifica i programmi per computer che vengono distribuiti liberamente. Solo dopo aver utilizzato il programma e dopo averne valutato le caratteristiche, l'utente decide se acquistare il prodotto o smettere di utilizzarlo.

Sito: ciascuna delle singole reti che forma ☞ *Internet*. Nella dizione più ampia un sito Internet è un "luogo virtuale" in cui possono essere consultate informazioni pubblicate in rete da aziende, associazioni, università, privati ecc.

Slot di espansione: alloggiamenti predisposti per l'inserimento di schede periferiche.

Software: programmi per calcolatore. Possono essere applicativi (word, excel ecc.) o di sistema (Windows, MacOs ecc.).

Sort: ordinamento, utilizzato soprattutto nei ☞ database per organizzare l'archivio secondo particolari criteri.

Spam: termine che indica le email commerciali non richieste.

SQL (Structured Query Language): è un linguaggio utilizzato per effettuare ricerche all'interno di ☞ *database*.

Streaming tape: unità di memorizzazione su nastro magnetico utilizzata per fare ☞ *backup* di grosse quantità di dati. Viene anche detta *tape backup unit*.

TCP/IP (Transmission Control Protocol/Internet Protocol): definisce l'insieme di regole tecnologiche che consentono il funzionamento di Internet. Tramite il protocollo TCP si "impacchettano" i dati da trasmettere, mentre attraverso il protocollo IP li si trasmette a destinazione.

Telecomunicazione: termine che indica un qualunque sistema per la trasmissione a distanza di informazioni di natura diversa (segnale telefonico, dati numerici, programmi televisivi ecc.), solitamente sotto forma di segnali trasmessi via cavo o diffusi mediante onde radio.

Terabyte (abbreviato Tb): multiplo di ☞ *byte*. Corrisponde a mille miliardi di byte, o anche a 1.024 ☞ *gigabyte*

Unix: sistema operativo particolarmente robusto, creato nel 1969 nei Bell Laboratories di AT&T. Si tratta di un sistema operativo *multiutente* (più utenti possono accedervi contemporaneamente) e *multitasking* (si possono eseguire più applicazioni contemporaneamente).

Upload: trasferire un ☞ *file* dal proprio computer a un altro tramite una ☞ *rete locale* o ☞ *internet*.

USB (Universal Serial Bus): tecnologia molto diffusa per il trasferimento dei dati tra periferiche e computer. Messa a punto da Intel, permette il collegamento "a caldo" delle periferiche (senza doverle spegnere) e di poter connettere sino a un massimo di 127 periferiche alla stessa porta.

Virus: si tratta di un programma sviluppato con l'unico scopo di arrecare danni ad altre applicazioni. Può propagarsi con messaggi di posta elettronica o annidarsi in altri programmi software.

VoIP (Voice Over IP): tecnologia che consente di fare normali telefonate sfruttando ☞ *internet* anziché le normali linee telefoniche.

Windows: sistema operativo attualmente più diffuso. È prodotto da Microsoft.

Wireless: tecnologia per la trasmissione dei dati e per il collegamento di periferiche senza l'utilizzo di cavi di collegamento. In un sistema wireless la trasmissione avviene di solito tramite onde radio o raggi infrarossi.

Word processing: programmi che trasformano un computer in un sistema di videoscrittura.

WWW (World Wide Web): nuovo sistema di comunicazione che consente di accedere e di condividere informazioni in rete attraverso non più comandi complessi digitati sulla tastiera ma soluzioni grafiche che permettono di "navigare" su ☞ *Internet* anche a coloro che non sono esperti di informatica.

XML (Extensible Markup Language): metalinguaggio che permette di creare dei linguaggi personalizzati di descrizione delle informazioni (markup language) come il linguaggi ☞ *html*. XML in realtà è più potente dell'html, permettendo di definire documenti elettronici di qualsiasi tipo: non solo testi, dunque, ma anche informazioni strutturate (database).

ESEMPI

1 Quanti sono i byte contenuti in 10 gigabyte?

- **A** 1.024
- **B** 1.024 × 1.024 × 1.024
- **C** 1.024 × 1.024
- **D** 1.024 × 1.024 × 1.024 × 10

1024 byte costituiscono un kilobyte, 1024 kilobyte formano un megabyte e 1024 megabyte corrispondono a un gigabyte. Pertanto in 10 gigabyte sono contenuti 1024 x 1024 x 1024 x 10 byte: la risposta corretta è la **D**.

PARTE SECONDA

2 Nei software di archiviazione dati, un record è composto da un insieme di:

Ⓐ database
Ⓑ campi
Ⓒ caratteri
Ⓓ transistor

I programmi (software) che permettono di archiviare e gestire le informazioni all'interno di un computer sono detti *database*. Essi organizzano le informazioni in *record*, strutturati a loro volta in *campi* (risposta Ⓑ). Un *indirizzario* è un esempio di archivio in cui ciascun indirizzo è un record, composto a sua volta dai campi "nome", "cognome", "via", "città" ecc.

3 L'unità di misura BAUD, utilizzata nelle telecomunicazioni, serve per misurare una:

Ⓐ durata
Ⓑ velocità
Ⓒ lunghezza
Ⓓ distanza

Il BAUD esprime, nei sistemi di telecomunicazione, la velocità di trasferimento dati nell'unità di tempo, ossia il numero di bit trasmessi per secondo. La risposta corretta è dunque la Ⓑ.

4 Qual è il significato della sigla ROM?

Ⓐ Record on memory
Ⓑ Random access memory
Ⓒ Random only memory
Ⓓ Nessuna delle precedenti

ROM significa Read Only Memory e identifica la memoria che contiene le informazioni necessarie per l'avvio del computer. Si tratta di una memoria non modificabile dall'utente e per questo motivo è detta di "sola lettura". La soluzione è dunque la Ⓓ.

5 Il *PostScript* è:

Ⓐ un programma di videoscrittura
Ⓑ un servizio di posta elettronica
Ⓒ un linguaggio di descrizione della pagina
Ⓓ un nuovo tipo di processore

Il PostScript è un linguaggio di programmazione realizzato dalla società americana Adobe System utilizzato per descrivere la pagina per la stampa (forma, posizione, dimensioni) dei testi e delle immagini. È stato adottato da tutte le principali aziende produttrici di stampanti e fotounità. La risposta esatta è la Ⓒ.

6 Un terabyte corrisponde a circa:

Ⓐ un milione di kilobyte
Ⓑ cento gigabyte
Ⓒ un miliardo di byte
Ⓓ mille gigabyte

Per quanto riguarda le unità di misura, occorre ricordare che:

- 8 bit formano 1 byte;
- 1024 byte formano 1 kilobyte;
- 1024 kilobyte formano 1 megabyte;
- 1024 megabyte formano 1 gigabyte;
- 1024 gigabyte formano 1 terabyte.

Un terabyte corrisponde a circa mille gigabyte ossia a circa mille miliardi di byte. La risposta esatta quindi è la D.

---

7 **Qual è il significato della sigla FTP?**

A File Transfer Protocol
B File Transfer Peripherical
C Fax Testing Protocol
D Nessuna delle precedenti

FTP è l'acronimo di *File Transfer Protocol* e indica il protocollo di trasferimento dati utilizzato in reti telematiche come per esempio Internet: la risposta corretta è la A.

---

8 **Quale delle seguenti affermazioni è vera?**

A Un terminale remoto è un terminale non più utilizzato perché ritenuto obsoleto dal punto di vista tecnologico
B Il sistema operativo è una parte del software applicativo installato su un computer
C La USB è un dispositivo di visualizzazione
D Un "mouse" è un dispositivo di input

Per "terminale remoto" si intende un terminale collegato a distanza, quindi l'alternativa A è errata. Anche l'alternativa B non è corretta, in quanto il sistema operativo costituisce parte del software di base (l'insieme di programmi necessari al funzionamento del computer) e non del software applicativo (programmi di calcolo, videoscrittura, disegno ecc.). La sigla "USB" presente nell'alternativa C identifica un interfaccia di input/output di tipo seriale e non un dispositivo di visualizzazione. Per esclusione, la risposta corretta è la D: il mouse è infatti un dispositivo di "puntamento" e quindi un dispositivo di input.

parte terza

MATEMATICA

INDICE

1 INSIEMI, NUMERI E OPERAZIONI

1.1 INSIEMI

Un *insieme* può essere inteso come una *collezione di oggetti* (detti *membri* o *elementi* dell'insieme): il concetto di *insieme* e quello di *elemento di un insieme* sono **concetti primitivi**, ossia non definibili tramite concetti più semplici.

Un insieme A risulta definito quando esiste una "regola" specifica (o *univoca*) che permette di stabilire se un qualunque elemento *x* appartiene o meno all'insieme A.

Esempi di insiemi:
- insieme delle consonanti dell'alfabeto italiano;
- insieme degli stati europei;
- insieme dei numeri relativi;
- insieme delle frazioni.

1.1.1 SIMBOLOGIA

- $x \in$ A; *x* appartiene ad A
- $x \notin$ A; *x* non appartiene ad A
- A $\subseteq$ B; A è contenuto in B (A è **sottoinsieme** di B)
- A $\subset$ B; A è contenuto propriamente in B (A è **sottoinsieme proprio** di B)

1.1.2 DEFINIZIONI

✔ Due insiemi A e B sono **uguali** quando contengono gli stessi elementi.

✔ L'**insieme vuoto** (indicato con ∅) è un insieme privo di elementi.

Può capitare che la definizione di un insieme non sia completa, ossia che non consenta di identificare univocamente l'insieme.

Per esempio, l'insieme A = {x | 1 < x < 5}, ossia l'insieme dei numeri compresi fra 1 e 5 (estremi esclusi), non è univocamente determinato: se infatti *x* è un numero intero, l'insieme A conterrà solo tre elementi (ossia A = {2; 3; 4}), mentre se *x* è un numero decimale, l'insieme A sarà infinito.

Occorre, in altre parole, indicare l'*ambiente* da cui trarre gli elementi dell'insieme.

✔ L'**insieme ambiente** o **universo** (indicato con U) contiene la totalità dei possibili elementi.

In questo senso, l'insieme delle vocali dell'alfabeto italiano ha come universo U proprio l'alfabeto italiano:

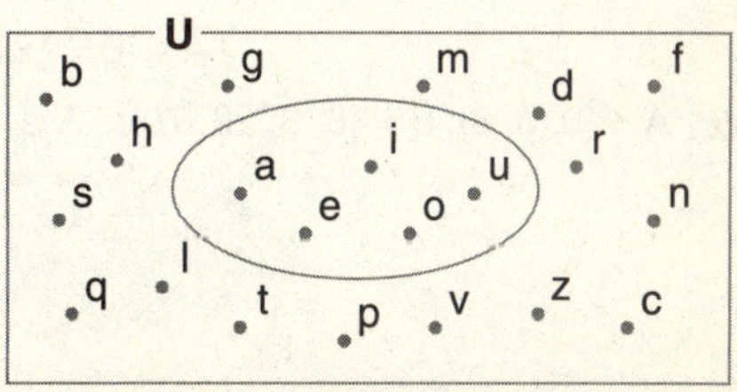

1.1.3 CORRISPONDENZE FRA INSIEMI

Dati due insiemi A e B, se esiste un criterio che permette di associare elementi di A con elementi di B, si dice che i due insiemi sono legati da una *corrispondenza* (o *relazione*).

Dati gli insiemi A = {1, 2, 3, 4, 5…} e B = {0, 1} un esempio di corrispondenzaè: associare a ogni numero dispari di A l'elemento "0" di B e a ogni numero pari di A l'elemento "1" di B.

Corrispondenza univoca

Tra due insiemi A e B vi è una corrispondenza univoca (da A a B) quando a **ogni** elemento *a* di A corrisponde **uno e un solo** elemento *b* di B.

Per affermare che tra due insiemi A e B vi è una corrispondenza univoca, è necessario che sia definita una legge che permette di decidere, preso un qualunque elemento $a \in A$, qual è **il** corrispondente elemento $b \in B$.

La corrispondenza univoca fra gli elementi di A e quelli di B viene anche detta **funzione** o **applicazione** φ di A in B e viene indicata con $\varphi: A \to B$.

Corrispondenza biunivoca

Tra due insiemi vi è una corrispondenza biunivoca quando a **ogni** elemento di un insieme corrisponde **uno e un solo** elemento dell'altro insieme **e viceversa**.

Per affermare che tra due insiemi A e B vi è una corrispondenza biunivoca, è necessario che sia definita una legge che associa a ogni elemento $a \in A$, uno e un solo elemento $b \in B$, e viceversa a ogni $b \in B$ uno e un solo elemento $a \in A$. La corrispondenza biunivoca fra gli elementi di A e quelli di B viene anche detta **trasformazione** tra A e B.

PARTE TERZA

1.1.4 OPERAZIONI CON GLI INSIEMI

Intersezione

L'insieme **intersezione** di A e B è l'insieme degli elementi appartenenti **contemporaneamente** ad A **e** a B, ossia a entrambi gli insiemi. In simboli:

$$A \cap B = \{x \mid x \in A \text{ e } x \in B\}$$

A = {0, 3, 8}; B = {0, 3, 22, 70}: $A \cap B = \{0, 3\}$

Unione

L'insieme **unione** di A e B è l'insieme degli elementi appartenenti ad A **oppure** a B, ossia ad almeno uno dei due insiemi. In simboli:

$$A \cup B = \{x \mid x \in A \text{ oppure } x \in B\}$$

A = {0, 3, 8}; B = {0, 3, 22, 70}: $A \cup B = \{0, 3, 8, 22, 70\}$

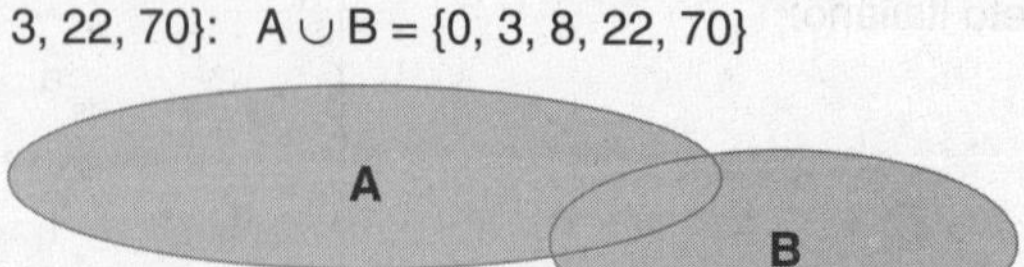

Uno dei primi obiettivi da perseguire è quello di essere in grado di *classificare* i numeri, ossia conoscere i differenti *insiemi numerici* (insieme dei naturali, insieme degli interi relativi, insieme dei razionali...). Partendo dai numeri naturali, con successivi ampliamenti delle **classi numeriche**, si arriva fino ai numeri reali. Nella seguente rappresentazione insiemistica appare evidente che ciascuna classe è un ampliamento di quella che la precede.

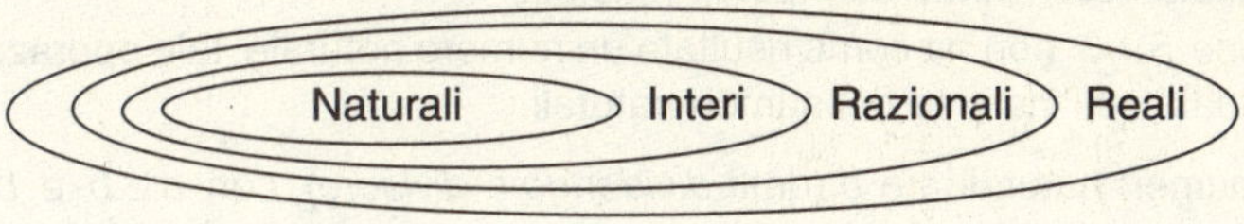

1.2 NUMERI NATURALI

I numeri naturali costituiscono un insieme infinito, generalmente indicato con il simbolo $\mathbb{N}$:

$$\mathbb{N} = \{1, 2, 3... n...\}$$

I numeri naturali devono il loro nome al fatto che traducono l'azione *naturale* del contare.

1.2.1 OPERAZIONI FONDAMENTALI E LORO PROPRIETÀ

Alla base dell'aritmetica si trovano, oltre alla definizione di numero naturale, le definizioni delle operazioni (*addizione, sottrazione, moltiplicazione, divisione, elevamento a potenza* ed *estrazione di radice*), delle quali è importante conoscere le proprietà. In primo luogo occorre ricordare l'**ordine** con cui devono essere svolte le operazioni che si trovano nella medesima espressione.

Il corretto **ordine di priorità decrescente** è il seguente:

1: parentesi 2: potenze e radici 3: moltiplicazioni e divisioni 4: addizioni e sottrazioni

$$3 + 4 \cdot (3 + 2)^2 = 3 + 4 \cdot (5)^2 = 3 + 4 \cdot 25 = 3 + 100 = 103$$

La tabella seguente riporta le principali proprietà delle quattro operazioni fondamentali (addizione, sottrazione, moltiplicazione e divisione).

Operazione	Proprietà
Addizione	commutativa → $a + b = b + a$ associativa → $(a + b) + c = a + (b + c) = a + b + c$
Sottrazione	invariantiva → $a - b = (a \pm c) - (b \pm c)$
Moltiplicazione	commutativa → $a \cdot b = b \cdot a$ associativa → $(a \cdot b) \cdot c = a \cdot (b \cdot c) = a \cdot b \cdot c$ distributiva rispetto alla somma → $a \cdot (b + c) = a \cdot b + a \cdot c$
Divisione	invariantiva → $a : b = (a : c) : (b : c) = (a \cdot c) : (b \cdot c)$ distributiva rispetto alla somma → $(a + b) : c = a : c + b : c$

Si noti che in una frazione la proprietà distributiva della divisione rispetto alla somma è applicabile solo al dividendo (numeratore) e **non** al divisore (denominatore).

$$(6 + 9) \div 3 = 6 \div 3 + 9 \div 3 \quad \text{mentre} \quad 24 \div (4 + 8) \neq 24 \div 4 + 24 \div 8$$

Le proprietà dell'elevamento a potenza e dell'estrazione di radice verranno trattate nei capitoli successivi.

1.2.2 DIVISIONE CON RESTO, CRITERI DI DIVISIBILITÀ E NUMERI PRIMI

Nell'insieme dei numeri naturali non è detto che il problema di dividere fra loro due naturali *a* e *b* abbia soluzione (nel senso che non è detto che il quoziente fra due numeri naturali sia anch'esso un numero naturale).

L'operazione $12 \div 4$ ha come risultato il numero naturale 3: tale operazione **può** quindi essere effettuata nell'insieme dei numeri naturali.

L'operazione $5 \div 3$ non ha come risultato un numero naturale: tale operazione **non può** essere effettuata nell'insieme dei numeri naturali.

✔ Dati due numeri naturali *a* e *b* (detti *dividendo* e *divisore*), con $a \geq b$ e $b \neq 0$, si definisce *divisione con resto* l'operazione che consiste nel determinare due numeri naturali *q* ed *r* (detti *quoziente* e *resto*), con $0 \leq r < b$, tali che $a = q \cdot b + r$.

Se $r = 0$, *a* si dice **divisibile** per (o **multiplo** di) *b*, mentre *b* è detto **divisore** (o **fattore**) di *a*.

Esistono alcuni *criteri di divisibilità* che consentono di stabilire rapidamente se un qualsiasi numero intero *n* sia divisibile (o meno) per 2, 3, 4, 5, 6, 8, 9 e 11.

***n* è divisibile:**	
per 2	se è divisibile per 2 l'ultima sua cifra;
per 3	se è divisibile per 3 la somma delle sue cifre;
per 4	se è divisibile per 4 il numero formato dalle ultime due cifre;
per 5	se l'ultima sua cifra è 0 oppure 5;
per 6	se è divisibile per 2 e per 3;
per 8	se è divisibile per 8 il numero formato dalle ultime tre cifre;
per 9	se è divisibile per 9 la somma delle sue cifre;
per 11	se è divisibile per 11 la differenza fra la somma delle cifre di posto pari e la somma delle cifre di posto dispari.

Qualsiasi numero naturale è **sempre** divisibile (senza resto) per sé stesso e per l'unità.

Si consideri, per esempio, il numero naturale 12: si ha che $12 \div 12 = 1$ e che $12 \div 1 = 12$.

Alcuni numeri naturali ammettono anche altri divisori (oltre a sé stessi e all'unità).

Si consideri ancora il numero naturale 12: i suoi divisori sono: 1, 2, 3, 4, 6 e 12.

✔ Si dicono **primi** i numeri naturali maggiori di 1 che ammettono come divisori **solo** sé stessi e l'unità.

I primi dieci numeri primi sono: 2, 3, 5, 7, 11, 13, 17, 19, 23, 29.

1.2.3 SCOMPOSIZIONE IN FATTORI PRIMI

La scomposizione in fattori primi di un numero naturale maggiore di 1 è la rappresentazione del numero stesso come **prodotto dei suoi fattori primi** (ossia come prodotto dei suoi divisori che siano anche numeri primi): indipendentemente dal procedimento utilizzato per il calcolo, la scomposizione in fattori primi è **unica**.

La scomposizione in fattori primi di 126 è: $126 = 2 \cdot 3 \cdot 3 \cdot 7 = 2 \cdot 3^2 \cdot 7$.

Per scomporre un numero in fattori primi si utilizza il metodo delle *divisioni successive*: si procede per tentativi cercando un numero primo (partendo dai valori più piccoli: 2, 3, 5...) che sia divisore del numero dato finché si trova il primo fattore. A questo punto si riapplica il procedimento al quoziente ottenuto e così via fino a quando si trova come quoziente 1.

$$\begin{array}{r|l} \mathbf{126} & \mathbf{2} \\ \mathbf{63} & \end{array} \rightarrow \begin{array}{r|l} 126 & 2 \\ \mathbf{63} & \mathbf{3} \\ \mathbf{21} & \end{array} \rightarrow \begin{array}{r|l} 126 & 2 \\ 63 & 3 \\ \mathbf{21} & \mathbf{3} \\ \mathbf{7} & \end{array} \rightarrow \begin{array}{r|l} 126 & 2 \\ 63 & 3 \\ 21 & 3 \\ 7 & \mathbf{7} \\ \mathbf{1} & \end{array} \rightarrow 126 = 2 \cdot 3 \cdot 3 \cdot 7 = 2 \cdot 3^2 \cdot 7$$

1.2.4 MASSIMO COMUNE DIVISORE E MINIMO COMUNE MULTIPLO

Il **Massimo Comune Divisore** (M.C.D.) di due o più interi è il maggiore fra gli interi che dividono (senza resto) tutti i numeri dati. Il **minimo comune multiplo** (m.c.m.) di due o più interi è il minore fra gli interi multipli di tutti i numeri dati.

Per determinare il **M.C.D.** di due o più numeri, li si scompone in fattori primi e si calcola il prodotto dei **fattori primi comuni**, ciascuno preso una volta sola con il **minimo esponente** con cui figura.

Per determinare il **m.c.m.** di due o più numeri, li si scompone in fattori primi e si calcola il prodotto dei **fattori primi comuni e non comuni**, ciascuno preso una volta sola con il **massimo esponente** con cui figura.

M.C.D.(24, 144, 60) = 12 e m.c.m.(24, 144, 60) = 720 infatti:

$$\left.\begin{array}{l} 24 = 2^3 \cdot 3 \\ 144 = 2^4 \cdot 3^2 \\ 60 = 2^2 \cdot 3 \cdot 5 \end{array}\right\} \begin{array}{l} \text{M.C.D.}(24, 144, 60) = 2^2 \cdot 3 = 4 \cdot 3 = 12 \\ \text{m.c.m.}(24, 144, 60) = 2^4 \cdot 3^2 \cdot 5 = 16 \cdot 9 \cdot 5 = 720 \end{array}$$

1.3 NUMERI INTERI RELATIVI

Nell'insieme dei numeri naturali non sempre è possibile effettuare l'operazione di sottrazione fra due numeri.

L'operazione 4 – 7 non può essere effettuata nell'insieme dei numeri naturali.

Per rendere possibile la sottrazione anche nei casi in cui il minuendo è minore del sottraendo si introducono i numeri *interi negativi* (mentre i numeri naturali considerati sinora prendono il nome di numeri *interi positivi*) e lo zero.

Gli infiniti numeri interi positivi (ossia i numeri naturali), lo zero e gli infiniti numeri interi negativi costituiscono l'insieme dei numeri interi relativi.

I numeri relativi costituiscono quindi un insieme infinito, indicato con il simbolo $\mathbb{Z}$:

$$\mathbb{Z} = \{\ldots - n \ldots -3, -2, -1, 0, +1, +2, +3 \ldots + n \ldots\}$$

L'introduzione dello zero rende necessaria la seguente osservazione.

Negli interi, come in ogni altro insieme numerico, **non si può dividere per zero.** L'operazione $a \div 0$ è priva di significato.

Viceversa, l'operazione $0 \div a$ ha sempre significato per ogni $a \neq 0$ e si ha: $0 \div a = 0$.

Per il prodotto vale inoltre la notevole **legge dell'annullamento del prodotto**:

Il prodotto tra due numeri si annulla se e solo se almeno uno dei due numeri è uguale a zero.

MATEMATICA

1.3.1 Valore assoluto di un numero relativo

Il *valore assoluto* (o *modulo*) di un numero relativo a (indicato con $|a|$) è **il numero stesso privato del segno.**

$$|a| = \begin{cases} a & \text{se } a \geq 0 \\ -a & \text{se } a < 0 \end{cases}$$

Il numero $-a$ non è necessariamente negativo: se $a = -3 \rightarrow -a = -(-3) = +3 > 0$.

$|-3| = 3$; $|+7| = 7$

Due numeri relativi aventi lo **stesso valore assoluto e segni contrari** si dicono **opposti** (o anche simmetrici o contrari). Due numeri relativi **aventi lo stesso segno** si dicono **concordi**. Due numeri relativi **aventi segno diverso** si dicono **discordi**.

1.3.2 Confronto fra numeri relativi

Due numeri relativi si dicono **uguali** se hanno lo **stesso valore assoluto** e lo **stesso segno.**

Ogni numero positivo è maggiore di ogni numero negativo. Fra due numeri positivi è maggiore quello che ha il valore assoluto maggiore, mentre **fra due numeri negativi è maggiore quello che ha il valore assoluto minore**. Inoltre lo zero è minore di ogni numero positivo e maggiore di ogni numero negativo.

1.3.3 Operazioni fra numeri relativi

Addizione di numeri relativi: se i due numeri sono concordi, si addizionano i valori assoluti e si mantiene lo stesso segno; se i due numeri sono discordi, si calcola la differenza fra i valori assoluti e si tiene il segno del numero con valore assoluto maggiore.

Per "visualizzare" le operazioni fra numeri relativi può essere utile fare riferimento a una sorta di scala termometrica (come quella utilizzata nei comuni termometri):

$(-2) + (-3) = -5$

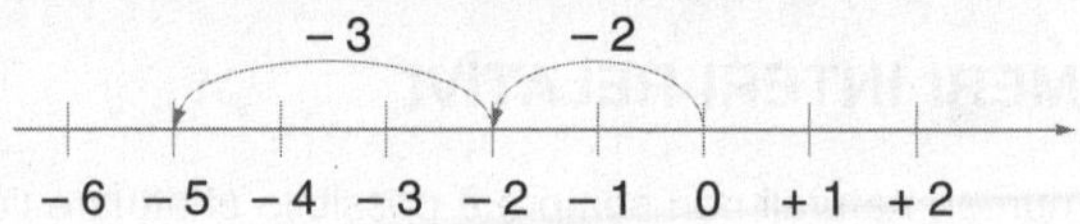

$(-4) + (+2) = -2$

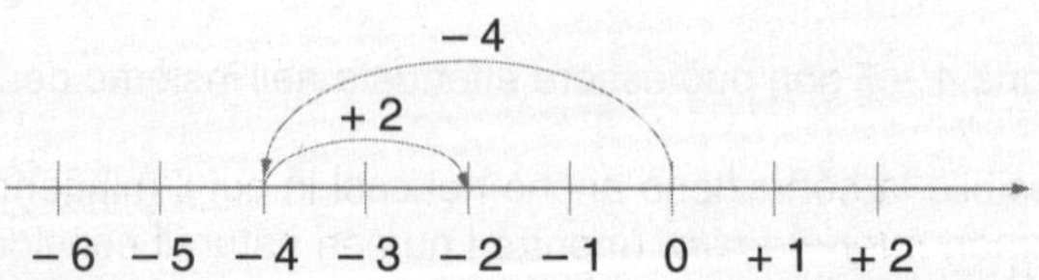

Sottrazione fra numeri relativi: la sottrazione è l'operazione inversa dell'addizione, quindi sottrarre un numero equivale ad addizionare il suo opposto. Conviene quindi trasformare la sottrazione in un'addizione e utilizzarne le relative regole.

$(-3) - (-4) = (-3) + (+4) = +1$

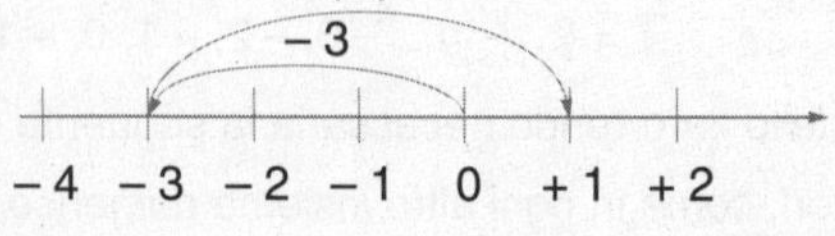

Anche le operazioni di moltiplicazione e di divisione risultano facilitate se si utilizza il concetto di valore assoluto.

Moltiplicazione e divisione fra numeri relativi: si esegue la moltiplicazione (o la divisione) fra i valori assoluti e si tiene il segno positivo se i due numeri sono concordi, negativo se sono discordi.

$(-2) \cdot (-3) = +6$; $(-4) \cdot (+2) = -8$; $(+6) \div (-3) = -2$; $(-12) \div (-4) = +3$

Per meglio memorizzare le regole sul segno di un prodotto o di un quoziente fra numeri relativi, può essere utile la seguente tabella:

Segno degli operandi		Segno del risultato
+	+	+
+	−	−
−	+	−
−	−	+

1.4 NUMERI RAZIONALI

Come si è visto, nell'insieme dei numeri interi relativi non sempre è possibile effettuare l'operazione di quoziente fra due numeri interi.

L'operazione $3 \div 8$ non ha soluzione nell'insieme dei numeri interi.

Per rendere possibile il quoziente anche nei casi in cui il dividendo non sia multiplo del divisore si introducono i numeri *razionali*.

✔ **Tutte le possibili frazioni (rapporti fra numeri interi relativi) costituiscono l'insieme dei numeri razionali.**

I numeri razionali costituiscono quindi un insieme infinito, indicato con il simbolo $\mathbb{Q}$:

$$\mathbb{Q} = \{a/b \mid a, b \in \mathbb{Z} \text{ e } b \neq 0\}$$

La frazione $\frac{3}{8}$ è il rapporto fra l'intero 3 (il *numeratore*) e l'intero 8 (il *denominatore*).

È utile osservare che tutti gli interi possono essere pensati come frazioni con denominatore unitario, per cui si ricava la seguente catena di inclusioni fra insiemi numerici:

$$\mathbb{N} \subset \mathbb{Z} \subset \mathbb{Q}$$

1.4.1 PROPRIETÀ INVARIANTIVA E FRAZIONI EQUIVALENTI

La proprietà invariantiva, valida per l'insieme $\mathbb{N}$ dei naturali, vale anche per l'insieme $\mathbb{Q}$ dei razionali.

✔ **Moltiplicando o dividendo i due termini di una frazione per uno stesso numero** (purché diverso da zero) **si ottiene una frazione equivalente alla data.**

Da un altro punto di vista, è possibile affermare che il valore di un numero non varia se questo viene moltiplicato per 1. In una frazione, moltiplicare sia il numeratore che il denominatore per lo stesso numero equivale a moltiplicare la frazione per 1: la frazione non cambia. Lo stesso accade anche se, anziché moltiplicare, si divide per lo stesso numero sia numeratore che denominatore.

$$\frac{1}{2} = \frac{1}{2} \cdot 1 = \frac{1}{2} \cdot \frac{3}{3} = \frac{1 \cdot 3}{2 \cdot 3} = \frac{3}{6}; \quad \frac{5}{15} = \frac{5}{15} \div 1 = \frac{5}{15} \div \frac{5}{5} = \frac{5 \div 5}{15 \div 5} = \frac{1}{3}$$

Una frazione viene detta **irriducibile** o **ridotta ai minimi termini** quando i suoi termini sono *primi fra loro* (ossia quando il loro M.C.D. vale 1). Per ridurre una frazione ai minimi termini si divide sia il numeratore che il denominatore per il loro M.C.D. Questa operazione prende anche il nome di "semplificazione".

$$\frac{24}{60} \xrightarrow{\text{essendo M.C.D.}(24, 60) = 12} \frac{24 \div 12}{60 \div 12} = \frac{2}{5}$$

1.4.2 OPERAZIONI TRA FRAZIONI

Addizione e sottrazione tra frazioni: per addizionare (o sottrarre) fra loro due o più frazioni occorre che esse abbiano lo stesso denominatore.

Per ridurre più frazioni al *minimo comune denominatore* si riducono le frazioni ai minimi termini (se non lo sono già), si cerca il m.c.m. dei denominatori e si trasforma ciascuna frazione nella frazione equivalente che abbia il m.c.m. trovato come denominatore.

Una volta ridotte le frazioni al minimo comune denominatore, si considera come somma (o differenza) delle frazioni date una nuova frazione avente per numeratore la somma (o la differenza) fra i numeratori e per denominatore il minimo comune denominatore trovato.

$$\frac{3}{4}+\frac{5}{6}-\frac{7}{8}\xrightarrow{\text{essendo m.c.m.}(4,\,6,\,8)\,=\,24}\frac{18}{24}+\frac{20}{24}-\frac{21}{24}=\frac{18+20-21}{24}=\frac{17}{24}$$

$$\frac{1}{2}-\frac{4}{6}+\frac{12}{15}=\frac{1}{2}-\frac{2}{3}+\frac{4}{5}\xrightarrow{\text{essendo m.c.m.}(2,\,3,\,5)\,=\,30}\frac{15}{30}-\frac{20}{30}+\frac{24}{30}=\frac{15-20+24}{30}=\frac{19}{30}$$

Moltiplicazione tra frazioni: il prodotto fra due o più frazioni è la frazione avente per numeratore il prodotto dei numeratori e per denominatore il prodotto dei denominatori.

$$\frac{3}{4}\cdot\frac{5}{6}\cdot\frac{7}{8}=\frac{3\cdot 5\cdot 7}{4\cdot 6\cdot 8}=\frac{5\cdot 7}{4\cdot 2\cdot 8}=\frac{35}{64}$$

Per quando riguarda il segno di un prodotto tra frazioni, vale ancora la regola e la tabella vista nel § 1.3.3: il prodotto è positivo se le due frazioni sono concordi, negativo se sono discordi.

Inoltre, in un prodotto tra frazioni è possibile effettuare la semplificazione prima di svolgere il prodotto, dividendo il numeratore di una delle due frazioni e il denominatore dell'altra per il loro M.C.D.

$$\frac{3}{4}\cdot\frac{5}{6}=\frac{{}^{1}\cancel{3}}{4}\cdot\frac{5}{\cancel{6}_{2}}=\frac{1}{4}\cdot\frac{5}{2}=\frac{5}{8}\qquad\frac{7}{5}\cdot\frac{15}{4}=\frac{7}{{}_{1}\cancel{5}}\cdot\frac{\cancel{15}^{3}}{4}=\frac{7}{1}\cdot\frac{3}{4}=\frac{21}{4}$$

Divisione tra frazioni: per dividere fra loro due frazioni si moltiplica la prima per la reciproca (ossia la frazione ottenuta scambiando fra loro numeratore e denominatore) della seconda.

$$\frac{3}{4}\div\frac{5}{6}=\frac{3}{4}\cdot\frac{6}{5}=\frac{18}{20}=\frac{9}{10}\qquad\frac{4}{7}\div 2=\frac{4}{7}\cdot\frac{1}{2}=\frac{4}{14}=\frac{2}{7}$$

Confronto tra frazioni: per confrontare fra loro due o più frazioni occorre che esse abbiano lo stesso denominatore. Una volta ridotte le frazioni al minimo comune denominatore, si confrontano fra loro i numeratori.

Per confrontare fra loro le tre frazioni $\frac{3}{4}$, $\frac{5}{6}$ e $\frac{7}{8}$, le si riduce allo stesso denominatore, ottenendo $\frac{18}{24}$, $\frac{20}{24}$ e $\frac{21}{24}$. Essendo $18 < 20 < 21$, si ottiene: $\frac{18}{24}<\frac{20}{24}<\frac{21}{24}\rightarrow\frac{3}{4}<\frac{5}{6}<\frac{7}{8}$.

Se le frazioni da confrontare sono soltanto due (per esempio a/b e c/d) esiste un metodo più rapido: si confrontano i due prodotti $a \cdot d$ e $b \cdot c$ e si utilizza la regola seguente.

La frazione più grande è quella il cui numeratore compare nel prodotto maggiore.

Per confrontare fra loro le due frazioni $\frac{4}{5}$ e $\frac{3}{4}$, si calcolano i due prodotti $4 \cdot 4 = 16$ e $5 \cdot 3 = 15$. Essendo $16 > 15$, il numeratore che compare nel prodotto maggiore è 4, per cui la frazione maggiore è $\frac{4}{5}$, ossia $\frac{4}{5}>\frac{3}{4}$.

1.4.3 NUMERI DECIMALI E FRAZIONI GENERATRICI

Ogni numero razionale (ossia ogni frazione) può anche essere rappresentato in forma di **numero decimale**: è sufficiente **dividere il numeratore per il denominatore** utilizzando la nota regola di divisione fra interi.

✔ $\frac{2}{5} = 2 \div 5 = 0{,}4$

Trattandosi di una divisione fra interi, possono presentarsi due casi:

1. a un certo punto della divisione si trova un resto nullo: il quoziente risulta quindi formato da una parte intera (eventualmente nulla) seguito dalla virgola e da un numero finito di cifre (eventualmente nessuna). Si è ottenuto un *numero decimale limitato*;

   $\frac{8}{5} = 8 \div 5 = 1{,}6$

2. per quanto si prosegue nell'operazione di divisione non si trova mai un resto nullo: il quoziente risulta allora formato da una parte intera (eventualmente nulla) seguita dalla virgola e da un numero infinito di cifre. Si è ottenuto un *numero decimale illimitato.* I resti sono numeri interi minori del divisore, quindi proseguendo nell'operazione di divisione si deve ripresentare un resto già ottenuto in precedenza: da questo punto in poi, tutti i resti che seguono si ripetono sempre nello stesso ordine e così pure le cifre del quoziente. Il gruppo di cifre decimali che si ripetono nel quoziente viene detto *periodo* (mentre il gruppo delle eventuali cifre fra la virgola e la prima ricorrenza del periodo viene detto *antiperiodo*) e il numero decimale è *illimitato periodico.*

   $\frac{10}{3} = 3{,}333... = 3{,}(3) = 3{,}\bar{3}$: il periodo è 3.

   $\frac{4}{15} = 0{,}2666... = 0{,}2(6) = 0{,}2\bar{6}$: l'antiperiodo è 2 mentre il periodo è 6.

Data una frazione è sempre possibile trovare il corrispondente numero decimale.

È vero anche il viceversa: dato un numero decimale (limitato o illimitato periodico) è possibile trovare la frazione corrispondente, che prende il nome di *frazione generatrice.*

Di nuovo si presentano due casi.

1. Se il numero decimale è limitato, si forma la frazione moltiplicando e dividendo il numero decimale per il numero costituito dalla cifra 1 seguita da tanti zeri quante sono le cifre decimali del numero dato: la frazione ottenuta potrà poi essere ridotta ai minimi termini.

   $0{,}06 = \frac{0{,}06 \cdot 100}{100} = \frac{6}{100} = \frac{3}{50}$

2. Se il numero decimale è illimitato periodico, si forma la frazione avente per numeratore la differenza fra il numero costituito dalla parte intera seguita dall'antiperiodo e dal periodo preso una sola volta e il numero composto dalla parte intera e dall'eventuale antiperiodo e, per denominatore, un numero composto da tanti 9 quante sono le cifre del periodo seguito da tante cifre 0 quante sono quelle dell'eventuale antiperiodo.

   $0{,}(13) = \frac{13-0}{99} = \frac{13}{99}$: in questo caso non c'è antiperiodo.

   $2{,}18(4) = \frac{2184-218}{900} = \frac{1966}{900} = \frac{983}{450}$: in questo caso l'antiperiodo è 18.

MATEMATICA

1.4.4 OPERAZIONI TRA NUMERI DECIMALI

Addizione e sottrazione tra numeri decimali: per addizionare (o sottrarre) fra loro due o più numeri decimali è conveniente allineare una sotto l'altra le virgole dei diversi numeri. Questo assicura che i decimi siano addizionati (o sottratti) ai decimi, i centesimi ai centesimi e così via.

Per effettuare la somma $\begin{array}{r} 0,6 + \\ 0,07 + \\ 0,008 = \\ \hline \end{array}$ si utilizza l'allineamento $\begin{array}{l} 0,6 + \\ 0,07 + \\ 0,008 = \\ \hline 0,678 \end{array}$

Moltiplicazione tra numeri decimali: per moltiplicare fra loro due o più numeri decimali si effettua il calcolo come se fossero interi ("dimenticandosi" della virgola). Il risultato avrà un numero di cifre decimali pari alla somma dei numeri di cifre decimali dei fattori.

$$\begin{array}{rcll} 0,675 & \times & \rightarrow & \text{3 cifre decimali +} \\ 0,42 & = & \rightarrow & \text{2 cifre decimali =} \\ \hline 1350 & & & \\ 2700 & & & \\ \hline 0,28350 & & \leftarrow & \text{5 cifre decimali} \end{array}$$

Divisione tra numeri decimali: per dividere fra loro due numeri decimali si moltiplicano sia il dividendo che il divisore per l'opportuno multiplo di 10 (per la proprietà invariantiva il quoziente non cambia) in modo che diventino entrambi interi, quindi si effettua la divisione nel modo usuale.

$0,675 \div 0,25 = 675 \div 250 = 2,7$

L'espressione $\{9,18 - [6,3 - (3,2 + 5,6)]\} + \{[(-4,1 + 4,21) - (3,65 \div 5)] - 9,06\}$ si svolge (applicando le regole viste finora) nel modo seguente:

$$\begin{aligned} &\{9,18 - [6,3 - (3,2 + 5,6)]\} + \{[(-4,1 + 4,21) - (3,65 \div 5)] - 9,06\} \\ &= \{9,18 - [6,3 - 8,8]\} + \{[0,11 - 0,73] - 9,06\} \\ &= \{9,18 - [-2,5]\} + \{[-0,62] - 9,06\} \\ &= \{9,18 + 2,5\} + \{-0,62 - 9,06\} = 11,68 - 9,68 = 2 \end{aligned}$$

Confronto tra numeri decimali: conviene aggiungere alcuni zeri dopo l'ultima cifra decimale di ciascun numero in modo che tutti i numeri abbiano lo stesso numero di cifre dopo la virgola. Si effettua poi il confronto nella maniera usuale.

Per confrontare fra loro 0,62, 0,073 e 0,0084 conviene trasformarli rispettivamente in 0,6200, 0,0730 e 0,0084 da cui si ricava che:

$$0,0084 < 0,0730 < 0,6200$$

Può capitare che venga richiesto di confrontare numeri decimali con frazioni: in questi casi, occorre "uniformare" i numeri, trasformandoli tutti in frazioni oppure tutti in forma decimale.

Per disporre in ordine crescente i seguenti numeri (decimali e frazionari):

$$x = 0,8; \quad y = 0,63; \quad z = 13/20; \quad w = 7/25$$

si trasformano prima i decimali in frazioni:

$$x = 0,8 = 8/10 \quad y = 0,63 = 63/100 \quad z = 13/20 \quad w = 7/25$$

poi li si riduce tutti allo stesso denominatore 100:

$$x = 80/100 \quad y = 63/100 \quad z = 65/100 \quad w = 28/100$$

Infine dal confronto fra i numeratori si deduce che l'ordine crescente è *w, y, z, x*.

1.5 PERCENTUALI

Le percentuali sono in sostanza delle frazioni: **per cento** è un sinonimo di **centesimi**, nel senso che 25% significa 25 centesimi.

- $25\% = \frac{25}{100}$
- $2000\% = \frac{2000}{100}$
- $0{,}3\% = \frac{0{,}3}{100} = \frac{3}{1000}$

Una percentuale è pertanto una frazione con denominatore pari a 100. È possibile esprimere le percentuali sia come frazioni che come numeri decimali.

- $25\% = \frac{25}{100} = \frac{1}{4} = 0{,}25$
- $10\% = \frac{10}{100} = \frac{1}{10} = 0{,}1$
- $100\% = \frac{100}{100} = 1$

Dal momento che 100% rappresenta l'unità, moltiplicare o dividere un numero qualsiasi (intero, decimale o frazionario) per 100% non ne cambia il valore. Quindi:

- per convertire un numero (intero, decimale o frazionario) in percentuale lo si moltiplica per 100% (ossia si moltiplica per 100 e si affianca il simbolo di percentuale);
- per convertire una percentuale in un numero lo si divide per 100% (ossia si divide per 100 e si toglie il simbolo di percentuale).

Convertire 0,67 in percentuale: $0{,}67 \cdot 100\% = 67\%$, da cui $0{,}67 = 67\%$.

Convertire 35% in frazione: $35\% = \frac{35\%}{100\%} = \frac{35}{100} = \frac{7}{20}$, da cui $35\% = \frac{7}{20}$.

In altre parole, per convertire una percentuale in un numero decimale è sufficiente eliminare il segno di percentuale (%) e spostare la virgola di due posizioni a sinistra (il che equivale a dividere per cento):

$$25\% = 0{,}25\,;\quad 2000\% = 20\,;\quad 0{,}3\% = 0{,}003$$

La maggior parte dei problemi con le percentuali è riconducibile all'espressione:

Il tasso T percentuale di B è A

↓ ↓ ↓ ↓

Il 10 % di 60 è 6

Generalmente sono date due variabili ed è richiesto di calcolare la terza. Le formule da utilizzare in questo caso sono:

$$A = T \cdot B;\quad B = \frac{A}{T};\quad T = \frac{A}{B} \qquad [1]$$

Per trovare il 15% di 50 si applica la prima delle [1] e si ottiene:

$$A = 0{,}15 \cdot 50 = 7{,}5$$

Per calcolare il numero B di cui 5 è il 10% si applica la seconda delle [1] e si ottiene:

$$B = \frac{5}{10\%} = \frac{5 \cdot 100}{10} = 50$$

1.5.1 Problemi di sconto

Si tratta di problemi del tipo: "A quanto ammonta lo sconto se una automobile che costa 6.000 euro è scontata del 14%?".

La formula da applicare in questo tipo di problemi è la seguente:

$$\text{sconto} = \text{costo} \cdot \text{tasso di sconto} \qquad [2]$$

Essendo il tasso di sconto espresso in termini percentuali, la formula equivale alla relazione già incontrata: $A = T \cdot B$.

Per calcolare a quanto ammonta lo sconto se una automobile che costa 6.000 euro è scontata del 14% si applica la [2] e si ottiene:

$$\text{sconto} = € \, 6.000 \cdot 0{,}14 = € \, 840$$

1.5.2 Problemi di interesse

Si tratta di problemi del tipo: "A quanto ammonta l'interesse che fruttano 5.000 euro investiti per 6 mesi a un tasso del 6%?".

Anche in questo caso c'è un tasso espresso in percentuale e il modo di procedere è analogo a quello visto nel paragrafo precedente. Compare tuttavia, nella formula da applicare per il calcolo dell'interesse, un nuovo elemento da considerare: il *tempo*.

$$\text{interesse} = \text{capitale} \cdot \text{tempo} \cdot \text{tasso di interesse} \qquad [3]$$

Il tasso di interesse va inteso come *tasso annuale*, a meno che il problema non ne specifichi uno diverso: tutti i tempi vanno convertiti in anni (o frazioni di anno).

Per calcolare l'interesse che fruttano 5.000 euro investiti per 6 mesi a un tasso del 6% si applica la [3] e si ottiene:

$$\text{interesse} = € \, 5.000 \cdot 0{,}5 \cdot \frac{6}{100} = € \, 150$$

1.5.3 Variazione percentuale

È opportuno infine ricordare la formula per ottenere la *variazione percentuale di una variabile* di cui si conoscono il valore iniziale e finale (ammontare originale e nuovo ammontare). Essa è la stessa sia che si consideri un *incremento* sia che si consideri un *decremento* percentuale: l'unica differenza che si osserva è il segno della variazione percentuale (positivo nel primo caso, negativo nel secondo).

$$\text{variazione percentuale} = \frac{\text{nuovo ammontare} - \text{ammontare originale}}{\text{ammontare originale}} \cdot 100\% \qquad [4]$$

Il numero di auto vendute da un concessionario è passato da 300 a 360. Per calcolare l'incremento percentuale di tale numero si applica la [4] e si ottiene:

$$\text{variazione percentuale} = \frac{360 - 300}{300} \cdot 100\% = 20\% \quad \text{(incremento)}$$

Il valore di una azione è sceso da 30 a 24. Per calcolare il suo decremento percentuale si utilizza ancora la [4] e si ottiene:

$$\text{variazione percentuale} = \frac{24 - 30}{30} \cdot 100\% = -20\% \quad \text{(decremento)}$$

1.6 POTENZE DI UN NUMERO RAZIONALE

La *potenza* di un numero razionale *a*, detto *base*, con *esponente* intero *n* è il prodotto di *n* fattori tutti uguali ad *a*:

$$a^n = \underbrace{a \cdot a \cdot \ldots \cdot a}_{n \text{ volte}} \quad \text{con} \begin{cases} a \in \mathbb{Q} \\ n \in \mathbb{N} \end{cases}$$

$$3^4 = \underbrace{3 \cdot 3 \cdot 3 \cdot 3}_{4 \text{ volte}} = 81 \; ; \quad (-5)^3 = \underbrace{(-5) \cdot (-5) \cdot (-5)}_{3 \text{ volte}} = -125$$

Poiché la potenza di un numero è sempre riconducibile a una operazione di moltiplicazione, è possibile enunciare la seguente regola che permette di stabilire il segno di una potenza.

Se la base è positiva, il valore della potenza è sempre positivo.
Se la base è negativa, il valore della potenza è positivo se l'esponente è pari, negativo se l'esponente è dispari.

$$(+5)^3 = +125 \; ; \quad (-2)^4 = +16 \; ; \quad (-3)^3 = -27$$

1.6.1 PROPRIETÀ DELLE POTENZE

Le seguenti proprietà sono conseguenze della definizione di potenza.

Il valore di una potenza con esponente unitario è sempre uguale alla base:

$$a^1 = a$$

Il valore di una potenza con base nulla è sempre nullo qualunque sia l'esponente (purché diverso da zero):

$$0^n = 0 \quad \text{con } n \neq 0$$

Dalla precedente osservazione è possibile ricavare la seguente.

Condizione necessaria e sufficiente affinché il valore di una potenza sia nullo è che sia nulla la base della potenza.

È utile inoltre osservare che al simbolo 0^0 non si attribuisce alcun significato.

Il valore di una potenza con base unitaria è sempre unitario qualunque sia l'esponente:

$$1^n = 1$$

1.6.2 POTENZE E OPERAZIONI FONDAMENTALI

Il prodotto di due o più potenze aventi la stessa base è una potenza avente per base la stessa base e per esponente la somma degli esponenti:

$$a^m \cdot a^n = a^{(m+n)}$$

Il quoziente di due potenze aventi la stessa base è una potenza avente per base la stessa base e per esponente la differenza degli esponenti.

$$\frac{a^m}{a^n} = a^{(m-n)}$$

$$(-2)^3 \cdot (-2)^4 = [(-2) \cdot (-2) \cdot (-2)] \cdot [(-2) \cdot (-2) \cdot (-2) \cdot (-2)]$$
$$= (-2) \cdot (-2) \cdot (-2) \cdot (-2) \cdot (-2) \cdot (-2) \cdot (-2) = (-2)^7 = (-2)^{3+4} = -128$$

$$\frac{(-3)^5}{(-3)^3} = \frac{(-3) \cdot (-3) \cdot (-3) \cdot (-3) \cdot (-3)}{(-3) \cdot (-3) \cdot (-3)} = (-3) \cdot (-3) = (-3)^2 = (-3)^{5-3} = +9$$

In base alla precedente proprietà sul quoziente di due potenze risulta possibile dare un valore a due simboli (a^0 e a^{-n}) finora privi di significato come potenze.

La potenza con esponente nullo di una base qualsiasi (purché diversa da zero) **è sempre uguale all'unità.**

$$a^0 = 1 \quad \text{con } a \neq 0$$

Infatti, indicando con n un numero intero positivo qualsiasi, si ha:

$$a^0 = a^{n-n} = \frac{a^n}{a^n} = 1$$

La proprietà sul quoziente di due potenze consente anche di dare significato alle potenze con esponente negativo.

La potenza con esponente negativo è uguale al reciproco della stessa potenza, ma con esponente opposto.

$$a^{-n} = \frac{1}{a^n}$$

Infatti, indicando con n un numero intero positivo qualsiasi, si ha: $a^{-n} = a^{0-n} = \frac{a^0}{a^n} = \frac{1}{a^n}$.

- $5^{-2} = \frac{1}{5^2} = \frac{1}{25}$
- $\left(-\frac{2}{3}\right)^{-3} = \left(-\frac{3}{2}\right)^3 = -\frac{27}{8}$

PARTE TERZA

1.6.3 PROPRIETÀ DISTRIBUTIVE DELLE POTENZE

Per le potenze vale la proprietà distributiva sia rispetto alla moltiplicazione che rispetto alla divisione.

La potenza del prodotto di più fattori è uguale al prodotto delle potenze di ciascun fattore.

$$(a \cdot b \cdot c \cdot \ldots)^n = a^n \cdot b^n \cdot c^n \cdot \ldots$$

La potenza di un quoziente di due numeri è uguale al quoziente delle potenze di ciascuno dei due numeri dati.

$$\left(\frac{a}{b}\right)^n = \frac{a^n}{b^n} \quad \text{con } b \neq 0$$

- $(2 \cdot 3 \cdot 4)^2 = 2^2 \cdot 3^2 \cdot 4^2$
- $\left(\frac{3}{4}\right)^2 = \frac{3^2}{4^2}$

Una conseguenza della proprietà distributiva rispetto al prodotto è la seguente.

La potenza di una potenza di una base qualsiasi è una potenza avente per base la stessa base e per esponente il prodotto degli esponenti.

$$(a^m)^n = a^{m \cdot n}$$

$(3^2)^3 = 3^{2 \cdot 3} = 3^6$

QUESITI SVOLTI

1 **Si apre un vocabolario a caso e si legge il numero della pagina a destra: è la pagina 253. Si sollevano un certo numero di fogli e si legge di nuovo il numero della pagina a destra: è la pagina 523. Quante sono le pagine dispari tra le due pagine indicate?**

A 130 B 134 C 270 D 135 E 270

Il numero delle pagine comprese fra la pagina 253 e la pagina 523 è uguale a:

$$(523 - 253) - 1 = 270 - 1 = 269$$

Di queste pagine 134 sono dispari e 135 sono pari. La risposta esatta è la B.

2 **Qual è la scomposizione in fattori primi del numero 312?**

A $2^3 \cdot 3 \cdot 13$ B $2^2 \cdot 3^2 \cdot 13$ C $2^4 \cdot 3^3$ D $2^5 \cdot 3^2$ E $2^3 \cdot 3^2$

Applicando il metodo delle divisioni successive al numero 312 si ricava:

$$\begin{array}{r|l} 312 & 2 \\ 156 & \end{array} \rightarrow \begin{array}{r|l} 312 & 2 \\ 156 & 2 \\ 78 & \end{array} \rightarrow \begin{array}{r|l} 312 & 2 \\ 156 & 2 \\ 78 & 2 \\ 39 & \end{array} \rightarrow \begin{array}{r|l} 312 & 2 \\ 156 & 2 \\ 78 & 2 \\ 39 & 3 \\ 13 & \end{array} \rightarrow \begin{array}{r|l} 312 & 2 \\ 156 & 2 \\ 78 & 2 \\ 39 & 3 \\ 13 & 13 \\ 1 & \end{array} \rightarrow 312 = 2 \cdot 2 \cdot 2 \cdot 3 \cdot 13 = 2^3 \cdot 3 \cdot 13$$

La risposta corretta è dunque la A.

3 **Sia x un numero razionale e si indichi col simbolo $[x]$ (da leggersi: "parte intera di x") il più grande intero relativo minore o al più uguale a x. Dire quale delle seguenti relazioni è vera per ogni x e y reali:**

A $[x + 1] = [x] + 1$
B $[x^2] = [x]^2$
C $[2x] = 2[x]$
D $[-x] = -[x]$
E se $x < y$, allora $[x] < [y]$

Conviene procedere per esclusione solo dopo aver capito bene la definizione data di parte intera di x. A tale scopo si vedano gli esempi seguenti:

$$[2] = 2 \; ; \; [2{,}9] = 2 \; ; \; [2{,}1] = 2 \; ; \; [-1{,}1] = -2$$

Per mostrare che una risposta **non** è quella corretta, nel senso che contiene una relazione non sempre vera, è sufficiente trovare alcuni valori numerici che non soddisfano la relazione in essa contenuta. La E non è verificata per ogni valore di x e y; basta infatti prendere $x = -2{,}9$ e $y = -2{,}1$. Si ottiene $[-2{,}9] < [-2{,}1] \rightarrow -3 < -3$. Per scartare la D basta prendere $x = 2{,}1$; si ottiene $-3 = -2$. Per la C basta porre $x = 5/2$ da cui segue $5 = 4$ e, infine, la B si scarta perché, ponendo $x = 3/2$, si ottiene $2 = 1$. Si conclude che la risposta esatta è la A.

4 **Posto**

$$a = 0{,}21 \qquad b = \frac{1}{5} \qquad c = \frac{1}{\log_2 5}$$

si ha:

A $c < b < a$ B $a < c < b$ C $a < b < c$ D $c < a < b$ E $b < a < c$

Si devono confrontare tre numeri scritti in forme diverse: decimale, frazionario e logaritmico; dal momento che il valore dell'espressione $\log_2 5$ non è un numero intero, per stabilire l'ordinamento corretto conviene confrontare i valori a due a due. Essendo

$$b = \frac{1}{5} = 0{,}2$$

si ricava immediatamente che $b < a$. Questo permette di escludere le risposte B, C e D. Per determinare quale sia l'alternativa corretta tra le due rimanenti, è sufficiente confrontare il valore di *c* con quello di *a* o di *b*: è conveniente confrontare i valori di *b* e *c*, essendo entrambi scritti sotto forma di frazione. Dal momento che le due frazioni hanno lo stesso numeratore, sarà maggiore quella che ha denominatore minore; essendo (si veda § 6.1):

$$5 = \log_2 2^5 = \log_2 32 > \log_2 5$$

il denominatore di *c* risulta minore di quello di *b*, quindi sarà $b < c$; l'ordinamento proposto dall'alternativa A risulta quindi errato (in esso risulta $c < b$) e la risposta corretta è la E.

5 **Un vetro avente lo spessore di 1 cm assorbe il 50% di un fascio di luce. Quale sarà l'assorbimento totale dello stesso vetro se lo spessore è di 3 cm?**

A 150% B 60% C 87,5% D 75% E 55%

Sarebbe errato fare il ragionamento seguente: se un centimetro assorbe il 50% della luce allora tre centimetri assorbono tre volte il 50% cioè il 150% della luce entrante. La conclusione alla quale si perviene è, tra l'altro, priva di senso perché già un assorbimento del 100% significa assorbimento totale.

Occorre invece ragionare nel modo seguente: solo il 50% della luce incidente attraversa il primo centimetro di vetro; il secondo centimetro assorbe dunque il 50% del 50% della luce iniziale (cioè il 25% della luce iniziale). Il terzo centimetro assorbe il 50% del 25% della luce iniziale (cioè il 12,5% della luce iniziale). Complessivamente l'assorbimento causato dai tre centimetri di vetro vale 50% + 25% + 12,5% = 87,5% (risposta C).

6 **Due grandezze *P* e *V* sono legate dalla relazione $P = 2/V$. Di quale percentuale circa deve aumentare *V* affinché *P* diminuisca del 40%?**

A 40% B 55% C 67% D 80% E 35%

Dalla relazione $P = 2/V$ ricaviamo $V = 2/P$. Per semplicità poniamo $P = 100$: in corrispondenza di tale valore, risulta $V = 2/P = 2/100 = 1/50$. Se *P* diminuisce del 40%, il suo nuovo valore è: $P' = 100 - 40\%(100) = 100 - 40 = 60$ e, di conseguenza,

$$V' = 2/P' = 2/60 = 1/30.$$

Infine tramite la formula della variazione percentuale si ricava la percentuale di cui deve aumentare *V* affinché *P* diminuisca del 40%:

$$\frac{V' - V}{V} \cdot 100\% = \frac{\frac{1}{30} - \frac{1}{50}}{\frac{1}{50}} \cdot 100\% = \frac{50 - 30}{30 \cdot 50} \cdot 50 \cdot 100\% = \frac{20}{30} \cdot 100\% \approx 0{,}67 \cdot 100\% = 67\%$$

La risposta corretta è quindi la C.

7 **L'espressione $(3 \cdot 10^4)(3 \cdot 10^{-4})$ è uguale a:**

A $3 \cdot 10^{-16}$
B $3 \cdot 10^8$
C $6 \cdot 20^8$
D 3^2
E $9 \cdot 10^{-16}$

Per rispondere ai quesiti sulle potenze è importante ricordare la seguente osservazione.

In generale non bisogna svolgere le potenze ma si devono utilizzare le loro proprietà. Ciò consente di semplificare al massimo i calcoli necessari.

Nel caso in questione basta osservare che $10^4 \cdot 10^{-4} = 1$.
Si ottiene: $(3 \cdot 10^4)(3 \cdot 10^{-4}) = 3 \cdot 3 = 3^2$ (risposta D).

---

8 **La metà di 20^4 è:**

A 5^4 B $8 \cdot 10^4$ C $5 \cdot 10^3$ D $0{,}5 \cdot 20^5$ E 10^4

La metà di 20^4 è uguale a $\frac{20^4}{2}$ e può essere espressa nella forma:

$$\frac{20^4}{2} = \frac{(2 \cdot 10)^4}{2} = \frac{2^4 \cdot 10^4}{2} = 2^4 \cdot 2^{-1} \cdot 10^4 = 2^3 \cdot 10^4 = 8 \cdot 10^4$$

La risposta corretta è la B.

---

9 **La somma $2{,}5 \cdot 10^{-4} + 5 \cdot 10^{-5}$ è uguale a:**

A $0{,}3 \cdot 10^{-3}$
B $30 \cdot 10^{-3}$
C $2{,}55 \cdot 10^{-4}$
D $7{,}5 \cdot 10^{-4}$
E $3 \cdot 10^{-5}$

Nel calcolare la somma richiesta è necessario prestare attenzione al fatto che gli addendi hanno differenti ordini di grandezza. Per evitare errori basta applicare le proprietà delle potenze che consentono di scrivere:

$$2{,}5 \cdot 10^{-4} + 5 \cdot 10^{-5} = (2{,}5 + 5 \cdot 10^{-1}) \cdot 10^{-4} = (2{,}5 + 0{,}5) \cdot 10^{-4} = 3 \cdot 10^{-4} = 0{,}3 \cdot 10^{-3}$$

per cui la risposta corretta è la A.

---

10 **L'espressione $(2^n + 2^{n+1})^2$ con *n* intero positivo, è anche uguale a:**

A $9 \cdot 4^n$ B 2^{4n+2} C 4^{4n+2} D 2^{2n^2+2n} E $3 \cdot 4^n$

Sfruttando le proprietà delle potenze è possibile scrivere:

$$(2^n + 2^{n+1})^2 = (2^n + 2^n \cdot 2)^2$$

ed effettuando un raccoglimento a fattore comune (§ 2.3.1):

$$(2^n + 2^n \cdot 2)^2 = [(1+2) \cdot 2^n]^2 = (3 \cdot 2^n)^2 = 3^2 \cdot 2^{2n} = 3^2 \cdot (2^2)^n = 9 \cdot 4^n$$

La risposta corretta è dunque la A.

MATEMATICA

11 **Quanto vale la frazione $\frac{10^{14} \cdot (10^3)^{-5}}{10^{-3} \cdot 10^2}$?**

A 10^{-5}
B 10
C 1
D 10^{-1}
E 10^{-6}

Utilizzando le proprietà delle potenze si ottengono i seguenti passaggi:

$$\frac{10^{14} \cdot (10^3)^{-5}}{10^{-3} \cdot 10^2} = \frac{10^{14} \cdot 10^{-15}}{10^{-3} \cdot 10^2} = \frac{10^{14-15}}{10^{-3+2}} = \frac{10^{-1}}{10^{-1}} = 1 \quad \text{(risposta C)}$$

12 **L'espressione $2^{-x} \cdot (2 + 2^{x^2} + 2^{-3x})$ è equivalente a:**

A $2^{-x} + 2^{-x^3} + 2^{3x^2}$
B $2^{1-x} + 2^{x^2-x} + 2^{-4x}$
C $2^{1/x} + 2^x + 2^{-3}$
D $4^{-x} + 4^{-x^3} + 4^{3x^2}$
E nessuna delle precedenti

Utilizzando le proprietà delle potenze si ricava:

$$2^{-x} \cdot (2 + 2^{x^2} + 2^{-3x}) = 2^{-x} \cdot (2^1 + 2^{x^2} + 2^{-3x}) = 2^{1-x} + 2^{x^2-x} + 2^{-3x-x} = 2^{1-x} + 2^{x^2-x} + 2^{-4x}$$

per cui la risposta corretta è la B.

PARTE TERZA

2 ALGEBRA CLASSICA: MONOMI E POLINOMI

2.1 MONOMI

Si dice **monomio** qualunque espressione algebrica numerica o letterale in cui *non* figurano addizioni o sottrazioni.

Le espressioni $2ab$; $\frac{1}{2}xy^2$; $\left(-\frac{1}{3}\right)\cdot\frac{a^2}{b}$ rappresentano tre monomi.

I numeri 2, $\frac{1}{2}$ e $\left(-\frac{1}{3}\right)$ e le espressioni letterali ab, xy^2 e $\frac{a^2}{b}$ prendono rispettivamente il nome di *coefficienti numerici* e di *parti letterali* dei corrispondenti monomi.

2.1.1 GRADO DI UN MONOMIO INTERO

Un monomio in cui le lettere non figurano a denominatore viene detto **monomio intero.**

Grado complessivo: è la somma degli esponenti delle lettere del monomio.
Grado relativo a una lettera: è l'esponente con cui tale lettera compare.

x^2y è un monomio di terzo grado (secondo grado rispetto a x e primo grado rispetto a y).

2.1.2 MONOMI SIMILI E SOMMA TRA MONOMI

Due o più monomi sono **simili se hanno la stessa parte letterale.**

Dati due o più monomi, **la loro somma algebrica è un monomio soltanto se i monomi sono simili tra loro.**

La somma algebrica di due o più monomi simili **è un monomio simile agli addendi e avente per coefficiente la somma algebrica dei coefficienti**.

$15abc^3$ e $24abc^3$ sono monomi simili e la loro somma vale $39abc^3$.
$12ab^4c^2$ e $4ab^3$ non sono monomi simili e la loro somma non è un monomio.

2.1.3 PRODOTTO TRA MONOMI E POTENZA INTERA DI UN MONOMIO

Il prodotto di due o più monomi è un monomio avente per coefficiente il prodotto dei coefficienti e per parte letterale il prodotto delle parti letterali.

Ogni fattore letterale compare, quindi, nel prodotto con un esponente uguale alla somma degli esponenti con i quali compare nei singoli monomi.

$(12x^3yz^2)\cdot(4xy^2) = 48x^4y^3z^2$

Dalla regola del prodotto si ha quella della potenza (con esponente intero positivo) di un monomio.

Per elevare alla potenza *n*-esima un monomio si eleva alla potenza *n*-esima sia il coefficiente che ciascun fattore della parte letterale.

$(3x^2yz^3)^3 = 27x^6y^3z^9$

2.1.4 QUOZIENTE TRA MONOMI

Un monomio si dice divisibile per un altro monomio (purché diverso da zero) **se esiste un terzo monomio che moltiplicato per il secondo dia come risultato il primo.**

Il terzo monomio prende allora il nome di *quoziente* tra il primo monomio, detto *dividendo*, e il secondo monomio, detto *divisore*. Indicando i tre monomi rispettivamente con le lettere Q, A e B, è possibile quindi scrivere:

$$A \div B = Q \leftrightarrow A = B \cdot Q$$

Dal momento che il grado del monomio A è uguale alla somma dei gradi dei monomi B e Q (osservazione che discende direttamente da quanto detto riguardo il prodotto tra monomi) risulta immediato che **il grado del monomio quoziente Q è uguale alla differenza dei gradi dei monomi dividendo A e divisore B**.

Affinché un monomio sia divisibile per un altro **è necessario che il dividendo contenga tutte le lettere che figurano nel divisore, ciascuna elevata a un esponente maggiore o uguale a quello che essa ha nel divisore.**

Se vale la precedente condizione allora il quoziente di due monomi è un monomio (intero) che si determina con la seguente regola.

Il coefficiente del monomio quoziente è uguale al quoziente dei coefficienti del dividendo e del divisore; la parte letterale è uguale al quoziente delle parti letterali, ossia è costituita da tutti i fattori letterali del monomio dividendo, ciascuno elevato alla differenza degli esponenti che esso ha nel monomio dividendo e nel monomio divisore.

$(-15a^5b^3c^4) \div (3a^3b^2c) = (-15/3)a^{5-3}b^{3-2}c^{4-1} = -5a^2bc^3$

Infatti $(-5a^2bc^3) \cdot (3a^3b^2c) = -15a^5b^3c^4$

Quando due monomi non sono divisibili l'uno per l'altro, non esiste un monomio quoziente *intero*: in questi casi il monomio quoziente è un *monomio frazionario*.

$(12x^3yz^2) \div (-4xy^3zw) = \dfrac{12x^3yz^2}{-4xy^3zw} = -\dfrac{3x^2z}{y^2w}$

2.1.5 MASSIMO COMUNE DIVISORE (M.C.D.) DI PIÙ MONOMI

È quel monomio che ha come coefficiente il M.C.D. dei coefficienti e come parte letterale il prodotto delle **lettere comuni** ai monomi dati, ciascuna di esse presa una volta sola con il **minimo esponente** con cui compare.

$8a^2b^3c^3;\quad 12ab^4c^2;\quad 16a^3b^3 \quad \rightarrow \quad \text{M.C.D.} = 4ab^3$

2.1.6 MINIMO COMUNE MULTIPLO (M.C.M.) DI PIÙ MONOMI

È quel monomio che ha come coefficiente il m.c.m. dei coefficienti e come parte letterale il prodotto delle **lettere comuni e non comuni** ai monomi dati, ciascuna di esse presa una volta sola con il **massimo esponente** con cui compare.

$12a^3b^2;\quad 15abc^3;\quad 24a^3c^4 \quad \rightarrow \quad \text{m.c.m.} = 120a^3b^2c^4$

2.2 POLINOMI

La somma algebrica di più monomi (non tutti simili fra loro) si chiama polinomio. I singoli monomi prendono il nome di **termini** del polinomio.

L'espressione $\frac{3}{9}a^2 - \frac{1}{2}a^3b - \frac{5}{4}ab^2c + 2a^5 - 3ab$ è un polinomio.

I binomi e i trinomi sono polinomi costituiti da due e tre termini rispettivamente.

2.2.1 GRADO DI UN POLINOMIO

Il grado di un polinomio è il massimo fra i gradi dei suoi termini.

$2xy^2 + 3x^2 + 5y$ è un polinomio di 3° grado, in quanto, fra i tre monomi che lo costituiscono, quello di grado massimo è $2xy^2$, ossia un monomio di 3° grado.

Un *polinomio omogeneo* è un polinomio costituito da termini aventi lo stesso grado.

$2xy + 3x^2 + y^2$ è un polinomio omogeneo di 2° grado.

2.2.2 SOMMA E DIFFERENZA DI POLINOMI

La somma algebrica di due o più polinomi è un polinomio avente per termini tutti quelli dei polinomi addendi.

Dopo aver scritto la somma di più polinomi si deve operare la **riduzione dei termini simili**, ossia effettuare la somma algebrica degli eventuali monomi simili.

$$(4xy^2 - 3x^2 + 5y) + (4x^2 + 2y) = 4xy^2 \underline{-3x^2} + \underline{\underline{5y}} \underline{+4x^2} + \underline{\underline{2y}} = 4xy^2 + x^2 + 7y$$

Similmente, la differenza di due polinomi è la somma del primo con l'opposto del secondo, ossia il secondo polinomio in cui sia stato cambiato il segno a tutti i termini.

$$(4xy^2 - 3x^2 + 5y) - (4x^2 + 2y) = 4xy^2 \underline{-3x^2} + \underline{\underline{5y}} \underline{-4x^2} \underline{\underline{-2y}} = 4xy^2 - 7x^2 + 3y$$

2.2.3 PRODOTTO E QUOZIENTE DI UN POLINOMIO PER UN MONOMIO

La moltiplicazione di un polinomio per un monomio può essere vista come una applicazione della proprietà distributiva della moltiplicazione rispetto all'addizione (algebrica).

Il prodotto di un polinomio per un monomio è un polinomio i cui termini si ottengono moltiplicando ciascun termine del polinomio per il monomio.

$$(4x^2 - 3x - 2y + 3z) \cdot (2xy) = 8x^3y - 6x^2y - 4xy^2 + 6xyz$$

Un polinomio si dice *divisibile* per un monomio quando tutti i termini (ossia tutti i monomi) del polinomio sono divisibili per il monomio.

Quando un polinomio è divisibile per un monomio, **il quoziente** (per la proprietà distributiva del quoziente rispetto alla somma) **è uguale al polinomio i cui termini si ottengono dividendo ciascun termine del polinomio per il monomio.**

$$(4a^3b^4 - 8a^2b + 3a^2b^2 - 6a^4b) \div (2a^2b) = 2ab^3 - 4 + \frac{3}{2}b - 3a^2$$

Quando il polinomio non è divisibile per il monomio si ha una *frazione algebrica* (§ 2.4).

MATEMATICA

2.2.4 PRODOTTO DI POLINOMI

Anche la moltiplicazione di polinomi può essere vista come una applicazione della proprietà distributiva della moltiplicazione rispetto all'addizione.

Il prodotto fra due polinomi **è uguale al polinomio i cui termini si ottengono moltiplicando ciascun termine del primo polinomio per tutti i termini del secondo.**

$$(a+b+c)\cdot(x+y) = a\cdot(x+y)+b\cdot(x+y)+c\cdot(x+y) = ax+ay+bx+by+cx+cy$$

$$(a^2c+ab^3+bc^2)\cdot(a^3x^2+b^2c^3x) =$$
$$= a^2c\cdot(a^3x^2+b^2c^3x)+ab^3\cdot(a^3x^2+b^2c^3x)+bc^2\cdot(a^3x^2+b^2c^3x) =$$
$$= a^5cx^2+a^2b^2c^4x+a^4b^3x^2+ab^5c^3x+a^3bc^2x^2+b^3c^5x$$

Il grado del polinomio prodotto è quindi uguale (per quanto visto sul prodotto fra monomi) alla somma dei gradi dei polinomi fattori.

$$(2a^2b-3ab^2)\cdot(ab+5b^2) = 2a^2b\cdot(ab+5b^2)-3ab^2\cdot(ab+5b^2) =$$
$$= 2a^3b^2+10a^2b^3-3a^2b^3-15ab^4 =$$
$$= 2a^3b^2+7a^2b^3-15ab^4$$

in questo caso il primo fattore è un polinomio (omogeneo) di 3° grado, il secondo un polinomio (omogeneo) è di 2° grado, quindi il prodotto è un polinomio (omogeneo) di 5° grado.

Il prodotto di più polinomi si ottiene moltiplicando dapprima i primi due, il prodotto così ottenuto per il terzo e così via fino ad esaurire tutti i fattori.

2.2.5 PRODOTTI NOTEVOLI

Nelle applicazioni si presentano spesso alcune moltiplicazioni di particolari polinomi che danno luogo a risultati facilmente memorizzabili e quindi ottenibili in modo più semplice e rapido (evitando l'applicazione della regola generale del § 2.2.4).

1. $(a+b)\cdot(a-b) = a^2-b^2$
2. $(a+b)^2 = a^2+2ab+b^2$
3. $(a-b)^2 = a^2-2ab+b^2$
4. $(a+b+c)^2 = a^2+b^2+c^2+2ab+2ac+2bc$
5. $(a+b)^3 = a^3+3a^2b+3ab^2+b^3$
6. $(a-b)^3 = a^3-3a^2b+3ab^2-b^3$
7. $a^3+b^3 = (a+b)\cdot(a^2-ab+b^2)$
8. $a^3-b^3 = (a-b)\cdot(a^2+ab+b^2)$

$$(3a+2b)\cdot(3a-2b) = (3a)^2-(2b)^2 = 9a^2-4b^2$$

$$(x^2y+2y^2)\cdot(x^2y-2y^2) = (x^2y)^2-(2y^2)^2 = x^4y^2-4y^4$$

$$(3a+2b)^2 = (3a)^2+2\cdot(3a)\cdot(2b)+(2b)^2 = 9a^2+12ab+4b^2$$

$$(x^2y-2y^2)^2 = (x^2y)^2+2\cdot(x^2y)\cdot(-2y^2)+(-2y^2)^2 = x^4y^2-4x^2y^3+4y^4$$

$$(3a-2b)^3 = (3a)^3+3\cdot(3a)^2\cdot(-2b)+3\cdot(3a)\cdot(-2b)^2+(-2b)^3 =$$
$$= 27a^3-54a^2b+36ab^2-8b^3$$

PARTE TERZA

2.2.6 POTENZA *N*-ESIMA DI UN BINOMIO E TRIANGOLO DI TARTAGLIA

Se si osservano le formule (viste nel paragrafo precedente) per lo sviluppo del quadrato e del cubo di un binomio e la regola per la potenza con esponente nullo e con esponente unitario dello stesso binomio, ossia:

$$(a+b)^0 = 1$$

$$(a+b)^1 = a+b$$

$$(a+b)^2 = a^2+2ab+b^2$$

$$(a+b)^3 = a^3+3a^2b+3ab^2+b^3$$

si nota che ciascuno dei quattro sviluppi precedenti si presenta come **un polinomio omogeneo dello stesso grado della potenza e ordinato secondo le potenze decrescenti di *a* e crescenti di *b*.**

Tale osservazione consente di prevedere la parte letterale dei monomi che costituiranno lo sviluppo della potenza *n*-esima (con *n* intero e positivo) del binomio stesso. Per esempio, la quarta, la quinta e la sesta potenza del binomio avranno come parti letterali rispettivamente le seguenti:

$$(a+b)^4 = \mathbf{?}a^4+\mathbf{?}a^3b+\mathbf{?}a^2b^2+\mathbf{?}ab^3+\mathbf{?}b^4$$

$$(a+b)^5 = \mathbf{?}a^5+\mathbf{?}a^4b+\mathbf{?}a^3b^2+\mathbf{?}a^2b^3+\mathbf{?}ab^4+\mathbf{?}b^5$$

$$(a+b)^6 = \mathbf{?}a^6+\mathbf{?}a^5b+\mathbf{?}a^4b^2+\mathbf{?}a^3b^3+\mathbf{?}a^2b^4+\mathbf{?}ab^5+\mathbf{?}b^6$$

dove i punti interrogativi sostituiscono i coefficienti (per ora incogniti) dello sviluppo.

Tali coefficienti incogniti si ricavano tramite il cosiddetto *triangolo di Tartaglia*:

potenza con esponente 0:	1
potenza con esponente 1:	1 1
potenza con esponente 2:	1 2 1
potenza con esponente 3:	1 3 3 1
potenza con esponente 4:	1 4 6 4 1
potenza con esponente 5:	1 5 10 10 5 1
potenza con esponente 6:	1 6 15 20 15 6 1

per la cui costruzione basta ricordare che:

1. al vertice compare il numero 1;
2. ogni riga inizia e termina con il numero 1;
3. ogni altro numero si ottiene sommando i due numeri soprastanti della riga precedente (per esempio, il 15 presente nell'ultima riga si ottiene sommando 5 e 10).

Si è quindi in grado di calcolare anche i coefficienti (oltre alle parti letterali) dello sviluppo della potenza *n*-esima del binomio. In particolare, la quarta, la quinta e la sesta potenza del binomio avranno i seguenti sviluppi:

$$(a+b)^4 = a^4+4a^3b+6a^2b^2+4ab^3+b^4$$

$$(a+b)^5 = a^5+5a^4b+10a^3b^2+10a^2b^3+5ab^4+b^5$$

$$(a+b)^6 = a^6+6a^5b+15a^4b^2+20a^3b^3+15a^2b^4+6ab^5+b^6$$

$$(3a-2b)^4 = (3a)^4+4\cdot(3a)^3\cdot(-2b)+6\cdot(3a)^2\cdot(-2b)^2+4\cdot(3a)\cdot(-2b)^3+(-2b)^4 =$$
$$= 81a^4-216a^3b+216a^2b^2-96ab^3+16b^4$$

2.3 SCOMPOSIZIONE DI UN POLINOMIO IN FATTORI

Un'operazione di fondamentale importanza per l'algebra è la *scomposizione di un polinomio in fattori*, ossia la **trasformazione di una somma algebrica di più monomi in un prodotto**.

Non sempre tale scomposizione è possibile, né esiste una regola generale da seguire. Verranno indicati nel seguito alcuni metodi da utilizzare nei diversi casi di scomposizione: solo la pratica può aiutare nella risoluzione di questa tipologia di esercizi.

2.3.1 RACCOGLIMENTO A FATTORE COMUNE

È il tipo più semplice di scomposizione in fattori: consiste nel **mettere in evidenza un fattore comune a tutti i termini** (ossia i monomi) **del polinomio da scomporre**. La migliore applicazione di questo metodo consiste nel mettere in evidenza il M.C.D. dei termini del polinomio.

✔ Per eseguire il raccoglimento a fattore comune **si calcola il M.C.D. dei monomi del polinomio e si pone il polinomio uguale al prodotto di due fattori di cui il primo è il M.C.D. stesso e il secondo è il quoziente tra il polinomio e il M.C.D.**

$15x^6 - 25x^4 + 5x^3 = 5x^3 \cdot (3x^3 - 5x + 1)$ dove M.C.D.: $5x^3$

$3x^2 - 6ax + 12xy = 3x \cdot (x - 2a + 4y)$ dove M.C.D.: $3x$

$6a^4b - 8a^2b^3 + 2a^3b^2 = 2a^2b \cdot (3a^2 - 4b^2 + ab)$ dove M.C.D.: $2a^2b$

2.3.2 RACCOGLIMENTO A FATTORE PARZIALE

Se il polinomio è del tipo:

$$ax + bx + ay + by$$

è possibile mettere in evidenza, nei primi due termini, il fattore comune x e, negli ultimi due, il fattore comune y:

$$ax + bx + ay + by = x \cdot (a+b) + y \cdot (a+b)$$

mettendo poi in evidenza il fattore $(a+b)$ si ha:

$$ax + bx + ay + by = x \cdot (a+b) + y \cdot (a+b) = (a+b) \cdot (x+y)$$

$$3x + 6y - 2x^2 - 4xy = 3 \cdot (x+2y) - 2x \cdot (x+2y) = (x+2y) \cdot (3-2x)$$

$$\frac{1}{3}x^2 - 2xy + \frac{1}{3}xy^2 - 2y^3 = \frac{1}{3}x^2 + \frac{1}{3}xy^2 - 2xy - 2y^3 =$$

$$= \frac{1}{3}x \cdot (x+y^2) - 2y \cdot (x+y^2) = (x+y^2) \cdot \left(\frac{1}{3}x - 2y\right)$$

2.3.3 SCOMPOSIZIONE TRAMITE I PRODOTTI NOTEVOLI

Le uguaglianze dedotte affrontando i prodotti notevoli (§ 2.2.5) si possono leggere in senso "inverso" ed essere quindi utili come metodi ulteriori per la scomposizione in fattori di un polinomio.

Per esempio, dal prodotto notevole:

$$(a+b) \cdot (a-b) = a^2 - b^2$$

si ricava la regola di scomposizione:

$$a^2 - b^2 = (a+b) \cdot (a-b)$$

semplicemente invertendo i due membri: tale regola viene espressa a parole dicendo che la differenza dei quadrati di due monomi o polinomi è uguale al prodotto della somma delle basi per la loro differenza.

$$x^2-4y^2 = x^2-(2y)^2 = (x+2y)\cdot(x-2y)$$

$$16a^2-9b^4 = (4a)^2-(3b^2)^2 = (4a+3b^2)\cdot(4a-3b^2)$$

$$(x+y)^2-(x-y)^2 = [(x+y)+(x-y)]\cdot[(x+y)-(x-y)]$$
$$= [x+y+x-y]\cdot[x+y-x+y] = 2x\cdot 2y = 4xy$$

$$x^2+2x+1 = (x+1)^2$$

$$9a^4+4b^6-12a^2b^3 = (3a^2-2b^3)^2$$

$$8x^3+12x^2+6x+1 = (2x+1)^3$$

$$a^6-64b^3 = (a^2-4b)\cdot(a^4+4a^2b+16b^2)$$

La scomposizione in fattori di un polinomio risulta utile anche per rispondere a quesiti di calcolo numerico.

Per calcolare il prodotto $101\cdot 99$ si usa il prodotto notevole $(a+b)\cdot(a-b) = a^2-b^2$:

$$101\cdot 99 = (100+1)\cdot(100-1) = 100^2-1^2 = 10000-1 = 9999$$

2.4 SEMPLIFICAZIONE DI FRAZIONI ALGEBRICHE

Il quoziente fra due espressioni algebriche A e B (che possono essere monomi o polinomi), dove B non sia identicamente nullo, **prende il nome di frazione algebrica**.

Molte delle proprietà delle frazioni numeriche (come la proprietà invariantiva) continuano a valere anche per le frazioni algebriche.

Moltiplicando o dividendo sia il numeratore che il denominatore di una frazione algebrica per una stessa espressione (purché diversa da zero) **si ottiene una frazione algebrica equivalente a quella data.**

Quando si *dividono* sia il numeratore che il denominatore di una frazione algebrica per un monomio o un polinomio che sia un divisore comune, si parla di *semplificazione della frazione algebrica*.

Per **semplificare una frazione algebrica** si deve:

1. scomporre in fattori (se necessario) numeratore e denominatore;
2. eliminare i fattori comuni tra numeratore e denominatore.

$$\frac{16x^3y^2z^4}{12x^2y^2z^2} = \frac{4xz^2(4x^2y^2z^2)}{3(4x^2y^2z^2)} = \frac{4xz^2}{3}$$

$$\frac{3x^2+xy}{9x^2-y^2} = \frac{x(3x+y)}{(3x+y)(3x-y)} = \frac{x}{3x-y}$$

$$\frac{4x^2-4x+1}{8x^4-x} = \frac{(2x-1)^2}{x\cdot(8x^3-1)} = \frac{(2x-1)^2}{x\cdot(2x-1)\cdot(4x^2+2x+1)} = \frac{2x-1}{x\cdot(4x^2+2x+1)}$$

QUESITI SVOLTI

1 **Il M.C.D. e il m.c.m. dei tre monomi**

$$50xy^3 \quad 20x^2yz \quad 45y^2z^3$$

sono rispettivamente:

A $20y$; $900xy^3z^3$

B $5y$; $180\,x^3y^3z^3$

C $25xyz$; $50x^3y^4z^4$

D $5y$; $900x^2y^3z^3$

E $20y$; $50x^3y^4z^4$

Il M.C.D. fra i monomi dati ha come coefficiente numerico il M.C.D. dei coefficienti (per cui M.C.D.(50, 20, 45) = 5) e come parte letterale il prodotto delle lettere comuni prese una sola volta con il minimo esponente: l'unica lettera comune è la y che compare con esponente minimo uguale a 1. Pertanto il M.C.D. è uguale a $5y$ e le risposte A, C ed E non sono accettabili. Il m.c.m. fra i monomi dati ha come coefficiente numerico il m.c.m. dei coefficienti (per cui m.c.m.(50, 20, 45) = 900) e come parte letterale il prodotto delle lettere comuni e non comuni prese una sola volta con il massimo esponente: la lettera x compare con esponente massimo uguale a 2 nel secondo monomio, la lettera y compare con esponente massimo uguale a 3 nel primo monomio e la lettera z compare con esponente massimo uguale a 3 nel terzo monomio.
Quindi il m.c.m. è $900x^2y^3z^3$. (risposta D).

PARTE TERZA

2 **Il polinomio $5a^2b^2 - \frac{1}{5}a^4 + 3 + 2b^4$:**

A è omogeneo

B ha un termine che è un monomio fratto

C è di 4° grado

D è la somma di due quadrati

E nessuna delle precedenti

Il polinomio dato non è omogeneo perché, pur avendo tre termini di 4° grado, presenta un termine noto, 3, che è di grado zero. Esso non ha tra i suoi termini monomi fratti, cioè monomi che presentano lettere al denominatore, e non è la somma di due quadrati. Nel polinomio il grado massimo con cui compaiono i suoi termini è il quarto, quindi il polinomio è di quarto grado (risposta C).

3 **Il polinomio $x^2(x^2+15) - 8x^3$ è equivalente a:**

A $x^2[x(x-8)+15]$

B $-x^2(x-3)\cdot(x+5)$

C $x^2(x+15-8x^3)$

D $x^2(x-5)\cdot(x+3)$

E $x^2(x^2+7)$

Un modo per risolvere il problema è eseguire le operazioni indicate nelle espressioni contenute nelle alternative e verificare dove si ottiene un polinomio avente gli stessi termini del polinomio dato che si può riscrivere nella forma:

$$x^2(x^2+15)-8x^3 = x^4-8x^3+15x^2$$

Da una semplice osservazione si deduce che le ultime quattro alternative non sono accettabili: la **B** presenta per esempio il termine di quarto grado negativo:

$$-x^2(x-3)(x+5) = -x^2(x^2+2x-15) = -x^4-2x^3+15x^2$$

la **C** ha un termine di quinto grado:

$$x^2(x^2+15-8x^3) = x^4+15x^2-8x^5$$

La **D** ha per esempio il termine di secondo grado negativo:

$$x^2(x-5)(x+3) = x^2(x^2-2x-15) = x^4-2x^3-15x^2$$

La **E** è priva del termine di terzo grado:

$$x^2(x^2+7) = x^4+7x^2$$

La risposta esatta è la **A**, infatti:

$$x^2[x(x-8)+15] = x^2[x^2-8x+15] = x^4-8x^3+15x^2$$

---

4 **Il quadrato del trinomio ($a-b-c$) è uguale a:**

- **A** $(a+b+c)\cdot(a-b-c)$
- **B** $a^2-b^2-c^2+2ab+2bc+2ac$
- **C** $a^2+b^2+c^2-2ab+2bc-2ac$
- **D** $a^2+b^2+c^2-2ab-2bc-2ac$
- **E** $a^2+b^2+c^2-2ab-2bc+2ac$

Ricordando il prodotto notevole riguardante il quadrato di un trinomio (§ 2.2.5) e prestando attenzione ai segni, si ricava che la risposta corretta è la **C**.

---

5 **L'espressione a^n+b^n è divisibile per ($a+b$):**

- **A** solo se n è pari
- **B** solo se n è dispari
- **C** sempre
- **D** mai
- **E** solo se n è un multiplo di 3

Le espressioni (a^2+b^2), (a^4+b^4) e, più in generale, (a^n+b^n) con n **pari** non sono prodotti notevoli e non sono mai divisibili per ($a+b$). Mentre (a^3+b^3), (a^5+b^5), (a^n+b^n) con n **dispari** sono sempre divisibili per ($a+b$), come indicato in § C.2. La risposta corretta è **B**.

---

6 **L'espressione $(a^2+b^2)^2$ è uguale a:**

- **A** $(a^2+b^2)-(2ab)^2$
- **B** $(a+b)^3\cdot(a-b)$
- **C** $(a-b)^3\cdot(a+b)$
- **D** $[(a-b)^2+2ab]^2$
- **E** $(a^2+b^2)+2ab$

MATEMATICA

Diversamente dal solito, conviene partire dalle risposte individuando quella che, attraverso opportuni passaggi algebrici, assume la stessa "faccia" dell'espressione contenuta nel testo del quesito. Svolgendo la **D** si ottiene:

$$[(a-b)^2+2ab]^2 = [a^2+b^2-2ab+2ab]^2 = (a^2+b^2)^2$$

da cui si deduce che è proprio la risposta cercata.

---

7 Il polinomio

$$\mathbf{9a^2-a^4+2a^2b-b^2}$$

è scomponibile nel prodotto:

A $(3a-a^2+b)(3a+a^2-b)$

B $a^2(9-2b)+(a^2-b)(a^2+b)$

C $-(a^2+b^2)(a^2-1)$

D $(3a-b)^2(a^2+1)$

E $(3a^2-b)(4a^2+b)$

L'alternativa **B** è da scartare perché l'espressione contenuta non è un prodotto.
Gli ultimi tre termini del polinomio dato costituiscono l'opposto dello sviluppo del quadrato di un binomio:

$$9a^2-a^4+2a^2b-b^2 = 9a^2-(a^4-2a^2b+b^2) = 9a^2-(a^2-b)^2$$

Quindi l'espressione ottenuta è la differenza di due quadrati ed è scomponibile nel prodotto seguente:

$$9a^2-(a^2-b)^2 = (3a-a^2+b)(3a+a^2-b)$$

La risposta esatta è la **A**.

PARTE TERZA

---

8 Il numero $\mathbf{\frac{49^{40}-1}{7^{40}-1}}$ è uguale a:

A $42^{40}-1$

B $49^{20}+1$

C $7^{40}-1$

D 7^{40}

E 42^{40}

Per risolvere il quesito basta osservare che il numeratore della frazione data non è altro che una differenza di quadrati, pertanto si ottiene:

$$\frac{49^{40}-1}{7^{40}-1} = \frac{(7^2)^{40}-(1^2)}{7^{40}-1} = \frac{(7^{40})^2-(1)^2}{7^{40}-1} = \frac{(7^{40}-1)(7^{40}+1)}{7^{40}-1} = 7^{40}+1$$

Dal momento che tale risultato può essere riscritto nella forma seguente:

$$7^{40}+1 = (7)^{2\cdot 20}+1 = (7^2)^{20}+1 = 49^{20}+1$$

la risposta esatta è la **B**.

9 **L'espressione algebrica $\frac{x^2-6x+9}{2x^3-5x^2-3x}$ è uguale a:**

A $\frac{x-3}{2x+1}$

B $-\frac{3-x}{2x^2+x}$

C $\frac{x+3}{2x^2+x}$

D $\frac{x-3}{x-2x^2}$

E numeratore e denominatore non hanno fattori comuni, quindi l'espressione non è semplificabile

È necessario scomporre in fattori i termini della frazione algebrica, osservando che a numeratore è presente lo sviluppo del quadrato di un binomio e a denominatore, dopo aver eseguito un raccoglimento del fattore x, un trinomio scomponibile tramite un artificio:

$$\frac{x^2-6x+9}{2x^3-5x^2-3x} = \frac{(x-3)^2}{x\cdot(2x^2-5x-3)} = \frac{(x-3)^2}{x\cdot(2x^2-6x+x-3)} =$$

$$= \frac{(x-3)^2}{x\cdot[2x(x-3)+(x-3)]} = \frac{(x-3)^2}{x\cdot(2x+1)\cdot(x-3)} =$$

Eseguendo la semplificazione e raccogliendo un segno meno fra i termini del numeratore:

$$= \frac{(x-3)^2}{x\cdot(2x+1)\cdot(x-3)} = \frac{x-3}{x\cdot(2x+1)} = -\frac{3-x}{2x^2+x}$$

La risposta esatta è la B.

10 **Semplificare la seguente frazione algebrica $\frac{x^2-1}{x^3+x+2x^2}$.**

A $x+1$

B $\frac{x-1}{x(x+1)}$

C $\frac{x+1}{x}$

D $\frac{-1}{x^3+x+2x^2}$

E $\frac{x}{x(x+1)}$

Per eseguire la semplificazione, si devono scomporre in fattori i termini della frazione:

$$\frac{x^2-1}{x^3+2x^2+x} = \frac{(x+1)(x-1)}{x(x^2+2x+1)} = \frac{(x+1)(x-1)}{x(x+1)^2} = \frac{x-1}{x(x+1)}$$

La risposta esatta è la B.

3 RADICALI E NUMERI REALI

3.1 NUMERI RAZIONALI, IRRAZIONALI E REALI

Dati l'insieme dei numeri razionali e i punti di una retta orientata, si ha che ad ogni numero razionale corrisponde un punto sulla retta, ma non viceversa; in altre parole **manca** la corrispondenza **biunivoca** tra i numeri razionali e i punti della retta orientata. Esistono inoltre problemi non risolubili nell'insieme dei numeri razionali. Per rendersene conto basta pensare all'equazione $x^2 = 2$, la cui soluzione è $\pm\sqrt{2}$, ossia un numero **non** esprimibile sotto forma di frazione.

Per mostrare che $\sqrt{2}$ non è esprimibile sotto forma di frazione, occorre prima ricordare la definizione di radice quadrata: $\sqrt{2}$ indica un numero che, elevato al quadrato, è uguale a 2. Si supponga ora (per assurdo) che $\sqrt{2}$ sia esprimibile sotto forma di frazione, ossia:

$$\sqrt{2} = m/n$$

con m ed n numeri interi **primi fra loro** (ossia tali che il loro rapporto sia irriducibile). In base alla definizione di radice quadrata dovrebbe risultare:

$$2 = (m/n)^2 = m^2/n^2$$

Ma se i due numeri m ed n sono primi fra loro, anche i loro quadrati sono primi fra loro, pertanto il rapporto m^2/n^2 è irriducibile e non può essere uguale a 2.

Più in generale, l'estrazione di radice non può portare né ad un numero decimale limitato, né ad un numero decimale illimitato periodico, perché in entrambi i casi lo si potrebbe trasformare in una frazione (§ 1.4.3).

I numeri non esprimibili sotto forma di frazione sono quindi numeri decimali **illimitati non periodici**. Tali numeri prendono il nome di **numeri irrazionali**.

$\sqrt{2}, \sqrt{3}, \pi, \log 5, \sqrt[3]{4}$ sono numeri irrazionali.

Per eliminare questi e altri limiti che si incontrano lavorando con i numeri razionali si deve passare ai numeri reali $\mathbb{R}$. **L'insieme dei numeri reali è l'unione dell'insieme dei razionali e dell'insieme degli irrazionali** ($\mathbb{R} = \mathbb{Q} \cup \mathbb{I}$) e coincide quindi con l'insieme dei numeri decimali.

L'insieme $\mathbb{R}$ dei numeri reali è in corrispondenza biunivoca con i punti di una retta orientata.

Nell'insieme dei numeri reali (come in qualsiasi altro insieme numerico) **non** si può dividere per zero.

3.2 RADICALI ALGEBRICI E ARITMETICI

Il simbolo $\sqrt[n]{a}$ (da leggersi "radice n-esima di a") prende il nome di *radicale*, a si chiama *radicando*, mentre n (con $n \in \mathbb{N}$) prende il nome di *indice della radice*.

Esistono due tipi di radicali: il radicale algebrico e il radicale aritmetico.

Il *radicale algebrico* $\sqrt[n]{a}$ è **ogni** numero reale la cui potenza *n-esima* è uguale al numero reale a.

MATEMATICA

- $\sqrt{4} = \pm 2$ infatti $(+2)^2 = (-2)^2 = 4$
- $\sqrt[3]{8} = +2$ infatti $(+2)^3 = 8$

Per il radicale algebrico $\sqrt[n]{a}$ si hanno **quattro casi:**

1	Con $a > 0$ e n pari → il radicale algebrico assume due valori reali opposti	esempio: $\sqrt{9} = \pm 3$
2	Con $a > 0$ e n dispari → un valore positivo	esempio: $\sqrt[3]{8} = 2$
3	Con $a < 0$ e n pari → nessun valore reale	esempio: $\sqrt[2]{-4}$ non esiste
4	Con $a < 0$ e n dispari → un valore negativo	esempio: $\sqrt[3]{-27} = -3$

Nel caso di radicando nullo, si pone $\sqrt[n]{0} = 0$ per ogni $n \in \mathbb{N}$.

Il *radicale aritmetico* $\sqrt[n]{a}$ (con $a \geq 0$) è invece **il** numero reale **non negativo** la cui potenza *n-esima* è uguale ad *a*.

$\sqrt{4} = 2$ infatti $2^2 = 4$.

3.2.1 Proprietà invariantiva dei radicali aritmetici

$$\sqrt[n]{a^m} = \sqrt[np]{a^{mp}} \quad \text{oppure} \quad \sqrt[n]{a^m} = \sqrt[n/q]{a^{m/q}}$$

$\sqrt[6]{27a^6b^9} = \sqrt[6]{(3a^2b^3)^3} = \sqrt{3a^2b^3}$

È importante osservare che la proprietà invariantiva vale nel caso in cui la base della potenza che costituisce il radicando sia positiva: quando invece il segno della base della potenza non è definito, occorre prestare la massima attenzione per evitare che il radicando possa diventare negativo. Per esempio, $\sqrt[6]{a^3} = \sqrt{a}$, infatti $a^3 > 0$ implica $a > 0$; ma $\sqrt[4]{a^2} \neq \sqrt{a}$, infatti $a^2 > 0$ non implica $a > 0$. In altre parole, mentre nel primo caso l'esistenza di $\sqrt[6]{a^3}$ implica l'esistenza di $\sqrt{a}$, nel secondo caso l'esistenza di $\sqrt[4]{a^2}$ non implica l'esistenza di $\sqrt{a}$; infatti, *a* potrebbe essere negativo e in questo caso $\sqrt{a}$ non esisterebbe, quindi $\sqrt[4]{a^2} \neq \sqrt{a}$. La vera uguaglianza è $\sqrt[4]{a^2} = \sqrt{|a|}$; in questo modo infatti si garantisce l'esistenza di entrambi i membri per ogni valore di *a*.

3.2.2 Operazioni con i radicali aritmetici

Prodotto fra radicali: $\sqrt[n]{a} \cdot \sqrt[n]{b} = \sqrt[n]{ab}$.

$\sqrt{3} \cdot \sqrt{2} = \sqrt{6}$; $\sqrt[2]{3} \cdot \sqrt[3]{2} = \sqrt[6]{3^3} \cdot \sqrt[6]{2^2} = \sqrt[6]{3^3 \cdot 2^2}$

Quoziente fra radicali (purché $b \neq 0$): $\dfrac{\sqrt[n]{a}}{\sqrt[n]{b}} = \sqrt[n]{\dfrac{a}{b}}$.

$\dfrac{\sqrt[3]{6}}{\sqrt[3]{2}} = \sqrt[3]{3}$; $\dfrac{\sqrt[2]{2}}{\sqrt[3]{3}} = \dfrac{\sqrt[6]{2^3}}{\sqrt[6]{3^2}} = \sqrt[6]{\dfrac{8}{9}}$

Per poter eseguire una moltiplicazione o una divisione fra radicali è necessario che i radicali abbiano **lo stesso indice**: se così non fosse, occorre prima effettuare una *riduzione di più radicali allo stesso indice*.

PARTE TERZA

Riduzione di più radicali allo stesso indice: si tratta di trasformare radicali con indice diverso in radicali aventi lo stesso indice (sfruttando la proprietà invariantiva).

Trasformare i seguenti radicali portandoli a indice comune uguale a sei:

- $\sqrt[4]{a^2b^6} = \sqrt{|ab^3|} = \sqrt[6]{|a^3b^9|}$
- $\sqrt[3]{2a+2b} = \sqrt[3]{2(a+b)} = \sqrt[6]{4(a+b)^2}$
- $\sqrt[18]{27a^{12}(a+b)^3} = \sqrt[18]{[3a^4(a+b)]^3} = \sqrt[6]{3a^4(a+b)}$

Potenza: $(\sqrt[n]{a})^m = \sqrt[n]{a^m}$.

$(\sqrt[4]{4})^3 = \sqrt[4]{4^3} = \sqrt[4]{64} = \sqrt{8}$

Radice di radice: $\sqrt[m]{\sqrt[n]{a}} = \sqrt[m \cdot n]{a}$.

$\sqrt[3]{a\sqrt{ab}} = \sqrt[3]{\sqrt{a^3b}} = \sqrt[6]{a^3b}$

Trasporto di un fattore fuori dal segno di radice (estrazione di radice):

se $a \geq 0$ allora $\sqrt[n]{a^nb} = a\sqrt[n]{b}$.

$\sqrt{12} = \sqrt{4 \cdot 3} = \sqrt{2^2 \cdot 3} = 2 \cdot \sqrt{3}$

Eseguendo l'operazione di estrazione di radice è necessario **fare attenzione ai segni.**

$\sqrt{ax^2+bx^2} = \sqrt{x^2(a+b)} = |x|\sqrt{a+b}$: x è in valore assoluto perché altrimenti, se x fosse negativo, l'uguaglianza perderebbe di significato.
Analogamente si ha: $\sqrt{x^2-2xy+y^2} = \sqrt{(x-y)^2} = |x-y|$.

In maniera simile si esegue l'operazione inversa, ossia il *trasporto di un fattore sotto il segno di radice*:

- se $a \geq 0$ allora $a\sqrt[n]{b} = \sqrt[n]{a^nb}$;
- se $a < 0$ allora $a\sqrt[n]{b} = -\sqrt[n]{|a|^nb}$.

3.2.3 Somma di radicali aritmetici simili

In generale, **la somma algebrica di due o più radicali non si può esprimere sotto forma di un unico radicale.**

- $\sqrt[n]{a}+\sqrt[n]{b} \neq \sqrt[n]{a+b}$
- $\sqrt[n]{a}-\sqrt[n]{b} \neq \sqrt[n]{a-b}$

Per poter calcolare la somma algebrica è necessario che i due radicali siano *simili*.

Due o più radicali si dicono simili quando hanno lo stesso indice, lo stesso radicando e differiscono, eventualmente, **solo per un fattore moltiplicativo.**
La somma algebrica di due o più radicali **simili** è un radicale, simile ai dati, avente per fattore moltiplicativo la somma algebrica dei fattori moltiplicativi.

$\sqrt{3}$ e $2\sqrt{3}$ sono due radicali simili: la loro somma è $(1+2) \cdot \sqrt{3} = 3 \cdot \sqrt{3}$.

$2 \cdot \sqrt[4]{ab^2}$, $-4 \cdot \sqrt[4]{ab^2}$ e $3 \cdot \sqrt[4]{ab^2}$ sono radicali simili: la loro somma è $\sqrt[4]{ab^2}$.

3.2.4 RADICALI DOPPI

Per *radicale doppio* si intende un radicale del tipo $\sqrt{a \pm \sqrt{b}}$.

Se $(a^2 - b)$ è un quadrato perfetto è possibile applicare la formula seguente:

$$\sqrt{a \pm \sqrt{b}} = \sqrt{\frac{a + \sqrt{a^2 - b}}{2}} \pm \sqrt{\frac{a - \sqrt{a^2 - b}}{2}} = \sqrt{\frac{a + c}{2}} \pm \sqrt{\frac{a - c}{2}}$$

dove si è posto $\sqrt{a^2 - b} = c$.

$\sqrt{6 + \sqrt{20}}$ da cui $a = 6$, $b = 20$ e $(a^2 - b) = 16$ è un quadrato perfetto. Pertanto, applicando la formula dei radicali doppi, si ottiene:

$$\sqrt{6 + \sqrt{20}} = \sqrt{\frac{6 + \sqrt{16}}{2}} + \sqrt{\frac{6 - \sqrt{16}}{2}} = \sqrt{\frac{6 + 4}{2}} + \sqrt{\frac{6 - 4}{2}} = \sqrt{5} + 1$$

$\sqrt{4 - 2\sqrt{3}} = \sqrt{4 - \sqrt{12}}$ da cui $a = 4$, $b = 12$ e $(a^2 - b) = 4$ è un quadrato perfetto. Pertanto, applicando la formula dei radicali doppi, si ottiene:

$$\sqrt{4 - 2\sqrt{3}} = \sqrt{4 - \sqrt{12}} = \sqrt{\frac{4 + \sqrt{4}}{2}} - \sqrt{\frac{4 - \sqrt{4}}{2}} = \sqrt{\frac{4 + 2}{2}} - \sqrt{\frac{4 - 2}{2}} = \sqrt{3} - 1$$

Esiste anche una "formula inversa" che consente, data la somma o la differenza di due radicali, di trasformarli in un unico radicale doppio:

$$\sqrt{x} \pm \sqrt{y} = \sqrt{a \pm \sqrt{b}} \quad \text{dove} \begin{cases} a = x + y \\ b = 4xy \end{cases}$$

$\sqrt{5} - 1 = \sqrt{5} - \sqrt{1}$ da cui $x = 5$ e $y = 1$: si ricava quindi $a = 6$ e $b = 20$. Applicando la "formula inversa" dei radicali doppi, si ottiene:

$$\sqrt{5} - 1 = \sqrt{5} - \sqrt{1} = \sqrt{6 - \sqrt{20}}$$

3.2.5 POTENZA CON ESPONENTE RAZIONALE (FRAZIONARIO)

Di fondamentale importanza risulta essere la relazione: $a^{m/n} = \sqrt[n]{a^m}$.

- $1^{m/n} = 1$ (con $n \neq 0$)
- $\sqrt[2]{a^3} = a^{3/2}$
- $0^{m/n} = 0$ (con $m \neq 0$ e $n \neq 0$)
- $\sqrt[3]{a^2 b} = a^{2/3} b^{1/3}$
- $5^{3/4} = \sqrt[4]{5^3}$
- $a^{-1/2} = \frac{1}{\sqrt{a}}$

Applicando le proprietà delle potenze risulta possibile **moltiplicare e dividere fra loro radici con uguale radicando**:

$$\sqrt[n]{a} \cdot \sqrt[m]{a} = \sqrt[nm]{a^{m+n}} \qquad \sqrt[n]{a} / \sqrt[m]{a} = \sqrt[nm]{a^{m-n}} \text{ (con } a \neq 0)$$

- $\sqrt[2]{3} \cdot \sqrt[3]{3} = \sqrt[2 \cdot 3]{3^{3+2}} = \sqrt[6]{3^5}$
- $\sqrt[3]{4} / \sqrt[4]{4} = \sqrt[3 \cdot 4]{4^{4-3}} = \sqrt[12]{4}$

3.2.6 RAZIONALIZZAZIONE DELLE FRAZIONI

Razionalizzare una frazione significa eliminare dal denominatore eventuali espressioni irrazionali.

Per raggiungere questo scopo si moltiplicano numeratore e denominatore per un *fattore razionalizzante* opportuno. Nella tabella seguente sono riportati i principali tipi di frazione con i rispettivi fattori razionalizzanti.

	Frazione	Fattore razionalizzante	Frazione razionalizzata
1	$\frac{1}{\sqrt{a}}$	$\sqrt{a}$	$\frac{\sqrt{a}}{a}$
2	$\frac{1}{a\sqrt{b}}$	$\sqrt{b}$	$\frac{\sqrt{b}}{ab}$
3	$\frac{1}{\sqrt[3]{a}}$	$\sqrt[3]{a^2}$	$\frac{\sqrt[3]{a^2}}{a}$
4	$\frac{1}{\sqrt[n]{a^m}}$	$\sqrt[n]{a^{n-m}}$ $(m < n)$	$\frac{\sqrt[n]{a^{n-m}}}{a}$
5	$\frac{1}{\sqrt{a} \pm \sqrt{b}}$	$\sqrt{a} \mp \sqrt{b}$	$\frac{\sqrt{a} \mp \sqrt{b}}{a-b}$
6	$\frac{1}{a \pm \sqrt{b}}$	$a \mp \sqrt{b}$	$\frac{a \mp \sqrt{b}}{a^2-b}$

- $\frac{1}{\sqrt{2}} = \frac{1}{\sqrt{2}} \cdot \frac{\sqrt{2}}{\sqrt{2}} = \frac{\sqrt{2}}{2}$ (caso 1 della tabella: il fattore razionalizzante è $\sqrt{2}$);
- $\frac{1}{2\sqrt{3}} = \frac{1}{2\sqrt{3}} \cdot \frac{\sqrt{3}}{\sqrt{3}} = \frac{\sqrt{3}}{2 \cdot 3} = \frac{\sqrt{3}}{6}$ (caso 2: il fattore razionalizzante è $\sqrt{3}$);
- $\frac{2}{\sqrt[3]{5}} = \frac{2}{\sqrt[3]{5}} \cdot \frac{\sqrt[3]{5^2}}{\sqrt[3]{5^2}} = \frac{2\sqrt[3]{5^2}}{5}$ (caso 3: ponendo $n = 3$ ed $m = 1$ si ha che il fattore razionalizzante è $\sqrt[3]{5^2}$);
- $\frac{1}{\sqrt[3]{5^5}} = \frac{1}{5 \cdot \sqrt[3]{5^2}} = \frac{1}{5 \cdot \sqrt[3]{5^2}} \cdot \frac{\sqrt[3]{5}}{\sqrt[3]{5}} = \frac{\sqrt[3]{5}}{25}$ (caso 4: essendo $n = 3$ ed $m = 5$, prima di applicare la regola si è resa necessaria una estrazione di radice, in modo da rispettare la condizione $m < n$, ottenendo $n = 3$ ed $m = 2$: si ha quindi che il fattore razionalizzante è $\sqrt[3]{5}$);
- $\frac{2}{\sqrt{7}+\sqrt{5}} = \frac{2}{\sqrt{7}+\sqrt{5}} \cdot \frac{\sqrt{7}-\sqrt{5}}{\sqrt{7}-\sqrt{5}} = \frac{2 \cdot (\sqrt{7}-\sqrt{5})}{7-5} = \sqrt{7}-\sqrt{5}$ (caso 5: il fattore razionalizzante è $\sqrt{7}-\sqrt{5}$);

MATEMATICA

QUESITI SVOLTI

1 **$\sqrt{3}$ è un numero:**

- A razionale
- B immaginario
- C complesso
- D intero
- E nessuna delle risposte proposte

Per quanto visto, $\sqrt{3}$ è un numero irrazionale (non è esprimibile sotto forma di frazione). Ciononostante, non sarebbe corretto scegliere la risposta E. Per rispondere correttamente occorre osservare che $\sqrt{3}$, oltre a essere un numero irrazionale, appartiene, come ogni altro numero, all'insieme $\mathbb{C}$ dei numeri complessi. La risposta corretta è dunque la C.

2 **Per determinare se un numero intero positivo *n* è un numero primo, è necessario e sufficiente controllare che non sia divisibile per nessun numero primo minore o al più uguale a:**

- A n
- B n^2
- C $\sqrt{n}$
- D $1/2\ n$
- E $n-1$

Se p è un divisore di n, allora anche $q = n/p$ è un divisore di n (infatti $\frac{n}{q} = \frac{n}{n/p} = p$): se p è un fattore di n maggiore di $\sqrt{n}$, allora q è un fattore di n minore di $\sqrt{n}$ (in quanto deve risultare $n = p \cdot q$). Quindi per ogni divisore p maggiore di $\sqrt{n}$ ne esiste sempre un altro (indicato con q) minore di $\sqrt{n}$ e viceversa: n è dunque un numero primo se, e solo se, non ha fattori primi minori o al più uguali a $\sqrt{n}$ (risposta C). Si noti inoltre che, per verificare se un numero n è primo, si analizzano (come possibili divisori) solo i numeri primi in quanto se n avesse un divisore d non primo, i suoi fattori primi $p_1, p_2, \ldots, p_k$ sarebbero a loro volta anch'essi divisori di n: non è necessario quindi analizzare *tutti* i numeri minori o al più uguali a $\sqrt{n}$, ma solo quelli primi.

3 **L'espressione $\sqrt[3]{-27}$ indica una quantità:**

- A irrazionale
- B immaginaria
- C intera
- D positiva
- E nessuna delle risposte precedenti

Essendo $(-3)^3 = -27$ si ricava $\sqrt[3]{-27} = -3$: si tratta di un numero intero (risposta C).

PARTE TERZA

4 **L'espressione:**

$$\sqrt{\frac{a^m}{a^n}}$$ **con *a* numero reale positivo**

è uguale a:

A $\frac{\sqrt{a^{m+n}}}{a^n}$ B $a^n\sqrt{a^{m-n}}$ C $\frac{\sqrt{a^{m-n}}}{a^n}$ D $\frac{a^{m-2}}{a^{n-2}}$ E $a^{\frac{m+n}{2}}$

Il radicale dato può essere scritto nella forma:

$$\sqrt{\frac{a^m}{a^n}} = \frac{\sqrt{a^m}}{\sqrt{a^n}}$$

Razionalizzando la frazione ottenuta, si ha:

$$\frac{\sqrt{a^m}}{\sqrt{a^n}} = \frac{\sqrt{a^m}\cdot\sqrt{a^n}}{a^n} = \frac{\sqrt{a^{m+n}}}{a^n}$$

La risposta esatta è la A.

5 **Quanto vale $\sqrt{-4}$?**

A Più di 2
B Meno di 2
C È un numero razionale
D È la somma di – 2 e + 2
E Non è definita nel campo reale

Il radicale algebrico $\sqrt{-4}$ avendo radicando negativo (– 4) e indice di radice pari (2) non è un numero reale. Esso assume due valori immaginari e precisamente:

$$\sqrt{-4} = \pm 2i$$

La risposta corretta è dunque la E.

6 **L'espressione $\sqrt[3]{a^2\sqrt{a^{-5}}}$ è equivalente a:**

A $\sqrt[6]{a}$ B $\sqrt[5]{\frac{1}{a^3}}$ C $\sqrt[6]{\frac{1}{a}}$ D $\sqrt[5]{\frac{1}{a}}$ E a^{-15}

Eseguendo il trasporto del fattore a^2 sotto il segno di radice quadrata e scrivendo la radice cubica di una radice quadrata come un'unica radice, si ha:

$$\sqrt[3]{a^2\sqrt{a^{-5}}} = \sqrt[3]{\sqrt{a^4\cdot a^{-5}}} = \sqrt[6]{a^{-1}} = \sqrt[6]{\frac{1}{a}}$$

La risposta esatta è la C.

MATEMATICA

7 **Siano *a*, *b*, *c* tre numeri reali positivi. Si scriva il numero** $\dfrac{\sqrt[3]{a^2b^2c^5}\cdot\sqrt[5]{a^3bc^2}}{\sqrt{abc^3d}}$ **come radice di un monomio.**

A $\sqrt[8]{\dfrac{a^{15}b^9c^2}{d^4}}$

B $\sqrt[30]{\dfrac{a^{23}b^{11}c^{17}}{d^{15}}}$

C $\sqrt[30]{\dfrac{a^{18}b^{12}c^{15}}{d}}$

D $\sqrt[30]{\dfrac{a^4b^2c^4}{d}}$

E $\sqrt[30]{\dfrac{a^{18}b^9c^4}{d^{15}}}$

È bene dapprima portare fuori dal segno di radice il fattore *c* e semplificarlo:

$$\frac{\sqrt[3]{a^2b^2c^5}\cdot\sqrt[5]{a^3bc^2}}{\sqrt{abc^3d}}=\frac{c\cdot\sqrt[3]{a^2b^2c^2}\cdot\sqrt[5]{a^3bc^2}}{c\cdot\sqrt{abcd}}=\frac{\sqrt[3]{a^2b^2c^2}\cdot\sqrt[5]{a^3bc^2}}{\sqrt{abcd}}$$

Si riducono ora i radicali dati allo stesso indice, cioè 30 = m.c.m.(3, 5, 2), e poi si eseguono le operazioni di moltiplicazione e di divisione di radicali aventi lo stesso indice:

$$\frac{\sqrt[3]{a^2b^2c^2}\cdot\sqrt[5]{a^3bc^2}}{\sqrt{abcd}}=\frac{\sqrt[30]{a^{20}b^{20}c^{20}}\cdot\sqrt[30]{a^{18}b^6c^{12}}}{\sqrt[30]{a^{15}b^{15}c^{15}d^{15}}}=\sqrt[30]{\frac{a^{20}b^{20}c^{20}\cdot a^{18}b^6c^{12}}{a^{15}b^{15}c^{15}d^{15}}}=$$

$$=\sqrt[30]{\frac{a^{20+18-15}b^{20+6-15}c^{20+12-15}}{d^{15}}}=\sqrt[30]{\frac{a^{23}b^{11}c^{17}}{d^{15}}}$$

La risposta corretta è quindi la B.

---

8 **L'espressione** $\dfrac{a}{a+b}\sqrt{\dfrac{a}{b}+\dfrac{b}{a}+2}$ **(dove *a*, *b* > 0) è uguale a:**

A $\sqrt{\dfrac{a}{b}}$ B $\sqrt{\dfrac{a^2}{b^2}}$ C $\sqrt{\dfrac{a^2}{b}}$ D $\sqrt{\dfrac{a}{b^2}}$ E $\sqrt{\dfrac{b}{a}}$

Trasportando il fattore sotto il segno di radice (operazione inversa dell'estrazione di radice) e semplificando, si ottiene:

$$\frac{a}{a+b}\sqrt{\frac{a}{b}+\frac{b}{a}+2}=\sqrt{\left(\frac{a}{a+b}\right)^2\cdot\left(\frac{a}{b}+\frac{b}{a}+2\right)}$$

$$=\sqrt{\frac{a^2}{a^2+b^2+2ab}\cdot\frac{a^2+b^2+2ab}{ab}}=\sqrt{\frac{a^2}{ab}}=\sqrt{\frac{a}{b}}$$

La risposta corretta è quindi la A.

9 **L'espressione $\sqrt{4x^4 - 4x^2 + 1}$, con x un numero reale, equivale a:**

A $2x^2 - 2x + 1$

B $\pm(2x^2 - 2x + 1)$

C $\pm(2x^2 - 1)$

D $2x^2 - 1$

E $|2x^2 - 1|$

Il radicando del radicale dato è il quadrato di un binomio, cioè $4x^4 - 4x^2 + 1 = (2x^2 - 1)^2$: pertanto è non negativo, (e il radicale quindi esiste), per ogni valore reale di x.

Poiché $2x^2 - 1$ può assumere sia valori positivi che negativi, nel semplificare l'esponente del radicando con l'indice della radice è necessario passare al modulo del radicando per mantenere il segno positivo del radicale aritmetico e dunque scrivere:

$$\sqrt{(2x^2 - 1)^2} = |2x^2 - 1|$$

La risposta esatta è quindi la E.

10 **L'inverso del numero $\sqrt{\frac{5}{2}} - \sqrt{\frac{3}{2}}$ è:**

A $\sqrt{\frac{2}{5}} - \sqrt{\frac{2}{3}}$

B $\sqrt{\frac{2}{5}} + \sqrt{\frac{2}{3}}$

C $\sqrt{\frac{5}{2}} + \sqrt{\frac{3}{2}}$

D $\sqrt{\frac{5}{2}} - \sqrt{\frac{3}{2}}$

E $\sqrt{\frac{3}{2}} - \sqrt{\frac{5}{2}}$

L'inverso del numero $\sqrt{5/2} - \sqrt{3/2}$ è pari a una frazione avente 1 al numeratore e il numero dato al denominatore:

$$\frac{1}{\sqrt{\frac{5}{2}} - \sqrt{\frac{3}{2}}}$$

Razionalizzandone il denominatore si ottiene:

$$\frac{1}{\sqrt{\frac{5}{2}} - \sqrt{\frac{3}{2}}} = \frac{1}{\sqrt{\frac{5}{2}} - \sqrt{\frac{3}{2}}} \cdot \frac{\sqrt{\frac{5}{2}} + \sqrt{\frac{3}{2}}}{\sqrt{\frac{5}{2}} + \sqrt{\frac{3}{2}}} = \frac{\sqrt{\frac{5}{2}} + \sqrt{\frac{3}{2}}}{\left(\sqrt{\frac{5}{2}} - \sqrt{\frac{3}{2}}\right) \cdot \left(\sqrt{\frac{5}{2}} + \sqrt{\frac{3}{2}}\right)} =$$

$$= \frac{\sqrt{\frac{5}{2}} + \sqrt{\frac{3}{2}}}{\left(\sqrt{\frac{5}{2}}\right)^2 - \left(\sqrt{\frac{3}{2}}\right)^2} = \frac{\sqrt{\frac{5}{2}} + \sqrt{\frac{3}{2}}}{\frac{5}{2} - \frac{3}{2}} = \frac{\sqrt{\frac{5}{2}} + \sqrt{\frac{3}{2}}}{1} = \sqrt{\frac{5}{2}} + \sqrt{\frac{3}{2}}$$

La risposta esatta è quindi la C.

MATEMATICA

11 **Il radicale $\sqrt{5+\sqrt{24}}$ è uguale a:**

A $\sqrt{3}-\sqrt{2}$

B $\sqrt{2}-\sqrt{3}$

C $\sqrt{3}+\sqrt{2}$

D $2\sqrt{3}$

E $3\sqrt{2}$

Applicando la regola sui radicali doppi (§ 3.2.4) si ha:

$$\sqrt{5+\sqrt{24}} = \sqrt{\frac{5+\sqrt{25-24}}{2}} + \sqrt{\frac{5-\sqrt{25-24}}{2}}$$

$$= \sqrt{\frac{5+1}{2}} + \sqrt{\frac{5-1}{2}} = \sqrt{\frac{6}{2}} + \sqrt{\frac{4}{2}} = \sqrt{3}+\sqrt{2}$$

La risposta corretta è quindi la C.

---

12 **Eseguire la razionalizzazione di $\dfrac{1}{\sqrt{3}\cdot(\sqrt{5}-\sqrt{3})}$.**

A $\dfrac{\sqrt{15}+3}{6}$

B $\dfrac{\sqrt{3}}{\sqrt{3}-\sqrt{5}}$

C $\dfrac{5\sqrt{3}}{3}$

D $\sqrt{3}+\sqrt{5}$

E $\dfrac{5\sqrt{3}}{6}$

Prima di effettuare la vera e propria razionalizzazione, è utile svolgere il prodotto a denominatore: $\dfrac{1}{\sqrt{15}-3}$. Ora è facile individuare il fattore razionalizzante $\sqrt{15}+3$. La razionalizzazione sarà quindi $\dfrac{1}{\sqrt{15}-3}\cdot\dfrac{\sqrt{15}+3}{\sqrt{15}+3} = \dfrac{\sqrt{15}+3}{15-9} = \dfrac{\sqrt{15}+3}{6}$. La risposta corretta è la A.

PARTE TERZA

4 EQUAZIONI E SISTEMI DI EQUAZIONI

4.1 UGUAGLIANZE, DISUGUAGLIANZE E IDENTITÀ

Confrontando due numeri (relativi) a e b qualunque, può essere vera una soltanto fra le seguenti tre relazioni:

$$a = b \quad a < b \quad a > b$$

nel primo caso si dirà che i due numeri a e b verificano una **uguaglianza**, nel secondo e nel terzo caso si dirà che essi verificano una **disuguaglianza**.
Ciò che è vero tra numeri lo è però solo parzialmente tra espressioni letterali.

Un'**espressione algebrica letterale assume** in generale **valori diversi a seconda dei valori numerici assegnati alle lettere** che in essa figurano.

Per esempio, l'espressione $A = 3x + 4$ assume (tra gli altri) i seguenti valori:

$$\text{per } x = 1 \rightarrow A = 3 \cdot 1 + 4 = 7$$
$$\text{per } x = 2 \rightarrow A = 3 \cdot 2 + 4 = 10$$
$$\text{per } x = 3 \rightarrow A = 3 \cdot 3 + 4 = 13$$

Può così capitare che, indicando con A e B due espressioni letterali, al variare del valore numerico assegnato alle lettere, possano valere **tutte e tre** le seguenti relazioni:

$$A = B \quad A < B \quad A > B$$

Si considerino le due espressioni $A = 3x + 4$ e $B = 12 - x$. Esse assumono (tra gli altri) i seguenti valori:

$$\text{per } x = 1 \rightarrow \begin{cases} A = 3 \cdot 1 + 4 = 7 \\ B = 12 - 1 = 11 \end{cases} \rightarrow A < B$$

$$\text{per } x = 2 \rightarrow \begin{cases} A = 3 \cdot 2 + 4 = 10 \\ B = 12 - 2 = 10 \end{cases} \rightarrow A = B$$

$$\text{per } x = 3 \rightarrow \begin{cases} A = 3 \cdot 3 + 4 = 13 \\ B = 12 - 3 = 9 \end{cases} \rightarrow A > B$$

Si sono già incontrate uguaglianze del tipo:

$$(a + b + c)^2 = a^2 + b^2 + c^2 + 2ab + 2ac + 2bc$$
$$a^3 - b^3 = (a - b) \cdot (a^2 + ab + b^2)$$

Si tratta di uguaglianze **sempre verificate**, ossia verificate **per ogni valore assegnato alle lettere** che in essa figurano.

Un'uguaglianza tra due espressioni algebriche letterali **verificata per ogni valore numerico assegnato alle lettere** prende il nome di **identità**.

L'uguaglianza $a^2 + b^2 = (a + b)^2 - 2ab$ è un'identità in quanto il primo membro è identico al secondo membro per ogni valore delle lettere a e b; si ha infatti che:

$$(a + b)^2 - 2ab = a^2 + b^2 + 2ab - 2ab = a^2 + b^2$$

4.2 EQUAZIONI

Si consideri ora l'uguaglianza:

$$2x + 1 = 7$$

è facile constatare che l'uguaglianza non è sempre verificata. Ponendo $x = 1$, per esempio, i due *membri* (ossia le due espressioni rispettivamente a sinistra e a destra del segno di uguaglianza) assumono valori diversi

$$2 \cdot 1 + 1 \neq 7$$

per cui l'uguaglianza non è verificata.

✔ **Un'uguaglianza** tra due espressioni algebriche letterali **verificata solo per particolari valori numerici assegnati alle lettere** prende il nome di **equazione**.

In questo caso le lettere prendono il nome di *incognite*.

L'equazione $2x + 1 = 7$ è verificata per $x = 3$; infatti, sostituendo 3 al posto di x, l'equazione diventa $2 \cdot 3 + 1 = 7$ che è un'*identità numerica* (ossia un'identità tra due membri numerici e non più letterali).

4.2.1 SOLUZIONE DI UN'EQUAZIONE

✔ **Risolvere un'equazione significa trovare i valori dell'incognita per i quali la relazione di uguaglianza diventa una identità numerica.**

La **soluzione** di un'equazione è rappresentata dall'insieme di **tutti e soli** i valori dell'incognita che soddisfano l'uguaglianza.

L'equazione $3x - 2 = 4$ ha come soluzione il valore $x = 2$ (infatti, sostituendo 2 al posto di x, l'equazione diventa $3 \cdot 2 - 2 = 4$).

4.2.2 EQUAZIONE IMPOSSIBILE, INDETERMINATA, DETERMINATA

Equazione impossibile: è un'equazione che non ammette soluzioni reali cioè non è verificata per nessun valore reale dell'incognita.

Si consideri l'equazione:

$$x^2 = -4$$

si tratta di una equazione impossibile in quanto non esiste nessun numero il cui quadrato sia un numero negativo.

Equazione indeterminata: è un'equazione che ammette infinite soluzioni.

Si consideri, per esempio, l'equazione:

$$(x + 1)^2 + x = x^2 + 3x + 1$$

svolgendo il *prodotto notevole* si ottiene:

$$x^2 + 1 + 2x + x = x^2 + 3x + 1$$

ossia un'identità, verificata per ogni valore di x e quindi con infinite soluzioni.

Equazione determinata: è un'equazione che ammette un numero finito di soluzioni.

Si consideri l'equazione:

$$x^2 = 16$$

si tratta di una equazione determinata in quanto ammette le due soluzioni $x = +4$ e $x = -4$.

PARTE TERZA

4.2.3 CLASSIFICAZIONE DELLE EQUAZIONI

Un'equazione si dice **numerica** quando **oltre all'incognita non contiene altre lettere.**

$2x+1 = 0$ è un'equazione numerica.

Un'equazione si dice **letterale** quando **oltre all'incognita contiene anche altre lettere** (dette *parametri*) **che si considerano costanti.**

$x+a = 2$ è un'equazione letterale.

Un'equazione si dice **intera** quando **l'incognita non compare nel denominatore.**

$\frac{x}{2}-5 = 3$ è un'equazione intera.

Un'equazione si dice **frazionaria** quando **l'incognita compare nel denominatore.**

$\frac{1}{x^2}+x = 1$ è un'equazione frazionaria.

Un'equazione si dice **irrazionale** quando l'incognita compare nell'argomento di un radicale.

$x+\sqrt{3x+1} = 3$ è un'equazione irrazionale, mentre $\sqrt{5}x+4x-\sqrt{7} = 0$ **non** è irrazionale.

Nel seguito si incontreranno ulteriori tipi di equazioni, come quelle esponenziali, logaritmiche e trigonometriche.

4.2.4 FORMA NORMALE E GRADO DI UN'EQUAZIONE

Un'equazione è *in forma normale* quando è nella forma $P(x) = 0$ dove $P(x)$ è un polinomio nell'incognita x ordinato secondo le potenze decrescenti della stessa x: i metodi per portare un'equazione in forma normale verranno esposti nel § 4.2.7 e nel § 4.2.8.

Il grado di un'equazione ad una incognita è **il massimo esponente con cui l'incognita compare nell'equazione ridotta in forma normale.**

$2x+1 = 0$ → è un'equazione di **primo grado**

$2x+x^2 = 1$ → è un'equazione di **secondo grado**

$\frac{x+1}{x}-3x = 0$ → occorre prima ridurla in forma normale.

Moltiplicando ambo i membri per x e ordinando il polinomio si ottiene:

$$-3x^2+x+1 = 0$$

si tratta quindi di un'equazione di **secondo grado**.

4.2.5 TEOREMA FONDAMENTALE DELL'ALGEBRA

Un'equazione non indeterminata di grado *n* ammette al massimo *n* soluzioni nell'insieme dei numeri reali, alcune delle quali potrebbero coincidere.

- $x+1 = 0$ → $x = -1$: la soluzione è unica.
- $x^2 = 0$ → $x = 0$ e $x = 0$: le soluzioni sono due, reali e coincidenti.
- $x^2 = -4$ → non ammette soluzioni nell'insieme dei numeri reali.

MATEMATICA

4.2.6 METODO DELLA VERIFICA

Per rispondere a domande a risposta multipla relative alle soluzioni di una equazione, spesso non è necessario e talvolta neanche conveniente risolvere le equazioni: **risulta più rapido sostituire nell'equazione le soluzioni proposte e trovare quale fra queste la soddisfa (cioè quale tra queste è la vera soluzione)**. Si usa, in altre parole, il "metodo della verifica".

Risolvere la seguente equazione: $x^2 - 1 = 0$

A $x = 2 ; x = 1$
B $x = 1 ; x = -1$
C $x = 0 ; x = -1$
D $x = 0 ; x = 2$
E $x = 1$

La soluzione corretta è la B in quanto, sostituendo nell'equazione i valori $x = 1$ e $x = -1$, si ottiene in entrambi i casi una identità.

Nonostante il metodo della verifica consenta di risolvere la quasi totalità dei quesiti sulle equazioni, è evidente che la conoscenza dei metodi risolutivi classici permette di scegliere la strada più veloce. Si consiglia pertanto di studiare comunque i paragrafi seguenti.

4.2.7 CONDIZIONI DI ESISTENZA DELLE ESPRESSIONI FRAZIONARIE

Le uguaglianze (e le identità) tra frazioni algebriche (ossia espressioni con denominatori letterali) sono soggette a ben determinate *condizioni di esistenza*.

PARTE TERZA

Prima di risolvere una equazione frazionaria si devono scartare tutti gli *zeri* dei denominatori (ossia tutti i valori numerici che annullano i denominatori), in quanto, in corrispondenza di tali valori, **l'espressione frazionaria perde di significato** (ossia **non esiste**).

Si consideri, per esempio, l'equazione:

$$\frac{x-2}{(x-3)(x+5)} = 0$$

il primo membro perde di significato (ossia non esiste) in corrispondenza dei due valori $x = 3$ e $x = -5$: questi due valori devono essere scartati prima di fare qualsiasi altra operazione (anche una semplice semplificazione). Si scriverà allora:

$$\text{C.E.} \quad x \neq 3 ; \quad x \neq -5$$

ossia "le Condizioni di Esistenza sono: x diverso da 3 e x diverso da – 5". In altre parole **l'espressione frazionaria esiste solo per valori di *x* diversi dagli zeri del denominatore.**

4.2.8 EQUAZIONI EQUIVALENTI

Due equazioni si dicono *equivalenti* quando ammettono la **stessa soluzione**.

$2x + 1 = 0$ è equivalente a $4x + 2 = 0$: entrambe ammettono come soluzione $x = -1/2$.

Per risolvere una equazione si cerca di trasformarla in un'altra ad essa equivalente, ma di forma più semplice: è quindi importante conoscere i seguenti principi di equivalenza.

Aggiungendo ad ambedue i membri di una equazione la medesima espressione algebrica si ottiene un'equazione equivalente a quella data.

Indicando con A, B ed M tre espressioni algebriche *sempre definite*, si ha:

$$A = B \xrightarrow{\text{è equivalente a}} A + M = B + M$$

- Se uno stesso termine figura come addendo in entrambi i membri di una equazione, esso può essere soppresso (in quanto ciò equivale ad aggiungere ai due membri la medesima quantità, ossia l'opposto del termine stesso):

$$3x^2 + 2x = 12 + 2x \xrightarrow[\text{è equivalente a}]{(\text{sommando } -2x)} 3x^2 = 12$$

- Si può sempre "spostare" un addendo da un membro all'altro purché lo si cambi di segno (in quanto ciò equivale ad aggiungere ai due membri l'opposto del termine):

$$9x^2 + 4 = -5x \xrightarrow[\text{è equivalente a}]{(\text{sommando } -4)} 9x^2 = -5x - 4$$

Moltiplicando o dividendo entrambi i membri di una equazione per la medesima espressione algebrica (purché sempre definita e diversa da zero) si ottiene un'equazione equivalente a quella data.

Indicando con A e B due espressioni algebriche *sempre definite* e con M una espressione algebrica *sempre definita* e *sempre diversa da zero*, si ha:

$$A = B \xrightarrow{\text{è equivalente a}} A \cdot M = B \cdot M \text{ e inoltre: } A = B \xrightarrow{\text{è equivalente a}} \frac{A}{M} = \frac{B}{M}$$

- Se i due membri hanno un fattore numerico comune, questo può essere soppresso (equivale a dividere ambo i membri per quel fattore):

$$9x + 6 = 12 + 3x \xrightarrow[\text{è equivalente a}]{(\text{dividendo per } 3)} 3x + 2 = 4 + x$$

- Moltiplicando i due membri per una espressione opportuna, si possono eliminare i denominatori dall'equazione (in quanto ciò equivale a moltiplicare ambo i membri per il m.c.m. dei denominatori):

$$\frac{4x-2}{3} = 3 + \frac{3x}{4} \xrightarrow[\text{è equivalente a}]{(\text{moltiplicando per } 12)} 16x - 8 = 36 + 9x$$

- Cambiando i segni di tutti i termini di una equazione se ne ottiene una equivalente (in quanto ciò equivale a moltiplicare per – 1):

$$-4x^2 + 2 = -5x \xrightarrow[\text{è equivalente a}]{(\text{moltiplicando per } -1)} 4x^2 - 2 = 5x$$

È possibile ora illustrare i passi necessari per portare un'equazione nella sua forma normale:

1. svolgere le eventuali operazioni indicate nella forma iniziale (come eliminazione delle parentesi o elevamenti a potenza);
2. eliminare gli eventuali denominatori (moltiplicando ambo i membri per il m.c.m. dei denominatori); se l'equazione è frazionaria si deve porre la condizione di esistenza del m.c.m. (per evitare l'annullamento del denominatore);
3. spostare tutti i termini nel primo membro sfruttando i principi di equivalenza;
4. ridurre i termini simili e ordinare il polinomio secondo le potenze decrescenti della x.

Per portare in forma normale l'equazione $\frac{(x-1)^2}{x} = 1$ occorre:

1. svolgere l'elevamento al quadrato: $\frac{x^2 - 2x + 1}{x} = 1$
2. porre la C.E. del denominatore (ossia C.E.: $x \neq 0$) ed eliminare il denominatore (moltiplicando ambo i membri per x): $x^2 - 2x + 1 = x$
3. spostare tutti i termini nel primo membro: $x^2 - 2x + 1 - x = 0$
4. ridurre i termini simili e ordinare il polinomio: $x^2 - 3x + 1 = 0$

MATEMATICA

4.2.9 EQUAZIONI INTERE DI PRIMO GRADO

Si chiamano anche equazioni **lineari** e (dopo averle ridotte in forma normale) sono equivalenti alla seguente forma generale:

$$ax + b = 0 \qquad [5]$$

Dopo aver spostato il termine noto a destra del segno di uguaglianza e supponendo che sia $a \neq 0$, è possibile dividere ambo i membri per *a*, ottenendo:

$$x = -\frac{b}{a} \qquad [6]$$

$3x + 4 = 0 \rightarrow 3x = -4 \rightarrow x = \frac{4}{3}$

Dalla [6] discende che un'equazione intera di primo grado in una incognita $ax + b = 0$ **ammette sempre una e una sola soluzione nell'ipotesi che sia $a \neq 0$**: in tal caso si dice che l'equazione è *determinata*. Se invece risulta $a = 0$, la [5] diventa:

$$0 \cdot x + b = 0 \quad \text{ossia:} \quad 0 \cdot x = -b$$

la quale risulta evidentemente **impossibile** se $b \neq 0$, **indeterminata** se $b = 0$.

- $3x + 3 = 4x - 10 \rightarrow -x = -13 \rightarrow x = 13$
  l'equazione è determinata;
- $\frac{x+1}{2} = x - \frac{2x+3}{4} \rightarrow \frac{2x+2}{4} = \frac{4x-2x-3}{4} \rightarrow 2x - 2x = -2 - 3 \rightarrow 0 \cdot x = -5$
  l'equazione è impossibile;
- $\frac{2x+5}{4} - 1 = \frac{x}{2} + \frac{1}{4} \rightarrow \frac{2x+5-4}{4} = \frac{2x+1}{4} \rightarrow 2x + 5 - 4 = 2x + 1 \rightarrow$
  $\rightarrow 2x - 2x = +1 - 5 + 4 \rightarrow 0 \cdot x = 0$
  l'equazione è indeterminata.

4.2.10 EQUAZIONI FRAZIONARIE DI PRIMO GRADO

La risoluzione delle equazioni frazionarie richiede di prestare attenzione alle condizioni di esistenza da porre affinché l'equazione non perda di significato e al fatto che tutte le soluzioni eventualmente trovate dovranno essere confrontate con le condizioni poste.

Per risolvere l'equazione:

$$\frac{x^2-3}{x+1} = x + \frac{2x}{x+1}$$

si comincia col porre le condizioni di esistenza dei denominatori:

$$\text{C.E.:} \quad x + 1 \neq 0 \rightarrow x \neq -1$$

a questo punto, calcolando il denominatore comune e riducendo a forma intera (moltiplicando ambo i membri per il denominatore comune che, dopo aver posto le C.E. è sicuramente diverso da zero) si ha:

$$\frac{x^2-3}{x+1} = \frac{x^2+x+2x}{x+1} \rightarrow x^2 - 3 = x^2 + x + 2x$$

$$\rightarrow x^2 - x^2 - 3x = 3 \rightarrow -3x = 3$$

per cui, dividendo per il coefficiente della *x* (ossia – 3) si ottiene:

$$-3x = 3 \rightarrow x = -1$$

La soluzione trovata è evidentemente inaccettabile, in quanto contrasta con la condizione di esistenza posta all'inizio. Si conclude quindi che l'equazione data è impossibile.

PARTE TERZA

4.2.11 EQUAZIONI INCOMPLETE DI SECONDO GRADO

La forma normale di un'equazione di secondo grado è:

$$ax^2 + bx + c = 0$$

Assumendo che sia $a \neq 0$ (altrimenti si avrebbe un'equazione di primo grado), se uno degli altri due parametri, b oppure c, è nullo, l'equazione viene detta *incompleta*. Si distinguono tre casi:

1° caso: $c = 0$ (il termine noto è nullo) $\rightarrow$ l'equazione si dice *spuria*:

$$ax^2 + bx = 0 \xrightarrow[\text{in fattori}]{\text{scomponendo}} x \cdot (ax + b) = 0 \xrightarrow[\text{lamento del prodotto}]{\text{per la legge dell'annul-}} \begin{cases} x_1 = 0 \\ x_2 = -\dfrac{b}{a} \end{cases}$$

dove x_1 e x_2 indicano le **due** soluzioni (ossia il massimo numero di soluzioni previsto dal teorema fondamentale dell'algebra per una equazione di secondo grado).

Qualsiasi equazione intera priva di termine noto ammette la soluzione nulla $x = 0$.

2° caso: $b = 0 \rightarrow$ l'equazione si dice *pura*:

$$ax^2 + c = 0 \rightarrow x^2 = -\frac{c}{a} \xrightarrow[\text{brica di entrambi i membri}]{\text{estraendo la radice alge-}} x_{1,2} = \pm\sqrt{-\frac{c}{a}}$$

Per la realtà di tali soluzioni bisogna che sia $-c/a \geq 0 \rightarrow a$ e c discordi. In caso contrario, non esistono soluzioni reali.

3° caso: $b = 0$ e $c = 0 \rightarrow$ l'equazione viene detta *monomia*:

$$ax^2 = 0 \rightarrow x_{1,2} = 0 \text{ (soluzione doppia)}$$

4.2.12 EQUAZIONI COMPLETE DI SECONDO GRADO

Se nessuno dei tre parametri a, b e c si annulla, l'equazione si dice *completa*:

$$ax^2 + bx + c = 0$$

le soluzioni sono date dalla *formula risolutiva*:

$$x_{1,2} = \frac{-b \pm \sqrt{b^2 - 4ac}}{2a}$$

Il segno del radicando $\Delta = b^2 - 4ac$ (detto *discriminante*) influenza la realtà delle radici:

se $\Delta > 0 \rightarrow$ le radici sono reali distinte;

se $\Delta = 0 \rightarrow$ le radici sono reali e coincidenti;

se $\Delta < 0 \rightarrow$ non esistono radici reali.

$$2x^2 - 6x + 1 = 0 \xrightarrow{\text{applicando la formula}} x_{1,2} = \frac{6 \pm \sqrt{36 - 8}}{4} = \frac{6 \pm 2\sqrt{7}}{4} = \frac{3 \pm \sqrt{7}}{2}$$

$$2x^2 - 8x + 8 = 0 \xrightarrow{\text{essendo } \Delta = 0} x_{1,2} = \frac{8 \pm \sqrt{64 - 64}}{4} = \frac{8 \pm 0}{4} = 2 \ \left(\begin{matrix}\text{soluzione}\\ \text{doppia}\end{matrix}\right)$$

$$3x^2 - 5x + 4 = 0 \xrightarrow{\text{essendo } \Delta < 0} x_{1,2} = \frac{5 \pm \sqrt{25 - 48}}{6} = \frac{5 \pm \sqrt{-23}}{6} \ \left(\begin{matrix}\text{nessuna}\\ \text{soluzione}\end{matrix}\right)$$

Se b è pari, si può usare la *formula ridotta*:

$$x_{1,2} = \frac{-b/2 \pm \sqrt{(b/2)^2 - ac}}{a} \xrightarrow{\text{se } k = b/2} x_{1,2} = \frac{-k \pm \sqrt{k^2 - ac}}{a}$$

MATEMATICA

4.2.13 Equazioni frazionarie di secondo grado

Come per le equazioni frazionarie di primo grado, anche la risoluzione delle equazioni frazionarie di secondo grado richiede di prestare attenzione alle condizioni di esistenza da porre affinché i denominatori non si annullino e al fatto che tutte le soluzioni eventualmente trovate dovranno poi essere confrontate con le condizioni poste.

Per risolvere l'equazione:

$$\frac{3x-1}{x+1}-x=0$$

si calcola il denominatore comune, si pone la condizione di esistenza (ossia C.E.: $x \neq -1$) e si riduce a forma intera:

$$\frac{3x-1}{x+1}-x=0 \rightarrow -x^2+2x-1=0 \rightarrow x^2-2x+1=0 \rightarrow x_{1,2}=1\pm\sqrt{0}=1$$

l'equazione ha dunque due radici reali coincidenti: la soluzione è accettabile in quanto non contrasta con la condizione di esistenza.

4.2.14 Somma e prodotto delle radici di un'equazione di secondo grado

Data l'equazione di secondo grado $ax^2+bx+c=0$, se $\Delta \geq 0$ (ossia se il discriminante è non negativo), è possibile conoscere la somma s e il prodotto p delle radici x_1 e x_2 senza dover risolvere l'equazione stessa. Si ha infatti che:

$$s=x_1+x_2=-\frac{b}{a} \quad \text{e} \quad p=x_1\cdot x_2=\frac{c}{a}$$

$$2x^2-12x+10=0 \rightarrow \begin{cases} s=x_1+x_2=-\frac{-12}{2}=6 \\ p=x_1\cdot x_2=\frac{10}{2}=5 \end{cases} \rightarrow \begin{cases} x_1=1 \\ x_2=5 \end{cases}$$

Risulta ora possibile determinare due numeri reali conoscendo la loro somma s e il loro prodotto p: è infatti sufficiente risolvere l'equazione:

$$x^2-sx+p=0$$

Per trovare i due numeri la cui somma valga 5 e il cui prodotto valga – 14, occorre risolvere l'equazione:

$$x^2-sx+p=0 \rightarrow x^2-5x-14=0 \rightarrow x_{1,2}=\frac{5\pm\sqrt{25+56}}{2}=\frac{5\pm 9}{2}$$

per cui i due numeri cercati sono:

$$x_1=7 \ \text{e} \ x_2=-2$$

4.2.15 Scomposizione di un trinomio di secondo grado in fattori

Il trinomio ax^2+bx+c è scomponibile tramite la relazione:

$$ax^2+bx+c=a\cdot(x-x_1)\cdot(x-x_2)$$

dove x_1 e x_2 sono le due radici dell'equazione $ax^2+bx+c=0$.

Scomporre in fattori il trinomio $2x^2+2x-4$. Si cercano le radici dell'equazione $2x^2+2x-4=0$ tramite la formula risolutiva ridotta:

$$x_{1,2}=\frac{-1\pm\sqrt{1+8}}{2} \rightarrow \begin{cases} x_1=1 \\ x_2=-2 \end{cases} \rightarrow 2x^2+2x-4=2\cdot(x-1)\cdot(x+2)$$

PARTE TERZA

4.2.16 REGOLA DI CARTESIO

La *regola di Cartesio* consente di determinare il segno delle radici di un'equazione di secondo grado (purché *completa* e con *discriminante positivo*) senza dover risolvere l'equazione stessa. È opportuno però premettere la seguente definizione.

Si dice che i tre coefficienti *a*, *b* e *c* (dell'equazione generale $ax^2 + bx + c = 0$), considerati nell'ordine scritto, presentano una **permanenza** ogni volta che due coefficienti consecutivi hanno lo stesso segno, mentre presentano una **variazione** ogni volta che due coefficienti consecutivi hanno segni opposti.

A questo punto è possibile esporre la regola di Cartesio.

In una equazione di secondo grado completa, con discriminante positivo e scritta in forma normale, **ad ogni permanenza** di segno nei coefficienti *a, b, c*, **corrisponde una soluzione negativa**, mentre **ad ogni variazione corrisponde una soluzione positiva**.
Se l'equazione ha radici di segno opposto, la radice positiva ha il maggiore valore assoluto se la variazione precede la permanenza; viceversa, la radice negativa ha il maggiore valore assoluto se la permanenza precede la variazione.

$2x^2 + 3x + 1 = 0 \xrightarrow{\text{Cartesio}}$ due permanenze $\rightarrow$ due radici negative.

Infatti le due radici sono:

$$x_{1,2} = \frac{-3 \pm \sqrt{9-8}}{4} = \frac{-3 \pm \sqrt{1}}{4} = \frac{-3 \pm 1}{4} \rightarrow \begin{cases} x_1 = -1 \\ x_2 = -1/2 \end{cases}$$

$x^2 - 6x + 5 = 0 \xrightarrow{\text{Cartesio}}$ due variazioni $\rightarrow$ due radici positive.

Infatti le due radici sono:

$$x_{1,2} = \frac{6 \pm \sqrt{36-20}}{2} = \frac{6 \pm \sqrt{16}}{2} = \frac{6 \pm 4}{2} \rightarrow \begin{cases} x_1 = 5 \\ x_2 = 1 \end{cases}$$

$3x^2 + 3x - 18 = 0 \xrightarrow{\text{Cartesio}}$ una permanenza e una variazione $\rightarrow$ due radici di segno opposto.

Infatti le due radici sono:

$$x_{1,2} = \frac{-3 \pm \sqrt{9+216}}{6} = \frac{-3 \pm \sqrt{225}}{6} = \frac{-3 \pm 15}{6} = \frac{-1 \pm 5}{2} \rightarrow \begin{cases} x_1 = 2 \\ x_2 = -3 \end{cases}$$

In quest'ultimo caso, dal momento che la permanenza precede la variazione, la radice negativa ha il maggiore valore assoluto. Infatti:

$$|x_1| = |2| = 2 < |x_2| = |-3| = 3$$

4.2.17 EQUAZIONI DI GRADO SUPERIORE AL SECONDO

Per risolvere tali equazioni occorre, in generale, scomporre in fattori per poi sfruttare la regola dell'annullamento del prodotto.

Data l'equazione di terzo grado $x^3 - 5x^2 + 4x = 0$ si scompone in fattori con un raccoglimento a fattor comune e si applica la legge dell'annullamento del prodotto (§ 1.3):

$$x \cdot (x^2 - 5x + 4) = 0 \rightarrow \begin{cases} x_1 = 0 \\ x^2 - 5x + 4 = 0 \xrightarrow{\text{applicando la formula}} \begin{cases} x_2 = 1 \\ x_3 = 4 \end{cases} \end{cases}$$

In altri casi, può essere utile effettuare un cambio di variabili: per esempio, un'equazione di quarto grado può diventare di secondo grado se contiene solo le potenze pari dell'incognita (in questo caso l'equazione viene detta *biquadratica*).

Data l'equazione di quarto grado $x^4 - 5x^2 - 36 = 0$ ponendo $t = x^2$ la si trasforma in un'equazione di secondo grado

$$x^4 - 5x^2 - 36 = 0 \xrightarrow{\text{ponendo } t = x^2} t^2 - 5t - 36 = 0$$

$$\rightarrow \begin{cases} t_1 = -4 \rightarrow x^2 = -4 \rightarrow \text{nessuna radice reale in } x \\ t_2 = 9 \rightarrow x^2 = 9 \rightarrow x_{1,2} = \pm\sqrt{9} = \pm 3 \end{cases}$$

4.3 PROPORZIONI

L'uguaglianza tra due rapporti è detta proporzione.

Dati *a, b, c* e *d*, con $b \neq 0$ e $d \neq 0$, se $a/b = c/d$ si ha la proporzione:

$$a : b = c : d$$

che si legge: "*a* sta a *b* come *c* sta a *d*".

a e *c* = *antecedenti* | *b* e *d* = *conseguenti*

a e *d* = *estremi* | *b* e *c* = *medi*

Vale la notevole relazione[1]:

$$a \cdot d = b \cdot c \qquad [7]$$

Il prodotto dei medi è uguale al prodotto degli estremi.

Esistono diversi tipi di problemi risolvibili mediante proporzioni.

Se 12 donne su 100 sono bionde, quante donne su 300 non sono bionde?
Si utilizza la proporzione:

$$12 : 100 = x : 300 \rightarrow x = \frac{300 \cdot 12}{100} = 36$$

dove *x* indica il numero di **donne bionde** su 300. Il numero richiesto è:

$$300 - x = 264$$

Un'automobile viaggia alla velocità di 90 km/h, percorrendo 12 km con ogni litro di benzina. Quanto tempo impiega per consumare un litro di benzina?
Vale la proporzione:

$$90 \text{ km} : 1 \text{ h} = 12 \text{ km} : x \text{ h} \rightarrow x = \frac{12}{90} \text{ h} = \frac{2}{15} \text{ h} = 8 \text{ minuti}$$

1. Insieme alla [7], valgono anche le seguenti relazioni di importanza minore:

$a : c = b : d$	Proprietà del permutare
$b : a = d : c$	Proprietà dell'invertire
$a \cdot n : b = c \cdot n : d \quad \frac{a}{n} : \frac{b}{n} = c : d \quad (n \neq 0)$	Proprietà invariantiva
$(a \pm b) : (c \pm d) = a : c = b : d$	Proprietà del comporre/scomporre

4.4 SISTEMI DI EQUAZIONI

4.4.1 EQUAZIONI IN DUE INCOGNITE E SISTEMI DI EQUAZIONI

Si consideri un'equazione del tipo $ax + by = c$, ossia un'equazione di primo grado *in due incognite*, per esempio $2x + y = 0$: se si assegna all'incognita x un valore arbitrario (per esempio il valore 1) si ottiene una equazione *nella sola incognita y*. Risolvendola, si trova un valore numerico per l'incognita y (ossia -2) che, insieme al valore arbitrario assegnato alla y, costituisce una soluzione dell'equazione di partenza.

Ovviamente, il procedimento sopra descritto può essere ripetuto all'infinito, assegnando via via valori arbitrari alla x e trovando, per ognuno di questi, il corrispondente valore per la y: ciascuna delle coppie di valori così trovate costituisce una diversa soluzione dell'equazione.

Questo ragionamento vale non soltanto per la particolare equazione considerata, ma per qualsiasi equazione in due incognite.

Un'equazione in due (o più) incognite ammette in generale **infinite soluzioni**, ciascuna delle quali è rappresentata da una coppia di valori (uno per la x e uno per la y).

$\begin{cases} x = 1 \\ y = -2 \end{cases}$ e $\begin{cases} x = 2 \\ y = -4 \end{cases}$ sono due delle infinite soluzioni dell'equazione $2x + y = 0$

$\begin{cases} x = 1 \\ y = 1 \end{cases}$ e $\begin{cases} x = 2 \\ y = 2 \end{cases}$ sono due delle infinite soluzioni dell'equazione $x - y = 0$

Si considerino ora **due** equazioni nelle stesse due incognite, per esempio $2x + y = 0$ e $x - y = 0$: ci si ponga il problema di trovare (se esiste) una soluzione *comune* alle due equazioni, ossia una coppia di valori che verifichi entrambe le equazioni.

L'insieme di due (o più) equazioni (nelle stesse incognite) delle quali si voglia trovare una soluzione comune **prende il nome di sistema di equazioni.**

4.4.2 SOLUZIONE DI UN SISTEMA

Risolvere un sistema significa trovare la soluzione comune alle due (o più) infinità di soluzioni delle singole equazioni che compongono il sistema.

L'insieme delle coppie di valori numerici che soddisfano contemporaneamente tutte le equazioni costituenti il sistema prende il nome di **soluzione** del sistema.

La soluzione di un sistema è dunque contemporaneamente soluzione di ogni equazione costituente il sistema. Si tratta, in altre parole, di trovare l'intersezione fra gli insiemi delle soluzioni delle singole equazioni.

4.4.3 GRADO DI UN SISTEMA

Il grado di un sistema è il **prodotto dei gradi delle equazioni** che lo costituiscono.

$\begin{cases} 3x + y = 1 & 1° \text{ grado} \\ 2xy + x = 0 & 2° \text{ grado} \end{cases}$ $\rightarrow$ è un sistema di 2° grado.

I sistemi di primo grado vengono anche detti *sistemi lineari*.

$\begin{cases} x - 2y = 0 & 1° \text{ grado} \\ 3x + 2y = 8 & 1° \text{ grado} \end{cases}$ $\rightarrow$ è un sistema di 1° grado, ossia lineare.

MATEMATICA

4.4.4 METODI RISOLUTIVI DEI SISTEMI LINEARI

Esistono tre diversi metodi risolutivi dei sistemi di equazioni: *sostituzione*, *confronto* e *riduzione*. Per ognuno di questi si mostra la risoluzione *passo-passo* applicata al sistema:

$$\begin{cases} x-2y=0 \\ 3x+2y=8 \end{cases}$$

- **Sostituzione**: consiste nel ricavare da una delle equazioni (per esempio dalla prima) una delle incognite (per esempio la x), quindi sostituire l'espressione trovata nell'altra equazione.

$$\begin{cases} x=2y \\ 3x+2y=8 \end{cases} \rightarrow \begin{cases} x=2y \\ 3\cdot(2y)+2y=8 \end{cases} \rightarrow \begin{cases} x=2y \\ 8y=8 \end{cases} \rightarrow \begin{cases} x=2y \\ y=1 \end{cases} \rightarrow \begin{cases} x=2 \\ y=1 \end{cases}$$

- **Confronto**: consiste nel risolvere entrambe le equazioni rispetto alla stessa incognita (per esempio la y), per poi confrontare le due espressioni trovate.

$$\begin{cases} x-2y=0 \\ 3x+2y=8 \end{cases} \rightarrow \begin{cases} y=x/2 \\ y=\dfrac{8-3x}{2} \end{cases} \rightarrow \begin{cases} y=x/2 \\ \dfrac{x}{2}=\dfrac{8-3x}{2} \end{cases} \rightarrow \begin{cases} y=x/2 \\ 4x=8 \end{cases} \rightarrow \begin{cases} x=2 \\ y=x/2 \end{cases} \rightarrow \begin{cases} x=2 \\ y=1 \end{cases}$$

- **Riduzione**: consiste nel sommare (o sottrarre) membro a membro le due equazioni in modo da far "scomparire" una delle due incognite.

$$\begin{cases} x-2y=0 \\ 3x+2y=8 \end{cases} \rightarrow \begin{cases} x-2y=0 \\ 3x+2y=8 \end{cases}$$

$$4x+0=8 \rightarrow \begin{cases} 4x=8 \\ x-2y=0 \end{cases} \rightarrow \begin{cases} x=2 \\ y=x/2 \end{cases} \rightarrow \begin{cases} x=2 \\ y=1 \end{cases}$$

4.4.5 CARATTERE DEI SISTEMI LINEARI

Un sistema lineare (ossia un sistema di primo grado) può essere:

- possibile
  - determinato ⟷ una soluzione
  - indeterminato ⟷ infinite soluzioni
- impossibile ⟷ nessuna soluzione

Non esiste un sistema lineare con due o tre soluzioni!

Dato un sistema lineare di due equazioni in due incognite:

$$\begin{cases} a_1x+b_1y=c_1 \\ a_2x+b_2y=c_2 \end{cases}$$

è possibile stabilirne il carattere (ossia determinare se sia determinato, indeterminato o impossibile) ancora prima di risolverlo. Si possono presentare i seguenti tre casi:

1. $a_1/a_2 \neq b_1/b_2$ → il sistema è determinato (quindi risolubile tramite uno dei metodi mostrati nel paragrafo precedente);
2. $a_1/a_2 = b_1/b_2 = c_1/c_2$ → il sistema è indeterminato;
3. $a_1/a_2 = b_1/b_2 \neq c_1/c_2$ → il sistema è impossibile.

Il sistema $\begin{cases} 2x-y=1 \\ 6x-3y=2 \end{cases}$ è impossibile, infatti: $\dfrac{2}{6}=\dfrac{-1}{-3}\neq\dfrac{1}{2}$ (caso 3).

PARTE TERZA

QUESITI SVOLTI

1 **L'equazione 1 + x = e^x è soddisfatta per:**

- **A** $x = -\infty$
- **B** $x = 1$
- **C** $x = -1$
- **D** $x = 0$
- **E** non è mai soddisfatta

Si tratta di un'equazione non risolubile elementarmente. Non esiste, in altre parole, per tale equazione un metodo risolutivo paragonabile all'utilizzo della formula risolutiva per le equazioni di secondo grado. In questo caso è dunque più che mai consigliabile utilizzare il metodo della verifica esposto nella parte teorica di questo capitolo. Ricordando che, indipendentemente dal valore della base, una potenza con esponente uguale a zero è uguale a uno, si verifica immediatamente la correttezza della risposta **D**.

2 **Risolvere l'equazione $|x-2| = 3$.**

- **A** $x = 5$
- **B** $x = 1$
- **C** $x = -1$
- **D** $x = 5$ e $x = -1$
- **E** $x = -2$

Ancora una volta è consigliabile utilizzare il metodo della verifica. Il valore $x = 5$ della risposta **A** soddisfa l'equazione proposta ma non rappresenta la soluzione dell'equazione: infatti, per soluzione di una equazione in x si intende l'insieme tutti e soli i valori di x che soddisfano l'equazione. La risposta esatta è solo la **D** in quanto contiene **tutti** i valori di x ($x = 5$ e $x = -1$) che soddisfano l'equazione $|x-2| = 3$. Si riportano comunque i passaggi della soluzione tradizionale.

Ricordando che $|x-2| = \begin{cases} x-2 & \text{se } x-2 \geq 0 \\ -(x-2) & \text{se } x-2 < 0 \end{cases}$ si devono considerare i due sistemi:

$$\begin{cases} x-2 \geq 0 \\ x-2 = 3 \end{cases} \rightarrow \begin{cases} x \geq 2 \\ x = 5 \end{cases} \rightarrow \text{soluzione accettabile} \quad \text{e} \quad \begin{cases} x-2 < 0 \\ -x+2 = 3 \end{cases} \rightarrow \begin{cases} x < 2 \\ x = -1 \end{cases} \rightarrow \text{soluzione accettabile}$$

per cui la risposta corretta è nuovamente la **D**.

3 **L'equazione $x^3 = 1$ ammette:**

- **A** solo la radice $x = 1$
- **B** tre radici reali
- **C** una radice reale e due complesse coniugate
- **D** quattro radici reali
- **E** tre radici reali coincidenti

Per il teorema fondamentale dell'algebra, l'equazione $x^3 = 1$ ammette tre soluzioni **nel campo dei numeri complessi**. Di queste, una è reale ($x = 1$) e le altre due sono necessariamente complesse non reali. Questa breve considerazione è sufficiente per scegliere la **C** tra le risposte proposte. Volendo risolvere l'equazione si ottiene:

$$x^3 = 1 \rightarrow x^3 - 1 = 0 \rightarrow (x-1)\cdot(x^2+x+1) = 0 \rightarrow \begin{cases} x - 1 = 0 \rightarrow x = 1 \\ x^2 + x + 1 = 0 \end{cases}$$

L'equazione di secondo grado a cui si è pervenuti (ossia $x^2 + x + 1 = 0$), avendo $\Delta < 0$, ammette due soluzioni complesse coniugate.

---

4 L'equazione:

$$\mathbf{(2-3k)x^2 + 2(k-1)x + k = 0 \quad \text{con } k \neq \frac{2}{3}}$$

ha due soluzioni reali coincidenti per:

- **A** $k = -\frac{1}{2}$
- **B** $k = \frac{1}{2}$
- **C** $k = 2$
- **D** $k = 0$
- **E** per nessun valore di k

Perché l'equazione data (parametrica di 2° grado) abbia due radici reali coincidenti, il suo discriminante deve essere nullo, cioè:

$$\frac{\Delta}{4} = 0 \rightarrow (k-1)^2 - (2-3k)k = 0 \rightarrow 4k^2 - 4k + 1 = 0 \rightarrow (2k-1)^2 = 0 \rightarrow k = \frac{1}{2}$$

per cui la risposta esatta è la **B**.

---

5 Le radici dell'equazione $2x^2 + (m^2 + 1)x - 3 = 0$, con m parametro reale, sono:

- **A** entrambe positive
- **B** una positiva (la maggiore in modulo) e una negativa
- **C** una negativa (la maggiore in modulo) e una positiva
- **D** per rispondere occorre conoscere il valore di m
- **E** nessuna delle precedenti

Si osserva in primo luogo che la quantità ($m^2 + 1$), coefficiente del termine di primo grado, è sicuramente positiva quindi, applicando la regola di Cartesio, si osservano una permanenza e una variazione, ossia una radice negativa e una positiva. A questo punto, per scegliere fra la risposta **B** e la **C**, occorre ricordare la regola riguardante la somma delle radici di una equazione:

$$x_1 + x_2 = -\frac{b}{a}$$

che, applicata all'equazione proposta dal quesito, conduce al seguente risultato:

$$x_1 + x_2 = -\frac{m^2+1}{2} < 0$$

per cui la somma delle radici è negativa, quindi la radice maggiore in modulo è quella negativa (risposta **C**).

6 **Il sistema di due equazioni in due incognite $\begin{cases} x+y=1 \\ 2x+2y=4 \end{cases}$ è:**

A risolubile solo per $x = 0$ e $y = x$
B indeterminato
C impossibile
D risolubile per ogni valore di x
E risolubile per ogni valore di y

Le due equazioni costituenti il sistema hanno i coefficienti delle variabili in proporzione. Moltiplicando per 2 entrambi i membri della prima equazione il sistema diventa:

$$\begin{cases} 2x+2y=2 \\ 2x+2y=4 \end{cases}$$

Essendo uguali i primi membri delle due equazioni, lo dovrebbero essere anche i secondi membri; si conclude che il sistema è impossibile (risposta C). Alternativamente è anche possibile osservare che il rapporto tra i coefficienti delle incognite vale $1/2$ mentre il rapporto tra i termini noti vale $1/4$. Il sistema proposto è quindi impossibile.

7 **Il triplo di una lunghezza più la sua metà vale il suo quadruplo meno 50 cm. Quanto vale la lunghezza?**

A 1 m
B 1/2 m
C 200 cm
D 150 cm
E 50,5 cm

Chiamando x la lunghezza incognita e traducendo la relazione data dal testo del problema in un'equazione, si ha:

$$3x + \frac{1}{2}x = 4x - 50 \text{ cm}$$

Risolvendo questa equazione di primo grado in x, si ottiene:

$$3x + \frac{1}{2}x - 4x = -50 \text{ cm} \rightarrow -\frac{1}{2}x = -50 \text{ cm} \rightarrow x = 100 \text{ cm}$$

Convertendo i centimetri in metri, si ricava che la risposta esatta è la A.

Si consiglia di impostare un'equazione o un sistema di equazioni ogni volta che il quesito lo consente.

8 **In occasione di un esame due aule, A e B, sono occupate rispettivamente al 70% ed al 90% della loro capienza. Prima dell'inizio della prova si trasferiscono 13 studenti dell'aula B all'aula A. A questo punto l'aula A risulta occupata al 75% e l'aula B all'80%. Qual è il numero totale di studenti?**

A 299
B 300
C 245
D 70
E 291

Indicando con *a* la capienza dell'aula A e con *b* quella dell'aula B, dal testo si ricavano le due equazioni:

$$\frac{70}{100}a + 13 = \frac{75}{100}a$$

$$\frac{90}{100}b - 13 = \frac{80}{100}b$$

che risolte:

$$\frac{75}{100}a - \frac{70}{100}a = 13 \rightarrow \frac{5}{100}a = 13 \rightarrow a = 260$$

$$\frac{90}{100}b - \frac{80}{100}b = 13 \rightarrow \frac{10}{100}b = 13 \rightarrow b = 130$$

danno per l'aula A una capienza di 260 posti e per l'aula B una capienza di 130 posti.
Il numero degli studenti che si sono presentati all'esame è uguale a:

$$\frac{70}{100}a + \frac{90}{100}b = \frac{70}{100} \cdot 260 + \frac{90}{100} \cdot 130 = 182 + 117 = 299$$

La risposta esatta è la A.

---

9 Fra tre anni Matteo avrà il doppio dell'età che Sara aveva tre anni fa, mentre ora il quadruplo degli anni di lui è pari al quintuplo degli anni di lei. Quale delle seguenti affermazioni è vera?

A Per conoscere le età di Sara e Matteo ci vuole un ulteriore dato
B Si può dedurre che Sara è più vecchia di Matteo
C Fra un anno Sara avrà tanti anni quanti ne aveva Matteo un anno fa
D Si possono dedurre le età di Sara e di Matteo
E I due hanno la stessa età

PARTE TERZA

Indicando con *x* l'età di Matteo e con *y* quella di Sara, il testo dell'esercizio, in formule, equivale al sistema:

$$\begin{cases} x + 3 = 2(y-3) \\ 4x = 5y \end{cases} \rightarrow \begin{cases} x - 2y = -9 \\ 4x - 5y = 0 \end{cases}$$

Dal momento che tale sistema è determinato, è possibile calcolarne la soluzione, quindi determinare i valori delle età di Sara e Matteo.
La risposta corretta è la D.

---

10 Quante soluzioni reali ammette, come minimo, un'equazione non indeterminata di 4° grado?

A Nessuna
B Una
C Due
D Quattro
E Tre

Il quesito parla di una equazione non indeterminata, per cui per essa vale il teorema fondamentale dell'algebra: l'equazione ammette al **massimo** quattro soluzioni reali. Dal momento che il quesito richiede il numero **minimo** di soluzioni reali, occorre osservare che l'equazione potrebbe non ammettere soluzioni reali (si pensi, per esempio, all'equazione $x^4 = -1$). La risposta corretta è pertanto la A.

11 **L'insieme delle soluzioni del sistema:**

$$\begin{cases}(x-1)^2+y^2\le 1\\ |x|\le 1\end{cases}$$

- **A** è simmetrico rispetto all'asse y
- **B** è simmetrico rispetto all'asse x
- **C** è simmetrico rispetto all'orgine
- **D** contiene solamente punti con coordinata y non negativa
- **E** nessuna delle precedenti alternative è corretta

La prima disequazione del sistema rappresenta una circonferenza di centro $C(1;\,0)$ e raggio $r = 1$, mentre la seconda, che equivale alla doppia disequazione $-1 \le x \le 1$, indica la striscia di piano compresa tra le rette verticali di equazione $x = -1$ e $x = 1$.

Riportando tali indicazioni su un piano cartesiano, e considerando solo l'intersezione delle due rappresentazioni, poiché le soluzioni devono essere valide per entrambe le disequazioni del sistema, si ottiene:

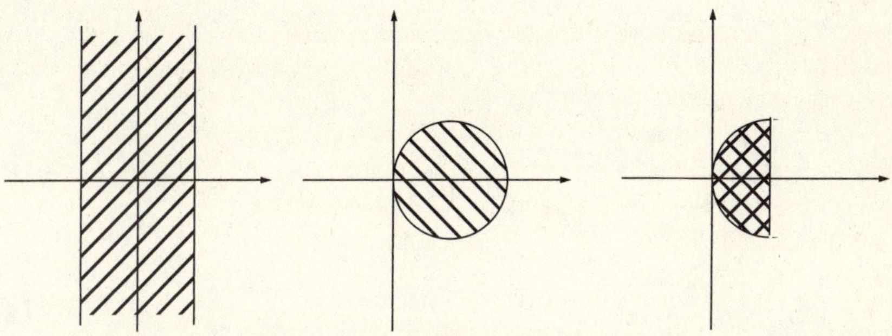

Poichè l'insieme caratterizzato dal doppio tratto è simmetrico rispetto all'asse delle x, la risposta esatta è la **B**.

12 **Il polinomio $x^2 - 3x + 2$ si scompone in:**

- **A** $(x^2 - 3)\,x$
- **B** $(x + 3)\,(x - 2)$
- **C** $(x - 2)\,(x - 1)$
- **D** non è scomponibile
- **E** $(x + 1)\,(x + 2)$

Un trinomio di secondo grado del tipo $x^2 + bx + c$ può essere scomposto in fattori utilizzando la regola seguente (§ 4.2.15):

$$x^2 + bx + c = (x + x_1)\cdot(x + x_2)$$

dove x_1 e x_2 sono i due numeri la cui somma vale b e il cui prodotto vale c. Nell'esempio in questione, si tratta di trovare la coppia di numeri reali la cui somma vale -3 e il cui prodotto vale $+2$. I due numeri sono -2 e -1 e il trinomio si scompone in $(x-2)\cdot(x-1)$ (risposta **C**).

MATEMATICA

5 DISEQUAZIONI

5.1 DISEQUAZIONI

Una disuguaglianza tra due espressioni algebriche letterali **verificata solo per alcuni valori numerici assegnati alle lettere** prende il nome di **disequazione.**

Risolvere una disequazione significa trovare **tutti** i valori dell'incognita che la soddisfano.

Le soluzioni di una disequazione sono quindi **tutti** i valori dell'incognita (di solito infiniti) che, sostituiti nella disequazione, la rendono una disuguaglianza vera.

5.1.1 RAPPRESENTAZIONE GRAFICA DELLA SOLUZIONE DI UNA DISEQUAZIONE

Come si vedrà dai successivi esempi, in generale una disequazione è (a differenza di una equazione) verificata da una **infinità** di valori numerici, per esempio:

- da tutti i valori di x minori di un certo numero a, ossia $x < a$;
- da tutti i valori di x maggiori di un certo numero b, ossia $x > b$;
- da tutti i valori di x compresi tra due certi numeri c e d, ossia $c < x < d$.

Se tra i valori assunti dall'incognita si possono considerare anche i valori estremi, le tre scritture precedenti diventano rispettivamente $x \leq a$, $x \geq b$ e $c \leq x \leq d$. Nella pratica, è molto utile rappresentare *graficamente* la soluzione di una disequazione, indicando su di una retta (che rappresenta l'insieme di tutti i valori numerici reali) quali valori soddisfano la disequazione e quali no. Si osservino i seguenti tre esempi, dove le soluzioni sono individuate graficamente da segmenti:

$x > -1$ →

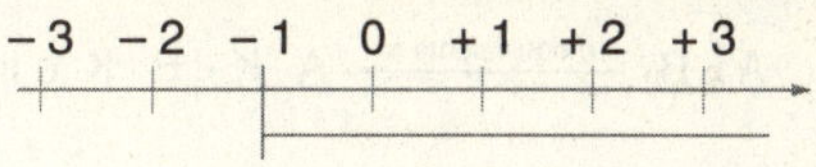

$x < +2$ →

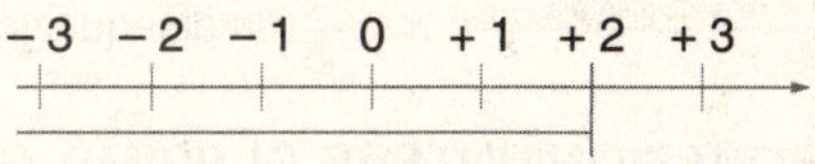

$-2 < x < +1$ →

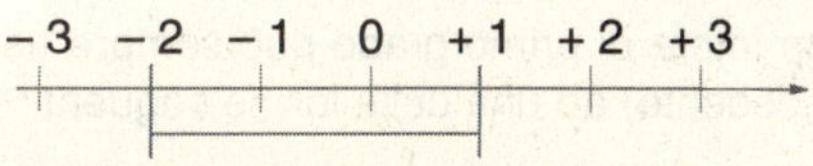

5.1.2 DISEQUAZIONI E METODO DELLA VERIFICA

Poiché una disequazione è, in generale, verificata da una infinità di valori numerici, il metodo della verifica non è applicabile.

Risolvere la seguente disequazione: $2x + 1 \geq 0$

A $x \leq -2$ B $x \geq 0$ C $x > -1/2$ D $x \geq -1/2$ E $x \geq -2$

Mentre la prima risposta non soddisfa la disequazione, le altre tre la soddisfano, eppure la sola risposta corretta è la D. La soluzione di una disequazione è, infatti, l'insieme di **tutti** e soli i valori dell'incognita che la soddisfano.

In altre parole, le disequazioni vanno risolte in modo "tradizionale".

5.1.3 DISEQUAZIONI EQUIVALENTI

Due disequazioni si dicono *equivalenti* quando ammettono la **stessa soluzione**.

Come per le equazioni, anche per risolvere le disequazioni è importante conoscere i principi di equivalenza che consentono di trasformare una disequazione in un'altra a essa equivalente.

Aggiungendo ad ambedue i membri di una disequazione la medesima espressione algebrica si ottiene una disequazione equivalente a quella data.

Indicando con A, B e K tre espressioni algebriche *sempre definite*, si ha:

$$A > B \xrightarrow{\text{è equivalente a}} A + K > B + K$$

$x - 3 > 0 \xrightarrow[\text{è equivalente a}]{\text{(sommando + 3)}} x > 3$ quindi, come per le equazioni, è possibile spostare un termine da un membro all'altro, purché lo si cambi di segno.

Moltiplicando o dividendo entrambi i membri di una disequazione per la medesima espressione algebrica sempre definita e sempre positiva si ottiene una disequazione dello stesso verso ed equivalente a quella data.

Indicando con A e B due espressioni algebriche *sempre definite* e con K una espressione algebrica *sempre definita* e **sempre positiva** si ha:

$$\text{se } K > 0\text{:} \quad A > B \xrightarrow{\text{è equivalente a}} A \cdot K > B \cdot K \text{ e inoltre } A > B \xrightarrow{\text{è equivalente a}} \frac{A}{K} > \frac{B}{K}$$

$2x > 3 \xrightarrow[\text{è equivalente a}]{\text{(dividendo per 2)}} x > \frac{3}{2}$: la disequazione mantiene lo stesso verso.

Moltiplicando o dividendo entrambi i membri di una disequazione per la medesima espressione algebrica sempre definita e sempre negativa si ottiene una disequazione di verso opposto ed equivalente a quella data.

Indicando con A e B due espressioni algebriche *sempre definite* e con K una espressione algebrica *sempre definita* e **sempre negativa** si ha:

$$\text{se } K < 0\text{:} \quad A > B \xrightarrow{\text{è equivalente a}} A \cdot K < B \cdot K \text{ e inoltre } A > B \xrightarrow{\text{è equivalente a}} \frac{A}{K} < \frac{B}{K}$$

$-5x > 7 \xrightarrow[\text{è equivalente a}]{\text{(dividendo per } -5)} x < -\frac{7}{5}$: la disequazione cambia verso.

5.1.4 DISEQUAZIONI INTERE DI PRIMO GRADO

Una disequazione intera di primo grado può sempre essere ricondotta (tramite le proprietà viste nel paragrafo precedente) ad una delle forme seguenti:

$$ax + b > 0 \quad \text{oppure} \quad ax + b < 0 \qquad [8]$$

applicando ancora le proprietà viste nel paragrafo precedente si ha:

$$ax > -b \rightarrow \begin{cases} x > -\dfrac{b}{a} & \text{se } a > 0 \\ x < -\dfrac{b}{a} & \text{se } a < 0 \end{cases} \quad \text{oppure} \quad ax < -b \rightarrow \begin{cases} x < -\dfrac{b}{a} & \text{se } a > 0 \\ x > -\dfrac{b}{a} & \text{se } a < 0 \end{cases} \qquad [9]$$

$2x + 1 > 0 \rightarrow 2x > -1 \rightarrow x > -\frac{1}{2}$

$3 - 4x < 0 \rightarrow -4x < -3 \rightarrow x > +\frac{3}{4}$

PARTE TERZA

5.1.5 SEGNO DI UN PRODOTTO O DI UN QUOZIENTE

Prima di analizzare le disequazioni frazionarie è utile studiare come si comporta il segno di un prodotto o di un quoziente di due espressioni algebriche.

Siano A e B due espressioni algebriche *sempre definite*. Allora, per quanto riguarda il prodotto si ricava:

$A \cdot B > 0 \leftrightarrow$ A e B sono concordi $\qquad$ $A \cdot B < 0 \leftrightarrow$ A e B sono discordi

e analogamente per il quoziente si ha:

$\frac{A}{B} > 0 \leftrightarrow$ A e B sono concordi $\qquad$ $\frac{A}{B} < 0 \leftrightarrow$ A e B sono discordi

Per cui si ricava che:

$$A \cdot B > 0 \leftrightarrow \frac{A}{B} > 0 \leftrightarrow \text{A e B sono concordi}$$

$$A \cdot B < 0 \leftrightarrow \frac{A}{B} < 0 \leftrightarrow \text{A e B sono discordi}$$

5.1.6 DISEQUAZIONI FRAZIONARIE DI PRIMO GRADO

✔ Una disequazione viene detta **frazionaria** quando **l'incognita compare al denominatore**.

Il metodo seguito per risolvere le equazioni frazionarie (ossia trovare le Condizioni di Esistenza, quindi eliminare i denominatori moltiplicando ambo i membri per il denominatore comune) non è purtroppo applicabile anche alle disequazioni, in quanto, per poter moltiplicare per il denominatore comune occorre tener conto del suo segno.

Per evitare di dover considerare i due possibili casi (ossia denominatore comune positivo e denominatore comune negativo) conviene procedere come nel seguente esempio.

Per risolvere una disequazione frazionaria si comincia col portare tutti i termini al primo membro, calcolando poi il denominatore comune e riducendo i termini simili:

$$\frac{2}{x-1} \geq -1 \rightarrow \frac{2}{x-1} + 1 \geq 0 \rightarrow \frac{2+x-1}{x-1} \geq 0 \rightarrow \frac{x+1}{x-1} \geq 0$$

Si cercano ora i valori di x che rendono concordi il numeratore e il denominatore. Per fare questo si deve *studiare il segno* di numeratore e denominatore: si comincia quindi col cercare i valori di x che rendono *positivi* numeratore e denominatore (ricordandosi di scartare per quest'ultimo gli eventuali zeri):

$$N \geq 0 \rightarrow x+1 \geq 0 \rightarrow x \geq -1$$

$$D > 0 \rightarrow x-1 > 0 \rightarrow x > 1$$

Questi risultati vengono rappresentati graficamente nel seguente diagramma, dove il tratto unito indica la positività, il tratteggio indica la negatività, il pallino nero indica che il valore $x = -1$ deve essere incluso dalla soluzione, mentre il pallino bianco indica che il valore $x = +1$ deve essere escluso dalla soluzione:

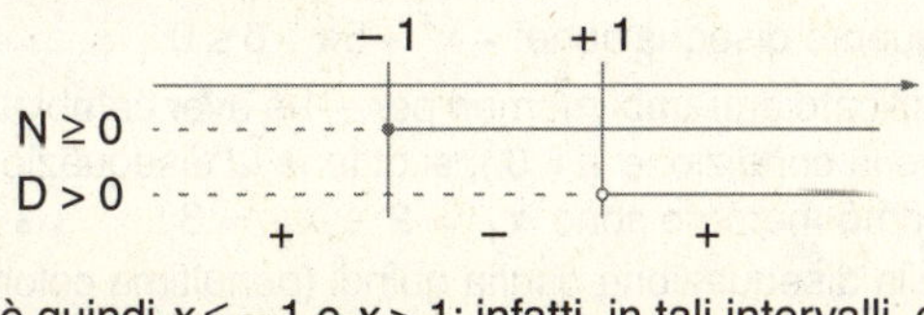

La soluzione cercata è quindi $x \leq -1$ e $x > 1$; infatti, in tali intervalli, c'è concordanza di segno fra il numeratore $(x+1)$ e il denominatore $(x-1)$.

5.1.7 SEGNO DI UN TRINOMIO DI SECONDO GRADO E DISEQUAZIONI

Le disequazioni di secondo grado (in forma normale) si presentano nelle seguenti forme:

$$ax^2 + bx + c > 0 \quad \text{oppure} \quad ax^2 + bx + c < 0 \qquad [10]$$

Senza ledere la generalità si può assumere $a > 0$ (in caso contrario, è sufficiente moltiplicare entrambi i membri per – 1 e cambiare verso alla disequazione). In tale circostanza, risolvere una delle due disequazioni [10] equivale a *studiare il segno* del trinomio di secondo grado $ax^2 + bx + c$.

Sia $\Delta = b^2 - 4ac$ il discriminante del trinomio: sotto l'ipotesi $a > 0$ si presentano i tre casi riportati nella tabella seguente.

	Radici del trinomio $ax^2 + bx + c$	$ax^2 + bx + c > 0$ **è soddisfatta da:**	$ax^2 + bx + c < 0$ **è soddisfatta da:**
$\Delta > 0$	due radici distinte x_1 e x_2 con $x_1 < x_2$	$x < x_1$ e $x > x_2$	$x_1 < x < x_2$
$\Delta = 0$	due radici coincidenti $x_{1,2} = -b/2a$	$x \neq -b/2a$	non ammette soluzioni
$\Delta < 0$	nessuna radice reale	tutti i valori di x	non ammette soluzioni

Se la disequazione ammette l'uguaglianza (ossia non prevede una disuguaglianza stretta) e si presenta quindi in una delle nelle seguenti forme:

$$ax^2 + bx + c \geq 0 \quad \text{oppure} \quad ax^2 + bx + c \leq 0$$

sempre sotto l'ipotesi $a > 0$ la tabella precedente diventa:

	Radici del trinomio $ax^2 + bx + c$	$ax^2 + bx + c \geq 0$ **è soddisfatta da:**	$ax^2 + bx + c \leq 0$ **è soddisfatta da:**
$\Delta > 0$	due radici distinte x_1 e x_2 con $x_1 < x_2$	$x \leq x_1$ e $x \geq x_2$	$x_1 \leq x \leq x_2$
$\Delta = 0$	due radici coincidenti $x_{1,2} = -b/2a$	tutti i valori di x	$x = -b/2a$
$\Delta < 0$	nessuna radice reale	tutti i valori di x	non ammette soluzioni

5.1.8 DISEQUAZIONI INTERE DI SECONDO GRADO

Applicando quanto visto nel paragrafo precedente (in particolare la tabella riassuntiva), risulta possibile risolvere le disequazioni intere di secondo grado.

Risolvere la seguente disequazione: $x^2 - x + 1 < 0$.
Essendo $\Delta = b^2 - 4ac = -3 < 0$, dalla tabella (ultima riga e ultima colonna) si ricava che la disequazione non ammette soluzioni.

Risolvere la seguente disequazione: $-x^2 + 5x - 6 \leq 0$.
Dopo aver moltiplicato entrambi membri per – 1 e aver cambiato il verso della disuguaglianza (per rispettare la condizione $a > 0$), si ottiene la disequazione $x^2 - 5x + 6 \geq 0$. Le radici del trinomio a primo membro sono $x_1 = 2$ e $x_2 = 3$.
La soluzione della disequazione risulta quindi (penultima colonna della tabella):

$$x \leq x_1 \;\text{e}\; x \geq x_2 \;\rightarrow\; x \leq 2 \;\text{e}\; x \geq 3$$

Risolvere la seguente disequazione: $x^2 - 3x + 2 < 0$.

Le radici del trinomio sono $x_1 = 1$ e $x_2 = 2$, per cui la soluzione è costituita dalle x comprese tra 1 e 2. Nella tabella (prima riga e ultima colonna) si legge infatti:

$$x_1 < x < x_2 \ \rightarrow \ 1 < x < 2$$

Ovviamente, si poteva anche scomporre il primo membro in fattori e studiarne il segno, pervenendo allo stesso risultato.

$$x^2 - 3x + 2 = (x-1) \cdot (x-2) \ \rightarrow \ \begin{cases} x - 1 > 0 \\ x - 2 > 0 \end{cases}$$

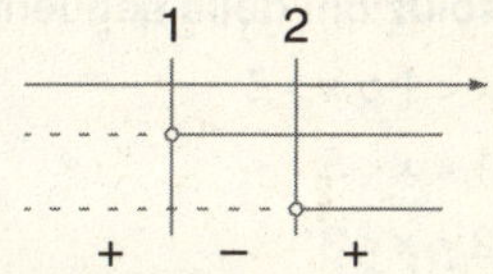

5.1.9 DISEQUAZIONI FRAZIONARIE DI SECONDO GRADO

Per risolvere una disequazione frazionaria di secondo grado si procede (come nel § 5.1.6) allo studio del segno di numeratore e denominatore, per poi verificare dove i segni siano concordi o discordi a seconda del verso della disequazione di partenza.

Per risolvere la seguente disequazione frazionaria:

$$\frac{x^2 - 2x}{x^2 - 1} < 0$$

si cercano i valori di x che rendono discordi il numeratore e il denominatore. Per fare questo si studia il segno di numeratore e denominatore: si comincia sempre col cercare i valori di x che rendono *positivi* numeratore e denominatore. Il numeratore ammette due radici reali e distinte (ossia $x_1 = 0$ e $x_2 = 2$) ed è quindi positivo per valori esterni (ossia $x < 0$ e $x > 2$). Il denominatore ammette anch'esso due radici reali e distinte (ossia $x_1 = -1$ e $x_2 = +1$) ed è positivo per valori esterni (ossia $x < -1$ e $x > +1$). In forma grafica:

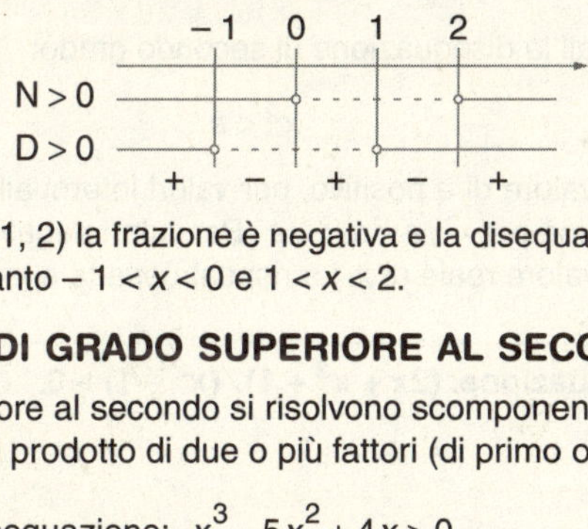

Negli intervalli (− 1, 0) e (1, 2) la frazione è negativa e la disequazione è quindi verificata: la soluzione cercata è pertanto $-1 < x < 0$ e $1 < x < 2$.

5.1.10 DISEQUAZIONI DI GRADO SUPERIORE AL SECONDO

Le disequazioni di grado superiore al secondo si risolvono scomponendo in fattori il polinomio (di grado superiore al secondo) nel prodotto di due o più fattori (di primo o secondo grado).

Risolvere la seguente disequazione: $x^3 - 5x^2 + 4x > 0$.

Effettuando un raccoglimento a fattore comune, si ottiene: $x \cdot (x^2 - 5x + 4) > 0$.

Studiando il segno dei singoli fattori si ricava:

1° fattore > 0 per $x > 0$

2° fattore > 0 per $x < 1$ e $x > 4$

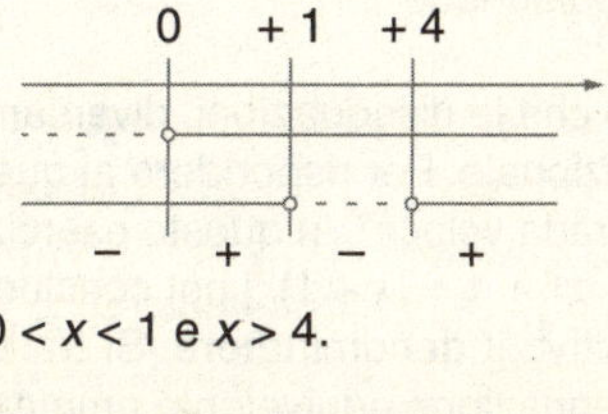

la soluzione della disequazione risulta dunque $0 < x < 1$ e $x > 4$.

QUESITI SVOLTI

1 Le soluzioni della seguente disequazione $x^2 - 6x + 5 < 0$ sono:

A $x < 1$ o $x > 5$

B $1 < x < 5$

C $2 < x < 3$

D $x < -6$

E non esistono nel campo reale

Il trinomio contenuto nel primo membro della disequazione data è negativo per valori interni all'intervallo delle radici dell'equazione associata $x^2 - 6x + 5 = 0$ le cui soluzioni sono $x_1 = 1$ e $x_2 = 5$. La disequazione è quindi verificata per $1 < x < 5$ (risposta B).

2 La disequazione $x^2 < a$ nell'incognita x:

A è impossibile per $a < 1$

B è risolta, qualunque sia $a > 0$, per $-a < x < a$

C è risolvibile purché $a < 0$

D è risolvibile per ogni valore di a

E nessuna delle precedenti affermazioni è corretta

Nell'insieme dei numeri reali la disequazione di secondo grado:

$$x^2 < a$$

è risolta, qualunque sia il valore di a positivo, per valori interni all'intervallo delle radici dell'equazione associata $x^2 = a$, cioè per $-\sqrt{a} < x < \sqrt{a}$. Per valori negativi di a la disequazione data non è mai verificata per alcun valore reale di x. La risposta esatta è la E.

3 Risolvere la disequazione: $(2x + x^2 + 1)/(x^2 - 1) > 0$.

A $x > 0$

B $x < -1$ e $x > 1$

C $-1 < x < 1$

D $x < 0$

E x qualunque

Si è già detto che le disequazioni, diversamente da quanto accade per le equazioni, vanno risolte in modo tradizionale. Per rispondere ai quesiti sulle disequazioni è dunque molto importante scegliere una "strada veloce". In questo esercizio è sufficiente notare che il numeratore è un quadrato perfetto ($2x + x^2 + 1 = (x + 1)^2$) per concludere che la disequazione è soddisfatta dai valori di x che rendono positivo il denominatore. Si tratta cioè di risolvere la disequazione di secondo grado $x^2 - 1 > 0$. L'equazione equivalente ammette le due radici $x = 1$ e $x = -1$: il binomio $x^2 - 1$ è positivo per valori esterni all'intervallo delle due radici. La risposta corretta è dunque la B.

4 **Siano *a* e *b* due numeri reali con $a < b$. Quali, fra le seguenti affermazioni, è vera?**

A $|a| < |b|$

B $a^2 < b^2$

C $ab < b^2$

D $a^2 + b^2 < 2ab$

E Nessuna delle precedenti

Conviene procedere per esclusione: la risposta **A** è errata: infatti, prendendo $a = -2$ e $b = -1$, la disequazione diventa $2 < 1$. Gli stessi valori numerici attribuiti ad *a* e *b* consentono di scartare anche la **B** e la **C**. La risposta **D** Infine non è vera in quanto, portando il secondo membro $2ab$ a primo membro, si ottiene la disuguaglianza falsa $(a - b)^2 < 0$.

Non resta dunque che scegliere la **E**.

---

5 **Dire per quali valori di *x* vale la disequazione $\dfrac{x-a}{x-b} > 0$ con $a > b > 0$.**

A Per $x > a$

B Per $x < b$

C Per $b < x < a$

D Per $x > a$ e $x < b$

E Nessuna delle precedenti

Si cercano i valori di *x* che rendono concordi il numeratore e il denominatore:

$$\begin{matrix} N>0 \\ D>0 \end{matrix} \rightarrow \begin{matrix} x-a>0 \\ x-b>0 \end{matrix} \rightarrow \begin{matrix} x>a \\ x>b \end{matrix}$$

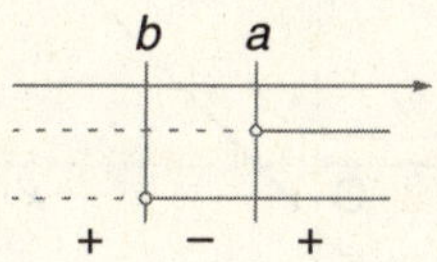

prestando attenzione al posizionamento di *a* e *b* sulla retta reale (ossia ricordando che $b < a$) si ricava che la soluzione è $x < b$ e $x > a$ (risposta **D**).

---

6 **Per quali valori di *a* l'equazione $(a + 1)x + 2 = 0$ ha soluzioni inferiori a -2?**

A $a < 0$

B $0 < a < 1$

C $-1 < a < +1$

D $-1 < a < 0$

E $a < -1$

L'equazione data è parametrica e ammette la soluzione $x = \dfrac{-2}{a+1}$ con $a \neq -1$.

Questa soluzione è minore di -2 se:

$$\frac{-2}{a+1} < -2 \rightarrow \frac{1}{a+1} > 1 \rightarrow \frac{1-a-1}{a+1} > 0 \rightarrow -\frac{a}{a+1} > 0 \rightarrow \frac{a}{a+1} < 0$$

Dallo studio del segno dei termini della frazione algebrica contenuta nel primo membro della disequazione si ricava che i valori di *a* che rendono discordi il numeratore e il denominatore sono quelli compresi tra -1 e 0 (risposta **D**).

7 Nell'insieme dei numeri reali la disequazione $|x-1| \leq 2$ è verificata per:

- **A** $1 \leq x \leq 3$
- **B** $-2 \leq x \leq 2$
- **C** $-1 \leq x \leq 2$
- **D** $-1 \leq x \leq 3$
- **E** $-1 < x \leq 2$

Per rispondere al quesito per via algebrica occorre "eliminare" il valore assoluto studiando il segno dell'argomento del valore assoluto stesso e trattando separatamente il caso di argomento positivo e quello di argomento negativo. Si ottiene il seguente sistema:

$$\begin{cases} x-1 \leq 2 & \text{per } x \geq 1 \\ 1-x \leq 2 & \text{per } x < 1 \end{cases} \rightarrow \begin{cases} x \leq 3 & \text{per } x \geq 1 \\ x \geq -1 & \text{per } x < 1 \end{cases} \rightarrow \begin{cases} 1 \leq x \leq 3 \\ -1 \leq x < 1 \end{cases} \rightarrow -1 \leq x \leq 3$$

per cui la risposta corretta è la **D**.

Il quesito poteva essere risolto anche per via geometrica disegnando il grafico dell'equazione $y = |x-1|$ che si ottiene disegnando il grafico della retta $y = x-1$ e "ribaltando" verso l'alto la parte di grafico che si trova al di sotto dell'asse delle x, come nel disegno seguente:

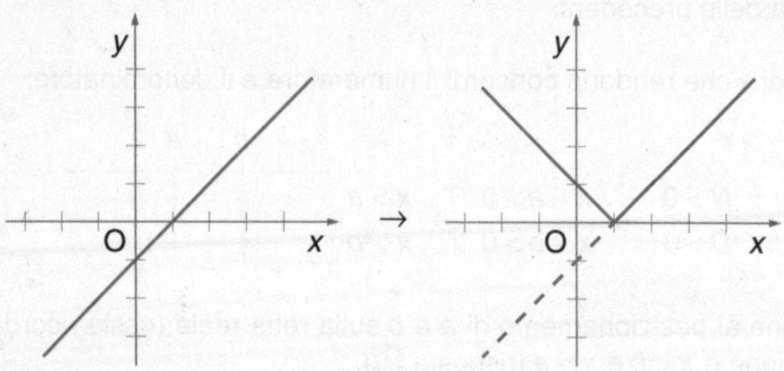

$y = x-1$ $\qquad$ $y = |x-1|$

A questo punto risulta facile individuare i valori che soddisfano la disequazione $|x-1| \leq 2$: si tratta di tutti i punti del grafico aventi ordinata minore o uguale a 2, ossia tutti quelli al di sotto della retta orizzontale $y = 2$.

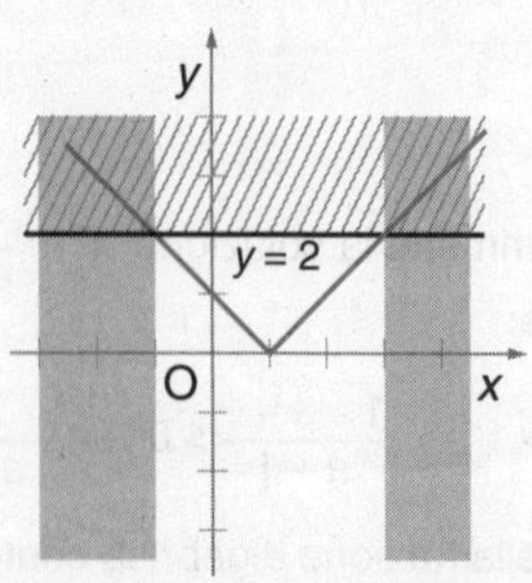

Ovviamente anche per via geometrica si conferma che la risposta corretta è la **D**.

8 **Risolvere il seguente sistema di disequazioni** $\begin{cases} x - 1 > 0 \\ -2 - x < 0 \end{cases}$.

- **A** $x < -2$ e $x > 1$
- **B** $x > 1$
- **C** $-2 < x < 1$
- **D** Il sistema è impossibile
- **E** $x > -2$

Si cercano i valori di x che soddisfano contemporaneamente entrambe le disequazioni.

$$\begin{cases} x - 1 > 0 \\ -2 - x < 0 \end{cases} \rightarrow \begin{cases} x > 1 \\ -x < 2 \end{cases} \rightarrow \begin{cases} x > 1 \\ x > -2 \end{cases} \rightarrow$$

2^a disequazione
1^a disequazione

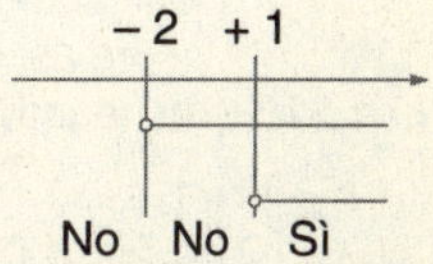

Per $x > 1$ entrambe le disequazioni sono soddisfatte; pertanto la soluzione del sistema è $x > 1$ (risposta **B**).

6 LOGARITMI ED ESPONENZIALI

Per introdurre i logaritmi è opportuno iniziare dalla definizione di equazione esponenziale.

Un'equazione esponenziale è un'equazione in cui l'incognita compare all'esponente.

Indicati con a e b due numeri reali, l'equazione esponenziale *elementare* assume la forma:

$$a^x = b$$

La risoluzione consiste, quando ciò è possibile, nel trasformare b (il secondo membro) in una potenza di a (la base della potenza al primo membro), per poi trasformare l'uguaglianza fra potenze in una uguaglianza fra esponenti.

- $2^x = 1 \xrightarrow{\text{può essere riscritta nella forma}} 2^x = 2^0 \rightarrow x = 0$
- $5^x = \frac{1}{25} \xrightarrow{\text{può essere riscritta nella forma}} 5^x = 5^{-2} \rightarrow x = -2$
- $4^x = 8 \xrightarrow{\text{può essere riscritta nella forma}} 2^{2x} = 2^3 \rightarrow 2x = 3 \rightarrow x = 3/2$
- $3^x = \sqrt[3]{9} \xrightarrow{\text{può essere riscritta nella forma}} 3^x = 9^{1/3} \rightarrow 3^x = 3^{2/3} \rightarrow x = 2/3$

La soluzione di una equazione esponenziale elementare esiste ed è unica se e solo se sono verificate le tre condizioni: $a > 0, a \neq 1, b > 0$.

Talvolta (come nel caso dell'equazione $2^x = 5$) non è possibile trasformare b in una potenza di a e l'equazione $a^x = b$ non sarebbe risolubile: è necessario utilizzare il concetto di logaritmo.

6.1 DEFINIZIONE DI LOGARITMO

Data l'equazione esponenziale elementare $a^x = b$, si introduce la seguente definizione.

Dati due numeri positivi a e b (con $a \neq 1$), **si chiama logaritmo in base *a* del numero *b*** (detto anche *argomento*) **l'esponente da attribuire alla base *a* per ottenere il numero *b*.**

In simboli:

$$x = \log_a b \text{ se e solo se } a^x = b$$

- $\log_2 4 = 2 \leftrightarrow 2^2 = 4$
- $\log_3 81 = 4 \leftrightarrow 3^4 = 81$
- $\log_{1/2} 2 = -1 \leftrightarrow \left(\frac{1}{2}\right)^{-1} = 2^1 = 2$
- $\log_3 \frac{1}{9} = -2 \leftrightarrow (3)^{-2} = \frac{1}{3^2} = \frac{1}{9}$

Per la definizione precedente si può allora "risolvere" l'equazione $2^x = 5$, la cui soluzione è quindi $\log_2 5$: in realtà, l'introduzione del logaritmo non consente di risolvere in senso stretto l'equazione (ossia ricavare il valore numerico della radice), ma solo di scriverne la soluzione in forma esplicita utilizzando la nuova simbologia.

MATEMATICA

Dalla definizione di logaritmo derivano le seguenti proprietà.

Il logaritmo in base a dell'argomento b esiste se e solo se sono verificate le tre condizioni: $a > 0$, $a \neq 1$, $b > 0$. In particolare, **il logaritmo di un numero negativo non esiste nell'insieme dei numeri reali.**

Per esempio, se esistesse il logaritmo in base 2 del numero – 4 si avrebbe la seguente equazione esponenziale:

$$\log_2(-4) = x \leftrightarrow 2^x = -4$$

la quale è assurda in quanto la potenza di un numero positivo, qualsiasi sia l'esponente, non è mai negativa.

Il logaritmo dell'unità è sempre nullo, qualsiasi sia la base: $\log_a 1 = 0 \leftrightarrow a^0 = 1$

Il logaritmo della base è sempre uguale all'unità: $\log_a a = 1 \leftrightarrow a^1 = a$

- $\log_2 1 = 0 \leftrightarrow 2^0 = 1$
- $\log_5 1 = 0 \leftrightarrow 5^0 = 1$
- $\log_2 2 = 1 \leftrightarrow 2^1 = 2$
- $\log_5 5 = 1 \leftrightarrow 5^1 = 5$

6.2 SEGNO DEL LOGARITMO

Se $a > 1$, il logaritmo di un numero positivo minore di 1 è negativo, mentre quello di un numero positivo maggiore di 1 è positivo.
Se $0 < a < 1$, il logaritmo di un numero positivo minore di 1 è positivo, mentre quello di un numero positivo maggiore di 1 è negativo.

- $\log_2 16 = 4$
- $\log_{1/2} 4 = -2$
- $\log_5 \frac{1}{25} = -2$
- $\log_{1/3} \frac{1}{27} = 3$

6.3 TEOREMI SUI LOGARITMI

Il logaritmo del prodotto di due o più numeri positivi è uguale alla somma dei logaritmi dei singoli fattori:

$$\log_a bc = \log_a b + \log_a c$$

Il logaritmo del quoziente di due numeri positivi è uguale alla differenza fra il logaritmo del numeratore e quello del denominatore:

$$\log_a \frac{b}{c} = \log_a b - \log_a c$$

Il logaritmo della potenza di un numero positivo è uguale al prodotto dell'esponente per il logaritmo della base della potenza:

$$\log_a b^m = m \cdot \log_a b$$

Il logaritmo della radice di un numero positivo è uguale al prodotto del reciproco dell'indice per il logaritmo del radicando:

$$\log_a \sqrt[n]{b} = \frac{1}{n} \cdot \log_a b$$

PARTE TERZA

Combinando gli ultimi due teoremi si ha:

$$\log_a \sqrt[n]{b^m} = \log_a b^{\frac{m}{n}} = \frac{m}{n}\log_a b$$

- $\log_a(3 \cdot 2) = \log_a 3 + \log_a 2$
- $\log_a(3/2) = \log_a 3 - \log_a 2$
- $\log_a 8 = \log_a 2^3 = 3 \cdot \log_a 2$
- $\log_a \sqrt{3} = \log_a 3^{1/2} = \frac{1}{2} \cdot \log_a 3$

6.4 Sistemi di logaritmi maggiormente utilizzati

L'insieme dei logaritmi di tutti i numeri positivi, rispetto alla stessa base *a*, prende il nome di *sistema dei logaritmi in base a*.

Esistono quindi infiniti sistemi di logaritmi, poiché infinite sono le possibili basi (ossia tutti i numeri *positivi* e *diversi da uno*).

6.4.1 Logaritmi decimali e logaritmi naturali

Tra gli infiniti sistemi di logaritmi, due sono quelli maggiormente utilizzati: i *logaritmi decimali* e i *logaritmi naturali*.

I **logaritmi decimali** hanno come base il numero 10 e si indicano nella forma[1]:

$$\text{Log}\, x \quad \text{equivalente a:} \quad \log_{10} x$$

I **logaritmi naturali** (o **neperiani**) hanno come base un numero irrazionale (detto appunto numero di Nepero o di Eulero) indicato con la lettera *e*, il cui valore approssimato è:

$$e = 2{,}71828\ldots$$

I logaritmi naturali si indicano nella forma[2]:

$$\ln x \quad \text{equivalente a:} \quad \log_e x$$

6.4.2 Passaggio da un sistema di logaritmi a un altro

Si supponga di conoscere il logaritmo in base *a* di un numero positivo *b* e di voler calcolare, dello stesso numero *b*, il logaritmo in un'altra base *c*. Si ponga $\log_c b = x$ da cui:

$$c^x = b$$

Si calcoli il logaritmo in base *a* di quest'ultima espressione:

$$\log_a c^x = \log_a b \rightarrow x\log_a c = \log_a b \rightarrow x = \frac{\log_a b}{\log_a c}$$

per cui si perviene alla seguente formula:

$$\log_c b = \frac{\log_a b}{\log_a c} \qquad [11]$$

La [11] può essere utilizzata per passare dai logaritmi decimali a quelli naturali e viceversa:

$$\ln b = \frac{\text{Log}\, b}{\text{Log}\, e} \qquad \text{e} \qquad \text{Log}\, b = \frac{\ln b}{\ln 10}$$

1. Per i logaritmi decimali si usa anche la simbologia: log *x*
2. Per i logaritmi naturali si usa anche la simbologia: lg *x*

MATEMATICA

QUESITI SVOLTI

1 Quale di queste espressioni equivale a: ln $y = x$?

A $x = e^y$
B $y = 1/x$
C $y = e^x$
D $y = x$
E $y^x = e$

Applicando la definizione di logaritmo e ricordando che "ln" indica "logaritmo in base *e*", si ricava:

$$\ln y = x \rightarrow y = e^x$$

quindi la risposta corretta è la C.

2 Quanto vale il logaritmo in base 10 della radice quadrata di 10^{-8}?

A -4
B 0,8
C $-10/8$
D 8
E $1/16$

Occorre conoscere e saper applicare con sicurezza le proprietà delle potenze e i teoremi sui logaritmi:

$$\log_{10}\sqrt{10^{-8}} = \log_{10}(10)^{-\frac{8}{2}} = -\frac{8}{2}\cdot\log_{10}10 = -4\cdot\log_{10}10 = -4$$

La risposta corretta è la A.

3 L'espressione $\log_{a^{1/2}}\left(\frac{1}{a^{2/3}}\right)$:

A vale $1/3$
B vale $-4/3$
C è irrazionale
D ha un valore che dipende da *a*
E vale 3

Svolgendo l'espressione contenuta nel testo del quesito si ottiene:

$$\log_{a^{1/2}}\left(\frac{1}{a^{2/3}}\right) = \log_{a^{1/2}}a^{-2/3} = -\frac{2}{3}\log_{a^{1/2}}a = -\frac{2}{3}\cdot 2 = -\frac{4}{3}$$

La risposta esatta è la B.

PARTE TERZA

4 **Se $x = e^{-\ln 2}$ si può dire che:**

A $x = 2 \log e$

B $x = 1/2$

C $x = 2$

D $x = -2$

E nessuna delle precedenti

Conviene intanto ricordare la seguente uguaglianza:

$$a^{\log_a b} = b \Rightarrow e^{\ln 2} = 2$$

Per definizione, infatti, ln 2 è l'esponente da attribuire ad *e* per ottenere 2. Quindi:

$$x = e^{-\ln 2} = \frac{1}{e^{\ln 2}} = \frac{1}{2}$$

La risposta esatta è dunque la B.

5 **Il $\log_a b$ è uguale a:**

A $\log_b \frac{1}{a}$

B $\log_b a - 1$

C $(\log_b a)^{-1}$

D $-\frac{1}{\log_b a}$

E nessuna delle precedenti

Per uno dei teoremi dei logaritmi si può scrivere che: $\log_a b = \frac{\log_c b}{\log_c a}$.

In particolare ponendo $c = b$, si ha che:

$$\log_a b = \frac{\log_b b}{\log_b a} = \frac{1}{\log_b a} = (\log_b a)^{-1}$$

La risposta corretta è la C.

6 **L'espressione $7^{2 + \log_7 x}$ è uguale a:**

A $49x$

B $7^2 + x$

C $49 + \log_7 x$

D $49 \log_7 x$

E $7x$

Applicando le proprietà delle potenze ($a^{b+c} = a^b \cdot a^c$) e quelle dei logaritmi ($a^{\log_a b} = b$) si ottiene:

$$7^{2 + \log_7 x} = 7^2 \cdot 7^{\log_7 x} = 7^2 \cdot x = 49x$$

quindi la risposta esatta è la A.

MATEMATICA

7 **Il logaritmo della somma di due numeri log ($a + b$):**

- **A** è uguale a log a + log b
- **B** è uguale a log $a \cdot$ log b
- **C** è minore di zero per $(a + b) < 0$
- **D** è uguale a zero per $a = 1 - b$
- **E** nessuna delle precedenti

La risposta corretta è la **D** in quanto, se $a = 1 - b$ allora $a + b = 1 - b + b = 1$, quindi $\log(a+b) = \log 1 = 0$. Occorre prestare attenzione al fatto che le risposte **A** e **B** potrebbero trarre in inganno a causa della loro somiglianza con la relazione:

$$\log(a \cdot b) = \log a + \log b$$

La risposta **C** è infine sicuramente sbagliata in quanto se fosse $(a + b) < 0$ si avrebbe un logaritmo con argomento negativo.

---

8 **Quante delle seguenti uguaglianze sono verificate per ogni numero reale α positivo e diverso da uno?**

$$\mathbf{\log_{2\alpha} \alpha = 1/2 \,; \quad \log_{\sqrt{\alpha}} (1/\alpha) = -2 \,;}$$

$$\mathbf{(\log_{\alpha} \alpha^2) \cdot (\log_{\alpha^2} \alpha) = 1 \,; \quad \log_{\alpha} (\alpha/2) = 1/2}$$

A Nessuna **B** Una **C** Due **D** Tre **E** Tutte

Essendo α un numero reale positivo e diverso da uno, tutti i logaritmi contenuti nel quesito esistono (per tutti valgono le condizioni di esistenza). Utilizzando la definizione di logaritmo si ricava, per la prima uguaglianza:

$$(2\alpha)^{1/2} = \sqrt{2\alpha} \neq \alpha \;\rightarrow\; \log_{2\alpha} \alpha \neq 1/2$$

la quale risulta quindi **non** verificata.

La seconda uguaglianza è invece verificata, in quanto:

$$(\sqrt{\alpha})^{-2} = \frac{1}{(\sqrt{\alpha})^2} = \frac{1}{\alpha} \rightarrow \log_{\sqrt{\alpha}} (1/\alpha) = -2$$

Per la terza uguaglianza occorre analizzare singolarmente ciascuno dei due fattori a primo membro. Per il primo e il secondo fattore si ha rispettivamente:

$$\log_{\alpha} \alpha^2 = 2 \cdot \log_{\alpha} \alpha = 2$$

$$\log_{\alpha^2} \alpha = \log_{\alpha^2} (\alpha^2)^{1/2} = \frac{1}{2} \cdot \log_{\alpha^2} \alpha^2 = \frac{1}{2} \cdot 1 = \frac{1}{2}$$

quindi, considerando il prodotto fra questi due fattori, si ottiene:

$$(\log_{\alpha} \alpha^2) \cdot (\log_{\alpha^2} \alpha) = 2 \cdot \frac{1}{2} = 1$$

quindi anche la terza uguaglianza è verificata.

Infine per la quarta si ha:

$$(\alpha)^{1/2} = \sqrt{\alpha} \neq \alpha/2 \;\rightarrow\; \log_{\alpha} (\alpha/2) \neq 1/2$$

la quale **non** è quindi verificata. Riassumendo, due uguaglianze sono verificate (la seconda e la terza) per cui la risposta corretta è la **C**.

PARTE TERZA

9 **Determinare l'insieme delle soluzioni della disequazione $\log_3(2x+1) < -1$.**

- **A** $x < -\frac{2}{3}$
- **B** L'insieme vuoto
- **C** $x < -\frac{1}{3}$
- **D** $-\frac{1}{2} < x < -\frac{1}{3}$
- **E** $-\frac{1}{2} < x < 0$

Poiché $1 = \log_3 3$, la disequazione data diventa $\log_3(2x+1) < -\log_3 3$ che, applicando le proprietà dei logaritmi, diventa:

$$\log_3(2x+1) < -\log_3 3 \Rightarrow \log_3(2x+1) + \log_3 3 < 0 \Rightarrow \log_3 3(2x+1) < 0$$

Essendo $0 = \log_3 1$, la precedente risulta:

$$\log_3 3(2x+1) < 0 \Rightarrow \log_3 3(2x+1) < \log_3 1$$

Poiché $y = \log_3 x$ è una funzione crescente (essendo la base del logaritmo maggiore di 1, si veda § 8.2.8), la disequazione precedente equivale alla disequazione tra gli argomenti:

$$3(2x+1) < 1 \Rightarrow 6x < -2 \Rightarrow x < -\frac{1}{3} \text{ (risposta C)}$$

10 **Quale dei seguenti numeri ha il logaritmo in base 10 strettamente compreso tra 4 e 6?**

- **A** $10^2 + 10^4$
- **B** -10^{-6}
- **C** 1.234.567
- **D** $10^8 - 10^4$
- **E** -10^5

Per prima cosa si osservi che le alternative **B** ed **E** possono essere scartate, in quanto non esistono logaritmi di numeri negativi.

Per determinare la risposta corretta, si procede nel modo seguente.

In base alle indicazioni del quesito, indicando con x il numero da individuare, si può scrivere:

$$4 < \log_{10} x < 6$$

che, essendo $4 = \log_{10} 10^4$ e $6 = \log_{10} 10^6$, diventa:

$$\log_{10} 10^4 < \log_{10} x < \log_{10} 10^6$$

Poiché $y = \log_{10} x$ è una funzione crescente (essendo la base del logaritmo maggiore di 1, si veda § 8.2.8), la disequazione precedente equivale a quella tra gli argomenti dei logaritmi:

$$10^4 < x < 10^6$$

Dal momento che tra i numeri proposti dalle alternative **A**, **C** e **D** l'unico strettamente compreso tra $10^4 = 10.000$ e $10^6 = 1.000.000$ è $10^2 + 10^4 = 100 + 10.000 = 10.100$, la risposta esatta è la **A**.

MATEMATICA

7 GEOMETRIA ANALITICA

7.1 Coordinate cartesiane e geometria analitica

7.1.1 Rette e segmenti orientati

Una retta si dice *orientata* quando viene stabilito su di essa un verso positivo, che sarà indicato con una freccia.

Se sulla retta orientata si fissa un punto O, questo divide la retta in due *semirette*: la semiretta positiva di origine O è quella che contiene tutti i punti che si incontrano, a partire da O, percorrendola nel verso della freccia, l'altra è la semiretta negativa.

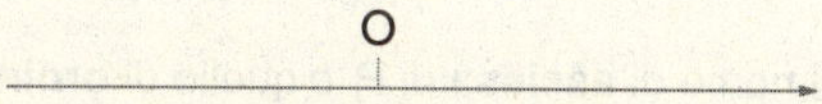

Fissato sulla retta un secondo punto A, il segmento compreso fra O (chiamato *origine* della semiretta) ed A è anch'esso orientato e può essere quindi positivo oppure negativo.

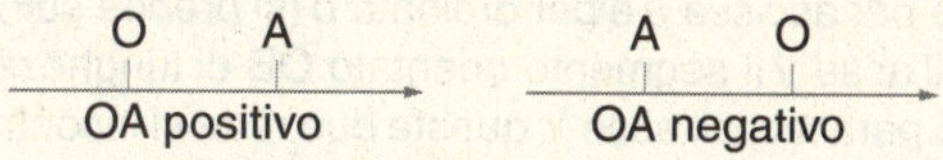

✔ Si dirà **misura del segmento orientato OA**, rispetto ad una unità prefissata *u*, **il numero reale assoluto che esprime il rapporto fra OA ed *u***, preso col segno positivo se il verso del segmento coincide con quello della retta, negativo in caso contrario.

7.1.2 Ascisse sulla retta

Si consideri una retta orientata sulla quale siano stati fissati un'origine O e un secondo punto P (oltre ovviamente all'unità di misura *u*).

✔ **La misura del segmento OP** (presa col suo segno e indicata con $\overline{OP}$) **prende il nome di ascissa del punto P.**

L'ascissa del punto P è quindi un numero *reale* positivo, negativo o nullo a seconda che il punto P appartenga alla semiretta positiva, alla semiretta negativa oppure coincida con l'origine O: in questo modo **ad ogni punto della retta si associa un numero reale**. Viceversa, dato un numero reale *a* (positivo, negativo o nullo), esiste sulla retta *r* un unico punto P tale che la misura del segmento $\overline{OP}$ (rispetto all'unità fissata) sia pari ad *a*, ossia tale che l'ascissa di P sia proprio *a*.

✔ Si è così stabilita **una corrispondenza biunivoca tra i punti della retta *r* e l'insieme dei numeri reali** $\mathbb{R}$.

In altre parole, è possibile far corrispondere ad ogni punto della retta *r* un ben preciso numero reale *a* e, viceversa, ad ogni numero reale *a* un ben determinato punto della retta *r*.

7.1.3 RIFERIMENTO CARTESIANO E COORDINATE DI UN PUNTO

Si fissino ora sul piano **due** rette orientate, fra loro *ortogonali.*

Le due rette orientate prendono il nome di **assi coordinati**: una delle due si chiamerà **asse delle *x*** o **asse delle ascisse**, mentre l'altra **asse delle *y*** o **asse delle ordinate**.

Il punto di intersezione fra i due assi prende il nome di *origine del sistema di riferimento* (generalmente indicata con O). I due assi dividono l'intero piano in quattro parti, convenzionalmente chiamate *quadranti* e numerate in senso antiorario.

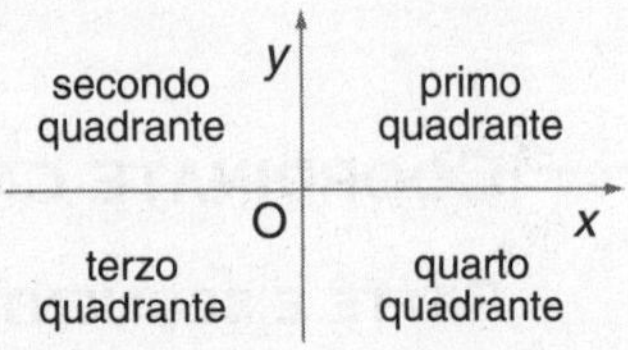

Si consideri ora un qualsiasi punto P del piano: da P si conducano le parallele ai due assi coordinati e siano A e B i loro punti di intersezione con l'asse delle *x* e delle *y* rispettivamente. Fissata l'usuale unità *u* su entrambi gli assi, siano *a* e *b* rispettivamente le misure dei segmenti orientati OA e OB, ossia:

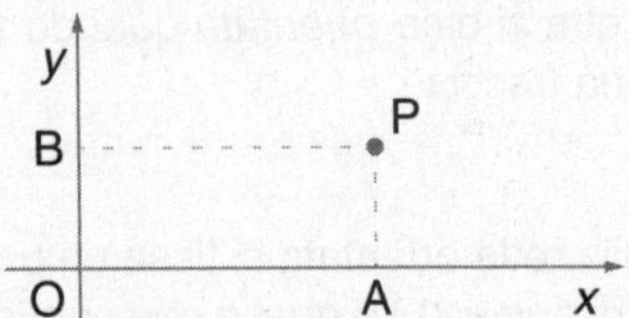

$$\overline{OA} = a \qquad \overline{OB} = b$$

I due numeri *a* e *b* così trovati prendono il nome di coordinate cartesiane ortogonali del punto P.

Più precisamente, *a* prende il nome di **ascissa** di P, *b* quello di **ordinata** di P.

In questo modo **ad ogni punto del piano si associa una coppia di numeri reali.**

Vale anche il viceversa: data una coppia di numeri reali *a* e *b*, è sempre possibile determinare uno e un solo punto P che abbia per ascissa *a* e per ordinata *b* (si prende sull'asse *x* il segmento orientato OA di lunghezza *a*, sull'asse *y* il segmento orientato OB di lunghezza *b* e si conduce da A la parallela all'asse *y* e da B la parallela all'asse *x*: queste due rette si incontrano nel punto P cercato).

Si è così stabilita **una corrispondenza biunivoca tra i punti del piano e l'insieme delle coppie ordinate di numeri reali.**

Nel piano cartesiano a lato sono riportati alcuni punti con le corrispondenti coordinate cartesiane.

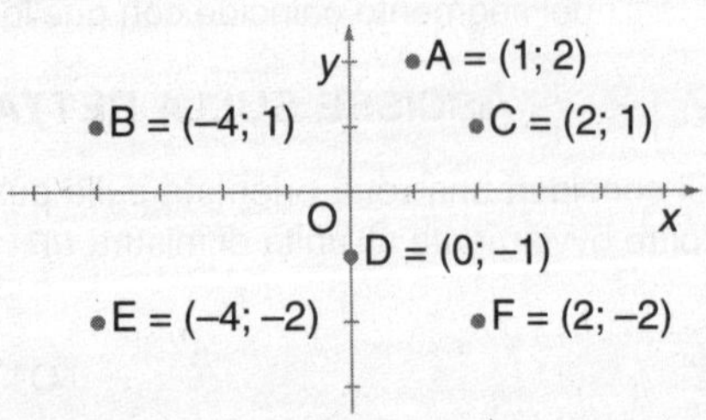

7.1.4 DISTANZA TRA DUE PUNTI E COORDINATE DEL LORO PUNTO MEDIO

Dati due punti A e B, di coordinate $(x_1;\ y_1)$ e $(x_2;\ y_2)$ rispettivamente, valgono le seguenti relazioni per calcolare la loro distanza e le coordinate del loro punto medio (ossia il punto medio del segmento avente A e B come estremi).

$$\overline{AB} = \begin{cases} |y_2 - y_1| & \text{se } x_1 = x_2 \\ |x_2 - x_1| & \text{se } y_1 = y_2 \\ \sqrt{(x_2 - x_1)^2 + (y_2 - y_1)^2} & \text{in generale} \end{cases}$$

$$\text{Punto medio: } M = \left(\frac{x_1 + x_2}{2};\ \frac{y_1 + y_2}{2} \right)$$

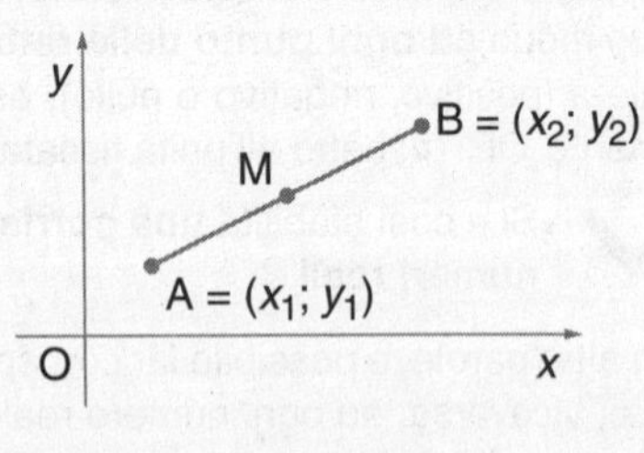

7.2 CURVE NEL PIANO

L'utilità della geometria analitica non è quella di riscrivere la geometria in termini algebrici, bensì quella di rappresentare graficamente entità algebriche che non siano necessariamente funzioni. Come si è visto (§ 4.4.1), una generica equazione in due incognite $F(x, y) = 0$ è soddisfatta da infinite coppie di valori, ciascuna nella forma (x,y), ossia come coppia ordinata di numeri reali, e come tale può essere rappresentata in un sistema di riferimento cartesiano ortogonale (in quanto alla coppia ordinata corrisponde uno e un solo punto del piano).

✔ Rappresentando sul piano cartesiano gli infiniti punti $(x; y)$ le cui coordinate soddisfano un'equazione del tipo $F(x, y) = 0$ si ottiene una **curva**.

Ogni equazione del tipo $F(x, y) = 0$ può quindi essere rappresentata graficamente nel piano cartesiano: per questo motivo vale la seguente definizione.

✔ Qualsiasi equazione in due incognite $F(x, y) = 0$ è detta anche **curva**.

Tale rappresentazione è basata sui seguenti due punti:

- le coordinate dei punti della curva soddisfano l'equazione $F(x, y) = 0$;
- ogni coppia di numeri che soddisfa l'equazione $F(x, y) = 0$ rappresenta le coordinate di un punto appartenente alla curva.

7.2.1 CONDIZIONE DI APPARTENENZA

Un punto P di coordinate $(x_0; y_0)$ appartiene quindi alla curva $F(x, y) = 0$ se e solo se le sue coordinate soddisfano l'equazione della curva, ossia se e solo se vale la seguente relazione:

$$F(x_0, y_0) = 0$$

Il punto $P = (2; 3)$ appartiene alla curva di equazione $4y - 5x - 2 = 0$ in quanto:

$$4 \cdot 3 - 5 \cdot 2 - 2 = 12 - 10 - 2 = 0$$

7.2.2 CURVE DEL PIANO COME LUOGHI GEOMETRICI

È utile ricordare che con il termine **luogo geometrico** si indica l'insieme di tutti e soli i punti che godono di una determinata proprietà.

La circonferenza di raggio *r* è il luogo geometrico dei punti del piano distanti *r* da un punto fisso detto centro.

Risulta ora possibile condensare la definizione di curva (come diagramma di una equazione) e la condizione di appartenenza in un'unica definizione.

✔ **La curva di equazione $F(x, y) = 0$ è il luogo geometrico dei punti del piano le cui coordinate soddisfano l'equazione stessa.**

7.2.3 CURVE ALGEBRICHE E CURVE TRASCENDENTI

$F(x, y) = 0$ è una **curva algebrica** se $F(x, y)$ è un polinomio nelle variabili *x* e *y*: l'*ordine* della curva algebrica è il grado del polinomio $F(x, y)$.

$F(x, y) = x - 2y + 1 = 0$ è una curva algebrica del primo ordine.
$F(x, y) = x^2 + y^2 - 2x + y + 1 = 0$ è una curva del secondo ordine.

Se $F(x, y)$ non può essere rappresentato in forma polinomiale, la **curva** si dirà **trascendente**: le curve trascendenti che occorre conoscere verranno trattate nel § 8.2.

$F(x, y) = y - \log x = 0$ è una curva trascendente.

MATEMATICA

7.3 CURVE ALGEBRICHE DEL PRIMO ORDINE: LE RETTE

7.3.1 EQUAZIONE GENERALE DELLA RETTA

La forma più generale di una equazione di primo grado in due incognite (detta anche equazione *lineare*) è la seguente:

$$ax + by + c = 0 \qquad [12]$$

Il diagramma cartesiano di una equazione lineare è una retta.

Infatti si consideri l'equazione lineare:

$$F(x, y) = 2x - y - 3 = 0$$

scegliendo arbitrariamente alcuni valori per la x si possono determinare le seguenti coppie ordinate:

per $x = -1$ si ha $y = -5$ ossia il punto $(-1; -5)$;
per $x = 0$ si ha $y = -3$ ossia il punto $(0; -3)$;
per $x = +1$ si ha $y = -1$ ossia il punto $(+1; -1)$;
per $x = +2$ si ha $y = +1$ ossia il punto $(+2; +1)$;
per $x = +3$ si ha $y = +3$ ossia il punto $(+3; +3)$;
per $x = +4$ si ha $y = +5$ ossia il punto $(+4; +5)$.

Riportando tali punti sul piano cartesiano e unendoli con una linea continua si ottiene il grafico della funzione, ossia una retta.

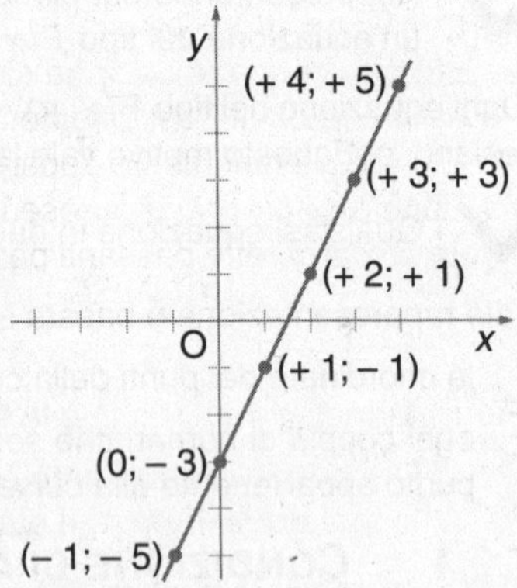

L'esempio precedente è stato proposto a scopo puramente didattico: **per disegnare una retta è sufficiente determinare due soli punti** appartenenti a essa. Si scelgono quindi arbitrariamente due valori "comodi" di una delle due variabili e (tramite l'equazione) si determinano i corrispondenti valori dell'altra variabile. Procedendo in questo modo si evita di perdere tempo prezioso durante lo svolgimento del test.

Si consideri l'equazione $F(x, y) = x - y + 1 = 0$: assegnando per esempio all'incognita x il valore $x = 0$ si ricava $y = 1$, per cui il punto $A = (0; 1)$ appartiene alla curva di equazione $x - y + 1 = 0$. Similmente, assegnando alla y il valore $y = 0$ si ricava $x = -1$, per cui il punto $B = (-1; 0)$ appartiene anch'esso alla curva.

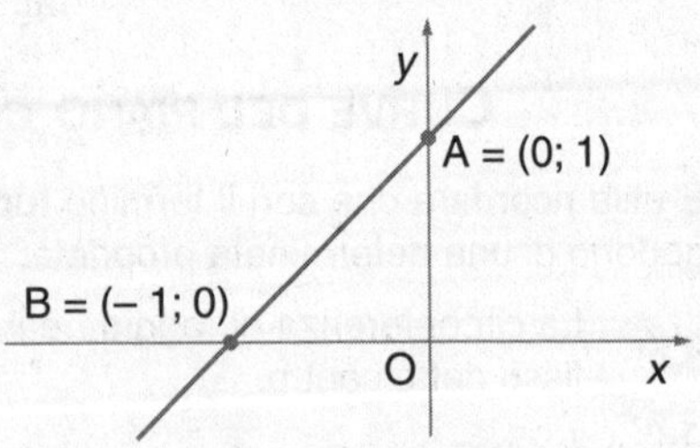

7.3.2 CASI PARTICOLARI

Nell'equazione generale della retta [12]:

$$ax + by + c = 0$$

compaiono i tre parametri a, b, c i quali non sempre sono diversi da zero. Se uno dei tre parametri si annulla, si ha uno dei seguenti casi particolari.

1. $a = 0 \rightarrow by + c = 0 \rightarrow y = -c/b \rightarrow y = k$ (dove k indica una costante)
   Il diagramma dell'equazione $y = k$ è rappresentato da una retta **orizzontale**.
   Al variare del parametro k si ottengono tutte le possibili rette orizzontali, tra le quali si trova anche l'asse delle x.
   L'asse x ha equazione $y = 0$.

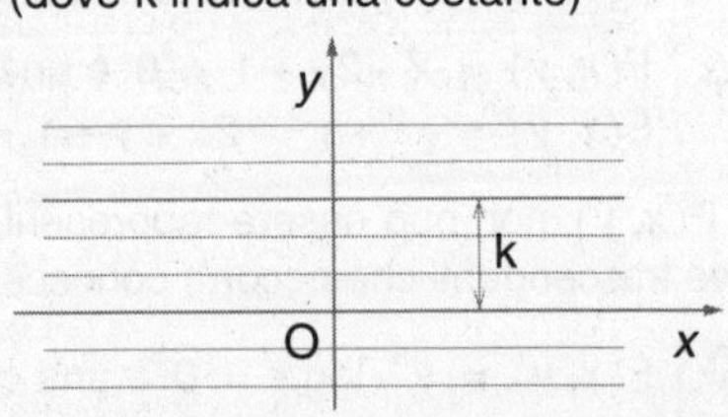

2. $b = 0 \rightarrow ax + c = 0 \rightarrow x = -c/a \rightarrow x = h$ (dove h indica una costante)
Il diagramma dell'equazione $x = h$ è rappresentato da una retta **verticale**.
Al variare del parametro h si ottengono tutte le possibili rette verticali, tra le quali si trova anche l'asse delle *y*.
L'asse *y* ha equazione $x = 0$.

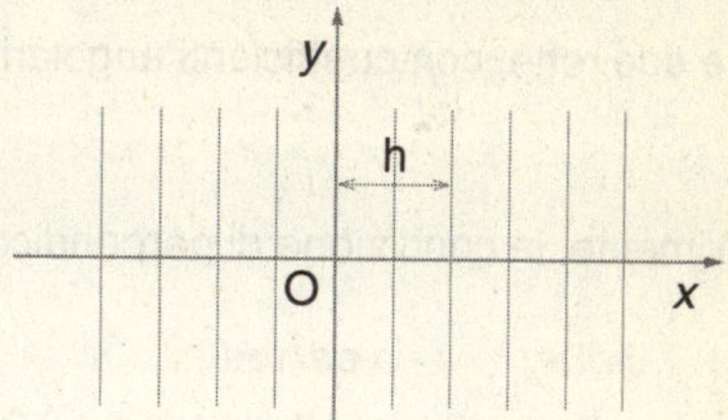

3. $c = 0 \rightarrow ax + by = 0$
Si tratta di una equazione sicuramente soddisfatta dalle coordinate dell'origine: in altre parole il punto $O = (0; 0)$ sicuramente appartiene alla retta. L'equazione $ax + by = 0$ rappresenta (al variare di a e b) un *fascio* di rette passanti per l'origine $O = (0; 0)$.

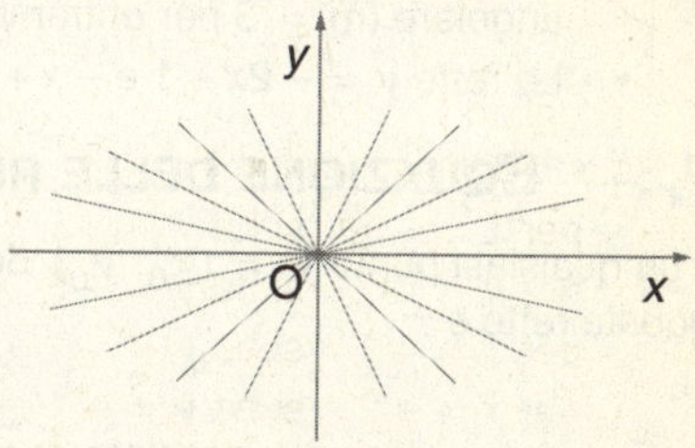

Particolarmente importante è la seguente osservazione.

Quando il termine noto è nullo, la curva $F(x, y) = 0$ passa per l'origine qualunque sia la sua equazione (e il suo ordine).

7.3.3 EQUAZIONE CANONICA DELLA RETTA E COEFFICIENTE ANGOLARE

L'equazione generale della retta (ossia $ax + by + c = 0$) è in forma implicita (si veda § 8.1): per esplicitarla si devono eseguire i seguenti passaggi, nell'ipotesi che sia $b \neq 0$:

$$ax + by + c = 0 \rightarrow by = -ax - c \rightarrow y = -\frac{ax}{b} - \frac{c}{b} \qquad [13]$$

Introducendo le seguenti definizioni:

$$-\frac{a}{b} = m \xrightarrow{\text{def}} \textbf{coefficiente angolare}; \qquad -\frac{c}{b} = q \xrightarrow{\text{def}} \textbf{termine noto}$$

la [13] diventa:

$$y = mx + q$$

che prende il nome di **equazione canonica della retta.**

L'equazione generale $3x + 2y - 4 = 0$ diventa (in forma canonica) $y = -\frac{3}{2}x + 2$.

È di fondamentale importanza la seguente osservazione.

Mentre l'equazione generale $ax + by + c = 0$ rappresenta **tutte** le rette, l'equazione canonica $y = mx + q$ tralascia le rette verticali (parallele all'asse *y*) e **non** rappresenta dunque **tutte** le rette del piano (si è infatti posto $b \neq 0$ per passare da una equazione all'altra).

Data una retta di equazione $ax + by + c = 0$, **il** suo **coefficiente angolare è un indice di quanto la retta è inclinata rispetto all'asse *x*.**
Per le rette verticali (le cui equazioni **non** possono essere portate in forma canonica) **non si definisce il coefficiente angolare.**

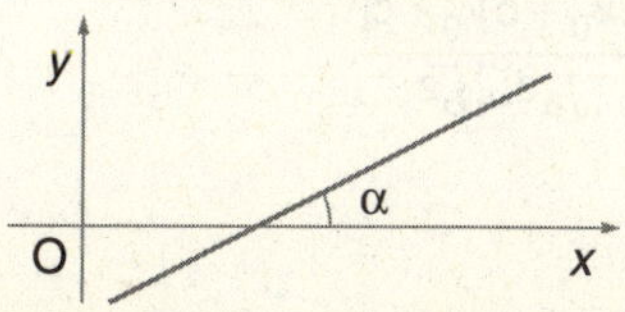

Indicando con α l'angolo orientato in senso antiorario formato dalla retta e dalla semiretta positiva delle ascisse, si ha che:
se l'angolo α è acuto (< 90°) $\rightarrow m > 0$
se l'angolo α è ottuso (> 90°) $\rightarrow m < 0$
se $\alpha = 0$ $\rightarrow m = 0$

7.3.4 Rette parallele e perpendicolari

Date due rette, con coefficienti angolari m_1 ed m_2, la **condizione di parallelismo** è:

$$m_1 = m_2$$

Similmente, la condizione di perpendicolarità è:

$$m_1 \cdot m_2 = -1$$

- Le rette $y = 3x + 1$ e $6x - 2y = 5$ sono parallele poiché hanno lo stesso coefficiente angolare (m = 3 per entrambe).
- Le rette $y = -2x + 1$ e $-x + 2y = 0$ sono invece perpendicolari.

7.3.5 Equazione delle rette passanti per uno o per due punti

Per un qualsiasi punto $P = (x_0; y_0)$ del piano passano infinite rette. L'equazione di una qualsiasi di queste rette è:

$$y - y_0 = m(x - x_0)$$

Al variare del coefficiente angolare m si ottengono tutte le possibili rette passanti per P (ad esclusione dell'unica retta verticale).

Le rette passanti per il punto P (1; 2) hanno equazione: $y - 2 = m(x - 1)$

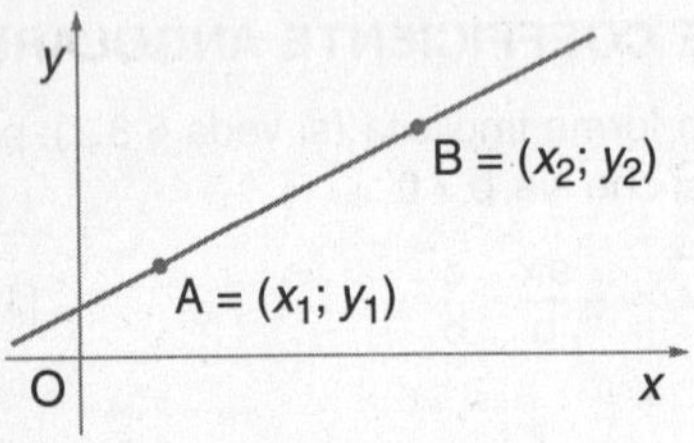

Siano dati ora due punti A e B (di coordinate $(x_1; y_1)$ e $(x_2; y_2)$ rispettivamente): l'equazione della retta passante per i due punti è data dalla formula seguente:

$$\frac{y - y_1}{y_2 - y_1} = \frac{x - x_1}{x_2 - x_1}$$

L'equazione della retta passante per A = (1; 2) e B = (2; 0) è: $\frac{y-2}{-2} = \frac{x-1}{2-1} \rightarrow y = -2x + 4$

7.3.6 Equazione segmentaria della retta

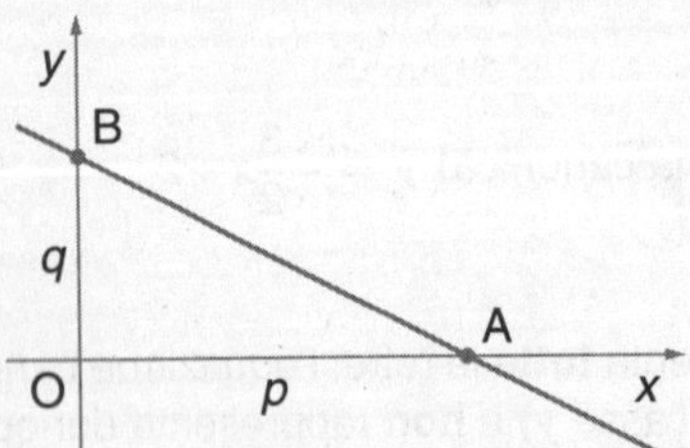

Nel caso particolare in cui si voglia calcolare l'equazione della retta passante per due punti A e B posizionati, rispettivamente, sull'asse x e sull'asse y (di coordinate, per esempio, $A = (p; 0)$ e $B = (0; q)$) si utilizza l'*equazione segmentaria della retta*:

$$\frac{x}{p} + \frac{y}{q} = 1$$

7.3.7 Distanza di un punto da una retta

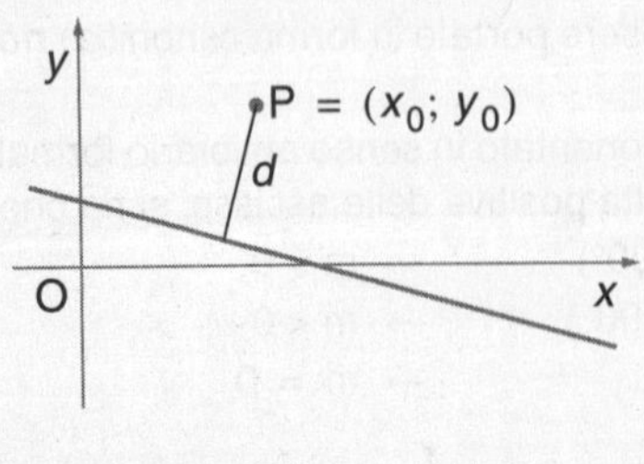

Data la retta $ax + by + c = 0$ e il punto $P = (x_0; y_0)$, la distanza d fra la retta e il punto è pari a:

$$d = \frac{|ax_0 + by_0 + c|}{\sqrt{a^2 + b^2}}$$

7.4 CURVE ALGEBRICHE DEL SECONDO ORDINE: LE CONICHE

Come si è visto, le rette sono rappresentate analiticamente da equazioni di primo grado in due incognite. Viceversa le curve rappresentate da equazioni di secondo grado prendono il nome di *coniche*: il nome deriva dal fatto che tali curve si ottengono dall'**intersezione fra una superficie conica a due falde e un piano**.

A seconda dell'inclinazione e della posizione del piano rispetto all'asse della superficie conica si hanno i diversi tipi di conica:

1. circonferenza
2. ellisse
3. parabola
4. iperbole

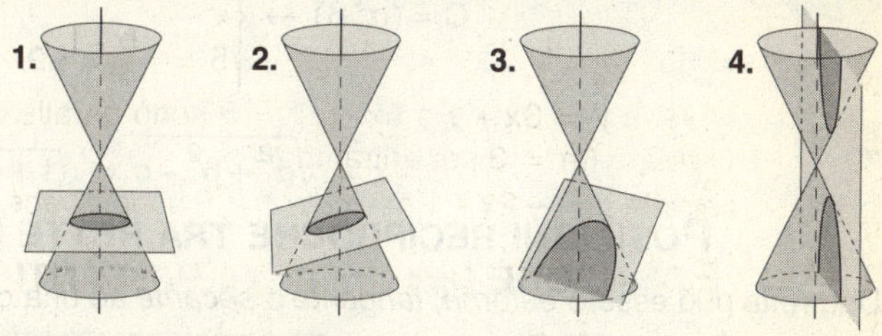

7.4.1 EQUAZIONE GENERALE DI UNA CONICA

L'equazione generale di una conica coincide con la forma più generale di equazione di secondo grado in due incognite:

$$F(x, y) = Ax^2 + Bxy + Cy^2 + Dx + Ey + F = 0 \qquad [14]$$

Al variare dei coefficienti A, B, C, D, E, F, si ottengono tutte le coniche possibili.

Nella lettura dei paragrafi seguenti si tenga presente che il primo obiettivo da conseguire è quello di saper riconoscere le coniche dalle loro equazioni; in altre parole, data l'equazione di una conica, è necessario saper dire di che conica si tratta. Le coniche che più frequentemente compaiono nei quesiti dei test sono la circonferenza e la parabola.

7.4.2 CIRCONFERENZA

La circonferenza è il luogo dei punti del piano per i quali è costante la distanza da un punto fisso detto centro.

In base alla precedente definizione è possibile ricavare l'*equazione normale della circonferenza*:

$$x^2 + y^2 + ax + by + c = 0 \qquad [15]$$

Se si moltiplica la [15] per una costante k (diversa da zero) si ottiene l'*equazione generale della circonferenza*:

$$kx^2 + ky^2 + kax + kby + kc = 0$$

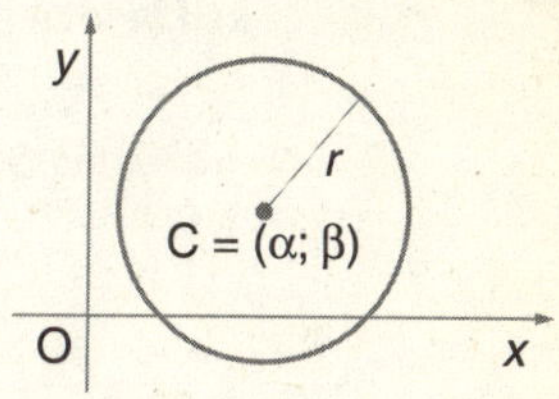

L'equazione generale della circonferenza è una equazione di secondo grado mancante del termine in *xy* e avente i coefficienti dei termini di grado massimo uguali tra loro.

L'equazione generale della circonferenza si ottiene quindi dall'equazione generale delle coniche [14] ponendo B = 0 e A = C (ciò significa che l'equazione è priva del termine in *xy* e che i coefficienti dei termini di grado massimo sono uguali tra loro).

La curva di equazione $x^2 + y^2 - 2x + 4y - 1 = 0$ è una circonferenza.
La curva di equazione $x^2 + y^2 - 2x + 3xy - 3y = 0$ **non** è una circonferenza.

Data l'equazione di una circonferenza, per trovarne le coordinate del centro C = (α; β) e il raggio *r* si utilizzano le relazioni seguenti:

$$a = -2\alpha \rightarrow \alpha = -\frac{a}{2} \qquad b = -2\beta \rightarrow \beta = -\frac{b}{2}$$

$$c = \alpha^2 + \beta^2 - r^2 \rightarrow r = \sqrt{\alpha^2 + \beta^2 - c}$$

Per trovare il centro e il raggio della circonferenza di equazione:

$$x^2 + y^2 - 2x + 4y - 1 = 0$$

si utilizzano le relazioni viste sopra e si ottiene:

$$C = (\alpha; \beta) \rightarrow \begin{cases} \alpha = -\frac{a}{2} = 1 \\ \beta = -\frac{b}{2} = -2 \end{cases} \rightarrow C = (1; -2)$$

$$r = \sqrt{\alpha^2 + \beta^2 - c} = \sqrt{1 + 4 + 1} = \sqrt{6}$$

7.4.3 POSIZIONI RECIPROCHE TRA RETTE E CIRCONFERENZE

Una retta può essere *esterna*, *tangente* o *secante* ad una circonferenza:

esterna $\leftrightarrow$ $d > r$

tangente $\leftrightarrow$ $d = r$

secante $\leftrightarrow$ $d < r$

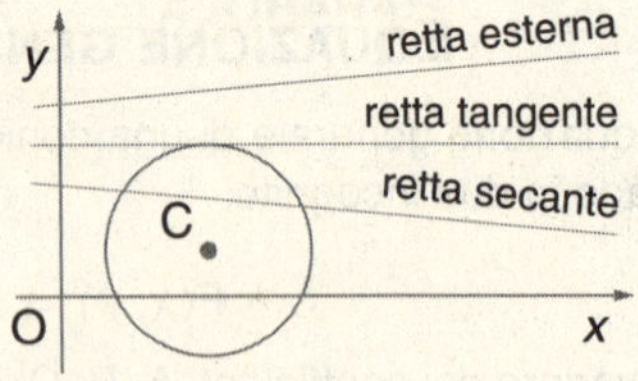

ove r è il raggio della circonferenza, mentre d è la distanza fra il centro della circonferenza e la retta.
Dal punto di vista algebrico, per trovare le (eventuali) intersezioni fra una retta e una circonferenza si deve risolvere il sistema (di secondo grado) fra le loro equazioni: se il sistema non ha soluzioni la retta è esterna, se il sistema ha una sola soluzione la retta è tangente, se le soluzioni sono due la retta è secante.

7.4.4 ELLISSE

L'ellisse è il luogo geometrico dei punti del piano per i quali è costante la somma delle distanze da due punti fissi detti fuochi.

Indicando con F_1 ed F_2 i due fuochi e con 2a la somma (costante) delle distanze di un punto P dagli stessi due fuochi F_1 ed F_2, si ha che l'ellisse è il luogo dei punti P tali che:

$$PF_1 + PF_2 = 2a$$

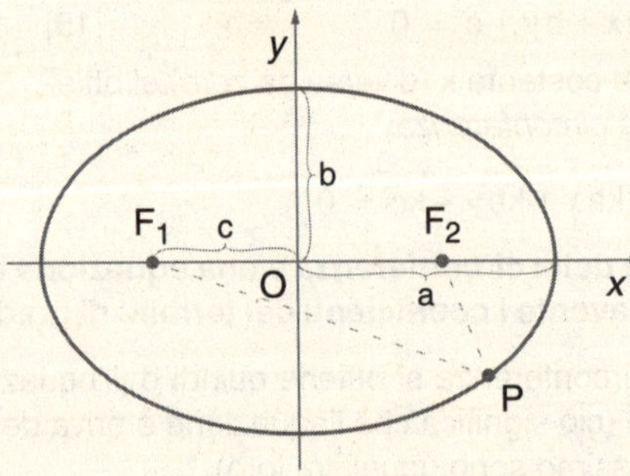

Si supponga (senza ledere la generalità) che i due fuochi F_1 ed F_2 abbiano le seguenti coordinate:

$$F_1 = (-c; 0) \qquad F_2 = (c; 0)$$

per cui i due fuochi si trovano sull'asse delle *x*, entrambi a distanza c dall'origine degli assi (in modo che l'origine stessa sia il punto medio del segmento $\overline{F_1F_2}$): sotto queste ipotesi, l'*equazione canonica* (o *normale*) *dell'ellisse* è la seguente:

$$\frac{x^2}{a^2} + \frac{y^2}{b^2} = 1 \qquad [16]$$

Per le ellissi scritte in forma canonica si utilizza la seguente nomenclatura:

a = semiasse maggiore **b = semiasse minore** **c = semidistanza focale**

La relazione che lega i tre parametri a, b, c è la seguente:

$$c^2 = a^2 - b^2 \quad [17]$$

7.4.5 Eccentricità dell'ellisse

L'eccentricità dell'ellisse è definita dal rapporto $e = \frac{c}{a}$.

Dal momento che $a \geq c$, si ha che $0 \leq e < 1$.

L'eccentricità di un'ellisse è un indice di quanto l'ellisse è "schiacciata".
La circonferenza è un'ellisse con eccentricità nulla: i due fuochi coincidono in un punto (il centro della circonferenza) e la loro distanza è $2c = 0$ ossia $c = 0$, che implica $e = 0$.

7.4.6 Parabola

La parabola è il luogo geometrico dei punti del piano equidistanti da un punto fisso detto fuoco e da una retta fissa detta direttrice.

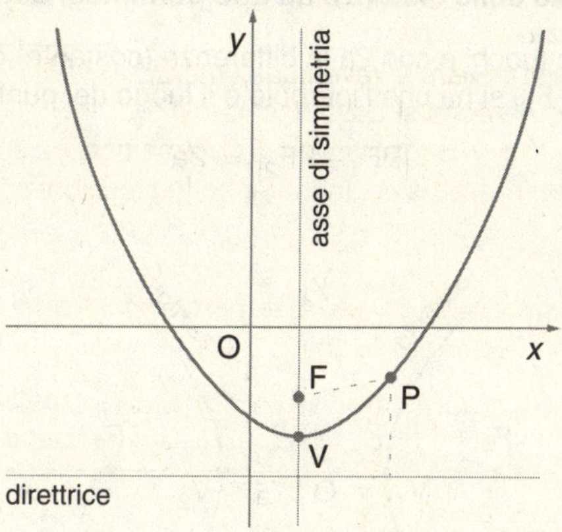

Si supponga che la direttrice sia una retta orizzontale (parallela all'asse delle x): allora, l'equazione generale della parabola risulta essere:

$$y = ax^2 + bx + c \quad [18]$$

che (al variare di a, b, c) rappresenta tutte le parabole con direttrice orizzontale. Le coordinate del fuoco F e l'equazione della direttrice sono rispettivamente (con $\Delta = b^2 - 4ac$):

$$F = \left(-\frac{b}{2a}; -\frac{\Delta}{4a} + \frac{1}{4a}\right) \qquad y = -\frac{\Delta}{4a} - \frac{1}{4a}$$

La parabola di equazione $y = x^2 - 2x - 3$ (con $\Delta = 16$) ha come direttrice la retta $y = -\frac{17}{4}$, mentre le coordinate del fuoco sono $F = \left(1; -\frac{15}{4}\right)$.

L'equazione dell'*asse di simmetria* (la retta ortogonale alla direttrice passante per il fuoco F) e le coordinate del vertice V (il punto di intersezione tra la parabola e l'asse di simmetria) sono invece:

$$x = -\frac{b}{2a} \qquad V = \left(-\frac{b}{2a}; -\frac{\Delta}{4a}\right)$$

La parabola con direttrice orizzontale è anche una funzione (§ 8.1).

Nel caso in cui la direttrice sia verticale (e di conseguenza l'asse di simmetria sia orizzontale), l'equazione della parabola diventa:

$$x = ay^2 + by + c$$

si tratta in pratica di una equazione che differisce dalla [18] solo per lo scambio della x con la y: tutte le formule finora trovate continuano a valere, a patto di effettuare ovunque lo scambio della x con la y.
Per esempio, le coordinate del fuoco F sono:

$$F = \left(-\frac{\Delta}{4a} + \frac{1}{4a}; -\frac{b}{2a}\right)$$

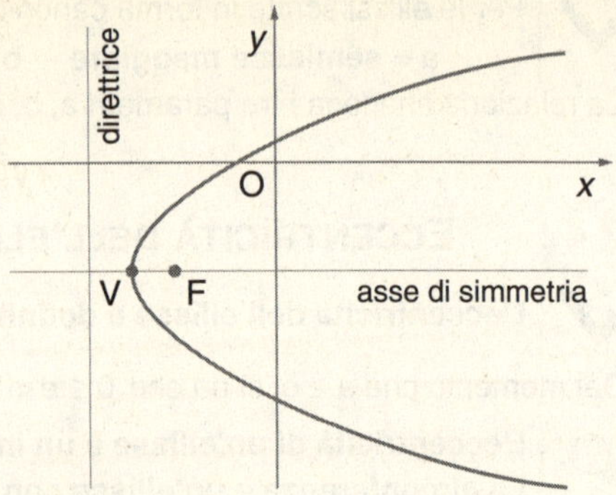

La parabola con direttrice verticale non è una funzione (§ 8.1).

7.4.7 IPERBOLE

L'iperbole è il luogo geometrico dei punti del piano per i quali è costante (in valore assoluto) la differenza delle distanze da due punti fissi detti fuochi.

Indicando con F_1 ed F_2 i due fuochi e con 2a la differenza (costante) delle distanze di un punto P dagli stessi due fuochi F_1 ed F_2, si ha che l'iperbole è il luogo dei punti P tali che:

$$|PF_1 - PF_2| = 2a$$

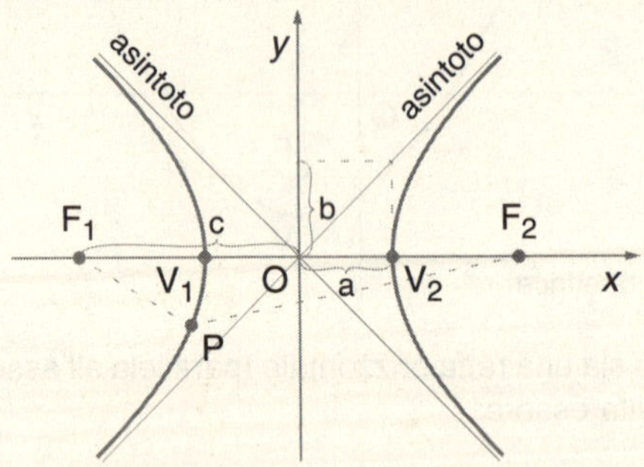

Si supponga ora che i due fuochi F_1 ed F_2 abbiano le seguenti coordinate:

$$F_1 = (-c; 0) \qquad F_2 = (c; 0)$$

per cui i due fuochi si trovano sull'asse delle x, entrambi a distanza c dall'origine degli assi (in modo che l'origine stessa sia il punto medio del segmento $\overline{F_1F_2}$): sotto queste ipotesi, l'*equazione canonica* (o *normale*) *dell'iperbole* è la seguente:

$$\frac{x^2}{a^2} - \frac{y^2}{b^2} = 1$$

Per le iperboli scritte in forma canonica si utilizza la seguente nomenclatura:

a = semiasse trasverso b = semiasse non trasverso c = semidistanza focale

La relazione che lega i tre parametri a, b, c è la seguente:

$$c^2 = a^2 + b^2 \qquad [19]$$

PARTE TERZA

7.4.8 ECCENTRICITÀ DELL'IPERBOLE

L'eccentricità dell'iperbole è definita dal rapporto $e = \frac{c}{a}$.

L'eccentricità è un indice dello "schiacciamento" dell'iperbole, come per l'ellisse, ma, a differenza di quest'ultima, si ha sempre che $e > 1$.

7.4.9 ASINTOTI DI UN'IPERBOLE

Quando una curva (per esempio un'iperbole) si avvicina indefinitamente ad una retta, il suo comportamento viene detto **asintotico** e la retta in questione **asintoto della curva**.

Un'iperbole possiede sempre due asintoti: se l'equazione dell'iperbole è quella canonica (ossia $x^2/a^2 - y^2/b^2 = 1$), allora i due asintoti hanno le seguenti equazioni:

$$y = -\frac{b}{a}x \qquad y = \frac{b}{a}x$$

Gli asintoti dell'iperbole di equazione $\frac{x^2}{16} - \frac{y^2}{9} = 1$ sono: $y = -\frac{3}{4}x$ e $y = \frac{3}{4}x$

7.4.10 IPERBOLE EQUILATERA

Un'iperbole si dice **equilatera** quando i suoi asintoti sono perpendicolari tra loro.

Ricordando la condizione di perpendicolarità tra due rette e le equazioni degli asintoti dell'iperbole, si ha che la definizione di iperbole equilatera si trasforma nella seguente condizione:

$$-\frac{b}{a} \cdot \frac{b}{a} = -1 \xrightarrow{\text{eliminando i denominatori}} b^2 = a^2$$

L'equazione canonica di una iperbole equilatera può allora essere riscritta:

$$\frac{x^2}{a^2} - \frac{y^2}{a^2} = 1 \xrightarrow{\text{moltiplicando ambo i membri per } a^2} x^2 - y^2 = a^2$$

Le equazioni degli asintoti di una iperbole equilatera sono:

$$y = -x \qquad y = x$$

ossia coincidono con le bisettrici degli assi coordinati.

Si immagini ora di "ruotare" di 45° il diagramma di una iperbole equilatera: effettuando questa "rotazione" in senso antiorario si ha che gli asintoti vengono a coincidere con i due assi coordinati e il diagramma dell'iperbole è tutto contenuto nel primo e nel terzo quadrante.

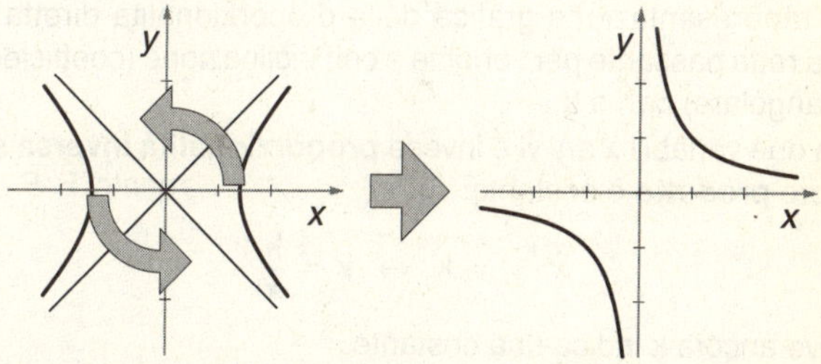

È possibile dimostrare che, effettuando questa "rotazione", l'equazione dell'iperbole equilatera diventa particolarmente semplice:

$$xy = k$$

In questi casi si parlerà di **iperbole equilatera riferita ai propri asintoti**, in quanto i suoi asintoti coincidono con gli assi del sistema di riferimento cartesiano. **L'iperbole equilatera riferita ai propri asintoti è anche una funzione.**

7.5 METODO PRATICO PER IL RICONOSCIMENTO DI UNA CONICA

Finora è stato affrontato il problema di trovare, data la definizione di una conica come luogo geometrico, la sua equazione (generale o canonica). In questo paragrafo si affronterà il problema opposto: data una equazione di secondo grado in due incognite (tipicamente *x* e *y*), individuare di che conica si tratta.

Si è visto (§ 7.4.1) che la forma più generale di equazione di una conica coincide con la forma più generale di equazione di secondo grado in due incognite:

$$F(x, y) = A x^2 + B xy + C y^2 + D x + E y + F = 0$$

al variare dei coefficienti A, B, C, D, E, F, si ottengono tutte le coniche possibili.

Data l'equazione di una conica si calcoli per essa la quantità:

$$\Delta = B^2 - 4AC$$

Si possono presentare i seguenti tre casi.

1. Se $\Delta = B^2 - 4AC < 0$ allora la conica è un'ellisse; in particolare è una circonferenza se $A = C$ e $B = 0$;
2. se $\Delta = B^2 - 4AC = 0$ allora la conica è una parabola;
3. se $\Delta = B^2 - 4AC > 0$ allora la conica è un'iperbole; inoltre l'iperbole è equilatera se e solo se $A + C = 0$.

Data la conica di equazione: $3y^2 + 2x - y + 1 = 0$, di che conica si tratta?
Essendo $A = 0$, $B = 0$, $C = 3$ si ha che $\Delta = 0$ quindi la conica è una parabola.

Data la conica di equazione: $2x^2 - 4y^2 - 3x - 5 = 0$, di che conica si tratta?
Essendo $A = 2$, $B = 0$, $C = -4$ si ha che $\Delta = +32$ quindi la conica è una iperbole: essendo $A + C = 2 - 4 = -2 \neq 0$, l'iperbole non è equilatera.

7.6 PROPORZIONALITÀ DIRETTA E INVERSA FRA GRANDEZZE

Tra due variabili *x* e *y* vi è **proporzionalità diretta** se il loro **rapporto** è costante:

$$\frac{y}{x} = k \leftrightarrow y = k \cdot x$$

dove k indica una costante.

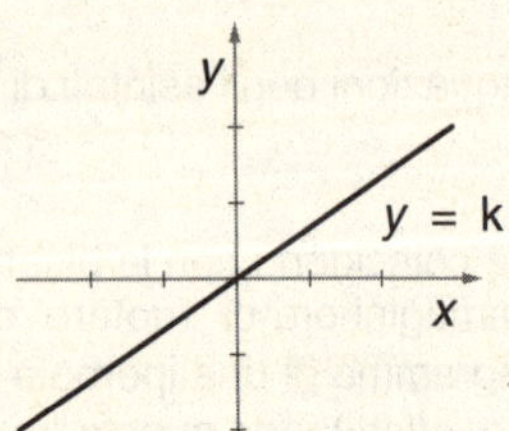

La rappresentazione grafica della proporzionalità diretta è una retta passante per l'origine e con inclinazione (coefficiente angolare) pari a k.

Tra due variabili *x* e *y* vi è invece **proporzionalità inversa** se il loro **prodotto** è costante:

$$x \cdot y = k \leftrightarrow y = \frac{k}{x}$$

dove ancora k indica una costante.

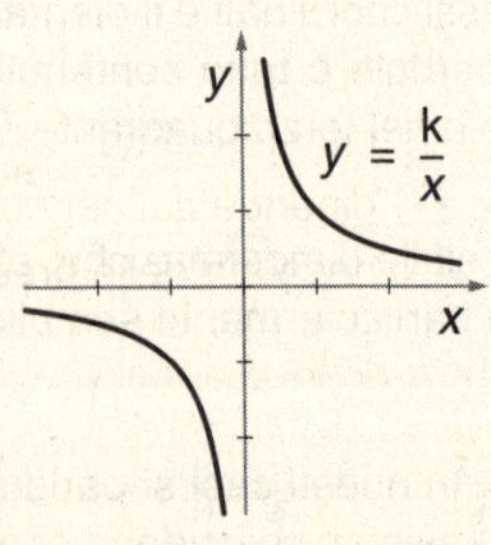

La rappresentazione grafica della proporzionalità inversa è una iperbole equilatera riferita ai propri asintoti. In altre parole, *la curva è asintotica agli assi coordinati*: nel caso di k positivo, al crescere di una delle due variabili (per esempio, la *x*), l'altra (la *y*) deve necessariamente decrescere (per mantenere costante il prodotto) facendo quindi in modo che la curva si avvicini sempre di più all'asse (delle *x*).

QUESITI SVOLTI

1 Se un parallelogramma ABCD ha vertici:

A = (3 ; 4) B = (– 1 ; 2) C = (5 ; 0)

allora il quarto vertice D ha coordinate:

A (9 ; 2) B (8 ; 2) C (10 ; 1) D (10 ; 2) E (8 ; 1)

In un parallelogramma ABCD le diagonali AC e BD si incontrano nel loro punto medio M. Per le formule del punto medio le coordinate di M sono uguali a:

$$x_M = \frac{x_A + x_C}{2} = \frac{3+5}{2} = 4 \qquad y_M = \frac{y_A + y_C}{2} = \frac{4+0}{2} = 2$$

Per le considerazioni precedenti, si può scrivere che:

$$x_M = \frac{x_B + x_D}{2} \rightarrow 4 = \frac{-1 + x_D}{2} \rightarrow x_D = 9$$

$$y_M = \frac{y_B + y_D}{2} \rightarrow 2 = \frac{2 + y_D}{2} \rightarrow y_D = 2$$

Le coordinate di D sono pertanto uguali a (9 ; 2) (risposta A).

2 Se $y = 4x(x + 1)$, il grafico di y in funzione di x su un piano cartesiano è:

A un cerchio
B una retta
C un'iperbole
D una parabola
E una curva di tipo esponenziale

Per riconoscere la natura di questa conica conviene svolgere il prodotto a secondo membro:

$$y = 4x(x+1) \rightarrow y = 4x^2 + 4x$$

È più facile ora capire che si tratta di una parabola (risposta D) passante per l'origine (c = 0) con asse di simmetria parallelo all'asse y.

3 Un'iperbole di equazione $xy = k$ ($k > 0$) e una retta di equazione $x - y = h$, hanno in comune:

A un punto
B due punti
C nessun punto
D dipende dal segno di h
E nessuna delle precedenti

L'iperbole di equazione $xy = k$ è equilatera e i suoi due rami, poiché k è positivo, sono contenuti nel primo e nel terzo quadrante. La retta di equazione $x - y = h$, ossia $y = x - h$ appartiene al fascio improprio di rette parallele alla bisettrice del primo e del terzo quadrante. Queste considerazioni consentono di concludere che ciascuna retta del fascio interseca l'iperbole sempre in due punti distinti (risposta B).

4 **Che valore deve avere *a*, affinché le due equazioni $ax = 15 - 3y$ e $y = 3x - 2$ rappresentino due rette perpendicolari fra loro?**

A $a = 3$
B $a = 1$
C $a = -1/3$
D $a = 0$
E $a = -1$

Affinché le due rette date siano perpendicolari, i rispettivi coefficienti angolari m_1 e m_2 devono soddisfare la condizione $m_1 \cdot m_2 = -1$. Poiché le equazioni canoniche delle due rette sono rispettivamente:

$$y = -\frac{a}{3}x + 5 \qquad y = 3x - 2$$

la condizione di perpendicolarità è uguale a:

$$-\frac{a}{3} \cdot 3 = -1$$

Risolvendo l'equazione in *a*, si ottiene $a = 1$. La risposta esatta è quindi la B.

5 **Per quali valori del parametro reale *a* le due rette di equazione $y = 2x + 1$ e $y = ax - 3$ non hanno alcun punto in comune?**

A $a = 5$ e $a = 3$
B $a = 0$
C $a = 2$
D Per nessun valore di *a*
E Per ogni valore di *a*

Per risolvere il quesito non è necessario impostare il sistema avente come equazioni quelle delle due rette e determinare per quali valori del parametro *a* esso non ammette soluzioni. Ricordando che, in un piano cartesiano, due rette non hanno alcun punto in comune se sono parallele, è sufficiente imporre che i relativi coefficienti angolari siano uguali:

$$ax = 2x \rightarrow a = 2$$

La risposta esatta è dunque la C.

6 **Quale delle seguenti espressioni rappresenta una circonferenza in coordinate cartesiane?**

A $x + y = R$
B $x - y = R$
C $x^2 + y^2 = R^2$
D $(x + y)^2 = R$
E $xy = R$

L'espressione contenuta nella risposta C è l'equazione canonica della circonferenza di raggio *R*, per cui la C risulta essere la risposta esatta. A questa conclusione si sarebbe potuti giungere anche procedendo per esclusione: le espressioni contenute nelle risposte A e B sono equazioni di primo grado, quindi rappresentano (in coordinate cartesiane) due rette. L'espressione contenuta nella risposta D, una volta sviluppato il quadrato a primo membro, contiene il termine in xy per cui non può rappresentare una circonferenza. Infine, l'espressione E contiene il termine xy e non contiene i termini x^2 e y^2, quindi non può essere l'equazione di una circonferenza.

7 Determinare l'area S del triangolo i cui vertici sono i punti A (1 ; 2), B (2 ; 4) e C (2 ; 2).

A $S = 4$
B $S = 1$
C $S = 0$
D $S = 2$
E La domanda è priva di significato

Per rispondere rapidamente al quesito conviene posizionare i tre punti sul piano cartesiano.
Dal disegno si ricava che il triangolo ABC è un triangolo rettangolo con base (segmento AC) di lunghezza unitaria e altezza (segmento BC) di lunghezza 2.
L'area S del triangolo risulta quindi essere:

$$S = \frac{AC \cdot BC}{2} = \frac{1 \cdot 2}{2} = 1$$

per cui la risposta corretta risulta essere la B.

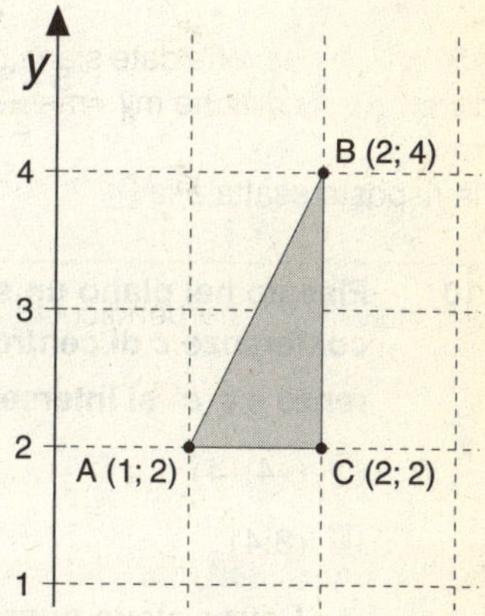

8 La circonferenza di equazione $x^2 + y^2 - 2x = 0$ ha il centro:

A sull'asse x
B sull'asse y
C sulla retta $x = y$
D nell'origine degli assi
E nel punto di coordinate (0 ; 2)

Nell'equazione proposta dal quesito manca il termine in y, quindi ci si trova nel caso particolare $b = 0$: il centro si trova sull'asse delle x (risposta A).

9 In un sistema di riferimento cartesiano ortogonale Oxy, sia r la retta di equazione:

$$y = \frac{3x + 1}{-2}$$

Quale delle seguenti equazioni rappresenta una retta parallela ad r e passante per il punto (1;1) ?

A $y = \frac{2}{3}x + 1$

B $y = -\frac{3}{2}x + 1$

C $y = \frac{3}{2}(x - 1) + 1$

D $y = 1 + \frac{2}{3}(x - 1)$

E $y = \frac{5 - 3x}{2}$

MATEMATICA

La retta $y = \frac{3x+1}{-2}$ ha coefficiente angolare $m = -\frac{3}{2}$. Qualsiasi retta a essa parallela deve avere lo stesso coefficiente angolare, quindi le alternative **A**, **C** e **D** sono errate. La retta cercata deve inoltre passare per il punto (1;1) quindi, inserendo le coordinate di tale punto nella sua equazione, si deve ottenere un'identità (condizione di appartenenza).

Essendo:

$$y = -\frac{3}{2}x + 1 \;\rightarrow\; 1 = -\frac{3}{2}(1) + 1 \;\rightarrow\; 1 = -\frac{1}{2}$$

$$y = \frac{5-3x}{2} \;\rightarrow\; 1 = \frac{5-3(1)}{2} \;\rightarrow\; 1 = \frac{2}{2} \;\rightarrow\; 1 = 1$$

la risposta esatta è la **E**.

---

10 Fissato nel piano un sistema di assi cartesiani ortogonali O*xy*, consideriamo le circonferenze *c* di centro O(0;0) e raggio 2, e *c′* di centro O′ e raggio 3. Le circonferenze *c* e *c′* si intersecano in due punti. Tra i seguenti punti, quale può essere O′ ?

A (–4;–4)

B (3;4)

C $\left(1;\frac{9}{2}\right)$

D $\left(\frac{11}{3};\frac{11}{3}\right)$

E (5;–2)

Poiché le circonferenze considerate si intersecano in due punti, esse non possono essere né concentriche, né esterne, né tangenti quindi la distanza tra i due centri O e O′ deve essere maggiore della differenza tra i raggi delle due circonferenze (circonferenze tangenti internamente) e minore della loro somma (circonferenze tangenti esternamente):

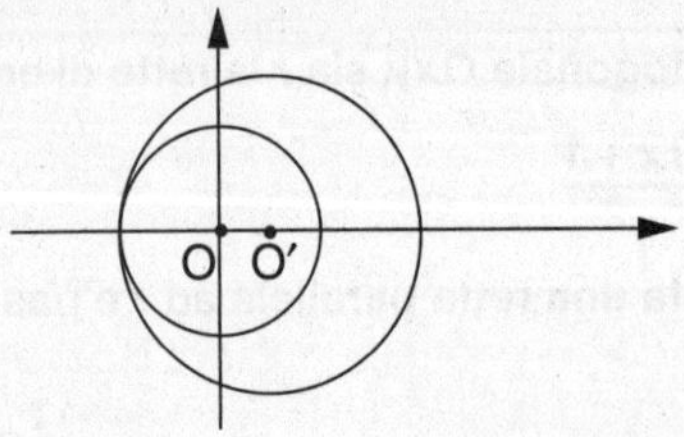

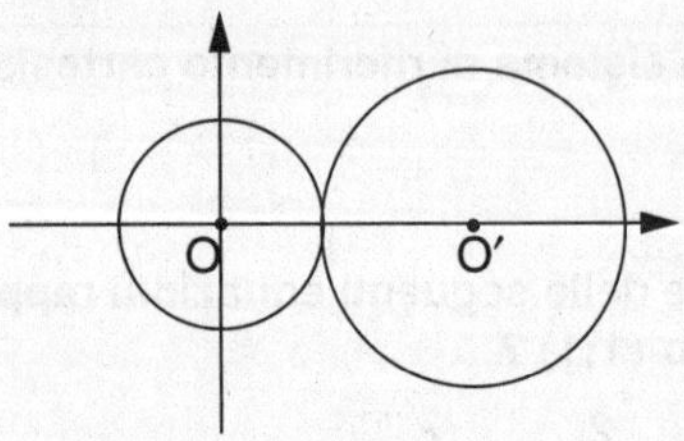

$$1 = 3 - 2 < \overline{OO'} < 3 + 2 = 5$$

Tra tutti i punti proposti, l'unico che soddisfa tali richieste è $\left(1;\frac{9}{2}\right)$, risultando in tal caso

$\overline{OO'} = \sqrt{\frac{85}{4}} \approx 4{,}6$, quindi la risposta esatta è la **C**.

PARTE TERZA

8 FUNZIONI

Per introdurre il concetto di funzione è utile ricordare le definizioni di corrispondenza univoca fra insiemi (§ 1.1.3).

8.1 DEFINIZIONE DI FUNZIONE

Lo studio di diversi fenomeni della natura e la risoluzione di svariati problemi tecnici e matematici porta a considerare alcune grandezze **variabili** (convenzionalmente indicate in matematica con le lettere *x, y, z*...) e altre grandezze **costanti** (convenzionalmente indicate in matematica con le lettere a, b, c...). In molti casi, la variazione di una grandezza (sia essa un tempo, una lunghezza, una superficie, una temperatura...) è legata alla variazione di un'altra grandezza.

La lunghezza di una circonferenza *y* è legata alla lunghezza del raggio *x* dalla seguente formula:

$$y = 2\pi x$$

In questi casi, ossia quando la variazione della grandezza *y* è legata alla variazione della grandezza *x*, si dice che *y* è **funzione** della variabile *x*.

Una funzione è quindi una relazione che lega due grandezze variabili in modo che, assegnati valori arbitrari a una di esse (variabile indipendente), **risultino univocamente determinati i corrispondenti valori dell'altra** (variabile dipendente).

In pratica il concetto di funzione coincide con quello di **corrispondenza univoca**: la definizione corretta di funzione è infatti la seguente.

Dati due insiemi non vuoti X e Y, si chiama **funzione** (o **applicazione**) da X in Y una qualsiasi legge che fa corrispondere a **ogni** elemento *x* di X **uno e un solo** elemento *y* di Y: quest'ultimo elemento *y* viene detto **immagine** di *x*.

Le notazioni più utilizzate per indicare una funzione da X in Y sono le seguenti:

$$y = f(x)\,; \quad f\colon X \to Y\,; \quad X \xrightarrow{f} Y$$

Una funzione è rappresentata da una equazione che stabilisce il legame tra la variabile indipendente (generalmente indicata con *x*) **e la variabile dipendente** (generalmente indicata con *y*).

Se l'equazione è risolta rispetto a una delle due variabili (di norma la variabile dipendente *y*), essa viene detta *in forma esplicita*:

$$y = f(x)$$

Se viceversa tutti i termini si trovano a primo membro, l'equazione viene detta *in forma implicita*:

$$F(x, y) = 0$$

Si utilizzano inoltre le seguenti notazioni:

- la variabile $x \in X$ è convenzionalmente detta **variabile indipendente**;
- la variabile $y \in Y$ è convenzionalmente detta **variabile dipendente**;
- l'insieme X è detto **dominio** (o **campo di esistenza**) della funzione;
- l'insieme $f(X)$ è l'insieme delle immagini di tutti gli elementi di X, viene detto **codominio** (o **immagine** del dominio) e potrebbe non coincidere con l'intero insieme Y: $f(X) \subseteq Y$.

MATEMATICA

8.1.1 FUNZIONI SURIETTIVE, INIETTIVE E BIETTIVE

Una funzione da X in Y si dice **suriettiva** quando **ogni elemento di Y è immagine di almeno un elemento di X**.

In simboli:

$$f(X) = Y$$

Infatti, ogni elemento di Y non è necessariamente l'immagine di un elemento di X: vi può essere un elemento di Y che non è immagine di alcun elemento di X.

Si considerino i due insiemi X = {1, 2, 3} e Y = {1, 2, 4, 6} e la funzione:

$$y = 2x$$

allora $f(X) = \{2, 4, 6\}$: si tratta quindi di un sottoinsieme proprio di Y e la funzione **non** è suriettiva.

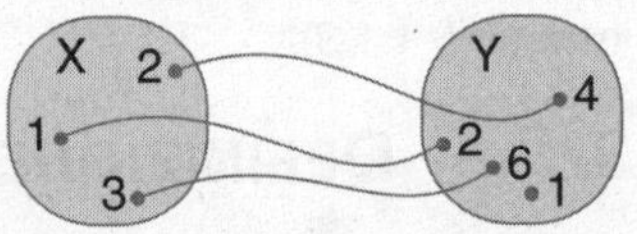

Una funzione da X in Y si dice **iniettiva** se **a elementi distinti di X fa corrispondere elementi distinti di Y**.

In simboli:

$$\text{se } x_1 \neq x_2 \text{ allora } f(x_1) \neq f(x_2)$$

Infatti, un elemento di $f(X)$ potrebbe essere l'immagine di più di un elemento di X.

Sia X = {– 1, 1, 2}, Y = {1, 2} e:

$$y = |x|$$

allora $f(X) = \{1, 2\}$ e l'elemento $y = 1$ è immagine di due elementi distinti di X (ossia $x = 1$ e $x = -1$) e la funzione **non** è iniettiva.

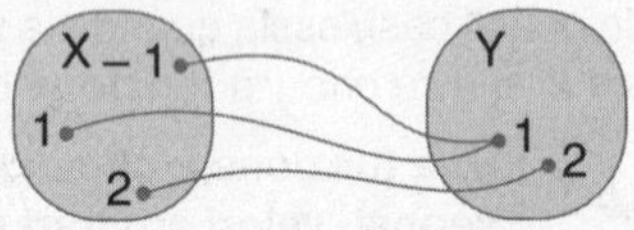

Una funzione da X in Y che sia **contemporaneamente iniettiva e suriettiva** si dice **biettiva** o **biunivoca**.

8.1.2 CAMPO DI ESISTENZA

Il campo di esistenza (o **dominio**) di una funzione **è l'insieme dei valori della variabile indipendente per cui la funzione risulta definita.**

Nel seguito si riportano i campi di esistenza per le principali tipologie di funzioni.

1. **Funzioni razionali intere**: esistono per ogni valore reale della x.

   $y = x + 2$: esiste per ogni $x \rightarrow$ C.E.: $\mathbb{R}$ (dove $\mathbb{R}$ indica l'insieme dei numeri reali)

2. **Funzioni razionali frazionarie**: il denominatore deve essere diverso da zero.

   $y = \dfrac{x+3}{x+2}$: esiste per $x \neq -2 \rightarrow$ C.E.: $x \neq -2$

3. **Funzioni irrazionali**: se l'indice di radice è pari, il radicando deve essere non negativo.

   $y = \sqrt{x+2}$: esiste per $x \geq -2 \rightarrow$ C.E.: $x \geq -2$

4. **Funzioni trascendenti:** si distinguono diversi casi.

   4.1 **Esponenziali**: esistono per ogni valore della x.

   4.2 **Logaritmiche**: l'argomento dei logaritmi deve essere positivo.

   4.3 **Trigonometriche**: verranno definite nel § 9.2.

   - $y = 3^x$ esiste per ogni $x \rightarrow$ C.E.: $\mathbb{R}$
   - $y = \log(x+2)$ esiste per $x > -2 \rightarrow$ C.E.: $x > -2$

Trovare il campo di esistenza di una funzione significa in generale risolvere una disequazione (o un sistema di disequazioni).

- $y = \sqrt{x+1} \rightarrow x+1 \geq 0 \rightarrow$ C.E.: $x \geq -1$
- $y = \dfrac{1}{x} \rightarrow x \neq 0 \rightarrow$ C.E.: $x \neq 0$
- $y = \log(x-1) \rightarrow x-1>0 \rightarrow$ C.E.: $x>1$

È chiaro che si possono presentare delle combinazioni dei casi visti: in questi casi si deve ricorrere a **sistemi di disequazioni**.

$$y = \frac{\log(x+3)}{x-4} \cdot \sqrt{x-7} \rightarrow \begin{cases} x+3>0 \\ x-4 \neq 0 \\ x-7 \geq 0 \end{cases} \rightarrow \begin{cases} x>-3 \\ x \neq 4 \\ x \geq 7 \end{cases} \rightarrow \text{C.E.: } x \geq 7$$

8.1.3 Funzioni crescenti e decrescenti

Una funzione *f* viene detta **crescente** se, comunque scelti due elementi x_1 e x_2 (appartenenti al dominio della *f*) con $x_1 < x_2$, si ha:

$$f(x_1) < f(x_2)$$

In altre parole, al crescere di *x* cresce anche il valore di $f(x)$.

Per esempio, la funzione:

$$y = 5x$$

è crescente:

$$2 < 3 \rightarrow f(2) < f(3) \quad \text{infatti:} \quad f(2) = 10 < f(3) = 15$$

Una funzione *f* viene invece detta **decrescente** se, comunque scelti due elementi x_1 e x_2 (appartenenti al dominio della *f*) con $x_1 < x_2$, si ha:

$$f(x_1) > f(x_2)$$

In altre parole, al crescere di *x* decresce il valore di $f(x)$.

8.1.4 Funzioni pari e dispari

Una funzione *f* viene detta **pari** se, comunque scelto un elemento *x* (appartenente al dominio della funzione *f*) si ha:

$$f(x) = f(-x)$$

Per esempio, la funzione:

$$f(x) = x^2$$

è una funzione pari:

$$f(4) = f(-4) = 16$$

Una funzione *f* viene invece detta **dispari** se, comunque scelto un elemento *x* (appartenente al dominio della *f*) si ha:

$$f(x) = -f(-x)$$

Per esempio, la funzione:

$$f(x) = x^3$$

è una funzione dispari:

$$f(4) = -f(-4) = 64$$

MATEMATICA

8.2 RAPPRESENTAZIONE GRAFICA DELLE FUNZIONI

Come si è visto, una qualsiasi funzione stabilisce un legame tra la variabile indipendente (generalmente indicata con x) e la variabile dipendente (generalmente indicata con y) espressa in termini algebrici attraverso un'equazione: tramite le coordinate cartesiane (§ 7.1) è possibile anche *rappresentare graficamente* le funzioni.

Si consideri la funzione:

$$y = f(x)$$

per ogni valore della variabile indipendente x è possibile calcolare il corrispondente valore della variabile dipendente y: qualsiasi coppia di valori (x,y), ossia $(x,f(x))$, così ottenuta è una coppia ordinata di numeri reali e come tale può essere rappresentata in un sistema di riferimanento cartesiano ortogonale (in quanto alla coppia ordinata corrisponde uno e un solo punto del piano).

Rappresentando sul piano cartesiano tutti i possibili punti $(x,f(x))$ si ottiene una **curva** che prende il nome di **diagramma** (o **grafico**) **della funzione**.

Ogni funzione del tipo $y = f(x)$ può quindi essere rappresentata graficamente nel piano cartesiano.

Infatti si consideri la funzione:

$$y = x^2 - 1$$

scegliendo arbitrariamente alcuni valori per la x si possono determinare le seguenti coppie ordinate:

per $x = -3$	si ha $y = +8$	ossia il punto $(-3; +8)$;
per $x = -2$	si ha $y = +3$	ossia il punto $(-2; +3)$;
per $x = -1$	si ha $y = 0$	ossia il punto $(-1; 0)$;
per $x = 0$	si ha $y = -1$	ossia il punto $(0; -1)$;
per $x = +1$	si ha $y = 0$	ossia il punto $(+1; 0)$;
per $x = +2$	si ha $y = +3$	ossia il punto $(+2; +3)$;
per $x = +3$	si ha $y = +8$	ossia il punto $(+3; +8)$.

Riportando tali punti sul piano cartesiano e unendoli con una linea continua, si ottiene il grafico della funzione, ossia una parabola.

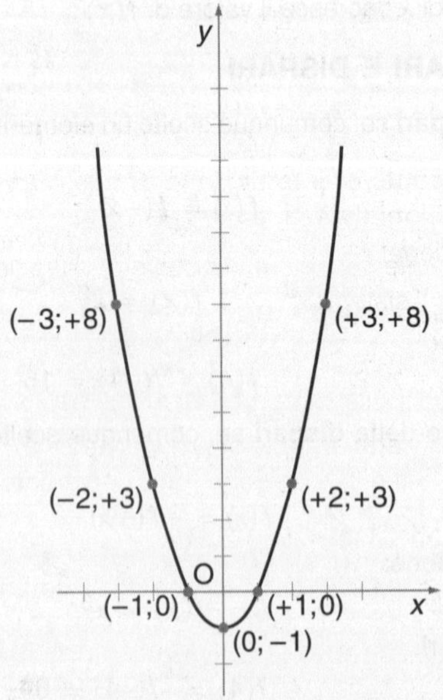

PARTE TERZA

Ovviamente il grafico di una funzione riflette le caratteristiche algebriche della funzione stessa: per esempio, **il grafico di una funzione pari risulta simmetrico rispetto all'asse delle *y*** (si veda, per esempio, il grafico di $y = x^2$ nel § 8.2.5), mentre **il grafico di una funzione dispari risulta simmetrico rispetto all'origine degli assi** (si veda, per esempio, il grafico di $y = x^3$ nel § 8.2.5). Inoltre, poiché una funzione è una relazione univoca da X in Y (in quanto fa corrispondere a ogni elemento *x* di X **uno e un solo** elemento *y* di Y), **un qualsiasi diagramma rappresenta il grafico di una funzione se e solo se il diagramma è unisecato** (ossia intersecato una sola volta) **dalle rette verticali.**

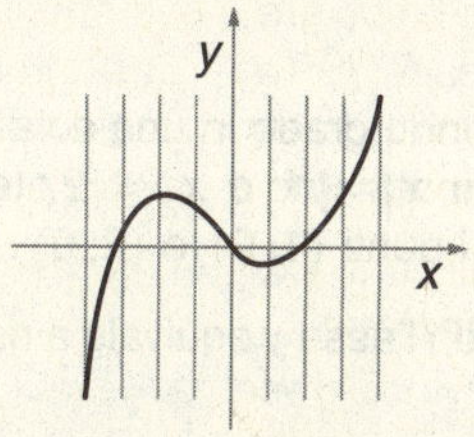

È una funzione.

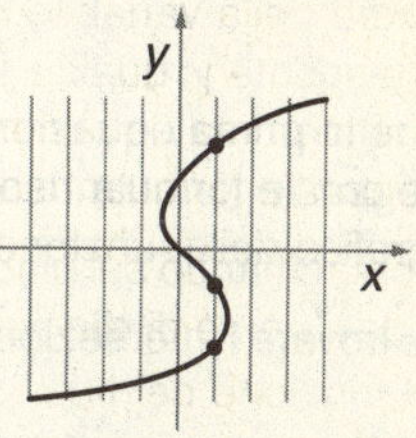

Non è una funzione.

8.2.1 CONDIZIONE DI APPARTENENZA

Come per le curve algebriche (§ 7.2.1), un punto P di coordinate $(x_0; y_0)$ appartiene al diagramma della funzione $y = f(x)$ se e solo se le sue coordinate soddisfano l'equazione della curva, ossia se e solo se vale la seguente relazione:

$$y_0 = f(x_0)$$

Il punto $P = (2; 3)$ appartiene alla curva di equazione $y = 2x - 1$ in quanto:

$$3 = 2 \cdot 2 - 1$$

8.2.2 INTERSEZIONE TRA CURVE

Date due curve $y = f(x)$ e $y = g(x)$ si consideri un loro (eventuale) punto di intersezione $P = (x_0; y_0)$. Per la condizione di appartenenza, P deve appartenere contemporaneamente ad entrambe le curve, ossia soddisfare contemporaneamente entrambe le equazioni; le coordinate del punto P saranno allora le soluzioni del sistema:

$$\begin{cases} y = f(x) \\ y = g(x) \end{cases}$$

Le coordinate del punto di intersezione di due curve sono la soluzione del sistema formato dalle equazioni delle due curve.

Gli eventuali punti di intersezione fra le curve di equazione $y = x - 1$ e $y = x^2 - 3x + 2$ si trovano risolvendo il sistema:

$$\begin{cases} y = x - 1 \\ y = x^2 - 3x + 2 \end{cases}$$

In questo modo si perviene alle due soluzioni (3; 2) e (1; 0) che quindi rappresentano le coordinate dei due punti di intersezione fra le curve date.

8.2.3 INTERSEZIONI CON GLI ASSI

Trovare le intersezioni con gli assi di una funzione equivale a risolvere il sistema fra l'equazione della funzione stessa e l'equazione di ciascuno degli assi.

L'asse *x* ha equazione $y = 0$. L'asse *y* ha equazione $x = 0$.

Trovare le intersezioni della curva di equazione $y = f(x)$ con l'asse x (ossia trovare i cosiddetti "zeri" della funzione) equivale quindi a risolvere il sistema:

$$\begin{cases} y = f(x) \\ y = 0 \end{cases} \xrightarrow{\text{applicando il metodo del confronto (§ 4.4.4)}} \begin{cases} f(x) = 0 \\ y = 0 \end{cases}$$

Per trovare le intersezioni della curva $y = x^2 - 3x + 2$ con l'asse x si risolve il sistema:

$$\begin{cases} x^2 - 3x + 2 = 0 \\ y = 0 \end{cases}$$

Poiché la prima equazione è un'equazione di secondo grado in una sola incognita, la si risolve con la formula risolutiva (§ 4.2.12) ottenendo $x_1 = 1$ e $x_2 = 2$: le due intersezioni del grafico della funzione con l'asse x sono quindi i punti $(1, 0)$ e $(2, 0)$.

Similmente, trovare l'intersezione della curva $y = f(x)$ con l'asse y equivale a risolvere il sistema:

$$\begin{cases} y = f(x) \\ x = 0 \end{cases}$$

8.2.4 SEGNO DI UNA FUNZIONE

Studiare il segno di una funzione $y = f(x)$ significa trovare i valori della variabile indipendente x in corrispondenza dei quali la variabile y (ossia il valore assunto dalla funzione) risulta positiva, nulla o negativa rispettivamente.

Per studiare il segno di una funzione è sufficiente ricercare i valori della x in corrispondenza dei quali la funzione risulta positiva o nulla: in tutti gli altri punti del C.E. la funzione sarà negativa.

In altre parole, per studiare il segno della funzione $y = f(x)$ si risolve la disequazione $f(x) \geq 0$.

Per studiare il segno della funzione $y = x^2 - 3x + 2$ si risolve la disequazione:

$$x^2 - 3x + 2 \geq 0$$

Poiché si tratta di una disequazione di secondo grado in una sola incognita, la si risolve (§ 5.1.8) ottenendo $x \leq 1$ e $x \geq 2$: questo è l'insieme dei valori di x in corrispondenza dei quali la funzione è positiva o nulla.
Di conseguenza, la funzione sarà negativa nell'intervallo $1 < x < 2$.

Dal punto di vista grafico lo studio del segno della funzione permette di capire quali sono le zone del piano cartesiano in cui la funzione è positiva (ossia al di sopra dell'asse delle x) e quelle in cui è negativa (al di sotto dell'asse x): dove la funzione si annulla si avranno le intersezioni con l'asse delle x (ossia gli "zeri" della funzione).

Dal precedente esempio si è ricavato che la funzione $y = x^2 - 3x + 2$ è positiva per $x < 1$ e $x > 2$, negativa per $1 < x < 2$ e nulla per $x = 1$ e $x = 2$ (questi ultimi sono quindi gli "zeri" della funzione).
Inoltre è facile ricavare che l'intersezione con l'asse delle y ha coordinate $(0; 2)$.
In effetti, il grafico della funzione $y = x^2 - 3x + 2$ è riportato a lato.

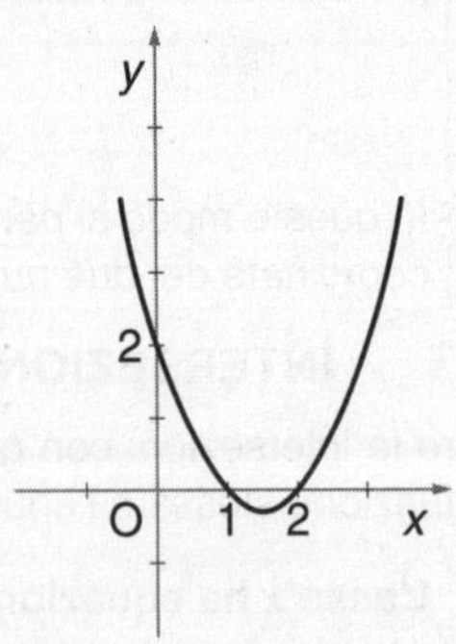

8.2.5 GRAFICI DI ALCUNE FUNZIONI NOTEVOLI

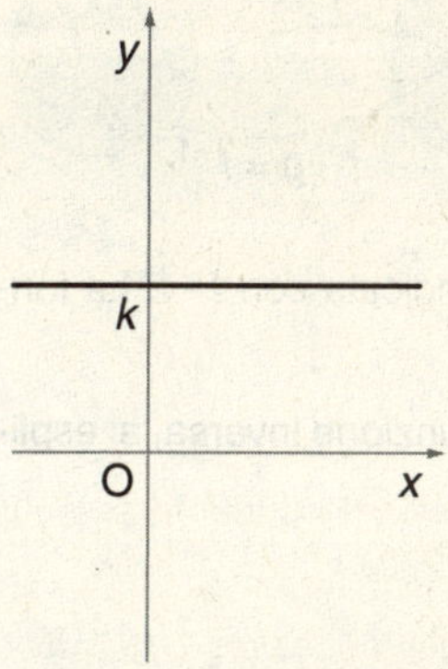

$y = k$ (k costante)

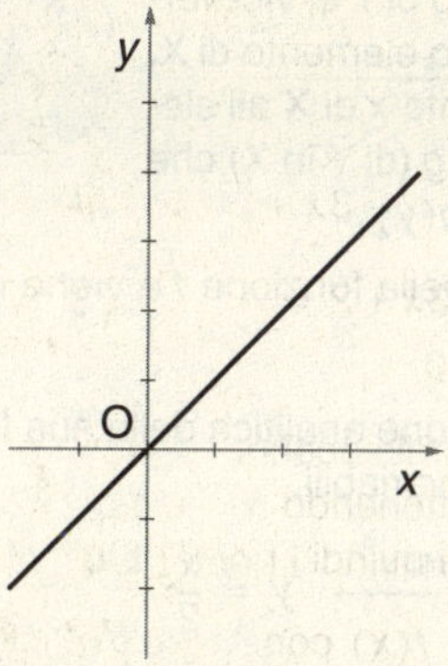

$y = x$

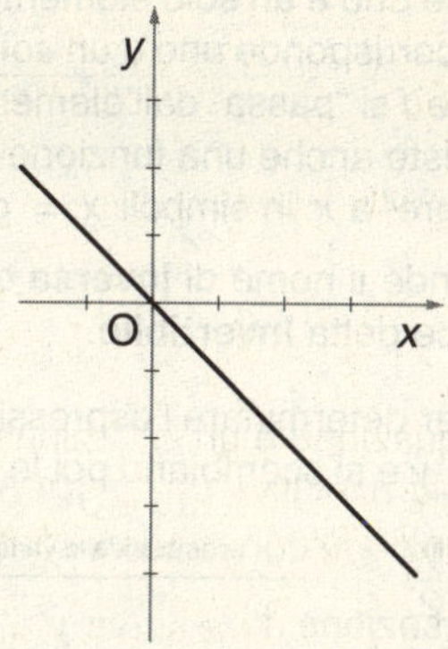

$y = -x$

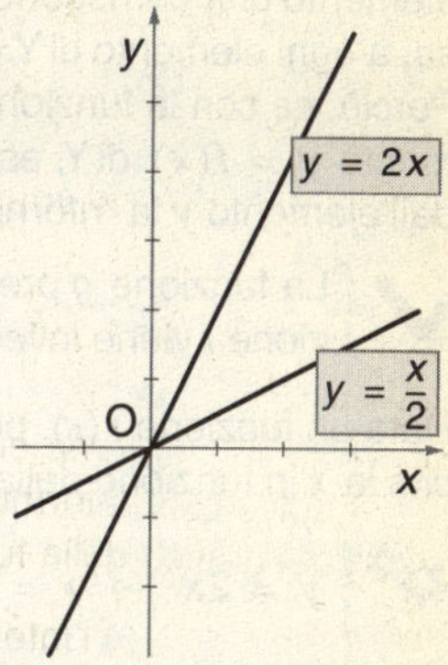

$y = 2x$ e $y = \dfrac{x}{2}$

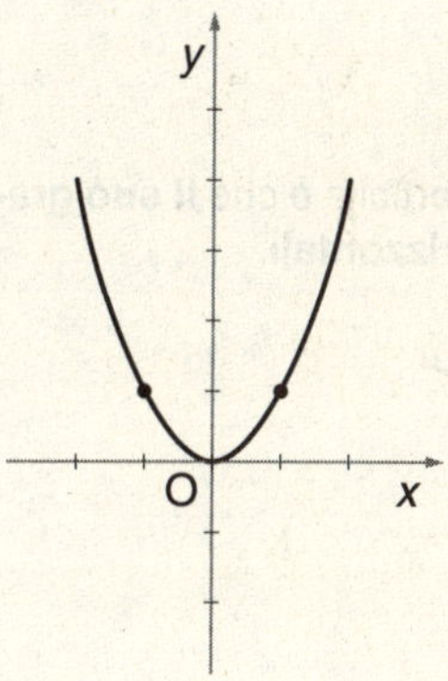

$y = x^2$

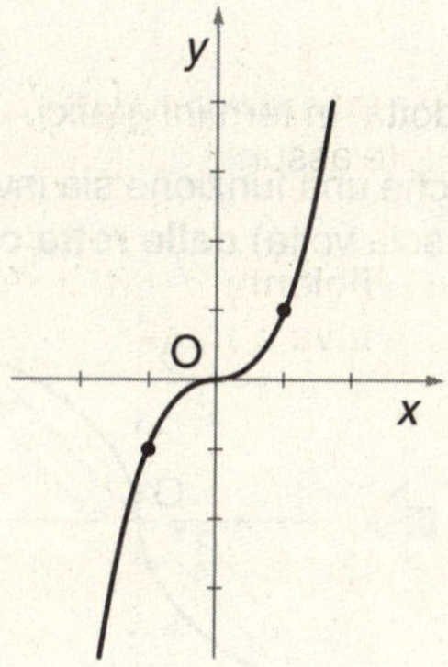

$y = x^3$

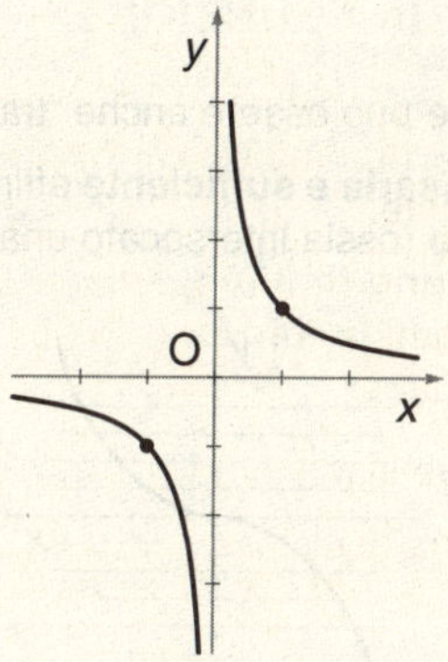

$y = \dfrac{1}{x}$

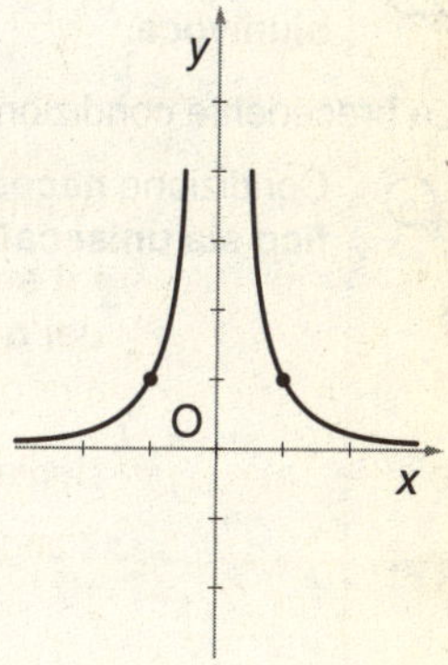

$y = \dfrac{1}{x^2}$

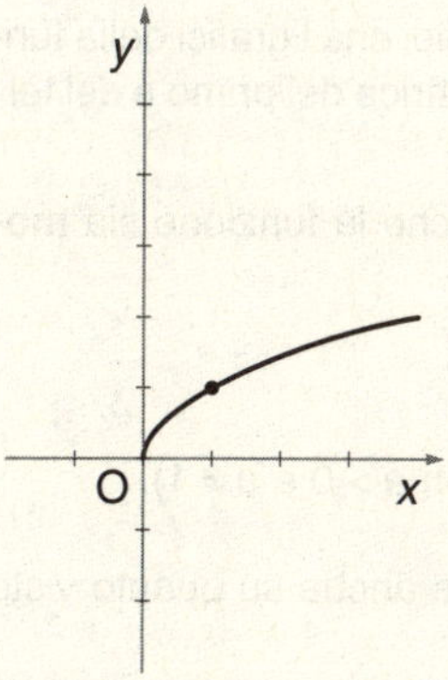

$y = \sqrt[2]{x}$

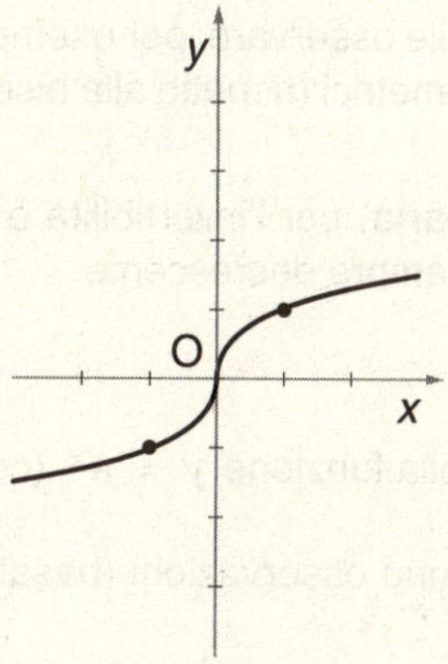

$y = \sqrt[3]{x}$

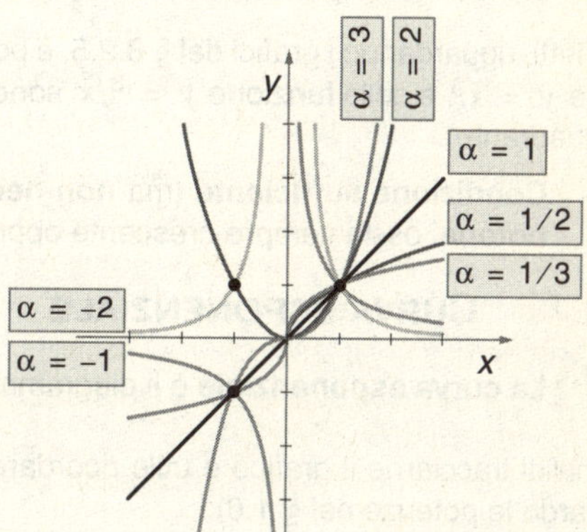

$y = x^{\alpha}$

8.2.6 FUNZIONE INVERSA

Si consideri una funzione $y = f(x)$ **biunivoca** da X in Y: a ogni elemento di X corrisponde uno e un solo elemento di Y e, viceversa, a ogni elemento di Y corrisponde uno e un solo elemento di X. Perciò, se con la funzione *f* si "passa" dall'elemento *x* di X all'elemento $y = f(x)$ di Y, esiste anche una funzione *g* (di Y in X) che dall'elemento *y* fa "ritornare" a *x*: in simboli $x = g(y)$.

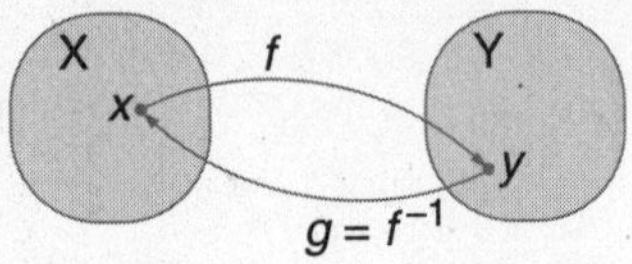

La funzione *g* prende il nome di **inversa** della funzione *f* e viene indicata con f^{-1}. La funzione *f* viene invece detta **invertibile**.

Data un funzione *f* (*x*), per determinare l'espressione analitica della sua funzione inversa, si esplicita la *x* in funzione della *y* e si scambiano poi le variabili.

$$y = 2x \rightarrow x = \frac{y}{2} \xrightarrow{\text{scambiando le variabili}} y = \frac{x}{2}$$

$$y = x^n \rightarrow x = \sqrt[n]{y} \xrightarrow{\text{scambiando le variabili}} y = \sqrt[n]{x}$$

$$y = a^x \rightarrow x = \log_a y \xrightarrow{\text{scambiando le variabili}} y = \log_a x$$

Condizione **necessaria e sufficiente** affinché una funzione sia invertibile è che essa sia **biunivoca**.

La precedente condizione può essere anche "tradotta" in termini grafici.

Condizione **necessaria e sufficiente** affinché una funzione sia invertibile è che **il suo grafico sia unisecato** (ossia intersecato una sola volta) **dalle rette orizzontali**.

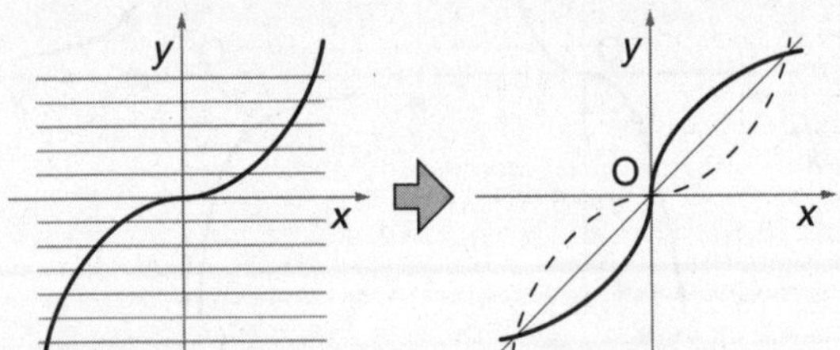

grafico di *f* (*x*) grafico di f^{-1} (*x*)

Infatti, nel riferimento cartesiano, il grafico della funzione inversa f^{-1} si ottiene da quello della *f* mediante una **simmetria rispetto alla bisettrice del primo e del terzo quadrante**.

In effetti, riguardando i grafici del § 8.2.5, è possibile osservare, per esempio, che i grafici della funzione $y = x^3$ e della funzione $y = \sqrt[3]{x}$ sono simmetrici (rispetto alla bisettrice del primo e del terzo quadrante).

Condizione sufficiente (ma **non necessaria**) per l'invertibilità è che la funzione sia **monotóna**, ossia sempre crescente oppure sempre decrescente.

8.2.7 CURVA ESPONENZIALE

La **curva esponenziale** è il diagramma della funzione $y = a^x$ (con $a > 0$ e $a \neq 1$).

Prima di tracciarne il grafico è utile ricordare alcune osservazioni (basate anche su quanto visto riguardo le potenze nel § 1.6).

La funzione esponenziale è definita per ogni valore di *x* ed è sempre positiva, quindi non si annulla mai. Essendo $a^0 = 1$ si ha che **la curva esponenziale sicuramente passa per il punto $(0; 1)$.**

A questo punto è possibile enunciare l'ultima osservazione sulla curva esponenziale.

La curva esponenziale $y = a^x$ è una curva **decrescente se $0 < a < 1$, crescente se $a > 1$**.

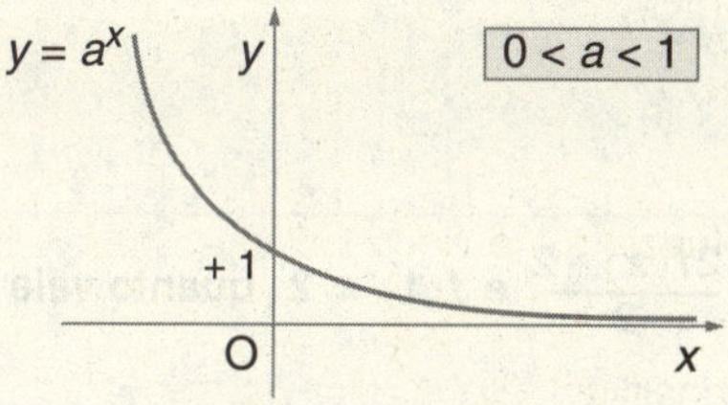

Se $0 < a < 1$ la curva è decrescente

$2 < 3 \rightarrow (1/5)^2 > (1/5)^3$

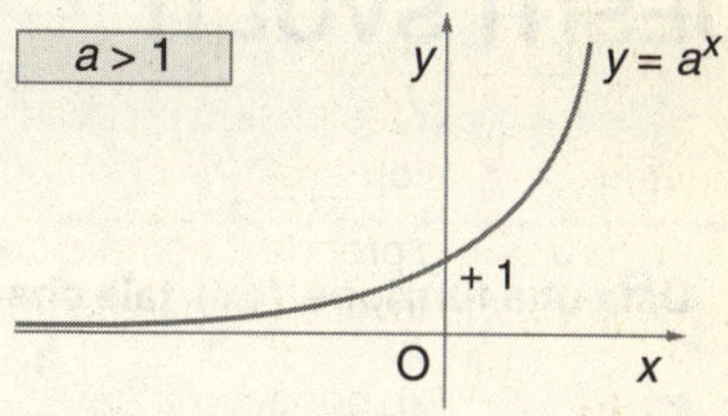

Se $a > 1$ la curva è crescente

$2 < 3 \rightarrow 5^2 < 5^3$

8.2.8 CURVA LOGARITMICA

La **curva logaritmica** è il diagramma della funzione $y = \log_a x$ (con $a > 0$, $a \neq 1$ e $x > 0$).

Anche in questo caso, prima di tracciarne il grafico è utile fare alcune osservazioni (basate anche su quanto visto nel § 6.1 e nel § 6.3).

La funzione logaritmica è definita solo per i valori positivi della *x*, quindi non esiste per $x \leq 0$.

In altre parole, il dominio (o campo di esistenza, § 8.1.2) della funzione logaritmica è C.E.: $x > 0$. Ricordando che **il logaritmo dell'unità è sempre nullo, qualsiasi sia la base**, e che **il logaritmo della base è sempre uguale all'unità**, si ha la seguente osservazione.

Essendo $\log_a 1 = 0$ si ha che **la curva logaritmica sicuramente passa per il punto $(1, 0)$**. Essendo $\log_a a = 1$ si ha che **la curva logaritmica sicuramente passa per il punto $(a, 1)$**.

Infine, ricordando le definizioni di curva crescente e decrescente viste nel § 8.1.3, si ha la seguente osservazione.

La curva logaritmica $y = \log_a x$ è una curva **decrescente se $0 < a < 1$, crescente se $a > 1$**.

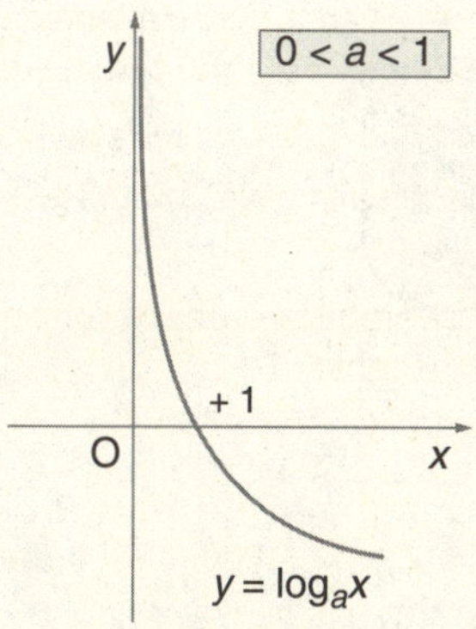

Se $0 < a < 1$ la curva è decrescente

$2 < 3 \rightarrow \log_{1/5} 2 > \log_{1/5} 3$

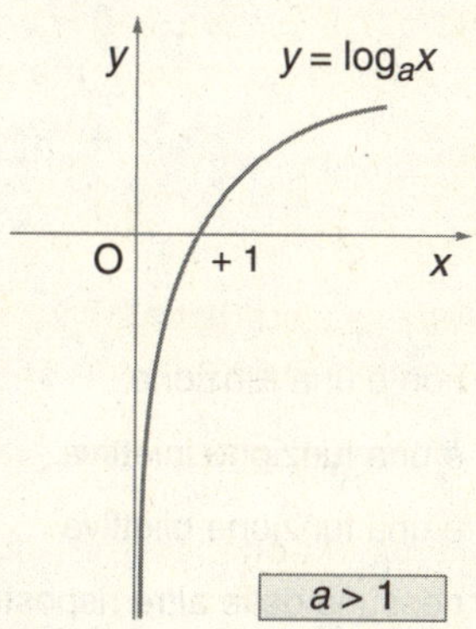

Se $a > 1$ la curva è crescente

$2 < 3 \rightarrow \log_5 2 < \log_5 3$

È facile osservare che le curve esponenziale e logaritmica sono simmetriche (rispetto alla bisettrice del primo e del terzo quadrante) in quanto le due funzioni sono l'una l'inverso dell'altra.

QUESITI SVOLTI

1 **Data una funzione $f(x)$ tale che $f(x+1) = \dfrac{2f(x)+2}{2}$ e $f(1) = 2$, quanto vale $f(2)$?**

A 3
B 0
C 1/2
D 2
E 1

La funzione data, semplificando per 2, equivale a:

$$f(x+1) = f(x)+1.$$

Per trovare quanto vale $f(2)$ si pone $x = 1$ ottenendo:

$$f(1+1) = f(1)+1$$

ossia:

$$f(2) = f(1)+1$$

quindi, essendo $f(1) = 2$, si ricava:

$$f(2) = 2+1 = 3$$

Si conclude quindi che la risposta esatta è la A.

2 **La relazione rappresentata dal seguente diagramma:**

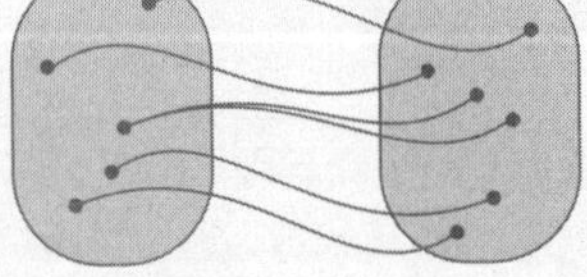

A non è una funzione
B è una funzione iniettiva
C è una funzione biiettiva
D nessuna delle altre risposte è corretta
E è una funzione suriettiva

La risposta esatta è la A in quanto dal diagramma si nota che esiste un elemento dell'insieme di partenza che ha due immagini distinte nell'insieme di arrivo e ciò contraddice la definizione stessa di funzione.

PARTE TERZA

3 Quattro relazioni tra gli elementi di due insiemi X e Y sono rappresentate dai seguenti diagrammi:

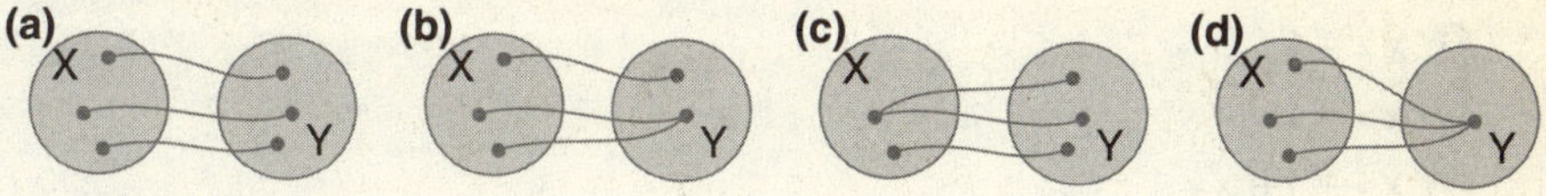

- **A** sono tutte funzioni
- **B** (c) e (d) non sono funzioni
- **C** (a) e (b) sono funzioni biettive
- **D** (b) e (d) sono funzioni suriettive ma non iniettive
- **E** nessuna delle precedenti

Le relazioni rappresentate non sono tutte delle funzioni, perché la (c) non associa ad ogni elemento di X uno ed un solo elemento di Y e quindi non è una funzione. La relazione (a) è l'unica funzione biettiva fra quelle rappresentate. Le funzioni (b) e (d) sono suriettive perché ad ogni elemento di Y corrisponde un elemento di X; ma non sono iniettive perché ad elementi distinti di X non corrispondono elementi distinti di Y. La risposta corretta è quindi la **D**.

---

4 Determinare il dominio della funzione $y = \sqrt{x-1}$.

- **A** $x > 0$
- **B** $x \geq 1$
- **C** $x \leq 2$
- **D** $x > 1$
- **E** $x > -1$

Il procedimento da seguire per determinare il dominio di una funzione è quello già visto per determinare il campo di esistenza delle espressioni frazionarie o irrazionali. Nel quesito proposto, il radicando deve essere positivo o nullo, quindi:

$$x - 1 \geq 0 \ \rightarrow \ x \geq 1 \quad \text{(risposta B)}$$

---

5 La funzione $y = \dfrac{x^4}{4}$ è:

- **A** crescente
- **B** decrescente
- **C** pari
- **D** dispari
- **E** nessuna delle precedenti

La risposta corretta è la **C**, infatti:

$$f(-x) = \frac{(-x)^4}{4} = \frac{x^4}{4} = f(x)$$

Si noti che la funzione proposta non è né monotóna crescente, né monotóna decrescente. Per mostrarlo, è sufficiente trovare opportuni controesempi.

Per mostrare che la funzione non è monotóna crescente si scelgono x_1 e x_2 con $x_1 < x_2$ (per esempio $x_1 = -3$ e $x_2 = -2$) e si verifica se $f(x_1) < f(x_2)$: essendo $f(-3) = +81/4 > f(-2) = +4$, la funzione non è monotóna crescente.

Similmente, per mostrare che la funzione non è monotóna decrescente si scelgono x_1 e x_2 con $x_1 < x_2$ (per esempio $x_1 = +2$ e $x_2 = +3$) e si verifica se $f(x_1) > f(x_2)$: essendo $f(+2) = +4 < f(+3) = +81/4$, la funzione non è monotóna decrescente.

6 **Il campo di esistenza della funzione log $\frac{x^2-2x+1}{x+1}$ è:**

- A $x \neq -1$
- B $x > -1$
- C $x > -1$ e $x \neq 1$
- D $x < -1$
- E l'insieme $\mathbb{R}$

Affinché la funzione esista è necessario che l'argomento del logaritmo sia positivo:

$$\frac{x^2-2x+1}{x+1} > 0 \rightarrow \frac{(x-1)^2}{x+1} > 0$$

poiché a numeratore vi è un quadrato che è sempre non negativo, il segno della frazione algebrica dipende dal segno del denominatore e quindi essa risulta non negativa per $x > -1$ a cui va unita la condizione $x \neq 1$ per far sì che non si annulli il numeratore (risposta C).

---

7 **Date le funzioni reali nella variabile *x*:**

$$f(x) = x^3 - 1 \qquad g(x) = x^2 \qquad h(x) = \sqrt{x^2 - 2}$$

si può affermare che:

- A il dominio è $\mathbb{R}$ per tutte le funzioni
- B il codominio è $\mathbb{R}$ per tutte le funzioni
- C le funzioni $g(x)$ e $h(x)$ non sono iniettive
- D le funzioni $f(x)$ e $h(x)$ sono iniettive
- E il dominio è lo stesso per tutte le funzioni

Le funzioni $f(x)$ e $g(x)$ sono definite su $\mathbb{R}$, mentre $h(x)$ è definita per $x \leq -\sqrt{2}$ e $x \geq \sqrt{2}$.

Le funzioni $g(x)$ e $h(x)$ hanno immagini soltanto positive, quindi il loro codominio non è $\mathbb{R}$.

Le stesse funzioni non sono iniettive perché ciascun valore positivo di *y* può essere immagine di due valori distinti di *x*, per esempio:

$$g(1) = g(-1) = 1 \qquad \text{perché: } 1^2 = 1 \text{ e } (-1)^2 = 1$$

$$h(2) = h(-2) = \sqrt{2} \qquad \text{perché: } \sqrt{2^2 - 2} = \sqrt{2} \text{ e } \sqrt{(-2)^2 - 2} = \sqrt{2}$$

La risposta esatta è pertanto la C.

---

8 **Quale tra le seguenti affermazioni è sbagliata?**

- A Tutte le funzioni ammettono la funzione inversa
- B Una funzione dispari è simmetrica rispetto all'origine
- C Una funzione pari è simmetrica rispetto all'asse delle *y*
- D Alcune relazioni sono funzioni
- E La funzione logaritmica è iniettiva

La risposta esatta è la A in quanto una funzione ammette inversa se e solo se essa è biunivoca.

PARTE TERZA

9 Il logaritmo in base 5 di 24:

A è compreso tra 1 e 2

B è compreso tra 2 e 3

C non esiste

D è compreso tra – 1 e 1

E è uguale a 24/5

Il numero 24 non è una potenza intera di 5, quindi il logaritmo in base 5 di 24 non potrà essere un numero intero. È sufficiente però osservare che:

$$5 < 24 < 25$$

e quindi:

$$5^1 < 24 < 5^2$$

A questo punto, calcolando il logaritmo in base 5 (funzione **crescente** dell'argomento) della precedente relazione si ricava:

$$\log_5 5 = 1 < \log_5 24 < \log_5 5^2 = 2 \cdot \log_5 5 = 2$$

per cui $1 < \log_5 24 < 2$ (risposta A).

10 Data una funzione $y = f(x)$ è sempre vero che:

A la funzione reciproca ha lo stesso dominio della funzione $f(x)$

B la funzione inversa ha lo stesso dominio della funzione $f(x)$

C la funzione inversa è data da $y = \frac{1}{f(x)}$

D la funzione inversa è data da $y = -f(x)$

E la funzione reciproca è data da $y = \frac{1}{f(x)}$

La risposta esatta è la E, per la definizione stessa di funzione reciproca.

La risposta A è errata; se la funzione $f(x)$ interseca l'asse delle x in almeno un punto del suo dominio, in tale punto la funzione reciproca $y = \frac{1}{f(x)}$ non è definita, poiché si annulla il denominatore.

La risposta B è errata poiché il dominio della funzione inversa di $f(x)$, coincide con il codominio della funzione $f(x)$:

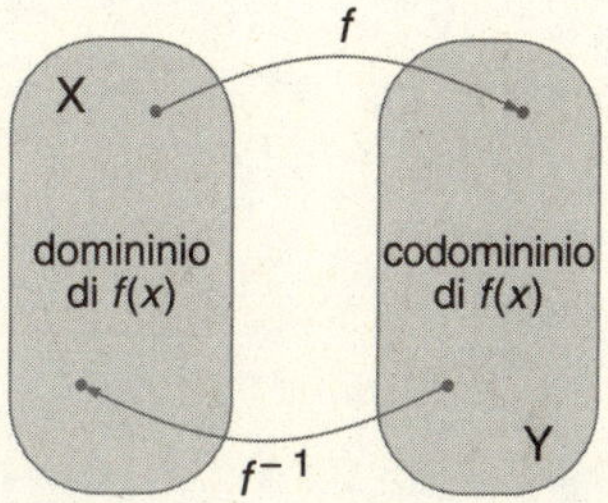

La risposta C è errata in quanto la funzione inversa di $f(x)$ indicata con $y = f^{-1}(x)$, non corrisponde a $y = [f(x)]^{-1} = \frac{1}{f(x)}$. Infine, la risposta D è errata poiché la funzione $y = -f(x)$ è l'opposta della funzione $y = f(x)$, non l'inversa che, come già precisato, è $y = f^{-1}(x)$.

MATEMATICA

11 L'ordinamento corretto fra i numeri 2^{500}, 5^{300} e 10^{100} è il seguente:

- **A** $5^{300} < 10^{100} < 2^{500}$
- **B** $10^{100} < 2^{500} < 5^{300}$
- **C** $10^{100} < 5^{300} < 2^{500}$
- **D** $2^{500} < 5^{300} < 10^{100}$
- **E** $5^{300} < 2^{500} < 10^{100}$

Per determinare il corretto ordinamento dei tre valori proposti non è necessario calcolarli esplicitamente: è sufficiente osservare che, in tutti i casi, si tratta di potenze con base maggiore di uno. Dal momento che la funzione potenza, nel caso in cui la base sia maggiore di uno, è crescente, basta scrivere i tre valori proposti come potenze aventi lo stesso esponente. Essendo M.C.D.(500, 300, 100) = 100, si ha:

$$2^{500} = (2^5)^{100}; \qquad 5^{300} = (5^3)^{100}; \qquad 10^{100} = 10^{100}$$

Dato che:

$$10 < 2^5 < 5^3 \rightarrow 10^{100} < (2^5)^{100} < (5^3)^{100}$$

la risposta corretta è la **B**.

PARTE TERZA

9 TRIGONOMETRIA

9.1 ANGOLI E LORO MISURA

I più importanti sistemi di misura degli angoli sono il sistema *sessagesimale* e il sistema *circolare*. Quest'ultimo è quello utilizzato dalla trigonometria.

Il sistema **sessagesimale** è il sistema che ha come unità di misura il **grado**, definito come la trecentosessantesima parte dell'angolo giro (oppure, il che è lo stesso, come la novantesima parte dell'angolo retto).

Il sistema **circolare** è invece il sistema che si basa sulla **misura in radianti** degli angoli. Il sistema circolare utilizza quindi come unità di misura il **radiante,** definito come l'arco di una circonferenza (o come il corrispondente angolo al centro che insiste su un arco) lungo quanto il raggio (si veda la figura riportata a lato).

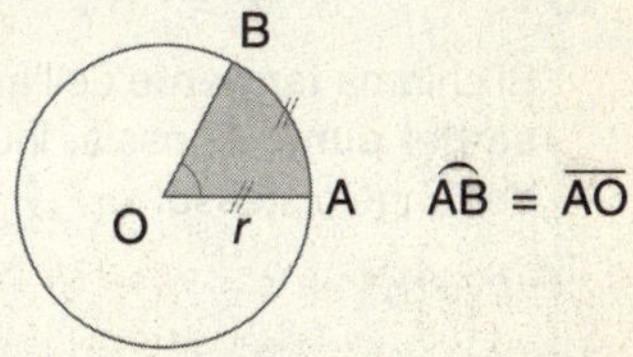

All'angolo di 360° corrisponde (nel sistema circolare) l'angolo di 2π, all'angolo di 180° corrisponde l'angolo di π e così via. Per trasformare un angolo da radianti in gradi e viceversa si usa la proporzione:

$$180° : \pi = x° : x_{rad} \qquad [20]$$

Dalla [20] si ricavano le relazioni seguenti:

$$x° = x_{rad} \cdot \frac{180°}{\pi} \qquad x_{rad} = x° \cdot \frac{\pi}{180°}$$

Trasformare 15° in radianti: $x_{rad} = 15° \cdot \frac{\pi}{180°} = \frac{\pi}{12}$

È quindi possibile ricavare la seguente tabella che fornisce la conversione in radianti degli angoli principali.

$360° = 2\pi$	$270° = \frac{3}{2}\pi$	$180° = \pi$	$90° = \frac{\pi}{2}$	$60° = \frac{\pi}{3}$	$45° = \frac{\pi}{4}$
$36° = \frac{\pi}{5}$	$30° = \frac{\pi}{6}$	$18° = \frac{\pi}{10}$	$15° = \frac{\pi}{12}$	$10° = \frac{\pi}{18}$	$5° = \frac{\pi}{36}$

9.2 DEFINIZIONE DELLE FUNZIONI GONIOMETRICHE

9.2.1 CIRCONFERENZA GONIOMETRICA

Una circonferenza è detta **orientata** quando si fissa su di essa **il verso antiorario come positivo**.

Viene detta **circonferenza goniometrica** una qualsiasi circonferenza orientata alla quale sia associato un sistema di riferimento cartesiano ortogonale nel quale si assume il raggio (della circonferenza) come unità di misura dei segmenti. In questo modo **la circonferenza goniometrica ha raggio unitario**.

9.2.2 SENO, COSENO E TANGENTE

Si consideri una circonferenza goniometrica e un qualsiasi angolo orientato α con il primo lato coincidente con la semiretta positiva delle x.

Sulla circonferenza goniometrica, si indichi con P il punto di intersezione fra il secondo lato dell'angolo e la circonferenza, e con H l'intersezione fra il primo lato dell'angolo e la retta verticale passante per P.

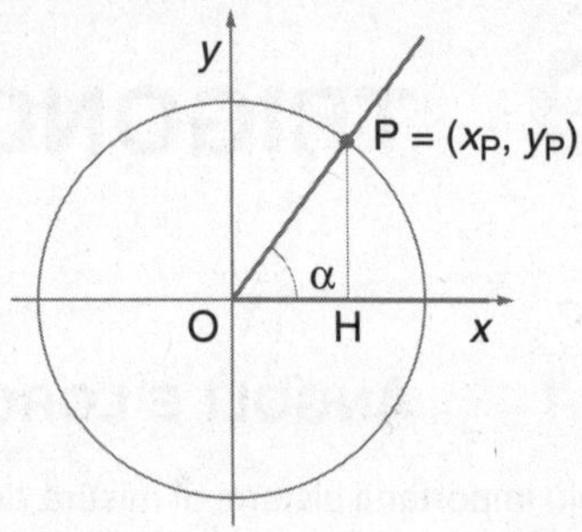

Si hanno le seguenti definizioni.

Si chiama **seno** dell'angolo orientato α **l'ordinata del punto P**, ossia: $\text{sen}\alpha \overset{\text{def}}{=} y_P = \dfrac{PH}{OP}$

Si chiama **coseno** dell'angolo orientato α **l'ascissa del punto P**, ossia: $\cos\alpha \overset{\text{def}}{=} x_P = \dfrac{OH}{OP}$

Si chiama **tangente** dell'angolo orientato α **il rapporto (se esiste) fra l'ordinata e l'ascissa del punto P**, ossia, il che è lo stesso, **il rapporto (se esiste) fra il seno e il coseno** dell'angolo stesso:

$$\text{tg}\alpha \overset{\text{def}}{=} \frac{y_P}{x_P} = \frac{\text{sen}\alpha}{\cos\alpha} = \frac{PH}{OH}$$

Sono molto importanti le seguenti osservazioni.

Il seno, il coseno e la tangente di un angolo orientato α sono adimensionali, in quanto definiti anche come rapporto tra lunghezze di segmenti.

Il seno, il coseno e la tangente di un angolo orientato α sono numeri reali relativi (quindi potrebbero essere negativi).

Il seno, il coseno e la tangente di un angolo orientato α sono funzioni dell'angolo, ossia dipendono solo dall'ampiezza dell'angolo α.

La tangente degli angoli orientati α tali che il punto P venga a trovarsi sull'asse delle *y* non esiste.

Per esempio, se $\alpha = \pi/2$ allora $\cos\alpha = \cos(\pi/2) = 0$ quindi si annulla il denominatore presente nella definizione di tangente (per cui la frazione perde di significato).

9.2.3 VALORE DELLE FUNZIONI GONIOMETRICHE PER ANGOLI PARTICOLARI

È importante conoscere i valori che le funzioni goniometriche assumono in corrispondenza degli angoli (detti anche *archi notevoli*) riportati nella tabella seguente.

	$0° = 0_{rad}$	$30° = \frac{\pi}{6}$	$45° = \frac{\pi}{4}$	$60° = \frac{\pi}{3}$	$90° = \frac{\pi}{2}$	$180° = \pi$	$270° = \frac{3}{2}\pi$	$360° = 2\pi$
sen	0	$\frac{1}{2}$	$\frac{\sqrt{2}}{2}$	$\frac{\sqrt{3}}{2}$	1	0	−1	0
cos	1	$\frac{\sqrt{3}}{2}$	$\frac{\sqrt{2}}{2}$	$\frac{1}{2}$	0	−1	0	1
tg	0	$\frac{\sqrt{3}}{3}$	1	$\sqrt{3}$	**non esiste**	0	**non esiste**	0

9.2.4 Archi associati

Esistono alcune formule che consentono di ricavare, a partire dai valori della tabella del paragrafo precedente, i valori delle funzioni goniometriche in corrispondenza di altri angoli.

- α; $(90° - \alpha)$ (angoli complementari):

$$\text{sen}(90° - \alpha) = \cos\alpha$$
$$\cos(90° - \alpha) = \text{sen}\,\alpha$$
$$\text{tg}(90° - \alpha) = 1/\text{tg}\,\alpha$$

Da queste relazioni si ricavano i valori delle funzioni trigonometriche degli angoli di 60° e 90° partendo dagli angoli di 30° e 0°.

$$\text{sen}\frac{\pi}{3} = \cos\frac{\pi}{6} = \frac{\sqrt{3}}{2}; \quad \cos\frac{\pi}{3} = \text{sen}\frac{\pi}{6} = \frac{1}{2}$$

- α; $(180° - \alpha)$ (angoli supplementari):

$$\text{sen}(180° - \alpha) = \text{sen}\,\alpha$$
$$\cos(180° - \alpha) = -\cos\alpha$$
$$\text{tg}(180° - \alpha) = -\text{tg}\,\alpha$$

Da queste relazioni si ricavano i valori delle funzioni trigonometriche degli angoli 180°, 150°, 135°, 120°.

- α; $(180° + \alpha)$:

$$\text{sen}(180° + \alpha) = -\text{sen}\,\alpha$$
$$\cos(180° + \alpha) = -\cos\alpha$$
$$\text{tg}(180° + \alpha) = \text{tg}\,\alpha$$

Da queste relazioni si ricavano i valori delle funzioni trigonometriche degli angoli 210°, 225°, 240°, 270°.

- α; $-\alpha$ (angoli opposti):

$$\text{sen}(-\alpha) = -\text{sen}\,\alpha$$
$$\cos(-\alpha) = \cos\alpha$$
$$\text{tg}(-\alpha) = -\text{tg}\,\alpha$$

Da queste relazioni si ricavano i valori delle funzioni trigonometriche degli angoli 300°, 315°, 330°, 360°.

9.2.5 Rappresentazione grafica di seno, coseno e tangente

Prima di affrontare la rappresentazione grafica, è utile fornire la seguente definizione.

Una funzione $y = f(x)$ si dice **periodica** di periodo T quando vale la seguente relazione:

$$f(x) = f(x + kT)\ \forall x \in \mathbb{R} \text{ e } \forall k \in \mathbb{Z}$$

Più semplicemente, **una funzione è periodica quando il suo grafico si ripete periodicamente.**

Sinusoide: è il grafico della funzione:

$$y = \text{sen}\,x$$

Proprietà

È una funzione limitata tra – 1 e + 1 e periodica con periodo T pari a 2 π.

$$-1 \leq \text{sen}\,x \leq 1 \quad \forall x$$
$$T = 2\pi = 360°$$

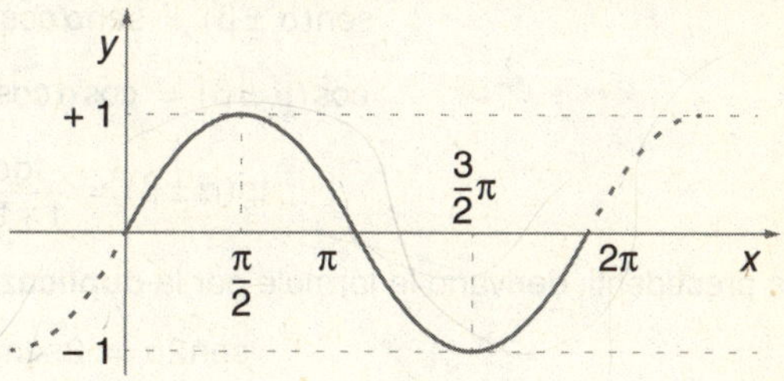

Cosinusoide: è il grafico della funzione:

$$y = \cos x$$

Proprietà

È una funzione limitata tra – 1 e + 1 e periodica con periodo T pari a 2 π.

$$-1 \leq \cos x \leq 1 \quad \forall x$$
$$T = 2\pi = 360°$$

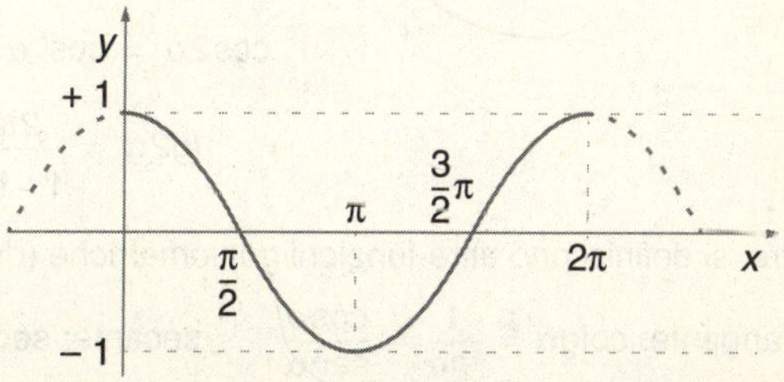

Tangentoide: è il grafico della funzione:

$$y = \mathrm{tg}\, x$$

Proprietà

Diversamente dalle precedenti, è una funzione **non** limitata e periodica con periodo T pari a π.

$$-\infty < \mathrm{tg}\, x < +\infty$$
$$T = \pi = 180°$$

La tangentoide presenta infiniti *asintoti verticali* (le rette verticali, tratteggiate in figura, a cui la curva si avvicina indefinitamente senza mai intersecarle, definite nel § 7.4.9) di equazione:

$$x = \pi/2 + k\pi \quad \text{con } k \in \mathbb{Z}$$

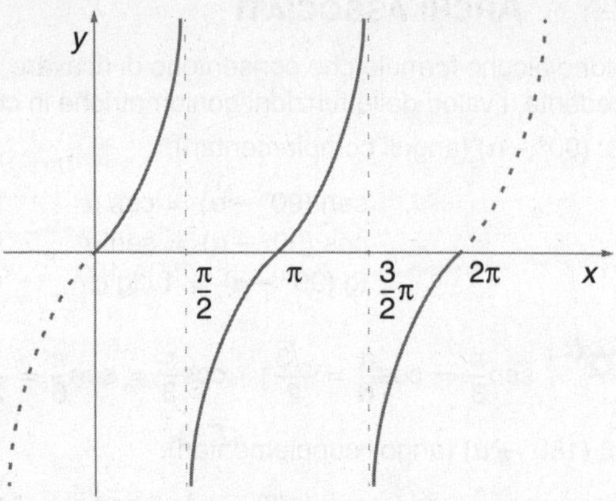

9.3 TEOREMA FONDAMENTALE DELLA TRIGONOMETRIA

Si torni a considerare la circonferenza goniometrica. Per il teorema di Pitagora, applicato al triangolo OPH, si ha:

$$PH^2 + OH^2 = OP^2 = 1$$

dove si è sfruttato il fatto che l'ipotenusa OP, essendo un raggio della circonferenza goniometrica, ha valore unitario. Sostituendo ora PH con $\mathrm{sen}\alpha$ e OH con $\cos\alpha$, si ha:

$$\mathrm{sen}^2\alpha + \cos^2\alpha = 1$$

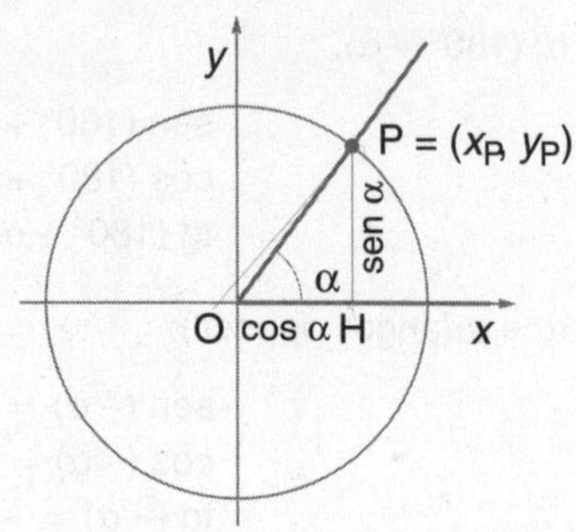

Dalla relazione precedente (chiamata anche *unità trigonometrica*) si ricavano le relazioni seguenti:

$$\mathrm{sen}\alpha = \pm\sqrt{1-\cos^2\alpha} \qquad \cos\alpha = \pm\sqrt{1-\mathrm{sen}^2\alpha} \qquad \mathrm{sen}\alpha = \pm\frac{\mathrm{tg}\alpha}{\sqrt{1+\mathrm{tg}^2\alpha}} \qquad \cos\alpha = \pm\frac{1}{\sqrt{1+\mathrm{tg}^2\alpha}}$$

9.4 FORMULE TRIGONOMETRICHE PRINCIPALI

Per la **somma e sottrazione di archi** si utilizzano le seguenti formule:

$$\mathrm{sen}(\alpha \pm \beta) = \mathrm{sen}\alpha\cos\beta \pm \cos\alpha\,\mathrm{sen}\beta$$

$$\cos(\alpha \pm \beta) = \cos\alpha\cos\beta \mp \mathrm{sen}\alpha\,\mathrm{sen}\beta$$

$$\mathrm{tg}(\alpha \pm \beta) = \frac{\mathrm{tg}\alpha \pm \mathrm{tg}\beta}{1 \mp \mathrm{tg}\alpha \cdot \mathrm{tg}\beta}$$

Dalle precedenti, derivano le formule per la **duplicazione di archi**:

$$\mathrm{sen}2\alpha = 2\,\mathrm{sen}\alpha\cos\alpha$$

$$\cos 2\alpha = \cos^2\alpha - \mathrm{sen}^2\alpha$$

$$\mathrm{tg}2\alpha = \frac{2\mathrm{tg}\alpha}{1-\mathrm{tg}^2\alpha}$$

Inoltre, si definiscono altre funzioni goniometriche (di importanza minore):

cotangente: $\mathrm{cotg}\alpha \overset{\text{def}}{=} \frac{1}{\mathrm{tg}\alpha} = \frac{\cos\alpha}{\mathrm{sen}\alpha}$ secante: $\sec\alpha \overset{\text{def}}{=} \frac{1}{\cos\alpha}$ cosecante: $\mathrm{cosec}\alpha \overset{\text{def}}{=} \frac{1}{\mathrm{sen}\alpha}$

9.5 EQUAZIONI GONIOMETRICHE

Un'equazione goniometrica è un'equazione in cui l'incognita compare nell'argomento di una funzione goniometrica.

Anche per le equazioni trigonometriche vale l'osservazione fatta per gli altri tipi di equazioni: si può usare il metodo della verifica. Per usare il metodo della verifica si devono comunque conoscere i valori delle funzioni trigonometriche degli angoli più "importanti": 0°, 30°, 45°, 60°, 90°, 120°, 135°, 150°, 180°, 210°, 225°, 240°, 270°, 300°, 315°, 330°, 360°.

Nel seguito si riportano comunque alcuni esempi svolti di equazioni trigonometriche elementari. Le equazioni goniometriche elementari sono equazioni del tipo:

- $\operatorname{sen} x = a$ con $-1 \le a \le 1$
- $\cos x = b$ con $-1 \le b \le 1$

(se a e b fossero minori di – 1 o maggiori di + 1 l'equazione sarebbe impossibile)

- $\operatorname{tg} x = c$ con c qualsiasi

Per risolvere l'equazione $\operatorname{sen} x = 1/2$, si devono trovare gli angoli il cui seno vale $1/2$: per farlo, si disegna la circonferenza goniometrica.
Si traccia la retta orizzontale $y = 1/2$ si individuano le intersezioni di questa con la circonferenza e si cercano gli angoli tali che il punto P venga a trovarsi in suddette intersezioni.

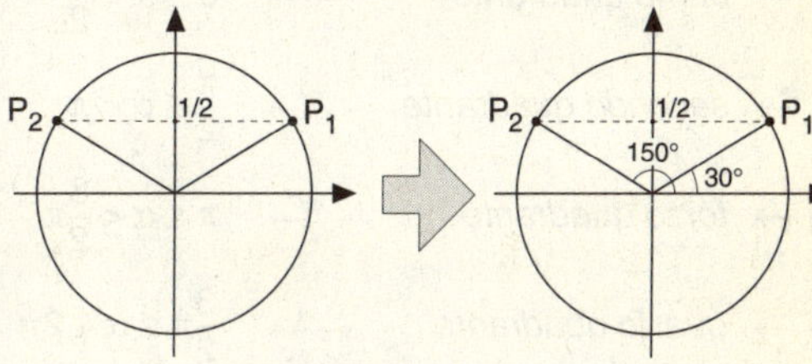

Si trovano così due angoli ($30° = \pi/6$ e $150° = 5\pi/6$) il cui seno vale $1/2$.
Oltre ai due angoli trovati, si devono però considerare (per la periodicità) tutti gli angoli che si ottengono sommando multipli di 2π. La soluzione diventa quindi:

$$x = \pi/6 + 2k\pi \quad e \quad x = 5\pi/6 + 2k\pi \quad \text{con } k \in \mathbb{Z}$$

Le equazioni elementari **ammettono infinite soluzioni** a causa della periodicità delle funzioni goniometriche.

Come si è visto nell'esempio precedente, prima si trovano gli angoli (che soddisfano l'equazione) compresi fra 0 e 2π (per seno e coseno) oppure fra 0 e π (per tangente e cotangente), poi si aggiungono a ciascuno di questi tutti i possibili multipli del periodo della funzione goniometrica ($2k\pi$ per seno e coseno, $k\pi$ per tangente e cotangente).

1. $\cos x = -\frac{1}{2} \rightarrow x = \pm\frac{2}{3}\pi + 2k\pi$ con $k \in \mathbb{Z}$;
2. $\cos x = 0 \rightarrow x = \pm\frac{\pi}{2} + 2k\pi = \frac{\pi}{2} + k\pi$;
3. $\operatorname{sen} x = \frac{\sqrt{2}}{2} \rightarrow x = \frac{\pi}{4} + 2k\pi$ e $x = \frac{3}{4}\pi + 2k\pi$;
4. $\operatorname{sen} x = 2 \rightarrow$ impossibile (la sinusoide è compresa tra – 1 e + 1);
5. $\cos x = -3 \rightarrow$ impossibile (la cosinusoide è compresa tra – 1 e + 1);
6. $\operatorname{tg} x = 0 \rightarrow x = 0 + k\pi = k\pi$ (il periodo della tangentoide è π);
7. $\operatorname{tg} x = \sqrt{3} \rightarrow x = \frac{\pi}{3} + k\pi$;
8. $\operatorname{tg} x = \frac{\sqrt{3}}{3} \rightarrow x = \frac{\pi}{6} + k\pi$.

9.6 DISEQUAZIONI GONIOMETRICHE

Una disequazione goniometrica è una disequazione in cui l'incognita compare nell'argomento di una funzione goniometrica.

Si è già detto che le disequazioni vanno risolte in modo tradizionale (non vale per esse il "metodo della verifica"). Non bisogna tuttavia allarmarsi perché, se un quesito dovesse contenere una disequazione trigonometrica, questa sarebbe certamente di facile risoluzione. Ciò che diventa determinante in questi casi è la strada che si sceglie per risolvere la disequazione.

Per poter affrontare efficacemente le disequazioni goniometriche è importante conoscere il segno delle funzioni goniometriche (al variare dell'angolo).
Si ricorda (§ 7.1.3) che nel sistema di riferimento cartesiano ortogonale i due assi dividono l'intero piano in quattro parti, convenzionalmente chiamate *quadranti* e numerate in senso antiorario: ovviamente, anche la circonferenza goniometrica viene suddivisa dagli assi cartesiani in quattro quadranti:

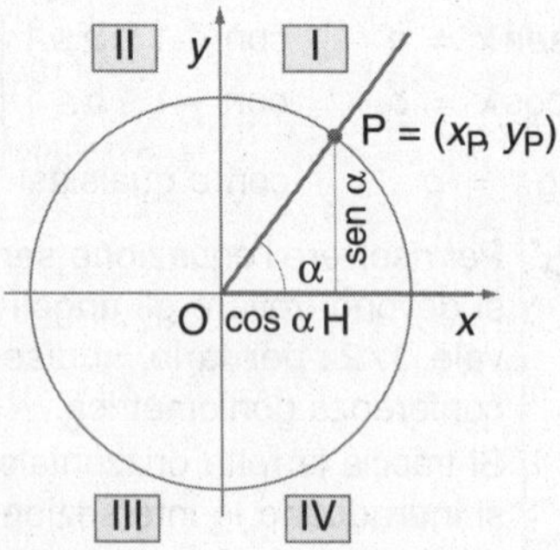

I → *primo quadrante* $\overset{def}{\longleftrightarrow}$ $0 \leq \alpha < \frac{\pi}{2}$

II → *secondo quadrante* $\overset{def}{\longleftrightarrow}$ $\frac{\pi}{2} \leq \alpha < \pi$

III → *terzo quadrante* $\overset{def}{\longleftrightarrow}$ $\pi \leq \alpha < \frac{3}{2}\pi$

IV → *quarto quadrante* $\overset{def}{\longleftrightarrow}$ $\frac{3}{2}\pi \leq \alpha < 2\pi$

Il segno di ciascuna funzione goniometrica **non cambia all'interno di ciascun quadrante** (ossia al variare dell'angolo, rimanendo nello stesso quadrante).

Nella seguente tabella è riportato il segno di ciascuna funzione goniometrica nei quattro quadranti:

Quadrante / Funzione	I	II	III	IV
seno	+	+	–	–
coseno	+	–	–	+
tangente	+	–	+	–

Si prendono ora in esame alcuni semplici casi.

1. $\text{sen}x > 0 \rightarrow 2k\pi < x < \pi + 2k\pi$ (ossia 1° e 2° quadrante)
2. $\cos x > 0 \rightarrow 2k\pi < x < \frac{\pi}{2} + 2k\pi$ e $\frac{3}{2}\pi + 2k\pi < x < 2(k+1)\pi$ (ossia 1° e 4° quadrante)
3. $\text{tg}x > 0 \rightarrow k\pi < x < \frac{\pi}{2} + k\pi$ (ossia 1° e 3° quadrante)

In altri casi la soluzione potrebbe essere più complessa e richiedere quindi di ragionare sia sulla rappresentazione grafica delle funzioni goniometriche che sulla circonferenza goniometrica (come si è fatto per le equazioni goniometriche).

$\text{sen}x - \cos x > 0 \rightarrow \text{sen}x > \cos x \rightarrow \frac{\pi}{4} + 2k\pi < x < \frac{5}{4}\pi + 2k\pi$

QUESITI SVOLTI

1 Il seno di un angolo:

A è una grandezza adimensionale
B si misura in radianti
C ha le dimensioni di una lunghezza
D si misura in gradi
E ha le dimensioni del reciproco di una lunghezza

Il seno di un angolo è stato definito (nel § 9.2.2) come rapporto fra segmenti (ossia fra grandezze omogenee), quindi è una grandezza adimensionale (risposta A).

2 Sia x un numero reale tale che $0 < x < 1/2$; dire quale delle seguenti catene di disuguaglianze è vera:

A $0 < \operatorname{sen} x < \cos x < \operatorname{sen}^2 x < 1$
B $0 < \operatorname{sen}^2 x < \operatorname{sen} x < \cos x < 1$
C $0 < \operatorname{sen} x < \operatorname{sen}^2 x < \cos x < 1$
D $0 < \operatorname{sen}^2 x < \cos x < \operatorname{sen} x < 1$
E le precedenti affermazioni sono false

Poiché la misura in radianti dell'angolo x è compresa tra 0 e $1/2$, esso appartiene al 1° quadrante e dunque il suo seno e il suo coseno sono compresi fra 0 e 1. Ne segue che:

$$\operatorname{sen}^2 x < \operatorname{sen} x$$

Inoltre essendo l'angolo x senz'altro minore di $\pi/4$, perché $\pi/4 > 1/2$, si ha che

$$\operatorname{sen} x < \cos x$$

Unendo le relazioni trovate in un'unica catena di disuguaglianze, si ha

$$0 < \operatorname{sen}^2 x < \operatorname{sen} x < \cos x < 1$$

La risposta corretta è la B.

3 Se $\cos \alpha = 0{,}7$ (con $0 < \alpha < \pi$), quale tra le seguenti affermazioni è vera?

A $\operatorname{sen} \alpha < 0{,}7$
B $\operatorname{tg} \alpha > 1$
C $\cos 2\alpha = 0{,}49$
D $\alpha < \pi/6$
E $\cos^2\alpha = 0{,}51$

Se $\cos \alpha = 0{,}7$ e $0 < \alpha < \pi$, allora si può scrivere:

$$\operatorname{sen}\alpha = \sqrt{1-(0{,}7)^2} = \sqrt{1-0{,}49} = \sqrt{0{,}51} > \sqrt{0{,}5} = \frac{\sqrt{2}}{2} > 0{,}7$$

Poiché $\cos \alpha = 0{,}7$ e $\operatorname{sen} \alpha > 0{,}7$, segue che:

$$\operatorname{tg}\alpha = \operatorname{sen}\alpha / \cos\alpha > 1$$

per cui la risposta esatta è la B.

MATEMATICA

4 **Per ogni angolo α vale:**

- A $\text{sen}\,\alpha = \cos(\alpha + 90°)$
- B $\text{sen}\,\alpha = -\cos(\alpha + 90°)$
- C $\text{sen}\,\alpha = \text{sen}(\alpha + 180°)$
- D $\cos\alpha = \cos(\alpha + 180°)$
- E $\text{sen}\,\alpha = \cos(\alpha + 180°)$

Per le relazioni fra archi associati (§ 9.2.4) è possibile concludere che l'unica relazione corretta è la B, infatti si ha:

$$\cos(\alpha + 90°) = -\text{sen}\,\alpha$$
$$\text{sen}(\alpha + 180°) = -\text{sen}\,\alpha$$
$$\cos(\alpha + 180°) = -\cos\alpha$$

---

5 **La retta $y = 2x - 4$ forma con l'asse x un angolo:**

- A $> \pi/4$
- B $< \pi/4$
- C $= \pi/4$
- D $= \pi/2$
- E nessuna delle precedenti

Nel piano cartesiano il coefficiente angolare di una retta è uguale alla tangente trigonometrica dell'angolo che la retta forma con il semiasse positivo delle ascisse.
La retta di equazione $y = 2x - 4$ forma con l'asse x un angolo α la cui tangente è uguale a 2. Poiché la tangente di $\pi/4$ è uguale a 1 e la tangente di $\pi/2$ non esiste, si può concludere che α è maggiore di $\pi/4$ (risposta A).

---

6 **Qual è il periodo di $\cos(4\alpha)$?**

- A $\pi/2$
- B π
- C 2π
- D 4π
- E 8π

Per rispondere a questo quesito conviene memorizzare una regola che potrà essere utilizzata in ogni esercizio con caratteristiche simili: se una funzione $y = f(x)$ è periodica con periodo T allora la funzione $y = f(kx)$ è periodica con periodo T/k.
Nel caso in esame, dato che $\cos x$ è periodica con periodo $2\pi \rightarrow \cos(4x)$ è una funzione periodica con periodo pari a $2\pi/4 = \pi/2$ (risposta A).

---

7 **Come può essere interpretata la seguente uguaglianza? $\cos\left(\frac{\alpha}{2}\right) = \sqrt{\frac{1 + \cos\alpha}{2}}$**

- A Un'identità verificata per ogni valore di α
- B La definizione del coseno dell'angolo $\alpha/2$
- C Un'equazione con infinite soluzioni
- D Una formula che permette di concludere che il coseno dell'angolo $\alpha/2$ è sempre irrazionale
- E Nessuna delle precedenti risposte è esatta

Per individuare la risposta corretta è utile partire dall'espressione di una delle formule di bisezione e precisamente:

$$\cos\frac{\alpha}{2} = \pm\sqrt{\frac{1+\cos\alpha}{2}}$$

Questa relazione di uguaglianza è chiaramente una identità, essendo verificata per ogni valore dell'angolo α, e differisce dall'espressione contenuta nel resto del quesito solo per la presenza del doppio segno $\pm$ a secondo membro. Si conclude che la relazione proposta è soddisfatta da **infiniti** valori dell'angolo α ma **non da ogni** valore di α ; si tratta cioè di una equazione con infinite soluzioni (risposta **C**) e non di una identità. Per rendersi conto del fatto che non tutti i valori di α soddisfano la relazione data basta prendere $\alpha = 240°$; si ottiene:

$$\cos\frac{240°}{2} = \sqrt{\frac{1+\cos 240°}{2}} \rightarrow \cos 120° = \sqrt{\frac{1-1/2}{2}} \rightarrow -\frac{1}{2} = \frac{1}{2}$$

---

8 **L'uguaglianza $(\text{sen } x)^4 + \cos 2x = (\cos x)^4$ con x numero reale, è verificata:**

- **A** per ogni x
- **B** per nessun x
- **C** soltanto per $x = 0$
- **D** soltanto per $x = \pi/2$
- **E** per infiniti x, ma non per ogni x

Con semplici passaggi algebrici l'espressione data si riduce nella forma:

$$(\text{sen}x)^4 + \cos 2x = (\cos x)^4 \rightarrow \text{sen}^4 x - \cos^4 x + \cos 2x = 0$$

$$\rightarrow (\text{sen}^2 x - \cos^2 x)(\text{sen}^2 x + \cos^2 x) + \cos 2x = 0$$

Applicando all'ultima uguaglianza le formule di duplicazione e l'unità trigonometrica, si ha:

$$-\cos 2x \cdot 1 + \cos 2x = 0 \rightarrow 0 = 0$$

cioè un'identità. La risposta corretta è la **A**.

---

9 **L'equazione trigonometrica sen $x - \cos x = 0$ ha come soluzione uno dei seguenti valori di x. Quale?**

- **A** $3/4\pi$ + multipli di π oppure $3/4\pi$ – multipli di π
- **B** $1/4\pi$ + multipli di π oppure $1/4\pi$ – multipli di π
- **C** $1/4\pi$ + multipli di $\pi/2$ oppure $1/4\pi$ – multipli di $\pi/2$
- **D** $2/3\pi$ + multipli di $\pi/2$ oppure $2/3\pi$ – multipli di $\pi/2$
- **E** $\pi/2$ + multipli di $\pi/2$ oppure $\pi/2$ – multipli di $\pi/2$

Spostando il termine – cos x a secondo membro si ricava:

$$\text{sen } x = \cos x$$

Si tratta quindi di trovare quale risposta contiene angoli il cui seno è uguale al coseno. Si consiglia di visualizzare gli angoli attraverso la circonferenza goniometrica.

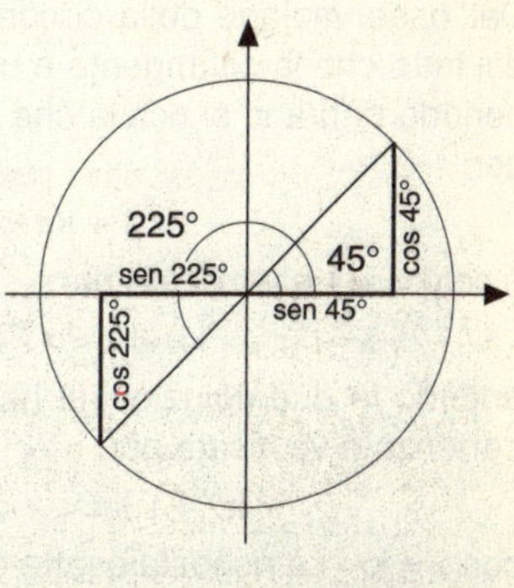

La soluzione dell'equazione sen $x = \cos x$ risulta quindi:

$$x = \frac{\pi}{4} \pm 2k\pi \quad \text{e} \quad x = \frac{5}{4}\pi \pm 2k\pi \quad \text{con } k \in \mathbb{N}$$

ossia:

$$x = \frac{\pi}{4} \pm k\pi \quad \text{con } k \in \mathbb{N}$$

La risposta esatta è quindi la **B**.

10 L'ombra di un campanile è lunga la metà della sua altezza. Detta α la misura dell'angolo formato dal sole sull'orizzonte in quel momento, si può dire che:

- A $45° \le \alpha \le 60°$
- B $60° \le \alpha$
- C $\alpha < 30°$
- D è notte
- E $30° \le \alpha < 45°$

Indicata con x la lunghezza dell'ombra del campanile, è possibile rappresentare graficamente il quesito come nella figura a lato.

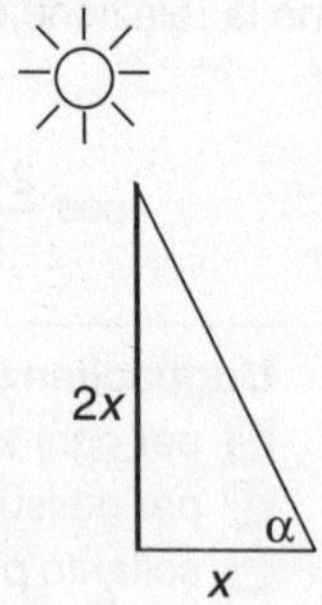

Utilizzando i teoremi sui triangoli rettangoli è possibile scrivere:

$$2x = x\,\text{tg}\alpha$$

da cui si ricava:

$$\text{tg}\alpha = 2$$

Essendo $\text{tg}30° = \frac{\sqrt{3}}{3}$, $\text{tg}45° = 1$ e $\text{tg}60° = \sqrt{3}$ tutti valori minori di 2, si ha:

$$\alpha \ge 60°$$

quindi la risposta esatta è la B.

11 Le soluzioni della disequazione $\text{cotg}^2 x - 1 > 0$ sono:

- A $x > \pi$
- B $-\pi/4 + k\pi < x < \pi/4 + k\pi$ con $x \ne k\pi$
- C $-1 < x < 1$
- D $\pi/4 + k\pi < x < 3\pi/4 + k\pi$
- E $x < \pi$

La disequazione data è una disequazione di secondo grado in cotg x. La cotangente di un angolo α è uguale all'inverso della tangente dello stesso angolo α, quindi non è definita per $\alpha = k\pi$ (con $k \in \mathbb{Z}$). La visualizzazione grafica di cotg α sulla circonferenza goniometrica di raggio unitario è quella indicata nella figura a lato:

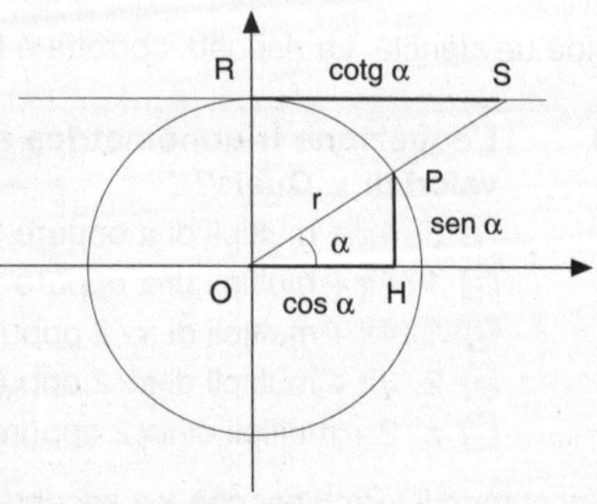

$$\text{cotg}\,\alpha = SR = \frac{OH}{PH} = \frac{\cos\alpha}{\text{sen}\,\alpha} = \frac{1}{\text{tg}\,\alpha}$$

La disequazione proposta è verificata per valori esterni all'intervallo delle radici dell'equazione associata, cioè per cotg $x < -1$ e cotg $x > 1$.

Dall'osservazione della circonferenza goniometrica e dal fatto che la cotangente è una funzione periodica di periodo pari a π, si ricava che cotg $x < -1$ è verificata per:

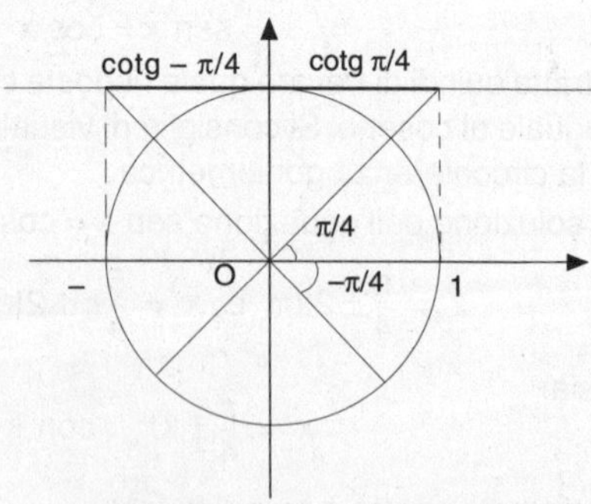

$$-\pi/4 + k\pi < x < k\pi$$

e cotg $x > 1$ è verificata per:

$$k\pi < x < \pi/4 + k\pi$$

unendo le due soluzioni si ha che la disequazione di partenza è verificata per:

$$-\pi/4 + k\pi < x < \pi/4 + k\pi$$

con $x \ne k\pi$. La risposta esatta è pertanto la B.

12 L'equazione $\operatorname{sen} x = -1/2$ è soddisfatta per:

A $x = 0$

B $x = -\pi/6 + 2k\pi$

C $x = -\pi/3 + 2k\pi$

D $x = +\pi/6 + 2k\pi$ oppure $x = -\pi/6 + 2k\pi$

E $x = +\pi/3 + 2k\pi$

Si tratta di trovare quali sono gli angoli il cui seno è uguale a $-1/2$. Si consiglia in questi casi di visualizzare gli angoli attraverso la circonferenza goniometrica (circonferenza di raggio unitario). Come mostrato nella figura, i due angoli che soddisfano la condizione richiesta sono $x = -\pi/6$ e $x = -5/6\pi$, ai quali va poi aggiunto il termine $2k\pi$ che tiene conto della periodicità della sinusoide. La soluzione completa dell'equazione $\operatorname{sen} x = -1/2$ è dunque: $x = -\pi/6 + 2k\pi$ e $x = -5/6\pi + 2k\pi$.

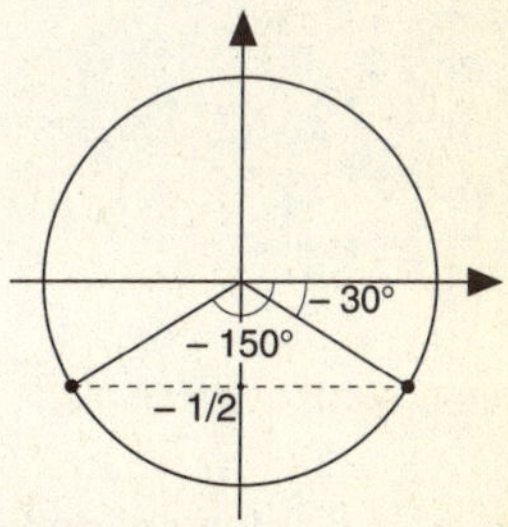

Tra le risposte proposte si deve dunque scegliere la B (nel quesito non è chiesta la soluzione completa dell'equazione ma se i valori di x proposti la soddisfano).

13 L'espressione $\left(\operatorname{sen}\frac{\pi}{8} + \cos\frac{\pi}{8}\right)^2$ è uguale a:

A $1 - \frac{\sqrt{2}}{2}$ B 0 C $\frac{\sqrt{3}}{2} - 1$ D $\frac{\sqrt{3}}{2}$ E $\frac{2+\sqrt{2}}{2}$

Applicando la formula del quadrato del binomio si ricava:

$$\left(\operatorname{sen}\frac{\pi}{8} + \cos\frac{\pi}{8}\right)^2 = \left(\operatorname{sen}\frac{\pi}{8}\right)^2 + 2\operatorname{sen}\frac{\pi}{8}\cos\frac{\pi}{8} + \left(\cos\frac{\pi}{8}\right)^2$$

Per il teorema fondamentale della trigonometria:

$$\left(\operatorname{sen}\frac{\pi}{8}\right)^2 + \left(\cos\frac{\pi}{8}\right)^2 = 1$$

e, in base alle formule di duplicazione, si può scrivere:

$$2\operatorname{sen}\frac{\pi}{8}\cos\frac{\pi}{8} = \operatorname{sen}\left(2 \cdot \frac{\pi}{8}\right) = \operatorname{sen}\frac{\pi}{4} = \frac{\sqrt{2}}{2}$$

Quindi la risposta esatta è la E:

$$\left(\operatorname{sen}\frac{\pi}{8} + \cos\frac{\pi}{8}\right)^2 = \left(\operatorname{sen}\frac{\pi}{8}\right)^2 + 2\operatorname{sen}\frac{\pi}{8}\cos\frac{\pi}{8} + \left(\cos\frac{\pi}{8}\right)^2 = \left[\left(\operatorname{sen}\frac{\pi}{8}\right)^2 + \left(\cos\frac{\pi}{8}\right)^2\right] + 2\operatorname{sen}\frac{\pi}{8}\cos\frac{\pi}{8} =$$

$$= 1 + \operatorname{sen}\left(2 \cdot \frac{\pi}{8}\right) = 1 + \operatorname{sen}\frac{\pi}{4} = 1 + \frac{\sqrt{2}}{2} = \frac{2+\sqrt{2}}{2}$$

MATEMATICA

10 PROBABILITÀ E STATISTICA

10.1 CALCOLO DELLE PROBABILITÀ

10.1.1 IL CONCETTO DI EVENTO

Un concetto di primaria importanza nella teoria della probabilità è quello di *evento*. Si pensi al lancio di un dado: qualsiasi affermazione sul possibile risultato del lancio non può essere prevista *a priori*: ogni risultato è quindi *incerto* (o *aleatorio*). Ogni punteggio possibile ("1", "2",...,"6") è un evento aleatorio, come lo sono anche tutte le possibili affermazioni ("il risultato è un numero pari", "il risultato è un numero divisibile per 3",...).

✔ **Per evento si intende qualsiasi fatto fisico o concettuale che viene descritto (a parole) da un enunciato che ammetta due soli valori logici: vero o falso.**

Generalmente gli eventi descrivono il risultato di un *esperimento* (fisico o concettuale): il lancio di una moneta, il numero di pezzi difettosi in un lotto di produzione, il risultato (somma) del lancio di due dadi... Quindi per ogni esperimento, benché risulti impossibile prevederne il "risultato", è invece possibile *enumerare* o *descrivere l'insieme di tutti i risultati (esiti) possibili.*

Per l'esperimento "lancio di un dado", l'insieme di tutti gli esiti possibili è {1, 2, 3, 4, 5, 6}: l'evento "esce un numero pari" comprende quindi gli esiti {2, 4, 6}.
Per l'esperimento "lancio di due monete" l'insieme di tutti gli esiti è {TT, TC, CT, CC}: l'evento "escono due teste" comprende il solo esito {TT}.

L'insieme di tutti i possibili esiti è chiamato **spazio dei risultati** e viene indicato con *U*: **qualsiasi evento può essere visto come insieme di esiti e quindi come sottoinsieme** (eventualmente improprio) **di *U***. Allora un generico evento *E* è vero, cioè accade, se l'esperimento ha generato un esito tale da appartenere ad *E* (pensato come sottoinsieme di *U*). Di conseguenza, anche l'intero spazio dei risultati e l'insieme vuoto ∅ sono da considerarsi eventi, chiamati rispettivamente **evento certo** ed **evento impossibile**. Chiaramente l'evento certo è sempre vero (l'esito sicuramente appartiene a *U*), mentre l'evento impossibile è sempre falso (nessun esito può appartenere all'insieme vuoto ∅).

Poiché gli eventi sono insiemi (di esiti), su di essi è possibile operare mediante le usuali operazioni insiemistiche di unione, intersezione e complementazione.

Se *E* e *F* sono eventi allora:

- l'evento *opposto* (o complementare) $\overline{E}$ è un evento vero se *E* è falso. In altre parole, due eventi *E* ed $\overline{E}$ si dicono opposti quando il verificarsi di *E* esclude il verificarsi di $\overline{E}$ e viceversa.

  Dal lancio di una moneta si possono verificare due eventi tra loro opposti: l'uscita della faccia contenente la testa o di quella contenente la croce.

- l'evento *unione* $E \cup F$ è un evento vero se *almeno* uno dei due eventi è vero;
- l'evento *intersezione* $E \cap F$ è un evento vero se *entrambi* gli eventi sono veri.

Si consideri l'esperimento "lancio di un dado" e il corrispondente spazio dei risultati $U = \{1, 2, 3, 4, 5, 6\}$. Se $E = \{1, 2, 3\}$ e $F = \{3, 4\}$ allora:

- $E \cup F = \{1, 2, 3, 4\}$
- $E \cap F = \{3\}$
- $\overline{E} = \{4, 5, 6\}$
- $\overline{F} = \{1, 2, 5, 6\}$

Se l'esito dell'esperimento è "4" allora *F*, $E \cup F$ e $\overline{E}$ sono veri, mentre *E*, $E \cap F$ e $\overline{F}$ sono falsi.

MATEMATICA

Due eventi si dicono **incompatibili** (o disgiunti) quando non possono avvenire contemporaneamente (in caso contrario gli eventi si dicono *compatibili*). In simboli, i due eventi E ed F sono incompatibili se:

$$E \cap F = \varnothing$$

Nel lancio di un dado, l'evento "esce il numero 2" e l'evento "esce il numero 4" sono due eventi incompatibili (ma non opposti).

Infine, due eventi E ed F si dicono **indipendenti** se il verificarsi di E non cambia la probabilità che si verifichi F e viceversa (in caso contrario gli eventi si dicono *dipendenti*).

Nel lancio di due dadi, l'evento "esce il numero 1 sul primo dado" e l'evento "esce il numero 6 sul secondo dado" sono due eventi indipendenti.

10.1.2 PROBABILITÀ DI UN EVENTO

Dopo aver chiarito il concetto di evento è possibile fornire la definizione di probabilità.

La probabilità di un evento *E*, indicata con P(*E*), è il rapporto tra il numero dei casi favorevoli al manifestarsi di *E* e il numero dei casi possibili, giudicati egualmente probabili.

La probabilità che lanciando una moneta esca "croce" è $1/2$. Infatti c'è un solo caso favorevole (l'uscita della "croce") su due casi possibili ("testa" oppure "croce") .

La probabilità che dal lancio di un dado esca il numero 2 è $1/6$. Infatti i casi possibili sono 6 (le 6 facce del dado) mentre il caso favorevole (l'uscita del numero 2) è uno solo.

La probabilità di un evento è quindi un numero compreso tra 0 e 1. In particolare si ha:

P(*E*) = 0 se l'evento *E* è impossibile

P(*E*) = 1 se l'evento *E* è certo

La probabilità che dal lancio di un dado (con le facce numerate da 1 a 6) esca il numero 7 è pari a 0: si tratta di un evento impossibile.

La probabilità che dal lancio di un dado esca un numero minore di 7 è pari a 1: si tratta di un evento certo (ossia che si verifica sicuramente).

Se E ed $\bar{E}$ sono due eventi opposti la somma delle loro probabilità è uguale a 1:

$$P(E) + P(\bar{E}) = 1 \rightarrow P(\bar{E}) = 1 - P(E)$$

In altre parole, la probabilità che E **non** si verifichi è pari a $1 - P(E)$.

La probabilità che, dal lancio di un dado, **non** esca il numero 2 è uguale a $5/6$ ossia è pari alla differenza tra 1 e la probabilità che esca proprio il numero 2.

Determinare la probabilità che sia uguale a 4 la somma dei numeri usciti dal lancio di due dadi.

I casi favorevoli sono tre e sono descritti nella tabella seguente:

1° Dado	2° Dado	Somma
1	3	4
3	1	4
2	2	4

$$\left.\begin{array}{l}\text{numero di casi favorevoli} = 3\\ \text{numero di casi possibili} = 36\end{array}\right\}$$

La probabilità dell'evento è $P = 3/36 = 1/12$

10.1.3 Teorema delle probabilità totali

Siano E ed F due eventi *incompatibili*; la probabilità che si verifichi E **oppure** F (ossia la probabilità che si verifichi l'evento $E \cup F$) è uguale alla somma delle probabilità dei singoli eventi. In simboli, se i due eventi E ed F sono incompatibili allora:

$$P(E \cup F) = P(E) + P(F)$$

Dal lancio di un dado, ciascun numero ha probabilità $1/6$ di uscire; la probabilità che esca il numero 1 **oppure** il 6 è $P(1, 6) = 1/6 + 1/6 = 1/3$.

La formula che vale in generale per due eventi compatibili qualsiasi è:

$$P(E \cup F) = P(E) + P(F) - P(E \cap F)$$

10.1.4 Teorema delle probabilità composte

Siano E ed F due eventi *indipendenti*; la probabilità che essi si verifichino **contemporaneamente** (ossia la probabilità che si verifichi l'evento $E \cap F$) è data dal prodotto delle probabilità dei singoli eventi. In simboli, se i due eventi E ed F sono indipendenti allora:

$$P(E \cap F) = P(E) \cdot P(F)$$

La probabilità che, lanciando due volte un dado, esca due volte il numero 1 è data da:

$$P = 1/6 \cdot 1/6 = (1/6)^2 = 1/36$$

Analogamente, nel caso di tre o più eventi *indipendenti* E, F, G... Z la probabilità che si verifichino tutti **contemporaneamente** è data ancora dal prodotto delle probabilità dei singoli eventi:

$$P(E \cap F \cap G \cap ... \cap Z) = P(E) \cdot P(F) \cdot P(G) \cdot ... \cdot P(Z)$$

La probabilità che, lanciando tre volte un dado, esca tre volte il numero 1 è data da:

$$P = 1/6 \cdot 1/6 \cdot 1/6 = (1/6)^3 = 1/216$$

I due teoremi visti sono spesso utili per calcolare la probabilità di particolari eventi.

Si tirano due dadi. Quale è la probabilità di ottenere un 6 e un numero diverso da 6?
Per la risoluzione di questo problema si può procedere in due modi distinti: utilizzando la definizione oppure utilizzando i due teoremi visti sul calcolo delle probabilità. Per utilizzare la definizione si tratta ancora una volta di trovare il numero di casi favorevoli al manifestarsi dell'evento (i casi possibili sono in totale $6 \cdot 6 = 36$).

Configurazione	1° Dado	2° Dado	N° di casi
1ª	6	da 1 a 5	5
2ª	da 1 a 5	6	5

Complessivamente i casi favorevoli sono $5 + 5 = 10$ e la probabilità richiesta vale $10/36$.
Nel caso invece si vogliano usare i teoremi visti si procede nel modo seguente: l'evento si verifica se la configurazione dei dadi è una delle due riportate nella precedente tabella. Per il teorema delle probabilità composte, la probabilità di ognuna delle due configurazioni (che risultano essere naturalmente equiprobabili) si ottiene dal prodotto delle probabilità relative ai valori assunti dai singoli dadi; per la prima configurazione, per esempio, si ha:

$$P_1 = \frac{1}{6} \cdot \frac{5}{6} = \frac{5}{36}$$

Dato che le due configurazioni sono incompatibili tra loro, per il teorema delle probabilità totali, la probabilità cercata si ottiene sommando le probabilità delle due configurazioni:

$$P = P_1 + P_2 = \frac{5}{36} + \frac{5}{36} = \frac{10}{36}$$

MATEMATICA

10.1.5 PROBABILITÀ E COEFFICIENTE BINOMIALE

Spesso un dato esperimento può essere pensato come costituito da *n* **ripetizioni** di un esperimento più semplice: se, per esempio, si chiede qual è la probabilità che esca *k* volte "testa" se una moneta viene lanciata *n* volte (oppure, indifferentemente, se si lanciano *n* monete) questo equivale a ripetere *n* volte il singolo esperimento "lancio di una moneta". Le configurazioni distinte possono essere numerose e occorre una formula per poterle contare: per questo "conteggio" si utilizza il *coefficiente binomiale* che fondamentalmente risponde alla domanda "dati *n* oggetti, in quanti modi ne posso scegliere *k*?". La formula per il calcolo del coefficiente binomiale "*n* su *k*" è la seguente[1]:

$$\binom{n}{k} = \frac{n!}{(n-k)! \cdot k!}$$

Qual è la probabilità che lanciando 6 volte una moneta escano esattamente 4 teste?
Lanciando 6 volte una moneta, la probabilità di ottenere una certa sequenza contenente esattamente 4 volte testa e, di conseguenza, 2 volte croce è data da:

$$P_1 = \frac{1}{2} \cdot \frac{1}{2} \cdot \frac{1}{2} \cdot \frac{1}{2} \cdot \frac{1}{2} \cdot \frac{1}{2} = \frac{1}{2^6} = \frac{1}{64}$$

Occorre però prestare attenzione al fatto che questa è la probabilità di ottenere una sola configurazione, per esempio T T T T C C dove ci sono prima le 4 teste e poi le 2 croci: esistono però altre configurazioni. Si potrebbero presentare le seguenti sequenze:

T T T T C C
T T T C T C
T T T C C T
T T C T T C
...
C T C T T T
C C T T T T

Occorre quindi contare tutte queste possibili configurazioni: applicando la formula per il calcolo del coefficiente binomiale al caso dei 6 lanci (quindi $n = 6$) con la testa che esce 4 volte (quindi $k = 4$) si ottiene:

$$\binom{6}{4} = \frac{6!}{(6-4)! \cdot 4!} = \frac{6!}{2! \cdot 4!} = \frac{6 \cdot 5}{2} = \frac{30}{2} = 15$$

La probabilità cercata è quindi data dal prodotto del coefficiente binomiale e della probabilità di una singola configurazione:

$$P_2 = 15 \cdot P_1 = 15 \cdot \frac{1}{64} = \frac{15}{64}$$

In un quesito a risposta multipla si commette facilmente l'errore di calcolare la probabilità di ottenere una sola configurazione e quindi di rispondere erroneamente $P = 1/64$ che rappresenta invece la probabilità di una sola delle 15 possibili sequenze di 4 teste e 2 croci.

Il valore del coefficiente binomiale può anche essere trovato tramite il metodo per il calcolo dei coefficienti della potenza *n*-esima di un binomio (§ 2.2.6).

✔ $\binom{n}{k}$ è il $(k+1)$-esimo valore della $(n+1)$-esima riga del triangolo di Tartaglia (§ 2.2.6).

È utile ricordare infine altre proprietà del coefficiente binomiale.

$$\binom{n}{0} = \binom{n}{n} = 1 ; \quad \binom{n}{1} = \binom{n}{n-1} = n .$$

1. Con $n!$ (*n* fattoriale) si intende il prodotto dei primi *n* numeri naturali (per esempio $4! = 4 \cdot 3 \cdot 2 \cdot 1 = 24$). Inoltre per definizione si ha: $0! = 1$.

PARTE TERZA

10.2 STATISTICA

La statistica comprende le tecniche di raccolta ed elaborazione dei dati al fine di trarre da essi delle informazioni sintetiche.

10.2.1 DISTRIBUZIONI STATISTICHE

Il punto di partenza di un'indagine statistica consiste sempre nella raccolta dei dati e nella loro classificazione: dopo aver definito il *carattere* che si intende analizzare (per esempio "colore degli occhi") e le sue *modalità* (per esempio "occhi verdi", "occhi azzurri"...), si procede alla rilevazione, che consiste nell'assegnare ciascuna osservazione alla corrispondente modalità del carattere.

Al fine di ottenere una descrizione sintetica del fenomeno, è utile associare a ciascuna modalità il numero di ricorrenze, ossia il numero delle osservazioni che rientrano in tale modalità: questo numero prende il nome di *frequenza* (o *intensità*).

L'insieme delle modalità e delle rispettive frequenze prende il nome di distribuzione statistica (o distribuzione delle frequenze).

La distribuzione statistica si ottiene dunque riclassificando le osservazioni in base alla frequenza con cui ciascuna modalità compare.

Distribuzione del colore degli occhi di 100 individui:

Modalità	Frequenza
Verdi	12
Azzurri	16
Castani	58
Neri	14

La distribuzione statistica è a tutti gli effetti una *funzione* (per la definizione di funzione si veda § 8.1), in quanto associa a ciascuna modalità la corrispondente frequenza.

Come tutte le funzioni, anche la distribuzione statistica può essere rappresentata sia in forma tabellare (elencando le modalità e le corrispondenti frequenze come nell'esempio precedente) che in forma grafica.

La stessa distribuzione dell'esempio precedente (sul colore degli occhi di 100 individui) può essere rappresentata sia tramite un istogramma (grafico a sinistra, che mostra la frequenza di ciascuna modalità) sia tramite un areogramma o diagramma "a torta" (grafico a destra, che mostra l'incidenza percentuale di ciascuna modalità sul totale).

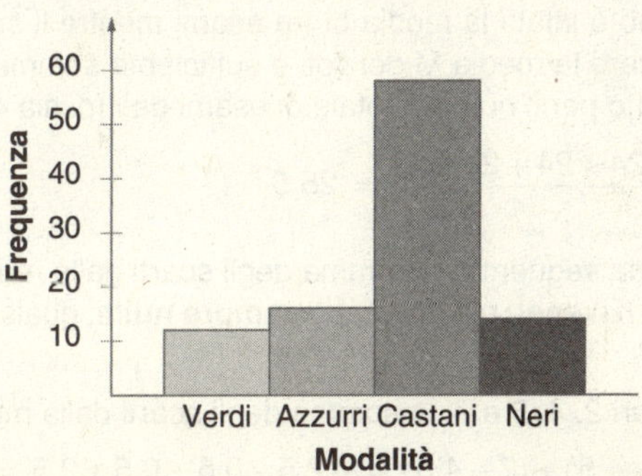

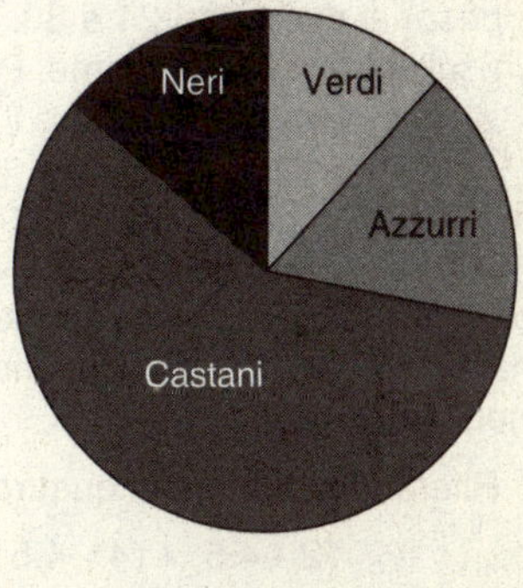

10.2.2 MODA, MEDIANA E MEDIA ARITMETICA

Si è già detto che la statistica si pone la finalità di trarre dai dati delle informazioni sintetiche: la distribuzione statistica rappresenta già una forma di sintesi dei dati, ma è spesso necessario disporre di un unico valore numerico che sintetizzi tutti i dati della distribuzione rappresentandone, in qualche modo, il "centro". Esiste più di un "valore centrale" (che più correttamente prende il nome di *indice di posizione* o *di tendenza centrale*) che può essere utilizzato a tal fine; i più importanti sono la *moda*, la *mediana* e la *media aritmetica* della distribuzione.

La moda rappresenta sicuramente il "valore centrale" più intuitivo: **la moda è** infatti **la modalità che presenta la massima frequenza.**

Dati i sette numeri 2, 3, 5, 1, 5, 3, 5 la loro moda è 5 (è la modalità con il maggior numero di ricorrenze).

Per definire invece la mediana di una distribuzione è necessario *ordinare* le osservazioni, ponendole in *ordine crescente*: **la mediana è l'osservazione che occupa la posizione centrale della successione.** Nel caso la successione sia costituita da un numero N dispari di elementi, la mediana coincide con l'elemento che occupa la posizione $(N + 1)/2$.

Dati i sette numeri 2, 3, 5, 1, 5, 3, 5 la loro successione ordinata è:

$$1, 2, 3, 3, 5, 5, 5$$

quindi la mediana è 3 (quarto elemento in una successione di sette).

Nel caso la successione sia costituita da un numero N pari di elementi, si presentano due elementi centrali che occupano le posizioni $N/2$ e $(N/2) + 1$: la mediana è, in questo caso, per definizione la semisomma dei due elementi.

Dati gli otto numeri 2, 3, 5, 1, 5, 3, 5, 7 la loro successione ordinata è:

$$1, 2, 3, 3, 5, 5, 5, 7$$

quindi la mediana è la semisomma di 3 e 5 (quarto e quinto elemento, rispettivamente, in una successione di otto), ossia $4 = (3+5)/2$.

Infine, **la media aritmetica** (o semplicemente *media*) **di *n* numeri è la somma degli *n* numeri divisa per *n*:**

$$\text{media di } x_1, x_2, ..., x_n = \text{M}(x_1, x_2, ..., x_n) = \frac{x_1 + x_2 + ... + x_n}{n}$$

La media aritmetica dei quattro numeri 2, 4, 5 e 7 è $\frac{2+4+5+7}{4} = \frac{18}{4} = 4{,}5$.

Uno studente universitario, dopo aver sostenuto tre esami, ha una media di 24 trentesimi. Nell'esame successivo lo studente consegue 30. Qual è la sua media dopo i quattro esami?

Per rispondere a questo quesito è necessario non dare la stessa importanza (lo stesso peso) ai due valori 24 e 30. Il primo è infatti la media di tre esami mentre il secondo è il risultato di un solo esame. Per trovare la media M dei voti è sufficiente sommare le votazioni conseguite e dividere il risultato per il numero totale di esami dati (ossia 4):

$$\text{M} = \frac{24+24+24+30}{4} = 25{,}5$$

Una particolarità della media aritmetica è la seguente: la somma degli scarti dalla media (ossia la somma delle differenze fra ciascuno degli n numeri e la media) è **sempre nulla**, qualsiasi siano gli n numeri.

Riferendosi ancora ai quattro numeri 2, 4, 5 e 7, la somma degli scarti dalla media vale:

$$(2-4{,}5)+(4-4{,}5)+(5-4{,}5)+(7-4{,}5) = -2{,}5-0{,}5+0{,}5+2{,}5 = 0$$

PARTE TERZA

10.3 CALCOLO COMBINATORIO

Il calcolo combinatorio si propone di stabilire il numero totale dei gruppi che si possono formare con un dato numero di oggetti, una volta fissata la legge di composizione di tali gruppi.

10.3.1 DISPOSIZIONI

Disposizioni semplici

Con disposizioni di *n* oggetti a *k* a *k* ($D_{n,k}$), si definisce il numero di modi in cui è possibile disporre *n* oggetti presi *k* alla volta (a *k* a *k*) ove ciascuna disposizione differisce dalle altre **o** per gli oggetti **o** per il loro ordine. Si ha che:

$$D_{n,k} = n(n-1)(n-2)(\ldots)(n-k+1) = \frac{n!}{(n-k)!}$$

Quanti sono i numeri di tre cifre distinte che si possono formare con le quattro cifre 1, 3, 5 e 7?
Si tratta di disposizioni semplici di 4 oggetti a 3 a 3. Applicando la relazione vista si ha:

$$D_{4,3} = 4 \cdot 3 \cdot 2 = 24 .$$

In quanti possibili modi diversi possono sedersi dieci persone su una panca con quattro posti?
Anche in questo caso i modi possibili sono tanti quante sono le disposizioni semplici di 10 oggetti presi a 4 a 4, ossia $10 \cdot 9 \cdot 8 \cdot 7 = 5040$.

Disposizioni con ripetizione

Sono disposizioni di *n* oggetti a *k* a *k* dove ciascun elemento figura al massimo *k* volte:

$$D^{rip}_{n,k} = n^k$$

Quante parole con 4 lettere si possono formare disponendo di 7 lettere dell'alfabeto e potendo ripetere la stessa lettera?
Si tratta di disposizioni con ripetizione di 7 oggetti a 4 a 4. Applicando la relazione si ha:

$$D^{rip}_{7,4} = 7^4$$

10.3.2 PERMUTAZIONI

Permutazioni semplici

Le permutazioni sono disposizioni di *n* oggetti a *n* a *n*, quindi **differiscono** l'una dall'altra **solo per l'ordine** degli oggetti. Vale la seguente relazione:

$$P_n = D_{n,n} = n(n-1)(n-2)(\ldots)1 = n!$$

In quanti modi diversi possono sedersi 4 persone su una panca con 4 posti?
Si tratta di permutazioni semplici di quattro oggetti:

$$4! = 4 \cdot 3 \cdot 2 = 24 .$$

Permutazioni con ripetizione

Sono permutazioni di *n* oggetti di cui *k* uguali:

$$P^{rip}_{n,k} = \frac{n!}{k!}$$

Quanti anagrammi (anche senza significato) si ottengono con le lettere della parola CANNONE?
Si tratta di 7 oggetti di cui 3 uguali (le tre "N") quindi: $P^{rip}_{7,3} = \frac{7!}{3!} = 7 \cdot 6 \cdot 5 \cdot 4 = 840$.

10.3.3 COMBINAZIONI

Combinazioni semplici

Le combinazioni, diversamente dalle disposizioni, **differiscono** l'una dall'altra **solo per gli oggetti** e **non per l'ordine** degli oggetti.

I gruppi {1, 3, 5} e {3, 5, 1} rappresentano due disposizioni, ma una sola combinazione, mentre i gruppi {1, 3, 5} e {1, 3, 6} rappresentano due disposizioni e due combinazioni.

Riprendendo l'esempio precedente, le quattro persone che si siedono nei quattro posti a disposizione, costituiscono, comunque si dispongano, sempre **una sola** combinazione.

Vale la relazione:

$$C_{n,k} = \frac{n!}{(n-k)! \cdot k!}$$

In un torneo quadrangolare di calcio, ciascuna delle quattro squadre partecipanti (A, B, C e D) deve incontrare le altre tre squadre una sola volta. Quante partite vengono giocate in totale?

Il numero di partite del torneo corrisponde al numero di gruppi di due squadre che si possono formare con le quattro squadre A, B, C e D. Occorre però tenere presente che, tra una coppia e l'altra, vi deve essere almeno una squadra diversa (la partita tra A e B e la partita tra B e A sono la stessa partita). Il numero di partite richiesto è dato dunque dal numero di combinazioni di quattro oggetti presi a due a due:

$$C_{4,2} = \frac{4!}{(4-2)! \cdot 2!} = \frac{4!}{2 \cdot 2} = 3 \cdot 2 = 6$$

A una riunione partecipano 6 persone: se ogni persona ha stretto la mano a tutte le altre, quante strette di mano vi sono state?

Per lo stesso ragionamento esposto per l'esercizio precedente, il numero di strette di mano è dato dal numero di combinazioni di sei oggetti presi a due a due:

$$C_{6,2} = \frac{6!}{(6-2)! \cdot 2!} = \frac{6!}{4! \cdot 2} = \frac{6 \cdot 5}{2} = 15$$

Combinazioni con ripetizione

Sono combinazioni di n oggetti a k a k dove ciascun elemento figura al massimo k volte:

$$C^{rip}_{n,k} = \frac{(n+k-1)!}{(n-1)! \cdot k!}$$

In quanti modi è possibile distribuire 4 caramelle (indistinguibili) fra 2 bambini?

Si tratta del classico problema di suddivione in gruppi di oggetti indistinguibili. Indicando con 1 il primo bambino e con 2 il secondo, la situazione in cui le 4 caramelle vengono assegnate tutte al primo bambino può essere scritta come "1-1-1-1", mentre se si dividono equamente 2 caramelle al primo e 2 al secondo si scriverà "1-1-2-2". Si tratta quindi di combinazioni con ripetizione di 2 oggetti (i numeri 1 e 2 che rappresentano i bambini) presi a gruppi di 4 (ossia il numero di caramelle da distribuire):

$$C^{rip}_{2,4} = \frac{(2+4-1)!}{(2-1)! \cdot 4!} = \frac{5!}{1 \cdot 4!} = 5$$

QUESITI SVOLTI

1 **L'età media dei partecipanti ad una festa è di 24 anni. Se l'età media degli uomini è di 28 anni e quella delle donne è di 18 anni, qual è il rapporto tra il numero degli uomini e quello delle donne?**

A 14/9 **B** 9/14 **C** 2 **D** 3/2 **E** 4/3

La risposta esatta è la **D**.

Infatti, indicando con x il numero degli uomini e con y quello delle donne presenti alla festa, dalla definizione di media si ricava:

$$\frac{28x+18y}{x+y} = 24 \rightarrow 28x+18y = 24x+24y \rightarrow 4x = 6y \rightarrow \frac{x}{y} = \frac{6}{4} = \frac{3}{2}$$

2 **In un maneggio vi sono 20 cavalli, 15 bianchi e 5 neri. Supponendo che uno a caso dei 20 cavalli venga portato altrove, qual è la probabilità che sia nero?**

A 1/3 **B** 1/4 **C** 1/5 **D** 1/15 **E** 1/20

La probabilità di scegliere all'interno del maneggio un cavallo nero è uguale al rapporto fra il numero dei cavalli neri e il numero totale dei cavalli, cioè

$$P = \frac{5}{20} = \frac{1}{4}$$

La risposta esatta è la **B**.

3 **È noto che nel gioco della roulette diciotto numeri sono rossi, diciotto sono neri e uno (lo zero) non è né rosso né nero. Supponiamo ora che a una roulette (non truccata) siano usciti numeri di colore rosso per *n* volte consecutive. Alla giocata successiva:**

A è più probabile che esca rosso

B è più probabile che esca nero

C è altrettanto probabile l'uscita del rosso o del nero

D è più probabile che esca nero se $n > 18$

E è più probabile che esca rosso se $n > 37$

È noto a tutti che, nel gioco della roulette, l'uscita del rosso o del nero sono eventi equiprobabili. Non tutti però sono propensi a credere che, per esempio, facendo girare sei volte la pallina, l'uscita di sei rossi consecutivi sia un evento equiprobabile all'uscita (per esempio) di tre rossi e tre neri alternati (rosso, nero, rosso, nero, rosso, nero).

Se in una giocata esce il rosso, nella giocata successiva la probabilità che esca rosso è identica a quella della prima giocata. Assumere che la probabilità che esca rosso decresca al crescere del numero di rossi consecutivi usciti precedentemente, sarebbe come ammettere che la pallina è dotata di capacità di memoria e si ricorda il colore scelto nelle giocate precedenti. La risposta esatta è dunque la **C**.

4 **A e B sono due eventi indipendenti. La probabilità che A si verifichi è 2/5; la probabilità che B non si verifichi è 5/6. Quale è la probabilità che A e B si verifichino contemporaneamente?**

A 1/15 **B** 2/15 **C** 1/3 **D** 17/30 **E** 13/15

La probabilità che due eventi indipendenti si verifichino contemporaneamente è data dal prodotto delle probabilità dei singoli eventi. La probabilità che A si verifichi è uguale a 2/5 e la probabilità che B si verifichi è (1 – 5/6) = 1/6. La probabilità richiesta è dunque 2/5 · 1/6 = 1/15 e la risposta corretta è la **A**.

5 **Tre studenti si preparano per sostenere lo stesso esame. Se le probabilità di superarlo sono rispettivamente pari a 0,6, 0,8 e 0,5, qual è la probabilità che tutti e tre riescano a superare l'esame?**

A 0,48 **B** 0,24 **C** 0,30 **D** 0,20 **E** 0,40

La probabilità che i tre studenti superino contemporaneamente l'esame è data (in base al teorema delle probabilità composte) dal prodotto delle singole probabilità. Infatti i tre eventi sono indipendenti tra loro: il fatto che uno studente superi l'esame non influenza in alcun modo l'esito dell'esame degli altri due. Pertanto, applicando il teorema delle probabilità composte, si ha:

$$P = 0{,}6 \cdot 0{,}8 \cdot 0{,}5 = 0{,}24$$

la risposta corretta è quindi la **B**.

PARTE TERZA

6 **Si lanci due volte una moneta non truccata. Calcolare la probabilità che:**
a) esca due volte testa;
b) esca una volta testa e una volta croce;
c) esca due volte croce.
Dire inoltre qual è la somma di tali probabilità.

A $\frac{1}{4}; \frac{1}{4}; \frac{1}{4}; \frac{3}{4}$ **B** $\frac{1}{4}; \frac{1}{4}; \frac{1}{2}; 1$ **C** $\frac{1}{4}; \frac{1}{2}; \frac{1}{4}; 1$ **D** $\frac{1}{2}; \frac{1}{4}; \frac{1}{2}; \frac{5}{4}$ **E** $\frac{1}{2}; \frac{1}{4}; \frac{1}{4}; 1$

Il numero di casi possibili è pari a 4 poiché in ognuno dei due lanci può uscire croce oppure testa:

Configurazioni	Primo lancio	Secondo lancio
1	croce	croce
2	croce	testa
3	testa	testa
4	testa	croce

Dalla precedente tabella è possibile ricavare il numero di casi favorevoli per le varie combinazioni:

- due volte testa: casi favorevoli = 1, da cui $P_1 = 1/4$;
- una volta testa e una volta croce: casi favorevoli = 2, da cui $P_2 = 2/4 = 1/2$;
- due volte croce: casi favorevoli = 1, da cui $P_3 = 1/4$;
- la somma delle tre probabilità è: 1/4 + 1/2 + 1/4 = 1.

Pertanto la risposta corretta è la **C**.

7 Tirando contemporaneamente due dadi, quante possibilità vi sono di ottenere lo stesso numero su entrambi i dadi?

A 1 su 6 B 1 su 12 C 1 su 36 D 1 su 48 E 1 su 100

La probabilità che esca su entrambi i dadi un numero fissato (per esempio il numero 1) è pari a $1/6 \cdot 1/6 = 1/36$. Il quesito però non fissa il numero che deve uscire: richiede solo che sia lo stesso su entrambi i dadi, per cui (applicando il teorema delle probabilità totali) si ha:

Probabilità che esca il numero 1 su entrambi i dadi:	$1/36$ +
Probabilità che esca il numero 2 su entrambi i dadi:	$1/36$ +
Probabilità che esca il numero 3 su entrambi i dadi:	$1/36$ +
Probabilità che esca il numero 4 su entrambi i dadi:	$1/36$ +
Probabilità che esca il numero 5 su entrambi i dadi:	$1/36$ +
Probabilità che esca il numero 6 su entrambi i dadi:	$1/36$ =
Probabilità che esca lo stesso numero su entrambi i dadi:	$1/6$

quindi la risposta cercata è la A.

8 Le 5 lampadine della decorazione di un albero di Natale, sono collegate in serie: se una si guasta l'intera decorazione si spegne. Le 5 lampadine sono state scelte a caso da una scatola di 1000, di cui 100 sono guaste. La probabilità che la decorazione luminosa funzioni è:

A 0,18 B circa 0,9 C circa 0,59 D circa 0,67 E circa 0,41

Affinché la decorazione natalizia funzioni è necessario che tutte le sue 5 lampadine siano funzionanti.
La probabilità di scegliere una lampadina non guasta dalla scatola di 1000 è uguale a $(1000 - 100)/1000 = 900/1000$. Dopo la prima scelta nella scatola sono rimaste 999 lampadine di cui 899 non guaste, la probabilità di sceglierne una funzionante è pari a $899/999$. Allo stesso modo dopo la seconda estrazione sono rimaste 998 lampadine di cui 898 non guaste, la probabilità di sceglierne una funzionante è uguale a $898/998$.
Ripetendo lo stesso ragionamento per la quarta e per la quinta estrazione si ottengono probabilità di estrarre lampadine funzionanti pari rispettivamente a $897/997$ e a $896/996$.
Per il teorema delle probabilità composte, la probabilità che eventi indipendenti si verifichino contemporaneamente è data dal prodotto delle probabilità dei singoli eventi; le cinque scelte costituiscono eventi indipendenti, che devono avvenire contemporaneamente e quindi la probabababilità è uguale a:

$$P = \frac{900}{1000} \cdot \frac{899}{999} \cdot \frac{898}{998} \cdot \frac{897}{997} \cdot \frac{896}{996} \approx \left(\frac{900}{1000}\right)^5 \approx 0,59$$

La risposta corretta è la C.

9 Una scatola contiene 10 palline bianche, 40 rosse, 50 nere. Qual è la probabilità di estrarre in sequenza prima una pallina bianca e poi una rossa? (N.B.: La seconda estrazione è effettuata senza reinserire nell'urna la prima pallina.)

A 4%
B 6%
C 10%
D Non calcolabile
E Nessuna delle risposte qui fornite

MATEMATICA

La probabilità di estrarre alla prima estrazione una pallina bianca è uguale a 10/(10 + 40 + 50) = 10/100. Prima della seconda estrazione nella scatola ci sono quindi 99 palline. La probabilità di estrarre ora una pallina rossa è uguale a 40/99. Le due estrazioni sono eventi indipendenti; per il teorema della probabilità composta la probabilità che i due eventi si verifichino contemporaneamente è uguale al prodotto delle probabilità dei singoli eventi:

$$P = \frac{10}{100} \cdot \frac{40}{99} = \frac{4}{99}$$

Poiché tale valore è diverso da 4%, da 6% e da 10%, la risposta esatta è la **E**.

---

10 Si hanno 10 quesiti per ognuno dei quali sono suggerite 4 risposte, delle quali una sola giusta. Calcolare qual è la probabilità di rispondere correttamente a tutte e dieci le domande se si risponde a caso.

A 1/40
B 1/4
C 1/10
D 1/14
E $(1/4)^{10}$

Per ciascun quesito, la probabilità di indovinare a caso l'unica risposta esatta fra le quattro proposte è pari a 1/4. Dal momento che si tratta di eventi fra loro indipendenti, si applica il teorema delle probabilità composte, per cui la probabilità cercata è pari a:

$$P = \underbrace{1/4 \cdot 1/4 \cdot \ldots \cdot 1/4}_{10 \text{ volte}} = (1/4)^{10}$$

per cui la risposta corretta è la **E**.

PARTE TERZA

---

11 Quale dei seguenti numeri può rappresentare la media aritmetica di quattro multipli di 3 consecutivi?

A 5 **B** 7,5 **C** 9 **D** 10,3 **E** 12

Indicando con $3k$, $3(k + 1)$, $3(k + 2)$ e $3(k + 3)$, con k intero positivo, i quattro multipli consecutivi del numero 3, la loro somma vale:

$$3k + (3k + 3) + (3k + 6) + (3k + 9) = 12k + 18$$

La media aritmetica dei quattro numeri è data da:

$$\frac{12k + 18}{4} = 3k + \frac{18}{4} = 3k + 4{,}5$$

Tra le risposte proposte solo la **B** (7,5) può essere scritta nella forma $3k + 4{,}5$ (basta infatti porre $k = 1$). Questa è dunque la risposta corretta.

---

12 In una serie ordinata di 41 dati la mediana è:

A la media aritmetica del 19° e 20° dato
B il 21° dato
C il 20° dato
D la media aritmetica del 21° e 20° dato
E un dato compreso tra il 20° e il 21°

Per la definizione di mediana (§ 10.2.2) la risposta esatta è la **B**.

11 GEOMETRIA ELEMENTARE

Nei paragrafi che seguono si riportano solo gli enunciati dei teoremi fondamentali (senza le dimostrazioni), unitamente alle definizioni di maggiore importanza.

11.1 GEOMETRIA PIANA

Gli enti geometrici fondamentali sono il *punto*, la *retta* ed il *piano*: si tratta di **concetti primitivi**, ossia non definibili tramite concetti più semplici.

La geometria *razionale* o *euclidea* (da Euclide, il più importante matematico dell'antichità che ne riorganizzò in forma deduttiva tutte le conoscenze) è basata su 5 **postulati** o **assiomi**, proposizioni derivate direttamente dall'intuizione e che si accettano senza dimostrazione:

1. si può tracciare una retta da un punto qualsiasi ad ogni altro punto;
2. si può prolungare indefinitamente una linea retta;
3. si può descrivere un cerchio con centro e raggio qualsiasi;
4. tutti gli angoli retti sono uguali fra loro;
5. se una retta, che interseca altre due rette, forma dalla stessa parte angoli la cui somma è minore di due angoli retti, le due rette, indefinitamente prolungate, finiscono con l'incontrarsi.

11.1.1 ANGOLI E RETTE

✔ Ciascuna delle due parti di piano individuate da due semirette uscenti da uno stesso punto è detta **angolo**.

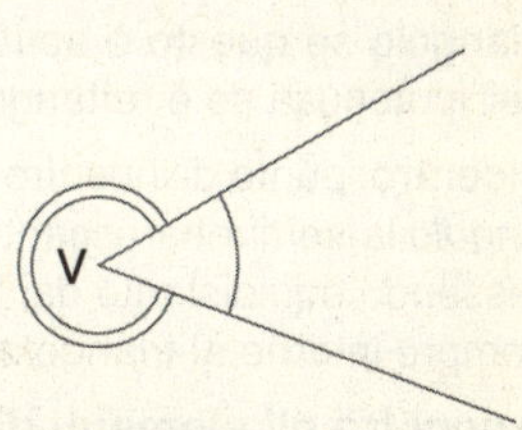

Il punto comune alle due semirette è detto *vertice* dell'angolo (indicato dalla lettera V nella figura a fianco), mentre le due semirette prendono anche il nome di *lati* dell'angolo. Se i due lati sono ortogonali, l'angolo viene detto *retto*; se sono opposti, l'angolo viene detto *piatto*; se i due lati coincidono, l'angolo viene detto *giro*.

Due angoli aventi lo stesso vertice si dicono *consecutivi* se la loro intersezione è un lato di entrambi. Due angoli consecutivi si dicono *supplementari* se la loro unione è un angolo piatto, *complementari* se è un angolo retto.

Per la misura degli angoli si usa il sistema *sessagesimale*, che ha come unità di misura il **grado**, ottenuto dividendo l'angolo giro in 360 parti uguali.

Due angoli si dicono *opposti al vertice* quando i lati dell'uno sono i prolungamenti dei lati dell'altro. Due angoli opposti al vertice sono *congruenti* (ossia uguali).

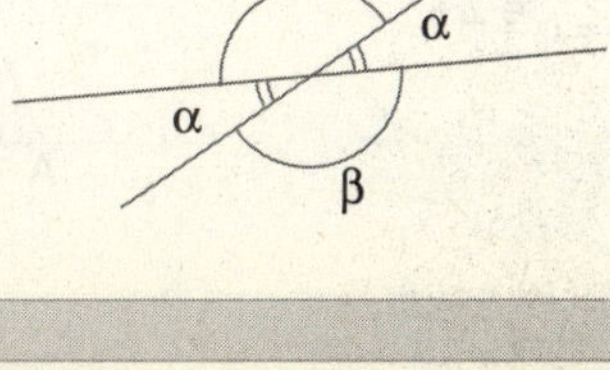

Angoli formati da due rette (*a* e *b*) tagliate da una trasversale *c*

Gli angoli:

- 4 e 6; 3 e 5 sono detti *alterni interni* (risultano congruenti se le rette *a* e *b* sono parallele);
- 2 e 8; 1 e 7 sono detti *alterni esterni* (risultano congruenti se le rette *a* e *b* sono parallele);
- 1 e 5; 4 e 8; 2 e 6; 3 e 7 sono detti *corrispondenti* (risultano congruenti se le rette *a* e *b* sono parallele);

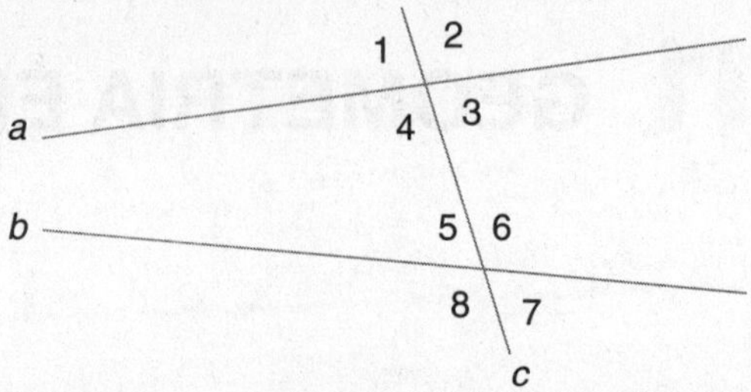

- 4 e 5; 3 e 6 sono detti *coniugati interni* (risultano supplementari se le rette *a* e *b* sono parallele);
- 1 e 8; 2 e 7 sono detti *coniugati esterni* (risultano supplementari se le rette *a* e *b* sono parallele).

11.1.2 TRIANGOLI

Il triangolo ABC è detto:

- *Scaleno* se $a \neq b \neq c$
- *Isoscele* se $b = c$
- *Equilatero* se $a = b = c$
- *Rettangolo* se α o β o $\gamma = 90°$

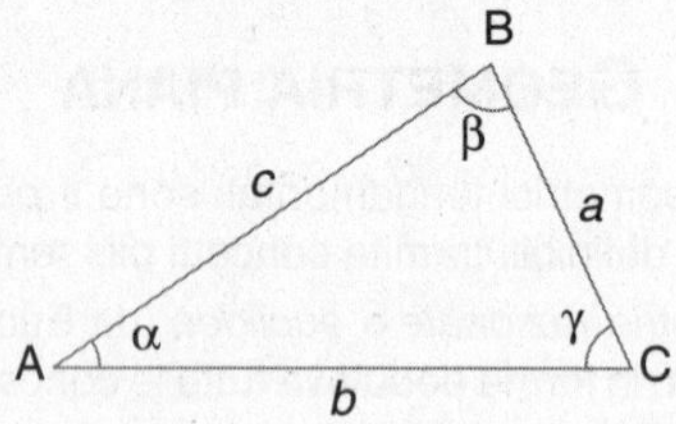

Punti notevoli di un triangolo

- **Ortocentro**: punto di incontro delle altezze (si definisce *altezza relativa a un lato* il segmento di perpendicolare condotto al lato dal vertice opposto). L'ortocentro è interno al triangolo se questo è acutangolo (ossia se ha tutti gli angoli interni minori di 90°), esterno se è ottusangolo, coincidente con il vertice dell'angolo retto se è rettangolo.
- **Baricentro**: punto di incontro delle mediane (si definisce *mediana relativa a un lato* il segmento che unisce il punto medio del lato con il vertice dell'angolo opposto). Il baricentro è sempre interno al triangolo.
- **Circocentro**: punto di incontro degli assi dei lati del triangolo (si definisce *asse relativo a un lato* la perpendicolare al lato passante per il suo punto medio). Il circocentro (essendo equidistante dai vertici) è anche il centro della circonferenza circoscritta al triangolo ed è interno al triangolo se questo è acutangolo, esterno se è ottusangolo, coincidente con il punto medio dell'ipotenusa se è rettangolo.
- **Incentro**: punto di incontro delle bisettrici degli angoli del triangolo (si definisce *bisettrice di un angolo* la semiretta uscente dal vertice che divide l'angolo in due parti congruenti). L'incentro (essendo equidistante dai lati) è anche il centro della circonferenza inscritta nel triangolo ed è sempre interno al triangolo.

Relazioni tra gli elementi di un triangolo

In ogni triangolo la somma degli angoli interni è uguale a un angolo piatto:

$$\alpha + \beta + \gamma = 180°$$

Similmente, la somma degli angoli esterni di un triangolo qualsiasi è pari a un angolo giro:

$$\alpha' + \beta' + \gamma' = 360°$$

Inoltre, ciascun angolo esterno è pari alla somma dei due angoli interni non adiacenti:

$$\alpha' = \beta + \gamma \qquad \beta' = \alpha + \gamma \qquad \gamma' = \alpha + \beta$$

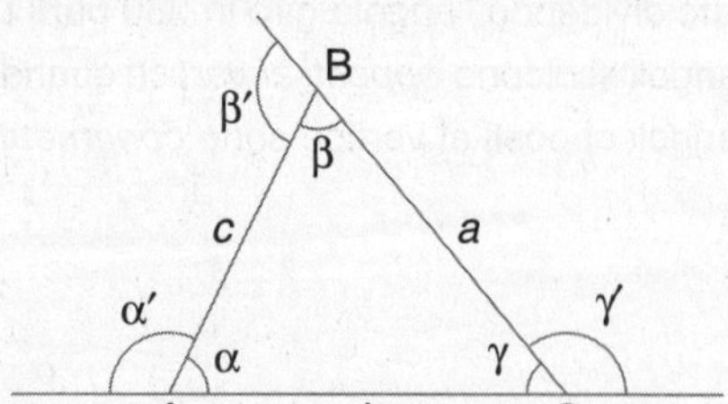

In ogni triangolo ciascun lato è minore della somma degli altri due e maggiore della loro differenza. In ogni triangolo il lato maggiore (minore) è opposto all'angolo maggiore (minore) e viceversa.

11.1.3 CRITERI DI CONGRUENZA FRA TRIANGOLI

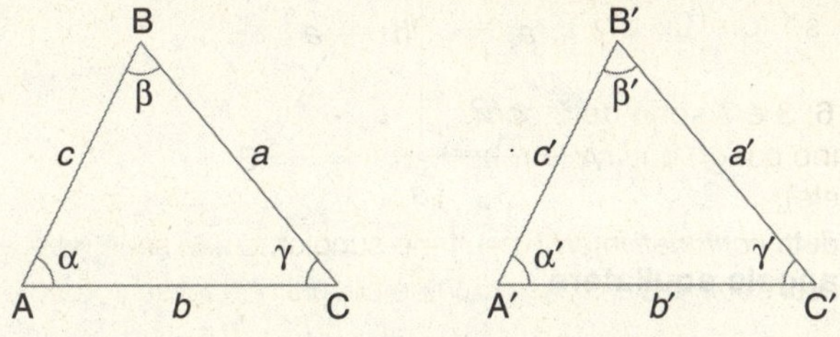

I triangoli ABC e A′B′C′ sono congruenti se si verifica una delle seguenti condizioni:

- hanno congruenti due lati e l'angolo compreso; (per esempio: $b \equiv b'$; $c \equiv c'$; $\alpha \equiv \alpha'$);
- hanno congruenti due angoli e il lato a essi comune; (per esempio: $\alpha \equiv \alpha'$; $\beta \equiv \beta'$; $c \equiv c'$);
- hanno congruenti due angoli e il lato opposto a uno di essi; (per esempio: $\alpha \equiv \alpha'$; $\beta \equiv \beta'$; $a \equiv a'$);
- hanno i tre lati rispettivamente congruenti; (ossia: $a \equiv a'$; $b \equiv b'$; $c \equiv c'$).

11.1.4 PERIMETRO E AREA DEI TRIANGOLI

Perimetro di un triangolo

$$P = a + b + c$$

Area di un triangolo

$$A = \frac{ah_a}{2} = \frac{bh_b}{2} = \frac{ch_c}{2}$$

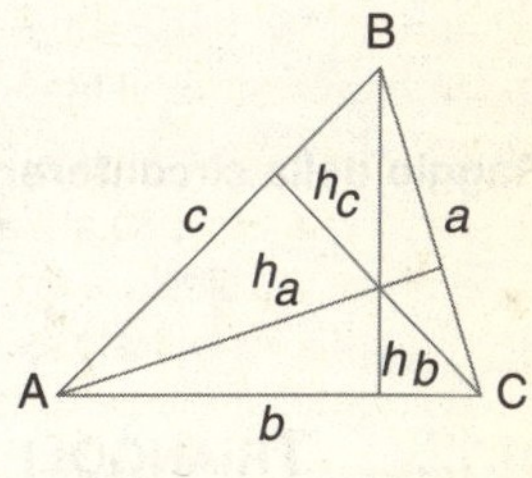

Formula di Erone

Serve per calcolare l'area di un triangolo qualunque conoscendo le misure dei tre lati:

$$A = \sqrt{p(p-a)(p-b)(p-c)}$$

ove p è il semiperimetro (ossia $p = P/2$); oppure:

$$A = r \cdot p = \frac{a \cdot b \cdot c}{4R}$$

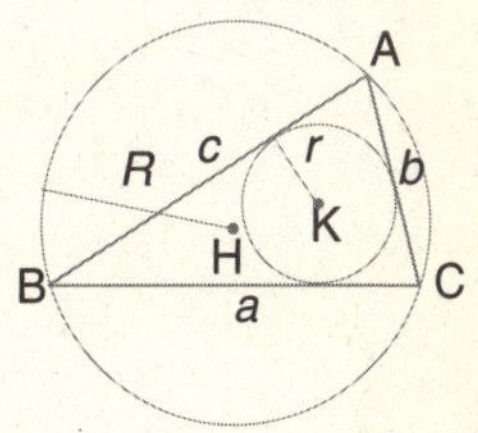

ove r e R sono i raggi delle circonferenze inscritta e circoscritta.

Raggio della circonferenza inscritta in un triangolo:

$$r = \frac{A}{p} = \sqrt{\frac{(p-a)(p-b)(p-c)}{p}}$$

Raggio della circonferenza circoscritta a un triangolo:

$$R = \frac{abc}{4A}$$

MATEMATICA

11.1.5 TRIANGOLI EQUILATERI

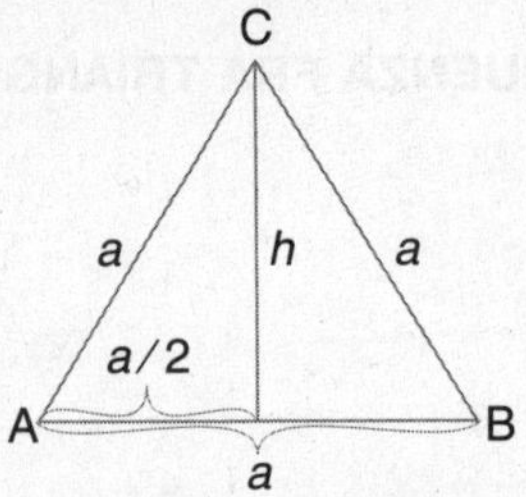

Perimetro di un triangolo equilatero

$$P = 3a$$

Altezza di un triangolo equilatero

$$h = \sqrt{a^2 - \frac{a^2}{4}} = \frac{\sqrt{3}}{2}a = \frac{3}{2}R = 3r$$

Area di un triangolo equilatero

$$A = \frac{ah}{2} = \frac{\sqrt{3}}{4}a^2 = \frac{\sqrt{3}}{3}h^2 = \frac{3\sqrt{3}}{4}R^2 = 3\sqrt{3}r^2$$

dove r ed R sono i raggi delle circonferenze inscritta e circoscritta al triangolo.

Raggio della circonferenza inscritta in un triangolo equilatero:

$$r = \frac{h}{3} = \frac{\sqrt{3}}{6}a = \frac{R}{2}$$

Raggio della circonferenza circoscritta ad un triangolo equilatero:

$$R = \frac{2}{3}h = \frac{\sqrt{3}}{3}a = 2r$$

11.1.6 TRIANGOLI ISOSCELI

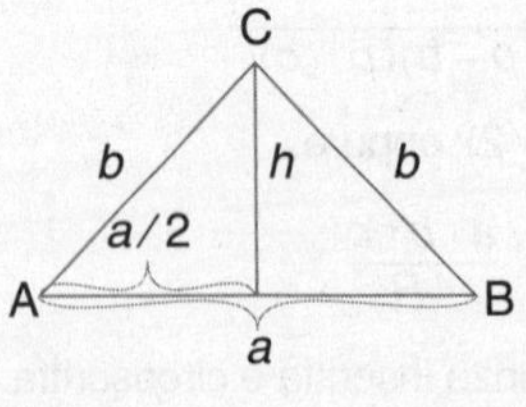

Perimetro di un triangolo isoscele

$$P = a + 2b$$

Area di un triangolo isoscele

$$A = \frac{ah}{2} = \frac{1}{2}a\sqrt{b^2 - \frac{a^2}{4}}$$

PARTE TERZA

11.1.7 TRIANGOLI RETTANGOLI

Sia ABC un triangolo rettangolo in C (dove quindi *a* e *b* sono i cateti, mentre *c* è l'ipotenusa).

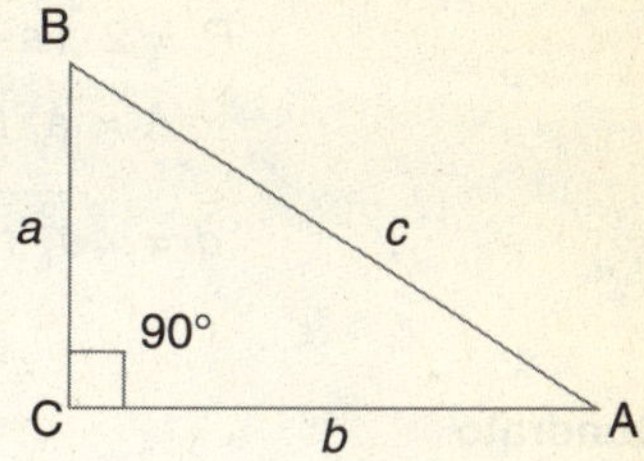

Perimetro di un triangolo rettangolo

$$P = a+b+c$$

Area di un triangolo rettangolo

$$A = \frac{ab}{2}$$

Altezza relativa all'ipotenusa

$$h = \frac{ab}{c}$$

Raggio della circonferenza inscritta

$$r = p-c = (a+b-c)/2$$

Raggio della circonferenza circoscritta

$$R = c/2$$

Teorema di Pitagora

In qualsiasi triangolo rettangolo, l'area del quadrato costruito sull'ipotenusa è uguale alla somma delle aree dei quadrati costruiti sui cateti.

Sia ABC un triangolo rettangolo con ipotenusa *c* e cateti *a* e *b*:

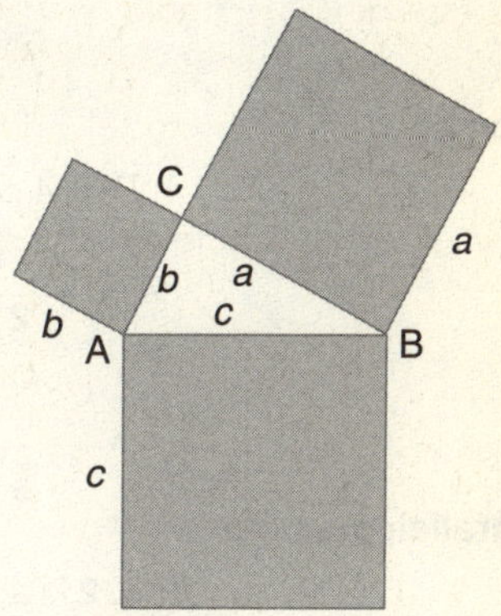

$$c^2 = a^2+b^2 \rightarrow \begin{cases} a = \sqrt{c^2-b^2} \\ b = \sqrt{c^2-a^2} \\ c = \sqrt{a^2+b^2} \end{cases}$$

Primo teorema di Euclide

In qualsiasi triangolo rettangolo, un cateto è medio proporzionale fra l'ipotenusa e la sua proiezione sull'ipotenusa.

Sia ABC un triangolo rettangolo in C:

- cateto: $\overline{AC} = b$;
- ipotenusa: $\overline{AB} = c$
- proiezione di AC su AB: $\overline{AH} = n$;

allora si ha il seguente teorema:

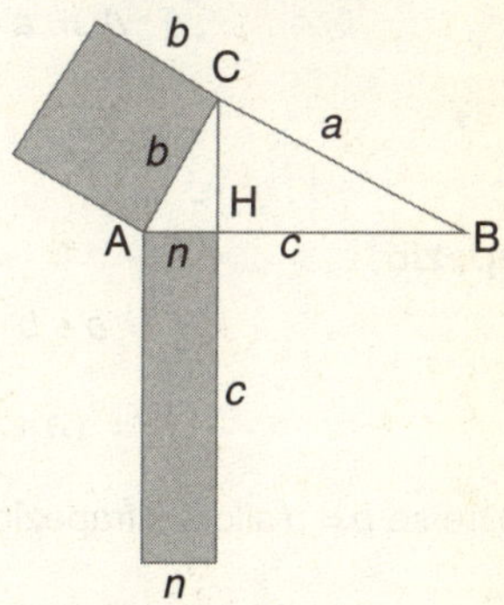

$$c : b = b : n \quad \rightarrow \quad b^2 = c \cdot n$$

Secondo teorema di Euclide

In qualsiasi triangolo rettangolo, l'altezza relativa all'ipotenusa è media proporzionale fra le proiezioni dei cateti sull'ipotenusa.

Sia ancora ABC un triangolo rettangolo in C:

- altezza relativa all'ipotenusa AB: $\overline{CH} = h$
- cateti: $\overline{AC} = b$ e $\overline{BC} = a$
- ipotenusa: $\overline{AB} = c$
- proiezione di AC sull'ipotenusa: $\overline{AH} = n$
- proiezione di BC sull'ipotenusa: $\overline{BH} = m$

allora si ha il seguente teorema:

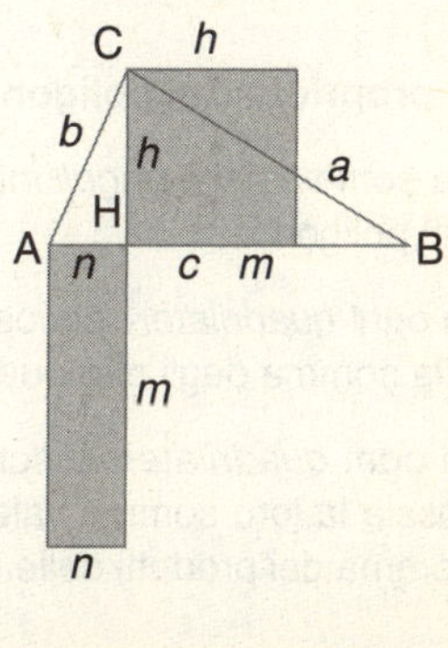

$$m : h = h : n \quad \rightarrow \quad h^2 = m \cdot n$$

11.1.8 Perimetro e area dei poligoni

Rettangolo

$$P = 2 \cdot (a + b)$$
$$A = a \cdot b$$
$$d = \sqrt{a^2 + b^2}$$

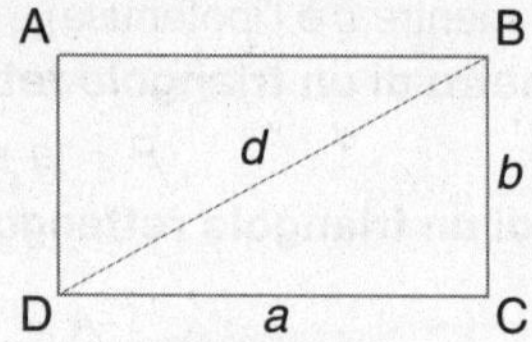

Quadrato

$$P = 4 \cdot a$$
$$A = a^2$$
$$d = a\sqrt{2}$$

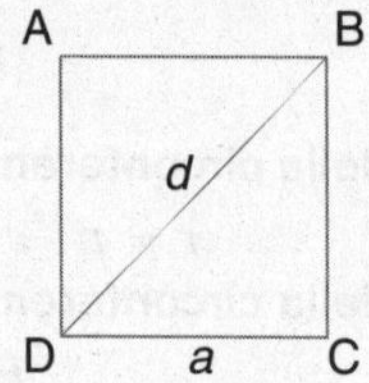

Rombo

$$P = 4 \cdot a$$
$$A = \frac{d_1 \cdot d_2}{2}$$

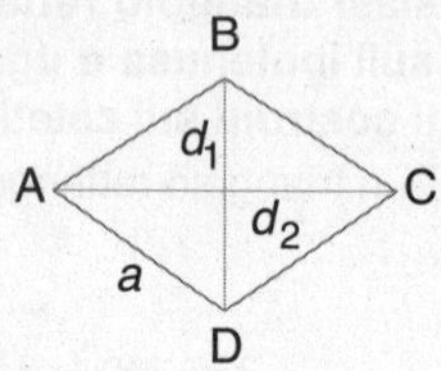

Parallelogrammo

$$P = 2 \cdot (a + b)$$
$$A = a \cdot h$$

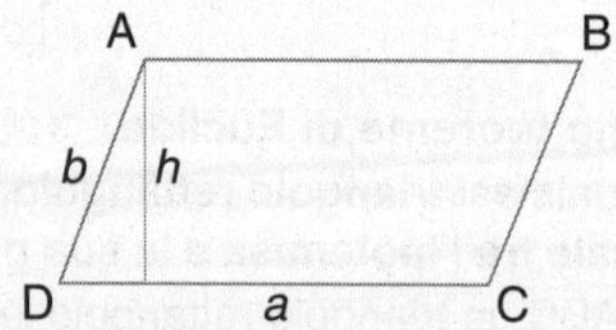

Trapezio

$$P = a + b + c + d$$
$$A = (a + c) \cdot \frac{h}{2}$$

Inoltre se $b = d$ allora il trapezio è detto isoscele.

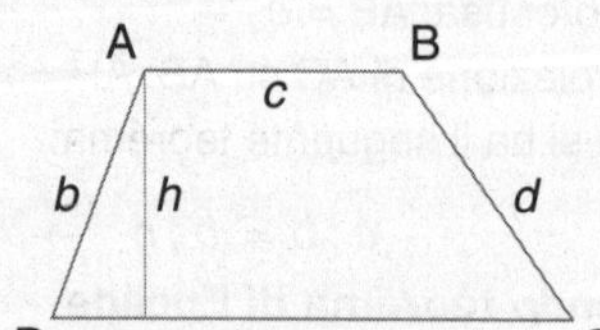

Altre proprietà dei poligoni

- La *somma degli angoli interni di un poligono* vale $(N - 2) \cdot 180°$, dove N indica il numero di lati del poligono.
- In ogni *quadrilatero* circoscrivibile ad una circonferenza, la somma di due lati opposti è uguale alla somma degli altri due.
- In ogni *quadrilatero* inscrivibile in una circonferenza, gli angoli opposti sono supplementari (ossia la loro somma vale 180°). Inoltre, il prodotto delle misure delle diagonali è uguale alla somma dei prodotti delle misure dei lati opposti (*teorema di Tolomeo*).

11.1.9 POLIGONI REGOLARI

✔ Un poligono si dice **regolare** quando ha tutti i lati e tutti gli angoli uguali: ogni poligono regolare è inscrivibile e circoscrivibile a una circonferenza. Queste due circonferenze hanno lo stesso centro che viene detto **centro del poligono**.

Indicando con R il raggio della circonferenza circoscritta, è possibile esprimere il lato e l'area di un qualsiasi poligono regolare in funzione di R.

Poligono regolare	Misura del lato	Misura dell'area
Triangolo	$R\sqrt{3}$	$(3\sqrt{3}/4)\,R^2$
Quadrato	$R\sqrt{2}$	$2R^2$
Esagono	R	$(3\sqrt{3}/2)\,R^2$

✔ Si definisce **apotema** il segmento di perpendicolare tracciato dal centro di un poligono regolare a un lato: l'apotema coincide con il raggio della circonferenza inscritta nel poligono.

11.1.10 CIRCONFERENZA E CERCHIO

La circonferenza è il luogo geometrico dei punti equidistanti da un punto fisso (detto centro).

$$d = 2r = \overline{AB} = \text{diametro} \qquad P = 2\pi r = \pi d$$

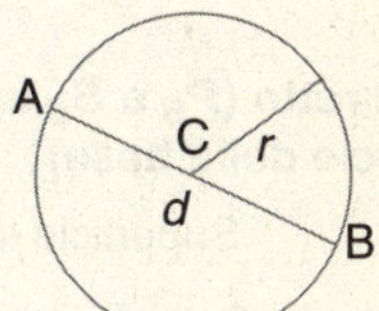

Il cerchio è l'insieme formato dai punti di una circonferenza e dai punti interni alla circonferenza. La sua area è:

$$A = \pi r^2 = \frac{\pi d^2}{4}$$

Angoli alla circonferenza e angoli al centro

1. In una circonferenza un angolo al centro (cioè con il vertice nel centro) è il doppio del corrispondente angolo alla circonferenza (angolo convesso con il vertice sulla circonferenza e i cui lati sono entrambi secanti o uno secante e l'altro tangente alla circonferenza) che insiste sullo stesso arco:

$$\alpha = 2\beta$$

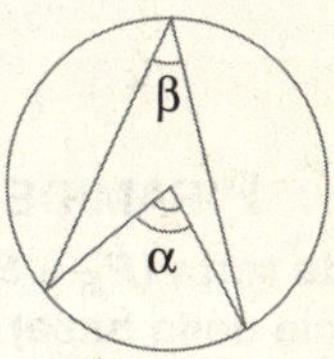

2. Angoli alla circonferenza che insistono sullo stesso arco o su archi congruenti, sono congruenti.

$$\alpha = \alpha'$$

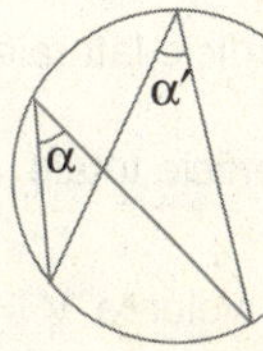

3. Angoli alla circonferenza che insistono su una semicirconferenza, sono retti.

$$\alpha = \alpha' = 90°$$

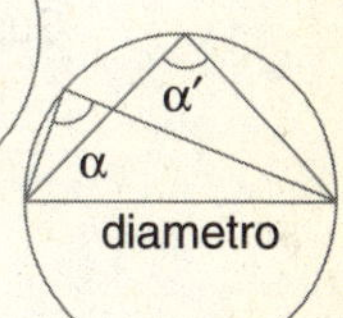

Settore circolare

$$\text{arco AB} = l = \frac{\pi r}{180°} \cdot \alpha°$$

$$P = \frac{\pi r}{180°} \cdot \alpha° + 2r$$

$$A = \frac{l \cdot r}{2} = \frac{\pi \cdot r^2}{360°} \cdot \alpha°$$

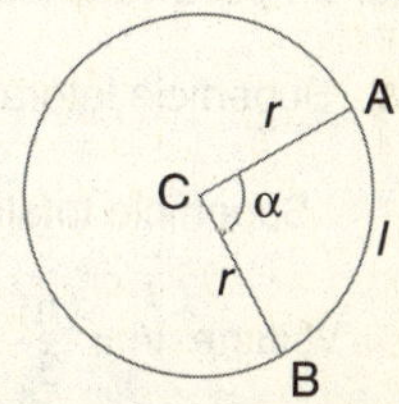

11.2 GEOMETRIA SOLIDA

11.2.1 PARALLELEPIPEDI

Cubo

Superficie laterale $S_l = 4a^2$

Superficie totale $S_t = 6a^2$

Volume $V = a^3$

Diagonale $d = a\sqrt{3}$

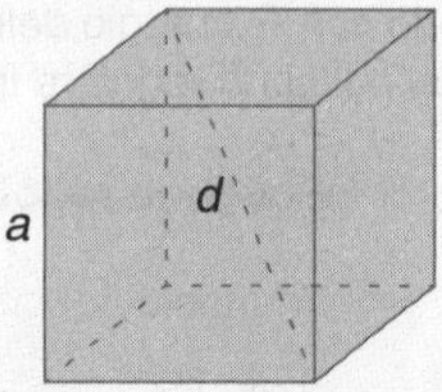

Parallelepipedo rettangolo

Superficie laterale $S_l = 2c(a+b)$

Superficie totale $S_t = 2(ab+ac+bc)$

Volume $V = a \cdot b \cdot c$

Diagonale $d = \sqrt{a^2+b^2+c^2}$

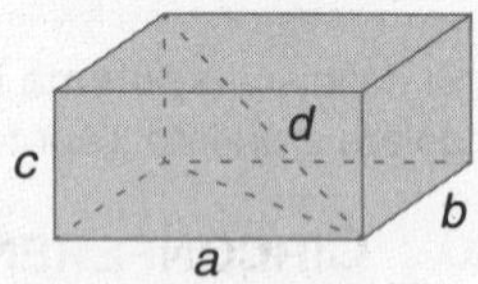

Prisma retto (P_B e S_B indicano il perimetro e la superficie della base)

Superficie laterale $S_l = P_B \cdot h$

Superficie totale $S_t = S_l + 2S_B$

Volume $V = S_B \cdot h$

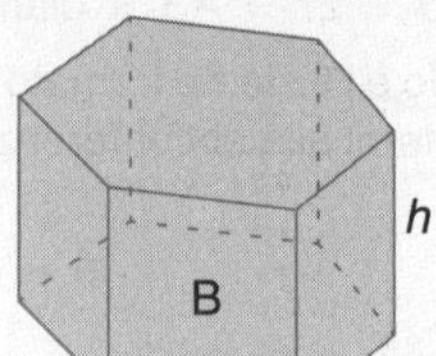

11.2.2 PIRAMIDE E TRONCO DI PIRAMIDE

Piramide retta (P_B e S_B indicano il perimetro e la superficie della base)

Superficie laterale $S_l = \frac{a}{2} \cdot P_B$

Superficie totale $S_t = S_l + S_B$

Volume $V = \frac{S_B \cdot h}{3}$

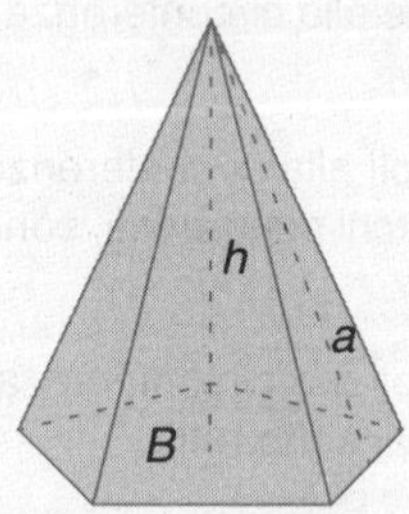

Tronco di piramide retta (S_B, $S_{B'}$, P_B e $P_{B'}$ indicano le superfici e i perimetri delle basi)

Superficie laterale $S_l = \frac{a}{2} \cdot (P_B + P_{B'})$

Superficie totale $S_t = S_l + S_B + S_{B'}$

Volume $V = \frac{h}{3} \cdot (S_B + S_{B'} + \sqrt{S_B \cdot S_{B'}})$

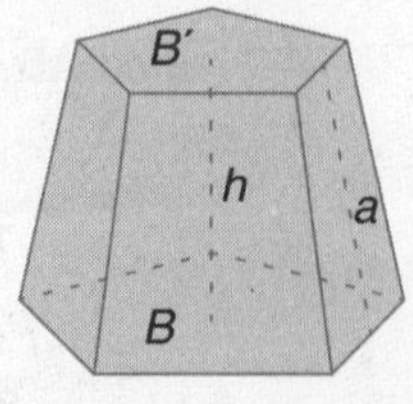

11.2.3 CILINDRO

Superficie laterale $S_l = 2\pi \cdot r \cdot h$

Superficie totale $S_t = 2\pi \cdot r \cdot h + 2\pi r^2 = 2\pi \cdot r \cdot (h + r)$

Volume $V = \pi \cdot r^2 \cdot h$

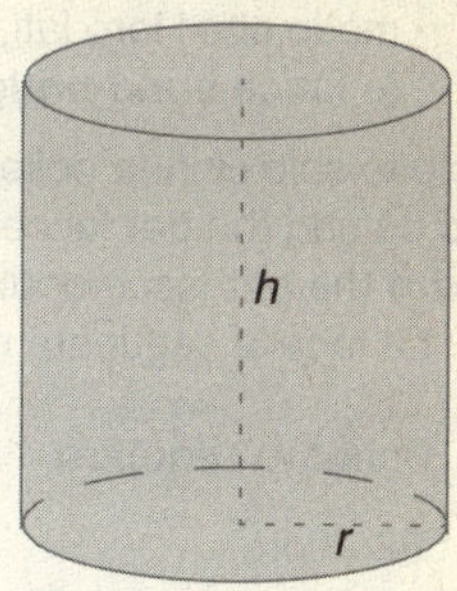

11.2.4 SFERA

Superficie $A = 4\pi r^2$

Volume $V = \frac{4}{3}\pi r^3$

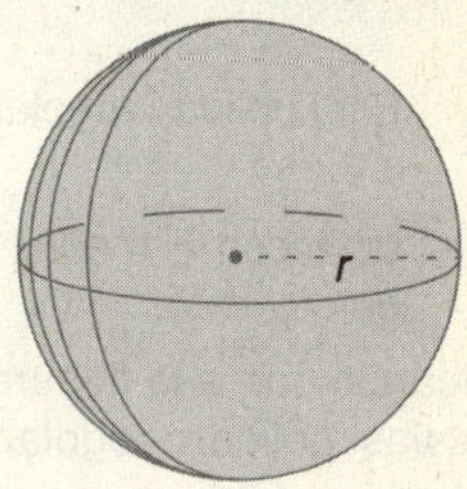

11.2.5 CONO E TRONCO DI CONO

Cono (*a* indica l'apotema)

Superficie laterale $S_l = \pi \cdot r \cdot a$

Superficie totale $S_t = \pi \cdot r \cdot a + \pi \cdot r^2 = \pi \cdot r \cdot (a + r)$

Volume $V = \frac{1}{3}\pi \cdot r^2 \cdot h$

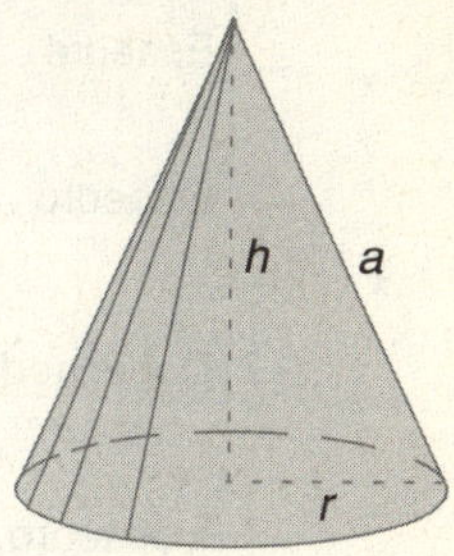

Tronco di cono (*a* indica l'apotema)

Superficie laterale $S_l = \pi \cdot (r + R) \cdot a$

Superficie totale $S_t = \pi \cdot (r + R) \cdot a + \pi \cdot r^2 + \pi \cdot R^2$

Volume $V = \frac{1}{3}\pi \cdot (R^2 + r^2 + r \cdot R) \cdot h$

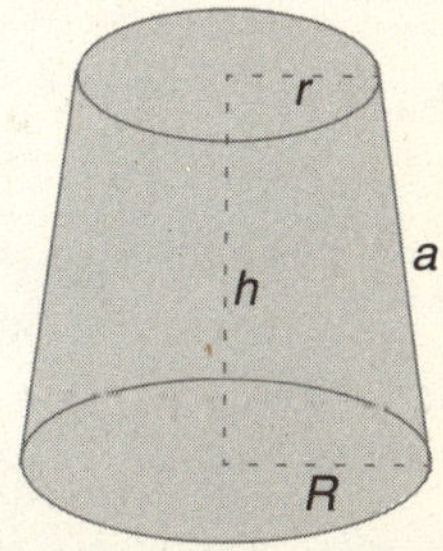

11.2.6 POLIEDRI REGOLARI

Un poliedro (figura solida individuata da poligoni, o *facce*, non tutti complanari e disposti in modo che i loro lati, o *spigoli*, siano comuni esattamente a due di essi) **si dice regolare se le facce sono poligoni regolari uguali e gli angoloidi sono uguali.**

Esistono solo cinque poliedri regolari: il **tetraedro** (ha per facce quattro triangoli equilateri), l'**esaedro** o cubo (ha per facce sei quadrati), l'**ottaedro** (ha per facce otto triangoli equilateri), il **dodecaedro** (ha per facce dodici pentagoni regolari) e l'**icosaedro** (ha per facce venti triangoli equilateri). La tabella seguente ne riporta le caratteristiche principali.

Poliedro regolare	Facce	Lati di ogni faccia	Vertici	Spigoli
Tetraedro	4	3	4	6
Esaedro	6	4	8	12
Ottaedro	8	3	6	12
Dodecaedro	12	5	20	30
Icosaedro	20	3	12	30

Per i poliedri regolari vale la **relazione di Eulero**:

$$F + V = S + 2$$

dove con F, V ed S si indicano rispettivamente il numero delle facce, dei vertici e degli spigoli.

Indicando con a la misura dello spigolo, è possibile esprimere la superficie ed il volume di un qualsiasi poliedro regolare in funzione di a.

Poliedro regolare	Superficie	Volume
Tetraedro	$\sqrt{3}\,a^2$	$\frac{\sqrt{2}}{12}a^3$
Esaedro	$6a^2$	a^3
Ottaedro	$2\sqrt{3}\,a^2$	$\frac{\sqrt{2}}{3}a^3$
Dodecaedro	$3\sqrt{25+10\sqrt{5}}\,a^2$	$\frac{15+7\sqrt{5}}{4}a^3$
Icosaedro	$5\sqrt{3}a^2$	$\frac{5}{12}(3+\sqrt{5})\,a^3$

QUESITI SVOLTI

1 Sapendo che in un triangolo rettangolo un cateto è la metà dell'altro e che l'area del triangolo è pari a 64 m^2, determinare quale delle seguenti lunghezze approssima meglio la lunghezza dell'ipotenusa del triangolo.

A 12 m B 14 m C 18 m D 24 m E 36 m

Se si indica con *x* il cateto avente la lunghezza minore, allora il secondo cateto ha lunghezza pari a 2*x*. L'area del triangolo è pertanto uguale a:

$$A = \frac{b \cdot h}{2} = \frac{2x \cdot x}{2} = x^2$$

Essendo l'area pari a 64 m^2, si ricava $x^2 = 64\ m^2$, da cui $x = 8$ m. Pertanto i due cateti del triangolo hanno lunghezza 8 m e 16 m rispettivamente. Applicando il teorema di Pitagora, è ora possibile determinare la lunghezza dell'ipotenusa:

$$\text{ipotenusa} = \sqrt{8^2\ m^2 + 16^2\ m^2} = \sqrt{64\ m^2 + 256\ m^2} = \sqrt{320\ m^2} \approx 18\ m$$

La risposta corretta è quindi la C.

2 Sia un triangolo equilatero con lato pari a 4. Su ogni lato del triangolo si costruisca un semicerchio avente per base il lato del triangolo stesso e due semicerchi aventi per base metà del lato del triangolo stesso, come rappresentato nella figura seguente.

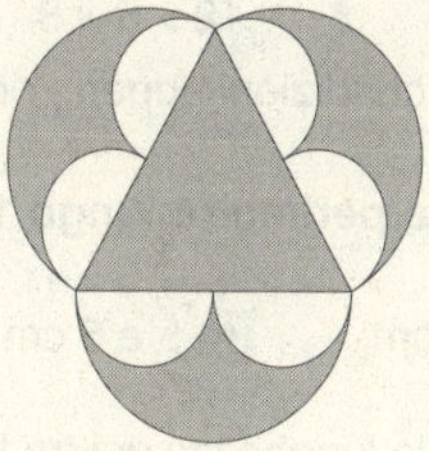

Qual è l'area della figura ombreggiata?

A $2\sqrt{3} + 6\pi$ B $4\sqrt{3} + 3\pi$ C $4\sqrt{3} + 6\pi$ D $2\sqrt{3} + 3\pi$ E $2\sqrt{3}$

Poiché il lato del triangolo equilatero è 4, la sua altezza è $4 \cdot \frac{\sqrt{3}}{2} = 2\sqrt{3}$. Quindi l'area del triangolo equilatero è uguale a $\frac{4 \cdot 2\sqrt{3}}{2} = 4\sqrt{3}$. A questa area occorre sommare l'area dei tre semicerci "maggiori" di raggio 2, ossia:

$$\frac{3}{2} \cdot \pi \cdot 2^2 = 6\pi$$

e sottrarre l'area dei sei semicerci "minori" di raggio 1, ossia:

$$\frac{6}{2} \cdot \pi \cdot 1^2 = 3\pi$$

L'area della figura ombreggiata risulta quindi $4\sqrt{3} + 6\pi - 3\pi = 4\sqrt{3} + 3\pi$ (risposta B).

3 Un quadrilatero ha le diagonali di lunghezza 1 e 2 (in metri). La sua area *A* (espressa in metri quadrati) è:

A maggiore di 1

B maggiore o uguale a 2

C maggiore o uguale a 1

D minore o uguale a 1

E minore di 1

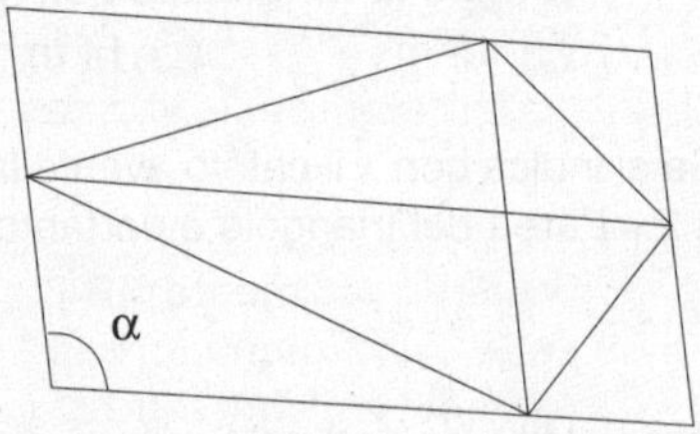

Condotte per i vertici del quadrilatero le parallele alle sue diagonali, si ottiene un parallelogramma la cui area è doppia rispetto a quella del quadrilatero.

Detto α l'angolo formato dai due lati $a = 1$ m e $b = 2$ m del parallelogramma, si ha:

$$A_P = a \cdot b \cdot \text{sen}\alpha = 2\text{sen}\alpha \text{ m}^2$$

$$A_Q = \frac{1}{2}A_P = \text{sen}\alpha \text{ m}^2$$

e poiché il seno di un angolo è sempre minore o uguale a 1, si ricava che $A_Q \leq 1 \text{ m}^2$ (risposta D).

4 Indicare quale delle seguenti tre terne di numeri sicuramente non corrisponde ai lati di un triangolo.

A 6, 5, 7 B 7, 13, 18 C 5, 5, 12 D 5, 12, 13 E 3, 4, 5

Per le disuguaglianze triangolari ogni lato di un triangolo è maggiore della differenza degli altri due e minore della loro somma. Nella terza terna proposta risulta:

$$12 > 5 + 5$$

che non soddisfa la seconda delle condizioni appena ricordate. La risposta esatta è la C.

5 Un triangolo rettangolo ha perimetro lungo 12 cm. Allora i suoi due cateti possono essere lunghi:

A 4 e 5 cm B 2 e 3 cm C 5 e 6 cm D 3 e 4 cm E 1 e 2 cm

Affinché il triangolo sia rettangolo, le lunghezze dei tre lati devono formare una terna pitagorica (il quadrato del maggiore deve essere uguale alla somma dei quadrati degli altri due) e la loro somma dev'essere pari a 12 cm. L'unica alternativa che soddisfa tali richieste è la D: in tal caso infatti l'ipotenusa vale $\sqrt{3^2 + 4^2} = \sqrt{25} = 5$ cm ed il perimetro misura $P = 3 + 4 + 5 = 12$ cm.

6 Sei triangoli equilateri possono essere accostati intorno a un punto A del piano ricoprendo con esattezza lo spazio, poiché la somma degli angoli che vengono accostati al vertice è eguale a 360°. Verificare nei tre casi seguenti se l'accostamento al vertice di diversi poligoni regolari produce lo stesso risultato di esatta copertura dello spazio.

A 3 pentagoni

B 2 esagoni + 2 triangoli

C 2 ottagoni + 1 quadrato + 1 triangolo

D 2 pentagoni + 1 esagono

E 4 pentagoni

Ogni angolo interno di un triangolo equilatero vale 60° e ogni angolo interno di un quadrato 90°.

PARTE TERZA

Ricordando la formula relativa alla somma degli angoli interni di un poligono, si può affermare che un poligono regolare di N lati ha ciascun angolo interno uguale a:

$$\frac{180° \cdot (N-2)}{N}$$

Quindi ogni angolo interno di un pentagono regolare è uguale a 108°, ogni angolo interno di un esagono regolare è uguale a 120° e ogni angolo interno di un ottagono regolare è uguale a 135°. Accostando 3 pentagoni regolari, si ottiene un angolo di $3 \cdot 108° = 324°$: l'alternativa **A** non è dunque accettabile. Accostando 4 pentagoni regolari, si ottiene un angolo di $4 \cdot 108° = 432°$: anche l'alternativa **E** non è accettabile. Accostando 2 esagoni regolari e 2 triangoli equilateri, si ha:

$$2 \cdot 120° + 2 \cdot 60° = 240° + 120° = 360°$$

Con semplici calcoli per le alternative **C** e **D** si ricavano angoli di 420° e di 336°; la risposta esatta è dunque la **B**.

---

7 **Su di un segmento AB lungo 25 cm si scelga un punto interno C in modo che l'area della gura piana formata dai due quadrati, costruiti dalla stessa parte rispetto alla retta AB e aventi lati AC e CB, sia uguale a 337 cm^2.**

Il perimetro della figura ottenuta è di:

A 75 cm **B** 82 cm **C** 91 cm **D** 100 cm **E** 132 cm

Indicando con x la lunghezza del segmento $\overline{AC}$, come in figura:

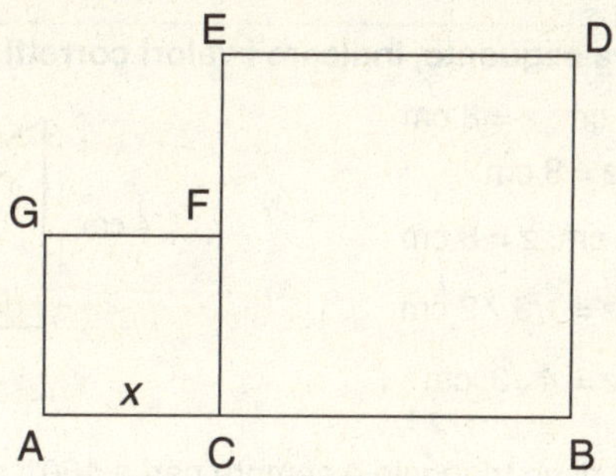

e ipotizzando che $\overline{AC}$ sia minore di $\overline{CB}$, il perimetro della figura composta dai due quadrati di lati $\overline{AC}$ e $\overline{CB}$, tenendo presente che il segmento $\overline{FC}$ non appartiene al suo contorno, risulta:

$$P = P_{ACFG} + P_{CBDE} - 2\overline{FC} = 4x + 4(25-x) - 2x = 100 - 2x$$

e la sua area:

$$x^2 + (25-x)^2 = x^2 + 625 - 50x + x^2 = 2x^2 - 50x + 625$$

I valori che x può assumere si determinano imponendo che tale area misuri esattamente 337 cm^2, e risolvendo l'equazione che si ricava:

$$2x^2 - 50x + 625 = 337 \rightarrow 2x^2 - 50x + 288 = 0 \rightarrow x^2 - 25x + 144 = 0 \rightarrow$$

$$\rightarrow x_{1,2} = \frac{25 \pm \sqrt{625-576}}{2} \rightarrow x_1 = 9 \text{ e } x_2 = 16$$

Avendo supposto $\overline{AC} < \overline{CB}$, consideriamo solo $x = 9$. Per tale valore, il perimetro della figura data risulta quindi:

$$P = 100 - 2x = 100 - 2(9) = 100 - 18 = 82 \text{ cm}$$

pertanto la risposta corretta è la **B**.

MATEMATICA

8 **L'area di un rettangolo inscritto in una circonferenza di raggio *r* :**

- **A** è minore o uguale a r^2
- **B** non dipende dal perimetro del rettangolo
- **C** è minore o uguale a $2r^2$
- **D** può essere maggiore di $2r^2$
- **E** non è mai uguale a $2r^2$

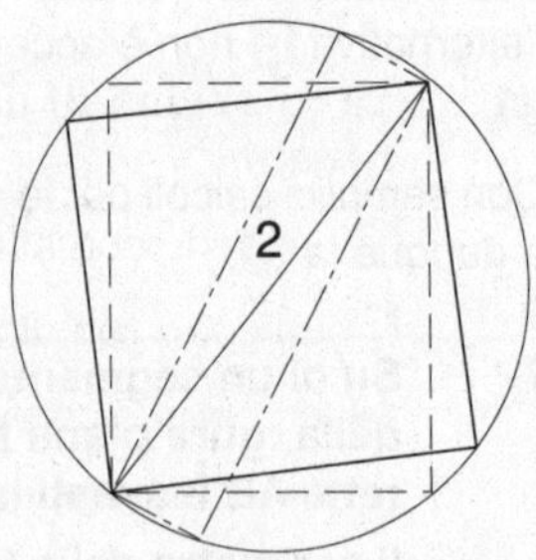

Un rettangolo inscritto in una circonferenza di raggio *r* ha le diagonali sempre uguali a $2r$. Tra questi rettangoli inscritti quello di area A_R massima è il quadrato.

Per convincersi di questo basta osservare che ciascuno dei triangoli rettangoli in cui rimane diviso il rettangolo da una delle sue diagonali ha area massima quando l'altezza relativa all'ipotenusa è uguale a *r*, cioè quando il triangolo rettangolo è isoscele.

Poiché la diagonale *d* del quadrato è legata al lato *l* dalla relazione $d = l\sqrt{2}$, si ha che $l = d\sqrt{2}/2$, cioè:

$$l = 2r\sqrt{2}/2 = r\sqrt{2}$$

L'area del quadrato è quindi uguale a $A_Q = (r\sqrt{2})^2 = 2r^2$. Poiché $A_R \leq A_Q$, cioè $A_R \leq 2r^2$, si conclude che la risposta esatta è la **C**.

9 **Riferendosi alla figura seguente, indicare i valori corretti di *x*, *y* e *z*.**

- **A** $x = 50°$, $y = \sqrt{3}/2$ cm, $z = 8$ cm
- **B** $x = 60°$, $y = 8$ cm, $z = 8$ cm
- **C** $x = 60°$, $y = \sqrt{3}/2$ cm, $z = 8$ cm
- **D** $x = 60°$, $y = 8$ cm, $z = \sqrt{3}/2$ cm
- **E** $x = 60°$, $y = 8$ cm, $z = 4\sqrt{3}$ cm

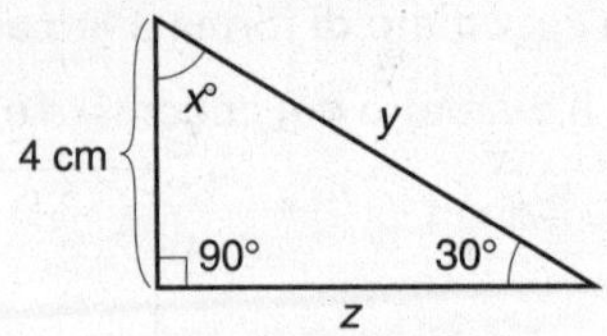

La somma degli angoli interni di un triangolo è sempre pari a 180°, per cui:

$$x = 180° - 90° - 30° = 60°$$

il triangolo rettangolo risulta quindi essere la metà di un triangolo equilatero, e quindi l'ipotenusa *y* ha lunghezza doppia rispetto al cateto noto, per cui:

$$y = 2 \cdot 4 \text{ cm} = 8 \text{ cm}$$

La misura del secondo cateto *z* può essere infine ricavata grazie al teorema di Pitagora:

$$z = \sqrt{8^2 - 4^2} = \sqrt{64 - 16} = \sqrt{48} = \sqrt{16 \cdot 3} = 4\sqrt{3}$$

La risposta corretta è dunque la **E**.

10 **Sia Q un ottagono regolare. Allora la somma delle tangenti trigonometriche degli angoli interni di Q è:**

- **A** 8
- **B** – 8
- **C** 0
- **D** – 1
- **E** varia al variare del lato di Q

PARTE TERZA

Un ottagono regolare ha ciascun angolo interno uguale a

$$\frac{180° \cdot (8-2)}{8} = \frac{1080°}{8} = 135°$$

La somma delle tangenti trigonometriche degli angoli interni di Q è dunque uguale a:

$$8 \cdot \text{tg}\, 135° = 8 \cdot (-1) = -8$$

La risposta corretta è la B.

---

11 La rotazione di un rettangolo di base 3 cm e altezza 5 cm attorno alla sua base genera:

- A un cono con altezza uguale a 5 cm
- B un cono con diametro di base uguale a 10 cm
- C un cilindro con diametro di base uguale a 10 cm
- D un cilindro con altezza uguale a 5 cm
- E un cilindro con diametro di base uguale a 6 cm

Il solido generato dalla rotazione del rettangolo attorno alla propria base è un cilindro la cui altezza è 3 cm e la cui base ha diametro uguale a 10 cm.

La risposta corretta è dunque la C.

---

12 Un cocomero di forma sferica viene tagliato in 16 fette tutte uguali fra loro.
Se il diametro del cocomero è di 40 cm, il volume di ciascuna fetta è di:

A $\frac{40}{16}\pi\ \text{cm}^3$ B $\frac{40^3}{16}\pi\ \text{cm}^3$ C $\frac{\pi^3}{16}\ \text{cm}^3$ D $\frac{2000}{3}\pi\ \text{cm}^3$ E $\frac{\pi}{16}\ \text{cm}^3$

Se il diametro del cocomero misura 40 cm, il suo raggio misura 20 cm ed il suo volume vale:

$$V_{\text{cocomero}} = \frac{4}{3}\pi r^3 = \frac{4}{3}\pi(20)^3 = \frac{4}{3} \cdot 8000\pi\ \text{cm}^3 = \frac{32.000}{3}\pi\ \text{cm}^3$$

Poiché il cocomero viene diviso in 16 fette uguali, ciascuna di esse avrà volume pari a un sedicesimo di quello del cocomero, cioè:

$$V_{\text{fetta}} = \frac{1}{16}V_{\text{cocomero}} = \frac{1}{16} \cdot \frac{32.000}{3}\pi\ \text{cm}^3 = \frac{2000}{3}\pi\ \text{cm}^3$$

quindi la risposta esatta è la D.

---

13 Siano *S* e *s* le due aree rispettivamente del cerchio circoscritto e del cerchio inscritto in un triangolo equilatero di lato *l*. Allora:

- A *S* è il doppio di *s*
- B *S* è il quadruplo di *s*
- C il triplo di *S* è uguale al quadruplo di *s*
- D il rapporto *S*/*s* dipende da *l*
- E le superfici dei due cerchi sono grandezze fra loro incommensurabili

MATEMATICA

Ragionando sulla figura a lato e indicando con r ed R il raggio della circonferenza inscritta e circoscritta rispettivamente, è possibile ricavare la seguente relazione[1]:

$$R = 2 \cdot r$$

per cui si ha:

$$s = \pi \cdot r^2$$

$$S = \pi \cdot R^2 = \pi \cdot (2 \cdot r)^2 = 4 \cdot \pi \cdot r^2 = 4 \cdot s$$

quindi la risposta corretta è la **B**.

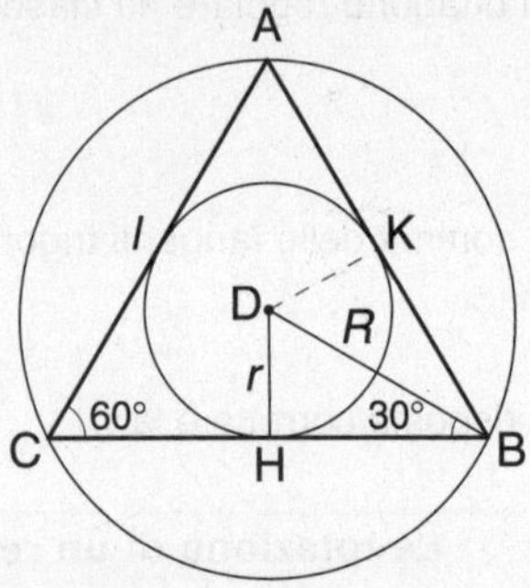

---

14 Quante diagonali ha un tetraedro?

- **A** 0
- **B** 1
- **C** 2
- **D** 4
- **E** 6

La diagonale di un poliedro è il segmento che congiunge due vertici non appartenenti a uno stesso spigolo. In un tetraedro, presi due vertici qualsiasi, essi appartengono sempre a uno stesso spigolo, quindi tale poliedro non ha alcuna diagonale, risposta **A**.

Più in generale, per un poliedro per cui vale la formula di Eulero:

$$F - S + V = 2$$

dove F indica il numero delle facce, S quello degli spigoli e V quello dei vertici, la formula che fornisce il numero delle diagonali D è:

$$D = \frac{V(V-1)}{2} - S$$

Nel caso del tetraedro, poligono avente 4 facce (triangoli equilateri), 4 vertici e 6 spigoli, si ha:

$$D = \frac{4(4-1)}{2} - 6 = \frac{12}{2} - 6 = 6 - 6 = 0$$

1. Infatti il triangolo BDH è rettangolo (essendo BC una tangente alla circonferenza inscritta e DH il raggio passante per il punto di tangenza H); inoltre il segmento BD giace sulla bisettrice del vertice B del triangolo ABC (è possibile ricavarlo dalla congruenza dei due triangoli BDH e BDK). Il triangolo BDH è dunque rettangolo con un angolo di 30° per cui la sua ipotenusa BD (ossia il raggio R della circonferenza circoscritta) è il doppio del cateto DH (ossia il raggio r della circonferenza inscritta) opposto all'angolo di 30°. Questo significa $R = 2 \cdot r$.

APPENDICE A

SIMBOLI MATEMATICI

$<$	"Minore di"	$>$	"Maggiore di"
$\leq$	"Minore o uguale a"	$\geq$	"Maggiore o uguale a"
$=$	"Uguale"	$\neq$	"Diverso"
$\subset$	Inclusione propria fra insiemi	$\subseteq$	Inclusione fra insiemi
$\cup$	Unione fra insiemi	$\cap$	Intersezione fra insiemi
$\in$	"Appartiene a"	$\notin$	"Non appartiene a"
$\exists$	"Esiste"	$\forall$	"Per ogni"
$\varnothing$	Insieme vuoto	$\equiv$	"Identicamente uguale a"
$\rightarrow$	Implicazione	$\leftrightarrow$	Doppia implicazione

APPENDICE B

ALFABETO GRECO

Caratteri greci		Nome	Caratteri greci		Nome	Caratteri greci		Nome
minuscoli	maiuscoli		minuscoli	maiuscoli		minuscoli	maiuscoli	
α	Α	alfa	ι	Ι	iota	ρ	Ρ	ro
β	Β	beta	κ	Κ	cappa	σ	Σ	sigma
γ	Γ	gamma	λ	Λ	lambda	τ	Τ	tau
δ	Δ	delta	μ	Μ	mi	υ	Υ	ìpsilon
ε	Ε	épsilon	ν	Ν	ni	φ	Φ	fi
ζ	Ζ	zeta	ξ	Ξ	csi	χ	Χ	chi
η	Η	eta	ο	Ο	omicron	ψ	Ψ	psi
ϑ	Θ	theta	π	Π	pi	ω	Ω	omega

MATEMATICA

APPENDICE C

APPROFONDIMENTI

C.1 PROGRESSIONI

Si consideri una qualsiasi legge che a ogni numero naturale $n \in \mathbb{N}$ (con n diverso da zero) associ un numero reale $a_n \in \mathbb{R}$. Questa legge, che può essere pensata come una funzione da $\mathbb{N}$ a $\mathbb{R}$ (per la definizione di funzione si veda § 8.1), trasforma l'insieme numerico:

$$1, 2, 3, \ldots, n-2, n-1, n, \ldots$$

nell'insieme numerico:

$$a_1, a_2, a_3, \ldots, a_{n-2}, a_{n-1}, a_n, \ldots \qquad [21]$$

Si dirà allora che i numeri dell'insieme [21] sono **ordinati in una progressione** (o che **costituiscono una progressione**).

Ciascun numero dell'insieme [21] prende inoltre il nome di **termine della progressione**.

C.1.1 PROGRESSIONI ARITMETICHE

Una **progressione** si dice **aritmetica** quando è **costante la differenza tra ciascun termine** (escluso il primo) **e il precedente**: tale differenza viene detta **ragione** della progressione aritmetica (normalmente indicata con la lettera d).

La progressione 1, 3, 5, 7, 9... è aritmetica di ragione 2, in quanto la differenza tra ciascun termine e quello che lo precede vale 2.

Si considerino ora due termini consecutivi della medesima progressione aritmetica, a_n e a_{n+1}: per quanto visto si ha la formula seguente (dove d indica la ragione della progressione, ossia $a_{n+1} - a_n = d$):

$$a_{n+1} = a_n + d$$

In altre parole vale la seguente osservazione.

In una progressione aritmetica, **qualsiasi termine si ottiene dal precedente aggiungendogli la ragione.**

C.1.2 CALCOLO DELL'*N*-ESIMO TERMINE

Si consideri una generica progressione aritmetica:

$$a_1, a_2, a_3, \ldots, a_{n-2}, a_{n-1}, a_n, \ldots$$

la cui ragione sia indicata (come al solito) con la lettera d.

L'*n*-esimo termine a_n di una progressione aritmetica è uguale alla somma del primo termine a_1 con il prodotto della ragione d per il numero dei termini che precedono a_n.

In simboli:

$$a_n = a_1 + d \cdot (n-1)$$

Determinare il decimo termine a_{10} della progressione aritmetica 1, 3, 5, 7...
La ragione della progressione proposta è pari a 2; applicando la formula si ha:

$$a_{10} = a_1 + 2 \cdot (10-1) = 1 + 2 \cdot 9 = 19$$

C.1.3 CALCOLO DELLA SOMMA DEI PRIMI *N* TERMINI

La somma dei primi n termini a_1, a_2... a_n di una progressione aritmetica è uguale alla semisomma dei termini estremi a_1 e a_n, moltiplicata per il numero n dei termini.

In simboli:

$$S_n = \frac{a_1 + a_n}{2} \cdot n$$

Determinare la somma dei primi 8 termini della progressione : 2, 5, 8, 11, 14...

Si tratta di una progressione aritmetica di ragione 3, quindi l'ottavo termine è:

$$a_8 = a_1 + 3 \cdot (8 - 1) = 2 + 3 \cdot 7 = 23$$

Applicando la formula per il calcolo della somma dei primi 8 termini si ha:

$$S_8 = \frac{a_1 + a_8}{2} \cdot 8 = \frac{2 + 23}{2} \cdot 8 = 25 \cdot 4 = 100$$

C.1.4 PROGRESSIONI GEOMETRICHE

Una **progressione** si dice **geometrica** quando è **costante il quoziente tra ciascun termine** (escluso il primo) **e il precedente**: tale quoziente viene ancora detto **ragione** della progressione geometrica (normalmente indicata con la lettera q).

La progressione 2, 4, 8, 16, 32... è geometrica di ragione 2, in quanto il quoziente tra ciascun termine e quello che lo precede vale 2.

Si ha quindi la formula seguente (dove q indica naturalmente la ragione della progressione, ossia $a_{n+1}/a_n = q$):

$$a_{n+1} = a_n \cdot q$$

In una progressione geometrica, **qualsiasi termine si ottiene dal precedente moltiplicandolo per la ragione.**

C.1.5 CALCOLO DELL'*N*-ESIMO TERMINE

L'n-esimo termine a_n di una progressione geometrica è uguale al prodotto del primo termine a_1 per la ragione q elevata al numero dei termini che precedono a_n.

In simboli:

$$a_n = a_1 \cdot q^{n-1}$$

C.1.6 CALCOLO DELLA SOMMA DEI PRIMI *N* TERMINI

La somma dei primi n termini a_1, a_2... a_n di una progressione geometrica (di ragione diversa dall'unità) **è espressa da:**

$$S_n = a_1 \cdot \frac{1 - q^n}{1 - q}$$

Determinare la somma dei primi 10 termini della progressione: 2, 4, 8, 16...

Si tratta di una progressione geometrica di ragione 2, quindi il decimo termine è:

$$a_{10} = a_1 \cdot q^{10-1} = 2 \cdot 2^9 = 2^{10} = 1024$$

mentre la la somma vale

$$S_{10} = a_1 \cdot \frac{1 - 2^{10}}{1 - 2} = 2 \cdot \frac{1 - 1024}{1} = 2 \cdot 1023 = 2046$$

C.2 QUOZIENTE DI DUE POLINOMI, REGOLA DI RUFFINI E CRITERI DI DIVISIBILITÀ

Un polinomio si dice divisibile per un altro polinomio se esiste un terzo polinomio che moltiplicato per il secondo dia come risultato il primo.

Analogamente a quanto visto per i monomi, il terzo polinomio prende allora il nome di *quoziente* tra il primo polinomio, detto *dividendo*, e il secondo polinomio, detto *divisore*.

Quando i due polinomi A e B non sono divisibili l'uno per l'altro, il polinomio quoziente si può solo indicare mediante una *frazione algebrica* (§ 2.4).

Il procedimento generale di divisione fra polinomi è alquanto complesso ed esula dagli scopi di questo libro. Si consideri però il caso particolare della divisione di un polinomio intero $P(x)$ in una sola lettera (convenzionalmente indicata con x) per un binomio di primo grado nella stessa lettera:

$$P(x) \div (x + a)$$

Vale allora il seguente teorema (detto *teorema di Ruffini*)[1]:

Condizione necessaria e sufficiente affinché un polinomio intero in x sia divisibile per il binomio $(x + a)$ è che il polinomio si annulli quando a x si sostituisca $-a$.

Per calcolare il quoziente (e l'eventuale resto), per esempio, della divisione:

$$(2x^4 - 18x^2 - x + 3) \div (x - 3)$$

si applica la *regola di Ruffini*, ossia si procede nel modo mostrato nell'esempio seguente.

1. Si scrivono tutti i coefficienti del polinomio (ordinato) dividendo sulla stessa riga, scrivendo uno *zero* in corrispondenza degli eventuali termini mancanti; a sinistra del primo coefficiente e tra l'ultimo e il penultimo si disegna un segmento verticale, poi un terzo segmento orizzontale;

	2	0	−18	−1	3

2. nell'angolo a sinistra si riporta il valore $-a$: in questo esempio, essendo $a = -3$, si scriverà semplicemente 3; inoltre, si riporta il primo coefficiente del polinomio dividendo al disotto del segmento orizzontale;

	2	0	−18	−1	3
3					
	2				

3. si moltiplica tale coefficiente per $-a$ (ossia, in questo esempio, 3) e si scrive il prodotto così ottenuto sotto il secondo coefficiente: con quest'ultimo, si esegue poi la somma algebrica e si scrive il risultato al disotto del segmento orizzontale;

	2	0	−18	−1	3
3		6			
	2	6			

4. si continua a moltiplicare per $-a$ l'ultimo risultato ottenuto, scrivendo il prodotto così ottenuto sotto il terzo coefficiente, eseguendo la somma algebrica, e così via fino al termine noto;

	2	0	−18	−1	3
3		6	18	0	−3
	2	6	0	−1	0

5. l'ultimo risultato rappresenta l'eventuale resto della divisione (in questo esempio si è ottenuto un resto nullo) mentre tutti i precedenti sono, nell'ordine, i coefficienti del polinomio quoziente, polinomio nella stessa lettera e di un grado inferiore rispetto a quello del polinomio dividendo (in questo esempio il quoziente è di 3° grado):

$$(2x^4 - 18x^2 - x + 3) \div (x - 3) = 2x^3 + 6x^2 - 1$$

1. Il teorema e la successiva regola di Ruffini valgono anche nel caso in cui il coefficiente della x nel divisore non sia unitario: in tal caso, sarà sufficiente dividere dividendo e divisore per tale coefficiente.

C.2.1 CRITERI DI DIVISIBILITÀ

Grazie alla regola di Ruffini è possibile enunciare alcuni *criteri di divisibilità*.

$(a^n - b^n)$ è sempre divisibile per $(a - b)$.

$(a^n - b^n)$ è divisibile per $(a + b)$ solo per *n* pari.

$(a^n + b^n)$ non è mai divisibile per $(a - b)$.

$(a^n + b^n)$ è divisibile per $(a + b)$ solo per *n* dispari.

C.2.2 SCOMPOSIZIONE TRAMITE LA REGOLA DI RUFFINI

Ricordando il teorema di Ruffini (ossia il criterio di divisibilità per cui condizione necessaria e sufficiente affinché un polinomio intero in x sia divisibile per il binomio $(x + a)$ è che il polinomio si annulli quando a x si sostituisca $-a$) e applicando la *regola di Ruffini* è talvolta possibile scomporre un polinomio intero in fattori tutti, o in parte, di primo grado.

Per scomporre il polinomio:

$$P(x) = x^4 - x^3 - 2x^2 - 4x - 24$$

si osserva in primo luogo che esso si annulla per $x = -2$ e per $x = +3$, infatti:

$$P(-2) = (-2)^4 - (-2)^3 - 2 \cdot (-2)^2 - 4 \cdot (-2) - 24 = 16 + 8 - 8 + 8 - 24 = 0$$

$$P(+3) = (+3)^4 - (+3)^3 - 2 \cdot (+3)^2 - 4 \cdot (+3) - 24 = 81 - 27 - 18 - 12 - 24 = 0$$

quindi il polinomio può essere diviso (mediante Ruffini) per i binomi $(x + 2)$ e $(x - 3)$:

$$P(x) = (x + 2) \cdot (x - 3) \cdot (x^2 + 4)$$

Dal precedente esempio risulta evidente che il problema principale legato all'applicazione della regola di Ruffini come metodo di scomposizione in fattori consiste nell'individuare i valori numerici che annullano il polinomio (ossia, nell'esempio precedente, i due valori $x = -2$ e $x = +3$, che prendono il nome di *zeri del polinomio*).

In generale occorre procedere per tentativi, provando a sostituire diversi valori numerici finché non si trovi qualche zero del polinomio: esiste però la seguente regola che riduce il numero dei possibili valori "candidati" a essere zeri del polinomio.

Se esiste un numero intero relativo che, sostituito a *x*, annulli il polinomio (ossia, uno zero del polinomio), **esso sarà uno dei divisori del termine noto del polinomio** se il coefficiente del termine di grado massimo è unitario.

I "candidati" zeri del polinomio:

$$P(x) = x^3 + 5x^2 - x - 5$$

sono soltanto quattro: ± 1 e ± 5. Essendo:

$$P(-1) = 0$$

$$P(+1) = 0$$

$$P(-5) = 0$$

mentre $P(+5) = 240 \neq 0$, si ha:

$$P(x) = x^3 + 5x^2 - x - 5 = (x + 1) \cdot (x - 1) \cdot (x + 5)$$

MATEMATICA

C.3 TEOREMI SUI TRIANGOLI

È possibile ricavare, a partire dalle definizioni delle funzioni goniometriche, alcune importanti applicazioni alla geometria piana, in particolare per ciò che riguarda i triangoli.
Per i **triangoli rettangoli** ($\gamma = 90°$) si ha:

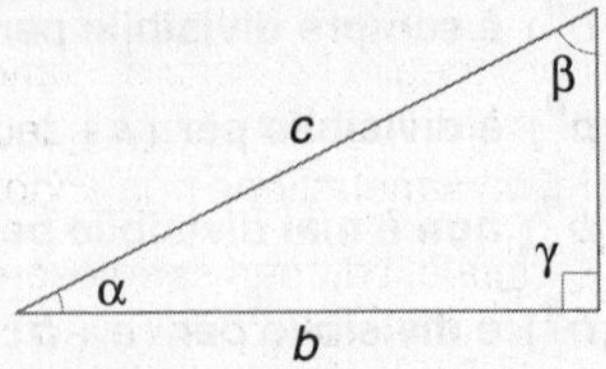

1. $a = c \cdot \text{sen}\alpha$
2. $a = c \cdot \cos\beta$
3. $a = b \cdot \text{tg}\alpha = b \cdot \text{cotg}\beta$
4. $b = a \cdot \text{tg}\beta = a \cdot \text{cotg}\alpha$

Per i **triangoli di qualunque genere** valgono i seguenti teoremi:

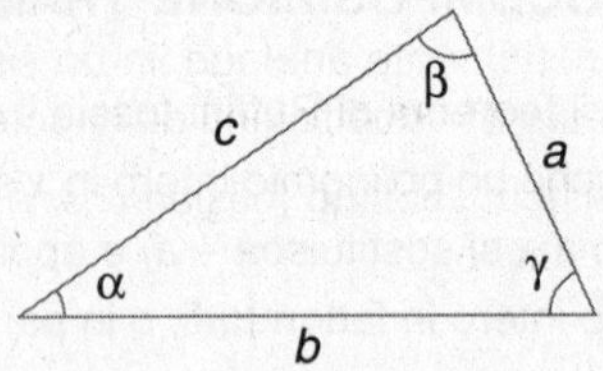

5. **Teorema delle proiezioni**:

$$a = b \cdot \cos\gamma + c \cdot \cos\beta$$

6. **Area del triangolo**:

$$A = \frac{1}{2} \cdot a \cdot b \cdot \text{sen}\gamma$$

7. **Teorema di Carnot** (o **del coseno**):
In un triangolo qualunque è possibile ricavare la misura di un lato conoscendo gli altri due lati e l'angolo compreso fra essi attraverso la relazione:

$$a^2 = b^2 + c^2 - 2 \cdot b \cdot c \cdot \cos\alpha \quad \text{con } \alpha \text{ angolo opposto al lato } a.$$

Quest'ultimo teorema è una generalizzazione del Teorema di Pitagora, il cui enunciato può essere ricavato semplicemente ponendo $\alpha = 90°$ nella relazione del teorema del coseno.

8. **Teorema dei seni**:

$$\frac{a}{\text{sen}\alpha} = \frac{b}{\text{sen}\beta} = \frac{c}{\text{sen}\gamma} = 2R$$

dove R rappresenta raggio della circonferenza circoscritta al triangolo.

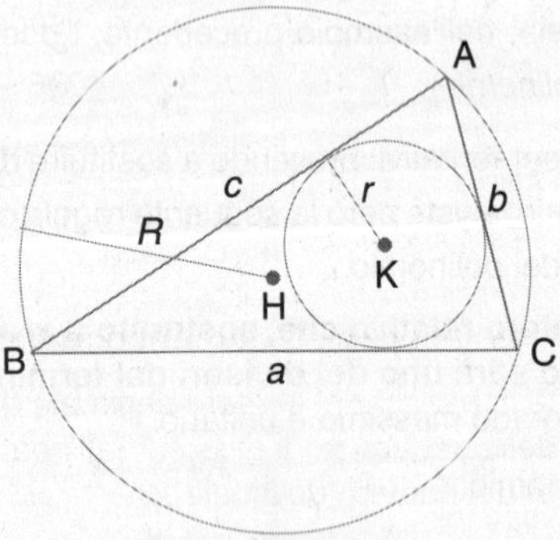

Inoltre:

$$R = \frac{a \cdot b \cdot c}{4A} \qquad r = \frac{A}{p}$$

dove:

- A = area triangolo;
- r = raggio della circonferenza inscritta;
- $p = \dfrac{a+b+c}{2}$ = semiperimetro del triangolo.

C.4 SISTEMI DI NUMERAZIONE IN BASE DIVERSA DA 10

Il sistema di numerazione decimale (in base 10) abitualmente adottato non è l'unico sistema di numerazione possibile.

Per comprendere meglio i sistemi di numerazione in base diversa da 10, è opportuno fare alcune considerazioni preliminari sul sistema decimale. In tal modo sarà possibile evidenziare il fatto che i diversi sistemi di numerazione non sono altro che applicazioni del medesimo principio.

Nel sistema decimale, i numeri sono espressi mediante i coefficienti delle potenze di 10; il numero 345, per esempio, può essere espresso come:

$$3 \cdot 10^2 + 4 \cdot 10^1 + 5 \cdot 10^0 = 3 \cdot 100 + 4 \cdot 10 + 5 \cdot 1$$

In modo perfettamente analogo, in un sistema di numerazione in base *n* qualsiasi, i numeri sono espressi mediante i coefficienti delle potenze della base *n* disposti in ordine decrescente.

Nel sistema binario (ossia in base 2) il numero 1101 (da leggersi "uno uno zero uno") indica l'espressione:

$$1 \cdot 2^3 + 1 \cdot 2^2 + 0 \cdot 2^1 + 1 \cdot 2^0$$

quindi equivale, nel sistema decimale, al numero:

$$1 \cdot 8 + 1 \cdot 4 + 0 \cdot 2 + 1 \cdot 1 = 13$$

Più formalmente, i sistemi di numerazione in base *n* si fondano su un insieme di *n* simboli (le cifre) con i quali si rappresentano i numeri naturali da 0 a $n - 1$: un allineamento del tipo $(c_k c_{k-1} \dots c_0)_n$, dove ogni c_i rappresenta una delle *n* cifre, indica il numero:

$$c_k \cdot n^k + c_{k-1} \cdot n^{k-1} + \dots + c_0 \cdot n^0$$

Passaggio dal sistema numerico in base *n* al sistema decimale

Per ottenere la rappresentazione decimale del numero *a* (espresso in base *n*) occorre applicare la definizione vista sopra.

Trovare il numero decimale corrispondente al numero esadecimale (ossia in base 16) 1201:

$$1 \cdot 16^3 + 2 \cdot 16^2 + 0 \cdot 16^1 + 1 \cdot 16^0 = 4096 + 512 + 1 = 4609$$

Il numero binario 1001101 corrisponde al numero decimale 77, infatti:

$$1 \cdot 2^6 + 0 \cdot 2^5 + 0 \cdot 2^4 + 1 \cdot 2^3 + 1 \cdot 2^2 + 0 \cdot 2^1 + 1 \cdot 2^0 = 64 + 8 + 4 + 1 = 77$$

Passaggio dal sistema decimale al sistema numerico in base *n*

Per ottenere la rappresentazione in base *n* del numero decimale *a* si effettuano divisioni successive di *a* per *n*: i resti successivi della sequenza di divisioni (allineati in ordine inverso) sono le cifre della rappresentazione in base *n* del numero decimale *a*.

Trovare l'espressione nel sistema binario del numero decimale 13:

$13 \div 2 = 6$	resto 1	(coefficiente di 2^0)
$6 \div 2 = 3$	resto 0	(coefficiente di 2^1)
$3 \div 2 = 1$	resto 1	(coefficiente di 2^2)
$1 \div 2 = 0$	resto 1	(coefficiente di 2^3)

Le cifre della rappresentazione in base 2 del numero decimale 13 sono i resti delle 4 divisioni: tali cifre vanno allineate partendo dall'ultima ottenuta. La sequenza dei resti dall'ultimo ottenuto al primo fornisce il numero cercato, ossia 1101.

MATEMATICA

La stessa sequenza di divisioni successive può essere riscritta servendosi di una *struttura* che consente di velocizzare il calcolo:

13	2			
1	6	2		
	0	3	2	
		1	1	2
			1	0

Nuovamente, la sequenza dei resti dall'ultimo al primo fornisce il numero cercato; il *modulo* della struttura è il seguente:

dividendo	divisore (base n)
resto (cifra del numero in base n)	quoziente (dividendo successivo)

Può essere utile un suggerimento per eliminare a priori alcune delle alternative proposte nei test: se il numero decimale a di cui viene richiesta la rappresentazione in base n è compreso fra le due quantità n^{k-1} e $n^k - 1$ allora la sua rappresentazione in base n sarà un numero di k cifre: se una sola delle risposte proposte ha k cifre, è possibile rispondere correttamente senza dover effettuare la conversione.

Per trovare l'espressione nel sistema binario del numero decimale 150 può essere utile osservare che $2^7 = 128 \leq 150 \leq 255 = 2^8 - 1$, quindi la sua rappresentazione binaria avrà sicuramente 8 cifre.

Operazioni con numeri in base *n*

Le usuali regole per svolgere le operazioni fondamentali (somma, prodotto,...) continuano a valere qualunque sia la base n utilizzata per rappresentare i numeri: occorre solo prestare particolare attenzione ai riporti.

Effettuare la somma 100 + 30 (numeri decimali) sia nel sistema decimale che in quello binario:

Sistema decimale	**Sistema binario**
100 +	1100100 +
30 =	11110 =
130	10000010

C.5 Equazioni e disequazioni irrazionali, esponenziali e logaritmiche

Anche per le equazioni irrazionali, esponenziali e logaritmiche conviene utilizzare il "metodo della verifica".

A titolo esemplificativo si riportano comunque alcune equazioni esponenziali e logaritmiche risolte.

Equazioni irrazionali

Se l'incognita compare nell'argomento di un radicale, l'equazione si dice irrazionale.

L'equazione $x + \sqrt{3x+1} = 3$ è irrazionale, mentre $\sqrt{5}x + 4x - \sqrt{7} = 0$ **non** è irrazionale.

Per rispondere a un quesito a risposta multipla relativo a una equazione irrazionale conviene applicare il "metodo della verifica", sostituendo nell'equazione i valori proposti e trovando tra questi quello che soddisfa l'equazione. La risoluzione tradizionale di una equazione irrazionale può infatti essere tutt'altro che veloce.

Disequazioni irrazionali

Si tratta di un tipo di disequazione la cui risoluzione è in generale abbastanza lunga e complessa. Per questo motivo è assai improbabile la loro presenza nelle prove di ammissione. Si riporta tuttavia uno schema utile per la loro risoluzione. Le disequazioni irrazionali elementari (ossia contenenti un solo radicale) ridotte in forma normale, si presentano nelle forme seguenti:

$$g(x) > \sqrt[n]{f(x)} \quad \text{oppure} \quad g(x) < \sqrt[n]{f(x)}$$

dove $f(x)$ e $g(x)$ rappresentano due espressioni *razionali* qualsiasi, contenenti l'incognita *x*. I diversi casi possibili sono contenuti nella seguente tabella.

	$g(x) > \sqrt[n]{f(x)}$	$g(x) < \sqrt[n]{f(x)}$
***n* dispari**	la disequazione è equivalente a: $[g(x)]^n > f(x)$	la disequazione è equivalente a: $[g(x)]^n < f(x)$
***n* pari**	la disequazione è equivalente al sistema: $\begin{cases} f(x) \geq 0 \\ g(x) > 0 \\ [g(x)]^n > f(x) \end{cases}$	la disequazione è equivalente ai due sistemi: $\begin{cases} f(x) \geq 0 \\ g(x) < 0 \end{cases}$ e $\begin{cases} g(x) \geq 0 \\ [g(x)]^n < f(x) \end{cases}$

$$\sqrt[3]{x-2} > -1 \xrightarrow{\text{è equivalente a}} (\sqrt[3]{x-2})^3 > (-1)^3 \rightarrow x-2 > -1 \rightarrow x > 1$$

Equazioni esponenziali

Se l'equazione esponenziale non è nella forma $a^x = b$, ma in una forma più complessa, si dovranno effettuare alcuni passaggi algebrici per ricondurre la risoluzione dell'equazione alla risoluzione di una o più equazioni elementari.

$$2^{3x-1} = 4^{x+1} \xrightarrow[\text{nella forma}]{\text{può essere riscritta}} 2^{3x-1} = 2^{2(x+1)} \rightarrow 3x-1 = 2(x+1) \rightarrow x = 3$$

È stato sufficiente osservare che la base della potenza a secondo membro (ossia 4) può essere vista come potenza della base del primo membro (ponendo semplicemente $4 = 2^2$).

In altri casi la risoluzione dell'equazione esponenziale viene ricondotta alla risoluzione di una equazione di secondo grado.

$$2^{2x} - 9 \cdot 2^x + 8 = 0 \xrightarrow[\text{(quindi } 2^{2x} = (2^x)^2 = t^2)]{\text{ponendo } t = 2^x} t^2 - 9t + 8 = 0 \rightarrow \begin{cases} t_1 = 1 \\ t_2 = 8 \end{cases}$$

A questo punto si risolvono le due equazioni esponenziali elementari:

$$\begin{cases} 2^x = t_1 \rightarrow 2^x = 1 \rightarrow 2^x = 2^0 \rightarrow x_1 = 0 \\ 2^x = t_2 \rightarrow 2^x = 8 \rightarrow 2^x = 2^3 \rightarrow x_2 = 3 \end{cases}$$

Equazioni logaritmiche

Per risolvere una equazione logaritmica (ossia un'equazione in cui l'incognita compare nell'argomento di un logaritmo) si utilizzano i teoremi sui logaritmi: l'obiettivo è quello di trasformare ambo i membri in logaritmi nella stessa base, per poi trasformare l'uguaglianza fra logaritmi in una uguaglianza fra argomenti.

Risulta essere molto utile la seguente relazione:

$$n = n \cdot 1 = n \cdot \log_a a = \log_a a^n \rightarrow \mathbf{n = \log_a a^n}$$

Inoltre, poiché la risoluzione avviene nell'insieme dei numeri reali, occorre ricordarsi che **si devono sempre porre le condizioni di esistenza per tutti i logaritmi**.

Si consideri l'equazione: $\log_2 x = 0$. La Condizione di Esistenza è la seguente:

$$\text{C.E.: } x > 0$$

sostituendo il secondo membro con $\log_2 1$ (che è nullo) si ottiene:

$$\log_2 x = \log_2 1 \rightarrow x = 1 \quad \text{la soluzione è accettabile (rispetta la C.E.)}$$

Si consideri l'equazione: $\ln(x+1) = 3$. C.E.: $x + 1 > 0 \rightarrow x > -1$

Essendo $\ln e = 1$ si ha (applicando la relazione $n = \log_a a^n$):

$$3 = \ln e^3$$

per cui è possibile sostituire il secondo membro con $\ln e^3$, ottenendo:

$$\ln(x+1) = \ln e^3 \rightarrow x = e^3 - 1 > -1 \quad \text{la soluzione è accettabile}$$

PARTE TERZA

Disequazioni esponenziali

Una disequazione esponenziale è una disequazione in cui l'incognita compare nell'esponente.

Per la risoluzione delle disequazioni esponenziali è importante conoscere le proprietà della curva esponenziale, in particolare il fatto che la curva sia crescente o decrescente a seconda del valore assunto dalla base *a*.

Per risolvere le disequazioni esponenziali può essere utile la seguente tabella:

	Disequazione	Soluzione ($0 < a < 1$)	Soluzione ($a > 1$)
1	$a^{f(x)} \leq 0$	mai vera	mai vera
2	$a^{f(x)} \geq 0$	sempre vera	sempre vera
3	$a^{f(x)} > 1$	$f(x) < 0$	$f(x) > 0$
4	$a^{f(x)} > a^{g(x)}$	$f(x) < g(x)$	$f(x) > g(x)$
5	$a^{f(x)} > k$	$f(x) < \log_a k$	$f(x) > \log_a k$

1. $3^x < 0 \rightarrow$ impossibile (*caso* 1);
2. $2^{3x} > 0 \rightarrow$ sempre vera (*caso* 2);
3. $2^x > 4 \rightarrow 2^x > 2^2 \rightarrow$ la base dell'esponenziale è maggiore di uno (quindi la curva esponenziale è crescente) $\rightarrow x > 2$ (*caso* 5);
4. $(1/2)^x > 2 \rightarrow (1/2)^x > (1/2)^{-1} \rightarrow$ la base dell'esponenziale è minore di uno (quindi la curva esponenziale è decrescente) $\rightarrow x < -1$ (*caso* 5);

Si noti la differenza tra gli esempi 3 e 4 dovuta ai diversi valori delle basi.

Disequazioni logaritmiche

Una disequazione logaritmica è una disequazione in cui l'incognita compare nell'argomento di un logaritmo.

Anche per la risoluzione delle disequazioni logaritmiche è importante conoscere le proprietà della corrispondente curva logaritmica, in particolare il fatto che la curva sia crescente o decrescente a seconda del valore assunto dalla base *a*.

Per risolvere le disequazioni logaritmiche può essere utile la seguente tabella:

	Disequazione	Soluzione ($0 < a < 1$)	Soluzione ($a > 1$)
1	$\log_a f(x) > 0$	$0 < f(x) < 1$	$f(x) > 1$
2	$\log_a f(x) > \log_a g(x)$	$0 < f(x) < g(x)$	$f(x) > g(x) > 0$
3	$\log_a f(x) > k$	$0 < f(x) < a^k$	$f(x) > a^k$

1. $\ln x > 0$ C.E. $x > 0$
   $\ln x > 0 \rightarrow \ln x > \ln 1$; la base del logaritmo è maggiore di uno (quindi la curva logaritmica è crescente) $\rightarrow x > 1$ (*caso* 1);
2. $\log_2 (x+1) > \log_2 3$ C.E. $x > -1$
   la base è maggiore di uno $\rightarrow x+1 > 3 \rightarrow x > 2$ (*caso* 2);
3. $\log_{1/2} (x+1) > \log_{1/2} 3$ C.E. $x > -1$
   la base del logaritmo è minore di uno $\rightarrow x+1 < 3 \rightarrow x < 2$ (*caso* 2).
   La soluzione in questo caso è $-1 < x < 2$ perché si deve tener conto anche del campo di esistenza.

Notare la differenza tra gli esempi 2 e 3 dovuta ai diversi valori delle basi (curva logaritmica crescente e decrescente rispettivamente).

C.6 CENNI SUI NUMERI COMPLESSI

La radice di indice pari di un numero negativo non esiste nell'insieme $\mathbb{R}$ dei numeri reali, in quanto non è possibile trovare un numero reale la cui potenza pari sia negativa: si rende quindi necessario ampliare l'insieme numerico finora utilizzato e considerare (oltre ai numeri *reali*) anche i numeri *immaginari*.

C.6.1 NUMERI IMMAGINARI

Si definisce unità immaginaria (indicata con il simbolo *i*) **la quantità:**

$$i = \sqrt{-1}$$

L'unità immaginaria è quindi, per definizione, il risultato dell'operazione di estrazione di radice quadrata del numero negativo -1. Dalla definizione si ricava inoltre che:

$$i^2 = (\sqrt{-1})^2 = -1 \qquad i^3 = i^2 \cdot i = -i \qquad i^4 = i^2 \cdot i^2 = 1 \qquad i^5 = i^4 \cdot i = i \qquad \ldots$$

Si definisce **numero immaginario** qualsiasi numero nella forma *ai*, ossia **prodotto fra un numero reale *a* e l'unità immaginaria *i*.**

$3i, -5i, \frac{7}{4}i$ sono numeri immaginari.

Nell'insieme dei numeri immaginari è possibile estrarre la radice di indice pari di un numero negativo, in quanto le potenze pari dei numeri immaginari sono numeri reali negativi.

$$(bi)^2 = b^2 \cdot i^2 = b^2 \cdot (-1) = -b^2 < 0 \quad \rightarrow \quad \sqrt{-b^2} = bi$$

MATEMATICA

C.6.2 NUMERI COMPLESSI E LORO OPERAZIONI

La somma algebrica fra un numero reale *a* e un numero immaginario *bi* (ossia il numero $a + bi$) prende il nome di **numero complesso**. Il numero reale a è la **parte reale**, mentre il numero immaginario bi è la **parte immaginaria**; b è detto **coefficiente della parte immaginaria** e talvolta, con abuso di linguaggio, parte immaginaria.

$4+2i, 3-6i, -\frac{1}{2}+\frac{2}{3}i$ sono numeri complessi.

Somma: $(a+bi)+(c+di) = (a+c)+(b+d)i$

Prodotto: $(a+bi)\cdot(c+di) = ac+adi+bci-bd = (ac-bd)+(ad+bc)i$

$(3+5i)+(4-3i) = 7+2i$; $(3+5i)\cdot(4-3i) = 12-9i+20i-15i^2 = 27+11i$.

C.6.3 NUMERI COMPLESSI CONIUGATI

Due numeri complessi coniugati hanno la stessa parte reale e parti immaginarie opposte.

$$(a+bi);\ (a-bi)$$

$$\left.\begin{aligned}(a+bi)+(a-bi) &= 2a\\ (a+bi)\cdot(a-bi) &= a^2+b^2\end{aligned}\right\}$$ **La somma e il prodotto di numeri complessi coniugati sono numeri reali.**

INDICE ANALITICO

parte quarta

FISICA

INDICE

1 SCALARI E VETTORI

1.1 GRANDEZZE SCALARI

Misurare una grandezza fisica (come la lunghezza di un tavolo o la durata di un evento) significa fissare un'opportuna **unità di misura** (per esempio, rispettivamente, il metro o il minuto) e stabilire quante volte essa è contenuta nella grandezza data.

✔ Si dice **scalare** una grandezza che può essere descritta indicando un numero, eventualmente accompagnato dalla relativa unità di misura.

Il record del mondo sui 100 metri piani e l'altezza del monte Everest sono grandezze scalari (un tempo e una lunghezza, rispettivamente). Allo stesso modo, anche se non ha alcuna unità di misura, la percentuale di bambini maschi in una classe elementare è una grandezza scalare: viene espressa infatti con un *numero puro*.

1.1.1 SISTEMA INTERNAZIONALE DELLE UNITÀ DI MISURA

In fisica si definiscono sette grandezze **fondamentali** fra loro indipendenti, tra cui la lunghezza, la massa e il tempo. Tutte le altre prendono il nome di grandezze **derivate** nel senso che si possono ricavare tramite opportune "ricette" matematiche a partire dalle grandezze fondamentali.

La velocità è una grandezza derivata definita come rapporto di due grandezze fondamentali:

$$\text{velocità} = \frac{\text{lunghezza}}{\text{tempo}}$$

Per convenzione, il sistema di unità di misura attualmente adottato è il Sistema internazionale (SI) o MKS (dalle iniziali dei simboli per le unità di misura metro, chilogrammo e secondo); in questo sistema le sette grandezze fondamentali hanno le unità di misura riportate nella tabella seguente.

Grandezza fondamentale	Unità di misura nel SI	Simbolo
lunghezza	metro	m
massa	chilogrammo	kg
tempo	secondo	s
intensità di corrente	ampere	A
temperatura	kelvin	K
intensità luminosa	candela	cd
quantità di materia	mole	mol

Il SI non è il solo sistema di unità di misura esistente; un altro molto usato è il CGS (dalle iniziali di centimetro, grammo e secondo), nel quale per lunghezza, massa e tempo si usano rispettivamente le unità di misura centimetro, grammo e secondo. In questo testo, in generale, si utilizzano le unità di misura del SI.

In Appendice è riportata una tabella di conversione fra SI e CGS.

FISICA

1.1.2 UNITÀ DI MISURA: MULTIPLI E SOTTOMULTIPLI

In entrambi i sistemi SI e CGS si aggiungono prefissi alle unità di misura in modo da rendere i numeri più "maneggevoli". La tabella seguente riporta i prefissi più usati.

Multipli				Sottomultipli			
deca (da)	10^1	mega (M)	10^6	deci (d)	10^{-1}	micro (μ)	10^{-6}
etto (h)	10^2	giga (G)	10^9	centi (c)	10^{-2}	nano (n)	10^{-9}
chilo (k)	10^3	tera (T)	10^{12}	milli (m)	10^{-3}	pico (p)	10^{-12}

Questi prefissi si usano moltiplicando la corrispondente potenza di 10 per le unità di misura a cui vengono affiancati:

$$1 \text{ millisecondo} = 1 \text{ ms} = 10^{-3} \cdot 1 \text{ secondo} = 10^{-3} \text{ s}$$

$$1 \text{ gigametro} = 1 \text{ Gm} = 10^9 \cdot 1 \text{ metro} = 10^9 \text{ m}$$

Per passare da un'unità di misura a un suo multiplo o sottomultiplo si inverte la definizione:

$$1 \text{ hg} = 10^2 \text{ g} = 100 \text{ g} \quad \Rightarrow \quad 1 \text{ g} = \frac{1 \text{ hg}}{100} = 10^{-2} \text{ hg}$$

$$1 \text{ pm} = 10^{-12} \text{ m} \quad \Rightarrow \quad 1 \text{ m} = \frac{1 \text{ pm}}{10^{-12}} = 10^{12} \text{ pm}$$

Si esprima la lunghezza 7 Gm (gigametri) in pm (picometri).
In esercizi di questo tipo bisogna lavorare con le potenze di 10; in particolare, una volta note le definizioni dei prefissi per le unità di misura, si devono applicare le proprietà:

$$10^a \cdot 10^b = 10^{a+b} \quad \text{oppure} \quad 10^a / 10^b = 10^{a-b}$$

Conviene sempre passare per l'unità di misura senza prefisso (il metro nell'esempio):

$$7 \text{ Gm} = 7 \cdot (10^9 \text{ m}) = 7 \cdot 10^9 \cdot (\mathbf{1\ m}) = 7 \cdot 10^9 \cdot (10^{12} \text{ pm}) =$$
$$= 7 \cdot (10^9 \cdot 10^{12}) \text{ pm} = 7 \cdot 10^{9+12} \text{ pm} = 7 \cdot 10^{21} \text{ pm}$$

1.1.3 NOTAZIONE SCIENTIFICA O ESPONENZIALE

Ogni numero razionale può essere scritto nella forma $a \cdot 10^b$, dove a è un numero decimale con una sola cifra diversa da zero prima della virgola, mentre b è un numero intero.

$0{,}0025 = 2{,}5 \cdot 10^{-3}$; $-562{,}5 = -5{,}625 \cdot 10^2$; $-0{,}070 = -7{,}0 \cdot 10^{-2}$

Nel trasformare –0,070 in notazione esponenziale non si può tralasciare lo zero dopo il 7. In fisica, infatti, gli zeri a destra dell'ultima cifra diversa da zero dopo la virgola contengono un'informazione non trascurabile: per esempio, qui, «7 centesimi e 0 millesimi» anziché «7 centesimi». Trascurando questo zero nel passaggio alla notazione esponenziale, l'informazione rispetto al numero di partenza sarebbe incompleta (si veda più avanti il § 1.4.2).

1.1.4 ORDINE DI GRANDEZZA

L'ordine di grandezza (ODG) di un numero indica con quale potenza di 10 lo si può sostituire in calcoli approssimati. Dato un numero espresso nella notazione esponenziale $a \cdot 10^b$, il suo ODG è:

pari all'esponente b se $|a| < 5$ oppure pari a $b + 1$ se $|a| \geq 5$

$\text{ODG}(0{,}0025) = -3$; $\text{ODG}(-562{,}5) = 2 + 1 = 3$; $\text{ODG}(-0{,}070) = -2 + 1 = -1$

PARTE QUARTA

1.2 DIMENSIONI DI UNA GRANDEZZA FISICA

Per ciascuna delle grandezze fondamentali viste al § 1.1 si introduce un'etichetta di riconoscimento che, racchiusa fra parentesi quadre, indica la grandezza stessa o, più correttamente, la sua *dimensione*. Nella tabella seguente vengono riportate le dimensioni delle grandezze fondamentali.

Grandezza	Dimensione
lunghezza	[L]
massa	[M]
tempo	[T]
intensità di corrente elettrica	[i]
temperatura	[K]
intensità luminosa	[I]
quantità di materia	[m]

Le dimensioni di una grandezza derivata si ricavano dalle dimensioni delle grandezze fondamentali, secondo la stessa relazione che lega la grandezza derivata alle grandezze fondamentali.

Le dimensioni della velocità media, definita come $\frac{\Delta s}{\Delta t}$, sono $\frac{[L]}{[T]}$.

Se due grandezze fisiche hanno le stesse dimensioni, si dicono **omogenee**.
Alcune grandezze fisiche (tipicamente quelle definite come rapporto fra due grandezze omogenee) sono prive di dimensioni: ai tratta di grandezze fisiche **adimensionali**.

La lunghezza di un tavolo e l'altezza di un muro sono grandezze omogenee e hanno entrambe dimensione [L].

Gli **angoli**, che nel SI e nel CGS si misurano in radianti (simbolo: rad), sono grandezze scalari adimensionali. Si noti che, quando non è accompagnata dall'indicazione dei radianti, la dicitura «π» non rappresenta l'angolo piatto, bensì il numero puro che vale circa 3,14.
Dunque, per esempio: 2π rad è l'angolo giro; 2π è un numero puro che vale circa 6,28

Quali sono le dimensioni di $\cos\vartheta$?
Il coseno di un angolo (così come il seno e la tangente) sono funzioni trigonometriche definite come rapporto tra due segmenti, pertanto sono adimensionali.

1.2.1 REGOLE PER L'ANALISI DIMENSIONALE

Le dimensioni vengono trattate proprio come le quantità algebriche nel calcolo letterale. Questo implica alcune regole pratiche:

1. i numeri puri, gli angoli e tutte le grandezze adimensionali in genere non hanno dimensioni; nell'analisi dimensionale si possono sostituire con un 1;
2. moltiplicare o dividere una grandezza fisica per un numero puro non varia le dimensioni del risultato;
3. le grandezze fisiche possono essere sommate o sottratte solo se hanno le stesse dimensioni (ossia se sono omogenee);
4. i due membri di un'equazione o di un'uguaglianza fisica devono avere le stesse dimensioni.

Se p è il perimetro di una stanza (con dimensioni $[L]$), il doppio del perimetro ha ancora dimensioni $[L]$. In formule:

$$[2p] = [2] \cdot [p] = 1 \cdot [L] = [L]$$

Questo perché il numero puro 2 è adimensionale.

Le operazioni "1 m + 1 kg" e "22 m/s – 10 s" non hanno senso in fisica.

FISICA

1.3 GRANDEZZE VETTORIALI

Queste grandezze sono individuate, oltre che da un numero (*modulo* o *intensità*) che ne esprime la misura rispetto a un'unità prefissata, anche da una *direzione* e da un *verso*.

Si supponga di dover descrivere lo spostamento di una formica a partire dalla sua tana. È chiaro che specificare la lunghezza di questo spostamento, per esempio 3 cm, non è sufficiente: questo basta soltanto a stabilire che la formica, dopo essersi spostata, si trova in qualche punto di una circonferenza di raggio 3 cm centrata nella tana! **Lo spostamento non è una grandezza scalare, ma vettoriale**. Per stabilire la posizione finale della formica è necessario conoscere *anche* la direzione lungo la quale si è mossa e, lungo questa direzione, il verso: per esempio sapere che, a partire dalla sua tana, la formica si è spostata di 3 cm, *in direzione verticale e verso nord*, consente di capire dove è arrivata.

I vettori si rappresentano simbolicamente con delle frecce.

Nella figura è rappresentato un vettore.

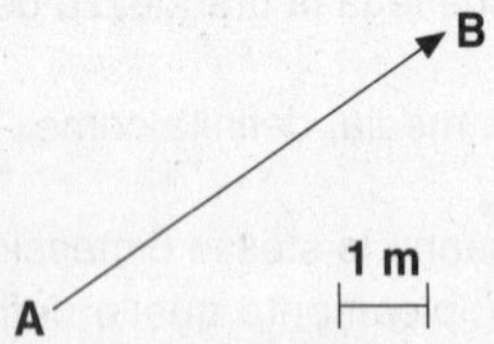

- A è il punto di "partenza" o **punto di applicazione**.
- Il **modulo** o **intensità** del vettore è pari alla lunghezza della freccia (rapportata alla relativa unità di misura).
- La **direzione** del vettore è la retta a cui appartiene la freccia.
- Il **verso** del vettore è quello indicato dalla freccia (per ogni direzione si possono avere due versi).

Esistono diverse notazioni per indicare un vettore. Le più utilizzate sono il grassetto **v** o la barra sopra la lettera $\bar{v}$. In questo testo viene adottato l'uso del grassetto.

Il modulo di un generico vettore **v** è indicato con il simbolo |**v**| oppure con il corsivo *v*.

Due vettori si dicono:
- **paralleli** quando giacciono su direzioni (rette) coincidenti o parallele;
- **concordi** quando sono paralleli e hanno lo stesso verso;
- **antiparalleli** o **discordi** quando sono paralleli ma hanno verso opposto;
- **ortogonali** o **perpendicolari** quando le loro direzioni formano un angolo di 90° tra loro.

1.3.1 MULTIPLI DI UN VETTORE

Un certo vettore **a** può essere moltiplicato per uno scalare *b* (cioè per un numero), ottenendo come risultato un **vettore multiplo** di **a**, che ha *la stessa direzione* ma *modulo diverso.* Il verso del multiplo è concorde o discorde con quello del vettore **a** a seconda che lo scalare *b* sia positivo o negativo; il modulo del vettore prodotto è pari al prodotto dello scalare *b* per il modulo del vettore **a**. Moltiplicando un vettore per 2, si ha cioè:

$$|\mathbf{2a}| = |2 \cdot \mathbf{a}| = 2 \cdot |\mathbf{a}| = 2a$$

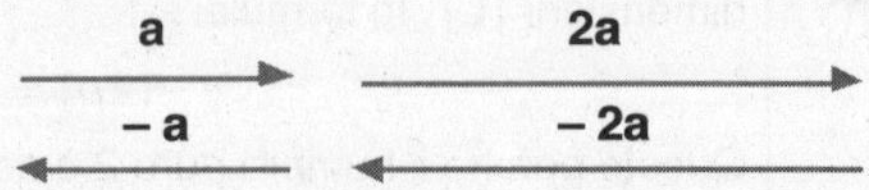

Si definisce **opposto** di un vettore **a** il vettore –**a** , che ha lo stesso modulo ma verso opposto.

1.3.2 SOMMA E DIFFERENZA FRA VETTORI

I vettori si sommano con la **regola del parallelogramma**: la **somma** di due vettori $\mathbf{v}_1$ e $\mathbf{v}_2$ è il vettore $\mathbf{v}_1 + \mathbf{v}_2 = \mathbf{v}$, diretto lungo la diagonale del parallelogramma avente per lati i vettori $\mathbf{v}_1$ e $\mathbf{v}_2$. Il vettore $\mathbf{v}$ ha per modulo la lunghezza della diagonale.

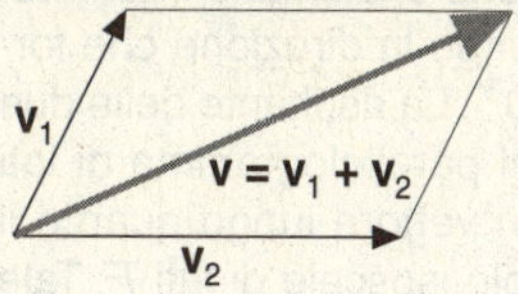

Dato che $0 \le |\mathbf{v}| \le |\mathbf{v}_1| + |\mathbf{v}_2|$, in generale si ha:

$$|\mathbf{v}| \neq |\mathbf{v}_1| + |\mathbf{v}_2|$$

Il vettore somma prende il nome di **risultante.** Il modulo del vettore risultante si ricava in generale applicando la seguente relazione trigonometrica: detto α l'angolo tra i due vettori $\mathbf{v}_1$ e $\mathbf{v}_2$, la loro somma $\mathbf{v}$ ha modulo:

$$|\mathbf{v}| = \sqrt{|\mathbf{v}_1|^2 + |\mathbf{v}_2|^2 + 2 \cdot |\mathbf{v}_1| \cdot |\mathbf{v}_2| \cdot \cos\alpha}$$

Di seguito si riportano tre esempi in cui tale calcolo può essere effettuato più rapidamente, ricordando che $\cos(0°) = 1$, $\cos(90°) = 0$ e $\cos(180°) = -1$.

$\mathbf{v}_1$ e $\mathbf{v}_2$ sono ortogonali tra loro ($\alpha = 90°$).
Direzione e verso del vettore risultante $\mathbf{v}$ si costruiscono con la regola del parallelogramma; il modulo del vettore somma si ricava applicando il teorema di Pitagora:

$$|\mathbf{v}| = \sqrt{|\mathbf{v}_1|^2 + |\mathbf{v}_2|^2}$$

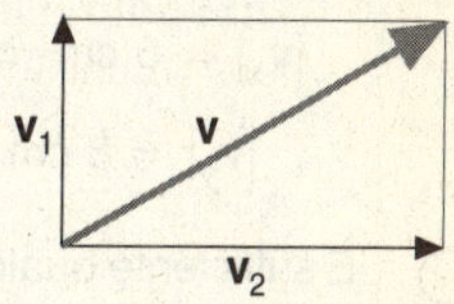

$\mathbf{v}_1$ e $\mathbf{v}_2$ sono paralleli e concordi ($\alpha = 0°$).
Il vettore risultante $\mathbf{v}$ ha la stessa direzione e lo stesso verso di $\mathbf{v}_1$ e $\mathbf{v}_2$; il modulo è dato da:

$$|\mathbf{v}| = |\mathbf{v}_1| + |\mathbf{v}_2|$$

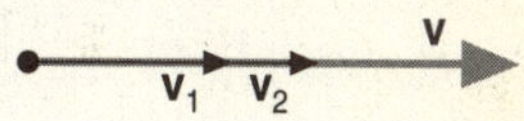

$\mathbf{v}_1$ e $\mathbf{v}_2$ sono antiparalleli ($\alpha = 180°$).
Il vettore risultante $\mathbf{v}$ ha la stessa direzione di $\mathbf{v}_1$ e $\mathbf{v}_2$ e lo stesso verso del vettore di modulo maggiore; il modulo è invece dato da:

$$|\mathbf{v}| = |\mathbf{v}_2| - |\mathbf{v}_1| \text{ se } |\mathbf{v}_2| > |\mathbf{v}_1|\,; \quad |\mathbf{v}| = |\mathbf{v}_1| - |\mathbf{v}_2| \text{ altrimenti}$$

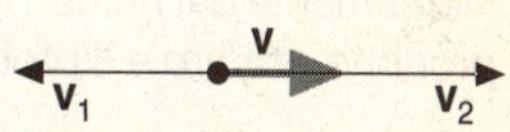

La **differenza** tra due vettori si ottiene sommando al primo vettore l'opposto del secondo:

$$\mathbf{v}_1 - \mathbf{v}_2 = \mathbf{v}_1 + (-\mathbf{v}_2)$$

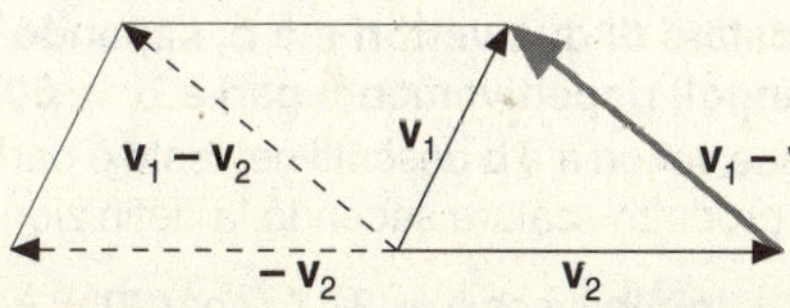

Si supponga di voler calcolare il modulo della risultante R di due forze che hanno lo stesso modulo F, formano tra loro un angolo $\alpha < 90°$ e sono applicate allo stesso punto: in questo caso si può usare la regola grafica del parallelogramma, facendo attenzione alle caratteristiche geometriche del problema.

Senza perdere in generalità, si può rappresentare una delle due forze lungo la direzione orizzontale in un riferimento cartesiano, e l'altra lungo la direzione che forma con essa un angolo $\alpha < 90°$. La risultante delle due forze, ovvero la diagonale del parallelogramma di lati uguali e pari a F, è quindi un vettore lungo quanto il doppio dell'altezza del triangolo isoscele di lati F. Tale altezza vale $h = F\cos(\alpha/2)$, dunque $R = 2F\cos(\alpha/2)$.

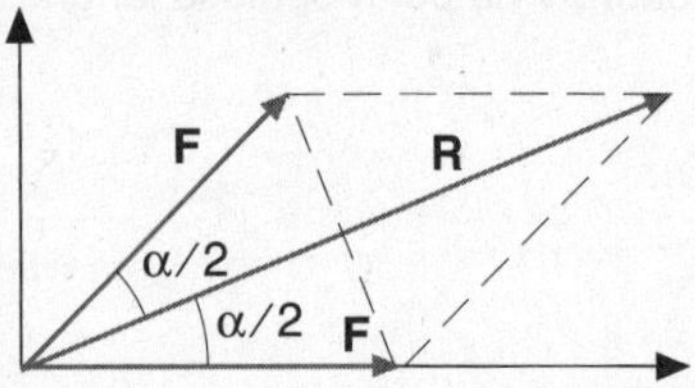

1.3.3 Scomposizione di un vettore

Dato un riferimento cartesiano in cui giace un vettore **v** qualsiasi, le **componenti del vettore sono le sue proiezioni ortogonali sugli assi**; in altre parole, sono i due vettori $\mathbf{v}_x$ e $\mathbf{v}_y$ paralleli rispettivamente agli assi *x* e *y*, tali che la loro somma dà il vettore **v**.

Le definizioni delle funzioni trigonometriche *seno* e *coseno* consentono di scomporre un vettore lungo due assi ortogonali orientati.

Nella figura è riportata la scomposizione di **v**, un generico vettore. $\mathbf{v}_x$ e $\mathbf{v}_y$ sono le componenti del vettore lungo gli assi cartesiani e si ha $\mathbf{v} = \mathbf{v}_x + \mathbf{v}_y$.

Se, per esempio, $|\mathbf{v}| = 8$ cm e $\alpha = 30°$, si ha:

$$|\mathbf{v}_x| = 8\text{ cm}\cdot\cos(30°) = 8\text{ cm}\cdot(\sqrt{3}/2) = 4\sqrt{3}\text{ cm}$$

$$|\mathbf{v}_y| = 8\text{ cm}\cdot\text{sen}(30°) = 8\text{ cm}\cdot(1/2) = 4\text{ cm}$$

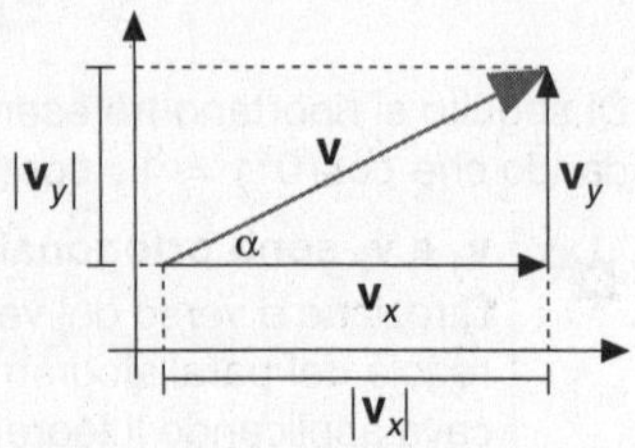

È sufficiente qualche nozione di geometria piana per riconoscere, nell'esempio precedente in cui $\alpha = 30°$, metà di un triangolo equilatero di lato **v** e altezza $\mathbf{v}_x$. Dunque, conoscendo il lato, si può concludere senza utilizzare la trigonometria che le componenti cercate sono:

$$|\mathbf{v}_x| = \text{altezza} = \mathbf{v}\cdot(\sqrt{3}/2);\quad |\mathbf{v}_y| = \text{base} = \mathbf{v}/2$$

1.3.4 Prodotti tra vettori

Diversamente dai numeri, i vettori possono essere moltiplicati fra loro in due modi diversi: mediante il prodotto *scalare* e il prodotto *vettoriale*.

Il **prodotto scalare** tra due vettori **a** e **b** è uno scalare (*cioè un numero puro!*) così definito:

$$\mathbf{a}\cdot\mathbf{b} = |\mathbf{a}|\cdot|\mathbf{b}|\cdot\cos\vartheta,\quad \text{dove } \vartheta \text{ è l'angolo tra } \mathbf{a} \text{ e } \mathbf{b}$$

Il prodotto scalare tra due vettori è dunque pari a $\mathbf{a}\cdot\mathbf{b} = |\mathbf{a}|\cdot|\mathbf{b}_p|$, dove $\mathbf{b}_p$ è la componente di **b** parallela ad **a**, che vale appunto $|\mathbf{b}|\cdot\cos\vartheta$.

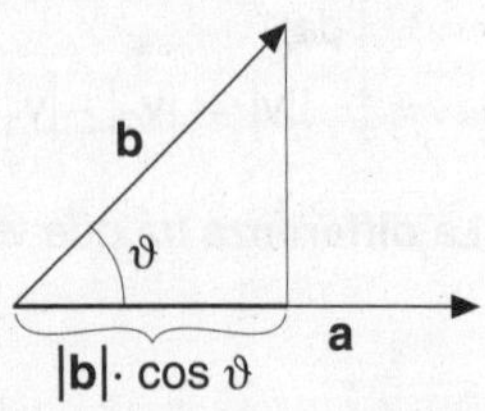

Si calcoli il prodotto scalare di due vettori a e b, sapendo che $a = 3$, $b = 1$, e che formano con l'asse *x* angoli rispettivamente pari a $\alpha = 60°$ e $\beta = 30°$.

L'angolo ϑ formato dai due vettori **a** e **b** descritti nel testo è pari a $\alpha - \beta = 30°$. Si procede quindi a calcolare il loro prodotto scalare secondo la definizione:

$$\mathbf{a}\cdot\mathbf{b} = |\mathbf{a}|\cdot|\mathbf{b}|\cdot\cos\vartheta = 3\cdot 1\cdot\cos(30°) = 3\sqrt{3}/2$$

Il **prodotto vettoriale** $\mathbf{a} \wedge \mathbf{b}$ è un vettore così definito:

- **Intensità**: $|\mathbf{a}| \cdot |\mathbf{b}| \cdot \text{sen}\vartheta = |\mathbf{a}_n| \cdot |\mathbf{b}|$ dove $\mathbf{a}_n$ è la componente di **a** perpendicolare a **b**
- **Direzione**: perpendicolare al piano individuato da **a** e da **b**
- **Verso**: determinato dalla *regola della mano destra*, illustrata nella figura sottostante: se il pollice si dispone come **a** e l'indice come **b** allora il medio indica la direzione e il verso del prodotto vettoriale tra i due.

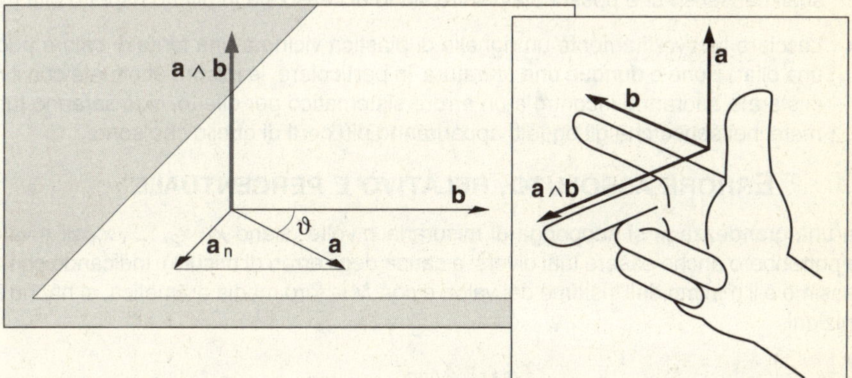

Si calcoli il prodotto vettoriale dei vettori a e b descritti nell'esercizio precedente.
Prima di calcolare il prodotto vettoriale, si osserva che, poiché il risultato è un vettore (e *non un numero* come nel caso del prodotto scalare), il problema richiede tre informazioni: il risultato $\mathbf{a} \wedge \mathbf{b}$ è descritto completamente solo conoscendone modulo, direzione e verso.
Si calcola il *modulo* secondo la definizione:

$$|\mathbf{a} \wedge \mathbf{b}| = |\mathbf{a}| \cdot |\mathbf{b}| \cdot \text{sen}\vartheta = 3 \cdot 1 \cdot \text{sen}(30°) = 3 \cdot 1/2 = 3/2$$

La direzione è perpendicolare al piano in cui giacciono i due vettori (in questo caso al piano del foglio) e il verso è *entrante* nel foglio (regola della mano destra).

Ricordando che $\text{sen}(90°) = 1$, $\text{sen}(0°) = \text{sen}(180°) = 0$, $\cos(90°) = 0$, $\cos(0°) = 1$ e $\cos(180°) = -1$, si ricavano i valori del prodotto scalare e vettoriale in tre casi particolari:

Se a e b sono ortogonali ($\vartheta = 90°$):

- $\mathbf{a} \cdot \mathbf{b} = |\mathbf{a}| \cdot |\mathbf{b}| \cdot \cos(90°) = 0$
- $|\mathbf{a} \wedge \mathbf{b}| = |\mathbf{a}| \cdot |\mathbf{b}| \cdot \text{sen}(90°) = |\mathbf{a}| \cdot |\mathbf{b}|$

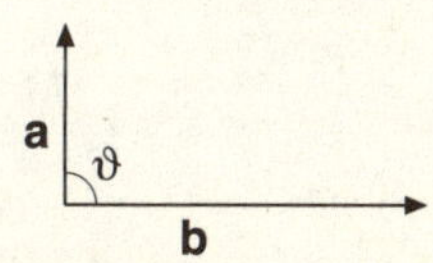

Dunque il prodotto scalare è nullo, mentre il modulo del prodotto vettoriale è massimo.

Se a e b sono paralleli e concordi ($\vartheta = 0°$):

- $\mathbf{a} \cdot \mathbf{b} = |\mathbf{a}| \cdot |\mathbf{b}| \cdot \cos(0°) = |\mathbf{a}| \cdot |\mathbf{b}|$
- $|\mathbf{a} \wedge \mathbf{b}| = |\mathbf{a}| \cdot |\mathbf{b}| \cdot \text{sen}(0°) = 0$

Dunque il prodotto scalare è massimo, mentre il prodotto vettoriale è nullo.

Se a e b sono antiparalleli ($\vartheta = 180°$):

- $\mathbf{a} \cdot \mathbf{b} = |\mathbf{a}| \cdot |\mathbf{b}| \cdot \cos(180°) = -|\mathbf{a}| \cdot |\mathbf{b}|$
- $|\mathbf{a} \wedge \mathbf{b}| = |\mathbf{a}| \cdot |\mathbf{b}| \cdot \text{sen}(180°) = 0$

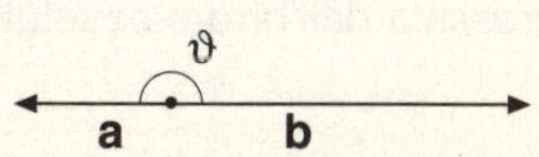

Dunque il prodotto scalare è minimo, mentre il prodotto vettoriale è ancora nullo.

FISICA

1.4 Errori di misura

Non si può misurare una grandezza fisica con una precisione assoluta: ogni misura è affetta da errori, che possono essere suddivisi in due categorie.

Errori sistematici: derivano da difetti strumentali o dall'applicazione di leggi errate; sono errori sempre nello stesso verso, cioè o sempre per eccesso o sempre per difetto rispetto alla misura *vera*.

Errori accidentali: sono inevitabilmente legati a ogni procedura di misura; sono errori casuali nel senso che possono avvenire sia in eccesso sia in difetto rispetto alla misura *vera*.

Lasciare inavvertitamente un righello di plastica vicino a una fonte di calore può causarne una dilatazione e dunque una *staratura*. In particolare, le misure effettuate con il righello così starato andranno incontro a un errore sistematico per difetto, cioè saranno tutte *sottostimate*, nel senso che gli oggetti appariranno più corti di quello che sono.

1.4.1 Errore assoluto, relativo e percentuale

Data una grandezza x, si supponga di misurarla n volte: siano $x_1, x_2, \dots, x_n$ gli n valori ottenuti (che potrebbero anche essere tutti diversi a causa degli errori di misura). Indicando con x_{max} e x_{min} il massimo e il minimo dell'insieme dei valori e con M la loro media aritmetica, si hanno le seguenti definizioni.

L'**errore assoluto** vale $\varepsilon = \dfrac{x_{max} - x_{min}}{2}$ (semidifferenza fra minimo e massimo).

L'**errore relativo** vale $\varepsilon_r = \varepsilon / M$ (rappresenta una *normalizzazione* dell'errore assoluto).

L'**errore percentuale** vale $\varepsilon_\% = (100 \cdot \varepsilon_r)\%$.

L'errore relativo e l'errore percentuale di una misura sono indici della sua accuratezza: minore è il loro valore, maggiore è l'accuratezza. Ogni misura deve essere accompagnata dall'errore e dall'unità di misura. La misura e l'errore si esprimono nelle stesse unità.

Un maestro chiede ad alcuni alunni della sua classe di misurare con un righello il lato più lungo di un foglio A4, facendo molta attenzione. Il risultato delle misure trovate da dieci studenti, espresse in cm, è:

29,8; 29,8; 29,6; 29,7; 29,7; 29,9; 29,8; 30,0; 29,7; 29,8

Calcolare media ed errore assoluto, relativo e percentuale. Il righello è starato?

Secondo le definizioni viste sopra si calcolano le grandezze richieste:

$$M = \frac{29{,}8 + 29{,}8 + 29{,}6 + \dots + 29{,}8}{10} = 29{,}78$$

$$\varepsilon = \frac{x_{max} - x_{min}}{2} = \frac{30{,}0 - 29{,}6}{2} = 0{,}2$$

$$\varepsilon_r = \frac{\varepsilon}{M} = 6{,}72 \cdot 10^{-3}; \quad \varepsilon_\% = 100 \cdot \varepsilon_r = 0{,}67\%$$

Il risultato della misura effettuata dagli studenti è dunque:

$$x = (29{,}78 \pm 0{,}2)\ \text{cm}$$

Questo significa che secondo gli studenti il foglio A4 è lungo minimo 29,68, massimo 29,98 cm. Si preferisce solitamente indicare il risultato approssimandolo alla prima cifra interessata dall'errore assoluto (in questo caso la prima decimale):

$$x = (29{,}8 \pm 0{,}2)\ \text{cm}$$

Il valore vero della lunghezza di un foglio A4 (29,7 cm) è contenuto nell'intervallo indicato dalla misura degli studenti, perciò non si può concludere che lo strumento sia starato.

PARTE QUARTA

1.4.2 CIFRE SIGNIFICATIVE

Quando un numero rappresenta la misura di una certa quantità, le cifre significative sono quelle che apportano effettivamente delle informazioni sulla misura.

- L'informazione contenuta nel numero $a = 0{,}024$ è «2 centesimi e 4 millesimi».
- L'informazione contenuta nel numero $b = 0{,}0240$ è «2 centesimi, 4 millesimi e 0 decimi di millesimo».

Dunque, i numeri *a* e *b* non hanno lo stesso significato: *b* contiene più informazioni.

Regole per la determinazione delle cifre significative

- Le cifre diverse da zero sono significative;
- Gli zeri compresi fra due cifre diverse da zero sono significativi;
- Per un numero decimale con lo zero davanti alla virgola, esso e gli eventuali zeri che precedono le cifre diverse da zero *non sono* cifre significative.

- Le cifre significative di $a = 0{,}024$ sono 2 e 4;
- le cifre significative di $b = 0{,}0240$ sono 2, 4 e lo 0 dopo il 4;
- tutte le cifre di $c = 1{,}205$ sono significative.

1.4.3 PROPAGAZIONE DEGLI ERRORI

Se, anziché l'errore associato a una grandezza *misurata*, si vuole conoscere l'errore associato a una grandezza *calcolata* a partire dalle misure effettuate (ciascuna delle quali affetta da errore), si tratta di valutare come si propagano gli errori quando si eseguono operazioni tra più misure.

Per misurare l'area *A* di un tavolo di lunghezza *a* e larghezza *b* si utilizza la semplice relazione $A = a \cdot b$. Dato che le misure di *a* e *b* sono di per sé affette da errore, la misura *indiretta* dell'area *A* sarà affetta da un errore che è la *propagazione* di quello su *a* e *b*.

Regole base per la propagazione dell'errore

- L'errore **assoluto** su una **somma** o una **differenza** di più misure è uguale alla somma degli errori **assoluti** delle singole misure.
- L'errore **percentuale** su un **prodotto** o su un **quoziente** di più misure è uguale alla somma degli errori **percentuali** delle singole misure.

Sia dato un quadrato di cui si conosce la misura del lato, pari a $L = (10 \pm 2)$ cm. Calcolare errore assoluto e percentuale su perimetro e superficie del quadrato.

Il perimetro del quadrato vale $P = 4L = 40$ cm. Si tratta della *somma* di quattro grandezze (in questo caso coincidenti: il lato) di cui è noto l'errore assoluto $\varepsilon = 2$ cm. Si può pertanto scrivere che l'errore assoluto su *P* vale:

$$\varepsilon_P = \varepsilon + \varepsilon + \varepsilon + \varepsilon = 4\varepsilon = 8 \text{ cm}$$

Così l'errore relativo sul perimetro, per definizione, vale:

$$\varepsilon_{rP} = \frac{\varepsilon_P}{P} = \frac{8 \text{ cm}}{40 \text{ cm}} = 0{,}2 \quad \text{(è un numero puro)}$$

L'errore relativo sul lato si ricava dal valore del lato e dal suo errore assoluto secondo la definizione:

$$\varepsilon_r = \frac{\varepsilon}{L} = \frac{2 \text{ cm}}{10 \text{ cm}} = 0{,}2 \quad \text{(è un numero puro)}$$

L'area del quadrato è data dal *prodotto* del lato per se stesso: $A = L^2 = 100 \text{ cm}^2$, pertanto si sommano gli errori relativi sui lati per trovare l'errore relativo sull'area:

$$\varepsilon_{rA} = \varepsilon_r + \varepsilon_r = 0{,}4 \quad \text{(è un numero puro)}$$

A questo punto, per trovare l'errore assoluto sull'area, si inverte la definizione di ε_{rA}:

$$\varepsilon_{rA} = \frac{\varepsilon_A}{A} \Rightarrow \varepsilon_A = \varepsilon_{rA} \cdot A = 0{,}4 \cdot 100 \text{ cm}^2 = 40 \text{ cm}^2$$

FISICA

QUESITI SVOLTI

1 **Siano *a*, *b* e *c* le lunghezze degli spigoli di un parallelepipedo regolare. Data la relazione $abc + X = Y$, determinare quale tra le seguenti sono, rispettivamente, le dimensioni delle grandezze *X* e *Y*.**

- **A** *X* è una lunghezza e *Y* un volume
- **B** Entrambe le grandezze sono superfici
- **C** Entrambe le grandezze sono lunghezze
- **D** Entrambe le grandezze sono volumi
- **E** Nessuna delle precedenti

Anzitutto, secondo una semplice nozione di geometria elementare, la quantità abc è il volume del parallelepipedo. Dato che in fisica si possono sommare solo grandezze con le stesse dimensioni, *X* deve essere un volume. Naturalmente, la somma di due volumi è un volume; infine, dato che i due membri di un'eguaglianza tra grandezze fisiche devono avere le stesse dimensioni, si conclude che anche la grandezza *Y* è un volume. La risposta esatta è la **D**.

2 **Quali dei seguenti termini corrisponde a una grandezza fisica?**

- **A** Poise
- **B** Ampere
- **C** Metro
- **D** Temperatura
- **E** Chilogrammo

Nelle risposte si incontrano termini nuovi. È una situazione che si presenta di frequente nello svolgimento dei test composti da quesiti a risposta multipla e, per questo motivo, bisogna imparare a gestirla nel modo migliore.

In questo caso, in particolare, non si è ancora definito il termine poise (l'unità di misura della viscosità). È tuttavia sufficiente osservare che la temperatura è una grandezza fisica per concludere che tutte le altre sono unità di misura. La risposta esatta è dunque la **D**.

3 ***Micro* è un prefisso che indica un sottomultiplo dell'unità pari a:**

- **A** 1 centesimo
- **B** 1 decimo
- **C** 1 millesimo
- **D** 1 milionesimo
- **E** 1 miliardesimo

Il prefisso micro corrisponde a 10^{-6}. D'altra parte $10^{-6} = \frac{1}{10^6} = \frac{1}{1.000.000}$.
La risposta esatta è la **D**.

4 La massa totale degli abitanti dell'Italia è all'incirca:

A 3 milioni di tonnellate

B 30 milioni di chilogrammi

C 300 mila quintali

D 3 miliardi di grammi

E 30 milioni di tonnellate

Considerando la popolazione italiana composta da circa 56 milioni di persone e supponendo una massa media per persona pari a 60 chilogrammi, la massa totale degli abitanti dell'Italia è uguale a:

$$60 \text{ kg} \cdot 56.000.000 = 3.360.000.000 \text{ kg} = 3.360.000 \text{ tonnellate}$$

La risposta esatta è quindi la A.

5 Nel 1926 Perrin ottenne il premio Nobel per i suoi studi sulle dimensioni di atomi o molecole. Un suo famoso esperimento prevede di lasciar cadere una goccia di acido oleico sulla superficie dell'acqua in un catino. L'acido resterà a galla formando una chiazza circolare che (per le speciali proprietà dell'acido stesso) avrà spessore pari alle dimensioni tipiche di una sola molecola (strato monomolecolare). Sapendo che il volume di acido oleico contenuto nella goccia che viene lasciata cadere è di 10^{-4} cm^3 e che rimane costante misurando il diametro della chiazza (circa 28 cm) prodotta nell'acqua, dare una stima delle dimensioni dello strato molecolare sapendo che il volume di acido oleico resterà sempre lo stesso.

A $1{,}6 \cdot 10^{-7}$ cm

B $6{,}4 \cdot 10^{-7}$ m

C $1{,}6 \cdot 10^{-17}$ cm

D $28 \cdot 10^{-4}$ cm

E $1{,}6 \cdot 10^{7}$ cm

Visualizzando correttamente il problema secondo la minuziosa descrizione dell'esperimento di Perrin, esso si riduce a un esercizio di geometria solida: la chiazza circolare di acido oleico è assimilabile a un cilindro che ha diametro di base *d* pari a 28 cm e un'altezza che è lo spessore *h* dello strato che si chiede di trovare.

Conoscendo il volume *V* del cilindro non resta che fare una divisione.

$$h = \frac{V}{\pi\left(\frac{d}{2}\right)^2} = \frac{10^{-4}\text{ cm}^3}{3{,}14 \cdot \left(\frac{28\text{ cm}}{2}\right)^2} = \frac{10^{-4}}{3{,}14 \cdot 14^2}\text{ cm}$$

L'unica difficoltà del problema sta nell'eseguire la divisione senza l'aiuto di una calcolatrice, ma si può proseguire il calcolo con qualche approssimazione:

$$\frac{10^{-4}}{3{,}14 \cdot 14^2} \cong \frac{10^{-4}}{3 \cdot (2 \cdot 7)^2} = \frac{10^{-4}}{3 \cdot 4 \cdot 49} \cong \frac{10^{-4}}{3 \cdot 4 \cdot 50} = \frac{10^{-4}}{600} = \frac{10^{-4}}{6 \cdot 10^2} = \frac{1}{6} \cdot 10^{-6}$$

Giunti a questo punto del calcolo, anche senza sapere quanto fa esattamente 1 diviso 6, si possono escludere tutte le alternative tranne la prima, sulla base degli ordini di grandezza e delle unità di misura.

Dato che 1/6 è compreso tra $1/8 = 0{,}125 = 1{,}25 \cdot 10^{-1}$ e $1/5 = 0{,}2 = 2 \cdot 10^{-1}$, si conclude che la risposta esatta è la A.

FISICA

6 **Due forze agiscono in direzioni perpendicolari l'una rispetto all'altra. I moduli delle due forze sono rispettivamente 3N e 4N. Quanto vale il modulo della forza risultante?**

A 7 N B 5 N C 1 N D 12 N E 4/3 N

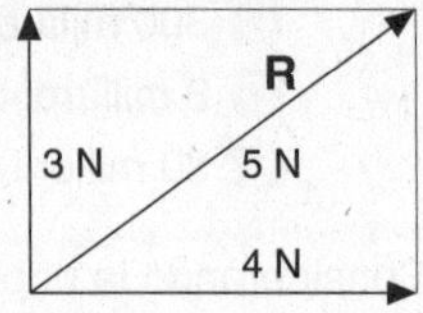

Per rispondere a questo quesito conviene rappresentare le due forze e la loro risultante (somma delle forze) utilizzando la regola del parallelogramma.

Il modulo della risultante **R** si ottiene applicando il teorema di Pitagora al triangolo rettangolo che ha per cateti le due forze di moduli 3 N e 4 N e per ipotenusa la loro risultante:

$$R = \sqrt{(9\ \mathrm{N})^2 + (16\ \mathrm{N})^2} = 5\mathrm{N}$$

La risposta corretta è dunque la B.

7 **Il modulo del vettore risultante dalla somma di due vettori, a e b, è uguale alla differenza tra il modulo del vettore a e il modulo del vettore b. È possibile affermare che:**

A i vettori **a** e **b** hanno la stessa direzione e lo stesso verso
B i vettori **a** e **b** hanno la stessa direzione e verso opposto
C i vettori **a** e **b** possono avere una direzione e un verso qualsiasi
D le direzioni dei vettori **a** e **b** formano un angolo di 60°
E i vettori **a** e **b** hanno modulo uguale e verso opposto

La risposta corretta è la B: infatti, il modulo della risultante di due vettori è dato dalla somma algebrica dei moduli dei due vettori solo quando questi sono equidirezionali (paralleli), e ciò consente di scartare le risposte C e D.

La A può essere esclusa per il fatto che se, oltre ad avere la stessa direzione, i due vettori hanno anche lo stesso verso, il modulo della risultante si ottiene **sommando** i loro moduli. La risposta E infine non è corretta per il fatto che rappresenta una condizione **sufficiente** ma **non necessaria** affinché l'affermazione del testo dell'esercizio sia vera.

In altre parole è vera l'implicazione seguente:

I vettori **a** e **b** hanno modulo uguale e verso opposto ⇒ il modulo del vettore risultante dalla somma dei due vettori **a** e **b** è uguale alla differenza tra il modulo del vettore **a** e il modulo del vettore **b**; non è però vera l'implicazione inversa. Dall'affermazione contenuta nel testo del quesito non si può, infatti, concludere che i due vettori **a** e **b** hanno lo stesso modulo.

8 **Quale vettore tra quelli indicati nei seguenti disegni con i numeri rispettivamente 1, 2, 3, 4, 5 rappresenta il vettore differenza a – b?**

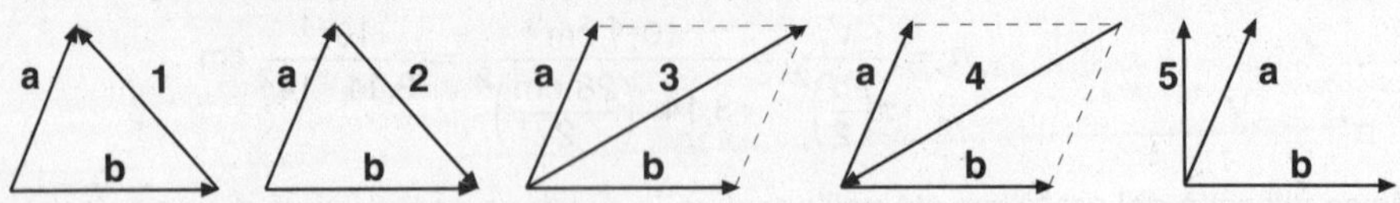

A 1 B 2 C 3 D 4 E 5

Secondo la regola del parallelogramma, la somma vettoriale (o *risultante*) di due vettori **a** e **b** è la diagonale del parallelogramma che ha per lati **a** e **b**. La risultante **a** + **b** è rappresentata nel diagramma 3. Utilizzando sempre la regola del parallelogramma, si definisce differenza tra **a** e **b**:

$$\mathbf{a} - \mathbf{b} = \mathbf{a} + (-\mathbf{b})$$

Dunque il calcolo della differenza di due vettori si riduce al calcolo della somma di un vettore con l'opposto dell'altro. Graficamente, il vettore opposto è lo stesso vettore cambiato di verso. Si conclude che lo schema corretto per la differenza **a** – **b** è l'1: la risposta esatta è la A.

9 **Siano date tre forze ≠ 0, complanari, tutte e tre applicate all'origine di un sistema piano di assi cartesiani ortogonali, tutte e tre giacenti nel primo quadrante. Per quali dei seguenti valori dei moduli può essere nulla la loro risultante?**

A Mai, qualsiasi siano i valori di F_1, di F_2 e di F_3

B $F_1 = 3$; $F_2 = 4$; $F_3 = 5$

C $F_1 = 1$; $F_2 = 7$; $F_3 = 13$

D $F_1 = 0{,}5$; $F_2 = 0{,}5$; $F_3 = 1$

E $F_1 = 1$; $F_2 = 2$; $F_3 = 4$

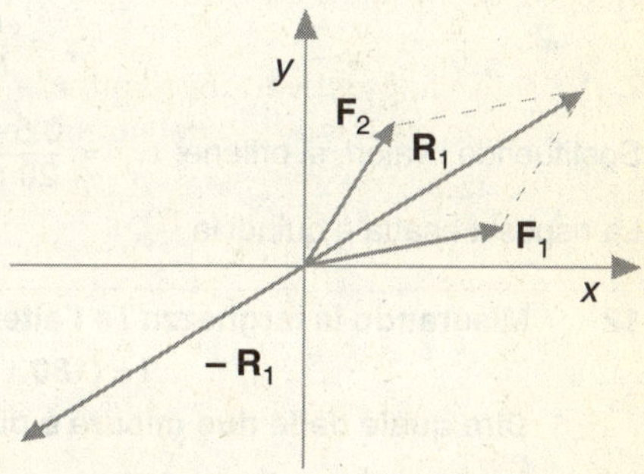

Si osserva anzitutto che non serve conoscere le proprietà delle forze per risolvere questo esercizio. È sufficiente trattare $\mathbf{F}_1$, $\mathbf{F}_2$ ed $\mathbf{F}_3$ come vettori qualsiasi. Si può iniziare il ragionamento considerando i primi due vettori ($\mathbf{F}_1$ e $\mathbf{F}_2$), senza perdere di generalità. Entrambi tali vettori sono non nulli e appartenenti al primo quadrante, dunque la somma $\mathbf{F}_1 + \mathbf{F}_2 = \mathbf{R}_1$ deve anch'essa appartenere al primo quadrante. L'unico modo di *bilanciare* (ovvero annullare) una forza $\mathbf{R}_1$ giacente nel primo quadrante è sommarla a una uguale e opposta $-\mathbf{R}_1$, che dovrebbe dunque appartenere al terzo quadrante. Ma per ipotesi, tutti e tre i vettori dati nel problema appartengono al primo quadrante.

Si conclude che tali vettori non possono mai dare luogo a una risultante nulla (risposta A).

10 **Data la misura della lunghezza di un circuito in chilometri, si riconoscano tra le seguenti le dimensioni dell'errore assoluto e dell'errore relativo della misura.**

A [L]; [L]

B [L]; $[L]^2$

C Adimensionale; [L]

D [L]; adimensionale

E Sono entrambe grandezze adimensionali

Per ricavare le dimensioni dell'errore assoluto di una misura si utilizza la definizione.
Supponendo che la misura del circuito sia per esempio la media di una serie di misure, e ricordando che dividere per un numero non cambia le dimensioni:

$$\varepsilon = \frac{x_{max} - x_{min}}{2} \quad \Rightarrow \quad [\varepsilon] = [x_{max} - x_{min}] = [x] = [L]$$

L'errore assoluto ha sempre le dimensioni della misura a cui è associato.

L'errore relativo è definito come $\varepsilon_r = \varepsilon / X$, dove X è la misura. Essendo il rapporto di due grandezze con le stesse dimensioni, ε_r è una grandezza adimensionale. In questo caso:

$$\varepsilon_r = \frac{\varepsilon}{X} \quad \Rightarrow \quad [\varepsilon_r] = \frac{[L]}{[L]} = 1$$

La risposta corretta è pertanto la D.

FISICA

11 La misura della massa di un corpo è (20,0 ± 0,5) mg. Quanto vale l'errore percentuale?

A 0,5%
B 2,5%
C 5,0%
D 25%
E 50%

Quando la misura di una grandezza è indicata nella forma $(M \pm \varepsilon)$, M rappresenta il valore medio di più misure, mentre ε indica l'errore assoluto associato a M. Si definiscono errore relativo ε_r ed errore percentuale $\varepsilon_{\%}$ le due quantità:

$$\varepsilon_r = \frac{\varepsilon}{M} \qquad \varepsilon_{\%} = \frac{\varepsilon}{M} \cdot 100$$

Sostituendo i valori, si ottiene: $\varepsilon_{\%} = \frac{0{,}5 \text{ mg}}{20 \text{ mg}} \cdot 100 = 2{,}5\ \%$.

La risposta esatta è quindi la B.

12 Misurando la larghezza l e l'altezza h di un tavolo si trovano i seguenti valori:

$$l = (180 \pm 0{,}2) \text{ cm} \quad \text{e} \quad h = (80 \pm 0{,}1) \text{ cm}$$

Dire quale delle due misure è più precisa.

A l
B h
C Hanno la stessa precisione
D Per rispondere occorre conoscere gli errori assoluti
E Per rispondere occorre conoscere gli errori sistematici

La grandezza che esprime la precisione di una misura è il suo errore relativo (o anche l'errore percentuale). Per le due misure in esame si ha:

$$\varepsilon_{r,l} = \frac{0{,}2}{180} = 0{,}0011 \quad \Rightarrow \quad \varepsilon_{\%} = 0{,}11\%\ ; \quad \varepsilon_{r,h} = \frac{0{,}1}{80} = 0{,}0013 \quad \Rightarrow \quad \varepsilon_{\%} = 0{,}13\%$$

Essendo $\varepsilon_{r,l} < \varepsilon_{r,h}$ si conclude che la misura della larghezza del tavolo è più precisa della misura dell'altezza (risposta A).
Si noti che non sempre errore assoluto più piccolo significa misura più precisa!

2 CINEMATICA

La *cinematica* studia e descrive il moto dei corpi senza interessarsi delle cause che lo producono. L'insieme di cinematica, *statica* (che studia l'equilibrio dei corpi) e *dinamica* (che analizza le cause del moto) prende il nome di *meccanica*.

2.1 PUNTO MATERIALE, TRAIETTORIA, SISTEMI DI RIFERIMENTO

Nel descrivere il moto di un corpo (per esempio un'automobile che percorre un circuito) si ricorre spesso a una comoda approssimazione, considerando l'oggetto come un punto in cui è concentrata tutta la massa del corpo: si trascura cioè la sua estensione spaziale, preoccupandosi soltanto della posizione. Tale punto prende il nome di **punto materiale**.

La **traiettoria** di un punto materiale è la linea che unisce tutte le posizioni (P_1, P_2, ..., P_n) occupate dal punto al trascorrere del tempo, per esempio in un riferimento cartesiano.

Il vettore che congiunge l'origine degli assi e ciascun punto P_i della traiettoria è detto **vettore posizione** e si indica con $\mathbf{s}_i$. La direzione e il verso di $\mathbf{s}_i$ sono indicati in figura.

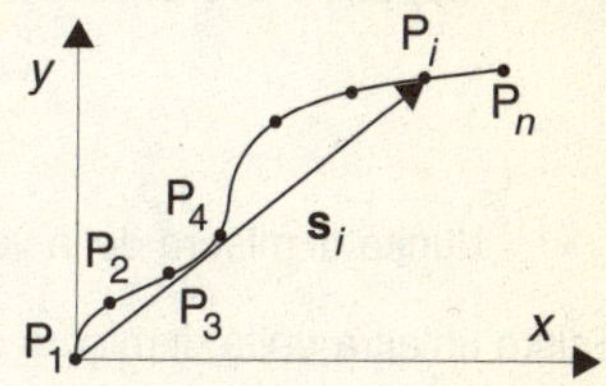

Dire che un oggetto è in quiete o in moto ha senso solo se si è precedentemente fissato un **sistema di riferimento**, rispetto al quale è possibile esprimere le posizioni occupate dal corpo nel tempo e tracciarne la relativa traiettoria. Il sistema di riferimento che si sceglie è normalmente *solidale* con la Terra, cioè in quiete rispetto a essa. Il moto del corpo è di conseguenza un *moto relativo* perché riferito a quel sistema. A seconda che il movimento avvenga lungo una retta, su un piano o nello spazio tridimensionale, per rappresentarlo si useranno rispettivamente una retta, un sistema di due assi ortogonali (piano cartesiano) o un sistema di tre assi ortogonali (terna cartesiana).

2.2 GRANDEZZE CINEMATICHE

Per fissare le idee, si consideri che le grandezze cinematiche vengano osservate all'inizio e alla fine di intervalli di tempo ben precisi: tali istanti si possono chiamare, indifferentemente (e con ovvio riferimento dei pedici all'inizio e alla fine dell'osservazione), t_1 e t_2, oppure t_i e t_f, oppure ancora t_0 e t. Di conseguenza, le varie grandezze descritte nel seguito saranno indicate con gli stessi pedici dell'istante a cui si riferiscono.

2.2.1 SPOSTAMENTO

Il *vettore spostamento* unisce la posizione occupata nell'istante iniziale da un punto materiale in moto a quella occupata nell'istante finale. Si definisce quindi come una differenza di vettori posizione e si indica con $\Delta\mathbf{s}$:

$$\Delta\mathbf{s} = \mathbf{s}_2 - \mathbf{s}_1$$

L'unità di misura dello spostamento nel SI è il metro, mentre nel CGS è il centimetro.

In generale l'operatore matematico Δ applicato a una grandezza fisica g indica la **variazione** di g e si calcola sottraendo al valore assunto da g nell'istante finale il valore assunto da g nell'istante iniziale: $\Delta g = g_2 - g_1$.

Si supponga di dover disegnare il vettore spostamento di un punto materiale che si muove su un piano cartesiano, sapendo che nell'istante iniziale il punto occupa la posizione (1;3) e nell'istante finale raggiunge la posizione (4;1).

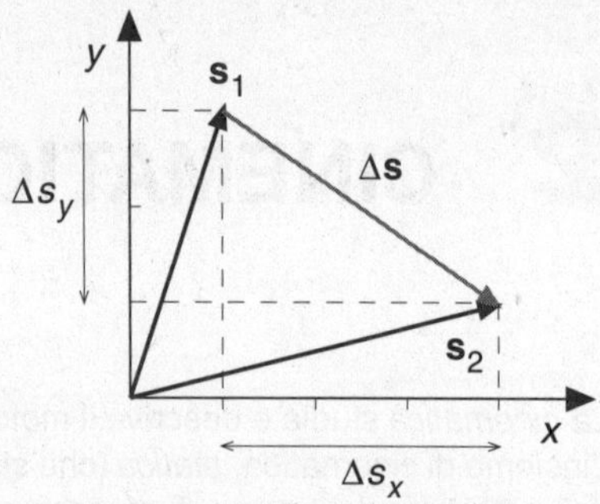

Per farlo si rappresentano il vettore posizione iniziale $\mathbf{s}_1$ e quello finale $\mathbf{s}_2$ nel piano cartesiano, secondo la definizione (cioè il vettore che va dall'origine degli assi al punto occupato). Si disegna poi il vettore spostamento $\Delta\mathbf{s} = \mathbf{s}_2 - \mathbf{s}_1$ come *differenza tra vettori* (cfr. § 1.3.2). Se inoltre si vuole calcolare la lunghezza di $\Delta\mathbf{s}$, osservando il diagramma si applica il teorema di Pitagora alle componenti del vettore:

$$|\Delta\mathbf{s}| = \Delta s = \sqrt{(\Delta s_x)^2 + (\Delta s_y)^2} = \sqrt{(4-1)^2 + (3-1)^2} = \sqrt{13}$$

2.2.2 Velocità

La **velocità media** è un vettore definito come rapporto tra la variazione del vettore posizione (rispetto a una terna cartesiana) e la variazione di tempo:

$$\mathbf{v} = \frac{\mathbf{s}_2 - \mathbf{s}_1}{t_2 - t_1} = \frac{\Delta\mathbf{s}}{\Delta t}$$

L'unità di misura della velocità nel SI è il $\mathrm{m \cdot s^{-1}} = \mathrm{m/s}$ (nel CGS è il cm/s).

Esiste un'altra unità di misura della velocità molto usata: il km/h. Si ricorda che:

$$1\ \mathrm{km} = 1000\ \mathrm{m} = 100.000\ \mathrm{cm} = 10^5\ \mathrm{cm}; \qquad 1\ \mathrm{h} = 60\ \mathrm{min} = 60 \cdot 60\ \mathrm{s} = 3600\ \mathrm{s} = 3{,}6 \cdot 10^3\ \mathrm{s}$$

Per passare da km/h a m/s si moltiplica per $\frac{1000}{3600} = \frac{10}{36} = \frac{1}{3{,}6}$ (ossia si divide per 3,6).

Per passare da m/s a km/h si moltiplica quindi per 3,6.

$$v = 60\,\frac{\mathrm{km}}{\mathrm{h}} = \frac{60 \cdot 1000}{3600}\,\frac{\mathrm{m}}{\mathrm{s}} = \frac{60}{3{,}6}\,\frac{\mathrm{m}}{\mathrm{s}} = 16{,}7\,\frac{\mathrm{m}}{\mathrm{s}}$$

$$v = 10\,\frac{\mathrm{m}}{\mathrm{s}} = 10 \cdot 3{,}6\,\frac{\mathrm{km}}{\mathrm{h}} = 36\,\frac{\mathrm{km}}{\mathrm{h}}$$

Un'automobile percorre il tragitto Milano-Torino a una velocità media di 100 km/h. Se la distanza tra le due città è di circa 140 km, quanto tempo è durato il tragitto?

Secondo la definizione, il modulo della velocità media vale $v = \Delta s/\Delta t$.

Tale modulo è appunto un dato del problema, mentre l'altro è il modulo del vettore spostamento $\Delta\mathbf{s}$. Per trovare il tempo impiegato a percorrere il tragitto è sufficiente invertire la relazione $v = \Delta s/\Delta t$:

$$\Delta t = \frac{\Delta s}{v} = \frac{140\ \mathrm{km}}{100\ \mathrm{km/h}} = 1{,}4\ \mathrm{h}$$

Infine, trasformando in ore e minuti:

$$\Delta t = 1{,}4\ \mathrm{h} = 1\ \mathrm{h} + 0{,}4\ \mathrm{h} = 1\ \mathrm{h} + (0{,}4 \cdot 60\ \mathrm{min}) = 1\ \mathrm{h} + 24\ \mathrm{min}$$

La velocità media è un vettore!

È parallela al vettore $\Delta\mathbf{s}$ perché la si ricava come rapporto tra il vettore $\Delta\mathbf{s}$ e un numero sempre positivo (Δt), e ha modulo pari al modulo di $\Delta\mathbf{s}$ diviso Δt:

$$v = \Delta s/\Delta t$$

La velocità media non è la media delle velocità! Si veda l'esercizio che segue.

Un camion viaggia a 200 km/h per mezz'ora, poi a 150 km/h per un'ora, infine a 50 km/h per due ore. Qual è la sua velocità media?

Si è tentati di rispondere:

$$v = \frac{200 + 150 + 50}{3} \frac{\text{km}}{\text{h}} = 133{,}3 \frac{\text{km}}{\text{h}}$$

Ma questo procedimento è errato, poiché non si è utilizzata la definizione di velocità media $v = \Delta s/\Delta t$: per trovarla serve dunque ricavare lo spazio totale percorso e dividerlo per il tempo totale impiegato. Conviene rappresentare i dati del problema in una tabella:

	v (km/h)	**t (h)**	**$\Delta s = v \cdot \Delta t$ (km)**
1° tratto	200	0,5	100
2° tratto	150	1	150
3° tratto	50	2	100
Totale	/	3,5 h	350 km

A questo punto è facile calcolare il modulo della velocità media secondo la definizione:

$$v = \frac{\Delta s}{\Delta t} = \frac{350 \text{ km}}{3{,}5 \text{ h}} = 100 \frac{\text{km}}{\text{h}}$$

Al contrario, sapere che un mezzo ha percorso un certo tragitto con una velocità media di 100 km/h non consente di per sé di conoscere la velocità da esso tenuta dal nei singoli tratti del tragitto. Per aumentare la quantità di informazioni sullo stato di moto, occorre ridurre l'ampiezza degli intervalli temporali nei quali si effettuano le misure. Il rapporto spazio/tempo viene così calcolato per intervalli di tempo via via più piccoli, al limite prossimi a zero.

Matematicamente, questo si ottiene effettuando un *passaggio al limite* secondo la relazione seguente, che fornisce la definizione di **velocità istantanea**:

$$\mathbf{v}_{ist} = \lim_{t_2 \to t_1} \frac{\mathbf{s}_2 - \mathbf{s}_1}{t_2 - t_1} = \lim_{\Delta t \to 0} \frac{\Delta \mathbf{s}}{\Delta t} = \mathbf{s}'(t)$$

Il simbolo $\mathbf{s}'(t)$ indica la *derivata* del vettore posizione **s** e corrisponde all'operazione matematica di passaggio al limite del rapporto delle differenze. Per questo motivo si dice che la velocità istantanea è data dalla derivata dello spazio rispetto al tempo.

FISICA

2.2.3 ACCELERAZIONE

L'**accelerazione media** è un vettore definito come rapporto tra la variazione del vettore velocità (rispetto a una terna cartesiana) e la variazione di tempo:

$$\mathbf{a} = \frac{\mathbf{v}_2 - \mathbf{v}_1}{t_2 - t_1} = \frac{\Delta \mathbf{v}}{\Delta t}$$

L'unità di misura della velocità nel SI è il $\text{m} \cdot \text{s}^{-2} = \text{m/s}^2$ (nel CGS è il cm/s^2).

L'accelerazione media è un vettore!
Direzione e verso: gli stessi della variazione di velocità $\Delta\mathbf{v}$, poiché Δt è un numero sempre positivo. **Modulo**: pari al rapporto fra il modulo della variazione di velocità $|\Delta\mathbf{v}|$ e il tempo Δt impiegato per tale variazione.

L'accelerazione media è stata definita come variazione del vettore velocità nel tempo. Si può avere una variazione del vettore velocità ($\Delta \mathbf{v} \neq 0$) anche se il suo modulo è $|\mathbf{v}|$ = costante: è sufficiente che cambi la direzione. Infatti, **il vettore velocità è sempre tangente alla traiettoria**.

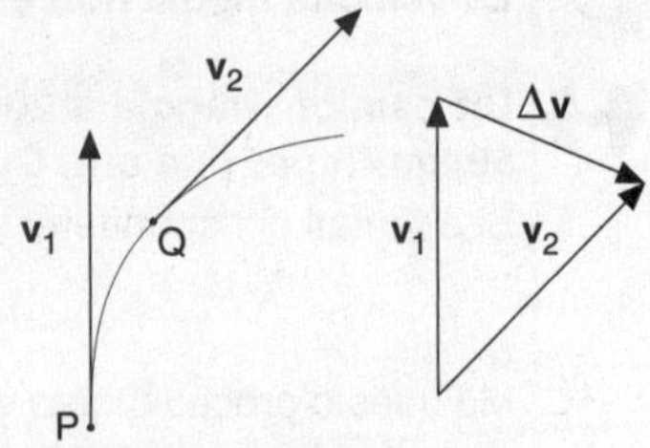

Per esempio, il vettore velocità associato al moto di un'automobile che viaggia a 50 km/h su un circuito circolare ha sempre lo stesso modulo, ma cambia direzione in ogni punto della traiettoria. In altre parole, **si può avere accelerazione diversa da zero anche se la velocità rimane costante in modulo**.

Nel caso di traiettoria curva, l'accelerazione del punto materiale che la percorre è sempre diversa da zero: in ogni punto, infatti, cambia quanto meno la direzione della sua velocità.

✔ Analogamente a quanto visto per la velocità, un'informazione completa sull'accelerazione si ha quando gli intervalli di tempo nei quali la si misura sono piccoli. Si definisce così l'**accelerazione istantanea**:

$$\mathbf{a}_{ist} = \lim_{t_2 \to t_1} \frac{\mathbf{v}_2 - \mathbf{v}_1}{t_2 - t_1} = \lim_{\Delta t \to 0} \frac{\Delta \mathbf{v}}{\Delta t} = \mathbf{v}'(t)$$

Quali sono le dimensioni dell'accelerazione?

A partire dalla definizione, $a = \Delta v / \Delta t$, sostituendo alla velocità e al tempo le loro dimensioni, si ricavano quelle di a:

$$[a] = \frac{[\Delta v]}{[\Delta t]} = \frac{[L]/[T]}{[T]} = \frac{[L]}{[T]} \cdot \frac{1}{[T]} = \frac{[L]}{[T]^2}$$

✔ Si consideri un corpo in movimento lungo una traiettoria curvilinea con velocità costante in modulo: l'accelerazione è diversa da zero ed è diretta come $\Delta \mathbf{v}$ (caso a della figura sottostante). Se l'intervallo di tempo diminuisce, i vettori velocità in due istanti successivi arrivano quasi a coincidere e la differenza di velocità si dispone lungo una direzione che tende a diventare perpendicolare a tali vettori (caso b); al limite, l'accelerazione istantanea sarà perfettamente perpendicolare alla velocità e quindi diretta verso il centro della curva (caso c). Perciò si parla in questi casi di **accelerazione centripeta**.

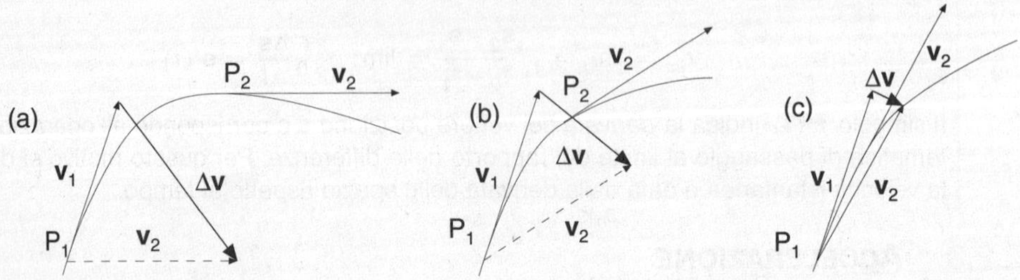

2.3 MOTI PARTICOLARI

Si procede a una carrellata dei principali moti particolari e delle loro proprietà. In generale:

✔ Il moto è **rettilineo** quando la velocità **v** ha *direzione costante* (il modulo può variare).
Il moto è **uniforme** quando la velocità **v** ha *modulo costante* (la direzione può variare).

È rettilineo il moto di un atleta che percorre i 100 metri piani, anche se la sua velocità aumenta progressivamente in modulo. È uniforme il moto della punta di una lancetta di orologio, anche se la traiettoria descritta non è diritta ma circolare.

2.3.1 MOTO RETTILINEO UNIFORME

È il moto più semplice, in cui la velocità **v** è costante in direzione, modulo e verso. In questo caso:

$$\mathbf{v}_{media} = \mathbf{v}_{istantanea} = \frac{\text{spazio percorso}}{\text{tempo impiegato a percorrerlo}} = \frac{\Delta \mathbf{s}}{\Delta t}$$

Da cui:

$$v = \frac{\Delta s}{\Delta t}; \quad \Delta t = \frac{\Delta s}{v}; \quad \Delta \mathbf{s} = \mathbf{v} \cdot \Delta t$$

Legge oraria del moto rettilineo uniforme

Per *legge oraria* di un moto si intende la relazione che esprime lo spazio in funzione del tempo. Nel caso del moto rettilineo uniforme, la legge oraria assume la forma:

$$\mathbf{s} = \mathbf{v} \cdot t$$

Se all'istante iniziale t_0 il corpo aveva già percorso un tratto s_0, la legge oraria diventa:

$$\mathbf{s} = \mathbf{s}_0 + \mathbf{v} \cdot t$$

Un'automobile procede alla velocità costante di 72 km/h. Quanti metri percorre in 5 secondi?

Si converte la velocità in m/s (72 km/h = 20 m/s) e si procede al calcolo secondo la legge oraria:

$$s = v \cdot t \quad \Rightarrow \quad s = 20 \text{ m/s} \cdot 5 \text{ s} = 100 \text{ m}$$

Rappresentazione grafica del moto rettilineo uniforme

Il moto rettilineo uniforme è regolato da leggi che legano tra loro le variabili spazio, tempo e velocità. È possibile rappresentare tali legami con delle curve piane in un sistema di assi cartesiani.

Si possono disegnare grafici di tipo *spazio-tempo* e *velocità-tempo*. Se $s_0 = 0$, spazio e tempo sono legati dalla legge oraria $s = v \cdot t$: si tratta di grandezze direttamente proporzionali e la rappresentazione grafica della legge oraria è una semiretta passante per l'origine degli assi cartesiani *spazio-tempo* (figura a). Se $s_0 \neq 0$, la legge oraria assume la forma $s = s_0 + v \cdot t$ e la semiretta che la rappresenta non passa per l'origine degli assi (figura b). Nel piano *velocità-tempo* (figura c), la rappresentazione grafica del moto rettilineo uniforme è invece una semiretta parallela all'asse dei tempi che interseca l'asse delle ordinate in corrispondenza del valore costante della velocità.

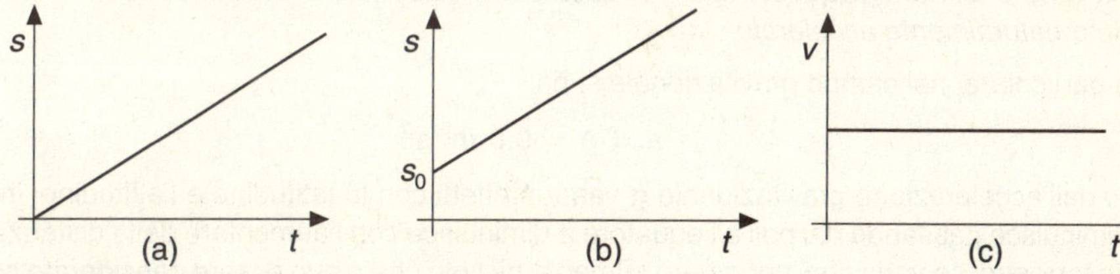

(a) (b) (c)

Il moto rettilineo uniforme di un punto materiale si può sempre rappresentare graficamente nel piano spazio-tempo con una retta il cui coefficiente angolare è numericamente uguale alla velocità del punto.

2.3.2 MOTO RETTILINEO UNIFORMEMENTE ACCELERATO

Se in un moto l'accelerazione è costante, il moto si dice *uniformemente accelerato*.

Per il moto uniformemente accelerato la velocità raggiunta dopo avere accelerato per un tempo t vale:

$$\mathbf{v}_f = \mathbf{v}_0 + \mathbf{a} \cdot t \quad \text{(dunque passando ai moduli: } v_f = v_0 + a \cdot t\text{)}$$

Legge oraria del moto rettilineo uniforme

Nel caso del moto uniformemente accelerato lo spazio percorso dopo un tempo *t* (legge oraria) è:

$$\mathbf{s} = \mathbf{s}_0 + \mathbf{v}_0 \cdot t + \frac{1}{2}\mathbf{a} \cdot t^2 \quad \text{(dunque passando ai moduli: } s = s_0 + v_0 \cdot t + \frac{1}{2} a \cdot t^2 \text{)}$$

dove $\mathbf{v}_0$ e $\mathbf{v}_f$ sono la velocità iniziale e finale, $\mathbf{s}_0$ è lo spazio iniziale, **a** è l'accelerazione (costante) e *t* è il tempo trascorso dall'istante iniziale.

Rappresentazione grafica del moto uniformemente accelerato

In questo caso i grafici possono essere del tipo *spazio-tempo*, *velocità-tempo* e *accelerazione-tempo*. Nel primo caso il legame tra *s* e *t* è dato dalla legge oraria:

$$s = s_0 + v_0 \cdot t + \frac{1}{2} a \cdot t^2$$

Nel caso particolare $s_0 = v_0 = 0$, si ha $s = \frac{1}{2} a \cdot t^2$, la cui rappresentazione grafica nel piano *spazio-tempo* è una parabola con vertice nell'origine degli assi (figura a).

Dalla relazione $v = a \cdot t$ (quando $v_0 = 0$) si nota una diretta proporzionalità tra *v* e *t*. Così, la rappresentazione grafica del moto uniformemente accelerato nel piano *velocità-tempo* è una semiretta passante per l'origine degli assi, il cui coefficiente angolare è pari al valore dell'accelerazione (figura b).

Infine, la rappresentazione grafica dell'accelerazione in funzione del tempo nel piano *accelerazione-tempo* è una retta orizzontale che interseca l'asse delle ordinate in corrispondenza del valore costante dell'accelerazione (figura c).

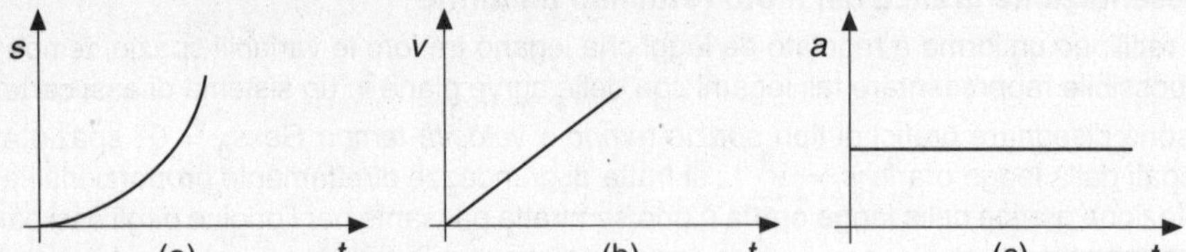

(a) (b) (c)

2.3.3 MOTO DI CADUTA DEI GRAVI

L'importanza che riveste il moto uniformemente accelerato è dovuta al fatto che la caduta libera dei gravi sulla Terra è un moto di questo tipo. Per questo motivo il moto di caduta dei gravi è chiamato anche moto *naturalmente accelerato*.

In particolare, nel campo gravitazionale si ha:

$$a = g = 9{,}8 \text{ m/s}^2$$

Il *modulo* dell'accelerazione gravitazionale **g** varia in effetti con la latitudine e l'altitudine; in particolare, diminuisce passando dai poli all'equatore e diminuisce con l'aumentare della distanza dalla superficie terrestre. Le variazioni sono però talmente piccole che *g* può essere considerato costante sulla superficie terrestre. Il vettore **g** è sempre *diretto* lungo la verticale, *verso* il basso.

Trattandosi di un moto uniformemente accelerato, valgono le stesse leggi viste nel § 2.3.2. Indicando con *h* l'altezza del grave che cade lungo la verticale (rispetto a terra, per esempio), si ha:

$$h = h_0 + v_0 \cdot t - \frac{1}{2} g \cdot t^2 \qquad [1]$$

dove h_0 è la posizione iniziale, v_0 è l'eventuale velocità iniziale del grave; il segno – appare perché l'accelerazione è diretta verso il basso, cioè verso altezze decrescenti.

Se $h_0 = v_0 = 0$, la [1] assume la forma: $h = -\frac{1}{2} g \cdot t^2$.

Per un corpo lasciato cadere da un'altezza h_0 con velocità iniziale nulla si ha:

$$\text{tempo di caduta} = t_c = \sqrt{\frac{2h_0}{g}}$$

$$\text{velocità finale} = v_f = \sqrt{2gh_0}$$

Per un corpo lanciato verso l'alto con velocità iniziale v_0 si ha:

$$\text{altezza max raggiunta} = h = \frac{v_0^2}{2g}$$

$$\text{tempo necessario per raggiungerla} = t_h = \frac{v_0}{g}$$

Si noti che **nessuna delle grandezze appena definite per un corpo in caduta libera dipende dalle caratteristiche particolari del corpo** (per esempio massa, materiale, forma).

Un oggetto avente massa $m = 28$ kg viene lanciato verso l'alto con una velocità v_0 di 9,8 m/s. Si calcoli la massima altezza raggiunta, il tempo impiegato per raggiungerla e quello impiegato per tornare all'altezza iniziale.

Si utilizzano le formule viste sopra. La massima altezza raggiunta è:

$$h = \frac{v_0^2}{2g} = \frac{96{,}04\ \text{m}^2/\text{s}^2}{2 \cdot 9{,}8\ \text{m/s}^2} = 4{,}9\ \text{m}$$

Il tempo di salita è:

$$t = \frac{v_0}{g} = \frac{9{,}8\ \text{m/s}}{9{,}8\ \text{m/s}^2} = 1\ \text{s}$$

Si noti che la massa dell'oggetto lanciato non influisce sui risultati ottenuti.
Una volta arrivato all'altezza massima il corpo ricade con moto naturalmente accelerato: si tratta dunque di calcolare in quanto tempo il grave ripercorre i 4,9 metri di altezza raggiunti. Si può utilizzare la formula per il tempo di caduta e si ottiene:

$$t_c = \sqrt{\frac{2h}{g}} = \sqrt{\frac{2 \cdot 4{,}9\ \text{m}}{9{,}8\ \text{m/s}^2}} = 1\ \text{s}$$

In generale il tempo necessario per raggiungere una certa altezza è pari al tempo necessario per ripercorrerla a ritroso, in caduta libera. Nello stesso modo si dimostra che la velocità iniziale verso l'alto è la stessa con cui il corpo ritransita per il punto di partenza.

2.3.4 MOTO CIRCOLARE UNIFORME

È il moto di un punto che descrive una traiettoria circolare con velocità costante in modulo.
Si definiscono:

- T = **periodo** = tempo impiegato a compiere una rotazione completa.
- ν = **frequenza** = numero di rotazioni al secondo.

T e ν sono grandezze scalari aventi rispettivamente per unità di misura i secondi e i s^{-1} = hertz (simbolo: Hz).

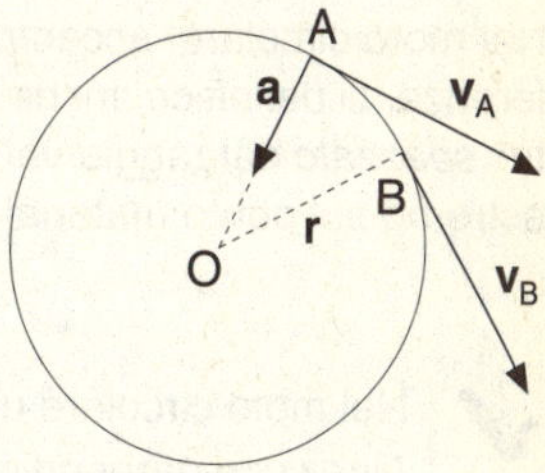

Dalla definizione di velocità, si ha:

$$|\mathbf{v}_A| = |\mathbf{v}_B| = \frac{\text{lunghezza della circonferenza}}{\text{periodo di rotazione}} = \frac{2\pi r}{T} = \text{costante}$$

Nel moto circolare uniforme il modulo della velocità è costante, mentre la sua direzione è in ogni punto tangente alla circonferenza (e quindi perpendicolare al raggio). Dato che la direzione della velocità cambia continuamente, il punto materiale che si muove di moto circolare uniforme è sottoposto a un'accelerazione sempre diversa da zero, diretta verso il centro della circonferenza. Tale accelerazione, detta **accelerazione centripeta**, è di conseguenza sempre perpendicolare alla velocità istantanea del punto.

Nel moto circolare uniforme, il vettore accelerazione centripeta $\mathbf{a}_c$ ha le seguenti caratteristiche.

Direzione radiale in ogni punto; *verso* dall'esterno al centro della circonferenza; *modulo* costante, dato dal rapporto fra il quadrato della velocità e il raggio della circonferenza:

$$a_c = v^2/r$$

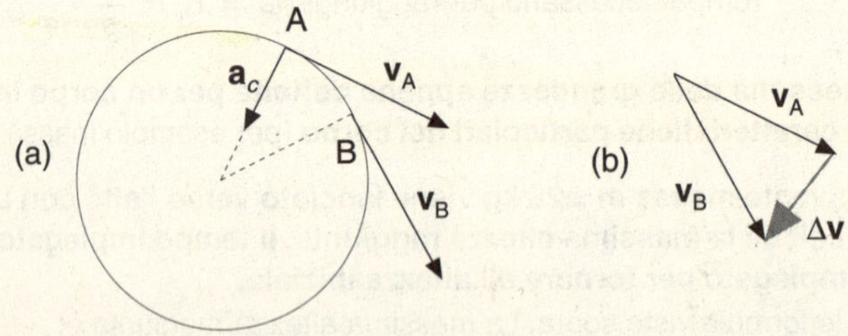

Si ha accelerazione centripeta ogni volta che la velocità varia in direzione!

L'accelerazione centripeta è sempre perpendicolare alla velocità: anche per il moto circolare valgono le considerazioni fatte a pagina 294.

Un punto materiale si muove lungo il bordo di un disco a velocità costante e compie quattro giri ogni due secondi. Quanto vale il periodo? Quanto vale l'accelerazione centripeta se il raggio del disco è 1 cm?

Nel moto circolare uniforme il periodo è definito come il tempo necessario a compiere un giro; il problema dà invece la frequenza:

$$\nu = 4/(2\ \text{s}) = 2\ \text{Hz} \quad \Rightarrow \quad T = 1/\nu = 0{,}5\ \text{s}$$

Conoscendo il raggio della traiettoria è possibile calcolare lo spazio percorso in un periodo, e dunque l'accelerazione centripeta:

$$v = \frac{\Delta s}{\Delta t} = \frac{2\pi r}{T} \quad \Rightarrow \quad a_c = \frac{v^2}{r} = \left(\frac{2\pi r}{T}\right)^2 \cdot \frac{1}{r} = \frac{4\pi^2 r}{T^2}$$

Nel sostituire i valori numerici si deve fare attenzione al raggio, che nel testo è dato in cm e va trasformato in metri (se non diversamente specificato, è bene usare le unità del SI):

$$a_c = \frac{4\pi^2 r}{T^2} = \frac{4\pi^2 \cdot 10^{-2}\ \text{m}}{(0{,}5\ \text{s})^2} = 1{,}6\ \frac{\text{m}}{\text{s}^2}$$

Nel moto circolare, accanto alla velocità lineare del punto materiale che si sposta lungo la circonferenza, si definisce anche una **velocità angolare media** ω, data dal rapporto fra l'angolo al centro *spazzato* dal raggio vettore (il vettore radiale che ha origine nel centro della circonferenza ed estremo sul punto materiale) e il tempo impiegato a spazzarlo:

$$\omega_{media} = \Delta\theta/\Delta t$$

Nel moto circolare uniforme, la **velocità angolare** è un vettore con queste caratteristiche:
Direzione perpendicolare al piano di rotazione;
Verso uscente dal piano di rotazione se questa è antioraria, entrante nel piano se è oraria;
Modulo costante e pari a:

$$\omega = 2\pi_{rad}/T = 2\pi\nu$$

PARTE QUARTA

L'angolo di ampiezza 2π equivale all'angolo di 360° espresso in radianti; il **radiante** è l'angolo al centro di una circonferenza che insiste su un arco lungo quanto il raggio.

Per riepilogare, nel moto circolare uniforme valgono le seguenti relazioni:

$$T = \frac{1}{\nu}; \qquad T = \frac{2\pi}{\omega}; \qquad v = \omega \cdot r; \qquad \omega = \frac{v}{r}; \qquad a_c = \frac{v^2}{r} = \omega^2 \cdot r$$

Mentre il modulo della velocità v dipende dalla distanza dal centro di rotazione (ossia dal raggio r), ω ne è indipendente.

Un corpo celeste ha periodo di rotazione T pari a 36 ore. Detta ω la sua velocità angolare e ω_T quella terrestre, quale delle due è minore?

La relazione tra il periodo di un moto e la sua velocità angolare è $\omega = 2\pi/T$.

Le velocità angolari del corpo celeste e della Terra valgono rispettivamente:

$$\omega = \frac{2\pi}{36\ \text{h}} \quad \text{e} \quad \omega_T = \frac{2\pi}{24\ \text{h}}$$

Si conclude che $\omega < \omega_T$.

2.3.5 MOTO OSCILLATORIO ARMONICO

Il moto oscillatorio armonico è, come il moto circolare uniforme, un moto periodico; precisamente è il moto che compie il punto P' (proiezione di P lungo il diametro AB) quando P si muove di moto circolare uniforme.

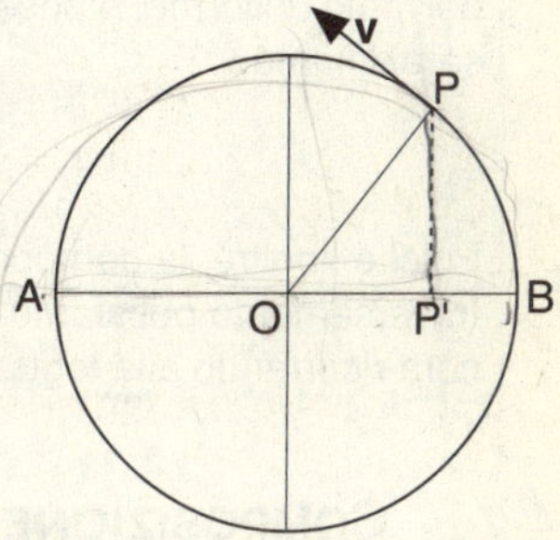

- La velocità di P' è la proiezione di **v** sul diametro AB: è massima in O e nulla in A e B, dove P' inverte il moto.
- L'accelerazione di P' è proporzionale allo spostamento OP': è massima in A e in B ed è nulla in O.

La legge oraria di tale moto è rappresentata graficamente da una sinusoide:

$$x(t) = A \cdot \text{sen}(\omega \cdot t + \varphi)$$

dove A è l'ampiezza massima dell'oscillazione (nell'esempio è la distanza tra il centro dell'oscillazione O e gli estremi dell'oscillazione, ovvero $A = \overline{AB}/2$), φ è un parametro detto *fase iniziale* che tiene conto delle condizioni iniziali e ω prende il nome di *pulsazione* e ha le dimensioni di un inverso del tempo.

Un corpo appeso a una molla inizialmente allungata, una volta lasciato libero, compie, in assenza di attriti, un moto oscillatorio armonico. Per piccole oscillazioni, un pendolo o un'altalena in assenza di attriti compiono un moto oscillatorio armonico.
Se non intervengono forze esterne, tale moto si ripete periodicamente nel tempo senza mai arrestarsi.

2.4 MOTI COMPOSTI

2.4.1 COMPOSIZIONE DI MOTI UNIFORMI

Si consideri un passeggero che si sposta con velocità costante **v** lungo la carrozza di un treno in moto su un binario rettilineo con velocità costante **u**. Un'osservatore fermo a terra che guardi il treno vedrà il passeggero muoversi a una velocità diversa da **v**, e in particolare: se il passeggero cammina nella stessa direzione del treno, la sua velocità rispetto al suolo sarà maggiore di **u**; viceversa, se cammina in direzione opposta, l'osservatore a terra lo vedrà muoversi più lentamente del treno.

Si parla in questi casi di *moto relativo*, poiché la sua descrizione dipende dal sistema di riferimento prescelto. Si parla inoltre di *velocità relativa* (del passeggero rispetto al sistema in moto, nell'esempio **v**), di *velocità di trascinamento* (quella del sistema in moto rispetto alla Terra, nell'esempio **u**) e di *velocità assoluta* (del passeggero rispetto alla Terra).

Il moto risultante dalla composizione di un moto uniforme a velocità **v** in un sistema di riferimento a sua volta in moto uniforme con velocità **u** è ancora un moto uniforme, con velocità **V** data dalla somma vettoriale delle due velocità:

$$\mathbf{V} = \mathbf{v} + \mathbf{u}$$

Se **v** e **u** sono parallele, il moto risultante avviene lungo la tessa direzione.
Se **v** e **u** sono ortogonali, ovvero se un corpo si muove in direzione ortogonale rispetto alla velocità di trascinamento, può essere comodo descrivere il suo moto, in ogni istante, ragionando in maniera separata lungo due assi cartesiani: uno allineato alla direzione del moto relativo e l'altro allineato a quella di trascinamento.

Per attraversare un fiume il cui letto è largo $L = 50$ m, alcuni gitanti si servono di una barca a remi. Riescono a sviluppare una velocità $v = 5$ m/s in direzione ortogonale alla corrente del fiume, che è pari a $u = 10$ m/s. A quale distanza a valle di quella da cui sono partiti arriveranno i gitanti sull'altra sponda del fiume?

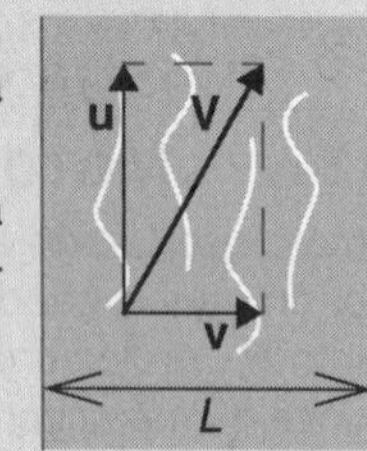

Conviene ragionare separatamente lungo la direzione della corrente, che chiameremo *Y*, e lungo quella a essa perpendicolare in cui si sposta la barca, che chiameremo *X*.
In altre parole: la componente di **V** lungo *X* è **v**. Secondo la legge oraria del moto uniforme, è possibile calcolare il tempo necessario ad attraversare il fiume:

$$\Delta t = \frac{L}{v} = \frac{\Delta x}{v} = \frac{50 \text{ m}}{5 \text{ m/s}} = 10 \text{ s}$$

Poiché, inoltre, la componente di **V** lungo *Y* è **u**, adesso che conosciamo la durata dell'attraversamento possiamo calcolare l'effetto del trascinamento lungo il corso del fiume, ancora ricorrendo alla legge oraria del moto uniforme:

$$\Delta y = \Delta t \cdot u = 10 \text{ s} \cdot 10 \text{ m/s} = 100 \text{ m}$$

2.4.2 Composizione di moti uniformi con moti accelerati

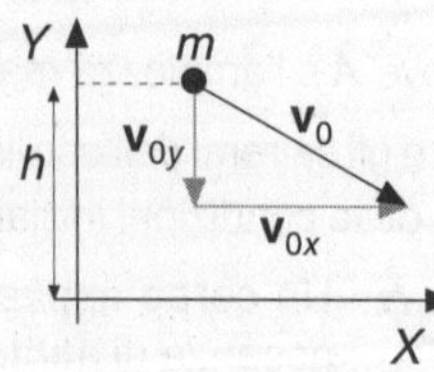

Sia dato un corpo di massa *m* che, come indicato in figura, viene lanciato con una certa velocità iniziale $\mathbf{v}_0$ da un'altezza *h* sulla superficie terrestre. Analizziamo il moto scomponendolo lungo gli assi cartesiani.
Il corpo è soggetto solo all'accelerazione gravitazionale, che agisce esclusivamente lungo la verticale; di conseguenza il moto lungo la verticale è uniformemente accelerato. Al contrario, poiché non ci sono accelerazioni che agiscono lungo l'asse *X*, il moto lungo l'orizzontale non è accelerato.

Si scomponga quindi il moto di caduta sugli assi ortogonali *X* (orizzontale) e *Y* (verticale) e si indichino rispettivamente con **x**, $\mathbf{v}_x$, $\mathbf{a}_x$ e **y**, $\mathbf{v}_y$, $\mathbf{a}_y$ le componenti dello spostamento, della velocità e dell'accelerazione lungo l'asse *X* e lungo l'asse *Y*. Per quanto detto, ricordando le leggi orarie del moto uniforme e di quello uniformemente accelerato, si ha:

$$a_x = 0 \Rightarrow v_x = v_{0x} = \text{costante} \qquad a_y = g \Rightarrow v_y = -v_{0y} - g \cdot t$$

Se il corpo viene lanciato orizzontalmente, $v_{0y} = 0$ e le equazioni del moto lungo i due assi sono:

$$x = v_x \cdot t \qquad y = h - \frac{1}{2} g \cdot t^2$$

dalle quali si ottiene l'espressione analitica della traiettoria del corpo:

$$y = h - \frac{1}{2} g \cdot \frac{x^2}{v_x^2}$$

Poiché *g* e v_x sono costanti, la rappresentazione grafica del moto nel piano *XY* è una parabola con concavità rivolta verso il basso e il moto è di tipo *parabolico*.

QUESITI SVOLTI

1 **Un corpo puntiforme si muove di moto circolare uniforme. Indichiamo con *r* il raggio della circonferenza, con *v* la velocità periferica, con ω la velocità angolare, con *T* il periodo, con *f* la frequenza. Qual è la giusta espressione?**

A $T = v/2\pi r$

B $T = 2\pi r/v$

C $T = f/\pi$

D $T = \omega \cdot v$

E $T = \pi/v$

L'espressione corretta è la B: invertendola si ricava infatti la definizione di velocità, cioè spazio (la lunghezza della circonferenza) fratto tempo (il periodo).

È interessante verificare che le altre espressioni non sono dimensionalmente corrette (non hanno cioè le dimensioni di un tempo):

$$\text{A} \quad \left[\frac{v}{2\pi r}\right] = \frac{[L]/[T]}{[L]} = \frac{1}{[T]}; \quad \text{C} \quad \left[\frac{f}{\pi}\right] = [T]^{-1};$$

$$\text{D} \quad [\omega \cdot v] = [T]^{-1} \cdot \frac{[L]}{[T]} = \frac{[L]}{[T]^2}; \quad \text{E} \quad \left[\frac{\pi}{v}\right] = \frac{1}{[L]/[T]} = \frac{[T]}{[L]}$$

2 **Quale delle seguenti quantità rappresenta il tempo di caduta di un grave che cade da un'altezza *h*?**

A $\sqrt{2gh}$ B $\sqrt{\frac{2h}{g}}$ C $2gh$ D $\frac{1}{2}gh^2$ E gh^2

Dalla teoria del moto uniformemente accelerato si ha che il tempo di caduta di un grave che parte da un'altezza *h* è $\sqrt{2h/g}$ (risposta B).

Per rispondere al quesito, se non si ricorda la formula e non si vuole ricavarla dalla teoria, si può utilizzare l'analisi dimensionale. Si può cioè controllare se le risposte fornite hanno le dimensioni di un tempo o no. La quantità riportata nella risposta A ha le dimensioni di una velocità, infatti:

$$[\sqrt{2gh}] = [L]^{1/2}[T]^{-1}[L]^{1/2} = [L][T]^{-1}$$

Da questo si ricava facilmente che le dimensioni della quantità 2*gh* sono $[L]^2[T]^{-2}$ e quelle della quantità 1/2 gh^2 sono $[L]^3[T]^{-2}$. Anche le risposte C e D sono pertanto errate. La risposta corretta è la B dato che la quantità ivi riportata è la sola che abbia le dimensioni di un tempo, infatti:

$$\left[\sqrt{\frac{2h}{g}}\right] = [L]^{1/2}[T][L]^{-1/2} = [T]$$

Si osservi che l'analisi dimensionale è valida in generale come metodo veloce di controllo degli eventuali calcoli effettuati nella risoluzione dei test.

FISICA

3 **Se la velocità di un'automobile è costante, qual è il grafico che individua l'andamento dello spazio percorso *s* in funzione del tempo *t* ?**

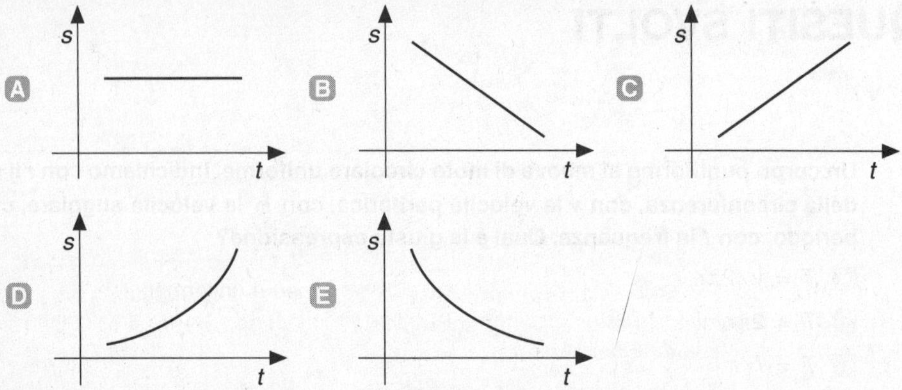

Se la velocità dell'automobile è costante, essa si muove di moto rettilineo uniforme e la legge oraria del moto è $s = v \cdot t$ dove s è lo spazio, t è il tempo e v è il modulo della velocità. Nel moto rettilineo uniforme spazio e tempo sono quindi direttamente proporzionali e il grafico che li rappresenta nel sistema di assi ortogonali *s-t* è una retta crescente. La risposta esatta è la **C**.

4 **Un treno marcia su vecchi binari che presentano giunzioni ogni 18 m. Un viaggiatore in 120 s cronometra 121 segnali sonori prodotti dal passaggio di una coppia di ruote sulle successive giunzioni delle rotaie. Sapendo che il viaggiatore ha fatto partire il cronometro in corrispondenza del primo dei 121 segnali, a che velocità viaggia il treno?**

A 64,26 km/h **B** 64,80 km/h **C** 65,34 km/h **D** 65,88 km/h **E** 66,42 km/h

Poiché il treno passa su 121 giunzioni, ha coperto uno spazio pari a 120 intervalli tra una giunzione e l'altra e quindi uguale a $120 \cdot 18$ m. Poiché questo spazio è stato percorso in 120 secondi, la velocità del treno è pari a:

$$v = \frac{120 \cdot 18 \text{ m}}{120 \text{ s}} = 18 \frac{\text{m}}{\text{s}} = 64{,}8 \frac{\text{km}}{\text{h}} \quad \text{(risposta B)}$$

5 **Un'automobile parte da ferma e accelera costantemente lungo un rettilineo. Qual è la sua accelerazione, costante, perché percorra 1 chilometro in 25 secondi?**

A 80 m/s^2 **B** $3{,}2 \text{ m/s}^2$ **C** $1{,}6 \text{ m/s}^2$ **D** $1{,}6 \text{ m/s}$ **E** 40 m/s^2

Vengono forniti lo spazio di accelerazione e il tempo impiegato e viene chiesto il valore dell'accelerazione. La relazione del moto uniformemente accelerato che lega le tre variabili è:

$$s = s_0 + v_0 \cdot t + (1/2)\, a \cdot t^2$$

che, nel caso in questione si trasforma nella più semplice:

$$s = (1/2)\, a \cdot t^2$$

(la velocità iniziale v_0 è infatti nulla e si può porre $s_0 = 0$). Quindi:

$$a = \frac{2\text{ s}}{t^2} = \frac{2000}{625} \frac{\text{m}}{\text{s}^2}$$

Per rispondere al quesito **non è necessario svolgere la divisione**. La risposta esatta è la **B** in quanto il numero 625 è contenuto circa 3 volte nel numero 2000.

6 **Un atleta olimpionico corre i 100 m piani percorrendo in 3 s i primi 18 m con accelerazione costante e proseguendo quindi la gara con velocità costante. Il tempo impiegato complessivamente è:**

- A 9,83 s
- B 10,00 s
- C 11,20 s
- D 9,95 s
- E 8,85 s

Consideriamo le due fasi della corsa.

Nei primi 3 secondi il moto si svolge su uno spazio di 18 m, ed è uniformemente accelerato con accelerazione a e velocità iniziale nulla; pertanto, invertendo la legge oraria, si calcolano l'accelerazione e la velocità finale raggiunta:

$$s_1 = \frac{1}{2}at_1^2 \quad \Rightarrow \quad a = \frac{2s_1}{t_1^2} = \frac{2 \cdot 18 \text{ m}}{(3 \text{ s})^2} = 4 \frac{\text{m}}{\text{s}^2}$$

$$v_f = v_0 + at_1 = 0 + 4 \frac{\text{m}}{\text{s}^2} \cdot 3 \text{ s} = 12 \frac{\text{m}}{\text{s}}$$

La seconda parte della corsa si svolge a velocità costante sui rimanenti 82 m. Si tratta di invertire la legge oraria del moto uniforme per trovare il tempo:

$$s_2 = v_f \cdot t_2 \quad \Rightarrow \quad t_2 = \frac{s_2}{v_f} = \frac{82 \text{ m}}{12 \text{ m/s}} = 6{,}83 \text{ s}$$

Sommando i due tempi di percorrenza si trova infine il tempo complessivo:

$$t = t_1 + t_2 = 3 \text{ s} + 6{,}83 \text{ s} = 9{,}83 \text{ s} \quad \text{(risposta A)}$$

7 **Il tempo di frenata di una moto la cui velocità passa da 90 a 40 km/h è di 3 secondi. Il modulo dell'accelerazione subita dal pilota è:**

- A nulla
- B pari a circa l'accelerazione di gravità g
- C pari a circa $g/2$
- D pari a circa $2g$
- E infinita

Dato che la velocità della moto è passata da $v_1 = 90$ km/h a $v_2 = 40$ km/h, l'accelerazione è stata negativa (si parla anche di decelerazione).

Il quesito però richiede solo il modulo dell'accelerazione e non il suo segno.

È sufficiente una rapida lettura delle risposte proposte per capire che è necessario convertire tutte le misure date in unità di misura del Sistema Internazionale.

$$a = \frac{\Delta v}{\Delta t} = \frac{40 \text{ km/h} - 90 \text{ km/h}}{3 \text{ s}} = \frac{-50 \text{ km/h}}{3 \text{ s}}$$

$$a \approx \frac{-15 \text{ m/s}}{3 \text{ s}} = -5 \text{ m/s}^2 \approx -\frac{1}{2}g \quad \Rightarrow \quad |\mathbf{a}| \approx \frac{1}{2}g$$

La risposta corretta è la C.

FISICA

8 **Un sasso ruota attorno a un centro fisso trattenuto da un filo lungo 1 m con velocità angolare $\omega = \sqrt{10}$ rad/s. Se g è l'accelerazione di gravità, qual è (entro il 2%) la giusta proposizione?**

A È sottoposto ad accelerazione pari a 1 g

B È sottoposto ad accelerazione pari a 10 g

C La velocità periferica è 10π m/s

D La velocità periferica è π^2 m/s

E La frequenza del moto è 2 Hz

Dai dati del problema si deduce che il moto descritto dal sasso è circolare uniforme, con raggio pari a 1 m. Questo è sufficiente a scrivere che l'accelerazione a cui è sottoposto (l'accelerazione centripeta) vale:

$$a = \omega^2 \cdot r = (\sqrt{10}\ \text{rad/s})^2 \cdot 1\ \text{m} = 10\ \text{m/s}^2$$

Se si prende come valore per l'accelerazione di gravità 9,8 m/s^2 si vede che lo scarto dal valore trovato è:

$$\frac{a - g}{a} = \frac{(10 - 9{,}8)\ \text{m/s}^2}{10\ \text{m/s}^2} = 0{,}02 = 2\%$$

Si può quindi concludere che la risposta corretta è la A.

9 **Un treno, viaggiando a velocità costante di 100 km/h, va da una città A a una città B in quattro ore. Si supponga che, arrivato in B, inverta immediatamente il verso di marcia e ritorni ad A con una velocità costante, ma diversa da quella dell'andata. Quale deve essere la velocità di ritorno perché la velocità media nel tragitto complessivo A-B-A sia di 200 km/h?**

A 300 km/h

B 400 km/h

C 500 km/h

D 600 km/h

E Infinita

L'errore che non bisogna fare è il seguente: dato che la media aritmetica tra 100 e 300 è 200, se la velocità media nel percorso di andata è pari a 100 km/h, affinché la velocità media del tragitto complessivo sia 200 km/h, il treno deve tornare con una velocità pari a 300 km/h.

Per rendersi conto dell'errore commesso nella deduzione precedente si ragioni come segue: il tragitto complessivo di andata e ritorno è lungo 800 km (il treno impiega 4 ore per andare da A a B procedendo alla velocità di 100 km/h). Procedendo alla velocità media di 200 km/h (che è quanto richiesto dal problema) occorrono 4 ore per percorrere l'intero percorso (800 km). Il treno ha dunque a disposizione 4 ore per percorrere il tragitto di andata e ritorno (A → B → A). Avendo però già utilizzato 4 ore per il solo tragitto di andata (A → B), per rispettare la condizione richiesta il treno dovrebbe percorrere il tragitto di ritorno (B → A) senza impiegare tempo, cioè istantaneamente e quindi con una velocità infinita (risposta E).

Più correttamente il quesito (tratto da un test ufficiale degli anni passati) avrebbe dovuto riportare la risposta: «la condizione richiesta non è realizzabile».

10 Un ciclista *T* segue un ciclista *V* a una distanza di 1 km e i due procedono alla medesima velocità. La strada improvvisamente inizia a salire con pendenza costante. Ammesso che ciascuno dei ciclisti dimezzi la sua velocità dall'istante in cui inizia la salita, qual è la loro distanza quando ambedue sono nel tratto in salita?

- **A** 1 km
- **B** 2 km
- **C** 500 m
- **D** 250 m
- **E** Non è nota se non si conosce la velocità iniziale dei ciclisti

Vi sono più modi per risolvere il quesito; uno dei più rapidi è il seguente: quando i due ciclisti si trovano in piano sono separati da una **distanza temporale** pari a $t = \frac{1000\ \text{m}}{v}$ dove v è la velocità comune dei due ciclisti. Quando entrambi i ciclisti si trovano sul tratto in salita la loro distanza spaziale è diminuita, la loro velocità è dimezzata **ma la distanza temporale è rimasta la stessa**. Indicando con x la distanza spaziale dei due corridori che si trovano in salita si ha:

$$\frac{1000\ \text{m}}{v} = \frac{x}{v/2} \quad \Rightarrow \quad x = 500\ \text{m} \quad \text{(risposta C)}$$

11 Le masse di due proiettili sono in rapporto 10 : 1. Trascurando l'attrito dell'aria, se sparati dallo stesso cannone con la stessa velocità iniziale, in quale rapporto saranno le loro gittate?

A 1 : 1 **B** 1 : 10 **C** 10 : 1 **D** 100 : 1 **E** 5 : 1

In generale, la traiettoria del moto di un proiettile risulta dalla composizione di un moto rettilineo uniforme (diretto orizzontalmente) con un moto naturalmente accelerato (diretto verticalmente): si tratta di un **moto parabolico** (la traiettoria seguita dal proiettile è un arco di parabola). La *gittata* *G* è la distanza percorsa in orizzontale dal proiettile.

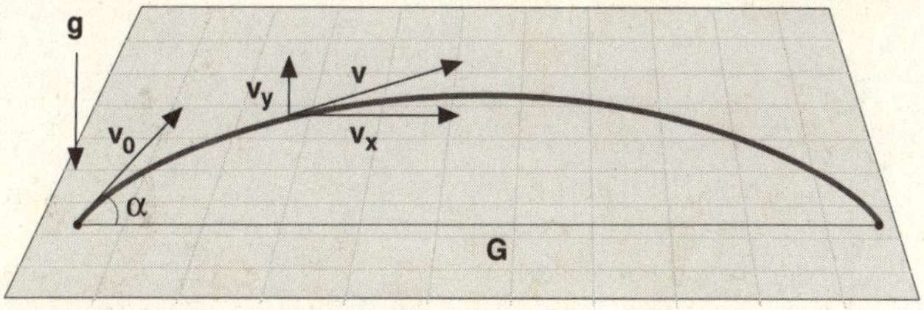

Conoscendo l'angolo α formato dalla velocità iniziale con il piano orizzontale e il modulo v_0 della velocità iniziale, *G* si può ricavare scomponendo il moto lungo i due assi. È la distanza percorsa in orizzontale a velocità v_{0x} (costante perché in orizzontale non agisce alcuna forza), in un tempo doppio di quello necessario a raggiungere l'altezza massima, detto t_{max} (ovvero nel tempo necessario a salire e a scendere).

Lungo la verticale il moto è uniformemente accelerato, dunque sappiamo che:

$$t_{max} = v_{0y}/g = v_0 \text{sen}\alpha/g$$

Di conseguenza, *G* vale:

$$G = v_{0x} \cdot 2t_{max} = (v_0 \cdot \cos\alpha) \cdot 2(v_0 \text{sen}\alpha/g) = \frac{v_0^2}{g} \cdot \text{sen}2\alpha$$

Poiché *G* non dipende dalla massa del proiettile, ma solo dal modulo e dalla direzione della velocità iniziale, le gittate dei due proiettili del problema sono le stesse (risposta A).

12 Una barca attraversa un fiume partendo da una sponda e dirigendosi in direzione perpendicolare alla sponda opposta, parallela alla prima, con velocità costante *V* rispetto all'acqua. Detto *T* il tempo che la barca impiegherebbe per raggiungere l'altra sponda se l'acqua fosse ferma, quanto vale il tempo minimo per attraversare il fiume (a parità di velocità della barca rispetto all'acqua) se la corrente è uniforme, con velocità di valore *V* parallela alle sponde?

A $T/2$

B $T/\sqrt{2}$

C T

D $2T$

E $2 \cdot \sqrt{T}$

Per risolvere questo esercizio nel modo migliore (più veloce) è determinante la scelta del *sistema di riferimento* da utilizzare.

Si immagini di essere collocati in una seconda barca che si muove con la stessa velocità e nella stessa direzione della corrente (la barca "osservatore" è in quiete rispetto alla corrente).

Si osservino dunque i due passaggi della barca da una sponda all'altra del fiume, compiuti con e senza corrente. Rispetto al sistema di riferimento scelto, la velocità della barca è, in entrambi i casi, perpendicolare alle sponde del fiume; sia la velocità della barca che lo spazio da percorrere rimangono gli stessi: il tempo impiegato ad attraversare il fiume nei due casi ($T = s/V$) è quindi esattamente lo stesso (risposta C).

PARTE QUARTA

3 DINAMICA

3.1 SISTEMI INERZIALI E PRINCIPIO DI RELATIVITÀ GALILEIANA

Come si è visto, è necessario riferire le grandezze che descrivono il moto di un corpo a un sistema (per esempio una terna cartesiana). D'altra parte, può capitare che il sistema di riferimento stesso sia in stato di moto.

Se un capostazione, *fermo* su un binario, guarda un passeggero seduto su un treno appena partito, egli può dire che il passeggero *si muove* con una certa velocità rispetto al binario. Tuttavia, nello stesso istante, il passeggero può dire di essere *fermo* sul treno, mentre vede il capostazione che *si allontana*, con la stessa velocità.

Il capostazione e il passeggero stanno osservando la stessa scena, e quindi le stesse grandezze fisiche, ma adottano due sistemi di riferimento diversi (rispettivamente il binario e il treno): è necessario specificare il sistema di riferimento usato per studiare il movimento.

Galileo, eseguendo un *esperimento ideale*, giunse alla conclusione che, dall'interno di una «navicella», è impossibile valutare se questa è ferma o si muove di moto rettilineo uniforme. In altre parole, egli constatò che **non è possibile distinguere lo stato di quiete da uno stato di moto con accelerazione nulla** (rettilineo uniforme).

Ai fini della risoluzione dei test, possiamo dire **inerziale** un sistema con accelerazione nulla. Vale il **principio di relatività galileiana**: le leggi della fisica sono le stesse per tutti i sistemi di riferimento inerziali.

I sistemi di riferimento in moto traslatorio rettilineo uniforme rispetto a un sistema inerziale sono anch'essi inerziali.

Una volta stabilito un sistema di riferimento inerziale S, ogni altro sistema che si muove di moto rettilineo uniforme rispetto a S è anch'esso inerziale.

3.2 CONCETTO DI FORZA E LEGGI DELLA DINAMICA

Dato un punto materiale libero di muoversi, la **forza** a esso applicata è una grandezza fisica vettoriale in grado di modificare lo stato di moto o di quiete del punto rispetto a un sistema inerziale.

La dinamica spiega le relazioni forze-moto attraverso tre leggi fondamentali, che valgono soltanto nei sistemi inerziali.

3.2.1 PRIMA LEGGE DI NEWTON (LEGGE D'INERZIA)

Un corpo su cui non agisce alcuna forza – o sul quale agiscono forze in equilibrio – mantiene il suo stato di quiete o di moto rettilineo uniforme.

In assenza di forze, la velocità vettoriale di un punto materiale rimane costante: non si può avere accelerazione. Questo è vero anche nell'ipotesi che esistano forze non nulle agenti sul punto, ma tali che la loro risultante sia zero.

Una nave spaziale in movimento, sulla quale non agiscono forze, continua a muoversi di moto rettilineo uniforme (**a** = 0) senza bisogno di alcun propulsore.

FISICA

Se sulla superficie terrestre non esistessero forze dissipative che si oppongono al moto (§ 3.12), una volta in movimento ci si potrebbe spostare senza bisogno di alcun motore.

Un corpo si trova in stato di quiete (è fermo). Da un certo istante esso è soggetto a due forze di intensità uguale: può continuare a trovarsi in stato di quiete?
Le forze sono vettori. La somma (o risultante) di due vettori di intensità uguale può essere nulla, nel caso in cui essi siano antiparalleli (cioè abbiano verso opposto). È dunque solo in questo caso che il corpo può restare fermo.

3.2.2 SECONDA LEGGE DI NEWTON

Se si applica una forza **F** a un corpo libero di muoversi, questo accelera: si verifica che il rapporto tra il modulo della forza e quello dell'accelerazione da essa generata è costante.

F e **a** sono dunque grandezze direttamente proporzionali.

$$\frac{|\mathbf{F}|}{|\mathbf{a}|} = m$$

La costante di proporzionalità *m* dipende dal corpo e prende il nome di **massa inerziale** del corpo. La massa inerziale di un corpo esprime l'inerzia (ossia la resistenza) che il corpo oppone a una variazione del suo stato di moto.

Dato un corpo di massa *m*, per imprimergli una accelerazione **a** è quindi necessario applicare una forza **F** tale che:

$$\mathbf{F} = m \cdot \mathbf{a} \qquad \text{dove } m = \text{massa inerziale} \qquad [2]$$

Questa relazione vettoriale è detta seconda legge di Newton. Se sul corpo agiscono più forze, allora **F** è la risultante delle forze applicate al corpo.

Dato che la massa inerziale è sempre non negativa, si può affermare che il vettore forza è parallelo al vettore accelerazione: cioè **una forza genera un'accelerazione che ha la stessa direzione e lo stesso verso della forza**.

Che dimensioni ha una forza?
Si ricavano dalla [2], in cui solo la massa è una grandezza fondamentale, con dimensione $[\mathrm{M}]$, mentre l'accelerazione è derivata e ha dimensioni $[\mathrm{L}]/[\mathrm{T}]^2$ (si veda § 1.2).

$$F = m \cdot a \Rightarrow [F] = [m] \cdot [a] = [\mathrm{M}] \cdot [\mathrm{L}] \cdot [\mathrm{T}]^{-2}$$

L'unità di misura della forza nel SI è il newton (simbolo: N), definito come la forza che imprime a una massa unitaria (1 kg) l'accelerazione unitaria ($1\ \mathrm{m/s^2}$).

L'unità di misura della forza nel sistema CGS è la dina (simbolo: dyn). Quanti newton vale una dina?
Questo quesito consente di vedere un esempio importante di conversione tra unità di misura del SI e del CGS.

Si è visto che $1\ \mathrm{N} = 1\ \mathrm{kg} \cdot \frac{\mathrm{m}}{\mathrm{s^2}}$. Per analogia, nel CGS, $1\ \mathrm{dyn} = 1\ \mathrm{g} \cdot \frac{\mathrm{cm}}{\mathrm{s^2}}$.

Si tratta, per passare da N a dyn, di trasformare tutte le unità del SI in unità del CGS mediante equivalenze:

$$1\ \mathrm{N} = 1\ \mathrm{kg} \cdot 1\ \frac{\mathrm{m}}{\mathrm{s^2}} = (10^3\ \mathrm{g}) \cdot \frac{10^2\ \mathrm{cm}}{1\ \mathrm{s^2}} = (10^3 \cdot 10^2)\ \mathrm{g} \cdot \frac{\mathrm{cm}}{\mathrm{s^2}} = 10^5\ \mathrm{dyn}$$

Si conclude così che $1\ \mathrm{N} = 10^5\ \mathrm{dyn}$ e naturalmente, viceversa, $1\ \mathrm{dyn} = 10^{-5}\ \mathrm{N}$.

Un corpo in moto circolare uniforme è sottoposto a una accelerazione diretta verso il centro della traiettoria (accelerazione centripeta), il cui modulo è:

$$a = v^2/r = \omega^2 \cdot r$$

Dalla [2] si deduce che il corpo, per poter mantenere una traiettoria circolare, deve essere soggetto a una forza il cui modulo vale:

$$F = m \cdot a = m \cdot v^2/r = m \cdot \omega^2 \cdot r$$

Sempre dalla [2] si deduce che tale forza ha la stessa direzione e lo stesso verso dell'accelerazione: è diretta radialmente e orientata verso il centro della circonferenza. Questa forza prende il nome di **forza centripeta**.

Se venisse a mancare la forza centripeta, il corpo abbandonerebbe immediatamente la traiettoria circolare e proseguirebbe indisturbato con moto rettilineo uniforme, lungo la retta tangente alla traiettoria nel punto in cui è cessata la forza.

Nel linguaggio comune si è abituati a parlare di forza centrifuga. Questa è una forza **fittizia** o **apparente**, ossia una forza alla quale il corpo non è affatto soggetto, che compare solo in un sistema di riferimento non inerziale.

3.2.3 QUANTITÀ DI MOTO

La *quantità di moto* è una grandezza vettoriale, definita come il prodotto della massa di un corpo per la sua velocità:

$$\mathbf{P} = m \cdot \mathbf{v} \qquad [3]$$

Dimensioni: $[P] = [M]\,[L]\,[T]^{-1}$; Unità di misura nel SI: $kg \cdot m \cdot s^{-1}$

La [3] è una relazione vettoriale, dunque il vettore **P** è parallelo al vettore **v**.

Dalla [2] si ricava il *teorema dell'impulso*: una forza **F** che agisce per un tempo t su un corpo di massa m provoca una variazione della sua quantità di moto pari al prodotto della forza per il tempo:

$$\mathbf{F} \cdot \Delta t = \Delta \mathbf{P}$$

Una massa di 5 kg inizialmente ferma è sottoposta all'azione di una forza di 90 N per 2 secondi. Trovare la velocità finale *v* della massa.

Il teorema dell'impulso afferma che la variazione della quantità di moto $\Delta \mathbf{P} = \Delta(m \cdot \mathbf{v})$ è pari al prodotto fra la forza e il tempo nel quale ha agito:

$$F \cdot \Delta t = \Delta P \quad \Rightarrow \quad F \cdot \Delta t = P_f - P_i = mv_f - mv_i = mv - 0 = mv \quad \Rightarrow$$

$$\Rightarrow \quad v = \frac{F \cdot \Delta t}{m} = \frac{90\ N \cdot 2\ s}{5\ kg} = \frac{180\ m}{5\ s} = 36\ \frac{m}{s}$$

Un sistema di particelle si dice **isolato** se le particelle del sistema sono soggette soltanto alla loro mutua interazione (non sono cioè soggette a forze esterne).

Si consideri un sistema isolato formato da N corpi aventi massa m_i e dotati ciascuno di una velocità $\mathbf{v}_i$ rispetto a un sistema di riferimento fissato. La quantità di moto totale **P** del sistema è:

$$\mathbf{P} = \sum_{i=1}^{N} \mathbf{P}_i = \sum_{i=1}^{N} m_i \cdot \mathbf{v}_i$$

Dati due istanti t_1 e t_2 si verifica che la quantità di moto totale del sistema rimane costante:

$$\mathbf{P}_1 = \sum m_i \cdot \mathbf{v}_{i,1} = \mathbf{P}_2 = \sum m_i \cdot \mathbf{v}_{i,2}$$

Principio di conservazione della quantità di moto: la quantità di moto totale di un sistema isolato è costante.

FISICA

3.2.4 TERZA LEGGE DI NEWTON (PRINCIPIO DI AZIONE E REAZIONE)

A ogni azione corrisponde una reazione uguale e contraria. Dati due corpi (1 e 2) interagenti si ha:

$$\mathbf{F}_{1\to 2} = -\mathbf{F}_{2\to 1} \qquad [4]$$

dove $\mathbf{F}_{1\to 2}$ è la forza che il corpo 1 esercita sul corpo 2, e viceversa.

Le forze sono vettori e la [4] è una relazione vettoriale. Quindi le due forze $\mathbf{F}_{1\to 2}$ e $\mathbf{F}_{2\to 1}$ sono equidirezionali, hanno lo stesso modulo ma verso opposto.

Una coppia di pattinatori è ferma su una pista. Per partire si danno una spinta l'uno contro l'altro, in direzione opposta. Se lui ha una massa di 80 kg, lei invece di 60 kg e l'accelerazione acquistata dalla pattinatrice grazie alla spinta è di 2 m/s², quanto vale l'accelerazione del pattinatore?

Si tratta di applicare la [4], sostituendo alle forze il prodotto di massa e accelerazione:

$$F_1 = F_2 \Rightarrow m_1 \cdot a_1 = m_2 \cdot a_2 \Rightarrow a_2 = a_1 \cdot \frac{m_1}{m_2} = 2\,\frac{\text{m}}{\text{s}^2} \cdot \frac{60\text{ kg}}{80\text{ kg}} = 1{,}5\,\frac{\text{m}}{\text{s}^2}$$

Al di là del risultato, si noti *dal punto di vista dimensionale* la formula risolutiva precedente: il rapporto tra le due masse è adimensionale, così, correttamente, sia a destra che a sinistra dell'uguale si trova un'accelerazione.

Sparando con un'arma da fuoco, la stessa forza che mette in moto il proiettile spinge in senso opposto anche l'arma. Si ha così l'effetto del *rinculo*. Poiché il proiettile e l'arma hanno masse diverse, per la seconda legge della dinamica le rispettive accelerazioni sono inversamente proporzionali e il proiettile acquista una velocità decisamente superiore a quella dell'arma.

3.3 LEGGE DI GRAVITAZIONE UNIVERSALE

Due corpi dotati di massa e posti a distanza *r* l'uno dall'altro si attraggono con una **forza gravitazionale F** il cui modulo è dato dalla relazione seguente (detta *legge di gravitazione universale* o *legge di Newton*):

$$F = G \cdot \frac{m_1 \cdot m_2}{r^2} \qquad [5]$$

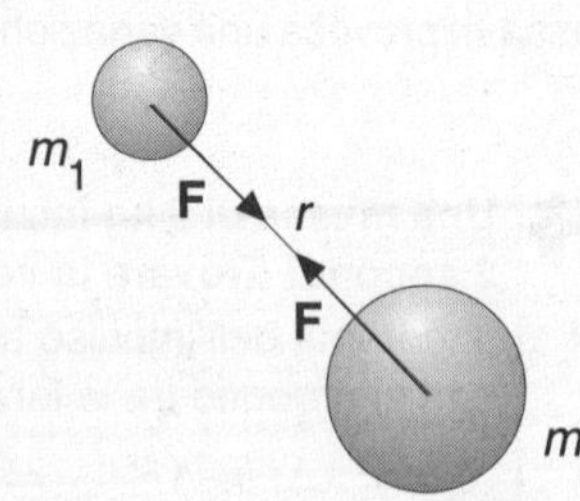

dove m_1 e m_2 indicano le **masse gravitazionali** dei due corpi e G è una costante detta *costante di gravitazione universale*, il cui valore è $G = 6{,}67 \cdot 10^{-11}\ \text{N} \cdot \text{m}^2/\text{kg}^2$.

La massa *gravitazionale* è dunque la caratteristica dei corpi responsabile della loro mutua attrazione gravitazionale. Pur essendo associate a fenomeni fisici differenti, la massa *inerziale* e la massa *gravitazionale* di un corpo hanno la stessa unità di misura e lo stesso valore: nel seguito si parlerà spesso indistintamente di *massa*.

La forza gravitazionale tra due corpi è **sempre attrattiva**; è diretta lungo la congiungente i baricentri e la sua intensità è data dalla legge [5].

La forza gravitazionale è inversamente proporzionale al quadrato della distanza *r* tra le masse: cosa succede al modulo della forza quando *r* raddoppia?

A partire dalla legge di gravitazione universale, si sostituisce 2*r* a *r*:

$$F = G \cdot \frac{m_1 \cdot m_2}{r^2} \Rightarrow F' = G \cdot \frac{m_1 \cdot m_2}{(2r)^2} = G \cdot \frac{m_1 \cdot m_2}{4r^2} = \frac{F}{4}$$

Il modulo della forza è diventato un quarto! In altre parole, allontanando due corpi dotati di massa – e dunque soggetti alla forza di gravitazione universale – questi si attraggono con una forza via via meno intensa. Viceversa, avvicinando i due corpi l'intensità aumenta.

3.4 Forza peso

Nei pressi della superficie terrestre gli spostamenti in verticale sono trascurabili rispetto al raggio medio della Terra (6380 km). Allora si può dire che **tutti i gravi lasciati liberi di cadere sono sottoposti alla stessa accelerazione g**, detta *accelerazione gravitazionale terrestre*, il cui modulo è legato all'attrazione gravitazionale esistente tra la Terra e i corpi dotati di massa. Il suo valore medio è:

$$|\mathbf{g}| = 9{,}8 \text{ m/s}^2$$

Per la seconda legge di Newton, tale accelerazione è dovuta a una forza, detta **forza peso** e solitamente indicata con **P**, data da:

$$\mathbf{P} = \text{forza peso} = m \cdot \mathbf{g}$$

Il peso è una forza: si misura in newton.

Qual è il peso di un corpo avente massa $m = 1$ kg?
Per trovare il *peso* del corpo, basta sostituire in $P = m \cdot g$ i valori $m = 1$ kg e $g = 9{,}8$ m/s^2:

$$\text{peso di 1 kg}_{massa} = 1 \text{ kg}_{peso} = 1 \text{ kg}_{massa} \cdot 9{,}8 \ \frac{\text{m}}{\text{s}^2} = 9{,}8 \text{ kg}_{massa} \cdot \frac{\text{m}}{\text{s}^2} = 9{,}8 \text{ N}$$

In definitiva 1 kg_{peso} = 9,8 N (1 N è quindi pari a circa un decimo di kg_{peso}).

La **massa** di un corpo è una caratteristica intrinseca del corpo: è indipendente dal luogo dove il corpo si trova. È una grandezza *scalare*.
Il **peso** di un corpo dipende invece dal luogo nel quale il corpo si trova (per esempio sulla Terra oppure sulla Luna). Trattandosi di una forza, è una grandezza *vettoriale*.

Sulla Terra il kg_{massa} (unità di massa) ha massa unitaria e peso $P = 9{,}8$ N; lo stesso kg_{massa} sulla Luna avrebbe sempre massa unitaria, ma il suo peso sarebbe circa 1/6 di quello sulla Terra (1,6 N), in quanto l'accelerazione gravitazionale lunare è sei volte più piccola dell'accelerazione gravitazionale terrestre.

3.5 Densità e peso specifico

In relazione a quanto detto su massa e peso, è possibile introdurre ora le definizioni di *densità* e *peso specifico*.

Densità: $\rho = \dfrac{m}{V}$

Dimensioni $[\rho] = [M] \cdot [L]^{-3}$

Unità di misura nel SI $\text{kg} \cdot \text{m}^{-3}$

La densità dell'acqua vale: $\rho_{H_2O} = 1000 \text{ kg/m}^3 = 10^3 \text{ kg} \cdot \text{m}^{-3}$

Peso specifico: $p = \dfrac{m \cdot g}{V}$

Dimensioni $[p] = [M] \cdot [L]^{-2} \cdot [T]^{-2}$

Unità di misura nel SI $\text{N} \cdot \text{m}^{-3}$

Vale la relazione:

$$p_{specifico} = \rho \cdot g$$

Il peso specifico dell'acqua è:

$$p_{H_2O} = \rho_{H_2O} \cdot g = 1000 \text{ kg/m}^3 \cdot 9{,}8 \text{ m/s}^2 \approx 10.000 \text{ N/m}^3$$

Densità relativa del corpo 2 rispetto al corpo 1: $\rho_{2,1} = \rho_2/\rho_1$
Peso specifico relativo del corpo 2 rispetto al corpo 1: $p_{2,1} = p_2/p_1$

FISICA

3.6 MOMENTO DI UNA FORZA

Dato un *sistema di forze*, la sua **risultante** è, per definizione, il vettore che si ottiene sommando tra loro le forze costituenti il sistema. La risultante di più forze applicate a un punto materiale libero è la forza che, applicata da sola al punto materiale, produce lo stesso effetto che producono le altre insieme. Tuttavia, se il corpo sul quale sono applicate le forze non è puntiforme ma spazialmente esteso (ovvero se l'approssimazione a un punto materiale non può essere applicata), il sistema di forze non può generalmente essere ricondotto alla sola forza risultante: occorre introdurre una nuova grandezza: il *momento* di una forza.

Il **momento di una forza** rispetto a un punto è un indice della capacità della forza di *generare una rotazione* intorno al punto. Si definisce come prodotto vettoriale:

$$\tau = \mathbf{r} \wedge \mathbf{F} \quad \Rightarrow \quad |\tau| = r \cdot \text{sen}\theta \cdot F$$

Il momento τ della forza **F** rispetto a un punto O è un vettore perpendicolare al piano individuato da **F** e dal suo *vettore posizione* **r**. Il modulo di τ è tanto maggiore quanto maggiore è la distanza di **F** da O.

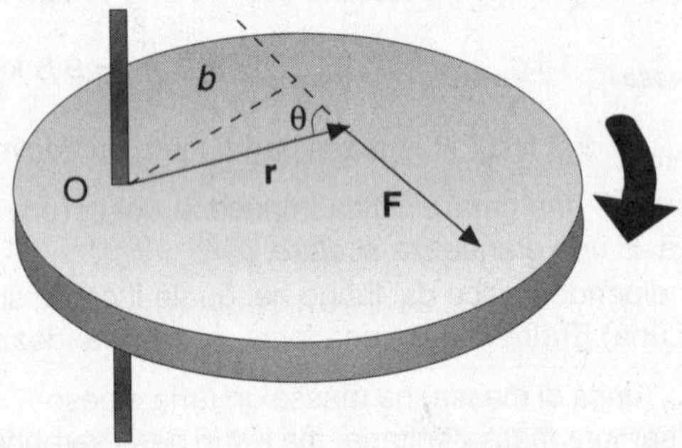

La distanza tra il vettore **F** e il punto O è la lunghezza del segmento condotto da O perpendicolarmente alla direzione di **F**. Tale distanza prende il nome di braccio *b* della forza **F** rispetto al polo O.

Si applichino una per volta tre forze a un'asta rigida vincolata a un supporto, come in figura. In quale dei tre casi si ha rotazione?

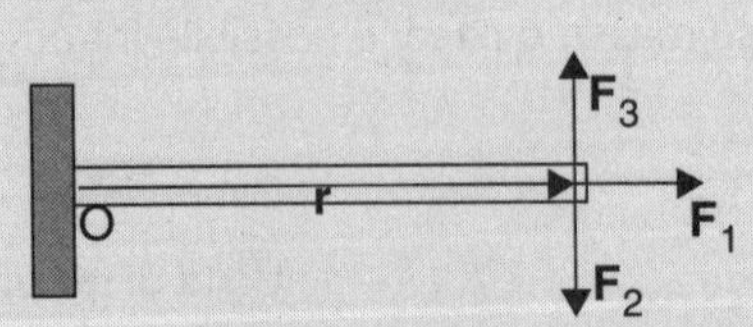

Si può rispondere intuitivamente: la forza $\mathbf{F}_1$ non dà luogo ad alcuna rotazione; la forza $\mathbf{F}_2$ dà luogo a una rotazione oraria; infine $\mathbf{F}_3$ a una rotazione antioraria. Allo scopo di verificare come questo risultato sia correlato al momento della forza, lo si calcola ora nei tre casi, rispetto al punto di aggancio dell'asta O. Per il modulo, la direzione e il verso, secondo la definizione $|\tau| = r \cdot F \cdot \text{sen}\vartheta$ e la regola della mano destra, si ricava rispettivamente:

- $\tau_1 = \mathbf{r} \wedge \mathbf{F}_1 \Rightarrow |\tau| = r \cdot F_1 \cdot \text{sen}0° = 0$;
- $\tau_2 = \mathbf{r} \wedge \mathbf{F}_2 \Rightarrow |\tau| = r \cdot F_2 \cdot \text{sen}90° = r \cdot F_2$; τ entrante nel foglio;
- $\tau_3 = \mathbf{r} \wedge \mathbf{F}_3 \Rightarrow |\tau| = r \cdot F_3 \cdot \text{sen}90° = r \cdot F_3$; τ uscente dal foglio;

In generale, quando un sistema di forze dà luogo a un momento τ nullo rispetto a un polo O, il sistema di forze **non genera rotazione** rispetto a quel polo. Quando invece τ è diverso da zero, per la regola della mano destra è sempre diretto lungo una direzione perpendicolare al piano che contiene la forza e il raggio della forza: se τ è entrante nel piano allora la rotazione è **oraria**, e viceversa, se τ è uscente la rotazione è **antioraria**.

3.6.1 Coppia di forze

Si tratta di un sistema composto da due forze parallele, di intensità *uguale*, ma verso opposto.

$$\mathbf{F}_1 = -\mathbf{F}_2 \Rightarrow \mathbf{R} = 0$$

L'effetto di una coppia applicata a un *corpo rigido* libero è quello di generare una rotazione del corpo attorno a un asse ortogonale al piano individuato dalle due forze che compongono la coppia.

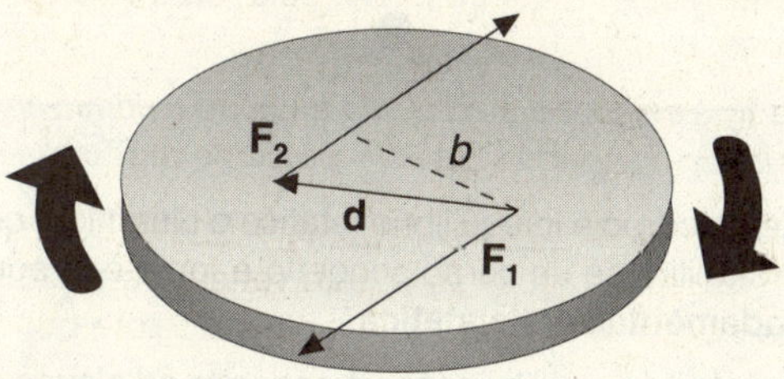

La coppia di forze, pur essendo un sistema di forze a risultante nulla, è in grado di generare una rotazione del corpo a cui è applicata.

Momento di una coppia di forze:

$$\tau = \mathbf{d} \wedge \mathbf{F}_1 \Rightarrow |\tau| = F \cdot b$$

dove F indica il modulo di una delle due forze, b la distanza tra le forze (braccio della coppia) e **d** infine è la distanza vettoriale fra i loro punti di applicazione.

Il momento di una coppia di forze è la somma dei momenti delle due forze che la compongono rispetto a un qualunque punto O del piano.

Il momento di una forza dipende dalla posizione del polo O mentre il momento di una coppia è lo stesso per tutti i punti del piano della coppia.

3.7 Baricentro

Ogni sistema di forze è equivalente, dal punto di vista statico e dinamico, a un sistema composto dalla forza risultante e da una opportuna coppia di forze.

Si supponga di suddividere un corpo di massa M in tante parti di massa m_i, ciascuna delle quali soggetta alla forza peso. L'insieme di tali forze costituisce un sistema di forze parallele concordi che possono essere ricondotte a un'unica risultante avente come modulo la somma delle singole componenti. Il punto di applicazione della risultante di tutte le forze peso prende il nome di *centro di gravità* o *baricentro* del corpo.

Il centro di gravità o **baricentro** di un corpo o di un sistema di corpi è il punto in cui si può immaginare concentrato tutto il peso del corpo o del sistema di corpi.

- Qualunque sia la posizione di un corpo rispetto al terreno, la somma dei momenti delle forze gravitazionali rispetto al suo baricentro è nulla: un corpo posto nel campo gravitazionale e tenuto sospeso per il suo baricentro è in equilibrio (§ 3.8), comunque lo si orienti nello spazio.
- Il baricentro di un corpo esteso può anche essere esterno al corpo stesso (si pensi a un anello di materiale omogeneo: il suo baricentro coincide con il centro geometrico ed è quindi esterno al corpo).

FISICA

3.8 EQUILIBRIO

In presenza della forza gravitazionale, si distinguono tre tipi di equilibrio a seconda del loro *grado di stabilità*. In particolare un equilibrio si dice **stabile** quando, in conseguenza a un elemento di disturbo, si origina una forza (una componente della forza peso) che tende a ripristinare la posizione di equilibrio. Le diverse situazioni possibili sono rappresentate nel diagramma che segue.

Più in generale, si dice che un corpo è in equilibrio (statico o dinamico) quando il suo *stato di moto* si mantiene costante: per stabilire se un corpo soggetto a forze è in equilibrio valgono i seguenti criteri, detti **equazioni fondamentali della statica**.

1. Un **punto materiale** è in equilibrio (non è soggetto ad alcuna accelerazione) se la risultante delle forze $\mathbf{F}_1, \mathbf{F}_2, ..., \mathbf{F}_n$ a esso applicate è uguale a zero:

$$\mathbf{R} = \sum_{i=1}^{n} \mathbf{F}_i = 0$$

2. Un **corpo rigido** (cioè un corpo esteso non assimilabile a un punto materiale) è in equilibrio se su di esso agiscono forze la cui risultante *e il cui momento risultante* sono nulli:

$$\mathbf{R} = \sum_{i=1}^{n} \mathbf{F}_i = 0 \qquad \tau = \sum_{i=1}^{n} \tau_i = 0$$

A un corpo rigido inizialmente fermo si applica un sistema di forze come in figura. Quali sono le condizioni per l'equilibrio?

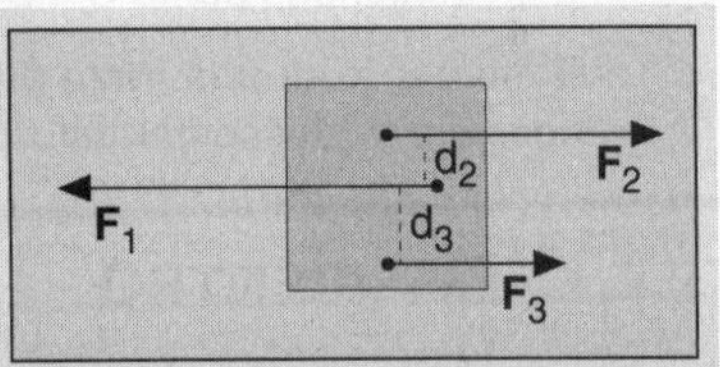

$\mathbf{F}_1$ è opposta a $\mathbf{F}_2$ e $\mathbf{F}_3$: perché la risultante sia nulla basta che il modulo di $\mathbf{F}_1$ sia uguale alla somma dei moduli di $\mathbf{F}_2$ e $\mathbf{F}_3$.

Il momento risultante delle forze non è nullo. Considerando il centro geometrico come polo di rotazione, in particolare, $\tau_1 = 0$, ma τ_2 e τ_3 sono diretti perpendicolarmente al foglio e hanno verso opposto (τ_2 entrante e τ_3 uscente, regola della mano destra). Oltre alla condizione sulle traslazioni, si deve dunque imporre quella sulle rotazioni:

$$\begin{cases} |\mathbf{F}_1| = |\mathbf{F}_2| + |\mathbf{F}_3| \\ |\mathbf{F}_2| \cdot d_2 = |\mathbf{F}_3| \cdot d_3 \end{cases}$$

3.9 MACCHINE

Una macchina è un dispositivo con il quale è possibile vincere una data resistenza. La *forza motrice* $\mathbf{F}_m$ è la forza che compie l'azione; la *forza resistente* $\mathbf{F}_r$ è quella da vincere.

Vantaggio statico di una macchina: $V = |\mathbf{F}_r|/|\mathbf{F}_m|$

A seconda che V sia maggiore, minore o uguale a 1, la macchina sarà vantaggiosa, svantaggiosa o indifferente. Segue l'esame di alcuni tipi di macchine: leve, carrucole e piano inclinato.

3.9.1 LEVE

La leva è costituita da un'asta rigida girevole intorno a un asse a essa perpendicolare. Il **fulcro** è il punto di incontro fra asse e leva; i **bracci** sono la distanza tra i punti di applicazione di $\mathbf{F}_m$ e $\mathbf{F}_r$ e il fulcro. Le leve sono di *tre specie* a seconda delle posizioni di fulcro, forza motrice e resistenza:

1. **prima specie** (es: forbici): fulcro fra forza motrice $\mathbf{F}_m$ e resistenza $\mathbf{F}_r$; è vantaggiosa se $b_r < b_m$;
2. **seconda specie** (es: schiaccianoci): resistenza fra fulcro e forza motrice; sempre vantaggiosa;
3. **terza specie** (es: braccio umano): forza motrice fra fulcro e resistenza; sempre svantaggiosa.

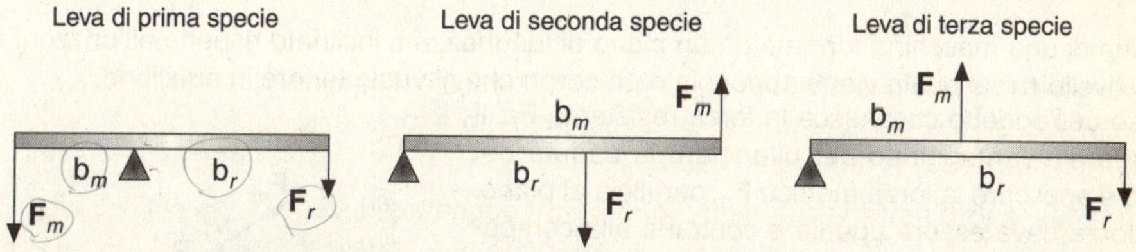

Dalla condizione di equilibrio per i momenti delle forze rispetto al fulcro di una leva, si ricava la **condizione di equilibrio per le leve:**

$$F_m \cdot b_m = F_r \cdot b_r \quad \Rightarrow \quad F_m : F_r = b_r : b_m$$

dove $\mathbf{F}_m$, $\mathbf{F}_r$, b_m, b_r rappresentano la forza motrice, la forza resistente e i corrispondenti bracci d'azione.

Alice e Bob riescono a tenere un dondolo in equilibrio. Se Alice siede all'estremità di destra e ha una massa di 40 kg, quanto pesa Bob?

La risposta è intuitiva: dato che il fulcro si trova esattamente a metà del dondolo (si faccia riferimento alla figura della leva di prima specie), ovvero i bracci delle due forze applicate alla leva sono uguali, Bob deve pesare quanto Alice.

Dato che Alice ha una massa di 40 kg, il suo peso (e quello di Bob) è:

$$P = mg = 40 \text{ kg} \cdot 9{,}8 \ \frac{\text{m}}{\text{s}^2} = 392 \text{ N}$$

3.9.2 CARRUCOLE

La carrucola è costituita da un disco girevole, attorno al quale scorre una fune, fissato a un sostegno o a un peso da sollevare. Esistono carrucole fisse, mobili, o serie di carrucole (paranco).

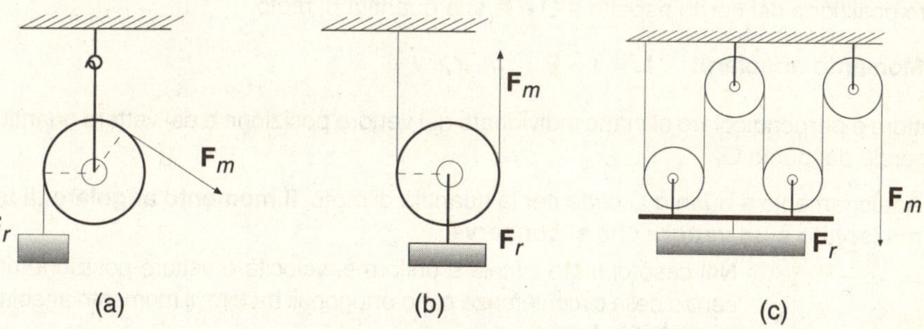

1. Le *carrucole fisse* sono equivalenti a leve (§ 3.9.1) in cui il braccio della forza resistente è uguale a quello della forza motrice, entrambi uguali al raggio del disco (caso a in figura). La condizione di equilibrio è $F_m = F_r$.
   Si ha $V = 1 \Rightarrow$ macchina indifferente. Pur non essendo vantaggiosa, la carrucola fissa è utile perché consente di sollevare un corpo esercitando una forza diretta verso il basso.

2. Le *carrucole mobili* hanno un estremo della fune fissato al sostegno, la forza resistente fissata nel centro del disco e la forza motrice all'altro estremo della fune (caso b in figura). Metà resistenza si scarica sul sostegno e quindi l'equilibrio è raggiunto quando $F_m = F_r/2$.

   Si ha $V = 2 \Rightarrow$ macchina vantaggiosa.

3. Il *paranco* è una macchina composta da n carrucole mobili (caso c in figura); l'equilibrio viene raggiunto quando $F_m = F_r/(2n)$.

   Il vantaggio aumenta con l'aumentare di n: $V = 2n \Rightarrow$ macchina vantaggiosa.

3.9.3 PIANO INCLINATO

Si tratta di una macchina formata da un piano di lunghezza l, inclinato rispetto all'orizzontale con un dislivello h, sul quale viene appoggiato un corpo che si vuole tenere in equilibrio.

Il peso dell'oggetto costituisce la forza resistente $\mathbf{F}_r$. Il metodo più vantaggioso per bilanciare la caduta del corpo è applicare la forza motrice $\mathbf{F}_m$ parallela al piano. Tale forza deve essere uguale e contraria alla componente della forza peso parallela al piano.

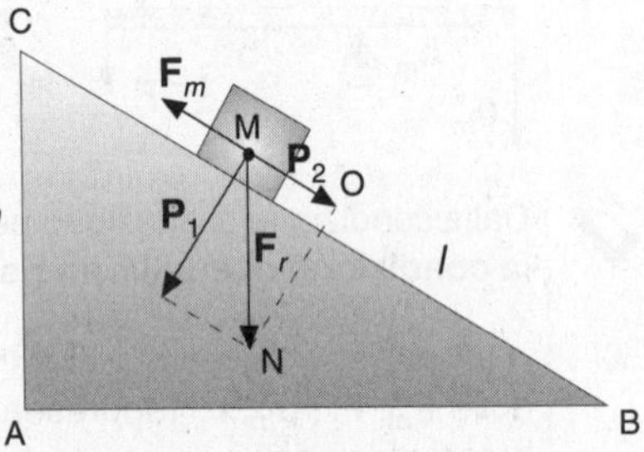

Si scompone quindi il peso in $\mathbf{P}_1$ e $\mathbf{P}_2$.

Per l'equilibrio, il modulo di $\mathbf{F}_m$ deve essere uguale a quello di $\mathbf{P}_2$: $F_m = \overline{MO}$.

Dalla similitudine dei triangoli ABC e MNO si ha:

$$\overline{BC} : \overline{MN} = \overline{AC} : \overline{MO}$$

$$\overline{MO} = \overline{MN} \cdot (\overline{AC}/\overline{BC}) \Rightarrow F_m = F_r \cdot (h/l)$$

La componente $\mathbf{P}_1$ della forza peso, ortogonale al piano, è bilanciata da una forza a essa uguale e opposta, detta *reazione vincolare*.

Per il piano inclinato il vantaggio è $V = \dfrac{l}{h}$. Essendo $l > h$, la macchina è sempre vantaggiosa.

3.10 MOMENTO ANGOLARE

Nel § 3.6 si è definito il momento di una forza rispetto a un punto come il prodotto vettoriale tra il vettore posizione e la forza. Analogamente, per un corpo di massa m e velocità $\mathbf{v}$, si definisce il *momento angolare* o *momento della quantità di moto* rispetto a un punto O il prodotto vettoriale tra il vettore posizione del corpo rispetto a O e la sua quantità di moto.

✔ **Momento angolare:** $\mathbf{L} = \mathbf{r} \wedge \mathbf{P} = m \cdot \mathbf{r} \wedge \mathbf{v}$

Tale vettore è perpendicolare al piano individuato dal vettore posizione e dal vettore quantità di moto e dipende dal punto O.

Analogamente a quanto accade per la quantità di moto, **il momento angolare di un sistema isolato è un vettore che si conserva.**

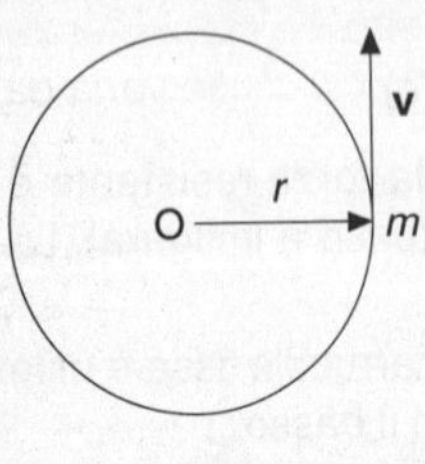

Nel caso di moto circolare uniforme, velocità e vettore posizione rispetto al centro della circonferenza sono ortogonali tra loro; il momento angolare assume quindi la forma:

$$L = m \cdot v \cdot r = m \cdot r^2 \cdot \omega = I \cdot \omega$$

dove ω indica la velocità angolare del corpo e $I = m \cdot r^2$ prende il nome di **momento d'inerzia**. I è un indice dell'inerzia che i corpi offrono a una variazione della loro velocità angolare.

Una pattinatrice sul ghiaccio sta eseguendo una trottola alla velocità angolare ω. Quando vuole aumentare la velocità della trottola avvicina gli arti al proprio asse di rotazione, fino a ridurre il momento di inerzia *I* della metà. Supponendo che tra i pattini e il ghiaccio ci sia attrito trascurabile, quanto vale la velocità angolare finale della trottola?

Il momento angolare **L** è, per il moto rotatorio, la grandezza analoga alla quantità di moto **P** per il moto traslatorio.

L'assenza di attrito indica che il sistema pattinatrice-ghiaccio è isolato, ovvero non agiscono forze esterne. In questo caso vale il principio di conservazione del momento angolare $L = I \cdot \omega$: segue che è possibile modificare la velocità angolare di un corpo in rotazione semplicemente cambiando il suo momento d'inerzia (I e ω sono infatti inversamente proporzionali).

Numericamente, dato che $I_2 = I_1/2$:

$$L_1 = L_2 \quad \Rightarrow \quad I_1 \cdot \omega_1 = I_2 \cdot \omega_2 \quad \Rightarrow \quad \omega_2 = \frac{I_1}{I_2} \cdot \omega_1 = \frac{I_1}{I_1/2} \cdot \omega_1 = 2\omega_1$$

Ancora una volta, si noti dal punto di vista dimensionale la formula risolutiva:

$$\omega_2 = \frac{I_1}{I_2} \cdot \omega_1$$

dove a sinistra dell'uguale c'è una velocità angolare e a destra, correttamente, lo stesso, dato che il rapporto I_1/I_2 è adimensionale.

L'azione di una forza **F** su un corpo libero ne provoca una variazione della quantità di moto **P**; l'azione di una coppia di momento τ ne provoca una variazione del momento angolare **L**.

3.11 FORZE ELASTICHE E MOTO ARMONICO

Come si è visto nel § 2.3.5, il moto armonico si può definire come il moto della proiezione P' di un punto P che si muove con velocità angolare costante ω lungo una circonferenza. La legge oraria di tale moto è di tipo sinusoidale.

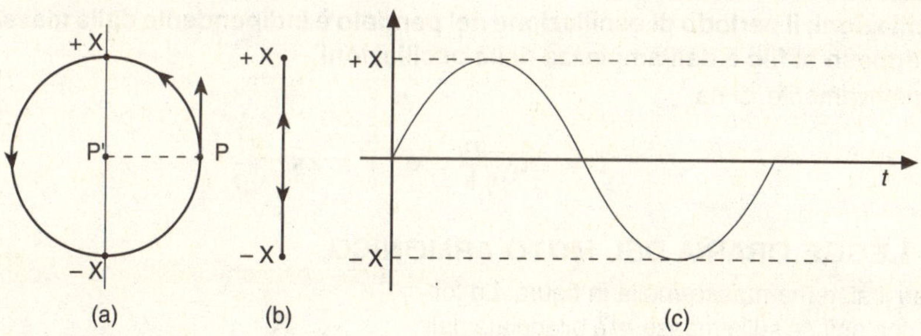

Quando P compie una rotazione completa (figura a), la sua proiezione P' si muove lungo il diametro della circonferenza (figura b) passando due volte per ogni punto del diametro. La rappresentazione di tale moto è un grafico di tipo sinusoidale (figura c): l'ampiezza x dell'oscillazione varia da $-X$ a $+X$.

Si tratta di un *moto periodico* di periodo $T = 2\pi/\omega$; ω è la *pulsazione del moto* e si ha:

$$\omega = \frac{2\pi}{T} = 2\pi\nu \qquad T = \frac{1}{\nu}$$

3.11.1 LA MOLLA E IL PENDOLO SEMPLICE

Si prendono ora in esame due casi notevoli di moto armonico: l'oscillazione di un sistema *massa-molla* e l'oscillazione di un *pendolo semplice*.

Nella figura a lato, il **sistema massa-molla** è rappresentato nella configurazione di equilibrio (figura a) e in una configurazione dove la massa è spostata di una quantità x dalla posizione di equilibrio (figura b).

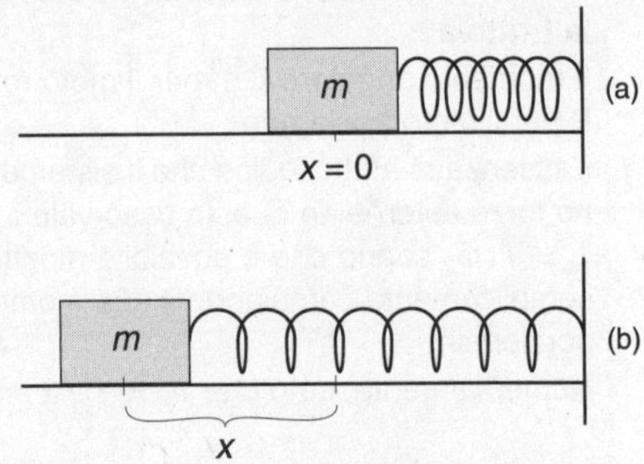

La massa è soggetta alla forza della molla che è una *forza di tipo elastico*, cioè opposta e proporzionale alla deformazione. Tale forza è data da:

$$\mathbf{F} = -k \cdot \mathbf{x}$$

dove $\mathbf{x}$ è lo spostamento dalla posizione di equilibrio e k è la *costante elastica* della molla.

La massa del **pendolo semplice** (una massa puntiforme m sospesa grazie a un filo inestensibile di massa trascurabile e lunghezza l) è invece sottoposta a due forze: la forza peso pari a $m\mathbf{g}$ e la tensione del filo. La risultante di tali forze è indicata con **F** in figura.

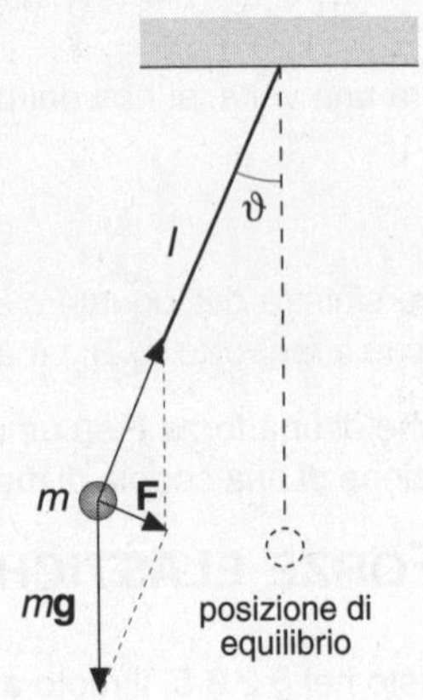

In entrambi i casi si tratta di forze di richiamo che, in mancanza di attriti, fanno oscillare le masse senza interruzione. Sempre in entrambi i casi, quando le masse transitano nelle posizioni di equilibrio ($x = 0$ e $\theta = 0$), le loro velocità risultano massime, mentre si annullano quando l'oscillazione raggiunge la massima ampiezza (x e θ massimi). Le accelerazioni, al contrario, raggiungono il loro valore massimo nei punti dove si inverte il moto, cioè dove x e θ sono massimi, e si annullano nella posizione di equilibrio.

Il periodo di oscillazione del sistema massa–molla è indipendente dall'ampiezza delle oscillazioni; il periodo di oscillazione del pendolo è indipendente dalla massa del corpo appeso al filo e dall'ampiezza delle oscillazioni.

Rispettivamente, si ha:

$$T = 2\pi \cdot \sqrt{\frac{m}{k}} \quad \textbf{e} \quad T = 2\pi \cdot \sqrt{\frac{l}{g}}$$

3.11.2 LEGGE ORARIA DEL MOTO ARMONICO

Si consideri il sistema massa-molla in figura. La forza peso **P** che agisce sulla massa m è bilanciata dalla reazione vincolare **R** del piano di appoggio. L'unica forza con risultante non nulla che agisce sulla massa è la forza elastica di richiamo $\mathbf{F} = -k \cdot \mathbf{x}$. Tale forza provoca l'accelerazione della massa.

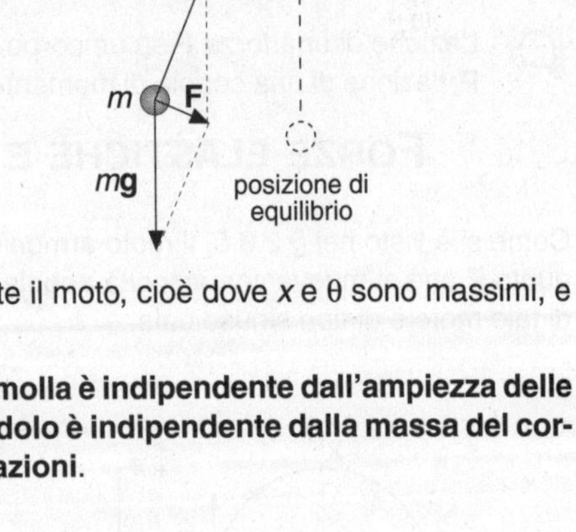

Per la seconda legge della dinamica si ha:

$$m \cdot \mathbf{a} = -k \cdot \mathbf{x} \quad \text{da cui} \quad \mathbf{a} = -\frac{k}{m} \cdot \mathbf{x} \qquad [6]$$

Nel moto armonico l'accelerazione è sempre direttamente proporzionale allo spostamento del corpo rispetto alla posizione di equilibrio.

Dalla [6] si ricava la legge oraria del moto armonico.

$$x(t) = A \cdot \text{sen}(\omega \cdot t + \varphi) \qquad \text{dove } \omega = \sqrt{k/m}$$

dove A è l'ampiezza massima dell'oscillazione, φ è un parametro detto *fase iniziale* che tiene conto delle condizioni iniziali e ω prende il nome di pulsazione e ha le dimensioni dell'inverso di un tempo. Le equazioni trovate assumono la stessa forma per qualunque moto oscillatorio; nel pendolo semplice, l'equazione del moto riferita all'angolo di apertura delle oscillazioni è la seguente:

$$\theta(t) = \Theta \cdot \text{sen}(\omega \cdot t + \varphi) \qquad \text{dove } \omega = \sqrt{g/l}$$

3.11.3 GRANDEZZE CARATTERISTICHE DEL MOTO OSCILLATORIO

	massa - molla	pendolo semplice
Costante del moto	k	$\frac{mg}{l}$
Periodo T	$2\pi\sqrt{\frac{m}{k}}$	$2\pi\sqrt{\frac{l}{g}}$
Pulsazione $\omega = 2\pi\nu$	$\sqrt{\frac{k}{m}}$	$\sqrt{\frac{g}{l}}$
Frequenza $\nu\lambda$	$\frac{1}{2\pi}\sqrt{\frac{k}{m}}$	$\frac{1}{2\pi}\sqrt{\frac{g}{l}}$
Energia potenziale[1]	$\frac{1}{2}kx^2$	mgh

1. L'energia potenziale verrà definita nel § 4.3.2.

3.12 FORZA DI ATTRITO

Le *forze di attrito* si oppongono ai movimenti relativi tra i corpi. La forma di attrito più ricorrente nelle domande dei test universitari è la forza di attrito *radente*.

✔ Dati due corpi mantenuti a contatto da una forza **N** perpendicolare alla superficie di contatto, la forza di **attrito radente $\mathbf{F}_a$** è originata dallo slittamento di un corpo sull'altro ed è un vettore così definito:
Direzione: parallela alla superficie di contatto;
Verso: quello che si oppone al moto relativo tra i due corpi;
Intensità: $|\mathbf{F}_a| = f \cdot |\mathbf{N}|$ dove $f = \begin{cases} f_s : & \text{coefficiente di attrito statico} \\ f_k : & \text{coefficiente di attrito dinamico} \end{cases}$

La forza di attrito radente è quindi direttamente proporzionale alla forza normale **N** (che nel caso in figura coincide con la forza peso del corpo) e dipende dalla natura delle superfici di contatto.

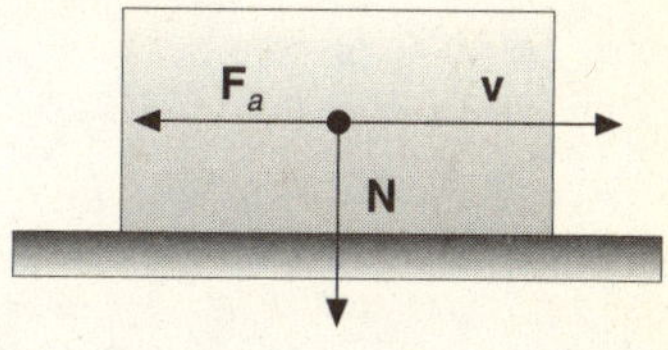

Il coefficiente di attrito statico f_s è proprio della resistenza che si incontra quando si cerca di mettere in movimento un corpo inizialmente fermo.

Il coefficiente di attrito dinamico f_k riguarda invece un corpo già in movimento. Si verifica che la resistenza che un corpo incontra è maggiore quando parte da fermo rispetto a quella che incontra quando è già in moto.

✔ **Per ogni materiale vale la disuguaglianza: $f_s > f_k$**

FISICA

Oltre alla forza di attrito radente, esistono altri due tipi di forze di attrito.

- **Forza di attrito volvente**: si tratta della forza che si oppone al rotolamento di un corpo su un altro: sperimentalmente si trova che l'attrito volvente è sempre inferiore a quello radente.
- **Forza di attrito nei fluidi**: quando un corpo si muove all'interno di un fluido viscoso (come un pesce nell'acqua o un paracadutista nell'aria) incontra una resistenza che dipende dalla viscosità del fluido (§ 6.5) e dalla forma, dalle dimensioni e dalla velocità del corpo che si muove nel fluido.

Un corpo di massa $m = 2$ kg è appoggiato su un piano orizzontale. Tra il corpo e il piano i coefficienti di attrito statico e dinamico valgono rispettivamente $f_s = 0{,}5$ e $f_d = 0{,}3$. Si applica al corpo una forza F di modulo pari a 20 N che forma con il piano un angolo di 60°. Determinare la forza totale agente parallelamente al piano.

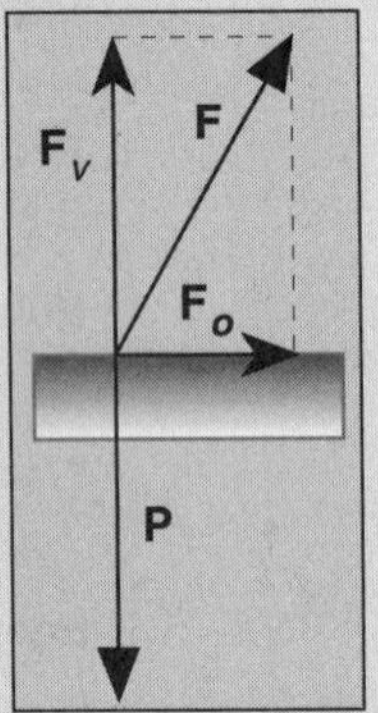

La componente verticale della forza **F** vale:

$$F_v = F\text{sen}(60°) = 17{,}32 \text{ N}$$

mentre quella orizzontale $F_o = F\cos(60°) = 10 \text{ N}$.

La forza di attrito statico vale:

$$F_s = (mg - F_v) \cdot f_s = (2 \text{ kg} \cdot 9{,}8 \text{ m/s}^2 - 17{,}32 \text{ N}) \cdot 0{,}5 = 1{,}14 \text{ N}$$

ed è diretta nel verso opposto alla componente orizzontale $\mathbf{F}_o$.

Essendo $F_s < F_o$, il corpo inizia a muoversi.

Si considera l'attrito dinamico:

$$F_d = (mg - F_v) \cdot f_d = (2 \text{ kg} \cdot 9{,}8 \text{ m/s}^2 - 17{,}32 \text{ N}) \cdot 0{,}3 = 0{,}684 \text{ N}$$

La forza totale parallela al piano è dunque:

$$\mathbf{R} = \mathbf{F}_o + \mathbf{F}_d \quad \Rightarrow \quad R = F_o - F_d = (10 - 0{,}684) \text{ N} = 9{,}316 \text{ N}$$

PARTE QUARTA

QUESITI SVOLTI

1 In base al primo principio della dinamica, se vengono meno le forze che determinano il moto circolare uniforme di un corpo, questo:

- **A** permane nel suo stato di moto circolare uniforme
- **B** rallenta il suo moto sino a fermarsi
- **C** cambia il tipo di moto da circolare uniforme a rettilineo uniforme
- **D** assume un moto rettilineo uniformemente accelerato
- **E** assume un moto uniformemente accelerato

Il primo principio della dinamica afferma che un corpo non soggetto a forze mantiene il suo stato di quiete o di moto rettilineo uniforme. Il corpo si muove inizialmente di moto circolare uniforme in virtù della presenza di una forza centripeta; se scompare tale forza, il corpo cambia tipo di moto e prosegue con moto rettilineo uniforme lungo la tangente alla traiettoria iniziale. La risposta esatta è la **C**.

2 Un corpo si muove sotto l'azione di una forza costante. Quale delle seguenti quantità rimane costante nel moto?

- **A** quantità di moto
- **B** velocità
- **C** accelerazione
- **D** energia cinetica
- **E** nessuna delle precedenti grandezze resta costante

Per la seconda legge di Newton, l'azione di una forza costante implica che sul corpo è applicata un'accelerazione costante (risposta **C**) e proporzionale alla forza. Un'accelerazione non nulla implica una variazione di velocità, e quindi di quantità di moto e di energia cinetica, per cui le altre risposte sono da escludere.

3 L'affermazione che una moto può compiere una curva di raggio assegnato a una velocità superiore a quella di un'automobile (a parità di coefficiente di aderenza tra gomma e asfalto) è:

- **A** vera, perché la moto, inclinandosi, fornisce una forza centripeta addizionale
- **B** vera, perché la moto è più leggera
- **C** falsa, perché la forza laterale che permette di eseguire la curva è fornita dall'aderenza, che non varia nei due casi
- **D** vera, perché la moto ha più efficienza aerodinamica dell'automobile
- **E** falsa, perché la moto può avere una potenza specifica più elevata di quella di un'automobile

Gli unici elementi che contano, ai fini della determinazione della forza di attrito radente tra gomma e asfalto (e quindi della potenziale velocità massima ottenibile in curva), sono il coefficiente di attrito radente (coefficiente di aderenza) e la forza normale alla superficie di contatto (forza peso + carico aerodinamico). I coefficienti di attrito per moto e macchina sono gli stessi; per quanto riguarda la forza perpendicolare all'asfalto, il bilancio è generalmente a favore della macchina che può beneficiare di un carico aerodinamico superiore a quello della moto. La risposta corretta è la **C**.

FISICA

4 Il momento di una forza diversa da zero, rispetto a un punto non giacente sulla retta d'azione della forza stessa:

A è un vettore perpendicolare sia alla forza sia al braccio
B ha le stesse dimensioni fisiche di una pressione
C varia al variare del braccio ed è massimo quando il braccio è nullo
D è una grandezza senza dimensioni
E è definito solo nel caso di forze costanti e braccio costante

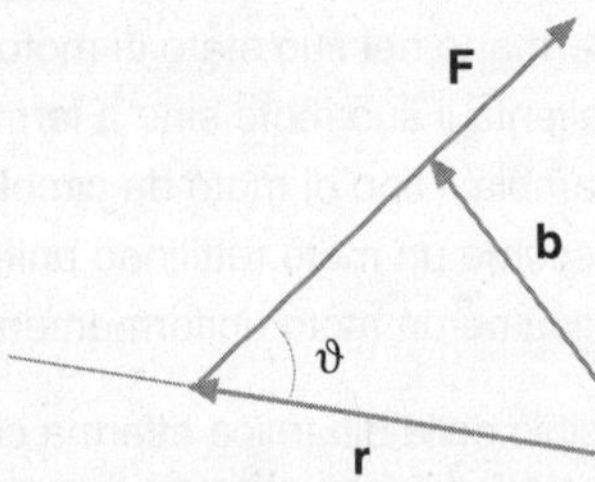

Il momento di una forza **F** rispetto a un polo O è una grandezza vettoriale definita come il prodotto vettoriale tra il *raggio* (vettore che unisce O al punto di applicazione della forza) e la forza, secondo la relazione $\tau = \mathbf{r} \times \mathbf{F}$. Tale prodotto è equivalente a $\tau = \mathbf{b} \times \mathbf{F}$. dove **b** è il braccio della forza (la distanza *minima* tra il polo O e la direzione della forza).
Il momento di una forza non nulla rispetto a un polo non giacente sulla direzione della forza è dunque un vettore esso stesso non nullo, per definizione perpendicolare sia al vettore **F** che al vettore **b** (risposta A).

5 In un sistema di particelle la quantità di moto totale si conserva:

A sì, sempre
B no, mai
C solo se il sistema è chiuso
D solo se il sistema è isolato
E solo se il sistema è adiabatico

Il principio di conservazione della quantità di moto di un sistema vale solo se il sistema è isolato: la risposta esatta è la D.

6 Quale carico bisogna applicare all'estremo B del tratto verticale della fune AOB, di massa trascurabile, per mantenere in equilibrio il carico A scorrevole senza attrito su un piano inclinato di $\pi/6$ sull'orizzontale, avente massa di 1 kg?

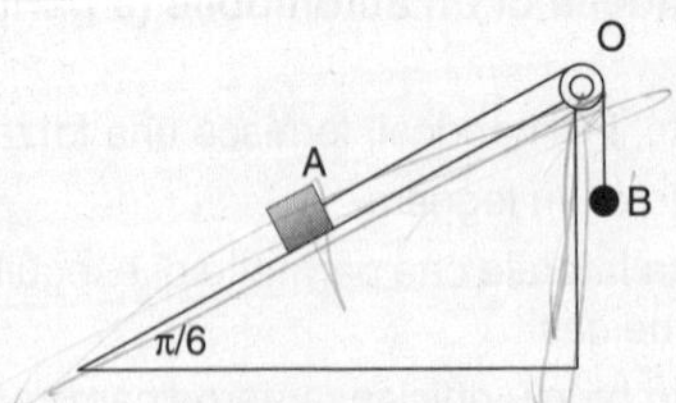

A $\frac{1}{2}$ kg B $\frac{\sqrt{2}}{3}$ kg C $\frac{1}{\sqrt{3}}$ kg D $\frac{1}{\sqrt{2}}$ kg E $\sqrt{3}$ kg

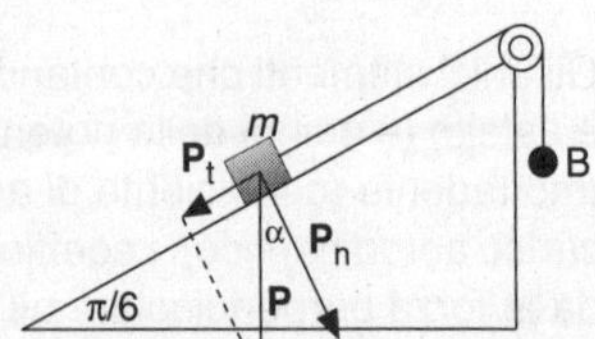

La forza che trascina verso il basso la massa A è il suo peso. In particolare la componente $\mathbf{P}_n$ ortogonale al piano è bilanciata dalla reazione vincolare del piano stesso, mentre la componente $\mathbf{P}_t$ parallela al piano è quella che fa muovere A.
Il carico che bisogna applicare in B deve quindi esercitare una forza verso il basso di intensità pari a P_t.

Dalla trigonometria si ha:

$$P_t = P \cdot \text{sen}\frac{\pi}{6} = m \cdot g \cdot \text{sen}\frac{\pi}{6}$$

Dato che $P_t = P_B = m_B g$, la massa da applicare nel punto B è pari a:

$$m_B = \frac{m \cdot g \cdot \text{sen}\,\pi/6}{g} = m \cdot \text{sen}\frac{\pi}{6} = 1\text{ kg} \cdot \text{sen}\frac{\pi}{6} = 1\text{ kg} \cdot \frac{1}{2} = \frac{1}{2}\text{ kg} \quad \text{(risposta A)}$$

---

7 Con riferimento al sistema illustrato in figura, determinare le tensioni T_A e T_B del filo (supposto di massa trascurabile), durante il moto di A e B in assenza di attriti:

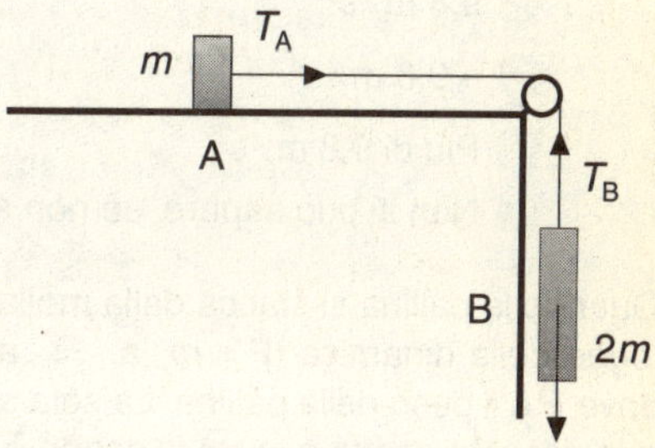

A $T_A = T_B = \frac{2}{3}mg$

B $T_A = T_B = mg$

C $T_A = mg$ e $T_B = 2mg$

D non determinabili perché occorre conoscere la posizione e la velocità di A a un istante iniziale

E non determinabili perché occorre conoscere la lunghezza del filo

La forza che fa muovere il sistema è esclusivamente la forza peso. La forza peso agente su A è bilanciata dalla reazione vincolare del piano su cui è appoggiato; mentre la forza peso agente su B è pari a: $F = 2\,m \cdot g$.
Questa forza muove l'intero sistema che ha massa $3m$, imprimendogli una accelerazione pari a:

$$a = \frac{F}{3m} = \frac{2m \cdot g}{3m} = \frac{2}{3}g$$

Poiché la tensione T_A è l'unica forza non bilanciata che agisce sul corpo A, la cui accelerazione è $2/3\ g$, il modulo di T_A è uguale a:

$$T_A = m \cdot \frac{2}{3}g = \frac{2}{3}m \cdot g$$

Poiché la tensione si trasmette inalterata lungo tutto il filo, anche $T_B = \frac{2}{3}m \cdot g$.
La risposta esatta è quindi la A.

---

8 Un ascensore si muove con velocità costante verso il basso mentre al suo interno un ragazzo si sta pesando su una comune bilancia (dinamometro). Il peso indicato dalla bilancia è:

A inferiore al reale

B uguale al reale

C superiore al reale

D inferiore, uguale, superiore a seconda del valore della velocità dell'ascensore

E nessuna delle precedenti

Per mostrare che il peso indicato dalla bilancia è uguale al reale si può ragionare per assurdo. Si supponga cioè che la bilancia indichi un peso diverso dal reale; se così fosse si potrebbe capire, dall'interno dell'ascensore, che il sistema è in movimento e ciò è in contrasto con il principio di relatività galileiana secondo il quale è impossibile, dall'interno di un sistema di riferimento inerziale, capire se questo è fermo o è dotato di moto rettilineo uniforme. La risposta esatta è la B.

FISICA

Per concludere si osserva che la bilancia segna un valore diverso dal reale solo nel momento in cui l'ascensore parte o si ferma, cioè nei momenti in cui l'accelerazione è diversa da zero. In tali casi infatti l'ascensore non è un sistema inerziale.

---

9 Una pallina viene scagliata verticalmente verso l'alto (nel campo gravitazionale) da una molla. Quanto vale l'accelerazione della pallina nell'istante immediatamente successivo al distacco della pallina dalla molla? (Si supponga che la resistenza dell'aria sia trascurabile e che l'accelerazione di gravità sia diretta naturalmente verso il basso e di valore pari a 9,8 m/s^2).

A 0

B 9,8 m/s^2

C – 9,8 m/s^2

D Più di 9,8 m/s^2

E Non si può sapere, se non si conosce la forza esercitata dalla molla

Quando la pallina si stacca dalla molla, la sola forza a cui è soggetta è la forza peso. La seconda legge della dinamica ($\mathbf{F} = m \cdot \mathbf{a} \Rightarrow \mathbf{a} = \mathbf{F}/m$) diventa quindi $a = P/m = mg/m = g = 9{,}8$ m/s^2 dove P è il peso della pallina. La sola accelerazione a cui la pallina è sottoposta è quella di gravità e la risposta esatta è la C (il segno è dovuto al fatto che l'accelerazione gravitazionale ha verso opposto rispetto alla velocità).

Per rispondere correttamente a questo tipo di quesiti è necessario distinguere correttamente i concetti di velocità e di accelerazione.

Un corpo può essere dotato di una velocità enorme e avere nello stesso tempo una accelerazione nulla o viceversa. L'accelerazione è legata alla variazione di velocità nel tempo e non al variare della velocità.

---

10 L'accelerazione di gravità sulla Luna è circa 1/6 di quella sulla Terra. La massa di un uomo che si trova sulla Luna è:

A 1/6 di quella che ha sulla Terra

B 6 volte quella che ha sulla Terra

C uguale a quella che ha sulla Terra

D 1/36 di quella che ha sulla Terra

E 36 volte quella che ha sulla Terra

La massa è una grandezza caratteristica di ogni corpo e non dipende dal sistema in cui il corpo si trova. Spostandosi dalla Terra alla Luna un uomo vede cambiare il suo peso, che dipende dall'attrazione gravitazionale, ma mantiene inalterata la sua massa. La risposta esatta è quindi la C.

---

11 Per quale motivo un satellite artificiale può girare in orbita attorno alla Terra senza ricadere sulla Terra stessa?

A Perché è abbastanza distante dalla Terra affinché l'attrazione terrestre non sia più efficace

B Perché la velocità di rotazione del satellite è tale che la forza centripeta è uguale alla forza di attrazione terrestre

C Perché il satellite subisce una uguale attrazione dalla Terra e dalla Luna

D Perché, grazie alla elevata velocità, è sostenuto dall'atmosfera come un aeroplano

E Perché il motore del satellite lo sostiene in orbita

La maggior parte dei satelliti si trova a poche centinaia di chilometri di distanza dalla superficie terrestre il cui raggio vale circa 6400 km. I satelliti sono in generale molto più vicini alla Terra di quanto non sia rappresentato nella figura riportata di seguito. È dunque evidente che la risposta **A** contiene un'affermazione falsa.

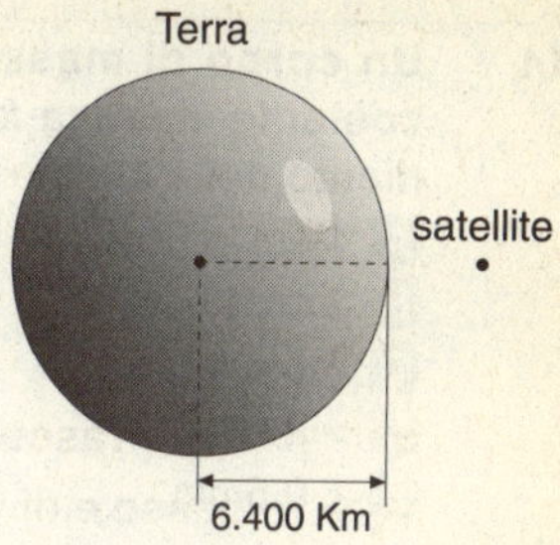

I satelliti sono soggetti alla sola forza gravitazionale (tutt'altro che trascurabile) e sono sottoposti a una accelerazione centripeta (si muovono di moto circolare). In accordo con la seconda legge della dinamica la forza peso dei satelliti è esattamente la forza centripeta necessaria per garantirgli la "stabilità" del loro moto di rivoluzione intorno alla Terra: la risposta esatta è la **B**.

---

12 Una ballerina che voglia aumentare la propria velocità angolare di rotazione tende a raccogliersi il più possibile avvicinando le braccia al corpo; ciò perché:

- **A** aumenta il momento angolare di rotazione
- **B** diminuisce il momento di inerzia
- **C** aumenta la quantità di moto
- **D** aumenta la resistenza fisica
- **E** diminuisce la fatica

Si è visto che in un sistema isolato (è il caso della ballerina se si trascurano gli attriti), il momento angolare $L = I \cdot \omega$ è una costante: perché aumenti ω occorre che I diminuisca.
Dato che il momento d'inerzia I dipende da come è distribuita la massa del corpo rotante rispetto all'asse di rotazione (I è tanto maggiore quanto maggiore è la distanza fra la massa e l'asse di rotazione), l'azione di raccoglimento della ballerina si traduce in una diminuzione del suo momento d'inerzia. Si conclude che la risposta esatta è la **B**.

---

13 La distanza media Terra-Luna è circa 380.000 km e il raggio della Luna è circa 1750 km (0,27 volte quello della Terra); il rapporto tra la massa della Luna e quella della Terra è 1/81. Quale delle seguenti risposte individua più correttamente la posizione del centro di massa del sistema Terra-Luna?

- **A** Il centro della Luna
- **B** A mezza via tra la Luna e la Terra
- **C** Il centro della Terra
- **D** All'interno della Terra ma non al centro
- **E** All'interno della Luna ma non al centro

In generale, per determinare la posizione del centro di massa di un sistema composto da due masse m_1 e m_2 (per esempio Terra e Luna), si utilizza la relazione seguente:

$$m_1 \cdot d_1 = m_2 \cdot d_2 \Rightarrow \frac{m_1}{m_2} = \frac{d_2}{d_1}$$

dove $d_1 + d_2 = d$ è la distanza fra le masse.

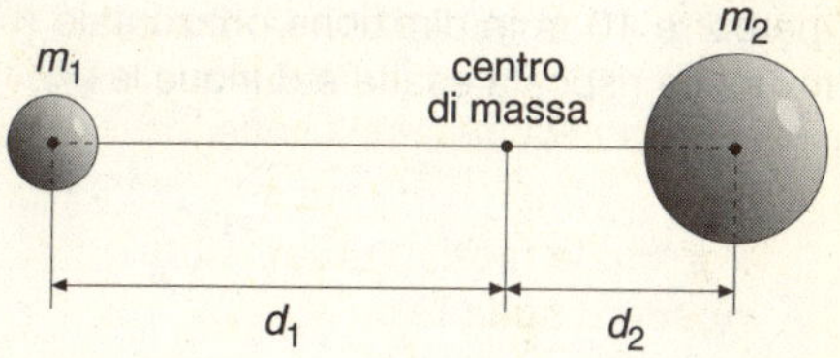

Nel caso del sistema Terra-Luna si ha:

$$\frac{m_L}{m_T} = \frac{d_T}{d_L} \Rightarrow \frac{1}{81} = \frac{d_T}{380.000 \text{ km} - d_T} \Rightarrow 82 d_T = 380.000 \text{ km} \Rightarrow d_T = 4650 \text{ km}$$

Dato che il raggio della Terra vale 6400 km > 4650 km, il centro di massa del sistema Terra-Luna si trova lungo la congiungente i rispettivi centri di massa, all'interno della superficie terrestre.
La risposta esatta è quindi la **D**.

FISICA

14 **Un corpo di massa $m = 2$ kg è sospeso verticalmente da una molla ideale di costante elastica $k = 1$ N/cm. In condizioni di equilibrio si osserva che l'allungamento della molla rispetto alla sua lunghezza di riposo è:**

A 1 cm
B 2 cm
C 0,5 cm
D > 2 cm
E < 0,5 cm

La forza esercitata da una molla il cui estremo libero si è spostato di un tratto x rispetto alla posizione di equilibrio è regolata dalla legge di Hooke:

$$\mathbf{F} = -k \cdot \mathbf{x} \Rightarrow \mathbf{x} = -\frac{\mathbf{F}}{k}$$

Se il sistema massa-molla è in equilibrio, la molla esercita sul corpo una forza uguale e opposta al peso del corpo ($P = mg \Rightarrow P = 2 \text{ kg} \cdot 9{,}8 \text{ m/s}^2 = 19{,}6 \text{ N} \approx 20 \text{ N}$).

Per quanto detto si ha: $x = -\frac{F}{k} \approx -\frac{20 \text{ N}}{1 \text{ N/cm}} = -20 \text{ cm}$, ovvero la molla si allunga di 20 cm.

La risposta esatta è dunque la D.

15 **Un getto d'acqua esce orizzontalmente con una velocità di 10 m/s da un foro situato a 5 metri d'altezza dal suolo. A che distanza dal piede della verticale il getto raggiunge il suolo?**

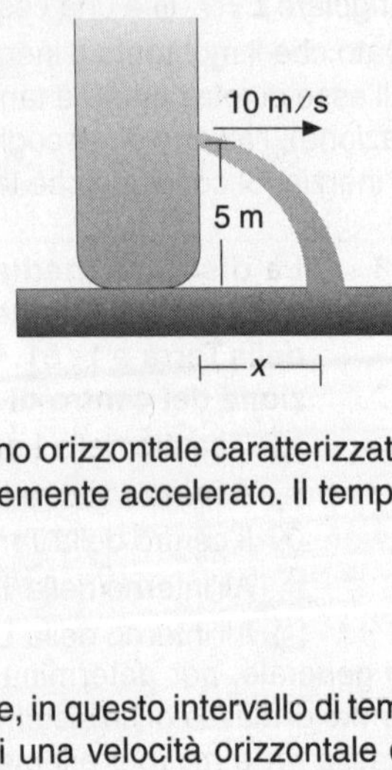

A Circa 3 m
B Circa 5 m
C Circa 10 m
D Circa 12 m
E Circa 15 m

Il moto del getto d'acqua è la composizione di due moti indipendenti: uno orizzontale caratterizzato da una velocità costante ($v = 10$ m/s) e uno verticale di tipo uniformemente accelerato. Il tempo di caduta di un grave da una altezza $h = 5$ m vale:

$$t_c = \sqrt{\frac{2h}{g}} = \sqrt{\frac{10 \text{ m}}{9{,}8 \text{ m/s}^2}} \approx 1 \text{ s}$$

Ogni molecola d'acqua impiega dunque un secondo a cadere al suolo e, in questo intervallo di tempo, percorre 10 m in direzione orizzontale (l'acqua è infatti dotata di una velocità orizzontale di 10 m/s). La risposta esatta è dunque la C.

4 LAVORO ED ENERGIA

4.1 LAVORO DI UNA FORZA

Quando il punto di applicazione di una forza **F** compie uno spostamento **s**, la forza compie un lavoro *L* dato dal prodotto scalare tra forza e spostamento.

$L = \mathbf{F} \cdot \mathbf{s} = |\mathbf{F}| \cdot |\mathbf{s}| \cdot \cos\alpha$ — Dimensioni[M] $[L]^2$ $[T]^{-2}$

dove α è l'angolo formato dai vettori **F** e **s**. — Unità di misura nel SIN · m = joule (J)

L'unità di misura del lavoro nel sistema CGS è l'erg (simbolo: erg). Quanti joule vale un erg?

Si è visto che $1\ \text{J} = 1\ \text{N} \cdot 1\ \text{m}$. Analogamente, nel CGS, $1\ \text{erg} = 1\ \text{dyn} \cdot 1\ \text{cm}$.

Si tratta, per passare da J a erg, di trasformare tutte le unità del SI in unità del CGS mediante equivalenze:

$$1\ \text{J} = 1\ \text{N} \cdot 1\ \text{m} = (10^5\ \text{dyn}) \cdot 10^2\ \text{cm} = (10^5 \cdot 10^2)\ \text{dyn} \cdot \text{cm} = 10^7\ \text{erg}$$

Si conclude così che $1\ \text{J} = 10^7$ erg e, viceversa, $1\ \text{erg} = 10^{-7}\ \text{J}$.

Il lavoro è una grandezza scalare!

Il lavoro compiuto da una forza **F** quando il suo punto di applicazione si sposta non dipende solo dalle intensità della forza e dello spostamento, ma anche dal loro orientamento reciproco nello spazio. Per esempio, il lavoro è positivo o negativo a seconda che l'angolo α formato da **F** e da **s** sia minore o maggiore di 90°.

Una forza F di modulo 10 N viene applicata a un corpo che si sposta verso destra, di 2 m, lungo un piano orizzontale senza attrito. Calcolare il lavoro della forza nel caso in cui essa formi con il piano un angolo di 30° o di 150°.
A parità di forza e spostamento, qual è l'angolo per cui il lavoro è massimo?

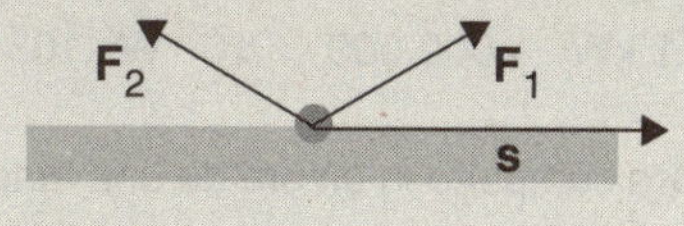

Schematizzando il problema come in figura, si scrive, secondo la definizione di lavoro:

$$L_1 = \mathbf{F}_1 \cdot \mathbf{s} = F_1 \cdot s \cdot \cos 30° = 10\ \text{N} \cdot 2\ \text{m} \cdot \frac{\sqrt{3}}{2} = 10\sqrt{3}\ \text{J}$$

$$L_2 = \mathbf{F}_2 \cdot \mathbf{s} = F_2 \cdot s \cdot \cos 150° = -10\ \text{N} \cdot 2\ \text{m} \cdot \frac{\sqrt{3}}{2} = -10\sqrt{3}\ \text{J}$$

L'angolo per cui è massimo il lavoro è l'angolo per cui è massimo in generale un prodotto scalare: 0°. Ovvero, **il lavoro è massimo quando forza e spostamento sono paralleli.**

Dalla definizione di lavoro, poiché cos(90°) = 0, si ricava che **le forze perpendicolari allo spostamento non compiono lavoro.**

La forza centripeta e la forza gravitazionale sono forze che in alcune circostanze, come quelle sotto raffigurate, non compiono lavoro.

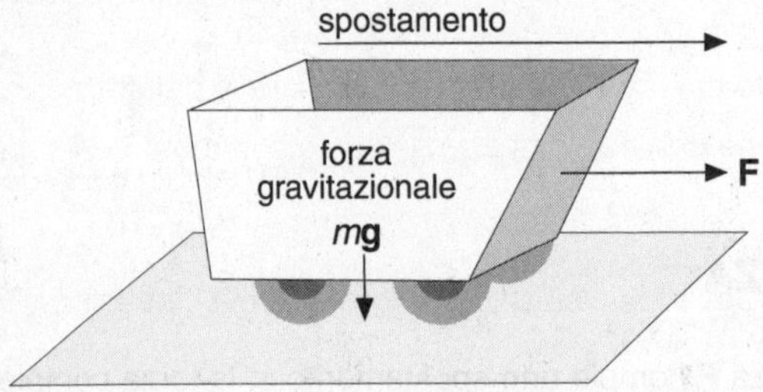

Se il piano di scorrimento del carrello è orizzontale, la forza peso del carrello $m\mathbf{g}$ non compie lavoro, mentre la forza **F** sì.

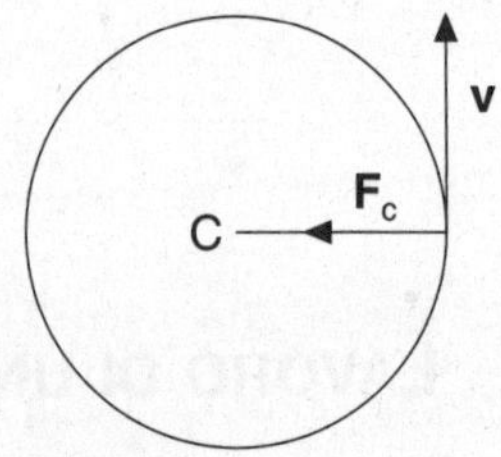

La forza centripeta $\mathbf{F}_c$ nel moto circolare uniforme è perpendicolare alla velocità e quindi allo spostamento: è una forza che non compie lavoro.

Più in generale si può dire che il lavoro di una forza è nullo quando vale **almeno una** delle seguenti condizioni:

$$|\mathbf{F}| = 0 ; \quad |\mathbf{s}| = 0 ; \quad \mathbf{F} \perp \mathbf{s}$$

4.2 POTENZA

La potenza media di una forza o, più in generale, di una macchina è definita come il rapporto tra il lavoro compiuto dalla forza (o dalla macchina) e il tempo impiegato a produrre il lavoro.

Potenza media: $P_m = \dfrac{L}{\Delta t}$

Dimensioni[P] = $[M]\,[L]^2\,[T]^{-3}$

Unità di misura nel SIJ/s = watt (W)

La potenza di una forza può essere espressa in funzione della forza e della velocità del suo punto di applicazione attraverso la relazione:

$$P = \frac{L}{\Delta t} = \mathbf{F} \cdot \frac{\Delta \mathbf{s}}{\Delta t} = \mathbf{F} \cdot \mathbf{v}$$

Che potenza deve erogare una centrale elettrica che alimenta una città con un milione di alloggi, ciascuno dei quali consuma mediamente 1 chilowatt di potenza elettrica?

Per risolvere questo quesito non è necessario conoscere alcuna nozione di elettricità: è sufficiente moltiplicare la potenza media consumata da ciascun alloggio per il numero totale di alloggi. Si ottiene così:

$$P_{tot} = 1\ \text{kW} \cdot 1.000.000 = 10^3\ \text{W} \cdot 10^6 = 10^9\ \text{W} = 1\ \text{GW}$$

Il **chilowattora** è il lavoro compiuto in un'ora da una macchina avente la potenza di 1000 W.

Vale la relazione: 1 kWh = $3{,}6 \cdot 10^6$ J

Il chilowattora misura un lavoro e non una potenza!

Altre unità di misura della potenza (non appartenenti al SI ma largamente utilizzate in campo tecnico) sono il *cavallo vapore* (CV) e il *cavallo vapore britannico* (hp, che sta per *horse power*). Valgono le relazioni:

$$1\ \text{CV} = 75\ \text{kg}_{peso} \cdot 1\ \text{m/s} = 735{,}499\ \text{W}; \qquad 1\ \text{hp} = 745{,}7\ \text{W}$$

4.3 ENERGIA MECCANICA

L'energia meccanica di un corpo è una misura del lavoro meccanico che è stato fatto sul corpo o del lavoro meccanico che il corpo è potenzialmente in grado di produrre. **Lavoro ed energia sono quindi grandezze omogenee**: entrambe si misurano in joule.

L'*energia meccanica* si distingue in:

- **energia cinetica**: energia di movimento che non dipende dalla posizione del corpo;
- **energia potenziale**: energia di posizione che non dipende dallo stato di moto del corpo.

4.3.1 ENERGIA CINETICA

Dato un corpo di massa m che si muove alla velocità **v**, la sua energia cinetica E_k vale:

$$E_k = \frac{1}{2}mv^2$$

L'energia cinetica, come ogni forma di energia, si misura in joule.

Quanto vale l'energia cinetica finale di un grave di massa $m = 1$ g lasciato cadere da un'altezza $h = 2$ m?

Si ricorda che, in assenza di attriti, la velocità finale del grave vale $v = \sqrt{2gh}$.

Dalla definizione di energia cinetica:

$$E_k = \frac{1}{2}mv^2 = \frac{1}{2}m(\sqrt{2gh})^2 = \frac{1}{2}m \cdot 2gh = mgh = 10^{-3}\ \text{kg} \cdot 9{,}8\ \frac{\text{m}}{\text{s}^2} \cdot 2\ \text{m} = 0{,}0196\ \text{J}$$

Volendo esprimere il risultato in notazione esponenziale:

$$0{,}0196\ \text{J} = 1{,}96 \cdot 10^{-2}\ \text{J}$$

Teorema dell'energia cinetica

Dato un corpo C soggetto alla sola forza **F**, il lavoro compiuto da **F** quando C si sposta da un punto A a un punto B è uguale alla variazione dell'energia cinetica ΔE_k del corpo C.

$$\Delta E_k = E_{k,B} - E_{k,A} = L_{A \to B}$$

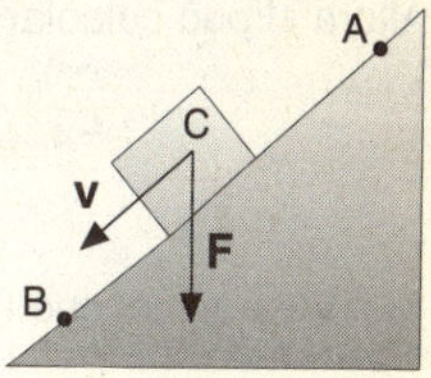

4.3.2 ENERGIA POTENZIALE

Per definire l'energia potenziale di un corpo è necessario introdurre i concetti di *campo vettoriale* e di *campo conservativo*.

Campo vettoriale: regione di spazio a ogni punto della quale è possibile associare un vettore che caratterizza il campo in quel punto.

Il campo gravitazionale è un campo vettoriale, dato che a ogni punto si può associare il vettore che rappresenta la forza gravitazionale che agisce su una massa posta in quel punto. Il campo gravitazionale può essere visto anche come un campo di forze.

Campo conservativo: campo di forze nel quale il lavoro delle forze del campo è una funzione di stato, cioè non dipende dal cammino seguito dal punto di applicazione della forza ma solo dalle sue posizioni iniziale e finale.

In un campo conservativo il lavoro delle forze del campo lungo una *traiettoria chiusa* è sempre nullo.

A questo punto è possibile definire l'energia potenziale.

L'**energia potenziale** E_p di un corpo immerso in un campo di forze conservativo è una funzione della posizione del corpo, tale che **la differenza fra i suoi valori nelle posizioni iniziale A e finale B è uguale al lavoro compiuto sul corpo dalle forze del campo per spostarlo dalla posizione A alla posizione B**:

$$L_{A \to B} = E_{p_A} - E_{p_B} = -(E_{p_B} - E_{p_A}) = -\Delta E_p \quad [7]$$

Allo stesso modo, si può affermare che il lavoro che bisogna compiere per vincere le forze del campo (cioè *contro le forze del campo*) portando un corpo dal punto A al punto B è pari alla variazione dell'energia potenziale ΔE_p del corpo tra A e B.

Si noti il cambiamento di segno:
Lavoro compiuto dalle forze del campo: $L_{A \to B} = -\Delta E_p$
Lavoro compiuto dalle forze esterne *contro* le forze del campo: $L_{A \to B} = \Delta E_p$

L'energia potenziale è definibile solo per campi conservativi.

Il campo gravitazionale è conservativo: il lavoro che le forze del campo compiono per portare un corpo di massa *m* dal punto A al punto B non dipende dal cammino seguito.

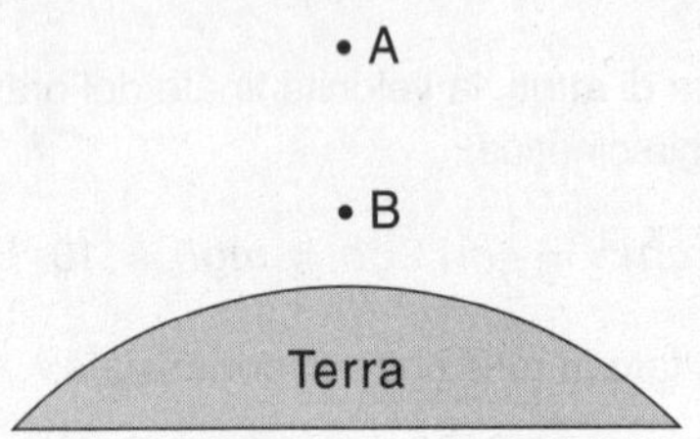

Allora si può calcolare il lavoro lungo il segmento $\overline{AB}$:

$$L_{A \to B} = \mathbf{F}_{gravitazionale} \cdot \mathbf{AB} = F \cdot \overline{AB} = F(h_A - h_B)$$
$$= mg \cdot (h_A - h_B) = mgh_A - mgh_B = -\Delta(mgh) = -\Delta E_P$$

Si ricava quindi che l'**energia potenziale gravitazionale** vale:

$$E_p = m \cdot g \cdot h$$

L'energia potenziale gravitazionale di un corpo di massa *m* è direttamente proporzionale a *m* ed esprime fisicamente la quantità di lavoro meccanico che la forza gravitazionale compie sul corpo quando questo viene lasciato cadere liberamente nel campo.

Si dimostra che l'**energia potenziale elastica** di una molla di costante elastica k che ha subito un allungamento *x* vale:

$$E_p = \frac{1}{2}kx^2$$

Si calcoli l'energia potenziale di un punto materiale di massa $m = 1$ kg vincolato a una molla, acquistata in un'oscillazione di ampiezza $x = A$, sapendo che il periodo dell'oscillazione vale $T = 10$ s.

La conoscenza del periodo e della relazione che lo lega alla costante elastica *k* permette di trovare l'energia potenziale richiesta:

$$T = 2\pi \cdot \sqrt{\frac{m}{k}} \Rightarrow k = \left(\frac{2\pi}{T}\right)^2 \cdot m = 4\pi^2 \cdot \frac{1\ \text{kg}}{100\ \text{s}^2} \cong 0{,}4\ \frac{\text{kg}}{\text{s}^2}$$

PARTE QUARTA

4.3.3 CONSERVAZIONE DELL'ENERGIA MECCANICA TOTALE

L'energia meccanica totale E_{tot} (ossia la somma di energia cinetica e di energia potenziale) di un corpo posto in un **campo conservativo** e soggetto alle sole forze del campo è costante:

$$E_{tot} = E_k + E_p = \text{costante}$$

Si consideri un corpo in caduta libera: via via che il corpo cade, la sua energia potenziale diminuisce (h diminuisce) e si trasforma in energia cinetica (v aumenta); in tal modo la loro somma rimane costante durante tutta la caduta.

$$E_{tot} = \frac{1}{2}mv^2 + mgh = \text{costante}$$

Quando il corpo tocca il terreno intervengono forze non conservative in presenza delle quali non si applica il principio di conservazione dell'energia meccanica totale.

In un campo non conservativo l'energia meccanica totale non si conserva. Parte di essa si può per esempio trasformare in energia termica.

La forza di attrito radente (§ 3.12) è una forza il cui lavoro *dipende* dal cammino seguito dal suo punto di applicazione. Si tratta quindi di una forza non conservativa.
In presenza di attriti non si è più in un campo di forze conservativo: cade dunque il principio di conservazione dell'energia meccanica totale.

Quanto vale la velocità finale di un punto materiale che scivola da una quota h lungo un piano inclinato senza attrito che forma un angolo α con l'orizzontale?
La conservazione dell'energia meccanica rende la soluzione di questo esercizio molto semplice: basta osservare che *tutta* l'energia potenziale iniziale alla sommità del piano inclinato, mgh, si trasforma in energia cinetica alla base del piano. Perciò:

$$E_{k_{fin}} = \frac{1}{2}mv_{fin}^2 = E_{p_{iniz}} = mgh \quad \Rightarrow \quad v_{fin} = \sqrt{2 \cdot mgh/m} = \sqrt{2hg}$$

La velocità finale non dipende dalla massa (come si era visto nel § 2.3.3 per il moto di caduta libera) né dall'angolo α, ma soltanto dalla quota iniziale.

4.3.4 APPLICAZIONE: MOTO DEL PENDOLO

Si consideri il pendolo semplice in figura. Nel punto di partenza A, il corpo è fermo, l'energia cinetica è nulla e l'energia potenziale è pari a $m \cdot g \cdot h$.

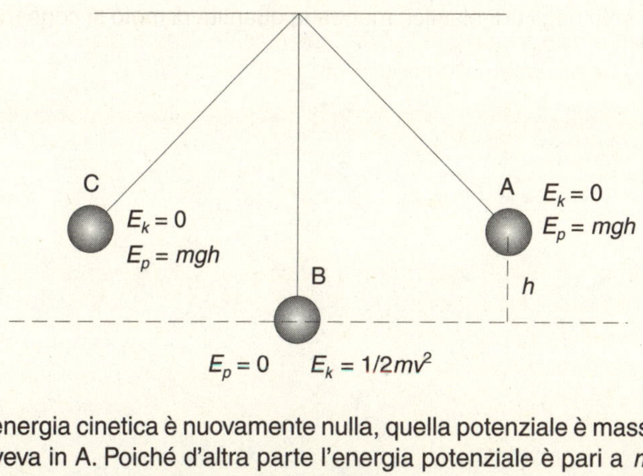

Quando il pendolo viene lasciato, durante la discesa, l'energia potenziale diminuisce trasformandosi in energia cinetica. Nel punto B il pendolo possiede solo energia cinetica, il cui valore è pari a quello dell'energia potenziale posseduta in A (principio di conservazione dell'energia).
Nella fase di risalita da B a C, l'energia cinetica del pendolo diminuisce a favore dell'energia potenziale. Nel punto finale C, l'energia cinetica è nuovamente nulla, quella potenziale è massima e ha un valore pari a quello che aveva in A. Poiché d'altra parte l'energia potenziale è pari a $m \cdot g \cdot h$, si deduce che sia in A che in C il corpo raggiunge la stessa altezza.

FISICA

4.4 URTI

Si parla di **urto** quando due (o più) particelle collidono (per esempio: urto tra due palle da biliardo) oppure quando interagiscono a distanza ravvicinata (per esempio: cariche elettriche o particelle alfa).

Studiando microscopicamente una collisione tra due corpi, si possono presentare due casi:

1. dopo l'urto, i due corpi hanno ancora la stessa forma e la stessa temperatura. Si tratta di corpi elastici e l'urto prende il nome di **urto elastico**;
2. nell'urto i due corpi hanno subito delle variazioni nella struttura, nella forma o nella temperatura interna; si parla in questo caso di **urto anelastico**. In particolare se i due corpi rimangono uniti, l'urto si dice **perfettamente anelastico**.

Il sistema costituito dalle particelle che si urtano può essere considerato con buona approssimazione un sistema isolato. In ogni tipo di urto, elastico o anelastico, vale quindi il principio di **conservazione della quantità di moto**:

$$\sum \mathbf{P}_i = \sum \mathbf{P'}_i \qquad [8]$$

dove $\mathbf{P}_i$ e $\mathbf{P'}_i$ sono le quantità di moto della *i*-esima particella prima e dopo l'urto.
Si tratta di una relazione vettoriale, con la quale è possibile stabilire le velocità delle particelle dopo l'urto partendo dalle velocità prima dell'urto o viceversa. Per utilizzarla in maniera corretta, è necessario fissare degli assi di riferimento e scomporre sugli assi i vettori quantità di moto.
Nella figura sottostante si rappresenta schematicamente l'urto fra due particelle di massa m_1 e m_2; l'apice indica le grandezze dopo l'urto.

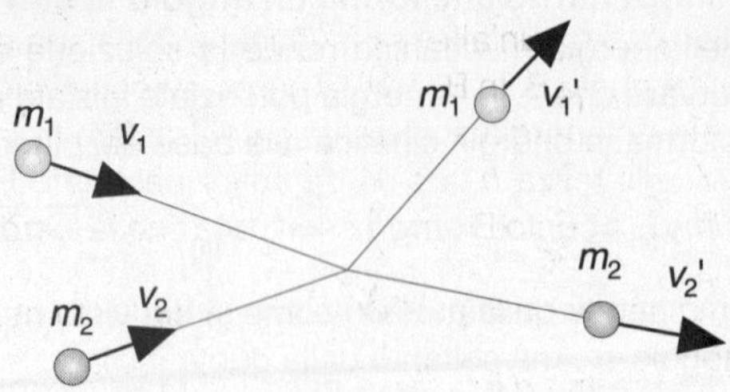

Nel caso di un urto tra due particelle, la [8] diventa:

$$m_1\mathbf{v}_1 + m_2\mathbf{v}_2 = m_1\mathbf{v'}_1 + m_2\mathbf{v'}_2$$

Negli urti elastici l'energia cinetica si conserva. Negli urti anelastici le deformazioni e il riscaldamento sono provocati da forze dissipative, e l'energia cinetica non si conserva.

L'energia cinetica si conserva solo negli urti elastici, mentre la quantità di moto si conserva in ogni urto.

QUESITI SVOLTI

1 La massa M parte da ferma in C; scorrendo lungo una guida entra in A nella circonferenza di raggio *r* e sale verso B.
In assenza di attrito, la minima altezza di C rispetto ad A perché M giunga in B senza staccarsi dalla guida è:

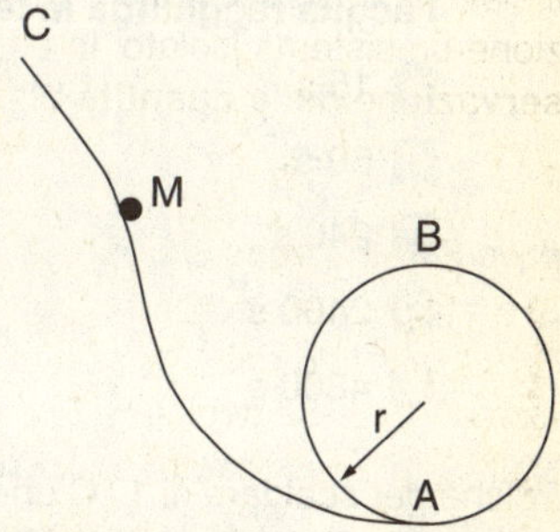

- A r
- B $2r$
- C $3r$
- D $5r/2$
- E non si può rispondere senza conoscere la forma della linea da C ad A

Se il corpo M di massa *m* partisse da un'altezza *h* uguale a 2*r*, la sua energia potenziale sarebbe sufficiente per farlo arrivare nel punto B. In B, però, il corpo avrebbe velocità nulla e cadrebbe staccandosi dalla guida. Per avere un'energia sufficiente a contrastare la forza di gravità lungo tutto il giro, il corpo deve partire da un'altezza *h* tale da garantire nel punto B una velocità *v* diversa da zero. In particolare il valore di *v* nel punto B deve essere tale che la forza peso che agisce sul corpo eguagli la forza centripeta che mantiene la pallina sulla traiettoria curva: $m\frac{v^2}{r} = m \cdot g$ dove $m\frac{v^2}{r}$ è la forza centripeta nel punto B e $m \cdot g$ è la forza peso agente sul corpo.
Dalla relazione precedente si deduce che la velocità in B deve essere tale che: $v^2 = g \cdot r$

Quindi nel punto B il corpo deve possedere oltre all'energia potenziale dovuta alla sua altezza da terra, anche un'energia cinetica pari a: $\frac{1}{2}\, m \cdot v^2 = \frac{1}{2}\, m \cdot g \cdot r$

Per il teorema di conservazione dell'energia, l'energia che la pallina possiede in B è uguale a quella che la pallina possiede nel punto C di partenza. Quindi:

$$E_c = E_B \;\Rightarrow\; m \cdot g \cdot h = m \cdot g \cdot 2r + \frac{1}{2}\, m \cdot g \cdot r \;\Rightarrow\; h = \frac{5}{2}\, r$$

La risposta esatta è quindi la D.

2 Qual è la potenza meccanica che un uomo sviluppa nella risalita veloce delle scale di un edificio sapendo che: la sua massa è di 70 kg; l'uomo può superare un dislivello di 3 m tra un piano e l'altro in 10 s; si può trascurare il lavoro necessario per contrastare la resistenza dell'aria; si può approssimare il valore di *g* a 10 m/s^2.

- A Meno di 0,1 kW
- B Da 0,1 kW a 0,2 kW
- C Da 0,2 kW a 0,3 kW
- D Da 0,3 kW a 0,4 kW
- E Più di 0,4 kW

La potenza P sviluppata dall'uomo è data dal rapporto tra il lavoro L fatto e il tempo t impiegato. Il lavoro fatto dall'uomo è uguale e contrario a quello fatto dalla forza peso per uno spostamento uguale; sostituendo i valori si ottiene:

$$P = \frac{L}{t} = \frac{m \cdot g \cdot h}{t} = \frac{70\ \text{kg} \cdot 10\ (\text{m/s}^2) \cdot 3\ \text{m}}{10\ \text{s}} = 210\ \text{W} = 0{,}21\ \text{kW}$$

La risposta esatta è quindi la **C**.

---

3 Per riscaldare 1 kg di acqua liquida di 1 °C occorre un apporto di energia pari a 4200 J. Se una pentola che contiene 400 g di acqua inizialmente a 20 °C viene posta su un fornello che fornisce una potenza di 420 W, quanti secondi occorrono perché l'acqua raggiunga la temperatura di 80 °C?

- **A** 15 s
- **B** 60 s
- **C** 240 s
- **D** 2400 s
- **E** 4800 s

Poiché per scaldare di 1 °C un chilo d'acqua sono necessari 4200 J, per sapere quanti joule sono necessari per scaldare di 1 °C 400 g d'acqua, è sufficiente scrivere la proporzione:

$$4200\ \text{J} : 1000\ \text{g} = x : 400\ \text{g} \quad \Rightarrow \quad x = \frac{4200\ \text{J} \cdot 400\ \text{g}}{1000\ \text{g}} = 1680\ \text{J}$$

Per scaldare 400 g d'acqua da 20 °C a 80 °C è necessaria un'energia E pari a:

$$E = 1680\ \text{J} \cdot (80°\text{C} - 20°\text{C}) = 60 \cdot 1680\ \text{J}$$

Poiché il fornello ha una potenza di 420 W, in un secondo fornisce 420 J e quindi il tempo t necessario per ottenere un'energia pari a E è:

$$t = \frac{60 \cdot 1680\ \text{J}}{420\ \text{J/s}} = 240\ \text{s}$$

La risposta esatta è la **C**.

---

4 Un corpo rigido è mantenuto fermo da opportuni vincoli. Al corpo viene applicata una forza F che cresce costantemente per 10 secondi passando da 10 N a 20 N. In tale intervallo di tempo il lavoro compiuto dalla forza è:

- **A** 10 J
- **B** 15 J
- **C** zero
- **D** 10 N · s
- **E** 15 N · s

Per la risoluzione di questo, come di altri quesiti presenti nei test ufficiali, è determinante l'attenta lettura del testo.

Dato che il corpo è "mantenuto fermo da opportuni vincoli" non si può spostare e, senza spostamento, non si ha lavoro: la risposta esatta è la **C**.

5 **Un corpo di massa 1000 g si trova a 100 cm dal suolo. La sua energia potenziale rispetto al suolo è di:**

A 490 J

B 980 W

C 9,8 J

D 9800 J

E $9{,}8 \cdot 10^5$ J

L'energia potenziale gravitazionale di un corpo di massa m che si trova a un'altezza h vale: $E_p = m \cdot g \cdot h$. **Occorre prestare attenzione alle unità di misura**: le masse devono essere espresse in chilogrammi e le altezze in metri:

$$E_p = m \cdot g \cdot h = 1 \text{ kg} \cdot 9{,}8 \text{ m/s}^2 \cdot 1 \text{ m} = 9{,}8 \text{ J}$$

La risposta esatta è la C.

6 **Se si trasporta una valigia con velocità costante mantenendola a una distanza costante da Terra, il lavoro compiuto è:**

A nullo

B proporzionale alla distanza percorsa

C proporzionale al peso della valigia

D proporzionale alla massa della persona che trasporta la valigia

E non è possibile determinarlo sulla base delle informazioni fornite

La forza che si deve esercitare su una valigia per trasportarla a velocità e quota costante è uguale e opposta al peso della valigia stessa. La forza esercitata è dunque perpendicolare allo spostamento della valigia e non compie lavoro (risposta A).

Si noti che spesso, nei quesiti di fisica, per rispondere correttamente è necessario abbandonare il senso comune. Nella formulazione del quesito ora commentato, per esempio, è chiara l'intenzione di deviare il candidato verso una delle risposte che contemplano un lavoro diverso da zero. A tale scopo si fa leva sul fatto che ogni persona associa al trasporto di una valigia una situazione di fatica e quindi di produzione di lavoro.

7 **Un corpo, che inizialmente si trova fermo a quota h dal suolo e possiede energia potenziale pari a 100 J, viene lasciato cadere liberamente. Trascurando l'attrito dell'aria, l'energia meccanica totale del corpo a quota $h/2$ risulta:**

A uguale a 100 joule

B non si può rispondere perché non si conosce la velocità del corpo a quota $h/2$

C minore di 100 joule

D maggiore di 100 joule

E non si può rispondere perché non è data la massa del corpo

Ciò che viene chiesto è il valore dell'energia meccanica totale del corpo (energia potenziale + energia cinetica) e non la sola energia potenziale.

La caduta di un grave è caratterizzata dalla conservazione della sua energia meccanica totale, in quanto il campo gravitazionale è un campo conservativo: la risposta cercata è la A.

FISICA

8 Un satellite gira sulla sua orbita intorno alla Terra. Il lavoro che la forza di gravitazione compie sul satellite in un'orbita completa è:

A positivo

B negativo

C nullo

D positivo o negativo a seconda che l'orbita sia circolare ovvero ellittica

E nessuna delle precedenti

La forza gravitazionale è conservativa: per definizione, il lavoro compiuto da tale forza su un cammino chiuso (quale quello di un satellite che dopo un'orbita completa torna al punto si partenza) è nullo. La risposta esatta è la C.

9 L'energia necessaria per imprimere la velocità di 10 m / s a un corpo inizialmente fermo di massa pari a 10 kg è pari a:

A 500 watt

B 50 joule

C 250 watt

D 500 joule

E 100 N · m / s

Il teorema dell'energia cinetica afferma che il lavoro fatto dalle forze che agiscono su un corpo è pari alla variazione dell'energia cinetica del corpo stesso. Nel caso in esame, l'energia cinetica acquistata dal corpo vale:

$$\frac{1}{2}mv^2 = \frac{1}{2} \cdot 10\ \text{kg} \cdot 100\ (\text{m}^2/\text{s}^2) = 500\ \text{J}$$

La risposta cercata è dunque la D.

10 Due punti materiali A e B hanno la stessa energia cinetica; la massa di A è pari a quattro volte la massa di B. Se q_A e q_B indicano i moduli delle quantità di moto di A e di B rispettivamente, quale delle seguenti relazioni è valida?

A $2q_A = q_B$

B $q_A = 2q_B$

C $q_A = q_B$

D $q_A = 4q_B$

E $q_A = q_B$

Indicando con *m* la massa di B, la massa di A è pari a $4m$. Poiché i due corpi hanno la stessa energia cinetica, valgono le relazioni:

$$\frac{1}{2} \cdot 4m \cdot v_A^2 = \frac{1}{2} \cdot m \cdot v_B^2 \Rightarrow 4v_A^2 = v_B^2 \Rightarrow 2v_A = v_B$$

Quindi, per le quantità di moto valgono le uguaglianze:

$$q_B = m \cdot v_B = m \cdot 2v_A = 2m \cdot v_A = \frac{1}{2} \cdot 4mv_A = q_A/2$$

Da cui $q_A = 2q_B$ (risposta B).

PARTE QUARTA

11 Un'automobile di massa *m* scende dalla quota *h* a velocità costante perché usa i freni, e si porta al livello del mare (indichiamo con *U* l'energia potenziale di gravità e con *T* l'energia cinetica). In tale situazione:

A l'energia dissipata per attrito eguaglia la variazione di energia cinetica

B la ΔU eguaglia la variazione di energia cinetica

C $\Delta T = mgh$

D $\Delta U = mg/h$

E non si può applicare il teorema della conservazione dell'energia meccanica

In condizioni conservative, quando vale il principio di conservazione dell'energia meccanica totale, si ha $U + T = \text{cost}$. In presenza di attrito, tale principio non si può applicare: la risposta E è quella cercata.

La relazione precedente si deve generalizzare in:

$$U + T + A = \text{cost}$$

dove *A* è l'energia dissipata per attrito: passando alle variazioni, si vede che le affermazioni A e B sono errate. Mentre l'affermazione C è un caso particolare del principio di conservazione dell'energia meccanica totale (non valido in presenza di attrito, come detto), l'affermazione D si può escludere in quanto errata dal punto di vista dimensionale.

12 Un proiettile di massa 10 g viene sparato verticalmente verso l'alto con velocità di 100 m/s e si conficca in un bersaglio, libero di muoversi, di massa 90 g. Se dopo l'impatto il sistema proiettile-bersaglio si muove verticalmente, quale spazio percorre prima di fermarsi?

A 51 m

B 510 m

C 0,51 m

D 5,1 m

E 0,051 m

Dal momento in cui il sistema proiettile più bersaglio si muove verso l'alto, è sottoposto unicamente all'accelerazione gravitazionale e possiamo calcolare l'altezza massima raggiunta in base alla sua velocità iniziale. Si tratta quindi di determinare qual è la velocità iniziale del sistema.

Nell'urto completamente anelastico tra il proiettile e il bersaglio si conserva la quantità di moto, pari prima dell'urto a quella del solo proiettile, e dopo l'urto a quella del sistema proiettile più bersaglio. Dette *m* e *v* la massa e la velocità iniziale del proiettile, *M* la massa del bersaglio e *V* la velocità del sistema, e approssimando la velocità al momento dell'impatto a quella al momento dello sparo, si ha:

$$mv = (m + M)V \quad \Rightarrow \quad V = v \cdot \frac{m}{m + M}$$

A questo punto siamo in grado di calcolare l'altezza massima raggiunta:

$$h = \frac{V^2}{2g} = v^2 \cdot \left(\frac{m}{m+M}\right)^2 \cdot \frac{1}{2g} = 100\ \frac{m^2}{s^2} \cdot \left(\frac{10}{10+90}\right) \cdot \frac{1}{2 \cdot 9{,}8\ m/s^2} = 5{,}1\ m$$

La risposta esatta è la D.

FISICA

c) $\Delta U = mgh$;

d) $\Delta U = mv^2/2$;

a) 5,1 m

b) 5,10 m

c) 0,51 m

d) 51 m

e) 1 m

$$h = \frac{V^2}{2g} = \frac{1}{2g}\left(\frac{mv}{m + M}\right)^2 = \frac{10^4}{2g}\left(\frac{10}{10 + 90}\right)^2 = \frac{10^4}{2 \cdot 9{,}8 \cdot 10^2} = 5{,}1 \text{ m}$$

5 STATI DI AGGREGAZIONE

Gli stati di aggregazione della materia in natura sono tre: **aeriforme**, **liquido** e **solido**.

- **Aeriforme**: non ha né volume né forma propri: si distribuisce uniformemente in tutto il volume a disposizione (si distingue il *gas*, che non può liquefare, dal *vapore*, che se compresso sufficientemente, liquefa; in proposito si veda anche il § 3).
- **Liquido**: ha volume proprio, ma assume la forma del recipiente che lo contiene.
- **Solido**: ha volume e forma propri.

Nei precedenti capitoli si è trattata la meccanica dei corpi solidi; ora si prendono in esame i liquidi e gli aeriformi, che sotto alcuni aspetti hanno comportamenti ben differenti dalla materia solida.

Per fluido si intende un liquido o un aeriforme. Si dice *perfetto* o *ideale* un fluido la cui viscosità (attrito interno) è nulla. In caso contrario il fluido si dice *reale*.

Le leggi della meccanica dei fluidi sono valide indifferentemente per liquidi e aeriformi, con l'unica particolarità che nei liquidi, contrariamente a quanto accade per gli aeriformi, le molecole sono condizionate dalle forze di coesione intermolecolare che le tengono le une vicine alle altre e permettono al liquido di occupare un volume proprio: un aeriforme può essere facilmente compresso, mentre il liquido oppone molta resistenza alla compressione. Si può concludere che:

- un **liquido perfetto** è incomprimibile e non viscoso;
- un **aeriforme perfetto** è comprimibile, perfettamente elastico e non viscoso.

5.1 FUNZIONI DI STATO

Le grandezze *pressione*, *volume* e *temperatura* di un fluido prendono il nome di *funzioni di stato* in quanto determinano lo *stato termodinamico* del fluido.

Le funzioni di stato, o variabili di stato, si distinguono in **estensive** (come il volume e il numero di moli), che sono additive e dipendono dalle dimensioni del sistema, e **intensive** (come la temperatura e la pressione), che non sono additive e non dipendono dalle dimensioni del sistema).

5.1.1 PRESSIONE

La pressione di una forza su una superficie è definita come il rapporto tra il modulo della componente della forza perpendicolare alla superficie (detta componente *normale*, F_n) e l'area della superficie stessa.

Pressione: $P = \frac{F_n}{S}$

Dimensioni $[P] = [M]\,[L]^{-1}\,[T]^{-2}$

Unità di misura nel SI $Pa = N \cdot m^{-2}$

Qui di seguito si cerca di fare ordine tra le numerose unità di misura della pressione:

- la pressione atmosferica a livello del mare (alla temperatura di 0 °C) è pari alla pressione esercitata da una colonna di mercurio alta 760 mm e vale 1 **atmosfera** (atm);
- il **millimetro di mercurio** (mmHg) o **torricelli** (torr) è l'unità di misura usata per la pressione sanguigna;
- nel CGS si definisce come unità di misura per la pressione la **baria** (barie), ma è molto usato anche un suo multiplo, il **bar**, che vale 10^6 barie .

Valgono le equivalenze:

$$1 \text{ atm} = 760 \text{ mmHg} = 1{,}01325 \text{ bar} = 101325 \text{ Pa} \approx 10^5 \text{ Pa} = 10^5 \text{ N/m}^2$$

Quanti pascal vale una baria?

Si è visto che $1 \text{ Pa} = 1 \text{ N}/1 \text{ m}^2$. Analogamente, nel CGS, $1 \text{ baria} = 1 \text{ dyn}/1 \text{ cm}^2$.

Si tratta, per passare da Pa a barie, di trasformare tutte le unità del SI in unità del CGS mediante equivalenze:

$$1 \text{ Pa} = \frac{1 \text{ N}}{1 \text{ m}^2} = \frac{10^5 \text{ dyn}}{10^4 \text{ cm}^2} = \left(\frac{10^5}{10^4}\right)\frac{\text{dyn}}{\text{cm}^2} = 10 \text{ barie}$$

Si conclude così che 1 Pa = 10 barie e naturalmente, viceversa, $1 \text{ barie} = 10^{-1} \text{ Pa}$.

5.1.2 Volume

Il volume occupato da un sistema si misura in metri cubi oppure in litri e si ha:

$$\text{un litro} = 1 \text{ l} = 1 \text{ dm}^3 = 10^{-3} \text{ m}^3$$

Un gas è contenuto in un recipiente cubico di 100 cm di lato. Quanti litri di gas contiene il recipiente?

Il volume del recipiente è:

$$V = l^3 = 100^3 \text{ cm}^3 = 100^3 \cdot (10^{-2})^3 \text{ m}^3 = 10^6 \cdot 10^{-6} \text{ m}^3 = 1 \text{ m}^3$$

Per passare ai litri si inverte la relazione vista sopra: $V = 1 \text{ m}^3 = 10^3 \text{ l}$.

5.1.3 Temperatura

La temperatura di un corpo ne esprime lo *stato termico* ed è un indice della tendenza del calore ad abbandonare il corpo.

Esistono diverse scale termometriche:

- *scala centigrada* o *Celsius*
- *scala Fahrenheit*
- *scala assoluta o Kelvin*

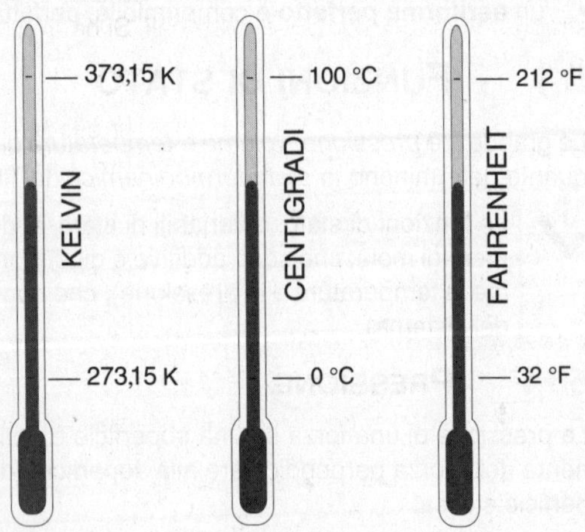

La prima prende come punti di riferimento la fusione del ghiaccio e l'ebollizione dell'acqua alla pressione di 1 atm: si tratta di una **scala convenzionale.**

La scala Fahrenheit segna come 0 °F la temperatura più bassa raggiungibile con una miscela ghiaccio-cloruro di ammonio (corrispondente a circa −18 °C) e come 100 °F la temperatura media del corpo umano.

La scala assoluta (la cui unità di misura è il **kelvin**) è definita in base alla teoria cinetica dei gas (§ 5.3.2) e ad alcune leggi della fisica come l'equazione di stato dei gas ideali: a differenza delle scale Celsius e Fahrenheit è una **scala assoluta**.

Lo zero kelvin rappresenta il limite inferiore delle temperature raggiungibili in natura.
Non esistono temperature kelvin negative.

Se la differenza tra le temperature di due corpi è di 1 °C, questa è anche di 1 K: un grado centigrado è identico a un kelvin: le due scale sono solo *traslate* l'una rispetto all'altra di 273,15 gradi.

Per passare da una scala termometrica all'altra si utilizzano le seguenti relazioni:

$$T_F = 9/5\, T_C + 32 \qquad T_K = T_C + 273{,}15 \qquad T_F = 9/5\, T_K - 459{,}6$$

È abbastanza comune trascurare i decimali nel passaggio da °C a K.

Quale differenza di temperatura assoluta corrisponde a quella segnata da un termometro tarato su una scala Celsius, dove la colonnina di mercurio arriva da 25 °C a 27 °C?

Si calcola la variazione di temperatura nella scala Celsius:

$$\Delta T = T_f - T_i = (27 - 25)\ °C = 2\ °C$$

Si trasformano le due temperature in temperature assolute (espresse cioè in kelvin) e poi si ricalcola la variazione:

$$T_f = (27 + 273)\ K = 300\ K; \quad T_i = (25 + 273)\ K = 298\ K$$

$$\Delta T = T_f - T_i = (300 - 298)\ K = 2\ K$$

La variazione di temperatura, espressa in °C o K, ha lo stesso valore. Questo perché il grado celsius e il kelvin hanno la stessa ampiezza.

Gli strumenti utilizzati per misurare la temperatura sono i *termometri*: un esempio è costituito da un capillare di vetro con all'interno un liquido, di solito mercurio che, se scaldato, si dilata rendendo "visibile" ogni variazione della temperatura. Questo strumento sfrutta la tendenza di tutti i materiali a cambiare il proprio volume a seconda della temperatura.

5.1.4 DILATAZIONE TERMICA

In genere il volume di un corpo solido, liquido o aeriforme aumenta con l'aumentare della temperatura. Questo fenomeno prende il nome di *dilatazione termica* ed è una proprietà comune alla stragrande maggioranza dei materiali. Si ha una dipendenza lineare tra il volume della sostanza e la temperatura, data dalla legge:

$$V_t = V_0 \cdot (1 + k \cdot t) \quad \text{dove} \begin{cases} t \text{ è la temperatura misurata in °C} \\ V_t \text{ è il volume del corpo alla temperatura } t \\ V_0 \text{ è il volume del corpo alla temperatura di 0 °C} \\ k \text{ è il coefficiente di dilatazione termica del materiale} \end{cases}$$

Il **coefficiente di dilatazione termica** k dipende dal materiale e dal suo stato di aggregazione. I suoi valori sono tabulati e li si suppone costanti al variare della temperatura.

In modo analogo si definiscono i coefficienti di dilatazione lineare e superficiale, γ e β:

$$L_t = L_0 \cdot (1 + \gamma \cdot t) \qquad \text{dove } L \text{ indica la lunghezza del corpo}$$

$$S_f = S_0 \cdot (1 + \beta \cdot t) \qquad \text{dove } S \text{ indica la superficie del corpo}$$

Un binario di ferro è lungo 5 m a 0 °C. Sapendo che il coefficiente di dilatazione lineare del ferro è pari a $12 \cdot 10^{-6}$ °C^{-1}, quale sarà il suo allungamento se la temperatura sale di 50 °C?

L'allungamento è dato da:

$$L_t - L_0 = L_0 \cdot (1 + \gamma \cdot t) - L_0 = L_0 \cdot \gamma \cdot t = 5\ m \cdot 12 \cdot 10^{-6} \frac{1}{°C} \cdot 50\ °C - 3\ mm$$

Questo è il motivo per cui, lungo i binari, vi sono numerose e periodiche interruzioni che consentono al ferro di dilatarsi senza conseguenze negative.

FISICA

Anche per gli aeriformi vale l'espressione $V_t = V_0 \cdot (1 + k \cdot t)$, con la particolarità che k diventa costante per qualunque tipo di gas. Il suo valore, trovato sperimentalmente, è:

$$k = \alpha = \frac{1}{273{,}15}\,°C^{-1}$$

Non è un caso che il suo denominatore sia uguale in valore assoluto allo zero kelvin; anzi è proprio da queste considerazioni sperimentali che Lord Kelvin fissò la sua scala.

Come cambia la formula della dilatazione termica per un gas, se la temperatura viene espressa in kelvin anziché in gradi celsius?

Anzitutto si osserva che per passare dalla temperatura espressa in gradi centrigradi (che qui si indica con t) a quella espressa in kelvin (qui indicata con T) si usa l'espressione:

$$T = t + 273{,}15 = t + \alpha^{-1} \quad \Rightarrow \quad t = T - 273{,}15 = T - \alpha^{-1}$$

Si può verificare adesso come varia la formula per la dilatazione:

$$V_t = V_0 \cdot [1 + \alpha \cdot t] = V_0 \cdot [1 + \alpha \cdot (T - \alpha^{-1})] = \alpha T V_0$$

Per tutti i gas vale quindi la **legge di Charles**: il volume finale di un gas è proporzionale alla temperatura finale (se la temperatura è espressa in kelvin).

5.2 PASSAGGI DI STATO

Fornendo o sottraendo calore a una sostanza è possibile portarla a un diverso stato di aggregazione. Queste trasformazioni sono dette **cambiamenti di stato** o **passaggi di stato**. Nella figura seguente sono riportati tutti i possibili passaggi.

Nelle trasformazioni da sinistra a destra (→) occorre fornire energia al sistema, mentre in quelle da destra a sinistra (←) il sistema dà energia all'esterno.

La liquefazione viene anche detta condensazione, mentre la vaporizzazione si divide in evaporazione ed ebollizione (si veda più avanti il § 5.4.1).

- Ogni passaggio di stato è caratterizzato dalla **rottura o dalla formazione di legami chimici**.
- Durante il cambiamento di stato, **la temperatura del sistema si mantiene costante**.
- Ogni sostanza per cambiare il suo stato ha bisogno di una ben precisa quantità di calore per unità di massa, detta **calore latente** del cambiamento di stato.

Il calore acquistato o ceduto a una massa m di una sostanza affinché questa cambi il suo stato di aggregazione è pari a $Q = m \cdot \lambda$, dove λ è il calore latente del cambiamento, espresso in calorie/grammi (per la definizione di caloria, si veda il § 7.1).

Nel grafico seguente viene analizzato il **riscaldamento di una mole di acqua** (a pressione atmosferica $P = P_0$) da $T = -20$ °C a $T > 100$ °C (per la definizione di mole si veda la sezione di Chimica).

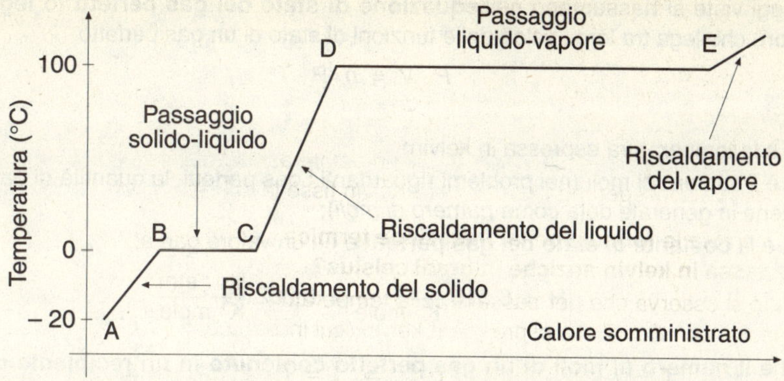

La lunghezza del tratto BC corrisponde al **calore latente molare di fusione** λ_f: energia necessaria per fondere una mole di acqua. La lunghezza del tratto DE corrisponde al **calore latente molare di evaporazione** λ_e: energia necessaria per far evaporare una mole di acqua. Si ha:

$$\lambda_e > \lambda_f \quad \leftrightarrow \quad \overline{DE} > \overline{BC}$$

Il calore latente di fusione dell'acqua vale $\lambda_f = 79{,}7 \text{ cal} \cdot \text{g}^{-1}$.
Il calore latente di evaporazione dell'acqua vale $\lambda_e = 540 \text{ cal} \cdot \text{g}^{-1}$.

Quanto calore è necessario fornire a 1 kg di ghiaccio perché possa sciogliersi?
Conoscendo il calore latente di fusione del ghiaccio, si deve usare l'espressione $Q = m \cdot \lambda$, avendo cura di trasformare la massa in grammi, dato che $\lambda_f = 79{,}7 \text{ cal/g}$:

$$Q = m \cdot \lambda_f = 1 \text{ kg} \cdot 79{,}7 \frac{\text{cal}}{\text{g}} = 10^3 \text{ g} \cdot 79{,}7 \frac{\text{cal}}{\text{g}} = 79.700 \text{ cal}$$

5.3 STATO GASSOSO

5.3.1 GAS PERFETTI

È *perfetto* (o *ideale*) un gas che soddisfa le seguenti condizioni:

- le particelle che costituiscono il gas sono puntiformi;
- fra le particelle non esistono interazioni a distanza;
- gli urti tra le particelle sono elastici.

I gas perfetti ubbidiscono alle seguenti leggi sperimentali:

- legge di **Boyle** $\xrightarrow{t = \text{costante}}$ $P \cdot V = \text{costante}$
- legge di **Charles** $\xrightarrow{P = \text{costante}}$ $V_t = V_0 \cdot (1 + \alpha \cdot t)$
- legge di **Gay-Lussac** $\xrightarrow{V = \text{costante}}$ $P_t = P_0 \cdot (1 + \alpha \cdot t)$

dove $\alpha = 1/273{,}16 \text{ °C}^{-1}$; t è la temperatura espressa in °C; V_0 e P_0 sono rispettivamente il volume e la pressione del gas quando $t = 0 \text{ °C}$. Se la temperatura viene misurata in kelvin, la legge di Charles e quella di Gay-Lussac assumono la forma:

- legge di **Charles** $\xrightarrow{P = \text{costante}}$ $V_T = \alpha \cdot V_0 \cdot T$
- legge di **Gay-Lussac** $\xrightarrow{V = \text{costante}}$ $P_T = \alpha \cdot P_0 \cdot T$

FISICA

Le leggi viste si riassumono nell'**equazione di stato dei gas perfetti** (o **legge di Clapeyron**) che lega tra loro i valori delle funzioni di stato di un gas perfetto:

$$P \cdot V = n \cdot R \cdot T$$

dove:

- *T* è la temperatura espressa in kelvin;
- *n* è il numero di moli (nei problemi riguardanti i gas perfetti, la quantità di gas in esame viene in generale data come *numero di moli*);
- R è la **costante di stato dei gas perfetti** e ha un valore pari a:

$$R = 8{,}318 \frac{J}{K \cdot mole} = 0{,}082 \frac{litri \cdot atm}{K \cdot mole}$$

Qual è il numero di moli di un gas perfetto contenuto in un recipiente di volume *V* = 200 l, a pressione *P* = 1 atm e temperatura *T* = 27 °C?

Si deve invertire la legge dei gas perfetti $P \cdot V = n \cdot R \cdot T$, facendo attenzione a portare la temperatura in kelvin!

Si ottiene così:

$$n = \frac{PV}{RT} = \frac{1\ atm \cdot 200\ l}{0{,}082 \frac{litri \cdot atm}{K \cdot mole} \cdot (27 + 273)\ K} = 8{,}13\ mol$$

Un cilindro con un pistone contiene *n* moli di un gas perfetto alla temperatura *T*. Se la temperatura raddoppia, quale sarà il numero di moli finale?

Il numero *n* di moli di gas contenute nel cilindro è determinato unicamente dal numero di molecole del gas: anche se la temperatura, il volume o la pressione del gas cambiano, *n* rimane sempre lo stesso.

Un recipiente chiuso contiene un gas perfetto a temperatura *T* e pressione *P*. Se la temperatura raddoppia, quale sarà la pressione finale?

Si risolve l'esercizio con un *procedimento generale*, utile per tutti gli esercizi di questo tipo: considerando la relazione $P \cdot V = n \cdot R \cdot T$, si portano a sinistra dell'uguale tutte le grandezze variabili, e a destra tutte quelle costanti. Il numero di moli, R e il volume sono costanti (il recipiente è chiuso), mentre temperatura e pressione variano.

Dunque:

$$\frac{P}{T} = \frac{n \cdot R}{V} = cost$$

Questo significa che nello "stato" iniziale e finale descritto nell'esercizio, il rapporto P/T resta costante. Indicando con 1 lo stato iniziale e 2 quello finale, si può scrivere allora:

$$\frac{P_1}{T_1} = \frac{P_2}{T_2}$$

Delle quattro grandezze indicate, si conoscono $T_1 = T$, $T_2 = 2T$, $P_1 = P$. Si trova l'incognita P_2 invertendo l'equazione:

$$\frac{P_1}{T_1} = \frac{P_2}{T_2} \Rightarrow P_2 = P_1 \cdot \frac{T_2}{T_1} = P \cdot \frac{2T}{T} = 2P$$

Da questo si ricava che anche la pressione raddoppia.

Si noti dal punto di vista dimensionale che, correttamente, nella formula risolutiva $P_2 = P_1(T_2/T_1)$, la pressione a destra dell'uguale, moltiplicata per una quantità adimensionale, dà un'altra pressione.

PARTE QUARTA

✔ **Legge di Avogadro**. Volumi uguali di gas diversi nelle stesse condizioni di pressione e temperatura contengono un *ugual numero di molecole*.
Alla temperatura $T = 0\ °C = 273{,}15\ K$ e alla pressione $P = 1\ atm = 760\ mmHg$ (dette condizioni standard) una mole di qualunque gas occupa un volume di 22,4 litri e contiene $6{,}022 \cdot 10^{23}$ molecole (**numero di Avogadro**, indicato con N_A).

Data una miscela di gas, la *pressione parziale* di ciascun gas della miscela è uguale alla pressione che quel gas eserciterebbe se occupasse da solo il volume occupato dall'intera miscela gassosa.

✔ **Legge di Dalton**. Indicando con P_q la pressione parziale del gas q-esimo si ha:

$$P_1 = P \cdot \frac{n_1}{n};\ P_2 = P \cdot \frac{n_2}{n};\ \ldots;\ P_q = P \cdot \frac{n_q}{n}$$

dove n_q/n rappresenta la *frazione molare* del gas q-esimo e P rappresenta la pressione totale della miscela. La pressione di una miscela gassosa è dunque uguale alla somma delle pressioni parziali dei singoli componenti.

5.3.2 Cenni di teoria cinetica dei gas

La pressione di un gas è determinata dagli urti delle singole molecole del gas contro le pareti del recipiente che lo contiene. La temperatura di un gas è l'espressione macroscopica dell'agitazione delle molecole del gas chiamata *agitazione termica*. Tra la temperatura T di un gas e l'*energia cinetica media* $\overline{E}_k$ delle sue molecole vi è una relazione di *proporzionalità diretta*:

$$\overline{E}_k = \frac{1}{2} m\overline{v^2} = \frac{3}{2} KT \qquad [9]$$

dove:
- T è la temperatura espressa in kelvin;
- $K = R/N_A = 1{,}38 \cdot 10^{-23} J/K$ è la costante di Boltzmann (con N_A numero di Avogadro e R costante dei gas);
- la "barra" sulle grandezze energia e velocità al quadrato indica il loro valore medio.

Poiché l'energia cinetica è definita come prodotto di quantità mai negative (massa e velocità al quadrato), la [9] è in accordo con il fatto che la temperatura kelvin non può essere negativa: un suo valore negativo corrisponderebbe infatti a un'energia cinetica negativa. Si ricava inoltre che, fornendo calore a una sostanza, le sue molecole acquistano energia cinetica: vibrano quindi più velocemente e possono così vincere anche le forze di coesione che le tengono unite e che determinano lo stato di aggregazione. A parità di temperatura, le molecole più leggere (meno massive) si agitano con velocità maggiori di quelle più pesanti; è anche per questo motivo che sostanze diverse che si trovano alla stessa temperatura possono avere stati di aggregazione differenti.

5.3.3 Gas reali

I gas reali, a differenza dei gas ideali, soddisfano almeno una delle seguenti condizioni:
- sensibili interazioni tra le molecole;
- urti non perfettamente elastici;
- volume proprio delle particelle (*covolume*) non trascurabile.

✔ Per i gas reali l'equazione di stato $P \cdot V = n \cdot R \cdot T$ è sostituita dall'**equazione di Van der Waals**:

$$\left(P + \frac{an^2}{V^2}\right) \cdot (V - nb) = n \cdot R \cdot T$$

dove b è il covolume e a tiene conto delle interazioni tra le molecole.
Si tratta di una legge empirica (ricavata sperimentalmente); i parametri a e b sono fortemente variabili in relazione al tipo di gas che si considera.

5.4 Stato liquido

Nei liquidi, contrariamente a quanto accade per i gas, le molecole sono condizionate dalle forze di attrazione intermolecolari che le tengono le une vicine alle altre. I liquidi hanno le seguenti proprietà:

- occupano un volume proprio;
- sono incomprimibili;
- come gli aeriformi, non hanno forma propria e diffondono[1];
- sono dotati di tensione superficiale (si veda § 5.4.2).

5.4.1 Evaporazione ed ebollizione

La *vaporizzazione* di un liquido si divide in *evaporazione* ed *ebollizione* a seconda che il passaggio di stato coinvolga solo la parte superficiale o l'intera massa del liquido.

L'energia cinetica media delle molecole di un liquido è proporzionale alla temperatura assoluta del liquido. A causa dell'agitazione termica, alcune molecole in prossimità della superficie del liquido possono acquistare un'energia leggermente superiore alla media, sufficiente a spezzare i legami che le tengono unite al liquido. Tali molecole possono quindi sfuggire al liquido e passare allo stato aeriforme. È questo il fenomeno dell'**evaporazione**. Nella fase aeriforme che sovrasta un liquido, si trovano sempre delle molecole di liquido evaporate. Tali molecole formano il **vapore**.

Vapore: parte dell'aeriforme che sovrasta un liquido.
Fase: stato di aggregazione della materia.
Sistema liquido-vapore: *sistema bifasico.*

Si consideri un liquido in un recipiente chiuso, all'interno del quale è stato praticato il vuoto: alcune molecole del liquido sfuggono ai legami con le altre molecole e passano allo stato di vapore incrementandone il contenuto e quindi la pressione. Contemporaneamente alcune molecole del vapore passano allo stato liquido. Questo fenomeno continua fino al raggiungimento dell'equilibrio tra le due fasi, cioè fino a quando il numero di molecole che passano allo stato di vapore nell'unità di tempo è uguale al numero di molecole che passano allo stato liquido sempre nell'unità di tempo.

L'equilibrio liquido-vapore è dinamico.

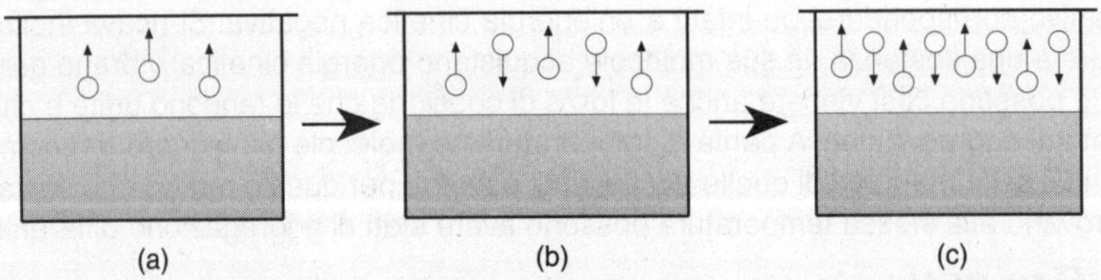

Evoluzione temporale di un sistema liquido-vapore: in (a) il numero di molecole che passano allo stato di vapore è decisamente maggiore del numero di molecole che passano da vapore a liquido; in (c) i due numeri sono uguali e il sistema è in equilibrio.

All'equilibrio il vapore si dice **saturo**. La **tensione di vapore** di un liquido a una data temperatura è la pressione del vapore saturo a quella temperatura.

La tensione di vapore dipende solo dalla temperatura e dalla natura del liquido: aumenta con l'aumentare della temperatura.
Il punto di ebollizione di un liquido è la temperatura alla quale la tensione di vapore del liquido è pari al valore della pressione della fase gassosa che sovrasta il liquido (pressione esterna).

1. La diffusione consiste nel fatto che le molecole di due fluidi apparentemente in quiete posti nello stesso recipiente si mescolano spontaneamente le une con le altre.

PARTE QUARTA

Nell'ebollizione, diversamente da quanto accade nell'evaporazione, si ha formazione di vapore in tutta la massa liquida.

La **temperatura di ebollizione di un liquido** dipende solo dalla natura del liquido e dalla pressione a cui è sottoposto: **cresce al crescere della pressione esterna.**

Nella pentola a pressione vengono raggiunte pressioni superiori a quella atmosferica e la temperatura di ebollizione dell'acqua è maggiore di 100 °C.
Infatti, maggiore è la pressione esterna, maggiore deve essere la tensione di vapore perché abbia inizio l'ebollizione e ciò si realizza con un aumento di temperatura.
In montagna, al contrario, la pressione esterna è inferiore a 1 atm e quindi la temperatura di ebollizione è minore di 100 °C.

5.4.2 TENSIONE SUPERFICIALE

Lo strato superficiale di un liquido si trova in una condizione diversa rispetto al liquido rimanente: le molecole in superficie non sono completamente circondate da molecole uguali a loro. Le molecole interne subiscono l'attrazione delle altre in tutte le direzioni, mentre quelle sulla superficie interagiscono solo con le molecole sottostanti. Questo causa una "contrazione" dello strato superficiale, che tende a comportarsi come una *pellicola elastica.*

Grazie al fenomeno della tensione superficiale, alcuni insetti riescono a muoversi sugli specchi d'acqua senza affondare. Per lo stesso motivo è possibile appoggiare un ago sulla superficie di un liquido senza che esso affondi.

5.5 STATO SOLIDO

Le proprietà che caratterizzano i solidi esistenti in natura si possono riassumere in:

- **elasticità**: proprietà di riprendere forma e volume iniziali dopo una deformazione;
- **durezza**: proprietà di intaccare o scolpire un altro corpo;
- **malleabilità**: proprietà di ridursi in fogli sottili;
- **duttilità**: proprietà di ridursi in fili sottili;
- **tenacità**: resistenza alla rottura;
- **plasticità**: proprietà di modellarsi sotto l'azione di una forza che agisce per un tempo lungo.

Un solido è tale se dotato di *reticolo cristallino.* Il vetro (che non è un solido perché non ha una struttura cristallina) viene chiamato *solido amorfo* in virtù della sua consistenza.
Si distinguono quattro tipi di solidi a seconda del tipo di legame che li caratterizza.

- **Solidi covalenti**: i nodi reticolari sono occupati da atomi legati fra loro con legami covalenti. Sono durissimi, hanno una elevata temperatura di fusione e sono pessimi conduttori.

  C (diamante) e SiO_2 (silice) sono solidi covalenti.

- **Solidi ionici**: i nodi reticolari sono occupati da ioni e i legami sono ionici. Sono duri ma fragili, hanno una elevata temperatura di fusione e sono cattivi conduttori.

  Il cloruro di sodio (NaCl) è un solido ionico la cui temperatura di fusione vale 800 °C.

- **Solidi molecolari**: i nodi reticolari sono occupati da molecole legate fra loro da legami deboli (dipolari, idrogeno).
  Sono teneri, hanno una bassa temperatura di fusione e non sono buoni conduttori.
- **Solidi metallici**: un metallo può essere visto come un reticolo di ioni positivi immerso in una nube di elettroni in movimento. Sono lucenti e malleabili (il legame metallico è adirezionale) e hanno una buona conducibilità elettrica e termica (dovuta all'ottima mobilità degli elettroni).

  N_2; H_2O; N_2H_4; I_2 sono solidi molecolari.

FISICA

Quesiti svolti

1 Un recipiente a forma cubica di lato 1 dm è riempito per metà del suo volume di acqua. Le condizioni esterne sono tali da produrre un'evaporazione dell'acqua di 1 g/h . Dopo 10 h il livello dell'acqua:

A è rimasto costante
B è sceso di 1 mm
C è sceso di 10 mm
D è salito di 1 mm
E è ridotto a zero

Il tasso di evaporazione dell'acqua, costante, è di 1 g/h . Dopo 10 h sarà evaporata una massa d'acqua $m = 1\ \frac{g}{h} \cdot 10\ h = 10\ g$. Conoscendo la densità dell'acqua, che vale $\rho = 1\ g/cm^3$, e ricordando la definizione di densità, si può ricavare il volume dell'acqua che evapora:

$$\rho = \frac{m}{V} \quad \Rightarrow \quad V = \frac{m}{\rho} = \frac{10\ g}{1\ g/cm^3} = 10\ cm^3$$

Il problema chiede tuttavia la variazione del livello dell'acqua, ovvero dell'altezza *H* del parallelepipedo di base quadrata e lato *l* pari a 1 dm, contenente il volume d'acqua che evapora. Per trovare *H* si deve dividere il volume per l'area di base *A* (avendo cura di trasformare il lato in centimetri, dato che la densità è espressa in grammi su centimetro cubo):

$$H = \frac{V}{A} = \frac{V}{l^2} = \frac{10\ cm^3}{(10\ cm)^2} = 0{,}1\ cm = 1\ mm$$

La risposta corretta è la B. Si osservi che, se l'acqua evapora, il suo livello *scende*: in un problema di questo tipo, le alternative valide si potevano ridurre a due (la B e la C) a colpo d'occhio.

2 Quale delle seguenti forze ha intensità (modulo) minore?

A Il peso (per noi, sulla Terra) di una massa di 20 kg
B 30 N
C $200\ Pa \cdot cm^2$
D $2\ barie \cdot m^2$
E 100 dyn

Conviene riportare tutte le forze indicate nelle alternative alla stessa unità di misura (il newton). Il peso di un oggetto di massa *m* nei pressi della superficie terrestre vale $F = mg$, dove *g* è l'accelerazione di gravità, pari a $9{,}8\ m/s^2$. Dunque:

$$F_A = 20\ kg \cdot 9{,}8\ m/s^2 \approx 200\ N \qquad F_B = 30\ N$$

La pressione (che nel Sistema Internazionale si misura in Pascal, simbolo Pa) è data dal rapporto tra una forza e una superficie, dunque, nel SI:

$$1\ Pa = \frac{1\ N}{1\ m^2} \quad \Rightarrow \quad 1\ N = 1\ Pa \cdot m^2$$

Perciò, nel caso della forza indicata nella terza alternativa:

$$F_C = 200 \text{ Pa} \cdot \text{cm}^2 = 200 \text{ Pa} \cdot 10^{-4} \text{ m}^2 = 0{,}02 \text{ Pa} \cdot \text{m}^2 = 0{,}02 \text{ N}$$

Per il calcolo analogo nel caso della quarta alternativa è utile sapere che 1 baria = 10^{-1} Pa (la baria è l'unità di misura della pressione nel sistema CGS, definito come 1 dyn/1 cm^2).
Si ottiene dunque:

$$F_D = 2 \text{ baria} \cdot \text{m}^2 = 2 \cdot 10^{-1} \text{ Pa} \cdot \text{m}^2 = 0{,}2 \text{ N}$$

Infine, l'unità di misura della forza nel sistema CGS è la dina (dyn), definita come:

$$1 \text{ dyn} = 1 \text{ g} \cdot \frac{\text{cm}}{\text{s}^2} \quad \Rightarrow \quad 1 \text{ dyn} = 10^{-3} \text{ kg} \cdot \frac{10^{-2} \text{ m}}{\text{s}^2} = 10^{-5} \text{ kg} \cdot \frac{\text{m}}{\text{s}^2} = 10^{-5} \text{ N}$$

Pertanto:

$$F_E = 100 \text{ dine} = 100 \cdot 10^{-5} \text{ N} = 10^{-3} \text{ N}$$

Si conclude che la risposta esatta è la E.

---

3 La pressione di 1 atmosfera è:

A qualunque pressione che si registra al livello del mare
B quella esercitata da una colonna d'acqua alta 76 m
C la pressione registrata a 760 m al di sopra del livello del mare
D la pressione esercitata da una colonna di mercurio alta 76 cm
E la pressione registrata a 76 m di profondità al di sotto della superficie del mare

L'unità di misura "atmosfera" non è un'unità di misura del SI. Essa è legata al pascal e ad altre unità di misura non appartenenti al SI tramite le relazioni:

$$1 \text{ atm} = 760 \text{ mmHg} = 1{,}01325 \text{ bar} = 101.325 \text{ Pa} \approx 10^5 \text{ Pa} = 10^5 \text{ N/m}^2$$

dove la scrittura mmHg sta per "millimetri di mercurio". La pressione di 1 atm è infatti quella registrata alla base di una colonna di mercurio alta 760 mm o, equivalentemente, 76 cm (risposta D).

---

4 La tensione di vapore di un liquido può essere misurata in:

A volt
B atmosfere
C metri cubi
D watt
E newton

La tensione di vapore di un liquido è la pressione che il vapore esercita sul liquido quando il sistema si trova in equilibrio. Trattandosi di una pressione, può essere misurata in atmosfere (risposta B).

---

5 Una mole di gas ideale alla pressione atmosferica $p_0 = 1{,}013 \cdot 10^5$ Pa e alla temperatura $T_0 = 273{,}15$ K occupa il volume $V_0 = 22{,}41$ dm^3. Il volume da essa occupato alla temperatura $T = 2\,T_0$ e alla pressione $p = 1{,}5\,p_0$ è:

A 29,88 dm^3
B 44,82 dm^3
C 33,61 dm^3
D 14,94 dm^3
E 11,22 dm^3

Per la legge dei gas perfetti, $PV = nRT$, a patto di ricordarsi il valore della costante dei gas R (0,082 litri · atm/K · mol), il volume vale $V = nRT/P$.

FISICA

I dati del quesito consentono però di fare a meno di R, o meglio, di ricavarla dai valori delle funzioni di stato nello stato iniziale:

$$R = \frac{P_0 V_0}{nT_0} \Rightarrow V = \frac{nRT}{P} = \frac{nT}{P} \cdot \frac{P_0}{nT_0} \cdot V_0 = V_0 \cdot \frac{2}{1,5} = 29,88 \text{ dm}^3 \quad \text{(risposta A)}$$

---

6 Un numero n costante di moli di un gas ideale raddoppia il proprio volume mantenendo costante la temperatura. La pressione del gas:

A rimane costante
B si dimezza
C diminuisce di una quantità che dipende dalla natura del gas
D raddoppia
E quadruplica

Per la legge di Boyle, a temperatura costante il prodotto di pressione e volume è costante, ovvero pressione e volume sono inversamente proporzionali: se raddoppia il volume, si dimezza la pressione (risposta B).
Si noti che la legge di Boyle, così come quella di Charles (per trasformazioni a pressione costante) e quella di Gay-Lussac (per trasformazioni a volume costante), si ricavano come casi particolari della legge dei gas perfetti, $PV = nRT$, considerando il numero di moli costante.

---

7 L'aria è formata per l'80% (circa) da azoto e per il 20% (circa) da ossigeno: la sua pressione al livello del mare è pari a una atmosfera. In questa miscela gassosa:

A le pressioni parziali dei due gas sono uguali e ciascuna è pari a una atmosfera
B la pressione parziale dell'azoto è minore di quella dell'ossigeno
C non si può parlare di pressione dell'ossigeno e dell'azoto, ma di pressione della miscela
D la pressione parziale dell'azoto è circa quattro volte quella dell'ossigeno
E le pressioni parziali dei due gas sono uguali e ciascuna è pari a 0,5 atmosfere

Per la legge di Dalton, la pressione parziale di un gas in una miscela è proporzionale alla frazione molare dello stesso gas nella miscela.
L'azoto è presente nell'aria in una percentuale quattro volte superiore all'ossigeno: la sua pressione parziale è perciò quattro volte quella dell'ossigeno (risposta D).

---

8 Il numero di Avogadro rappresenta il numero delle molecole contenute in:

A 22,4 l di N_2 a 0 °C e alla pressione di 1 atm
B 1 dm^3 di acqua a 4 °C
C 1 l di aria a 0 °C
D 1 kg di qualsiasi sostanza a 0 °C
E 22,4 l di H_2 a 25 °C e alla pressione di 1 atm

Una mole di gas a 0 °C e alla pressione di 1 atm occupa un volume di 22,4 litri e contiene $6,02 \cdot 10^{23}$ molecole (o atomi se il gas è atomico): la risposta esatta è dunque la A.

---

9 Quale dei seguenti valori è più vicino alla pressione massima sul fondo degli oceani?

A 1100 N/mm^2
B 11.000 N/m^2
C 1100 MPa
D 1100 N/cm^2
E 11.000 N/cm^2

PARTE QUARTA

La massima profondità sottomarina esistente è pari a circa 11.000 m in corrispondenza della cosiddetta "Fossa delle Marianne" nell'Oceano Pacifico. Secondo la legge di Stevino, la pressione è pari a: $P = \rho \cdot g \cdot h$ dove ρ è la densità dell'acqua, g è il modulo dell'accelerazione gravitazionale e h è la profondità. Sostituendo i valori si trova:

$$P = 1\ \frac{kg}{dm^3} \cdot 9{,}8\ \frac{m}{s^2} \cdot 11.000\ m = 1000\ \frac{kg}{m^3} \cdot 9{,}8\ \frac{m}{s^2} \cdot 11.000\ m \approx 11 \cdot 10^7\ \frac{N}{m^2} = 11 \cdot 10^3\ \frac{N}{cm^2}$$

La risposta esatta è quindi la E.

---

10 Quando un pezzo di ghiaccio fonde alla pressione di 1 atm, la sua temperatura:

- A è sempre maggiore di 0 °C e aumenta durante la fusione
- B è sempre minore di 0 °C e diminuisce durante la fusione
- C è costante ed è pari a 0 °C
- D è uguale a quella dell'ambiente esterno
- E aumenta durante il passaggio di stato

Durante i passaggi di stato la temperatura del sistema è costante ed è uguale a un valore che dipende dalla sostanza e dalla pressione a cui il sistema è sottoposto. Alla pressione di 1 atm il ghiaccio fonde esattamente a 0 °C (fu proprio Celsius a fissare come zero della sua scala la temperatura di fusione del ghiaccio alla pressione di 1 atm). La risposta esatta è quindi la C.

---

11 Una quantità d'acqua ghiacciata contenente del sale (NaCl) alla pressione di 1 atm fonderà a una temperatura:

- A maggiore di 373 K
- B minore di 373 K e maggiore di 273 K
- C uguale a 373 K
- D uguale a 273 K
- E minore di 273 K

Come si è detto nel quesito precedente, la temperatura di fusione di una sostanza dipende dalla pressione a cui il sistema è sottoposto e dalla natura della sostanza. Se il ghiaccio contiene delle impurità, come il cloruro di sodio (NaCl), la temperatura di fusione è diversa da 0 °C (che corrisponde a 273 K).

In particolare la presenza di un soluto non volatile come il sale causa un abbassamento della temperatura di fusione e un aumento della temperatura di ebollizione. La risposta esatta è quindi la E.

---

12 Quando dell'acqua che contiene sale da cucina (NaCl) sta bollendo, il vapore che si libera è costituito da:

- A NaCl gassoso
- B Cl_2 gassoso
- C H_2O gassosa
- D H_2 e O_2 gassosi
- E H_2O gassosa e NaCl gassoso

Nel quesito precedente si è visto che la presenza di sale nell'acqua abbassa la temperatura di fusione e alza quella di ebollizione. L'acqua salata bolle quindi a una temperatura maggiore di 100 °C. Il vapore che si forma contiene comunque solo H_2O mentre il sale rimane nella soluzione. Nelle saline si sfrutta questo fenomeno per ricavare il sale mediante evaporazione dell'acqua marina. La risposta esatta è quindi la C.

[illegible]

A) maggiore di 273 K

[illegible]

B) [illegible] gassoso
C) H_2O gassosa
D) [illegible] gassosi

[illegible]

6 MECCANICA DEI FLUIDI

Come si è visto, per fluido si intende un liquido o un aeriforme.

6.1 LEGGE DI PASCAL

✔ In un fluido la pressione si trasmette in tutti i punti e in tutte le direzioni, e le forze di pressione agiscono perpendicolarmente alle superfici dei corpi indipendentemente da come queste sono orientate.

La legge di Pascal afferma che in ogni punto di un fluido in quiete si ha la stessa pressione, sotto l'ipotesi che il fluido **non sia soggetto alla forza di gravità**, o che, almeno, le forze di pressione siano considerevolmente superiori alle forze di gravità coinvolte.

Se cade questa ipotesi, in un fluido si distinguono due tipi di forze.

1. **Forze superficiali:** agiscono solo sulla superficie delimitante il fluido. Si consideri, per esempio, un liquido in un cilindro compresso da un pistone. La pressione dovuta alle forze superficiali (forza esercitata dal pistone) è uniforme in tutto il liquido.
2. **Forze di volume**: agiscono su tutti i punti del fluido e dipendono quindi dal suo volume. La forza peso è un esempio di forza di volume.

I casi in cui si possono trascurare le forze di volume vengono affrontati tramite la legge di Pascal. Diversamente, la pressione derivante dalle forze di volume è regolata dalla legge di Stevino.

6.2 LEGGE DI STEVINO

✔ **La pressione idrostatica o aerostatica** (pressione dovuta al solo peso del fluido) **cresce con la profondità.** Nel caso di un liquido le due grandezze sono direttamente proporzionali.

Se h indica la profondità all'interno di un liquido, allora la pressione vale $P = \rho \cdot g \cdot h$ dove ρ è la densità del liquido e g è l'accelerazione di gravità.

Si calcoli a quale pressione idrostatica si trova sottoposto un sub che nuota a 10 metri sotto il livello dell'acqua.

Nell'acqua di mare, la pressione idrostatica aumenta di una atmosfera (~ 10^5 Pa) ogni 10 m di profondità. Infatti, la pressione esercitata da una colonna d'acqua alta 10 m è:

$$P = \rho \cdot g \cdot h = 1\frac{\text{kg}}{\text{dm}^3} \cdot 9{,}8\frac{\text{m}}{\text{s}^2} \cdot 10 \text{ m} = 10^5 \text{ Pa} \cong 1 \text{ atm}$$

Tale pressione si somma alla pressione atmosferica a livello del mare: il sub si trova quindi sottoposto a una pressione totale di 2 atm.

P_0 = pressione atmosferica a livello del mare = 1 atm; P_{10} = 2 atm; P_{20} = 3 atm; ecc.

Si calcoli l'aumento di pressione su un sottomarino che aumenta la propria profondità di immersione di 20 m.

Diversamente dal caso precedente, qui interessa soltanto la variazione di pressione che si sperimenta durante un'immersione: come si è visto, ogni 10 m di profondità la pressione aumenta di 1 atm: si deve rispondere che la pressione sul sottomarino aumenta di 2 atm.

FISICA

6.2.1 PRINCIPIO DEI VASI COMUNICANTI

Dati alcuni contenitori aventi forme diverse e tra loro comunicanti, se si versa del liquido nel primo, questo si distribuisce in tutti i contenitori in modo da raggiungere la stessa altezza in ciascuno di essi.

A parità di profondità si deve infatti avere la stessa pressione in tutti i contenitori. Per lo stesso motivo, la pressione idrostatica non dipende dalla forma del recipiente che contiene il liquido, ma solo dalla profondità h: nei punti A, B, C e D dei recipienti in figura, vi è la stessa pressione.

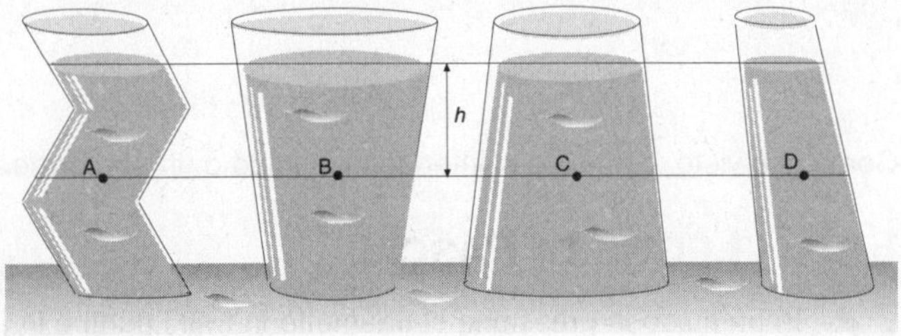

6.3 PRINCIPIO DI ARCHIMEDE

Un corpo immerso in un fluido riceve una spinta dal basso verso l'alto di intensità pari al peso del fluido spostato.

È facile dunque concludere che un corpo parzialmente immerso in acqua galleggia solo se il suo peso è inferiore a quello del volume d'acqua che occupa la sua parte immersa; questo si verifica se la densità del corpo è inferiore a quella dell'acqua.
Quanto detto è valido anche per un corpo immerso in un gas (si pensi alla mongolfiera).

I sommergibili si spostano in verticale sfruttando la spinta di Archimede.
Poiché il volume di un sommergibile è sempre lo stesso, il volume di liquido spostato è costante e la spinta non varia; di conseguenza si fa in modo che sia il peso del sommergibile a cambiare, il che viene realizzato imbarcando o spingendo fuori acqua tramite potenti pompe idrauliche.

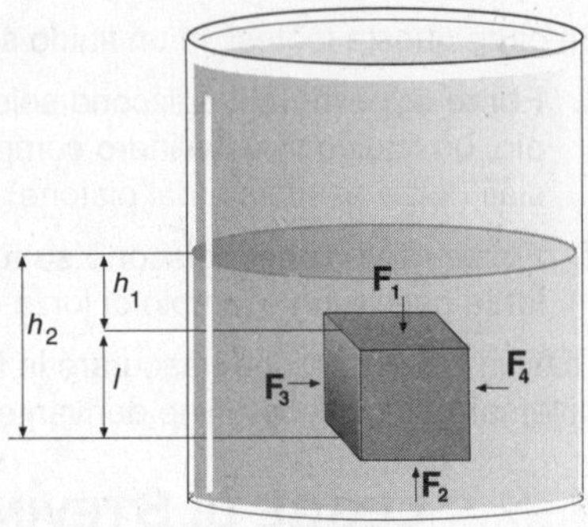

Mentre F_3 è uguale a F_4, F_2 è maggiore di F_1; la superficie su cui agisce F_2 si trova infatti a una profondità h_2 maggiore di h_1.

La forza di Archimede va applicata al **baricentro della massa di liquido spostata**: non al baricentro del corpo né a quello della parte del corpo immersa nel fluido.

I due punti possono non coincidere quando il corpo immerso nel fluido non è omogeneo.

Si pensi a un martello con il manico di legno immerso in acqua. Il suo baricentro è nettamente spostato verso la parte di ferro, rispetto al baricentro della massa di liquido che il martello sposta quando viene immerso. Mentre la forza peso si applica al baricentro del martello, la forza di Archimede si deve applicare al baricentro dell'acqua spostata.

Il baricentro della massa di fluido spostato è detto anche **centro di spinta**.
Se il centro di spinta e il baricentro del corpo non si trovano sulla stessa verticale, la spinta di Archimede e il peso del corpo formano una coppia di forze che tende a far ruotare il corpo.
Se i due punti sono disposti lungo la verticale si ha equilibrio e affinché l'equilibrio sia stabile, il baricentro deve essere al di sotto del centro di spinta.

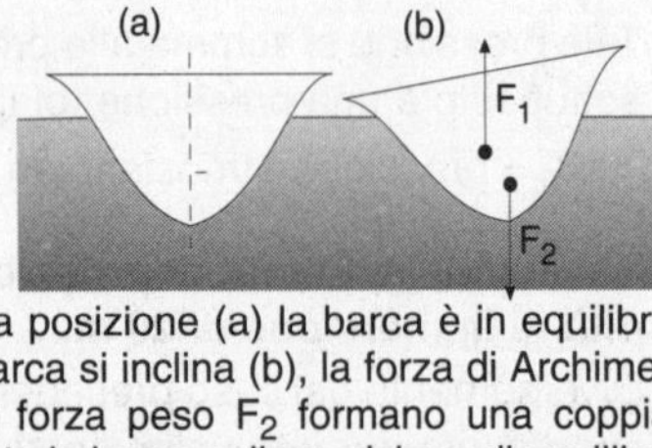

Nella posizione (a) la barca è in equilibrio. Se la barca si inclina (b), la forza di Archimede F_1 e la forza peso F_2 formano una coppia che riporta la barca nella posizione di equilibrio.

Condizione di equilibrio idrostatico per un corpo immerso in un fluido:

$$F_A = P \Rightarrow \rho_f \cdot V_f \cdot g = \rho_c \cdot V_c \cdot g \Rightarrow \rho_f \cdot V_f = \rho_c \cdot V_c$$

dove: P è il peso del corpo, ρ_f e ρ_c sono la densità del fluido e del corpo rispettivamente, V_f è il volume del fluido spostato (uguale al volume della parte immersa del corpo), V_c è il volume del corpo e g è l'accelerazione di gravità.

Questa condizione si utilizza per la risoluzione dei quesiti sul principio di Archimede.

Un cubo di materiale sconosciuto sta immerso in acqua per una parte V_f del suo volume V_c. Quanto vale V_f se la densità relativa del cubo rispetto all'acqua vale 2/3 ?

Si inverte la condizione di equilibrio $\rho_f \cdot V_f = \rho_c \cdot V_c$, dove in questo caso $\frac{\rho_c}{\rho_f} = \frac{2}{3}$:

$$V_f = V_c \cdot \frac{\rho_c}{\rho_f} = V_c \cdot \frac{2}{3}$$

Un corpo con un volume di 0,3 m^3, galleggia sull'acqua (densità 1 kg/dm^3). Sporgono dall'acqua 60 dm^3 del corpo. Quanto vale la densità del corpo?

Il volume del corpo che galleggia vale 300 dm^3; il corpo è immerso in acqua per otto decimi del suo volume (il volume che emerge è 2/10 del volume totale del corpo). Si deduce che la densità del corpo è 8/10 della densità dell'acqua. Infatti:

$$\rho_c = \rho_f \cdot \frac{V_f}{V_c} = \frac{8}{10}\rho_f = 0{,}8\ \frac{\text{kg}}{\text{dm}^3}$$

6.4 Cenni di fluidodinamica

6.4.1 Teorema di Torricelli

Con riferimento alla figura che illustra un recipiente contenente un liquido (non viscoso) al quale è stato praticato un foro a una profondità h, si ha che la velocità di *efflusso* del liquido dal foro è data dalla relazione:

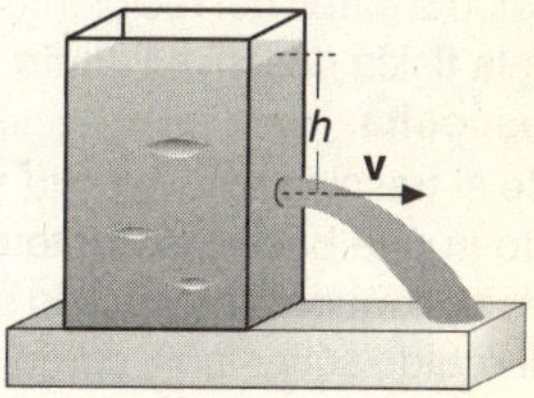

$$v = \sqrt{2gh}$$

Si noti che il risultato trovato è uguale alla velocità che acquista un corpo soggetto alla sola forza di gravità cadendo da una altezza h.

6.4.2 Portata di un condotto

La *portata* (Q) di un condotto è la quantità di fluido che attraversa una sua sezione in un secondo (si misura in m^3/s). Ipotizzando il fluido incomprimibile, si ottiene l'**equazione di continuità**:

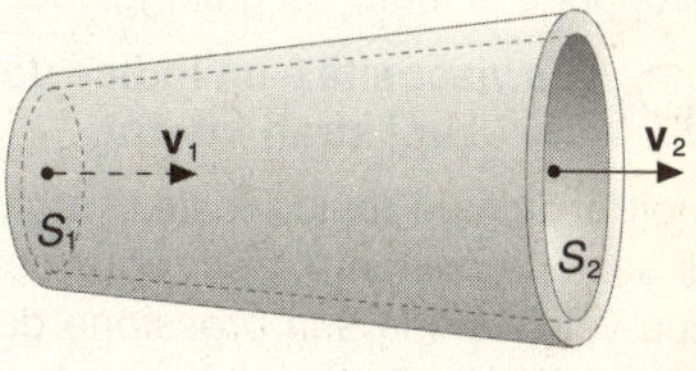

$$Q = S \cdot v = \text{costante}$$

Indicando con v_1 e v_2 le velocità del liquido nelle due sezioni S_1 e S_2 del condotto si ha:

$$S_1 \cdot v_1 = S_2 \cdot v_2 \Rightarrow \frac{S_1}{S_2} = \frac{v_2}{v_1} \Rightarrow S \text{ e } v \text{ sono inversamente proporzionali}$$

Maggiore è la sezione del condotto, minore è la velocità del liquido che scorre.

L'acqua di un fiume è più tumultuosa dove il fiume si restringe, mentre appare più calma dove le rive sono più lontane: per il principio di continuità, infatti, il prodotto della sezione per la velocità deve essere costante e quindi dove il fiume si restringe, l'acqua è più veloce.

FISICA

6.4.3 TEOREMA DI BERNOULLI

Si consideri un condotto in cui scorre un fluido ideale di densità ρ e si fissi l'attenzione su due punti 1 e 2. Si indichino con v_1 e v_2 i moduli delle velocità del fluido, con P_1 e P_2 le pressioni del fluido e con h_1 e h_2 le altezze dei due punti rispetto a un riferimento orizzontale.

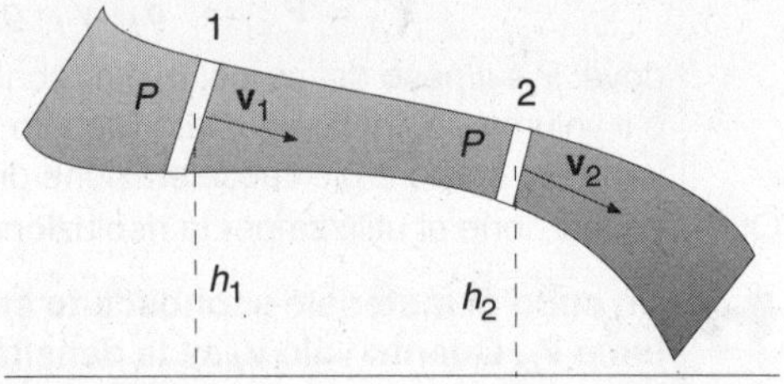

Bernoulli dimostrò che vale la seguente relazione:

$$\frac{P}{\rho g} + h + \frac{v^2}{2g} = \text{costante}$$

I tre termini a primo membro hanno le dimensioni di una lunghezza e sono rispettivamente detti *altezza piezometrica*, *altezza geometrica* e *altezza cinetica*.

✔ Il **teorema di Bernoulli** afferma che, in ogni condotto, la somma delle altezze piezometriche, geometriche e cinetiche è costante.

Come conseguenza vale il **principio di Venturi**.

✔ A parità di altezza geometrica, se in un condotto la sezione diminuisce, la velocità del fluido che la attraversa aumenta (equazione di continuità) e quindi la sua pressione diminuisce (teorema di Bernoulli).

6.5 FLUIDI REALI

Nei fluidi reali, a differenza dei fluidi ideali, è presente un attrito interno dovuto alle forze di coesione tra le particelle del fluido e di adesione tra fluido e pareti del recipiente. Il termine con il quale la fisica descrive l'attrito interno di un fluido è **viscosità**.

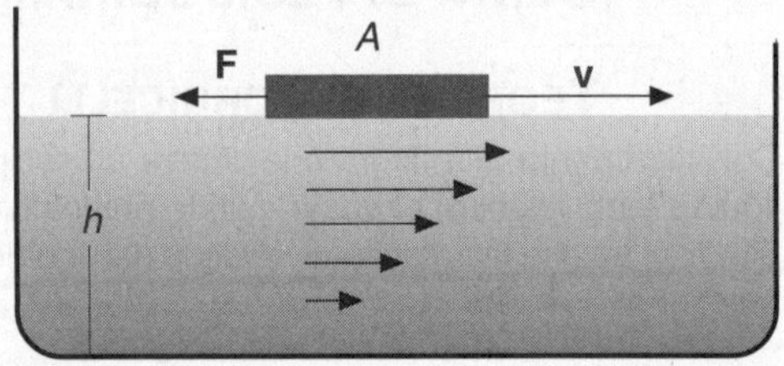

Se si trascina con velocità **v** un galleggiante posto in una bacinella contenente un liquido di altezza *h*, questo provoca lo slittamento degli strati di liquido sottostanti, come indicato nella figura (per la viscosità di un gas il ragionamento è analogo: è sufficiente considerare il corpo totalmente immerso nel gas). La velocità di scorrimento degli strati *decresce linearmente* con la profondità. La forza **F** che si trasmette di strato in strato e che si oppone al moto del galleggiante è detta *forza di viscosità*.

La viscosità è un indice della resistenza che un fluido oppone agli scorrimenti relativi tra i suoi strati interni.

Inoltre, dato un liquido reale in moto lungo un condotto di sezione costante, per l'equazione di continuità, la sua velocità e la sua pressione dovrebbero rimanere costanti. In realtà, se si misura la pressione del fluido in vari punti, si nota una diminuzione nel senso di percorrenza, a cui si dà il nome di *perdita di carico*, dovuta alla viscosità del liquido. Nel disegno è evidenziata dall'abbassamento del livello del liquido nelle parti di condotto verticali.

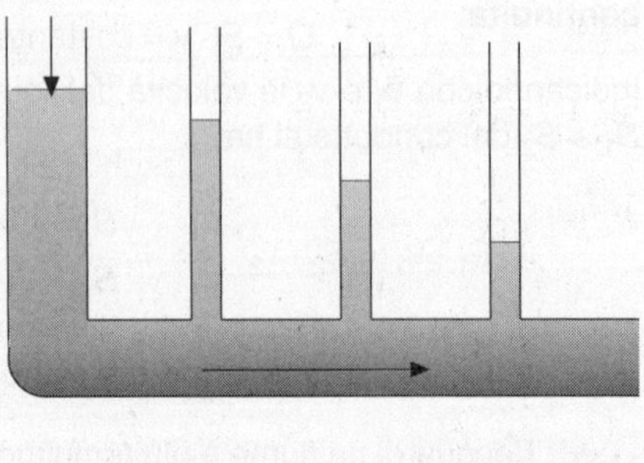

PARTE QUARTA

Quesiti svolti

1 Un recipiente cubico con lato di 20 cm contiene acqua fino a 2 mm dal bordo; in essa è completamente immerso un cubo di ghiaccio di 10 cm di lato. Se il ghiaccio si scioglie, il livello dell'acqua:

A scende
B resta immutato
C sale senza raggiungere il bordo
D raggiunge il bordo
E l'acqua trabocca

La densità dell'acqua aumenta nel passaggio da solido a liquido. Il volume occupato dal cubo di ghiaccio immerso nell'acqua è dunque maggiore di quello che occuperebbe la stessa quantità d'acqua se fosse liquida. Si conclude che il livello dell'acqua scende quando il cubo di ghiaccio si scioglie (risposta A).

È interessante confrontare il presente quesito con il successivo.

2 Un recipiente cubico con lato di 20 cm contiene acqua fino a 2 mm dal bordo; in essa galleggia un cubo di ghiaccio di 10 cm di lato. Se il ghiaccio si scioglie, il livello dell'acqua:

A scende
B resta immutato
C sale senza raggiungere il bordo
D raggiunge il bordo
E l'acqua trabocca

Diversamente dall'esercizio precedente, dove il ghiaccio è totalmente immerso nell'acqua, in questo caso il cubo di ghiaccio galleggia sull'acqua. La differenza è sostanziale: il volume del cubo galleggiante immerso nel liquido corrisponde al volume che il cubo occuperebbe se fosse liquido. Per la legge di Archimede infatti, il cubo galleggia perché sposta una quantità di acqua che pesa quanto lui. Si conclude che, quando il cubo di ghiaccio si scioglie, il livello dell'acqua rimane invariato (risposta B).

3 Il ghiaccio galleggia nell'acqua perché:

A il peso specifico del ghiaccio è uguale a quello dell'acqua
B la densità del ghiaccio è minore di quella dell'acqua
C l'acqua, passando da 0 °C a 4 °C, diminuisce di volume
D l'unità di massa del ghiaccio pesa meno dell'unità di massa dell'acqua
E nessuna delle precedenti

Le risposte A e D contengono affermazioni false e per questo possono essere scartate a priori. Le affermazioni contenute nella B e nella C sono invece vere. Si tratta ora di discriminare tra *affermazione vera* e *risposta esatta* del quesito in esame.

FISICA

La massima densità dell'acqua si ha quando la sua temperatura vale 4 °C: passando da 0 °C a 4 °C il volume dell'acqua diminuisce, ma questo non ha nulla a che vedere con il fatto che il ghiaccio galleggia nell'acqua. La risposta esatta è dunque la **B**.

Il fatto che una risposta contenga un'affermazione vera non implica che sia la risposta esatta del quesito.

---

4 Un fluido si dice viscoso se in esso:

- **A** la velocità di scorrimento tra i suoi strati è minima
- **B** è presente il solo attrito con le pareti del recipiente
- **C** è presente un attrito interno
- **D** non esiste accelerazione di gravità
- **E** nessuna delle precedenti

La viscosità di un fluido è una grandezza che misura l'intensità degli attriti negli scorrimenti degli strati interni del fluido gli uni sugli altri (risposta **C**).

---

5 Un corpo omogeneo di forma cilindrica, di altezza *h* e densità ρ_c, galleggia con asse verticale in un liquido di densità ρ_l. L'altezza della parte emersa è 1/10 dell'altezza *h*. Il rapporto ρ_c/ρ_l tra la densità del corpo e quella del liquido è:

A 11/10 **B** 1/2 **C** 1/10 **D** 9/10 **E** 1

In questa situazione la spinta di Archimede bilancia la forza peso.

Possiamo calcolare la prima, F_a, pari al peso del fluido spostato, conoscendone la densità e il volume della parte immersa, pari a 9/10 del volume totale del cilindro; la forza peso *P* a cui è soggetto il cilindro si calcola come di consueto, ricavandone la massa a partire dalla densità.

Infine, per trovare il rapporto tra le due densità procediamo eguagliando le due forze:

$$F_a = P \Rightarrow \rho_l \cdot \frac{9}{10} V \cdot g = \rho_c \cdot V \cdot g \Rightarrow \frac{\rho_c}{\rho_l} = \frac{9}{10} \quad \text{(risposta D)}$$

---

6 Sia dato un parallelepipedo rettangolo omogeneo e pieno avente lati *a, b, c,* che galleggia su di un liquido di densità 1,2 g /cm^3, con il lato *a* perpendicolare alla superficie libera del liquido. La metà di *a* emerge, l'altra metà è sommersa. Quanto vale la densità del materiale con cui è fatto il parallelepipedo?

- **A** 0,2 g / cm^3
- **B** 0,4 g / cm^3
- **C** 0,6 g / cm^3
- **D** 2,4 g / cm^3
- **E** Non si può rispondere senza sapere i valori dei dati

La condizione di equilibrio idrostatico per un corpo immerso in un fluido è $\rho_f \cdot V_f = \rho_c \cdot V_c$.

Secondo i dati del problema, il volume del fluido spostato è la metà del volume del parallelepipedo, per cui la densità ρ_c del parallelepipedo è:

$$\rho_c = \frac{\rho_f \cdot V_f}{V_c} = 1,2 \text{ g/cm}^3 \cdot \frac{1}{2} = 0,6 \text{ g/cm}^3 \quad \text{(risposta C)}$$

7 **La pressione idrostatica che si esercita alla profondità *h* in un liquido di densità *d*, se *g* è l'accelerazione di gravità, vale:**

A *hdg* B *hg/d* C *hd/g* D *h/dg* E *gd/h*

Secondo la legge di Stevino, la pressione idrostatica esercitata da una colonna di liquido di densità *d* e altezza *h* vale *hdg* (risposta A). Tra l'altro tale espressione è l'unica dimensionalmente corretta fra quelle riportate.

8 **Un bambino, dopo una corsa, presenta 120 battiti cardiaci al minuto e a ognuno di essi l'arteria aortica riceve 40 millilitri di sangue, per cui:**

A la portata media dell'aorta è 40 cm^3/s

B la portata media dell'aorta è 80 cm^3/s

C il cuore batte 20 volte al secondo

D il cuore batte $120 \cdot 3600$ volte all'ora

E l'aorta riceve 800 millilitri di sangue al secondo

Il cuore batte 120 volte al minuto, cioè 2 volte al secondo (risposta C errata) e $120 \cdot 60$ volte all'ora (risposta D errata). L'aorta riceve $40 \cdot 2 = 80$ ml di sangue al secondo (risposta E errata).

Si tratta di calcolare il valore corretto della portata media. La portata *Q* di un condotto è data dal prodotto della velocità del liquido che scorre nel condotto per la sua sezione, e ha le dimensioni di un volume fratto un tempo, o di un volume per una frequenza. Si può dunque scrivere:

$$Q = V \cdot f = 40 \text{ ml} \cdot \frac{120}{1 \text{min}} = 40 \times 10^{-3} \text{ l} \cdot \frac{120}{60 \text{ s}} = 80 \times 10^{-3} \frac{\text{l}}{\text{s}} = 80 \cdot \frac{10^{-3} \text{ l}}{\text{s}} = 80 \frac{\text{cm}^3}{\text{s}}$$

La risposta cercata è la B.

9 **Si consideri la pressione in ogni punto di un liquido (in condizioni statiche, supponendo nulla la pressione sulla superficie libera).**

Quale delle seguenti affermazioni (in qualche modo legate alla legge di Stevino, o delle pressioni idrostatiche) è ERRATA?

A La pressione a una certa profondità *h* non dipende da *h*, ma dalla distanza tra il punto preso in considerazione e il fondo del recipiente (mare o lago o altro)

B Se l'accelerazione di gravità g fosse diversa da quella media sulla Terra (per esempio la metà di quella che noi subiamo tutti i giorni) ebbene la pressione sarebbe diversa (secondo l'esempio: la metà)

C Variando la densità (assoluta o relativa) del liquido, la pressione (a pari profondità) cambia

D Misurare la pressione in mmHg o cmH_2O vuol dire dare solo l'altezza della colonna del liquido (Hg o H_2O) alla cui base viene esercitata una certa pressione (per avere la vera pressione bisognerebbe moltiplicare questa altezza per la densità del liquido e per l'accelerazione di gravità)

E La pressione a una certa profondità *h* è direttamente proporzionale ad *h*

Per la legge di Stevino, la pressione all'interno di un liquido dipende dalla profondità secondo la relazione $P = \rho \cdot g \cdot h$, dove ρ è la densità del liquido e *g* è l'accelerazione gravitazionale. L'alternativa A è certamente quella errata. Dalla stessa relazione si vede che le affermazioni B, C ed E sono vere.

A) hdg B) hd/g C) [illegible] D) h/dg E) [illegible]

La risposta esatta è B.

A) la pressione a una certa profondità non dipende dalla sua dalla densità del liquido [illegible] in cui le molecole [illegible]

C) se la densità del liquido è variabile, la pressione (a parità di altre condizioni) [illegible]

7 CALORIMETRIA E TERMODINAMICA

La termodinamica studia gli scambi di energia meccanica (lavoro) e di energia termica (calore) fra i corpi e ciò che li circonda.

7.1 CALORE

Il **calore** è una forma di energia che viene scambiata fra corpi a temperature diverse. La quantità di calore si indica con il simbolo Q e ha come unità di misura (non appartenente al SI) la caloria.

✔ Una **caloria** (1 cal) è l'energia necessaria per innalzare di un grado (da 14,5 °C a 15,5 °C) la temperatura di un grammo di H_2O.

Accanto alla caloria viene spesso utilizzato un suo multiplo, la **chilocaloria** (o grande caloria):

$$1 \text{ kcal} = 1 \text{ Cal} = 1000 \text{ cal}$$

Il calore non è una caratteristica propria dei corpi: può fluire da un corpo a un altro.

7.1.1 PRINCIPIO DI EQUIVALENZA TRA CALORE E LAVORO

Nei processi puramente meccanici l'energia meccanica si conserva; nei fenomeni puramente termici il calore totale si conserva. Generalmente nei processi naturali energia meccanica e calore coesistono e si verifica che, separatamente, non si conservano. Sperimentalmente, si può però notare che se in una trasformazione parte dell'energia meccanica viene spesa per creare calore, il loro rapporto è costante. Il valore di tale rapporto è stato trovato da Joule nel 1843 attraverso la cosiddetta *esperienza di Joule* e vale:

$$\frac{L}{Q} = \text{costante} = 4{,}186 \ \frac{\text{joule}}{\text{cal}} = \text{equivalente meccanico della caloria}$$

da cui si può affermare che il calore è una forma di energia termica e vale 1 cal = 4,186 joule. Questo risultato costituisce il principio di equivalenza tra calore ed energia, che giustifica la definizione di calore come forma di energia e l'utilizzo del joule come unità di misura del calore nel SI. Si tende dunque ad abbandonare la caloria in favore del joule; solo nel calcolo del valore energetico degli alimenti, e di conseguenza nelle diete, si è ancora soliti usare la caloria e la chilocaloria.

Trasformare 10 J in calorie e 10 cal in joule.

$$10 \text{ J} = \frac{10}{4{,}186} \text{ cal} = 2{,}4 \text{ cal}; \qquad 10 \text{ cal} = 10 \cdot 4{,}186 \text{ J} = 41{,}86 \text{ J}$$

7.1.2 PROPAGAZIONE DEL CALORE

Il calore si propaga da un corpo a un altro in tre modi.

1. **Conduzione**: è una forma di propagazione del calore caratteristica dei corpi solidi; non è accompagnata da spostamento di materia. Se si mettono a contatto due corpi A e B, rispettivamente a temperatura T_A e T_B (con $T_A > T_B$) si ha passaggio di calore per conduzione dal corpo A al corpo B. La velocità con cui il calore passa dal corpo A al corpo B è direttamente proporzionale alla differenza di temperatura tra A e B ($T_A - T_B$) e all'area della superficie di contatto tra i due corpi.

FISICA

2. **Convezione**: è una forma di propagazione del calore caratteristica dei fluidi; è accompagnata da spostamento di materia (si pensi, per esempio, agli scambi di calore che avvengono nell'atmosfera in seguito ai movimenti relativi di aria calda e di aria fredda).
3. **Irraggiamento**: propagazione del calore mediante onde elettromagnetiche (§ 8.5): non è necessaria la presenza di un mezzo materiale (le onde elettromagnetiche si propagano anche nel vuoto). È grazie a questa forma di propagazione che riceviamo il calore emanato dal Sole.

7.2 Calore specifico e capacità termica

Quando due corpi, aventi la stessa massa ma di materiale diverso, acquistano la stessa quantità di calore, si ottiene, in generale, un aumento diverso delle rispettive temperature. In altre parole si può dire che ogni sostanza è caratterizzata da "un'inerzia termica" che esprime la resistenza della sostanza alla variazione della sua temperatura. Le grandezze utilizzate per descrivere in modo quantitativo questo comportamento della materia sono la *capacità termica* e il *calore specifico*.

La **capacità termica di un corpo** è la quantità di calore (energia termica) che esso deve assorbire affinché la sua temperatura aumenti di 1 °C (o di 1 K).

$$C = \frac{\Delta Q}{\Delta T} \quad \text{(si misura in } \frac{\text{J}}{\text{K}}\text{)}$$

Il **calore specifico di una sostanza** è invece la quantità di calore (energia termica) necessaria per elevare di 1°C (o di 1 K) la temperatura dell'unità di massa di quella sostanza.

$$c = \frac{\Delta Q}{m \cdot \Delta T} \quad \text{(si misura in } \frac{\text{J}}{\text{kg} \cdot \text{K}}\text{)}$$

Valgono le relazioni:

$$C = c \cdot m \qquad \Delta Q = c \cdot m \cdot \Delta T \qquad \Delta Q = C \cdot \Delta T$$

Dalla definizione di caloria dedurre il calore specifico dell'acqua nelle unità di misura del SI.

Si inverte l'espressione $\Delta Q = c \cdot m \cdot \Delta T$ e si usano le grandezze coinvolte nella definizione di caloria:

$$c_{H_2O} = \frac{\Delta Q}{m \cdot \Delta T} = \frac{1 \text{ cal}}{1 \text{ g} \cdot 1 \text{ °C}}$$

Si trasforma ciascuna grandezza nelle unità di misura del SI (le variazioni di temperatura in centigradi equivalgono a quelle in kelvin):

$$c_{H_2O} = \frac{1 \text{ cal}}{1 \text{ g} \cdot 1 \text{ °C}} = \frac{4{,}186 \text{ J}}{10^{-3} \text{ kg} \cdot 1 \text{ K}} = 4186 \frac{\text{J}}{\text{kg} \cdot \text{K}}$$

Nei gas, a seconda del tipo di trasformazione (si veda più avanti il § 7.3.1) si parla di:

c_V: calore specifico a *volume costante* $\qquad$ c_p: calore specifico a *pressione costante*.

Nei liquidi e nei solidi si ha $c_V = c_p = c$, mentre nei gas perfetti vale la **relazione di Mayer**:

$$c_p - c_V = R$$

Variazioni del calore specifico con la temperatura

Il calore specifico varia da sostanza a sostanza e dipende dalla temperatura anche se, per intervalli di temperatura di qualche decina di gradi, lo si può supporre costante. Inoltre, per uno stesso materiale, il calore specifico cambia a seconda dello stato di aggregazione.

Mentre il calore specifico dell'acqua vale $c_{acqua} = 1 \text{ cal} \cdot \text{g}^{-1} \cdot \text{°C}^{-1}$, quello del ghiaccio è la metà: $c_{ghiaccio} = 0{,}5 \text{ cal} \cdot \text{g}^{-1} \cdot \text{°C}^{-1}$.

PARTE QUARTA

7.2.1 EQUILIBRIO TERMICO

Se due corpi di massa m_1 e m_2, calori specifici c_1 e c_2, alle temperature T_1 e T_2 con $T_1 > T_2$ vengono posti a contatto, si verifica un passaggio di calore dal corpo più caldo a quello più freddo, fino al raggiungimento di una temperatura di equilibrio T_e. La quantità di calore ceduta dal più caldo al più freddo è pari a:

$$\Delta Q = m_1 \cdot c_1 \cdot (T_1 - T_e)$$

D'altra parte il più freddo assorbe la quantità di calore:

$$\Delta Q = m_2 \cdot c_2 \cdot (T_e - T_2)$$

Poiché la quantità di calore ceduta dal primo viene totalmente assorbita dal secondo, si possono uguagliare le due relazioni:

$$m_1 \cdot c_1 \cdot (T_1 - T_e) = m_2 \cdot c_2 \cdot (T_e - T_2)$$

Conoscendo le condizioni iniziali, è possibile calcolare la temperatura di equilibrio.

Se due oggetti di diversa natura ($c_1 \neq c_2$) con temperature diverse vengono posti a contatto, la temperatura di equilibrio raggiunta dal sistema vale:

$$T_e = \frac{T_1 \cdot m_1 \cdot c_1 + T_2 \cdot m_2 \cdot c_2}{m_1 \cdot c_1 + m_2 \cdot c_2}$$

Se due oggetti della stessa natura ($c_1 = c_2$) con temperature diverse vengono posti a contatto, la temperatura di equilibrio raggiunta dal sistema si semplifica in:

$$T_e = \frac{T_1 \cdot m_1 + T_2 \cdot m_2}{m_1 + m_2}$$

In un termos sono contenuti 200 g di acqua alla temperatura di 20 °C; si aggiungono 500 g di acqua alla temperatura di 80 °C e si mescola. Qual è la temperatura finale T_e del miscuglio?

Si indichino con m_1 e T_1 la massa e la temperatura dell'acqua più calda e con m_2 e T_2 la massa e la temperatura dell'acqua più fredda. Applicando la formula:

$$T_e = \frac{T_1 \cdot m_1 + T_2 \cdot m_2}{m_1 + m_2} \quad \Rightarrow \quad T_e = \frac{80\ °C \cdot 500\ g + 20\ °C \cdot 200\ g}{200\ g + 500\ g} = 62{,}9\ °C$$

In un termos sono contenuti 200 g di acqua alla temperatura di 20 °C; si aggiungono 10 g di ghiaccio e si mescola. Qual è la temperatura finale T_e del miscuglio?

Prima di poter applicare la formula per la temperatura di equilibro tra le due masse di acqua bisogna considerare il passaggio di stato da ghiaccio ad acqua.
Il calore necessario per trasformare la massa m_2 di ghiaccio in acqua è:

$$\Delta Q_f = \lambda_f \cdot m_2 = 79{,}7\ \frac{cal}{g} \cdot 10\ g = 797\ cal$$

Questo calore è sottratto alla massa m_1 di acqua inizialmente a 20°C, perciò, conoscendo il calore specifico c dell'acqua, la sua variazione di temperatura vale:

$$\Delta T = \frac{-\Delta Q_f}{m_1 \cdot c} = \frac{-797\ cal}{200\ g \cdot 1\ cal/(g \cdot °C)} \approx -4\ °C \quad \Rightarrow \quad T_{finale} = T_{iniziale} + \Delta T = 16\ °C$$

A questo punto si può procedere come nell'esercizio precedente (la temperatura del ghiaccio alla fine della liquefazione è 0 °C, dato che durante un passaggio di stato $\Delta T = 0$):

$$T_e = \frac{T_f \cdot m_1 + T_2 \cdot m_2}{m_1 + m_2} \quad \Rightarrow \quad T_e = \frac{16\ °C \cdot 200\ g + 0\ °C \cdot 10\ g}{200\ g + 10\ g} = 15{,}23\ °C$$

FISICA

7.3 SISTEMA TERMODINAMICO E FUNZIONI DI STATO

Un sistema termodinamico è costituito da una quantità fissata di un fluido omogeneo (tipicamente un gas): lo **stato termodinamico** del sistema è uno stato di equilibrio determinato dai valori delle grandezze *pressione*, *volume* e *temperatura*, dette anche funzioni di stato.

✔ Un sistema termodinamico può essere:
isolato: non scambia né materia né energia con l'ambiente;
chiuso: scambia energia ma non materia con l'ambiente;
aperto: scambia materia ed energia con l'ambiente.

Se in un sistema non avviene nessun cambiamento (cioè se pressione, temperatura, volume, composizione chimica ecc. rimangono costanti) esso si dice in **equilibrio termodinamico**.

I valori delle *funzioni di stato* sono indipendenti dal modo in cui lo stato stesso viene raggiunto: le funzioni di stato non hanno memoria del cammino seguito dal sistema per giungere a tale stato.

7.3.1 TRASFORMAZIONI TERMODINAMICHE

Un sistema termodinamico subisce una *trasformazione termodinamica* quando scambia calore e/o lavoro con l'ambiente che lo circonda.

Quando un gas è mantenuto all'interno di un cilindro tramite un pistone, se il pistone è bloccato il gas occupa un *volume costante*, mentre se il pistone è libero è la *pressione* del gas che rimane *costante*. In quest'ultimo caso il sistema è in equilibrio se la pressione esercitata dal gas sul pistone è uguale alla pressione esterna *P*.

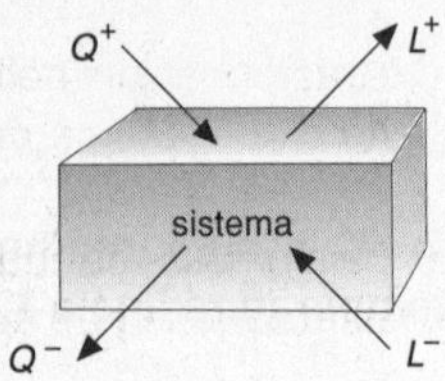

Nelle trasformazioni il sistema scambia calore e lavoro con l'ambiente esterno. Si rende necessario fissare per convenzione un segno da dare a queste due grandezze.

•**Calore**: si assume positivo se acquistato dal sistema e negativo se ceduto dal sistema all'ambiente.

•**Lavoro**: si assume negativo se acquistato dal sistema e positivo se ceduto dal sistema all'ambiente.

7.3.2 RAPPRESENTAZIONE NEL PIANO *PV*

Le trasformazioni vengono disegnate su un sistema di assi cartesiani, nelle due variabili pressione e volume: si tratta del **piano *PV*** o **piano di Clapeyron**.

Ogni punto di tale piano rappresenta uno stato termodinamico del sistema. Le trasformazioni sono rappresentate da curve che uniscono i punti toccati dal sistema durante la trasformazione.

- Trasformazioni **isoterme**: avvengono a temperatura costante; nel piano *PV* sono rappresentate da iperboli equilatere.

$$P \cdot V = \text{costante}$$

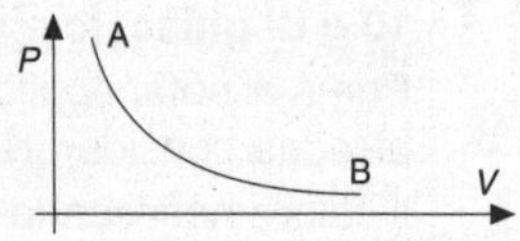

- Trasformazioni **isobare**: avvengono a pressione costante; nel piano *PV* sono rappresentate da rette orizzontali.

$$P = \text{costante}$$

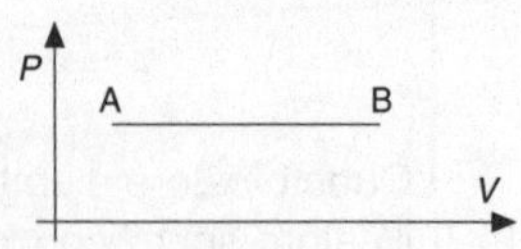

- Trasformazioni **isocore**: avvengono a volume costante; nel piano *PV* sono rappresentate da rette verticali.

$$V = \text{costante}$$

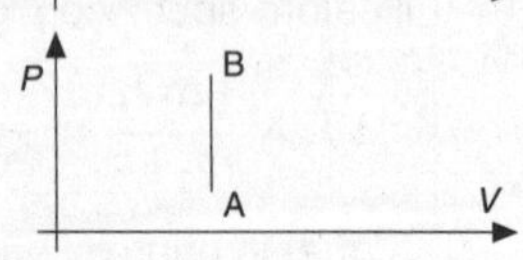

- Trasformazioni **adiabatiche**: avvengono senza scambio di calore con l'ambiente; nel piano *PV* sono rappresentate da curve simili alle isoterme, ma più "ripide".

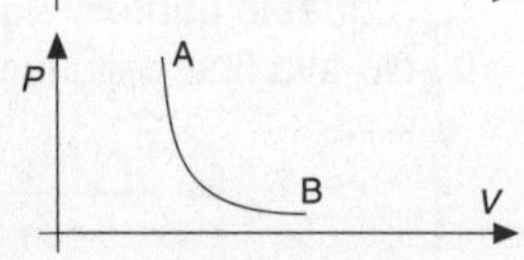

7.4 PRIMO PRINCIPIO DELLA TERMODINAMICA

Il principio di conservazione dell'energia meccanica può essere esteso considerando anche l'energia termica: si arriva così a formulare il primo principio della termodinamica il quale afferma che **l'energia, in natura, non si crea e non si distrugge ma può solo trasformarsi da una forma a un'altra** (per esempio da elettrica a meccanica o da meccanica a termica).

In particolare, il lavoro fatto o subito da un sistema e il calore assorbito o ceduto si trasformano l'uno nell'altro, o al più contribuiscono al cambiamento dell'**energia interna** del sistema.

Per energia interna di un gas si intende la somma dell'energia cinetica e potenziale delle singole molecole che lo compongono.

Tenendo conto delle convenzioni sui segni di calore e lavoro, il primo principio della termodinamica si esprime simbolicamente attraverso la relazione:

$$\Delta U = Q - L$$

dove:

- U è l'energia interna del sistema; è una funzione di stato;
- Q è il **calore** scambiato tra sistema e ambiente; **non** è una funzione di stato;
- L è il **lavoro** scambiato tra sistema e ambiente; **non** è una funzione di stato.

Nei gas perfetti l'energia interna dipende esclusivamente dalla temperatura del gas.

Il *lavoro compiuto da un gas* in una trasformazione a *pressione costante* è uguale al prodotto tra la pressione e la variazione di volume del gas:

$$L = P \cdot \Delta V \quad \text{(isobara)}$$

Se la pressione non è costante, la trasformazione deve essere suddivisa in più trasformazioni nelle quali il valore di P possa essere considerato costante. Il lavoro totale si ottiene come somma dei lavori compiuti nelle singole trasformazioni.

In generale, per un gas inteso come sistema termodinamico, vale il primo principio della termodinamica nella sua forma $\Delta U = Q - L$. A seconda del tipo di trasformazione, tale relazione può assumere espressioni più comode da usare per la risoluzione dei test.

- Trasformazione **isoterma**: lo stato energetico di un gas è determinato esclusivamente dalla sua temperatura. Se la temperatura è costante lo è anche l'energia interna del gas e si ha:

$$\Delta U = 0 \quad \Rightarrow \quad Q = L$$

- Trasformazione **adiabatica**:

$$Q = 0 \quad \Rightarrow \quad \Delta U + L = 0$$

- Trasformazione **isocora**:

$$\Delta V = 0; \quad L = P \cdot \Delta V = 0 \quad \Rightarrow \quad \Delta U = Q$$

- Trasformazione **adiabatica** ($Q = 0$) e **senza lavoro** ($L = 0$):

$$Q = L = 0 \quad \Rightarrow \quad \Delta U = 0$$

7.4.1 RENDIMENTO DI UNA MACCHINA TERMICA

Una macchina termica è un dispositivo in grado di trasformare energia termica in energia meccanica o viceversa.

✔ Si definisce **rendimento** η di una macchina termica il rapporto fra il lavoro L prodotto dalla macchina e il calore Q assorbito. Vale:

$$\eta = L/Q$$

Dal primo principio segue che il *massimo valore del rendimento* di una macchina si ottiene quando il calore assorbito Q si trasforma integralmente in lavoro, cioè quando $\Delta U = 0$. Per il secondo principio della termodinamica (§ 7.5) questo non è possibile.

Affinché la produzione di energia meccanica sia continua, la trasformazione della macchina deve essere ciclica; il ciclo avviene tra due sorgenti di calore alle temperature T_f (termostato freddo) e T_c (termostato caldo) e il rendimento è dato da:

$$\eta = \frac{L}{Q} = \frac{Q_c - Q_f}{Q_c} = 1 - \frac{Q_f}{Q_c}$$

dove Q_f e Q_c rappresentano rispettivamente i valori assoluti del calore ceduto dal sistema alla sorgente fredda e del calore ceduto dalla sorgente calda al sistema. Facciamo un esempio.

In figura è illustrata una macchina termica che lavora tra due termostati. In (a) il gas assorbe una quantità di calore Q_c dalla sorgente calda e l'aumento di temperatura provoca un aumento di volume con la conseguente produzione di lavoro verso l'esterno.

Se la pressione esercitata dal pistone sul gas è P e la variazione di volume del gas che si scalda e si dilata è ΔV, il lavoro compiuto verso l'esterno vale $L = P \cdot \Delta V$.

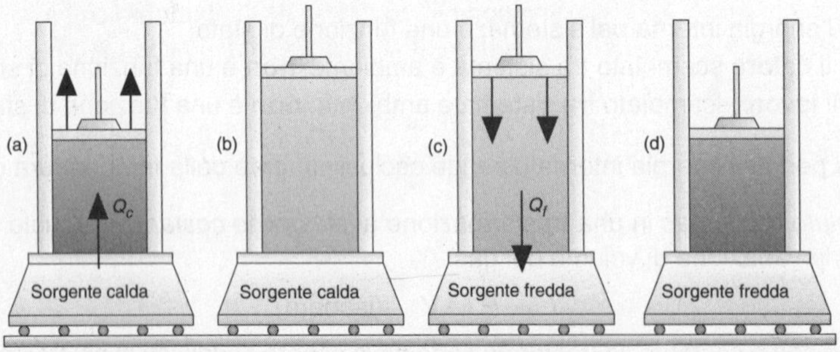

Non tutto il calore assorbito nella fase (a) può essere trasformato in lavoro: una parte di esso (Q_f) deve infatti essere restituito a una sorgente fredda, per ripristinare le condizioni iniziali e chiudere il ciclo. Il lavoro totale fatto dal sistema è pari alla differenza di calore prelevato dalla sorgente calda e quello restituito alla sorgente fredda.

Poiché $Q_f \leq Q_c$ il lavoro è sempre positivo e **il rendimento di un ciclo è sempre positivo** e minore o uguale a uno.

7.4.2 CICLO DI CARNOT

Il massimo rendimento che una macchina termica ideale può raggiungere è quello che si ottiene con il *ciclo di Carnot* rappresentato in figura: è un ciclo costituito da due trasformazioni isoterme (A → B e C → D) e due trasformazioni adiabatiche (B → C e D → A). Il lavoro prodotto in ciascun ciclo compiuto dalla macchina termica è numericamente uguale all'area della figura chiusa ABCD.

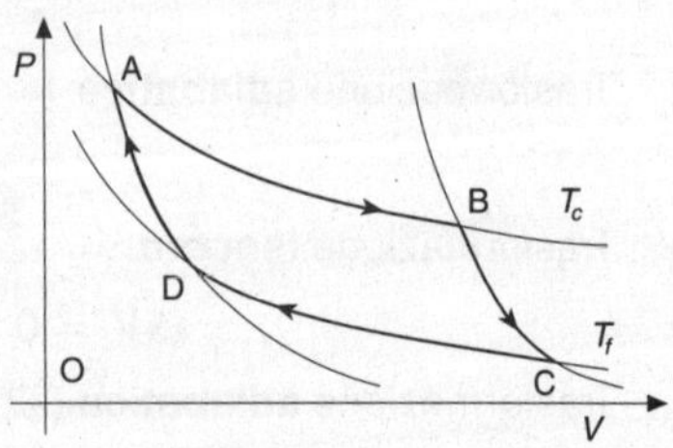

Per il ciclo di Carnot si ha:

$$\frac{T_f}{T_c} = \frac{Q_f}{Q_c} \quad \Rightarrow \quad \eta = 1 - \frac{Q_f}{Q_c} = 1 - \frac{T_f}{T_c}$$

dove **la temperatura è espressa in kelvin!**

Quindi il rendimento di una macchina termica che segue il ciclo di Carnot dipende solo dalle temperature dei due termostati.

La temperatura in kelvin è sempre maggiore di zero, quindi **il rendimento di una macchina termica è sempre minore di uno.**

Il frigorifero è un esempio di macchina termica ciclica che segue un ciclo di Carnot con senso di percorrenza opposto: prende calore dalla sorgente fredda (l'interno del frigo) e lo cede alla sorgente calda (ambiente esterno), trasformando energia meccanica in calore.

Una macchina termica che esegue un ciclo di Carnot ha un rendimento del 20%. Il termostato freddo è alla temperatura di 27°C. Quanto vale la temperatura del termostato caldo?

Si inverte la formula per il rendimento di un ciclo di Carnot, avendo cura di esprimere la temperatura data in kelvin:

$$\eta = 1 - \frac{T_f}{T_c} \quad \Rightarrow \quad T_c = \frac{T_f}{1-\eta} = \frac{(27+273)\ \text{K}}{1-0{,}2} = 375\ \text{K}$$

Riportando la temperatura in centigradi:

$$T_c = (375 - 273)\ °\text{C} = 102\ °\text{C}$$

7.4.3 Trasformazioni reversibili e irreversibili

Affinché una trasformazione sia **reversibile** devono verificarsi le condizioni seguenti:

- le cause che provocano la trasformazione sono di entità infinitamente piccola;
- la trasformazione può essere vista come una successione di stati di equilibrio del sistema nei quali le funzioni di stato sono definite;
- la trasformazione può avvenire in entrambi i versi (la caduta di un grave, per esempio, non è una trasformazione reversibile: il grave non può ritornare spontaneamente alla quota iniziale).

Se in una trasformazione sono presenti attriti, la trasformazione non è reversibile; poiché le trasformazioni reali avvengono sempre in presenza di attriti, esse sono sempre **irreversibili**.

Il ciclo di Carnot è un ciclo reversibile e quindi teorico. Ogni macchina termica reale che segue il ciclo di Carnot ha un rendimento inferiore a quello ideale.

7.4.4 Entropia e moto perpetuo

Si tratta di un concetto che in natura riveste grande importanza coinvolgendo molte branche della scienza. Una trattazione esauriente esula dallo scopo di questo testo: ci si limita quindi a un accenno. L'entropia, indicata di solito con S, è una *funzione di stato* che ammette due definizioni.

Entropia termica

La variazione di entropia di un sistema che subisce una trasformazione isoterma *reversibile* dallo stato A allo stato B è uguale al rapporto fra il calore scambiato con l'esterno e la temperatura T del sistema. A seconda che la trasformazione sia reversibile o irreversibile si ha:

$$\Delta S = S_B - S_A = \frac{\Delta Q_{rev}}{T} \quad \text{oppure} \quad \Delta S = S_B - S_A > \frac{\Delta Q_{irr}}{T}$$

In natura tutte le trasformazioni sono irreversibili e l'entropia aumenta sempre. **L'evoluzione di un sistema isolato è spontanea quando avviene con un aumento di entropia.**

Entropia configurazionale

L'entropia S di un sistema è una misura del disordine in cui il sistema si trova:

$$S = k \cdot \ln W$$

dove W è la *probabilità* associata alla configurazione termodinamica del sistema.

Se il disordine del sistema aumenta, aumenta W e poiché la funzione logaritmo è sempre crescente, aumenta di conseguenza anche l'entropia S del sistema.

Si immagini di scuotere una scatola trasparente contenente palline rosse e nere, inizialmente disposte in modo ordinato (per esempio le palline nere sotto e le rosse sopra). È estremamente improbabile che la configurazione iniziale si ripresenti; al contrario ciò che si osserva è una distribuzione delle palline via via più disordinata (o equivalentemente sempre più probabile) alla quale è associato un valore di entropia che cresce nel tempo.

In natura i sistemi evolvono spontaneamente verso stati a cui corrisponde una configurazione più probabile, di maggior disordine, di maggior contenuto entropico.

FISICA

7.5 SECONDO PRINCIPIO DELLA TERMODINAMICA

Il primo principio della termodinamica consiste in una legge di conservazione dell'energia totale (meccanica e termica): per compiere lavoro meccanico una macchina deve prendere almeno altrettanto calore dall'ambiente. Viene in questo modo negata la possibilità di un **moto perpetuo di prima specie**, cioè la produzione di lavoro senza assorbimento di energia dall'esterno.

Il primo principio non è però in disaccordo con il fatto che una macchina termica possa sfruttare in maniera ciclica il calore, per esempio del mare, per produrre lavoro in modo continuo. Si tratterebbe del **moto perpetuo di seconda specie**, in cui il calore viene integralmente trasformato in lavoro. Si può dimostrare che per produrre lavoro in modo continuo non è sufficiente lavorare con un'unica sorgente di calore, ma è necessario averne due a temperature differenti; l'effetto di questo vincolo è che solo parte del calore ceduto dalla sorgente calda può essere trasformato in lavoro. Questo è quanto affermano la teoria dell'entropia e il secondo principio della termodinamica.

Il secondo principio può essere enunciato in tre modi tra loro equivalenti.

Enunciato secondo Kelvin

È impossibile far compiere a una macchina termica una trasformazione il cui **unico risultato** sia quello di trasformare **integralmente** in lavoro il calore assorbito da una sola sorgente. Dunque $\eta < 1$ (il primo principio vieta solo che il rendimento sia maggiore di 1).

Enunciato secondo Clausius

Il calore passa **spontaneamente** dai corpi caldi ai corpi freddi e non viceversa.

Terzo enunciato

In un *sistema isolato* ogni trasformazione **spontanea** (irreversibile) comporta un **aumento** di entropia.

QUESITI SVOLTI

1 La caloria è:

A la quantità di calore necessaria a innalzare di un grado centigrado la temperatura di un grammo d'acqua distillata
B un'unità di misura dell'energia
C il calore necessario a innalzare da 14,5 a 15,5 gradi centigradi un chilogrammo d'acqua distillata
D un'unità di misura di temperatura
E un'unità di misura della potenza

La caloria è per definizione l'energia necessaria per innalzare di un grado da 14,5 °C a 15,5 °C la temperatura di un grammo d'acqua. Sia la risposta A che la risposta C non corrispondono quindi alla definizione. Tra le altre tre risposte, quella corretta è la B.

2 Sapendo che il calore specifico dell'acqua è pari a 1 kcal/(kg · °C), qual è l'aumento di temperatura di 20 litri d'acqua che si trovano a 20 °C e ai quali vengono fornite 100 kcal di calore?

A 1 °C B 1 K C 5 °C D 10 °C E 20 °C

Fornendo una quantità ΔQ di energia a un corpo di massa m e calore specifico c, si registra un aumento ΔT della sua temperatura tale che:

$$\Delta Q = m \cdot c \cdot \Delta T \Rightarrow \Delta T = \frac{\Delta Q}{m \cdot c}$$

Nel testo del quesito non viene fornita la massa della quantità d'acqua, ma il suo volume. È comunque possibile risalire alla sua massa ricordando che la densità dell'acqua è pari a 1 kg/l. Quindi 20 litri corrispondono a 20 kg.
Sostituendo i valori si trova:

$$\Delta T = \frac{100 \text{ kcal}}{20 \text{ kg} \cdot 1 \dfrac{\text{kcal}}{\text{kg} \cdot °\text{C}}} = 5\ °\text{C}$$

Si noti che per calcolare l'aumento di temperatura non è necessario conoscere la temperatura iniziale del corpo. La risposta corretta è la C.

3 La grandezza fisica che si può misurare in $kg \cdot m^2/s^2$ è:

A la quantità di moto
B la quantità di calore
C il calore specifico
D la forza
E l'entropia

La quantità $kg \cdot m^2/s^2$ corrisponde dimensionalmente a una massa moltiplicata per il quadrato di una lunghezza e divisa per il quadrato di un tempo, cioè un'energia. La risposta corretta è la B.

FISICA

4 **Il caffè contenuto in una tazza situata in un ambiente a temperatura costante di 20 °C si è raffreddato dalla temperatura di 90 °C a quella di 70 °C in tre minuti. Se si desidera bere il caffè alla temperatura di 50 °C è necessario attendere ancora:**

A 1 minuto
B 2 minuti
C 3 minuti
D più di 3 minuti
E non si può rispondere senza conoscere il calore specifico dell'acqua

La velocità con cui il calore passa da un corpo (caffè) a un altro (aria) in contatto termico è direttamente proporzionale alla differenza di temperatura fra i due corpi. Il raffreddamento del caffè è dunque più veloce all'inizio (da 90 °C a 70 °C) che non nei successivi venti gradi (da 70 °C a 50 °C). La risposta corretta è dunque la D.

---

5 **In una vasca da bagno vengono mescolati 20 l di acqua a 60 °C con 60 l di acqua a 20 °C. Trascurando le perdite di calore, quale sarà la temperatura di equilibrio dell'acqua?**

A maggiore di 50 °C
B minore di 20 °C
C 30 °C
D 33 °C
E 40 °C

Dette m_1, m_2, T_1 e T_2 rispettivamente le masse e le temperature iniziali, la temperatura di equilibrio T nel caso di due corpi della stessa natura è data da:

$$T = \frac{m_1 T_1 + m_2 T_2}{m_1 + m_2} = \frac{20 \text{ litri} \cdot 60\ °\text{C} + 20\ °\text{C} \cdot 60 \text{ litri}}{(20+60) \text{ litri}} = 30\ °\text{C} \quad \text{(risposta C)}$$

---

6 **Se si forniscono lentamente 100 J di calore a un blocco di 1 kg di ghiaccio che si trova alla temperatura di – 10 °C, si verifica che:**

A il ghiaccio si scioglie
B la temperatura del ghiaccio aumenta, ma il ghiaccio non si scioglie
C la temperatura del ghiaccio aumenta e contemporaneamente il ghiaccio si scioglie
D la temperatura del ghiaccio diminuisce
E nessuna delle precedenti

Il calore fornito a un blocco di ghiaccio che si trova a una temperatura minore di 0 °C si traduce inizialmente in un aumento di temperatura e non in un passaggio di stato.
Solo quando il ghiaccio ha raggiunto la temperatura di 0 °C si innesca il cambiamento di stato (passaggio solido-liquido) durante il quale la temperatura rimane inalterata.
Nel caso in esame, la quantità di energia ceduta (100 J) è così piccola che il cubo di ghiaccio non riesce a raggiungere la temperatura di 0 °C. Si può calcolare il modesto aumento di temperatura causato dai 100 J. L'aumento di temperatura ΔT che la quantità di calore ΔQ provoca alla massa m di ghiaccio si ricava dalla relazione:

$$\Delta Q = m \cdot c_{\text{ghiaccio}} \cdot \Delta T$$

dove $\Delta Q = 100 \text{ J} = 100/4{,}186 \text{ cal}$; $m = 1 \text{ kg}$; $c_{\text{ghiaccio}} = 0{,}5 \text{ cal}/(\text{g} \cdot °\text{C}) = 500 \text{ cal}/(\text{kg} \cdot °\text{C})$

Quindi $\Delta T = \dfrac{\Delta Q}{m \cdot c_{\text{ghiaccio}}} = \dfrac{(100/4{,}186) \text{ cal}}{1 \text{ kg} \cdot (500 \text{ cal}/(\text{kg} \cdot °\text{C}))} \approx 0{,}05\ °\text{C}$.

La risposta esatta è quindi la B.

PARTE QUARTA

7 Se un corpo A cede una certa quantità di calore al corpo B che ha la stessa massa di A:

A la temperatura di A varia di tanto quanto quella di B

B entrambi i corpi si portano a una stessa temperatura che è inferiore a quella di B

C le variazioni di temperatura dei due corpi sono direttamente proporzionali alle rispettive capacità termiche

D il rapporto delle variazioni di temperatura dei due corpi è uguale al reciproco del rapporto dei rispettivi calori specifici, cambiato di segno

E le temperature di A e di B non variano

Per rispondere a questo quesito si utilizza la relazione che lega il calore specifico *c* di un corpo di massa *m* con la variazione ΔT della sua temperatura:

$$\Delta Q = m \cdot c \cdot \Delta T \Rightarrow \Delta T = \frac{\Delta Q}{m \cdot c}$$

dove ΔQ è il calore assorbito o ceduto dal corpo. Per i due corpi A e B si ha:

$$\Delta T_A = \frac{\Delta Q_A}{m \cdot c_A}; \qquad \Delta T_B = \frac{\Delta Q_B}{m \cdot c_B}$$

Il calore ceduto dal corpo A è evidentemente uguale al calore acquistato dal corpo B ($\Delta Q_A = -\Delta Q_B$). Si ottiene:

$$\frac{\Delta T_A}{\Delta T_B} = -\frac{\Delta Q}{m \cdot c_A} \cdot \frac{m \cdot c_B}{\Delta Q} = -\frac{c_B}{c_A}$$

La risposta corretta è dunque la D.

8 Riscaldando di 30 °C un gas in un recipiente chiuso da un pistone libero di muoversi:

A il volume rimane inalterato

B aumenta il volume

C raddoppia la pressione

D raddoppia il volume

E aumenta la temperatura del 30%

Poiché il pistone è libero di muoversi, la pressione del gas rimane sempre uguale alla pressione esercitata dal pistone su di esso e dall'ambiente esterno sul pistone. Si tratta quindi di una trasformazione isobara in cui il calore dato al sistema si trasforma in lavoro di espansione del gas. Riscaldando il gas si provoca quindi un aumento del volume (risposta B). La D e la E non sono risposte esatte perché valide solo per casi particolari.

9 L'unità di misura del rendimento è:

A la caloria

B il joule

C il kelvin

D il watt

E il rendimento è una grandezza adimensionale

Il rendimento di una macchina è definito come il rapporto tra il lavoro prodotto e il calore assorbito dalla macchina. Il lavoro e il calore sono grandezze omogenee: il loro rapporto è adimensionale (risposta E).

FISICA

10 **Una macchina termica produce in ogni suo ciclo di funzionamento il lavoro $L = 1000$ J, con un rendimento del 25%. Il calore da essa ceduto all'ambiente in ogni ciclo è, in modulo:**

- A 3000 J
- B 4000 J
- C 0
- D 250 J
- E 1000 J

Il rendimento di una macchina termica si calcola dividendo il lavoro prodotto per il calore assorbito dalla macchina. A sua volta, il lavoro è pari alla differenza tra calore assorbito Q_c e calore ceduto Q_f, pertanto:

$$\eta = \frac{L}{L + Q_f} \Rightarrow Q_f = L \cdot \frac{1-\eta}{\eta} = 3000 \text{ J} \qquad \text{(risposta A)}$$

11 **Che cosa si può dire del passaggio del calore da un corpo freddo a uno più caldo?**

- A È impossibile
- B Lo si può realizzare, ma richiede lavoro dall'esterno
- C Si può verificare solo se la differenza di temperatura dei due corpi è inferiore a un certo valore
- D È possibile solo per alcuni materiali
- E Avviene spontaneamente

La seconda legge della termodinamica, nell'enunciato secondo Clausius, afferma che il calore passa spontaneamente dai corpi caldi a quelli freddi e non viceversa. Perché il passaggio di calore avvenga in senso opposto è necessario compiere lavoro dall'esterno. La risposta esatta è quindi la B.

12 **Un frigorifero ha lo scopo di mantenere a bassa temperatura una cella frigorifera. Nel contempo esso ha l'effetto di:**

- A riscaldare l'ambiente in cui si trova
- B raffreddare l'ambiente
- C lasciare immutata la temperatura dell'ambiente
- D aumentare l'umidità dell'ambiente
- E ridurre l'inquinamento dell'ambiente

Il principio di funzionamento di un frigorifero è quello di trasferire il calore dall'interno all'esterno con il conseguente effetto di riscaldare l'ambiente in cui si trova (risposta A).

8 ONDE

Se si perturba un punto di un mezzo esteso (per esempio lanciando un sasso in uno specchio d'acqua), la perturbazione si estende ai punti circostanti: si tratta di un *fenomeno ondulatorio*.

Un'onda è un'oscillazione che si propaga nello spazio trasportando energia, ma non materia.

Appoggiando un tappo di sughero su uno specchio d'acqua e provocando un'onda, si nota che il tappo oscilla verticalmente, ma non ha spostamenti orizzontali: la materia non viene trasportata dall'onda.

8.1 CLASSIFICAZIONE DELLE ONDE ESISTENTI IN NATURA

Le onde si distinguono in:

- **onde meccaniche**: il meccanismo della loro propagazione ha origine dalle proprietà elastiche del mezzo in cui si trasmettono; **hanno bisogno di un mezzo nel quale propagarsi**; non si propagano nel vuoto (le onde acustiche sono un esempio di onde meccaniche);
- **onde elettromagnetiche**: il meccanismo della loro propagazione ha origine dalle proprietà dei campi elettrici e magnetici; **non** hanno bisogno di un mezzo nel quale propagarsi; si propagano anche nel vuoto (si pensi alla luce del Sole che giunge fino a noi attraversando 150.000.000 di chilometri di spazio pressoché vuoto).

Le onde si dividono anche in trasversali e longitudinali:

- **onde trasversali**: la direzione di vibrazione è perpendicolare alla direzione di propagazione dell'onda;
- **onde longitudinali**: la direzione di vibrazione è parallela alla direzione di propagazione dell'onda.

Onde trasversali

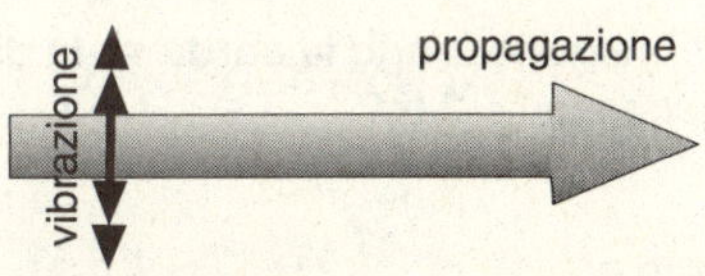

Onde longitudinali

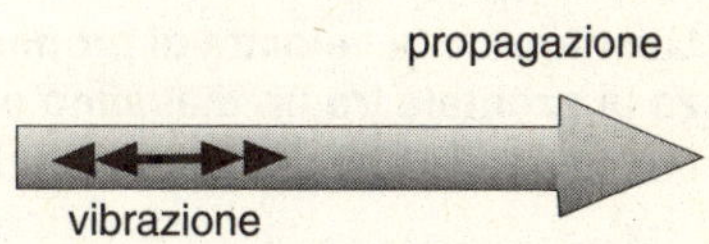

Le onde sull'acqua e la luce sono onde di tipo trasversale.

Il suono è un fenomeno ondulatorio costituito da onde longitudinali.

Le *onde meccaniche* possono propagarsi indifferentemente nei solidi, nei liquidi e negli aeriformi. In particolare si ha:

- nei solidi si propagano sia onde meccaniche longitudinali che trasversali;
- nei gas e all'interno dei liquidi si propagano solo onde meccaniche longitudinali;
- sulla superficie dei liquidi si propagano solo onde meccaniche trasversali.

Mentre le onde meccaniche necessitano di un mezzo per propagarsi, le onde elettromagnetiche viaggiano indifferentemente nel vuoto e nella materia: la luce, per esempio, si propaga anche nei liquidi e, in misura minore, nei solidi.

8.2 CARATTERISTICHE DI UN'ONDA

Periodo *T*

Tempo necessario a compiere un'oscillazione completa (si misura in secondi).

Lunghezza d'onda λ

Distanza percorsa dall'onda in un periodo (si misura in metri).

Frequenza ν

Numero di oscillazioni al secondo (si misura in hertz).

Velocità v

È la velocità con cui si propaga l'energia trasportata dall'onda (si misura in m/s).

Ampiezza *A*

Per le onde meccaniche corrisponde al massimo spostamento di una particella dalla sua posizione di equilibrio.

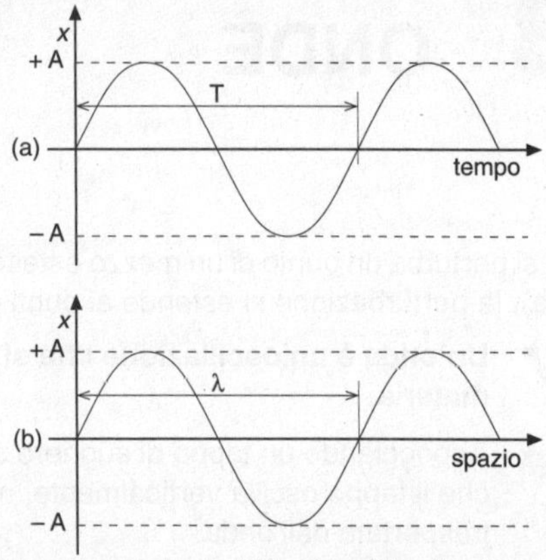

Rappresentazione dell'andamento di un'onda sinusoidale nel tempo (a) e nello spazio (b).

La figura (a) rappresenta l'oscillazione di un punto *x* al variare del tempo, mentre la figura (b) è un'immagine del profilo dell'onda in un istante *t* fissato.

In entrambi i casi il risultato è una sinusoide, data la natura oscillatoria del fenomeno.

Il periodo e la frequenza di un'onda esprimono proprietà intrinseche dell'onda mentre la lunghezza d'onda, la velocità e l'ampiezza dipendono dal mezzo nel quale l'onda si propaga.

Valgono le seguenti relazioni notevoli:

$$\left.\begin{array}{l} T = 1/\nu \\ v = \lambda/T \end{array}\right\} \Rightarrow v = \nu \cdot \lambda$$

La lunghezza d'onda delle onde elettromagnetiche viene spesso misurata in **angstrom** (simbolo: Å) dove $1\ \text{Å} = 10^{-10}\ \text{m}$.

Una corda orizzontale vincolata negli estremi viene fatta vibrare. A metà della corda è legato un fiocchetto rosa, che oscilla intorno alla posizione di equilibrio con una frequenza di 2 Hz.

Quanto vale la velocità di propagazione della vibrazione lungo la corda se la distanza orizzontale tra un massimo e un minimo successivi è 2 m?

La frequenza è legata al periodo dalla relazione:

$$T = \frac{1}{\nu} = \frac{1}{2\ \text{Hz}} = 0{,}5\ \text{s}$$

La distanza tra un massimo e un minimo successivi è metà della lunghezza d'onda (che invece è la distanza tra due massimi successivi o, analogamente, due minimi successivi), per cui $\lambda = 4\ \text{m}$. Si trova quindi che la velocità di propagazione vale:

$$v = \frac{\lambda}{T} = 8\ \frac{\text{m}}{\text{s}}$$

Si calcoli la frequenza di un'onda avente una lunghezza d'onda pari a 6000 Å e una velocità pari a quella della luce, c = 300.000 km/s.

$$\nu = \frac{c}{\lambda} = \frac{300.000\ \text{km/s}}{6000 \cdot 10^{-13}\ \text{km}} = 50 \cdot 10^{13}\ \text{Hz}$$

8.2.1 FASE DI UN'ONDA

L'oscillazione regolare di un punto *x* intorno a una posizione di equilibrio costituisce un moto armonico. Un'onda può essere quindi studiata come moto armonico di un punto la cui distanza dalla posizione di equilibrio è detta *elongazione*.

Come si è visto (§ 3.11.2) la legge oraria che il punto segue nella sua oscillazione è del tipo:

$$x(t) = A \cdot \text{sen}(\omega \cdot t + \varphi)$$

dove:

- A è l'ampiezza dell'onda, ed è il massimo valore dell'elongazione;
- ω è la pulsazione: $\omega = 2\pi/T = 2\pi\nu$
- $(\omega \cdot t + \varphi)$ è detta **fase** dell'onda e φ è la **fase iniziale**.

Due onde possono avere stessa frequenza, lunghezza d'onda e velocità, ma avere fase diversa, come illustrato nelle figure seguenti.

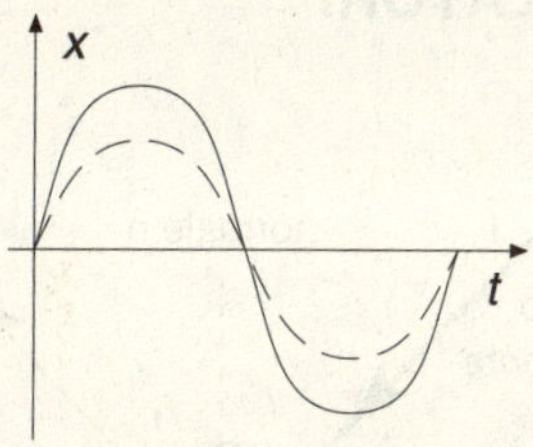

Onde in concordanza di fase: quando l'elongazione della prima è massima lo è anche quella della seconda.

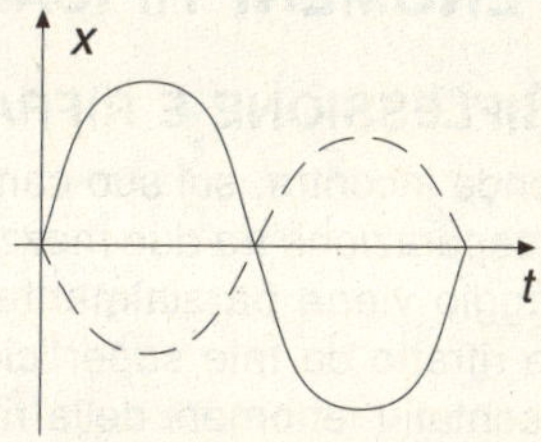

Onde in opposizione di fase: quando l'elongazione della prima onda è massima, quella della seconda è minima.

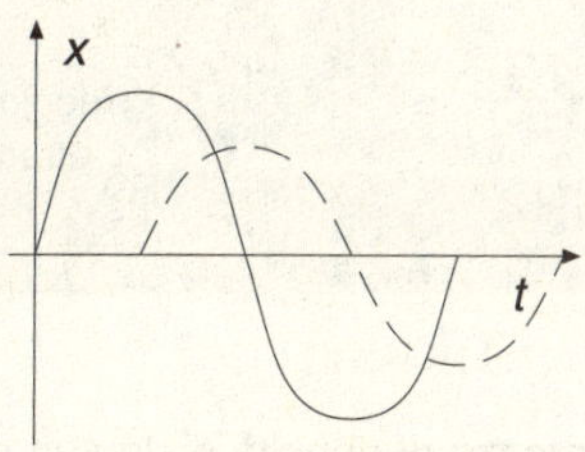

Onde in quadratura di fase: la seconda è in ritardo rispetto alla prima di un quarto di periodo, per cui quando l'elongazione della prima ha un massimo, quella della seconda è nulla.

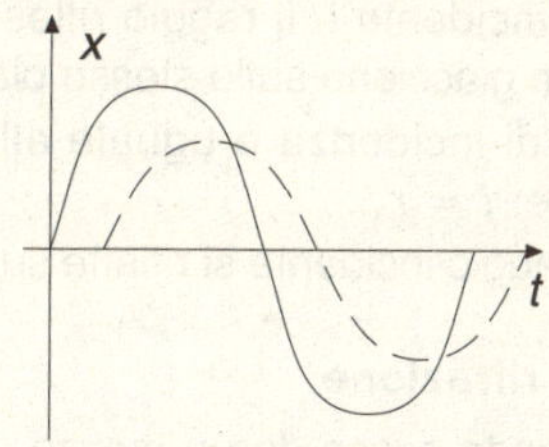

Onde sfasate in maniera casuale: la prima onda è in anticipo di fase rispetto alla seconda, che viene di conseguenza detta in ritardo di fase.

8.2.2 FRONTI D'ONDA

✔ Il **fronte d'onda** è la superficie ipotetica formata da tutti i punti che, a un dato istante, hanno lo stesso valore di fase.

Per le onde nel piano (bidimensionali) il fronte d'onda è una linea e non una superficie (le circonferenze delle onde sull'acqua sono fronti d'onda), mentre per le onde nello spazio (tridimensionali) il fronte d'onda è una superficie.

Il fronte d'onda è in ogni punto **perpendicolare** alla direzione di propagazione dell'onda.

In un fronte d'onda, I punti oscillanti si trovano alla stessa distanza dalla sorgente, spostati in maniera uguale dai rispettivi centri di oscillazione, ed hanno stessa velocità e stessa accelerazione. I fronti d'onda vengono anche detti **superfici d'onda**. In base alla forma dei fronti d'onda si può fare un'ulteriore classificazione delle onde in onde lineari (monodimensionali), piane e circolari (bidimensionali), sferiche (tridimensionali).

8.2.3 INTENSITÀ DI UN'ONDA

Si è già detto che un'onda trasporta energia; l'*intensità di un'onda* è la quantità di energia che, nell'unità di tempo, attraversa l'unità di superficie disposta perpendicolarmente alla direzione di propagazione (si misura in watt/m^2). L'energia e quindi l'intensità di un'onda sono proporzionali al quadrato dell'ampiezza e al quadrato della frequenza ($I = k \cdot \nu^2 \cdot A^2$).

Se r_1 e r_2 sono le distanze di due punti dalla sorgente dell'onda e I_1 e I_2 sono le rispettive intensità dell'onda nei due punti, valgono le seguenti relazioni:

per le onde lineari e piane $I_1 = I_2$ → l'intensità di un'onda lineare e di un'onda piana è costante.

per le onde circolari $I_1/I_2 = r_2/r_1$ → l'intensità di un'onda circolare è inversamente proporzionale alla distanza.

per le onde sferiche $I_1/I_2 = r_2^2/r_1^2$ → l'intensità di un'onda sferica è inversamente proporzionale al quadrato della distanza.

8.3 FENOMENI TIPICAMENTE ONDULATORI

8.3.1 RIFLESSIONE E RIFRAZIONE

Quando un'onda incontra, sul suo cammino, una superficie di separazione tra due mezzi di densità diversa, il raggio viene parzialmente riflesso e parzialmente rifratto da tale superficie. In figura sono rappresentati i fenomeni della riflessione e della rifrazione di un raggio di luce nel passaggio aria-acqua.

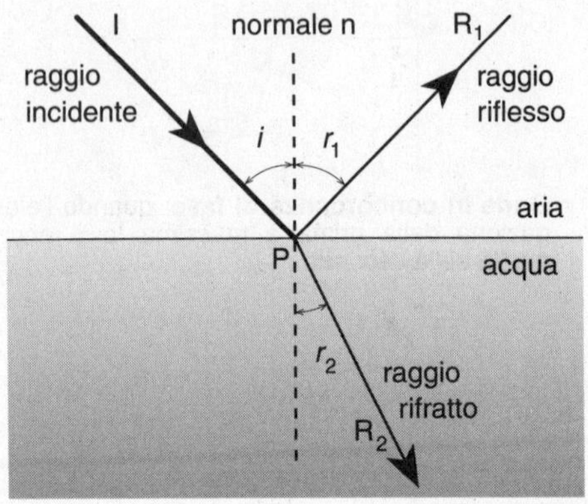

Leggi della riflessione

- Il raggio incidente I, il raggio riflesso R_1 e la normale n giacciono sullo stesso piano.
- L'angolo di incidenza è uguale all'angolo di riflessione: $i = r_1$.

Se $i = 0$, il raggio incidente si riflette su se stesso.

Leggi della rifrazione

Quando un'onda passa da un mezzo di densità ρ_1 a un mezzo di densità ρ_2 la sua direzione di propagazione cambia: si allontana o si avvicina alla normale alla superficie di separazione tra i due mezzi a seconda che ρ_1 sia maggiore o minore di ρ_2. Insieme alla direzione di propagazione cambia anche la velocità di propagazione dell'onda nei due mezzi. Il fenomeno descritto prende il nome di *rifrazione*. Nella figura precedente, è riportata la rifrazione di un raggio di luce nel passaggio aria-acqua. Il raggio che si propaga nel nuovo mezzo (acqua) si avvicina alla normale della superficie di separazione dei due mezzi. L'angolo di incidenza i è maggiore dell'angolo di rifrazione r_2.

Valgono le leggi:

- il raggio incidente, il raggio rifratto e la normale n sono complanari;
- $\frac{\text{sen}\, i}{\text{sen}\, r_2} = \text{costante} = n_{1,2}$, dove $n_{1,2} = n_2/n_1$ è detto *indice di rifrazione relativo* del mezzo 2 rispetto al mezzo 1, mentre n_1 e n_2 sono gli *indici di rifrazione assoluti* dei mezzi 1 e 2. Il vuoto ha indice di rifrazione $n = 1$.

Indicando con v_1 e v_2 le velocità dell'onda nei mezzi 1 e 2, si dimostra che:

$$n_{1,2} = \frac{n_2}{n_1} = \frac{v_1}{v_2} \Rightarrow \frac{v_1}{v_2} = \frac{\text{sen}\, i}{\text{sen}\, r_2}$$

Quanto vale la velocità della luce in un mezzo con indice di rifrazione 1,5?
Dati due mezzi 1 e 2 aventi indici di rifrazione assoluti n_1 e n_2, detta v_1 la velocità della luce nel mezzo 1 e v_2 la velocità della luce nel mezzo 2, secondo le leggi della rifrazione si ha:

$$\frac{v_1}{v_2} = \frac{n_2}{n_1}$$

Prendendo come mezzo 1 il vuoto (che ha indice di rifrazione 1) e come mezzo 2 quello con indice di rifrazione 1,5, è possibile calcolare v_2:

$$\frac{c}{v_2} = \frac{n_2}{1} \quad \Rightarrow \quad v_2 = \frac{c}{n_2} = \frac{3 \cdot 10^8 \text{ m/s}}{1{,}5} = 2 \cdot 10^8 \text{ m/s}$$

La velocità della luce diminuisce all'aumentare dell'indice di rifrazione del mezzo in cui si propaga.
Se un'onda passa da un mezzo dove si muove più velocemente a un altro dove si muove meno velocemente, l'angolo di incidenza è più grande di quello di rifrazione e il raggio si avvicina alla normale alla superficie.

8.3.2 RIFLESSIONE TOTALE

Quando un raggio luminoso passa da un mezzo più denso a uno meno denso, la velocità aumenta e il raggio rifratto si allontana dalla normale alla superficie di separazione dei due mezzi: se l'angolo di incidenza aumenta, aumenta anche l'angolo di rifrazione.

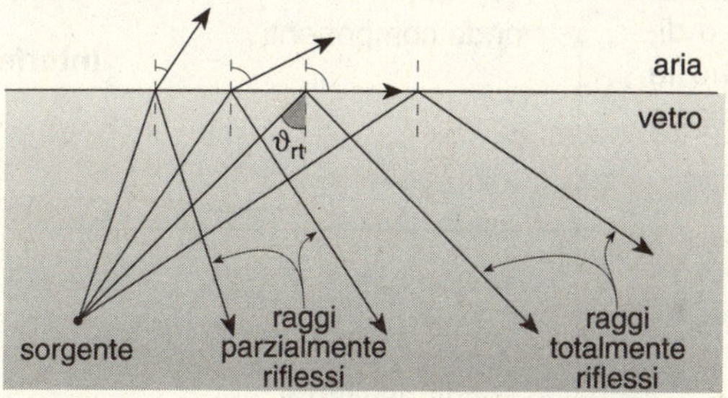

Esiste un *angolo di riflessione totale* ϑ_{rt} oltre al quale il raggio viene totalmente riflesso.

Tale angolo vale $\text{sen}\vartheta_{rt} = n_2/n_1$, dove n_1 e n_2 sono rispettivamente l'indice di rifrazione del primo e del secondo mezzo.

Si calcoli l'angolo di riflessione totale nel passaggio vetro-aria, sapendo che l'indice di rifrazione del vetro vale circa 1,5.

$$\text{sen}\vartheta_{rt} = n_2/n_1 = 1/1{,}5 \quad \Rightarrow \quad \vartheta_{rt} = 41{,}81°$$

8.3.3 DIFFUSIONE

Se il raggio incidente colpisce una superficie non ben levigata, viene riflesso in direzioni differenti a seconda dell'inclinazione della parte di superficie colpita.

Se con una torcia si illumina una parete, il raggio riflesso non *rimbalza* sulla parete formando un angolo di riflessione uguale a quello di incidenza, ma viene diffuso in tutte le direzioni, illuminando tutta la stanza.

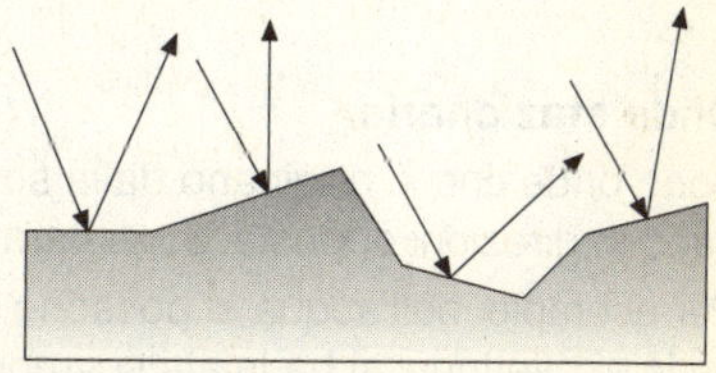

FISICA

8.3.4 DIFFRAZIONE

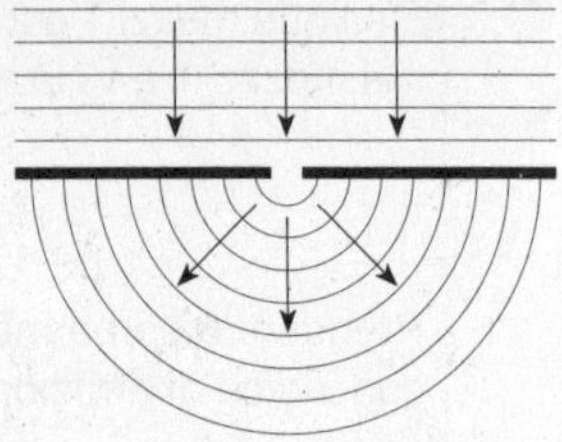

Le onde possono anche presentare delle deviazioni della direzione di propagazione, dette fenomeni di diffrazione. Il fenomeno è particolarmente evidente quando l'onda incontra un ostacolo o una fenditura le cui dimensioni sono confrontabili con quelle della lunghezza d'onda.

Quando un'onda incontra un ostacolo sul suo cammino, il fronte dell'onda si deforma in modo tale da aggirare l'ostacolo. Se l'onda colpisce una fenditura (si veda la figura), la fenditura si comporta come una sorgente puntiforme da cui si originano onde nuove (**principio di Huygens-Fresnel**).

8.3.5 INTERFERENZA

Si considerino due onde che si propagano in un mezzo con uguale frequenza e relazione di fase costante (onde generate da sorgenti coerenti). L'elongazione di un punto del mezzo dove le onde si sovrappongono è data dalla somma delle elongazioni dovute alle singole onde.

Tale fenomeno prende il nome di *interferenza*: si parla di interferenza costruttiva o distruttiva a seconda che le onde siano in concordanza o in opposizione di fase.

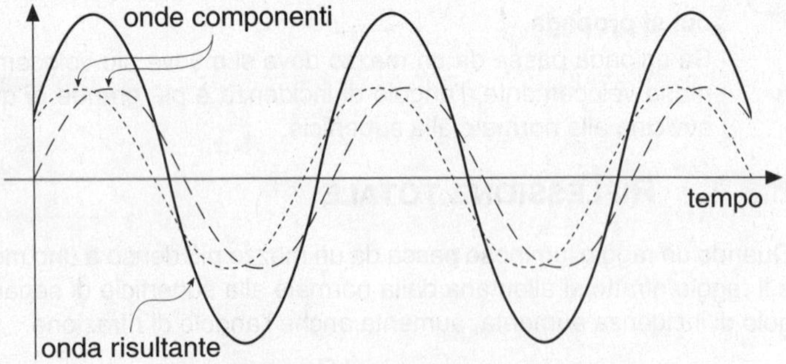

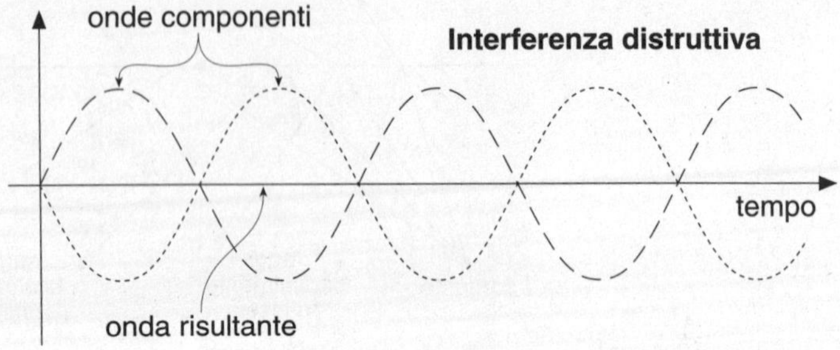

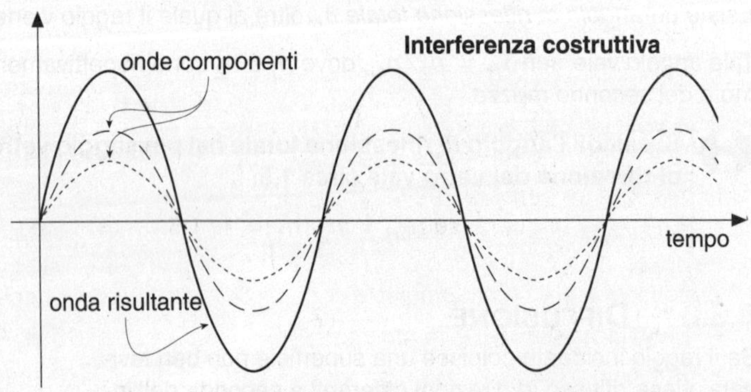

Onde stazionarie

Sono onde che si originano dalla sovrapposizione di due onde di uguale ampiezza che si propagano in direzioni opposte; sono caratterizzate dalla presenza di punti fissi detti *nodi*.

Per esempio, nell'acqua si possono osservare in prossimità di una parete verticale sulla quale le onde si riflettono: si ha infatti sovrapposizione tra l'onda incidente e l'onda riflessa.

8.4 ONDE SONORE

Il suono è un'onda meccanica che ha bisogno di un mezzo nel quale propagarsi. Nei fluidi è un'*onda elastica longitudinale* costituita da una serie di strati in cui il fluido è alternativamente compresso e rarefatto (come rappresentato in figura); nei *solidi* è costituito da onde *trasversali* e *longitudinali*.

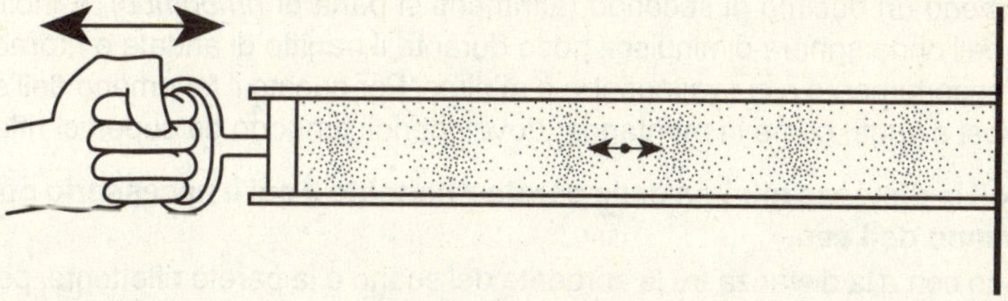

Le onde acustiche sono onde meccaniche: non si propagano nel vuoto.

Perché un'onda acustica sia *udibile* bisogna che la sua frequenza ν soddisfi la condizione 16 Hz < ν < 20.000 Hz. Se ν < 16 Hz si parla di *infrasuoni*; se ν > 20.000 Hz si parla di *ultrasuoni*.

Quando viene prodotto un suono, le molecole di materia prossime alla sorgente cominciano a vibrare; la vibrazione viene trasmessa alle molecole vicine, poi da queste alle successive e così via.

La velocità con cui questa vibrazione si propaga è diversa a seconda del mezzo: nell'aria secca vale 331,4 m/s; nell'aria in condizioni ambientali ordinarie vale 340 m/s; nei liquidi è maggiore (1450 m/s nell'acqua); nei solidi è ancora più alta (5130 m/s nel ferro).

Se un suono si propaga in un certo mezzo con una velocità di 500 m/s e ha una frequenza di 100 Hz, la sua lunghezza d'onda vale:

La relazione che esprime la lunghezza d'onda λ in funzione della velocità *v* e della frequenza ν è la seguente:

$$\lambda = v/\nu$$

per cui, utilizzando i dati forniti, si ricava:

$$\lambda = \frac{500}{100}\frac{\text{m/s}}{\text{Hz}} = 5\ \text{m}$$

8.4.1 CARATTERI DISTINTIVI DEL SUONO

- **Altezza:** un suono si dice alto (*acuto*) o basso (*grave*) a seconda che la sua frequenza sia elevata o bassa. Il suono più grave percepibile dall'orecchio umano ha una frequenza di 16 Hz.
- **Intensità:** è l'energia trasportata dall'onda nell'unità di tempo per unità di superficie. Poiché l'intensità di un'onda sferica è inversamente proporzionale al quadrato della distanza (§ 8.2.3), un suono è sempre più debole man mano che ci si allontana dalla sorgente.

  L'*intensità del suono* si misura in watt/m^2. L'*intensità di sensazione sonora* si misura invece in bel: due suoni differiscono di un bel quando l'uno è dieci volte più intenso dell'altro. Di solito si preferisce usare un sottomultiplo del bel pari a 1/10 bel = decibel (dB).

  - Soglia dell'udibile: minima intensità sonora percepibile dall'uomo = 0 dB.
  - Soglia del dolore: massima intensità sonora tollerata dall'uomo ≈ 120 dB.
- **Timbro:** è legato alla forma dell'onda. Due strumenti musicali differenti possono eseguire la medesima nota con la stessa frequenza e intensità: ciò che rende i due suoni diversi è il loro timbro.
- **Suono e rumore:** mentre i suoni sono onde acustiche *periodiche*, **i rumori mancano di periodicità.** Se la risultante di più suoni non ha un carattere periodico, si ha solo rumore.

8.4.2 Il fenomeno dell'eco

Quando un'onda sonora urta contro una parete viene riflessa e torna verso la sorgente. Può accadere che un ascoltatore posto in prossimità della sorgente senta l'onda sonora come se provenisse dal punto dove si è avuta la riflessione. Questo effetto è detto eco.

Affinché si abbia eco, il suono originale e il suono riflesso devono pervenire all'ascoltatore con un intervallo di almeno un decimo di secondo (altrimenti si parla di *rimbombo*). È inoltre necessario che l'intensità dell'onda sonora diminuisca poco durante il tragitto di andata e ritorno, il che si realizza quando l'assorbimento a cui va incontro è minimo. Per questo il fenomeno dell'eco è evidente in luoghi spaziosi e vuoti, come in montagna, dove i pendii fungono da superfici riflettenti.

Si calcoli la distanza minima dalla parete riflettente a cui è necessario porsi per udire il fenomeno dell'eco.

Indicando con d la distanza tra la sorgente del suono e la parete riflettente, per tornare alla sorgente l'onda copre una distanza pari a $2d$. Sapendo che nell'aria il suono viaggia a una velocità di circa 340 m/s, il tempo impiegato per percorrere l'intero tragitto è pari a:

$$t = 2d/v$$

Uguagliando tale tempo al tempo minimo per distinguere i due suoni, che è pari a 0,1 s, si ricava la distanza d minima perché si abbia eco:

$$2d = v \cdot t \quad \Rightarrow \quad d = \frac{v \cdot t}{2} = \frac{340 \text{ m/s} \cdot 0{,}1 \text{ s}}{2} = 17 \text{ m}$$

8.4.3 Risonanza

Il diapason è uno strumento costituito da una barretta d'acciaio piegata a U, sostenuta da un manico. La sua particolarità è la capacità di emettere un'onda sonora avente un'unica frequenza. Si prendano ora due diapason uguali e si faccia vibrare uno solo dei due. Dopo pochi secondi, anche l'altro comincerà a vibrare emettendo lo stesso suono. Questo fenomeno prende il nome di *risonanza* ed è proprio non solo delle onde acustiche, ma di qualunque tipo di onda.

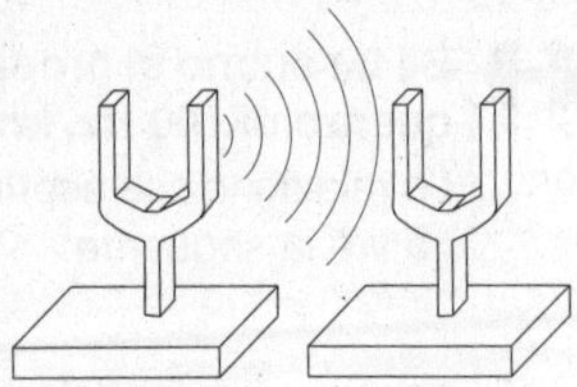

Un corpo in grado di emettere un'onda di una certa frequenza, cioè dotato di una propria frequenza di oscillazione, si mette a vibrare quando è colpito da un'onda avente proprio quella frequenza.

A causa del fenomeno della risonanza, alle truppe militari si comanda di rompere il passo della marcia quando passano sopra un ponte. Potrebbe infatti accadere che la frequenza propria di oscillazione del ponte sia uguale a quella del passo di marcia: in questo caso si assisterebbe a un'amplificazione dell'oscillazione del ponte e, nel caso peggiore, alla sua rottura.

8.5 Onde elettromagnetiche

Le onde elettromagnetiche sono onde trasversali formate da un campo elettrico e un campo magnetico che si propagano vibrando perpendicolarmente tra loro e perpendicolarmente alla direzione di propagazione dell'onda.

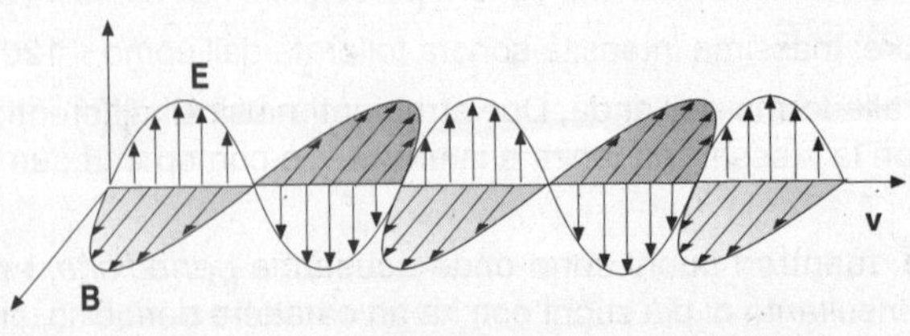

Le onde elettromagnetiche sono onde trasversali che si propagano anche nel vuoto. La loro velocità nel vuoto è una costante pari a $3 \cdot 10^8$ m/s = 300.000 km/s ; viene indicata con la lettera c.

La luce visibile è un'onda elettromagnetica con lunghezza d'onda λ compresa fra 380 nm (violetto) e 760 nm (rosso). La natura ondulatoria della luce è in accordo con il fatto che presenta i fenomeni della riflessione (§ 8.3.1), della diffrazione (§ 8.3.4) e dell'interferenza (§ 8.3.5), tipici delle onde.

Uno dei risultati della fisica moderna è stato però quello di mostrare che la luce (e con essa tutte le onde elettromagnetiche) ha in realtà una *doppia natura: ondulatoria e corpuscolare.*

I corpuscoli costituenti la luce si chiamano *quanti di luce* o *fotoni*: **la loro energia è direttamente proporzionale alla frequenza** secondo la relazione seguente.

$$E = h \cdot \nu$$

dove h è detta costante di Planck. Quindi **con la luce si propaga energia.**

Un'onda elettromagnetica è tanto più energetica quanto maggiore è la sua frequenza.

I raggi infrarossi sono meno energetici della luce visibile, che a sua volta è meno energetica degli ultravioletti. Con l'aumentare dell'energia di un'onda elettromagnetica, aumenta anche la probabilità di subire dei danni da esposizione alla radiazione stessa.

8.5.1 CLASSIFICAZIONE DELLE ONDE ELETTROMAGNETICHE

Lo schema a lato riporta una classificazione delle onde elettromagnetiche al variare della loro frequenza e quindi della loro lunghezza d'onda.

Si noti che le onde radio, l'ultravioletto, la luce visibile, gli infrarossi, le microonde e i raggi X sono tutte onde elettromagnetiche che differiscono per frequenza e lunghezza d'onda.

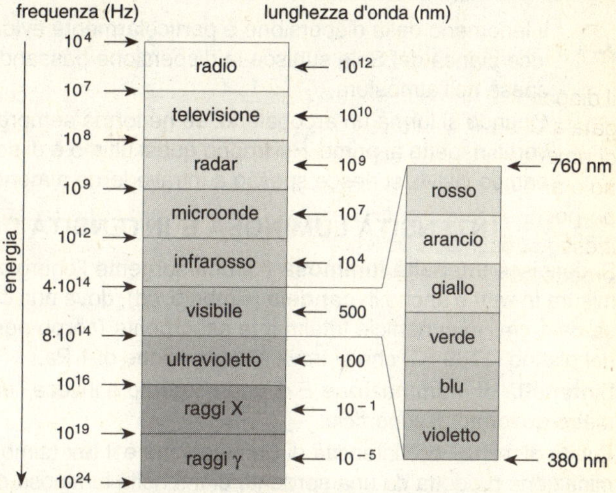

Facendo riferimento allo schema precedente, si verifichi a quale campo dello spettro elettromagnetico appartiene una radiazione che nel vuoto ha lunghezza d'onda pari a 1 cm.

Anzitutto si trasforma la lunghezza d'onda data in nanometri:

$$1 \text{ cm} = 10^{-2} \text{ m} = 10^{-2} \cdot 10^{9} \text{ nm} = 10^{7} \text{ nm}$$

La radiazione data appartiene al campo delle microonde.

8.5.2 DISPERSIONE

Le luce bianca del Sole è un insieme di onde elettromagnetiche aventi frequenze comprese tra $3{,}8 \cdot 10^{14}$ Hz e $7{,}6 \cdot 10^{14}$ Hz. A tale spettro di frequenze corrisponde uno spettro di colori che vanno dal rosso al violetto.

Il rosso ha frequenza minore, e quindi lunghezza d'onda maggiore, del violetto. Prima del rosso, non visibile dall'occhio umano, si ha l'infrarosso; dopo il violetto si ha l'ultravioletto.

Quando un'onda luminosa colpisce un corpo trasparente, subisce il fenomeno della rifrazione. L'indice di rifrazione varia però a seconda della frequenza dell'onda e quindi ogni colore subisce una diversa rifrazione.

Un fascio di luce bianca, quando subisce il fenomeno della rifrazione, si scompone nelle sue componenti monocromatiche. Il fenomeno descritto prende il nome di **dispersione della luce**.

Colore	Lunghezza d'onda (Å)
violetto	3800-4200
indaco	4200-4500
blu	4500-5000
verde	5000-5700
giallo	5700-5900
arancione	5900-6100
rosso	6100-7600

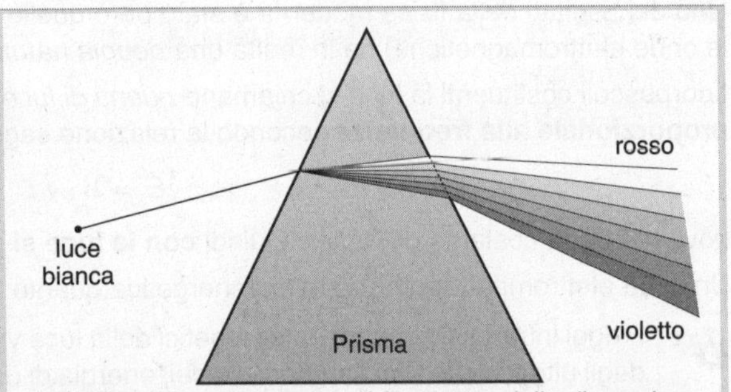

Nella figura è rappresentato il fenomeno della dispersione di un fascio di luce bianca che attraversa un prisma di vetro: la luce rossa è la meno deviata, mentre la luce violetta è quella che subisce la maggior deviazione.

Il fenomeno della dispersione è particolarmente evidente nel caso dell'arcobaleno, dove la luce bianca del Sole subisce la dispersione passando attraverso le goccioline d'acqua sospese nell'atmosfera.
Quando si forma un arcobaleno, se ne forma sempre uno gemello parallelo, con i colori invertiti rispetto al primo. Purtroppo quest'ultimo è di solito poco visibile, ma se si ha un buon campo visivo, si riesce spesso a intravederne almeno l'inizio o la fine.

8.5.3 INTENSITÀ LUMINOSA E INTENSITÀ DI ILLUMINAZIONE

Si definisce **intensità luminosa** *I* di una sorgente l'energia che questa emette in un secondo. Si misura in watt o anche in **candele** (simbolo: cd), dove una candela è 1 / 60 della radiazione emessa da 1 cm^2 di superficie totalmente assorbente (corpo nero) portato alla temperatura di fusione del platino (1769 °C) che si trova alla pressione di 1 Pa.
L'**intensità di illuminazione** *E* di una sorgente è invece l'energia che arriva in un secondo su un metro quadrato di superficie:
L'unità di misura dell'intensità di illuminazione è il **lux** (simbolo: lx), definito come l'intensità di illuminazione prodotta da una sorgente di intensità luminosa di una candela su una superficie posta a 1 m di distanza.

Si può dimostrare che l'intensità di illuminazione è direttamente proporzionale all'intensità luminosa della sorgente e inversamente proporzionale al quadrato della distanza tra schermo e sorgente (legge di Lambert).

QUESITI SVOLTI

1 Nell'aria il rapporto tra la velocità del suono e quella della luce è approssimativamente:

A $3 \cdot 10^{-7}$ B $1 \cdot 10^{-6}$ C $3 \cdot 10^{-5}$ D $1 \cdot 10^{-4}$ E $3 \cdot 10^{-3}$

Il suono nell'aria si muove a una velocità di circa 330 m/s, mentre la luce ha una velocità nell'aria pari a circa 300.000 km/s. Il loro rapporto è uguale a:

$$\frac{330\ \frac{m}{s}}{300.000\ \frac{km}{s}} = \frac{330\ \frac{m}{s}}{3 \cdot 10^8\ \frac{m}{s}} \approx \frac{3 \cdot 10^2}{3 \cdot 10^8} = 10^{-6}$$

La risposta esatta è la B. Nell'aria la luce è dunque circa un milione di volte più veloce del suono.

2 Qual è la differenza tra le onde utilizzate nelle trasmissioni radiofoniche e quelle televisive?

A Nelle trasmissioni radiofoniche si utilizzano onde sonore (o elastiche); nelle trasmissioni televisive si utilizzano onde luminose

B In entrambe le trasmissioni si utilizzano onde elettromagnetiche ma con lunghezze d'onda diverse

C In entrambe le trasmissioni si utilizzano onde sonore (o elastiche) ma con lunghezze d'onda diverse

D Nelle trasmissioni radiofoniche si utilizzano onde elettromagnetiche; nelle trasmissioni televisive si trasmettono fasci di elettroni

E Nessuna delle precedenti

La risposta esatta è la B.

3 Il colore di una radiazione monocromatica dipende:

A dalla sua intensità

B dalla sua velocità nel vuoto

C dal numero degli atomi che si diseccitano per unità di tempo

D dalla sua frequenza

E dalla sua ampiezza

Una radiazione è *monocromatica* quando è costituita da onde di pari frequenza. Il colore di una radiazione monocromatica è determinato dalla frequenza delle onde in essa contenute (risposta D).

4 Un'onda elettromagnetica di frequenza ν si propaga nel vuoto con velocità *c*. La sua lunghezza d'onda λ è data da:

A $\lambda = 1/\nu$ B $\lambda = c \cdot \nu$ C $\lambda = \nu/c$ D $\lambda = 1/c$ E $\lambda = c/\nu$

La velocità di propagazione v di un'onda è uguale al rapporto tra la sua lunghezza d'onda λ e il suo periodo T o, equivalentemente, al prodotto tra la lunghezza d'onda e la frequenza ν:

$$v = \lambda/T = \lambda \cdot \nu$$

FISICA

Da quest'ultima relazione si ricava $\lambda = v/\nu$ e poiché nel testo del quesito la velocità dell'onda è indicata con *c*, si ottiene: $\lambda = c/\nu$ (risposta **E**).

5 **Gli ultrasuoni:**

- **A** sono oscillazioni elastiche che possono trasmettersi nel vuoto
- **B** sono oscillazioni elastiche che hanno frequenza inferiore a 100 Hz
- **C** sono particolarmente intensi
- **D** sono costituiti da onde elettromagnetiche di altissima frequenza
- **E** non sono udibili dall'orecchio umano

Gli ultrasuoni non sono onde elettromagnetiche (risposta **D** errata) ma meccaniche: per questo non possono propagarsi nel vuoto (risposta **A** errata). Si tratta in particolare di onde sonore che possono essere più o meno intense (risposta **C** errata), di frequenza maggiore di 20.000 Hz (risposta **B** errata).

Gli ultrasuoni non sono udibili dall'orecchio umano, che può percepire onde sonore di frequenza compresa tra 16 e 20.000 Hz. La risposta esatta è la **E**.

6 **La frequenza di una certa emissione radiofonica è 100 megahertz. La lunghezza d'onda corrispondente in aria vale:**

A 3 micron **B** 300.000 km/s **C** 3 m **D** 1 km

E nessuna delle precedenti risposte è corretta

La frequenza e la lunghezza d'onda di una emissione sono grandezze inversamente proporzionali, dove la costante di proporzionalità è la velocità di propagazione dell'onda nel mezzo in cui si trova. Nell'aria tale velocità è la velocità della luce c. Vale quindi la seguente relazione: $\lambda = c/\nu$ dalla quale si ricava immediatamente che la risposta esatta è la **C**.

7 **Si dica quale tra le seguenti lunghezze d'onda appartiene al campo della radiazione X.**

A 10^{-7} m **B** 10 cm **C** 10^{-3} m **D** 10 m **E** 10^{-11} m

La risposta esatta è la **E**, in quanto si tratta di onde elettromagnetiche aventi lunghezza d'onda compresa tra 10^{-11} m e 10^{-9} m.

8 **Un fotone è caratterizzabile con la frequenza ν o con la lunghezza d'onda λ. Detta *h* la costante di Planck:**

- **A** λ è direttamente proporzionale a ν
- **B** *h* dipende dalla frequenza
- **C** $h\nu$ è l'energia del fotone
- **D** la velocità di propagazione nel vuoto è funzione di λ
- **E** se λ supera il centimetro abbiamo a che fare con raggi gamma

L'energia di un fotone di frequenza ν è $h\nu$ (risposta **C**).

Si noti che la relazione che lega λ e ν è $\nu = v/\lambda$, dove *v* è la velocità di propagazione del fotone (risposta **A** errata). In quanto costante, *h* non dipende dalla frequenza (risposta **B** errata). La velocità di propagazione di un fotone nel vuoto è indipendente dalla lunghezza d'onda: è anzi una costante – detta velocità della luce nel vuoto – e vale 3×10^8 m/s (risposta **D** errata). Infine, un fotone di lunghezza d'onda maggiore di 1 cm non può appartenere al campo dei raggi gamma, che hanno al più lunghezze d'onda comprese tra 10^{-11} e 10^{-16} m (risposta **E** errata).

PARTE QUARTA

9 ELETTROSTATICA

L'elettricità si manifesta attraverso interazioni fra corpi (attrazioni e repulsioni) quando su di essi sono presenti *cariche elettriche*. Le cariche elettriche sono di due tipi, chiamate convenzionalmente *positive* e *negative*.

Cariche di segno opposto si attraggono, cariche dello stesso segno si respingono.

I costituenti dell'atomo sono particelle cariche: l'*elettrone*, portatore di una carica negativa e il *protone*, portatore di una carica positiva.

Nel SI la carica non è considerata una grandezza fondamentale: la si ricava dall'intensità di corrente, misurata in ampere, definita nel § 10.1 insieme al concetto di corrente elettrica. Per ora basti sapere che l'unità di misura scelta per la carica elettrica si chiama **coulomb** (corrispondente alla carica posseduta da 10^{19} protoni) e che le sue dimensioni sono $[Q] = [i] \cdot [T]$, dove $[i]$ è la dimensione dell'intensità di corrente.

Dal punto di vista dei fenomeni elettrici, i materiali si dividono in due categorie:

- **conduttori**: materiali dotati di cariche elettriche (elettroni o ioni) libere di muoversi.

  I metalli sono i conduttori per eccellenza e devono tale proprietà al tipo di legame che li caratterizza: il legame metallico.

- **isolanti** (o *dielettrici*): le cariche in essi contenute non sono libere di muoversi.

  L'isolante per eccellenza è il vuoto perché è privo di cariche elettriche; ma anche molti materiali come l'aria, la ceramica, la carta o l'acqua distillata sono buoni isolanti (l'acqua utilizzata nelle abitazioni conduce perché, non essendo distillata, contiene sali e quindi ioni).

9.1 Carica elettrica e legge di Coulomb

Si è visto che i corpi caricati elettricamente interagiscono fra loro (mediante attrazioni o repulsioni). Le forze di interazione a distanza tra le cariche elettriche sono regolate dalla legge di Coulomb, la quale afferma che il modulo della forza **F** (attrattiva o repulsiva) tra due cariche Q_1 e Q_2 poste a distanza r nel vuoto è:

$$|\mathbf{F}| = K_0 \cdot \frac{|Q_1 \cdot Q_2|}{r^2} = \frac{|Q_1 \cdot Q_2|}{4\pi\varepsilon_0 \cdot r^2} \qquad [10]$$

dove $K_0 = 1/4\pi\varepsilon_0$ è la *costante di Coulomb* nel vuoto e ε_0 è la *costante dielettrica* del vuoto.

La forza di Coulomb è diretta lungo la congiungente le cariche e il verso dipende dal segno delle cariche: cariche di segno opposto si attraggono, cariche dello stesso segno si respingono.

Sperimentalmente si verifica che due cariche di 1 C, poste a un metro di distanza nel vuoto, si respingono con una forza di $9 \cdot 10^9$ N. Sostituendo i valori nella [10], si ricava il valore di K_0:

$$F = K_0 \cdot \frac{Q_1 \cdot Q_2}{r^2} \quad \Rightarrow \quad K_0 = F \cdot \frac{r^2}{Q_1 \cdot Q_2} \quad \Rightarrow \quad K_0 = 9 \cdot 10^9 \cdot \frac{N \cdot m^2}{C^2}$$

Il valore numerico di K dipende, oltre che dalle sue dimensioni e unità di misura, anche dalla scelta del sistema di misura.

FISICA

Due cariche elettriche puntiformi, a 1 m di distanza, si attraggono con la forza di 1 N. Se vengono poste a 2 m di distanza, quanto vale la forza?

Se la distanza fra le cariche raddoppia, la forza elettrostatica diventa quattro volte più piccola. Infatti, sostituendo $2r$ a r nella formula della legge di Coulomb:

$$F = K_0 \cdot \frac{Q_1 \cdot Q_2}{r^2} \Rightarrow F' = K_0 \cdot \frac{Q_1 \cdot Q_2}{(2r)^2} = K_0 \cdot \frac{Q_1 \cdot Q_2}{4r^2} = \frac{F}{4}$$

9.1.1 COSTANTE DIELETTRICA

La forza di Coulomb tra due cariche elettriche dipende dal mezzo che separa le cariche. Se le cariche sono poste in un mezzo e non nel vuoto, la legge di Coulomb diventa:

$$|\mathbf{F}| = K \cdot \frac{|Q_1 \cdot Q_2|}{r^2} = \frac{|Q_1 \cdot Q_2|}{4\pi\varepsilon \cdot r^2}$$

dove ε è la **costante dielettrica** del mezzo. È questa che esplicita, nella legge di Coulomb, la dipendenza della forza elettrostatica dal mezzo che separa le cariche:

$$F = K \cdot \frac{Q_1 \cdot Q_2}{r^2} = \frac{1}{4\pi\varepsilon} \cdot \frac{Q_1 \cdot Q_2}{r^2} = \frac{1}{4\pi\varepsilon_0\varepsilon_r} \cdot \frac{Q_1 \cdot Q_2}{r^2}$$

dove $\varepsilon = \varepsilon_0\varepsilon_r$ è la costante dielettrica del mezzo ed ε_r è la **costante dielettrica relativa** del mezzo rispetto al vuoto. La costante dielettrica relativa del mezzo che separa le cariche è tanto maggiore quanto più la forza elettrica tra le cariche è ridotta dalla presenza del mezzo stesso.

La causa di tale riduzione è la *polarizzazione*[1] *del dielettrico*. Maggiore è la dipolarità delle molecole di un dielettrico, maggiore è la polarizzazione e minori sono le forze elettriche nel suo interno: ciò implica una notevole riduzione dell'interazione elettrostatica.

ε_r è **un indice della polarizzabilità del dielettrico** a cui si riferisce.
Per ogni materiale $\varepsilon_r \geq 1$.

L'acqua ha un'alta polarizzabilità ($\varepsilon_r = 81$), dovuta alla dipolarità della sua molecola; l'aria ha invece una bassa polarizzabilità ($\varepsilon_r = 1{,}0006$), mentre il vuoto non si polarizza affatto ($\varepsilon_r = 1$).

Quali sono le dimensioni della costante dielettrica?
E quelle della costante dielettrica relativa?

Si parte ricavando ε dall'espressione della legge di Coulomb:

$$F = \frac{1}{4\pi\varepsilon} \cdot \frac{Q_1 \cdot Q_2}{r^2} \Rightarrow \varepsilon = \frac{1}{4\pi F} \cdot \frac{Q_1 \cdot Q_2}{r^2}$$

Le dimensioni di tutte le grandezze a destra dell'uguale sono note, perciò:

$$[\varepsilon] = 1 \cdot \frac{[Q]^2}{[L]^2} \cdot \frac{1}{[F]} = \frac{[i]^2 \cdot [T]^2}{[L]^2 \cdot [M] \cdot [L]/[T]^2} = \frac{[i]^2 \cdot [T]^4}{[L]^3 \cdot [M]}$$

Per quanto riguarda l'unità di misura di ε nel SI, si veda più avanti il § 9.5.1.
La costante dielettrica relativa è invece una grandezza adimensionale, perché definita come rapporto di due costanti dielettriche.

1. Esistono due tipi di polarizzazione:
   1. polarizzazione per orientamento (è ciò che succede a molecole dipolari come l'acqua);
   2. polarizzazione per deformazione (è la polarizzazione delle molecole apolari come il cloro).

   In entrambi i casi la rotazione delle molecole è dovuta all'interazione tra il dipolo elettrico della molecola (che può essere naturale o indotto) e il campo elettrico esterno. Tale interazione si traduce nell'applicazione di una coppia di forze alla molecola che, ruotando, si dispone lungo la direzione del campo elettrico.

9.1.2 ANALOGIE E DIFFERENZE CON LA LEGGE DI GRAVITAZIONE UNIVERSALE

Confrontando la legge di gravitazione universale con la legge di Coulomb si nota una stretta analogia:

$$F_{grav} = G \cdot \frac{M \cdot m}{r^2} \qquad F_{coul} = K \cdot \frac{Q \cdot q}{r^2}$$

Vi sono tuttavia alcune differenze importanti:

- la forza di gravità non dipende dal mezzo che separa le masse, mentre la forza di Coulomb dipende dal dielettrico (isolante) che separa le cariche;
- la forza gravitazionale è sempre attrattiva mentre quella elettrostatica può anche essere repulsiva;
- la forza elettrostatica è molto più intensa di quella gravitazionale.

9.2 CAMPO ELETTRICO

La forza di Coulomb è una forza presente tra due cariche poste a una distanza *r*. La fisica moderna ha sostituito al concetto di forze a distanza quello più completo di **campo di forze**. Secondo questa visione, il campo elettrico è una perturbazione dello spazio dovuta alla presenza di cariche.

Una regione dello spazio è sede di un campo elettrico quando una carica ferma posta in essa è soggetta a forze di natura elettrostatica.

Ogni carica elettrica genera intorno a sé un campo elettrico. Per determinare tale campo si fa uso della carica esploratrice *q* che, per convenzione, si assume di segno positivo. Si definisce vettore **intensità del campo elettrico E** il rapporto tra la forza elettrostatica a cui è soggetta la carica esploratrice in quel punto e la carica stessa:

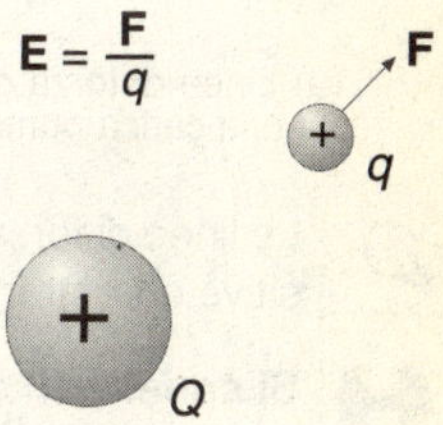

$$\mathbf{E} = \frac{\mathbf{F}}{q}$$

dove **F** è la forza elettrostatica e *q* la carica esploratrice.

L'unità di misura del campo elettrico nel Sistema internazionale è:

$$\frac{\text{newton}}{\text{coulomb}} \quad \left(\text{oppure } \frac{\text{volt}}{\text{metro}}\right)$$

Si supponga ora che il campo elettrico sia generato da una carica puntiforme *Q* e si indichi la carica esploratrice con *q*. Dalle espressioni della forza di Coulomb e del campo elettrico si ha:

$$E = \frac{F}{q} = K \cdot \frac{Q \cdot q}{r^2} \cdot \frac{1}{q} = K \cdot \frac{Q}{r^2}$$

Il campo elettrico in un punto non dipende dal valore *q* della carica esploratrice; dipende solo dalla carica generatrice e dalla posizione del punto nello spazio.

Vale il **principio di sovrapposizione**: in un generico punto P, il campo elettrico **E** generato da più cariche Q_1, Q_2, ... è dato dalla somma vettoriale dei campi elettrici $\mathbf{E}_1$, $\mathbf{E}_2$, ... generati nel punto P dalle singole cariche, rispettivamente.

Calcolare l'accelerazione applicata a una particella di massa *m* e carica positiva *q* immersa in un campo elettrico uniforme E.

Si ricava la forza **F** applicata alla particella dalla definizione di campo elettrico:

$$\mathbf{F} = \mathbf{E} \cdot q$$

Poi, grazie alla seconda legge di Newton, si trova l'accelerazione:

$$\mathbf{F} = m \cdot \mathbf{a} \Rightarrow \mathbf{a} = \frac{\mathbf{F}}{m} = \mathbf{E} \cdot \frac{q}{m}$$

Il vettore **a** è parallelo e concorde al vettore **E** poiché *q* ed *m* sono entrambe positive.

9.2.1 Linee di forza del campo elettrico

Un metodo per rappresentare il campo elettrico è disegnare le sue **linee di forza**, cioè linee orientate e dirette concordemente al campo e in ogni punto tangenti al vettore **E** associato a quel punto. Nella figura che segue le linee di forza sono rappresentate con delle frecce (le altre curve continue rappresentano le superfici equipotenziali del campo elettrico; si veda più avanti il § 9.3.3).

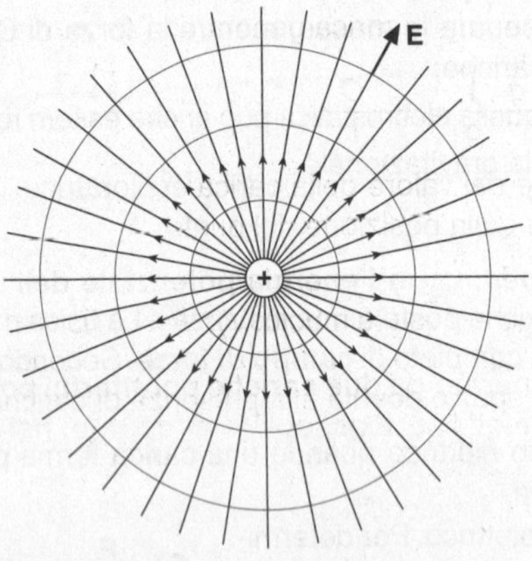

(a) Linee di forza del campo elettrico generato da una carica puntiforme positiva.

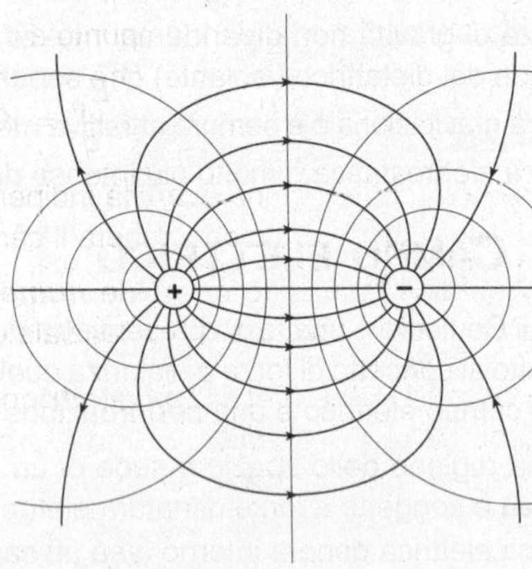

(b) Linee di forza del campo elettrico generato da due cariche puntiformi di segno opposto.

Le linee di forza del campo elettrico sono per convenzione sempre uscenti dalle cariche positive ed entranti in quelle negative.

Si consideri un punto materiale di carica + *q* posto all'interno di un campo elettrico generato da due cariche di segno opposto. A causa delle forze elettriche, se tale carica è libera di muoversi, lo fa percorrendo una certa traiettoria. È vero che la traiettoria seguita dalla carica coincide in generale con una linea di forza?

Per rispondere è necessario pensare alla direzione della forza che agisce sulla carica libera: essa è tangente alle linee di forza del campo.

Se la carica seguisse la traiettoria curvilinea delle linee di forza, dovrebbe esistere una forza centripeta in grado di tenerla legata alle linee di forza. Tale forza, nel caso considerato, non esiste e quindi la carica non può muoversi lungo le linee di forza.

9.3 Energia potenziale elettrica

L'**energia potenziale** E_p di una carica q associata a un punto P di un campo elettrico è il lavoro che bisogna compiere *contro le forze del campo* per portare la carica dall'infinito (cioè dai limiti del campo) al punto P.
L'unità di misura dell'energia potenziale elettrica è il joule.

Nel caso di un campo elettrico generato da una sola carica Q, l'energia potenziale E_p è positiva se la carica generatrice e la carica q sono concordi, negativa se sono discordi. È possibile dare un'espressione matematica all'energia potenziale elettrica associata a una carica q posta a distanza r dalla carica puntiforme Q:

$$E_p = K \cdot \frac{Q \cdot q}{r}$$

L'energia potenziale E_p è direttamente proporzionale ai valori della carica che genera il campo, della carica esploratrice e inversamente proporzionale alla distanza tra le due cariche.

9.3.1 POTENZIALE ELETTRICO

Una carica q posta in un campo elettrico acquista energia potenziale elettrica E_p. Al variare del valore della carica esploratrice q, il valore di E_p cambia, ma il rapporto tra E_p e q rimane costante.

✔ Si definisce **potenziale elettrico** l'espressione: $V_p = \frac{E_p}{q}$

Il potenziale elettrico associato a un punto a distanza r dalla carica generatrice del campo è:

$$V_p = \frac{E_p}{q} = K \cdot \frac{Q \cdot q}{r} \cdot \frac{1}{q} = K \cdot \frac{Q}{r}$$

Il potenziale in un punto è una quantità indipendente dal valore della carica esploratrice. Dipende invece dal valore della carica che genera il campo e dalla posizione del punto.

Il potenziale elettrico coincide *numericamente* con l'energia potenziale dell'unità di carica. L'unità di misura del potenziale elettrico è il volt (simbolo: V): V = J/C.

Si calcoli il valore del campo elettrico E generato da due cariche puntiformi positive, entrambe di intensità *Q*, e del potenziale elettrico *V* associato al campo, nel punto centrale P del segmento che unisce le due cariche.

Sia $2d$ la distanza tra le due cariche: **E** e V vanno calcolati nel punto P che dista d da ciascuna carica. I campi generati dalle due cariche sono entrambi uscenti e hanno modulo:

$$E_1 = E_2 = k \cdot \frac{Q}{d^2}$$

Per il principio di sovrapposizione, **E** è dato dalla somma vettoriale dei due campi. Poiché nel punto P $\mathbf{E}_1$ e $\mathbf{E}_2$ hanno stessa intensità e verso opposto, la loro somma è zero e così **E**. Poiché V è uno scalare, il potenziale nel punto P è dato dalla somma *algebrica* dei potenziali generati dalle singole cariche in quel punto, e vale:

$$V = k \cdot \frac{Q}{d} + k \cdot \frac{Q}{d} = 2k \cdot \frac{Q}{d}$$

9.3.2 DIFFERENZA DI POTENZIALE

Si consideri un campo elettrico generato da una carica puntiforme (o da un insieme di cariche) e si prenda il valore del potenziale elettrico in due punti differenti A e B: V_A e V_B.

✔ **$V_B - V_A$ = *differenza di potenziale elettrico* o *tensione* tra A e B (*d.d.p.* tra A e B).**

La tensione è una grandezza scalare che si misura in volt. Si può dimostrare che $V_B - V_A$ corrisponde *numericamente* al lavoro che bisogna fare contro le forze del campo per spostare la carica unitaria da A a B. Equivalentemente, indicando con $L_{A \to B}$ il lavoro che le forze del campo compiono per portare la carica q da A a B (e ricordando che $E_p = q \cdot V_p$) si ha:

$$L_{A \to B} = E_{p_A} - E_{p_B} = q \cdot V_A - q \cdot V_B = q \cdot (V_A - V_B) = -q \cdot \Delta V = -(E_{p_B} - E_{p_A}) = -\Delta E_p$$

Il lavoro che le forze del campo compiono per portare una carica positiva dal punto A al punto B **è uguale alla differenza di energia potenziale tra i due punti, cambiata di segno.**

Una carica di +8 C si muove da un punto a potenziale di 6 V a un punto a potenziale di 2 V. Quanto vale il lavoro fatto dalla forza del campo?

Per quanto visto, si tratta di utilizzare la formula:

$$L = -\Delta E_p = -q \cdot \Delta V = -8 \text{ C} \cdot (2 - 6) \text{ V} = +32 \text{ J}$$

Si osserva che, se il lavoro richiesto fosse stato quello delle forze *esterne* (dunque quello *contro* le forze del campo), allora la formula da usare sarebbe stata $L = \Delta E_p = q \cdot \Delta V$.

FISICA

9.3.3 SUPERFICI EQUIPOTENZIALI

Le superfici equipotenziali di un campo sono le superfici i cui punti si trovano tutti allo stesso potenziale e **sono sempre ortogonali alle linee di campo**.

Se due punti A e B si trovano sulla stessa superficie equipotenziale, il lavoro che le forze del campo compiono per portare una carica da A a B è nullo; si ha infatti che $L = q \cdot (V_A - V_B) = 0$.

Se il campo è generato da una carica puntiforme *Q*, le superfici equipotenziali sono le superfici delle sfere che hanno il centro nella carica *Q*.

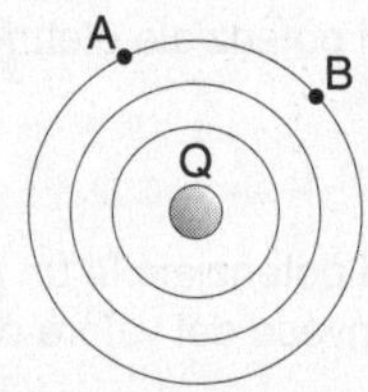

9.3.4 RELAZIONE TRA POTENZIALE E CAMPO ELETTRICO

Nel caso in cui sia noto il potenziale elettrico *V* in tutti i punti di una data regione di spazio, è possibile calcolare il campo elettrico **E** che ha sede in quella regione.

Il vettore campo elettrico **E** uscente da un punto A ha direzione perpendicolare alla superficie equipotenziale passante per A; il suo verso va dai punti a potenziale maggiore a quelli a potenziale minore; e il suo modulo è pari a:

$$E = -\frac{\Delta V}{\Delta s}$$

dove $\Delta V = V_B - V_A$ è la variazione del potenziale spostandosi lungo un tratto Δs lungo la direzione e nel verso del campo.

È possibile stabilire un **campo elettrico uniforme** nella regione di spazio compresa tra due piastre metalliche parallele a e b, caricate una positivamente e l'altra negativamente.
Se le piastre sono poste a una distanza *d* e tra loro c'è una differenza di potenziale ΔV, il modulo del campo elettrico vale $E = |\Delta V| / d$. Le linee di forza del campo **E** sono ortogonali alle piastre e il verso va dai punti a potenziale maggiore a quelli a potenziale minore.

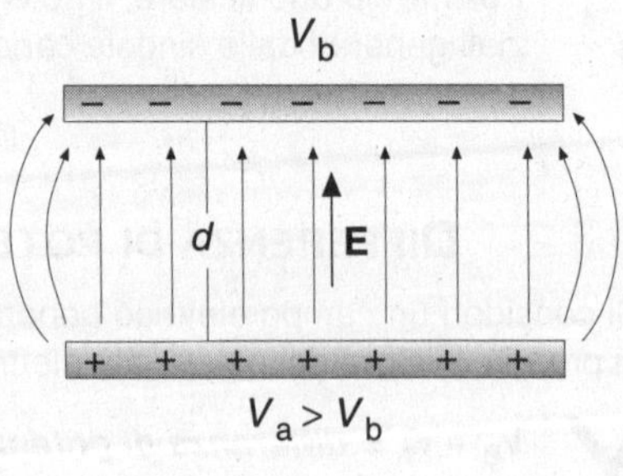

9.4 TEOREMA DI GAUSS

Il teorema di Gauss si applica quando la carica è distribuita su un conduttore esteso anziché essere puntiforme. Prima di enunciarlo, è necessario definire il concetto di flusso di un vettore.

Il flusso Φ di un vettore **v** attraverso la superficie *S* è dato dal prodotto scalare tra il vettore **v** e il vettore superficie **S**:

$$\Phi_S(\mathbf{v}) = \mathbf{v} \cdot \mathbf{S} = v \cdot S \cdot \cos\theta = v_n \cdot S$$

dove θ è l'angolo tra il vettore **v** e la normale alla superficie, v_n è la componente del vettore **v** lungo la normale ed **S** è il vettore superficie (con intensità pari all'area della superficie, direzione perpendicolare alla superficie e orientato verso l'esterno se la superficie è chiusa).

Il segno del flusso di un vettore è positivo quando il vettore "esce" dalla superficie, negativo se il vettore "entra". Nel caso del campo elettrico, il vettore **v** è rappresentato proprio dal campo elettrico **E** e l'unità di misura del flusso è volt · m.

Teorema di Gauss. Il flusso del campo elettrico attraverso una superficie chiusa S contenente n cariche $Q_1, Q_2, ..., Q_n$ è dato (nel vuoto) da:

$$\Phi_S(\mathbf{E}) = \frac{\sum Q_i}{\varepsilon_0} = \frac{Q_1 + Q_2 + ... + Q_n}{\varepsilon_0}$$

Dal teorema di Gauss si ricavano alcune importanti conseguenze:

- La carica elettrica nei conduttori si distribuisce sulla loro superficie.
- In condizioni elettrostatiche (ossia quando le cariche non sono in movimento), tutti i punti di un conduttore hanno lo stesso potenziale che prende il nome di potenziale del conduttore.
- Il campo elettrico all'interno di un conduttore carico è nullo.
- Sulla superficie del conduttore la densità di carica è maggiore dove la curvatura è maggiore, cioè dove il raggio di curvatura è minore: la carica elettrica si concentra quindi sulle punte dei conduttori carichi (*potere delle punte*).

9.5 CAPACITÀ DI UN CONDUTTORE

Dato un conduttore isolato con carica positiva Q, esso possiede un potenziale V direttamente proporzionale alla sua carica Q (si veda il § 9.3.1).

Quindi il rapporto tra la carica del conduttore e il suo potenziale è una costante che prende il nome di **capacità elettrostatica del conduttore**:

$$\text{Capacità} = C = \frac{\text{Carica}}{\text{Potenziale}} = \frac{Q}{V} = \text{costante}$$

La capacità di un conduttore è un indice della possibilità di accumulare carica su di esso; la quantità di carica che si accumula sul conduttore dipende cioè dalla sua capacità: a parità di potenziale, un conduttore con alta capacità accumula più cariche di uno con bassa capacità.

L'unità di misura della capacità prende il nome di **farad** $= \frac{\text{coulomb}}{\text{volt}}$; (simbolo F).

Un conduttore ha la capacità di 1 F quando la carica di 1 C gli conferisce il potenziale di 1 V.
Si usano spesso i sottomultipli del farad:

1 microfarad = 10^{-6} F 1 nanofarad = 10^{-9} F 1 picofarad = 10^{-12} F

La capacità di un conduttore dipende dalla sua superficie: **maggiore è la superficie del conduttore, maggiore è la sua capacità**.
A parità di superficie, la capacità di un conduttore dipende dalla sua forma.

9.5.1 CONDENSATORE

Se a un conduttore carico si avvicina un conduttore scarico, la sua capacità aumenta. I **condensatori** sono dispositivi ad alta capacità costituiti da due conduttori (*armature*) affacciati.
Per i condensatori vale la relazione:

$$C = \frac{Q}{V_2 - V_1} = \frac{Q}{\Delta V}$$

dove Q è la carica accumulata sulle armature e ΔV è la differenza di potenziale tra di esse.
Tramite il teorema di Gauss si dimostra che la capacità di un condensatore piano è:

$$C = \varepsilon \frac{S}{d}$$

dove S è la superficie delle armature, d è la loro distanza ed ε è la costante dielettrica del mezzo che le separa: tale risultato è valido anche per i condensatori sferici nei quali le armature sono superfici sferiche concentriche.

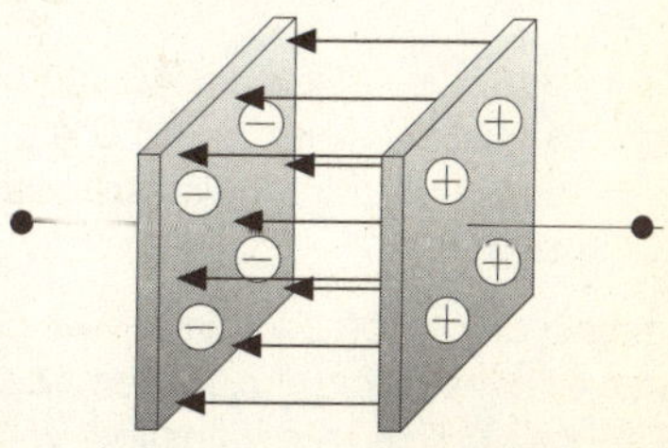

FISICA

Nella parte centrale di un condensatore piano le linee di forza del campo elettrico sono segmenti paralleli: tra le armature di un condensatore piano il campo elettrico è *uniforme* e vale:

$$E = \frac{\Delta V}{d} = \frac{Q}{C \cdot d}$$

Qual è l'unità di misura della costante dielettrica nel SI?
Data la relazione appena vista è possibile affermare che, per un condensatore piano:

$$\varepsilon = \frac{d}{S}C \quad \Rightarrow \quad [\varepsilon] = \frac{[d]}{[S]}[C] = [L]^{-1} \cdot [C]$$

Poiché nel SI l'unità di misura della capacità è il farad, si può concludere che l'unità di misura di ε è farad/metro.

Si hanno due conduttori tenuti alla differenza di potenziale (costante) di 160 volt. È possibile ottenere, fra i due conduttori, un campo elettrico di 10.000 volt/metro?
Il campo elettrico generato all'interno di un condensatore è direttamente proporzionale alla differenza di potenziale tra le armature del condensatore e inversamente proporzionale alla loro distanza. Se il dielettrico che separa le due armature è un buon isolante (cattivo conduttore) le armature si possono avvicinare fino a ottenere al loro interno un campo elettrico grande a piacere.

9.5.2 Lavoro di carica di un condensatore ed elettronvolt

Per caricare un condensatore inizialmente scarico (armature neutre) con una carica *Q* si devono trasferire cariche da un'armatura all'altra, compiendo un lavoro *L* dato da:

$$L = \frac{1}{2}\frac{Q^2}{C} = \frac{1}{2}C \cdot \Delta V^2$$

dove ΔV è la *differenza di potenziale* (d.d.p.) fra le armature. Per portare una carica *q* da un'armatura all'altra di un condensatore si deve compiere un lavoro dato da $L = q \cdot \Delta V$.

L'elettronvolt (eV) è un'unità di misura dell'energia utilizzata soprattutto in fisica delle particelle. Si chiama **elettronvolt** l'energia che acquista un elettrone nel passare da un'armatura all'altra di un condensatore in cui vi è una d.d.p. di 1 V.

Un elettronvolt = 1 eV = 1 V · 1,6 · 10^{-19} C = 1,6 · 10^{-19} J = 1,6 · 10^{-12} erg

In Appendice è riportato uno schema di conversione tra le diverse unità di misura dell'energia.

9.5.3 Quantizzazione della carica elettrica

In natura non è possibile disporre di una quantità di carica piccola a piacere. Esiste un valore minimo al di sotto del quale non è possibile andare. Ogni altra carica è un multiplo intero di questo valore minimo che prende il nome di *carica elementare* o *quanto di carica*.
La carica elementare coincide con la carica dell'elettrone o del protone: il suo valore è 1,6 · 10^{-19} C.

La carica dell'elettrone viene indicata con la lettera *e*. Si ha:

e = carica dell'elettrone = – 1,6 · 10^{-19} coulomb

PARTE QUARTA

QUESITI SVOLTI

1 **La forza elettrica tra un protone e un elettrone è:**

- **A** uguale a quella di attrazione gravitazionale tra le loro masse
- **B** opposta a quella di attrazione gravitazionale
- **C** molto più grande di quella di attrazione gravitazionale
- **D** molto più piccola di quella di attrazione gravitazionale
- **E** nessuna delle precedenti possibilità è corretta

La forza elettrica ha valori rilevanti anche su oggetti di carica piccola come un elettrone e un protone. Viceversa, la forza gravitazionale è trascurabile anche per oggetti molto più grandi di un protone e un elettrone, per esempio due persone, che non percepiscono la reciproca forza di attrazione gravitazionale. Tale forza ha valori importanti quando si considerano oggetti molto massivi (come satelliti e pianeti), o per oggetti piccoli rispetto a oggetti massivi (come una persona sulla Terra).

Per confrontare quantitativamente le due forze è necessario ricordare i valori della carica elementare $e = 1{,}6 \times 10^{-19}$ C, della massa del protone $m_p = 1{,}6 \times 10^{-27}$ kg e di quella dell'elettrone $m_e = 9{,}1 \times 10^{-31}$ kg, oltre che quello della costante di gravitazione universale, che vale $G = 6{,}67 \times 10^{-11}\ N \cdot m^2/kg^2$, e quello della costante di Coulomb $K_0 = 8{,}99 \times 10^9\ N \cdot m^2/C^2$.

Consideriamo ora le due forze:

$$F_g = G\,\frac{m_e \cdot m_p}{r^2}; \quad F_e = K_0\,\frac{e \cdot e}{r^2}$$

A parità di distanza, l'ODG del loro rapporto vale:

$$\text{ODG}\left[\frac{F_e}{F_g}\right] = \text{ODG}\left[\frac{K_0 \cdot e \cdot e}{G \cdot m_e \cdot m_p}\right] = \frac{10^{10} \cdot 10^{-19} \cdot 10^{-19}}{10^{-10} \cdot 10^{-31} \cdot 10^{-27}} = 10^{40}$$

La forza elettrica è pertanto molto maggiore della forza gravitazionale (risposta **C**).

2 **Se avvicinata a pezzetti di carta, una barretta di plastica strofinata con un panno di lana li attira a sé:**

- **A** perché la carta è un buon conduttore elettrico
- **B** perché vengono indotte delle cariche elettriche sulla carta
- **C** perché il campo gravitazionale diminuisce intorno alla barretta
- **D** per attrazione magnetica
- **E** per le particolari proprietà elettriche dell'aria

Il fenomeno descritto nel problema è quello dell'elettrizzazione per strofinio: strofinando la plastica (un isolante) con un panno di lana, alcune cariche passano dalla lana alla plastica nel punto in cui si è strofinato: tali cariche non vanno a redistribuirsi sulla superficie del materiale come invece avviene con un conduttore. Avvicinando la barretta ai pezzi di carta vengono indotte cariche elettriche. La risposta esatta è la **B**.

FISICA

3 Un sistema di cariche è costituito da due cariche puntiformi uguali e opposte collocate a una certa distanza tra loro. Che cosa si può dire del campo elettrico generato da un tale sistema?

A È dappertutto nullo poiché le due cariche sono uguali e opposte
B È identico a quello di una carica puntiforme di valore pari a metà della carica positiva
C È identico a quello di una carica puntiforme di valore pari a metà della carica negativa
D È dato dalla somma vettoriale dei campi elettrici prodotti dalle singole cariche
E È dato dalla differenza dei campi elettrici prodotti dalle singole cariche

La risposta corretta è la D. In ogni punto intorno alle due cariche il campo elettrico è un campo vettoriale descritto da un vettore pari alla somma dei vettori campo elettrico generati dalle singole cariche. Le linee di forza del campo elettrico generato da due cariche puntiformi non sono più radiali (la simmetria non è più centrale), ma più complicate, come mostrato nella figura (b) a pagina 388.

4 Quale fra i seguenti elementi è un semiconduttore?

A Ferro
B Indio
C Silicio
D Acqua
E Argento

Tra gli elementi proposti il ferro, l'indio e l'argento sono metalli e quindi conduttori, mentre l'acqua è un isolante: il semiconduttore è il silicio (risposta C).

5 Degli elettroni e dei protoni, la cui velocità iniziale è trascurabile, vengono accelerati da uguali differenze di potenziale stabilite tra coppie di elettrodi posti all'interno di due tubi sotto vuoto. Quale delle seguenti affermazioni, riferita all'istante in cui elettroni e protoni raggiungono l'elettrodo di segno opposto, è vera?

A Gli elettroni hanno minore velocità
B I protoni e gli elettroni hanno la stessa energia cinetica
C I protoni e gli elettroni hanno la stessa quantità di moto
D I protoni hanno maggiore energia cinetica
E I protoni hanno minore quantità di moto

A parità di d.d.p. e quindi di campo elettrico tra gli elettrodi, la forza a cui sono sottoposte le particelle cariche è identica a meno del verso e vale in modulo $F = E \cdot e$.
Fissiamo le idee sugli elettroni. Per quanto riguarda la loro velocità, se la distanza tra gli elettrodi vale d, la velocità finale raggiunta vale:

$$v_e = \sqrt{2da_e} = \sqrt{2d\left(\frac{E \cdot e}{m_e}\right)} = \frac{\sqrt{2dEe}}{\sqrt{m_e}}$$

La stessa relazione vale per i protoni, cambiando il valore per la massa: poiché $m_e < m_p$, la velocità finale degli elettroni è maggiore (risposta A errata).
Sempre fissando le idee sui protoni, la quantità di moto finale vale:

$$P_e = m_e \cdot v_e = \sqrt{m_e} \cdot \sqrt{2dEe}$$

La stessa relazione vale per i protoni, che quindi raggiungono una quantità di moto maggiore (risposte C ed E errate).

Si potrebbe, erroneamente, considerare il teorema dell'impulso e dire che, poiché la forza a cui sono sottoposte le particelle è la stessa, anche la variazione della quantità di moto è la stessa: questo è vero istante per istante, ma poiché gli elettroni sono più veloci arriveranno prima dei protoni all'elettrodo di segno opposto, quindi la forza agisce sui protoni più a lungo determinando nel loro caso una maggiore variazione della quantità di moto.

Poiché il lavoro compiuto dalle forze del campo sulle particelle è identico, e pari a $L = -q \cdot \Delta V$, per il teorema dell'energia cinetica si può affermare che protoni ed elettroni subiscono una identica variazione di energia cinetica: la risposta corretta è la B.

---

6 Tre cariche elettriche uguali e dello stesso segno sono poste ognuna al vertice di un triangolo equilatero. Si può affermare che il campo elettrico nel centro C del triangolo è:

A nullo
B uguale in modulo al triplo del campo generato da una delle cariche
C inversamente proporzionale al quadrato del lato del triangolo
D inversamente proporzionale al quadrato della distanza di C dalle cariche
E per rispondere occorre conoscere le dimensioni del triangolo

Una carica elettrica posta nel punto C (nella figura a fianco, per fissare le idee, si tratta di una carica positiva) è soggetta a tre forze la cui risultante è nulla (per simmetria): è nullo anche il campo elettrico risultante in C e la risposta corretta è quindi la A.

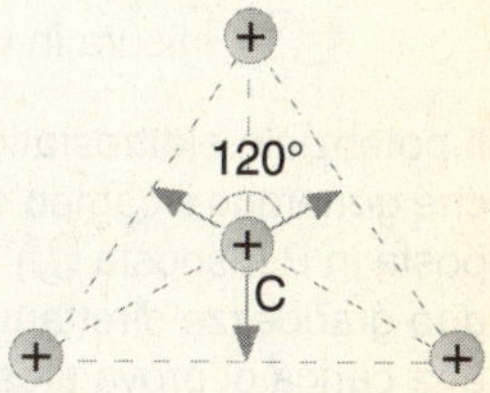

---

7 Il campo elettrostatico prodotto da una carica puntiforme positiva nel vuoto:

A ha linee di forza di forma circolare con centro nella carica
B è uniforme
C ha intensità direttamente proporzionale al quadrato della distanza dalla carica
D ha intensità inversamente proporzionale alla distanza dalla carica in direzione radiale
E ha linee di forza rettilinee uscenti dalla carica

L'intensità E del campo elettrico generato da una carica Q è pari a:

$$E = \mathrm{K} \cdot Q/r^2$$

dove K è la costante di Coulomb e r è la distanza dalla carica Q.

L'intensità del campo è inversamente proporzionale al quadrato della distanza dalla carica, il che esclude le risposte B, C e D. Le linee di forza del campo sono in ogni punto tangenti al vettore campo elettrico e quindi alla forza di Coulomb che la carica positiva esercita su una eventuale seconda carica. Si tratta di linee rette uscenti dalla carica. La risposta esatta è la E.

---

8 Una carica puntiforme q_0 è posta a distanza r da un'altra carica puntiforme q e ha una energia potenziale elettrostatica $W = 8 \cdot 10^{-5}$ J. Se la carica q_0 viene lasciata libera, quando si trova a distanza $2r$ da q ha acquistato una energia cinetica E pari a:

A $E = 4 \cdot 10^{-5}$ J
B $E = 2 \cdot 10^{-5}$ J
C $E = 8 \cdot 10^{-5}$ J
D $E = 16 \cdot 10^{-5}$ J
E $E = 4 \cdot 10^{-10}$ J

FISICA

L'energia potenziale elettrostatica E_p di una carica puntiforme q_0 in un campo elettrico generato da una carica puntiforme q è pari a:

$$E_p = K \cdot \frac{q_0 \cdot q}{r}$$

dove r è la distanza tra le due cariche.
Al crescere della distanza l'energia elettrostatica diminuisce e quando q_0, inizialmente a distanza r da q, si trova a una distanza pari a $2r$, la sua energia si è dimezzata. Per il principio di conservazione dell'energia, l'energia persa si trasforma e diventa energia cinetica. Quindi, a distanza $2r$, l'energia cinetica della carica q_0 è la metà dell'energia elettrostatica iniziale: $4 \cdot 10^{-5}$ J. La risposta corretta è la **A**.

---

9 Quale delle seguenti affermazioni relative al potenziale elettrostatico in un punto P di un campo elettrico è ERRATA?

- **A** È numericamente uguale all'energia potenziale della carica unitaria positiva in P
- **B** Dipende dalla carica esploratrice posta in P
- **C** Dipende unicamente dalle cariche che creano il campo e dalla loro distanza da P
- **D** È uguale al rapporto tra l'energia potenziale della carica esploratrice posta in P e il valore della carica stessa; si misura in joule/coulomb
- **E** Si misura in volt

Il potenziale elettrostatico in un punto P di un campo elettrico dipende unicamente dalle cariche che generano il campo e dalla posizione del punto P: **non** dipende invece dalla carica esploratrice posta in P (risposta **B**). Il potenziale elettrostatico in un punto è infatti definito come il rapporto tra due grandezze direttamente proporzionali: l'energia potenziale della carica di prova in quel punto e la carica di prova stessa. Si noti che il volt è definito come joule / coulomb, pertanto la risposta **E** non contraddice la **D**.

---

10 Il lavoro per portare due cariche puntiformi e uguali *Q*, inizialmente molto distanti tra loro, a distanza *a* fissata sia *L*. Quanto sarà il lavoro speso per portare tre cariche dello stesso tipo e valore ai vertici di un triangolo equilatero di lato sempre uguale ad *a*, anch'esse inizialmente a distanze molto grandi tra loro?

- **A** $2L$
- **B** $3L$
- **C** $6L$
- **D** L^2
- **E** L^3

Una carica q ferma nello spazio genera intorno a sé un potenziale V_q (che dipende solo dalla carica e dalla distanza da essa). Per portare una seconda carica dall'infinito a una distanza a da q si deve "risalire" lungo il potenziale, facendo il lavoro L dato da:

$$L = -q \cdot V_q(a)$$

A questo punto si hanno due cariche q ferme nello spazio a distanza a. Volendo portare una terza carica dall'infinito alla stessa distanza da entrambe (le tre cariche si verrebbero a trovare dunque ai vertici di un triangolo equilatero di lato a), si deve risalire il potenziale dato dalla presenza delle prime due. Questo si ottiene sommando i potenziali delle singole cariche; perciò nel vertice del triangolo vale:

$$V_q(a) + V_q(a) = 2V_q(a)$$

Il lavoro per sistemare la terza carica è dunque $2L$, mentre il lavoro totale per porre le tre cariche nella configurazione descritta è $L + 2L = 3L$ (risposta **B**).

PARTE QUARTA

11 **La differenza di potenziale tra le armature di un condensatore con capacità *C* = 1 mF vale 200 V. Quanto vale la carica sulle armature del condensatore?**

- A 500 mC
- B 2×10^5 C
- C 200 mC
- D 5 mC
- E 50 mC

La carica sulle armature del condensatore è pari a:

$$Q = C \cdot \Delta V = 1 \times 10^{-3}\ \text{F} \cdot 200\ \text{V} = (200 \times 10^{-3})\ \text{F} \cdot \text{V} = 200\ \text{mC}$$

La risposta corretta è la C.

12 **Quando in un condensatore piano, carico e isolato, si raddoppia la differenza di potenziale applicata alle armature, l'energia elettrostatica del condensatore:**

- A raddoppia
- B si dimezza
- C si riduce di un quarto
- D quadruplica
- E diventa un quarto

L'energia elettrostatica di un condensatore vale $L = C \cdot (\Delta V)^2/2$. Raddoppiando la d.d.p., dunque, tale grandezza quadruplica (risposta D).

FISICA

10 CORRENTE ELETTRICA

Se tra i capi di un conduttore metallico vi è una differenza di potenziale, gli elettroni liberi di muoversi (elettroni di conduzione) vengono accelerati dal campo **E**, e si spostano da punti a potenziale minore a punti a potenziale maggiore, in verso opposto a quello del campo, come indicato in figura.

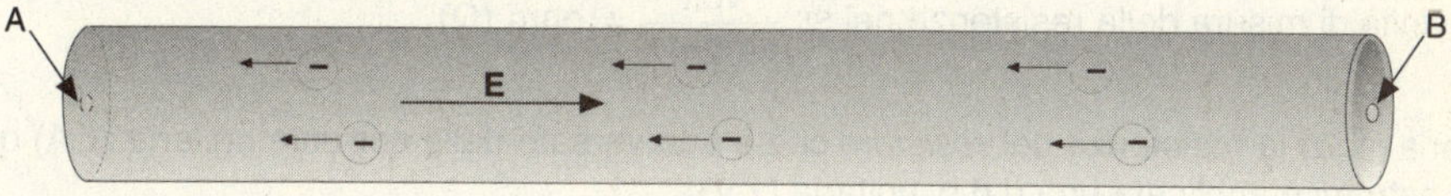

$V_A > V_B$

Nei conduttori metallici (conduttori di prima specie) le cariche negative (elettroni) sono libere di muoversi secondo la direzione del campo elettrico, mentre le cariche positive sono bloccate nei nodi reticolari. Nei liquidi e nei gas (conduttori di seconda specie) sia le cariche negative sia le cariche positive possono partecipare alla conduzione elettrica; questo è possibile grazie alla presenza degli ioni che fungono da veicoli trasportatori di cariche.

Affinché si abbia un moto ordinato di cariche in un conduttore è quindi necessaria la presenza di una differenza di potenziale alle sue estremità o, equivalentemente, di un campo elettrico.

Quando le cariche libere attraversano un conduttore in maniera ordinata, si è in presenza di una **corrente elettrica**.

Per convenzione si è scelto come **verso della corrente** quello dello spostamento delle cariche positive (anche se nei solidi tali cariche non si spostano e non contribuiscono al fenomeno della conduzione).

Quindi, in un conduttore solido, il moto delle cariche è sempre contrario a quello della corrente.

Se ai capi A e B di un conduttore si applica una d.d.p. con $V_A > V_B$, il campo elettrico è orientato da A ad B, il verso della corrente è da A a B, ma gli elettroni si muovono da B ad A.

10.1 INTENSITÀ DI CORRENTE

L'**intensità di corrente (media)** è il rapporto tra la quantità di carica ΔQ che attraversa una sezione del conduttore in un tempo Δt e l'intervallo di tempo stesso:

$$i = \frac{\Delta Q}{\Delta t}$$

Unità di misura dell'intensità di corrente nel SI: $\frac{\text{coulomb}}{\text{secondo}}$ = ampere (A)

Un circuito è percorso dalla corrente di 1 ampere quando la sua generica sezione è attraversata da 1 coulomb di carica al secondo. L'intensità di corrente è una grandezza scalare: inoltre è una grandezza fondamentale del Sistema internazionale, con dimensione [i].

La corrente si dice **unidirezionale** se le cariche si muovono sempre nello stesso senso; in particolare si dice **continua** se la sua intensità e il senso di moto delle cariche si mantengono costanti.

La corrente si dice **alternata** se il senso di moto delle cariche subisce delle inversioni periodiche.

FISICA

10.2 LEGGI DI OHM

10.2.1 PRIMA LEGGE DI OHM

Per i conduttori di prima specie (metalli) si osserva proporzionalità tra i e ΔV. Indicando con R la costante di proporzionalità si ha:

$$V_B - V_A = \Delta V = R \cdot i \quad \Rightarrow \quad R = \frac{\Delta V}{i}$$

La costante di proporzionalità R è detta **resistenza**: è un indice dell'opposizione che incontrano le cariche negative (elettroni) nel muoversi all'interno del conduttore.

Unità di misura della resistenza nel SI: $\frac{\text{volt}}{\text{ampere}}$ = ohm (Ω)

È unitaria (1 Ω) la resistenza del *resistore* che è attraversato dalla corrente unitaria (1 A) quando ai suoi estremi è applicata una d.d.p. unitaria (1 V).

Quale corrente passa nel filamento di una lampadina con resistenza di 100 Ω se i due capi della lampadina sono a un potenziale di 2 e 8 volt rispettivamente?
Si tratta di calcolare la differenza di potenziale ai capi della resistenza:

$$\Delta V = (8 - 2)\ \text{V} = 6\ \text{V}$$

e applicare la prima legge di Ohm:

$$i = \frac{\Delta V}{R} = \frac{6\ \text{V}}{100\ \Omega} = 0{,}06\ \text{A} = 60\ \text{mA}$$

Il milliampere (mA) è un sottomultiplo dell'ampere usato piuttosto frequentemente.

10.2.2 SECONDA LEGGE DI OHM

La resistenza elettrica di un filo conduttore è direttamente proporzionale alla lunghezza l del filo e inversamente proporzionale alla sua sezione S:

$$R = \rho \frac{l}{S}$$

dove ρ è un coefficiente caratteristico del conduttore, che prende il nome di **resistività** o *resistenza specifica* del materiale.

Unità di misura della resistività nel SI: ohm · metro (Ω ·m)

Conducibilità del materiale: $\lambda = \frac{1}{\rho}$; unità di misura nel SI: $\frac{\text{siemens}}{\text{m}}$

La resistività dipende dal materiale e dalla temperatura a cui tale materiale si trova.

La resistenza dei conduttori di prima specie aumenta all'aumentare della temperatura.

I **semiconduttori**, al contrario, sono materiali la cui resistività, e quindi la resistenza, diminuisce all'aumentare della temperatura. A temperature vicine allo zero assoluto, per alcuni materiali si verifica una brusca riduzione del valore della resistività fino a valori prossimi a zero: tale fenomeno prende il nome di **superconduttività**. Ciascun superconduttore ha una propria temperatura critica, al di sotto della quale la sua resistenza diventa pressoché nulla e la corrente che lo attraversa rimane inalterata per molto tempo anche in assenza di generatori.

Nella tabella seguente vengono elencati alcuni materiali (numerati da 1 a 18) in ordine crescente di resistività (cioè in ordine decrescente di conducibilità).

Conduttori	Semiconduttori	Isolanti
1) argento	8) germanio	13) mica
2) rame	9) silicio	14) vetro
3) alluminio	10) ossido di rame	15) quarzo
4) platino	11) boro	16) porcellana
5) ferro	12) celluloide	17) ambra
6) acciaio		18) paraffina
7) mercurio		

10.3 EFFETTO JOULE

L'effetto di riscaldamento di un conduttore causato dalla corrente elettrica che lo attraversa è detto **effetto Joule**. L'energia dissipata per effetto Joule è pari a:

$$E = L = \Delta V \cdot i \cdot \Delta t = R \cdot i^2 \cdot \Delta t$$

Da questo risultato è possibile calcolare anche la potenza dissipata per effetto Joule:

$$P = \frac{L}{\Delta t} = \Delta V \cdot i = R \cdot i^2 = \frac{(\Delta V)^2}{R}$$

Per ottenere la quantità di calore prodotta per effetto Joule in calorie, occorre ricordare che il legame tra il joule e la caloria è dato dall'equivalente meccanico della caloria, pari a 4,186 J/cal. Quindi la quantità di calore Q dissipata per effetto Joule, espressa in calorie, è pari a:

$$Q = \frac{R \cdot i^2 \cdot \Delta t}{4{,}186 \text{ J/cal}}$$

Una lampadina da 75 W è collegata a un generatore da 220 V. Qual è il valore della corrente che passa nella lampadina?
La potenza dissipata per effetto Joule è $P = \Delta V \cdot i$ quindi l'intensità di corrente vale:

$$i = \frac{P}{\Delta V} = \frac{75 \text{ W}}{220 \text{ V}} = 0{,}34 \text{ A}$$

Quanto vale l'energia E dissipata in una resistenza R in un tempo t quando alla resistenza è applicata una tensione V (con $V = 0{,}2$ volt, $R = 0{,}10\ \Omega$ e $t = 10^{-2}$ secondi)?
L'energia dissipata per effetto Joule è data dalla relazione:

$$E = \Delta V \cdot i \cdot t = R \cdot i^2 \cdot t = \frac{\Delta V^2}{R} \cdot t$$

sostituendo i valori numerici si ottiene:

$$E = \frac{(0{,}2)^2}{0{,}1} \cdot 10^{-2} \text{ J} = 0{,}04 \cdot 10 \cdot 10^{-2} \text{ J} = 4 \cdot 10^{-3} \text{ J}$$

10.4 CIRCUITI ELETTRICI

Ogni generatore di corrente continua è dotato di una **forza elettromotrice** (*f.e.m.*) definita come il rapporto fra il lavoro che il generatore compie sulla carica Q che lo attraversa e la carica stessa. Dalla definizione segue che la *f.e.m.* si misura in volt.

Numericamente la *f.e.m.* coincide con la d.d.p. ai capi del generatore quando il circuito è aperto.

Nei circuiti elettrici, la corrente fornita da un **generatore** viene trasformata in altri tipi di energia (luminosa, termica, meccanica o magnetica) a seconda degli elementi utilizzatori in esso presenti. I simboli con cui si rappresentano i componenti di un circuito elettrico sono riportati a lato.

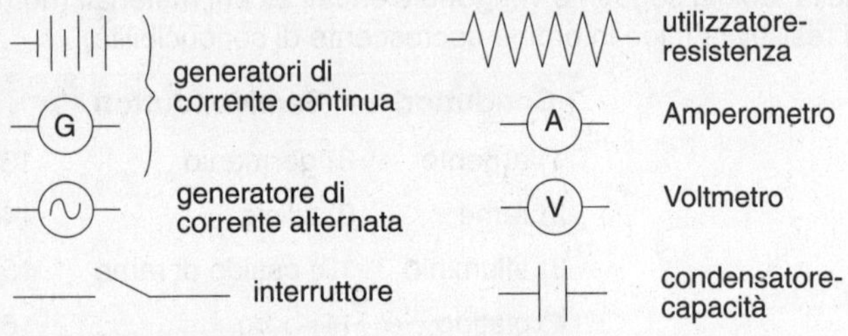

L'**alternatore** è un generatore di corrente alternata, cioè corrente il cui verso cambia periodicamente. L'**utilizzatore** (o resistore) è un apparecchio che trasforma l'energia elettrica in altre forme.

L'**amperometro** è uno strumento atto a misurare l'intensità di corrente, mentre il **voltmetro** è un apparecchio che serve a misurare la differenza di potenziale tra due punti di un circuito.

10.4.1 RESISTENZE E CONDENSATORI IN SERIE E IN PARALLELO

In un circuito elettrico, i vari componenti possono essere disposti in *serie* (attraversati dalla stessa intensità di corrente) o in *parallelo* (ai loro capi vi è la stessa d.d.p.) a seconda delle esigenze.

Nel calcolo delle correnti che circolano nel circuito e delle differenze di potenziale ai capi dei componenti, risulta spesso conveniente sostituire un gruppo di resistenze con la resistenza equivalente e un gruppo di capacità con la capacità equivalente.

✔ La **resistenza equivalente** R_{eq} di più resistenze è quella resistenza che da sola causerebbe la stessa dissipazione di energia per effetto Joule.

✔ La **capacità equivalente** C_{eq} di più condensatori è quella di un condensatore che accumulerebbe da solo la stessa carica.

Il valore della resistenza equivalente si calcola in modo diverso a seconda che le resistenze siano collegate in serie o in parallelo.

Resistenze in serie:

$$R_{eq} = R_1 + R_2$$

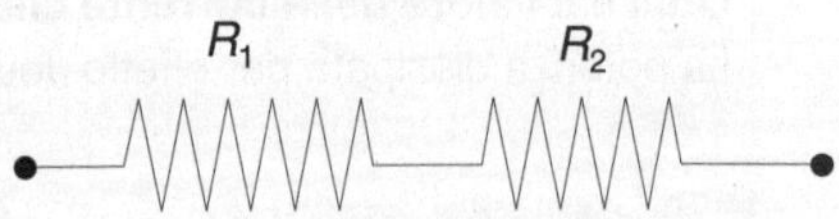

Resistenze in parallelo:

$$\frac{1}{R_{eq}} = \frac{1}{R_1} + \frac{1}{R_2}$$

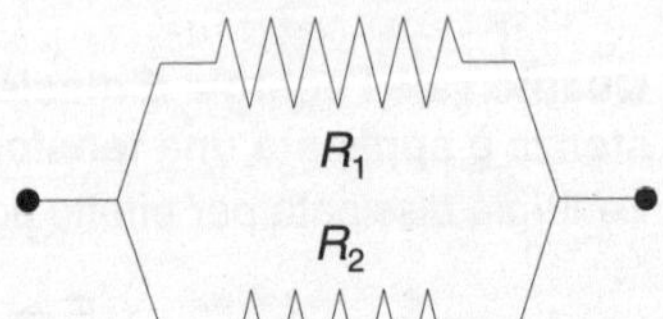

La resistenza equivalente di più resistenze in serie è maggiore di ciascuna delle resistenze in serie.
La resistenza equivalente di più resistenze in parallelo è minore di ciascuna delle resistenze in parallelo.
Per i condensatori la situazione è rovesciata!

Condensatori in serie:

$$\frac{1}{C_{eq}} = \frac{1}{C_1} + \frac{1}{C_2}$$

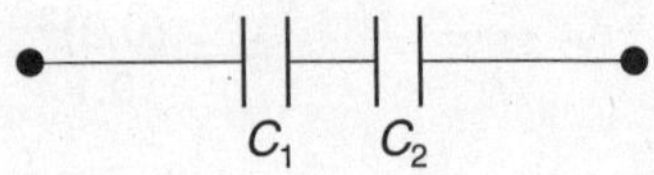

Condensatori in parallelo:

$$C_{eq} = C_1 + C_2$$

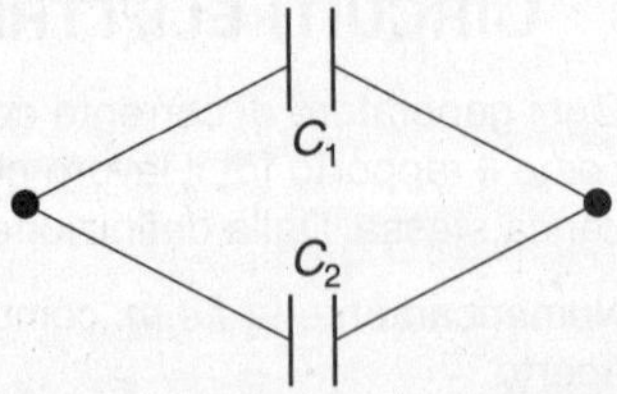

La capacità equivalente di più capacità in parallelo è maggiore di ciascuna delle capacità in parallelo.
La capacità equivalente di più capacità in serie è minore di ciascuna delle capacità in serie.

Tra due morsetti A e B di un circuito elettrico sono collegate in parallelo tre resistenze, due da 200 Ω e una da 100 Ω.
Quanto vale la resistenza equivalente totale tra A e B?
Date tre resistenze R_1, R_2 e R_3 collegate in parallelo tra loro, la resistenza equivalente del sistema è legata alle singole resistenze dalla relazione:

$$\frac{1}{R_{eq}} = \frac{1}{R_1} + \frac{1}{R_2} + \frac{1}{R_3}$$

Sostituendo i valori si ottiene:

$$\frac{1}{R_{eq}} = \frac{1}{200\ \Omega} + \frac{1}{200\ \Omega} + \frac{1}{100\ \Omega} = \frac{4}{200\ \Omega} = \frac{1}{50\ \Omega} \Rightarrow R_{eq} = 50\ \Omega$$

Si hanno a disposizione quattro condensatori uguali ciascuno di capacità 100 μF. Combinandoli in modo opportuno è possibile ottenere una capacità equivalente pari a 25 μF? Se sì, in quale modo?
Se *n* condensatori sono collegati in parallelo, la capacità equivalente è pari a:

$$C_{eq} = C_1 + C_2 + \ldots + C_n$$

Se *n* condensatori sono collegati in serie, la capacità equivalente è data da:

$$\frac{1}{C_{eq}} = \frac{1}{C_1} + \frac{1}{C_2} + \ldots + \frac{1}{C_n}$$

Il quesito chiede di trovare una capacità equivalente inferiore alle capacità dei singoli condensatori. Sicuramente, quindi, i quattro condensatori non devono essere collegati in parallelo, altrimenti la capacità equivalente sarebbe uguale a 400 μF.
Se i condensatori vengono collegati in serie, la capacità totale diventa pari a:

$$\frac{1}{C_{eq}} = \frac{1}{100\ \mu F} + \frac{1}{100\ \mu F} + \frac{1}{100\ \mu F} + \frac{1}{100\ \mu F} = \frac{1}{25\ \mu F} \quad \Rightarrow \quad C_{eq} = 25\ \mu F$$

Quindi per avere una capacità equivalente pari a 25 μF è necessario collegare i quattro condensatori in serie.

10.4.2 Analisi dei circuiti elettrici

Il problema che si può presentare è il seguente: dati uno o più generatori con alcuni elementi di circuito variamente connessi tra loro, si chiede di determinare quali sono le correnti che li attraversano e quanto valgono le differenze di potenziale ai loro capi.

Per la risoluzione di tale problema è necessario tenere presente alcune regole, in parte già viste in precedenza, che vengono ora elencate per comodità.

- Due *elementi* sono collegati *in serie* quando sono attraversati dalla stessa intensità di corrente, mentre sono collegati *in parallelo* quando partono dallo stesso nodo e si chiudono sullo stesso nodo (ai loro capi vi è la stessa differenza di potenziale).
- I fili conduttori che collegano tra loro gli elementi del circuito hanno resistenza nulla.
- Due punti che si trovano collegati da un filo, senza che altri elementi del circuito siano posti tra i due, hanno lo stesso potenziale.
- Ogni linea chiusa all'interno del circuito prende il nome di *maglia*.

Si utilizzano anche le due **leggi di Kirchhoff**:

1. in ogni *nodo* del circuito, la somma delle correnti entranti deve essere uguale alla somma delle correnti uscenti.
2. la somma algebrica delle forze elettromotrici contenute in una maglia è uguale alla somma delle differenze di potenziale ai capi di ciascuno degli elementi della maglia.

FISICA

Di seguito viene fornito un esempio di circuito elettrico nel quale si devono determinare le correnti e le differenze di potenziale presenti.

Si trovi la d.d.p. tra i punti A e B del circuito rappresentato, sapendo che la forza elettromotrice del generatore è di 10 V, R_1 = 100 Ω e R_2 = 100 Ω.

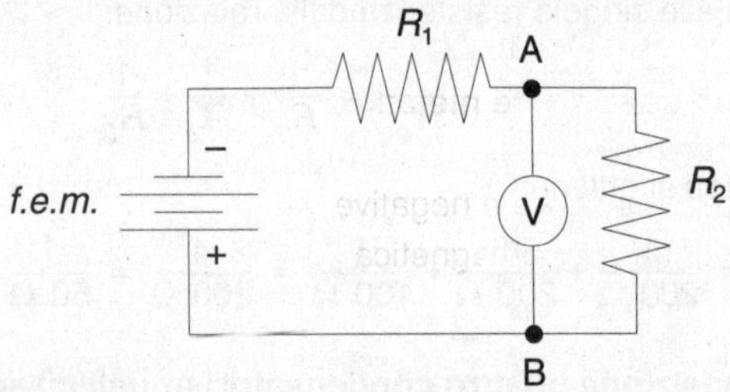

Si ha $\Delta V_{AB} = R_2\, i$, dove i è l'intensità di corrente che attraversa la resistenza R_2. Applicando la seconda legge di Kirchhoff (il circuito è una *maglia*) si ottiene:

$$f.e.m. = R_1 \cdot i + R_2 \cdot i \;\Rightarrow\; f.e.m. = (R_1 + R_2) \cdot i \;\Rightarrow\; i = \frac{f.e.m.}{R_1 + R_2}$$

$$\Delta V_{AB} = R_2 \cdot \frac{f.e.m.}{R_1 + R_2}$$

Inserendo i valori numerici si ottiene:

$$\Delta V_{AB} = 100\ \Omega \cdot \frac{10\ \text{V}}{200\ \Omega} = 5\ \text{V}$$

10.5 Corrente elettrica nei liquidi e nei gas

L'acqua distillata non conduce elettricità (è un isolante), perché non contiene anioni (ioni positivi) e cationi (ioni negativi); diventa però conduttrice quando contiene ioni che fungono da veicoli trasportatori di carica (è questo il caso dell'acqua non distillata).

Elettrolita: sostanza che in acqua si dissocia elettroliticamente e la rende conduttrice.

La *conducibilità di una soluzione* cresce al crescere della concentrazione dell'elettrolita forte[1] presente in soluzione e cresce al crescere della mobilità degli ioni presenti in soluzione.

I liquidi non sono conduttori ohmici: per essi non valgono le leggi di Ohm.

I gas conducono solo se sono ionizzati. La ionizzazione di un gas si ottiene bombardandolo con agenti ionizzanti: radiazioni elettromagnetiche (raggi X), corpuscoli veloci (elettroni o particelle α). Come nei liquidi, anche nei gas la conducibilità dipende dalla concentrazione degli ioni e dalla loro mobilità.

I gas non sono conduttori ohmici: per essi non valgono le leggi di Ohm.

I gas e i liquidi sono perciò anche detti **conduttori di seconda specie**.

Il vuoto non conduce la corrente elettrica: se però, all'interno di una ampolla contenente un gas molto rarefatto, si applica una differenza di potenziale elevata, si osserva il passaggio di elettroni liberi. I **raggi catodici** sono elettroni emessi dal catodo (elettrodo negativo) che si propagano nel gas rarefatto con velocità elevata (circa 1/3 della velocità della luce).

1. Per elettrolita forte si intende una sostanza che in soluzione è totalmente dissociata negli ioni che la costituiscono. Un elettrolita debole in soluzione è dissociato solo parzialmente.

PARTE QUARTA

QUESITI SVOLTI

1 La corrente in un conduttore metallico è dovuta:

A al moto degli elettroni
B al moto di cariche positive e negative
C al moto di un'onda elettromagnetica
D al moto di un fluido
E al moto di un solido

Nei conduttori solidi, le uniche cariche in movimento sono gli elettroni di conduzione. La corrente per convenzione scorre in direzione opposta a quella delle cariche negative, ma nei conduttori solidi non esistono cariche positive in moto. La risposta esatta è la A.

2 Un conduttore è percorso da una corrente i = 800 mA. In un tempo pari a due secondi la sezione del conduttore viene attraversata da (carica dell'elettrone $e = -1{,}6 \times 19^{-19}$ C):

A 4×10^{20} elettroni
B 10^{-19} elettroni
C 2×10^{22} elettroni
D 10^{19} elettroni
E 2×10^{16} elettroni

Per la definizione di corrente, la quantità di carica che attraversa il conduttore si ricava moltiplicando la corrente per il tempo. Il numero di elettroni N si trova dividendo la carica totale per la carica elementare e:

$$N = \frac{i \cdot \Delta t}{e} = \frac{800 \cdot 10^{-3}\ \text{A} \cdot 2\ \text{s}}{1{,}6 \times 10^{-19}\ \text{C}} = 10^{-19} \quad \text{(risposta D)}$$

3 L'ohm è uguale a:

A ampere/volt
B volt/ampere
C coulomb · volt
D volt · ampere
E coulomb/secondo

L'ohm (Ω) è l'unità di misura della resistenza nel SI. La prima legge di Ohm afferma che $R = (\Delta V)/i$ dove ΔV è la differenza di potenziale misurata in volt e i è l'intensità di corrente la cui unità di misura è l'ampere. Quindi Ω = volt/ampere (risposta B).

4 I fili elettrici impiegati per il trasporto della corrente negli ambienti domestici sono di:

A ferro B rame C argento D ottone E nichel

Il materiale scelto per il trasporto della corrente rappresenta un compromesso fra alcune proprietà come la conducibilità, le caratteristiche chimico-fisiche e il costo: il rame, pur essendo un conduttore peggiore dell'argento, risulta essere decisamente più economico e con caratteristiche fisiche più adatte allo scopo. La risposta corretta è dunque la B.

5 Quale quantità di energia viene dissipata in un'ora da una comune lampada a incandescenza di 60 W?

A Circa 50 calorie

B Circa 500 calorie

C Circa 5.000 calorie

D Circa 50.000 calorie

E Circa 500.000 calorie

L'energia dissipata dalla lampada di potenza $P = 60$ W sotto forma di calore per effetto Joule è pari a: $L = P \cdot \Delta t$ dove Δt è il tempo durante il quale l'energia viene dissipata. Sostituendo i valori si ottiene:

$$L = 60\ \text{W} \cdot 1\ \text{h} = 60\ \frac{\text{J}}{\text{s}} \cdot 3600\ \text{s} = 216.000\ \text{J}$$

Ricordando che 1 cal = 4,186 joule, si trova 216.000 J ≈ 51.600 cal.

La risposta esatta è quindi la D.

6 Nella figura tutti i condensatori hanno la stessa capacità C. Fra i punti A e B la capacità equivalente vale:

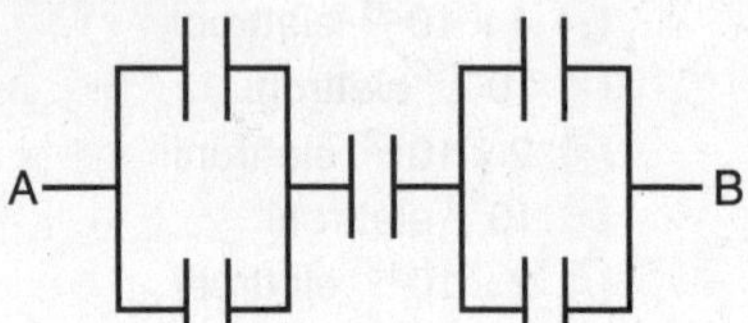

A $3C/2$

B $3C$

C $2C$

D $2C/3$

E $C/2$

Ricordando la regola per calcolare le capacità equivalenti, si può schematizzare la situazione in figura come la serie di tre capacità C_{eq}, C e C_{eq}, dove le C_{eq} sono a loro volta la capacità equivalente di un parallelo (pari alla somma delle singole capacità).

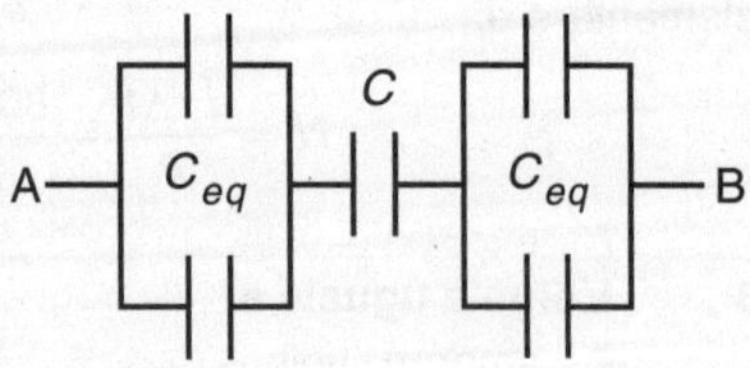

La capacità equivalente totale si ricava perciò come segue:

$$\frac{1}{C_t} = \frac{1}{C_{eq}} + \frac{1}{C} + \frac{1}{C_{eq}} = \frac{1}{2C} + \frac{1}{C} + \frac{1}{2C} = \frac{2}{C} \quad \Rightarrow \quad C_t = \frac{C}{2} \quad \text{(risposta E)}$$

7 L'unità di misura della resistività è:

A Ω/m^2 B $\Omega \cdot \text{m}^2$ C Ω/m D $\Omega \cdot \text{m}$ E Ω/m^3

Per ricavare l'unità di misura di una grandezza non particolarmente immediata, come la resistività, conviene ricordare una legge in cui tale grandezza è implicata e ricavarne l'unità di misura. Per la resistività, si ricorda la *seconda legge di Ohm*, secondo cui la resistenza elettrica di un filo conduttore è direttamente proporzionale alla lunghezza del filo l e inversamente proporzionale alla sezione S:

$$R = \rho \cdot \frac{l}{S} \Rightarrow \rho = \frac{R \cdot S}{l}$$

Da questa relazione si ricava che la resistività ha le dimensioni di una resistenza per una lunghezza, dunque la sua unità di misura nel Sistema internazionale è $\Omega \cdot \text{m}$ (risposta D).

8 Tre lampadine di resistenza elettrica $R_1 < R_2 < R_3$ vengono alimentate in parallelo dalla stessa linea elettrica. Qual è la relazione tra le potenze dissipate dalle tre lampadine?

A $P_1 < P_2$ e $P_2 > P_3$

B $P_1 = P_2 = P_3$

C $P_1 > P_3$ e $P_2 < P_3$

D $P_1 > P_2 > P_3$

E $P_1 < P_2 < P_3$

Ai capi di tre resistenze in parallelo è applicata la stessa differenza di potenziale; inoltre, la potenza *P* dissipata per effetto Joule da una resistenza *R* ai capi della quale è applicata una tensione ΔV vale $(\Delta V)^2/R$, dunque *P* è inversamente proporzionale a *R*.

Si conclude che le potenze dissipate stanno tra loro nella relazione espressa dall'alternativa D.

9 Si hanno 4 pile, ciascuna è da 1,5 V. Le si collegano in serie (collegando il polo + della prima al – della seconda, il + della seconda al – della terza e, infine, il + della terza al – della quarta). Quanto vale la differenza di potenziale d.d.p. (in valore assoluto) tra il polo – della prima e il polo + della quarta, a circuito aperto?

A Si crea un immediato cortocircuito, per cui immediatamente si ha 0 V

B Si annullano le cariche, quindi non succede nulla, ma si ottiene comunque 0 V

C Si ottiene una d.d.p. da 1,5 V, ma di maggiore durata

D Si ottiene una d.d.p. da 1,5 V di minor durata, ma più precisa e più stabile

E Si ottiene una d.d.p. di 6 V

Le quattro pile sono poste in serie, con i poli opposti collegati fra loro. Ai capi di ogni pila si ha una *caduta di potenziale* o d.d.p. pari a 1,5 V. La differenza di potenziale totale ai capi della serie di pile sarà dunque uguale a quattro volte la d.d.p. ai capi di ogni pila, ovvero 6 V (risposta E).

10 Determinare il valore della corrente che passa in R_2 quando:
A) l'interruttore I è aperto
B) I è chiuso

A A) 0,1 A; B) 0,1 A

B A) 0,1 A; B) 0,2 A

C A) 0,2 A; B) 0,1 A

D A) 0,2 A; B) 0,2 A

E A) 0,2 A; B) 0,3 A

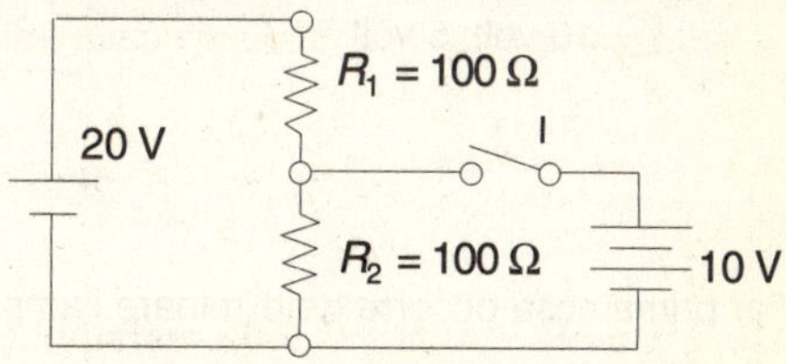

Si supponga che l'interruttore I sia aperto. La corrente passa solo nella prima maglia, attraversando le resistenze R_1 e R_2. Tali resistenze sono in serie e sono quindi equivalenti a una resistenza totale pari a:

$$R_{tot} = R_1 + R_2 = 100\ \Omega + 100\ \Omega = 200\ \Omega$$

La corrente che circola nella maglia è pari a:

$$i = \frac{\Delta V}{R_{tot}} = \frac{20\ V}{200\ \Omega} = 0,1\ A$$

Questa corrente passa in entrambe le resistenze.

FISICA

Chiudendo l'interruttore, passa corrente anche nella seconda maglia. Ai capi di R_2 la d.d.p. è uguale a 10 V, in quanto R_2 è direttamente collegata al generatore di 10 V; quindi, in questo caso, la corrente che attraversa R_2 è:

$$i = \frac{\Delta V}{R_2} = \frac{10\ \text{V}}{100\ \Omega} = 0{,}1\ \text{A}$$

La risposta corretta è la A.

11 Due lampadine sono inserite in un circuito che comprende una pila e un interruttore. Come devono essere collegate le due lampadine perché possa verificarsi la condizione che una lampadina sia accesa e una sia spenta?

A In serie

B In parallelo con l'interruttore inserito in uno dei due rami

C In serie con l'interruttore inserito in mezzo alle due lampadine

D La condizione in cui una lampadina è spenta e una accesa non può mai verificarsi perché le lampadine appartengono allo stesso circuito

E La condizione di cui sopra può verificarsi per qualsiasi disposizione delle due lampadine

La risposta esatta è la B. Per rendersene conto è sufficiente osservare la rappresentazione del circuito riportata a lato.

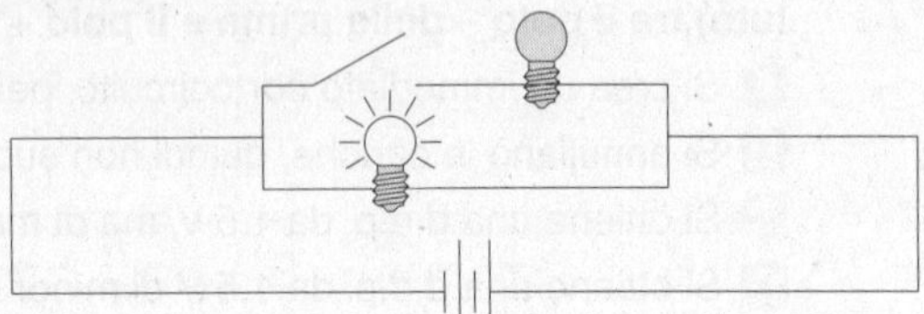

12 Quanto vale la tensione ai capi delle resistenze R_2 e R_3 nel circuito in figura?

A 3 volt; 12 volt

B 5 volt; 10 volt

C 6 volt; 13 volt

D 7 volt; 14 volt

E 10 volt; 5 volt

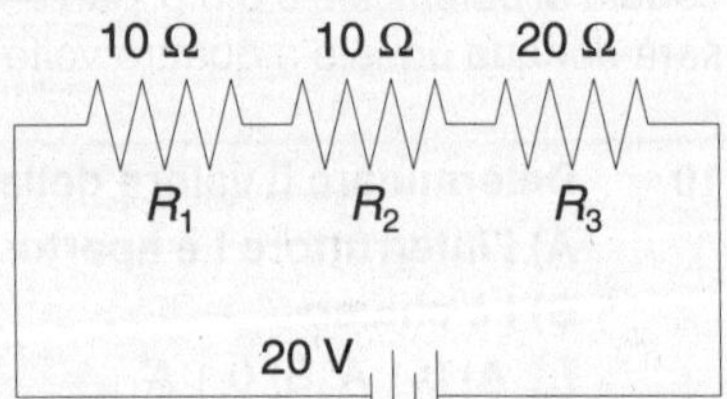

Per prima cosa occorre determinare l'amperaggio che attraversa il circuito:

$$R_{tot} = R_1 + R_2 + R_3 = 40\ \Omega \Rightarrow i = \frac{\Delta V}{R} \quad \Rightarrow i = \frac{1}{2}\ \text{A}$$

Nota l'intensità i, le differenze di potenziale ai capi di R_2 e R_3 si trovano applicando la legge di Ohm. Si ottiene:

$$\Delta V_2 = R_2 \cdot i \quad \Rightarrow \quad \Delta V_2 = 10\ \Omega \cdot \frac{1}{2}\ \text{A} = 5\ \text{V}$$

$$\Delta V_3 = R_3 \cdot i \quad \Rightarrow \quad \Delta V_3 = 20\ \Omega \cdot \frac{1}{2}\ \text{A} = 10\ \text{V}$$

La risposta corretta è dunque la B.

11 MAGNETISMO

Alcuni materiali, come la magnetite, hanno la proprietà di attrarre piccoli pezzi di ferro. Questi corpi vengono chiamati *magneti* e hanno la proprietà di generare nello spazio circostante un *campo magnetico*. La Terra, per esempio, si comporta come un gigantesco magnete e genera intorno a sé un campo chiamato campo magnetico terrestre. L'esperienza mostra l'esistenza di poli magnetici di segno opposto: avvicinando due magneti si possono osservare repulsioni o attrazioni a seconda del modo in cui vengono avvicinati.

Per convenzione i due punti in cui si concentrano le due polarità di un magnete vengono detti **polo nord** e **polo sud**. Mentre è possibile isolare cariche elettriche positive e negative, non è possibile farlo per i poli magnetici: se si cerca di isolare i due poli di un magnete, per esempio spezzando una calamita, si ottengono più dipoli e non polarità isolate.

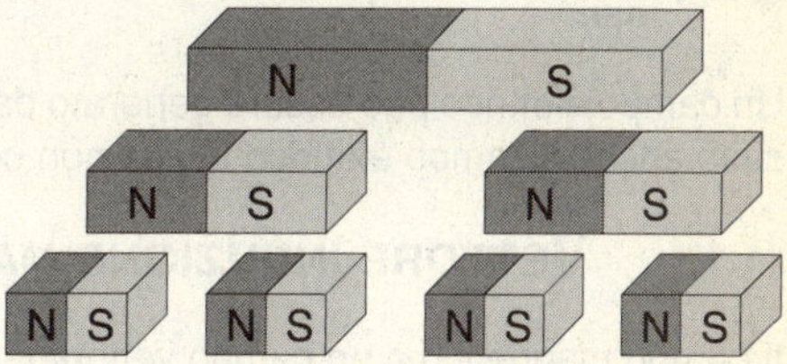

Non è possibile isolare un monopolo magnetico.

Esiste un legame strettissimo tra campo elettrico e campo magnetico: si verifica che un filo percorso da corrente genera intorno a sé un campo magnetico e che lo stesso filo è sottoposto all'azione di una forza se viene immerso in un campo magnetico esterno.

Ogni carica elettrica stazionaria genera intorno a sé un campo elettrico; se la carica elettrica è in movimento, genera intorno a sé anche un campo magnetico.

Se fosse possibile isolare un polo nord e un polo sud, sarebbe possibile applicare al campo magnetico una teoria analoga a quella sviluppata per il campo elettrico. L'impossibilità di avere monopoli magnetici suggerisce invece l'esistenza di differenze tra i due campi. Il legame tra i due campi consente comunque di parlare di *elettromagnetismo* per unire in un'unica terminologia i fenomeni elettrici e magnetici.

11.1 CAMPO MAGNETICO

Si ponga un ago magnetico (come quello contenuto in una comune bussola) in un campo generato da un magnete: esso è sottoposto a una coppia di forze che cerca di farlo ruotare secondo la direzione del campo come indicato in figura.

L'ago si orienta fino a porsi tangente alle *linee di forza del campo*, come avviene appunto in una bussola, il cui ago sente il campo magnetico terrestre: le linee di forza del campo magnetico sono linee in ogni punto tangenti all'ago e orientate dal polo Sud al polo Nord dell'ago come riportato in figura. Disponendo della limatura di ferro in una regione dove è presente un campo magnetico, i singoli pezzettini di ferro si comportano come dei piccoli aghi magnetici orientandosi secondo le linee di forza del campo.

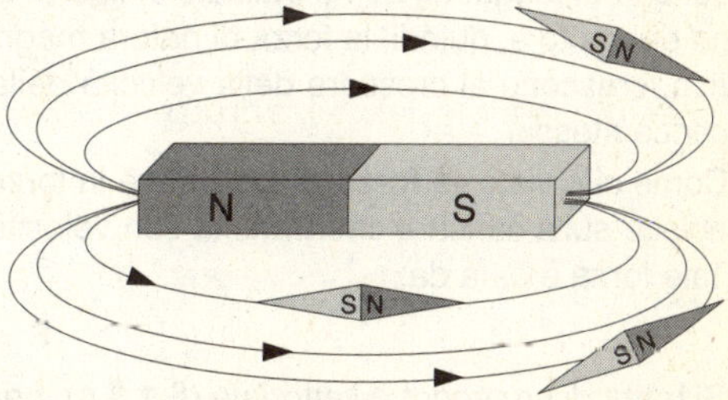

FISICA

Si nota che le linee "disegnate" dalla limatura di ferro sono sempre chiuse su se stesse e ciò è riconducibile all'impossibilità di isolare le polarità di un magnete.

Nel campo elettrico, le linee di forza generate da una carica positiva puntiforme sono linee dirette dalla carica verso l'infinito, mentre se la carica è negativa il verso delle linee va dall'infinito alla carica. In entrambi i casi le linee di forza sono aperte.

Nel campo magnetico, dove il polo nord e il polo sud sono sempre presenti sullo stesso corpo, le linee di forza che escono da un polo si chiudono sempre nell'altro.

Le linee di forza del campo elettrico sono generalmente aperte, quelle del campo magnetico sono sempre chiuse.

Una diretta conseguenza della chiusura delle linee del campo magnetico è la sua non conservatività. Questo implica che per il campo magnetico non è possibile definire l'energia potenziale.

Il campo elettrico è in generale conservativo, mentre il campo magnetico non lo è mai.

Un campo elettrico può essere generato da una variazione di un campo magnetico (§ 11.2). In tale caso anche il campo elettrico risulta non conservativo.

11.1.1 VETTORE INDUZIONE MAGNETICA

Il campo magnetico è un campo vettoriale: a ogni punto del campo si associa il *vettore induzione magnetica* **B** definito come segue.

Direzione: quella secondo cui si dispone un aghetto magnetico inserito nel campo.
Verso: dal polo sud al polo nord dell'aghetto.
Intensità: quella che si ricava dalla relazione $|\mathbf{F}| = q \cdot |\mathbf{v} \wedge \mathbf{B}|$
($|\mathbf{F}|$ è il modulo della forza di natura magnetica, detta **forza di Lorentz**, che agisce su una carica q che transita con velocità **v** nel campo magnetico).

Dalla definizione è possibile risalire all'unità di misura del vettore **B**:

$$[\mathbf{B}] = \frac{[\mathbf{F}]}{[q][\mathbf{v}]} \Rightarrow \frac{N}{C \cdot m/s} = \frac{N \cdot s}{C \cdot m} = \frac{N}{A \cdot m} = \frac{J \cdot s}{C \cdot m^2} = \frac{V \cdot s}{m^2}$$

Si definisce il **weber** (Wb) come: 1 Wb = 1 V · s
Si definisce il **tesla** (T) come: 1 T = 1 Wb / m^2
Nel SI il campo magnetico **B** si misura in **tesla** (T).

11.1.2 FORZA DI LORENTZ

Si consideri una carica q in moto con velocità **v** all'interno di un campo magnetico. L'esperienza mostra che tale carica viene deviata per la presenza del magnete, come indicato in figura. Si osserva che la deviazione del moto e, quindi, la forza di natura magnetica che agisce sulla carica, crescono al crescere della velocità della carica e del valore della carica stessa.

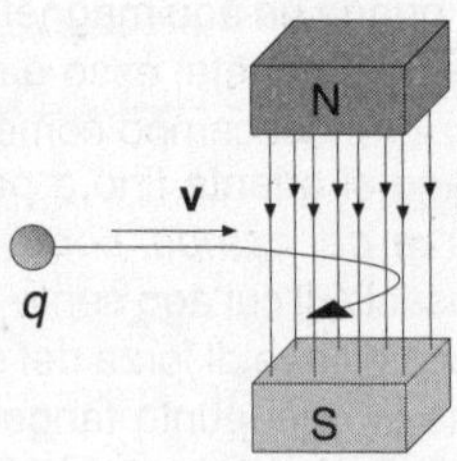

Come si è visto, la **forza di Lorentz** è la forza di natura magnetica che agisce sulla carica q che transita con velocità **v** nel campo magnetico. Tale forza è data da:

$$\mathbf{F} = q \cdot \mathbf{v} \wedge \mathbf{B}$$

Si tratta di un prodotto vettoriale (§ 1.3.4), per cui la forza di Lorentz **F** che agisce su una carica in movimento con velocità **v** è perpendicolare sia al campo magnetico **B** in cui tale carica si muove sia alla velocità della carica.

Se la carica si muove parallelamente al campo **B**, la sua deviazione è nulla!

Se la velocità è perpendicolare al campo la sua deviazione è massima: in questo caso la carica immersa nel campo B compie un moto circolare uniforme in cui la forza centripeta è proprio la forza di Lorentz.

Il raggio della traiettoria circolare è una costante legata alle altre grandezze che descrivono la carica dalla relazione:

$$r = \frac{m \cdot v}{q \cdot B}$$

Il verso della forza di Lorentz può essere determinato con la regola della mano destra, come mostrato in figura.

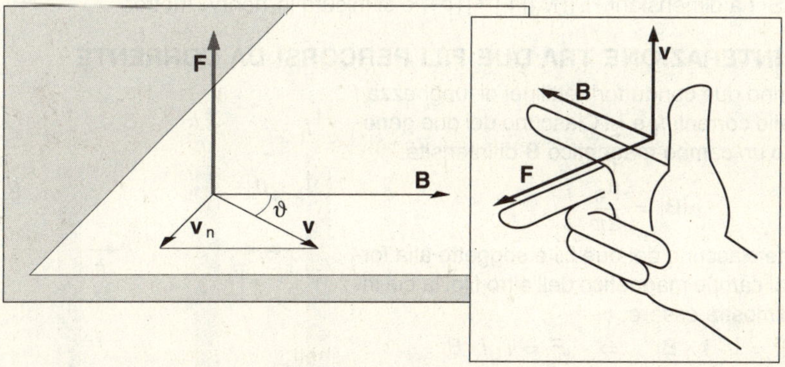

La forza di Lorentz non compie lavoro, perché è sempre perpendicolare alla velocità e quindi allo spostamento.

Due particelle A e B, aventi la stessa carica elettrica, si muovono di moto circolare uniforme in uno stesso campo magnetico su circonferenze di ugual raggio.
Sapendo che $m_A = 2\ m_B$, qual è la relazione tra i moduli delle velocità v_A e v_B?
Le particelle A e B hanno la stessa carica *q*, si muovono nello stesso campo magnetico **B** descrivendo traiettorie circolari di ugual raggio *r*: data la formula precedente per il raggio, è dunque necessario che valga la relazione $m_A \cdot v_A = m_B \cdot v_B$.
Essendo $m_A = 2\ m_B$, la velocità di A deve essere la metà della velocità di B.

11.1.3 CAMPO MAGNETICO GENERATO DALLA CORRENTE ELETTRICA

Il campo magnetico prodotto dal passaggio della corrente in un filo rettilineo è in ogni punto perpendicolare sia alla distanza *r* dal filo che alla direzione del filo.

Per trovare il verso di **B**, si dispone il pollice della mano destra nella direzione e nel verso della corrente; in questa posizione le altre dita della mano indicano il verso di **B**.

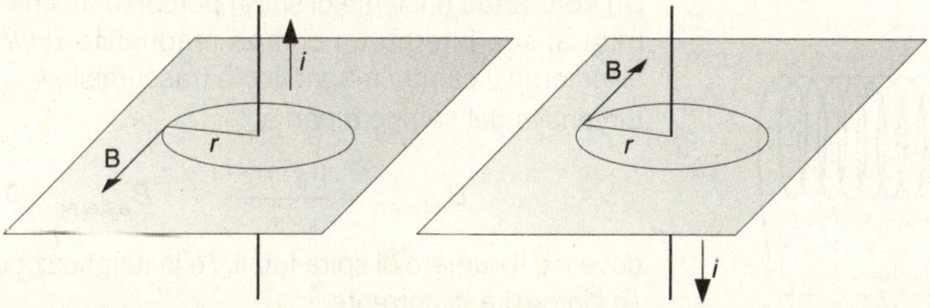

Un filo rettilineo percorso da corrente genera intorno a sé un campo magnetico le cui linee di forza sono *circonferenze concentriche* e la cui intensità è data dalla legge di Biot e Savart.

Legge di Biot e Savart

Il campo generato da un filo percorso da corrente è direttamente proporzionale all'intensità della corrente e inversamente proporzionale alla distanza dal filo:

$$|\mathbf{B}| = \frac{\mu_0 \cdot \mu_r}{2\pi} \cdot \frac{i}{r}$$

La costante di proporzionalità μ_0 viene detta **permeabilità magnetica del vuoto**, mentre μ_r è detta **permeabilità magnetica relativa** del mezzo. Il prodotto $\mu_0 \cdot \mu_r$ viene indicato con la lettera μ e prende il nome di **permeabilità magnetica del mezzo.**

La permeabilità magnetica μ è un indice della facilità con la quale il mezzo si lascia attraversare dalle linee di forza del campo magnetico nel quale è immerso.
Nel SI ha dimensioni $[L][M][T]^{-2}[i]^{-2}$ e si misura in henry/metro.

11.1.4 INTERAZIONE TRA DUE FILI PERCORSI DA CORRENTE

Si considerino due conduttori rettilinei di lunghezza l percorsi dalle correnti i_1 e i_2. Ciascuno dei due genera nel vuoto un campo magnetico **B** di intensità:

$$|\mathbf{B}| = \frac{\mu_0}{2\pi} \cdot \frac{i}{r}$$

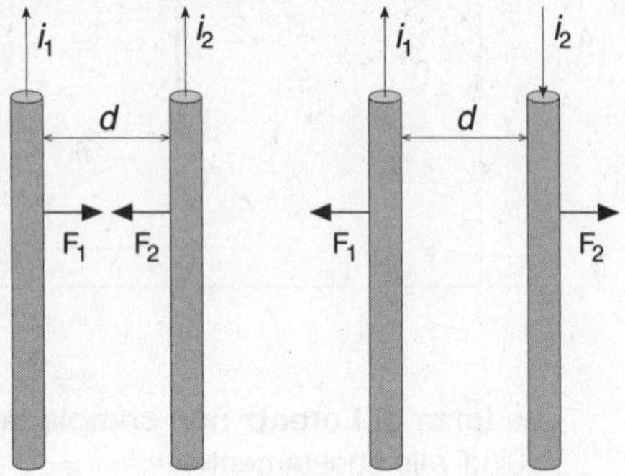

D'altra parte ciascuno dei due fili è soggetto alla forza dovuta al campo magnetico dell'altro filo, la cui intensità si dimostra essere:

$$|\mathbf{F}| = |i \cdot \mathbf{l} \wedge \mathbf{B}| \quad \Rightarrow \quad F = i \cdot l \cdot B$$

dove **l** è un vettore di intensità pari alla lunghezza l del filo, direzione uguale a quella del filo e verso uguale a quello della corrente.

La forza che agisce su ciascuno dei due fili è dunque $F = \frac{\mu_0}{2\pi} \cdot \frac{i_1 \cdot i_2 \cdot l}{d}$, dove d è la distanza tra i fili.

Se le correnti sono concordi, si ha attrazione; se sono discordi si ha repulsione.

11.1.5 SPIRA E SOLENOIDE

Una spira circolare di raggio R percorsa da una corrente continua i genera un campo magnetico intorno a sé. In particolare sull'asse della spira il campo è ortogonale alla spira, con verso uguale a quello di avanzamento di una vite destrorsa che ruota nel verso della corrente, e di intensità nel centro della spira pari a:

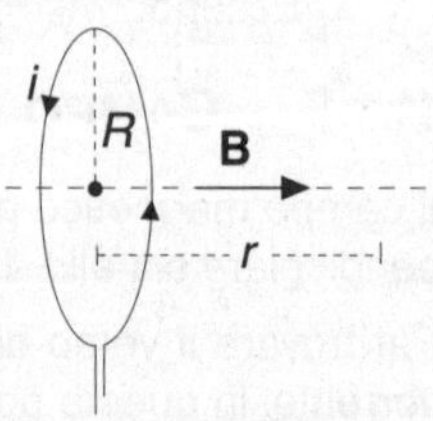

$$B = \frac{\mu_0 \cdot i}{2R}$$

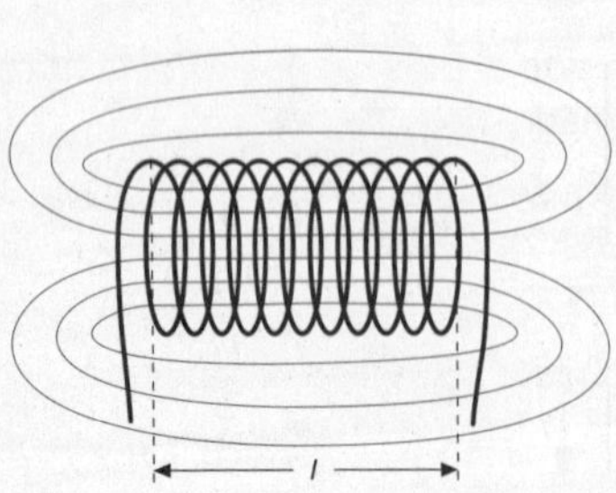

Un **solenoide** (insieme di spire) percorso da una corrente i genera al suo interno un campo magnetico *uniforme*, mentre all'esterno il campo magnetico è trascurabile.
L'intensità del campo è pari a:

$$B_{\text{interno}} = \frac{\mu_0 \cdot n \cdot i}{l} \qquad B_{\text{esterno}} \approx 0$$

dove n è il numero di spire totali, l è la lunghezza del solenoide, i è l'intensità di corrente.

Le linee di forza del campo magnetico sono sempre linee chiuse.

PARTE QUARTA

11.2 INDUZIONE ELETTROMAGNETICA

Il movimento relativo di un magnete (e quindi del campo magnetico da esso generato) rispetto a un circuito chiuso che si trova nelle vicinanze genera in tale circuito una corrente misurabile con un amperometro. Il fenomeno si chiama *induzione elettromagnetica* e la corrente che si osserva è detta *corrente indotta*. Il verso della corrente cambia a seconda che il magnete si avvicini al circuito o si allontani.

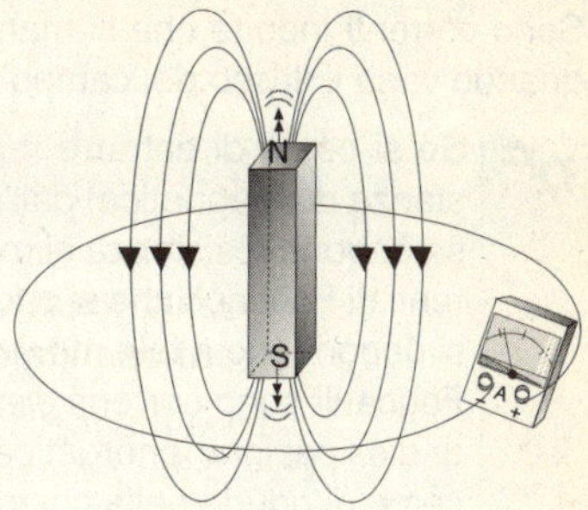

Se si girasse il magnete rivolgendo il polo sud verso l'alto e il nord verso il basso e si ripetesse lo stesso esperimento, il verso della corrente risulterebbe opposto. In entrambi i casi, se si ferma il magnete, non si registra passaggio di corrente.

In tutti i casi, le correnti indotte vengono generate solo se si ha una variazione del flusso di campo magnetico.

Perché si abbia corrente indotta in un circuito è necessario che vari il flusso del campo magnetico $\Phi(\mathbf{B})$ concatenato con il circuito stesso.

L'espressione *flusso concatenato* al circuito indica il flusso del campo magnetico attraverso la superficie racchiusa dal circuito. Il flusso di un vettore è stato definito nel § 9.4.

Il flusso $\Phi(\mathbf{B})$ del un vettore **B** attraverso la superficie S è dato dal prodotto scalare tra il vettore **B** e il vettore superficie **S**:

$$\Phi_S(\mathbf{B}) = \mathbf{B} \cdot \mathbf{S} = B \cdot S \cdot \cos\theta = B_n \cdot S$$

dove θ è l'angolo tra il vettore **B** e la normale alla superficie, B_n è la componente del vettore **B** lungo la normale e **S** è il vettore superficie (con intensità pari all'area della superficie, direzione perpendicolare alla superficie e verso uscente dalla superficie se questa è chiusa).

Nel si l'unità di misura di $\Phi(\mathbf{B})$ è il weber e si ha:

$$\text{weber} = \text{tesla} \cdot \text{m}^2 = \text{T} \cdot \text{m}^2$$

11.2.1 LEGGI DELL'INDUZIONE ELETTROMAGNETICA

Si consideri un magnete posto ortogonalmente rispetto a un circuito chiuso e lo si avvicini al circuito: le linee di campo magnetico concatenate con il circuito aumentano. Varia quindi il flusso del campo e nel circuito si genera una corrente indotta. Se si allontana il magnete il numero di linee di campo concatenate diminuisce e la corrente indotta è contraria alla precedente. All'aumentare della velocità di spostamento del magnete, l'intensità della corrente indotta aumenta. Per quantificare la corrente indotta, risulta comodo misurare la *forza elettromotrice indotta* responsabile della corrente. Si perviene così alla **legge di Faraday-Neumann**.

La forza elettromotrice indotta è direttamente proporzionale alla variazione del flusso magnetico e inversamente proporzionale all'intervallo di tempo in cui avviene tale variazione.

La corrente indotta genera a sua volta un campo magnetico. La **legge di Lenz** permette di dedurre il verso della corrente indotta in base a questo secondo campo magnetico.

Il verso della forza elettromotrice indotta è tale da generare a sua volta un campo magnetico che si oppone alla variazione di flusso $\Delta\Phi(\mathbf{B})$ che l'ha generata.

Quindi il campo magnetico generato dalla corrente indotta tende a compensare la variazione del campo magnetico inducente. È possibile sintetizzare le due leggi viste attraverso la seguente.

Legge di Faraday-Neumann-Lenz

$$f.e.m. = -\frac{\Delta\Phi(\mathbf{B})}{\Delta t}$$

FISICA

11.2.2 CORRENTI DI FOUCAULT

Sono correnti indotte che si manifestano all'interno di lamine conduttrici (tipicamente di metallo) quando varia il flusso del campo magnetico che le attraversa.

Se si cerca di estrarre rapidamente una lastra di rame (sostanza diamagnetica) dall'interno di una potente calamita, essa oppone resistenza al moto. Ciò è dovuto al fatto che le correnti di Foucault che si originano con il movimento della lastra si oppongono a tale movimento (legge di Lenz). Le correnti di Foucault sono correnti dissipative (nel senso che sono causa di dissipazione energetica per effetto Joule) e per questo si cerca di ridurle nella costruzione delle macchine elettriche.

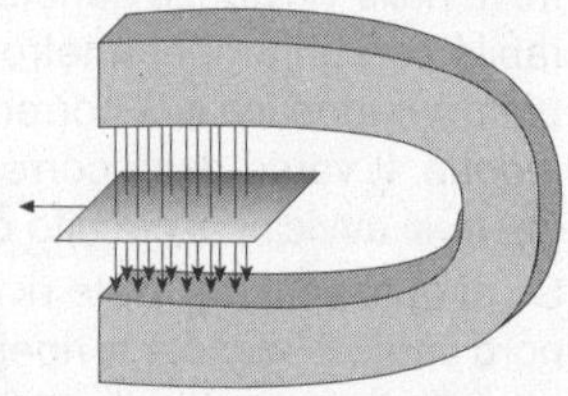

11.2.3 INDUTTANZA E AUTOINDUZIONE

La variazione di campo magnetico genera in un circuito concatenato una corrente indotta. Questa a sua volta genera un campo magnetico **B**, detto *autoindotto*, del quale è possibile calcolare il flusso concatenato con il circuito stesso: si parla di *flusso autoconcatenato.* Valgono le seguenti relazioni di proporzionalità:

$$\Phi \propto B; \quad B \propto i \quad \Rightarrow \quad \Phi \propto i$$

dove Φ è il flusso del campo **B** associato alla corrente indotta *i*. Il flusso autoconcatenato è dunque proporzionale alla corrente indotta; indicando la costante di proporzionalità con *L*, si ha:

$$\Phi = L \cdot i$$

L prende il nome di **coefficiente di autoinduzione** o **induttanza.** Dipende solo dalla forma e dalle dimensioni del circuito. La sua unità di misura nel SI è:

$$\text{henry (H)} = \frac{\text{weber}}{\text{ampere}} = \frac{\text{V} \cdot \text{s}}{\text{A}} = \Omega \cdot \text{s}$$

Si chiama *induttore* ogni elemento caratterizzato da un alto valore del coefficiente di autoinduzione *L*.

Nei solenoidi l'induttanza è particolarmente elevata ed è pari a $L = \mu_0 \cdot n^2 \cdot S/l$ dove *n* è il numero di spire, *l* è la lunghezza del solenoide e *S* è la superficie della singola spira. Per questo motivo, per indicare la presenza di un'induttanza in un circuito, si usa il simbolo del solenoide.

Si supponga ora di far variare la corrente *i* in un circuito: varia anche il flusso del campo autoconcatenato e, per la legge di Faraday-Neumann-Lenz, si genera una *f.e.m. autoindotta* F_i che si aggiunge alla *f.e.m.* già presente nel circuito. Vale la relazione:

$$F_i = -L \cdot \frac{\Delta i}{\Delta t}$$

L è un indice dell'inerzia delle cariche elettriche del circuito: **se *L* è grande è difficile variare l'intensità di corrente nel circuito**: il circuito stesso si oppone alle variazioni della corrente che lo attraversa.

Le correnti autoindotte che si generano all'apertura o alla chiusura di un circuito, a causa dell'improvvisa variazione di corrente, sono dette *extracorrenti.* Quando spegnendo un interruttore si intravede una scintilla, a causarla è un'elevata extracorrente di apertura.

Quando si chiude un circuito, parte dell'energia erogata dal generatore serve per creare il campo magnetico autoindotto. Tale energia si chiama **energia magnetica della corrente** e vale:

$$E = \frac{1}{2} L \cdot i^2$$

PARTE QUARTA

11.3 Correnti alternate

Facendo ruotare una spira priva di generatore in un campo magnetico, si varia il flusso del campo magnetico stesso attraverso la superficie della spira, e vi si induce quindi una corrente. Il verso della corrente indotta cambia ogni volta che la spira compie mezzo giro.

Si osserva che la forza elettromotrice indotta varia con il tempo in maniera sinusoidale: la corrente che si crea oscilla tra valori positivi e negativi, cambiando periodicamente il verso.

La corrente indotta in una spira che ruota in un campo magnetico costante è alternata.

L'espressione dell'intensità di corrente alternata i può essere scritta come:

$$i = i_0 \cdot \text{sen}\,(\omega \cdot t)$$

dove i_0 indica il valore massimo dell'intensità di corrente.

Nel grafico a lato sono raffigurati gli andamenti dell'intensità di corrente e della *f.e.m.* in funzione del tempo. Si noti che le due funzioni sono in fase: questo è vero nell'ipotesi che nel circuito valga la legge di Ohm e che quindi le due funzioni siano legate dall'espressione $f.e.m. = R \cdot i$.

In generale, però, bisogna tenere conto anche delle induttanze e delle capacità; quindi tra *f.e.m.* e corrente si ha uno sfasamento.

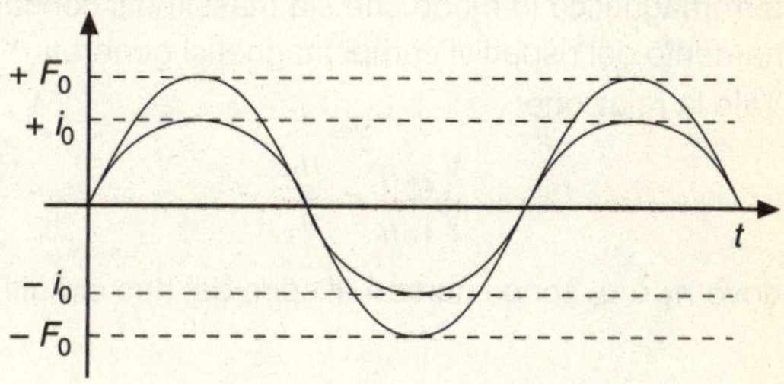

11.3.1 Valori efficaci

Facendo passare una corrente alternata in un resistore, l'effetto Joule di dissipazione ha luogo anche se il verso della corrente continua a cambiare.

Si definisce **intensità efficace** i_{eff} di una corrente alternata l'intensità della corrente continua che provocherebbe la stessa dissipazione energetica per effetto Joule.

Il calore dissipato per effetto Joule in caso di corrente alternata è dato allora da:

$$Q(\text{J}) = R \cdot i_{eff}^2 \cdot \Delta t \qquad \text{oppure} \qquad Q(\text{calorie}) = \frac{1}{4{,}186} R \cdot i_{eff}^2 \cdot \Delta t$$

Vale la relazione:

$$i_{eff} = i_0 / \sqrt{2}$$

11.3.2 Circuiti in corrente alternata

Se la corrente è alternata lo è anche la *f.e.m.* e, tra i loro valori massimi F_0 e i_0, vale la relazione:

$$F_0 = Z \cdot i_0$$

Il coefficiente di proporzionalità Z è chiamato **impedenza** o **resistenza apparente** o **reattanza** e si misura in Ω. L'impedenza di un circuito dipende dai condensatori, resistori e induttori (C, R, L) inseriti nel circuito e dalla pulsazione ω della corrente.

L'impedenza Z rappresenta, per le correnti alternate, quello che la resistenza R rappresenta per le correnti continue.

11.4 MACCHINE ELETTRICHE E TRASFORMATORI

- **Pila elettrica**: dispositivo in grado di trasformare energia chimica in energia elettrica ma non viceversa.
- **Accumulatore**: dispositivo in grado di trasformare energia chimica in energia elettrica e viceversa (è una pila elettrica reversibile).
- **Dinamo**: macchina capace di trasformare, sfruttando il fenomeno dell'induzione elettromagnetica, energia meccanica in corrente elettrica continua.
- **Alternatore**: macchina capace di trasformare, sfruttando il fenomeno dell'induzione elettromagnetica, energia meccanica in corrente elettrica alternata (solitamente sinusoidale).
- **Motore elettrico**: macchina capace di trasformare l'energia elettrica in energia meccanica.

Per trasportare la corrente elettrica alternata dai centri produttivi ai centri utilizzatori, è opportuno abbassarne l'amperaggio ed elevarne la tensione: la dissipazione energetica per effetto Joule è infatti proporzionale al quadrato dell'intensità di corrente.

Il **trasformatore** serve per cambiare il voltaggio di una corrente. È formato da due circuiti, uno principale e uno secondario, avvolti intorno a un materiale ferromagnetico in modo che sia massimo il concatenamento dei rispettivi campi magnetici generati.

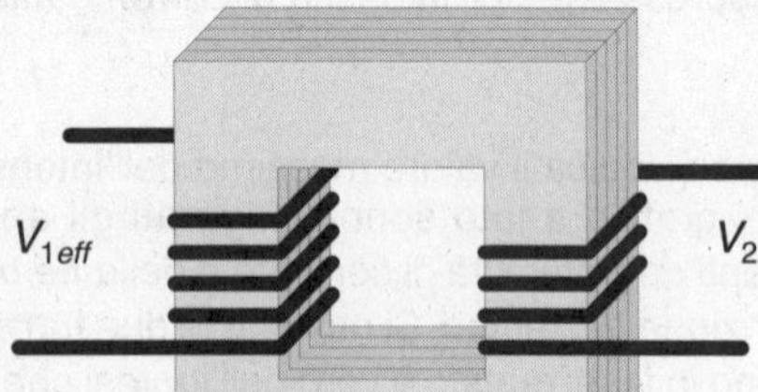

Vale la relazione:

$$\frac{V_{2eff}}{V_{1eff}} = \frac{n_2}{n_1}$$

dove n_1 e n_2 sono i numeri di spire dei due circuiti avvolti intorno al materiale ferromagnetico.

PARTE QUARTA

QUESITI SVOLTI

1 Quale tra le seguenti grandezze è uno scalare?

A Temperatura

B Velocità

C Campo elettrico

D Campo magnetico

E Forza

Velocità, campo elettrico, campo magnetico e forza sono grandezze vettoriali; sono infatti definite da un modulo, una direzione e un verso. La temperatura è invece una grandezza scalare (risposta A).

2 Le dimensioni del vettore B sono:

A $[M]\,[i]^{-1}\,[T]^{-2}$

B $[M]\,[L]\,[i]^{-2}$

C weber

D henry

E tesla

Le alternative C, D ed E possono essere scartate a priori perché contengono unità di misura e non dimensioni di grandezze fisiche. L'unità di misura di **B** è il tesla (T):

$$T = \frac{N}{C \cdot m/s} = \frac{N}{A \cdot m} = \frac{kg \cdot m}{A \cdot m \cdot s^2} = \frac{kg}{A \cdot s^2}$$

L'uguaglianza precedente si traduce dimensionalmente in:

$$[\mathbf{B}] = [M] \cdot [i]^{-1} \cdot [T]^{-2}$$

La risposta esatta è dunque la A.

3 Un campo magnetico è prodotto:

A da cariche elettriche in movimento

B da un campo elettrico stazionario

C da una massa in moto in un campo elettrico esterno

D da cause non in relazione a fenomeni elettrici

E da un sistema di cariche in quiete

Sono diverse le possibili origini di un campo magnetico. Le principali sono rappresentate da magneti permanenti, da elettromagneti e da semplici circuiti percorsi da corrente. Tutti i casi sono però caratterizzati da un elemento comune: vi è sempre un movimento di cariche elettriche. La risposta cercata è dunque la A.

FISICA

4 In generale un elettrone in moto in un campo magnetico:

A prosegue il suo moto indisturbato
B viene deviato
C torna indietro
D si distrugge
E cattura un secondo elettrone

Un elettrone in moto con velocità **v** in un campo magnetico **B** è soggetto alla forza di Lorentz (che è nulla solo se **v** e **B** sono paralleli). Tale forza è perpendicolare alla velocità **v** dell'elettrone: la risposta esatta è dunque la B.

5 Una carica elettrica puntiforme si muove inizialmente con velocità costante fino a quando non entra in una zona nella quale il suo moto diventa circolare; allora la zona in cui la carica si muove è sede di un campo:

A elettrico costante
B neutro
C magnetico
D gravitazionale
E di forze elettrostatiche

Se la carica elettrica si muove di moto circolare, significa che su di essa agisce una forza perpendicolare alla velocità (forza centripeta). L'esempio per eccellenza di forza perpendicolare alla velocità è la forza di Lorentz la cui presenza denota l'esistenza di un campo magnetico (risposta C).
Più precisamente si può affermare che, se una carica *q* di massa *m* entra in un campo magnetico **B** con velocità **v** perpendicolare al campo, la sua traiettoria sarà una circonferenza di raggio:

$$r = \frac{m \cdot v}{q \cdot B}$$

6 Il campo elettrico E è conservativo?

A Sì, sempre
B No, mai
C Sì, se non è indotto da una variazione del flusso di **B**
D No, se non è indotto da una variazione del flusso di **B**
E Solo se il sistema è chiuso

Un campo di forze è conservativo quando le sue linee di forza sono aperte; se le linee di forza sono chiuse il campo non può essere conservativo. Le linee di forza del campo elettrico sono chiuse solo quando il campo è generato dalla variazione di un campo magnetico nel tempo, cioè quando è indotto da una variazione del flusso di **B** (risposta C).

7 Una spira ruota tra i poli Nord e Sud di un magnete. Il valore assoluto della forza elettromotrice della corrente indotta è massimo quando:

A la faccia della spira è perpendicolare alle linee di forza del campo magnetico
B la faccia della spira forma un angolo di 45° con le linee di forza
C la faccia della spira è parallela alle linee di forza del campo magnetico
D la faccia della spira forma un angolo di 100° con le linee di forza
E la faccia della spira forma un angolo di 60° con le linee di forza

Quando la spira ruota, varia il flusso del campo magnetico che la attraversa. La *f.e.m.* indotta è massima quando è massima la variazione nell'unità di tempo del flusso del campo magnetico che attraversa la spira, ossia quando la spira è parallela alle linee di forza del vettore **B** generato dai poli del magnete (posizione della spira in figura). La risposta esatta è la C.

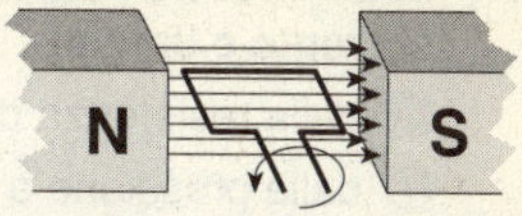

---

8 Un conduttore rettilineo è disposto lungo l'asse di un solenoide percorso da corrente. Che cosa si può dire sulla forza che agisce sul conduttore quando questo è attraversato da una corrente diretta nello stesso verso del campo generato dal solenoide?

A Sul conduttore agisce una forza diretta nello stesso verso del campo del solenoide

B Sul conduttore agisce una forza diretta nel verso opposto al campo del solenoide

C Sul conduttore agisce una forza diretta perpendicolarmente all'asse del solenoide

D Sul conduttore non agisce alcuna forza

E La direzione della forza sul conduttore è tale da formare con la direzione del campo un angolo il cui coseno è $3/2$

Quando il conduttore è attraversato da corrente elettrica, in esso transitano cariche elettriche (elettroni) con una velocità diretta parallelamente all'asse del solenoide (e quindi alle linee di forza del campo magnetico da esso generato). Se la velocità della carica e il campo magnetico nel quale essa si muove sono paralleli, la forza di Lorentz che agisce sulla carica è nulla. Si conclude che sul conduttore non agisce alcuna forza (risposta D).

---

9 In un circuito immerso in un campo magnetico B si ha produzione di corrente indotta. In questo caso quale delle seguenti condizioni è necessariamente verificata?

A Il flusso di **B** attraverso la superficie delimitata dal circuito varia nel tempo

B C'è moto relativo fra circuito e campo magnetico

C **B** varia nel tempo

D Il flusso di **B** concatenato con il circuito è costante nel tempo, ma è sufficientemente elevato

E Il circuito è opportunamente grande

Perché si abbia corrente indotta in un circuito è necessario che vari il flusso del campo magnetico $\Phi(\mathbf{B})$ concatenato con il circuito stesso: la risposta corretta è la A.

In un circuito si ha corrente indotta in presenza di un campo magnetico variabile **oppure** di un moto relativo fra circuito e campo magnetico: in generale, quindi, le singole affermazioni contenute nelle risposte B e C non sono necessariamente vere.

---

10 In un circuito a corrente alternata l'impedenza è data da una funzione di:

A resistenza e induttanza

B resistenza, capacità e induttanza

C capacità e induttanza

D resistenza pura

E capacità pura

L'impedenza *Z* di un circuito percorso da una corrente alternata è la grandezza analoga alla resistenza *R* quando la corrente è continua e dipende dalla resistenza, dalla capacità e dall'induttanza del circuito (risposta B).

FISICA

11 **In un circuito alimentato da corrente continua in regime stazionario, l'intensità della corrente è limitata:**

A dalla resistenza del circuito

B dalla pressione a cui si trova il circuito

C dalla induttanza del circuito

D dalla capacità del condensatore presente nel circuito

E da nessuna delle precedenti

La resistenza di un circuito elettrico misura la difficoltà che gli elettroni incontrano nel loro moto. L'induttanza del circuito misura invece l'opposizione che il circuito offre a ogni **variazione** dell'intensità di corrente. Se l'intensità di corrente è costante nel tempo (*regime stazionario*) l'induttanza non ha alcun effetto sul moto delle cariche. La risposta esatta è pertanto la A. Il fatto poi che la corrente è continua e stazionaria indica che nel circuito non può essere presente un condensatore.

12 **In un circuito immerso in un campo di induzione magnetica B può prodursi una forza elettromotrice indotta**

a) perché cambia nel tempo la direzione di B;

b) perché cambia nel tempo il modulo di B.

A a) vero; b) vero

B a) vero; b) falso

C a) falso; b) vero

D a) falso; b) falso

E Nessuna delle precedenti

In un circuito immerso in un campo magnetico e non collegato ad alcun generatore è possibile misurare un passaggio di corrente e quindi una forza elettromotrice se cambia il flusso del campo magnetico concatenato con il circuito stesso. È questo il fenomeno dell'induzione elettromagnetica. Il flusso del campo magnetico attraverso il circuito è dato da:

$$\Phi(\mathbf{B}) = \mathbf{B} \times \mathbf{S}$$

dove **B** è il vettore induzione magnetica e **S** è un vettore il cui modulo è pari all'area della superficie racchiusa dal circuito e la cui direzione è ortogonale alla superficie stessa. Se il modulo o la direzione di **B** cambiano, cambia anche il flusso di **B** concatenato con il circuito e quindi in entrambi i casi si produce una forza elettromotrice indotta. La risposta esatta è la A.

13 **Quale dei seguenti apparecchi funziona solo in corrente alternata?**

A Lampada a incandescenza

B Ferro da stiro

C Stufa elettrica

D Trasformatore

E Scaldabagno

La lampada, il ferro da stiro, la stufa elettrica e lo scaldabagno sono apparecchi il cui funzionamento si basa sull'effetto Joule: possono funzionare qualunque sia la natura della corrente elettrica. Il trasformatore si basa invece sul fenomeno dell'induzione elettromagnetica e presuppone l'esistenza di un campo magnetico variabile nel tempo: la risposta esatta è la D.

APPENDICE A

TABELLE UTILI

A.1 GRANDEZZE E UNITÀ DI MISURA NEL SISTEMA INTERNAZIONALE E NEL CGS

Grandezze	Unità nel SI	Dimensioni fisiche nel SI e nel CGS	Unità nel CGS
lunghezza	m (metro)	[L]	cm (centimetro)
massa	kg (chilogrammo)	[M]	g (grammo)
tempo	s (secondo)	[T]	s (secondo)
angolo	radiante	adimensionale	radiante
velocità	m/s	$[L]\,[T]^{-1}$	cm/s
accelerazione	m/s^2	$[L]\,[T]^{-2}$	cm/s^2
frequenza	Hz (hertz)	$[T]^{-1}$	Hz (hertz)
forza	N (newton)	$[L]\,[M]\,[T]^{-2}$	dyn (dina)
momento	N · m	$[L]^2\,[M]\,[T]^{-2}$	dyn · cm
lavoro o energia	J (joule)	$[L]^2\,[M]\,[T]^{-2}$	erg (erg)
potenza	W (watt)	$[L]^2\,[M]\,[T]^{-3}$	erg/s
quantità di moto (impulso)	N · s	$[L]\,[M]\,[T]^{-1}$	dyn · s
densità	kg/m^3	$[L]^{-3}\,[M]$	g/cm^3
peso specifico	N/m^3	$[L]^{-2}\,[M]\,[T]^{-2}$	dyn/cm^3
pressione	N/m^2	$[L]^{-1}\,[M][T]^{-2}$	dyn/cm^2
intensità di corrente	A (ampere)	[i]	stat A
carica elettrica	C (coulomb)	[T] [i]	franklin
potenziale elettrico	V (volt)	$[L]^2\,[M]\,[T]^{-3}\,[i]^{-1}$	stat V
intensità del campo elettrico	N/C oppure V/m	$[L]\,[M]\,[T]^{-3}\,[i]^{-1}$	(stat V)/m
capacità elettrica	F (farad)	$[L]^{-2}\,[M]^{-1}\,[T]^{4}\,[i]^{2}$	cm
costante dielettrica	F/m	$[L]^{-3}\,[M]^{-1}\,[T]^{4}\,[i]^{2}$	
resistenza	Ω (ohm)	$[L]^2\,[M]\,[T]^{-3}\,[i]^{-2}$	stat Ω
flusso magnetico	Wb (weber)	$[L]^2\,[M]\,[T]^{-2}\,[i]^{-1}$	stat Wb
induzione magnetica	T (tesla)	$[M][T]^{-2}\,[i]^{-1}$	gauss
induttanza	H (henry)	$[L]^2\,[M]\,[T]^{-2}\,[i]^{-2}$	stat H
permeabilità magnetica	H/m	$[L]\,[M]\,[T]^{-2}\,[i]^{-2}$	(stat H)/m

A.2 VALORE DI ALCUNE COSTANTI FISICHE

Costante	Simbolo	Valore
Accelerazione di gravità a 45° di latitudine	g	$9{,}8\ m/s^2$
Costante gravitazionale	G	$6{,}67 \cdot 10^{-11}\ N \cdot m^2/kg^2$
Costante dei gas perfetti	R	$8{,}318\ J/K \cdot mole$
Numero di Avogadro	N	$6{,}022 \cdot 10^{23}$ molecole/mole
Costante di Boltzmann	K	$1{,}381 \cdot 10^{-23}\ J/K$
Temperatura standard	T_0	0 °C = 273,15 K
Pressione standard	P_0	$1{,}013 \cdot 10^5$ Pa
Volume della mole di un gas perfetto a T_0 e P_0		22,4 litri
Equivalente meccanico della caloria	J	4,186 joule/calorie
Massa del Sole		$1{,}99 \cdot 10^{30}$ kg
Massa della Terra		$5{,}98 \cdot 10^{24}$ kg
Distanza Terra-Sole		$1{,}5 \cdot 10^8$ km
Velocità della luce nel vuoto	c	300.000 km/s
Velocità del suono nell'aria secca a 0°C		331,4 m/s
Massa a riposo dell'elettrone	m_e	$9{,}1 \cdot 10^{-31}$ kg
Massa a riposo del protone	m_p	$1{,}6726 \cdot 10^{-27}$ kg
Massa a riposo del neutrone	m_n	$1{,}6749 \cdot 10^{-27}$ kg
Carica elementare	e	$1{,}6 \cdot 10^{-19}$ C
Costante di Coulomb nel vuoto	K_0	$8{,}99 \cdot 10^9\ N \cdot m^2/C^2$
Costante dielettrica del vuoto	ε_0	$8{,}859 \cdot 10^{-12}$ farad/m
Permeabilità magnetica del vuoto	μ_0	$12{,}56 \cdot 10^{-7}$ henry/m
Costante di Faraday	F	96.490 C
Costante di Planck	h	$6{,}63 \cdot 10^{-34}\ J \cdot s$

A.3 ANALOGIE E CORRISPONDENZE FRA MOTO TRASLATORIO E MOTO ROTATORIO

Moto traslatorio		Moto rotatorio	
Spostamento	$\mathbf{s}$	Spostamento angolare	θ
Velocità	$\mathbf{v} = \Delta \mathbf{s}/\Delta t$	Velocità angolare	$\omega = \Delta\theta/\Delta t$
Accelerazione	$\mathbf{a} = \Delta \mathbf{v}/\Delta t$	Accelerazione angolare	$\alpha = \Delta\omega/\Delta t$
Massa	m	Momento d'inerzia	I
Forza	$\mathbf{F} = m \cdot \mathbf{a}$	Momento della forza	$\tau = I \cdot \alpha$
Lavoro	$L = \mathbf{F} \cdot \mathbf{s}$	Lavoro	$L = \tau \cdot \theta$
Energia cinetica	$E_c = \frac{1}{2} m v^2$	Energia cinetica	$E_c = \frac{1}{2} I \omega^2$
Potenza	$P = \mathbf{F} \cdot \mathbf{v}$	Potenza	$P = \tau \cdot \omega$
Quantità di moto	$\mathbf{P} = m \cdot \mathbf{v}$	Momento angolare	$\mathbf{L} = I \cdot \omega$

PARTE QUARTA

APPENDICE B

APPROFONDIMENTI

B.1 COMPOSIZIONE DI MOTI UNIFORMI CON MOTI ACCELERATI

Sia dato un corpo di massa *m* che, come indicato in figura, viene lanciato con velocità iniziale $\mathbf{v}_0$ da un'altezza *h* sulla superficie terrestre. Se si trascurano gli attriti, il corpo è soggetto alla sola forza di gravità, che agisce esclusivamente lungo la verticale.

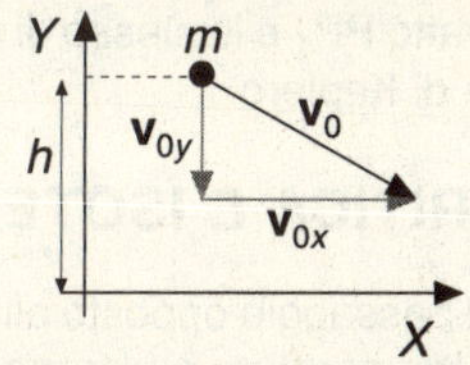

Per la seconda legge della dinamica, il moto lungo la verticale è uniformemente accelerato (la forza gravitazionale è costante), mentre il moto lungo l'orizzontale non è accelerato ($\mathbf{F}_x = 0$).

Si scomponga ora il moto di caduta sugli assi ortogonali *X* (orizzontale) e *Y* (verticale) e si indichino rispettivamente con $\mathbf{x}$, $\mathbf{v}_x$, $\mathbf{a}_x$ e $\mathbf{y}$, $\mathbf{v}_y$, $\mathbf{a}_y$ le componenti dello spostamento, della velocità e dell'accelerazione lungo l'asse *X* e lungo l'asse *Y*. Per quanto detto si ha:

$$a_x = 0 \Rightarrow v_x = v_{0x} = \text{costante} \qquad a_y = g \Rightarrow v_y = -v_{0y} - g \cdot t$$

Se il corpo viene lanciato orizzontalmente, $v_{0y} = 0$ e le equazioni del moto lungo i due assi sono:

$$x = v_x \cdot t \qquad y = h - \frac{1}{2} g \cdot t^2$$

dalle quali si ottiene l'espressione analitica della traiettoria del corpo:

$$y = h - \frac{1}{2} g \cdot \frac{x^2}{v_x^2}$$

Poiché *g* e v_x sono costanti, la rappresentazione grafica del moto nel piano *XY* è una parabola con concavità rivolta verso il basso e il moto è di tipo parabolico.

Nel moto di caduta dei gravi, la componente orizzontale della velocità (v_x) non influenza il tempo di caduta.

Le traiettorie seguite dai gravi dipendono dalla velocità iniziale, ma non dalle loro masse.

B.2 LEGGI DI KEPLERO

Un'applicazione interessante delle leggi della meccanica e, in particolare, della legge di gravitazione universale, riguarda lo studio del sistema solare. In questo paragrafo vengono enunciate le tre leggi di Keplero, che sono alla base della meccanica dei sistemi planetari.

FISICA

1. L'orbita dei pianeti è un'ellisse e il Sole occupa uno dei *fuochi*;
2. la *velocità areolare* è costante: il raggio vettore che dal Sole va al pianeta spazza aree uguali in tempi uguali;
3. $\frac{a^3}{T^2}$ = costante con a = semiasse maggiore e T = periodo di rivoluzione.

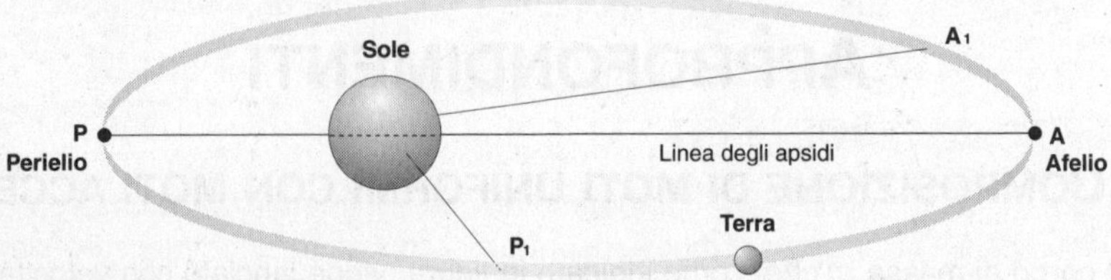

L'*eclittica* è l'orbita della Terra intorno al Sole: si tratta di un'ellisse, come vuole la prima legge di Keplero. Quando la Terra è più vicina al Sole (nel perielio), la sua velocità di rivoluzione è maggiore di quando si trova più lontana (nell'afelio). Se le aree dei settori PP_1S e AA_1S sono uguali, il tempo impiegato dalla Terra per compiere il tratto PP_1 è lo stesso di quello impiegato per compiere il tratto AA_1, in accordo con la seconda legge di Keplero.

B.3 TEMPERATURA CRITICA E ISOTERME DEI GAS REALI

La liquefazione (o condensazione) è il passaggio opposto alla vaporizzazione. Perché un gas possa liquefare, si deve o abbassarne la temperatura o alzarne la pressione. I due fattori sono legati tra loro, al punto che per ogni gas esiste una *temperatura critica* T_c definita come la temperatura al di sopra della quale non è possibile liquefare il gas per sola compressione.

I gas reali, a differenza dei gas ideali, se sottoposti a pressioni elevate o a temperature basse possono liquefare.

Ogni specie gassosa è caratterizzata da un valore di temperatura critica. Si è soliti distinguere un aeriforme in *vapore* o *gas* a seconda che si trovi a una temperatura inferiore o superiore a quella critica. Un vapore può essere liquefatto per aumento di pressione, un gas no.

La temperatura critica dell'ossigeno vale – 118,4 °C, quella dell'ammoniaca vale 132,5 °C; quella dell'acqua vale 374 °C.

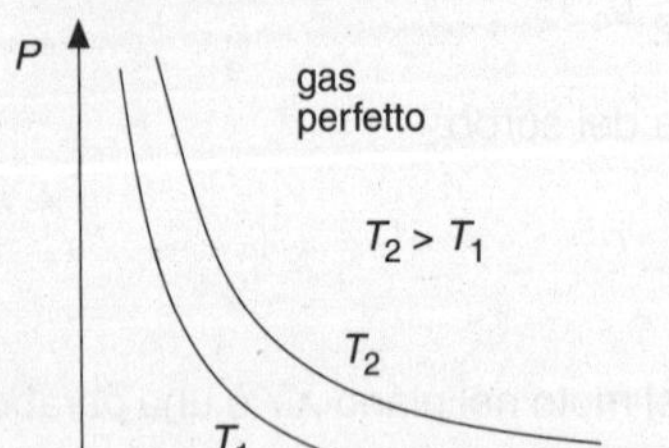

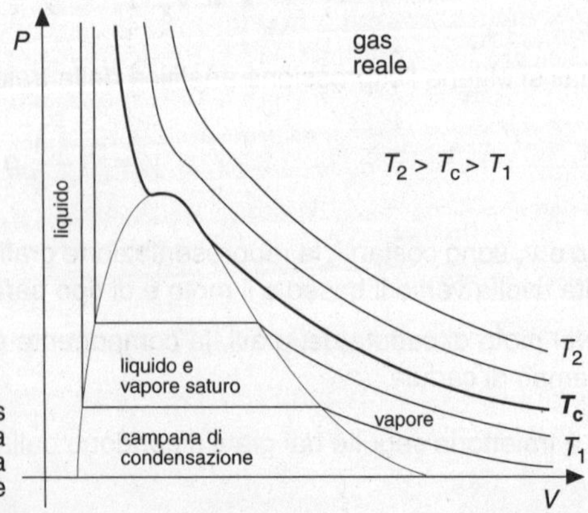

Isoterme di un gas perfetto e di un gas reale nel piano PV. Se la specie gassosa reale si trova al di sopra della temperatura critica T_c, la sua isoterma è del tutto simile a quella di un gas ideale.
Se la temperatura della specie gassosa è minore di T_c, quando il volume del vapore diminuisce la pressione aumenta fino a quando non si innesca il processo di condensazione e si entra quindi nella campana di condensazione dove il vapore è saturo: a questo punto la diminuzione di volume non si traduce più in un aumento di pressione, ma in condensazione del vapore. Quando il vapore si è liquefatto totalmente, la pressione riprende a salire molto rapidamente (i liquidi sono infatti pressoché incomprimibili).

È possibile seguire il comportamento di un gas reale al variare della pressione, rappresentando in un piano cartesiano nelle due variabili *P* e *V* le variazioni di pressione e volume. Il piano *PV* viene detto **piano di Clapeyron** e serve per rappresentare qualunque tipo di trasformazione di un gas. In particolare, per un gas perfetto una *trasformazione isoterma* (cioè a temperatura costante) $P \cdot V =$ costante (legge di Boyle) è rappresentata da un ramo di iperbole, mentre per un gas reale si nota la presenza di una **campana di condensazione**, detta **curva di Andrews**.

Il comportamento dei gas reali si avvicina a quello dei gas perfetti per temperature alte e pressioni basse.

B.4 EFFETTO DOPPLER

Si consideri una sorgente sonora fissa che genera un'onda di frequenza ν e un ascoltatore posto a una certa distanza. Se la sorgente si muove rispetto all'ascoltatore, la frequenza ν_1 dell'onda percepita dall'ascoltatore non è uguale a ν, ma cambia a seconda del moto relativo tra sorgente e ascoltatore. Si possono distinguere i quattro casi seguenti:

1. Ascoltatore fermo, sorgente in avvicinamento: $\nu_1 = \nu \cdot \dfrac{v}{v - v_1}$
2. Ascoltatore fermo, sorgente in allontanamento: $\nu_1 = \nu \cdot \dfrac{v}{v + v_1}$
3. Sorgente fissa, ascoltatore in avvicinamento: $\nu_1 = \nu \cdot \left(1 + \dfrac{v_1}{v}\right)$
4. Sorgente fissa, ascoltatore in allontanamento: $\nu_1 = \nu \cdot \left(1 - \dfrac{v_1}{v}\right)$

dove: ν: frequenza della sorgente; ν_1: frequenza percepita dall'ascoltatore;
v: velocità dell'onda; v_1: velocità relativa tra sorgente e ascoltatore

Il suono della sirena di un'ambulanza è più acuto, e quindi più fastidioso, quando l'ambulanza si avvicina all'ascoltatore rispetto a quando si allontana.

B.5 PROPRIETÀ MAGNETICHE DELLA MATERIA

Se si inserisce un corpo in un campo magnetico, le orbite elettroniche che si trovano intorno a ogni atomo tendono a deformarsi generando una debole magnetizzazione, opposta al campo magnetico esterno. Questo fenomeno prende il nome di **polarizzazione magnetica per deformazione** ed è un fenomeno comune a tutti i materiali.
Non è però l'unico effetto che si osserva. In particolare la materia può essere divisa in tre categorie a seconda del suo comportamento nei confronti di un campo magnetico esterno; si individuano così sostanze *diamagnetiche, paramagnetiche* e *ferromagnetiche.*
Ricordando che la permeabilità magnetica relativa μ_r è un indicatore di quanto un mezzo si lascia attraversare da un campo magnetico esterno, si intuisce il motivo per cui la stessa classificazione viene fatta in base al valore di μ_r.

B.5.1 SOSTANZE DIAMAGNETICHE

- Gli atomi che compongono tali sostanze sono magneticamente neutri nel senso che non hanno un campo magnetico proprio.
- Sottoposte a un campo magnetico esterno subiscono una polarizzazione magnetica per deformazione.
- La permeabilità magnetica μ_r delle sostanze diamagnetiche è costante e leggermente minore di 1 (per il vuoto si ha $\mu_r = 1$).

Acqua, argento e rame sono sostanze diamagnetiche. Il valore di μ_r è rispettivamente 0,999991, 0,999990 e 0,999974.

FISICA

B.5.2 SOSTANZE PARAMAGNETICHE

- Le sostanze paramagnetiche sono composte da atomi che hanno un campo magnetico proprio: ogni atomo può essere considerato come una piccola spira che si orienta quando viene inserita in un campo esterno. Questo fenomeno si chiama **polarizzazione magnetica per orientamento**. Tale orientamento conferisce alla sostanza una debole magnetizzazione.
- È presente anche la polarizzazione per deformazione, ma è molto più debole.
- La permeabilità magnetica relativa μ_r è costante e leggermente maggiore di 1.

Aria, alluminio e tungsteno sono sostanze paramagnetiche. Il valore di μ_r è rispettivamente 1,0000004, 1,000023 e 1,000068.

B.5.3 SOSTANZE FERROMAGNETICHE

- Queste sostanze presentano al loro interno delle regioni dette *domini di Weiss* in cui le spire atomiche sono già orientate. Inserendole in un campo esterno, i domini aventi una magnetizzazione concorde con il campo si ingrandiscono a scapito degli altri, fino a che tutto il materiale non presenta un'unica magnetizzazione molto forte.
- μ_r raggiunge valori molto elevati.
- Superata una data temperatura detta *temperatura di Curie*, i domini scompaiono a causa della forte agitazione termica e la sostanza ferromagnetica diventa paramagnetica.

Acciaio, ferro e ferronichel sono sostanze ferromagnetiche. Il valore di μ_r è rispettivamente 6000, 7000 e 105000.

Se le sostanze ferromagnetiche vengono immerse in un campo magnetico, si magnetizzano a loro volta e parte di tale magnetizzazione persiste anche se le si estrae dal campo. Esiste quindi una *magnetizzazione residua* grazie alla quale un materiale ferromagnetico può diventare un *magnete permanente*. Questa proprietà si manifesta diversamente a seconda del materiale ferromagnetico che si considera. Il ferro, per esempio, si distingue in *ferro dolce* con bassa magnetizzazione residua e *ferro duro* con alta magnetizzazione residua: quest'ultimo è ovviamente preferibile come materiale per la costruzione di un magnete permanente.

B.6 OTTICA GEOMETRICA

Per ottica geometrica si intende lo studio delle onde luminose e dei fenomeni riguardanti la loro propagazione nell'approssimazione che la lunghezza d'onda sia piccola rispetto alle dimensioni degli ostacoli e delle fenditure incontrati, in modo da poter trascurare l'effetto della diffrazione.

Poiché la luce si propaga in linea retta, nell'ottica geometrica si preferisce parlare di raggi e disegnare le onde come linee rette continue aventi la stessa direzione e verso della propagazione dell'onda. I raggi di luce, ogni volta che incontrano una superficie, subiscono i fenomeni della riflessione e della rifrazione: in base alla geometria della superficie incontrata e alle proprietà dei mezzi attraversati dai raggi, si presentano vari casi ed effetti. Un effetto della propagazione in linea retta della luce è la formazione di ombre e penombre.

Nella figura sono rappresentati i casi di sorgente luminosa puntiforme (a) ed estesa (b).

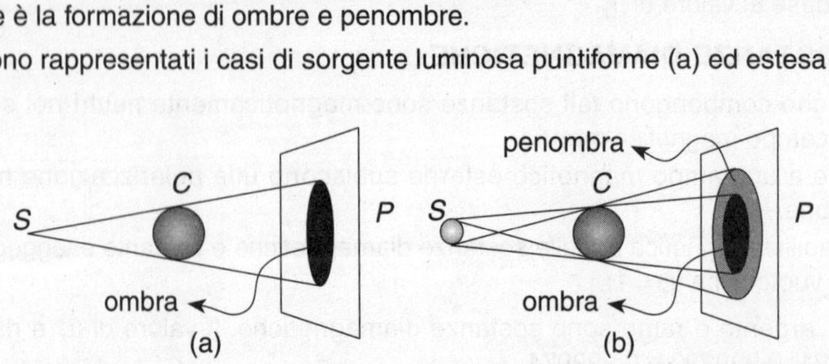

Se la sorgente è puntiforme, si forma un'ombra scura dietro il corpo opaco *C*; se la sorgente è estesa, oltre a una zona di ombra vera e propria, corrispondente alla regione dove nessuno dei raggi uscenti da *S* arriva a colpire lo schermo *P*, esiste anche una zona di penombra, dove una parte dei raggi non viene intercettata da *C* e arriva a *P*.

L'ottica geometrica, una volta ipotizzato che la luce si propaga in linea retta, si interessa dell'interazione tra onde luminose e materiali aventi proprietà riflettenti e rifrangenti. In generale si ha una sorgente luminosa, detta anche *punto oggetto*, un corpo riflettente e/o rifrangente, e un *punto immagine* dove si forma l'immagine dell'oggetto.

Per costruire tale immagine è necessario considerare almeno due raggi uscenti dalla sorgente e seguirli nel loro cammino: il punto dove essi si incontrano è detto *immagine reale* dell'oggetto. Non è detto però che i raggi convergano e si incontrino in un punto; essi possono altresì divergere. In tal caso l'immagine è ottenuta dall'intersezione dei prolungamenti dei raggi: si parla in questo caso di *immagine virtuale*.

B.6.1 SPECCHI

Il primo caso di applicazione dell'ottica geometrica affrontato in questo capitolo riguarda l'interazione fra luce e superfici perfettamente riflettenti: gli specchi. Questi ultimi si distinguono in *piani*, *concavi* e *convessi*.

Specchi piani

Uno specchio piano è una lastra piana ricoperta di un sottile strato d'argento che la rende totalmente riflettente. Per costruire l'immagine di un oggetto puntiforme è sufficiente far partire dall'oggetto due raggi diretti verso lo specchio. Ciascuno di essi verrà riflesso secondo le leggi della riflessione. Poiché i due raggi divergono, l'intersezione si ha tra i loro prolungamenti. Si tratta di un'immagine virtuale. In figura è rappresentata la riflessione di un oggetto puntiforme in uno specchio piano: l'oggetto puntiforme (P) e la sua immagine (Q) si trovano da parti opposte rispetto allo specchio e alla stessa distanza da questo. Si tratta di un'immagine virtuale.

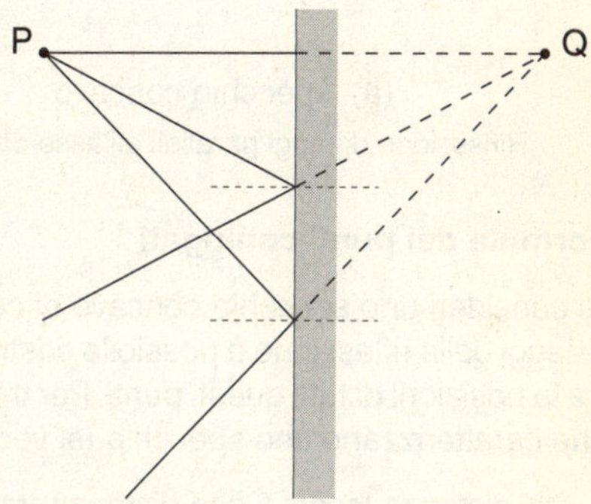

In uno specchio piano, le immagini sono sempre virtuali, diritte, simmetriche, hanno le stesse dimensioni dell'oggetto e sono poste alla stessa distanza dell'oggetto dalla superficie riflettente.

Un comune specchio di casa è uno specchio piano. Guardandosi allo specchio, si vede la propria immagine virtuale (dall'altra parte dello specchio), avente le stesse dimensioni, alla stessa distanza dallo specchio. Se si alza il braccio destro, l'immagine solleva il sinistro (simmetria).

Specchi sferici

Uno specchio può essere creato anche da superfici curve riflettenti: si parla in tal caso di specchio sferico se la superficie è una calotta sferica. Gli specchi sferici si dividono in specchi concavi e convessi a seconda che la superficie riflettente sia quella interna o esterna alla calotta.

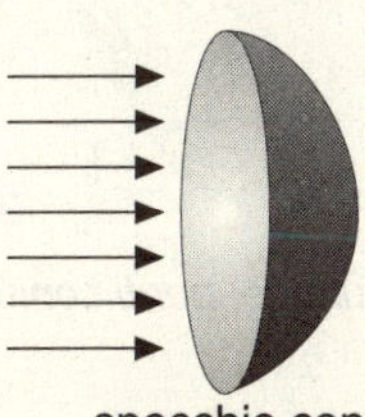

specchio concavo

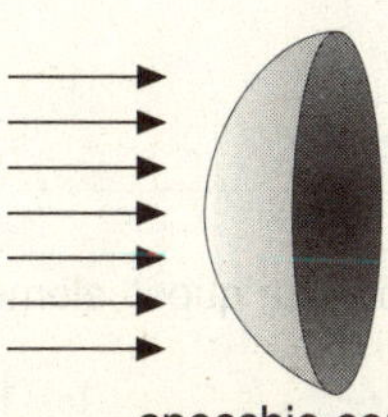

specchio convesso

FISICA

Il centro della sfera di cui lo specchio è parte prende il nome di **centro ottico**, mentre il punto centrale della calotta sferica è il **vertice**. L'**asse ottico** è la retta passante per il centro e il vertice, mentre il **punto focale** o **fuoco** è il punto dell'asse ottico in cui viene riflesso un fascio di raggi paralleli all'asse stesso.

Negli **specchi concavi** i raggi paralleli all'asse ottico principale convergono nel **punto focale** F che si trova a metà fra il centro di curvatura C e il vertice O dello specchio (figura a). La **distanza focale** *f* è la distanza fra il punto focale e lo specchio. Gli specchi concavi sono anche detti **convergenti**.

Viceversa, negli **specchi convessi** i raggi paralleli all'asse ottico principale divergono (figura b) e la luce sembra provenire dal punto focale, che si trova *dietro il vertice dello specchio*. Anche in questo caso il punto focale F si trova a metà fra il centro di curvatura C e lo specchio. Gli specchi convessi sono anche detti **divergenti**.

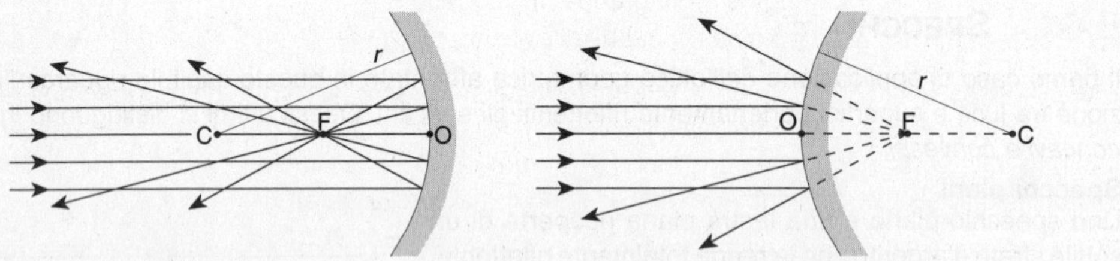

(a) specchio concavo (b) specchio convesso

Riflessione di raggi paralleli all'asse ottico principale in uno specchio concavo e in uno convesso.

Formula dei punti coniugati

Si consideri uno specchio concavo di centro ottico O e vertice V, e una sorgente luminosa *S*. Con le leggi della riflessione è possibile costruire il punto immagine di *S*. Esistono delle relazioni precise tra le posizioni di tutti questi punti. Per trovarle, è necessario stabilire una notazione per gli elementi che caratterizzano uno specchio (si veda la figura sottostante):

- la *distanza focale f*: è la distanza tra il fuoco F e lo specchio;
- il *raggio di curvatura r*: è la distanza fra il centro ottico O e lo specchio; si ha che $r = 2f$;
- *p*: è la distanza fra l'oggetto e lo specchio;
- *q*: è la distanza fra l'immagine e lo specchio.

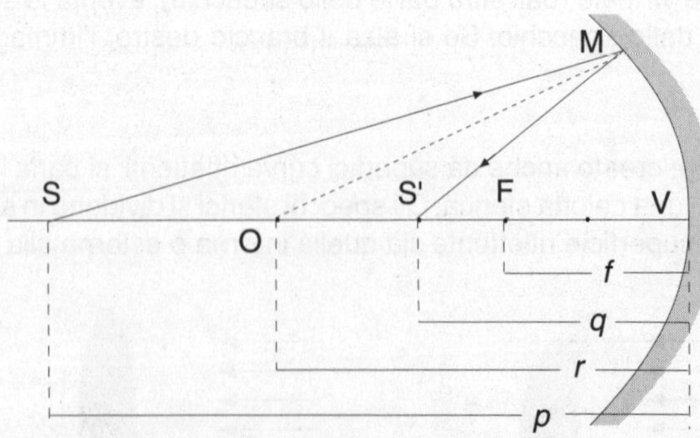

Esiste una semplice relazione fra questi elementi detta *formula dei punti coniugati*:

$$\frac{1}{p} + \frac{1}{q} = \frac{2}{r} = \frac{1}{f}$$

La formula dei punti coniugati consente di calcolare la *posizione dell'immagine* a partire dalla posizione dell'oggetto e conoscendo la distanza focale. Il valore di q che si trova può essere sia positivo che negativo.

q *positivo* → l'immagine è *reale* (si trova di fronte allo specchio)
q *negativo* → l'immagine è *virtuale* (si trova dietro lo specchio)

Si definisce **ingrandimento lineare m** il rapporto tra un segmento dell'immagine e il corrispondente segmento dell'oggetto. È dunque una quantità **adimensionale.** Si può dimostrare che:

$$m = q/p$$

m *positivo* → l'immagine è *capovolta*
m *negativo* → l'immagine è *diritta*
Se $|m| < 1$ → l'immagine è più piccola dell'oggetto
Se $|m| > 1$ → l'immagine è più grande dell'oggetto
Se $|m| = 1$ → l'immagine è uguale all'oggetto

Per costruire l'immagine di un oggetto puntiforme è sufficiente far partire dall'oggetto due raggi diretti verso lo specchio: uno parallelo all'asse ottico, che verrà riflesso nel fuoco, l'altro passante per il centro, che verrà riflesso su se stesso. L'incontro dei due dà l'immagine del punto: può essere davanti allo specchio (immagine reale) o dietro (immagine virtuale).

In particolare, mentre gli specchi concavi danno origine a un'immagine reale o virtuale, diritta o capovolta, più piccola o più grande, in relazione alla posizione dell'oggetto, negli specchi convessi l'immagine è sempre virtuale, diritta e rimpicciolita.

B.6.2 LENTI SOTTILI

C'è una differenza fondamentale fra lenti e specchi (a parte il fatto che le lenti *rifrangono* la luce, mentre gli specchi la *riflettono*): nel caso delle lenti, le superfici attraversate dalla luce sono due.

Si definisce *sottile* una lente di spessore trascurabile. Dal momento che la luce può attraversare la lente in entrambe le direzioni, la lente ha due punti focali F (uno da ciascun lato della lente) e due distanze focali f.

Poiché nelle lenti sottili le due distanze focali sono uguali, si parla semplicemente di distanza focale. Si chiamano **lenti convergenti** le lenti in grado di concentrare i raggi che le colpiscono, **lenti divergenti** quelle che li allontanano.

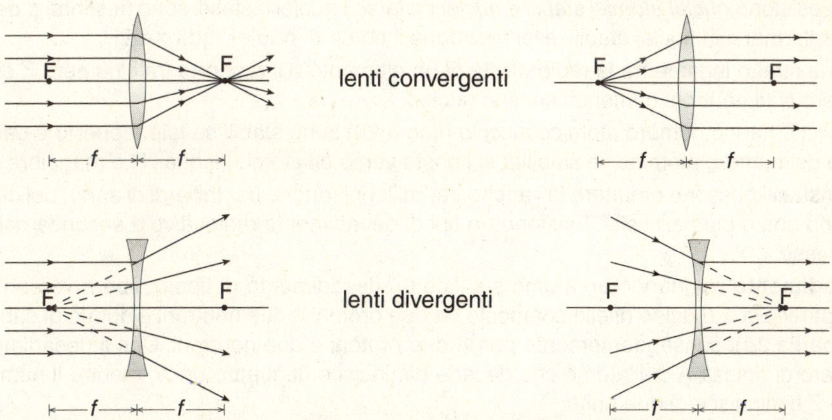

Come per gli specchi, si utilizzano le lettere p, q, f per indicare rispettivamente la distanza dell'oggetto dalla lente, la distanza dell'immagine dalla lente e la distanza focale.

Anche nel caso delle lenti vale la formula dei punti coniugati e si definisce il rapporto di ingrandimento. La formula dei punti coniugati è ancora:

$$\frac{1}{p}+\frac{1}{q}=\frac{1}{f}$$

Poiché le lenti hanno due superfici, esse hanno anche due raggi di curvatura r_1 e r_2, che vengono numerati nel "senso di marcia" della luce (cioè r_1 è il raggio di curvatura che i raggi incontrano per primo). La distanza focale è legata alla curvatura della superficie della lente e all'indice di rifrazione *n* del materiale delle lenti. Questo legame è espresso dall'*equazione degli ottici* (o *equazione dei costruttori di lenti*):

$$\frac{1}{f}=(n-1)\left(\frac{1}{r_1}-\frac{1}{r_2}\right)$$

dove ciascun raggio di curvatura viene preso con il suo segno: positivo se la sfera è convessa dal lato da cui proviene la luce, negativo in caso contrario.

✔ Si chiama *parte reale* il semispazio che si trova dall'altra parte della lente rispetto all'oggetto. Si chiama *parte virtuale* il semispazio che si trova dalla stessa parte della lente rispetto all'oggetto.

q positivo → l'immagine è *reale* (si trova oltre la lente)

q negativo → l'immagine è *virtuale* (si trova davanti alla lente)

Il rapporto di ingrandimento è ancora:

$$m = q/p$$

Come già detto a proposito degli specchi, un rapporto di ingrandimento positivo si riferisce a immagini capovolte, un rapporto di ingrandimento negativo si riferisce a immagini diritte.

Infine, si definisce **potere convergente** o **potenza** di una lente l'inverso della sua distanza focale:

$$P = 1/f$$

P è *positivo* nel caso di lenti convergenti, *negativo* nel caso di lenti divergenti. Esprimendo la distanza focale in metri, il potere convergente, detto anche *potere diottrico*, viene misurato in unità chiamate *diottrie* (dimensionalmente pari al reciproco di una lunghezza).

B.7 CENNI DI FISICA NUCLEARE

B.7.1 DECADIMENTI RADIOATTIVI

In natura esistono *nuclei atomici stabili* e *nuclei instabili.* I nuclei instabili sono destinati a *decadere*, cioè a trasformarsi in nuclei stabili; essi prendono il nome di **nuclei radioattivi**.

Esiste uno stretto legame tra la radioattività di un elemento e il rapporto tra il numero Z di protoni e il numero N di neutroni contenuti nel suo nucleo.

Gli atomi che hanno numero atomico piccolo (fino a 20) sono stabili se tale rapporto è pari a 1. Al crescere del numero atomico, la stabilità si sposta verso gli atomi nei quali N è maggiore di Z.

I nuclei instabili possono rimanere tali anche per millenni (anche per miliardi di anni), poi decadono emettendo una o più particelle. Esistono tre tipi di decadimento radioattivo a seconda delle particelle emesse.

1. **Decadimento** α: quando un atomo subisce un decadimento di tipo α, libera verso l'esterno una particella α (nucleo di elio composto da due protoni e due neutroni e dotato di carica positiva pari a $2e$); conseguentemente perde due protoni e due neutroni. Con il decadimento α il numero di massa A dell'atomo che decade diminuisce di quattro unità, mentre il numero atomico Z diminuisce di due unità:

$$(A, Z) \rightarrow (A-4, Z-2)$$

L'uranio 238 ($^{238}_{92}U$) decade α trasformandosi in torio 234 ($^{234}_{90}Th$).

PARTE QUARTA

2. **Decadimento** β: nel decadimento β si ha la trasformazione di un protone in un neutrone (decadimento β^+) o viceversa (decadimento β^-) con conseguente liberazione di una particella beta. Nel caso del decadimento β^- la particella emessa è un elettrone veloce; nel caso β^+ l'atomo emette un positrone, avente massa uguale a quella dell'elettrone ma carica positiva.

   Se un nucleo decade β^-, il suo numero atomico Z aumenta di uno mentre il suo numero di massa A rimane inalterato:

$$(A, Z) \rightarrow (A, Z+1)$$

   Il cobalto 60 ($^{60}_{27}Co$) decade β^- trasformandosi in nichel 60 ($^{60}_{28}Ni$).

3. **Decadimento** γ: nel decadimento γ il nucleo mantiene inalterati il numero atomico e il numero di massa:

$$(A, Z) \rightarrow (A, Z)$$

   Viene emessa una particella γ (fotone ad alta energia o onda elettromagnetica ad alta frequenza), non dotata né di massa né di carica e, proprio per questo, molto penetrante. Una particella γ riesce ad attraversare anche strati di metallo pesante come il piombo.

   L'effetto finale sull'atomo che subisce un decadimento di questo tipo è una diminuzione della sua energia nucleare.

Nella figura a lato è mostrato il processo di decadimento radioattivo dell'uranio. Lungo gli assi verticale e orizzontale sono riportati rispettivamente il numero atomico Z e il numero di massa A. Sulla parte destra sono riportati i simboli degli elementi coinvolti durante il decadimento. Partendo dall'atomo di uranio:

$$^{238}_{92}U$$

(dove 238 è il numero di massa dell'atomo) e attraverso decadimenti α (frecce oblique) e β^- (frecce verticali) si arriva fino al piombo:

$$^{206}_{82}Pb$$

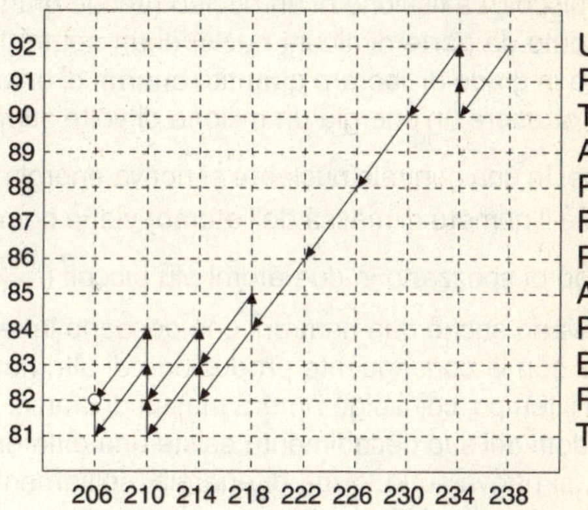

Il decadimento radioattivo è un processo essenzialmente statistico: ogni nucleo di una sostanza radioattiva ha in ogni istante la stessa probabilità di decadere, indipendentemente da quanto è durata la sua vita precedente.

Per questo motivo, il decadimento segue una legge di tipo esponenziale:

$$N(t) = N_0 e^{-\lambda t} \quad \text{oppure} \quad N(t) = N_0 \cdot 2^{-t/T_{1/2}}$$

dove

- N_0 è il numero di atomi radioattivi all'istante iniziale
- $N(t)$ è il numero di atomi che all'istante t devono ancora decadere
- λ è la **costante di disintegrazione**
- $T_{1/2} = \tau \cdot \ln 2$ è il **tempo di dimezzamento** della sostanza radioattiva
- $\tau = \frac{1}{\lambda}$ è il **tempo di vita media.**

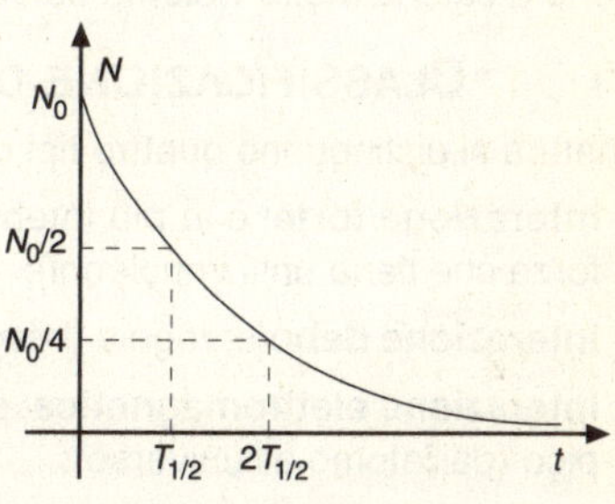

Il numero di atomi radioattivi si dimezza ogni volta che passa un tempo uguale a $T_{1/2}$. Ogni sostanza radioattiva è caratterizzata dal valore del suo tempo di dimezzamento.

$T_{1/2}$ del radio 226 = 1622 anni; $T_{1/2}$ dell'uranio 235 = $4{,}5 \cdot 10^9$ anni;
$T_{1/2}$ del carbonio 14 = 5000 anni; $T_{1/2}$ del radon 222 = 3,8 giorni.

FISICA

L'unità di misura della radioattività è il **becquerel** (Bq), pari a una disintegrazione al secondo. Esiste anche il **curie** (Ci), pari al numero di disintegrazioni al secondo che avvengono in un grammo di radio: 1 Ci = $3{,}7 \cdot 10^{10}$ Bq.

B.7.2 REAZIONI NUCLEARI

Nelle reazioni nucleari, come la fusione e la fissione, i nuclei degli atomi partecipano attivamente rompendosi o fondendosi tra di loro. La spontaneità di tali reazioni è legata alla liberazione di energia verso l'esterno; si parla in questi casi di energia nucleare.

Fusione

In condizioni particolari (temperatura e pressione elevate) può accadere che due nuclei piccoli si uniscano a formare un nucleo più grande e più stabile. È quanto avviene attualmente nel Sole e nella maggior parte delle stelle, dove gli atomi di idrogeno si uniscono per formare atomi di elio con conseguente liberazione di energia verso l'esterno. Grazie alla fusione dell'idrogeno, il Sole si autoalimenta liberando verso l'esterno una energia pari a $4 \cdot 10^{26}$ J / s.

Fissione

Il processo di fissione è caratterizzato dalla rottura di un nucleo di grandi dimensioni in due nuclei più piccoli. La fissione di un nucleo (anche grande) non è in generale spontanea. Tuttavia, l'assorbimento da parte di alcuni nuclei di un neutrone lento può determinarne la fissione. Tali reazioni sono in grado di liberare quantità enormi di energia: tramite fissione, da un chilo di uranio è possibile ottenere un'energia un milione di volte superiore a quella ottenibile bruciando un chilo di carbone. In una centrale nucleare si ricava energia tramite la fissione dell'uranio: l'uranio (^{235}U , dove 235 è il numero di massa dell'atomo) viene bombardato con neutroni opportunamente rallentati, in grado di spezzarlo in due atomi più piccoli ($^{140}_{54}Xe$ e $^{94}_{38}Sr$). Tra gli elementi finali della fissione si ritrovano anche due neutroni che possono innescare negli altri atomi di uranio una reazione analoga con la conseguente produzione di altri neutroni. Si crea quindi una **reazione a catena** che, con il tempo, coinvolge l'intera massa di uranio. Tra la massa di ogni atomo d'uranio e le masse dei prodotti del suo decadimento esiste una differenza che, grazie all'equivalenza tra massa ed energia, si ritrova sotto forma di energia, solitamente termica, che può essere poi trasformata in corrente elettrica. Affinché la catena di reazioni possa autoalimentarsi è necessario che tra il numero di neutroni prodotti in ogni decadimento e il numero di reazioni che essi riescono a indurre in altri atomi, ci sia equilibrio. I neutroni, inoltre, per poter essere efficaci, devono essere rallentati fino ad avere un livello opportuno di energia cinetica. Queste condizioni vengono realizzate tramite barre di controllo (solitamente di cadmio) interposte tra le barre di uranio, il cui scopo è quello di assorbire i neutroni in eccesso, e da un liquido moderatore (di solito acqua pesante) utilizzato per rallentare i neutroni prodotti. In una bomba atomica, la mancanza di barre di controllo causa una reazione a catena molto violenta con effetti esplosivi e distruttivi.

B.7.3 CLASSIFICAZIONE DELLE FORZE ESISTENTI IN NATURA

In natura si distinguono quattro tipi di forze. In ordine decrescente di intensità sono:

- **Interazione forte**: è la più intensa ed è importante solo a livello microscopico (si tratta della forza che tiene uniti i nucleoni);
- **Interazione debole**: regola il decadimento β ed è importante a livello microscopico;
- **Interazione elettromagnetica**: è importante sia a livello microscopico che a livello macroscopico (dall'atomo all'universo);
- **Interazione gravitazionale**: è la più debole ed è importante solo su grandi scale (universo).

L'interazione debole e l'interazione elettromagnetica sono state unificate nell'interazione elettrodebole. Un obiettivo importante della fisica moderna è quello di completare tale unificazione, cioè trovare un'unica forma di interazione con la quale sia possibile descrivere e comprendere la natura nella sua totalità.

PARTE QUARTA

GLOSSARIO

Accelerazione media: quantità vettoriale che esprime il tasso temporale di cambiamento del vettore velocità.

Accelerazione centripeta: accelerazione che subisce un oggetto che percorre una traiettoria circolare a velocità costante in modulo. Il modulo di tale accelerazione è pari al rapporto tra il quadrato della velocità e il raggio della traiettoria, mentre il verso è sempre diretto verso il centro della stessa (se il modulo della velocità non è costante esiste una seconda componente della accelerazione tangente alla traiettoria).

Accelerazione di gravità: accelerazione a cui sono sottoposti tutti i gravi, lasciati liberi di cadere nei pressi della superficie terrestre; viene indicata con la lettera **g** e ha modulo pari a $9{,}8\ m/s^2$.

Accumulatore: dispositivo in grado di trasformare energia chimica in energia elettrica e viceversa (è una pila elettrica reversibile).

Adesione: attrazione tra particelle di sostanze diverse.

Agitazione termica: movimento delle molecole di un gas legato alla temperatura assoluta dell'aeriforme.

Alternatore: macchina capace di trasformare, sfruttando il fenomeno dell'induzione elettromagnetica, energia meccanica in corrente elettrica alternata (solitamente sinusoidale).

Ampere: unità di misura dell'intensità di corrente elettrica.

Amperometro: dispositivo usato per misurare l'intensità di corrente; è dotato di una resistenza interna molto bassa e va collegato in serie.

Ampiezza di oscillazione: in un'onda meccanica, è il massimo spostamento dalla posizione di equilibrio.

Angolo di riflessione totale: quando un raggio di luce attraversa la superficie di separazione tra due mezzi il primo dei quali presenta indice di rifrazione maggiore, l'angolo di riflessione totale è l'angolo di incidenza in corrispondenza del quale l'angolo di rifrazione è di 90°.

Antinodo: punto di massima ampiezza in un'onda stazionaria.

Arcobaleno: effetto della dispersione della luce nelle gocce di pioggia.

Baricentro: vedi *centro di gravità.*

Battimenti: suono prodotto dall'interferenza alternata costruttiva e distruttiva tra onde sonore di frequenze leggermente differenti.

Braccio: distanza tra fulcro e forza in una macchina o tra polo e forza nello studio delle rotazioni dei corpi solidi.

Brinamento: passaggio di stato da aeriforme a solido.

Calore: energia termica che viene trasferita tra due corpi a causa della loro differenza di temperatura.

Calore latente molare di evaporazione (λ_{eva}): energia necessaria per trasformare una mole di liquido in vapore a temperatura e pressione costanti.

Calore latente molare di fusione (λ_{fus}): energia necessaria per trasformare una mole di solido in liquido a temperatura e pressione costanti.

Calore latente molare di sublimazione (λ_{sub}): energia necessaria per trasformare una mole di solido in gas a temperatura e pressione costanti.

Calore specifico di una sostanza: energia necessaria per innalzare di un grado centigrado l'unità di massa della sostanza.

Calore specifico molare di una sostanza: quantità di calore necessaria per aumentare di un grado centigrado la temperatura di una mole della sostanza.

Caloria (cal): unità di misura dell'energia termica (1 cal = 4,186 J). È l'energia necessaria per innalzare la temperatura di un grammo di H_2O da 14,5 °C a 15,5 °C.
(1 kcal = 1 Cal = 1000 calorie).

Calorimetro: strumento per la misura del calore.

Campo conservativo: campo di forze in cui il lavoro delle forze del campo è una *funzione di stato,* cioè non dipende dal cammino seguito dal punto di applicazione della forza ma solo dalle sue posizioni iniziale e finale; in un campo conservativo il lavoro delle forze del campo lungo una *traiettoria chiusa* è sempre **nullo.**

Campo elettrico: campo vettoriale associato al vettore **E = F / *q*** dove F è la forza elettrostatica.

Campo gravitazionale: perturbazione dello spazio dovuta alla presenza di masse gravitazionali; è un campo vettoriale definito dalla forza gravitazionale.

Campo magnetico: campo vettoriale associato al vettore induzione magnetica **B**.

Campo vettoriale: regione di spazio a ogni punto della quale è possibile associare un vettore che caratterizza il campo in quel punto.

Capacità di un condensatore: misura della possibilità di un condensatore di immagazzinare carica; è data dal rapporto tra il valore assoluto della carica su una delle piastre del condensatore e la differenza di potenziale tra le piastre stesse.

Capacità termica: quantità di calore (energia termica) che un corpo deve assorbire affinché la sua temperatura aumenti di 1 °C (o di 1 K).

Capillarità: innalzamento o abbassamento di un liquido in un tubo capillare per effetto delle forze di adesione e coesione.

Celsius (°C): scala di temperatura definita attribuendo i valori 0 °C e 100 °C rispettivamente alla temperatura di congelamento e di ebollizione dell'acqua. 0 °C = 273,15 K.

Centro di gravità: detto anche *baricentro,* è il punto in cui può essere pensata applicata l'intera forza di gravità. Se l'accelerazione di gravità è costante il centro di gravità e il centro di massa coincidono.

Centro di massa: punto che si comporta come se l'intera massa di un corpo fosse concentrata in quel punto.

Chilogrammo: unità di misura della massa.

Chilowattora: un'unità di misura dell'energia: è il lavoro compiuto in un'ora da una macchina avente la potenza di 1 kW.

Ciclo di Carnot: ciclo termodinamico formato da due trasformazioni isoterme e due adiabatiche.

Coesione: attrazione tra particelle dello stesso tipo.

Condensatore: dispositivo composto da due superfici conduttrici separate da un isolante.

Condizioni normali: stato di un sistema termodinamico in cui la temperatura è pari a 0 °C e la pressione a 1 atm.

Condizioni standard: stato di un sistema termodinamico in cui la temperatura è pari a 25 °C e la pressione a 1 atm.

Conduttori: materiali come i metalli nei quali alcuni elettroni (ioni nei liquidi e nei gas) possono muoversi liberamente.

Conduzione: processo di trasferimento di calore tra due corpi senza trasferimento di materia.

Convezione: trasferimento di calore attraverso il movimento di materia.

Coppia di forze: sistema di due forze antiparallele, di uguale intensità, applicate a un corpo solido.

Corrente alternata: corrente che cambia periodicamente direzione, spesso in modo sinusoidale.

Corrente continua: corrente elettrica in cui il moto delle cariche avviene sempre nello stesso verso.

Corrente efficace: valore massimo della corrente alternata diviso per la radice quadrata di due.

Corrente elettrica: numericamente uguale alla carica che, nell'unità di tempo, passa attraverso una sezione data del circuito; per convenzione si assume positivo il verso in cui fluirebbero le cariche positive. Nel S.I. si misura in ampere (A).

Costante dei Gas (R): costante che appare nell'equazione della legge dei gas perfetti ($PV = nRT$); il suo valore dipende dalle unità di misura utilizzate per le altre grandezze.

Costante di gravitazione universale: coefficiente di proporzionalità tra la forza di attrazione tra due masse e il rapporto tra il prodotto delle due masse e il quadrato della loro distanza.

Costante di decadimento: coefficiente di proporzionalità tra la velocità con la quale i nuclei radioattivi decadono e il numero di nuclei radioattivi.

Coulomb: unità di misura della carica elettrica.

Decadimento radioattivo: trasformazione di nuclei atomici instabili in nuclei stabili tramite emissione di particelle α, β, o γ.

Decibel (db): unità di misura del livello di intensità sonora.

Densità: rapporto tra massa e volume.

Densità relativa: rapporto tra la densità di una sostanza e la densità dell'acqua distillata.

Dielettrico: materiale non conduttore (isolante) spesso utilizzato tra le lamine di un condensatore per incrementarne la capacità.

Differenza di potenziale: differenza di tensione tra due punti di un circuito elettrico o di un conduttore.

Diffrazione: dispersione di un'onda risultante dal passaggio attraverso una fessura. Curvatura di un'onda nel passaggio attorno a un ostacolo

Diffusione: movimento casuale delle molecole di un gas tendente a uniformare la distribuzione del gas nel suo contenitore.

Diminuzione del punto di congelamento (ΔT crioscopico): diminuzione della temperatura di congelamento di un liquido dovuta all'aggiunta di un soluto non volatile.

Dinamo: macchina capace di trasformare, sfruttando il fenomeno dell'induzione elettromagnetica, energia meccanica in corrente elettrica continua.

Dinamometro: strumento per misurare l'intensità di una forza.

Diottria: unità di misura del potere delle lenti, definita come l'inverso della distanza focale espressa in metri.

Dipolo elettrico: sistema composto da due cariche opposte separate da una certa distanza.

Dispersione: è il fenomeno di separazione della luce visibile nei suoi colori costituenti; è dovuta alla variazione della velocità dell'onda in un mezzo in funzione della frequenza dell'onda.

Dissociazione elettrolitica: scissione di una molecola in ioni, quando viene posta in acqua.

Distanza focale: distanza tra una lente o specchio e il suo punto focale.

Distribuzione di Maxwell-Boltzmann: distribuzione delle velocità delle particelle di un gas a una data temperatura.

Ebollizione: passaggio di stato da liquido ad aeriforme; coinvolge l'intera massa liquida.

Eclisse di Luna: si verifica quando la Terra è situata tra la Luna e il Sole.

Eclisse di Sole: si verifica quando la Luna è situata tra la Terra e il Sole.

Eclittica: traiettoria che la Terra compie intorno al Sole durante l'anno.

Effetto Doppler: variazione di frequenza di un onda dovuta al moto relativo tra sorgente e osservatore lungo la linea che li congiunge.

Effetto Joule: produzione di calore durante il passaggio di corrente elettrica in un utilizzatore.

Elettromagnetismo: termine con cui si indica lo studio delle interazioni tra elettricità e magnetismo.

Elettronvolt: un'unità di misura dell'energia; è l'energia acquistata da un elettrone nel passaggio da un'armatura all'altra di un condensatore quando la differenza di potenziale è 1 V.

Energia cinetica: energia posseduta da un corpo come risultato del suo moto.

Energia meccanica: somma dell'energia cinetica e dell'energia potenziale di un corpo.

Energia potenziale: energia disponibile per un corpo quando è immerso in un campo di forze conservativo; è un'energia che dipende dalla posizione del corpo nel campo.

Energia potenziale gravitazionale: energia potenziale di un corpo immerso in un campo gravitazionale.

Entropia: funzione di stato legata al grado di disordine di un sistema. Un sistema molto ordinato ha una entropia bassa; la variazione di entropia (ΔS) di un sistema è pari alla differenza tra l'entropia dello stato finale e l'entropia dello stato iniziale. La variazione di entropia ΔS di un sistema isolato che si evolve spontaneamente in natura è sempre positiva.

Equivalente meccanico della caloria: fattore di trasformazione delle calorie in joule:

$$1 \text{ cal} = 4{,}186 \text{ J}$$

PARTE QUARTA

Espansione termica: variazione di dimensioni di un corpo associata a una variazione di temperatura. In genere, a un incremento di temperatura è associato un aumento di volume del corpo.

Evaporazione: passaggio di stato da liquido ad aeriforme; coinvolge gli strati superficiali del liquido.

Faraday (F): carica elettrica di una mole di elettroni (1 F = 96.487 C); da non confondersi con il *farad* che rappresenta l'unità di misura nel S.I. della capacità elettrica di un conduttore.

Fissione: reazione nucleare di divisione di un atomo pesante in due o più atomi leggeri accompagnata da un rilascio di energia. Può essere spontanea o indotta da un bombardamento di particelle opportune.

Fluido: sostanza allo stato aeriforme o liquido.

Fluorescenza: processo in cui certe sostanze emettono luce visibile quando i loro atomi sono eccitati da altre radiazioni (solitamente radiazioni ultraviolette). La fluorescenza dura solo fino a quando dura l'eccitazione.

Forza: grandezza vettoriale in grado di mutare lo stato di quiete o di moto rettilineo uniforme di un corpo a cui è applicata

Forza centripeta: forza responsabile dell'accelerazione centripeta. Il modulo di tale forza è pari al rapporto tra il prodotto della massa con il quadrato della velocità diviso il raggio della traiettoria; è diretta verso il centro di curvatura.

Forza conservativa: una forza è conservativa se il lavoro compiuto per spostare una particella dipende solo dalle posizioni iniziale e finale della particella ma non dal cammino seguito.

Forza di attrito: forza che si esercita tra due superfici a contatto in moto relativo l'una rispetto all'altra; tale forza è tangenziale alla superficie di contatto e si oppone al moto di scorrimento relativo tra le due superfici.

Forza di Coulomb: forza di attrazione o repulsione tra le cariche elettriche. Il suo modulo è direttamente proporzionale al prodotto delle cariche e inversamente proporzionale al quadrato della loro distanza.

Forza di galleggiamento: forza diretta verso l'alto a cui è sottoposto un corpo quando è parzialmente o interamente immerso in un fluido; l'intensità della forza è pari al peso del fluido spostato dal corpo (spinta di Archimede).

Forza di gravità: forza di attrazione tra le masse. Il suo modulo è direttamente proporzionale al prodotto delle masse e inversamente proporzionale al quadrato della loro distanza.

Forza di Lorentz: forza che agisce su una carica q che transita con velocità $\mathbf{v}$ attraverso un campo magnetico $\mathbf{B}$.

Forza elettromotrice (*f.e.m.*): differenza di potenziale ai capi di un generatore elettrico quando non è attraversato da corrente.

Forza peso: vedi *peso.*

Fotone: quanto di luce la cui energia è pari alla costante di Planck moltiplicata per la frequenza dell'onda elettromagnetica.

Frequenza: numero di cicli al secondo. È il reciproco del periodo e si misura in Hz.

Fronte d'onda: superficie ipotetica formata da tutti i punti che, a un dato istante, hanno lo stesso valore di fase.

Funzione di stato: funzione che dipende solo dallo stato del sistema e non dal meccanismo di evoluzione dello stesso o dal cammino seguito dal sistema durante la sua evoluzione.

Fusione: reazione nucleare di combinazione di nuclei leggeri per formare nuclei più pesanti accompagnata da rilascio di energia.

Galvanometro: strumento che misura l'intensità di corrente quando questa è molto debole (minore di 10 A).

Gas: stato fisico della materia a elevato disordine nel quale le molecole interagiscono solo debolmente; in natura si parla di gas a pressioni relativamente basse e temperature alte; se compresso, non liquefa mai.

Gas ideale (o gas perfetto): gas ipotetico il cui comportamento è descritto dalla legge dei gas ideali. Le particelle di un gas ideale hanno volume nullo e non danno luogo a fenomeni di interazione reciproca a distanza. Gli urti tra le molecole di un gas ideale sono perfettamente elastici.

Gas reale: gas che non segue la legge dei gas ideali.

Gittata: distanza percorsa in orizzontale da un proiettile.

Impulso: quantità vettoriale data dal prodotto tra la forza che agisce su un corpo e il tempo per cui agisce.

Indice di rifrazione di un mezzo: rapporto tra la velocità della luce nel vuoto e la velocità della luce nel mezzo.

Induzione elettromagnetica: produzione di corrente elettrica in un circuito causata dal movimento di un magnete nelle vicinanze del circuito.

Induzione elettrostatica: redistribuzione delle cariche all'interno di un conduttore per effetto di un campo elettrico.

Inerzia: è un indice della resistenza che un corpo offre alle variazioni del suo stato di moto quando è soggetto a delle forze.

Intensità di corrente elettrica: vedi *corrente elettrica.*

Intensità di un'onda: è numericamente uguale alla quantità di energia che, nell'unità di tempo, attraversa l'unità di superficie normale al raggio di propagazione (si misura in watt al metro quadrato).

Intensità luminosa: energia che una sorgente luminosa emette in un secondo; si misura in watt o anche in candele (cd).

Interferenza: effetto causato dalla combinazione di due onde: *costruttiva* quando sono in fase, *distruttiva* quando sono sfasate di 180°.

Irraggiamento: trasferimento di energia termica attraverso onde elettromagnetiche.

Isolanti: materiali in cui le cariche non sono libere di muoversi per condurre corrente elettrica.

Joule (J): unità di misura dell'energia; si ha:

$$1\ \text{J} = 1\ \text{kg} \cdot \text{m}^2/\text{s}^2.$$

Kelvin (K): scala di temperatura (detta anche *scala di temperatura assoluta*) avente la stessa unità della scala Celsius e zero assoluto pari a:

$$0\ \text{K} = -273{,}15\ °\text{C}.$$

Laser: Amplificazione Luminosa per Emissione Stimolata di Radiazione. È uno strumento che produce un sottile raggio di radiazione elettromagnetica monocromatica formata da fotoni in fase.

Lavoro: quantità scalare definita dal prodotto scalare tra la forza e lo spostamento del suo punto di applicazione.

Legge dei gas ideali: $PV = nRT$ dove R è la costante dei gas ideali e T è la temperatura del gas espressa in kelvin. Tale legge può essere applicata a ogni gas reale che si trovi a bassa pressione e a una temperatura superiore alla sua temperatura critica.

FISICA

Legge di Archimede: un corpo immerso in un fluido riceve una spinta dal basso verso l'alto pari al peso del fluido spostato.

Legge di Biot-Savart: una corrente elettrica che circola in un filo conduttore genera intorno al filo un campo magnetico la cui intensità è proporzionale all'intensità della corrente.

Legge di Boyle: a temperatura costante, il volume di un gas ideale è inversamente proporzionale alla sua pressione.

Legge di Charles: a volume costante, la pressione di un gas ideale è direttamente proporzionale alla temperatura assoluta del gas.

Legge di Dalton: la somma delle pressioni parziali dei componenti di una miscela gassosa è uguale alla pressione totale della miscela.

Legge di Faraday-Neumann-Lenz: la variazione del flusso del campo magnetico concatenato a un circuito produce una f.e.m. indotta direttamente proporzionale alla variazione del flusso e inversamente proporzionale all'intervallo temporale in cui si verifica la variazione.

Legge di gravitazione universale: due masse gravitazionali *m* e *M* poste a distanza *r* l'una dall'altra si attraggono con una forza **F** il cui modulo è direttamente proporzionale al prodotto delle due masse e inversamente proporzionale al quadrato della loro distanza.

Leggi di Kirchhoff: la somma delle correnti entranti in un *nodo* di un circuito è uguale alla somma delle correnti uscenti da esso; la somma algebrica delle *f.e.m.* di una maglia di un circuito è sempre uguale alla somma algebrica delle cadute di potenziale, dovute alla presenza di resistenze.

Legge di Pascal: la pressione esercitata sulla superficie di un fluido racchiuso in un recipiente si trasmette inalterata in tutti i punti del fluido.

Leva: macchina costituita da un'asta rigida girevole intorno a un asse a essa perpendicolare; il fulcro è il punto di incontro fra asse e leva.

Liquefazione: passaggio di stato da aeriforme a liquido.

Linee di forza: linee utilizzate per visualizzare il campo (elettrico, magnetico o gravitazionale). La tangente a una linea di forza in un punto è la direzione in quel punto del vettore che definisce il campo. Un elevato numero di linee di forza per unità di superficie indica un valore intenso del campo.

Liquido: stato della materia nel quale le forze molecolari sono intermedie tra quelle presenti nei gas e quelle presenti nei solidi. Si distingue dalla fase gassosa per il volume definito e dalla fase solida per il fatto che le molecole si possono mescolare liberamente tra loro.

Luce visibile: onda elettromagnetica avente lunghezza d'onda compresa tra 380 nm e 760 nm.

Luce polarizzata: luce caratterizzata dall'avere vibrazioni che avvengono su un piano privilegiato (piano di polarizzazione).

Lunghezza d'onda: distanza percorsa da un'onda in un periodo. Si può pensare come la distanza tra una cresta e la successiva.

Macchina termica: dispositivo in grado di trasformare energia termica in energia meccanica, o viceversa.

Massa: grandezza caratteristica dei corpi; la massa *gravitazionale* (responsabile dell'attrazione gravitazionale) e la massa *inerziale* (responsabile dell'inerzia dei corpi) sono equivalenti.

Massa atomica: rapporto tra la massa di un atomo e la massa dell'atomo di carbonio 12 espressa in u.m.a. (unità di massa atomica). È un numero puro.

Metro: unità di misura della lunghezza.

Mezzo: sostanza o regione di spazio attraverso la quale si propaga la radiazione.

Miraggio: fenomeno di illusione ottica che si presenta quando l'aria vicino alla superficie della Terra è più calda dell'aria sovrastante. È dovuto a fenomeni di rifrazione e riflessione totale della luce nell'aria.

Momento di una forza rispetto a un punto: grandezza vettoriale il cui modulo è dato dal prodotto tra il modulo della forza e la distanza tra la direzione della forza e il punto rispetto al quale si misura il momento.

Moto armonico: movimento periodico attorno a una posizione di equilibrio garantita da una forza elastica.

Moto circolare uniforme: moto caratterizzato da una traiettoria circolare e da una velocità costante in modulo.

Moto rettilineo: moto caratterizzato da un vettore velocità **v** costante in direzione (il modulo può variare).

Moto rettilineo uniforme: moto caratterizzato da un vettore velocità **v** costante sia in modulo che in direzione.

Moto uniforme: moto caratterizzato da un vettore velocità **v** costante in modulo (la direzione può variare).

Moto uniformemente accelerato: moto caratterizzato da un vettore accelerazione **a** costante sia in modulo che in direzione.

Nodo: punto che rimane in stato di quiete in un'onda stazionaria.

Normale: retta perpendicolare (a un piano o a un'altra retta); in ottica tutti gli angoli sono misurati rispetto alla normale che rappresenta la retta perpendicolare alla superficie di separazione tra due mezzi.

Nucleone: costituente del nucleo (protone oppure neutrone)

Numero atomico: numero di protoni in un nucleo; caratterizza ogni elemento chimico.

Numero di Avogadro: numero di atomi o di molecole contenuti in una mole di sostanza; è pari a:

$$6{,}022 \cdot 10^{23}$$

Numero di massa: numero totale di protoni e neutroni in un atomo.

Ohm: unità di misura della resistenza elettrica.

Onda acustica: onda meccanica costituita da una serie di compressioni e rarefazioni del mezzo in cui si propaga.

Onda elettromagnetica: onda trasversale costituita da campi elettrici e magnetici variabili nello spazio e nel tempo.

Onda meccanica (o elastica): onda che necessita di materia per la propagazione.

Onda stazionaria: configurazione fissa di un disturbo periodico prodotto quando due onde della stessa frequenza, ampiezza e velocità attraversano un mezzo in direzioni opposte.

Onde longitudinali: onde in cui il disturbo risulta essere parallelo alla direzione di propagazione dell'onda.

Onde trasversali: onde in cui il disturbo è perpendicolare alla direzione di propagazione dell'onda.

Particella α: nucleo di elio, composto da due protoni e due neutroni. Viene emesso nel decadimento radioattivo di alcuni elementi (decadimento α).

Particella β: elettrone; in genere è riferito all'emissione di particelle nei processi di decadimento radioattivo.

Pascal: unità di misura della pressione nel SI.

Periodo: tempo necessario per completare un ciclo. È numericamente uguale al reciproco della frequenza.

Peso: forza cui è sottoposta una massa in presenza di gravità; non deve essere confusa con la massa stessa.

Peso specifico: rapporto tra il peso e il volume di un corpo.

Pila elettrica: dispositivo in grado di trasformare energia chimica in energia elettrica, ma non viceversa.

Positrone: antiparticella dell'elettrone; ha la stessa massa dell'elettrone ma una carica opposta.

Potenza: grandezza scalare data dal rapporto tra il lavoro fatto in un dato intervallo di tempo e il tempo stesso.

Potenziale elettrico: rapporto tra l'energia potenziale dell'unità di carica e la carica stessa. Nel S.I. si misura in J/C = volt (V).

Pressione: rapporto tra la componente della forza normale alla superficie e l'area della superficie stessa; si può misurare, tra l'altro, in atmosfere, Torr (mmHg) o pascal.

Pressione atmosferica: pressione esercitata al livello del mare dall'atmosfera.

Pressione di vapore: pressione esercitata da un vapore in equilibrio con la propria fase liquida; è altamente variabile al variare della temperatura del sistema liquido-vapore (aumenta all'aumentare della temperatura).

Pressione parziale: pressione di un componente di una miscela gassosa; è pari alla pressione che eserciterebbe tale componente se occupasse da solo tutto il volume occupato dalla miscela.

Primo principio della termodinamica: la variazione di energia interna di ogni sistema in natura è pari alla somma algebrica del lavoro e del calore forniti dall'esterno al sistema. Secondo il primo principio della termodinamica l'energia in natura non si crea né si distrugge ma può solo trasformarsi da una forma a un'altra.

Principio di Avogadro: nelle stesse condizioni di pressione e temperatura, volumi uguali di gas diversi contengono lo stesso numero di molecole.

Principio d'inerzia: un corpo su cui non agisce alcuna forza o sul quale agiscono forze la cui risultante è nulla mantiene il suo stato di moto rettilineo uniforme o di quiete.

Prodotto scalare: grandezza scalare ottenuta dal prodotto tra due vettori.

Prodotto vettoriale: grandezza vettoriale ottenuta dal prodotto di due vettori.

Punto di congelamento: temperatura alla quale, a una data pressione, le fasi solide e liquide coesistono in equilibrio.

Punto di ebollizione: temperatura alla quale la pressione di vapore di un liquido eguaglia la pressione esterna.

Punto di fusione: temperatura alla quale le fasi liquida e solida di una sostanza coesistono in equilibrio.

Punto triplo: pressione e temperatura alle quali solido, liquido e vapore di una sostanza coesistono in equilibrio.

Quantità di moto: grandezza vettoriale data dal prodotto tra la massa e la velocità.

Quanto di energia: minima unità discreta di energia.

Radar: strumento che consente di localizzare corpi fermi o in movimento sfruttando la riflessione su di essi delle onde elettromagnetiche che emette.

Radiazione gamma (γ): fotoni ad alta energia spesso emessi nel decadimento radioattivo.

Radioattività: capacità di alcuni atomi instabili di subire trasformazioni nucleari spontanee con emissione di energia e di una o più particelle. La natura della particella emessa determina il tipo di decadimento radioattivo.

Regola del parallelogramma: regola di composizione di due vettori.

Resistenza: proprietà caratteristica di un conduttore che misura l'opposizione che esso offre alla corrente che lo attraversa; è data dal rapporto tra il voltaggio applicato al conduttore e la corrente che lo attraversa. Dipende dalla temperatura.

Resistenza equivalente: è quella resistenza che, sostituita a un insieme di resistenze, da sola causerebbe la stessa dissipazione di energia per *effetto Joule*.

Resistività: resistenza di un conduttore per unità di lunghezza e per unità di sezione.

Riflessione: variazione di direzione di un onda al confine di un mezzo quando l'onda rimane nel mezzo.

Riflessione totale: fenomeno ottico che si verifica quando un'onda che incontra una superficie di separazione tra due mezzi viene completamente riflessa e non subisce rifrazione; si verifica nel passaggio da un mezzo più denso a uno meno denso quando l'angolo di incidenza è superiore a un valore critico.

Rifrazione: variazione di direzione di un onda al confine di un mezzo quando l'onda passa da un mezzo a un altro.

Risonanza: fenomeno nel quale un sistema oscillatorio assorbe, con efficienza elevata, l'energia trasmessa da un'onda esterna avente frequenza pari alla frequenza naturale del sistema oscillatorio.

Risultante delle forze: vettore ottenuto dalla somma delle forze applicate a un corpo.

Scalare: grandezza fisica che si può descrivere con un numero.

Secondo: unità di misura del tempo.

Seconda legge della dinamica: un corpo di massa m sottoposto all'azione di una forza $\mathbf{F}$ accelera con un'accelerazione $\mathbf{a}$ data da:

$$\mathbf{a} = \mathbf{F}/m$$

Secondo principio della termodinamica: vi sono tre enunciati equivalenti tra loro:

enunciato di Kelvin: è impossibile far compiere a una macchina termica una trasformazione il cui unico risultato sia quello di trasformare integralmente in lavoro il calore assorbito da una sorgente.

enunciato di Clausius: Il calore passa spontaneamente dai corpi caldi ai corpi freddi e non viceversa.

terzo enunciato: in un sistema isolato ogni trasformazione spontanea (irreversibile) comporta un aumento di entropia del sistema.

FISICA

Semiconduttore: materiale in cui la resistività diminuisce all'aumentare della temperatura.

Sistema aperto: sistema che può scambiare sia energia sia materia con l'ambiente esterno.

Sistema chiuso: sistema che può scambiare con l'esterno energia, ma non materia.

Sistema internazionale: sistema di unità di misura adottato per convenzione in fisica.

Sistema isolato: sistema che non può scambiare né materia né energia con l'ambiente esterno.

Solenoide: apparecchiatura elettrica formata da un filo conduttore avvolto in spire; è utilizzato per produrre campi magnetici uniformi.

Solidificazione: passaggio di stato da liquido a solido.

Sonar: strumento che, come il radar, consente di localizzare altri corpi. Diversamente dal radar emette luce ultravioletta e, in acqua, è più efficace del radar.

Spettro elettromagnetico: insieme di tutte le onde elettromagnetiche raggruppate in ordine crescente di lunghezza d'onda: raggi gamma, raggi X, ultravioletti, visibile, infrarossi e onde radio.

Stato di aggregazione: forma sotto la quale si presenta la materia; si distinguono gli stati solido, liquido e aeriforme.

Sublimazione: passaggio di stato da solido a gas.

Superconduttore: materiale la cui resistività elettrica si annulla bruscamente per temperature prossime allo zero assoluto.

Temperatura: grandezza fisica macroscopica che descrive le proprietà termiche di un sistema; è indice dell'energia cinetica media delle particelle del sistema.

Temperatura critica: temperatura massima alla quale le fasi liquido e vapore di una sostanza possono coesistere; è anche la temperatura al di sopra della quale la sostanza non diviene liquida per nessun valore di pressione. È la temperatura al di sopra della quale i gas reali hanno un comportamento vicino a quello dei gas ideali.

Tempo di dimezzamento: tempo in cui decade la metà dei nuclei radioattivi inizialmente presenti.

Tensione: vedi *potenziale elettrico*.

Tensione di vapore: pressione che un vapore saturo esercita sul liquido con il quale si trova in equilibrio; in generale aumenta all'aumentare della temperatura.

Tensione superficiale: fenomeno che riguarda lo strato superficiale di un liquido, per il quale esso si comporta come una pellicola elastica.

Teoria cinetica molecolare: teoria formulata per spiegare il comportamento dei gas; ipotizza che le molecole del gas siano puntiformi, senza volume, in costante movimento casuale e non sottoposte a forze intermolecolari, eccetto quando subiscono collisioni con il recipiente che le contiene o con altre molecole.

Terza legge della dinamica: a ogni azione corrisponde una reazione uguale e contraria.

Tesla: unità di misura del vettore induzione magnetica.

Torr: unità di misura della pressione pari a 1 mmHg. Si ha 760 mmHg = 1 atm.

Trasformatore: apparecchiatura in grado di cambiare il voltaggio di una corrente alternata.

Trasformazione adiabatica: processo nel quale non si hanno scambi di calore tra il sistema e l'ambiente.

Trasformazione isobara: processo che avviene a pressione costante.

Trasformazione isocora: processo che avviene a volume costante.

Trasformazione isoterma: processo che avviene a temperatura costante.

Unità di massa atomica (u.m.a.): un dodicesimo della massa dell'atomo di carbonio 12.

Urto anelastico: urto tra due corpi nel quale si conserva la quantità di moto totale del sistema, ma non l'energia cinetica totale.

Urto elastico: urto tra due corpi nel quale si conservano la quantità di moto totale del sistema e l'energia cinetica totale.

Velocità angolare: quantità vettoriale definita dal rapporto tra l'angolo spazzato in un moto circolare e il tempo impiegato.

Velocità della luce: costante fondamentale pari a 300.000 km/s. Si indica con c.

Velocità di fuga: è una velocità associata a ogni corpo celeste e rappresenta la minima velocità che un corpo deve avere per potere abbandonare definitivamente il campo gravitazionale del corpo celeste a cui è legato. Per la Terra vale circa 11 km/s.

Velocità media: quantità vettoriale definita dal rapporto tra lo spazio percorso e il tempo impiegato a percorrerlo.

Vettore: grandezza fisica per indicare la quale è necessario specificare tre elementi: modulo o intensità, direzione e verso.

Viscosità: è un indice dell'attrito presente all'interno di un fluido in movimento.

Volt: unità di misura del potenziale elettrico.

Voltmetro: dispositivo usato per misurare la *d.d.p.* fra due punti di un circuito; ha una resistenza interna molto elevata e va collegato in parallelo.

Watt: unità di misura della potenza.

Zero assoluto: temperatura limite definita in base alle proprietà cinetiche dei gas e usata per definire la scala Kelvin delle temperature (anche detta assoluta). È una temperatura non raggiungibile in natura.

INDICE ANALITICO

parte quinta

CHIMICA

INDICE

1 LA COMPOSIZIONE DELLA MATERIA

L'oggetto di studio della chimica è la materia. La chimica è infatti la disciplina che studia:

- la struttura e la composizione della materia;
- le trasformazioni che la materia subisce;
- l'energia coinvolta in queste trasformazioni.

1.1 MISCELE E SOSTANZE

La materia è fatta di *atomi*, particelle piccolissime che possono combinarsi tra loro in modo diverso. Riguardo alla composizione chimica la materia può essere sotto forma di:

- **miscele** (o miscugli);
- **sostanze** (o sostanze pure).

1.1.1 MISCELE

Una miscela è un insieme fisico di due o più sostanze e ha composizione variabile.
In base alla possibilità di distinguerne i componenti, le miscele vengono divise in:

- **eterogenee:** formate da due o più fasi (una fase è una porzione di un sistema in cui le proprietà fisiche intensive sono identiche in ogni punto o variano con continuità, separata dal resto da superfici limitanti). Non hanno composizione uniforme in tutti i punti del campione e i componenti sono facilmente distinguibili. Esempi di miscele eterogenee sono le rocce, il sangue e il latte;
- **omogenee:** formate da una sola fase. La composizione è uniforme in tutti i punti del campione e i componenti non sono distinguibili. Esempi di miscele omogenee sono l'acqua di mare, il vino e l'aria. Le miscele omogenee sono chiamate anche *soluzioni*.

La materia è costituita per lo più da miscele.

Metodi di separazione

Separando una miscela nei suoi componenti con metodi fisici (quali per esempio distillazione o filtrazione) si ottengono sostanze pure.
La scelta del metodo di separazione dipende dallo stato fisico dei componenti e dalle loro proprietà chimiche e fisiche. Sono elencati di seguito i metodi di separazione più utilizzati.

- **Filtrazione**: permette di separare i componenti di una miscela eterogenea costituita da un liquido e un solido sfruttando la diversa dimensione delle particelle. Si realizza facendo passare la miscela attraverso un filtro di carta assorbente.
- **Distillazione**: permette di separare i componenti di una miscela sfruttandone la diversa temperatura di ebollizione. La distillazione può essere:
    - semplice: quando si separa un liquido da una soluzione solido-liquido;
    - frazionata: quando si separa un liquido da una soluzione di due o più liquidi.
- **Cromatografia**: permette di separare i componenti della miscela sfruttando la diversa velocità con cui questi migrano attraverso un materiale di supporto (per esempio carta o silice) sotto la spinta di un flusso di solvente (detto in questo caso *eluente*).
- **Centrifugazione**: permette di separare rapidamente i componenti della miscela grazie alla loro differenza di densità sfruttando la forza centrifuga.
- **Estrazione con solventi**: si realizza sfruttando la solubilità di una sola delle sostanze della miscela in un determinato solvente.

CHIMICA

1.1.2 SOSTANZE PURE

Una sostanza pura è una porzione di materia che ha composizione uniforme, costante e ben definita. A differenza di una miscela, una sostanza pura è formata da un solo tipo di unità fondamentale (un atomo (gas nobili), una molecola (sostanze covalenti) o la cella elementare di un reticolo cristallino tridimensionale (composti ionici). In base alla possibilità di scindere o meno una sostanza in componenti più semplici si distinguono due tipi di sostanze:

- **composti:** possono essere scissi (con procedimenti chimici) in due o più sostanze più semplici, perché formati da atomi di tipo diverso legati tra loro a formare *reticoli cristallini tridimensionali*, come il cloruro di sodio (NaCl), o particelle chiamate *molecole*, come l'acqua (H_2O) o l'ammoniaca (NH_3);
- **elementi** o **sostanze elementari:** non possono essere ulteriormente scomposti in sostanze più semplici, perché formati da atomi uguali.

  I termini "elemento" e "sostanza elementare" sono di solito utilizzati in modo indifferente; anche se nella maggior parte dei casi questa approssimazione è accettabile, è importante avere chiaro che **un elemento è un insieme di atomi con identiche caratteristiche** (numero atomico, peso atomico ecc.), mentre una sostanza elementare è una sostanza pura formata da atomi dello stesso elemento (per esempio O_2, H_2, C, S_8).

  Gli unici elementi presenti in natura come atomi singoli sono i gas nobili, quindi in tutti gli altri casi, quando si parla di un elemento, come l'ossigeno o il ferro, non ci si riferisce a un insieme di atomi singoli bensì a una sostanza formata da atomi dello stesso elemento legati tra loro attraverso i legami chimici. L'ossigeno, per esempio, allo stato elementare si trova come molecola biatomica, O_2, mentre gli atomi che formano un campione di ferro sono legati tra loro tramite legame metallico (si veda § 2.10).

Quanto appena visto ci aiuta a comprendere che:

- un **atomo** è la minima frazione di materia che conserva le caratteristiche chimiche ma non quelle fisiche (a eccezione dei gas nobili) dell'elemento, in quanto incapace di esistenza fisica indipendente;
- una **molecola** è la porzione più piccola di una sostanza pura che ne mantiene le proprietà chimiche e fisiche ed è capace di esistenza indipendente. formata da atomi di tipo diverso

Schema riassuntivo della composizione della materia

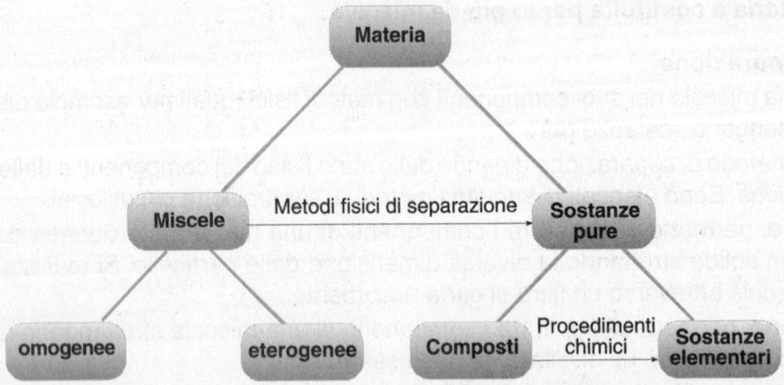

Indicare cosa sono, dal punto di vista chimico, i seguenti alimenti: latte, zucchero, acqua minerale, gelato, olio d'oliva e sale da cucina.

Il latte è una miscela eterogenea: un'emulsione formata da goccioline di grassi disperse in una soluzione acquosa contenente carboidrati, proteine, vitamine e sali minerali. Lo zucchero (saccarosio) è una sostanza pura. L'acqua minerale è una miscela omogenea di acqua e sali disciolti (una *soluzione*). Il gelato è una miscela eterogenea di acqua, zuccheri, proteine, gocce di grasso e bolle d'aria. L'olio d'oliva è una miscela omogenea di grassi. Il sale da cucina, cloruro di sodio, è una sostanza pura, di formula NaCl.

1.2 Primi modelli atomici

Il concetto di atomo è molto antico: già Democrito nel 400 a.C. aveva proposto una teoria atomica che conteneva tutte le idee fondamentali esposte poi nella teoria atomica di Dalton, la prima dotata di valore scientifico perché impostata su un sistema di misure, spiegazioni e previsioni.

Le prove della reale esistenza degli atomi furono fornite (alla fine del XVIII secolo) dall'osservazione che la materia coinvolta nelle trasformazioni chimiche segue due leggi fondamentali: la legge di conservazione della massa e la legge delle proporzioni definite.

Legge di conservazione della massa (Lavoisier, 1783)

In una reazione chimica, la somma delle masse delle sostanze reagenti è uguale alla somma delle masse delle sostanze prodotte.

Legge delle proporzioni definite (Proust, 1799)

In una sostanza pura, gli elementi che la costituiscono sono combinati secondo un rapporto in peso definito e costante.

Per spiegare il comportamento della materia esposto da queste leggi, Dalton elaborò la teoria atomica che porta il suo nome.

1.2.1 Teoria atomica di Dalton

La teoria di Dalton (presentata nel 1802) si basa su tre postulati:

1. tutti gli elementi sono fatti di particelle piccolissime chiamate atomi:
   - gli atomi di un elemento sono uguali tra loro e hanno le stesse proprietà chimiche;
   - gli atomi di elementi diversi sono diversi e hanno proprietà diverse;
2. nelle reazioni chimiche gli atomi conservano la loro identità;
3. gli atomi di elementi diversi si combinano tra loro formando composti. In un dato composto, il numero relativo e il tipo di atomi di ogni elemento sono costanti.

Le leggi quantitative della chimica, dedotte da osservazioni di tipo macroscopico sul comportamento della materia, possono essere spiegate alla luce della teoria di Dalton:

- la legge della conservazione della massa si spiega in base al postulato 2: se gli atomi si conservano, anche la loro massa si conserva;
- la legge delle proporzioni definite si spiega facendo riferimento al postulato 3: se il rapporto tra gli atomi degli elementi presenti in un composto è fisso, lo è anche il loro rapporto in peso.

Legge delle proporzioni multiple (Dalton, 1803)

Conseguenza della teoria atomica di Dalton è la legge delle proporzioni multiple secondo la quale: quando due elementi si combinano tra loro per dare più di un composto, le quantità in peso di uno che si combinano con una quantità fissa dell'altro, stanno tra loro in rapporti semplici esprimibili mediante numeri interi piccoli. Questa legge è correlata al postulato 2 secondo cui gli atomi si combinano mantenendo la propria individualità.

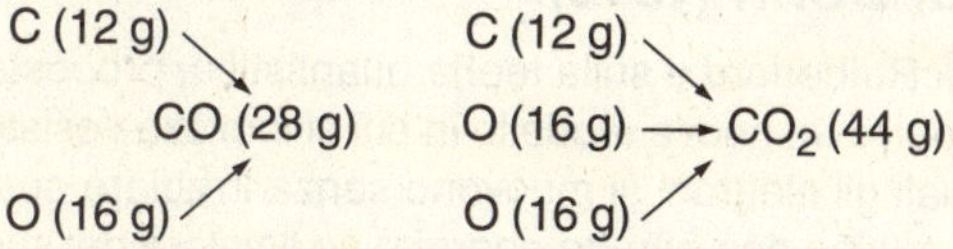

$$\frac{\text{Massa di O in } CO_2}{\text{Massa di O in CO}} = \frac{32\ g}{16\ g} = \frac{2}{1} = 2$$

1.2.2 Modello di Rutherford (1911)

Nel modello dl Rutherford l'atomo è costituito da:

- un **nucleo** centrale formato da particelle cariche positivamente, dette **protoni**, e particelle neutre, dette **neutroni**. Nel nucleo risiede la quasi totalità della massa dell'atomo;
- particelle cariche negativamente, dette **elettroni**, in movimento intorno al nucleo in numero uguale a quello dei protoni: l'atomo isolato è elettricamente neutro.

Raggio atomico: 10^{-10} m = 1 Å.
Raggio nucleare: 10^{-14} m = 10^{-4} Å

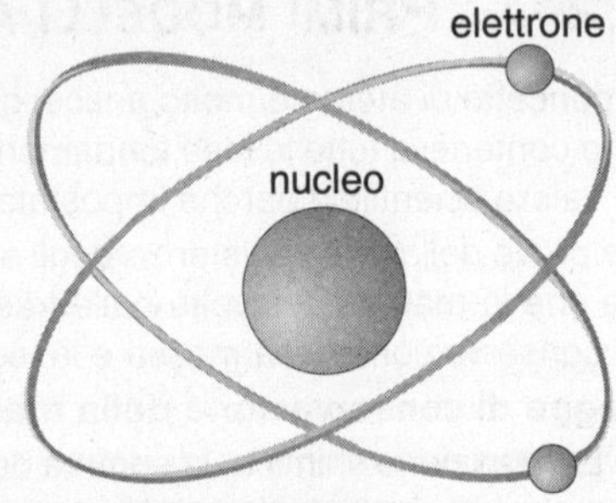

	Carica	Massa
Protone	$+1,6 \cdot 10^{-19}$ C	$1,67 \cdot 10^{-27}$ kg
Elettrone	$-1,6 \cdot 10^{-19}$ C	$9,11 \cdot 10^{-31}$ kg
Neutrone	0	$1,67 \cdot 10^{-27}$ kg

Il rapporto fra la massa di un nucleone e quella di un elettrone è pari 1.833.
Il rapporto fra il raggio atomico e il raggio nucleare è pari a 10.000.

Ogni atomo è caratterizzato da:

- Z, *numero atomico* = numero di protoni contenuti nel nucleo (è generalmente indicato in basso a sinistra del simbolo dell'elemento);
- A, *numero di massa* = numero di neutroni e protoni contenuti nel nucleo cioè numero di nucleoni del nucleo (è generalmente indicato in alto a sinistra del simbolo dell'elemento).

L'atomo di ossigeno $^{16}_{8}O$ ha Z = 8 e A = 16.

Tutti gli atomi con lo stesso numero atomico (Z) si comportano chimicamente nello stesso modo e sono classificati come atomi dello stesso elemento chimico.

Gli ioni

Un atomo (o una molecola) può cedere o acquistare uno o più elettroni (processo di ionizzazione), perdendo così la propria neutralità elettrica e trasformandosi in uno *ione*.
Un *catione* (ione positivo) è un atomo che ha perso uno o più elettroni esterni (per esempio H^+).
Un *anione* (ione negativo) è un atomo che ha acquistato uno o più elettroni esterni (per esempio Cl^-)[1].

Nei processi chimici sono coinvolti solo gli elettroni: protoni e neutroni non partecipano.

Nel modello atomico di Rutherford, chiamato anche modello planetario, l'atomo, rappresentato nella figura all'inizio del paragrafo, è costituito da un piccolissimo nucleo centrale in cui sono concentrate la carica positiva e quasi tutta la massa dell'atomo, e da elettroni che gli ruotano intorno a grande distanza su orbite circolari. Tale modello risulta però in disaccordo con la teoria elettromagnetica classica, secondo la quale una carica elettrica in movimento, come l'elettrone, dovrebbe perdere gradualmente energia, descrivendo orbite di raggio sempre più piccolo, fino a cadere sul nucleo.

1.2.3 Modello di Bohr (1913)

Bohr si basa sul modello di Rutherford e sulla teoria quantistica, proposta da Max Planck agli inizi del secolo scorso, per proporre un nuovo modello in cui si ipotizza l'esistenza di *orbite stazionarie* (o *stati stazionari*) nelle quali gli elettroni si muovono senza irradiare energia. Un elettrone appartiene a un'orbita stazionaria (cioè non emette energia) se il valore del suo momento angolare *mvr* è un multiplo intero di $h/2\pi$ (dove h è la costante di Planck e vale $6,625 \cdot 10^{-34}$ J · s).
Un elettrone appartiene quindi a un'orbita stazionaria, ovvero può muoversi indefinitamente senza irradiare, se vale la relazione seguente:

$$mvr = n \cdot \frac{h}{2\pi}$$

dove *n* assume valori interi e prende il nome di *numero quantico principale*.

1. La definizione si riferisce agli ioni monoatomici; esistono però anche gli ioni poliatomici, per esempio NH_4^+ e OH^-, costituiti da aggregati di atomi dotati di carica positiva o negativa.

Secondo il modello di Bohr, quindi:

- l'energia di un elettrone in un atomo cresce al crescere di n;
- la posizione dell'elettrone dipende dal suo contenuto energetico: più un elettrone è lontano dal nucleo, maggiore è la sua energia quindi gli elettroni più lontani dal nucleo sono quelli con n maggiore;
- un atomo può scambiare energia con l'esterno solo se un suo elettrone passa da un'orbita stazionaria a un'altra. Se ciò avviene, l'energia scambiata è pari alla differenza di energia tra i due stati coinvolti nella transizione.

Gli scambi di energia tra un atomo e l'ambiente che lo circonda avvengono per assorbimento, o emissione, di un fotone con energia pari a $h\nu$. Come mostrato nella figura a lato se un elettrone passa dallo stato $n = 2$ allo stato $n = 1$ si ha l'emissione di un *fotone* di energia pari a:

$$E_2 - E_1 = h\nu$$

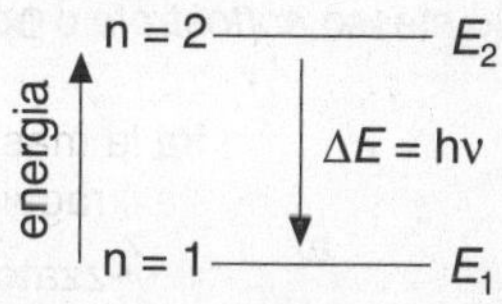

1.2.4 MODELLO ONDULATORIO DELL'ATOMO (1930)

Come nel modello di Bohr, nel modello ondulatorio l'atomo è costituito da un nucleo (contenente protoni e neutroni) e da elettroni. In questo modello però, il movimento degli elettroni intorno al nucleo può essere rappresentato solo ricorrendo al concetto di *probabilità*. Dentro l'atomo l'elettrone si trova confinato in regioni di spazio (chiamate *orbitali*) nelle quali non è identificabile come particella fisica poiché si comporta come se fosse una "nuvola elettronica" più o meno densa.

Principio di indeterminazione di Heisenberg

Il principio di indeterminazione di Heisenberg afferma che è impossibile conoscere simultaneamente e con una precisione grande a piacere la *posizione* e la *velocità* (o equivalentemente la *quantità di moto*) di una particella. Una conseguenza di tale principio è che per un elettrone in un atomo non si può parlare di traiettoria, ma solo di regione di spazio in cui è diversa da zero la probabilità di trovare l'elettrone in un dato istante; ciò a causa della naturale incertezza nella determinazione della sua posizione.

Il concetto di orbitale

Con la meccanica ondulatoria, al concetto di orbita di un elettrone si sostituisce quello di orbitale.

Dato un elettrone di energia prefissata, si definisce orbitale la regione di spazio intorno al nucleo ove esiste un'alta probabilità (almeno del 90%) di trovare l'elettrone dato. Ogni orbitale è identificato da una funzione matematica, detta funzione d'onda ψ, che assegna alle regioni di spazio attorno al nucleo la probabilità di trovare un elettrone dotato di una certa energia. Nella funzione d'onda ψ compaiono alcune costanti numeriche, dette *numeri quantici*. In generale si può affermare che:

- ogni orbitale è univocamente determinato dai tre numeri quantici n, l, m;
- ogni orbitale può ospitare al massimo due elettroni (§ 1.3), che differiscono l'uno dall'altro nel valore del quarto numero quantico, m_s;
- orbitali che ospitano elettroni di pari energia si dicono isoenergetici, o degeneri (n ed l uguali);
- lo stato di un elettrone in un atomo è univocamente determinato dai valori dei suoi quattro numeri quantici n, l, m, m_s.

Valori numerici e significato fisico dei numeri quantici

	Numero quantico	Simbolo	Significato fisico	Valori possibili
1	principale	n	Dimensione dell'orbitale. Indica l'energia dell'elettrone.	1, 2, 3,...
2	secondario (o angolare)	l	Forma dell'orbitale. Indica il momento angolare dell'elettrone. A parità di n, è discriminante per l'energia dell'elettrone.	numero intero $0 \leq l \leq n - 1$
3	magnetico	m	Orientamento dell'orbitale nello spazio.	$0, \pm 1, ..., \pm l$
4	di spin	m_s	Senso di rotazione dell'elettrone intorno al proprio asse.	+ 1/2; – 1/2

CHIMICA

Nomenclatura degli orbitali

Gli orbitali di un atomo aventi lo stesso *n* appartengono allo stesso *strato* (*guscio*) o *livello energetico*:

- lo strato con $n = 1$ —veniva detto anche→ strato K
- lo strato con $n = 2$ —veniva detto anche→ strato L
- lo strato con $n = 3$ —veniva detto anche→ strato M

Gli orbitali con lo stesso *l* appartengono allo stesso *sottostrato* o *sottolivello*:

- gli orbitali con $l = 0$ —si chiamano→ orbitali *s*
- gli orbitali con $l = 1$ —si chiamano→ orbitali *p*
- gli orbitali con $l = 2$ —si chiamano→ orbitali *d*
- gli orbitali con $l = 3$ —si chiamano→ orbitali *f*

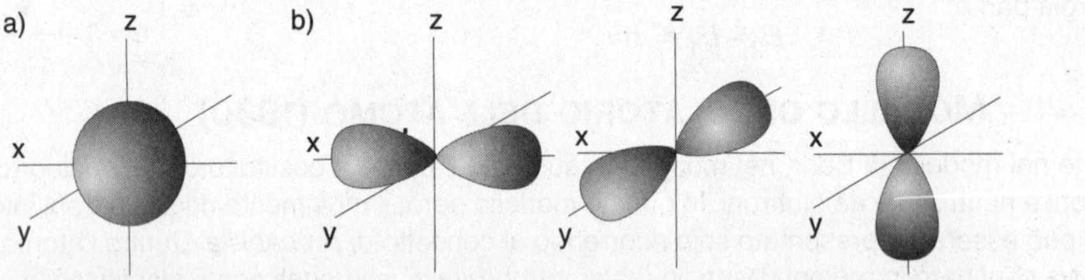

Forma e disposizione spaziale degli orbitali più semplici: a) orbitale di tipo s, b) orbitali di tipo p

Tabella riassuntiva della correlazione tra numeri quantici e orbitali

0	I			II	III	IV
	n	*l*	*m*			
K	1	0	0	1 orbitale 1*s*	1	2
L	2	0	0	1 orbitale 2*s*	4	8
		1	−1, 0, +1	3 orbitali 2*p* ($2p_x$, $2p_y$, $2p_z$) degeneri		
M	3	0	0	1 orbitale 3*s*	9	18
		1	−1, 0, +1	3 orbitali 3*p* degeneri		
		2	−2, −1, 0, +1, +2	5 orbitali 3*d* degeneri		

0 → simbolo dello strato
I → valori dei numeri quantici
II → numero e tipo di orbitali possibili per ciascun valore di *n*
III → numero totale di orbitali possibili per ciascun valore di *n*
IV → numero massimo di elettroni per ciascun valore di *n*

Il livello energetico con numero quantico principale *n* contiene n^2 orbitali (fino a $n = 4$) e può ospitare al massimo $2n^2$ elettroni.

RICORDA 1s, 2s 2p, 3s 3p, 4s 3d 4p, 5s 4d 5p, 6s 4f 5d 6p, 7s 5f 6d
l=0 s l=2 d → m=1 m=5 → n° di quadrati
l=1 p l=3 f → m=3 m=7

1.3 DISPOSIZIONE DEGLI ELETTRONI NEGLI ATOMI

La distribuzione degli elettroni nei vari livelli e sottolivelli energetici di un atomo si rappresenta con una notazione indicata come **configurazione elettronica.**

L'ossigeno (Z = 8) ha configurazione elettronica $1s^2\,2s^2\,2p^4$, dove i numeri 1 e 2 che precedono le lettere sono i valori del numero quantico principale, *s* e *p* sono i simboli dei sottolivelli (cioè del tipo di orbitale) e gli esponenti rappresentano il numero di elettroni presenti nell'orbitale (o orbitali).

Per scrivere correttamente la configurazione elettronica occorre conoscere l'ordine con cui sono riempiti i vari orbitali. L'ordine di riempimento è basato su tre regole:

- principio di Aufbau;
- principio di esclusione di Pauli;
- principio della massima molteplicità (o regola di Hund).

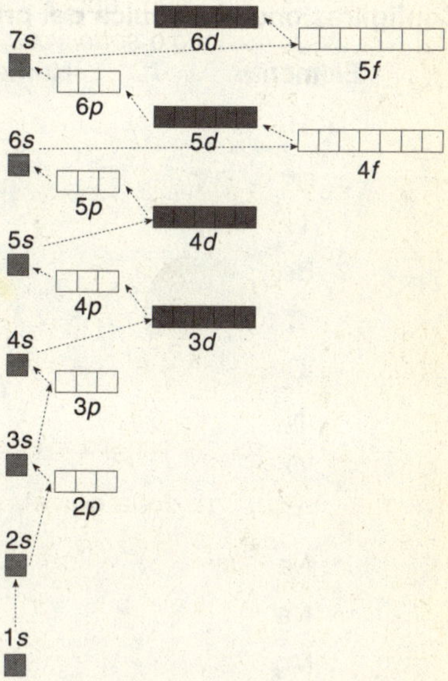

Diagramma di Aufbau che mostra la sequenza di riempimento degli orbitali

Principio di Aufbau

Gli elettroni si dispongono in un atomo occupando prima gli orbitali liberi con energia minore. L'energia di un orbitale dipende in prima istanza dal suo numero quantico principale *n* e in secondo luogo dal suo numero quantico secondario *l*. L'energia di un orbitale aumenta all'aumentare di *n*; a parità di *n* l'energia degli orbitali aumenta all'aumentare di *l*. L'ordine di energia crescente per i primi otto sottolivelli è il seguente:

1*s*, 2*s*, 2*p*, 3*s*, 3*p*, 4*s*, 3*d*, 4*p*,...

Si noti che il riempimento del quarto livello inizia prima del completamento del terzo. L'energia degli orbitali *nd* è infatti superiore a quella degli orbitali $(n + 1)s$. L'energia degli orbitali *nf* è superiore a quella degli orbitali $(n + 1)p$ e $(n + 2)s$.

Principio di esclusione di Pauli

In un atomo non possono coesistere due o più elettroni che abbiano i quattro numeri quantici uguali. Ogni orbitale può quindi ospitare al massimo due elettroni, che devono avere spin opposto.

Principio della massima molteplicità (regola di Hund)

Se sono disponibili orbitali di pari energia (degeneri), gli elettroni si distribuiscono singolarmente, con spin paralleli (cioè tutti con $m_s = + 1/2$ oppure tutti con $m_s = - 1/2$), sul numero massimo possibile di questi.

La configurazione elettronica dell'ossigeno (Z = 8) è: $1s^2\,2s^2\,2p^4$. Si immagini di costruire tale struttura elettronica partendo dal solo nucleo dell'atomo di ossigeno e aggiungendo gli elettroni uno alla volta. Ogni orbitale si indica con un quadratino, ogni elettrone con una freccia (due frecce con verso opposto indicano due elettroni con numero quantico di spin opposto, ossia antiparalleli). Passo dopo passo si ottiene:

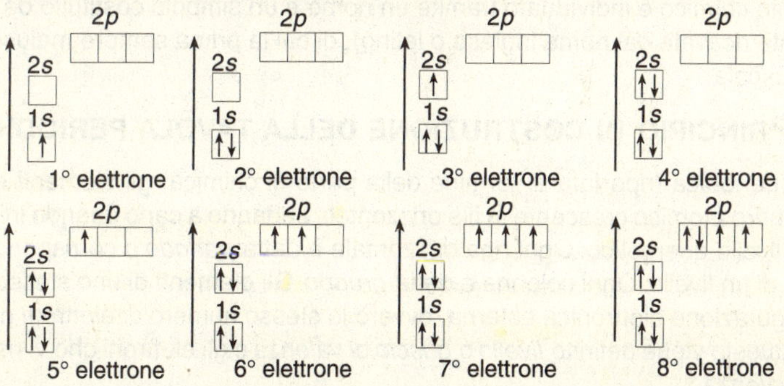

CHIMICA

Osservazioni sulla costruzione dell'atomo di ossigeno

- Il terzo elettrone si dispone nell'orbitale sferico perché questo, tra i quattro orbitali del secondo livello energetico, è quello con energia minore.
- Il sesto elettrone non si accoppia all'elettrone già presente in uno dei tre orbitali di tipo *p* ma ne occupa uno dei due liberi, in accordo con il principio della massima molteplicità.

Con una logica analoga a quella seguita per l'atomo di ossigeno si possono ricavare le configurazioni elettroniche degli altri atomi, alcune delle quali sono riportate nella seguente tabella.

Configurazione elettronica dei primi elementi della tavola periodica degli elementi

Elemento	Numero atomico	Configurazione esterna
H	1	$1s^1$
He	2	$1s^2$
Li	3	$1s^2\,2s^1$
Be	4	$1s^2\,2s^2$
B	5	$1s^2\,2s^2\,2p^1$
C	6	$1s^2\,2s^2\,2p^2$
N	7	$1s^2\,2s^2\,2p^3$
O	8	$1s^2\,2s^2\,2p^4$
F	9	$1s^2\,2s^2\,2p^5$
Ne	10	$1s^2\,2s^2\,2p^6$
Na	11	$1s^2\,2s^2\,2p^6\,3s^1$
Mg	12	$1s^2\,2s^2\,2p^6 3s^2$
Al	13	$1s^2\,2s^2\,2p^6\,3s^2\,3p^1$
Si	14	$1s^2\,2s^2\,2p^6\,3s^2\,3p^2$
P	15	$1s^2\,2s^2\,2p^6\,3s^2\,3p^3$
S	16	$1s^2\,2s^2\,2p^6 3s^2\,3p^4$
Cl	17	$1s^2\,2s^2\,2p^6\,3s^2\,3p^5$
Ar	18	$1s^2\,2s^2\,2p^6\,3s^2\,3p^6$

È consigliabile conoscere i simboli degli elementi riportati nella tabella precedente con le corrispondenti configurazioni elettroniche.

1.4 TAVOLA PERIODICA DEGLI ELEMENTI

Ogni elemento chimico è individuato tramite un nome e un simbolo costituito da una o due lettere (generalmente ricavate dal nome inglese o latino), di cui la prima sempre maiuscola e la seconda sempre minuscola.

1.4.1 PRINCIPIO DI COSTRUZIONE DELLA TAVOLA PERIODICA

Nella tavola periodica (riportata al termine della parte di chimica) gli elementi sono incasellati in ordine di numero atomico crescente in file orizzontali, andando a capo quando inizia il riempimento di un nuovo livello energetico. Ogni riga orizzontale è detta *periodo* e corrisponde al riempimento degli orbitali di un livello. Ogni colonna è detta *gruppo*. Gli elementi di uno stesso gruppo hanno la stessa configurazione elettronica esterna, ovvero lo stesso numero di elettroni nel livello energetico esterno, questo viene definito *livello* o *guscio di valenza* e gli elettroni che vi risiedono sono detti *elettroni di valenza*.

I periodi sono 7 (corrispondenti ai sette livelli energetici) e sono indicati con numeri arabi. I gruppi sono invece indicati con numeri romani e con la lettera A (8 gruppi) o B (10 gruppi). Gli elementi dei gruppi A sono chiamati *elementi rappresentativi* e hanno gli elettroni più esterni negli orbitali *s* o *p*. Gli elementi dei gruppi B sono detti *elementi di transizione* e hanno il sottolivello *d* parzialmente riempito. Nel sesto e nel settimo periodo sono inserite due file di elementi chiamati *elementi di transizione interna* (lantanidi e attinidi), caratterizzati dal sottolivello *f* parzialmente riempito[1].

La tavola periodica può essere suddivisa anche in blocchi:

blocco *s*	→ gruppi IA e IIA; elementi che hanno l'ultimo elettrone in un orbitale *s*
blocco *p*	→ gruppi IIIA – 0; elementi che hanno l'ultimo elettrone in un orbitale *p*
blocco *d*	→ gruppi B; elementi che hanno l'ultimo elettrone in un orbitale *d*
blocco *f*	→ elementi che hanno l'ultimo elettrone in un orbitale *f*

Diagramma a blocchi della tavola periodica

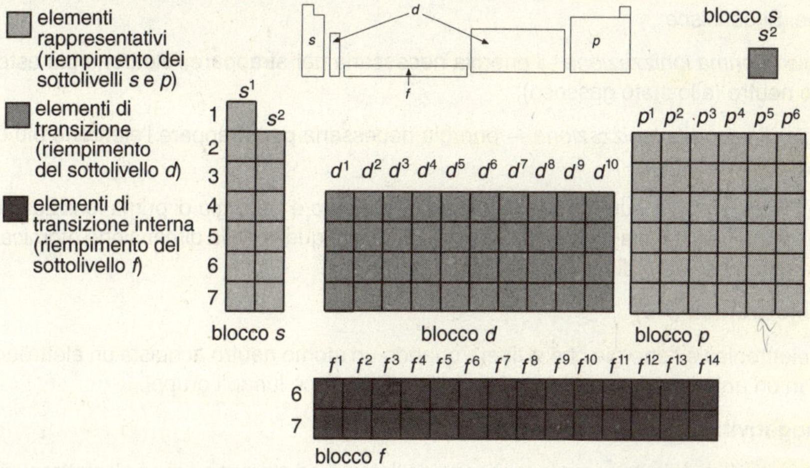

A quale gruppo e a quale periodo appartiene un elemento con configurazione elettronica esterna $3s^2\ 3p^1$? Di che elemento si tratta?

Un elemento con configurazione elettronica esterna $3s^2\ 3p^1$ appartiene al 3° periodo, infatti il periodo corrisponde al livello energetico in corso di riempimento, e quindi al valore del numero quantico principale (*n*). Il gruppo di appartenenza si ricava dal numero degli elettroni di valenza: dato che sono 3, si deduce che questo elemento appartiene al gruppo III A; il numero di elettroni di valenza infatti, corrisponde, per gli elementi rappresentativi, al numero del gruppo occupato nella tavola periodica. L'elemento considerato è l'alluminio (Al).

1.4.2 Proprietà periodiche degli elementi

La base logica del sistema periodico sta nella periodicità della configurazione elettronica esterna degli atomi che si riflette nella periodicità delle loro proprietà chimiche.

Le proprietà chimiche degli atomi sono determinate in prima istanza dalla configurazione elettronica dello strato più esterno che contiene elettroni.

1. Per evitare equivoci causati dal fatto che nella tavola periodica esistono gruppi "A" e gruppi "B" la IUPAC ha recentemente proposto una nuova numerazione dei gruppi basata su un numero progressivo da 1 a 18: così I A e II A diventano 1 e 2; III B, IV B, V B, VI B, VII B, VIII B, I B e II B vanno da 3 a 12; III A, IV A, V A, VI A, VII A e 0 da 13 a 18. Attualmente sono in uso entrambe le numerazioni e generalmente i quesiti delle prove di ammissione fanno riferimento alla numerazione tradizionale, la stessa cui fanno riferimento tutti i quesiti di questo libro.

Dimensione atomica

Secondo il modello ondulatorio, la nube elettronica non ha un confine ben definito; non è quindi possibile determinare con precisione il confine di un atomo. Generalmente, i raggi atomici sono dedotti da misure di distanza tra i centri di atomi adiacenti: per convenzione, infatti, il raggio atomico è definito come la metà della distanza tra i nuclei di due atomi dello stesso elemento in una molecola biatomica (raggio covalente).

La dimensione atomica aumenta lungo i gruppi dall'alto verso il basso, perché in un gruppo, dall'alto verso il basso, aumenta il valore di *n*, quindi il guscio orbitalico in corso di riempimento è più distante dal nucleo. La dimensione atomica diminuisce da sinistra a destra lungo i periodi, perché procedendo da sinistra a destra aumenta il numero di protoni nel nucleo e quindi la capacità di attrazione del nucleo nei confronti del guscio che è in corso di riempimento.

Potenziale (o energia) di ionizzazione (EI)

Il potenziale di ionizzazione è l'energia necessaria per sottrarre un elettrone a un atomo, ottenendo un catione. Si definisce:

- *energia di prima ionizzazione* → energia necessaria per strappare l'elettrone più esterno a un atomo neutro (allo stato gassoso);
- *energia di seconda ionizzazione* → energia necessaria per strappare l'elettrone più esterno a un catione con carica +1;

L'energia di ionizzazione cui si fa normalmente riferimento è l'energia di prima ionizzazione, grandezza che varia nella tavola periodica in modo opposto a quello della dimensione atomica: aumenta quindi lungo i periodi e diminuisce lungo i gruppi.

Affinità elettronica (AE)

L'affinità elettronica è l'energia che si libera quando un atomo neutro acquista un elettrone, trasformandosi in un anione. Aumenta lungo i periodi e diminuisce lungo i gruppi.

Elettronegatività

L'elettronegatività è definita come la tendenza dell'atomo ad attirare su di sé gli elettroni di legame.

Aumenta lungo i periodi e diminuisce lungo i gruppi.

L'elettronegatività è una grandezza adimensionale il cui valore si esprime mediante una scala che va da 0 a 4. L'elettronegatività dei gas nobili è 0 per definizione. Tra gli altri elementi, il più elettronegativo è il fluoro (F) con 4,0 e il meno elettronegativo è il cesio (Cs) con 0,7.

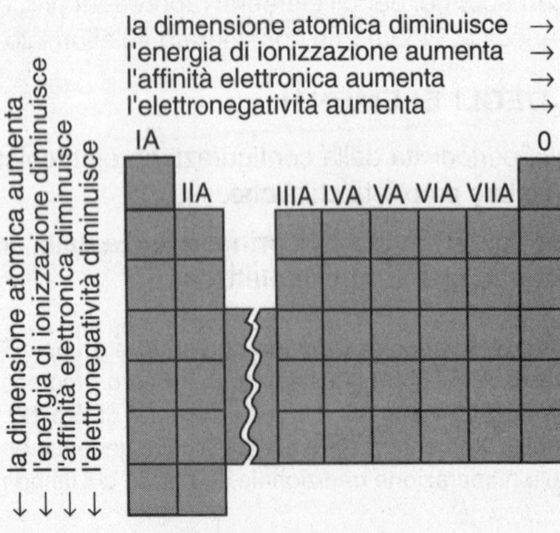

Riepilogo delle proprietà periodiche degli elementi

1.4.3 Classificazione degli elementi

In base alle proprietà chimiche gli elementi della tavola periodica possono essere classificati in tre gruppi: metalli, non metalli e semimetalli.

Metalli

I metalli sono localizzati a sinistra della linea spezzata che va dal boro all'astato nella tavola periodica. I metalli hanno pochi elettroni nel livello esterno, bassa energia di ionizzazione, bassa affinità elettronica, bassa elettronegatività e formano facilmente ioni positivi. A temperatura ambiente sono generalmente solidi, hanno punti di fusione e densità elevati, sono duttili, malleabili, lucenti e hanno alta conducibilità termica ed elettrica (il carattere metallico diminuisce lungo un periodo da sinistra e destra e aumenta lungo un gruppo dall'alto verso il basso). L'idrogeno (H) è un caso particolare: pur avendo una configurazione elettronica da metallo, possiede le caratteristiche di un non-metallo.

Non metalli

I non metalli sono localizzati a destra della linea spezzata che va dal boro all'astato nella tavola periodica. Ai non metalli mancano pochi elettroni per completare il livello esterno e hanno alta energia di ionizzazione, alta affinità elettronica e alta elettronegatività, formano quindi facilmente ioni negativi. Non sono né duttili, né malleabili, né lucenti e hanno bassa conducibilità termica ed elettrica.

Semimetalli

I semimetalli sono localizzati a cavallo della linea spezzata che divide i metalli dai non metalli e hanno proprietà intermedie tra quelle degli altri due gruppi. La loro reattività chimica dipende dall'atomo con cui si legano; il boro (B), per esempio, si comporta come un non metallo reagendo con il sodio (Na) e come un metallo reagendo con il fluoro (F). Gli elementi classificati come semimetalli sono: boro (B), silicio (Si), germanio (Ge), arsenico (As), antimonio (Sb) e tellurio (Te).

Denominazioni dei gruppi della tavola periodica

Alcuni gruppi della tavola periodica hanno denominazioni proprie:

- IA: metalli alcalini;
- IIA: metalli alcalino-terrosi;
- VIIA: alogeni;
- 0: gas nobili.

Proprietà dei metalli, dei non metalli e dei gas nobili

	Potenziale di ionizzazione	Affinità elettronica	Elettronegatività
Metalli	basso	bassa	bassa
Non metalli	alto	alta	alta
Gas nobili	molto alto	nulla	nulla

Per quanto riguarda le proprietà degli elementi più comuni e dei loro composti principali si veda anche § 3.4.

1.5 Isotopi

Gli *isotopi* sono atomi aventi lo stesso numero atomico (atomi dello stesso elemento), ma diverso numero di massa perché contenenti un diverso numero di neutroni.
Un determinato isotopo si rappresenta scrivendo in alto a sinistra il numero di massa e in basso a sinistra il numero atomico vicino al simbolo dell'elemento.

$^{18}_{8}O$ e $^{16}_{8}O$ sono due isotopi dell'ossigeno e vengono chiamati rispettivamente ossigeno-18 e ossigeno-16;

$^{12}_{6}C$, $^{13}_{6}C$ e $^{14}_{6}C$ sono tre isotopi del carbonio e sono chiamati rispettivamente carbonio-12, carbonio-13 e carbonio-14.

Gli isotopi di un elemento occupano lo stesso posto nella tavola periodica e hanno lo stesso nome. L'unico elemento i cui isotopi hanno un nome proprio è l'idrogeno che ha tre isotopi:

$^{1}_{1}H$ o H	$^{2}_{1}H$ o D	$^{3}_{1}H$ o T
Idrogeno o Prozio	Deuterio	Trizio
1 protone; 0 neutroni	1 protone; 1 neutrone	1 protone; 2 neutroni

La maggior parte degli elementi naturali possiede due o più isotopi stabili; gli isotopi instabili sono radioattivi ed emettono radiazioni α, β e γ per stabilizzarsi.

Avendo lo stesso numero di protoni, e quindi di elettroni, gli isotopi di un dato elemento hanno le stesse proprietà chimiche.

Avendo diverso numero di massa, gli isotopi di un dato elemento hanno diversa massa atomica.

Sapendo che per il sodio Z = 11 e A = 23, indicare quanti protoni, neutroni ed elettroni possiede la specie chimica Na^+.

Per rispondere si ricordi che Z indica il numero dei protoni, e A il numero delle particelle presenti nel nucleo, quindi con la sottrazione (A – Z) si ricava il numero di neutroni; inoltre, in un atomo neutro il numero di elettroni è pari a Z, mentre la presenza di una o più cariche, positive o negative, indica che l'atomo ha, rispettivamente, perso oppure acquistato uno o più elettroni. Lo ione Na^+ è formato da 11 protoni (infatti Z = 11) e 12 neutroni (23 – 11): dato che ha una carica positiva si può infine stabilire che possiede un elettrone in meno rispetto al numero dei protoni, quindi 10 elettroni.

1.6 UNITÀ DI MASSA ATOMICA E MOLE

Si definisce **unità di massa atomica** (u.m.a.) la quantità di materia pari a 1/12 della massa di un atomo dell'isotopo 12 del carbonio ($^{12}_{6}C$) a cui è stata attribuita, per convenzione, una massa pari a 12.

$$1 \text{ u.m.a.} = 1{,}67 \cdot 10^{-27} \text{ kg} = 1{,}67 \cdot 10^{-24} \text{ g}$$

Il *peso atomico relativo* (PA) di un elemento è pari al rapporto fra la massa assoluta dell'atomo e l'unità di massa atomica.

Il *peso molecolare*[1] (PM) è uguale alla somma dei pesi atomici degli atomi che costituiscono la molecola, ognuno moltiplicato per il rispettivo indice.

$$PM_{H_2O} = PA_O + 2 \cdot PA_H = 15{,}99994 + 2 \cdot 1{,}008 = 18{,}015 \approx 18$$

Se si considerano composti ionici, che non sono costituiti da molecole distinte (§ 2.9), si utilizza il *peso formula* (PF): questo corrisponde alla somma dei pesi atomici degli atomi che compaiono nella formula minima, ognuno moltiplicato per il rispettivo indice.

$$PM_{MgCl_2} = PA_{Mg} + 2 \cdot PA_{Cl} = 24{,}305 + 2 \cdot 35{,}453 = 95{,}211 \approx 95$$

La mole è la quantità di materia che contiene un numero di entità elementari pari al numero di atomi presenti in 12 grammi di carbonio-12.

Una mole di qualsiasi sostanza contiene $6{,}02 \cdot 10^{23}$ unità elementari di quella sostanza.

Da questa definizione deriva che una **mole** (mol) di un elemento (o di un composto), corrisponde alla quantità di sostanza il cui peso, espresso in grammi, è pari numericamente al suo peso atomico (o peso molecolare, o peso formula).

1. Pur essendo più corretto parlare di *massa atomica relativa* e *massa molecolare relativa*, nei quesiti presenti nei test di ammissione queste grandezze sono indicate comunemente come peso atomico e peso molecolare e in questo testo useremo la terminologia più frequente nei quesiti.

$6{,}02 \cdot 10^{23} = N_A$ = numero di Avogadro = n° di unità elementari contenute in una mole.

- Una mole di $^{12}_{6}C$ (PA = 12) pesa 12 g e contiene $6{,}02 \cdot 10^{23}$ atomi di carbonio.
- Una mole di acqua (H_2O, PM = 18) pesa 18 g e contiene $6{,}02 \cdot 10^{23}$ molecole di acqua.
- Una mole di cloruro di magnesio ($MgCl_2$, PF = 95) pesa 95 g e contiene $6{,}02 \cdot 10^{23}$ formule minime di cloruro di magnesio.

Alla luce della definizione di mole, si può dire anche che C ha PA = 12 g/mol; H_2O ha PM = 18 g/mol; $MgCl_2$ ha PF = 95 g/mol

Termini alternativi a mole

Il termine mole oggi viene utilizzato per qualsiasi tipo di unità elementare: atomo, molecola, ione o formula minima. Termini alternativi che possono essere utilizzati sono:

- 1 *grammo-atomo* = 1 mole di atomi;
- 1 *grammo-molecola* = 1 mole di molecole;
- 1 *grammo-ione* = 1 mole di ioni;
- 1 *grammo-formula* = 1 mole di formule minime.

Calcolo del numero di moli

Mediante una semplice formula è possibile calcolare a quante moli corrisponde una data massa di sostanza (in grammi) e viceversa. Il numero di moli (*n*) si calcola dividendo la massa data (*m*) per la massa di una mole della sostanza considerata, indicata genericamente come peso molare, PM, ed espressa in g/mol.

La formula da applicare è quindi: $n = \dfrac{m\ (\text{g})}{\text{PM}\ (\text{g/mol})}$

Il numero di moli corrispondenti a 90 g di acqua, il cui peso molare è 18 g/mol ($PM_{H_2O} \approx 18$),

è pari a: $n = \dfrac{90\ \text{g}}{18\ \text{g/mol}} = 5$ moli

Indicare quanti atomi di ferro sono contenuti in una mole di ferro, in una mole di pirite, FeS_2, e in una mole di ossido ferrico, Fe_2O_3.

Una mole di ferro (sostanza elementare) contiene $6{,}02 \cdot 10^{23}$ atomi di ferro.

Una mole di pirite, composto di formula FeS_2, contiene una mole di ferro e due di zolfo; quindi $6{,}02 \cdot 10^{23}$ atomi di ferro.

Una mole di ossido ferrico, Fe_2O_3, contiene invece 2 moli di ferro e 3 di ossigeno; $1{,}204 \cdot 10^{24}$ atomi di ferro.

Dato che il PM del carbonio è 12,01, è più pesante:

A 1 grammo di carbonio
B 1 mole di carbonio
C 1 molecola di carbonio
D 1 atomo di carbonio
E 12 atomi di carbonio

L'alternativa C si può escludere subito, infatti il carbonio non forma molecole, bensì diversi reticoli complessi in cui i singoli atomi sono legati da legami covalenti. Il carbonio ha PM = 12,01, una mole di questo elemento pesa 12,01 g, quindi pesa più di 1 g di C. Dato che una mole di C contiene $6{,}02 \cdot 10^{23}$ atomi, sicuramente pesa molto di più di un singolo atomo o di 12 atomi di carbonio. La risposta corretta è quindi la B.

1.6.1 LEGGE DI AVOGADRO

La legge di Avogadro stabilisce che a parità di condizioni di pressione e temperatura, volumi uguali di gas diversi contengono un ugual numero di molecole (e quindi anche un ugual numero di moli).

> In condizioni[1] di temperatura = **0 °C** e pressione = **1 atm, una mole di qualsiasi gas** occupa un volume di **22,4 litri.**

1. In chimica le condizioni di temperatura = 0 °C e pressione = 1 atm sono note come condizioni *standard*. In alcuni casi, però, queste stesse condizioni sono indicate come *normali*: questo genera una notevole confusione, che aumenta ulteriormente se pensiamo che in settori specifici (come termochimica e termodinamica) le condizioni *standard* indicano una temperatura pari a 25 °C.

1.7 FORMULE CHIMICHE

Ogni sostanza può essere rappresentata nel modo più semplice attraverso una formula chimica, formata dai simboli degli elementi costituenti, che ne indica la composizione qualitativa (quali elementi fanno parte della sostanza) e quantitativa (il rapporto di combinazione tra gli elementi).

Esistono diversi tipi di formule.

La **formula bruta** o (grezza) indica esclusivamente il tipo e il numero di atomi che compongono la molecola, senza mostrare come questi sono legati tra loro. La formula viene scritta ponendo uno dopo l'altro, generalmente in ordine crescente di elettronegatività (§ 1.4.2), i simboli degli elementi che formano il composto. Il rapporto quantitativo (stechiometrico) tra di essi si evidenzia associando a ogni simbolo un *indice* numerico che rappresenta il numero di atomi di un dato elemento contenuti in una molecola (o in una formula minima) del composto.

> H_2SO_4 è la formula bruta dell'acido solforico e indica che una molecola del composto è formata da 2 atomi di idrogeno (H), 1 atomo di zolfo (S) e 4 atomi di ossigeno (O).

La formula bruta può essere espressa come:

- **formula minima** → indica il rapporto minimo di combinazione tra gli elementi nel composto;
- **formula molecolare** → indica il rapporto effettivo di combinazione tra gli elementi in una molecola.

> CH_2O → formula minima del glucosio;
> $C_6H_{12}O_6$ → formula molecolare del glucosio.

I composti possono essere suddivisi in due gruppi: molecolari e ionici. I composti molecolari sono formati da molecole; i composti ionici sono formati da ioni positivi e negativi organizzati in modo tale da formare reticoli cristallini tridimensionali (§ 2.9)

La formula di un composto molecolare è generalmente espressa come formula molecolare (con qualche eccezione, come i polimeri), quella di un composto ionico è sempre una formula minima.

> Il cloruro di magnesio è un composto ionico la cui formula bruta è $MgCl_2$. Questa formula è una formula minima e indica che nel composto gli atomi sono combinati secondo un rapporto di un atomo di Mg ogni 2 atomi di Cl.

La **formula di struttura** indica la disposizione spaziale degli atomi nella molecola, mostrando come gli atomi sono legati tra loro e con quale tipo di legame.

> La formula di struttura dell'acido solforico (H_2SO_4) è: 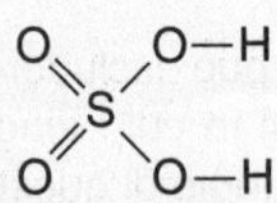
>
> La formula di struttura dell'anidride carbonica (CO_2) è: O=C=O

Stabilire se le simbologie proposte indicano sostanze elementari oppure composti: Au, Co, CO, KI, N_2, Ni e NO_2.

Au è il simbolo dell'oro, un elemento.
Co è il simbolo del cobalto, un elemento.
CO è un composto formato da carbonio (C) e ossigeno (O) in rapporto 1:1.
KI è un composto formato da potassio (K) e iodio (I) in rapporto 1:1.
N_2 è una molecola formata da due atomi di azoto.
Ni è il simbolo del nichel, un elemento.
NO_2 è la formula di un composto formato da azoto (N) e ossigeno in rapporto 1:2.

1.7.1 CALCOLO DELLA FORMULA MINIMA E MOLECOLARE

Per determinare la formula chimica di un composto è necessario conoscerne la composizione qualitativa, cioè gli elementi di cui è costituito, e quantitativa, vale a dire la percentuale in peso di ogni elemento. Nota la composizione percentuale si può ricavare il rapporto atomico di combinazione tra gli elementi e risalire così alla formula minima del composto.

Calcolare la formula minima dell'etano sapendo che la sua composizione percentuale è: C = 80%, H = 20%.

La composizione percentuale indica che 100 g di composto contengono 80 g di C e 20 g di H. Per calcolare la formula minima si procede quindi nel modo seguente:

- si trasformano le quantità in grammi degli elementi in numero di moli, dividendole per le rispettive masse molari:

$$n\,\mathrm{C} = \frac{80\ \mathrm{g}}{12\ \mathrm{g/mol}} = 6{,}66 \text{ moli di C}$$

$$n\,\mathrm{H} = \frac{20\ \mathrm{g}}{1\ \mathrm{g/mol}} = 20 \text{ moli di H}$$

- si dividono i valori ottenuti per il valore più piccolo, ottenendo così il rapporto minimo di combinazione tra gli elementi:

$$\mathrm{C} = \frac{6,66}{6,66} = 1 \qquad \mathrm{H} = \frac{20}{6,66} = 3,003$$

La formula minima dell'etano è quindi CH_3.

Calcolo della formula molecolare

Per calcolare la formula molecolare di un composto è necessario conoscerne la formula minima e il peso molecolare, quindi si moltiplicano gli indici ricavati della formula minima per un valore pari al rapporto fra il peso molecolare e il peso formula della formula minima.

Indicare quanti atomi di idrogeno contiene ognuna delle formule proposte: $Cr(OH)_3$, $C_6H_{12}O_6$, H_2O, H_2CO_3, $(NH_4)_2SO_4$

Per calcolare gli atomi di H presenti in ogni formula si devono considerare gli indici numerici, ricordando che se un gruppo di atomi compare nella formula più di una volta, viene indicato fra parentesi e il numero posto esternamente, al piede della parentesi, è riferito a tutti gli atomi indicati all'interno della parentesi stessa.

- $Cr(OH)_3$, idrossido cromico, contiene 3 atomi di H.
- $C_6H_{12}O_6$, glucosio, contiene 12 atomi dI H.
- H_2O, acqua, contiene 2 atomi di H.
- H_2CO_3, acido carbonico, contiene 2 atomi di H.
- $(NH_4)_2SO_4$, solfato di ammonio, contiene 8 atomi di H.

CHIMICA

1.7.2 CALCOLO DELLA COMPOSIZIONE PERCENTUALE DI UN COMPOSTO

Nota la formula molecolare di un composto, è possibile calcolarne la composizione percentuale, ovvero la percentuale in peso di ogni elemento X presente nel composto.

Occorre applicare la formula seguente:

$$\%\ \text{elemento X} = \frac{\text{massa di X in una mole di composto}}{\text{massa molare del composto}} \cdot 100$$

Si calcoli la composizione percentuale dell'anidride nitrosa, N_2O_3.

I pesi atomici degli elementi sono: $PA_N = 14 \quad PA_O = 16$.
Il peso molecolare di N_2O_3 è:

$$PM_{N_2O_3} = 2 \cdot 14 + 3 \cdot 16 = 28 + 48 = 76$$

Perciò una mole di N_2O_3, pari a 76 g, contiene due moli di atomi di azoto, pari a 28 g e tre moli di atomi di ossigeno, pari a 48 g.
La percentuale dell'azoto nel composto è dunque pari a:

$$\%N = \frac{28 \cdot 100}{76} = 37\%$$

La percentuale dell'ossigeno nel composto è invece pari a:

$$\%O = \frac{48 \cdot 100}{76} = 63\%$$

1.8 CENNI DI CHIMICA NUCLEARE

La chimica nucleare riguarda le reazioni nucleari, cioè quelle che coinvolgono il nucleo degli atomi.

- In una reazione chimica sono coinvolti solo gli elettroni di valenza (§ 2.1); reagenti e prodotti contengono gli stessi elementi.
- In una reazione nucleare sono coinvolti i nuclei dei reagenti; i prodotti sono costituiti da elementi diversi da quelli di partenza, quindi varia la massa.
  Viene consumata o prodotta una grande quantità di energia.

Nel corso di una reazione di decadimento radioattivo (si veda l'appendice B, nella sezione di Fisica) il nucleo di un isotopo instabile si trasforma in un nucleo stabile emettendo allo stesso tempo particelle α, o β, oppure radiazioni γ.

Nel corso di una reazione nucleare indotta un nuclide stabile, bombardato con protoni, neutroni, elettroni o positroni si trasforma in altro nuclide, stabile o instabile. Per esempio:

$$^{238}_{92}U \rightarrow {}^{206}_{82}Pb + 8\,^{4}_{2}\alpha + 6\,^{0}_{-1}\beta$$

Una reazione nucleare è bilanciata quando:

$$\Sigma\,(Z)\text{reagenti} = \Sigma\,(Z)\text{prodotti}$$

e

$$\Sigma\,(A)\text{reagenti} = \Sigma\,(A)\text{prodotti}$$

La massa di un nuclide è sempre di poco inferiore alla somma delle masse dei vari costituenti (elettroni e nucleoni).
L'energia prodotta è data da:

$$E = 931.5\ (\text{MeV u.m.a.}^{-1}) \cdot \Delta m\ (\text{u.m.a.})$$

Nella tabella seguente sono riepilogate le caratteristiche delle particelle coinvolte nelle reazioni nucleari.

nome	simbolo	massa (u.m.a.)	carica	ΔA a seguito di emissione	ΔZ a seguito di emissione	nuclide prodotto
protone	${}^{1}_{1}p$	1,0073	+1	–1	–1	isotopo dell'elemento precedente nella tavola periodica
neutrone	${}^{0}_{1}n$	1,0087	0	–1	0	isotopo dello stesso elemento
elettrone	${}^{0}_{-1}\beta$	0,00055	–1	0	+1 (neutrone → protone)	isotopo dell'elemento successivo nella tavola periodica
positrone (elettrone positivo)	${}^{0}_{+1}\beta$	0,00055	+1	0	–1 (protone → neutrone)	isotopo dell'elemento precedente nella tavola periodica
particella α (elione)	${}^{4}_{2}\alpha$ ${}^{4}_{2}He$	4,0015	+2	–4	–2	isotopo dell'elemento che precede di 2 caselle nella tavola periodica

CHIMICA

QUESITI SVOLTI

1 Il numero atomico dell'atomo di ossigeno è 8. Ciò significa che:

A nel nucleo vi sono 4 protoni e 4 neutroni
B 4 elettroni orbitano attorno al nucleo che contiene 4 protoni
C il nucleo è costituito esclusivamente da 8 protoni
D il nucleo è costituito esclusivamente da 8 neutroni
E attorno al nucleo orbitano 8 elettroni

Il numero atomico di un elemento rappresenta il numero di protoni contenuti nel nucleo. Oltre ai protoni, il nucleo degli atomi contiene neutroni, in numero non specificato dal numero atomico. Possiamo quindi escludere le risposte A, B, C e D.
La risposta corretta è la E, infatti in un atomo neutro il numero di elettroni che ruotano intorno al nucleo è pari al numero dei protoni contenuti nel nucleo.

2 Quanti elettroni possono essere contenuti al massimo negli orbitali di tipo 4*d*?

A 4
B 8
C 10
D Non esistono tali orbitali
E 18

La denominazione 4*d* indica gli orbitali del quarto livello energetico ($n = 4$) caratterizzati da numero quantico secondario $l = 2$. Poiché con $l = 2$ il numero quantico magnetico (m) può assumere cinque diversi valori (–2, –1, 0, +1, +2), gli orbitali di tipo *d* sono cinque. Dato che ogni orbitale può ospitare al massimo due elettroni, gli orbitali di tipo 4 *d* possono contenere al massimo 10 elettroni. La risposta esatta è la C.

3 Il numero quantico di spin:

A ha sempre valore (n–1), dove n rappresenta il numero quantico principale
B può assumere tutti i valori interi da n a $-n$, zero compreso
C fornisce indicazioni sulla distanza dell'elettrone dal nucleo
D fornisce indicazioni sul verso della rotazione dell'elettrone intorno al proprio asse
E fornisce indicazioni sul tipo di orbitale in cui l'elettrone è contenuto

Il numero quantico di spin (il quarto numero quantico) può assumere solamente due valori: +1/2 o –1/2, ed è correlato al senso di rotazione dell'elettrone attorno al proprio asse. La risposta corretta è quindi la D.

4 Tra i seguenti orbitali, quale è occupato preferenzialmente da un elettrone?

A 5*p* B 5*s* C 5*d* D 6*s* E 6*p*

Gli elettroni si dispongono in un atomo occupando prima gli orbitali liberi con energia minore. L'energia di un orbitale dipende prima di tutto dal numero quantico principale n e in secondo luogo dal numero quantico secondario l.

Per quanto riguarda il riempimento dei diversi sottolivelli di ogni livello energetico, vengono riempiti prima gli orbitali *s* (con $l = 0$), poi i *p* (con $l = 1$), poi i *d* (con $l = 2$). All'aumentare del numero quantico principale, però, questa regola non vale in modo assoluto, per cui risulta per esempio che gli orbitali 4*s* sono riempiti prima dei 3*d*, e gli orbitali 5*s* sono riempiti prima dei 4*d*. Fra gli orbitali proposti dal quesito, il primo a essere occupato, è l'orbitale 5*s* (risposta **B**).

---

5 Quale delle seguenti configurazioni elettroniche è tipica di un elemento di transizione?

- **A** $1s^2 2s^2 2p^6 3s^2 3p^6 3d^{10} 4s^2$
- **B** $1s^2 2s^2 2p^6 3s^2 3p^6 3d^{10} 4s^2 4p^2$
- **C** $1s^2 2s^2 2p^6 3s^2 3p^6 3d^{10} 4s^2 4p^3$
- **D** $1s^2 2s^2 2p^6 3s^2 3p^6 3d^{10} 4s^2 4p^6$
- **E** $1s^2 2s^2 2p^6 3s^2 3p^6 3d^{10} 4s^2 4p^2 4d^{10} 5s^2 5p^4$

Gli elementi di transizione sono quelli dei gruppi B della tavola periodica, caratterizzati dall'avere i sottolivelli energetici *d* o *f* parzialmente riempiti. Fra le configurazioni elettroniche proposte dal quesito, quelle che terminano con p^2, p^3, p^4 oppure p^6 sono tipiche di elementi rappresentativi, nel cui livello energetico esterno gli orbitali parzialmente riempiti sono di tipo *p*, questi elementi appartengono rispettivamente al IV, al V, al VI gruppo e a quello dei gas nobili. L'unica configurazione che può essere attribuita a un elemento di transizione è la **A**, configurazione elettronica dello zinco.

---

6 Nella tavola periodica degli elementi un gruppo è:

- **A** un insieme di elementi con la stessa massa atomica
- **B** un insieme di elementi con lo stesso numero atomico
- **C** un insieme di elementi con lo stesso numero di elettroni nel guscio più esterno
- **D** un insieme di elementi con lo stesso raggio atomico
- **E** un insieme di elementi con lo stesso numero di elettroni interni

Gli elementi appartenenti allo stesso gruppo nella tavola periodica sono caratterizzati dalla stessa configurazione elettronica esterna, cioè lo stesso numero di elettroni nel livello energetico più esterno; risposta **C**.

---

7 Tra l'atomo neutro Ne e lo ione Na^+ è:

- **A** più piccolo l'atomo Ne
- **B** impossibile prevedere chi è più piccolo
- **C** più piccolo Ne ma ha massa maggiore
- **D** più piccolo lo ione Na^+
- **E** più piccolo Ne ma ha massa minore

Il numero atomico del neon (Ne) è 10, mentre quello del sodio (Na) è 11; il neon è un gas nobile ed è l'elemento in cui si completa il riempimento del secondo livello energetico, mentre il sodio è l'elemento con cui ha inizio il riempimento del terzo livello energetico. L'atomo neutro Na è quindi certamente più grande di Ne; quando Na si trasforma nello ione Na^+, perde l'elettrone presente nel terzo livello energetico e si ritrova con la stessa configurazione elettronica del neon, dato però che nel nucleo di Na^+ sono presenti 11 protoni anziché 10, gli elettroni sono attratti verso il nucleo più fortemente che non in Ne, e lo ione Na^+ risulta più piccolo dell'atomo Ne: risposta **D**.

8 L'affinità elettronica:

A è maggiore nel potassio che nel litio
B è maggiore nel fluoro che nell'ossigeno
C è maggiore nel fosforo che nell'azoto
D è minore nel carbonio che nel litio
E è minore nell'ossigeno che nello zolfo

L'affinità elettronica è l'energia che si libera quando un atomo neutro acquista un elettrone, trasformandosi in un anione; è una proprietà periodica degli elementi, quindi manifesta un andamento regolare nella tavola periodica: aumenta lungo i periodi e diminuisce nei gruppi.

Per rispondere al quesito è sufficiente ricordare che il fluoro, posto in alto a destra nella tavola periodica, è l'elemento che possiede il più elevato valore di affinità elettronica. Si deduce che l'affermazione B, secondo la quale l'affinità elettronica è maggiore nel fluoro che nell'ossigeno, è sicuramente vera.

9 Un elemento è costituito da atomi:

A tutti diversi tra loro
B aventi tutti lo stesso numero di protoni
C aventi uguale numero di massa
D aventi lo stesso numero di nucleoni
E aventi lo stesso numero di neutroni

Un elemento è costituito da atomi tutti dello stesso tipo, cioè aventi tutti lo stesso numero di protoni (quindi lo stesso numero atomico); risposta B.

Le alternative C ed E sono da scartare perché per quasi tutti gli elementi esistono diversi isotopi, cioè atomi con lo stesso numero di protoni e diverso numero di neutroni (quindi diverso numero di massa).

10 La differenza fra gli isotopi 127 e 131 dello iodio consiste nel fatto che:

A il primo possiede due protoni e due neutroni in meno
B il primo possiede quattro protoni in meno
C il primo possiede quattro neutroni in meno
D il primo possiede quattro elettroni in meno
E il secondo possiede quattro protoni in più

Due isotopi sono atomi dello stesso elemento (quindi con lo stesso numero di protoni) caratterizzati da diverso numero di massa, dunque da un diverso numero di neutroni. Lo iodio-127 possiede quattro neutroni in meno dello iodio-131; risposta C.

11 Una mole di un dato composto contiene:

A un numero di molecole pari al numero di Avogadro
B un grammo del composto
C un numero di molecole pari alla costante di Boltzmann
D un numero di molecole pari al numero di Avogadro moltiplicato per il peso molecolare
E non si può dire senza ulteriori dati

Una mole di qualsiasi sostanza contiene un numero di unità elementari (molecole, ioni o atomi) di quella sostanza pari al numero di Avogadro, cioè $6{,}02 \cdot 10^{23}$ unità elementari di quella sostanza; risposta A.

PARTE QUINTA

12 **Il peso molecolare del saccarosio $C_{12}H_{22}O_{11}$ è 342 u.m.a.; ciò implica che in 34,2 g di questa sostanza le molecole sono circa:**

- **A** 342
- **B** sessantamila miliardi di miliardi
- **C** 3420
- **D** seicentomila miliardi di miliardi
- **E** 34,2 miliardi

Poiché il peso di una molecola del saccarosio è 342 u.m.a., una mole di saccarosio pesa 342 g, quindi la quantità di 34,2 g, proposta dal quesito, corrisponde a 0,1 moli. Dato che una mole di una sostanza molecolare corrisponde a un numero di Avogadro ($6{,}02 \cdot 10^{23}$) di molecole, 34,2 g di saccarosio contengono $6{,}02 \cdot 10^{22}$ molecole, quindi sessantamila miliardi di miliardi; risposta **B**.

13 **Quanti grammi pesano 11,2 litri di CH_4 in condizioni standard?**

A 11 **B** 10 **C** 16 **D** 8 **E** 4

In condizioni standard, cioè alla temperatura di 0 °C e alla pressione di 1 atm, una mole di qualsiasi gas occupa un volume di 22,4 litri; 11,2 litri quindi corrispondono a 0,5 moli di metano (CH_4). Poiché il peso molecolare del metano è pari a:

$$PM_{CH_4} = PA_C + 4 \cdot PA_H = 12 + (4 \cdot 1) = 16$$

una mole di metano pesa 16 g e 0,5 moli pesano 8 g. La risposta esatta è quindi la **D**.

14 **Quale di questi composti contiene la maggior percentuale in peso di zolfo?**

A H_2SO_3 **B** S_3O_9 **C** SO_3 **D** H_2SO_4 **E** SO_2

Per rispondere a questo quesito è necessario considerare i pesi molecolari dei composti proposti e i pesi atomici degli elementi che li compongono:

la percentuale in peso di zolfo è pari a: $\dfrac{PA_S}{PM_{composto}} \cdot 100$

poiché:

$$PA_S = 32 \qquad PA_H = 1 \qquad PA_O = 16$$

in H_2SO_3 la % in peso di S è pari a: $$\frac{PA_S}{PM_{H_2SO_3}} = \frac{32}{1 \cdot 2 + 32 + 16 \cdot 3} \cdot 100 = 39\%$$

in S_3O_9 è: $$\frac{PA_S}{PM_{S_3O_9}} = \frac{32}{32 \cdot 3 + 16 \cdot 9} \cdot 100 = 23\%$$

in SO_3 è: $$\frac{PA_S}{PM_{SO_3}} = \frac{32}{32 + 16 \cdot 3} \cdot 100 = 40\%$$

in H_2SO_4 è: $$\frac{PA_S}{PM_{H_2SO_4}} = \frac{32}{1 \cdot 2 + 32 + 16 \cdot 4} \cdot 100 = 32\%$$

in SO_2 è: $$\frac{PA_S}{PM_{SO_2}} = \frac{32}{32 + 16 \cdot 2} \cdot 100 = 50\%$$

Il composto che contiene la maggior percentuale in peso di zolfo è l'anidride solforosa, SO_2. La risposta esatta è la **E**.

15 Quale delle seguenti affermazioni, a proposito dell'emissione di particelle beta meno, NON è CORRETTA?

- **A** In seguito all'emissione di una particella beta meno, la massa del nucleo diminuisce di una unità
- **B** In seguito all'emissione di una particella beta meno, la massa del nucleo resta praticamente costante
- **C** La particella beta meno viene emessa dal nucleo
- **D** La particella beta meno ha massa trascurabile e carica unitaria negativa
- **E** In seguito all'emissione di una particella beta meno, la carica positiva del nucleo aumenta di una unità

Il quesito chiede di individuare quella NON corretta fra le affermazioni proposte, riguardanti la radioattività. Dato che un nucleo con neutroni in eccesso può comportarsi da emettitore di particelle β^-, la risposta **C** è corretta e pertanto va scartata. Le particelle β^- hanno la stessa natura dell'elettrone e^-, ossia massa trascurabile rispetto all'unita di massa atomica e carica negativa unitaria: ciò risulta in accordo con la risposta **D**, che va quindi scartata. La loro emissione da parte del nucleo comporta la conversione di un neutrone n in un protone p^+, secondo la reazione nucleare $n \rightarrow p^+ + \beta^-$ che fa aumentare la carica nucleare positiva di una unità, come previsto dalla risposta **E** che può dunque essere esclusa.
In seguito a emissione β^- si ha quindi la trasmutazione del nucleo dell'elemento instabile nel nucleo di un altro elemento che ha la caratteristica di avere il numero atomico più alto di una unità (un protone in più), ma uguale numero di massa (il protone ha sostituito un neutrone di massa pressoché uguale). L'affermazione errata, quindi, la risposta esatta al quesito è la **A**.

PARTE QUINTA

2 I LEGAMI CHIMICI

Solo i gas nobili si trovano in natura allo stato monoatomico. Gli altri atomi isolati sono estremamente instabili e tendono a legarsi tra loro attraverso i legami chimici per formare sostanze pure, ovvero sostanze elementari oppure composti. Escludendo i metalli allo stato elementare (si veda § 2.10) le sostanze pure possono essere di due tipi: *molecolari* o *ioniche*. Le sostanze molecolari sono formate da molecole, i composti ionici da aggregati di ioni positivi e negativi, organizzati in reticoli cristallini tridimensionali (§ 2.9).

2.1 ELETTRONI DI VALENZA E SIMBOLI DI LEWIS

Nella formazione dei legami chimici sono coinvolti solo gli elettroni, in particolare gli elettroni contenuti nel livello energetico più esterno, chiamati *elettroni di valenza*.

Per gli elementi dei gruppi A, il numero di elettroni di valenza è uguale al numero del gruppo cui un elemento appartiene.

Gli elettroni di valenza di un elemento possono essere rappresentati graficamente mediante il *simbolo di Lewis*, costituito dal simbolo chimico dell'elemento circondato da un numero di punti pari al suo numero di elettroni di valenza. Nella tabella sono riportati i simboli di Lewis degli elementi dei primi tre periodi.

Gruppo	I A	II A	III A	IV A	V A	VI A	VII A	0
Configurazione elettronica esterna	s^1	s^2	s^2p^1	s^2p^2	s^2p^3	s^2p^4	s^2p^5	s^2p^6
I periodo	Ḣ							Ḧe
II periodo	L̇i	Ḃe·	Ḃ·	·Ċ·	·N̈·	·Ö:	·F̈:	:N̈e:
III periodo	Ṅa	Ṁg·	Ȧl·	·Ṡi·	·P̈·	·S̈:	·C̈l:	:Är:

2.2 REGOLA DELL'OTTETTO

La configurazione elettronica esterna dei gas nobili (s^2 p^6) è chiamata *ottetto*. Tale configurazione è estremamente stabile ed è responsabile dell'inerzia chimica dei gas nobili.

La **regola dell'ottetto** afferma che gli atomi, nella formazione di legami (siano essi covalenti, dativi o ionici), tendono a raggiungere tale configurazione elettronica mediante:

condivisione di elettroni → **formazione di un legame covalente;**
perdita o acquisto di elettroni → **formazione di un legame ionico.**

La regola dell'ottetto non è però valida universalmente; non vale, per esempio, per gli elementi di transizione.

2.2.1 ENERGIA DI LEGAME

La formazione di un legame chimico è un fenomeno spontaneo che avviene in accordo con il principio fisico secondo il quale ogni sistema tende a raggiungere uno stato di minima energia potenziale, a cui corrisponde la massima stabilità. Una molecola generica A – B si forma se la sua energia è minore dell'energia totale dei due atomi A e B isolati. Quando i due atomi si legano si libera quindi una certa quantità di energia, pari alla differenza di energia tra lo stato iniziale e quello finale.

L'energia che si libera all'atto della formazione di un legame, o che bisogna fornire dall'esterno per romperlo, è detta energia di legame.

La forza di un legame è proporzionale al valore dell'energia di legame.

2.3 LEGAME COVALENTE

Un legame covalente si forma quando due atomi con elettronegatività uguale o simile (§ 1.4.2) mettono in comune uno o più elettroni spaiati ciascuno, in modo da raggiungere entrambi l'ottetto o, secondo una visione più moderna, una configurazione elettronica stabile. La coppia condivisa appartiene simultaneamente a entrambi gli atomi.

Un legame covalente è costituito da una coppia di elettroni condivisa tra due atomi; si forma fra atomi la cui differenza di elettronegatività sia inferiore a 1,7.

Perché il legame si formi, due atomi devono avvicinarsi a sufficienza. Man mano che i due atomi si avvicinano gli elettroni dell'uno iniziano a risentire anche della forza di attrazione elettrostatica esercitata dal nucleo dell'altro, e viceversa. Contemporaneamente, però, iniziano a esercitare il loro effetto anche la forza di repulsione tra i due nuclei, carichi positivamente, e la forza di repulsione tra le due nuvole elettroniche dei due atomi. La distanza tra i due nuclei in corrispondenza della quale si instaura un equilibrio tra le forze attrattive nucleo-elettroni e le forze repulsive nucleo-nucleo ed elettroni-elettroni rappresenta la *lunghezza del legame*, si misura in Å e si determina sperimentalmente. L'energia in corrispondenza di questo minimo è l'energia di legame: si determina sperimentalmente e viene di solito espressa in kcal/mol.

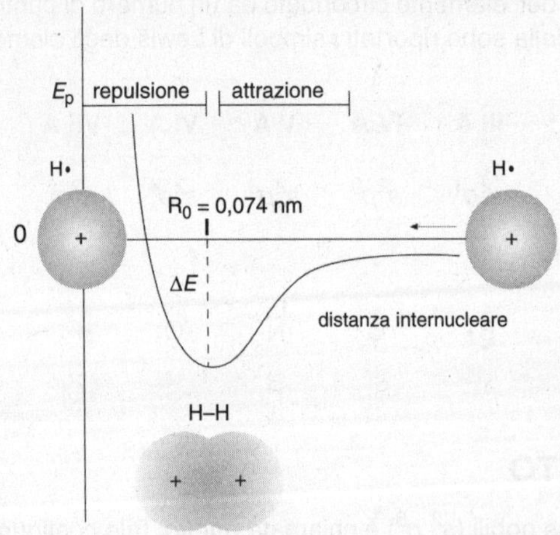

Andamento dell'energia potenziale in funzione della distanza tra i nuclei di due atomi di idrogeno. L'ascissa del punto di minimo della curva (R_0) rappresenta la lunghezza del legame H – H nella molecola H_2. ΔE rappresenta invece l'energia di legame

La lunghezza del legame è proporzionale al raggio degli atomi legati, e inversamente proporzionale alla forza (e quindi all'energia) del legame.
Il legame covalente è direzionale.

La distribuzione delle coppie di elettroni condivisi (doppietti di legame) e non condivisi (doppietti non partecipanti al legame, chiamati anche *doppietti solitari*) in una molecola può essere rappresentata mediante la sua *struttura di Lewis*.

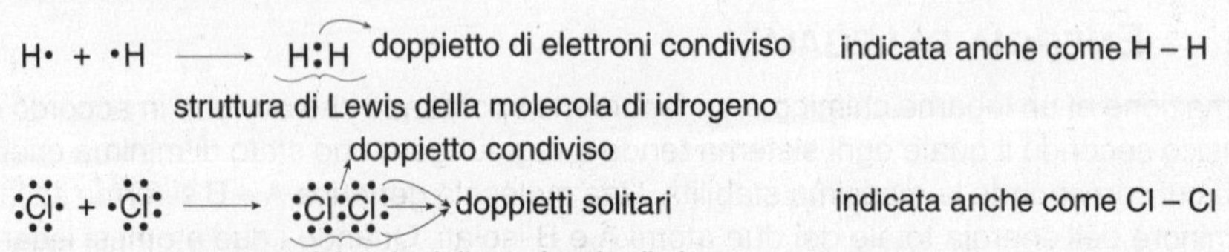

PARTE QUINTA

2.3.1 LEGAMI COVALENTI SEMPLICI E MULTIPLI

In base al numero di coppie condivise (o *doppietti condivisi*) il legame covalente tra due atomi può essere:

semplice → formato da una coppia di elettroni condivisi;
doppio → formato da due coppie di elettroni condivisi;
triplo → formato da tre coppie di elettroni condivisi.

La struttura elettronica esterna dell'azoto è $2s^2\ 2p^3$. Ogni atomo d'azoto possiede quindi un doppietto, nel livello di valenza, e tre elettroni spaiati, nei tre orbitali *p*. Nell'azoto molecolare ($N \equiv N$) i due atomi sono uniti da un legame covalente triplo che si forma grazie alla condivisione dei tre elettroni spaiati di un atomo di azoto con i tre elettroni dell'altro, in modo che ciascuno dei due atomi raggiunga l'ottetto.

Il numero di coppie di elettroni di legame viene detto *ordine di legame*.

Maggiore è l'ordine di legame, maggiore è la forza complessiva che tiene uniti gli atomi e quindi maggiore l'energia complessiva di legame e più breve la distanza di legame.

2.3.2 ORBITALI MOLECOLARI, LEGAME σ E LEGAME π

Quando si forma un legame covalente, due orbitali atomici si sovrappongono e si fondono formando un *orbitale molecolare*, di energia e forma diversa rispetto agli orbitali di partenza.

Un orbitale molecolare è la regione di spazio occupata da una coppia di elettroni di legame che circonda entrambi i nuclei dei due atomi legati.

La forma dell'orbitale molecolare dipende dal tipo di orbitali atomici di partenza e dalla loro modalità di sovrapposizione:

- se la sovrapposizione è *frontale* (testa/testa) si forma un *legame covalente σ*, formato da un orbitale che circonda da ogni parte l'asse che congiunge i due nuclei;
- se la sovrapposizione è *laterale* (fianco/fianco) si forma un *legame covalente π*, formato da un orbitale a due lobi giacente su un piano che contiene la congiungente i due nuclei.

La figura seguente illustra le diverse possibilità di sovrapposizione:

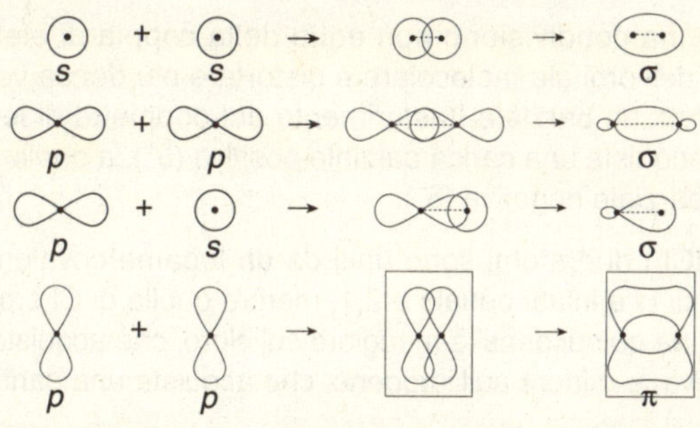

Il legame π si forma solo per sovrapposizione laterale di orbitali *p*. A causa della maggiore sovrapposizione degli orbitali il legame σ è più forte del legame π.

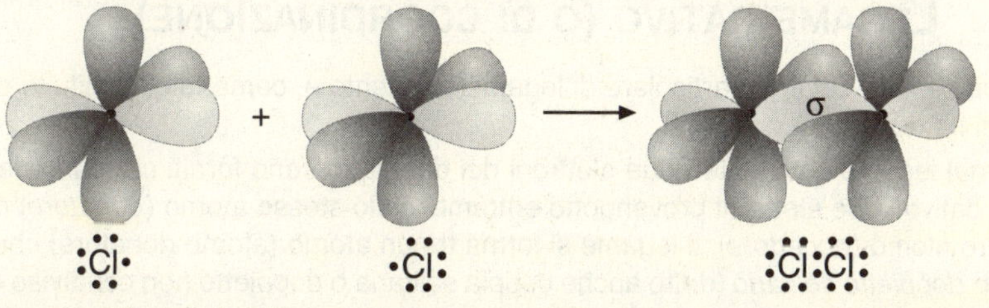

Nella molecola del cloro (Cl_2) i due atomi sono uniti da un legame covalente semplice di tipo σ formatosi per sovrapposizione frontale di due orbitali *p*.

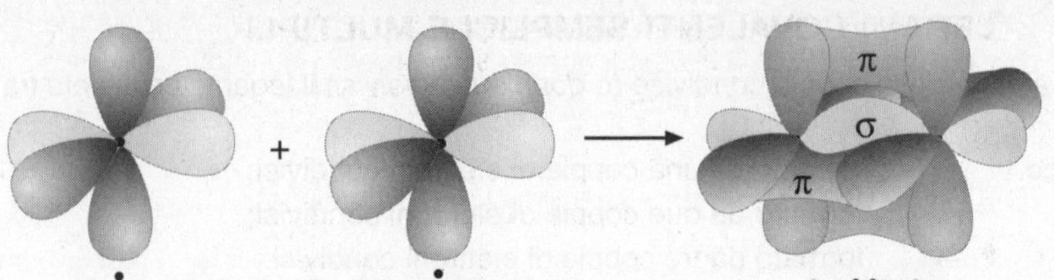

$:\dot{\underset{\cdot}{N}}\cdot$ $\cdot\dot{\underset{\cdot\cdot}{N}}:$ $:N\vdots\vdots N:$

Nella molecola dell'azoto (N_2) i due atomi sono uniti da un legame covalente triplo, formato da un legame σ, originato dalla sovrapposizione frontale dei due orbitali p_x, e da due legami π, originati dalla sovrapposizione laterale dei due orbitali p_y, e dei due orbitali p_z.

Un legame covalente semplice è sempre di tipo σ.
Il legame doppio è formato da un legame σ e un legame π.
Il legame triplo è formato da un legame σ e due legami π.

2.3.3 POLARITÀ DEL LEGAME COVALENTE

In base alla differenza di elettronegatività tra gli atomi legati, il legame covalente può essere *puro* (o *omopolare*) oppure *polare* (o *eteropolare*).

Legame covalente puro

- Si forma tra atomi con elettronegatività uguale o simile.
- È caratterizzato da una condivisione equa della coppia di elettroni di legame, quindi la nuvola elettronica dell'orbitale molecolare è simmetrica e non si ha nessuna separazione di carica elettrica.

In H_2 i due atomi di idrogeno sono uniti da un legame covalente puro.

Legame covalente polare

- Si forma tra atomi diversi con piccola differenza di elettronegatività (generalmente compresa tra 0,4 e 1,7).
- È caratterizzato da una condivisione non equa della coppia di elettroni di legame quindi la nuvola elettronica dell'orbitale molecolare è distorta e più densa verso l'elemento più elettronegativo; si ha infatti un parziale trasferimento del doppietto di legame dall'atomo meno elettronegativo, che acquista una carica parziale positiva (δ^+), a quello più elettronegativo, che acquista una carica parziale negativa (δ^-).

Nella molecola HCl i due atomi sono uniti da un legame covalente polare. L'elettronegatività di H è infatti uguale a 2,1, mentre quella di Cl è pari a 3. La nuvola elettronica ha quindi densità maggiore sul cloro, che acquista una carica parziale negativa, e minore sull'idrogeno, che acquista una carica parziale positiva.

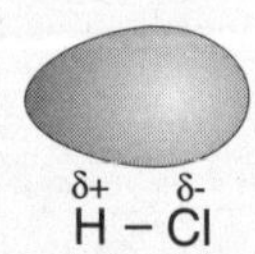

Anche nella molecola d'acqua i legami sono covalenti polari.

2.4 LEGAME DATIVO (O DI COORDINAZIONE)

Il *legame dativo* è un tipo particolare di legame covalente e, come tale, costituito da due elettroni condivisi tra due atomi.

Mentre nel legame covalente i due elettroni del doppietto sono forniti ciascuno da un atomo, nel legame dativo i due elettroni provengono entrambi dallo stesso atomo (*donatore*) che li condivide con l'altro atomo (*accettore*). Il legame si forma tra un atomo (atomo donatore) che dispone di almeno un *doppietto solitario* (detto anche coppia solitaria o doppietto non condiviso o coppia di non legame) e una specie chimica che ha (o può ottenere) un orbitale vuoto (accettore). Il legame si indica graficamente con una freccia diretta dal donatore verso l'accettore.

Lo ione ammonio (NH_4^+) si ottiene grazie alla formazione di un legame dativo tra l'atomo di azoto dell'ammoniaca (NH_3), sul quale è presente un doppietto solitario, e lo ione idrogeno (H^+) che ha l'orbitale 1*s* vuoto.

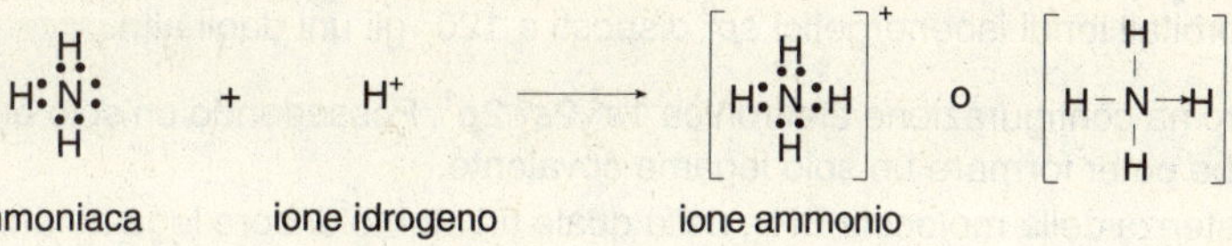

2.5 IBRIDAZIONE E ORBITALI IBRIDI

In natura è molto comune incontrare sostanze in cui gli atomi formano un numero di legami covalenti superiore al numero di elettroni spaiati posseduti e/o presentano geometrie incompatibili con le geometrie degli orbitali atomici; ciò si può spiegare ammettendo l'esistenza del processo di *ibridazione* che porta alla formazione degli *orbitali ibridi*.

L'ibridazione consiste nella combinazione degli orbitali atomici esterni, a diversa energia, di un atomo, con formazione di un ugual numero di orbitali atomici isoenergetici, detti appunto orbitali ibridi.

Il carbonio ha la configurazione elettronica esterna indicata a fianco. Avendo solo due elettroni spaiati dovrebbe poter formare solo due legami covalenti. Nel metano (CH_4), invece, un atomo di C lega quattro atomi di H mediante quattro legami covalenti identici tra loro. La formazione dei quattro legami è possibile grazie alla formazione di quattro orbitali ibridi isoenergetici, contenenti ciascuno un elettrone spaiato.

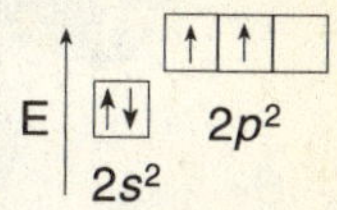

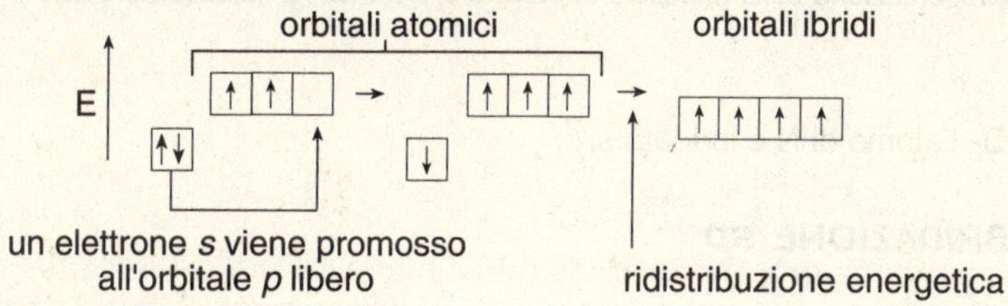

2.5.1 IBRIDAZIONE sp^3

Si ha ibridazione sp^3 quando un orbitale *s* e tre orbitali *p* di uno stesso atomo si combinano formando quattro orbitali ibridi isoenergetici sp^3 diretti verso i vertici di un tetraedro regolare con angoli di circa 109°.

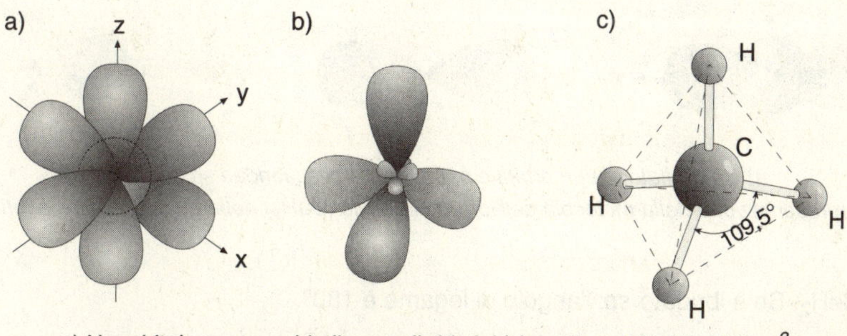

a) Un orbitale s e tre orbitali p non ibridati; b) i quattro orbitali ibridati sp^3;
c) rappresentazione della molecola di metano nella quale il carbonio è ibridato sp^3

Nell'ammoniaca (NH_3) e nell'acqua (H_2O) l'azoto e l'ossigeno sono ibridati sp^3. Gli angoli di legame di NH_3 e H_2O sono rispettivamente di circa 108° e 105° a causa della repulsione fra le coppie di elettroni condivisi e non condivisi.

CHIMICA

2.5.2 IBRIDAZIONE sp^2

Si ha ibridazione sp^2 quando due orbitali *p* e un orbitale *s* di uno stesso atomo si combinano formando tre orbitali ibridi isoenergetici sp^2 disposti a 120° gli uni dagli altri.

Il boro ha configurazione elettronica $1s^2\ 2s^2\ 2p^1$. Possedendo un solo elettrone spaiato dovrebbe poter formare un solo legame covalente.
L'esistenza della molecola BH_3, nella quale un atomo di boro lega tre atomi di idrogeno mediante tre legami covalenti, si può spiegare ipotizzando che il boro possegga tre orbitali ibridi sp^2 coplanari, contenenti un elettrone spaiato ciascuno (si noti che la molecola non obbedisce alla regola dell'ottetto).

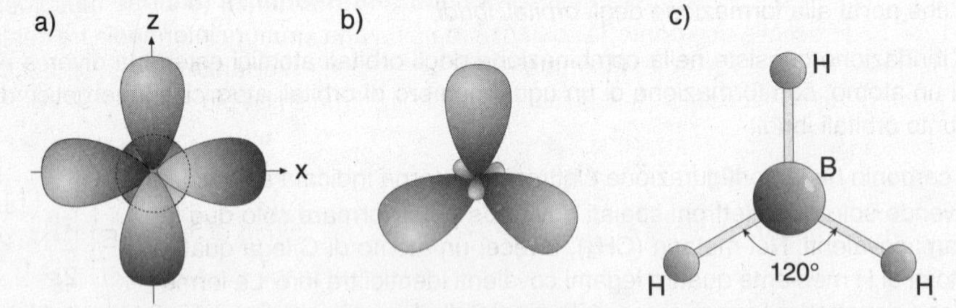

a) Un orbitale s e due orbitali p, non ibridati; b) i tre orbitali ibridati sp^2;
c) rappresentazione della molecola dell'idruro di boro (BH_3) nella quale il boro è ibridato sp^2

In HNO_3 l'atomo di N è ibridato sp^2.

2.5.3 IBRIDAZIONE *sp*

L'ibridazione *sp* coinvolge un orbitale di tipo *p* e un orbitale di tipo *s* e porta alla formazione di due orbitali ibridi isoenergetici *sp* disposti a 180°.

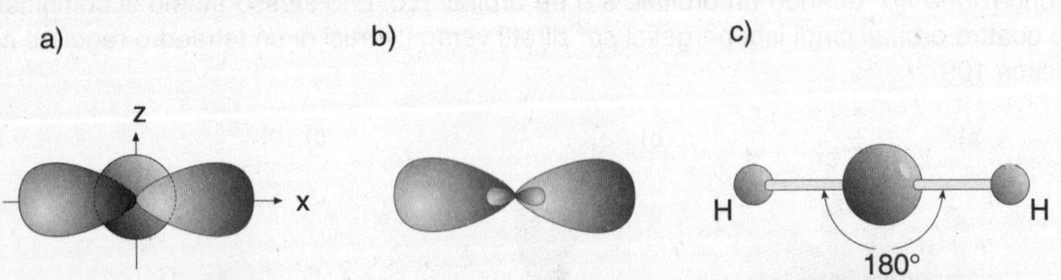

a) Un orbitale s e un orbitale p; b) i due orbitali ibridati sp in un atomo;
c) rappresentazione della molecola dell'idruro di berillio (BeH_2) nella quale il berillio è ibridato sp

In BeH_2, Be è ibridato *sp*: l'angolo di legame è 180°.

La spontaneità del processo di ibridazione deriva dal fatto che, in tutti i casi, comporta un aumento della stabilità delle molecole ottenibili da atomi ibridati, poiché rende possibile la formazione dl un maggior numero di legami e una distribuzione ottimale nello spazio delle cariche e delle masse.

Gli orbitali ibridi sono orbitali atomici e NON molecolari.

PARTE QUINTA

2.6 RISONANZA E DELOCALIZZAZIONE ELETTRONICA

Per alcune sostanze (ioni o molecole) è possibile scrivere più di una formula di struttura; questo fenomeno prende il nome di *risonanza* e si incontra nelle sostanze in cui esiste un sistema di elettroni π esteso a più di due atomi.

Per lo ione nitrito (NO_2^-) è possibile scrivere due formule di struttura:

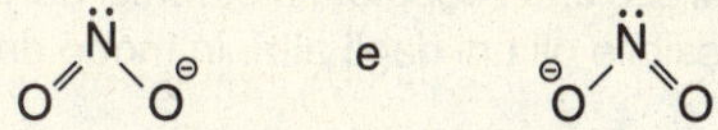

Nessuna delle due formule rappresenta però la struttura reale della molecola: un doppio legame è infatti più corto di un legame semplice, eppure si è osservato sperimentalmente che in NO_2^- i due legami hanno uguale lunghezza.

Le diverse formule possibili sono chiamate **forme limite di risonanza** (o forme mesomere) e si separano con una freccia a due punte; la sostanza reale ha una struttura intermedia tra quella delle forme limite ed è chiamata **ibrido di risonanza**. Per **energia di risonanza** si intende la differenza di energia tra l'ibrido di risonanza (la molecola reale) e la forma limite più stabile.

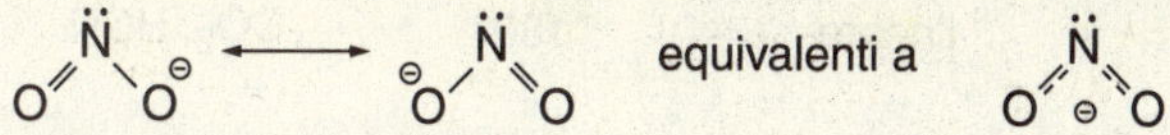

formule limite di risonanza — ibrido di risonanza

La risonanza è dovuta al fatto che gli elettroni del legame π, anziché essere condivisi, nel caso di NO_2^-, solo dall'atomo di N e da un atomo di O, sono delocalizzati su tutta la molecola: formano cioè un orbitale molecolare π delocalizzato, esteso a tutti e tre gli atomi.

Il benzene (§ 8.7) è un idrocarburo ciclico avente formula bruta C_6H_6; i sei atomi di carbonio si trovano ai vertici di un esagono e sono ibridati sp^2, ciascun atomo di carbonio possiede quindi tre orbitali ibridi sp^2 e un orbitale p puro. Dei tre orbitali ibridi, due vengono utilizzati per formare legami σ con i due atomi di carbonio adiacenti, mentre il terzo viene impiegato per legare l'atomo di idrogeno.

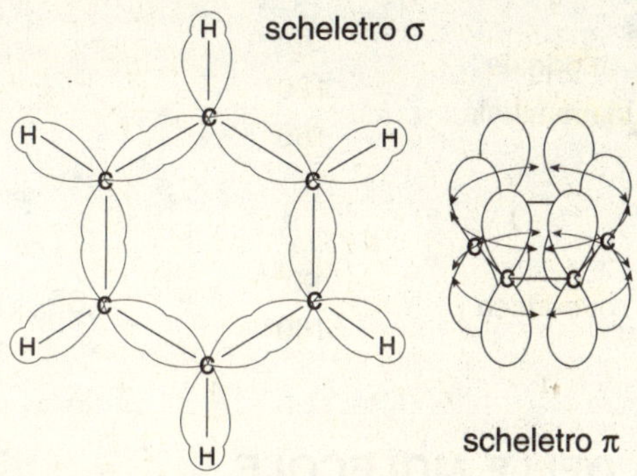

I sei elettroni presenti nei sei orbitali p sono delocalizzati in due nubi elettroniche cicliche che si trovano una sopra e l'altra sotto il piano formato dai sei atomi di carbonio.

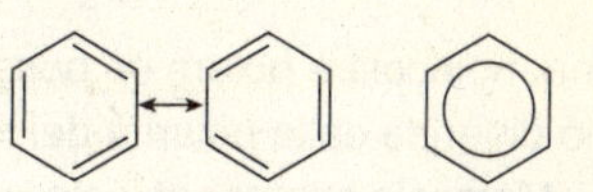

formule limite di risonanza — ibrido di risonanza

In termini di formula di struttura il benzene è quindi un ibrido di risonanza tra due forme limite, rappresentabile nel modo indicato a fianco. L'energia di risonanza del benzene è di circa – 36 kcal/mole rispetto all'ipotetica molecola di cicloesatriene, idrocarburo ciclico a sei atomi di C contenente tre doppi legami alternati a tre legami semplici, che non esiste proprio perché avrebbe energia più alta della molecola reale, il benzene, ibrido di risonanza fra le due possibili forme.

Ibridazione e delocalizzazione degli elettroni π (risonanza) concorrono ad aumentare la stabilità della molecola.

2.7 GEOMETRIA MOLECOLARE (TEORIA VSEPR)

La geometria di una molecola (o di uno ione poliatomico) dipende dal numero e dal tipo di doppietti elettronici (di legame o solitari) che circondano l'atomo centrale; tale geometria può essere prevista in base alla teoria della repulsione tra le coppie di elettroni del livello di valenza, o *teoria VSEPR* (dall'inglese *Valence Shell Electron Pair Repulsion*).

✔ La teoria VSEPR stabilisce che i doppietti elettronici del livello di valenza si dispongono alla massima distanza possibile gli uni dagli altri, in modo da minimizzare la repulsione elettrostatica tra di essi.

Per applicare il metodo VSEPR al fine di prevedere la geometria delle molecole è necessario contare il numero di doppietti di elettroni solitari e il numero di atomi (quindi di doppietti condivisi) intorno all'atomo centrale; il numero totale di doppietti solitari + atomi è detto *numero sterico* (*NS*). A differenti valori di *NS* corrispondono diverse geometrie molecolari, come illustrato nella tabella seguente.

NS	Ibridazione	Forma	Angolo di legame	Esempi	
2	*sp*	lineare	180°	CO_2, HCN	O=C=O H—C≡N
3	sp^2	trigonale planare	120°	BH_3	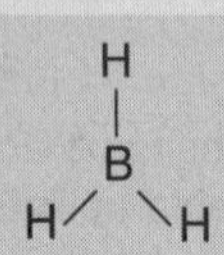
4	sp^3	tetraedrica	109,5°	H_2O, CH_4	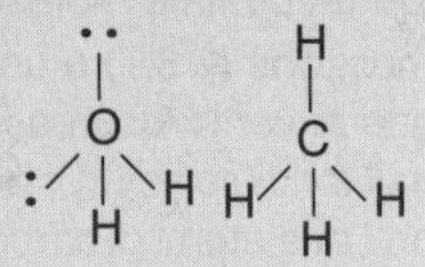
5	dsp^3	trigonale bipiramidale	90° 120° 180°	PCl_5	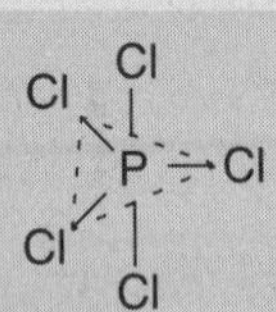
6	d^2sp^3	ottaedrica	90° 180°	SF_6	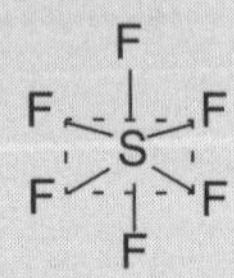

2.8 POLARITÀ DELLE MOLECOLE

Una molecola è polare se possiede un momento dipolare netto.
Ciò dipende dalla polarità dei legami chimici in essa presenti e dalla geometria molecolare.

- Molecole contenenti solo legami covalenti puri sono sempre non polari (o *apolari*).
- Molecole contenenti legami covalenti polari possono essere polari o non polari.
  Dato che il momento dipolare netto di una molecola è la somma vettoriale dei singoli momenti dipolari, caratterizzati, oltre che dall'intensità, anche dal verso e dalla direzione, si verifica che:
  - una molecola formata da due atomi legati da un legame covalente polare è sempre polare.

In $\overset{\delta^+}{H}-\overset{\delta^-}{Cl}$ i due atomi sono legati da un legame covalente polare. La molecola è quindi polare e si comporta come un dipolo elettrico.

- una molecola formata da più di due atomi legati da legami polari è polare solo se i singoli dipoli non si cancellano a vicenda.

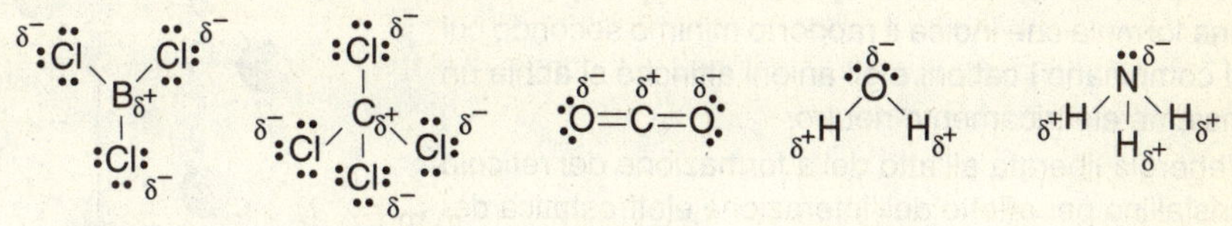

2.9 LEGAME IONICO

Il legame ionico si forma tra due atomi con elevata differenza di elettronegatività in seguito al trasferimento di uno o più elettroni di valenza dall'atomo meno elettronegativo a quello più elettronegativo, con formazione di due ioni di carica elettrica opposta.

Il legame acquista carattere ionico superiore al 50% quando la differenza di elettronegatività tra gli atomi coinvolti è superiore a 1,7. Un legame ionico è un'attrazione di tipo elettrostatico tra due ioni di carica elettrica opposta.

Tipicamente il legame ionico si forma tra un metallo (poco elettronegativo) e un non metallo (o un'altra specie poliatomica contenente un atomo molto elettronegativo) quando gli atomi del metallo cedono uno o più elettroni al non metallo, trasformandosi rispettivamente in ioni positivi (cationi) e ioni negativi (anioni).

Na è un metallo del gruppo IA e ha un elettrone di valenza, mentre Cl è un non metallo del gruppo VIIA e ha sette elettroni di valenza.
Nel composto NaCl, tra i due atomi si ha un'attrazione elettrostatica dovuta al trasferimento dell'elettrone di valenza del Na dal Na al Cl. In questo modo, Na si trasforma in catione sodio Na^+, Cl si trasforma in anione cloruro Cl^- ed entrambi raggiungono l'ottetto.

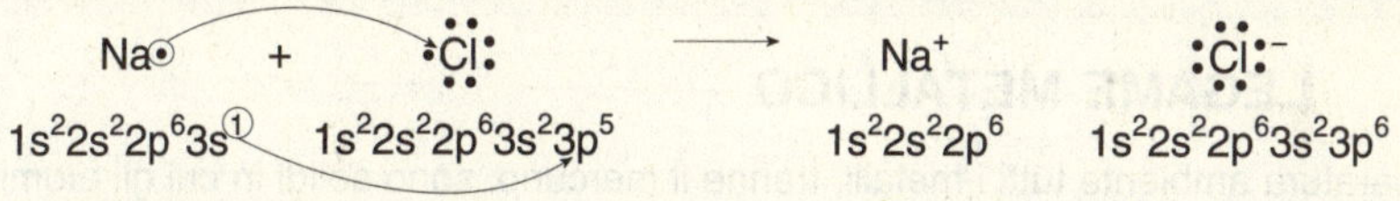

In base alla regola dell'ottetto, qual è la formula del più semplice composto che si può formare da calcio (Ca) e fluoro (F)?
Il calcio (Ca) appartiene al gruppo II A, quindi possiede due elettroni di valenza; il fluoro (F) appartiene al gruppo VII A e possiede sette elettroni di valenza. Poiché il calcio è un metallo poco elettronegativo (1,2), e il fluoro un non metallo a elevata elettronegatività (4), fra i due elementi si forma un legame di tipo ionico. In accordo con la regola dell'ottetto, Ca cede i due elettroni di valenza trasformandosi in Ca^{2+}, mentre ogni atomo di F può completare l'ottetto acquistando un elettrone, trasformandosi in F^-. Per bilanciare le cariche positive e negative saranno necessari due ioni F^- ogni ione Ca^{2+}; la formula del composto (fluoruro di calcio) sarà quindi CaF_2.

Nel caso del legame ionico non si formano né orbitali molecolari, né molecole; la forza del legame ionico è puramente elettrostatica. Il legame ionico è adirezionale.

Anziché da molecole, i composti ionici sono formati da un insieme di ioni di carica opposta, disposti in modo tale da formare un *reticolo cristallino* tridimensionale in cui sono minime le forze di repulsione tra gli ioni della stessa carica e massime le forze attrattive tra ioni di carica opposta. I composti ionici, per questo motivo, sono invariabilmente solidi.

CHIMICA

La formula bruta di un composto ionico non rappresenta quindi la composizione di una molecola, ma è semplicemente una *formula minima* (§ 1.7), ovvero una formula che indica il rapporto minimo secondo cui si combinano i cationi e gli anioni affinché si abbia un insieme elettricamente neutro.

L'energia liberata all'atto della formazione del reticolo cristallino per effetto dell'interazione elettrostatica degli ioni positivi con tutti gli ioni negativi del cristallo, e viceversa, prende il nome di *energia reticolare*.

L'energia reticolare dipende dalla natura degli ioni che compongono il cristallo: aumenta all'aumentare della carica degli ioni e al diminuire delle loro dimensioni.

I composti ionici hanno alta temperatura di fusione ed ebollizione e conducono la corrente elettrica allo stato fuso e in soluzione acquosa. La temperatura di fusione di un solido cristallino è tanto più alta quanto più alta è la sua energia reticolare.

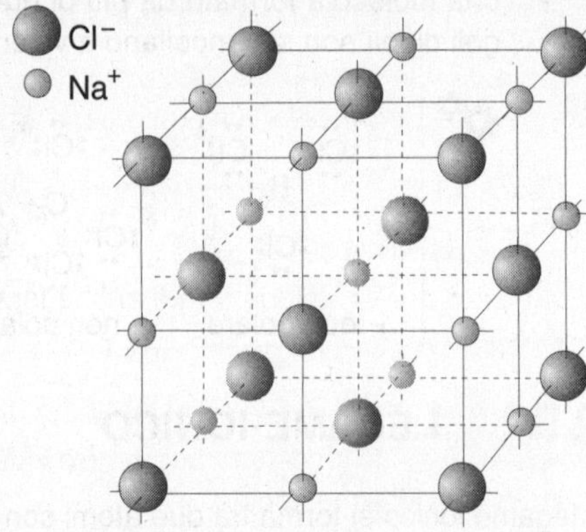

Struttura cristallina del cloruro di sodio

Anche le sostanze pure di tipo covalente (come il ghiaccio o lo zucchero), quando si presentano allo stato solido, sono organizzate in un reticolo cristallino tridimensionale. Le forze che tengono insieme le molecole nel reticolo sono in questo caso dovute ai legami intermolecolari (si veda § 2.11), molto più deboli del legame ionico. Per questo motivo fondere un solido covalente richiede molta meno energia di quella necessaria per fondere un composto ionico.

Confronto tra legame ionico e legame covalente

Esempio	Differenza di elettronegatività	Tipo di legame	Forza del legame dovuta a:
H – H	0	covalente puro	orbitale molecolare
H – Cl	0,9	covalente polare	orbitale molecolare e attrazione elettrostatica
NaCl	2,2	ionico	attrazione elettrostatica

2.10 LEGAME METALLICO

A temperatura ambiente tutti i metalli, tranne il mercurio, sono solidi in cui gli atomi sono disposti in modo ordinato nelle tre dimensioni dello spazio a formare un reticolo cristallino. Il legame tra gli atomi del metallo nel cristallo non è né ionico, né covalente.

Si ricordi che i metalli hanno bassa elettronegatività e bassa energia di ionizzazione; tendono quindi a cedere con facilità i loro elettroni di valenza, trasformandosi in cationi. Un pezzo di metallo viene considerato appunto un insieme di cationi che hanno espulso i loro elettroni di valenza e non un insieme di atomi neutri; gli *elettroni* perduti, messi in comune fra tutti gli ioni e *delocalizzati su un orbitale esteso a tutto il metallo*, possono muoversi liberamente in tutto il campione.

Le proprietà fisiche dei metalli, tra cui l'elevata conduttività elettrica e termica, la duttilità e la malleabilità, sono giustificate dalla mobilità degli elettroni. L'attrazione che si esercita tra i cationi del reticolo cristallino e gli elettroni di valenza delocalizzati costituisce il legame metallico. Il legame ha quindi carattere sia elettrostatico che covalente ed è adirezionale.

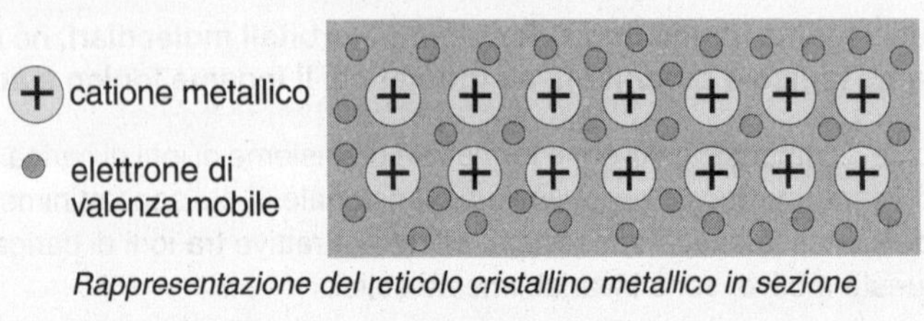

Rappresentazione del reticolo cristallino metallico in sezione

PARTE QUINTA

2.11 LEGAMI INTERMOLECOLARI

Le molecole in un solido o in un liquido interagiscono tra loro attraverso i *legami intermolecolari*: forze attrattive molto più deboli dei legami che uniscono gli atomi nelle molecole

I legami intermolecolari comprendono:

- le interazioni dipolo-dipolo;
- le forze di dispersione (dette anche forze di London o forze di Van der Waals);
- il legame a idrogeno;
- le interazioni ione-dipolo (si veda § 5.2).

Un sistema di nomenclatura alternativo indica genericamente con il nome di forze di Van der Waals tutti i legami intermolecolarl.

Lo **stato di aggregazione di un composto** molecolare è determinato proprio dalla forza e dal numero dei legami intermolecolari (si veda anche la sezione di Fisica). Il calore assorbito da una sostanza come l'acqua per fondere o per evaporare è connesso con la rottura di questi legami.

Quando si fonde un composto ionico si rompe il reticolo cristallino. Quando si fonde un composto molecolare si rompono forze di dispersione, interazioni dipolo-dipolo o legami a idrogeno.

Interazioni dipolo-dipolo

Le interazioni dipolo-dipolo sono forze di attrazione che si instaurano *tra molecole polari*. Tali molecole si comportano come *dipoli elettrici spontanei* e *permanenti*, e si attirano reciprocamente orientandosi con l'estremità positiva di un dipolo vicina all'estremità negativa di un dipolo vicino.

Le molecole di acido cloridrico (cloruro di idrogeno) essendo polari mostrano interazioni dipolo-dipolo.

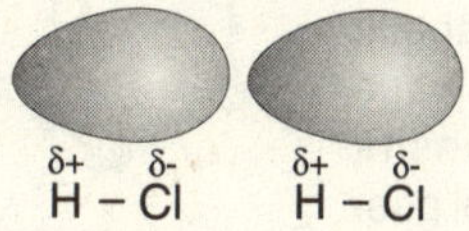

Forze di dispersione

Le forze di dispersione sono forze di attrazione estremamente deboli legate alla formazione di *dipoli temporanei*, anche in molecole di per sé non polari, causati dal rapido moto degli elettroni intorno al nucleo. Nelle molecole apolari è infatti la posizione *media* degli elettroni a rendere la molecola apolare. Nei singoli istanti, invece, la nuvola elettronica può essere spostata ora verso un atomo, ora verso l'altro, trasformando la molecola in un dipolo temporaneo.

I dipoli temporanei interagiscono con le nuvole elettroniche delle molecole vicine polarizzandole (provocando cioè la formazione di *dipoli indotti*) e stabilendo con esse deboli forze attrattive. Le forze di dispersione sono dunque interazioni di tipo attrattivo (stabilizzanti) che si instaurano tra un dipolo temporaneo e i dipoli indotti circostanti. Le forze di dispersione si instaurano *tra tutti i tipi di molecole*, sia polari che apolari, e sono tanto più intense quanto più facilmente la nube elettronica dell'orbitale molecolare può essere distorta.

L'intensità delle forze di dispersione aumenta all'aumentare del PM, della superficie di contatto e del numero di elettroni presenti nella molecola.

La molecola di cloro ha PM = 71	→	Cl_2 è gassoso;
la molecola di bromo ha PM = 160	→	Br_2 è liquido;
la molecola di iodio ha PM = 254	→	I_2 è solido.

CHIMICA

2.12 LEGAME A IDROGENO

Il legame a idrogeno è un'interazione elettrostatica tra un atomo di idrogeno legato con legame covalente a un atomo molto elettronegativo (F, O o N) e il doppietto solitario di un atomo molto elettronegativo (F, O o N) di una molecola adiacente (legame a idrogeno intermolecolare) o della stessa molecola (legame a idrogeno intramolecolare). Il legame a idrogeno è un particolare tipo di interazione dipolo-dipolo ed è la più forte tra le forze di attrazione intermolecolari. Si presenta nelle molecole contenenti raggruppamenti del tipo: H – F; H – O; H – N quindi esiste legame a idrogeno nell'acido fluoridrico (HF), nell'ammoniaca (NH_3) e nell'acqua (H_2O).

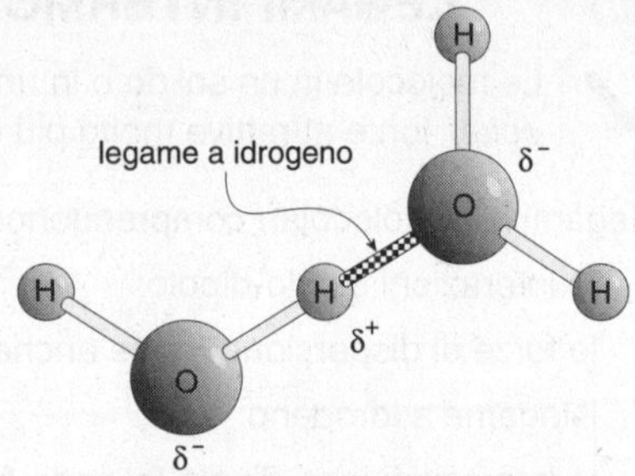

Rappresentazione del legame a idrogeno fra due molecole di H_2O

Le molecole unite da legami a idrogeno hanno punti di ebollizione notevolmente superiori a quelli di molecole di analoga massa molecolare che non formano però legami a idrogeno. Il legame a idrogeno è un legame *direzionale*.

Le proprietà dell'acqua

La presenza del legame a idrogeno nell'H_2O determina importanti conseguenze:

- la massima densità dell'acqua è a 4 °C;
- l'acqua aumenta di volume nel passaggio da liquido a solido;
- a temperatura ambiente l'acqua è liquida e non gassosa.

La figura a lato mostra la struttura cristallina del ghiaccio (a). Allo stato solido, più molecole di acqua legate insieme con legami a idrogeno si dispongono secondo un anello esagonale caratteristico dei cristalli di ghiaccio (b). La chiusura delle molecole d'acqua in anelli, che caratterizza lo stato solido, spiega l'anomala diminuzione della densità dell'acqua (aumento di volume) nel passaggio di stato liquido → solido.

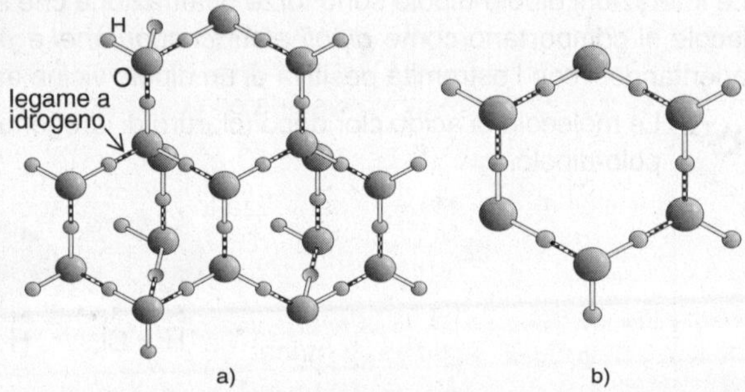

L'acido solfidrico, H_2S, per certi aspetti simile all'acqua, H_2O, non forma legami a idrogeno e di conseguenza, a differenza dell'acqua, a temperatura ambiente è gassoso e non liquido.

Molecola	Polare/ non polare	Interazione dipolo-dipolo	Legame a idrogeno	Forze di dispersione	PM	P. ebollizione °C
N_2	non polare	no	no	sì	28,01	–210,03
NH_3	polare	sì	sì	sì	17,03	–33,43
CO	polare	sì	no	si	28,01	–191,5
CO_2	non polare	no	no	sì	44,01	–78,5
HCl	polare	si	no	sì	33,46	108,6
H_2O	polare	sì	sì	sì	18,01	100,0
H_2S	polare	sì	no	sì	34,08	–60,2
CH_4	non polare	no	no	sì	16,04	–161,7
$CHCl_3$	polare	sì	no	sì	119,38	61,26

CLASSIFICAZIONE DEI LEGAMI CHIMICI

LEGAMI CON FORMAZIONE DI ORBITALI MOLECOLARI	**covalente**	**apolare** **polare** **dativo** **a elettroni delocalizzati (risonanza)**
LEGAMI INTERMEDI		**metallico** *a idrogeno*
LEGAMI ELETTROSTATICI		**ionico** *forze di Van der Waals* *dipolo-dipolo* *ione-dipolo*

In grassetto sono indicati i legami interatomici, in corsivo le forze intermolecolari.

2.13 ALLOTROPIA E POLIMORFISMO NO

Quando uno stesso elemento presenta due forme che differiscono per la struttura molecolare o per il modo in cui sono concatenati gli atomi, queste due forme hanno caratteristiche fisiche e chimiche diverse: si parla allora di allotropia.
Quando, invece, una sostanza si presenta in forme che differiscono solo per la struttura cristallina, si parla di dimorfismo o, più in generale, di polimorfismo (le forme differiscono solo in alcune proprietà fisiche come il punto di fusione e la densità).

Diamante e grafite, ossigeno (O_2) e ozono (O_3) sono esempi di allotropia.
Le due forme in cui si cristallizza lo zolfo, monoclina e rombica, contengono entrambe molecole S_8 e sono un esempio di dimorfismo.

Per le parti relative alla termodinamica, agli stati di aggregazione della materia e ai passaggi di stato si veda la sezione di fisica.

QUESITI SVOLTI

1 **I gas nobili non sono reattivi perché:**

- A sono presenti allo stato monoatomico
- B presentano basse forze di Van der Waals
- C hanno pochi elettroni nello strato esterno
- D l'orbitale più esterno è completamente occupato dagli elettroni
- E non reagiscono con gli acidi

Gli atomi di un elemento tendono a reagire e a formare legami con altri atomi per raggiungere la più stabile configurazione elettronica esterna (ottetto completo). Tutti i gas nobili possiedono configurazione elettronica esterna $ns^2\ np^6$ (tranne l'elio, che ha configurazione elettronica $1s^2$), si trovano quindi ad avere il livello energetico esterno completo; formare legami con altri atomi richiederebbe la rottura di questa situazione di stabilità, per questo motivo non reagiscono con altri atomi e si trovano sotto forma di atomi isolati; risposta D.

2 **Cl-Cl rappresenta la molecola biatomica del cloro; il legame che caratterizza tale sostanza è:**

- A covalente puro
- B dativo
- C metallico
- D covalente polare
- E ionico

I due atomi di cloro che formano la molecola biatomica di questo elemento sono legati da un legame covalente puro, in cui ogni atomo mette in compartecipazione un elettrone; i due elettroni condivisi sono equamente distribuiti sui due atomi che, essendo identici, hanno lo stesso valore di elettronegatività. La risposta corretta è quindi la A.

Il legame covalente polare si forma invece fra atomi di elettronegatività simile ma non identica; in questo caso gli elettroni condivisi sono attratti maggiormente dall'atomo più elettronegativo e si forma una molecola polare.

3 **Indicare quale tra le seguenti molecole è apolare:**

- A H_2O
- B CO_2
- C HCl
- D NO
- E NH_3

La polarità di una molecola dipende dalla *polarità dei legami* chimici in essa presenti e dalla *geometria* della molecola.

Nelle molecole formate da atomi uguali sono presenti solo legami covalenti puri quindi queste sono sempre apolari. Nelle molecole formate da atomi diversi, invece, l'atomo più elettronegativo tende ad attirare verso di sé gli elettroni di legame, creando in tal modo una separazione di carica che viene indicata con il simbolo δ^- per l'atomo più elettronegativo e con il simbolo δ^+ per l'altro atomo. Questa separazione di carica dà luogo alla formazione di un *dipolo elettrico* e di un conseguente *momento dipolare* permanente. Nel caso siano presenti legami polari, la polarità della molecola dipende dalla sua geometria, infatti se questa è simmetrica i diversi momenti dipolari si annullano. Nel caso proposto dal quesito, le molecole H_2O, HCl, NO e NH_3 sono polari:

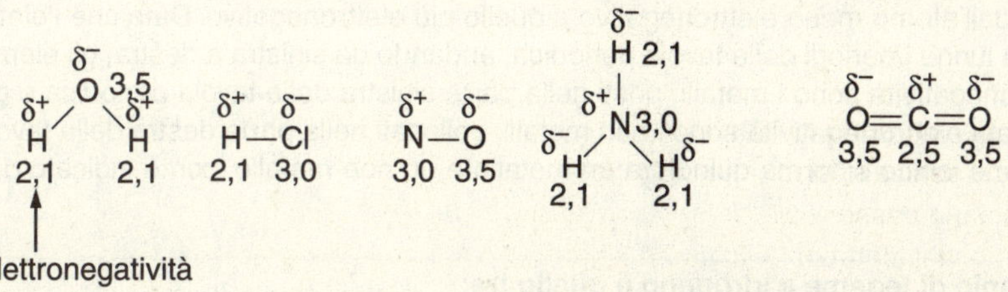

La molecola CO_2 è invece apolare, infatti i dipoli che si formano in corrispondenza dei due legami C=O si annullano perché hanno pari intensità e stessa direzione ma verso opposto. La risposta esatta è quindi la **B**.

---

4 Il legame che si trova nello ione ammonio (NH_4^+) ma non nell'ammoniaca (NH_3) è un:

A legame covalente dativo
B legame a idrogeno
C legame covalente non polare
D legame ionico
E legame π

L'azoto (N) ha configurazione elettronica esterna s^2p^3, è quindi caratterizzato dalla presenza di tre elettroni spaiati nei tre orbitali *p,* e un doppietto elettronico nell'orbitale *s.* Con questa configurazione si possono formare quattro orbitali ibridi di tipo sp^3, derivanti dalla fusione dell'orbitale *s* con i tre orbitali *p*: in uno di questi si troverà un doppietto di elettroni, e un elettrone spaiato in ciascuno degli altri tre. Nella molecola di ammoniaca sono presenti tre legami covalenti in cui i tre elettroni solitari sono condivisi con quelli di tre atomi di idrogeno. Nello ione ammonio i due elettroni presenti nel quarto orbitale sono utilizzati per formare un legame dativo, cioè un legame di tipo covalente in cui un atomo che dispone di un doppietto solitario, in questo caso l'azoto, lo condivide con una specie chimica che ha un orbitale vuoto, in questo caso lo ione idrogeno, H^+. La risposta esatta è quindi la **A**.

---

5 Gli orbitali ibridi sp^2:

A formano fra loro angoli di 180°
B sono diretti lungo le tre direzioni dello spazio
C formano fra loro angoli di 90°
D sono diretti lungo i vertici di un triangolo equilatero
E formano fra loro angoli di 109°

Gli orbitali ibridi sp^2 sono tre e si formano in seguito alla fusione di due orbitali *p* e un orbitale *s* di uno stesso atomo. Sono disposti a 120° gli uni dagli altri, diretti lungo i vertici di un triangolo equilatero; risposta **D**. Questo tipo di ibridazione è presente, per esempio, nel carbonio quando forma tre legami, di cui uno è un doppio legame.

6 **Il legame ionico si forma:**

- A tra un metallo e un non metallo
- B tra un gas nobile e un metallo
- C tra un metallo e un metallo
- D tra un non metallo e un non metallo
- E tra un semimetallo e un metallo

Il legame ionico è un'attrazione di tipo elettrostatico fra due ioni di carica opposta; si forma tra due atomi con elevata differenza di elettronegatività (> 1,7) in seguito al trasferimento di uno o più elettroni di valenza dall'atomo meno elettronegativo a quello più elettronegativo. Dato che l'elettronegatività aumenta lungo i periodi della tavola periodica, andando da sinistra a destra, gli elementi a più bassa elettronegatività sono i metalli, posti nella parte sinistra della tavola periodica e gli elementi a più elevata elettronegatività sono i non metalli, collocati nella parte destra della tavola periodica. Un legame ionico si forma quindi fra un metallo e un non metallo, come indicato dalla risposta A.

7 **Un esempio di legame a idrogeno è quello tra:**

- A un atomo di idrogeno di una molecola di acqua e uno di un'altra
- B un atomo di idrogeno di una molecola di acqua e quello di ossigeno di un'altra
- C due atomi di carbonio in un idrocarburo
- D un atomo di idrogeno e uno di ossigeno che formano una molecola d'acqua
- E un atomo di carbonio e uno di idrogeno in un idrocarburo

Il legame a idrogeno si forma tra un atomo di un elemento a bassa elettronegatività che si trova legato a un elemento molto elettronegativo, e un altro atomo molto elettronegativo. Gli atomi di carbonio che formano gli idrocarburi sono legati fra loro da legami covalenti, ed è di questo tipo anche il legame che si forma fra carbonio e idrogeno; le risposte C ed E sono dunque errate. Fra le alternative proposte, l'unico esempio di legame a idrogeno è quello fra l'atomo di idrogeno di una molecola d'acqua e l'atomo di ossigeno di un altra; risposta B. È importante ricordare che gli atomi di ossigeno e di idrogeno che formano una molecola d'acqua sono legati da legami covalenti polari (la D è errata).

8 **Nel composto CH_4, il carbonio:**

(1) forma legami ionici;
(2) forma legami covalenti;
(3) non è ibridato;
(4) usa orbitali ibridi di tipo *sp*^{3}.
Riguardo alle precedenti affermazioni, si può asserire che:

- A è corretta solo la (4)
- B è corretta solo la (3)
- C sono corrette la (2) e la (4)
- D è corretta solo la (2)
- E sono tutte corrette

La differenza di elettronegatività tra C e H è pari a 0,4 (2,5 – 2,1); il legame tra i due atomi è dunque di tipo covalente e non ionico. Nel composto in questione, il metano, l'atomo di carbonio è unito a quattro atomi di idrogeno mediante quattro legami covalenti semplici. La formazione dei quattro legami è possibile perché il carbonio utilizza in questo composto orbitali ibridi di tipo *sp*^{3}: gli orbitali *sp*^{3} sono infatti quattro; se il carbonio non fosse ibridato, invece, possedendo solo due elettroni spaiati potrebbe formare soltanto due legami covalenti. Dato che le affermazioni corrette sono la (2) e la (4) si conclude che la risposta esatta è la C.

9 **Tra le molecole dei gas biatomici come N_2, O_2, Cl_2 le forze di Van der Waals sono dovute:**

A a dipoli permanenti
B all'energia cinetica
C alla temperatura
D alla pressione
E a dipoli indotti

Le molecole considerate sono molecole biatomiche, ognuna formata da due atomi uguali uniti da un legame covalente puro. Poiché la differenza di elettronegatività tra i due atomi è nulla, la nuvola elettronica è equamente condivisa, non vi è in media alcuna separazione parziale di carica elettrica e le molecole non possono essere dipoli permanenti (la risposta A è quindi sbagliata).

A causa dell'estrema mobilità degli elettroni di legame intorno ai due nuclei, può però accadere che la nuvola elettronica sia spostata per brevissimi istanti verso una delle due estremità della molecola formando un dipolo temporaneo. Nell'istante infinitesimo della sua esistenza, il dipolo temporaneo formatosi può esercitare la sua influenza su altre molecole vicine, inducendone la polarizzazione e determinando così la formazione di dipoli indotti. Proprio alla presenza di questi dipoli indotti sono dovute quelle forze attrattive debolissime che sono appunto le forze di Van der Waals. La risposta esatta è dunque la E.

10 **L'ozono:**

A è costituito da molecole monoatomiche
B è un riducente assai energico
C è una forma allotropica dell'elemento ossigeno
D è costituito da molecole biatomiche
E è un isotopo dell'elemento ossigeno

Le molecole di ozono (O_3) sono formate da tre atomi di ossigeno, mentre la forma più comune in cui questo elemento compare in natura è la molecola biatomica (O_2). Le risposte A e D sono quindi sbagliate, come pure la E, infatti l'ozono è una molecola e non un isotopo dell'ossigeno. Anche la risposta B è errata poiché l'ossigeno è uno dei più importanti elementi ossidanti (si veda a questo proposito, § 4.5); la risposta corretta è la C, infatti O_2 e O_3 sono forme allotropiche, cioè forme dello stesso elemento che differiscono per la struttura molecolare, e di conseguenza per le caratteristiche fisiche e chimiche.

3 COMPOSTI INORGANICI E NOMENCLATURA

3.1 NUMERO DI OSSIDAZIONE

È importante calcolare il numero di ossidazione di un atomo per comprendere i processi che si verificano durante le reazioni chimiche, in particolare nel corso delle reazioni di ossidoriduzione (si veda § 4.5).

Dato un atomo legato ad altri atomi (uguali o diversi) in una sostanza, il suo stato di ossidazione o *numero di ossidazione* (N.O.) corrisponde al numero delle cariche che l'atomo formalmente assumerebbe se i doppietti elettronici di legame venissero di volta in volta assegnati all'atomo più elettronegativo tra quelli coinvolti.

Nella molecola HCl il cloro è l'atomo più elettronegativo: i due elettroni di legame vengono quindi assegnati al cloro che assume carica formale – 1.

numero di ossidazione → +1 –1
H – Cl
elettronegatività → 2,1 3

Per determinare i N.O. si può quindi ricorrere alle formule di struttura.

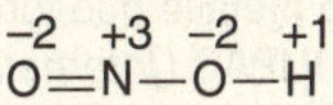

Acido nitroso
HNO_2

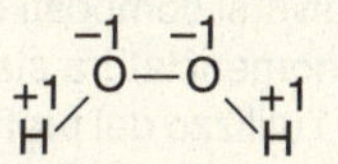

Perossido di idrogeno
H_2O_2

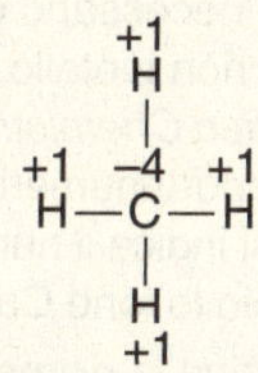

Metano
CH_4

Spesso il numero di ossidazione di un atomo può essere calcolato dalla semplice formula bruta (senza la necessità di conoscere la formula di struttura) attraverso le seguenti regole:

- tutte le sostanze allo stato elementare hanno numero di ossidazione nullo;
- il numero di ossidazione di uno ione monoatomico è uguale alla carica dello ione;
- la somma dei numeri di ossidazione di tutti gli atomi presenti in una molecola neutra è pari a 0, mentre in uno ione poliatomico è pari alla carica dello ione;
- il N.O. dell'idrogeno è +1, tranne che nei composti con i metalli (idruri) in cui è –1;
- nella maggior parte dei composti il N.O. dell'ossigeno è –2. Nei perossidi, in cui vi è un legame O – O, il N.O. è –1; in OF_2 il N.O. è +2;
- il N.O. degli elementi del gruppo IA è +1, il N.O. degli elementi del gruppo IIA è +2.

In H_2SO_4: H ha N.O. = +1; O ha N.O.= –2; carica del composto = 0.
Si può così calcolare il N.O. di S, infatti si ha:
$0 = 2 \cdot (+1) + 4 \cdot (-2) + N.O._S$ da cui: $N.O._S = -2 + 8 = +6$
In NO_3^-: O ha N.O.= –2; carica dello ione = –1.
Si può così calcolare il N.O. di N, infatti si ha:
$-1 = 3 \cdot (-2) + N.O._N$ da cui: $N.O._N = -1 + 6 = +5$
Numerosi composti chimici contengono O, H oppure qualche altro elemento di cui è noto il N.O. Data una formula come, per esempio, Fe_2O_3, il N.O. del ferro, ignoto, si può calcolare rapidamente moltiplicando il N.O. dell'ossigeno per il numero di atomi di ossigeno ($-2 \cdot 3 = -6$) e dividendo il risultato (cambiato di segno) per il numero di atomi di ferro che compaiono nella formula (6 : 2 = 3).

CHIMICA

A volte, quando si costruiscono le formule dei composti chimici, si parla di **valenza**, intendendo il numero di elettroni di un atomo impegnati nella formazione di legami.
La valenza è un numero sempre positivo, che assume gli stessi valori numerici del **numero di ossidazione**, quest'ultimo però è dotato di segno positivo o negativo perché tiene conto della diversa tendenza ad attrarre gli elettroni di legame.

3.2 COMPOSTI BINARI

I composti binari sono quelli formati da due soli elementi diversi, come, per esempio, $CaCl_2$, o H_2O.

Per scrivere correttamente la **formula** di un generico composto binario si segue una regola precisa: il catione o l'elemento meno elettronegativo (con numero di ossidazione positivo) deve essere scritto prima dell'anione o dell'elemento più elettronegativo (con numero di ossidazione negativo). Si scrive quindi NaCl, e non ClNa.
Per quanto riguarda la **nomenclatura**, invece, un composto binario prende il nome dall'elemento più elettronegativo (lo ione negativo), cui viene attribuita la desinenza *-uro*, e fatto seguire il nome dell'elemento meno elettronegativo (ione positivo), preceduto dalla preposizione *di*.

LiH → idruro di litio; AgBr → bromuro d'argento;
ZnS → solfuro di zinco; $MgCl_2$ → cloruro di magnesio;
KI → ioduro di potassio; NaF → fluoruro di sodio.

L'unità positiva è spesso rappresentata da un metallo che, in molti casi, può presentare due diversi numeri di ossidazione (la maggior parte dei metalli di transizione e alcuni dei gruppi IV A e V A). In questo caso è necessario distinguere i diversi composti che un dato metallo può formare insieme a uno stesso non metallo. Le regole di nomenclatura stabilite dalla **IUPAC** (*International Union of Pure and Applied Chemistry*) prevedono l'utilizzo dei prefissi numerali greci (*mono-*, *di-*, *tri-* ecc.) per indicare i rapporti numerici fra gli atomi. È però molto usata anche la **notazione di Stock**, in base alla quale si indica il numero di ossidazione del metallo fra parentesi, utilizzando i *numeri romani*; per esempio lo ione Cu^+ è indicato come rame(I) (si legge rame-uno).

È da ricordare infine la **nomenclatura tradizionale**, tuttora utilizzata, secondo la quale i due casi si distinguono aggiungendo la desinenza **-oso**, quando il metallo presenta il numero di ossidazione minore, o la desinenza **-ico**, quando presenta il numero di ossidazione maggiore.

Le tabelle seguenti riportano i nomi di alcuni ioni con diverso numero di ossidazione e i nomi di alcuni composti derivanti da questi ioni.

Elemento	Ione	Nomenclatura tradizionale	Notazione di Stock
Rame	Cu^+	rameoso	rame(I)
	Cu^{2+}	rameico	rame(II)
Ferro	Fe^{2+}	ferroso	ferro(II)
	Fe^{3+}	ferrico	ferro(III)
Piombo	Pb^{2+}	piomboso	piombo(II)
	Pb^{4+}	piombico	piombo(IV)
Manganese	Mn^{2+}	manganoso	manganese(II)
	Mn^{3+}	manganico	manganese(III)

Elemento	Sale	Nomenclatura tradizionale	Notazione di Stock	Nomenclatura IUPAC
Rame	Cu_2S	solfuro rameoso	solfuro di rame(I)	solfuro di dirame
	CuS	solfuro rameico	solfuro di rame(II)	solfuro di rame
Ferro	$FeCl_2$	cloruro ferroso	cloruro di ferro(II)	dicloruro di ferro
	$FeCl_3$	cloruro ferrico	cloruro di ferro(III)	tricloruro di ferro

3.2.1 Ossidi basici e acidi

Gli ossidi sono composti binari formati dalla combinazione di uno dei vari elementi (tranne i gas nobili e il fluoro) con l'ossigeno. Si preparano per reazione diretta dell'elemento con l'ossigeno. La formula si scrive anteponendo al simbolo dell'ossigeno quello dell'elemento con cui è combinato e attribuendo gli indici opportuni in base al numero di ossidazione di quest'ultimo (il numero di ossidazione dell'ossigeno è pari a –2).

Esistono due tipi di ossidi: ossidi dei metalli (ossidi basici o semplicemente ossidi) e ossidi dei non metalli (ossidi acidi o anidridi).

Ossidi basici

Gll ossidi basici sono composti ionici binari formati da un catione metallico (M^{x+}) e dallo ione ossido (O^{2-}). Se il metallo presenta un solo numero di ossidazione, il nome del composto è *ossido di* seguito dal nome del metallo. Se il metallo (presente in forma ionica) può presentare due numeri di ossidazione diversi, viene indicato secondo la nomenclatura IUPAC con i prefissi numerali greci, oppure con la notazione di Stock (numeri romani) o, infine, secondo la nomenclatura tradizionale con le desinenze -oso e -ico, come visto per i cationi nel paragrafo precedente.

Catione	Formula generale	Formula	Nomenclatura tradizionale	Notazione di Stock	Nomenclatura IUPAC
M^{+}	M_2O	Na_2O	ossido di sodio	ossido di sodio	ossido di sodio
M^{2+}	MO	FeO PbO	ossido ferroso ossido piomboso	ossido di ferro(II) ossido di piombo(II)	ossido di ferro ossido di piombo
M^{3+}	M_2O_3	Al_2O_3 Fe_2O_3	ossido di alluminio ossido ferrico	ossido di alluminio ossido di ferro(III)	ossido di alluminio triossido di diferro
M^{4+}	MO_2	PbO_2	ossido piombico	ossido di piombo(IV)	diossido di piombo

Ossidi acidi (anidridi)

Gli ossidi acidi sono composti binari formati da un non metallo (o da un metallo di transizione con alto numero di ossidazione, per esempio Cr con N.O. = +6) e ossigeno. Secondo la nomenclatura IUPAC il nome del composto è ossido di seguito dal nome dell'elemento, utilizzando prefissi numerali (*mono-*, *bi-*, *tri-*, *tetra-*, *penta-* ecc.) per indicare quanti atomi di ossigeno e quanti del non metallo sono contenuti nella molecola considerata. In base alla nomenclatura tradizionale, se il non metallo forma un solo ossido acido (un solo stato di ossidazione) il nome del composto è anidride, seguito dalla radice del nome del non metallo a cui va aggiunta la desinenza *-ica*. Se il non metallo forma anidridi con due diversi numeri di ossidazione, quando presenta il N.O. minore viene indicato con la desinenza *-oso*, altrimenti *-ico*. In presenza di tre o quattro diversi possibili numeri di ossidazione, i prefissi e desinenze utilizzati sono: *ipo-...-oso*, per il minore, *-oso* per il secondo N.O., *-ico* per il terzo, ed eventualmente *per-...-ico*, per il più elevato fra quattro possibili numeri di ossidazione, come indicato nella tabella seguente.

Numero di ossidazione	Prefisso e desinenza		Esempi: Formula	Esempi: Nome
+ 1 o + 2	ipo-	-osa	Cl_2O	anidride ipoclorosa
+ 3 o + 4		-osa	Cl_2O_3	anidride clorosa
+ 5 o + 6		-ica	Cl_2O_5	anidride clorica
+ 7	per-	-ica	Cl_2O_7	anidride perclorica

CHIMICA

Nella tabella seguente sono riportati i nomi e le formule di alcuni ossidi acidi.

Formula	Numero ossidazione	Nomenclatura tradizionale	Nomenclatura IUPAC
CO	+ 2	anidride carboniosa	ossido di carbonio
CO_2	+ 4	anidride carbonica	biossido di carbonio
N_2O_3	+ 3	anidride nitrosa	triossido di biazoto
N_2O_5	+ 5	anidride nitrica	pentossido di biazoto
P_2O_3	+ 3	anidride fosforosa	triossido di bifosforo
P_2O_5	+ 5	anidride fosforica	pentossido di bifosforo
SO_2	+ 4	anidride solforosa	biossido di zolfo
SO_3	+ 6	anidride solforica	triossido di zolfo

Per ricavare la formula di un composto di cui si conosce il nome, o, viceversa, attribuire il nome alla formula di un composto, spesso è possibile utilizzare il metodo del "minimo comune multiplo" fra le valenze.

L'ossigeno ha valenza 2 (tranne che nei perossidi, in cui ha valenza 1) e l'alluminio (Al) ha valenza 3; qual è la formula dell'ossido di alluminio? Qual è il numero di ossidazione dell'alluminio?

Per ricavare la formula dell'ossido di alluminio, sapendo che l'ossigeno ha valenza 2 e che l'alluminio, appartenente al III gruppo, ha valenza 3, si calcola innanzitutto il minimo comune multiplo fra 3 e 2, che è 6.

Il numero di atomi di ciascun elemento che partecipa alla formazione dell'ossido di alluminio si ricava dividendo il minimo comune multiplo per la valenza dell'elemento. Così l'ossido di alluminio sarà formato da 3 atomi di O (6 : 2 = 3) e 2 atomi di Al (6 : 3 = 2) e la sua formula sarà: Al_2O_3

Il modo più rapido per attribuire gli indici agli elementi che compaiono nella formula di un composto binario è quello di scrivere la valenza di uno come indice al piede dell'altro e viceversa.

Al è un metallo meno elettronegativo dell'ossigeno che quindi tende ad attrarre maggiormente gli elettroni di legame; il N.O. di Al sarà quindi +3 e quello di O –2.

3.2.2 IDRACIDI

Con l'unica eccezione dell'acido cianidrico (HCN), gli idracidi sono composti binari formati da H e uno dei seguenti non metalli: S, F, Cl, Br e I. Allo stato puro queste sostanze sono composti molecolari; sciolte in acqua, però, si comportano come acidi liberando ioni H^+ (§ 7.1.1). Quando sono in soluzione acquosa si preferisce perciò chiamarli *idracidi.* In tal caso, il nome si attribuisce aggiungendo la desinenza *-idrico* alla radice del nome del non metallo, preceduto dalla parola *acido.*

$HCl_{(gas)}$ è chiamato clor-uro di idrogeno;
$HCl_{(acquoso)}$ è chiamato acido clor-idrico.

3.3 COMPOSTI TERNARI

I composti ternari sono composti formati dalla combinazione di tre elementi.

3.3.1 IDROSSIDI (O BASI)

Gli idrossidi sono composti ionici ternari formati da un catione metallico (M^{X+}) e da tanti ioni idrossido (OH^-) quanti ne occorrono per neutralizzare la carica del catione. Nella formula si scrive prima il catione M^{X+} e poi l'anione OH^-; la formula generale è quindi $M(OH)_x$, dove x è la carica del catione metallico.

Si preparano facendo reagire gli ossidi basici con l'acqua.

$CaO + H_2O \rightarrow Ca(OH)_2$

Generalmente per questa classe di composti si utilizza la nomenclatura tradizionale e il nome si ottiene sostituendo la parola *idrossido* a quella dell'ossido corrispondente.

Catione	Formula generale	Esempi	
		Formula	Nome
M^+	MOH	NaOH	idrossido di sodio
M^{2+}	$M(OH)_2$	$Ca(OH)_2$	idrossido di calcio
		$Fe(OH)_2$	idrossido ferroso
		$Pb(OH)_2$	idrossido piomboso
M^{3+}	$M(OH)_3$	$Al(OH)_3$	idrossido di alluminio
		$Fe(OH)_3$	idrossido ferrico
M^{4+}	$M(OH)_4$	$Pb(OH)_4$	idrossido piombico

Sciolti in acqua, quelli idrosolubili si dissociano e si comportano come basi liberando ioni OH^- (§ 7.1.1).

3.3.2 OSSIACIDI (ACIDI OSSIGENATI)

Gli ossiacidi sono composti ternari molecolari formati da idrogeno, un non metallo (NM) oppure un metallo di transizione con alto numero di ossidazione e ossigeno, scritti nella formula in quest'ordine. La formula generale è dunque H_xNMO_y. Si preparano facendo reagire gli ossidi acidi (anidridi) con l'acqua.

$N_2O_5 + H_2O \rightarrow 2\ HNO_3$
$CO_2 + H_2O \rightarrow H_2CO_3$

Il nome deriva da quello delle anidridi corrispondenti, sostituendo alla parola anidride la parola *acido* e mantenendo invariati prefissi e desinenze che, anche in questo caso, dipendono dal numero di ossidazione del non metallo.

Numero di ossidazione	Prefisso e desinenza		Esempi	
			Formula	Nome
+ 1 o + 2	ipo-	-oso	HClO	acido ipocloroso
+ 3 o + 4		-oso	$HClO_2$	acido cloroso
+ 5 o + 6		-ico	$HClO_3$	acido clorico
+ 7	per-	-ico	$HClO_4$	acido perclorico

Nella tabella seguente sono riportati i nomi e le formule di altri ossiacidi rappresentativi.

Formula	Nome	Formula	Nome
H_3BO_3	acido borico	$H_4P_2O_7$	acido pirofosforico
H_2CO_3	acido carbonico	H_3PO_4	acido ortofosforico
HNO_2	acido nitroso	H_2SO_3	acido solforoso
HNO_3	acido nitrico	H_2SO_4	acido solforico
HPO_2	acido metafosforoso	H_2CrO_4	acido cromico
H_3PO_3	acido ortofosforoso	H_2MnO_4	acido manganico
HPO_3	acido metafosforico	$HMnO_4$	acido permanganico

Sciolti in acqua, gli ossiacidi si ionizzano e si dissociano (§ 5.4 e § 7.2) liberando x ioni H^+ e anioni poliatomici NMO_y^{x-}.

CHIMICA

Gli acidi mono- e poliprotici

Gli acidi che contengono un solo atomo di idrogeno dissociabile sono detti *monoprotici* perché dissociandosi possono cedere un solo ione H^+, formando un solo tipo di anione. Gli acidi che contengono più atomi di idrogeno dissociabili (per esempio H_2CO_3 e H_3PO_4) sono invece detti *poliprotici* perché dissociandosi possono cedere più di uno ione H^+, formando diversi tipi di anioni.

$$H_2CO_3 \rightleftarrows H^+ + HCO_3^-$$
$$HCO_3^- \rightleftarrows H^+ + CO_3^{2-}$$

Qual è la formula del composto venduto con il nome di acido muriatico?
Il composto commercializzato come acido muriatico, utilizzato come detergente molto energico, per esempio per rimuovere residui calcarei dai servizi igienici, è acido cloridrico, di formula HCl.

Nomenclatura degli anioni derivanti dagli acidi

La nomenclatura di questi anioni si ottiene trasformando le desinenze *-ico* e *-oso* dei corrispondenti acidi, mentre i prefissi rimangono invariati:

-ico → *-ato*
-oso → *-ito*

Per gli idracidi si sostituisce la desinenza *-idrico* con la desinenza *-uro*.

$HClO$	→	acido ipo-clor-oso	→	ClO^-	→	ione ipo-clor-ito;
$HClO_2$	→	acido clor-oso	→	ClO_2^-	→	ione clor-ito;
$HClO_3$	→	acido clor-ico	→	ClO_3^-	→	ione clor-ato;
$HClO_4$	→	acido per-clor-ico	→	ClO_4^-	→	ione per-clor-ato;
HCl	→	acido clor-idrico	→	Cl^-	→	ione clor-uro.

Se l'anione deriva da un acido poliprotico e contiene ancora atomi di idrogeno, la nomenclatura prevede di anteporre al nome dell'anione i prefissi *idrogeno-* o *diidrogeno-*, in base al numero di atomi di idrogeno presenti nell'anione.

CO_3^{2-}	→	ione carbonato;
HCO_3^-	→	ione idrogenocarbonato (o carbonato acido o bicarbonato);
PO_4^{3-}	→	ione fosfato;
HPO_4^{2-}	→	ione idrogenofosfato (o fosfato acido);
$H_2PO_4^-$	→	ione diidrogenofosfato (o fosfato biacido).

3.3.3 SALI

I sali sono composti ionici formalmente derivati dagli acidi per sostituzione totale (nei *sali neutri*) o parziale (nei *sali acidi*) degli atomi di idrogeno con uno o più cationi metallici, tanti quanti ne occorrono per neutralizzare la carica dell'anione. I sali neutri degli idracidi sono ovviamente composti binari e non ternari. I sali acidi sono invece composti ternari, se derivati da idracidi, e quaternari, se derivati da ossiacidi. Analogamente agli altri composti ionici, per scrivere correttamente la formula bisogna indicare prima il catione e poi l'anione.
Il nome del composto si ottiene invece indicando prima il nome dell'anione e poi quello del catione.

$LiCl$	→	cloruro di litio;
$NaHS$	→	idrogenosolfuro di sodio (sale acido);
K_2CO_3	→	carbonato di potassio;
$Ca(NO_3)_2$	→	nitrato di calcio;
$NaHCO_3$	→	idrogenocarbonato (o bicarbonato) di sodio (sale acido);
Na_2SO_3	→	solfito di sodio;
$Al(H_2PO_4)_3$	→	diidrogenofosfato di alluminio (sale acido);
$FePO_4$	→	fosfato ferrico o fosfato di ferro(III);
Cu_2SO_4	→	solfato rameoso o solfato di rame(I).

Per ricavare la formula di un sale è necessario individuare da quali ioni è formato e poi costruire la formula bilanciando le cariche degli ioni.

Di solito è possibile calcolare rapidamente quanti ioni di ciascun tipo entrano nella formula del sale calcolando il minimo comune multiplo fra il numero di cariche di ciascuno ione (o valenza dello ione) e dividendo questo valore per il numero di cariche di ciascuno ione.

Per ricavare la formula del solfato di alluminio è necessario innanzitutto individuare gli ioni da cui è formato questo sale.

Il catione è Al^{3+}, perché l'alluminio, appartenente al III gruppo, forma esclusivamente ioni di questo tipo.

La desinenza *-ato* del sale indica che lo zolfo è presente con il N.O. di ossidazione più elevato, l'anione solfato deriva infatti dall'acido solforico, in cui questo elemento ha N.O. = +6.

Dato che l'acido solforico ha formula H_2SO_4, lo ione solfato, che si forma dall'acido quando questo perde i due H^+, avrà formula SO_4^{2-}.

Si può dire che Al^{3+} ha valenza 3, mentre lo ione SO_4^{2-} ha valenza 2 (può formare due legami); il minimo comune multiplo fra 2 e 3 è 6, quindi, dividendo questo numero per la valenza di ciascuno ione si ricava che la formula del sale è data da 2 ioni Al^{3+} e 3 ioni SO_4^{2-}, sarà quindi:

$$Al_2(SO_4)_3$$

Reazioni di preparazione dei sali

I sali possono essere preparati in molteplici modi. Ai fini del superamento del test di ammissione universitario, è opportuno conoscere quelli principali.

a) Acido + base → sale + acqua (reazione di neutralizzazione, § 7.5)
$H_2SO_4 + Ca(OH)_2 \rightarrow CaSO_4 + 2\ H_2O$

b) Acido + metallo → sale + idrogeno
$H_2SO_4 + Zn \rightarrow ZnSO_4 + H_2$

c) Anidride + ossido → sale
$CO_2 + CaO \rightarrow CaCO_3$

d) Anidride + idrossido → sale + acqua
$CO_2 + 2\ NaOH \rightarrow Na_2CO_3 + H_2O$

e) Acido + ossido → sale + acqua
$2\ HCl + Na_2O \rightarrow 2\ NaCl + H_2O$

f) Acido1 + sale1 → sale2 + acido2 (doppio scambio tra un acido e un sale)
$2\ HCl + CaCO_3 \rightarrow CaCl_2 + H_2CO_3$

g) Sale1 + sale2 → sale3 + sale4 (doppio scambio tra due sali)
$BaCl_2 + Na_2SO_4 \rightarrow BaSO_4 + 2\ NaCl$

Il solfato di alluminio si può considerare come il prodotto della reazione fra idrossido di alluminio e acido solforico:

$$2\ Al(OH)_3 + 3\ H_2SO_4 \rightarrow Al_2(SO_4)_3 + 6\ H_2O$$

Spesso, a causa di una resa troppo bassa o dell'eccessiva violenza della reazione, non tutti questi metodi sono applicabili e per la preparazione di un dato sale è necessario ricorrere a una reazione specifica.

Reazioni di preparazione dei principali composti inorganici

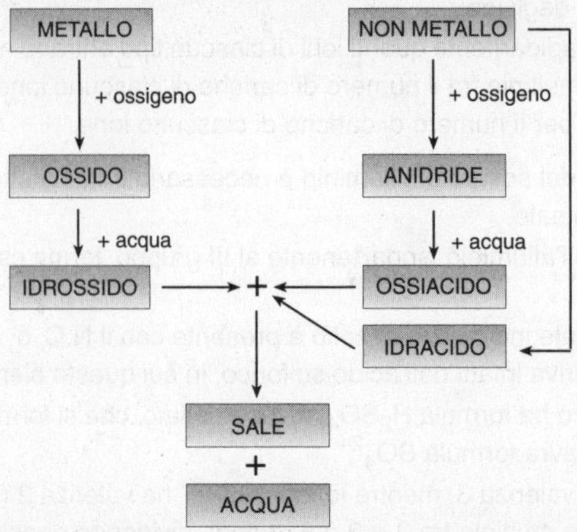

Indicare quale dei seguenti composti è un ossiacido: HCl, H_2O_2, Cl_2O_3, $HClO_3$.

Gli ossiacidi sono composti formati da idrogeno, un non metallo, e ossigeno, scritti nella formula in questo ordine.

Fra i composti elencati, l'unico formato da idrogeno, un non metallo e ossigeno è $HClO_3$, acido clorico.

Indica a quali composti corrispondono le formule seguenti e specifica a quale classe di composti appartengono:

1. HBO_2 **2.** $MgHPO_4$ **3.** ZnO **4.** $Al(OH)_3$ **5.** H_2S **6.** $Ba(ClO)_2$ **7.** NaH **8.** SO_3.

1. Acido borico; è un ossiacido.
2. Idrogenofosfato di magnesio; sale acido.
3. Ossido di zinco; ossido basico.
4. Idrossido di alluminio; idrossido.
5. Acido solfidrico o solfuro di diidrogeno; idracido.
6. Ipoclorito di bario; sale neutro.
7. Idruro di sodio; idruro.
8. Triossido di zolfo; ossido acido.

3.4 GLI ELEMENTI PIÙ COMUNI: PROPRIETÀ E COMPOSTI PRINCIPALI

In questo paragrafo vengono considerati in particolare gli elementi chimici che compaiono più spesso nei quesiti proposti nelle prove di ammissione ai corsi universitari. Sono illustrate le principali proprietà chimiche e i composti più comuni.

3.4.1 L'IDROGENO

- L'idrogeno (H) è l'elemento più semplice; essendo costituito, nell'isotopo più leggero, di un protone e un elettrone la sua configurazione elettronica è $1s^1$;
- è l'elemento più abbondante nell'universo; sulla Terra è presente principalmente come costituente dell'acqua;
- è caratterizzato da elettronegatività intermedia, forma composti con numerosi elementi, può avere numero di ossidazione +1, –1 o 0 (idrogeno elementare);
- l'idrogeno elementare è un gas costituito da molecole biatomiche H_2, poco reattivo a condizioni ambiente, anche se è sufficiente una scintilla perché reagisca violentemente con l'ossigeno atmosferico; ad alta temperatura reagisce con molti metalli e non metalli dando i composti corrispondenti, gli idruri.

L'idrogeno e i suoi principali composti

Z	PA	E.N.	N.O.	Composti	Tipo di legame	Caratteristiche chimiche
1	1,008	2,1	1,–1	NaH KH CaH_2	ionico (H^-)	proprietà basiche
				HF HBr HCl HI H_2S	covalente	proprietà acide
				NH_3	covalente	base debole
				H_2O	covalente	anfotero[1]

1. Una sostanza *anfotera* è una specie chimica che si comporta da base in presenza di acidi e da acido in presenza di basi.

Simboli utilizzati nelle tabelle:
Z = numero atomico
PA = peso atomico
E.N. = elettronegatività
N.O. = numeri di ossidazione

3.4.2 Gruppo I A: Metalli alcalini

- Tutti i metalli alcalini hanno configurazione elettronica esterna ns^1;
- l'unico elettrone presente nello strato esterno può essere perduto facilmente, hanno quindi bassa elettronegatività, formano ioni monovalenti positivi (Na^+, K^+, Li^+, in cui hanno sempre numero di ossidazione +1) e originano composti ionici, la maggior parte dei quali solubili in acqua;
- sono molto reattivi (in particolare reagiscono violentemente con l'acqua) pertanto non si trovano mai in natura allo stato elementare bensì sotto forma di composti con ossigeno, cloro e altri elementi. Sodio e potassio sono gli elementi più abbondanti in natura, dove si trovano per esempio come NaCl, Na_2NO_3, Na_2CO_3;
- allo stato elementare sono solidi duttili e malleabili (caratterizzati dalla presenza del legame metallico) a basso punto di fusione e di ebollizione;
- gli ossidi dei metalli alcalini hanno carattere basico e reagendo con H_2O formano i corrispondenti idrossidi, che in soluzione acquosa si dissociano completamente (basi forti).

Elemento	Simbolo	Z	PA	E.N.	N.O.	Ossidi	Composti con H e O	Sali
Litio	Li	3	6,941	1,0	1	Li_2O	LiOH	Li_2CO_3 carbonato di Li
Sodio	Na	11	22,99	0,9	1	Na_2O	NaOH	Na_2CO_3 carbonato di Na NaCl cloruro di Na
Potassio	K	19	39,1	0,8	1	K_2O	KOH	KCl cloruro di K KNO_3 nitrato di K

3.4.3 GRUPPO II A: METALLI ALCALINO-TERROSI

- I metalli alcalino-terrosi hanno configurazione elettronica esterna ns^2;
- hanno bassa elettronegatività e formano ioni bivalenti positivi (Mg^{2+}, Ca^{2+}, Ba^{2+}); hanno sempre numero di ossidazione +2, formano composti ionici, la maggior parte dei quali solubili in acqua, anche se meno solubili dei composti dei metalli alcalini;
- sono molto reattivi e non si trovano mai in natura allo stato elementare; calcio e magnesio, i più abbondanti, si trovano principalmente come carbonati, solfati e alogenuri;
- allo stato elementare sono solidi costituiti da atomi legati nel reticolo con legame metallico;
- gli ossidi hanno carattere basico e reagiscono con H_2O formando i corrispondenti idrossidi, solo parzialmente solubili in acqua.

Elemento	Simbolo	Z	PA	E.N.	N.O.	Ossidi	Composti con H e O	Sali
Magnesio	Mg	12	24,31	1,2	2	MgO	$Mg(OH)_2$	$MgCO_3$ carbonato di Mg $MgCl_2$ cloruro di Mg
Calcio	Ca	20	40,08	1,0	2	CaO (calce viva)	$Ca(OH)_2$ (calce spenta)	$CaCO_3$ carbonato di Ca
Bario	Ba	56	137,3	0,9	2	BaO	$Ba(OH)_2$	$BaSO_4$ solfato di Ba

3.4.4 METALLI DI TRANSIZIONE

- La configurazione elettronica esterna di questi elementi è caratterizzata dal riempimento degli orbitali *d*;
- a eccezione del mercurio (liquido), sono solidi duri, con alti punti di fusione, caratterizzati dalla presenza del legame metallico;
- hanno bassa elettronegatività e tendenza a trasformarsi in cationi, formano in genere composti ionici in cui possono assumere diversi numeri di ossidazione, di cui i più comuni sono +2 e +3;
- il ferro (Fe) è un elemento molto abbondante in natura, infatti si trova in numerosi minerali costituenti della crosta terrestre, come ematite Fe_2O_3, magnetite Fe_3O_4 e pirite FeS_2. Gli ossidi sono solidi duri, e gli idrossidi non sono solubili in H_2O;
- il rame (Cu) è presente in natura anche allo stato elementare ma principalmente sotto forma di minerali in cui forma legami con zolfo o ossigeno, come calcosina, Cu_2S e cuprite, Cu_2O; forma composti soprattutto come Cu(II), l'idrossido più importante è $Cu(OH)_2$;
- lo zinco (Zn) è presente in natura come costituente di diversi minerali, fra cui la *blenda* (ZnS, solfuro di zinco); l'ossido di zinco (ZnO) è un composto poco solubile che in acqua mostra comportamento anfotero.

Elemento	Simbolo	Z	PA	E.N.	N.O.	Ossidi	Composti con H e O	Sali
Ferro	Fe	26	55,85	1,8	3, 2	FeO Fe_2O_3	$Fe(OH)_2$	FeS solfuro ferroso
Rame	Cu	29	63,55	1,9	2, 1	Cu_2O CuO	$Cu(OH)_2$	CuS solfuro rameico $CuSO_4$ solfato rameico
Zinco	Zn	30	65,38	1,6	2	ZnO	$Zn(OH)_2$	ZnS solfuro di zinco

3.4.5 GRUPPO III A

- Gli elementi appartenenti a questo gruppo hanno configurazione elettronica esterna $ns^2\ np^1$; il numero di ossidazione è +3;
- nel gruppo si trovano elementi con caratteristiche chimiche molto diverse: il boro (B) è un semimetallo, e dà luogo a composti contenenti legami covalenti, l'alluminio (Al) è un metallo;
- l'ossido di boro B_2O_3 è un ossido acido e reagisce con H_2O formando acido borico (H_3BO_3); l'ossido di alluminio, Al_2O_3 è anfotero.

Elemento	Simbolo	Z	PA	E.N.	N.O.	Ossidi	Composti con H e O	Sali
Boro	B	5	10,81	2,0	3	B_2O_3	H_3BO_3	KBO_2 metaborato di K $NaBO_2$ metaborato di Na
Alluminio	Al	13	26,98	1,5	3	Al_2O_3	$Al(OH)_3$	$Al_2(SO_4)_3$ solfato di Al $Na_2(SO_4)$ solfato di Na

3.4.6 GRUPPO IV A

- Gli elementi appartenenti al gruppo IV A possiedono configurazione elettronica esterna $ns^2\ np^2$;
- presentano valori di elettronegatività e caratteristiche chimiche molto diverse: il carbonio (C) è un non metallo, il silicio (Si) è un semimetallo, il piombo (Pb) è un metallo;
- allo stato elementare sono tutti solidi, caratterizzati da legame covalente (C e Si) o metallico (Pb);
- il carbonio si trova in natura allo stato elementare come grafite, diamante, e carboni fossili, (forme microcristalline di carbonio grafitico, con quantità variabili di impurezze), oltre che come carbonato; costituisce assieme all'idrogeno lo scheletro di tutti i composti organici; la combustione del C porta alla formazione di ossidi a carattere acido;
- il silicio è molto abbondante in natura, non si trova mai allo stato elementare bensì in un gran numero di minerali, principalmente nei silicati, dove compare come ione SiO_4^{4-} l'ossido, SiO_2 (silice), è un composto solido e ha carattere acido; gli acidi silicici presentano numerosi diversi livelli di idratazione;
- il piombo è un metallo, presente in natura come componente di diversi minerali; forma ossidi basici.

Elemento	Simbolo	Z	PA	E.N.	N.O.	Ossidi	Composti con H e O	Sali
Carbonio	C	6	12,01	2,5	±4, 2	CO CO_2	H_2CO_2 H_2CO_3	K_2CO_3 carbonato di K
Silicio	Si	14	28,09	1,8	±4	SiO_2	$SiO_2 \cdot 2H_2O$ acido ortosilicico	Na_2SiO_3 metasilicato di Na $(Mg,Fe,Mn)_2SiO_4$ olivina
Piombo	Pb	82	207,2	1,8	2, 4	PbO PbO_2	$Pb(OH)_2$ $Pb(OH)_4$	$PbSO_4$ solfato piomboso

3.4.7 GRUPPO V A

- Gli elementi appartenenti a questo gruppo sono caratterizzati da configurazione elettronica esterna ns^2np^3;
- l'azoto (N) e il fosforo (P) sono non metalli, i numeri di ossidazione più comuni sono –3, +3 e +5; formano ossidi acidi;
- l'arsenico (As) è un semimetallo e forma ossidi anfoteri;
- l'azoto allo stato elementare è un gas costituito da molecole biatomiche N_2 (costituisce il 78% dell'aria); il fosforo e l'arsenico sono solidi caratterizzati da legami covalenti ed esistono in diverse forme allotropiche.

Elemento	Simbolo	Z	PA	E.N.	N.O.	Ossidi	Composti con H e O	Sali
Azoto	N	7	14,01	3,0	±3,2,4,5	NO NO_2 N_2O N_2O_3 N_2O_5	HNO_2 HNO_3	$Ca(NO_3)_2$ nitrato di Ca NH_4NO_3 nitrato di ammonio
Fosforo	P	15	30,97	2,1	5,4,±3,1	P_2O_3 P_2O_5	HPO_2 HPO_3	Na_3PO_4 fosfato di Na $Ca_3(PO_4)_2$ fosfato di Ca
Arsenico	As	33	74,92	2,0	±3, 5	As_2O_3 As_2O_5		

3.4.8 GRUPPO VI A

- Gli elementi del gruppo VI A possiedono configurazione elettronica esterna ns^2np^4;
- sono non metalli, caratterizzati da valori elevati di elettronegatività;
- il numero di ossidazione più comune è –2;
- l'ossigeno in natura si trova allo stato elementare, come gas costituito da molecole biatomiche (O_2, che costituisce il 21% dell'aria), e combinato in numerosi composti;
- lo zolfo in natura si trova specialmente come solfuro di metalli pesanti (PbS, CuS), e anche allo stato elementare.

Elemento	Simbolo	Z	PA	E.N.	N.O.	Ossidi	Composti con H e O	Sali
Ossigeno	O	8	15,99	3,5	–2		H_2O H_2O_2	
Zolfo	S	16	32,06	2,5	6,4,±2	SO_2 SO_3	H_2SO_3 H_2SO_4	$Al_2(SO_3)_3$ solfito di Al $CaSO_4$ solfato di Ca Na_2S solfuro di Na

3.4.9 GRUPPO VII A: ALOGENI

- Gli alogeni possiedono configurazione elettronica esterna ns^2np^5;
- sono tutti non metalli caratterizzati da elettronegatività molto elevata;

- il numero di ossidazione più comune è –1, ma possono presentare (tranne F) anche +1, +3, +5 e +7;
- i composti più comuni sono quelli con gli elementi meno elettronegativi, in cui gli alogeni compaiono come anioni monovalenti (F^-, Cl^- ecc.), come per esempio NaCl, KI;
- gli ossidi reagendo con H_2O formano gli ossiacidi corrispondenti, molti dei quali sono acidi forti; l'unico ossiacido contenente F che è stato isolato è HFO (acido ipofluoroso);
- allo stato elementare sono costituiti da molecole biatomiche; F_2 e Cl_2 sono gas, Br_2 è liquido, I_2 è solido a temperatura ambiente;
- formano composti con l'idrogeno detti alogenuri di idrogeno o acidi alogenidrici: acido fluoridrico (HF), acido cloridrico (HCl), acido bromidrico (HBr) e acido iodidrico (HI).

Elemento	Simbolo	Z	PA	E.N.	N.O.	Ossidi	Composti con H e O	Sali
Fluoro	F	9	18,99	4,0	–1	OF_2	HFO	NaF fluoruro di Na MgF_2 fluoruro di Mg
Cloro	Cl	17	35,45	3,0	±1,3,5,7	Cl_2O Cl_2O_3 Cl_2O_5 Cl_2O_7	HClO $HClO_2$ $HClO_3$ $HClO_4$	$NaClO_2$ clorito di Na $Ba(ClO_3)_2$ clorato di Ba NH_4Cl cloruro di ammonio
Bromo	Br	35	79,90	2,8	±1, 5	Br_2O Br_2O_3 Br_2O_5 Br_2O_7	HBrO $HBrO_2$ $HBrO_3$ $HBrO_4$	NaBrO ipobromito di Na $NaBrO_3$ bromato di Na AgBr bromuro di Ag
Iodio	I	53	126,9	2,5	±1, 5, 7	I_2O I_2O_3 I_2O_5 I_2O_7	HIO HIO_2 HIO_3 HIO_4	KIO_3 iodato di K CuI ioduro rameoso

3.4.10 GAS NOBILI

- I gas nobili possiedono configurazione elettronica esterna $ns^2\ np^6$ (tranne l'elio, che ha $1s^2$);
- la configurazione elettronica otteziale conferisce loro particolare stabilità, l'energia di ionizzazione è quindi molto elevata;
- non formano composti di alcun tipo, in natura si trovano allo stato elementare come gas monoatomici.

Elemento:	Elio	Neon	Argon	Cripto	Xeno
Simbolo	He	Ne	Ar	Kr	Xe
Z	2	10	18	36	54
PA	4,003	20,18	39,95	83,80	131,3

QUESITI SVOLTI

1 **Si è osservato che spesso gli elementi presentano nei loro composti, oltre al numero di ossidazione massimo, corrispondente al numero d'ordine del gruppo cui appartengono, anche un valore del numero di ossidazione inferiore di due unità a quello massimo. Pertanto i numeri di ossidazione del fosforo (che si comporta in conformità all'osservazione sovraesposta) sono:**

A 3 e 1
B 1 e –1
C 5 e 3
D 4 e 2
E 6 e 4

Il fosforo (P) appartiene al gruppo V A, quindi il suo massimo numero di ossidazione è 5, e il numero di ossidazione inferiore di due unità a questo, come indicato dal quesito, sarà 3. I numeri di ossidazione del fosforo sono quindi 5 e 3; risposta C.

2 **Il valore massimo del numero di ossidazione del fluoro nei suoi composti è:**

A 7
B 5
C 1
D 0
E –1

Il fluoro appartiene al gruppo degli alogeni, elementi che hanno 7 elettroni nel guscio di valenza; questo significa che al massimo possono impegnare 7 elettroni nella formazione di legami. Data la loro elevata elettronegatività, il numero di ossidazione più comune è –1 , ma possono presentare anche i numeri di ossidazione positivi +1, +3, +5 e +7, come per esempio negli ossiacidi del cloro ($HClO$, $HClO_2$, $HClO_3$, $HClO_4$). Per il fluoro però il valore di elettronegatività è così alto da non consentire composti con numero di ossidazione positivo, per questo motivo il numero di ossidazione del fluoro è sempre pari a –1 . Risposta E.

3 **Il valore minimo del numero di ossidazione del carbonio è:**

A +4
B –1
C 0
D +2
E –4

Il carbonio appartiene al gruppo IV A, può formare 4 legami covalenti e ha un valore di elettronegatività intermedio (2,5).
I numeri di ossidazione più comuni per il carbonio sono –4 (per esempio in CH_4), +2 (per esempio in CO) e +4 (per esempio in CO_2); il valore minimo è quindi –4; risposta E.

4 **Il numero di ossidazione del manganese nel composto $HMnO_4$ è:**

A +8
B –3
C +3
D –7
E +7

Per calcolare il numero di ossidazione del manganese in $HMnO_4$, è necessario ricordare alcune regole:

- la somma dei numeri di ossidazione degli elementi che costituiscono una molecola neutra è pari a zero;
- il numero di ossidazione dell'idrogeno è generalmente +1 (tranne che nei composti binari in cui è legato a un metallo, in cui è –1);
- il numero di ossidazione dell'ossigeno è pari a –2 (tranne che nei perossidi in cui è –1 e nel composto OF_2 in cui è +2).

Quindi, nel composto $HMnO_4$, sarà:

$$+1 + N.O._{Mn} + (-2 \cdot 4) = 0$$

da cui:

$$N.O._{Mn} = +8 - 1 = +7$$

La risposta esatta è la E.

5 **In quale dei seguenti composti il carbonio presenta un numero di ossidazione negativo?**

A C_2H_6
B $C_6H_{12}O_6$
C CCl_4
D $CHCl_3$
E CO

Ricordiamo i tre punti esposti nel commento del quesito 4. Teniamo presente, inoltre, che Cl (alogeno) è più elettronegativo di C, e il suo numero di ossidazione più comune (e così anche nei composti CCl_4 e $CHCl_3$) è –1; possiamo ora affermare che:

in C_2H_6	$N.O._C = -3$
in $C_6H_{12}O_6$	$N.O._C = 0$
in CCl_4	$N.O._C = +4$
in $CHCl_3$	$N.O._C = +2$
in CO	$N.O._C = +2$

Fra i composti proposti, l'unico in cui il carbonio presenta numero di ossidazione negativo è l'etano (C_2H_6), risposta A.

6 **Indicare la formula dell'acido ortofosforico:**

A H_2PO_3
B H_3PO_4
C H_2PO_4
D H_3PO_3
E H_4PO_4

L'acido ortofosforico deriva dalla reazione con acqua dell'anidride fosforica, composto formato da ossigeno e fosforo in cui questo elemento ha N.O. più elevato fra quelli possibili, cioè +5. L'anidride fosforica (o pentossido di difosforo) ha quindi formula P_2O_5.

Le anidridi di alcuni non metalli, tra cui il fosforo, possono reagire con l'acqua in proporzioni stechiometriche diverse, formando diversi tipi di acidi che vengono identificati con i prefissi *meta*-, *piro*- e *orto*- secondo lo schema seguente:

anidride + 1 $H_2O \rightarrow$ acido *meta*-

anidride + 2 $H_2O \rightarrow$ acido *piro*-

anidride + 3 $H_2O \rightarrow$ acido *orto*-

Nel caso del fosforo, dall'anidride fosforica si possono ottenere tre tipi di acidi secondo le seguenti reazioni:

$P_2O_5 + H_2O \rightarrow 2\ HPO_3$ *acido metafosforico*

$P_2O_5 + 2\ H_2O \rightarrow H_4P_2O_7$ *acido pirofosforico*

$P_2O_5 + 3\ H_2O \rightarrow 2\ H_3PO_4$ *acido ortofosforico*

La formula dell'acido ortofosforico è quindi H_3PO_4; risposta **B**.

---

7 Negli ossiacidi inorganici:

A l'atomo centrale ha carattere spiccatamente metallico

B il legame tra idrogeno e ossigeno è un legame a ponte di idrogeno

C gli atomi di idrogeno acidi sono legati sempre all'atomo centrale

D gli atomi di idrogeno acidi presentano legami ionici con gli atomi di ossigeno

E gli atomi di idrogeno acidi sono legati in modo covalente agli atomi di ossigeno

Un ossiacido inorganico è un composto ternario costituito da un non metallo, idrogeno e ossigeno; gli atomi di idrogeno sono legati covalentemente ad atomi di ossigeno a loro volta legati covalentemente a quelli del non metallo.

Per esempio la formula di struttura dell'acido solforico H_2SO_4 mostra legami di questo tipo:

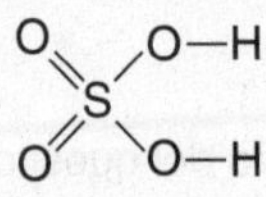

La presenza di due elementi fortemente elettronegativi come l'ossigeno e un non metallo (in questo caso lo zolfo) determina una distribuzione asimmetrica delle nuvole elettroniche con formazione di una parziale carica negativa sul gruppo non metallo-ossigeno e di una parziale carica positiva sull'idrogeno. In soluzione acquosa, le interazioni di queste cariche con quelle dell'acqua determinano la rottura del legame O–H e la liberazione dello ione H^+.

Da quanto esposto la risposta esatta risulta essere la **E**.

---

8 La formula del nitrito di ammonio è:

A NH_4NO_3

B $NaNO_3$

C NH_4NO_2

D $NaNO_2$

E $NH_4(NO_3)_2$

La dicitura nitrito di ammonio indica un sale formato da un catione, lo ione ammonio NH_4^+, e da un anione, lo ione nitrito, NO_2^-, il quale deriva, come si deduce dalla desinenza –ito, dall'acido nitroso HNO_2.

Dato che lo ione ammonio possiede una carica positiva e lo ione nitrito una carica negativa, nel sale i due ioni saranno presenti in rapporto 1:1, come indicato dalla formula NH_4NO_2; risposta **C**.

9 Quale dei seguenti elementi appartiene agli elementi di transizione?

A Br
B As
C B
D Mn
E Al

Il bromo (Br) è un alogeno appartenente al settimo gruppo; l'arsenico (As) appartiene al quinto gruppo; il boro (B) e l'alluminio (Al) appartengono al terzo gruppo. L'unico metallo di transizione, fra gli elementi proposti, è il manganese (Mn): la risposta esatta è quindi la D.

10 Quale delle seguenti formule chimiche è errata?

A $BaCl_2$
B $KMnO_4$
C RbBr
D Al_2F_3
E CaO

Per valutare se una formula chimica è corretta o meno, è necessario considerare i possibili numeri di ossidazione (N.O.) degli elementi che la compongono. $BaCl_2$ e BrRb sono sali binari in cui l'anione è un alogeno (rispettivamente Cl e Br) e ha N.O. = –1, mentre il catione è un metallo: il bario (Ba) appartiene al gruppo II e ha sempre n.o. = +2, mentre il rubidio (Rb) appartiene al gruppo I e ha sempre N.O. = +1. La formula $BaCl_2$ è quella del cloruro di bario, mentre RbBr è il bromuro di rubidio. $KMnO_4$ è il permanganato di potassio, un sale ternario formato dal catione K^+ e dall'anione MnO_4^-, derivante dall'acido permanganico $HMnO_4$ (già visto all'esercizio 4). Il manganese (Mn) è un elemento di transizione che può avere diversi numeri di ossidazione; nel composto $KMnO_4$, K ha N.O. = +1, O ha N.O. = –2 e per Mn N.O. = +7. CaO è la formula dell'ossido di calcio, l'ossigeno infatti ha N.O. = –2 e per il calcio N.O. = +2. La formula errata è la D, infatti l'alluminio ha sempre N.O. = + 3 e il fluoro sempre N.O. = –1; il composto che si forma da questi due elementi è un composto ionico di formula AlF_3 e non Al_2F_3.

CHIMICA

4 REAZIONI CHIMICHE

4.1 DEFINIZIONI

Una reazione chimica è una trasformazione in cui si rompono e si formano legami chimici e viene scambiata una certa quantità di energia chimica (si veda § 6.1). Il modo più sintetico per rappresentarla consiste in una *equazione chimica*, in cui le formule delle sostanze reagenti, a sinistra, sono separate da una freccia dalle formule delle sostanze prodotte, a destra.

$\alpha A + \beta B \rightarrow \gamma C + \delta D$
- A e B si dicono *reagenti*
- C e D si dicono *prodotti*
- α, β, γ e δ sono numeri interi e si dicono *coefficienti stechiometrici*

Per scrivere un'equazione nella forma più completa occorre indicare lo stato fisico di reagenti e prodotti con dei simboli posti dopo la formula della sostanza:

(g) = gas; (l) = liquido; (s) = solido; (aq) = specie chimica in soluzione acquosa.

$C_{(s)} + O_{2\,(g)} \rightarrow CO_{2\,(g)}$ $\qquad$ $2\,H_{2\,(g)} + O_{2\,(g)} \rightarrow 2\,H_2O_{\,(l)}$

Reazione *omogenea*: reazione in cui i reagenti si trovano in un'unica fase.
Reazione *eterogenea*: reazione in cui i reagenti si trovano in fasi diverse.

4.2 BILANCIAMENTO DELLE REAZIONI CHIMICHE

Nelle reazioni chimiche, la massa dei reagenti deve essere uguale alla massa dei prodotti; perciò un'equazione chimica deve essere *bilanciata*. Per bilanciare un'equazione, si devono anteporre alle formule dei reagenti e dei prodotti i *coefficienti stechiometrici* tali per cui il numero di atomi per ogni elemento sia uguale nei reagenti e nei prodotti, in modo da rispettare la legge di conservazione della massa (§ 1.2).

$H_2 + O_2 \rightarrow H_2O$ reazione non bilanciata
$2\,H_2 + O_2 \rightarrow 2\,H_2O$ reazione bilanciata

Per bilanciare un'equazione è opportuno attenersi alle seguenti **regole**:

1. contare il numero di atomi di un dato elemento presente nel lato reagenti e nel lato prodotti: se il numero non è lo stesso aggiungere i coefficienti stechiometrici tali da renderlo uguale in entrambi i lati dell'equazione;
2. ripetere questa operazione per ogni elemento che compare nell'equazione;
3. è opportuno iniziare a bilanciare da un elemento diverso da O e H perché questi elementi compaiono spesso in più di due composti;
4. uno ione poliatomico che compare sia tra i reagenti sia tra i prodotti va contato come un tutto unico;
5. il coefficiente 1 non si indica;
6. tutti i coefficienti devono avere il minimo valore intero possibile.

Bilanciare l'equazione $N_2H_{4\,(g)} + N_2O_{4\,(g)} \rightarrow N_{2\,(g)} + H_2O_{\,(l)}$.

Si bilancia N: $N_2H_{4\,(g)} + N_2O_{4\,(g)} \rightarrow 2\,N_{2\,(g)} + H_2O_{\,(l)}$
si bilancia H: $N_2H_{4\,(g)} + N_2O_{4\,(g)} \rightarrow 2\,N_{2\,(g)} + 2\,H_2O_{\,(l)}$
si bilancia O: $N_2H_{4\,(g)} + N_2O_{4\,(g)} \rightarrow 2\,N_{2\,(g)} + 4\,H_2O_{\,(l)}$
si bilancia H: $2\,N_2H_{4\,(g)} + N_2O_{4\,(g)} \rightarrow 2\,N_{2\,(g)} + 4\,H_2O_{\,(l)}$
si bilancia N: $2\,N_2H_{4\,(g)} + N_2O_{4\,(g)} \rightarrow 3\,N_{2\,(g)} + 4\,H_2O_{\,(l)}$

CHIMICA

4.3 CLASSIFICAZIONE DELLE REAZIONI CHIMICHE

Esistono diversi tipi di reazioni chimiche. Spesso una reazione può appartenere a più classi tra quelle che seguono; il nome utilizzato per descriverla serve per evidenziare un determinato aspetto.

Reazione di sintesi

Due o più sostanze (elementi o composti) reagiscono tra loro formando una sostanza unica (necessariamente un composto).

$H_2 + I_2 \rightarrow 2\,HI$

Reazione di decomposizione (o scissione)

Un unico composto si scinde in due o più sostanze più semplici (elementi o composti).

$CaCO_3 \rightarrow CaO + CO_2$

Reazione di dissociazione

Un composto si dissocia liberando ioni.

$MgCl_2 \rightarrow Mg^{2+} + 2\,Cl^-$

Reazione di ionizzazione

Un composto molecolare reagisce con l'acqua formando ioni positivi e negativi.

$HCl + H_2O \rightarrow H_3O^+ + Cl^-$

Reazione di neutralizzazione

Un acido reagisce con una base formando un sale e acqua (§ 7.5).

$NaOH + HNO_3 \rightarrow NaNO_3 + H_2O$

Reazione di sostituzione (o scambio semplice)

Gli atomi di un elemento sostituiscono gli atomi di un altro in un composto.

$Fe + 2\,HCl \rightarrow FeCl_2 + H_2$

Reazione di doppio scambio (o metatesi)

Reazione che comporta scambio di ioni tra due composti.

$BaCl_2 + Na_2SO_4 \rightarrow BaSO_4 + 2\,NaCl$

Reazione di condensazione

Unione di due molecole mediante l'eliminazione di una molecola d'acqua (si veda § 8.9.2)

$$\underset{\text{metanolo}}{CH_3OH} + \underset{\text{metanolo}}{CH_3OH} \rightarrow \underset{\text{dimetiletere}}{CH_3OCH_3} + H_2O$$

Reazione di idrolisi

Rottura di una molecola per ingresso di acqua, con formazione di due molecole.

$$\underset{\text{dimetiletere}}{CH_3OCH_3} + H_2O \rightarrow \underset{\text{metanolo}}{CH_3OH} + \underset{\text{metanolo}}{CH_3OH}$$

Reazione di addizione

Reazione tipica dei composti organici, in cui un nuovo elemento si aggiunge alla molecola di partenza (si veda § 8.6.8).

$$\underset{\text{2-butene}}{CH_3-CH=CH-CH_3} + H_2 \longrightarrow \underset{\text{butano}}{H-\overset{\displaystyle H}{\overset{|}{C}}H-\overset{\displaystyle H}{\overset{|}{C}}H-CH_2-CH_3}$$

Reazione di ossidoriduzione

Reazione che comporta trasferimento di elettroni da una specie chimica a un'altra (§ 4.5).

$2\ AgNO_3 + Cu \rightarrow Cu(NO_3)_2 + 2\ Ag$

Reazione di combustione

È una reazione di ossidoriduzione in cui una sostanza (*combustibile*) si ossida a opera di una seconda sostanza (*comburente*), di solito ossigeno, con sviluppo di energia termica.

Tipica reazione di combustione è: $CH_4 + 2\ O_2 \rightarrow CO_2 + 2\ H_2O$ + calore

Completa e bilancia le equazioni chimiche seguenti:

$$CO_2 + H_2O \rightarrow$$
$$HCl + Ca(OH)_2 \rightarrow$$

Dalla reazione di CO_2 (diossido di carbonio) con H_2O si forma H_2CO_3, acido carbonico:

$$CO_2 + H_2O \rightarrow H_2CO_3$$

La reazione fra acido cloridrico, HCl, e idrossido di calcio, $Ca(OH)_2$, forma il sale cloruro di calcio, $CaCl_2$, e acqua. La reazione bilanciata è:

$2\ HCl + Ca(OH)_2 \rightarrow CaCl_2 + 2\ H_2O$

4.4 EQUAZIONI IONICHE

L'equazione: $CaCl_{2\ (aq)} + 2\ AgNO_{3\ (aq)} \rightarrow Ca(NO_3)_{2\ (aq)} + 2\ AgCl_{\ (s)}$

è un'*equazione molecolare* perché i reagenti e i prodotti sono scritti come se fossero molecole, indipendentemente dal fatto che lo siano realmente o no. Alcune reazioni sono rappresentate meglio dall'*equazione ionica*, in cui gli elettroliti forti sono scritti sotto forma di ioni separati mentre i solidi, i gas e gli elettroliti deboli sono scritti in forma molecolare (per il concetto di elettrolita si veda § 5.4). Per la reazione sopra riportata, l'equazione ionica è:

$$Ca^{2+}_{(aq)} + 2\ Cl^-_{(aq)} + 2\ Ag^+_{(aq)} + 2\ NO_3^-{}_{(aq)} \rightarrow Ca^{2+}_{(aq)} + 2NO_3^-{}_{(aq)} + 2AgCl_{(s)}$$

In questa reazione gli ioni Ca^{2+} e NO_3^- non partecipano alla reazione; la reazione effettiva è quella tra gli ioni Ag^+ e Cl^- a dare il solido AgCl che precipita. Gli ioni che non partecipano alla reazione, ma sono presenti nella miscela di reazione, sono detti *ioni spettatori*. L'equazione ionica può essere scritta anche come *equazione ionica netta* omettendo gli ioni spettatori e riportando solo le specie chimiche che partecipano davvero alla reazione:

$$Cl^-_{\ (aq)} + Ag^+_{(aq)} \rightarrow AgCl_{\ (s)}$$

4.5 REAZIONI DI OSSIDORIDUZIONE (REDOX)

Una reazione redox può considerarsi come la somma di due semireazioni che avvengono contemporaneamente: la semireazione di ossidazione e la semireazione di riduzione.

Ossidazione: una specie chimica si ossida quando cede elettroni e aumenta quindi il suo N.O.

Riduzione: una specie chimica si riduce quando acquista elettroni e diminuisce quindi il suo N.O.

La specie che si ossida cede elettroni alla specie che si riduce ed è quindi l'*agente riducente.*

La specie che si riduce acquista elettroni dalla specie che si ossida ed è quindi l'*agente ossidante.*

Ossidazione: $Na \rightarrow Na^+ + e^-$

il sodio ha perso un elettrone e il suo N.O. è passato da 0 a + 1 ⇒ si è ossidato.

Riduzione: $Cl + e^- \rightarrow Cl^-$

il cloro ha acquistato un elettrone e il suo N.O. è passato da 0 a –1 ⇒ si è ridotto.

La reazione complessiva è: $2\ Na + Cl_2 \rightarrow 2\ NaCl$

Na si ossida e riduce Cl ⇒ è l'agente riducente;

Cl si riduce e ossida Na ⇒ è l'agente ossidante.

Elemento	Numero di ossidazione	Elettroni	Capacità
Na: si ossida	aumenta	li cede	riducente
Cl: si riduce	diminuisce	li acquista	ossidante

4.5.1 BILANCIAMENTO DI REAZIONI REDOX

Bilanciare una reazione redox significa trovare i valori dei coefficienti stechiometrici tali da garantire, oltre alla conservazione della massa, anche quella della carica.

In qualsiasi reazione redox il numero di elettroni ceduti complessivamente dal riducente deve essere necessariamente uguale al numero di elettroni acquistati dall'ossidante (principio di elettroneutralità).

Per bilanciare una reazione redox si deve seguire il procedimento qui esposto:

1. calcolare i numeri di ossidazione di tutti gli elementi che compaiono nell'equazione chimica;
2. identificare quindi, in base alla variazione dei numeri di ossidazione, la specie che si ossida (quella che aumenta il proprio N.O.) e la specie che si riduce (quella che diminuisce il proprio N.O.);
3. scrivere le due semireazioni;
4. bilanciare le cariche elettriche moltiplicando ciascuna delle due semireazioni per un coefficiente stechiometrico tale per cui il numero di elettroni ceduto dal riducente sia uguale a quello degli elettroni acquistati dall'ossidante;
5. scrivere i coefficienti così calcolati nell'equazione di reazione e verificare che sia completamente bilanciata;
6. se necessario, completare il bilanciamento delle masse procedendo come per le normali reazioni non redox.

- $? \ \overset{+2}{Cu}\overset{-2}{O} + \overset{-3}{N}\overset{+1}{H_3} \rightarrow ? \ \overset{0}{Cu} + ? \ \overset{0}{N_2} + ? \ H_2O$
- Cu si riduce perché il suo N.O. diminuisce passando da +2 a 0;
  N si ossida perché il suo N.O. aumenta passando da –3 a 0.
- Le due semireazioni sono:

$$\overset{+2}{Cu} + 2e^- \rightarrow \overset{0}{Cu} \text{ riduzione} \quad \text{e} \quad \overset{-3}{N} - 3e^- \rightarrow \overset{0}{N} \text{ ossidazione}$$

- Occorre quindi moltiplicare per 3 la semireazione di riduzione e per 2 la semireazione di ossidazione:

$$3 \cdot (\overset{+2}{Cu} + 2e^- \rightarrow \overset{0}{Cu}) \quad \text{e} \quad 2 \cdot (\overset{-3}{N} - 3e^- \rightarrow \overset{0}{N})$$

- $3\ CuO + 2\ NH_3 \rightarrow 3\ Cu + N_2 + H_2O$

  L'equazione scritta è bilanciata solo per quanto riguarda la carica, ma non per la massa: il numero di atomi di ossigeno e idrogeno è infatti diverso nei reagenti e nei prodotti.
- Si bilancia i numero di atomi di H e O:

  $3\ CuO + 2\ NH_3 \rightarrow 3\ Cu + N_2 + 3H_2O$

4.5.2 LA PILA ELETTRICA

Una pila elettrica (o cella elettrochimica o cella voltaica) è un dispositivo che permette di trasformare l'energia chimica liberata da una reazione di ossidoriduzione (esoergonica, o spontanea, si veda § 6.2) in energia elettrica.

L'energia può essere sfruttata facendo avvenire le semireazioni di ossidazione e riduzione in due comparti distinti, chiamati *semicelle* o *semielementi*; le due semicelle sono separate da un ponte salino (o da un setto poroso) e collegate da un conduttore metallico esterno in modo tale che gli elettroni ceduti durante la reazione di ossidazione che avviene in una semicella fluiscono attraverso il circuito esterno all'altra semicella, dove avviene la reazione di riduzione.
Una semicella è costituita da una lamina di un metallo (*elettrodo*) immerso in una soluzione di un suo sale. Il ponte salino è costituito da un tubo a U contenente un elettrolita e chiuso alle estremità da due setti porosi; ha la funzione di mantenere il contatto elettrico tra le due soluzioni senza che esse si mescolino.
L'**anodo** è l'**elettrodo negativo** della pila ed è quello su cui avviene la **semireazione di ossidazione**.
Il **catodo** è l'**elettrodo positivo** della pila ed è quello su cui avviene la **semireazione di riduzione**.

I potenziali di riduzione

Ogni specie chimica ha una specifica tendenza ad acquistare elettroni, e quindi a ridursi, misurata dal suo *potenziale di riduzione*.

> Maggiore è il potenziale di una specie chimica, maggiore è la sua tendenza a ridursi e, di conseguenza, maggiore è il suo potere ossidante.

La conoscenza dei potenziali di riduzione delle due semicelle di una pila permette di stabilire in quale delle due si verificherà la reazione di ossidazione (anodo) e in quale la reazione di riduzione (catodo).

> Si ha riduzione nella semicella con potenziale di riduzione maggiore.
> Si ha ossidazione nella semicella con potenziale di riduzione minore.

Accoppiando quindi due semicelle, il flusso di elettroni avviene dalla semicella con potenziale di riduzione minore, in cui si ha ossidazione (anodo), a quella con potenziale di riduzione maggiore, in cui si ha riduzione (catodo).
Il potenziale di una semicella si misura in volt (V) ed è calcolato come differenza di potenziale rispetto a un elettrodo scelto come standard (l'elettrodo a idrogeno), a cui è stato attribuito arbitrariamente un potenziale di 0,00 volt. Il *potenziale di riduzione standard* ($E°$) è misurato a 25 °C, in condizioni di concentrazione degli ioni che partecipano alla reazione pari a 1 M e pressione parziale dei gas pari a 1 atm.

> La pila più comune è la **pila Daniell** (pila rame-zinco), costituita da una lamina di zinco immersa in una soluzione acquosa di $ZnSO_4$ 1 M e una lamina di rame immersa in una soluzione di $CuSO_4$ 1 M, opportunamente collegate.
> Per la coppia Zn^{2+} / Zn, $E° = -0{,}76$ V,
> per Cu^{2+}/Cu, $E° = +0{,}34$ V,
> poiché la coppia Cu^{2+}/Cu possiede il potenziale di riduzione standard più elevato, accoppiando le due semireazioni quella di Cu procede nel senso della riduzione, mentre quella di Zn procede nel senso dell'ossidazione.
> Al catodo si svolge la reazione di riduzione:
> $$Cu^{2+} + 2\,e^- \rightarrow Cu$$
> All'anodo si svolge la reazione di ossidazione:
> $$Zn \rightarrow Zn^{2+} + 2\,e^-$$
> Complessivamente avviene la reazione:
> $$Cu^{2+} + Zn \rightarrow Cu + Zn^{2+}$$
> Il risultato finale del processo è la trasformazione di energia chimica in energia elettrica, sotto forma di corrente che percorre il filo che collega i due elettrodi.

CHIMICA

4.5.3 ELETTROLISI

Una cella elettrolitica è un dispositivo in cui, al contrario di ciò che accade in una pila, si trasforma energia elettrica in energia chimica.

L'energia elettrica erogata nella cella elettrolitica permette di far avvenire una reazione endoergonica (si veda § 6.2) di ossidoriduzione. L'elettrolisi si realizza immergendo due conduttori metallici ai quali sia stata applicata una differenza di potenziale elettrico nella massa liquida di un elettrolita fuso (si veda § 5.4) o in una soluzione acquosa elettrolitica. Sottoposti al campo elettrico, gli ioni migrano verso i rispettivi elettrodi, sulla superficie dei quali reagiscono: gli anioni migrano verso l'anodo a cui cedono elettroni, ossidandosi, mentre i cationi migrano verso il catodo da cui acquistano elettroni, riducendosi.

In una cella elettrolitica quindi:

- come in una pila, si ha *ossidazione all'anodo e riduzione al catodo*;
- al contrario della pila, l'*anodo* è l'*elettrodo positivo*, il *catodo* l'*elettrodo negativo*.

Gli oggetti dorati sono ricoperti da un sottilissimo strato di oro, depositato sfruttando il fenomeno dell'elettrolisi. In che modo viene effettuata la doratura di un oggetto?

L'oggetto da sottoporre a doratura, che rappresenta il catodo, viene posto in una vasca contenente una soluzione di un sale di oro, per esempio cloruro d'oro (AuCl); l'anodo è costituito da una lamina d'oro. La corrente erogata mantiene il catodo carico negativamente e l'anodo carico positivamente: l'anodo si consuma e l'oro si trasforma in ioni Au^+ che migrano verso il catodo, dove si riducono a oro metallico, formando un sottile strato di oro sull'oggetto da dorare.

4.6 STECHIOMETRIA

La stechiometria studia i *rapporti ponderali tra gli elementi* nei composti e le relazioni ponderali *tra i reagenti e i prodotti* in una reazione chimica.

Tutti i calcoli stechiometrici si basano sull'**osservazione dell'equazione chimica bilanciata**, che può essere letta in quattro modi diversi:

- numero di unità elementari;
- numero di moli;
- massa;
- volume, solo se reagenti e prodotti sono gas e la reazione avviene in condizioni standard o se i gas sono nelle stesse condizioni di temperatura e pressione.

I coefficienti stechiometrici che compaiono nell'equazione chimica indicano infatti il numero di unità elementari di ogni specie chimica che partecipano alla reazione (molecole, ioni, atomi), ma anche il numero di moli; quindi (noto il peso molare delle diverse specie chimiche) la massa e, se reagenti e prodotti sono gas alle stesse condizioni di temperatura e pressione, il volume.

$$N_{2(g)} \quad + \quad 3\,H_{2(g)} \quad \leftrightarrows \quad 2\,NH_{2(g)}$$

1 molecola	3 molecole	2 molecole
1 mole	3 moli	2 moli
28 g	3 x 2 g	2 x 17 g
22,4 l	3 x 22,4 l	2 x 22,4 l

4.6.1 CALCOLI STECHIOMETRICI

Nota la quantità di almeno una delle sostanze che partecipano a una reazione, l'equazione chimica bilanciata permette di calcolare le quantità di tutte le altre. I coefficienti stechiometrici indicano infatti il numero di moli dei reagenti e dei prodotti. I grammi corrispondenti si ricavano moltiplicando i coefficienti stechiometrici per le rispettive masse molari.

Calcoli mole-mole

Calcolare il numero di moli di NH_3 prodotte dalla reazione di 6,33 moli di H_2.
La reazione di sintesi dell'ammoniaca (NH_3) è:

$$N_2 + 3\,H_2 \leftrightarrows 2\,NH_3$$

Poichè la reazione di una mole di azoto (N_2) con 3 moli di idrogeno (H_2) porta alla formazione di 2 moli di ammoniaca, si imposta una semplice proporzione:

$$3 \text{ mol } H_2 : 2 \text{ mol } NH_3 = 6{,}33 \text{ mol } H_2 : x \text{ mol } NH_3$$

da cui:

$$x = \frac{2 \text{ mol } NH_3 \cdot 6{,}33 \text{ mol } H_2}{3 \text{ mol } H_2} = 4,22 \text{ mol } NH_3$$

Calcoli mole-massa

Calcolare i grammi di NH_3 (PM = 17 g/mol) ottenuti da 2,3 moli di N_2.
La reazione cui si fa riferimento è:

$$N_2 + 3\,H_2 \leftrightarrows 2\,NH_3$$

si imposta innanzitutto la proporzione:

$$1 \text{ mol } N_2 : 2 \text{ mol } NH_3 = 2,3 \text{ mol } N_2 : x \text{ mol } NH_3$$

da cui:

$$x = \frac{2 \text{ mol } NH_3 \cdot 2,3 \text{ mol } N_2}{1 \text{ mol } N_2} = 4,6 \text{ mol } NH_3$$

quindi la reazione con H_2 di 2,3 moli di N_2 produce 4,6 moli di NH_3, corrispondenti a:

$$m = n \cdot PM_{NH_3} = 4{,}6 \text{ mol} \cdot 17 \text{ g/mol} = 78{,}2 \text{ g } NH_3$$

Altri calcoli stechiometrici

Nei calcoli stechiometrici si possono utilizzare anche unità diverse dalla mole o dalla massa, per esempio i litri, purché tali unità possano essere messe in relazione al numero di moli.

Data la reazione: $CaCO_{3(s)} \longrightarrow CaO_{(s)} + CO_{2(g)}$
Quanti litri di CO_2 si ottengono dalla decomposizione, in condizioni standard, di 200 g di $CaCO_3$? [PM_{CaCO_3} = 88]

L'equazione chimica proposta indica che una mole di carbonato di calcio $CaCO_3$ (solido), si decompone formando una mole di ossido di calcio CaO (solido), e una mole di anidride carbonica (gassosa). Poiché il quesito propone una quantità di carbonato di calcio espressa in grammi è necessario calcolare a quante moli corrisponde; dato che $PM_{CaCO_3} = 88$, e dato che $n = m/PM$

si avrà: $$n_{CaCO_3} = \frac{m_{CaCO_3}}{PM_{CaCO_3}} = \frac{200 \text{ g}}{88 \text{ g/mol}} = 2,3 \text{ mol}$$

200 g di $CaCO_3$ corrispondono a 2,3 moli. Poiché l'equazione bilanciata indica che da una mole di $CaCO_3$ si forma una mole di CO_2, nel nostro caso si formeranno 2,3 moli di CO_2.
Poiché in condizioni standard una mole di qualsiasi gas occupa un volume pari a 22,4 litri:

$$2{,}3 \text{ mol} \cdot 22{,}4 \text{ l/mol} = 51{,}5 \text{ l}$$

la decomposizione di 200 g di carbonato di calcio produce 51,5 litri di anidride carbonica.

QUESITI SVOLTI

1 **L'equazione $C + O_2 \rightarrow CO_2$ indica che:**

- **A** i reagenti C e O_2 reagiscono per formare CO_2
- **B** per combustione del carbone si ottiene CO_2
- **C** una mole di atomi di C e una mole di molecole di O_2 reagiscono dando luogo a una mole di molecole di CO_2
- **D** C e O_2 rappresentano i reagenti e CO_2 il prodotto della reazione
- **E** C subisce un'ossidazione

In questo quesito la risposta corretta non è facilmente individuabile, perché nessuna delle soluzioni proposte è errata. La risposta **A** per esempio contiene una affermazione vera e con lei la **B**, la **C**, la **D** e la **E**. In casi come questo occorre scegliere la risposta che contiene il maggior numero di informazioni esatte. La risposta corretta è allora la **C**, perché contiene anche le informazioni ricavabili dai coefficienti stechiometrici della reazione data.

2 **Quale delle seguenti reazioni è CORRETTAMENTE bilanciata stechiometricamente?**

- **A** $Na_2SO_3 + AgNO_3 \rightarrow Ag_2SO_3 + NaNO_3$
- **B** $2\ Na_2SO_3 + 2\ AgNO_3 \rightarrow Ag_2SO_3 + 2\ NaNO_3$
- **C** $Na_2SO_3 + 2\ AgNO_3 \rightarrow Ag_2SO_3 + 2\ NaNO_3$
- **D** $2\ Na_2SO_3 + 2\ AgNO_3 \rightarrow 2\ Ag_2SO_3 + 2\ NaNO_3$
- **E** $Na_2SO_3 + 2\ AgNO_3 \rightarrow 2\ Ag_2SO_3 + 2\ NaNO_3$

Per bilanciare una reazione è necessario porre i coefficienti stechiometrici opportuni, in modo che ogni elemento compaia con lo stesso numero di atomi nei reagenti e nei prodotti, ovvero che venga rispettata la legge di conservazione della massa in una reazione chimica. Per rispondere al quesito è necessario considerare tutte le alternative proposte e per ognuna calcolare quanti atomi di sodio (Na), di zolfo (S), di ossigeno (O), di argento (Ag) e di azoto (N) si trovano fra i reagenti (nella parte sinistra dell'equazione chimica) e quanti fra i prodotti (nella parte destra).
L'alternativa corretta è la **C**. In questa equazione chimica, infatti, compaiono 2 atomi di Na nei reagenti e 2 nei prodotti, 1 atomo di S nei reagenti e 1 nei prodotti, 9 atomi di O nei reagenti e 9 nei prodotti, gli atomi di Ag sono 2 sia nei reagenti che nei prodotti, infine N compare con 2 atomi nei reagenti e 2 nei prodotti.

3 **Quale delle seguenti equazioni descrive correttamente la reazione chimica tra i reagenti: As_2O_3, KIO_4 e KOH?**

- **A** $As_2O_3 + 2\ KIO_4 + 6\ KOH \rightarrow 2\ K_3AsO_4 + 2\ KIO_3 + 3\ H_2O$
- **B** $As_2O_3 + 3\ KIO_4 + 6\ KOH \rightarrow 2\ K_3AsO_4 + 2\ KIO_3 + 3\ H_2O$
- **C** $As_2O_3 + 2\ KIO_4 + 6\ KOH \rightarrow 2\ K_3AsO_4 + 2\ KIO_3 + 4\ H_2O$
- **D** $As_2O_3 + 2\ KIO_4 + 5\ KOH \rightarrow 2\ K_3AsO_4 + 2\ KIO_3 + 3\ OH$
- **E** $As_2O_3 + 2\ KIO_4 + 6\ KOH \rightarrow 2\ K_3AsO_4 + 4\ KIO_3 + 3\ H_2O$

L'equazione che descrive correttamente la reazione proposta è quella bilanciata, in cui, cioè il numero di atomi di ogni elemento presenti fra i reagenti è uguale al numero di atomi presenti nei prodotti. L'equazione corretta è la **A**, infatti troviamo lo stesso numero di atomi a destra e a sinistra: 2 atomi di arsenico (As), 8 di potassio (K), 2 di iodio (I), 17 di ossigeno (O)e 6 di idrogeno.

4 **In genere un composto inorganico a carattere riducente possiede:**

- A carattere acido
- B uno o più elementi a numero di ossidazione piuttosto elevato
- C numerosi atomi di ossigeno
- D carattere basico
- E uno o più elementi a numero di ossidazione piuttosto basso

Un composto a carattere riducente contiene un elemento con una forte tendenza a cedere elettroni; nelle reazioni di ossidoriduzione, infatti, il riducente è l'elemento che, ossidandosi, cede elettroni a un altro elemento, il quale accettandoli si riduce. Nel corso di questa trasformazione il numero di ossidazione dell'elemento che si riduce diminuisce, mentre quello dell'elemento che si ossida aumenta. Per avere una notevole tendenza a cedere elettroni il riducente deve avere numero di ossidazione piuttosto basso, la risposta esatta è quindi la E.

5 **Per ottenere un metallo allo stato di elemento da un minerale che lo contiene sotto forma di ossido, quale tra le seguenti trasformazioni si deve effettuare?**

- A Ossidazione
- B Neutralizzazione
- C Acidificazione
- D Riduzione
- E Sublimazione

Un metallo M contenuto in un minerale sotto forma di ossido è legato all'ossigeno per dare la specie M_xO_y. Dato che il numero di ossidazione dell'ossigeno è –2, il numero di ossidazione del metallo è senz'altro positivo. Supponendo, per esempio, che il numero di ossidazione del metallo sia +2, per portarlo allo stato elementare, in cui il numero di ossidazione è pari a 0, è necessario compiere la seguente trasformazione:

$$\overset{+2}{M}\overset{-2}{O} \rightarrow \overset{0}{M} + \frac{1}{2}\overset{0}{O_2}$$

Nel corso della reazione il numero di ossidazione del metallo diminuisce: la trasformazione subita dal metallo è dunque una riduzione (risposta D).

6 **Un mammifero che respira:**

- A inspira CO_2 e H_2 ed espira NH_3 e CO
- B inspira N_2 ed espiraO_2
- C inspira O_2 ed N_2 ed espira CO_2,O_2 ed N_2
- D inspira CH_4 ed espira N_2
- E inspira NH_3 ed H_2O ed espira CH_4 ed H_2

La respirazione a livello biochimico è una reazione di ossidazione degli zuccheri che può essere rappresentata dall'equazione

$$C_6H_{12}O_6 + 6\ O_2 \rightarrow 6\ CO_2 + 6\ H_2O$$

L'ossigeno necessario ad un mammifero per realizzare questa reazione a livello cellulare viene introdotto con l'aria, tramite l'apparato respiratorio, e nello stesso modo viene espulsa l'anidride carbonica. Poichè l'aria è una miscela di gas composta principalmente di azoto (N_2) e ossigeno (O_2), un mammifero che respira introduce una miscela di O_2 ed N_2 ed espirando espelle CO_2, O_2 ed N_2, (risposta C).

CHIMICA

7 **In una reazione una specie si ossida se:**

- **A** accetta elettroni da un ossidante
- **B** accetta elettroni da un riducente
- **C** cede elettroni a un ossidante
- **D** cede elettroni a un riducente
- **E** dissocia protoni

Si dice che una specie chimica si ossida nel corso di una reazione se cede elettroni a un'altra specie che in tal modo si riduce e si comporta da ossidante; risposta **C**.

---

8 **Nella reazione: $Zn + FeCl_2 \rightarrow ZnCl_2 + Fe$, lo ione che si riduce è:**

- **A** nessuno, si ha solo ossidazione
- **B** Fe^{2+}
- **C** Fe^{3+}
- **D** Cl^-
- **E** Zn^{2+}

La reazione proposta è una ossidoriduzione; per individuare quale elemento si riduce e quale si ossida è necessario osservare i numeri di ossidazione degli elementi presenti ai reagenti e ai prodotti. Il numero di ossidazione di Zn passa da 0 (Zn) a +2 (in $ZnCl_2$), mentre quello di Fe passa da +2 (in $FeCl_2$) a 0; l'elemento che si riduce è quindi Fe, presente come Fe^{2+}. La risposta esatta è la **B**.

---

9 **Indicare quanti grammi di CO_2 si ottengono dalla combustione completa di una mole di glucosio ($C_6H_{12}O_6$) nella reazione:**

glucosio + ossigeno molecolare → acqua + anidride carbonica

- **A** 1
- **B** 264
- **C** 12
- **D** 150
- **E** 6

L'equazione bilanciata della combustione completa del glucosio è:

$$C_6H_{12}O_6 + 6\ O_2 \rightarrow 6\ CO_2 + 6\ H_2O$$

la combustione di una mole di glucosio produce quindi 6 moli di CO_2. Il quesito però chiede il peso in grammi della CO_2 prodotta nel corso di questa reazione e per calcolarlo è necessario tenere conto del peso molecolare di questa sostanza.

Poiché i pesi atomici approssimati di carbonio e ossigeno sono, rispettivamente, 12 e 16, il peso molecolare dell'anidride carbonica (CO_2) sarà:

$$PM_{CO_2} = PA_C + 2 \cdot PA_O = 12 + 2 \cdot 16 = 44$$

Una mole di CO_2 pesa 44 g, e il peso totale della CO_2 prodotta dalla combustione di una mole di glucosio si calcola utilizzando la formula $m = n \cdot PM$.

$$m_{CO_2} = n_{CO_2} \cdot PM_{CO_2} = 6\ mol \cdot 44\ g/mol = 264\ g$$

La combustione completa di una mole di glucosio produce 264 g di CO_2; risposta **B**.

10 **Una mole di idrogeno (H_2 gas) reagisce con una mole di cloro (Cl_2 gas) per formare acido cloridrico (HCl gas). Che volume di HCl (in litri) si forma dalla reazione effettuata alla temperatura di 0 °C e a pressione atmosferica?**

- A 11,2 litri
- B 13,8 litri
- C 22,4 litri
- D 28,0 litri
- E 44,8 litri

L'equazione chimica bilanciata della reazione proposta è la seguente:

$$H_2 + Cl_2 \rightarrow 2\ HCl$$

1 mole di H_2 reagisce con 1 mole di Cl_2 per produrre 2 moli di HCl; dato che 1 mole di qualsiasi gas, in condizioni standard (P = 1 atm e T = 0 °C) occupa un volume pari a 22,4 l, dalla reazione proposta si formano 44,8 litri di HCl; risposta E.

CHIMICA

5 SOLUZIONI

5.1 DEFINIZIONI

Una soluzione è una miscela omogenea (§ 1.1.1) costituita da almeno due componenti (*solvente* e *soluto*) le cui quantità relative possono essere variate con continuità.

Il **solvente** è il componente che si presenta nello stesso stato di aggregazione della soluzione ed è la specie presente nella soluzione in quantità maggiore.

Il **soluto** è la sostanza che viene sciolta dal solvente ed è presente nella soluzione in quantità minore.

In base alla fase in cui si presentano, si distinguono soluzioni:

- gassose → miscele di gas in cui non si fa distinzione tra soluto e solvente;
- liquide → il solvente è liquido, il soluto può essere solido, liquido o gassoso;
- solide → il solvente è solido, il soluto può essere solido, liquido o gassoso.

L' acqua di mare è una soluzione liquida, l'aria una soluzione gassosa; le leghe (per esempio il bronzo, costituito da rame e stagno) sono soluzioni solide.

La tabella seguente riporta i componenti dell'**aria** secca con le rispettive concentrazioni espresse in percentuale di volume.

Componenti	Simbolo	% in volume
Azoto	N_2	78,03
Ossigeno	O_2	20,99
Argon	Ar	0,94
Anidride carbonica	CO_2	0,03
Idrogeno	H_2	0,01
Neon	Ne	0,0012
Elio	He	0,0004

In relazione ai problemi di inquinamento si sente parlare spesso di PM_{10}; cosa indica questa sigla?

L'aria atmosferica è una miscela di gas in cui, solitamente, si trovano in sospensione particelle di polveri e altri microframmenti. Filtrata da queste particelle l'aria è una soluzione gassosa.

La sigla PM_{10} indica particelle microscopiche, presenti nell'aria atmosferica, di diametro medio non superiore a 10 μm. Sono considerate pericolosi inquinanti perché possono contenere sostanze nocive e, per le loro dimensioni molto ridotte, riescono a raggiungere le vie aeree più profonde.

5.2 IL PROCESSO DI DISSOLUZIONE

Il processo di dispersione delle particelle di soluto tra le molecole del solvente prende il nome di *dissoluzione* o *solvatazione*. Alla fine di tale processo tutte le particelle di soluto sono state separate le une dalle altre e sono state circondate dalle molecole del solvente; si dice allora che le particelle sono solvatate. La solvatazione è possibile se le forze attrattive che si instaurano tra le particelle di soluto e solvente sono sufficienti a controbilanciare quelle tra le particelle del solvente da un lato e quelle tra le particelle del soluto dall'altro.

CHIMICA

Quando il solvente è l'acqua, il processo prende il nome di *idratazione* e si dice che le particelle sono idratate. L'idratazione è un caso particolare di solvatazione.

L'acqua è un buon solvente per la maggior parte dei composti ionici in quanto, grazie alla sua polarità, è in grado di solvatare sia cationi sia anioni (interazioni ione-dipolo).

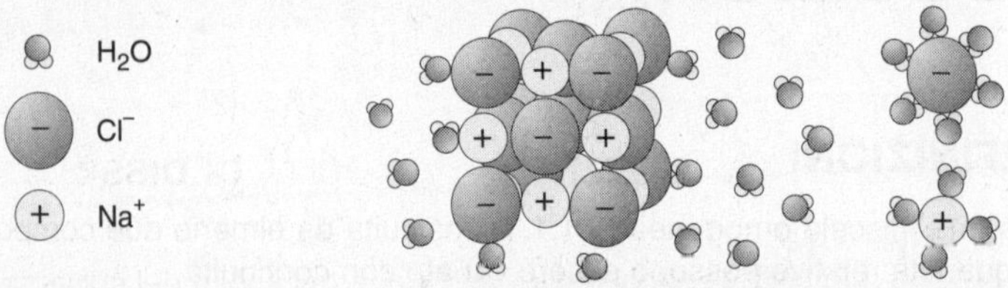

Rappresentazione schematica del processo di dissoluzione del cloruro di sodio in acqua

5.2.1 Solubilità

La quantità di soluto che si può sciogliere in una data quantità di solvente non è illimitata.

Una *soluzione satura* è una soluzione contenente la massima quantità di un dato soluto che un dato volume di solvente è in grado di sciogliere a una certa temperatura. Se si aggiunge un'ulteriore quantità di soluto a una soluzione satura, il soluto aggiunto non si scioglie più e precipita come *corpo di fondo*.

La *solubilità* di un soluto è la *concentrazione della soluzione satura*; viene di solito espressa in moli/l, ma si può trovare anche espressa in g/l o nelle altre forme in cui viene espressa la concentrazione.

Una soluzione che contiene una quantità di soluto inferiore a quella presente in una soluzione satura è una soluzione *insatura*. Una soluzione che contiene una quantità di soluto maggiore di quella della soluzione satura è detta *sovrassatura*. Una soluzione contenente una concentrazione di soluto relativamente bassa è una *soluzione diluita*; una soluzione in cui la concentrazione del soluto è relativamente alta viene detta *soluzione concentrata*. È opportuno tenere presente che i termini diluito e concentrato non hanno un preciso significato quantitativo.

5.2.2 Fattori che influenzano la solubilità

Natura del solvente e del soluto e interazioni tra di essi

Le sostanze in cui le particelle sono unite da forze intermolecolari simili tendono a essere solubili le une nelle altre. In generale si può affermare che "il simile scioglie il simile". Pertanto:

- le sostanze non polari sono solubili in solventi non polari, così lo iodio (non polare) è solubile in esano (non polare);
- le sostanze ioniche e quelle molecolari polari sono solubili nei solventi polari, per esempio il cloruro di sodio (ionico) e il glucosio (polare) sono solubili in acqua (polare);
- le sostanze non polari e quelle polari sono insolubili le une nelle altre, quindi l'esano (non polare) non è solubile in acqua (polare).

Temperatura

La solubilità delle sostanze la cui dissoluzione è un processo endotermico aumenta all'aumentare della temperatura, in accordo con il principio di Le Chatelier (§ 6.4.2).

La dissoluzione di un solido ionico e della maggior parte dei solidi molecolari polari è endotermica: queste sostanze sono quindi più solubili ad alta temperatura.

$$\text{calore} + KNO_{3(s)} + H_2O_{(l)} \rightleftarrows K^+_{(aq)} + NO_3^-{}_{(aq)}$$

La solubilità delle sostanze la cui dissoluzione è un processo esotermico diminuisce all'aumentare della temperatura. La dissoluzione di un gas in un liquido è un processo esotermico; i gas sono di conseguenza meno solubili ad alta temperatura.

$$NH_{3(g)} + H_2O_{(l)} \rightleftarrows NH_{3(aq)} + \text{calore}$$

Pressione

Questo parametro influenza la solubilità dei gas nei liquidi. La solubilità di un gas in un liquido è infatti proporzionale alla pressione parziale del gas sopra la soluzione (legge di Henry, si veda la sezione di Fisica).

Quando si stappa una bottiglia di acqua minerale gasata la pressione del gas in superficie cala bruscamente e con essa si riduce anche la solubilità dell'anidride carbonica che abbandona il liquido con la conseguente formazione di bollicine.

5.2.3 FATTORI CHE INFLUENZANO LA VELOCITÀ DI DISSOLUZIONE

Agitazione

Agitando la soluzione si aumenta la velocità di dissoluzione del soluto nel solvente.

Temperatura

Aumentando la temperatura, aumenta la velocità della reazione di dissoluzione.

Grado di suddivisione del soluto

Maggiore è la suddivisione del soluto, maggiore è la superficie di contatto tra il solvente e il soluto e maggiore è quindi la velocità della reazione di dissoluzione.

5.2.4 SOLUZIONI ACQUOSE E REGOLE DI SOLUBILITÀ

Le soluzioni più comuni sono le soluzioni acquose nelle quali il solvente è l'acqua. L'acqua, infatti, è un ottimo solvente: è un dipolo e può formare legami a idrogeno o legami ione-dipolo con il soluto.

- I solidi covalenti apolari e i solidi metallici (per le definizioni si veda la parte di Fisica) sono insolubili in acqua;
- la solubilità in acqua di un solido molecolare dipende dalla sua polarità e dalla possibilità di formare legami a idrogeno con le molecole del solvente;
- i solidi ionici sono generalmente solubili in acqua perché gli ioni del solido possono formare legami ione-dipolo con il solvente. Esistono però anche solidi ionici insolubili in acqua. Genericamente, sono considerate insolubili le sostanze che precipitano quando si mescolano volumi uguali di soluzioni 0,1 M dei corrispondenti ioni.

È utile tener presenti le seguenti **regole di solubilità in acqua**.

Composti solubili	Composti insolubili
• Tutti i cloruri (Cl^-), i bromuri (Br^-) e gli ioduri (I^-) sono solubili, tranne quelli di Ag^+, Pb^{2+} e Hg^{2+}. • Tutti i solfati (SO_4^{2-}) sono solubili, tranne quelli di Ca^{2+}, Sr^{2+}, Ba^{2+}, Pb^{2+} e Hg_2^{2+}. • Tutti i sali contenenti NO_3^-, ClO_3^-, ClO_4^-, e $C_2H_3O_2^-$ sono solubili con poche eccezioni. • Tutti i composti dei metalli alcalini sono solubili, tranne alcuni composti del litio.	• Tutti i composti contenenti gli ioni CO_3^{2-}, PO_4^{3-}, SO_3^{2-} e S^{2-} sono insolubili, tranne quelli di NH_4^+ e dei metalli alcalini (gruppo IA). • Tutti gli ossidi metallici e gli idrossidi sono insolubili, tranne quelli dei metalli alcalini; quelli di Ca^{2+}, Sr^{2+} e Ba^{2+} sono debolmente solubili.

Se un sommozzatore risale troppo rapidamente da un'immersione, può essere soggetto alla formazione di emboli gassosi. In che modo questo fenomeno è correlato ai principi che regolano la solubilità dei gas nei liquidi?

La solubilità di un gas in un liquido aumenta all'aumentare della pressione.

L'azoto, a temperatura ambiente, è poco solubile nel sangue e solo una piccolissima quantità dell'azoto inspirato con l'aria si scioglie nel sangue. I sommozzatori, però, respirano aria sotto pressione e in queste condizioni una certa quantità di azoto si scioglie nel sangue. Se il sommozzatore riemerge troppo rapidamente, la pressione del gas disciolto diventa superiore alla pressione atmosferica; l'azoto allora "viene fuori" dalla soluzione, e può formare bollicine di gas nel sangue e nei tessuti.

5.3 CONCENTRAZIONE DELLE SOLUZIONI

La concentrazione di una soluzione esprime il rapporto tra la quantità di soluto e la quantità di soluzione o di solvente. Può essere espressa con diverse unità di misura.

Composizione percentuale peso/peso (% p/p)

La composizione percentuale peso/peso indica il numero di grammi di soluto contenuti in 100 grammi di soluzione. Si calcola con la formula:

$$\% \text{ p/p} = \frac{\text{massa soluto (g)}}{\text{massa soluzione (g)}} \cdot 100$$

Composizione percentuale peso/volume (% p/v)

La composizione percentuale peso/volume indica il numero di grammi di soluto contenuti in 100 millilitri di soluzione. Si calcola con la formula:

$$\% \text{ p/v} = \frac{\text{massa soluto (g)}}{\text{volume soluzione (ml)}} \cdot 100 .$$

La salinità media dell'acqua di mare è pari al 35‰ p/v. Se mettiamo in una stufa a 60 °C 200 ml di acqua di mare, quanto sale pesiamo una volta che l'acqua sia evaporata completamente?

Una salinità del 35‰ corrisponde a 35 g di sale per litro di soluzione. Dato che:

$$35 \text{ g/l} \cdot 0{,}2 \text{ l} = 7{,}0 \text{ g}$$

dopo la completa evaporazione dell'acqua potremo raccogliere 7,0 g di sale.

In una soluzione acquosa del volume complessivo di 500 ml sono presenti 20 g di idrossido di sodio (NaOH). Qual è la concentrazione della soluzione, espressa in percentuale peso/volume?

Poiché la percentuale peso/volume indica i grammi di soluto presenti in 100 ml di soluzione imposto la seguente proporzione:

$$20 \text{ g} : 500 \text{ ml} = x : 100 \text{ ml} \quad \text{da cui: } x = \frac{100 \text{ ml} \cdot 20 \text{ g}}{500 \text{ ml}} = 4 \text{ g}$$

Si tratta quindi di una soluzione al 4% p/v.

Molarità (M)

La molarità indica il numero di moli di soluto contenute in un litro di soluzione:

$$M = \frac{n \text{ (mol)}}{V \text{ (l)}}$$

La concentrazione molare viene indicata ponendo fra parentesi quadre la formula della sostanza cui si fa riferimento; per esempio la notazione [HCl] = 0,5 M indica una soluzione contenente 0,5 moli di HCl per litro di soluzione.

Considerando la soluzione dell'esempio precedente, 20 g di idrossido di sodio in 500 ml di volume complessivo, sapendo che il peso formula dell'idrossido di sodio è 40, calcolare la concentrazione molare della soluzione.

La concentrazione molare (o molarità) di una soluzione indica il numero di moli di soluto presenti in un litro di soluzione, quindi è necessario calcolare a quante moli (n) corrispondono 20 g di NaOH. Ricordando che PM_{NaOH}= 40 g/mol:

$$\text{poiché: } n = \frac{m \text{ (g)}}{\text{PM (g/mol)}} \quad \text{sarà: } n = \frac{20 \text{ g}}{40 \text{ g/mol}} = 0{,}5 \text{ mol}$$

per calcolare la molarità si imposta la proporzione:

$$0{,}5 \text{ mol} : 0{,}5 \text{ l} = x : 1 \text{ l} \quad \text{da cui si ricava: } x = \frac{1 \text{ l} \cdot 0{,}5 \text{ mol}}{0{,}5 \text{ l}} = 1 \text{ mol/l}$$

La soluzione ha concentrazione 1 molare, o 1 M.

Molalità (m)

La molalità indica il numero di moli di soluto disciolte in 1 kg di solvente. Si calcola con la formula:

$$m = \frac{n\ (\text{mol})}{\text{massa solvente (kg)}}$$

Per soluzioni acquose molto diluite, i valori della molarità e della molalità sono praticamente coincidenti.

Frazione molare (χ)

La frazione molare esprime il rapporto fra il numero di moli di un componente e il numero di moli totali di tutti i componenti la soluzione. Si calcola con la formula:

$$\chi_A = \frac{n\ \text{componente A (mol)}}{n\ \text{totali (mol)}}$$

La frazione molare è un numero sempre compreso fra 0 e 1. La somma delle frazioni molari di tutti i componenti del sistema è sempre uguale a 1.

Normalità (N)

La normalità indica il numero di equivalenti (si veda il paragrafo seguente) di soluto contenuti in un litro di soluzione. È sempre un multiplo della molarità della medesima soluzione e si calcola con la formula:

$$N = \frac{n_{eq}\ (\text{eq})}{V\ (\text{l})}.$$

In una soluzione acquosa del volume complessivo di 500 ml sono presenti 20 g di idrossido di sodio (NaOH). Qual è la concentrazione della soluzione, espressa in percentuale peso/volume?

Poiché la percentuale peso/volume indica i grammi di soluto presenti in 100 ml di soluzione imposto la seguente proporzione:

$$20\ \text{g} : 500\ \text{ml} = x : 100\ \text{ml}$$

da cui:

$$x = \frac{100\ \text{ml} \cdot 20\ \text{g}}{500\ \text{ml}} = 4\ \text{g}$$

Si tratta quindi di una soluzione al 4% p/v.

5.3.1 L'EQUIVALENTE CHIMICO E LA MASSA EQUIVALENTE

L'equivalente chimico è un'unità di quantità di materia la cui definizione dipende dal tipo di sostanza considerata e dalla reazione in cui questa è coinvolta.

- Un equivalente di acido = frazione di mole che cede una mole di ioni H^+ dissociandosi (§ 7.1.1).
- Un equivalente di base = frazione di mole che cede una mole di ioni OH^- dissociandosi. (§ 7.1.1).
- Un equivalente di ossidante = frazione di mole che acquista una mole di elettroni in una reazione redox (§ 4.5).
- Un equivalente di riducente = frazione di mole che cede una mole di elettroni in una reazione redox.

In generale si può affermare che un equivalente di una specie chimica reagisce sempre con un equivalente di un'altra, dando un equivalente di prodotto.

Mentre la mole è una quantità definita e costante di materia (contenente un numero di Avogadro di particelle), l'equivalente è una quantità variabile, definita di volta in volta dall'equazione chimica bilanciata. Il numero di equivalenti è comunque sempre un multiplo intero (1, 2, 3 ecc.) del numero di moli.

CHIMICA

La massa in grammi di un equivalente è detta *massa equivalente* (ME) o *peso equivalente* (PE) e si esprime in g/eq. Il valore del PE di un composto si calcola attraverso il rapporto tra il suo peso molare (PM) e il numero di equivalenti contenuti in una mole.

$$PE\ (g/eq) = \frac{PM\ (g/mol)}{n° \text{ di equivalenti contenuti in una mole di sostanza}}$$

Il numero di equivalenti (n_{eq}) corrispondenti a una data massa di composto si calcola dividendo la massa data (m) per il peso equivalente del composto:

$$n_{eq} = \frac{m\ (g)}{PE\ (g/eq)}$$

Nella reazione: $H_2SO_4 + 2\ NaOH \rightarrow Na_2SO_4 + 2\ H_2O$

una mole di H_2SO_4 scambia due moli di ioni H^+ e corrisponde quindi a due equivalenti di H_2SO_4. Il peso equivalente dell'acido è dunque pari a:

$$PE = \frac{98\ g/mol}{2\ eq/mol} = 49\ g/eq$$

Nella reazione: $H_2SO_4 + NaOH \rightarrow NaHSO_4 + H_2O$

invece, una mole di H_2SO_4 scambia una mole di ioni H^+ e corrisponde quindi a un equivalente di H_2SO_4. In questo caso, allora, il peso equivalente dell'acido corrisponde al suo peso molare (PE = PM).

Lo ione permanganato (MnO_4^-) può ridursi a ione Mn^{2+} acquistando 5 elettroni secondo la semireazione:

$$MnO_4^- + 8\ H^+ + 5\ e^- \rightarrow Mn^{2+} + 5\ H_2O$$

Una mole di MnO_4^- contiene in questo caso 5 equivalenti di MnO_4^-, il suo PE è quindi pari a:

$$PE = \frac{119\ g/mol}{5\ eq/mol} = 23,8\ g/eq$$

Lo stesso ione può ridursi anche a MnO_2 acquistando 3 elettroni secondo la semireazione:

$$MnO_4^- + 4\ H^+ + 3\ e^- \rightarrow MnO_2 + 2\ H_2O$$

Una mole di MnO_4^- contiene in questo caso 3 equivalenti di MnO_4^-, il suo PE è quindi pari a:

$$PE = \frac{119\ g/mol}{3\ eq/mol} = 39,67\ g/eq$$

La normalità di una soluzione si calcola dividendo il numero di equivalenti di soluto (n_{eq}) per il volume della soluzione espresso in litri. Si ha quindi: $N = \frac{n_{eq}(eq)}{V\ (l)}$

Il numero di equivalenti contenuti in una mole di un sale che si dissocia in ioni corrisponde al numero di cariche unitarie positive o negative che il sale libera dissociandosi.

Dato che NaCl in acqua si dissocia in Na^+ e Cl^-, si ha che:

$$PE_{NaCl} = \frac{58,45 g/mol}{1 eq/mol} = 58,45 g/eq;$$

Dato che $CuSO_4$ in acqua si dissocia in Cu^{2+} e SO_4^{2-}, si ha che:

$$PE_{CuSO_4} = \frac{159,6 g/mol}{2 eq/mol} = 79,8 g/eq$$

Per ricavare la normalità di una soluzione a molarità nota e viceversa valgono le relazioni:

$$N = M \cdot n_{eq}/mol \quad e \quad M = \frac{N}{n_{eq}/mol}$$

Poiché, a seconda dei casi, il numero di equivalenti per mole può essere pari a 1, 2, 3..., la normalità di una soluzione è sempre superiore o tutt'al più uguale alla sua molarità, mai inferiore.

5.3.2 DILUIZIONE

Una soluzione diluita può essere preparata aggiungendo acqua a una soluzione concentrata. Diluendo la soluzione il numero di moli (o di equivalenti) di soluto non varia, vale quindi la relazione:

n° moli soluto nella soluzione concentrata = n° moli soluto nella soluzione diluita

ovvero: $$M_{conc} \cdot V_{conc} = M_{dil} \cdot V_{dil}$$

dove:

M_{conc} = molarità della soluzione concentrata

M_{dil} = molarità della soluzione diluita

V_{conc} = volume della soluzione concentrata

V_{dil} = volume della soluzione diluita

e analogamente: $$N_{conc} \cdot V_{conc} = N_{dil} \cdot V_{dil}$$

dove:

N_{conc} = normalità della soluzione concentrata

N_{dil} = normalità della soluzione diluita

5.4 IONIZZAZIONE E DISSOCIAZIONE IONICA

✔ **I soluti che sciolti in acqua liberano ioni, rendendo conduttrice la soluzione risultante, sono detti *elettroliti* e le loro soluzioni sono chiamate *soluzioni elettrolitiche*.**

Le sostanze che sciolte in acqua non si dissociano e formano quindi soluzioni che non conducono la corrente elettrica sono invece chiamate *non elettroliti.*

Tra gli elettroliti, i composti ionici (per esempio NaCl) sciolti in acqua si dissociano, i composti molecolari polari (per esempio HCl) prima si ionizzano e poi si dissociano (si noti che non tutte le sostanze molecolari polari si dissociano, la molecola del glucosio: per esempio, è polare ma non si dissocia in acqua).

- Per **dissociazione ionica** (o elettrolitica) si intende il processo di separazione degli ioni positivi e negativi presenti in un composto ionico, provocato dall'acqua.
- Per **ionizzazione** si intende il processo di formazione di ioni positivi e negativi operato dall'acqua su un composto molecolare polare come HCl. L'acqua trasforma perciò il composto molecolare in un composto ionico che quindi si dissocia.

La dissociazione può essere totale o parziale. Si può definire il *grado di dissociazione*, α:

$$\alpha = \frac{\text{n° di moli dissociate}}{\text{n° di moli totale}}$$

- *Elettrolita forte*: sostanza che in acqua si dissocia totalmente ($\alpha = 1$).
- *Elettrolita debole*: sostanza che in acqua si dissocia parzialmente ($\alpha < 1$).

I sali solubili, gli acidi forti e le basi forti sono elettroliti forti.
Gli acidi e le basi deboli sono elettroliti deboli.

5.5 PROPRIETÀ COLLIGATIVE DELLE SOLUZIONI

Quando si aggiunge un soluto non volatile a un solvente, le proprietà fisiche della soluzione che si forma sono diverse da quelle del solvente puro. Alcune proprietà, per esempio la densità e il pH, dipendono oltre che dalla concentrazione delle particelle di soluto, anche dalla natura dei componenti della soluzione; non è così per le proprietà colligative, che sono: abbassamento della tensione di vapore, innalzamento ebullioscopico, abbassamento crioscopico e il fenomeno della pressione osmotica.

CHIMICA

Le proprietà colligative sono proprietà delle soluzioni di un soluto non volatile in un solvente volatile che dipendono esclusivamente dalla concentrazione, ovvero dal numero TOTALE delle particelle di soluto in soluzione (molecole o ioni) e NON dalla loro natura.

5.5.1 ABBASSAMENTO DELLA TENSIONE DI VAPORE: LEGGE DI RAOULT

Per la *legge di Raoult*, la tensione di vapore (per la definizione si veda la parte di Fisica) di una soluzione ideale (P_{sol}) è pari alla somma delle tensioni di vapore dei componenti, ciascuna moltiplicata per la rispettiva frazione molare nella fase liquida. Ne consegue che la tensione di vapore di una soluzione contenente un soluto non volatile è sempre inferiore a quella del solvente puro.

5.5.2 INNALZAMENTO EBULLIOSCOPICO E ABBASSAMENTO CRIOSCOPICO

L'aggiunta di un soluto non volatile a un solvente dà luogo a una soluzione il cui punto di ebollizione è maggiore (*innalzamento ebullioscopico*) e il cui punto di congelamento è minore (*abbassamento crioscopico*) di quello del solvente puro. L'entità dell'effetto è proporzionale alla concentrazione molale (m) della soluzione secondo le relazioni:

$$T_{eb}\ \text{soluzione} - T_{eb}\ \text{solvente} = \Delta T_{eb} = K_{eb} \cdot \text{m}$$

$$T_c\ \text{solvente} - T_c\ \text{soluzione} = \Delta T_c = K_c \cdot \text{m}$$

dove: K_{eb} = *costante ebullioscopica molale* del solvente;
K_c = *costante crioscopica molale* del solvente.

K_{eb} e K_c sono costanti caratteristiche per ogni solvente (si veda anche § 5.5.4).

L'acqua salata bolle a una temperatura superiore a 100°C e ghiaccia a una temperatura inferiore a 0°C. È questo il motivo per cui d'inverno, sulle strade ghiacciate, si usa spargere del sale (soluto non volatile) per sciogliere il ghiaccio.

5.5.3 OSMOSI E PRESSIONE OSMOTICA

Separando due soluzioni a diversa concentrazione (o una soluzione e il suo solvente) con una membrana semipermeabile, cioè permeabile solo al solvente e non al soluto (fig. a), si verifica il fenomeno dell'*osmosi* che consiste nel movimento netto del solvente attraverso la membrana dalla soluzione più diluita a quella più concentrata (o dal solvente puro verso la soluzione), fino al raggiungimento di una situazione di equilibrio (fig. b). Il risultato di ciò è l'innalzamento del livello della soluzione più concentrata rispetto a quella più diluita (o al solvente puro).

La pressione che occorre applicare sulla soluzione più concentrata per riportarla al livello di quella più diluita, è detta *pressione osmotica* (fig. c).

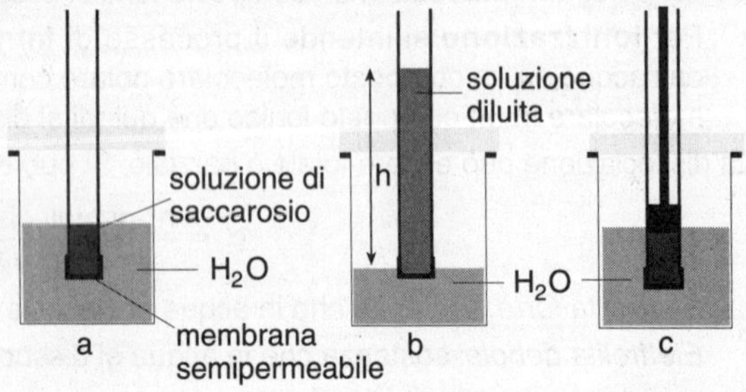

La pressione osmotica (π) di una soluzione in cui il soluto è un non elettrolita si calcola mediante una relazione molto simile a quella dell'equazione di stato dei gas ideali:

$$\pi \cdot V = n \cdot RT$$

da cui: $\pi = \dfrac{n}{V} \cdot RT = \text{M} \cdot RT$

Confrontando la pressione osmotica di due soluzioni:

se $\pi_A = \pi_B$ ⇔ le due soluzioni sono *isotoniche* l'una rispetto all'altra;

se $\pi_A > \pi_B$ ⇔ { la soluzione A è *ipertonica* rispetto alla soluzione B;
la soluzione B è *ipotonica* rispetto alla soluzione A.

Se due soluzioni aventi diversa pressione osmotica sono separate da una membrana semipermeabile si ha passaggio netto di solvente dalla soluzione ipotonica (meno concentrata) a quella ipertonica (più concentrata) fino al raggiungimento di una condizione di equilibrio.

Una soluzione allo 0,9 p/v di NaCl è chiamata *soluzione fisiologica* perché ha la stessa pressione osmotica dei fluidi corporei (π = 7,8 bar) ed è quindi isotonica rispetto a questi.
Per tale motivo, nelle banche del sangue, i globuli rossi vengono conservati in soluzione fisiologica; se i globuli rossi vengono immersi in una soluzione più diluita di quella fisiologica (a minor pressione osmotica, e quindi ipotonica rispetto al contenuto cellulare), l'acqua entra nella cellula per diluirne il contenuto, rigonfiandola fino a farla eventualmente scoppiare.

5.5.4 PROPRIETÀ COLLIGATIVE NELLE SOLUZIONI ELETTROLITICHE

Dato che un elettrolita in soluzione si dissocia in ioni, una mole di elettrolita in soluzione libera più particelle di una mole di un non elettrolita e ha quindi maggior effetto sulle proprietà colligative.

Per calcolare l'effetto sulle proprietà colligative indotto dalla presenza di un elettrolita è necessario considerare il numero totale di particelle in cui l'elettrolita si dissocia, introducendo nella formula un *coefficiente* detto *di Van't Hoff (i).*

Assumendo che gli ioni siano indipendenti gli uni dagli altri:

i = numero di ioni in cui l'elettrolita è dissociato.

Nel caso in cui il soluto sia un elettrolita, l'innalzamento ebullioscopico (ΔT_{eb}) e l'abbassamento crioscopico (ΔT_c) si calcolano tramite le formule seguenti:

$$\Delta T_{eb} = K_{eb} \cdot m \cdot i \qquad \Delta T_c = K_c \cdot m \cdot i$$

Analogamente, per il calcolo della pressione osmotica per soluzioni di elettroliti, vale la relazione:

$$\pi = M \cdot RT \cdot i$$

In modo alternativo, per calcolare la pressione osmotica si può utilizzare l' *osmolarità.*

Osmolarità

L'osmolarità è un'espressione della concentrazione di una soluzione che sottolinea il *numero di particelle* di soluto presenti nella soluzione stessa.

L'osmolarità esprime il numero di *osmoli* di soluto contenute in un litro di soluzione, dove il numero di osmoli si calcola moltiplicando il numero di moli per il coefficiente *i*; si ha quindi:

$$\text{OSM} = \frac{n_{osm}}{(V)(\text{l})} \quad \text{ma} \quad n_{osm} = n \cdot i \quad \text{quindi} \quad \text{OSM} = M \cdot i$$

1. In una soluzione di glucosio ($C_6H_{12}O_6$) 0,5 M poichè $C_6H_{12}O_6$ non è un elettrolita,

$$i = 1, \quad \text{quindi} \quad \text{OSM} = M = 0{,}5$$

2. In una soluzione di NaCl 0,5 M, una mole di NaCl si dissocia liberando due moli di particelle secondo la seguente equazione:

$$NaCl \rightarrow Na^+ + Cl^- \qquad i = 2, \quad \text{quindi} \quad \text{OSM} = M{\cdot}2 = 0{,}5 \cdot 2 = 1$$

3. In una soluzione di $BaCl_2$ 0,5 M, una mole di sale si dissocia liberando 3 moli di particelle:

$$BaCl_2 \rightarrow Ba^{2+} + 2\,Cl^- \qquad i = 3, \quad \text{quindi} \quad \text{OSM} = M{\cdot}3 = 0{,}5 \cdot 3 = 1,5$$

Ricordando che R, la costante dei gas, ha il valore di 0,0821 l atm K^{-1} mol^{-1},
alla temperatura di 25°C (298 K) la pressione osmotica delle tre soluzioni, sarà pari a:

1. $\pi_{glucosio} = M \cdot RT \cdot i = 0{,}5 \cdot 0{,}0821 \cdot 298 \cdot 1 = 12{,}233$ atm.
2. $\pi_{NaCl} = M \cdot RT \cdot i = 0{,}5 \cdot 0{,}0821 \cdot 298 \cdot 2 = 24{,}466$ atm.
3. $\pi_{BaCl_2} = M \cdot RT \cdot i = 0{,}5 \cdot 0{,}0821 \cdot 298 \cdot 3 = 36{,}699$ atm.

La pressione osmotica della soluzione di glucosio è pari alla metà della pressione osmotica di una soluzione di NaCl e a un terzo di una soluzione di $BaCl_2$ di pari concentrazione.
Analogamente l'innalzamento ebullioscopico e l'abbassamento crioscopico nella soluzione di NaCl 0,5 M e nella soluzione di $BaCl_2$ saranno di entità rispettivamente doppia e tripla rispetto a quelli della soluzione di glucosio di pari concentrazione.

La pressione osmotica del plasma sanguigno, pari a circa 7,5 atm, è dovuta alla presenza nel plasma di proteine ed elettroliti disciolti. Le proteine rappresentano in 7% in peso del plasma, però il loro contributo alla pressione osmotica del sangue è irrilevante rispetto al ruolo giocato dagli elettroliti. Come si spiega questo fenomeno?
Per comprendere questo fenomeno è sufficiente soffermarsi sulla relazione che definisce la pressione osmotica: $\pi = M \cdot R \cdot T \cdot i$. Le proteine hanno un peso molecolare molto elevato, quindi la concentrazione molare di queste sostanze è bassa; inoltre per le proteine $i = 1$, mentre per gli elettroliti $i > 1$.

5.6 Sospensioni e colloidi

Le soluzioni sono miscele omogenee aventi composizione uniforme in ogni punto.
Le *miscele eterogenee* sono invece costituite da più fasi disperse una nell'altra, ma distinguibili almeno al microscopio. A seconda delle fasi in cui si trovano i componenti, si distinguono:

- *aerosol*: miscela eterogenea costituita da una fase solida o liquida dispersa in una fase gassosa; per esempio la nebbia è un aerosol formato di acqua dispersa nell'aria;
- *emulsione*: miscela di due fasi liquide disperse una nell'altra; per esempio olio e aceto;
- *sospensione*: sistema costituito da una fase solida dispersa in una fase liquida; per esempio il sale nell'olio;
- *colloidi* (o *dispersioni colloidali*): miscugli in cui le particelle hanno dimensioni intermedie tra quelle contenute nelle soluzioni e quelle delle sospensioni grossolane; per esempio sono colloidi i pigmenti utilizzati per le vernici.

QUESITI SVOLTI

1 **Quale dei seguenti sistemi è omogeneo?**

- **A** Sospensione
- **B** Lega metallica
- **C** Emulsione
- **D** Soluzione con corpo di fondo
- **E** Nebbia

Un sistema è omogeneo quando i diversi componenti sono presenti in un'unica fase. Per individuare, fra quelli proposti, il sistema omogeneo, è importante ricordare che una fase è una porzione di materia con proprietà fisiche costanti, delimitata da una superficie di discontinuità fisicamente definibile.

Una sospensione è formata una fase solida dispersa in una fase liquida, quindi la risposta **A** è errata; un'emulsione è una miscela di due fasi liquide disperse una nell'altra, ma distinguibili perché immiscibili, come l'olio e l'acqua, anche la risposta **C** è quindi errata. Una soluzione con corpo di fondo comprende una fase solida (il corpo di fondo), mentre la nebbia è un aerosol, cioè un sistema formato da minuscole goccioline di liquido sospese nell'aria; neanche questi ultimi due sono quindi sistemi omogenei, e anche le risposte **D** ed **E** sono errate. La risposta esatta è la **B**, infatti una lega metallica è una soluzione solida, formata da due o più sostanze allo stato solido, con composizione uniforme in ogni punto.

---

2 **Il sale da cucina, NaCl, si scioglie facilmente in acqua perché:**

- **A** le molecole d'acqua hanno un'energia cinetica più elevata del sale
- **B** in acqua si generano gli atomi Na e Cl
- **C** fonde e diventa liquido
- **D** reagisce con l'acqua per dare HCl e NaOH che sono solubili
- **E** gli ioni Na^+ e Cl^- sono fortemente attirati dalle molecole d'acqua

Il cloruro di sodio si scioglie facilmente in acqua perché fra le molecole d'acqua e gli ioni Na^+ e Cl^- si instaurano delle forze attrattive che controbilanciano quelle esistenti fra gli ioni nel cristallo di sale. Quando il sale è sciolto tutti gli ioni sono stati circondati da molecole di acqua. La risposta esatta è quindi la **E**.

---

3 **La solubilità a pressione costante dell'azoto nell'acqua è massima a:**

A 0 °C **B** 200 °C **C** 100 °C **D** 1000 °C **E** 500 °C

La concentrazione (*C*) di un gas disciolto in un liquido, secondo la legge di Henry, corrisponde al prodotto della sua pressione parziale (*P*) per una costante (*K*) caratteristica per ciascun gas:

$$C = K \cdot P$$

Il valore della costante è inversamente proporzionale alla temperatura quindi, a parità di pressione, la solubilità di un gas in un liquido aumenta al diminuire della temperatura. Fra le alternative proposte dal quesito, quindi, la solubilità dell'azoto nell'acqua sarà massima a 0 °C; risposta **A**.

CHIMICA

4 La frazione molare del solvente è il rapporto tra:

A le moli di solvente e i grammi di soluzione
B le moli di solvente e i grammi di soluto
C le moli di solvente e le moli di soluto
D i grammi di solvente e le moli totali
E le moli di solvente e le moli totali

La frazione molare esprime il rapporto fra il numero di moli di un componente e il numero di moli totali di tutti i componenti la soluzione. La frazione molare del solvente corrisponde quindi al rapporto fra le moli di solvente e le moli totali (risposta E).

5 A quale volume bisogna diluire 10 ml di HCl 8 M per ottenere HCl 0,4 M?

A 40 ml B 200 ml C 80 ml D 400 ml E 32 ml

Per rispondere al quesito è necessario ricordare che, noti il volume (*V*) e la molarità (M) di una soluzione, il numero di moli di soluto (*n*) presenti si ricava dalla relazione:

$$n = \mathrm{M} \cdot V$$

Si ricordi inoltre che quando una soluzione viene diluita il numero di moli totali di soluto non cambia, quindi si può dire che:

$$\mathrm{M}_{conc} \cdot V_{conc} = \mathrm{M}_{dil} \cdot V_{dil}$$

nel nostro caso:

$$\mathrm{M}_{conc} = 8 \text{ mol/l}$$
$$V_{conc} = 10 \text{ ml}$$
$$\mathrm{M}_{dil} = 0{,}4 \text{ mol/l}$$

quindi:

$$V_{dil} = \frac{\mathrm{M}_{conc} \cdot V_{conc}}{\mathrm{M}_{dil}} = \frac{8 \text{ mol/l} \cdot 10 \text{ ml}}{0{,}4 \text{ mol/l}} = 200 \text{ ml}$$

La risposta esatta è la B.

6 In 2000 ml di una soluzione acquosa sono presenti 3,65 g di HCl (p.m. = 36,5 u.m.a.); la concentrazione della soluzione è:

A 0,5 M B 0,1 M C 0,05 m D 0,05 M E 3,65 M

Per rispondere correttamente occorre calcolare a quante moli corrisponde la quantità di HCl proposta in termini di peso. Poiché il peso molecolare di HCl è pari a 36,5, una mole di questa sostanza pesa 36,5 g. Per calcolare a quante moli corrisponde la quantità proposta dal quesito, è sufficiente applicare la formula che mette in relazione peso in grammi (*m*) e numero di moli (*n*): *n* = *m*/PM; sarà quindi:

$$n_{HCl} = \frac{m_{HCl}}{PM_{HCl}} = \frac{3,65 \text{ g}}{36,5 \text{ g/mol}} = 0,1 \text{ mol}$$

Poiché la molarità è definita come il numero di moli di soluto contenute in un litro di soluzione, la molarità della soluzione in esame si può ricavare utilizzando la formula $\mathrm{M} = \frac{n \text{ (mol)}}{V \text{ (l)}}$;

nel nostro caso:

$$\mathrm{M} = \frac{0,1 \text{mol}}{2 \text{ l}} = 0,05 \text{ mol/l}$$

quindi la concentrazione di questa soluzione è di 0,05 mol/litro, cioè 0,05 M. La risposta esatta è la D. È importante non confondere molarità (M) e molalità (m): quest'ultima è espressione delle moli di soluto per chilogrammo di solvente, poiché il quesito non fa riferimento al peso del solvente ma al volume della soluzione la risposta C è certamente da scartare.

7 Quanti grammi di un soluto al 5% (p/v) sono sciolti in 600 ml di soluzione?

A 5 g
B 600 g
C 50 g
D 30 g
E 300 g

La concentrazione percentuale p/v esprime i grammi di soluto disciolti in 100 ml di soluzione. Una soluzione al 5% p/v contiene 5 g di soluto in 100 ml di soluzione, quindi i grammi di soluto da sciogliere in 600 ml si ricavano dalla proporzione seguente:

$$100 \text{ ml} : 5 \text{ g} = 600 \text{ ml} : x \text{ g}$$

da cui si ricava $x = \frac{600 \text{ ml} \cdot 5 \text{ g}}{100 \text{ ml}} = 30 \text{ g}$

Per preparare la soluzione richiesta sono necessari 30 g di soluto; risposta D.

8 Quanti grammi di $MgSO_4$ (P.M. = 120) occorrono per preparare 2000 ml di una soluzione 3 M?

A 360 g
B 720 g
C 500 g
D 120 g
E 480 g

Una soluzione 3 M di solfato di magnesio ($MgSO_4$) contiene 3 moli per litro di questo sale; per prepararne 2000 ml sono necessarie quindi 6 moli di $MgSO_4$.

Dato che il peso molecolare di questo sale è pari a 120, una mole pesa 120 g e per rispondere al quesito è sufficiente moltiplicare questo peso per 6:

$$120 \text{ g} \cdot 6 = 720 \text{ g}$$

Per preparare 2000 ml di una soluzione 3 M di $MgSO_4$ sono necessari 720 g di sale; risposta B.

9 Raddoppiando il volume di una soluzione di cloruro di sodio mediante aggiunta di acqua pura, il punto di congelamento della nuova soluzione:

A diminuisce
B non varia
C diminuisce di 2° C
D aumenta
E aumenta di 2° C

Il punto di congelamento di una soluzione è più basso del punto di congelamento del solvente puro e l'entità della variazione non dipende dalla natura chimica del soluto ma solo dalle caratteristiche del solvente e dal numero di particelle in soluzione; l'abbassamento del punto di congelamento è infatti una delle proprietà colligative delle soluzioni.

Raddoppiando il volume di una soluzione di cloruro di sodio (NaCl), nella nuova soluzione gli ioni che formano questo sale saranno meno concentrati, quindi il punto di congelamento della nuova soluzione sarà più alto di quello della prima soluzione; risposta D. La risposta E è da scartare perché l'entità della variazione, dipendente dalle caratteristiche del solvente e dalla concentrazione delle particelle, non può essere determinata in base ai dati forniti dal testo del quesito.

CHIMICA

10 In quale delle seguenti soluzioni la pressione osmotica è maggiore?

A Glucosio 1 M
B Cloruro di sodio 0,6 M
C Cloruro di calcio 0,5 M
D Cloruro di sodio 0,7 M
E Glucosio 0,5 M

La pressione osmotica di una soluzione è proporzionale alla sua osmolarità, ovvero al numero di osmoli (n_{osm}) contenute in un litro di soluzione. Se il soluto non si dissocia in ioni (non elettrolita), il valore dell'osmolarità della soluzione coincide con quello della molarità. Se il soluto invece si dissocia (elettrolita), il numero di osmoli presenti in un litro è superiore al numero di moli di soluto e si può calcolare moltiplicando il numero di moli (n) per il numero di particelle che un'unità di soluto libera dissociandosi (i).

Il glucosio è un non elettrolita. In una soluzione 1 M di glucosio si ha dunque:

$$n_{osm}/l = n/l = 1$$

mentre in una soluzione 0,5 M si ha: $n_{osm}/l = 0{,}5$.

Un'unità di cloruro di sodio (NaCl) in soluzione si dissocia secondo la reazione:

$$NaCl \rightarrow Na^+ + Cl^-$$

liberando complessivamente due ioni. In questo caso, pertanto, si ha $i = 2$ e dunque:

per la B: $n_{osm}/l = n/l \cdot 2 = 0{,}6 \cdot 2 = 1{,}2$
per la D: $n_{osm}/l = n/l \cdot 2 = 0{,}7 \cdot 2 = 1{,}4$

Un'unità di cloruro di calcio ($CaCl_2$) in soluzione si dissocia invece nel modo seguente:

$$CaCl_2 \rightarrow Ca^{2+} + 2\ Cl^-$$

liberando complessivamente tre ioni. In questo caso si ha quindi $i = 3$ e dunque:

$$n_{osm}/l = n/l \cdot 3 = 0{,}5 \cdot 3 = 1{,}5$$

La soluzione che contiene il maggior numero di osmoli in un litro e ha pertanto la maggior pressione osmotica è dunque quella di $CaCl_2$; risposta C.

PARTE QUINTA

6 TERMODINAMICA, CINETICA DELLE REAZIONI ED EQUILIBRIO CHIMICO

6.1 CALORE DI REAZIONE E VARIAZIONE DI ENTALPIA

Spesso le reazioni chimiche sono accompagnate da sviluppo o assorbimento di calore.

Le reazioni che sviluppano calore sono dette reazioni *esotermiche*.

Le reazioni che assorbono calore sono dette reazioni *endotermiche*.

Per esprimere le variazioni termiche che accompagnano una reazione i chimici fanno ricorso a una funzione di stato chiamata *entalpia* (H) che indica il contenuto termico del sistema e si può immaginare come energia immagazzinata sotto forma di legami chimici. Il calore (Q) assorbito o sviluppato dal sistema a pressione costante (detto *calore di reazione*) è uguale alla variazione di entalpia (ΔH) della reazione, dove:

$$\Delta H = H_{prod} - H_{reag} = Q$$

In una reazione esotermica	$H_{prod} < H_{reag}$	e quindi	$\Delta H < 0$
In una reazione endotermica	$H_{prod} > H_{reag}$	e quindi	$\Delta H > 0$

$3\,H_{2\,(g)} + N_{2\,(g)} \rightarrow 2\,NH_{3\,(g)}$ $\quad\Delta H = H_{prod} - H_{reag} = -92{,}4$ kJ

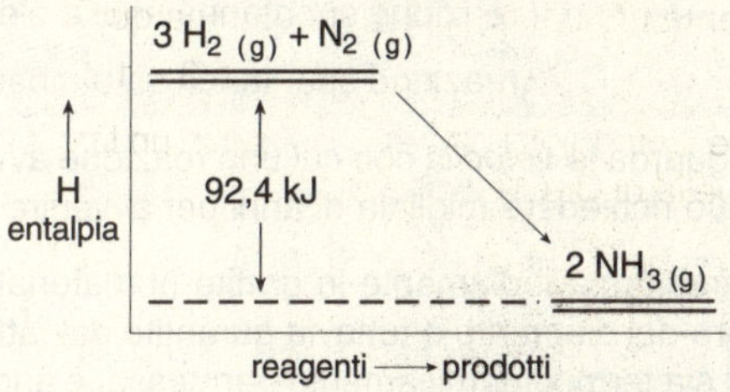

Il ΔH di una reazione ha lo stesso valore, ma segno opposto, rispetto a quello della reazione inversa. Il calore può essere considerato come un reagente della reazione (nelle reazioni endotermiche) o come un prodotto (nelle reazioni esotermiche); come tale, va indicato nell'equazione di reazione. Un'equazione che riporta anche il dato del calore di reazione è detta *equazione termochimica*.

$N_{2\,(g)} + 3\,H_{2\,(g)} \rightarrow 2\,NH_{3\,(g)} + 92{,}4$ kJ oppure $2\,NH_{3\,(g)} + 92{,}4\text{ kJ} \rightarrow N_{2\,(g)} + 3\,H_{2\,(g)}$

In commercio si trovano caffé, tè e altre bevande, in contenitori di plastica, che, esercitando una pressione sul fondo e agitando il contenitore per alcuni secondi, si scaldano. I contenitori hanno un doppio fondo nel quale si trovano, separati da una membrana, cloruro di calcio e acqua. Come si spiega il riscaldamento della bevanda?
La pressione sul fondo del contenitore provoca la miscelazione del cloruro di calcio ($CaCl_2$) con l'acqua che scioglie il sale. La reazione di dissoluzione è esotermica, quindi libera il calore che permette di riscaldare la bevanda.

Legge di Hess

Dato che l'entalpia è una funzione di stato, il ΔH di una reazione dipende solo dagli stati iniziale e finale e ha quindi lo stesso valore indipendentemente dal fatto che essa avvenga in un solo stadio o attraverso una serie di passaggi intermedi.

6.2 SPONTANEITÀ DELLE REAZIONI CHIMICHE ED ENERGIA LIBERA

Spesso le reazioni esotermiche sono reazioni spontanee. Il segno della variazione di entalpia non è però l'unico fattore da cui dipende la spontaneità di una reazione. Gli altri due fattori sono la temperatura T e la variazione di entropia del sistema, ΔS (si veda anche la sezione di Fisica). Tra i tre parametri ΔH, T e ΔS esiste una relazione espressa matematicamente dall'*equazione di Gibbs* che indica l'andamento dell'energia libera, ΔG:

$$\Delta G = \Delta H - T\Delta S$$

dove T è la temperatura assoluta alla quale avviene la reazione.

La spontaneità di una reazione dipende dal segno della variazione di energia libera associata alla reazione stessa: una reazione è *spontanea* se caratterizzata da una *diminuzione di energia libera*, ovvero se l'energia libera dei prodotti è minore dell'energia libera dei reagenti.

Si possono verificare tre casi:

1. $\Delta G < 0$ → la reazione è **spontanea**. Una reazione spontanea è detta **esoergonica**. Spesso le reazioni esotermiche sono anche esoergoniche;
2. $\Delta G > 0$ → la reazione **non** è **spontanea**. In questo caso la reazione si dice **endoergonica**;
3. $\Delta G = 0$ → la reazione **è all'equilibrio** (§ 6.4).

La tabella seguente riepiloga gli effetti dei segni di ΔH e di ΔS e della temperatura sulla spontaneità di una reazione chimica.

ΔH	ΔS	ΔG	
–	+	–	reazione spontanea a ogni temperatura
+	–	+	reazione non spontanea a ogni temperatura
+	+	+/–	reazione spontanea solo a elevata temperatura
–	–	+/–	reazione spontanea solo a bassa temperatura

La termodinamica non riguarda la *velocità* con cui una reazione avviene. Una reazione termodinamicamente spontanea può richiedere migliaia di anni per avvenire.

La reazione che trasforma il diamante in grafite (il materiale delle matite) è una reazione spontanea. Il valore del diamante è tuttavia garantito dal fatto che la reazione di trasformazione, nonostante sia termodinamicamente permessa, è anche estremamente lenta (miliardi di anni) e, macroscopicamente, è come se non avvenisse.

6.3 CINETICA CHIMICA

Il ramo della chimica che si occupa della velocità delle reazioni chimiche e dei fattori che la influenzano prende il nome di cinetica chimica. La cinetica chimica poggia sulla teoria delle collisioni.

Teoria delle collisioni

Data la reazione α A + β B → γ C + δ D, affinché A e B reagiscano è necessario che:

1. A e B si urtino: la teoria delle collisioni afferma che la velocità di una reazione è proporzionale al numero di collisioni per secondo tra le molecole reagenti;
2. l'urto sia *efficace energeticamente e spazialmente*: perché l'urto sia efficace e i legami tra le particelle reagenti possano rompersi, queste, oltre a possedere sufficiente energia cinetica, devono collidere con un orientamento reciproco opportuno. Esiste una energia di soglia al di sotto della quale l'urto tra A e B non è seguito dalla formazione dei prodotti di reazione; tale energia prende il nome di *energia di attivazione (E_a)* e corrisponde all'energia minima richiesta per la formazione del *complesso attivato*. Il complesso attivato è un aggregato di atomi a vita infinitesima in cui si stanno rompendo i vecchi legami e si stanno formando i legami nuovi. Il momento della reazione in cui si forma il complesso attivato viene detto *stato di transizione*.

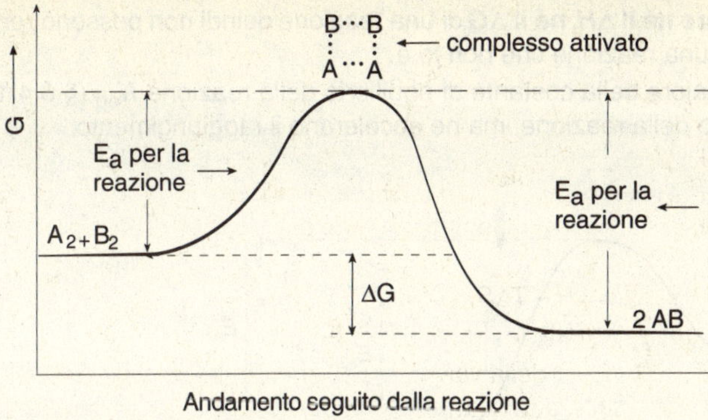

Diagramma dell'energia potenziale per la reazione esoergonica

$A_2 + B_2 \rightarrow 2\,AB$

Nonostante i prodotti abbiano energia più bassa dei reagenti, perché la reazione avvenga, i reagenti devono passare attraverso uno stato di transizione chiamato complesso attivato, caratterizzato da un maggior contenuto energetico.

Il valore dell'energia di attivazione E_a è caratteristico per ogni reazione ed è indipendente dalla concentrazione dei reagenti. Maggiore è il valore di E_a, minore è la velocità di reazione.

6.3.1 VELOCITÀ DI REAZIONE

Si consideri la reazione A → B in cui A è il reagente e B il prodotto della reazione.

Indicando con [A] la concentrazione molare della specie reagente e con *v* la velocità della reazione, si pone per definizione:

$$v = -\frac{\Delta[A]}{\Delta t}$$

e sperimentalmente si riscontra che $v = k[A]^m$

dove:

k = costante di velocità (o costante cinetica) della reazione (da determinare sperimentalmente);

m = ordine di reazione (da determinare sperimentalmente).

- La velocità di reazione aumenta all'aumentare della concentrazione del reagente.

  In particolare, se la velocità di reazione è direttamente proporzionale alla concentrazione del reagente, la reazione si dice reazione del primo ordine, mentre, se è direttamente proporzionale al quadrato della concentrazione del reagente, la reazione si dice del secondo ordine. La velocità di una reazione del primo ordine è direttamente proporzionale al numero di molecole del reagente con energia maggiore o uguale all'energia di attivazione E_a.
- La velocità di reazione aumenta all'aumentare della temperatura; ciò è dovuto al fatto che, all'aumentare della temperatura, aumenta anche l'energia cinetica media delle molecole del reagente (si veda la sezione di Fisica).
- La velocità di una reazione eterogenea (§ 4.1) aumenta all'aumentare della superficie di contatto tra i reagenti.
- La velocità di una reazione aumenta all'aumentare della concentrazione di catalizzatore presente.

6.3.2 CATALIZZATORI

I catalizzatori sono sostanze che fanno aumentare la velocità di una reazione senza parteciparvi direttamente. In più di un'occasione sono stati oggetto di domande nelle prove di ammissione. È importante dunque conoscere alcune loro proprietà.

Un catalizzatore è una sostanza che fa aumentare la velocità di reazione abbassandone l'energia di attivazione.

CHIMICA

I catalizzatori **non fanno variare né il ΔH, né il ΔG** di una reazione quindi non possono rendere esotermica e spontanea una reazione che non lo è.
I catalizzatori **non variano** il valore della costante di equilibrio della reazione K_{eq} (§ 6.4.1) quindi non spostano l'equilibrio della reazione, ma ne accelerano il raggiungimento.

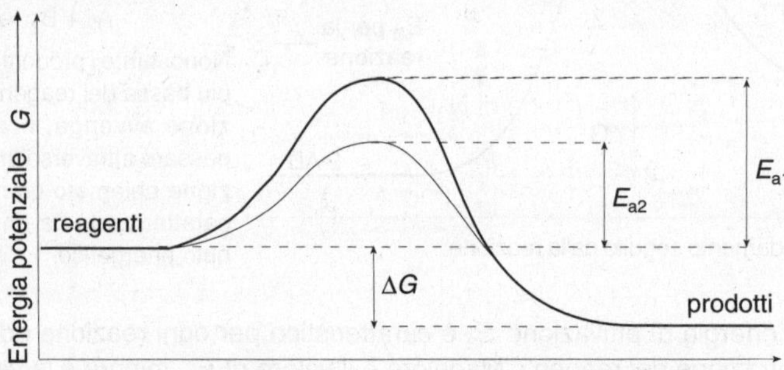

E_{a1} = energia di attivazione SENZA catalizzatore

E_{a2} = energia di attivazione CON catalizzatore

I catalizzatori inoltre:

- fanno sì che la reazione avvenga con un meccanismo diverso da quello della reazione non catalizzata;
- contribuiscono a rendere più efficaci gli urti tra i reagenti;
- si ritrovano chimicamente inalterati alla fine della reazione;
- non compaiono nelle equazioni globali di reazione;
- sono selettivi, quindi intervengono solo sulla reazione che interessa accelerare.

La reazione di sintesi dell'acqua ($2\ H_{2\,(g)} + O_{2\,(g)} \rightarrow 2\ H_2O_{\,(l)}$) non avviene a temperatura ambiente se non è innescata da una fiamma o una scintilla; aggiungendo un catalizzatore alla miscela di reazione, invece, la reazione può avvenire senza bisogno di innesco.

Le reazioni biologiche avvengono per azione di catalizzatori specifici: gli *enzimi*.

La combustione della benzina produce gas di scarico inquinanti, come ossidi di azoto, anidride solforosa e monossido di carbonio. La marmitta catalitica contiene maglie di metalli come platino, palladio, rodio o ossido di cerio. Quale funzione hanno questi metalli?
Le maglie metalliche poste all'interno della marmitta catalitica attivano reazioni che trasformano i gas di scarico tossici in altri gas, meno dannosi, come anidride carbonica, azoto e acido solfidrico.

Lo zucchero (saccarosio), quando è assimilato e bruciato dalle cellule del nostro corpo, fornisce una notevole quantità di energia (5605 kJ/mol), però all'aria non brucia spontaneamente. Questa reazione quindi ha:

A energia di attivazione molto elevata e $\Delta H < 0$
B energia di attivazione molto elevata e $\Delta H > 0$
C energia di attivazione molto bassa e $\Delta H < 0$
D energia di attivazione molto bassa e $\Delta H > 0$

La reazione di combustione del saccarosio libera una notevole quantità di energia, quindi è esotermica e ha $\Delta H < 0$. D'altra parte, il saccarosio non brucia spontaneamente all'aria e questo significa che l'energia di attivazione, necessaria per innescare la reazione, è molto elevata, come indicato dalla risposta A.

6.4 EQUILIBRIO CHIMICO

Le reazioni che procedono fino al completo esaurimento dei reagenti sono considerate irreversibili e sono dette *reazioni a completamento* (o reazioni complete). Spesso però le reazioni (specialmente quelle che avvengono in un sistema chiuso, da cui i prodotti non possono essere allontanati) non sono a completamento perché i prodotti, una volta formati, possono reagire tra loro per riformare i reagenti.

Nella reazione di decomposizione di N_2O_4 in NO_2, oltre alla reazione diretta:

$$N_2O_{4\,(g)} \rightarrow 2\ NO_{2\,(g)}$$

man mano che si forma NO_2, avviene anche la reazione inversa:

$$2\ NO_{2\,(g)} \rightarrow N_2O_{4\,(g)}$$

Le reazioni che avvengono in entrambe le direzioni sono dette *reazioni reversibili*. Una reazione reversibile si rappresenta con due frecce contrapposte tra reagenti e prodotti:

$$N_2O_{4\,(g)} \rightleftarrows 2\ NO_{2\,(g)}$$

In una reazione reversibile la reazione diretta e quella inversa procedono con velocità diverse fino al raggiungimento di uno stato di equilibrio. Una volta raggiunto questo stato, la concentrazione dei reagenti e dei prodotti non varia nel tempo.

Questo non significa che una volta raggiunto l'equilibrio non ci siano più molecole di reagenti che si trasformano in prodotti e viceversa: le concentrazioni rimangono costanti perché tante molecole di reagente si trasformano in prodotti quante molecole di prodotti si trasformano in reagenti.

In una reazione all'equilibrio, le velocità delle due reazioni (diretta e inversa) si equivalgono.

Si deve osservare che:

- l'equilibrio di una reazione chimica è, come tutti gli equilibri in natura, un equilibrio dinamico;
- tutte le reazioni sono in realtà reversibili (avvengono cioè in entrambi i sensi);
- le reazioni considerate complete sono quelle in cui l'equilibrio è estremamente spostato verso i prodotti.

6.4.1 COSTANTE DI EQUILIBRIO

Considerando la generica reazione chimica $\alpha\,A + \beta\,B \rightleftarrows \gamma\,C + \delta\,D$, a una data temperatura e all'equilibrio, il rapporto tra il prodotto della concentrazione molare dei prodotti e quello della concentrazione molare dei reagenti, ciascuna elevata a un esponente uguale al rispettivo coefficiente stechiometrico, è una costante chiamata *costante termodinamica di equilibrio* della reazione, indicata con il simbolo K_{eq}:

$$K_{eq} = \frac{[C]^{\gamma} \cdot [D]^{\delta}}{[A]^{\alpha} \cdot [B]^{\beta}}$$

Questa espressione è nota come **legge di azione di massa**.

I valori di concentrazione di reagenti e prodotti che soddisfano la legge di azione di massa NON sono quelli iniziali, ma quelli che si hanno quando il sistema ha raggiunto l'equilibrio.

Poiché l'espressione della legge di azione di massa dipende dalla specifica reazione bilanciata, K_{eq} non ha dimensioni (unità di misura) fisse.

La K_{eq} rappresenta la costante di equilibrio della reazione scritta come sopra. Per la reazione opposta $\gamma\,C + \delta\,D \rightleftarrows \alpha\,A + \beta\,B$ la costante, è:

$$K'_{eq} = \frac{[A]^{\alpha} \cdot [B]^{\beta}}{[C]^{\gamma} \cdot [D]^{\delta}} = \frac{1}{K_{eq}}$$

CHIMICA

Proprietà della costante di equilibrio

- K_{eq} è una costante specifica per ogni reazione a una data temperatura, e varia al variare della temperatura.
- Il valore della K_{eq} dà un'indicazione diretta di quanto la reazione proceda verso la formazione dei prodotti:
  - se il valore di K_{eq} è molto alto la reazione è spostata verso destra e all'equilibrio la miscela di reazione contiene più prodotti che reagenti;
  - se il valore di K_{eq} è molto basso la reazione è spostata verso sinistra e all'equilibrio la miscela di reazione contiene più reagenti che prodotti;
  - se il valore di K_{eq} è vicino a 1 all'equilibrio la miscela di reazione contiene quantità di reagenti e prodotti approssimativamente uguali.

Le diverse espressioni della costante di equilibrio

La costante di equilibrio può essere espressa in diversi modi:

- in funzione della concentrazione molare (§ 5.3). Si indica in tal caso come K_c:

$$K_c = \frac{[C]^\gamma \cdot [D]^\delta}{[A]^\alpha \cdot [B]^\beta}$$

- in funzione delle pressioni parziali dei reagenti e dei prodotti (indicata con K_P), se la reazione è omogenea in fase gassosa:

$$K_P = \frac{P_C^\gamma \cdot P_D^\delta}{P_A^\alpha \cdot P_B^\beta}$$

Il pK_{eq}

Moltissime sono le reazioni di cui è stata misurata la costante di equilibrio. Questi valori sono spesso riportati per comodità come pK_{eq}:

$$pK_{eq} = -\text{Log } K_{eq}$$

Indicare l'espressione della costante di equilibrio per la reazione:

$$CH_{4(g)} + 2\ H_2S_{(g)} \rightarrow CS_{2(g)} + 4\ H_{2(g)}$$

L'espressione della costante di equilibrio per la reazione proposta è:

$$K_{eq} = \frac{[CS_2] \cdot [H_2]^4}{[CH_4] \cdot [H_2S]^2}$$

6.4.2 PRINCIPIO DELL'EQUILIBRIO MOBILE O DI LE CHATELIER

Il principio di Le Chatelier stabilisce che quando si applica una sollecitazione a un sistema all'equilibrio, le condizioni di equilibrio si spostano in modo da annullare la sollecitazione; se varia uno dei parametri di un sistema all'equilibrio, questo reagisce in modo da controbilanciare tale variazione.

I parametri che possono variare sono essenzialmente la concentrazione di uno dei componenti del sistema, la temperatura e la pressione.

Variazione della concentrazione di uno dei componenti

Variando le concentrazioni di uno o più reagenti, o di uno o più prodotti, le velocità delle reazioni diretta e inversa non saranno più uguali: si osserverà inizialmente una variazione della composizione del sistema, dopodiché si ripristinerà una nuova condizione di equilibrio, caratterizzata da concentrazioni di reagenti e prodotti diverse da quelle dell'equilibrio iniziale, ma tali da determinare lo stesso valore di K_{eq}.

PARTE QUINTA

- Aggiunta di un reagente: il sistema lo consuma per ristabilire il valore della costante di equilibrio. La reazione procede nella direzione della formazione di nuovi prodotti e si dice che l'equilibrio si sposta verso destra.
- Sottrazione di un reagente: il sistema lo riforma. La reazione procede nella direzione di formazione di nuovi reagenti e si dice che l'equilibrio si sposta a sinistra.
- Aggiunta di un prodotto: il sistema lo consuma. La reazione procede nella direzione di formazione di nuovi reagenti e si dice che l'equilibrio si sposta a sinistra.
- Sottrazione di un prodotto: il sistema lo riforma. La reazione procede nella direzione della formazione di nuovi prodotti e si dice che l'equilibrio si sposta verso destra.

Il sistema ristabilisce l'equilibrio spostandosi nella direzione in cui si consuma il componente aggiunto o si riforma il componente sottratto.

Aggiungendo un reagente o sottraendo un prodotto l'equilibrio si sposta a destra.
Sottraendo un reagente o aggiungendo un prodotto l'equilibrio si sposta a sinistra.

Se nella reazione $CO + 2\ H_2 \leftrightarrows CH_3OH$ si aumenta la concentrazione del metanolo (CH_3OH), l'equilibrio si sposta a sinistra.

Variazione della temperatura

La variazione della temperatura provoca una variazione del valore numerico della costante di equilibrio (ma non della sua espressione). Il principio di Le Chatelier permette di prevedere qualitativamente come varia K_{eq} al variare della temperatura. Nelle reazioni endotermiche e in quelle esotermiche il calore può essere considerato rispettivamente come un reagente e un prodotto della reazione.

Nelle *reazioni endotermiche*, aumentando la temperatura l'equilibrio si sposta a destra e la K_{eq} aumenta. Viceversa, abbassando la temperatura l'equilibrio si sposta a sinistra e la K_{eq} diminuisce.

Nelle *reazioni esotermiche*, aumentando la temperatura l'equilibrio si sposta a sinistra e la K_{eq} diminuisce. Viceversa, abbassando la temperatura l'equilibrio si sposta a destra e la K_{eq} aumenta.

Variazione della pressione

Se la pressione varia K_{eq} rimane costante (essa infatti dipende solo dalla temperatura), tuttavia l'equilibrio della reazione può essere alterato. La posizione dell'equilibrio si può spostare variando la pressione nel sistema solo se l'equilibrio:

- comprende componenti in fase gassosa;
- comporta una variazione del numero di moli complessive nel passaggio dai reagenti ai prodotti ($\Delta n \neq 0$).

Più precisamente:

- **se $\Delta n > 0$,** cioè per le reazioni in cui il numero di moli totali dei prodotti è maggiore di quello dei reagenti valgono le seguenti considerazioni:
  - aumento di pressione: il sistema tende a opporsi alla sollecitazione. La reazione procede nella direzione che comporta una diminuzione del numero di moli e quindi della pressione. L'equilibrio si sposta perciò verso sinistra;
  - diminuzione di pressione: la reazione procede nella direzione che comporta un aumento del numero di moli e quindi un aumento di pressione. L'equilibrio si sposta perciò verso destra;
- **se $\Delta n < 0$**, cioè per le reazioni in cui il numero di moli totali dei prodotti è minore di quello dei reagenti si ha:
  - aumento di pressione: il sistema si oppone alla sollecitazione evolvendo nella direzione che comporta una diminuzione del numero di moli e della pressione. L'equilibrio si sposta in questo caso verso destra;
  - diminuzione di pressione: la reazione procede nella direzione che comporta un aumento del numero di moli e di pressione. L'equilibrio si sposta verso sinistra.

Riepilogando:

- le reazioni caratterizzate da un aumento del numero di moli ($\Delta n > 0$) sono ostacolate da un aumento di pressione (o da una diminuzione di volume) e favorite da una sua diminuzione;
- le reazioni caratterizzate da una diminuzione del numero di moli ($\Delta n < 0$) sono invece favorite da un aumento di pressione e ostacolate da una sua diminuzione.

Indicare su quali fattori si può intervenire per modificare lo stato di equilibrio della reazione esotermica $H_{2\,(g)} + I_{2\,(g)} \rightleftarrows 2\,HI_{\,(g)}$, spostandolo verso la formazione dei prodotti: temperatura, pressione o concentrazione dei reagenti?

Se si modificano le concentrazioni delle specie chimiche che compaiono nella reazione si modifica sempre l'equilibrio, in particolare per aumentare la quantità di prodotto formato si dovrebbe aumentare la concentrazione dei reagenti (H_2 e I_2) oppure diminuire la concentrazione del prodotto HI.

Poiché la reazione è esotermica, si può considerare il calore come un prodotto della reazione, quindi una diminuzione della temperatura determina uno spostamento dell'equilibrio verso la formazione del prodotto HI.

Un cambiamento nelle condizioni di pressione invece non ha nessun effetto sull'equilibrio della reazione, perché la reazione non comporta una variazione nel numero complessivo di molecole, infatti:

$$\Delta n = 2 - 2 = 0$$

e in questo caso la variazione di pressione non ha alcun effetto.

6.5 EQUILIBRIO DI SOLUBILITÀ E PRECIPITAZIONE

In una soluzione di un solido ionico poco solubile contenente corpo di fondo si instaura un equilibrio eterogeneo tra il soluto indisciolto e gli ioni idratati.

Solfato d'argento: $Ag_2SO_{4\,(s)} \rightleftarrows 2\,Ag^+_{(aq)} + SO_4^{2-}{}_{(aq)}$

Per cui:
$$K_{eq} = \frac{[Ag^+]^2 \cdot [SO_4^{2-}]}{[Ag_2SO_4]}$$

Dato che Ag_2SO_4 è un solido puro, non esiste in soluzione come tale, ma è presente solo come corpo di fondo, non ha significato parlare della sua concentrazione molare in soluzione.

Questa può quindi essere considerata costante e incorporata insieme alla K_{eq} in una nuova costante, chiamata **prodotto di solubilità** e indicata con $\boldsymbol{K_s}$ (o $\boldsymbol{K_{ps}}$):

$$K_{s(Ag_2SO_4)} = [Ag^+]^2 \cdot [SO_4^{2-}] = \text{costante}$$

Minore è il prodotto di solubilità, maggiore è la tendenza del solido a precipitare.

Effetto dello ione comune

Aggiungendo a una soluzione satura di un solido ionico poco solubile una sostanza che contenga uno ione comune si ha uno spostamento dell'equilibrio nella direzione in cui lo ione si consuma (in base al principio di Le Chatelier): si ha dunque precipitazione di un'ulteriore quantità di soluto in modo tale che il prodotto della concentrazione degli ioni in soluzione rimanga costante. L'aggiunta di uno ione comune a quelli già presenti in soluzione diminuisce quindi la solubilità di un solido ionico.

L'aggiunta di $AgNO_3$ (fonte di Ag^+) o di Na_2SO_4 (fonte di SO_4^{2-}) a una soluzione satura di Ag_2SO_4 porta a un'ulteriore precipitazione di Ag_2SO_4 e quindi a una minor solubilità del sale nella soluzione risultante.

Cosa succede se si aggiungono 5 ml di KCl 0,1 M a 1 litro di soluzione satura di AgCl? (K_{ps}AgCl = 2,8 · 10^{-10})

AgCl è un sale poco solubile che dà luogo all'equilibrio: $AgCl \rightarrow Ag^+ + Cl^-$, per il quale $K_{ps} = 2,8 \cdot 10^{-10}$. KCl è un sale solubile che si dissocia completamente secondo la reazione: $KCl \rightarrow K^+ + Cl^-$.

Aggiungendo KCl a una soluzione satura di AgCl, gli ioni Cl^-. liberati dal sale solubile interferiscono con l'equilibrio di solubilità del cloruro di argento e lo spostano a sinistra; in questo modo si "consumano" gli ioni Cl^-. in eccesso e si ripristina il rapporto di equilibrio fra gli ioni. Quindi si forma un precipitato di AgCl e gli ioni Ag^+ in soluzione diminuiscono.

CHIMICA

QUESITI SVOLTI

1 Una reazione esotermica:

- A può essere spontanea o non spontanea
- B è sempre spontanea
- C è sempre non spontanea
- D avviene sempre con diminuzione dell'energia libera
- E è favorita da un aumento della temperatura

Una reazione è detta esotermica quando libera calore verso l'esterno; in un processo esotermico l'energia immagazzinata sotto forma di legami chimici (entalpia) nei prodotti è minore di quella immagazzinata nei reagenti, quindi ΔH assume un valore negativo. Un valore negativo di ΔH favorisce la spontaneità di una reazione ma non è sufficiente a stabilire se una reazione è spontanea oppure no, perché è necessario considerare anche la temperatura e la variazione di entropia. Le alternative B, C e D possono quindi essere scartate. Anche la E è errata, infatti una reazione che libera calore non è favorita da un aumento di temperatura ma piuttosto da una sua diminuzione. La risposta corretta è la A: una reazione esotermica può essere spontanea oppure no.

2 Nella reazione $2\ KClO_{3\ (s)} \rightarrow 2\ KCl_{\ (s)} + 3\ O_{2\ (g)}$ l'entropia:

- A diminuisce
- B aumenta
- C è indipendente dalla temperatura
- D è uguale a zero
- E non è possibile prevedere in che modo varia

In una trasformazione chimica l'entropia, che rappresenta il grado di disordine del sistema, aumenta nei seguenti casi:

- all'aumentare della temperatura, poiché le molecole, dotate di maggior energia cinetica, si muovono in modo più rapido e caotico;
- quando un solido passa in soluzione;
- nei passaggi di stato, quando una sostanza passa dallo stato solido a quello liquido o gassoso;
- nelle reazioni in cui il numero di moli (e quindi di particelle) di sostanze prodotte è maggiore di quello delle sostanze reagenti.

Nella reazione considerata, l'entropia aumenta sia perché si passa da un reagente solido a prodotti gassosi, sia perché il numero di moli aumenta nel passaggio dai reagenti ai prodotti. La risposta esatta è quindi la B.

3 **Al crescere della temperatura, la velocità di una reazione chimica:**

- **A** cresce al crescere della temperatura nelle reazioni endotermiche, decresce al crescere della temperatura in quelle esotermiche
- **B** cresce in ogni caso al crescere della temperatura
- **C** cresce al crescere della temperatura nelle reazioni esotermiche, decresce al crescere della temperatura in quelle endotermiche
- **D** è direttamente proporzionale alla temperatura centigrada
- **E** è direttamente proporzionale alla temperatura assoluta

Per una reazione generica che trasformi un reagente (R) in un prodotto (P), si trova sperimentalmente che la velocità di reazione è direttamente proporzionale alla concentrazione istantanea di R elevata a una certa potenza (chiamata ordine di reazione), secondo la relazione:

$$v = k[R]^m$$

dove k è la costante di velocità della reazione considerata, legata alla temperatura secondo l'equazione di Arrhenius $k = Ae^{-B/T}$, dove A e B sono delle costanti e T è la temperatura assoluta. Da questa relazione si vede che, per qualsiasi reazione, la velocità aumenta con la temperatura assoluta ma non in modo direttamente proporzionale, quindi la risposta esatta è la **B**. Si presti attenzione a non farsi ingannare dalle risposte **A** e **C** che parlano di reazioni endotermiche o esotermiche: la temperatura influenza in modo diverso la posizione dell'equilibrio di una reazione a seconda che sia esotermica o endotermica, ma non la velocità con cui si raggiunge tale equilibrio.

4 **L'unità di misura della costante di equilibrio di una reazione:**

- **A** dipende dalla temperatura
- **B** è sempre moli/litro
- **C** dipende dai valori dei coefficienti di reazione
- **D** è sempre un numero puro, cioè la costante è sempre adimensionale
- **E** è sempre litri/moli

K_{eq}, costante di equilibrio di una reazione generica $\alpha\,A + \beta\,B \rightleftarrows \gamma\,C + \delta\,D$, esprime il rapporto fra le concentrazioni dei reagenti e dei prodotti presenti all'equilibrio secondo l'espressione:

$$K_{eq} = \frac{[C]^{\gamma} \cdot [D]^{\delta}}{[A]^{\alpha} \cdot [B]^{\beta}}$$

dove le concentrazioni dei reagenti e dei prodotti sono elevate a potenze corrispondenti ai coefficienti stechiometrici della reazione. L'unità di misura di K_{eq} può essere un numero puro oppure avere dimensioni diverse a seconda delle unità di misura presenti al numeratore e al denominatore, e quindi dei coefficienti stechiometrici. Si deduce che la risposta esatta è la **C**; si ricordi che al variare della temperatura varia il valore di K_{eq}, ma non la sua unità di misura.

5 **La costante di equilibrio di una reazione chimica, all'aumentare della temperatura:**

- **A** aumenta sempre
- **B** diminuisce sempre
- **C** resta costante
- **D** aumenta a basse pressioni e diminuisce ad alte pressioni
- **E** può aumentare o diminuire, a seconda della reazione

Il valore della costante di equilibrio indica la tendenza di una reazione a procedere verso la formazione dei prodotti. Questa grandezza è costante a temperatura costante e varia al variare della temperatura a seconda delle caratteristiche termodinamiche della reazione. Se, per esempio, si somministra calore a un sistema in cui si svolge una reazione esotermica (che produce calore) l'equilibrio si sposta a sinistra, verso i reagenti, e il valore di K_{eq} diminuisce; viceversa accade considerando una reazione endotermica. La risposta corretta è quindi la **E**.

6 Un valore nullo di variazione dell'energia libera indica che la reazione è:

A esoergonica
B all'equilibrio
C endotermica
D spontanea
E esotermica

Ogni sistema chimico è caratterizzato da un particolare valore di energia libera (*G*) dipendente dall'entalpia (*H*), dall'entropia (*S*) e dalla temperatura (*T*). Una reazione chimica spontanea (o esoergonica) è accompagnata da una diminuzione di energia libera ($\Delta G < 0$). Poiché il quesito propone il caso in cui $\Delta G = 0$, le risposte A e D sono da scartare. Sono errate anche la C e la E, riferite alle variazioni entalpia: l'andamento dell'energia libera non dà indicazioni sulle variazioni subite dall'entalpia. La risposta esatta è la B, infatti quando una reazione è all'equilibrio l'energia libera non varia ($\Delta G = 0$).

7 Indicare l'affermazione che descrive più accuratamente il comportamento di un catalizzatore:

A aumenta il ΔG di una reazione e quindi la velocità di reazione
B riduce il ΔH e quindi la temperatura necessaria per formare i prodotti
C aumenta la costante di equilibrio della reazione
D riduce l'energia di attivazione e quindi aumenta la velocità di reazione
E diminuisce la costante di equilibrio della reazione

Per rispondere al quesito è necessario ricordare che la spontaneità di una reazione chimica dipende dalla variazione di energia libera (una reazione è spontanea quando $\Delta G > 0$), mentre la velocità dipende dal meccanismo della reazione e quindi dal valore dell'energia di attivazione. Quando l'energia di attivazione è elevata, anche una reazione spontanea può procedere molto lentamente.

Un catalizzatore non modifica l'entità della variazione di energia libera, né della variazione di entalpia, né modifica il valore della costante di equilibrio; le risposte A, B, C ed E possono quindi essere escluse. La risposta corretta è la D, infatti un catalizzatore fa aumentare la velocità di reazione perché abbassa l'energia di attivazione.

8 Se si aumenta la pressione, tenendo costante la temperatura, l'equilibrio della reazione in fase gassosa $2\ SO_3 \rightarrow 2\ SO_2 + O_2$:

A si sposta a destra
B si sposta a sinistra
C rimane inalterato
D si sposta in modo da produrre un aumento di entropia
E si sposta in modo da favorire la liberazione dell'ossigeno gassoso

Per il principio di Le Chatelier, se vengono modificate le condizioni di un sistema chimico all'equilibrio, la reazione si sposta verso i reagenti o verso i prodotti per ripristinare le condizioni previste dalla costante di equilibrio. Se consideriamo un equilibrio omogeneo in fase gassosa, la posizione dell'equilibrio può essere influenzata da una variazione della pressione quando, nell'equazione bilanciata, il numero di molecole di reagenti è diverso dal numero di molecole di prodotti. Nel caso proposto sono presenti 2 molecole nei reagenti e 3 nei prodotti, quindi un aumento di pressione verrà contrastato da uno spostamento della reazione nella direzione in cui la pressione diminuisce, perché diminuisce il numero di molecole, cioè verso sinistra; risposta B.

7 ACIDI E BASI

7.1 DEFINIZIONI

7.1.1 DEFINIZIONE SECONDO ARRHENIUS

Acido: specie chimica che in soluzione acquosa si dissocia liberando uno (monoprotico) o più (poliprotico) ioni idrogeno H^+ (che esistono in realtà solo sotto forma di *ione idronio*, H_3O^+).

> L'acido nitrico (HNO_3) è un acido monoprotico che in soluzione acquosa si dissocia liberando uno ione H^+ (o protone) secondo la reazione: $HNO_{3\,(aq)} \rightarrow NO_3^-{}_{(aq)} + H^+{}_{(aq)}$

Base: specie chimica che in soluzione acquosa libera uno o più ioni idrossido OH^-.

> L'idrossido di sodio (NaOH) è una base che in soluzione acquosa si dissocia liberando uno ione OH^- secondo la reazione: $NaOH_{(aq)} \rightarrow Na^+{}_{(aq)} + OH^-{}_{(aq)}$

Acido e base reagendo fra loro formano sale e acqua

$$\underset{\text{acido}}{HNO_3} + \underset{\text{base}}{NaOH} \rightarrow \underset{\text{sale}}{NaNO_3} + \underset{\text{acqua}}{H_2O}$$

Questa reazione si chiama reazione di neutralizzazione e l'energia liberata dalla reazione è detta calore di neutralizzazione.

La definizione di Arrhenius presenta alcuni limiti:

- è applicabile solo alle soluzioni acquose;
- restringe il campo delle sostanze acide e basiche a quelle contenenti rispettivamente atomi di idrogeno e gruppi OH dissociabili;
- fa pensare ad acidità e basicità come caratteristiche assolute dei vari composti.

7.1.2 DEFINIZIONE SECONDO BRØNSTED-LOWRY

Acido: specie chimica in grado di trasferire uno o più ioni H^+ accettati da una base.
Base: specie chimica in grado di accettare uno o più ioni H^+ ceduti da un acido.

- Quando un acido cede uno ione H^+ si trasforma nella sua base coniugata.
- Quando una base acquista uno ione H^+ si trasforma nel suo acido coniugato.

Secondo questa teoria non esistono acidi e basi a sé stanti, ma solo **coppie acido/base coniugata**.

CONIUGATI

$$\underset{\text{acido}}{CH_3COOH} + \underset{\text{base}}{H_2O} \rightleftharpoons \underset{\text{base}}{CH_3COO^-} + \underset{\text{acido}}{H_3O^+}$$

CONIUGATI

Una coppia acido/base coniugata è una coppia di specie chimiche che differiscono soltanto per uno ione H^+.

Qualunque reazione che comporta il trasferimento di uno ione H^+ da un acido a una base è una reazione acido-base secondo Brønsted-Lowry e può essere così schematizzata:

$$\text{acido} + \text{base} \rightleftarrows \text{base coniugata} + \text{acido coniugato}$$

Un acido può, in determinate circostanze, comportarsi da base e viceversa (si veda § 7.1.3).

L'acido acetico (CH_3COOH) può anche comportarsi da base in presenza di un acido più forte, come per esempio l'acido perclorico ($HClO_4$). Si ha infatti:

$$\underset{\text{base}}{CH_3COOH} + \underset{\text{acido}}{HClO_4} \rightleftarrows \underset{\text{acido coniugato}}{CH_3COOH_2^+} + \underset{\text{base coniugata}}{ClO_4^-}$$

7.1.3 Sostanze anfotere

Una *sostanza anfotera* è una specie chimica che si comporta da base in presenza di acidi e da acido in presenza di basi.

L'H_2O è un anfotero { con HNO_3 si comporta da base; con NH_3 si comporta da acido }

Si ha infatti:

$$\underset{\text{acido}}{HNO_3} + \underset{\text{base}}{H_2O} \rightleftarrows \underset{\text{base coniugata}}{NO_3^-} + \underset{\text{acido coniugato}}{H_3O^+}$$

$$\underset{\text{base}}{NH_3} + \underset{\text{acido}}{H_2O} \rightleftarrows \underset{\text{acido coniugato}}{NH_4^+} + \underset{\text{base coniugata}}{OH^-}$$

7.1.4 Definizione secondo Lewis

Acido: specie chimica che può accettare un doppietto di elettroni non condivisi.

Base: specie chimica che può fornire un doppietto di elettroni non condivisi.

Sono acidi di Lewis:

- lo ione H^+;
- alcuni cationi metallici;
- le molecole che presentano una lacuna elettronica.

Il trifluoruro di boro (BF_3) è un acido di Lewis perché presenta una lacuna elettronica sul boro che in questo composto è circondato solo da sei elettroni.

Una reazione acido-base secondo Lewis comporta la formazione di un legame dativo tra una base di Lewis (donatore) e un acido di Lewis (accettore).

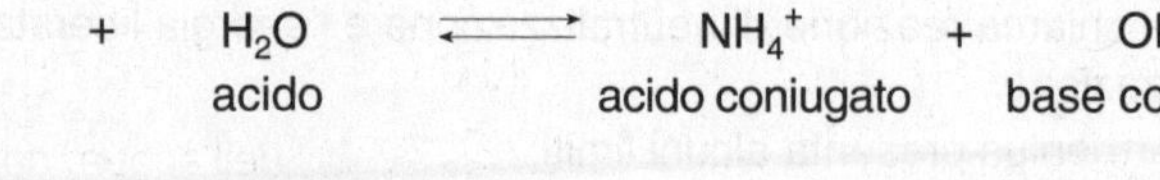

NH_3 (ammoniaca) base di Lewis — BF_3 (trifluoruro di boro) acido di Lewis

7.2 FORZA DEGLI ACIDI E DELLE BASI

Si consideri il generico composto XOH.

In H_2O tale composto si può dissociare in due modi: $\begin{cases} XOH \rightarrow X^+ + OH^- \\ XOH \rightarrow XO^- + H^+ \end{cases}$

Il fattore determinante per la dissociazione è l'elettronegatività di X. Si vedano, per esempio, i seguenti casi:

1. X ha bassa elettronegatività:

$$\overset{0,8}{X} - \overset{3,5}{O} - \overset{2,1}{H} \longrightarrow X^+ + OH^-$$; XOH in questo caso si comporta da base.

legame a maggior carattere ionico (X—O); legame a maggior carattere covalente (O—H)

Per esempio: $NaOH \rightarrow Na^+ + OH^-$

2. X ha elevata elettronegatività:

$$\overset{3}{X} - \underset{\delta^-}{\overset{3,5}{O}} - \underset{\delta^+}{\overset{2,1}{H}} \longrightarrow XO^- + H^+$$; XOH in questo caso si comporta da acido.

legame a maggior carattere covalente (X—O); legame a maggior carattere ionico (O—H)

Per esempio: $Cl—O—H \rightarrow ClO^- + H^+$

3. X ha elettronegatività simile a quella dell'idrogeno:

$$\overset{2,1}{X} - \overset{3,5}{O} - \overset{2,1}{H}$$

in questo caso, si è in presenza di un anfotero (è il caso dell'acqua, con X = H).

Un acido (o una base) di Arrhenius è tanto più forte quanto più si dissocia in H_2O.
Acidi e basi forti sono sostanze che in soluzione acquosa sono totalmente dissociate nei loro ioni costituenti.
Acidi e basi deboli sono sostanze che in soluzione acquosa sono dissociate solo parzialmente.

HCl, HNO_3 e H_2SO_4 sono acidi forti; CH_3COOH e H_2CO_3 sono acidi deboli.
NaOH e KOH sono basi forti; NH_3 è una base debole.

Gli acidi e le basi sono quindi elettroliti caratterizzati da un grado di dissociazione α (§ 5.4) compreso tra 0 e 1. Tra gli ioni e le molecole non dissociate in soluzione si stabilisce un equilibrio chimico. Un generico acido HA in soluzione acquosa è soggetto all'equilibrio di dissociazione:

$$HA \rightleftarrows H^+ + A^-$$

a cui corrisponde una costante detta *costante di dissociazione dell'acido* e indicata con simbolo K_a:

$$K_a = \frac{[H^+] \cdot [A^-]}{[HA]}$$

K_a è correlata al grado di dissociazione α ed è una misura della forza di un acido: maggiore è il valore di K_a, maggiore è la forza dell'acido.

$K_a < 10^{-4}$ ⇒ acido debole
$10^{-4} < K_a < 10^{-1}$ ⇒ acido medio
$K_a > 10^{-1}$ ⇒ acido forte

CHIMICA

Gli acidi forti in soluzione acquosa sono elettroliti forti ($\alpha = 1$) e sono completamente dissociati. Il pH della soluzione dipende solo dalla concentrazione dell'acido.

Gli acidi deboli in soluzione acquosa sono elettroliti deboli e sono dissociati solo parzialmente. Il pH di una loro soluzione dipende dalla concentrazione dell'acido e dal valore della K_a (§ 7.4).

Analogamente, per la generica base XOH in soluzione acquosa vale il seguente equilibrio:

$$XOH_{(aq)} \rightleftarrows X^+_{(aq)} + OH^-_{(aq)}$$

a cui corrisponde una costante detta *costante di dissociazione della base*, K_b:

$$K_b = \frac{[X^+] \cdot [OH^-]}{[XOH]}$$

Maggiore è il valore di K_b, maggiore è la forza della base.

La tabella sottostante riporta i valori delle costanti di dissociazione di alcuni acidi.

	Nome	Modo di dissociazione		K_a
1	Acido perclorico	$HClO_4$	ClO_4^-	$\approx 10^9$
2	Acido cloridrico	HCl	Cl^-	$\approx 10^3$
3	Acido solforico	H_2SO_4	HSO_4^-	$\approx 10^3$
4	Ione ossonio	$[H_3O]^+$	H_2O	≈ 55
5	Acido nitrico	HNO_3	NO_3^-	≈ 20
6	Ione idrogenosolfato	$[HSO_4]^-$	SO_4^{2-}	$\approx 2 \times 10^{-2}$
7	Acido solforoso	H_2SO_3	HSO_3^-	$\approx 1{,}7 \times 10^{-2}$
8	Acido fosforico	H_3PO_4	$H_2PO_4^-$	$\approx 7 \times 10^{-3}$
9	Acido acetico	CH_3COOH	CH_3COO^-	$\approx 1{,}8 \times 10^{-5}$
10	Ione esaaquoalluminio	$[Al(H_2O)_6]^{3+}$	$[Al(OH)(H_2O)_5]^{2+}$	$\approx 1{,}3 \times 10^{-5}$
11	Acido carbonico	H_2CO_3	HCO_3^-	$\approx 3{,}1 \times 10^{-7}$
12	Ione idrogenosolfito	$[HSO_3]^-$	SO_3^{2-}	$\approx 6 \times 10^{-8}$
13	Ione diidrogenofosfato	$[H_2PO_4]^-$	$(HPO_4)^{2-}$	$\approx 6 \times 10^{-8}$
14	Acido ipocloroso	$HClO$	ClO^-	$\approx 10^{-8}$
15	Acido cianidrico	HCN	CN^-	$\approx 7 \times 10^{-10}$
16	Acido borico	H_3BO_3	$H_2BO_3^-$	$\approx 6 \times 10^{-10}$
17	Ione ammonio	$[NH_4]^+$	NH_3	$\approx 5 \times 10^{-10}$
18	Ione idrogenocarbonato	$[HCO_3]^-$	CO_3^{2-}	$\approx 4{,}6 \times 10^{-11}$
19	Perossido di idrogeno	H_2O_2	HO_2^-	$\approx 2 \times 10^{-12}$
20	Ione monoidrogenofosfato	$[HPO_4]^{2-}$	PO_4^{3-}	$\approx 3{,}5 \times 10^{-15}$
21	Acqua	H_2O	OH^-	$\approx 1{,}8 \times 10^{-16}$
22	Ione idrossido	OH^-	O^{2-}	$\approx 10^{-24}$

7.3 PRODOTTO IONICO DELL'ACQUA: K_W

Utilizzando strumenti ad altissima sensibilità, si può rilevare anche per l'acqua pura una conducibilità elettrica, seppure molto bassa, che dimostra la presenza di ioni in soluzione. La presenza di tali ioni dipende dal fatto che l'acqua si dissocia, anche se in modo estremamente limitato, secondo la seguente *reazione di autoprotolisi* (o *autoionizzazione*):

$$H_2O + H_2O \rightleftarrows H_3O^+ + OH^-$$

per la quale:

$$K_c = \frac{[H_3O^+] \cdot [OH^-]}{[H_2O]^2} = 3,25 \cdot 10^{-18}$$

Dato che la concentrazione dell'acqua indissociata può essere considerata praticamente costante e pari alla concentrazione molare dell'acqua (55,5 mol/l) si può scrivere:

$$K_c \cdot [H_2O]^2 = K_w = [H_3O^+] \cdot [OH^-] = 10^{-14} \qquad \text{(a 25 °C)}$$

dove K_w è una costante chiamata *prodotto ionico dell'acqua* (l'espressione $[H^+] \cdot [OH^-] = 10^{-14}$ è del tutto equivalente). Questa relazione vale per qualunque soluzione acquosa.

> Il valore di K_w aumenta all'aumentare della temperatura (la reazione di autoprotolisi è endotermica).

La relazione $K_w = 10^{-14}$ (a 25 °C) vale sia per l'acqua pura che per le soluzioni acquose diluite di diversa natura.

La relazione $[H_3O^+] = [OH^-] = \sqrt{K_w} = 10^{-7}$ mol/l vale invece solo in acqua pura o in soluzioni neutre.

In base alle quantità relative di ioni H_3O^+ e OH^- le soluzioni si dividono in tre gruppi:

1. soluzioni *acide* ↔ $[H_3O^+] > [OH^-]$
2. soluzioni *basiche* ↔ $[H_3O^+] < [OH^-]$
3. soluzioni *neutre* ↔ $[H_3O^+] = [OH^-]$

Relazione tra K_a e K_b

Il prodotto della costante di dissociazione di un acido (K_a) per la costante di dissociazione della sua base coniugata (K_b) è uguale al prodotto ionico dell'acqua:

$$K_a \cdot K_b = \frac{[H^+] \cdot [A^-]}{[HA]} \cdot \frac{[HA] \cdot [OH^-]}{[A^-]} = [H^+] \cdot [OH^-] = K_w = 10^{-14}$$

K_a e K_b sono quindi *inversamente proporzionali:* se il valore di K_a è alto (e l'acido è quindi forte) il valore di K_b sarà di conseguenza basso (e la sua base coniugata sarà debole).

> Un acido forte (per esempio con $K_a = 10^{-1}$) è sempre coniugato con una base debolissima ($K_b = 10^{-13}$).
> Una base forte (per esempio con $K_b = 10^{-2}$) è sempre coniugata con un acido debolissimo ($K_a = 10^{-12}$).
> Un acido debole (per esempio con $K_a = 10^{-6}$) è sempre coniugato con una base debole, ma di forza comparabile ($K_b = 10^{-8}$), e viceversa.

Per l'acido ipocloroso, HClO, $K_a = 3,0 \approx 10^{-8}$, indicare la base coniugata e la sua K_b.

HClO, in soluzione acquosa, dà luogo all'equilibrio: $HClO + H_2O \rightarrow HClO^- + H_3O^+$

La base coniugata dell'acido ipocloroso è lo ione ipoclorito, $HClO^-$, che con l'acqua dà la reazione: $HClO^- + H_2O \rightarrow HClO + OH^-$

Poiché $K_a \cdot K_b = K_w$,

avremo: $$K_b = \frac{K_w}{K_a} = \frac{10^{-14}}{3 \cdot 10^{-8}} = 3,3 \cdot 10^{-7}$$

Lo ione ipoclorito, base coniugata dell'acido ipocloroso, ha $K_b = 3,3 \approx 10^{-7}$.

CHIMICA

7.4 pH DI UNA SOLUZIONE ACQUOSA

La concentrazione degli ioni H^+ (ovvero H_3O^+) viene spesso espressa come pH, dove:

$$pH = \text{coLog}\,[H_3O^+] = -\,\text{Log}\,[H_3O^+] = \text{Log}\,\frac{1}{[H_3O^+]}$$

In acqua pura $[H_3O^+] = [H^+] = 10^{-7}\ M \Rightarrow pH = 7$.
In base al valore del pH le soluzioni vengono divise in tre gruppi:

soluzioni acide → $[H_3O^+] > 10^{-7}\ M$ ⇒ $pH < 7$
soluzioni neutre → $[H_3O^+] = [OH^-] = 10^{-7}\ M$ ⇒ $pH = 7$
soluzioni basiche → $[H_3O^+] < 10^{-7}\ M$ ⇒ $pH > 7$

Analogamente, la concentrazione degli ioni OH^- si può esprimere come pOH:

$$pOH = \text{coLog}\,[OH^-] = -\,\text{Log}\,[OH^-] = \text{Log}\,\frac{1}{[OH^-]}$$

dalla relazione: $[H_3O^+] \cdot [OH^-] = 10^{-14}$ segue che: $pH + pOH = 14$

La Coca-Cola ha pH = 2,8. Calcola la concentrazione di ioni H^+ in questa bevanda. È acida o basica?
Un pH = 2,8 indica che questa bevanda è acida. Per ricavare, dal valore del pH, la concentrazione di ioni H^+ si utilizza la relazione: $[H^+] = 10^{-pH}$ mol/l.
Nel nostro caso: $[H^+] = 10^{-2,8} = 1,6 \cdot 10^{-3}$ mol/l

7.4.1 CALCOLO DEL pH DELLE SOLUZIONI ACQUOSE

Acidi e basi forti

Un generico acido forte HA reagisce totalmente con H_2O secondo la reazione:

$$HA + H_2O \rightarrow H_3O^+ + A^-$$

Dato che un acido forte è totalmente dissociato si ha $[H_3O^+] = C_A$ = concentrazione nominale dell'acido e quindi: $pH = -\,\text{Log}\,[H_3O^+] = -\,\text{Log}\,C_A$

Il pH di una soluzione 0,01 M di HCl è pari a: $pH = -\,\text{Log}\,0,01 = -\,\text{Log}\,10^{-2} = 2$

Una generica base forte BOH reagisce totalmente con H_2O secondo la reazione:

$$BOH \rightarrow B^+ + OH^-$$

Si ha: $[OH^-] = C_B \Rightarrow pOH = -\,\text{Log}\,C_B$ e quindi: $pH = 14 - pOH \Rightarrow pH = 14 + \text{Log}\,C_B$

Calcolare il pH e il pOH di una soluzione di KOH 0,0001 M.
KOH è una base forte, quindi, in soluzione acquosa, si dissocia completamente secondo la reazione: $KOH \rightarrow K^+ + OH^-$
La concentrazione di ioni OH^- nella soluzione è pari alla concentrazione della base, in questo caso: $[OH^-] = 1,0 \cdot 10^{-3}$ M e $pOH = -\text{Log}\,1,0 \cdot 10^{-3} = 3$.

$$pH = 14 - pOH = 14 - 3 = 11.$$

La soluzione proposta ha pH = 11 e pOH = 3.

7.4.2 LA MISURA DEL pH

Per misurare il pH di una soluzione acquosa si possono utilizzare:

- il *piaccametro*, uno strumento ad alta sensibilità che permette di eseguire la misura immergendo un elettrodo nella soluzione in esame;
- gli *indicatori*, sostanze che assumono colore diverso a seconda del pH della soluzione. Gli indicatori sono acidi o basi deboli nei quali la forma indissociata ha un colore diverso da quella dissociata. Il pH in corrispondenza del quale l'indicatore cambia colore è detto *pH di viraggio*;

- le *cartine indicatrici*, strisce di carta imbevute di una miscela di indicatori. Il pH si determina confrontando il colore assunto da una striscia bagnata nella soluzione da esaminare con una scala cromatica fornita nella confezione.

Il tornasole è rosso a pH < 6 e blu a pH > 8.
Il metilarancio è rosso a pH < 3 e giallo a pH > 4,5.

La tabella seguente riporta le concentrazioni di ioni H_3O^+ e OH^- e i valori di pH di alcuni sistemi acquosi.

	$[H_3O^+]$ (mol/l)	$[OH^-]$ (mol/l)	pH	Sistemi acquosi
Acidità crescente ↑	1×10^{0}	1×10^{-14}	0	HCl 1 M (0,0)
	1×10^{-1}	1×10^{-13}	1	HCl 0,1 M (1,0)
	1×10^{-2}	1×10^{-12}	2	Succo gastrico (1,6–1,8)
	1×10^{-3}	1×10^{-11}	3	Succo di limone (2,3), aceto (2,4–3,4)
	1×10^{-4}	1×10^{-10}	4	Acqua di selz (3,8), succo di pomodoro (4,2)
	1×10^{-5}	1×10^{-9}	5	Caffè espresso (5,0)
	1×10^{-6}	1×10^{-8}	6	Latte (6,3–6,6), urina (5,5–7,0)
Neutralità	1×10^{-7}	1×10^{-7}	7	Acqua pura (7,0), saliva (6,2–7,4)
Basicità crescente ↓	1×10^{-8}	1×10^{-6}	8	Sangue (7,35–7,45), bile (7,8–8,6)
	1×10^{-9}	1×10^{-5}	9	Bicarbonato di sodio (8,4), acqua marina (8,4)
	1×10^{-10}	1×10^{-4}	10	Latte di magnesia (10,5)
	1×10^{-11}	1×10^{-3}	11	Ammoniaca per uso domestico (11,5)
	1×10^{-12}	1×10^{-2}	12	Soda per bucato (12,0)
	1×10^{-13}	1×10^{-1}	13	NaOH 0,1 M (13,0)
	1×10^{-14}	1×10^{-0}	14	NaOH 1 M (14,0)

7.5 REAZIONI DI NEUTRALIZZAZIONE E IDROLISI SALINA

Un acido e una base reagiscono tra loro formando sale e acqua nella reazione di neutralizzazione.

Mescolando quantità equivalenti di una soluzione di HNO_3 (acido) e di una soluzione di NaOH (base) si ha:

$$\underset{\text{acido}}{HNO_3} + \underset{\text{base}}{NaOH} \rightarrow \underset{\text{sale}}{NaNO_3} + \underset{\text{acqua}}{H_2O}$$

La reazione riportata nell'esempio scritta in forma ionica è:

$$H_3O^+_{(aq)} + NO_3^-{}_{(aq)} + Na^+_{(aq)} + OH^-_{(aq)} \rightarrow 2\,H_2O_{(l)} + NO_3^-{}_{(aq)} + Na^+_{(aq)}$$

Dato che gli ioni spettatori non reagiscono con l'acqua, la reazione netta è:

$$H_3O^+_{(aq)} + OH^-_{(aq)} \rightarrow 2H_2O_{(l)}$$

La reazione è detta **neutralizzazione** perché gli ioni H_3O^+ della soluzione acida si combinano con gli ioni OH^- di quella basica cosicché la soluzione risultante è neutra (pH = 7).

La soluzione è neutra solo quando reagiscono uguali quantità di acido forte e base forte oppure uguali quantità di acido debole e base debole di uguale forza.

Quando la reazione di neutralizzazione ha luogo tra un acido debole e una base forte, oppure tra un acido forte e una base debole, la soluzione finale non è neutra e ha quindi un pH diverso da 7. Ciò è dovuto al fenomeno dell'idrolisi salina.

L'**idrolisi salina** è il fenomeno in base al quale gli ioni derivanti dalla dissociazione del sale reagiscono con le molecole d'acqua, scambiando ioni H_3O^+.

CHIMICA

Agli effetti dell'idrolisi salina, *i sali vanno distinti in quattro classi.*

- Un sale proveniente dalla reazione di una *base debole* con un *acido forte*, in soluzione acquosa si idrolizza e dà una *soluzione acida* (pH < 7); si ha *idrolisi acida.*

NH_4Cl è il sale di NH_3 (base debole) e HCl (acido forte). Sciolto in acqua il sale si dissocia in ioni NH_4^+ e Cl^-. Gli ioni NH_4^+ reagiscono con l'acqua:

$$NH_4^+ + H_2O \rightleftarrows NH_3 + H_3O^+$$

Si ha dunque produzione di ioni H_3O^+ che rendono acida la soluzione.

- Un sale proveniente dalla reazione di una *base forte* con un *acido debole*, in soluzione acquosa si idrolizza e dà una *soluzione basica* (pH > 7); si ha *idrolisi basica.*

CH_3COONa è il sale di NaOH (base forte) e CH_3COOH (acido debole). In acqua il sale si dissocia in Na^+ e CH_3COO^-. Gli ioni CH_3COO^- reagiscono con l'acqua:

$$CH_3COO^- + H_2O \rightleftarrows CH_3COOH + OH^-$$

Si ha dunque produzione di ioni OH^- che rendono basica la soluzione.

- Un sale proveniente dalla reazione di un *acido forte* con una *base forte* in soluzione acquosa non si idrolizza e dà una *soluzione neutra* (a pH = 7).
- Un sale, proveniente dalla reazione di un *acido debole* con una *base debole*, in soluzione acquosa si idrolizza e dà una *soluzione acida*, *neutra* o *basica* a seconda che l'acido sia più forte ($K_a > K_b$), ugualmente debole ($K_a = K_b$) o più debole ($K_a < K_b$) della base.

Qual è il volume di NaOH 0,30 M necessario per titolare 40,0 ml di HNO_3 0,15 M?
La titolazione è una tecnica che permette di stabilire la normalità di una soluzione, acida o basica, sfruttando la sua reazione di neutralizzazione con una soluzione, rispettivamente di base, o di acido, a concentrazione nota.
Per titolare un acido a concentrazione ignota si aggiunge alla soluzione da titolare una soluzione contenente una base a concentrazione nota, goccia goccia, fino al raggiungimento del punto di equivalenza, cioè il punto in cui la concentrazione molare degli ioni H^+ è uguale a quella degli di ioni OH^-. In queste condizioni il numero di equivalenti di base presenti nella soluzione è uguale al numero di equivalenti di acido.
Dato che il numero di equivalenti è pari al prodotto della normalità per il volume, avremo:

$$N_{NaOH} \cdot V_{NaOH} = N_{HNO_3} \cdot V_{HNO_3}$$

Dato che abbiamo un acido monoprotico e una base monoprotica, normalità e molarità coincidono, quindi:

$$V_{NaOH} = \frac{N_{HNO_3} \cdot V_{HNO_3}}{V_{NaOH}} = \frac{0,15 \text{ eq/l} \cdot 0,04 \text{ l}}{0,30 \text{ eq/l}}$$

Per titolare 40,0 ml di HNO_3 0,15 M sono necessari 20 ml di NaOH 0,30 M.

7.6 SOLUZIONI TAMPONE

Una soluzione tampone è costituita da una soluzione acquosa di un acido debole e di un suo sale con una base forte (o di una base debole e di un suo sale con un acido forte) in concentrazioni opportune (abbastanza elevate e circa uguali).

Una miscela equimolecolare di acido acetico (CH_3COOH, acido debole) e di acetato di sodio (CH_3COONa, sale dell'acido acetico con l'idrossido di sodio, che è una base forte) è una soluzione tampone.

Una miscela equimolecolare di ammoniaca (NH_3, base debole) e di cloruro di ammonio (NH_4Cl, sale dell'ammoniaca con l'acido cloridrico, che è un acido forte) è una soluzione tampone.

Le soluzioni tampone hanno la proprietà di mantenere il proprio pH quasi invariato anche dopo l'aggiunta di piccole quantità di acidi o di basi forti. Il pH inoltre non varia se alla soluzione viene addizionato solvente puro: diluendo una soluzione tampone il suo pH rimane invariato.

In una miscela equimolecolare di acido acetico e di acetato di sodio, l'acido acetico dà luogo all'equilibrio di dissociazione:

$$CH_3COOH \rightleftharpoons H^+ + CH_3COO^-$$

Aggiungendo HCl (in concentrazione bassa rispetto a quella del tampone), il pH varia di poco, perché gli ioni H^+ liberati dall'acido forte vengono quasi completamente "catturati" dalla base CH_3COO^- (base molto più forte di Cl^-) per formare CH_3COOH. Analogamente, l'aggiunta di una piccola quantità di KOH, base forte, viene "tamponata" da CH_3COOH.

Il sangue umano mantiene un pH costante (compreso fra 7,35 e 7,45) grazie all'esistenza di parecchi sistemi tamponanti.

Spiega perché, in caso di acidità di stomaco, è consigliato assumere una soluzione di bicarbonato di sodio.

Il bicarbonato di sodio ($NaHCO_3$, il cui nome corretto è idrogenocarbonato di sodio o carbonato acido di sodio), sciolto in acqua, dà luogo a una soluzione basica, perché lo ione, base coniugata di un acido debole, si comporta da base e accetta ioni H^+.
Con acidità di stomaco si intende la sensazione di bruciore allo stomaco che accompagna diverse patologie gastriche. Dato che, spesso, questa sensazione è dovuta all'azione dei succhi gastrici (acidi) sulla mucosa dello stomaco, il bicarbonato può servire a tamponare l'eccessiva acidità.

Si sente spesso parlare del problema delle piogge acide. Qual è il pH normale dell'acqua piovana? E quello delle piogge acide? A quali composti, presenti in atmosfera, è dovuta questa acidità?

Il pH normale dell'acqua piovana è circa 5,5-6, leggermente acido per la presenza naturale di CO_2 che, disciolta nell'acqua, produce H_2CO_3. Il pH delle precipitazioni definite "acide" va da 2 a 5: questa acidità è dovuta all'immissione in atmosfera di ossidi di azoto e di zolfo derivanti soprattutto dalla combustione del petrolio. Tali ossidi, combinandosi con l'acqua, producono acido nitrico, acido nitroso, acido solforico e acido solforoso, che abbassano il pH delle precipitazioni.

CHIMICA

QUESITI SVOLTI

1 Secondo Brønsted e Lowry, l'acido coniugato della base HPO_4^{2-} è:

A $H_2PO_4^-$
B H_2PO_4
C HPO_4^-
D HPO_4^{2+}
E H_3PO_4

Nella definizione di Brønsted e Lowry un acido è una sostanza che cede protoni a un'altra sostanza, detta base, che li acquista. Quando l'acido cede il protone alla base, si trasforma nella corrispondente base coniugata; contemporaneamente, la base che accetta il protone si trasforma nel corrispondente acido coniugato.
Nel caso di acidi poliprotici, ossia con più di un protone acido, sono possibili più equilibri di dissociazione acida e quindi sono possibili più coppie coniugate acido-base.
L'acido fosforico è un acido *triprotico* che può cedere 3 ioni H^+ nel corso delle tre seguenti reazioni:

1) $H_3PO_4 + H_2O \rightleftarrows H_2PO_4^- + H_3O^+$
acido 1 — base coniugata 1

2) $H_2PO_4^- + H_2O \rightleftarrows HPO_4^{2-} + H_3O^+$
acido 2 — base coniugata 2

3) $HPO_4^{2-} + H_2O \rightleftarrows PO_4^{3-} + H_3O^+$
acido 3 — base coniugata 3

La specie HPO_4^{2-} si può comportare da base nella reazione:

$$HPO_4^{2-} + H_2O \rightleftarrows H_2PO_4^- + OH^-$$

in questo caso il suo acido coniugato è la specie $H_2PO_4^-$. Risposta A.

2 A quale dei seguenti valori del pH si ha la massima concentrazione di ioni H_3O^+?

A 6,12
B 8,14
C 6,6
D 3,11
E 3,5

Il pH è il cologaritmo della concentrazione di ioni H_3O^+, quindi valori bassi di pH corrispondono a valori elevati di concentrazione di ioni H_3O^+. Fra i valori di pH proposti dal quesito, quello corrispondente alla massima concentrazione di H_3O^+ sarà pertanto il più basso: 3,11. Risposta D.

3 Il prodotto ionico dell'acqua rappresenta:

- **A** una costante di equilibrio
- **B** il pH di una soluzione acquosa
- **C** il grado di dissociazione dell'acqua
- **D** il pK dell'acqua
- **E** nessuna delle precedenti

Utilizzando strumenti ad altissima sensibilità, si può rilevare che l'acqua si dissocia in ioni, anche se in modo estremamente limitato, secondo la seguente reazione di autoprotolisi (o autoionizzazione):

$$H_2O + H_2O \rightleftarrows H_3O^+ + OH^-$$

per la quale la costante di equilibrio è definita da:

$$K_{eq} = \frac{[H_3O^+] \cdot [OH^-]}{[H_2O]^2} = 3,25 \cdot 10^{-18}$$

Dato che la concentrazione dell'acqua indissociata può essere considerata praticamente costante e pari alla concentrazione molare dell'acqua (55,5 mol/l) si può scrivere:

$$K_{eq} \cdot [H_2O]^2 = K_w = [H_3O^+] \cdot [OH^-] = 10^{-14} \qquad \text{(a 25 °C)}$$

K_w ,è una costante (a una data temperatura) definita prodotto ionico dell'acqua. La risposta esatta è quindi la **A**.

4 Se una soluzione ha pH = 3 la concentrazione di ioni OH^- è:

- **A** $1 \cdot 10^{-11}$
- **B** 11
- **C** $1 \cdot 10^{-3}$
- **D** $1 \cdot 10^{-8}$
- **E** non ci sono OH^- perché la soluzione è acida

Poiché l'esercizio chiede di individuare la concentrazione di ioni OH^-, è utile risalire al pOH della soluzione in questione. Analogamente al pH, il pOH è definito come il cologaritmo della concentrazione ioni OH^-:

$$pOH = -Log\,[OH^-]$$

Dato che, in soluzione acquosa, pH + pOH = 14, si ha pOH = 14 – 3 = 11, da cui si ricava che $[OH^-] = 10^{-pOH} = 10^{-11}$. La risposta corretta è quindi la **A**.

5 Quante moli di HCl sono presenti in 100 litri di soluzione acquosa di tale sostanza a pH = 5 ?

- **A** 100
- **B** 0,005
- **C** 0,001
- **D** 0,00001
- **E** 0,000001

Dalla relazione pH = – Log $[H_3O^+]$ si ricava che, nel caso proposto dal quesito, la concentrazione di ioni H_3O^+ deve essere:

$$[H_3O^+] = 10^{-pH} = 10^{-5}\ \frac{mol}{l}$$

CHIMICA

HCl è un acido forte, quindi la reazione di dissociazione acquosa che porta alla formazione degli ioni H_3O^+ è completa:

$$HCl + H_2O \rightarrow H_3O^+ + Cl^-$$

per cui la concentrazione di ioni H_3O^+ è uguale a quella iniziale di HCl:

$$[HCl] = [H_3O^+] = 10^{-5}\ \frac{mol}{l}$$

Nel volume di 100 l si avrà:

$$\text{moli} = \text{concentrazione molare} \cdot \text{volume} = 10^{-5}\ \frac{mol}{l} \cdot 100\ l = 10^{-3}\ \text{mol di HCl}$$

In 100 litri di soluzione di HCl a pH 5 sono contenute 10^{-3} moli di HCl; risposta **C**.

---

6 Una soluzione 0,001 M di acido acetico (acido debole) ha pH:

- **A** maggiore di 3
- **B** 3
- **C** minore di 3
- **D** 10^{-3}
- **E** 10^3

Mentre un acido forte in soluzione acquosa si dissocia totalmente, quindi si può dire che per un acido forte monoprotico pH = –Log C_A, un acido debole si dissocia solo parzialmente, la concentrazione degli ioni H^+ è minore della concentrazione iniziale dell'acido e per calcolare il pH è necessario conoscere la costante di dissociazione dell'acido (K_a). In ogni caso il pH di una soluzione di acido debole è maggiore di quello di una soluzione di un acido forte di pari concentrazione.

Nel caso proposto dal quesito, data una soluzione 0,001 M (10^{-3} M) di acido acetico, se questo fosse un acido forte avrebbe pH = 3, poiché è un acido debole avrà pH > 3. La risposta corretta è quindi la **A**.

---

7 Il pH di una soluzione 10^{-8} M di HCl (acido forte) è:

- **A** uguale a 7
- **B** inferiore a 7
- **C** uguale a 8
- **D** inferiore a 6
- **E** indeterminabile

Applicando la relazione pH = – Log $[H_3O^+]$ = –Log C_A = – Log 10^{-8} e ricavando quindi pH = 8 si commette un grossolano errore.

In ogni soluzione acida, infatti, $[H_3O^+] > 10^{-7}$ M e si ha quindi pH < 7.

Per comprendere questa apparente "eccezione" è importante notare che in soluzioni molto diluite, come quella citata, gli ioni provenienti dall'autodissociazione dell'acqua contribuiscono in modo significativo alla concentrazione totale degli ioni H_3O^+. La concentrazione degli ioni H_3O^+ provenienti dalla dissociazione dell'acqua è pari a 10^{-7} M. La concentrazione totale degli ioni H_3O^+, nel caso proposto dal quesito, è quindi uguale a $(10^{-7} + 10^{-8})$ M, ovvero $1{,}1 \cdot 10^{-7}$ M.

Si ha quindi pH = – Log $1{,}1 \cdot 10^{-7}$ = 6,9. La risposta corretta è la **B**.

8 **Se un litro di soluzione acquosa di HCl a pH = 4 viene diluito con acqua a 10 litri, il pH della soluzione ottenuta è:**

A 0,4
B 10
C 3
D 5
E 14

Poiché il pH è il cologaritmo della concentrazione di ioni H^+, pH = 4 corrisponde a una concentrazione di ioni $H^+ = 10^{-4}$. Se un litro di soluzione di HCl a pH = 4 viene diluito a 10 litri la concentrazione dell'acido cloridrico diventa 10 volte minore e così quella dello ione H^+, che sarà pari a 10^{-5}, corrispondente a pH = 5. La risposta corretta è la D.

9 **Se un litro di soluzione acquosa contiene 360 g di HCl (PM = 36) e 360 g di NaOH (PM = 40), il suo pH è:**

A neutro
B 8
C 12
D maggiore di 7
E minore di 7

Per rispondere a questo quesito è necessario per prima cosa stabilire qual è la concentrazione di HCl e di NaOH. Dato che la molarità si calcola con la formula: $M = \frac{n\ (\text{mol})}{V\ (\text{l})}$

si otterrà: $M_{HCl} = \frac{\frac{360}{36}}{1} = 10$ mol/l e $M_{NaOH} = \frac{\frac{360}{40}}{1} = 9$ mol/l

HCl, acido forte, e NaOH, base forte, si dissociano completamente: in questo modo la concentrazione degli ioni H^+ dovrebbe essere pari a 10 mol/l e quella degli ioni OH^- pari a 9 mol/l. Queste due specie ioniche reagiscono fra loro nella reazione di neutralizzazione formando H_2O, poiché la soluzione contiene una maggior quantità di ioni H^+ piuttosto che OH^-, il pH sarà minore di 7; risposta E.

10 **Quale di questi composti, disciolto in acqua, dà una soluzione con pH neutro?**

A NH_4Cl
B Na_2S
C $Ca(OH)_2$
D $BaCl_2$
E $NaHCO_3$

Per rispondere al quesito è necessario individuare, fra i composti proposti, quello che non dà reazione acida né basica. $Ca(OH)_2$ è un idrossido e in acqua si comporta come una base, la risposta C è quindi errata. Tutti gli altri composti sono sali: per individuare quello che sciolto in acqua dà una soluzione neutra è necessario considerare le caratteristiche degli ioni da cui ogni sale è formato. Na_2S è un sale che possiamo considerare derivante dalla reazione dell'acido debole H_2S con la base forte NaOH e dà una soluzione basica; la stessa cosa vale per $NaHCO_3$, formato dalla reazione fra NaOH e l'acido debole H_2CO_3; le risposte B ed E sono quindi errate. NH_4Cl deriva dalla reazione fra la base debole NH_3 e l'acido forte HCl, quindi dà luogo a una soluzione acida e anche la risposta A è da scartare. L'alternativa corretta è la D: infatti, $BaCl_2$ deriva dalla reazione fra l'acido forte HCl e la base forte $Ba(OH)_2$, quindi non si comporta né da acido né da base.

8 CHIMICA ORGANICA

Quasi tutti i composti del carbonio appartengono alla categoria dei composti organici.

La chimica organica è la chimica dei composti del carbonio.

Oltre al carbonio, i composti organici contengono sempre *idrogeno*, spesso ossigeno e azoto, più raramente zolfo, alogeni, fosforo e altri elementi.

I composti organici sono milioni, ma il loro studio è facilitato dal fatto che possono essere riuniti in *classi*, ciascuna contraddistinta da proprietà chimico-fisiche caratteristiche.

L'estrema versatilità del carbonio è legata alle sue particolari caratteristiche:

- unico tra gli elementi della tavola periodica, ha una spiccata tendenza alla *concatenazione*, ovvero a legarsi con altri atomi di carbonio formando catene aperte o chiuse ad anello. Le catene aperte possono essere inoltre lineari o ramificate;
- ha configurazione elettronica esterna $2s^2 2p^2$: appartiene dunque al gruppo IV A della tavola periodica e ha quattro elettroni nel livello esterno. Grazie alla sua posizione centrale nella tavola periodica e al suo valore intermedio di elettronegatività tende a raggiungere l'ottetto condividendo elettroni e formando legami covalenti con altri atomi;
- il suo numero di ossidazione può variare da + 4 a – 4;
- può essere ibridato sp^3, sp^2 o sp (§ 2.5). Si ha:
  - ibridazione sp^3 → se l'atomo di carbonio è legato a quattro atomi; i quattro orbitali ibridi degeneri sono orientati verso i vertici di un tetraedro regolare con angoli di 109,5°;
  - ibridazione sp^2 → se l'atomo di carbonio è legato a tre atomi; i tre orbitali ibridi degeneri sp^2, si dispongono su un piano passante per il nucleo dell'atomo e sono orientati verso i vertici di un triangolo equilatero con angoli di 120°;
  - ibridazione sp → se l'atomo di carbonio è legato a due atomi; i due orbitali ibridi degeneri sp, sono disposti lungo una retta passante per il nucleo dell'atomo, a 180° l'uno dall'altro.
- può formare legami covalenti carbonio-carbonio *semplici*, *doppi* o *tripli*;
  - legami semplici → C – C (atomi di C ibridizzati sp^3);
  - legami doppi → C = C (atomi di C ibridizzati sp^2);
  - legami tripli → C ≡ C (atomi di C ibridizzati sp).

Nei composti organici gli atomi di carbonio sono sempre ibridati e formano sempre quattro legami covalenti.

I composti organici più semplici (idrocarburi) sono catene di atomi di carbonio legati fra loro da legami semplici, doppi o tripli, e a tanti atomi di idrogeno quanti sono necessari per saturare le 4 valenze.

CHIMICA

Classificazione degli atomi di carbonio

Un atomo di carbonio può essere classificato in base al numero di atomi di carbonio a esso legati:

atomo di carbonio *primario* → legato a un solo altro atomo di carbonio;
atomo di carbonio *secondario* → legato a due altri atomi di carbonio;
atomo di carbonio *terziario* → legato a tre altri atomi di carbonio;
atomo di carbonio *quaternario* → legato a quattro altri atomi di carbonio.

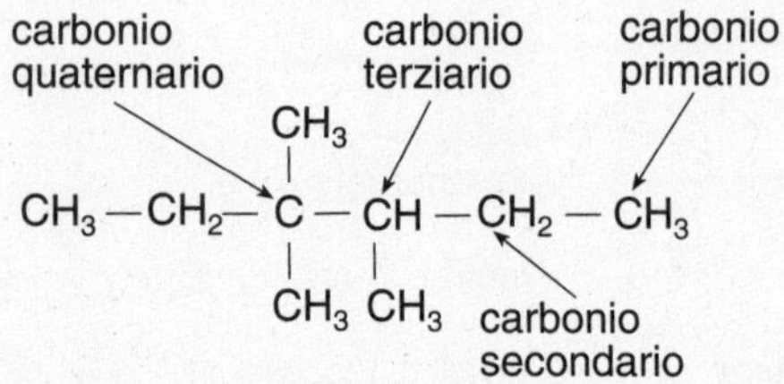

8.1 NOMENCLATURA DEI COMPOSTI ORGANICI

I composti organici sono denominati in base a precise regole di nomenclatura (nomenclatura sistematica IUPAC). Questo sistema di regole rende possibile attribuire un nome a qualunque composto organico ed è concepito in modo tale da permettere a chi lo legga di "tradurlo" senza ambiguità nella formula di struttura corrispondente.

Ogni composto può quindi essere indicato con un nome ottenibile tramite la nomenclatura sistematica: tuttavia, molti composti organici, noti ben prima che queste regole venissero introdotte, continuano a essere indicati con un "nome d'uso" (per esempio: acido acetico, glucosio) che non permette di risalire alla relativa struttura, se non la si conosce in precedenza.

Il nome sistematico di qualunque composto organico è costituito da tre parti che possiamo così schematizzare:

prefisso — radice — desinenza

- la **desinenza** indica la classe di composti organici cui il composto appartiene (si veda § 8.28);
- la **radice** indica il numero di atomi di C nella catena più lunga (principale) che è possibile individuare nel composto (si veda § 8.6.2)
- il **prefisso** (presente nei casi più complessi) indica la posizione nella catena principale dei vari sostituenti e/o gruppi funzionali.

8.2 GRUPPI FUNZIONALI

Quando, legati agli atomi di carbonio, sono presenti atomi, o gruppi di atomi, diversi dall'idrogeno questi sono detti *gruppi funzionali.*

✔ **Un gruppo funzionale è un atomo o un gruppo di atomi che, legato alla catena carboniosa, è responsabile delle proprietà chimico-fisiche del composto.**

Moltissimi composti organici sono caratterizzati dalla presenza di uno o più gruppi funzionali.

I composti aventi lo stesso gruppo funzionale presentano analoghe proprietà chimico-fisiche e possono essere raggruppati nella stessa **classe**. Le reazioni caratteristiche della classe avvengono in corrispondenza del gruppo funzionale e non coinvolgono il resto della molecola.

In base al numero di gruppi funzionali presenti nella molecola i composti organici si dividono in:

- *monofunzionali* → contenenti un solo gruppo funzionale;
- *polifunzionali* → contenenti due o più gruppi funzionali (uguali o diversi).

Nella tabella sono riportati la struttura e il nome dei principali gruppi funzionali, la classe di cui sono caratteristici e la formula generale della classe..

Gruppo funzionale	Nome	Classe	Formula generale	Desinenza
$>C=C<$	doppio legame	alcheni	C_nH_{2n}	-ene
$-C\equiv C-$	triplo legame	alchini	C_nH_{2n-2}	-ino
$-X$	alogeno	alogenuri alchilici		
$-OH$	gruppo ossidrilico	alcoli	$R-OH$	-olo
$-O-$	gruppo etere	eteri	$R-O-R'$	-etere
$-C(=O)-$	gruppo carbonilico	aldeidi chetoni	$R-C(=O)H$ $R(R')C=O$	-ale -one
$-C(=O)OH$	gruppo carbossilico	acidi carbossilici	$R-C(=O)OH$	-oico
$-C(=O)OR$	gruppo estere	esteri	$R-C(=O)-O-R'$	-ata di -ile
$-C(=O)X$	alogeno	alogenuri acilici	$R-C(=O)X$	
$-C(=O)-O-C(=O)-$		anidridi (organiche)	$R-C(=O)-O-C(=O)-R$	
$-C(=O)NH_2$	gruppo ammidico	ammidi	$R-C(=O)NH_2$	-ammide
$-NH_2$	gruppo amminico	ammine (primarie)	$R-NH_2$	
$-C\equiv N$	ciano o nitrile	nitrili	$R-C\equiv N$	
$-NO_2$	gruppo nitro	nitroderivati	$R-NO_2$	
$-SH$	gruppo tiolico	tioli (o mercaptani)	$R-SH$	

Il simbolo R indica un generico gruppo alchilico e il simbolo X indica un generico alogeno (Cl, F, Br o I).

8.3 REATTIVITÀ DEI COMPOSTI ORGANICI

La reattività, cioè l'*attitudine a trasformarsi*, di un qualunque composto per azione di un determinato reagente dipende, oltre che dalle condizioni di reazione, dal tipo di legame che deve essere rotto e dal tipo di legame che deve essere formato.

Per comprendere la reattività di un composto organico è utile analizzare la molecola considerando il gruppo funzionale come un centro di reazione cui siano legati vari sostituenti. La natura del centro reattivo determina il tipo di reazione, la natura dei sostituenti la reattività.

Nella maggior parte delle reazioni, sulla molecola che reagisce si sviluppa, a un certo momento, una carica positiva o negativa: se tale carica, positiva o negativa, è su un atomo di carbonio si parla rispettivamente di *carbocatione* o di *carbanione*. Un carbocatione e un carbanione si formano quando si ha una *rottura eterolitica* del legame covalente, in cui uno dei due atomi trattiene il doppietto elettronico e l'altro ne resta privo:

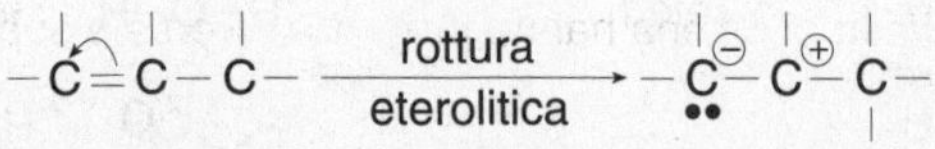

Un atomo di carbonio con un elettrone spaiato è invece un *radicale libero* che si può originare in seguito a *rottura omolitica* del legame covalente, nella quale ciascuno dei due atomi originariamente legati mantiene uno dei due elettroni di legame:

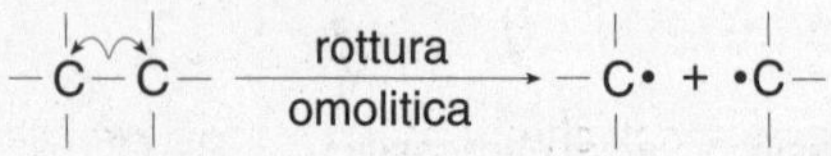

Reagenti elettrofili e nucleofili

Nelle reazioni organiche i reagenti vengono divisi in due categorie:

- **reagenti elettrofili** (acidi di Lewis): sostanze con una lacuna elettronica, oppure una carica positiva, totale o parziale, come, per esempio, lo ione H^+, BCl_3, oppure l'atomo di C nel gruppo carbonilico –CO. Sono detti elettrofili perché reagiscono con atomi o molecole ricche di elettroni (nucleofili);
- **reagenti nucleofili** (basi di Lewis): sostanze in grado di fornire elettroni perché dotate di carica negativa (totale o parziale) o di almeno un doppietto solitario, come, per esempio OH^-, CN^-, l'atomo di N nel gruppo amminico $-NH_2$. Sono detti nucleofili perché reagiscono con gli atomi e le sostanze povere di elettroni (elettrofili).

8.4 ISOMERIA

I composti organici, dato il loro elevatissimo numero, presentano il fenomeno dell'isomeria, in base al quale alla medesima formula bruta possono corrispondere due o più composti diversi.

✔ **Si dicono isomeri due o più composti aventi la stessa formula bruta (e quindi lo stesso peso molecolare), ma diversa formula di struttura o diversa disposizione spaziale degli atomi.**

Si ricordi che le molecole sono oggetti tridimensionali. Gli isomeri sono composti diversi e hanno quindi (spesso) proprietà chimiche e fisiche diverse.

8.4.1 ISOMERIA CONFORMAZIONALE

Gli isomeri conformazionali si differenziano per *l'orientamento spaziale relativo dei gruppi di atomi*; possono trasformarsi l'uno nell'altro per rotazione intorno a un legame semplice C – C, senza rottura di alcun legame chimico. Si noti che i composti contenenti legami doppi e tripli, che non permettono questo tipo di rotazione, non presentano questo tipo di isomeria.

Due isomeri conformazionali, pur avendo in linea di principio proprietà differenti, si interconvertono tra loro con grande rapidità e non sono normalmente separabili.

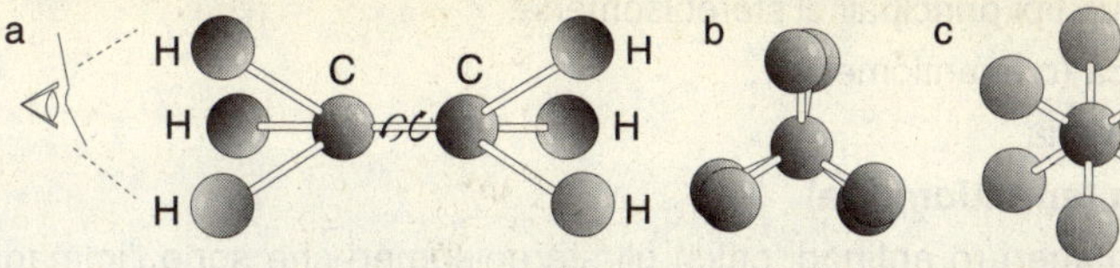

Nell'etano (C_2H_6) la libera rotazione dei due gruppi $-CH_3$ intorno al legame σ C – C dà origine a un numero infinito di isomeri conformazionali (o conformazioni) (a). Si individuano due conformazioni fondamentali: nella conformazione eclissata i legami C – H dei due atomi di C sono allineati (b); la conformazione sfalsata si ottiene facendo ruotare di 60° un atomo di C rispetto all'altro (c).

8.4.2 Isomeria di struttura (o di catena)

L'isomeria di struttura è relativa alla forma della catena carboniosa che può essere lineare, ramificata o ciclica. Gli isomeri di catena sono composti che hanno la stessa formula bruta, ma *diversa formula di struttura*. Gli isomeri di catena hanno proprietà diverse e sono separabili.

$CH_3-CH_2-CH_2-CH_3$ *n* - butano (catena lineare)

$CH_3-CH(CH_3)-CH_3$ metilpropano (catena ramificata)

L'*n*-butano e il metilpropano (aventi entrambi formula bruta C_4H_{10}) hanno diversa formula di struttura e sono isomeri di catena.

8.4.3 Isomeria di posizione

Gli isomeri di posizione sono composti che hanno la stessa formula bruta, ma *diversa posizione nella catena di un sostituente* (atomo o gruppo funzionale) o di un particolare tipo di legame. Gli isomeri di posizione hanno proprietà diverse e sono separabili.

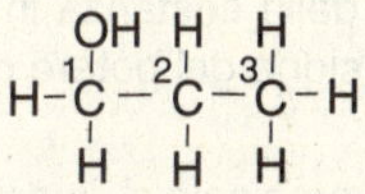
1 - propanolo

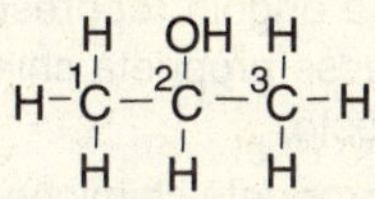
2 - propanolo

I due composti (formula bruta C_3H_8O) sono isomeri di posizione: nel primo il gruppo funzionale –OH è legato all'atomo di C numero 1, nel secondo all'atomo di C numero 2.

8.4.4 Isomeria di gruppo funzionale

Gli isomeri di gruppo funzionale sono composti che hanno la stessa formula bruta, ma *diverso gruppo funzionale*. Gli isomeri di gruppo funzionale hanno proprietà marcatamente diverse e sono facilmente separabili.

L'etanolo e l'etere dimetilico (aventi entrambi formula bruta C_2H_6O) sono isomeri di gruppo funzionale.

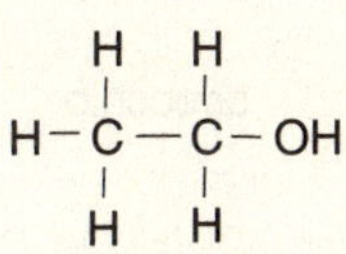
etanolo
(gruppo funzionale: ossidrile)

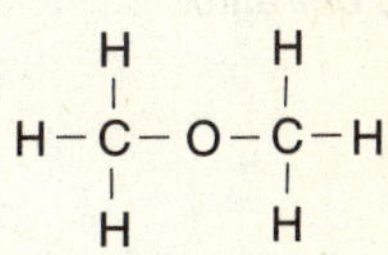
etere dimetilico
(gruppo funzionale: etere)

8.4.5 Stereoisomeria

Gli stereoisomeri sono composti in cui gli atomi sono legati nello stesso ordine o sequenza, ma *disposti in modo diverso nello spazio*. A differenza degli isomeri conformazionali, gli stereoisomeri NON possono essere convertiti l'uno nell'altro senza rottura di legami chimici (tranne in casi molto particolari).

Si distinguono due tipi principali di stereoisomeria:

- isomeria ottica (o enantiomeria);
- diastereoisomeria.

Isomeria ottica (enantiomeria)

Si dicono enantiomeri (o antipodi ottici) gli stereoisomeri che sono l'immagine speculare uno dell'altro, ma NON sono sovrapponibili, come le nostre mani: speculari con i palmi affacciati ma non sovrapponibili.

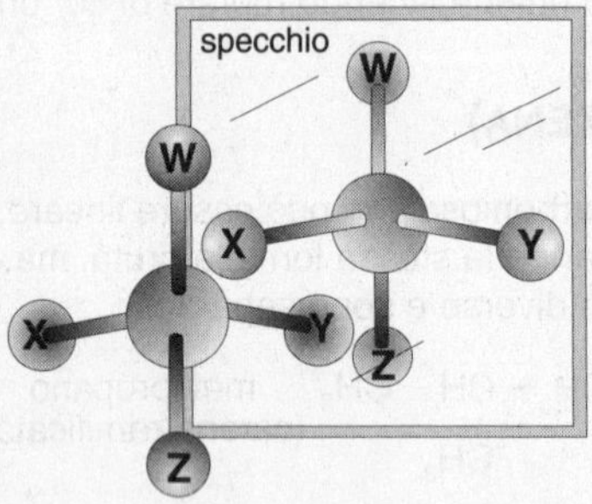

L'esistenza degli enantiomeri è legata alla presenza nella molecola di almeno un atomo di carbonio chirale.

Un atomo di *carbonio chirale* (o atomo di carbonio asimmetrico) è un atomo di carbonio (ibridato sp^3) legato a quattro atomi o gruppi atomici tutti diversi tra loro.

Un composto contenente *n* atomi di carbonio chirali può presentare un numero massimo di stereoisomeri pari a 2^n (*regola di van't Hoff*).

Gli enantiomeri sono sostanze dotate di **attività ottica** (dette perciò *otticamente attive*). Una sostanza otticamente attiva è in grado di far ruotare di un certo angolo il piano di vibrazione della luce piano-polarizzata (una forma di luce che vibra in un unico piano) che abbia attraversato una sua soluzione. Il valore di tale angolo rappresenta il *potere rotatorio* della sostanza in questione.Gli enantiomeri hanno le stesse proprietà chimiche e fisiche, a esclusione del potere rotatorio che è uguale ma di segno opposto.

Due enantiomeri hanno proprietà chimiche, fisiche e biologiche diverse solo quando interagiscono con altre entità (fisiche o chimiche) chirali.

L'enantiomero che ruota verso destra il piano della luce polarizzata è detto *destrogiro* e si indica con il segno (+) davanti al nome del composto, quello che lo fa invece ruotare verso sinistra è detto *levogiro* e si indica con il segno (–).

Una miscela equimolecolare dei due enantiomeri è detta *racemo* ed è otticamente inattiva.

Diastereoisomeria

Si dicono diastereoisomeri (o diastereomeri) gli stereoisomeri che *NON sono l'immagine speculare uno dell'altro.*

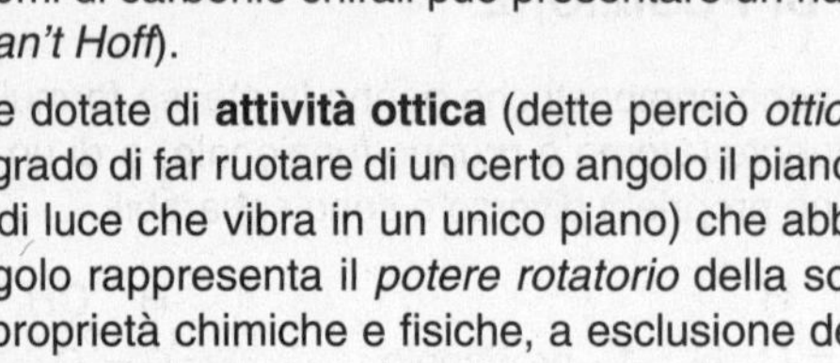

Isomeria geometrica

Un particolare tipo di diastereoisomeria è l'*isomeria geometrica* (o isomeria cis-trans).

Gli isomeri cis-trans sono composti che differiscono per la disposizione spaziale degli atomi, o gruppi atomici, legati a un carbociclo (idrocarburo ciclico) o ad atomi di carbonio uniti da un doppio legame (in posizione non terminale lungo la catena).

Si avrà l'isomero *cis* quando i due sostituenti più ingombranti (e a maggior peso molecolare) sono dalla stessa parte rispetto al doppio legame; si avrà invece l'isomero *trans* quando i due sostituenti più ingombranti sono da parti opposte rispetto al doppio legame.

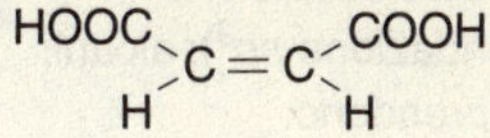

acido maleico (cis)

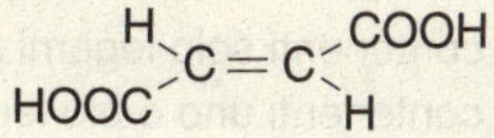

acido fumarico (trans)

L'isomero cis ha proprietà chimiche, fisiche e biologiche differenti da quelle del composto trans. Per esempio, l'acido fumarico (trans) è presente in tutte le nostre cellule, mentre l'acido maleico (cis) è un veleno.

Non si ha isomeria cis-trans quando allo stesso carbonio sp^2 sono legati due sostituenti uguali.

Riepilogo dei diversi tipi di isomeria

Isomeri costituzionali (o strutturali)
stessa formula bruta ma diversa concatenazione degli atomi

- i. di catena
- i. di posizione
- i. di gruppo funzionale

Stereoisomeri
stessa formula bruta, stessi legami e gruppi funzionali, ma diversa disposizione nello spazio

- **i.conformazionali**: si convertono uno nell'altro senza rottura di legami
- **i.configurazionali** si convertono uno nell'altro per rottura di legami
  - **i. ottici o enantiomeri**: sono immagine speculare, non sovrapponibile, uno dell'altro
  - **diastereoisomeri**: non sono speculari

8.5 IDROCARBURI

Gli idrocarburi sono i composti organici più semplici. Sono composti binari costituiti solo da carbonio e idrogeno e, in base alla loro struttura, vengono suddivisi in diverse classi; una prima importante distinzione viene posta fra idrocarburi **aromatici** e **alifatici**: gli aromatici contengono anelli carboniosi con legami a elettroni delocalizzati (§ 2.6), mentre gli alifatici non contengono legami a elettroni delocalizzati.

Principali classi di idrocarburi

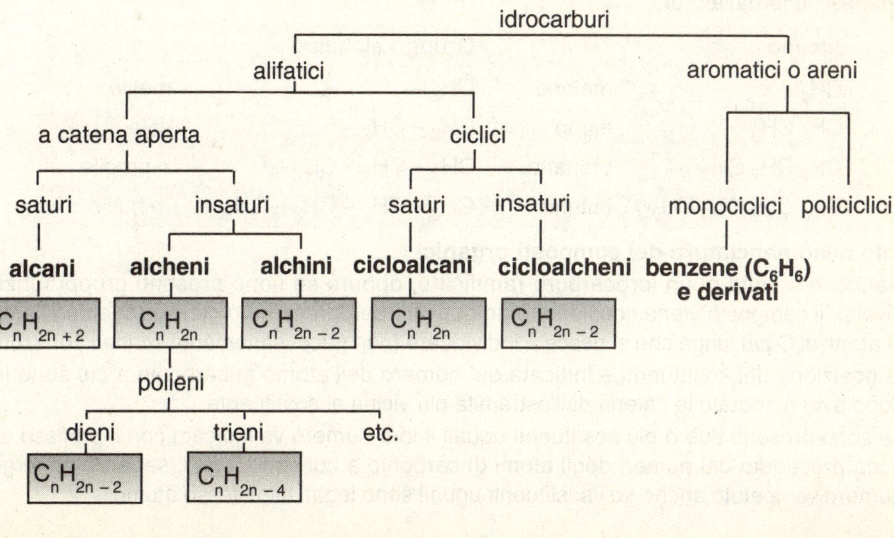

CHIMICA

8.6 IDROCARBURI ALIFATICI: ALCANI, ALCHENI E ALCHINI

Gli idrocarburi alifatici comprendono alcani, alcheni e alchini (a catena aperta o ciclici).
In base al tipo di legame carbonio-carbonio possono anche essere suddivisi in:

- *saturi* → contenenti solo legami semplici C – C (ibridazione sp^3): alcani;
- *insaturi* → contenenti uno o più legami multipli; comprendono:
  - alcheni → contenenti uno o più doppi legami C = C (ibridazione sp^2);
  - alchini → contenenti uno o più tripli legami C ≡ C (ibridazione *sp*).

8.6.1 NOMENCLATURA DEGLI ALCANI E REGOLE GENERALI DI NOMENCLATURA

Secondo la nomenclatura IUPAC, il nome di un idrocarburo è formato da una radice che indica il numero di atomi di carbonio che costituiscono la molecola, seguito da una desinenza diversa a seconda della classe di appartenenza (alcani, alcheni o alchini), come indicato nella tabella seguente.

Il prefisso indica il numero di atomi di carbonio		**La desinenza indica la classe**
met – un atomo	**es** – sei atomi	– **ano** (alcani)
et – due atomi	**ept** – sette atomi	– **ene** (alcheni)
prop – tre atomi	**ott** – otto atomi	– **ino** (alchini)
but – quattro atomi	**non** – nove atomi	
pent – cinque atomi	**dec** – dieci atomi	

$CH_3 - CH_2 - CH_2 - CH_3$ butano

$CH_3 - CH = CH - CH_3$ 2-butene

$CH_3 - C \equiv C - CH_3$ 2-butino

Gruppi alchilici

Negli idrocarburi a catena ramificata un gruppo laterale legato alla catena base sostituisce formalmente un atomo di idrogeno ed è indicato genericamente come *sostituente*. Se il sostituente deriva da un idrocarburo è detto *gruppo alchilico* ed è indicato genericamente con il simbolo R–.

Un gruppo alchilico è un frammento di molecola derivato formalmente da un idrocarburo per eliminazione di un atomo di idrogeno. La desinenza caratteristica dei gruppi alchilici è *-ile*: il nome del gruppo alchilico si ottiene sostituendo la desinenza dell'idrocarburo con la desinenza *-ile*.

Al crescere del numero di atomi di carbonio si possono avere gruppi alchilici diversi corrispondenti alla medesima formula bruta.

Alcano		**Gruppo alchilico**	
CH_4	metano	CH_3-	metile
$CH_3\,CH_3$	etano	CH_3-CH_2-	etile
$CH_3\,CH_2\,CH_3$	propano	$CH_3-CH_2-CH_2-$	*n*-propile
$CH_3\,CH_2\,CH_2\,CH_3$	butano	$CH_3-CH_2-CH_2-CH_2-$	*n*-butile

Regole di nomenclatura dei composti organici

- Nel caso si tratti di un idrocarburo ramificato, oppure se sono presenti gruppi funzionali diversi, il composto viene considerato un derivato dell'idrocarburo corrispondente alla catena di atomi di C più lunga che si riesce a individuare (non necessariamente scritta in orizzontale);
- la posizione dei sostituenti è indicata dal numero dell'atomo di carbonio a cui sono legati, dopo aver numerato la catena dall'estremità più vicina al sostituente;
- se sono presenti due o più sostituenti uguali il loro numero va indicato con il prefisso di-, tri- ecc., preceduto dai numeri degli atomi di carbonio a cui sono legati, separati da virgole. Il numero va ripetuto anche se i sostituenti uguali sono legati allo stesso atomo.

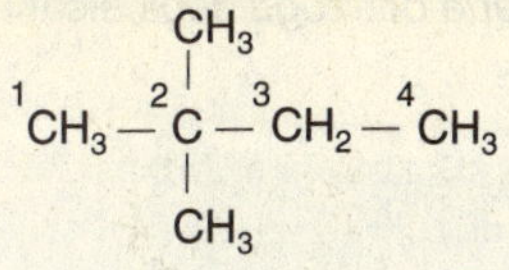

2, 2 - dimetilbutano

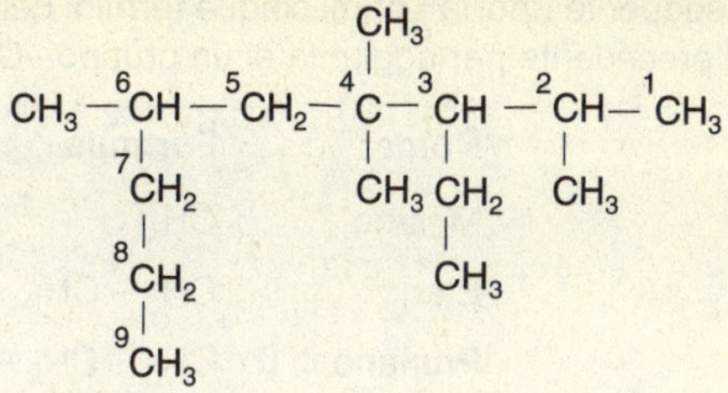

3 - etil - 2, 4, 4, 6 - tetrametilnonano

8.6.2 ALCANI

- Gli alcani sono idrocarburi alifatici saturi;
- hanno formula generale C_nH_{2n+2} (con n = 1, 2, 3,...);
- la desinenza caratteristica della classe è *-ano*;
- contengono solo legami covalenti semplici C – C (legami σ);
- sono privi di gruppi funzionali.

Il legame semplice

I due atomi di carbonio impegnati in un legame covalente semplice C – C sono sempre ibridati sp^3 e possiedono perciò quattro orbitali ibridi equivalenti sp^3. Quando un orbitale sp^3 di un atomo di carbonio si sovrappone frontalmente a un orbitale sp^3 di un altro atomo di carbonio si origina un legame covalente semplice di tipo σ (§ 2.3.2), intorno al quale i gruppi legati possono ruotare liberamente.

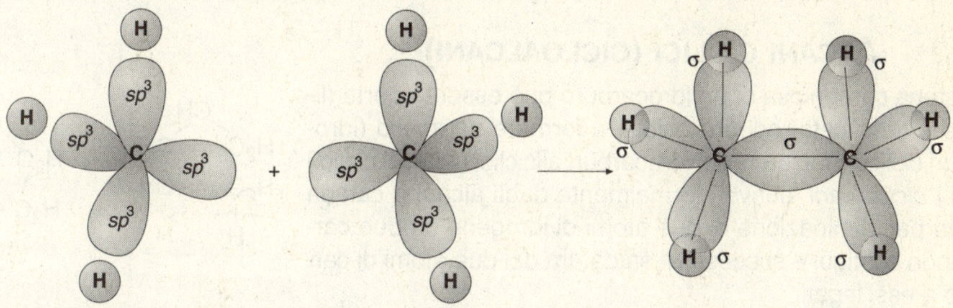

Nell'etano ($CH_3 - CH_3$) ogni atomo di carbonio utilizza uno dei suoi quattro orbitali ibridi sp^3 per legarsi all'altro mediante un legame σ; i sei orbitali ibridi sp^3 rimanenti (tre per ciascun atomo) si sovrappongono a sei orbitali *s* di sei atomi di idrogeno originando altrettanti legami σ C – H.

Il legame semplice carbonio-carbonio è sempre un legame di tipo σ.

L'idrocarburo più semplice è il metano (CH_4) la cui struttura è riportata di seguito.

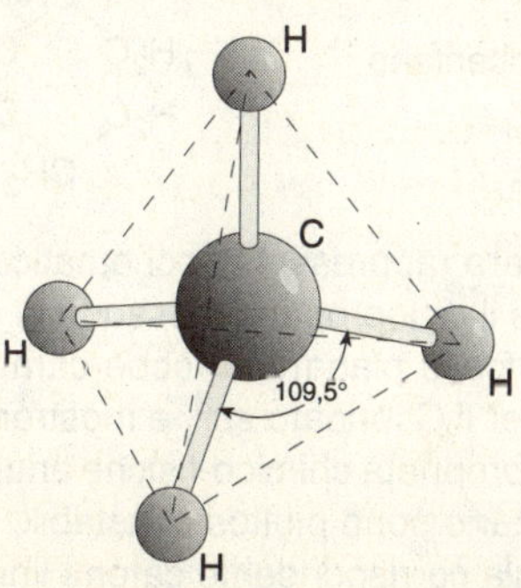

CHIMICA

La tabella seguente riporta i primi cinque termini della *serie omologa* degli alcani. Ogni termine si ottiene dal precedente per aggiunta di un gruppo $-CH_2-$.

Nome	Formula
Metano	CH_4
Etano	$CH_3 - CH_3$
Propano	$CH_3 - CH_2 - CH_3$
Butano	$CH_3 - CH_2 - CH_2 - CH_3$
Pentano	$CH_3 - CH_2 - CH_2 - CH_2 - CH_3$

Le formule che compaiono nella tabella sono dette *formule razionali* (o *condensate*); in esse sono evidenziati solo i legami tra gli atomi di carbonio.

Isomeria negli alcani

Gli alcani presentano:

- isomeria conformazionale (§ 8.4.1): si ha libera rotazione intorno ai legami C – C;
- isomeria di struttura (§ 8.4.2): la catena può essere lineare o ramificata, aperta o chiusa a ciclo (§ 8.6.3);
- isomeria ottica (§ 8.4.5): se la molecola contiene almeno un atomo di carbonio chirale.

Mentre metano, etano e propano non hanno isomeri strutturali, esistono due composti con la formula C_4H_{10}, tre con la formula C_5H_{12} e cinque con la formula C_6H_{14}. Il numero degli isomeri strutturali aumenta esponenzialmente al crescere del numero di atomi di carbonio della molecola.

8.6.3 ALCANI CICLICI (CICLOALCANI)

La catena carboniosa di un idrocarburo può essere aperta (lineare o ramificata) oppure chiusa a formare un anello (idrocarburi ciclici). I più semplici idrocarburi aliciclici (alifatici ciclici) sono i *cicloalcani*, derivati formalmente dagli alcani a catena aperta per eliminazione di due atomi di idrogeno da due carboni non contigui e successiva saldatura dei due atomi di carbonio a essi legati.

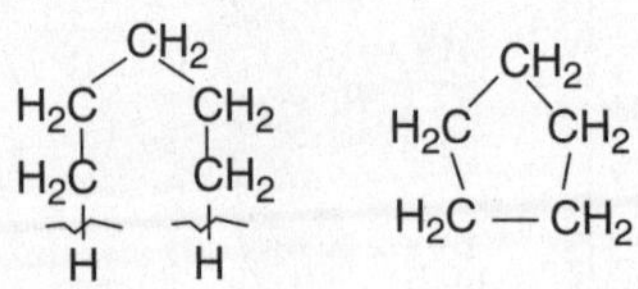

I cicloalcani hanno formula generale C_nH_{2n}, con $n \geq 3$. Il nome di questi idrocarburi si ottiene anteponendo il prefisso *ciclo-* al nome dell'alcano corrispondente a catena aperta.

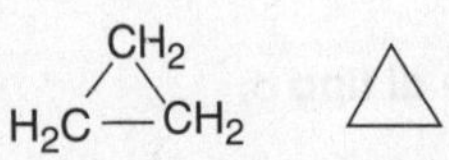
ciclopropano

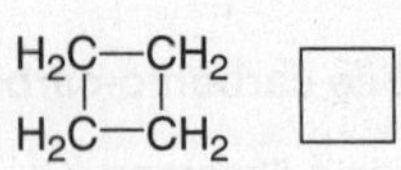
ciclobutano

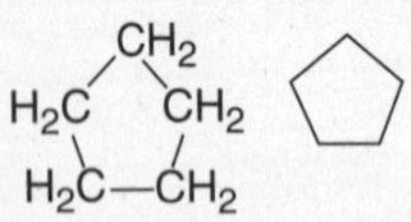
ciclopentano

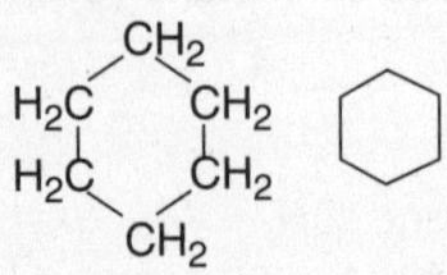
cicloesano

Gli idrocarburi ciclici possono essere rappresentati schematicamente mediante poligoni regolari. Si tenga però presente che, tranne il ciclopropano, nessuno di questi composti ha struttura planare; se il cicloesano, per esempio, fosse planare sarebbe caratterizzato da angoli interni di 120°, anziché di 109,5° come previsto per il C ibridato sp^3, e mostrerebbe quindi una notevole tensione angolare. I cicloalcani presentano proprietà chimico-fisiche analoghe a quelle degli alcani a catena aperta. Il ciclopropano e il ciclobutano sono piuttosto instabili, danno facilmente reazioni di apertura dell'anello con formazione della corrispondente catena lineare.

I cicloalcani presentano isomeria strutturale, conformazionale, cis-trans e ottica.

a) Isomeria conformazionale

Per il cicloesano si individuano 2 conformazioni fondamentali:

b) Isomeria cis - trans

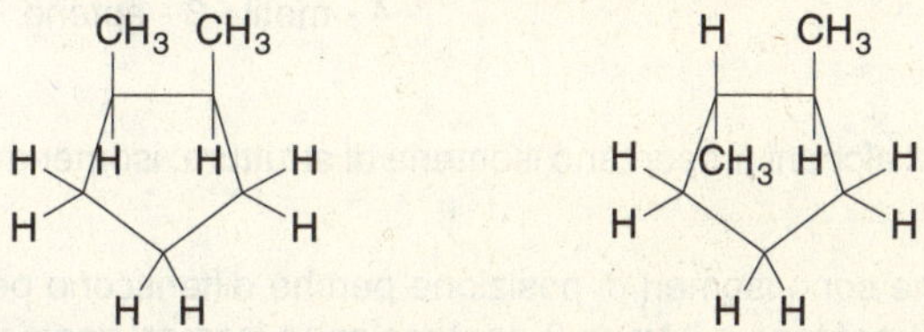

cis - 1,2 - dimetilciclopentano   trans - 1,2 - dimetilciclopentano

8.6.4 ALCHENI

- Gli alcheni sono idrocarburi alifatici insaturi;
- hanno formula generale C_nH_{2n} (con $n \geq 2$);
- la desinenza caratteristica della classe è *-ene*;
- contengono uno o più doppi legami C = C (formati da un legame σ e un legame π);
- il *doppio legame* è considerato il gruppo funzionale degli alcheni.

L'idrocarburo più semplice è l'etene ($CH_2 = CH_2$), chiamato comunemente etilene.

Il legame doppio

I due atomi di carbonio impegnati in un legame covalente doppio C = C sono sempre ibridati sp^2 e possiedono perciò tre orbitali ibridi equivalenti sp^2 e un orbitale *p* puro. Quando due atomi di carbonio ibridati sp^2 si avvicinano a sufficienza, uno dei tre orbitali ibridi sp^2 di ciascun atomo di carbonio si sovrappone frontalmente all'altro originando un legame σ, mentre l'orbitale *p* puro di uno si sovrappone lateralmente all'orbitale *p* dell'altro originando un legame π.

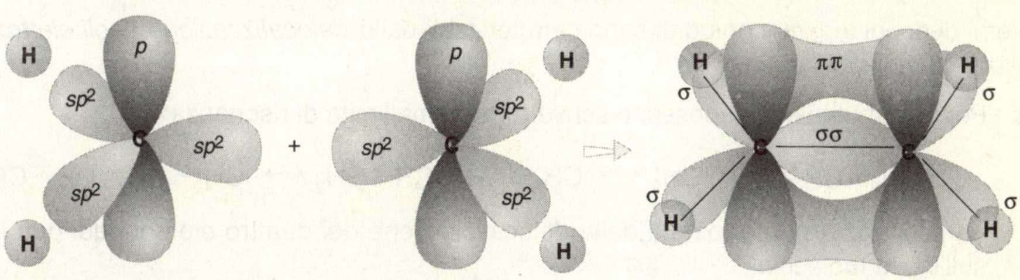

Nell'etene (o etilene, $CH_2 = CH_2$) ogni atomo di carbonio usa uno dei suoi tre orbitali ibridi sp^2 e l'orbitale *p* puro per legarsi all'altro mediante un legame σ e un legame π; gli orbitali ibridi sp^2 rimanenti (due per ogni atomo) si sovrappongono ai quattro orbitali *s* di quattro atomi di idrogeno originando altrettanti legami σ C – H.

Il doppio legame carbonio-carbonio è sempre costituito da un legame di tipo σ e uno di tipo π.

La presenza del legame π impedisce la libera rotazione dei gruppi legati intorno al doppio legame carbonio-carbonio e irrigidisce quindi la struttura.

Nomenclatura

Il nome dell'alchene si ottiene dal nome dell'alcano a ugual numero di atomi di C sostituendo la desinenza *-ano* con la desinenza *-ene*; si numera la catena più lunga dall'estremità più vicina al doppio legame, la posizione di questo si identifica indicando prima del nome il numero dell'atomo di C sul quale inizia il doppio legame.

$$\overset{5}{C}H_3-\overset{4}{C}H_2-\overset{3}{C}H=\overset{2}{C}H-\overset{1}{C}H_3$$

2 - pentene

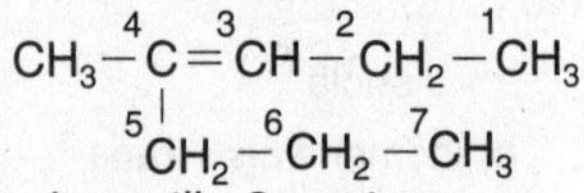

4 - metil - 3 - eptene

Isomeria negli alcheni

A partire dal butene (C_4H_8) gli alcheni presentano isomeria di struttura, isomeria di posizione e isomeria cis-trans (§ 8.4).

L'1-butene e il 2-butene sono isomeri di posizione perché differiscono per la posizione del doppio legame. Il cis-2-pentene e il trans-2-pentene sono isomeri geometrici.

$$\overset{1}{C}H_2=\overset{2}{C}H-\overset{3}{C}H_2-\overset{4}{C}H_3$$

1 - butene

$$\overset{1}{C}H_3-\overset{2}{C}H=\overset{3}{C}H-\overset{4}{C}H_3$$

2 - butene

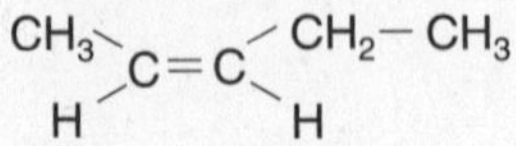

cis - 2 - pentene

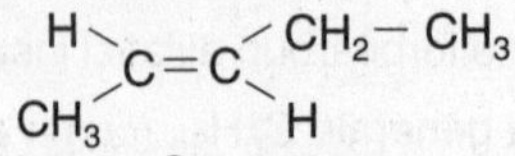

trans - 2 - pentene

Alcheni polifunzionali: i dieni

Gli alcheni polifunzionali contengono più di un doppio legame nella molecola. I più semplici sono i dieni, contenenti due doppi legami e aventi formula generale C_nH_{2n-2}.

In base alla loro posizione relativa i due doppi legami possono essere:

- *cumulati* (o *alleni*): adiacenti lungo la catena: $-\overset{|}{C}=C=\overset{|}{C}-$
- *isolati*: separati da più di un legame semplice: $-\overset{|}{C}=\overset{|}{C}-\underset{|}{\overset{|}{C}}-\overset{|}{C}=\overset{|}{C}-$
- *coniugati*: separati da un solo legame semplice: $-\overset{|}{C}=\overset{|}{C}-\overset{|}{C}=\overset{|}{C}-$

I sistemi di doppi legami coniugati sono caratterizzati dalla *delocalizzazione degli elettroni* π che stabilizza la molecola (§ 2.6).

Per l'1, 3-butadiene si possono scrivere tre forme limite di risonanza:

$$\overset{\oplus}{C}H_2-CH=CH-\overset{\ominus}{C}H_2 \longleftrightarrow CH_2=CH-CH=CH_2 \longleftrightarrow \overset{\ominus}{C}H_2-CH=CH-\overset{\oplus}{C}H_2$$

La risonanza è determinata dalla delocalizzazione dei quattro elettroni dei due legami π sull'intera molecola.

8.6.5 ALCHINI

- Gli alchini sono idrocarburi alifatici insaturi;
- hanno formula generale C_nH_{2n-2} (con $n \geq 2$);
- la desinenza caratteristica della classe è *-ino*;
- contengono uno o più tripli legami $C \equiv C$ (formati da un legame σ e due legami π);
- il *triplo legame* è considerato il gruppo funzionale degli alchini.

L'idrocarburo più semplice è l'etino ($CH \equiv CH$), chiamato anche acetilene.

Il legame triplo

I due atomi di carbonio impegnati in un legame covalente triplo $C \equiv C$ sono sempre ibridati *sp* e possiedono perciò due orbitali ibridi equivalenti *sp* e due orbitali *p* puri.

Quando due atomi di carbonio ibridati *sp* si avvicinano a sufficienza, uno dei due orbitali ibridi *sp* di ciascun atomo di carbonio si sovrappone frontalmente a un orbitale *sp* dell'altro originando un legame σ, mentre i due orbitali *p* puri di uno si sovrappongono lateralmente ai due orbitali *p* dell'altro originando due legami π.

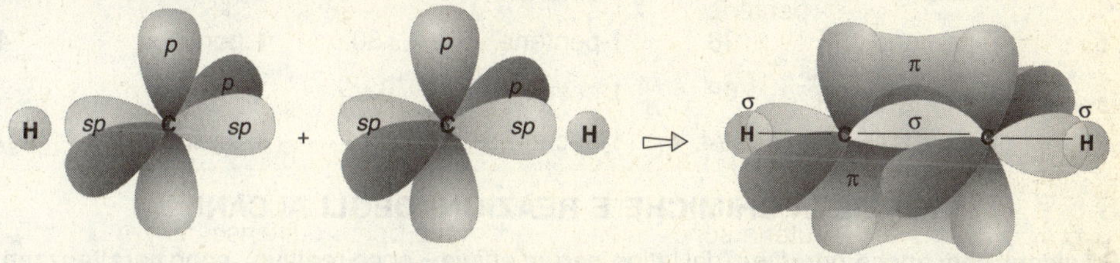

Nell'etino (o acetilene, $CH \equiv CH$) ciascun atomo di carbonio utilizza uno dei due orbitali ibridi *sp* e i due orbitali *p* puri per legarsi all'altro mediante un legame σ e due legami π; gli orbitali ibridi *sp* rimanenti (uno per ciascun atomo) si sovrappongono a due orbitali *s* di due atomi di idrogeno originando altrettanti legami σ C – H.

Il triplo legame carbonio-carbonio è sempre costituito da un legame di tipo σ e due di tipo π.

Nomenclatura e isomeria

Il nome dell'alchino deriva dal nome dell'alcano corrispondente sostituendo la desinenza *-ano* con la desinenza *-ino*; valgono per il resto le regole viste per alcani e alcheni. A partire dal butino gli alchini presentano isomeria di posizione e a partire dal pentino isomeria di struttura.

$$\overset{1}{CH} \equiv \overset{2}{C} - \overset{3}{CH_2} - \overset{4}{CH_3}$$

1 - butino

$$\overset{1}{CH_3} - \overset{2}{C} \equiv \overset{3}{C} - \overset{4}{CH_3}$$

2 - butino

$$\overset{5}{CH_3} - \overset{4}{CH}(CH_3) - \overset{3}{C} \equiv \overset{2}{C} - \overset{1}{CH_3}$$

4 - metil - 2 - pentino

$$\overset{1}{CH_3} - \overset{2}{C} \equiv \overset{3}{C} - \overset{4}{C}(CH_3)(CH_2-CH_3) - \overset{5}{CH}(CH_3) - \overset{6}{CH_3}$$

4 - etil - 4, 5 - dimetil - 2 - esino

8.6.6 Proprietà fisiche degli idrocarburi alifatici

Gli idrocarburi sono composti molecolari apolari, insolubili in acqua.

Poiché H e C hanno valori di elettronegatività simili e intermedi nella scala di elettronegatività, i legami C – C e C – H sono legami covalenti puri. Pertanto le molecole sono apolari e non esistono né interazioni dipolo-dipolo né, tantomeno, legami a idrogeno. Le uniche interazioni intermolecolari possibili sono le forze di Van der Waals. In conseguenza della mancanza di polarità, quindi, gli idrocarburi:

- sono pressoché insolubili in acqua e solubili nei solventi organici apolari tra cui etere, benzene e cloroformio;
- sono generalmente meno densi dell'acqua;
- hanno basso punto di fusione ed ebollizione. Poiché all'aumentare del numero degli atomi di carbonio aumenta il numero delle interazioni di Van der Waals, i valori del punto di fusione e di ebollizione aumentano all'aumentare dei C presenti nella molecola. A temperatura ambiente, infatti, i primi quattro alcani (C_1-C_4) sono gas, i dodici seguenti (C_5-C_{16}) sono liquidi e dal diciassettesimo in poi sono solidi.

La tabella seguente mostra i punti di ebollizione di alcuni dei più semplici alcani, alcheni e alchini.

n° C	Alcani	p.eb. (°C)	Alcheni	p.eb. (°C)	Alchini	p.eb. (°C)
1	metano	– 162				
2	etano	– 88,5	etene	– 102	etino	– 75
3	propano	– 42	propene	– 48	propino	– 23
4	*n*-butano	0	1-butene	– 6,5	1-butino	9
5	*n*-pentano	36	1-pentene	30	1-pentino	40
6	*n*-esano	69	1-esene	63,5	1-esino	72
10	*n*-decano	174	1-decene	171	1-decino	182

8.6.7 PROPRIETÀ CHIMICHE E REAZIONI DEGLI ALCANI

Gli alcani, detti anche *paraffine* (dal latino *parum affinis* = poco reattivo), sono caratterizzati da una bassissima reattività chimica, non vengono attaccati nemmeno da acido nitrico bollente, o acido solforico concentrato. Questo è dovuto al fatto che i legami C – C e C – H sono legami forti, assai poco polarizzati per la scarsa differenza di elettronegatività tra H e C (pari a 0,4).

Data la scarsa reattività, tutte le reazioni degli alcani avvengono in condizioni drastiche (presenza di un catalizzatore e/o di calore) e sono inoltre altamente aspecifiche (tutti i legami C – C o C – H sono perfettamente equivalenti e non vi è una posizione della molecola che reagisce preferenzialmente rispetto alle altre).

Le principali reazioni chimiche cui danno luogo gli alcani sono: *alogenazione, combustione* e *deidrogenazione.*

Alogenazione

È una reazione di sostituzione nella quale uno o più atomi di idrogeno vengono sostituiti da altrettanti atomi di alogeno (cloro, bromo o fluoro); i prodotti della reazione sono un *alogenuro alchilico* (indicato con la formula generale R – X, dove R = gruppo alchilico e X = alogeno) e l'acido alogenidrico corrispondente. La reazione generale è:

$$R{-}H + X_2 \xrightarrow[\text{o calore}]{\text{luce U.V.}} R{-}X + HX$$

La reazione porta spesso a miscele di prodotti alogenati, a diversi livelli di sostituzione.

$$CH_4 + n\,Cl_2 \xrightarrow{\text{calore o luce}} \left\{\begin{array}{ll} CH_3Cl & \text{(clorometano)} \\ CH_2Cl_2 & \text{(diclorometano)} \\ CHCl_3 & \text{(cloroformio)} \\ CCl_4 & \text{(tetracloruro di carbonio)} \end{array}\right. + n\,HCl$$

cloroderivati — acido cloridrico

Combustione

È una reazione di ossidazione in cui l'idrocarburo (combustibile) reagisce con l'ossigeno (comburente) a dare anidride carbonica e acqua secondo la reazione generale:

$$C_nH_{2n+2} + \frac{3n+1}{2}\,O_2 \rightarrow n\,CO_2 + (n+1)\,H_2O + \text{calore}$$

La reazione è fortemente esotermica, ma a temperatura ambiente non avviene spontaneamente e deve essere innescata, perché caratterizzata da un'elevata energia di attivazione. Se la combustione avviene in difetto di ossigeno, oltre all'anidride carbonica, si ottengono anche monossido di carbonio (CO), altamente tossico, e altri composti di ossidazione parziale.

Deidrogenazione

Con la reazione di deidrogenazione degli alcani vengono eliminate molecole di idrogeno, producendo composti insaturi (alcheni e alchini), per esempio:

$$\underset{\text{etano}}{CH_3{-}CH_3} \rightarrow H_2 + \underset{\text{etene}}{CH_2{=}CH_2}$$

Cracking

È una reazione di frammentazione di una catena idrocarburica lunga in frammenti più piccoli, condotta ad alta temperatura ed eventualmente in presenza di catalizzatori. Il *cracking* dà luogo a una miscela di prodotti derivanti dalla frammentazione della molecola di partenza in diversi punti.

Il processo si effettua sui residui della distillazione frazionata del petrolio (idrocarburi ad alto PM, § 8.8) per aumentare la resa in benzine e idrocarburi a basso PM.

$$CH_3 - (CH_2)_n - CH_2 - CH_2 - CH_2 - (CH_2)_m - CH_3 \xrightarrow{\text{calore (+ cataliz.)}}$$

$$\longrightarrow \underset{\text{alchene}}{CH_3 - (CH_2)_n - CH = CH_2} \; + \; \underset{\text{alcano}}{CH_3 - (CH_2)_m - CH_3}$$

La reazione del propano C_3H_8 con ossigeno O_2 (combustione) avviene con formazione di CO_2 e H_2O; quante moli di ossigeno sono necessarie per bruciare una mole di propano?

L'equazione bilanciata della combustione del propano è:

$$C_3H_8 + 5\,O_2 \rightarrow 3\,CO_2 + 4\,H_2O$$

quindi per bruciare una mole di propano sono necessarie 5 moli di ossigeno.

8.6.8 Proprietà chimiche e reazioni degli alcheni

Oltre alle reazioni degli alcani, gli alcheni danno reazioni specifiche dovute alla presenza del doppio legame, che ne rappresenta il gruppo funzionale e li rende più reattivi. La fragilità del legame π (§ 2.3.2) rende disponibili due elettroni *p* che vengono utilizzati per legare un reagente elettrofilo.

La reazione caratteristica degli alcheni è la reazione di addizione al doppio legame. Si tratta in genere di un'**addizione elettrofila.**

Le reazioni di addizione prendono nomi diversi in base al tipo di reagente addizionato.

- **Idrogenazione**

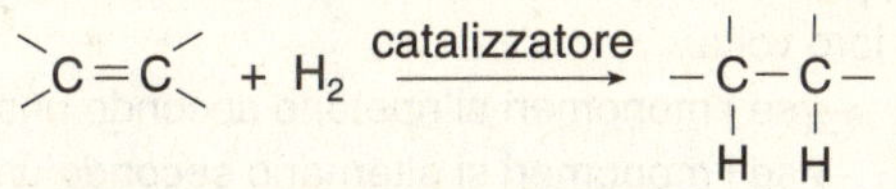

alchene — alcano corrispondente

$$CH_3{-}CH = CH - CH_2 - CH_3 + H_2 \longrightarrow H - \underset{}{\overset{H}{CH}} - \overset{H}{CH} - CH_2 - CH_2 - CH_3$$

2-pentene — pentano

- **Alogenazione**

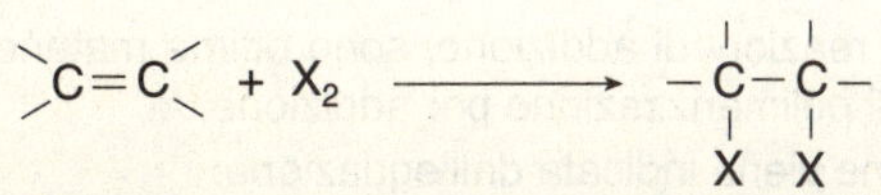

alchene — dialogenuro vicinale

CHIMICA

- **Idratazione**

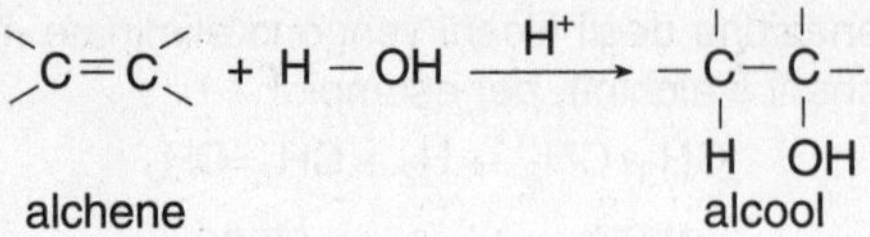

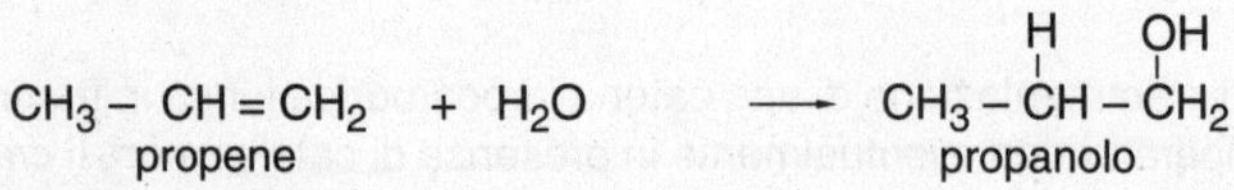

- **Addizione di acidi alogenidrici**

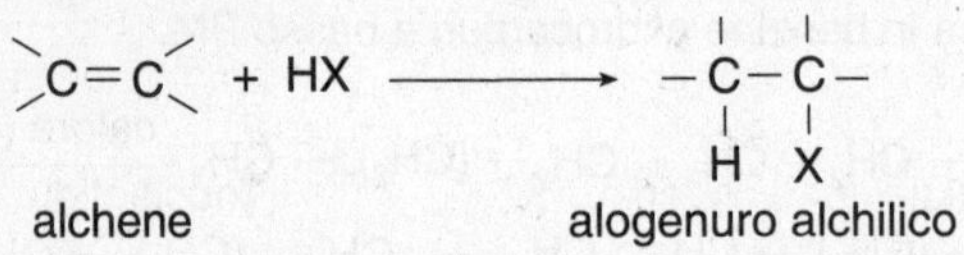

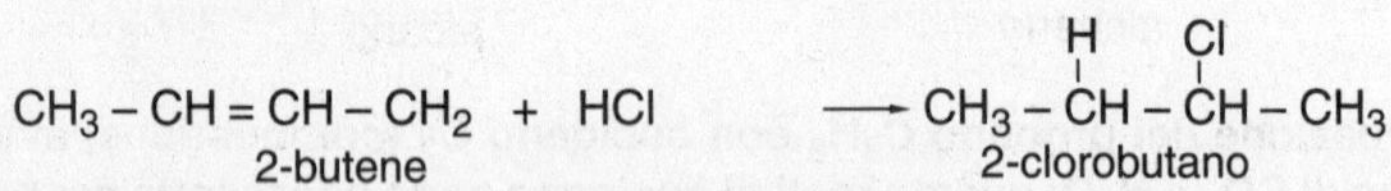

Polimerizzazione

Un *polimero* è una grossa molecola organica, ad alto peso molecolare, costituita dalla ripetizione di un numero enorme di unità più semplici, chiamate *monomeri.*

Attualmente sono disponibili diverse tecniche per ottenere polimeri artificiali di vario tipo. In base al metodo di preparazione si distinguono fondamentalmente due tipi di polimeri:

- **polimeri di addizione**: ottenuti mediante una serie di reazioni di addizione a catena (poliaddizione), ciascuna delle quali è innescata da una particella reattiva e ne produce una simile. La particella reattiva è in genere un radicale libero, un anione o un catione;
- **polimeri di condensazione**: ottenuti mediante reazione tra due gruppi funzionali diversi di due monomeri (che devono essere per lo meno bifunzionali) con eliminazione di una molecola piccola, generalmente acqua.

I polimeri possono essere lineari o ramificati.

In base al tipo di monomero si distinguono inoltre:

- *omopolimeri* → formati da monomeri uguali;
- *copolimeri (o eteropolimeri)* → formati da monomeri diversi.

I copolimeri possono essere a loro volta:

- *alternati* → se i monomeri si ripetono secondo una sequenza regolare;
- *irregolari* → se i monomeri si alternano secondo una sequenza casuale.

— X X X X X X — (omopolimero lineare)

— X X X — (ramificazione) legata a — X X X X X X X — (omopolimero ramificato)

— X Y X Y X Y X Y X Y — (copolimero alternato)

— X X X Y X Y Y X X Y X — (copolimero irregolare)

Alcheni e alchini, suscettibili di reazioni di addizione, sono ottime materie prime per la sintesi di polimeri attraverso le reazioni di polimerizzazione per addizione.

Una reazione di polimerizzazione viene indicata dall'equazione:

$$R-CH_2CH_2\cdot + nCH_2=CH_2 \rightarrow R-(CH_2CH_2)n-CH_2CH_2\cdot$$

Esistono sia polimeri naturali (come caucciù e cellulosa) sia artificiali, cioè sostanze che non esistono in natura ma che sono state "inventate" e prodotte dall'uomo. Questi ultimi (come polietilene e PVC) derivano dalla polimerizzazione di alcheni.

Polimero	Monomero
Naturali	
amido e glicogeno	α-glucosio
cellulosa	β-glucosio
proteine (copolimeri)	amminoacidi
acidi nucleici (copolimeri)	nucleotidi
caucciù (gomma naturale)	isoprene (2-metilbutadiene)
Artificiali	
polietilene (PE)	etilene
polivinilcloruro (PVC)	cloruro di vinile
polistirene (o polistirolo)	stirene
polipropilene	propilene
politetrafluoroetilene (Teflon)	tetrafluoroetilene
neoprene	2-clorobutadiene

La celluloide è stata la prima materia plastica sintetica. A quando risale la sintesi di questo polimero?
Celluloide è il nome commerciale di un polimero chiamato anche nitrato di cellulosa, ottenuto nel 1869 da John Wesley. La celluloide è stata utilizzata per la fabbricazione di numerosi oggetti (per esempio giocattoli e articoli sanitari) e come supporto per le pellicole cinematografiche. Attualmente è stata in gran parte sostituita da altri materiali, a causa della sua elevata infiammabilità.

Cosa indica la sigla CFC?
La sigla CFC è l'acronimo di clorofluorocarburi, gas derivati dal metano e dall'etano per sostituzione degli atomi di idrogeno con atomi di alogeni (cloro, fluoro, bromo). Questi composti, noti anche con il nome di freon, in passato sono stati utilizzati in diversi campi, per esempio nei frigoriferi, come gas di propulsione per aerosol e come solventi. Attualmente non vengono più utilizzati perché riconosciuti responsabili del "buco nell'ozono".

8.6.9 PROPRIETÀ CHIMICHE E REAZIONI DEGLI ALCHINI

La presenza del triplo legame conferisce agli alchini proprietà chimiche simili a quelle degli alcheni: gli alchini danno infatti reazioni di **addizione**; se a una mole di alchino viene addizionata una mole di reagente si ottiene un prodotto insaturo (un alchene); se le moli aggiunte sono due si ottiene invece un prodotto saturo (un alcano).

- **Idrogenazione**

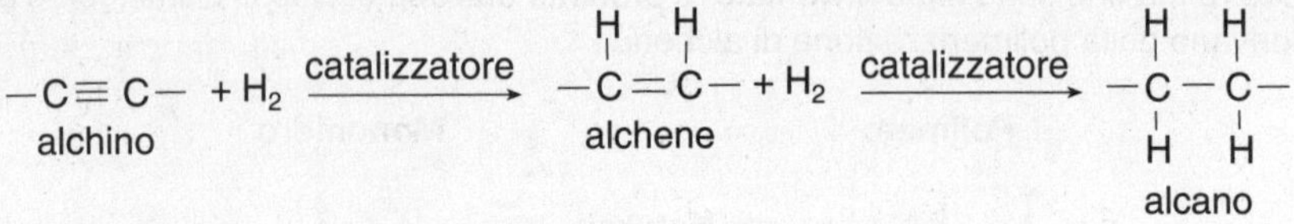

- **Alogenazione**

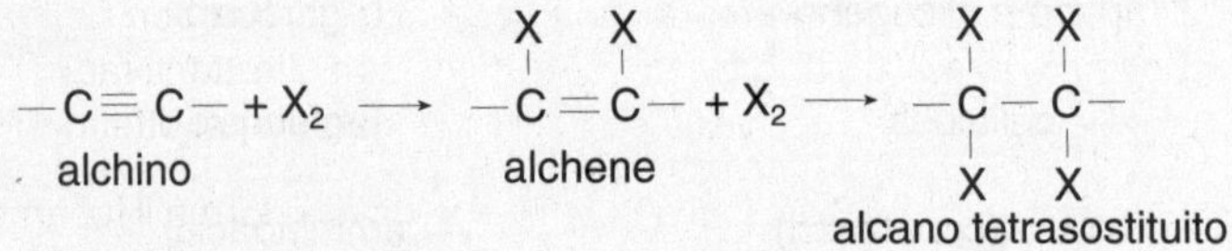

- **Addizione di acidi alogenidrici**

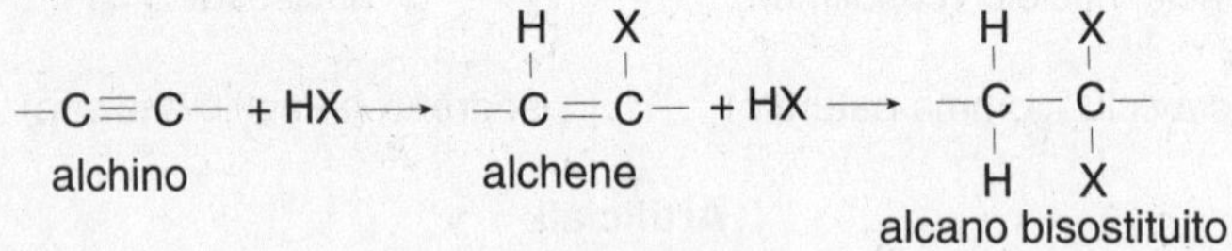

- **Idratazione**

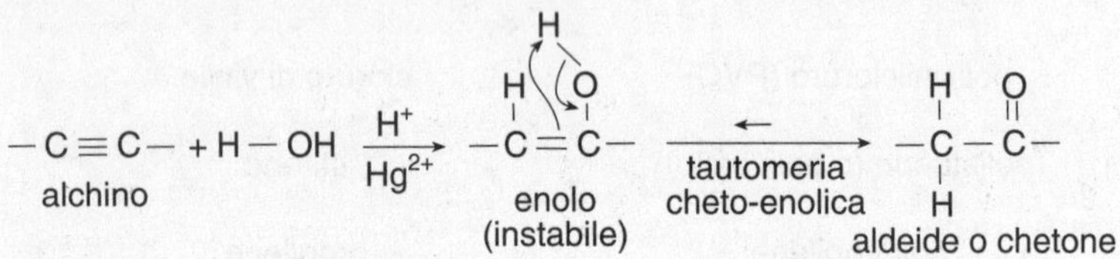

Interconversioni tra idrocarburi alifatici

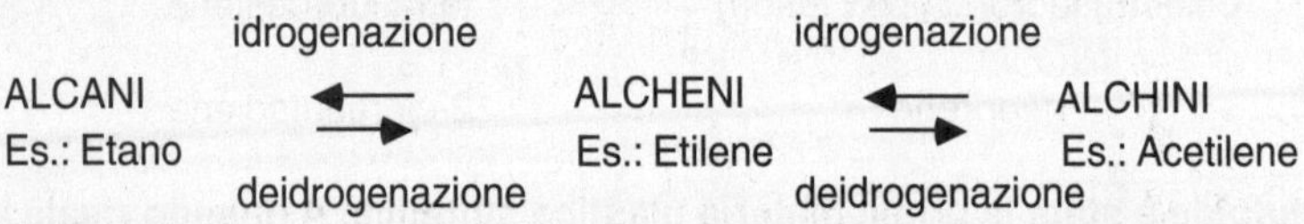

Quali delle seguenti formule indicano composti isomeri tra loro?
1. **$CH_3–CH_2Cl$**
2. **$CH_3–CHCl_2$**
3. **$CH_3–CCl_3$**
4. **$CH_2Cl–CH_2Cl$**

Sono isomeri due composti che hanno la stessa formula bruta ma diversa formula di struttura. Nel nostro caso, il composto 1 ha formula bruta C_2H_5Cl, il composto 2 ha formula bruta $C_2H_4Cl_2$, il composto 3 ha formula bruta $C_2H_3Cl_3$ e il composto 4 ha formula bruta $C_2H_4Cl_2$. I due isomeri sono quindi il composto 2 e il composto 4.

8.7 IDROCARBURI AROMATICI

I composti aromatici sono particolari idrocarburi ciclici insaturi. Il più semplice e più importante idrocarburo aromatico è il *benzene* (o benzolo) la cui formula bruta è C_6H_6. Il benzene è un composto ciclico a sei atomi di carbonio in cui l'alternanza di legami semplici e doppi fa sì che si realizzi una delocalizzazione degli elettroni di legame π su tutta la molecola, come illustrato al § 2.6.

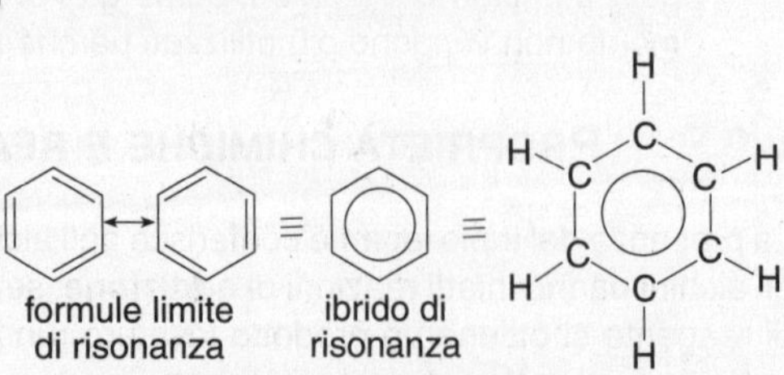

Il benzene viene considerato un ibrido di risonanza tra due forme limite. La delocalizzazione degli elettroni π si rappresenta nella formula con un cerchio interno all'esagono e conferisce alla molecola una particolare stabilità. Dal punto di vista chimico, infatti, il comportamento del benzene è molto più simile a quello di un idrocarburo saturo che a quello di un triene ciclico: non dà reazioni spontanee di addizione, bensì di *sostituzione*.

8.7.1 DERIVATI DEL BENZENE

Il benzene può essere considerato il precursore della serie degli idrocarburi aromatici, derivati formalmente sostituendo uno o più atomi di idrogeno dell'anello con altrettanti radicali alchilici o gruppi funzionali. Se il sostituente è un gruppo alifatico (saturo o insaturo) si ottengono gli *areni*.

Per la nomenclatura dei derivati monosostituiti è indifferente dove si forma il legame, dato che tutte le posizioni sono equivalenti, e si utilizzano in genere nomi comuni.

toluene

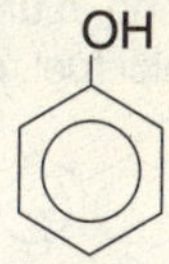

fenolo

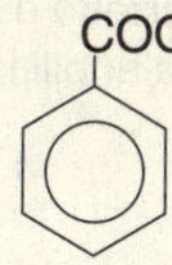

acido benzoico

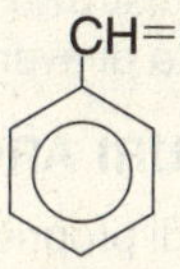

stirene

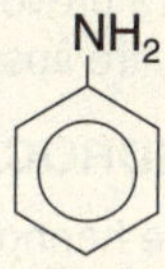

anilina

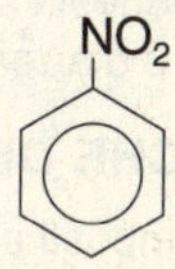

nitrobenzene

Quando sono presenti due sostituenti, bisogna indicare la loro posizione reciproca sull'anello. Si possono utilizzare due sistemi:

- indicare la posizione dei sostituenti numerando gli atomi di carbonio dell'anello a partire da uno di quelli che reca un sostituente;
- indicare la posizione del secondo sostituente rispetto al primo con i prefissi *orto-* (sostituenti in posizione 1,2), *meta-* (sostituenti in 1,3) e *para-* (sostituenti in 1,4).

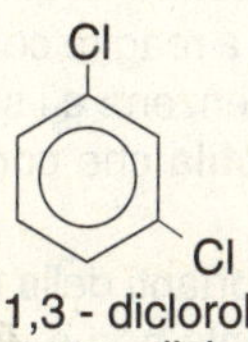

1,3 - diclorobenzene o *meta* - diclorobenzene

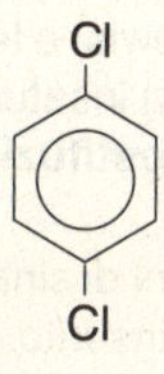

1,4 - diclorobenzene o *para* - diclorobenzene

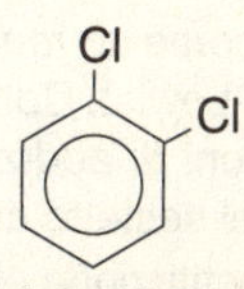

1,2 - diclorobenzene o *orto* - diclorobenzene

Per i derivati polisostituiti la posizione dei sostituenti si indica mediante la numerazione degli atomi di carbonio dell'anello in modo che a uno di essi sia assegnato il numero 1 e che gli altri due ricevano il numero più basso possibile.

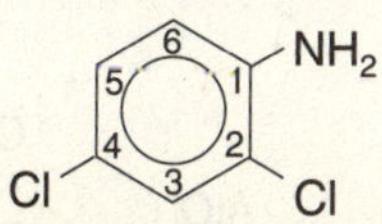

1 - ammino - 2, 4 - diclorobenzene o 2, 4 - dicloroanilina

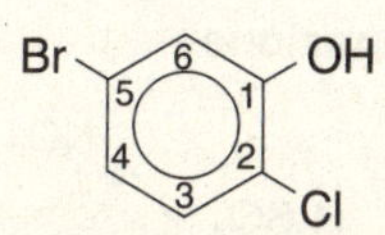

2 - cloro - 5 - bromo fenolo

Possono essere considerati derivati del benzene anche i composti aromatici policiclici formati da due o più anelli benzenici condensati o concatenati.

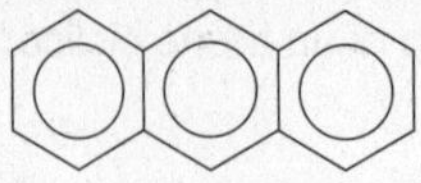

antracene

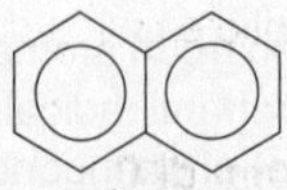

naftalene

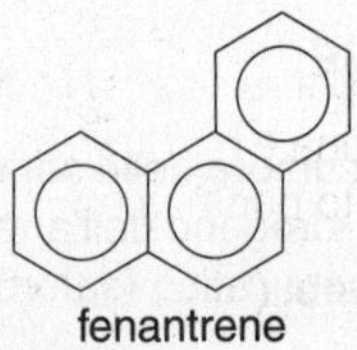

fenantrene

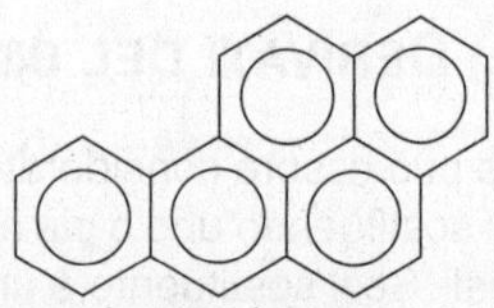

benzopirene

La naftalina è una sostanza utilizzata come insetticida, in particolare contro le tarme. A quale classe di composti chimici appartiene? Qual è la sua formula chimica?
La naftalina, il cui nome corretto è naftalene, è un idrocarburo aromatico policiclico; la sua molecola è formata da due anelli benzenici fusi, come indicato dalla formula:

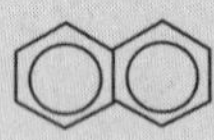

L'esposizione eccessiva a questa sostanza provoca la distruzione dei globuli rossi e causa sintomi di nausea, vomito e diarrea; è inoltre sospettata di avere effetto cancerogeno.

8.7.2 Proprietà fisiche degli idrocarburi aromatici

Gli idrocarburi aromatici sono composti apolari e hanno quindi proprietà fisiche analoghe a quelle degli altri idrocarburi:

- sono insolubili in acqua e solubili nei più comuni solventi organici apolari;
- sono meno densi dell'acqua;
- il punto di fusione e quello di ebollizione aumentano all'aumentare del numero di atomi di carbonio della molecola;
- a temperatura ambiente il benzene e i suoi analoghi sono liquidi, mentre i derivati policiclici sono in genere solidi con tendenza a sublimare.

8.7.3 Proprietà chimiche degli idrocarburi aromatici

La presenza della nuvola di elettroni π delocalizzati rende il benzene un centro ricco di elettroni che si comporta come un *reagente nucleofilo* (base di Lewis) e tende quindi a reagire con i reagenti elettrofili (acidi di Lewis). Contrariamente agli idrocarburi insaturi, però, il benzene e i suoi derivati non danno reazioni di addizione elettrofila, bensì di **sostituzione elettrofila** che consentono il mantenimento del sestetto aromatico.

La reazione di sostituzione elettrofila è una delle reazioni di sintesi più importanti della chimica organica e prende nomi diversi a seconda del reagente inserito. Se il reagente non è un elettrofilo sufficientemente reattivo, occorre utilizzare un catalizzatore in grado di renderlo tale.

Reazioni di questo tipo sono, per esempio, la nitrazione e l'alogenazione. La prima è la reazione con acido nitrico (presente in miscela con acido solforico), che ha come risultato la sostituzione di un atomo di idrogeno con un gruppo NO_2; la seconda è la reazione con un cloruro, che porta alla sostituzione di un atomo di idrogeno del benzene con un atomo di cloro.

Nitrazione e alogenazione

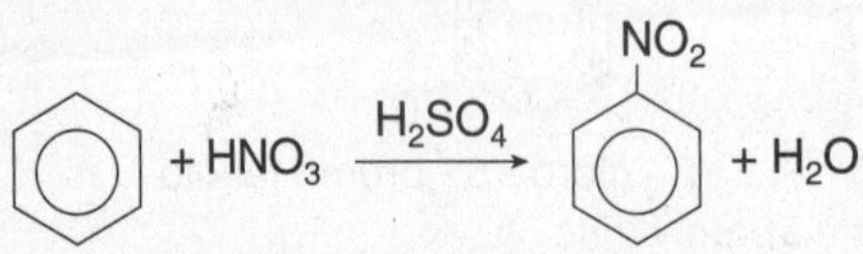

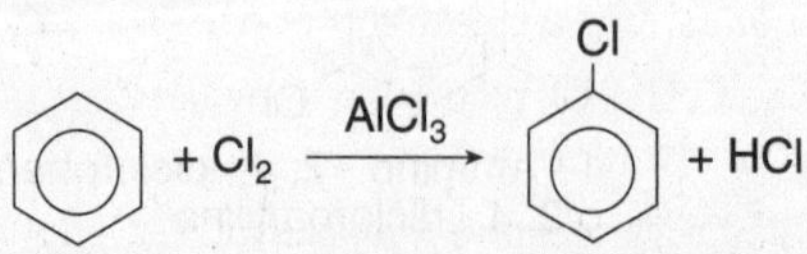

8.8 PETROLIO

Il petrolio è una miscela di idrocarburi alifatici (alcani lineari e ciclici, alcheni e alchini) e aromatici, mono- e policiclici.

Il petrolio greggio estratto dal sottosuolo non è utilizzabile come tale e deve essere sottoposto a *distillazione frazionata* in speciali colonne di distillazione all'interno delle raffinerie. Da tale processo si ottengono varie frazioni a diverso punto di ebollizione e PM, principalmente gas di petrolio (metano, etano, propano e butano), benzina e nafta, cherosene, gasolio e un residuo "pesante" formato da una miscela di idrocarburi ad alto punto di ebollizione.

Frazione	p. eb. (°C)	Numero di atomi di C
gas di petrolio	< 40	1-4
benzina e nafta	40-170	5-10
cherosene	170-250	10-15
gasolio leggero	250-320	15-20
gasolio pesante	300-350	20-25
residuo	oltre 350	oltre 25

Il gasolio pesante viene poi sottoposto a cracking (§ 8.6.7) per ottenere molecole più semplici (oli leggeri e idrocarburi gassosi) e aumentare la resa in benzina. Sul residuo pesante si effettua invece un processo di distillazione sottovuoto che permette di ottenere oli carburanti, oli lubrificanti e bitumi.

8.9 DERIVATI DEGLI IDROCARBURI

8.9.1 ALCOLI

Gli alcoli (o alcooli) hanno formula generale R – OH (alcoli monofunzionali);

- il gruppo funzionale è il gruppo ossidrilico (o ossidrile) –OH;
- la desinenza caratteristica della classe è *-olo*.

In base al tipo di atomo di C a cui è legato il gruppo –OH gli alcoli si suddividono in:

- primari → gruppo –OH legato a un atomo di carbonio primario;
- secondari → gruppo –OH legato a un atomo di carbonio secondario;
- terziari → gruppo –OH legato a un atomo di carbonio terziario.

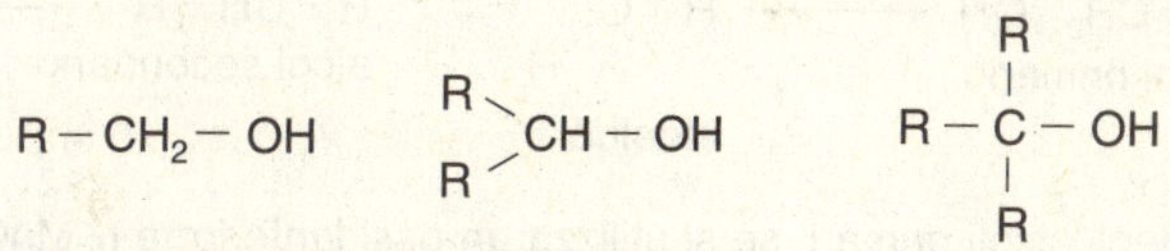

alcoli primari — alcoli secondari — alcoli terziari

Nomenclatura

- Si numera la catena più lunga contenente il gruppo –OH in modo che esso riceva il numero più basso possibile;
- il nome dell'alcol si ottiene sostituendo la lettera finale dell'idrocarburo corrispondente con la desinenza *-olo* e indicando con un numero la posizione del gruppo –OH;
- nel caso degli alcoli polifunzionali si utilizzano le desinenze *-diolo* e *-triolo*, rispettivamente per gli alcoli contenenti due e tre gruppi OH;
- per alcuni alcoli sono tuttora molto utilizzati anche i nomi d'uso.

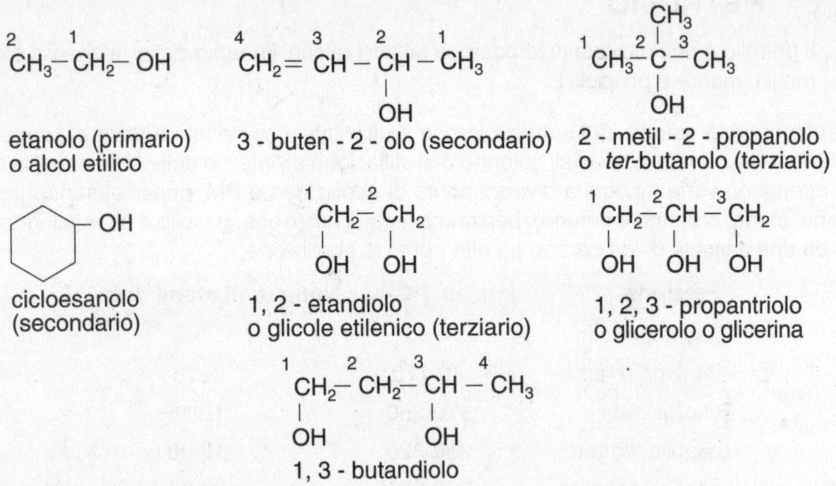

etanolo (primario) o alcol etilico; 3 - buten - 2 - olo (secondario); 2 - metil - 2 - propanolo o *ter*-butanolo (terziario); cicloesanolo (secondario); 1, 2 - etandiolo o glicole etilenico (terziario); 1, 2, 3 - propantriolo o glicerolo o glicerina; 1, 3 - butandiolo

Proprietà fisiche

Le proprietà fisiche degli alcoli sono determinate sia dal gruppo –OH (a carattere idrofilo) sia dalla porzione alchilica della molecola (a carattere idrofobico). La presenza del gruppo –OH rende la molecola polare e fa sì che gli alcoli possano formare legami a idrogeno intermolecolari e legami a idrogeno con l'acqua, di conseguenza:

- hanno punti di fusione ed ebollizione più alti degli idrocarburi a ugual numero di atomi di C;
- gli alcoli inferiori (fino a 3 atomi di C) sono solubili in acqua in tutte le proporzioni; la solubilità diminuisce gradualmente all'aumentare del numero di atomi di C della catena.

Proprietà chimiche

Le proprietà chimiche degli alcoli sono determinate principalmente dal gruppo ossidrilico. La presenza dell'atomo di ossigeno, molto più elettronegativo dell'atomo di carbonio, provoca infatti una separazione di cariche nella molecola rendendola più reattiva di quella degli idrocarburi.

Come l'acqua, gli alcoli sono sostanze anfotere che possono comportarsi come acidi o basi molto deboli, a seconda delle condizioni sperimentali.

La reazione più caratteristica degli alcoli è quella di **ossidazione**. Gli alcoli primari possono essere ossidati ad aldeidi, quelli secondari a chetoni.

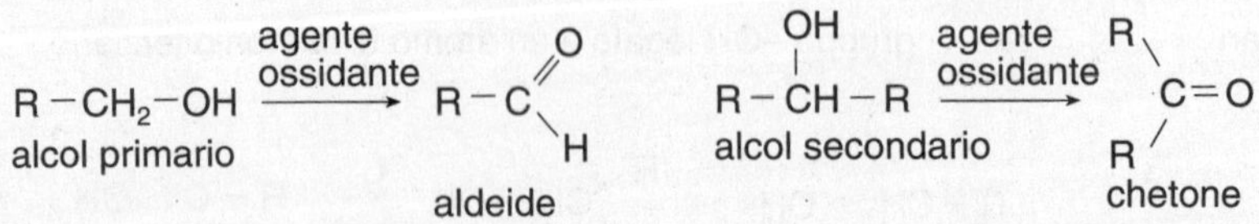

alcol primario → aldeide; alcol secondario → chetone

Nell'ossidazione degli alcoli primari, se si utilizza un ossidante forte ($KMnO_4$ o K_2CrO_7) l'aldeide prodotta viene a sua volta ossidata ad acido carbossilico. Per fermarsi allo stadio di aldeide è necessario trattare l'alcol primario con un ossidante blando. Gli alcoli possono essere ottenuti per idratazione degli alcheni (§ 8.6.8) o per riduzione delle aldeidi e dei chetoni (§ 8.9.3).

Alcoli più comuni

Il *metanolo* si utilizza come solvente, come anticongelante e come materia prima per la preparazione della formaldeide e altri composti organici; è tossico per l'organismo. L'*etanolo* si può ottenere mediante fermentazione biologica a opera di microrganismi (lieviti) oppure per idratazione dell'etilene in ambiente acido. Si usa principalmente come carburante e nell'industria alimentare per la preparazione delle bevande alcoliche (in tal caso non è però consentito l'impiego di etanolo ottenuto per sintesi chimica).

Fenoli

Sono alcoli aromatici contenenti uno o più gruppi –OH legati direttamente a un residuo arilico, hanno formula generale Ar – OH, la desinenza caratteristica della classe è *-olo*. Il nome dei fenoli deriva da quello degli idrocarburi corrispondenti preceduto dal prefisso *idrossi-* e da uno o più numeri che identificano la posizione dei gruppi –OH. Sono tuttavia ancora molto utilizzati i nomi d'uso.

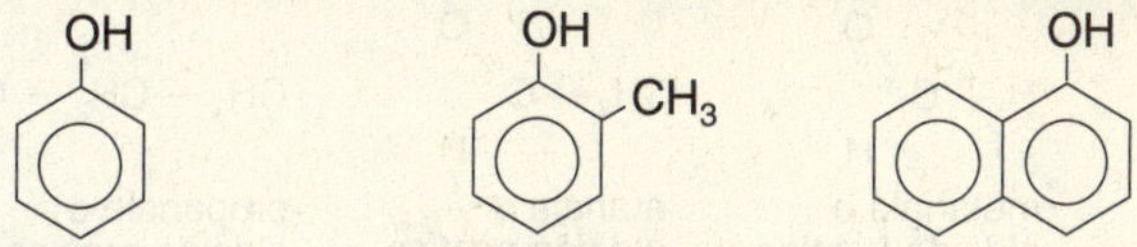

fenolo o idrossibenzene | *orto* - cresolo o 1 - idrossi - 2 - metilbenzene | α- naftolo

Come gli alcoli, formano legami a idrogeno intermolecolari e con l'acqua, perciò sono solubili in acqua (anche se non in tutte le proporzioni); inoltre, tranne i cresoli, sono solidi il cui punto di fusione aumenta al crescere del numero dei gruppi –OH. Le proprietà chimiche dei fenoli sono simili a quelle degli alcoli alifatici; la presenza dell'anello benzenico influenza però le proprietà del gruppo –OH, che dà reazione di dissociazione acida più facilmente degli alcoli alifatici.

Tioli e tiofenoli

- I tioli hanno formula generale R – SH (tioalcoli) o Ar – SH (tiofenoli);
- il gruppo funzionale è il *gruppo solfidrilico* –SH.

Il nome di un tiolo deriva da quello dell'idrocarburo corrispondente sostituendo la lettera finale con la desinenza *-tiolo*. I tioli sono detti anche *mercaptani*.

8.9.2 ETERI

Gli eteri hanno formula generale R – O – R. Sono formalmente derivati dall'acqua per sostituzione dei due atomi di H con due gruppi alchilici (o arilici) che possono essere uguali (*eteri simmetrici* o *semplici*) o diversi (*eteri asimmetrici* o *misti*); l'angolo di legame R – O – R è di circa 110°. Il nome si ottiene dalla parola etere preceduta (o seguita) dal nome dei due radicali, indicati in ordine alfabetico.

$CH_3 - CH_2 - O - CH_2 - CH_3$
etere dietilico o dietiletere (semplice)

$CH_3 - O - CH_2 - CH_3$
etilmetiletere (misto)

Gli eteri non formano legami a idrogeno intermolecolari e hanno quindi punti di ebollizione inferiori a quelli degli alcoli. Gli eteri a basso PM sono in genere liquidi molto volatili e altamente infiammabili; sono inoltre ottimi solventi di molte sostanze organiche. Il legame etereo è molto forte e può essere scisso solo trattando con acidi forti a caldo.

Gli eteri si ottengono mediante una reazione di *condensazione* (disidratazione) tra due alcoli.

Una reazione di condensazione consiste, in generale, nell'unione di due molecole mediante l'eliminazione di una molecola d'acqua.

$$\underset{\text{alcol}}{R-OH} + \underset{\text{alcol}}{HO-R} \xrightarrow[140^\circ C]{H_2SO_4} \underset{\text{etere}}{R-O-R} + H_2O$$

8.9.3 ALDEIDI E CHETONI

Le aldeidi hanno formula generale $R-C\overset{\displaystyle O}{\underset{\displaystyle H}{\lessgtr}}$, mentre quella dei chetoni è $\begin{matrix}R\\R\end{matrix}\!\!>C=O$.

Il gruppo $>\overset{\delta^+}{C}=\overset{\delta^-}{O}$, comune alle due classi, è detto *gruppo carbonilico* o *carbonile*; tale gruppo funzionale è fortemente polarizzato e in esso il C è ibridato sp^2 (§ 2.5.2).

CHIMICA

Nomenclatura

La desinenza caratteristica delle aldeidi è *-ale*, quella dei chetoni *-one*.
Il nome delle *aldeidi* deriva da quello dell'idrocarburo corrispondente sostituendo la lettera finale con la desinenza *-ale*; la catena va numerata a partire dal carbonio carbonilico. Le aldeidi aromatiche e quelle di uso commerciale vengono spesso denominate con nomi tradizionali.

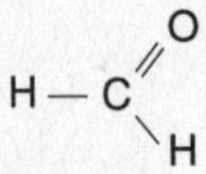

metanale o aldeide formica

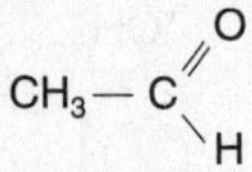

etanale o aldeide acetica

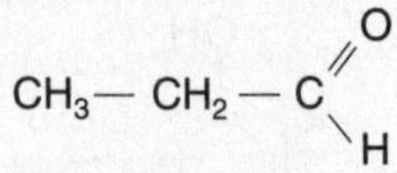

propanale o aldeide propionica

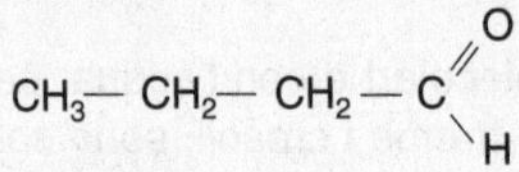

butanale o aldeide butirrica

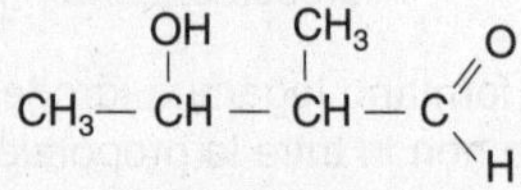

3 - idrossi - 2 - metilbutanale

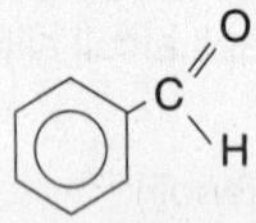

benzaldeide o aldeide benzoica

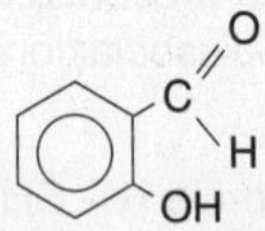

orto - idrossibenzaldeide o aldeide salicilica

Il nome dei *chetoni* deriva da quello dell'idrocarburo corrispondente sostituendo la lettera finale con la desinenza *-one*; la catena va numerata dall'estremità più vicina al carbonio carbonilico. Sono tuttora utilizzati i nomi d'uso e, per i chetoni più semplici, la parola chetone preceduta dal nome dei due radicali legati al gruppo carbonilico.

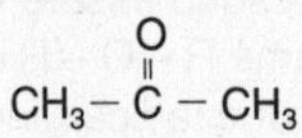

propanone o acetone o dimetilchetone

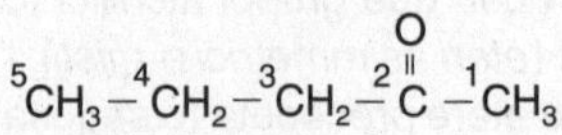

2 - pentanone o metilpropilchetone

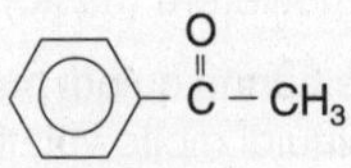

acetofenone o fenilmetilchetone

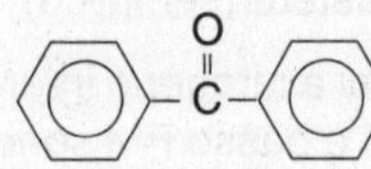

benzofenone o difenilchetone

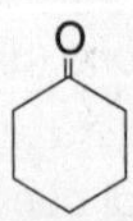

cicloesanone

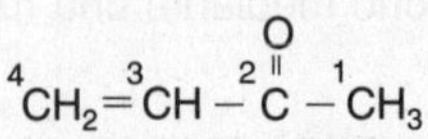

3 - buten - 2 - one

Proprietà fisiche

La presenza del gruppo carbonilico influenza le proprietà fisiche delle aldeidi e dei chetoni:

- essendo composti polari ma non potendo formare legami a idrogeno intermolecolari, hanno punti di fusione ed ebollizione più alti degli idrocarburi a ugual numero di atomi di C, ma più bassi degli alcoli corrispondenti;
- potendo formare legami a idrogeno con l'acqua: le aldeidi e i chetoni inferiori (fino a 5 C) sono idrosolubili, mentre quelli superiori sono solubili nei solventi organici.

Proprietà chimiche

La presenza dell'atomo di ossigeno, molto elettronegativo, fa sì che il gruppo carbonilico sia fortemente polarizzato e quindi piuttosto reattivo.

PARTE QUINTA

La presenza di questo gruppo funzionale sia nelle aldeidi sia nei chetoni determina la somiglianza delle proprietà chimiche di queste due classi di composti. La reazione tipica è una reazione di addizione detta *nucleofila*, perché avviene in seguito all'attacco da parte di una base di Lewis (gruppo nucleofilo, in grado di cedere un doppietto elettronico) sul C del gruppo carbonilico, che avendo una parziale carica positiva si comporta da elettrofilo.

Addizione di idrogeno (riduzione) e formazione di alcoli

L'addizione di idrogeno, o riduzione, di un'aldeide e di un chetone fornisce rispettivamente un alcol primario e un alcol secondario.

Ossidazione

Le aldeidi si ossidano facilmente a dare gli acidi carbossilici corrispondenti.

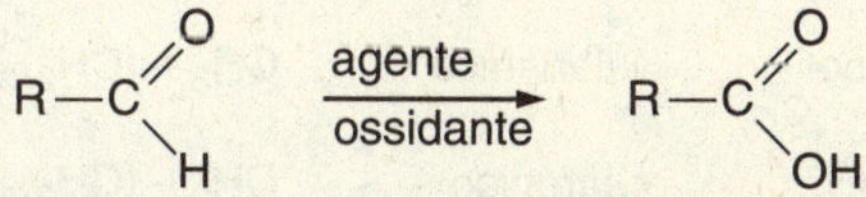

I chetoni vengono invece ossidati solo da ossidanti forti che spezzano la catena a livello del gruppo carbonilico, dando prodotti ossidati a catena più corta.

Aldeidi e chetoni più comuni

La *formaldeide* (o aldeide formica o metanale), l'aldeide più semplice, viene commercializzata come soluzione acquosa al 37% con il nome di *formalina* e come tale impiegata come conservante e disinfettante. È utilizzata anche come materia prima per la produzione di materie plastiche. Si prepara industrialmente per ossidazione del metanolo. L'*acetone* (o propanone), il chetone più semplice, viene largamente utilizzato come solvente perché in grado di sciogliere molte sostanze organiche, vernici, coloranti, resine e smalti per unghie. Si prepara industrialmente, per esempio per ossidazione dell'alcol isopropilico. Le aldeidi e i chetoni sono largamente diffusi in natura e molti, specialmente quelli ad alto PM, hanno odori gradevoli; l'aldeide cinnamica, per esempio, si trova nella cannella.

8.9.4 ACIDI CARBOSSILICI

Gli acidi carbossilici hanno formula generale 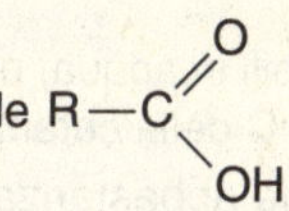

Il gruppo funzionale è il *gruppo carbossilico*, 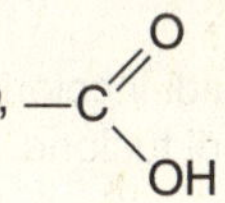 formato da un gruppo carbonilico e uno ossidrilico. Il C del gruppo carbossilico è ibridato sp^2.

Nomenclatura

La desinenza caratteristica della classe è *-oico*.

Il nome di un acido carbossilico si ottiene dal nome dell'idrocarburo corrispondente preceduto dalla parola *acido*, sostituendo la lettera finale con la desinenza *-oico*, la numerazione della catena inizia dal carbonio del gruppo carbossilico. Sono tuttora molto utilizzati i nomi d'uso, derivati dal nome della fonte originale; quando si utilizzano i nomi d'uso la posizione degli eventuali sostituenti viene specificata indicando gli atomi di C della catena con le lettere greche α, β, γ, iniziando dal carbonio adiacente al gruppo carbossilico, cioè dal C numero 2.

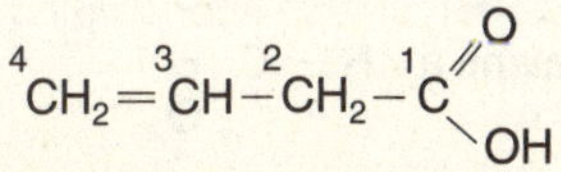

acido 3 - butenoico

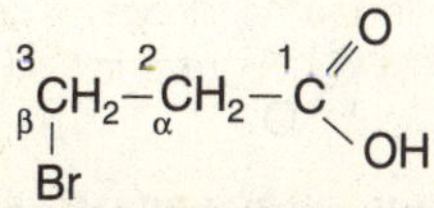

acido 3 - bromopropanoico (o β - bromopropionico)

CHIMICA

La tabella seguente riporta i primi otto acidi carbossilici alifatici.

Nome IUPAC	Nome d'uso	Formula
metanoico	formico	H – COOH
etanoico	acetico	CH_3 – COOH
propanoico	propionico	$CH_3 - CH_2$ – COOH
butanoico	butirrico	$CH_3 - (CH_2)_2$ – COOH
pentanoico	valerianico	$CH_3 - (CH_2)_3$ – COOH
esanoico	capronico	$CH_3 - (CH_2)_4$ – COOH
eptanoico	enantico	$CH_3 - (CH_2)_5$ – COOH
ottanoico	caprilico	$CH_3 - (CH_2)_6$ – COOH

L'*acido formico*, contenuto nelle secrezioni di alcuni insetti (per esempio api e formiche rosse) e alcune piante (per esempio le ortiche) è un liquido caustico di odore pungente dotato di proprietà antisettiche e utilizzato come conservante e come mordente in tintoria. L'*acido acetico*, contenuto nell'aceto, è l'acido carbossilico più importante: viene largamente utilizzato come materia prima in numerose sintesi industriali. L'*acido citrico*, un acido tricarbossilico abbondante in tutti gli agrumi, si ottiene mediante la fermentazione di sostanze zuccherine ed è ampiamente utilizzato nell'industria alimentare e in quella farmaceutica: si utilizza inoltre per la tintura e la stampa di tessuti.

Proprietà fisiche

Gli acidi carbossilici sono *molecole polari* che possono formare legami a idrogeno intermolecolari e con l'acqua, di conseguenza:

- fino a 4 C sono completamente solubili in acqua, poi la solubilità diminuisce fino ad annullarsi all'aumentare del numero di atomi di C della catena;
- hanno punti di fusione ed ebollizione abbastanza elevati e più alti degli idrocarburi e degli alcoli corrispondenti;
- quelli a basso PM (fino a 8 C) sono liquidi incolori di odore pungente, mentre quelli superiori sono solidi quasi inodori a basso punto di fusione.

Proprietà chimiche

Le proprietà chimiche sono determinate essenzialmente dal gruppo carbossilico. Gli acidi carbossilici sono acidi che in soluzione acquosa si dissociano secondo la reazione:

$$RCOOH + H_2O \rightleftarrows RCOO^- + H_3O^+$$

La dissociazione dello ione è favorita da due cause:

- dall'effetto elettronattrattore dell'O del gruppo C = O che indebolisce il legame O – H;
- dalla stabilizzazione per risonanza dello *ione carbossilato* ($R–COO^-$), che è in realtà un ibrido di risonanza tra due forme limite:

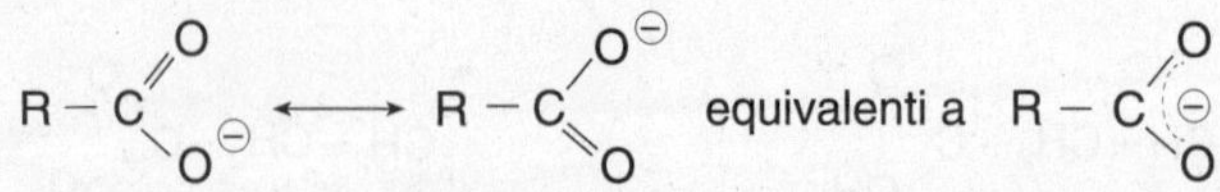

Pur essendo più acidi dell'acqua e dell'acido carbonico (H_2CO_3), tutti gli acidi carbossilici sono acidi deboli ($K_a \approx 10^{-4} - 10^{-5}$).

Gli acidi carbossilici si possono ottenere per ossidazione delle aldeidi (§ 8.9.3). Al contrario, trattando un acido con un riducente blando è possibile ottenere l'aldeide corrispondente; trattando l'acido con un riducente forte si ottiene invece l'alcol primario.

In quale sostanza di origine naturale possiamo trovare acido etanoico?

Acido etanoico è il nome IUPAC dell'acido carbossilico a 2 atomi di carbonio, di formula CH_3–COOH, chiamato comunemente acido acetico.
È molto diffuso in natura come intermedio di numerose reazioni biochimiche ed è presente in particolare nell'aceto, come prodotto della fermentazione operata a partire dall'etanolo da batteri del genere *Acetobacter.* Viene utilizzato come regolatore di acidità nell'industria alimentare; è impiegato come reagente nella produzione di bottiglie di plastica, delle colle da legno (come acetato di polivinile) oltre che di molte fibre sintetiche.

L'acido citrico è molto diffuso in natura, in particolare nel succo di limone; è anche utilizzato nell'industria alimentare, come acidulante e conservante, con la sigla E 330. Il nome IUPAC di questa sostanza è acido 3-carbossi-3-idrossi-1,5-pentandioico e la formula di struttura è indicata sotto. Qual è la formula bruta di questo composto?

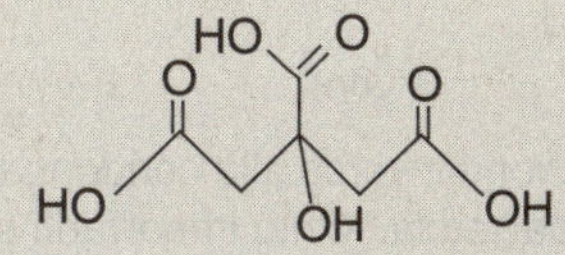

Nella formula di struttura proposta, la catena degli atomi carbonio è rappresentata da una linea spezzata dove ogni vertice è un atomo di carbonio, gli atomi di idrogeno non sono indicati, mentre sono scritti solo i legami doppi e gli atomi diversi dal carbonio.
Dalla formula di struttura dell'acido citrico si può vedere che è formato da 6 atomi di carbonio, 7 atomi di ossigeno e 8 atomi di idrogeno (4 indicati e 4 sottintesi), la formula bruta sarà quindi $C_6H_8O_7$.

Acidi grassi

Gli acidi grassi sono acidi carbossilici caratterizzati da una lunga catena idrocarburica lineare (più di 8 C) che può essere satura o insatura.

n° C	Nome IUPAC	Nome d'uso	Formula
		Acidi grassi saturi	
12	*n*-dodecanoico	laurico	$CH_3–(CH_2)_{10}–COOH$
14	*n*-tetradecanoico	miristico	$CH_3–(CH_2)_{12}–COOH$
16	*n*-esadecanoico	palmitico	$CH_3–(CH_2)_{14}–COOH$
18	*n*-ottodecanoico	stearico	$CH_3–(CH_2)_{16}–COOH$
		Acidi grassi insaturi	
16	*cis*-9-esadecenoico	palmitoleico	$CH_3–(CH_2)_5–CH=CH–(CH_2)_7–COOH$
18	*cis*-9-ottadecenoico	oleico	$CH_3–(CH_2)_7–CH=CH–(CH_2)_7–COOH$
18	*cis, cis*-9, -12-ottadecadienoico	linoleico	$CH_3–(CH_2)_4–(CH=CH–CH_2)_2–(CH_2)_6–COOH$
18	*cis, cis, cis*-9, -12, -15 -ottadecatrienoico	linolenico	$CH_3–CH_2–(CH=CH–CH_2)_3–(CH_2)_6–COOH$

CHIMICA

8.9.5 Esteri

Gli esteri hanno formula generale: 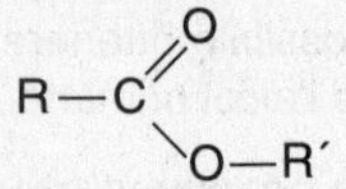

Sono formalmente derivati dagli acidi per sostituzione del gruppo –OH con un gruppo –OR,´ detto *gruppo alcossidico*.

Il nome di un estere si ricava dal nome dell'acido sostituendo la desinenza *-ico* con la desinenza *-ato*, seguito dal nome del radicale R´ del gruppo alcossidico –OR´.

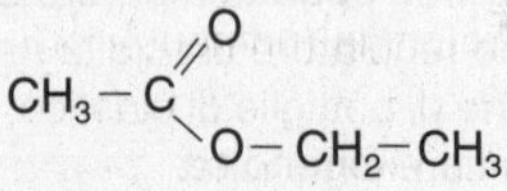

acetato di etile o etanoato di etile

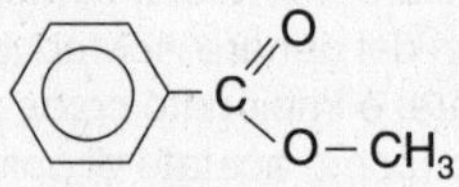

benzoato di metile

Gli esteri si ottengono mediante una reazione di attacco nucleofilo di un alcol su un acido carbossilico (in presenza di un catalizzatore acido), detta *esterificazione*. È una reazione di *condensazione* tra due composti con eliminazione di una molecola d'acqua:

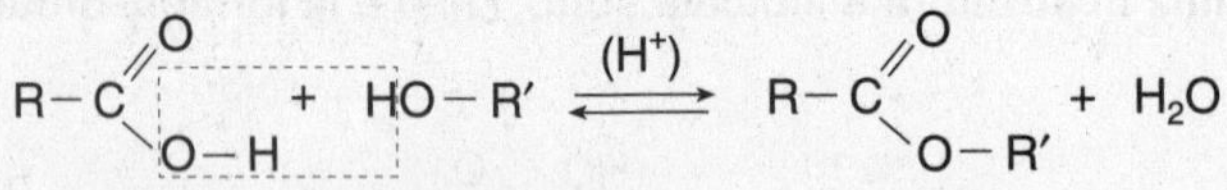

acido alcool estere

La reazione è reversibile: la reazione inversa alla condensazione è l'*idrolisi*. Idrolizzando un estere si ottengono l'acido e l'alcol di partenza. Molto importanti sono gli esteri del glicerolo con gli acidi grassi, detti *trigliceridi* (si veda la parte di Biologia, cap. 1).

8.9.6 Anidridi

Le anidridi hanno formula generale: 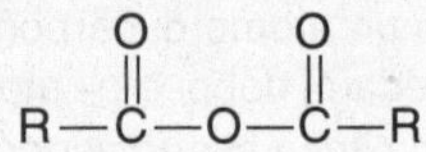

Il nome di un'anidride deriva da quello dell'acido corrispondente sostituendo la parola *acido* con la parola *anidride*.

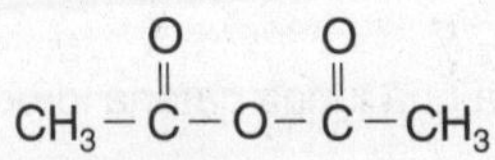

anidride acetica

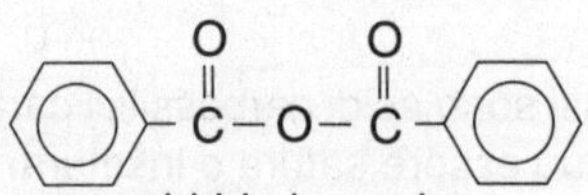

anidride benzoica

Le anidridi si preparano per condensazione tra acidi carbossilici, secondo la reazione:

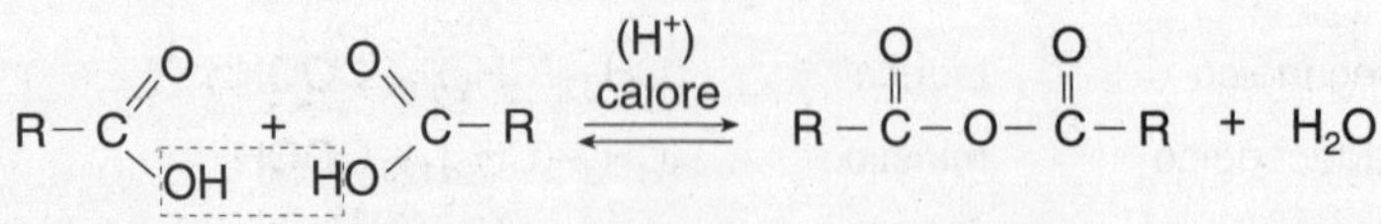

acido acido anidride

La reazione è reversibile: idrolizzando le anidridi si ottengono gli acidi di partenza.

8.9.7 Ammine

Le ammine sono formalmente derivati organici dell'ammoniaca (NH_3) ottenuti sostituendo uno o più atomi di idrogeno con altrettanti gruppi alchilici o arilici.

Si hanno quindi tre gruppi di ammine aventi formula generale:

ammina primaria

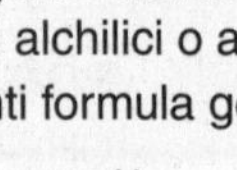

ammina secondaria

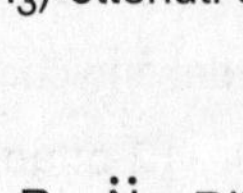

ammina terziaria

Esistono inoltre i *sali di ammonio quaternari*, la cui formula è riportata sotto, formalmente considerabili analoghi organici dello ione ammonio (NH_4^+).

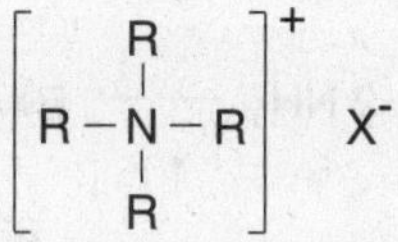

L'ammina più importante dal punto di vista commerciale è l'*anilina*, preparata industrialmente per riduzione del nitrobenzene e utilizzata soprattutto per la preparazione di coloranti, smalti e vernici. Molti composti di notevole importanza biologica, tra cui la serotonina (un neurotrasmettitore) e la morfina sono ammine.

Le ammine sono molecole polari che possono formare legami a idrogeno con se stesse (a esclusione di quelle terziarie) e con l'acqua. Il legame a idrogeno nelle ammine è però meno forte che negli alcoli perché l'N è meno elettronegativo dell'O; di conseguenza le ammine:

- hanno punti di fusione ed ebollizione più elevati di quelli degli idrocarburi di uguale PM, anche se inferiori a quelli degli alcoli corrispondenti;
- sono solubili in acqua quando la catena carboniosa non supera i 5 C.

Il doppietto elettronico libero presente sull'azoto spiega le proprietà basiche delle ammine (sono basi più deboli degli idrossidi alcalini, ma più forti dell'acqua), che possono acquistare ioni H^+ dall'acqua secondo la reazione:

$$R - NH_2 + H_2O \rightleftarrows R - NH_3^+ + OH^-$$

Scrivere la formula di struttura dei seguenti composti:
1. 2 pentanone
2. acido butanoico
3. dietilammina
4. propil, metil etere

1. Chetone a 5 atomi di C, con gruppo C=O in posizione 2:

$$CH_3–CH–CH_2–CH_2–CH_3$$

2. Acido organico a 4 atomi di C: 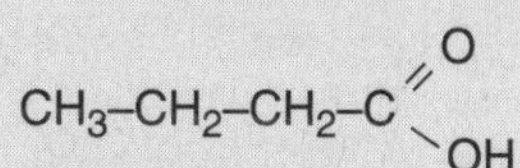

3. Derivato dell'ammoniaca in cui 2 atomi H sono sostituiti da altrettanti gruppi etilici (il nome IUPAC è N-etil-etilammina): $CH_3–CH_2–NH– CH_2– CH_3$
4. Etere contenente un gruppo propilico e un gruppo metilico (il nome IUPAC è etossimetano):

$$CH_3–CH_2–CH_2–O–CH_3$$

8.9.8 AMMIDI

Le ammidi (primarie) hanno formula generale: 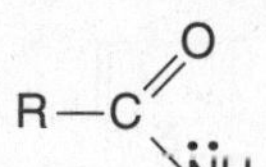

Le ammidi sono formalmente derivate dagli acidi per sostituzione del gruppo –OH di un acido carbossilico con il gruppo $–NH_2$ (gruppo amminico).

Il nome si ricava sostituendo la desinenza *-oico* dell'acido con la desinenza *-ammide*.

CHIMICA

Si ottengono da una reazione di condensazione tra un acido carbossilico (o un suo derivato, come un estere o un'anidride) e l'ammoniaca (o un'ammina primaria o secondaria).

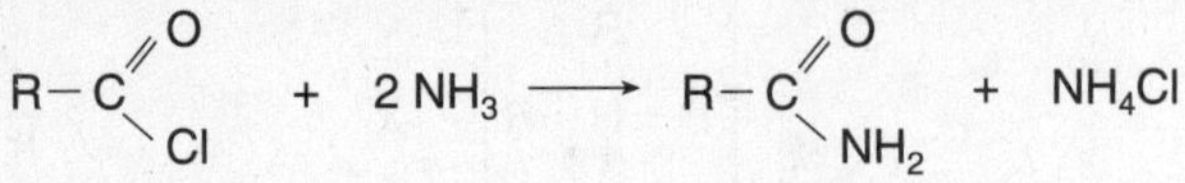

cloruro acilico — ammide

La reazione è reversibile: vengono idrolizzate in ambiente basico o acido liberando l'acido carbossilico corrispondente e ammoniaca, o ione ammonio, rispettivamente.

Nitrili (o cianuri)

I nitrili hanno formula generale R–C≡N e sono formalmente derivati dall'acido cianidrico (HCN) per sostituzione dell'atomo di H con un gruppo alchilico o arilico; il gruppo funzionale è il gruppo –C≡N, detto gruppo *ciano* o *nitrile*; la desinenza caratteristica della classe è *-nitrile.*

$CH_3-CH_2-CH_2-C\equiv N$ butanonitrile o cianuro di propile

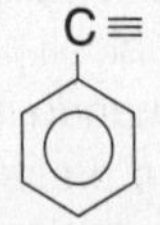

benzonitrile o cianuro di fenile

Indicare a quale classe appartiene e come è denominato ognuno dei composti elencati.

1. $CH_3–CH_2–O–CH_2–CH_3$ **2.** $C_2H_5–COO–CH_3$
3. $CH_3–NH–CH_2CH_3$ **4.** $CH_3–CHOH–CH_2–CH_2–CH_3$

1. Eteri: dietiletere.
2. Esteri: etanoato di metile (o acetato di metile).
3. Ammine: metil etil ammina (N-metil-etanammina).
4. Alcoli: 2-pentanolo.

8.9.9 Eterocicli (o composti eterociclici)

Gli eterocicli sono composti organici ciclici alifatici o aromatici, in cui l'anello contiene uno o più atomi diversi dal carbonio (*eteroatomi*), generalmente azoto, ossigeno o zolfo.
Gli eterocicli più comuni sono *pentatomici* (con anello a cinque atomi) ed *esatomici* (con anello a sei atomi). In base alla struttura si dividono in *non aromatici* e *aromatici.*

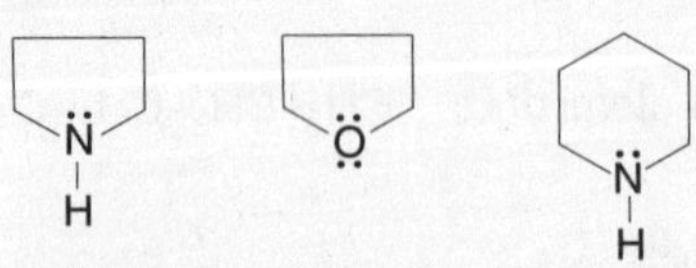

pirrolidina tetraidrofurano piperidina

La pirrolidina, il tetraidrofurano e la piperidina sono eterocicli non aromatici.

Gli eterocicli non aromatici hanno proprietà chimico-fisiche analoghe a quelle dei corrispondenti composti non ciclici in cui l'eteroatomo è legato a due gruppi alchilici.
Gli eterocicli più importanti sono quelli aromatici.

pirrolo furano tiofene piridina pirimidina α - pirano
pentatomici esatomici

PARTE QUINTA

In genere, gli eterocicli aromatici danno reazioni di sostituzione elettrofila, come il benzene.

Oltre agli eterocicli formati da un solo anello (monociclici), esistono anche gli eterocicli formati da due o più anelli condensati (policiclici).

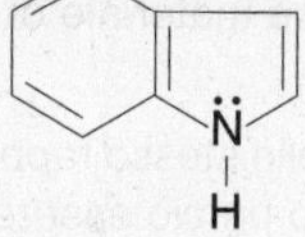
indolo

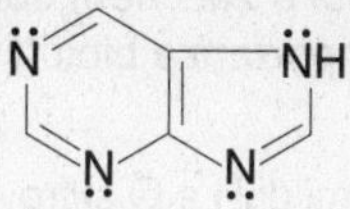
purina

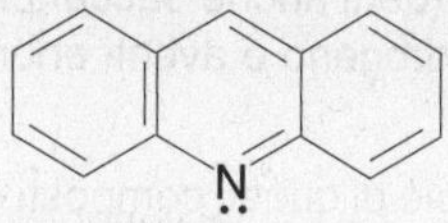
acridina

Molti eterocicli hanno enorme importanza biologica e farmacologica: contengono anelli eterociclici, per esempio, la caffeina, la nicotina, la cocaina, l'istamina (responsabile delle manifestazioni allergiche), alcuni amminoacidi, molti coenzimi e le basi azotate degli acidi nucleici (DNA e RNA).

Quadro riassuntivo delle principali classi di composti organici

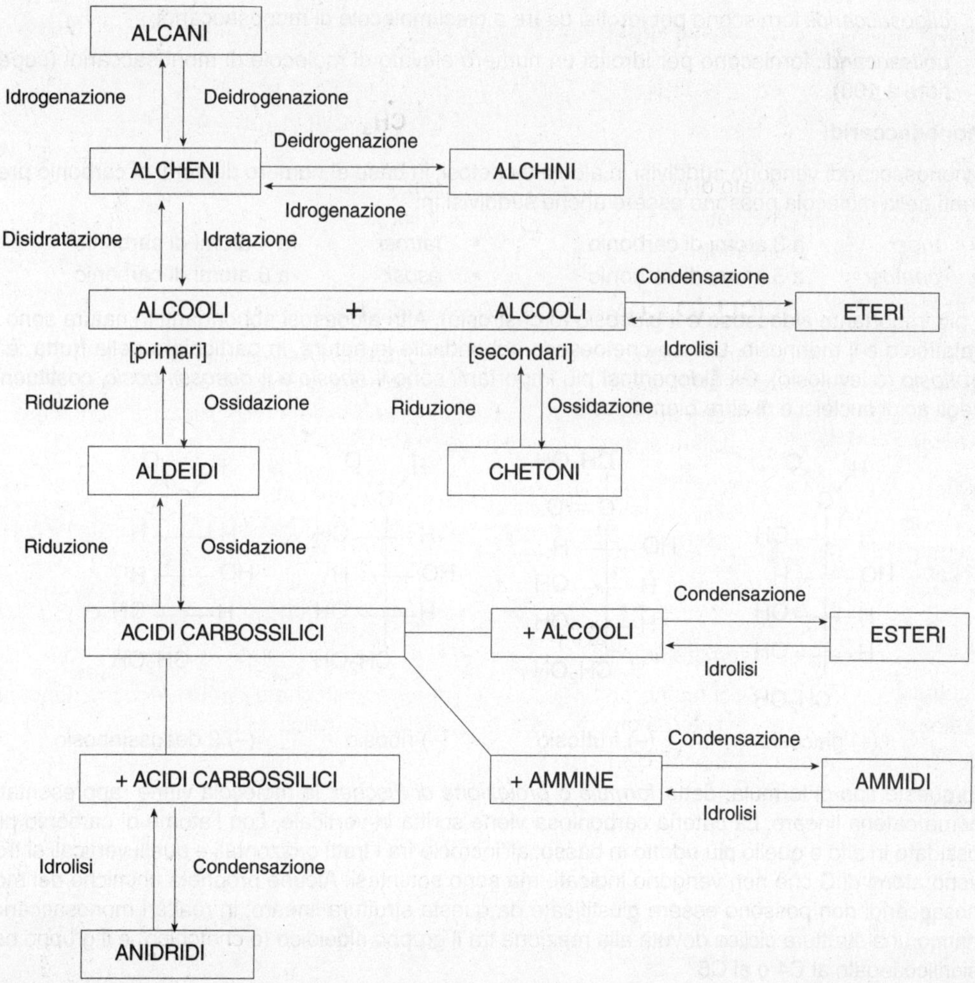

8.10 COMPOSTI ORGANICI DI INTERESSE BIOLOGICO

8.10.1 CARBOIDRATI

I carboidrati (detti anche *saccaridi*, *glucidi* o *zuccheri*) sono composti ternari contenenti carbonio, ossigeno e idrogeno e aventi enorme importanza biologica come materiale di sostegno e riserva energetica.

Nelle molecole di questi composti gli atomi di H e O si trovano nello stesso rapporto che nell'acqua (da cui il nome carbo-idrati, ovvero idrati di carbonio) e possono perciò essere indicati con la formula generale $C_n (H_2O)_m$, dove $m \geq n$.

La desinenza caratteristica della classe è *-osio* o *-oso*.

I carboidrati contengono vari gruppi alcoolici e un gruppo aldeidico (negli *aldosi*) o chetonico (nei *chetosi*); possono perciò essere considerati *poliidrossialdeidi* o *poliidrossichetoni*. In base alla loro struttura vengono suddivisi in:

- *monosaccaridi* (o zuccheri semplici): non possono essere ulteriormente idrolizzati a dare zuccheri più semplici;
- *disaccaridi*: forniscono per idrolisi due molecole di monosaccaridi;
- *oligosaccaridi*: forniscono per idrolisi da tre a dieci molecole di monosaccaridi;
- *polisaccaridi*: forniscono per idrolisi un numero elevato di molecole di monosaccaridi (superiore a 100).

Monosaccaridi

I monosaccaridi vengono suddivisi in aldosi e chetosi; in base al numero di atomi di carbonio presenti nella molecola possono essere anche suddivisi in:

- *triosi*: a 3 atomi di carbonio
- *tetrosi*: a 4 atomi di carbonio
- *pentosi*: a 5 atomi di carbonio
- *esosi*: a 6 atomi di carbonio

Il più importante aldoesoso è il *glucosio* (o destrosio). Altri aldoesosi abbondanti in natura sono il galattosio e il mannosio. L'unico chetoesoso abbondante in natura, in particolare nella frutta, è il *fruttosio* (o levulosio). Gli aldopentosi più importanti sono il *ribosio* e il *desossiribosio*, costituenti degli acidi nucleici e di altre biomolecole.

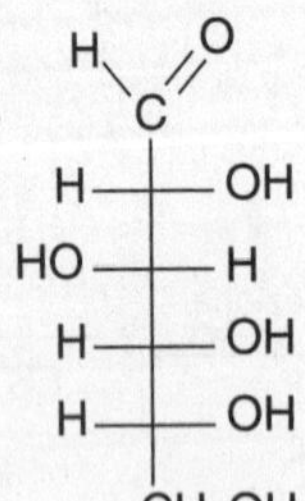

(+) glucosio

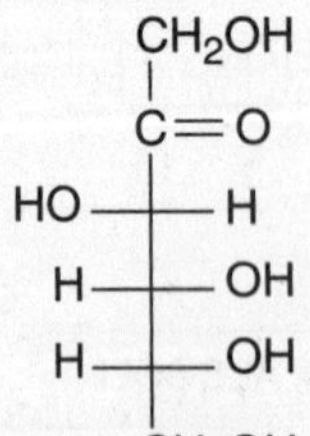

(–) fruttosio

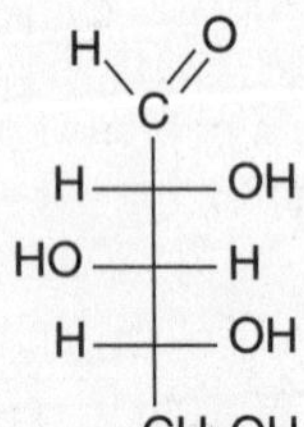

(–) ribosio

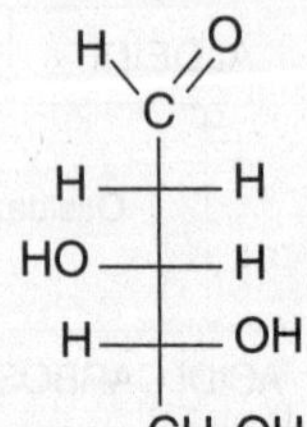

(–) 2 desossiribosio

In questo tipo di formula, detta *formula* o *proiezione di Fischer*, la molecola viene rappresentata come catena lineare. La catena carboniosa viene scritta in verticale, con l'atomo di carbonio più ossidato in alto e quello più ridotto in basso; all'incrocio fra i tratti orizzontali e quelli verticali si trovano atomi di C che non vengono indicati, ma sono sottintesi. Alcune proprietà chimiche dei monosaccaridi non possono essere giustificate da questa struttura lineare; in realtà i monosaccaridi hanno una struttura ciclica dovuta alla reazione tra il gruppo aldeidico (o chetonico) e il gruppo ossidrilico legato al C4 o al C5.

Disaccaridi

I disaccaridi sono formati da due monosaccaridi uniti mediante un legame, detto *legame glicosidico*, tra il carbonio anomerico di un monosaccaride e un gruppo ossidrilico dell'altro.

α - glucosio

β - fruttosio

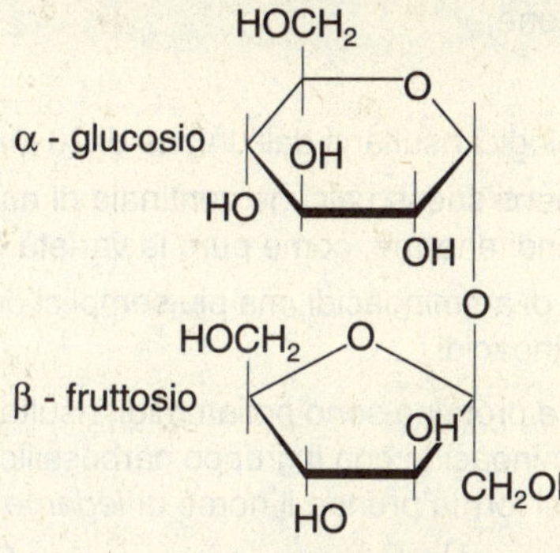

saccarosio

Il *saccarosio*, il comune zucchero da tavola, si estrae dalla canna da zucchero e dalla barbabietola ed è formato dall'unione di una molecola di α - glucosio e una di β - fruttosio. Il saccarosio è uno zucchero non riducente perché entrambi gli atomi di carbonio anomerici partecipano al legame glicosidico e non ci sono gruppi aldeidici liberi.

Il *lattosio* è il principale zucchero contenuto nel latte ed è formato dall'unione di una molecola di α - glucosio con una di β - galattosio.

Il *maltosio* non è molto abbondante in natura. Si ottiene per idrolisi parziale dell'amido ed è formato dall'unione di due molecole di α - glucosio.

Il *cellobiosio* si ottiene per idrolisi parziale della cellulosa ed è formato dall'unione di due molecole di β - glucosio.

Polisaccaridi

I polisaccaridi sono polimeri ad alto PM formati dall'unione di numerose molecole di monosaccaridi legate mediante legami glicosidici. I polisaccaridi più importanti sono tre omopolimeri del glucosio: l'amido, il glicogeno e la cellulosa.

L'*amido* è un polimero di α - glucosio; ha funzione di riserva nei vegetali ed è un alimento fondamentale per l'uomo. È formato da due tipi di molecole: l'*amilosio*, a catena lineare (con legami in posizione α - 1, 4) e l'*amilopectina*, a catena ramificata (con legami in posizione α - 1, 4 e α - 1, 6).

Il *glicogeno* è un polimero di α - glucosio come l'amido, ma ha un PM più alto e presenta un maggior grado di ramificazione. Ha funzione di riserva negli animali e si accumula nel fegato e nei muscoli.

La *cellulosa* è un polimero di β - glucosio a catena lineare e svolge funzione di sostegno nei vegetali.

8.10.2 AMMINOACIDI, PEPTIDI E PROTEINE

Amminoacidi

Gli amminoacidi sono composti bifunzionali contenenti i gruppi funzionali *amminico* ($-NH_2$) e *carbossilico* ($-COOH$).

Gli amminoacidi naturali sono α-amminoacidi (il gruppo amminico è legato all'atomo di carbonio immediatamente adiacente al gruppo carbossilico) e hanno la formula generale riportata a lato. R indica il gruppo caratteristico di ogni amminoacido che può essere carico positivamente o negativamente, polare, oppure neutro, può contenere zolfo oppure anelli aromatici.

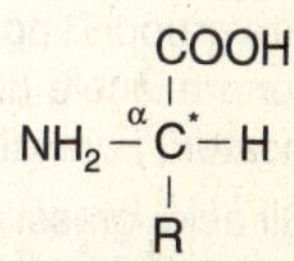

CHIMICA

Tranne la glicina (in cui R = H), tutti contengono almeno un atomo di carbonio chirale e sono quindi composti otticamente attivi.

Dei 20 amminoacidi che compongono le proteine presenti nell'organismo umano, 10 non possono essere sintetizzati, sono detti perciò *amminoacidi essenziali*, e devono essere introdotti con l'alimentazione.

Peptidi e proteine

Le **proteine** sono polimeri biologici risultanti dall'unione di 20 diversi amminoacidi.

Sono grosse molecole contenenti spesso alcune centinaia di amminoacidi, la varietà di combinazioni e strutture possibili è quindi enorme, come pure la varietà di funzioni specifiche.

Anche i **peptidi** sono polimeri di amminoacidi, ma più semplici delle le proteine, contengono infatti fino a qualche decina di amminoacidi.

Chimicamente, peptidi e proteine sono poliammidi, risultanti dalla condensazione del gruppo amminico di un amminoacido con il gruppo carbossilico dell'amminoacido successivo; il legame ammidico che si forma prende il nome di *legame peptidico*:

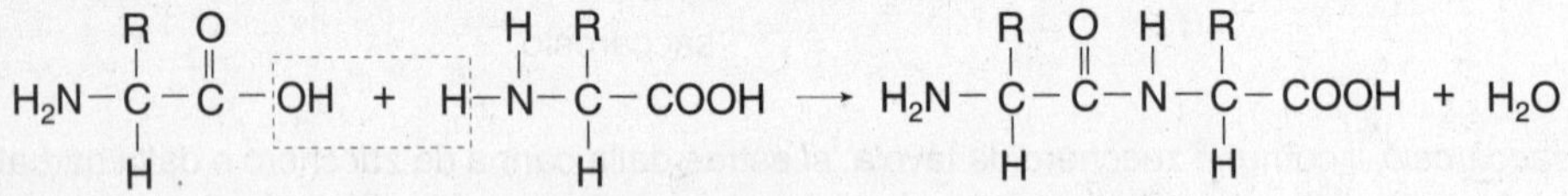

Quando il numero di amminoacidi legati è superiore a 70 e il PM della molecola è superiore a 5000 si parla di *polipeptide.*

Il gruppo ammidico $-\overset{O}{\overset{\|}{C}}-NH_2-$ di una proteina, viene comunemente chiamato *gruppo peptidico.*

L'atomo di idrogeno legato all'azoto può formare legame a idrogeno con con l'ossigeno di un altro gruppo carbonilico.

8.10.3 Lipidi

All'ampia classe dei lipidi appartengono sostanze piuttosto eterogenee dal punto di vista chimico, accomunate soprattutto dalla somiglianza delle proprietà fisiche, in particolare l'insolubilità in acqua e la solubilità nei solventi organici non polari.

I lipidi principali sono i *trigliceridi*, i *fosfolipidi*, gli *steroidi* e le *cere*.

Trigliceridi

I *trigliceridi* hanno funzione di riserva energetica e sono formalmente derivati da una reazione di esterificazione tra il glicerolo (alcool trivalente) e tre molecole di acidi grassi.

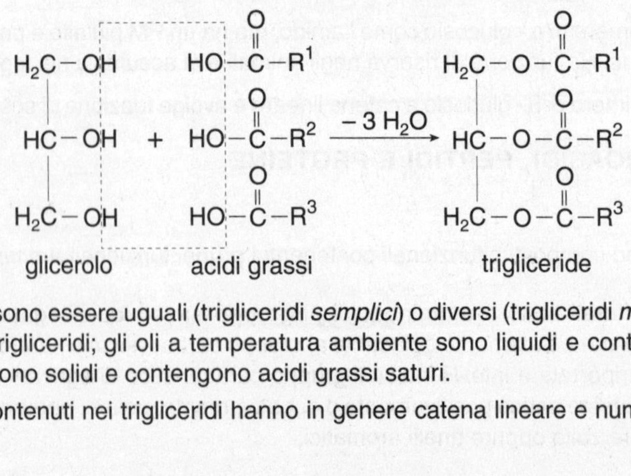

glicerolo acidi grassi trigliceride

I tre gruppi R possono essere uguali (trigliceridi *semplici*) o diversi (trigliceridi *misti*). Gli *oli* e i *grassi* sono miscele di trigliceridi; gli oli a temperatura ambiente sono liquidi e contengono acidi grassi insaturi, i grassi sono solidi e contengono acidi grassi saturi.

Gli acidi grassi contenuti nei trigliceridi hanno in genere catena lineare e numero pari di atomi di carbonio.

QUESITI SVOLTI

1 **Il cicloesene:**

A possiede atomi di C ibridati *sp*

B possiede tutti i carboni ibridati sp^2

C presenta carattere aromatico

D è costituito da 6 atomi di C e 4 atomi di H

E dà facilmente reazioni di addizione

Il cicloesene non è un composto aromatico (la C è sbagliata) bensì un alchene ciclico a 6 atomi di carbonio; come il corrispondente composto a catena aperta (esene), il cicloesene è caratterizzato dalla presenza di un doppio legame. Confrontata a quella dell'esene (C_6H_{12}), la formula del cicloesene ha due atomi di C in meno ed è C_6H_{10}, quindi la risposta D è da scartare.
Il carbonio degli idrocarburi è ibridato *sp* quando forma un triplo legame, è ibridato sp^2 quando forma un doppio legame ed è ibridato sp^3 quando forma solamente legami semplici: il cicloesene quindi contiene due atomi di C ibridati sp^2, e quattro atomi ibridati sp^3, per cui sia la risposta A sia la B sono sbagliate. La risposta corretta è la E: infatti, il composto considerato, come gli altri alcheni, dà facilmente reazioni di *addizione* in cui si rompe il doppio legame e due nuovi atomi entrano a far parte della molecola.

2 **Si definiscono isomeri, composti...**

A con diversa formula molecolare ma stessa disposizione nello spazio

B che appartengono alla stessa serie omologa

C che hanno gli stessi punti di fusione

D che hanno la stessa formula molecolare e diversa disposizione nello spazio

E che non appartengono alla stessa serie omologa

Si definiscono isomeri due o più composti che hanno la stessa formula bruta (o molecolare), ma diversa formula di struttura o diversa disposizione spaziale degli atomi; la risposta corretta è quindi la D.

3 **Soltanto una delle seguenti affermazioni a proposito del benzene è ERRATA. Quale?**

A I sei atomi di carbonio si trovano ai vertici di un esagono regolare

B La molecola contiene quattro elettroni *p* in orbitali non ibridati

C Gli atomi di carbonio sono ibridati sp^2

D La molecola contiene sei elettroni *p* in orbitali non ibridati

E Gli angoli di legame sono di circa 120°

Il benzene, il più semplice idrocarburo aromatico, ha formula C_6H_6 e può essere considerato l'ibrido di risonanza fra due strutture possibili caratterizzate da un anello esagonale in cui, fra gli atomi di C, si alternano un legame semplice e un doppio legame. In realtà, gli elettroni dei doppi legami sono delocalizzati su tutta la molecola: tuttavia, la struttura è permessa dal fatto che i sei atomi di carbonio sono ibridati sp^2 e ogni C possiede un elettrone in un orbitale *p* non ibridato. In base a queste informazioni si deduce che le affermazioni A ed E sono corrette, infatti l'anello del benzene è esagonale; anche le affermazioni C e D sono esatte, mentre quella errata (e quindi la risposta esatta al quesito) è la B: gli elettroni negli orbitali *p* non ibridati non sono quattro ma sei.

CHIMICA

4 Il benzene, in presenza di opportuni catalizzatori, reagisce con l'acido nitrico, con il cloro e con il clorometano; si tratta, in tutti e tre i casi, di reazioni di:

A sostituzione elettrofila

B sostituzione nucleofila

C sostituzione radicalica

D addizione elettrofila

E addizione nucleofila

Il benzene, capostipite degli idrocarburi aromatici, è caratterizzato dalla presenza di elettroni delocalizzati che rendono la molecola più stabile e meno reattiva rispetto a un alchene: mentre la reazione tipica degli alcheni è l'*addizione*, permessa dalla rottura di uno o più doppi legami, il benzene dà luogo a reazioni di *sostituzione*, in cui il gruppo entrante va a sostituire uno degli atomi di idrogeno, senza rompere la struttura aromatica, le risposte D ed E, sono quindi da scartare. Poiché gli elettroni delocalizzati costituiscono una notevole "ricchezza" di elettroni, il benzene viene attaccato da reagenti di tipo elettrofilo: le reazioni proposte dal quesito sono quindi reazioni di sostituzione elettrofila, risposta A.

---

5 La molecola dei chetoni è caratterizzata dal gruppo:

A ossidrilico

B ammidico

C carbammilico

D carbonilico

E carbossilico

I composti appartenenti alla classe dei chetoni sono caratterizzati dalla presenza, nella molecola, del gruppo >C=O, detto *carbonilico*; la risposta esatta è quindi la D.

---

6 Per ossidazione blanda degli alcoli secondari si ottengono:

A acidi carbossilici

B chetoni

C miscele di aldeidi e chetoni

D aldeidi

E miscele di alcoli primari e di alcoli terziari

Sono detti *secondari* gli alcoli in cui il gruppo ossidrilico (–OH) è legato a un carbonio secondario, cioè un atomo di C legato ad altri due atomi di C. L'ossidazione blanda di un composto di questo tipo porta alla formazione di un chetone; dal 2-propanolo, per esempio, si ottiene il propanone, o acetone:

$CH_3-CH(OH)-CH_3$ (2-propanolo) $\quad CH_3-C(=O)-CH_3$ (propanone)

La risposta corretta è la B.

7 **Quale dei seguenti composti possiede nella molecola non più di un atomo di ossigeno?**

A Alcol etilico
B Glicole
C Acido acetico
D Diidrossichetone
E Dialdeide

L'alcol etilico deriva dall'etano per sostituzione di un H con un gruppo –OH; il glicole è un diolo, cioè un alcol con due gruppi –OH; l'acido acetico (o acido etanoico) è un acido carbossilico, e come tutti i composti di questo tipo è caratterizzato dal gruppo –COOH, contenente due atomi di O; un diidrossichetone contiene il gruppo carbonilico ($>C=O$), proprio dei chetoni e delle aldeidi, e due gruppi ossidrilici (–OH); una dialdeide, infine, contiene due gruppi carbonilici. Si deduce che tutti i composti elencati contengono più di un atomo di ossigeno escluso l'alcol etilico: la risposta esatta è quindi la A.

8 **La temperatura di ebollizione dell'etere dietilico, rispetto a quella dell'etanolo da cui deriva, è:**

A maggiore perché ha una maggiore massa molecolare
B uguale
C minore perché esistono legami intermolecolari più deboli
D maggiore perché tutti gli alcoli bollono a temperatura minore degli eteri
E minore perché ha una minore massa molecolare

L'etere dietilico ha formula CH_3–CH_2–O–CH_2–CH_3, mentre l'etanolo ha formula CH_3–CH_2OH. Grazie alla presenza del gruppo –OH, fra le molecole di etanolo si possono formare legami a idrogeno; questo non è possibile per l'etere dietilico, le cui molecole interagiscono grazie a forze intermolecolari più deboli. Per questo motivo la temperatura di ebollizione dell'etere dietilico è più bassa di quella dell'etanolo: risposta C.

9 **Tra i seguenti solventi organici, indicare quello più clorurato:**

A clorobenzene
B cloroformio
C diclorometano
D cloruro di metile
E para-di-clorobenzene

Cloroformio è il nome con cui è noto il triclorometano ($CHCl_3$), derivato del metano in cui l'atomo di carbonio lega tre atomi di cloro; nelle molecole di clorobenzene e cloruro di metile è presente un solo atomo di cloro; nel diclorometano e nel para-di-clorobenzene sono presenti due atomi di cloro. Evidentemente il composto più clorurato è il cloroformio, quindi la risposta esatta è la B.

10 **Quale dei seguenti termini NON si riferisce alla medesima classe di composti?**

A Carboidrati
B Idrati di carbonio
C Zuccheri
D Glucidi
E Gliceridi

I carboidrati, o idrati di carbonio, sono denominati anche zuccheri o glucidi, mentre i gliceridi sono i composti che derivano dall'esterificazione di una molecola di glicerolo con acidi grassi a elevato numero di atomi di carbonio e sono classificati come lipidi. La risposta esatta è quindi la **E**.

---

11 Quando si ossida il glucosio in presenza di ossigeno in eccesso, si ottiene:

- **A** CH_3COOH
- **B** $CH_3COCOOH$
- **C** H_2O e CO
- **D** H_2O e CO_2
- **E** CH_3CHO

L'ossidazione del glucosio ($C_6H_{12}O_6$) in presenza di ossigeno in eccesso ha come risultato la demolizione della molecola di glucosio fino a produrre H_2O e CO_2, secondo la reazione:

$$C_6H_{12}O_6 + 6\ O_2 \rightarrow 6\ CO_2 + 6\ H_2O$$

Risposta **D**.

PARTE QUINTA

9 ELETTROCHIMICA

9.1 SOLUZIONI ELETTROLITICHE: DEFINIZIONI

Un elettrolita è una sostanza che disciolta in acqua la rende conduttrice; ciò si realizza mediante il fenomeno della dissociazione elettrolitica che consiste nella separazione degli ioni costituenti l'elettrolita.

Un elettrolita forte è una sostanza che in acqua **si dissocia totalmente**.

Un elettrolita debole è una sostanza che in acqua **si dissocia parzialmente**.

- I sali, gli acidi forti e le basi forti sono elettroliti forti.
- Gli acidi deboli per esempio (CH_3COOH), e le basi deboli, per esempio (NH_3), sono elettroliti deboli
- Lo zucchero non è un elettrolita

9.1.1 CONDUCIBILITÀ DELLE SOLUZIONI ELETTROLITICHE

In una soluzione elettrolitica la conducibilità elettrica cresce al crescere della concentrazione degli ioni del soluto, della loro carica, della loro mobilità ed è anche funzione della temperatura della soluzione.

Si considerino due soluzioni acquose di LiCl e KCl. A parità di concentrazione, conduce di più la soluzione di KCl perché lo ione Li^+ è più piccolo dello ione K^+ quindi è più solvatato, quindi ha una mobilità minore

9.2 PILA ELETTRICA

Una pila elettrica (o cella elettrochimica o cella voltaica) è un dispositivo che permette di *trasformare l'energia chimica* liberata da una reazione esoergonica di ossidoriduzione (spontanea, con $\Delta G < 0$) in *energia elettrica*.

L'energia può essere sfruttata facendo avvenire le semireazioni di ossidazione e riduzione in due comparti distinti, chiamati *semicelle* o *semielementi*; le due semicelle sono separate da un *ponte salino* (o da un setto poroso) e collegate da un conduttore metallico esterno in modo tale che gli elettroni ceduti durante la reazione di ossidazione che avviene in una semicella fluiscono attraverso il circuito esterno all'altra semicella, dove avviene la reazione di riduzione. Una semicella (o semielemento) è costituita da una lamina di un metallo (*elettrodo*) immerso in una soluzione di un suo sale. Il ponte salino è costituito da un tubo a U contenente un elettrolita e chiuso alle estremità da due setti porosi; ha la funzione di mantenere il contatto elettrico tra le due soluzioni senza che esse si mescolino.

- L'elettrodo su cui avviene la **semireazione di ossidazione** è detto **anodo**.
  L'anodo è l'**elettrodo negativo** della pila ed è contraddistinto dal segno ⊖.
- L'elettrodo su cui avviene la **semireazione di riduzione** è detto **catodo**.
  Il catodo è l'**elettrodo positivo** della pila ed è contraddistinto dal segno ⊕.

La pila più comune è la *pila Daniell* (pila rame-zinco), costituita da una lamina di zinco immersa in una soluzione acquosa di $ZnSO_4$ 1 M e una lamina di rame immersa in una soluzione di $CuSO_4$ 1 M, opportunamente collegate.

CHIMICA

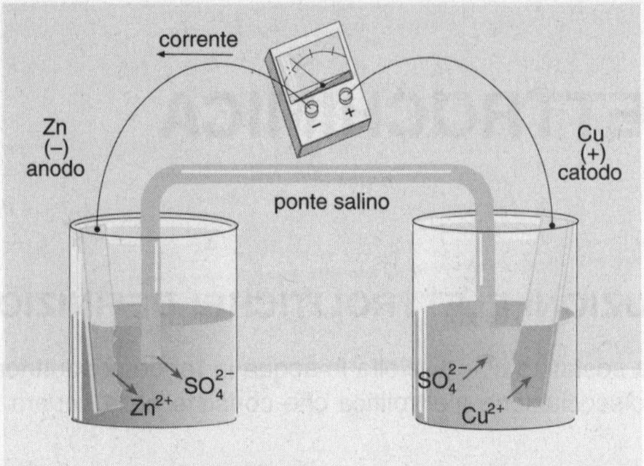

Rappresentazione della pila Daniell. All'anodo si ha la reazione di ossidazione $Zn \rightarrow Zn^{2+} + 2e^-$; al catodo si ha la reazione di riduzione $Cu^{2+} + 2e^- \rightarrow Cu$; si noti che per convenzione il verso della corrente è contrario a quello del moto delle cariche negative.

Nei due comparti della pila Daniell avvengono rispettivamente le reazioni di:

- ossidazione ($Zn \rightarrow Zn^{2+} + 2\ e^-$): ioni Zn^{2+} lasciano la barretta di zinco (anodo) che si carica negativamente (i due elettroni dell'atomo di zinco rimangono sulla barretta);
- riduzione ($Cu^{2+} + 2\ e^- \rightarrow Cu$): ioni Cu^{2+} lasciano la soluzione e si depositano sulla barretta di rame (catodo) che si carica perciò positivamente.

Gli elettroni percorrono quindi il filo dall'elettrodo di zinco a quello di rame mentre gli ioni solfato passano (attraverso il ponte salino) dalla soluzione di solfato di rame verso quella di solfato di zinco al fine di garantire l'elettroneutralità delle due soluzioni (indispensabile perché la pila funzioni) e chiudere il circuito.

Una pila non può produrre energia elettrica se le due semicelle non sono collegate dal ponte salino. Complessivamente avviene la reazione esoergonica:

$$Cu^{2+} + Zn \rightarrow Cu + Zn^{2+}$$

Il risultato finale del processo è la trasformazione di energia chimica in energia elettrica (corrente che percorre il filo).

9.2.1 I POTENZIALI DI RIDUZIONE

Ogni specie chimica ha una specifica tendenza ad acquistare elettroni, e quindi a ridursi, misurata dal suo *potenziale di riduzione.*

Maggiore è il potenziale di una specie chimica, maggiore è la sua tendenza a ridursi e, di conseguenza, maggiore è il suo potere ossidante.

La conoscenza dei potenziali di riduzione delle due semicelle di una pila permette di stabilire in quale delle due si verifichi la reazione di ossidazione (anodo) e in quale la reazione di riduzione (catodo).

Si ha riduzione nella semicella con potenziale di riduzione maggiore.
Si ha ossidazione nella semicella con potenziale di riduzione minore.

Accoppiando quindi due semicelle, il flusso di elettroni avviene dalla semicella con potenziale di riduzione minore, in cui si ha ossidazione (anodo), a quella con potenziale di riduzione maggiore, in cui si ha riduzione (catodo).

Il potenziale di una semicella si misura in volt (V) ed è stato calcolato come differenza di potenziale rispetto a un elettrodo scelto come standard (l'elettrodo a idrogeno), a cui è stato attribuito arbitrariamente un potenziale di 0,00 volt. Il *potenziale di riduzione standard* ($E°_{red}$) è misurato a 25 °C, in condizioni di concentrazione degli ioni che partecipano alla reazione pari a 1 M e pressione parziale dei gas pari a 1 atm. La tendenza di una specie chimica a cedere elettroni, e quindi a ossidarsi, è invece misurata dal suo potenziale di ossidazione. Il *potenziale di ossidazione standard* ($E°_{ox}$) di una specie chimica ha lo stesso valore numerico, ma segno opposto rispetto al potenziale di riduzione.

Elettrodo	Reazione elettrodica			E° (V)
Li^+ / Li	$Li^+ + 1\ e^-$	⇄	Li	– 3,04
K^+ / K	$K^+ + 1\ e^-$	⇄	K	– 2,92
Ba^{2+} / Ba	$Ba^{2+} + 2\ e^-$	⇄	Ba	– 2,9
Ca^{2+} / Ca	$Ca^{2+} + 2\ e^-$	⇄	Ca	– 2,87
Na^+ / Na	$Na^+ + 1\ e$	⇄	Na	– 2,71
Mg^{2+} / Mg	$Mg^{2+} + 2\ e^-$	⇄	Mg	– 2,37
Al^{3+} / Al	$Al^{3+} + 3\ e^-$	⇄	Al	– 1,67
H_2O / H_2	$2\ H_2O + 2\ e^-$	⇄	$H_2 + 2OH^-$	– 0,83
Zn^{2+} / Zn	$Zn^{2+} + 2\ e^-$	⇄	Zn	– 0,76
Cr^{3+} / Cr	$Cr^{3+} + 3\ e^-$	⇄	Cr	– 0,74
Fe^{2+} / Fe	$Fe^{2+} + 2\ e^-$	⇄	Fe	– 0,44
Cd^{2+} / Cd	$Cd^{2+} + 2\ e^-$	⇄	Cd	– 0,40
Co^{2+} / Co	$Co^{2+} + 2\ e^-$	⇄	Co	– 0,29
Ni^{2+} / Ni	$Ni^{2+} + 2\ e^-$	⇄	Ni	– 0,25
Sn^{2+} / Sn	$Sn^{2+} + 2\ e^-$	⇄	Sn	– 0,14
Pb^{2+} / Pb	$Pb^{2+} + 2\ e^-$	⇄	Pb	– 0,13
Fe^{3+} / Fe	$Fe^{3+} + 3\ e^-$	⇄	Fe	– 0,037
Cu^{2+} / Cu	$Cu^{2+} + 2\ e^-$	⇄	Cu	+ 0,34
O_2 / OH^-	$O_2 + 2\ H_2O + 4\ e^-$	⇄	$4\ OH^-$	+ 0,40
Cu^+ / Cu	$Cu^+ + 1\ e^-$	⇄	Cu	+ 0,53
I_2 / I^-	$I_2 + 2\ e^-$	⇄	$2\ I^-$	+ 0,54
Fe^{3+} / Fe^{2+}	$Fe^{3+} + 1\ e^-$	⇄	Fe^{2+}	+ 0,77
$Hg_2{}^{2+} / Hg$	$Hg_2{}^{2+} + 2\ e^-$	⇄	$2\ Hg$	+ 0,79
Ag^+ / Ag	$Ag^+ + 1\ e^-$	⇄	Ag	+ 0,80
O_2 / H_2O (pH 7)	$O_2 + 4\ H^+ + 4\ e^-$	⇄	$2\ H_2O$ (pH 7)	+ 0,82
Hg^{2+} / Hg	$Hg^{2+} + 2\ e^-$	⇄	Hg	+ 0,85
Br_2 / Br^-	$Br_2 + 2\ e^-\ 2$	⇄	Br^-	+ 1,08
O_2 / H_2O	$O_2 + 4\ H^+ + 4\ e^-$	⇄	$2\ H_2O$	+ 1,23
MnO_2 / Mn^{2+}	$MnO_2 + 4\ H^+ + 2\ e^-$	⇄	$Mn^{2+} + 2\ H_2O$	+ 1,23
$Cr_2O_7{}^{2-} / Cr^{3+}$	$Cr_2O_7{}^{2-} + 14\ H^+ + 6\ e^-$	⇄	$2\ Cr^{3+} + 7\ H_2O$	+ 1,33
Cl_2 / Cl^-	$Cl_2 + 2\ e^-$	⇄	$2\ Cl^-$	+ 1,36
PbO_2 / Pb^{2+}	$PbO_2 + 4\ H^+ + 2\ e^-$	⇄	$Pb^{2+} + 2\ H_2O$	+ 1,46
$MnO_4{}^- / Mn^{2+}$	$MnO_4{}^- + 8\ H^+ + 5\ e^-$	⇄	$Mn^{2+} + 4\ H_2O$	+ 1,51
F_2 / F^-	$F_2 + 2\ e^-$	⇄	$2\ F^-$	+ 2,87

Per la coppia Zn^{2+} / Zn, E° = –0,76 V,
per Cu^{2+} / Cu, E° = +0,34 V,
poichè la coppia Cu^{2+} / Cu possiede il potenziale di riduzione standard più elevato, accoppiando le due semireazioni quella di Cu procede nel senso della riduzione e avremo:

$$Cu^{2+} + 2\,e^- \rightarrow Cu$$

mentre quella di Zn procede nel senso dell'ossidazione e avremo:

$$Zn \rightarrow Zn^{2+} + 2\,e^-$$

La forza elettromotrice

Noti i potenziali di riduzione standard di due semicelle, si può calcolare la *forza elettromotrice standard* (F.E.M.) della pila (o *potenziale standard di cella*, $E°_{cell}$), data dalla differenza tra i potenziali standard delle due semicelle:

$$F.E.M. = E°_{cell} = E°_{\oplus} - E°_{\ominus}$$

dove: $E°_{\oplus}$ = potenziale di riduzione dell'elettrodo positivo (catodo)
$E°_{\ominus}$ = potenziale di riduzione dell'elettrodo negativo (anodo)

La F.E.M. di una pila è sempre maggiore di 0.

9.3 ELETTROLISI

Una cella elettrolitica è un dispositivo in cui, al contrario di ciò che accade in una pila, *si trasforma energia elettrica in energia chimica.*

L'energia elettrica erogata nella cella elettrolitica permette di far avvenire una reazione endoergonica di ossidoriduzione (con $\Delta G > 0$). L'elettrolisi si realizza immergendo due conduttori metallici ai quali sia stata applicata una differenza di potenziale elettrico nella massa liquida di un elettrolita fuso o in una soluzione acquosa elettrolitica. Sottoposti al campo elettrico, gli ioni migrano verso i rispettivi elettrodi, sulla superficie dei quali si scaricano: gli anioni migrano verso l'anodo a cui cedono elettroni, ossidandosi, mentre i cationi migrano verso il catodo da cui acquistano elettroni, riducendosi.

In una cella elettrolitica quindi:

- come in una pila, si ha *ossidazione all'anodo e riduzione al catodo*;
- al contrario della pila, l'*anodo* è l'*elettrodo positivo*, il *catodo* l'*elettrodo negativo.*

Elettrolisi di NaCl fuso

L'elettrolita è costituito solo da ioni Na^+ e Cl^- che si orientano rispettivamente verso il polo negativo e verso il polo positivo dove avvengono le seguenti reazioni:

- catodo (–): $2\,Na^+ + 2\,e^- \rightarrow 2\,Na$ riduzione
- anodo (+): $2\,Cl^- \rightarrow Cl_2 + 2\,e^-$ ossidazione

Al catodo si deposita sodio metallico; all'anodo si sviluppa cloro gassoso.

Elettrolisi di una soluzione elettrolitica

Se la soluzione elettrolitica contiene più specie chimiche per stabilire quali reazioni avvengono agli elettrodi occorre considerare l'ordine di scarica.

- al catodo si scaricano per primi i cationi con potenziale di riduzione maggiore;
- all'anodo si scaricano per primi gli anioni con potenziale di riduzione minore.

Nel caso di una soluzione acquosa di NaCl, oltre agli ioni Na^+ e Cl^-, sono presenti in soluzione anche molecole d'acqua che possono essere sia ridotte a H_2 e OH^- per acquisto di elettroni, sia ossidate a O_2 e H_3O^+ per sottrazione di elettroni (l'acqua può reagire a entrambi gli elettrodi).

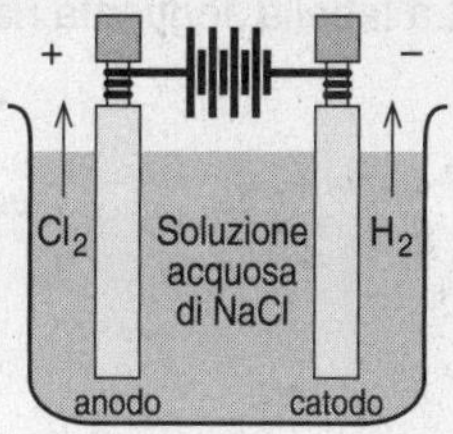

In base ai potenziali di riduzione, le reazioni che avvengono agli elettrodi sono:

- catodo (–): $2\,H_2O + 2\,e^- \rightarrow H_2 + 2\,OH^-$ riduzione
- anodo (+): $2\,Cl^- \rightarrow Cl_2 + 2\,e^-$ ossidazione

Gli ioni Na^+ non si scaricano al catodo e rimangono in soluzione insieme agli ioni OH^-; al catodo si sviluppa invece idrogeno gassoso, mentre all'anodo si sviluppa cloro gassoso.

9.3.1 Aspetti quantitativi dell'elettrolisi

Gli aspetti quantitativi dell'elettrolisi sono regolati dalle due leggi di Faraday.

Prima legge di Faraday

Le quantità di specie chimiche che si trasformano agli elettrodi sono proporzionali alla quantità di carica elettrica passata nella cella elettrolitica.

Seconda legge di Faraday

Le quantità in grammi di specie diverse trasformate agli elettrodi sono proporzionali alle loro masse equivalenti.

Per la trasformazione di un equivalente di qualsiasi sostanza è necessaria una quantità di carica pari alla carica elettrica di una mole di elettroni.

La carica elettrica di una mole di elettroni è pari a 96.500 coulomb ed è chiamata *costante di Faraday (F)*. Pertanto: *1 F = 96.500 coulomb*.

Ne segue che per ottenere la trasformazione di *n* equivalenti di sostanza occorre una quantità di carica elettrica *q* pari a:

$$q = n_{eq} \cdot F$$

Date due celle elettrolitiche contenenti rispettivamente soluzioni acquose di HCl e $CuSO_4$, stabilire quanti grammi di H e Cu si depositano al catodo delle due celle al passaggio di una quantità di carica elettrica pari a 2 F.

Il passaggio di 2 F determina la trasformazione di due equivalenti di sostanza.

Nel caso dell'idrogeno le reazione che avviene al catodo è:

$$2\,H^+ + 2\,e^- \rightarrow H_2$$

Una mole di idrogeno atomico corrisponde dunque a un equivalente; il peso di un equivalente di idrogeno atomico è quindi uguale al suo peso molare (1,008 g/mol). La quantità di idrogeno atomico che si sviluppa al catodo è allora pari a:

$$m_H = n_{eq} \cdot PE_H = 2\text{ eq} \cdot 1{,}008\text{ g/eq} = 2{,}016\text{ g}$$

Nel caso del rame la reazione al catodo è:

$$Cu^{2+} + 2\,e^- \rightarrow Cu$$

Una mole di rame corrisponde dunque a due equivalenti; il peso di un equivalente di rame è dunque uguale a:

$$PE_{Cu} = \frac{PM_{Cu}}{n_{eq}/\text{mol}} = \frac{63,6\text{ g/mol}}{2\text{ eq/mol}} = 31,8\text{ g/eq}$$

La quantità di rame che si sviluppa al catodo è allora pari a:

$m_{Cu} = n_{eq} \cdot PE_{Cu} = 2\text{ eq} \cdot 31{,}8\text{ g/eq} = 63{,}6\text{ g}$

CHIMICA

La tabella seguente riassume analogie e differenze tra cella voltaica (pila) ed elettrolitica.

Cella	Reazione (ΔG)	Lavoro elettrico (sistema)	Lavoro chimico (sistema)	Anodo (ossidazione)	Catodo (riduzione)
Voltaica	spontanea ($\Delta G < 0$)	prodotto	assorbito	negativo	positivo
Elettrolitica	non spontanea ($\Delta G > 0$)	assorbito	prodotto	positivo	negativo

Sia nelle pile elettriche che nelle celle elettrolitiche si ha riduzione al catodo e ossidazione all'anodo. I due elettrodi hanno però polarità elettrica opposta nei due dispositivi.

QUESITI SVOLTI

1 L'esistenza degli ioni in soluzione:

- A è dovuta al passaggio della corrente elettrica
- B è indipendente dal passaggio della corrente elettrica
- C aumenta col passaggio della corrente elettrica
- D diminuisce col passaggio della corrente elettrica
- E aumenta o diminuisce al passaggio della corrente elettrica, a seconda del tipo di elettrolita considerato

La presenza degli ioni in una soluzione consente il passaggio della corrente elettrica. In altre parole, attraverso una soluzione si registra passaggio di corrente solo se vi sono ioni disciolti in essa. Tuttavia, il passaggio di corrente non influenza la presenza di ioni e, quindi, la risposta corretta è la B.

2 Quando si applica una differenza di potenziale tra gli elettrodi di una cella elettrolitica, l'intensità di corrente che attraversa la soluzione è dovuta:

- A al moto d'insieme degli ioni positivi e negativi
- B al moto dei soli ioni positivi
- C al moto dei soli ioni negativi
- D all'agitazione termica degli ioni positivi
- E all'agitazione termica degli ioni negativi

Diversamente da quanto accade nei metalli, ove la conduzione di corrente è attribuibile al moto delle sole cariche negative (elettroni di conduzione), nelle soluzioni elettrolitiche la carica elettrica è trasportata contemporaneamente dagli ioni positivi e negativi che migrano rispettivamente verso il catodo e verso l'anodo. La risposta esatta è la A.

3 La conducibilità di un determinato elettrolita a una determinata temperatura e in un determinato solvente è funzione:

- A della corrente
- B del tipo di ioni
- C della pressione
- D della concentrazione
- E di nessuno dei fattori precedenti

L'aggettivo determinato riferito all'elettrolita indica che il tipo di ioni in cui si dissocia è anch'esso determinato quindi la B è errata. Si è visto che la conducibilità di una soluzione dipende da vari fattori, tra cui la concentrazione dell'elettrolita presente in soluzione. La risposta esatta è dunque la D.

CHIMICA

4 **La costante di Faraday vale**

A 4,184 joule

B 96.490 coulomb/mole

C 6,023 · 10^{23} atomi/mole

D 0,082 (litri · atmosfere)/(mole · grado)

E 9,8 m/s^2

In questo, come in altri quesiti di chimica-fisica, l'osservazione delle unità di misura può risultare molto utile per individuare la risposta esatta.

Sapendo che la costante di Faraday è una carica elettrica (carica elettrica di una mole di elettroni), si conclude che la risposta esatta è la B anche senza ricordarne l'esatto valore numerico.

5 **Quale delle seguenti sostanze è un elettrolita debole?**

A Acido solforico

B Cloruro di sodio

C Idrossido di sodio

D Solfato di potassio

E Acido acetico

Un elettrolita è una sostanza che sciogliendosi in acqua si dissocia in ioni rendendo conduttrice la soluzione risultante. Gli elettroliti si dividono in elettroliti forti ed elettroliti deboli. Gli elettroliti forti sono le sostanze che in acqua sono completamente dissociate in ioni; esempi tipici sono i sali, gli acidi forti e le basi forti. L'acido solforico (H_2SO_4), il cloruro di sodio (NaCl), l'idrossido di sodio (NaOH) e il solfato di potassio (K_2SO_4) sono appunto elettroliti forti. In acqua sono completamente dissociati in ioni secondo le reazioni:

$$H_2SO_4 \rightarrow 2H^+ + 2SO_4^{2-}$$

$$NaCl \rightarrow Na^+ + Cl^-$$

$$NaOH \rightarrow Na^+ + OH^-$$

$$K_2SO_4 \rightarrow 2K+ + SO_4^{2-}$$

Gli elettroliti deboli, invece, sono sostanze la cui dissociazione in acqua è solo parziale; l'acido acetico è un acido debole che in acqua è dissociato solo parzialmente secondo la reazione:

$$CH_3COOH + H_2O \rightleftarrows CH_3COO^- + H_3O^+$$

il cui equilibrio è fortemente spostato verso destra. La risposta esatta è quindi la E.

6 **In una cella elettrolitica la quantità di sostanza che si deposita sugli elettrodi dipende, per una data soluzione elettrolitica:**

A dalla carica che attraversa la cella

B dalla natura chimica degli elettrodi

C soltanto dalla intensità di corrente

D soltanto dal tempo in cui il circuito è chiuso

E nessuna delle precedenti affermazioni è corretta

La prima legge di Faraday afferma che le quantità di specie chimiche depositate agli elettrodi sono direttamente proporzionali alla quantità di carica elettrica che ha attraversato la cella elettrolitica. Ricordando che la quantità di carica elettrica *q* dipende dall'intensità di corrente *i* (misurata in ampere) e dal tempo *t* per cui la cella è stata attraversata dalla corrente stessa (misurato in secondi), secondo la relazione:

$$q = i \cdot t$$

si conclude che le risposte C e D sono scorrette, mentre è esatta la risposta A.

7 **In una pila elettrochimica il polo positivo è costituito dall'elemento:**

- A più ossidante
- B più riducente
- C nessuna risposta è corretta
- D con più alta elettronegatività
- E presente in maggior concentrazione

Si è detto che al catodo (elettrodo positivo) di una pila si svolge una reazione di riduzione. Nel caso della pila rame-zinco, la reazione di riduzione ($Cu^{2+} + 2e^- \rightarrow Cu$) è alimentata dal fatto che gli ioni Cu^{2+} lasciano la soluzione e si depositano sull'elettrodo di rame, riducendosi. Il polo positivo della pila è perciò costituito dall'elemento più ossidante (risposta A).

CHIMICA

GLOSSARIO

Abbassamento del punto di congelamento (ΔT crioscopico): variazione della temperatura di congelamento di un liquido dovuta all'aggiunta di un soluto non volatile; è una proprietà colligativa.

Abbassamento della pressione di vapore: proprietà colligativa dovuta alla presenza in soluzione di un soluto non volatile.

Acido: composto che è in grado di cedere ioni idrogeno e/o ricevere elettroni.

Acido e base coniugati: acido e base di Brønsted legati dal trasferimento di un protone dall'uno all'altro.

Acido debole: acido che, in una soluzione acquosa, subisce una dissociazione parziale.

Acido di Arrhenius: specie che cede protoni (H^+) in una soluzione acquosa.

Acido di Brønsted: donatore di protone.

Acido di Lewis: specie in grado di accettare una coppia di elettroni.

Acido forte: acido che, in una soluzione acquosa, subisce una dissociazione totale.

Acido monoprotico: acido che può cedere unicamente un protone; la molarità di un acido monoprotico è pari alla sua normalità.

Acido poliprotico: acido capace di cedere più di un protone.

Affinità elettronica: energia liberata dall'atomo all'acquisto di un elettrone.

Agente ossidante: in una reazione redox è la specie che acquista elettroni e si riduce.

Agente riducente: in una reazione redox è la specie che perde elettroni e si ossida.

Alogeno: non metallo appartenente al gruppo VIIA della tavola periodica; presenta una elevata elettronegatività e una elevata affinità elettronica.

Ambiente esterno: tutta la materia e l'energia non compresa nel sistema in esame.

Anione: ione dotato di carica negativa.

Anodo: elettrodo su cui avvengono fenomeni di ossidazione.

Atomo: forma elementare di ogni elemento esistente in natura; chimicamente parlando non può essere ulteriormente decomposto.

Base: composto che cede ioni idrossido o elettroni o che riceve protoni.

Base debole: base che subisce una dissociazione parziale in una soluzione acquosa.

Base di Arrhenius: specie che cede ioni OH^- in una soluzione acquosa.

Base di Brønsted: specie chimica in grado di accettare uno o più protoni cedutigli da un acido.

Base di Lewis: specie chimica in grado di cedere una coppia di elettroni.

Base forte: base che subisce una dissociazione completa in una soluzione acquosa.

Calore: forma di energia rappresentante l'energia cinetica delle molecole che si trasferisce spontaneamente da un corpo più caldo a uno più freddo.

Calore latente molare di evaporazione: ΔH necessario per trasformare una mole di liquido in vapore, a temperatura e pressione costanti.

Calore latente molare di fusione: ΔH necessario per trasformare una mole di solido in liquido, a temperatura e pressione costanti.

Calore latente molare di sublimazione: ΔH necessario per trasformare una mole di solido in gas, a temperatura e pressione costanti.

Calore specifico molare: quantità di calore necessaria per aumentare di un grado centigrado la temperatura di una mole di una sostanza.

Caloria (cal): unità di misura dell'energia termica (1 cal = 4,184 J). È l'energia necessaria per innalzare la temperatura di un grammo di H_2O da 14,5 °C a 15,5 °C (1 kcal = 1000 calorie).

Calorimetro: strumento utilizzato per misurare il calore assorbito o ceduto da una reazione.

Catalisi: accrescimento della velocità di reazione mediante l'aggiunta di una sostanza che non viene modificata dalla reazione (catalizzatore). Questo si ottiene attraverso la diminuzione dell'energia di attivazione.

Catalizzatore: sostanza che incrementa la velocità di una reazione (diretta o inversa).

Catione: ione dotato di carica positiva.

Catodo: elettrodo su cui avvengono fenomeni di riduzione.

Cella di Daniell: cella elettrochimica in cui l'anodo è sede dell'ossidazione del metallo Zn mentre il catodo è sede della riduzione dello ione Cu^{2+}.

Cella elettrochimica: cella in cui avviene un fenomeno di ossidoriduzione e in cui sono presenti due elettrodi tra cui si crea una differenza di potenziale elettrico.

Cella elettrolitica: cella elettrochimica che utilizza una sorgente di differenza di potenziale (generatore) per far avvenire una reazione di ossidoriduzione non spontanea.

Cella galvanica: cella elettrochimica che sfrutta una ossidoriduzione spontanea per produrre lavoro; altrimenti chiamata cella voltaica.

Celsius (°C): scala di temperatura definita attribuendo rispettivamente i valori 0 °C e 100 °C alla temperatura di congelamento e di ebollizione dell'acqua. 0 °C = 273,16 K.

CHIMICA

Complesso attivato: stato di transizione di una reazione nel quale i legami presenti nei reagenti sono parzialmente rotti e quelli dei prodotti sono in via di formazione.

Composizione percentuale: percentuale del peso molecolare totale di un composto attribuito a un elemento.

Composto: sostanza pura formata da due o più atomi di tipo diverso che può essere scissa in sostanze più semplici mediante una trasformazione chimica. Un composto può essere molecolare (se costituito da molecole) oppure ionico (se costituito da ioni).

Concentrazione: quantità di soluto per unità di solvente o quantità relativa di un componente in una miscela.

Configurazione elettronica: nomenclatura utilizzata per descrivere la distribuzione elettronica dei vari sottolivelli energetici di un atomo.

Costante dei gas (R): costante che appare nell'equazione della legge dei gas perfetti ($PV = n \cdot RT$); il suo valore dipende dalle unità di misura utilizzate per le altre grandezze.

Costante di dissociazione acida (K_a): costante di equilibrio che misura il grado di dissociazione di un acido in specifiche condizioni. Per un generico acido HA si ha:

$$K_a = \frac{[H_3O^+] \cdot [A^-]}{[HA]}$$

Costante di dissociazione basica (K_b): costante di equilibrio che misura il grado di dissociazione di una base in specifiche condizioni. Per una generica base di tipo BOH si ha:

$$K_b = \frac{[B^+] \cdot [OH^-]}{[BOH]}$$

Costante di dissociazione dell'acqua (K_w): costante di equilibrio della reazione di dissociazione dell'acqua; vale 10^{-14} a 25 °C.

Costante di equilibrio (K_{eq}): rapporto tra le concentrazioni all'equilibrio dei prodotti e dei reagenti, tutti elevati ai propri coefficienti stechiometrici con cui compaiono nella reazione.

Cristallo: solido i cui atomi o molecole sono disposti secondo un reticolo tridimensionale regolare.

Densità (ρ): proprietà fisica di una sostanza definita come la quantità di massa per unità di volume.

Diagramma di fase: per una sostanza pura è il grafico nel piano pressione temperatura che indica, per ogni condizione, in quale fase la sostanza può esistere.

Diffusione: movimento casuale delle molecole di un gas, tendente a uniformare la distribuzione del gas nel suo contenitore.

Dipolo elettrico: specie contenente cariche opposte separate da una certa distanza.

Distribuzione di Maxwell-Boltzmann: distribuzione delle velocità molecolari delle particelle di un gas a una data temperatura.

Eccitazione: spostamento di un elettrone di un atomo o di una molecola a un livello energetico superiore.

Elemento: sostanza che non può essere scomposta per produrre altri elementi o componenti. Tutti gli atomi di uno stesso elemento hanno lo stesso numero di protoni.

Elettrodo: conduttore elettrico che costituisce il polo di una cella elettrochimica: in esso avviene una reazione di riduzione o di ossidazione.

Elettrolisi: processo in cui una corrente elettrica viene fatta passare in una soluzione producendo reazioni chimiche che altrimenti non avverrebbero spontaneamente.

Elettrolita: specie chimica che in acqua subisce il fenomeno di dissociazione elettrolitica con la conseguente produzione di ioni.

Elettrone (e^-): particella subatomica che sta intorno al nucleo portando una singola carica negativa ($1{,}6 \cdot 10^{-19}$). La massa di un elettrone è considerata trascurabile (1/1837 della massa del protone).

Elettrone di valenza: elettrone situato nel più alto livello energetico di un atomo la cui tendenza a essere catturato o perso determina le caratteristiche chimiche dell'atomo a cui appartiene.

Elettronegatività: capacità di un atomo di attrarre verso di sé gli elettroni di legame. Generalmente si usa una scala comparativa da 1 a 4, dove 4 indica l'elettronegatività massima.

Elettroni accoppiati: due elettroni sullo stesso orbitale con spin opposto (+ 1/2 e – 1/2).

Energia di attivazione (E_a): minimo quantitativo di energia necessario per attivare una reazione. È l'energia richiesta dai reagenti per raggiungere lo stato attivato.

Energia di ionizzazione: energia necessaria per rimuovere un elettrone dal livello di valenza di un atomo.

Energia di legame: energia (variazione di entalpia) richiesta per rompere un legame.

Energia libera di Gibbs (*G*): energia totale disponibile in un sistema per creare lavoro. La variazione dell'energia libera è calcolata con la relazione:

$$\Delta G = \Delta H - T\Delta S.$$

Se ΔG è negativa, la reazione è spontanea e si dice esoergonica, mentre se ΔG è positiva la reazione non è spontanea e si dice endoergonica.

Entalpia (*H*): quantità di calore contenuta in un sistema a pressione costante. La variazione di entalpia in una reazione è uguale alla differenza tra l'entalpia dei prodotti e l'entalpia dei reagenti.

Entropia: funzione di stato legata al grado di disordine di un sistema. Un sistema molto ordinato ha una entropia bassa; la variazione di entropia (ΔS) nel corso di una reazione è pari alla differenza tra l'entropia dei prodotti e l'entropia dei reagenti della reazione.

Equazione chimica: espressione utilizzata per descrivere la quantità e la natura dei reagenti e dei prodotti di una reazione.

PARTE QUINTA

Equazione di Gibbs-Helmholtz:
$\Delta G = \Delta H - T\Delta S$.

Equazione di Nernst: equazione che lega il voltaggio di una cella elettrochimica alla concentrazione dei reagenti e dei prodotti nella cella.

Equilibrio: stato di una reazione chimica in cui le velocità della reazione diretta e inversa si equivalgono; un sistema in equilibrio non evolve a meno che non intervengano cambiamenti nelle condizioni della reazione.

Equilibrio di fase: coppia temperatura-pressione in cui due o tre fasi di una particolare sostanza coesistono in equilibrio.

Equivalente: la definizione di equivalente dipende dal tipo di sostanza considerata:
un equivalente di acido o di base = quantità in grammi di acido o base che cede rispettivamente una mole di ioni H^+ od OH^- dissociandosi;
un equivalente di ossidante o riducente = quantità in grammi di ossidante o riducente che rispettivamente acquista o cede una mole di elettroni in una reazione redox.

Eterogeneo: si dice di sistema a composizione non uniforme.

Faraday (F): carica totale di una mole di elettroni (1 F = 96.487 C), da non confondersi con il farad che rappresenta una unità di misura della capacità elettrica di un conduttore.

Fase: uno dei tre stati della materia: solido, liquido e gassoso.

Formula di Lewis: metodo per rappresentare gli elettroni condivisi, e non, in un atomo, ione o molecola; è anche indicata come struttura di Lewis.

Formula molecolare o bruta: formula che mostra il numero e l'identità di tutti gli atomi presenti in una molecola o composto.

Forze di Van der Waals: deboli forze di attrazione intermolecolari comprendenti il legame a idrogeno, le interazioni dipolo-dipolo e le forze di dispersione.

Forza elettromotrice (fem): differenza di potenziale tra gli elettrodi di una cella elettrochimica non attraversata da corrente.

Forze intermolecolari: forze attrattive e repulsive tra le molecole.

Forze intramolecolari: forze attrattive e repulsive tra gli atomi di una molecola.

Fotone: quanto di onda elettromagnetica, la cui energia è pari alla costante di Planck moltiplicata per la frequenza dell'onda.

Frazione molare (χ): unità di misura della concentrazione; esprime il rapporto tra il numero di moli di un componente e il numero totale di moli di tutte le specie.

Funzione di stato: funzione che dipende solo dallo stato del sistema e non dal meccanismo di evoluzione dello stesso o dal cammino seguito dal sistema durante la sua evoluzione.

Gas: stato fisico della materia a elevato disordine, nel quale le molecole interagiscono solo debolmente; in natura si parla di gas a pressioni relativamente basse e temperature alte; altrimenti si parla di vapore.

Gas ideale: gas ipotetico il cui comportamento è descritto dalla legge dei gas ideali. Le particelle di un gas ideale hanno volume nullo e non danno luogo a fenomeni di interazione reciproca a distanza. Gli urti tra le molecole di un gas ideale sono perfettamente elastici.

Gas inerte o gas nobile: elemento appartenente al gruppo 0 (o VIII gruppo) della tavola periodica. I gas inerti sono caratterizzati dall'avere una configurazione otteziale al livello più esterno; per questo motivo sono gli elementi meno reattivi della tavola periodica.

Gas reale: gas che non segue la legge dei gas ideali.

Grammo equivalente: sinonimo di equivalente.

Gruppo: colonna della tavola periodica degli elementi; contiene elementi simili nelle loro proprietà fisiche o chimiche.

Ibridazione: processo di ricombinazione di due o più orbitali atomici con la conseguente formazione di nuovi orbitali isoenergetici.

Idrolisi: reazione tra acqua e una seconda specie che induce la dissociazione delle molecole dell'acqua.

Indicatore acido-base: sostanza utilizzata in basse concentrazioni nella titolazione di una soluzione; cambia colore in funzione del pH della soluzione.

Innalzamento del punto di ebollizione (ΔT ebullioscopico): variazione della temperatura di ebollizione di un liquido dovuta all'aggiunta di un soluto non volatile; è una proprietà colligativa.

Interazione dipolo-dipolo: forza attrattiva tra due dipoli dipendente dal loro momento dipolare e dalla loro distanza.

Ione idronio: ione H_3O^+ in soluzione acquosa.

Ione idrossido: ione OH^- in soluzione acquosa.

Ioni: atomi o molecole dotati di carica elettrica a causa della perdita o acquisto di elettroni.

Isotopi: sono atomi con lo stesso numero di protoni, ma con differente numero di neutroni.

Joule (J): unità di misura dell'energia;
$1\ J = 1\ kg \cdot m^2/s^2$.

Kelvin (K): scala di temperatura (conosciuta anche come scala di temperatura assoluta) avente la stessa unità della scala Celsius e zero assoluto definito come 0 K. 0 K = – 273,16 °C.

Legame covalente: legame chimico formato tramite la condivisione di una coppia di elettroni tra due atomi. È caratterizzato dalla formazione di un orbitale molecolare responsabile della forza del legame.

Legame covalente apolare o puro: legame covalente tra due atomi aventi la stessa elettronegatività.

Legame covalente polare: legame covalente tra atomi con elettronegatività differenti nel quale la densità elettronica non è uniformemente distribuita; la forza del legame è anche dotata di una componente elettrostatica dovuta all'attrazione tra le cariche di segno opposto situate alle estremità opposte della molecola.

Legame dativo: legame covalente in cui i due elettroni di legame sono ceduti da uno solo dei due atomi coinvolti nel legame; è chiamato anche legame di coordinazione.

Legame a idrogeno: attrazione di natura elettrostatica tra un atomo di idrogeno legato con un atomo a elevata elettronegatività in una molecola e un atomo con elevata elettronegatività in un'altra molecola.

Legame ionico: legame chimico formato grazie ad attrazioni elettrostatiche tra ioni positivi e negativi.

Legame metallico: tipo di legame in cui gli elettroni di valenza degli atomi del metallo sono delocalizzati all'interno del reticolo metallico.

Legge dei gas ideali: $PV = n \cdot RT$ dove R è la costante dei gas ideali. Tale legge può essere applicata a ogni gas reale che si trovi a bassa pressione e a una temperatura superiore alla sua temperatura critica.

Legge di Boyle: a temperatura costante, il volume di una sostanza gassosa è inversamente proporzionale alla pressione esercitata su di essa.

Legge di Charles: a pressione costante, il volume di una sostanza gassosa è direttamente proporzionale alla temperatura assoluta del gas.

Legge di conservazione della massa: in una reazione, la massa dei prodotti deve essere pari alla massa dei reagenti.

Legge di Dalton: la somma delle pressioni parziali dei componenti di una miscela gassosa deve eguagliare la pressione totale della miscela.

Legge di Graham: la velocità di diffusione di un gas è inversamente proporzionale alla radice quadrata del peso molecolare del gas.

Legge di Henry: la solubilità di un gas in una soluzione è direttamente proporzionale alla pressione parziale del gas.

Legge di Hess: l'energia scambiata in una reazione complessa è pari alla somma delle energie scambiate nelle singole reazioni che la compongono.

Legge di Raoult: la pressione parziale di un componente di una soluzione è proporzionale alla frazione molare dello stesso.

Legge di velocità: espressione matematica che lega la velocità di reazione alla concentrazione dei reagenti. La legge di velocità per una data reazione deve essere determinata sperimentalmente.

Liquido: stato della materia nel quale le forze molecolari sono intermedie tra quelle presenti nei gas e quelle presenti nei solidi. Si distingue dalla fase gassosa per il volume definito e dalla fase solida per il fatto che le molecole si possono mescolare liberamente tra loro.

Massa atomica: massa di un atomo espressa in rapporto all'u.m.a.(unità di massa atomica).

Meccanismo di reazione: serie di passaggi che avvengono nel corso di una reazione chimica con creazione e distruzione di prodotti intermedi e di legami chimici.

Membrana semipermeabile: membrana che può essere attraversata per diffusione da alcune sostanze (ioni o piccole molecole) ma non da altre.

Metalli alcalini: elementi che si trovano nel gruppo IA della tavola periodica. Sono altamente reattivi e cedono facilmente il loro elettrone di valenza per formare un composto ionico con un non metallo.

Metalli alcalino-terrosi: elementi che si trovano nel gruppo IIA della tavola periodica. Le loro proprietà chimiche sono simili a quelle dei metalli alcalini se non per il fatto che gli elettroni di valenza sono due.

Metalli di transizione: elementi appartenenti al gruppo B della tavola periodica degli elementi; sono caratterizzati dall'avere i sottolivelli *d* o *f* parzialmente pieni.

Metalli: una delle classi di elementi localizzata nella parte centrale o sinistra della tavola periodica degli elementi, caratterizzata da elettronegatività ed energia di ionizzazione basse: cedono facilmente elettroni per formare legami ionici. Sono caratterizzati da elevata conduttività elettrica, lucentezza e malleabilità.

Metalloide: elemento con caratteristiche intermedie tra quelle del metallo e quelle del non metallo.

Modello di Bohr: modello dell'atomo di idrogeno che postula la presenza di elettroni su orbite circolari intorno a un nucleo carico positivamente.

Molalità: unità di misura della concentrazione; esprime le moli di soluto per chilogrammo di solvente.

Molarità: unità di misura della concentrazione; esprime le moli di soluto per litro di soluzione.

Mole (mol): quantità di un elemento (composto) pari al suo peso atomico (molecolare) espresso in grammi; una mole contiene $6{,}02 \cdot 10^{23}$ atomi (molecole).

Molecola apolare: molecola la cui densità elettronica è uniformemente o simmetricamente distribuita sulla molecola e che non presenta quindi alcun momento dipolare netto.

Molecola polare: molecola che presenta una distribuzione di carica non omogenea.

Momento dipolare: grandezza vettoriale la cui intensità dipende dalle cariche del dipolo elettrico e dalla loro distanza. La direzione del momento dipolare è quella che va dalla carica positiva a quella negativa.

Neutrone: la più grande particella subatomica appartenente al nucleo, priva di carica e con massa leggermente superiore a quella del protone.

Non elettrolita: composto che non si dissocia in acqua e la cui soluzione acquosa non conduce elettricità.

Non metallo: elemento con energia di ionizzazione, affinità elettronica ed elettronegatività elevate; generalmente acquista elettroni per formare anioni. I non metalli sono localizzati nella parte in alto a destra della tavola periodica degli elementi.

Normalità: unità di misura della concentrazione; esprime i grammi equivalenti di soluto per litro di soluzione.

Nucleo: parte centrale di un atomo, carica positivamente e contenente protoni e neutroni.

Numero atomico: numero di protoni in un nucleo; questo numero caratterizza ogni elemento chimico e determina la sua posizione nella tavola periodica degli elementi.

Numero di Avogadro: numero di atomi o di molecole contenuti in una mole di sostanza; è pari a $6{,}022 \cdot 10^{23}$.

Numero di massa: numero totale di protoni e neutroni in un atomo.

Numero di ossidazione: dato un atomo legato ad altri atomi uguali o diversi per formare un composto, il suo stato di ossidazione (o numero di ossidazione) è il numero delle cariche che l'atomo assume se i doppietti elettronici di legame vengono assegnati formalmente all'atomo più elettronegativo.

Numero quantico: numero utilizzato per descrivere il livello energetico disponibile per un elettrone. Lo stato di un elettrone in un atomo è definito da quattro numeri quantici.

Numero quantico angolare (*l*): secondo numero quantico; indica il sottolivello a cui si trova l'elettrone; è legato al momento angolare posseduto dall'elettrone.

Numero quantico di spin (m_s): quarto numero quantico; definisce il verso di rotazione di un elettrone attorno al suo asse; può assumere solo i valori + 1/2 e – 1/2.

Numero quantico magnetico (*m*): terzo numero quantico; definisce il particolare orbitale del sottolivello nel quale si trova l'elettrone.

Numero quantico principale (*n*): primo numero quantico; indica il livello energetico occupato dall'elettrone.

Nuvola elettronica: regione di spazio che circonda l'atomo o la molecola dove è diversa da zero la probabilità di trovare gli elettroni dell'atomo o della molecola.

Orbitale atomico: regione di densità elettronica non nulla, definita da un'unica combinazione dei primi tre numeri quantici e contenente non più di due elettroni (con spin opposto).

Orbitale molecolare: orbitale formato dalla sovrapposizione di due o più orbitali atomici di atomi che partecipano a un legame chimico; la sua energia è inferiore a quella degli orbitali atomici da cui ha origine.

Orbitali degeneri: orbitali che possiedono la stessa energia.

Orbitali delocalizzati: orbitale molecolare la cui densità elettronica è distribuita sull'intera molecola invece di essere localizzata attorno a ciascun atomo.

Ordine di reazione: esponente a cui bisogna elevare la concentrazione dei reagenti per il calcolo della velocità di reazione.

Osmosi: movimento spontaneo di un solvente attraverso una membrana semipermeabile dovuto alla differenza di concentrazione tra le soluzioni ai lati della membrana.

Ossidazione: reazione che implica una perdita di elettroni cioè un aumento del numero di ossidazione.

Ottetto: configurazione elettronica esterna con otto elettroni di valenza ($ns^2\ np^6$); è una configurazione elettronica particolarmente stabile.

Passaggio che determina la velocità di reazione: passaggio più lento del meccanismo di reazione che determina la velocità globale della reazione.

Periodo: linea orizzontale della tavola periodica degli elementi; contiene elementi con lo stesso numero di livelli elettronici occupati o parzialmente occupati.

Peso atomico: rapporto fra la massa dell'atomo e l'unità di massa atomica. La massa dell'atomo è la media delle masse dei diversi isotopi di quell'elemento chimico presenti in natura, pesata sulla loro percentuale di presenza.

Peso equivalente (PE): peso in grammi di un equivalente di sostanza.

Peso molare (PM): peso in grammi di una mole di una sostanza atomica o molecolare.

Peso molecolare: somma dei pesi atomici di tutti gli atomi che costituiscono la molecola.

pH: indice del contenuto di ioni idrogeno in una soluzione acquosa; è pari all'opposto del logaritmo della concentrazione dello ione idrogeno.

pOH: indice del contenuto di ioni idrossido in una soluzione acquosa; è pari all'opposto del logaritmo della concentrazione dello ione idrossido.

Precipitato: solido non solubile; si separa da una soluzione generalmente a causa della miscelazione di due o più soluzioni o a causa di variazioni della temperatura.

Pressione: forza normale alla superficie per unità di superficie; si misura in atmosfere, torr (mmHg) o pascal.

Pressione critica: pressione di vapore di una data sostanza corrispondente alla sua temperatura critica.

Pressione di vapore: pressione esercitata da un vapore in equilibrio con la propria fase liquida; è altamente variabile al variare della temperatura del sistema liquido-vapore.

Pressione osmotica: pressione che deve essere esercitata su una soluzione per prevenire il passaggio di solvente puro attraverso una membrana semipermeabile (si veda anche osmosi).

Pressione parziale: pressione di un componente di una miscela gassosa; è pari alla pressione che eserciterebbe tale componente se occupasse da solo tutto il volume occupato dalla miscela.

Prima legge della termodinamica: legge che afferma che la variazione di energia interna di ogni sistema in natura è pari alla somma algebrica del lavoro e del calore forniti dall'esterno al sistema. Secondo il primo principio della termodinamica, l'energia in natura non si crea e non si distrugge ma può solo trasformarsi da una forma a un'altra.

Principio della massima molteplicità (o Regola di Hund): se più elettroni occupano orbitali degeneri (di pari energia) essi si distribuiscono, con spin paralleli, sul numero massimo possibile di questi.

Principio di Aufbau: gli elettroni si posizionano in un atomo in modo da occupare il livello a minima energia ancora disponibile: prima di iniziare a riempire un nuovo livello, l'elettrone completa quello di energia inferiore.

Principio di Avogadro: nelle stesse condizioni di pressione e temperatura, volumi uguali di gas diversi contengono lo stesso numero di molecole.

Principio di esclusione di Pauli: in un atomo non possono esistere due o più elettroni con i quattro numeri quantici rispettivamente uguali.

Principio di indeterminazione di Heisenberg: principio che stabilisce l'impossibilità di determinare contemporaneamente e senza incertezza sia la quantità di moto sia la posizione di una particella.

Principio di Le Châtelier: se un sistema in equilibrio viene disturbato, questo tenderà a reagire in modo da controbilanciare il disturbo e ristabilire l'equilibrio.

Processo spontaneo: processo che si verifica in natura senza l'apporto di energia dall'ambiente esterno.

Prodotto di ionizzazione: termine generale per indicare la costante di dissociazione di sali, acidi e basi deboli; è pari al prodotto tra le concentrazioni degli ioni della base e dell'acido coniugati.

Prodotto di solubilità: costante di equilibrio per una reazione di soluzione di un elettrolita debolmente solubile. È dato dal prodotto delle concentrazioni degli ioni provenienti dalla dissociazione dell'elettrolita, ove ciascuna concentrazione è elevata a un esponente pari al coefficiente stechiometrico col quale lo ione compare nella reazione di dissociazione del sale stesso.

Prodotto intermedio di reazione: specie che non appare tra i prodotti finali di reazione ma che è presente temporaneamente nel corso della reazione.

Proprietà chimiche: proprietà di una sostanza, come l'energia di ionizzazione e l'elettronegatività, legate ai cambiamenti chimici che la sostanza subisce.

Proprietà colligative: proprietà di una soluzione dipendenti unicamente dal numero di particelle di soluto e non dalla natura delle stesse.

Proprietà fisiche: proprietà di una sostanza, come la massa, legate alle sue caratteristiche fisiche e non chimiche.

Protone: particella subatomica dotata di carica positiva e massa leggermente inferiore a quella del neutrone.

Punto di congelamento: temperatura alla quale, a una data pressione, le fasi solida e liquida coesistono in equilibrio.

Punto di ebollizione: temperatura alla quale la pressione di vapore di un liquido eguaglia la pressione esterna.

Punto di fusione: temperatura alla quale le fasi liquida e solida di una sostanza coesistono in equilibrio.

Punto triplo: condizioni di pressione e temperatura alle quali solido, liquido e vapore di una sostanza coesistono in equilibrio.

Radioattività: capacità di alcuni isotopi instabili di subire trasformazioni nucleari spontanee con emissione di una o più particelle. La natura della particella emessa determina il tipo di decadimento radioattivo.

Raggio atomico: metà della distanza tra due nuclei di un elemento nel suo stato normale (non eccitato).

Reagente in eccesso: in una reazione chimica è il reagente in eccesso rispetto ai prodotti che possono essere formati.

Reagente limitante: in una reazione chimica è il reagente presente in minore quantità che limita la quantità di prodotti ottenibili.

Reazione di neutralizzazione: reazione di acidi e basi nelle quali ioni H^+ e OH^- si combinano per produrre acqua e una soluzione neutra.

Reazione di ossido-riduzione: reazione che combina processi di ossidazione e di riduzione, chiamata anche redox.

Reazione endotermica: reazione che, per avere luogo, necessita calore dall'esterno (ΔH positivo).

Reazione esotermica: reazione che libera calore verso l'esterno (ΔH negativo).

Regola dell'ottetto: la configurazione di otto elettroni s^2p^6 prende il nome di ottetto ed è una configurazione di grande stabilità, alla quale gli atomi tendono quando si legano con altri atomi. La regola viene meno quando un atomo, in un certo composto, impegna anche orbitali di tipo d oltre a quelli di tipo *s* e *p* per formare legami.

Regola di Hund: vedi Principio della massima molteplicità.

Riduzione: reazione che comporta un guadagno di elettroni e la riduzione del numero di ossidazione.

Sale: solido ionico formato da un anione e da un catione che non siano rispettivamente ioni idrossido o protoni.

Secondo principio della termodinamica: vi sono tre enunciati equivalenti tra loro:

1) enunciato di Kelvin: è impossibile realizzare, con una macchina termica, una trasformazione il cui unico risultato sia quello di trasformare integralmente in lavoro il calore assorbito da una sorgente;
2) enunciato secondo Clausius: il calore passa spontaneamente dai corpi caldi ai corpi freddi e non viceversa;
3) terzo enunciato: in un sistema isolato, ogni trasformazione spontanea (irreversibile) comporta un aumento di entropia del sistema.

Semireazione: è la reazione che avviene a un elettrodo di una cella elettrochimica. La riduzione o l'ossidazione rappresentano la metà di una reazione di ossidoriduzione.

Sistema aperto: sistema che può scambiare sia energia sia materia con l'ambiente esterno.

Sistema chiuso: sistema che può scambiare con l'esterno energia ma non materia.

Sistema isolato: sistema che non può scambiare né materia né energia con l'ambiente esterno.

Solido: stato della materia caratterizzato dal fatto che ogni molecola è ferma in una posizione precisa.

Solido ionico: solidi costituiti da ioni positivi e negativi, legati tra loro da legami ionici.

Solubilità: quantità di soluto che può essere disciolto in un solvente a una determinata temperatura senza che si formi il corpo di fondo.

Soluto: componente di una soluzione che è presente in quantità minore rispetto al solvente.

Soluzione: miscela omogenea di due o più componenti. Può contenere componenti in ogni fase disciolti in altre fasi.

Soluzione acida: soluzione acquosa che contiene più ioni H^+ che ioni OH^-; il pH di tale soluzione è inferiore a 7.

Soluzione acquosa: soluzione in cui il solvente è l'acqua.

Soluzione basica: soluzione acquosa che contiene più ioni OH^- che ioni H^+; il pH di tale soluzione è superiore a 7.

Soluzione neutra: soluzione acquosa in cui la concentrazione degli ioni H^+ è uguale a quella degli ioni OH^- (pH = 7).

Soluzione non satura: soluzione in cui può essere ancora disciolto del soluto.

Soluzione satura: soluzione nella quale è disciolta la massima quantità di soluto possibile a una data temperatura.

Solvente: componente di una soluzione presente in quantità maggiore e in cui viene disciolto il soluto.

Sottolivello: suddivisione dei livelli elettronici o energetici definita da particolari valori del numero quantico angolare (l); *s*, *p* e *d* sono i principali sottolivelli, ognuno dei quali è composto da più orbitali che differiscono tra loro per il valore del terzo numero quantico *m*.

Sottolivello *d*: sottolivello corrispondente a $l = 2$ (l = numero quantico del momento angolare). Si trova a partire dal terzo livello energetico principale, e contiene cinque orbitali di tipo *d*.

Sottolivello *p*: sottolivello corrispondente a $l = 1$; si trova a partire dal secondo livello energetico principale ($n \geq 2$). Contiene tre orbitali di tipo *p* orientati ad angolo retto tra loro e chiamati orbitali p_x, p_y e p_z.

Sottolivello *s*: sottolivello corrispondente $l = 0$; contiene un solo orbitale di forma sferica ed è presente in tutti i livelli energetici.

Specie anfotere: specie in grado di reagire sia con ioni H^+ sia con ioni OH^- in funzione del tipo di reazione. Si comportano da acidi o da basi a seconda del composto con cui reagiscono.

Spin elettronico: numero legato alla rotazione di un elettrone attorno al proprio asse; sono possibili due soli stati: + 1/2 e – 1/2, corrispondenti ai due valori del numero quantico di spin dell'elettrone.

Stato: insieme di proprietà macroscopiche definite che possono essere specificate per la riproduzione esatta del sistema.

Stato eccitato: stato elettronico a energia superiore a quella dello stato fondamentale.

Sublimazione: passaggio di stato da solido a gassoso.

Tavola periodica: tabella che contiene tutti gli elementi chimici conosciuti organizzati in righe (periodi) e colonne (gruppi) a seconda della loro struttura elettronica e del loro numero atomico.

Temperatura: misura dell'energia cinetica media delle particelle di un sistema.

Temperatura critica: temperatura massima alla quale le fasi liquido e vapore di una sostanza possono coesistere; è anche la temperatura al di sopra della quale la sostanza non diviene liquida per nessun valore di pressione. È la temperatura al di sopra della quale i gas reali hanno un comportamento vicino a quello dei gas ideali.

Teoria cinetica molecolare: teoria formulata per spiegare il comportamento dei gas; ipotizza che le molecole del gas siano puntiformi, senza volume, in costante movimento casuale e non sottoposte a forze intermolecolari, eccetto quando subiscono collisioni con il recipiente che le contiene o con altre molecole.

Terza legge della termodinamica: legge che stabilisce che l'entropia di un cristallo perfetto allo zero assoluto è nulla.

Titolazione acido-base: processo utilizzato per la determinazione della concentrazione di una soluzione.

Torr: unità di misura della pressione; è pari a 1 mmHg.

Trasformazione adiabatica: processo nel quale non si verificano scambi di calore tra sistema e ambiente.

Trasformazione isobara: processo che avviene a pressione costante.

Trasformazione isocora: processo che avviene a volume costante.

Trasformazione isotermica: processo che avviene a temperatura costante. Possono esserci variazioni di entalpia a causa di scambi di calore o di variazioni di volume e pressione ma la temperatura deve rimanere costante.

Unità di massa atomica (u.m.a.): un dodicesimo (1/12) della massa di un atomo dell'isotopo 12 del carbonio (^{12}C).

Velocità di reazione: velocità con cui una sostanza viene prodotta o consumata in una reazione.

Vita media: tempo necessario alla concentrazione di un reagente per decrescere fino alla metà del valore iniziale.

Zero assoluto: temperatura alla quale tutte le sostanze non presentano energia termica; 0 K = – 273,16 °C. È una temperatura non raggiungibile in natura.

TAVOLA PERIODICA DEGLI ELEMENTI

Legenda

82 S 1,8 4/2 207,2 **Pb** $(Xe)4f^{14}5d^{10}6s^{2}6p^{2}$ Piombo

- Numero atomico
- Stati di ossidazione (in **grassetto** il più stabile)
- Simbolo
- Nome
- S = solido*, L = liquido*, G = gas*, A = artificiale
- Elettronegatività
- Peso atomico (in *corsivo* quello dell'isotopo più comune)
- Configurazione elettronica

* In condizioni standard

	1 I A	2 II A	3 III B	4 IV B	5 V B	6 VI B	7 VII B	8 VIII B	9 VIII B	10 VIII B
1	1 G 2,1 1/–1 1,0079 **H** $1s^{1}$ Idrogeno									
2	3 S 1,0 1 6,941 **Li** $(He)2s^{1}$ Litio	4 S 1,5 2 9,01218 **Be** $(He)2s^{2}$ Berillio								
3	11 S 0,9 1 22,98977 **Na** $(Ne)3s^{1}$ Sodio	12 S 1,2 2 24,305 **Mg** $(Ne)3s^{2}$ Magnesio								
4	19 S 0,8 1 39,0983 **K** $(Ar)4s^{1}$ Potassio	20 S 1,0 2 40,08 **Ca** $(Ar)4s^{2}$ Calcio	21 S 1,3 3 44,9559 **Sc** $(Ar)3d^{1}4s^{2}$ Scandio	22 S 1,5 4/3/2 47,88 **Ti** $(Ar)3d^{2}4s^{2}$ Titanio	23 S 1,6 5/4/3/2 50,9415 **V** $(Ar)3d^{3}4s^{2}$ Vanadio	24 S 1,6 6/3/2 51,996 **Cr** $(Ar)3d^{5}4s^{1}$ Cromo	25 S 1,5 7/6/4/3/2 54,9380 **Mn** $(Ar)3d^{5}4s^{2}$ Manganese	26 S 1,8 3/2 55,847 **Fe** $(Ar)3d^{6}4s^{2}$ Ferro	27 S 1,8 3/2 58,9332 **Co** $(Ar)3d^{7}4s^{2}$ Cobalto	28 S 1,8 3/2 58,69 **Ni** $(Ar)3d^{8}4s^{2}$ Nichel
5	37 S 0,8 1 85,4678 **Rb** $(Kr)5s^{1}$ Rubidio	38 S 1,0 2 87,62 **Sr** $(Kr)5s^{2}$ Stronzio	39 S 1,3 3 88,9059 **Y** $(Kr)4d^{1}5s^{2}$ Ittrio	40 S 1,4 4 91,22 **Zr** $(Kr)4d^{2}5s^{2}$ Zirconio	41 S 1,6 5/3 92,9064 **Nb** $(Kr)4d^{4}5s^{1}$ Niobio	42 S 1,8 6/5/4/3/2 95,94 **Mo** $(Kr)4d^{5}5s^{1}$ Molibdeno	43 A 1,9 7 *98* **Tc** $(Kr)4d^{6}5s^{1}$ Tecnezio	44 S 2,2 8/6/4/3/2 101,07 **Ru** $(Kr)4d^{7}5s^{1}$ Rutenio	45 S 2,2 4/3/2 102,9055 **Rh** $(Kr)4d^{8}5s^{1}$ Rodio	46 S 2,2 4/2 106,42 **Pd** $(Kr)4d^{10}5s^{0}$ Palladio
6	55 L 0,7 1 132,9054 **Cs** $(Xe)6s^{1}$ Cesio	56 S 0,9 2 137,33 **Ba** $(Xe)6s^{2}$ Bario	57 S 1,1 3 138,9055 **La*** $(Xe)5d^{1}6s^{2}$ Lantanio	72 S 1,3 4 178,49 **Hf** $(Xe)4f^{14}5d^{2}6s^{2}$ Afnio	73 S 1,5 5 180,9479 **Ta** $(Xe)4f^{14}5d^{3}6s^{2}$ Tantalio	74 S 1,7 6/5/4/3/2 183,85 **W** $(Xe)4f^{14}5d^{4}6s^{2}$ Tungsteno	75 S 1,9 7/6/4/2/ 186,207 **Re** $(Xe)4f^{14}5d^{5}6s^{2}$ Renio	76 S 2,2 8/6/4/3 190,2 **Os** $(Xe)4f^{14}5d^{6}6s^{2}$ Osmio	77 S 2,2 6/4/3/2 192,22 **Ir** $(Xe)4f^{14}5d^{7}6s^{2}$ Iridio	78 S 2,2 4/2 195,08 **Pt** $(Xe)4f^{14}5d^{9}6s^{1}$ Platino
7	87 L 0,7 1 *223* **Fr** $(Rn)7s^{1}$ Francio	88 S 0,9 2 226,0254 **Ra** $(Rn)7s^{2}$ Radio	89 S 1,1 3 227,0278 **Ac**** $(Rn)6d^{1}7s^{2}$ Attinio	104 A *261* **Rf** $(Rn)5f^{14}6d^{2}7s^{2}$ Rutherfordio	105 A *262* **Db** $(Rn)5f^{14}6d^{3}7s^{2}$ Dubnio	106 A *266* **Sg** $(Rn)5f^{14}6d^{4}7s^{2}$ Seaborgio	107 A *264* **Bh** $(Rn)5f^{14}6d^{5}7s^{2}$ Bohrio	108 A *277* **Hs** $(Rn)5f^{14}6d^{6}7s^{2}$ Hassio	109 A *268* **Mt** $(Rn)5f^{14}6d^{7}7s^{2}$ Meitnerio	110 A *271* **Ds** $(Rn)5f^{14}6d^{9}7s^{1}$ Darmstadtio

*	58 S 1,1 4/3 140,12 **Ce** $(Xe)4f^{2}5d^{0}6s^{2}$ Cerio	59 S 1,1 4/3 140,9077 **Pr** $(Xe)4f^{3}5d^{0}6s^{2}$ Praseodimio	60 S 1,2 3 144,24 **Nd** $(Xe)4f^{4}5d^{0}6s^{2}$ Neodimio	61 A 3 *145* **Pm** $(Xe)4f^{5}5d^{0}6s^{2}$ Promezio	62 S 1,2 3/2 150,36 **Sm** $(Xev)4f^{6}5d^{0}6s^{2}$ Samario	63 S 3/2 151,96 **Eu** $(Xe)4f^{7}5d^{0}6s^{2}$ Europio	64 S 1,1 3 157,25 **Gd** $(Xe)4f^{7}5d^{1}6s^{2}$ Gadolinio
**	90 S 1,3 4 232,0381 **Th** $(Rn)5f^{0}6d^{2}7s^{2}$ Torio	91 S 1,5 5/4 231,0359 **Pa** $(Rn)5f^{2}6d^{1}7s^{2}$ Protattinio	92 S 1,7 6/5/4/3 238,0289 **U** $(Rn)5f^{3}6d^{1}7s^{2}$ Uranio	93 A 1,3 6/5/4/3 237,0482 **Np** $(Rn)5f^{4}6d^{1}7s^{2}$ Nettunio	94 A 1,3 6/5/4/3 *244* **Pu** $(Rn)5f^{6}6d^{0}7s^{2}$ Plutonio	95 A 1,3 6/5/4/3 *243* **Am** $(Rn)5f^{7}6d^{0}7s^{2}$ Americio	96 A 4/3 *247* **Cm** $(Rn)5f^{7}6d^{1}7s^{2}$ Curio

Metalli — Semimetalli — Non metalli — Gas nobili

PARTE QUINTA

11 I B	12 II B	13 III A	14 IV A	15 V A	16 VI A	17 VII A	18 Gas Nobili	Livelli riempiti lungo il periodo
							2 G — 0 4,0026 **He** $1s^2$ Elio	1s
		5 S 2,0 3 10,81 **B** $(He)2s^2 2p^1$ Boro	6 S 2,5 ±4/2 12,011 **C** $(He)2s^2 2p^2$ Carbonio	7 G 3,0 5/4/±3/1 14,0067 **N** $(He)2s^2 2p^3$ Azoto	8 G 3,5 −2 15,9994 **O** $(He)2s^2 2p^4$ Ossigeno	9 G 4,0 −1 18,998403 **F** $(He)2s^2 2p^5$ Fluoro	10 G — 0 20,179 **Ne** $(He)2s^2 2p^6$ Neon	2s, 2p
		13 S 1,5 3 26,98154 **Al** $(Ne)3s^2 3p^1$ Alluminio	14 S 1,8 ±4 28,0855 **Si** $(Ne)3s^2 3p^2$ Silicio	15 S 2,1 5/4/±3/1 30,97376 **P** $(Ne)3s^2 3p^3$ Fosforo	16 S 2,5 6/4/±2 32,06 **S** $(Ne)3s^2 3p^4$ Zolfo	17 G 3,0 7/5/3/±1 35,453 **Cl** $(Ne)3s^2 3p^5$ Cloro	18 G — 0 39,948 **Ar** $(Ne)3s^2 3p^6$ Argon	3s, 3p
29 S 1,9 2/1 63,546 **Cu** $(Ar)3d^{10} 4s^1$ Rame	30 S 1,6 2 65,38 **Zn** $(Ar)3d^{10} 4s^2$ Zinco	31 L 1,6 3 69,72 **Ga** $(Ar)3d^{10} 4s^2 4p^1$ Gallio	32 S 1,8 4 72,59 **Ge** $(Ar)3d^{10} 4s^2 4p^2$ Germanio	33 S 2,0 5/±3 74,9216 **As** $(Ar)3d^{10} 4s^2 4p^3$ Arsenico	34 S 2,4 6/4/−2 78,96 **Se** $(Ar)3d^{10} 4s^2 4p^4$ Selenio	35 L 2,8 5/±1 79,904 **Br** $(Ar)3d^{10} 4s^2 4p^5$ Bromo	36 G 0 83,80 **Kr** $(Ar)3d^{10} 4s^2 4p^6$ Cripto	4s, 3d, 4p
47 S 1,9 2/1 107,868 **Ag** $(Kr)4d^{10} 5s^1$ Argento	48 S 1,7 2 112,41 **Cd** $(Kr)4d^{10} 5s^2$ Cadmio	49 S 1,7 3 114,82 **In** $(Kr)4d^{10} 5s^2 5p^1$ Indio	50 S 1,8 4/2 118,69 **Sn** $(Kr)4d^{10} 5s^2 5p^2$ Stagno	51 S 1,9 5/±3 121,75 **Sb** $(Kr)4d^{10} 5s^2 5p^3$ Antimonio	52 S 2,1 6/4/−2 127,60 **Te** $(Kr)4d^{10} 5s^2 5p^4$ Tellurio	53 S 2,5 7/5/±1 126,9045 **I** $(Kr)4d^{10} 5s^2 5p^5$ Iodio	54 G 0 131,29 **Xe** $(Kr)4d^{10} 5s^2 5p^6$ Xeno	5s, 4d, 5p
79 S 2,4 3/1 196,9665 **Au** $(Xe)4f^{14} 5d^{10} 6s^1$ Oro	80 L 1,9 2/1 200,59 **Hg** $(Xe)4f^{14} 5d^{10} 6s^2$ Mercurio	81 S 1,8 3/1 204,383 **Tl** $(Xe)4f^{14} 5d^{10} 6s^2 6p^1$ Tallio	82 S 1,8 4/2 207,2 **Pb** $(Xe)4f^{14} 5d^{10} 6s^2 6p^2$ Piombo	83 S 1,8 5/3 208,99804 **Bi** $(Xe)4f^{14} 5d^{10} 6s^2 6p^3$ Bismuto	84 S 2,0 6/4/2 *209* **Po** $(Xe)4f^{14} 5d^{10} 6s^2 6p^4$ Polonio	85 S 2,2 7/5/3/±1 *210* **At** $(Xe)4f^{14} 5d^{10} 6s^2 6p^5$ Astato	86 G 0 *222* **Rn** $(Xe)4f^{14} 5d^{10} 6s^2 6p^6$ Rado	6s, (4f), 5d, 6p
111 A *272* **Rg** $(Rn)5f^{14} 6d^{10} 7s^1$ Roentgenio	112 A 285 **Cn** $(Rn)5f^{14} 6d^{10} 7s^2$ Copernicio	113 A *284* **UUt** $(Rn)5f^{14} 6d^{10} 7s^2 7p^1$ Ununtrio	114 A *289* **UUq** $(Rn)5f^{14} 6d^{10} 7s^2 7p^2$ Ununquadio	115 A *288* **UUp** $(Rn)5f^{14} 6d^{10} 7s^2 7p^3$ Ununpentio	116 A *292* **UUh** $(Rn)5f^{14} 6d^{10} 7s^2 7p^4$ Ununhexio	117 A *310* **UUs** $(Rn)5f^{14} 6d^{10} 7s^2 7p^5$ Ununseptio	118 A *314* **UUo** $(Rn)5f^{14} 6d^{10} 7s^2 7p^6$ Ununoctio	7s, (5f), 6d

65 S 1,2 4/3 158,9254 **Tb** $(Xe)4f^9 5d^0 6s^2$ Terbio	66 S 3 162,50 **Dy** $(Xe)4f^{10} 5d^0 6s^2$ Disprosio	67 S 1,2 3 164,9304 **Ho** $(Xe)4f^{11} 5d^0 6s^2$ Olmio	68 S 1,2 3 167,26 **Er** $(Xe)4f^{12} 5d^0 6s^2$ Erbio	69 S 1,2 3/2 168,9342 **Tm** $(Xe)4f^{13} 5d^0 6s^2$ Tulio	70 S 1,1 3/2 173,04 **Yb** $(Xe)4f^{14} 5d^0 6s^2$ Itterbio	71 S 1,2 3 174,967 **Lu** $(Xe)4f^{14} 5d^1 6s^2$ Lutezio
97 A 4/3 *247* **Bk** $(Rn)5f^9 6d^0 7s^2$ Berchelio	98 A 3 *251* **Cf** $(Rn)5f^{10} 6d^0 7s^2$ Californio	99 A 3 *252* **Es** $(Rn)5f^{11} 6d^0 7s^2$ Einsteinio	100 A 3 *257* **Fm** $(Rn)5f^{12} 6d^0 7s^2$ Fermio	101 A 3/2 *258* **Md** $(Rn)5f^{13} 6d^0 7s^2$ Mendelevio	102 A 3/2 259 **No** $(Rn)5f^{14} 6d^0 7s^2$ Nobelio	103 A 3 *260* **Lr** $(Rn)5f^{14} 6d^1 7s^2$ Laurenzio

CHIMICA

INDICE ANALITICO

E

F

G

I

K

L

M

T

U

V

Z

IN OMAGGIO SU TESTONLINE.IT

3 SIMULAZIONI COMMENTATE

solo con i libri Alpha Test

Curato dagli esperti di Alpha Test, il programma offerto da TESTonline permette di svolgere esercitazioni mirate sul test di proprio interesse e di conoscere il risultato in tempo reale.

TESTonline si basa su archivi, composti da migliaia di quesiti appositamente realizzati sulla base delle prove ufficiali assegnate nei diversi concorsi.

Tutti i quesiti proposti sono risolti e commentati.

materia	corrette	errate	omesse	punteggio
biologia	3	2	0	3
chimica	4	1	0	4
matematica	2	1	0	2
fisica	2	0	0	2
logica (attitudine logica)	1	0	0	1
logica (attitudine numerica)	1	0	0	1
logica (logica verbale)	1	0	0	1
cultura generale (attualità)	1	0	0	1
cultura generale (letteratura)	1	0	0	1
totale	**16**	**4**	**0**	**16**

Test di Medicina: esempio di grafico dei risultati con il dettaglio delle diverse materie presenti nel test svolto

CORREZIONE IMMEDIATA E VERIFICA DEI RISULTATI

Al termine di ogni prova vengono presentati, in forma grafica e tabellare, i seguenti risultati:

- punteggio complessivo conseguito;
- punteggio parziale per ogni materia;
- grafico dei risultati conseguiti nelle diverse esecuzioni dello stesso tipo di test;
- confronto dei propri risultati con quelli ottenuti da altri utenti.

Per svolgere gratuitamente le 3 simulazioni d'esame è sufficiente disporre di questo libro, andare su www.testonline.it e cliccare il bottone di attivazione delle 3 prove gratuite.